千村故事

精选

卷一

浙江省农业和农村工作办公室
浙江农林大学中国农民发展研究中心
浙江省农民发展研究中心
中国名村变迁与农民发展协同创新中心

主编

中国社会科学出版社

图书在版编目（CIP）数据

《千村故事》精选：全三卷／浙江省农业和农村工作办公室等主编．
—北京：中国社会科学出版社，2016.7

ISBN 978 - 7 - 5161 - 8525 - 4

Ⅰ.①千…　Ⅱ.①浙…　Ⅲ.①村落文化 - 介绍 - 浙江省　Ⅳ.①K295.5

中国版本图书馆 CIP 数据核字（2016）第 154200 号

出 版 人	赵剑英	
策划编辑	宫京蕾	
责任编辑	宫京蕾	梁剑琴
责任校对	李　莉	
责任印制	何　艳	

出　　版	中国社会科学出版社	
社　　址	北京鼓楼西大街甲 158 号	
邮　　编	100720	
网　　址	http：//www.csspw.cn	
发 行 部	010 - 84083685	
门 市 部	010 - 84029450	
经　　销	新华书店及其他书店	

印刷装订	环球东方（北京）印务有限公司
版　　次	2016 年 7 月第 1 版
印　　次	2016 年 7 月第 1 次印刷

开　　本	710×1000　1/16
印　　张	79.75
插　　页	2
字　　数	1037 千字
定　　价	358.00 元

浙江省历史文化村落《千村故事》丛书编委会

选 编 说 明

　　"《千村故事》'五个一'行动计划"（以下简称"千村故事"）是浙江省在历史文化村落物质文化遗存保护利用基础上，对非物质文化遗产抢救性挖掘、整理、记忆和传承的乡土文化建设的重大任务。"千村故事"主要针对纳入《浙江省历史文化村落保有数量和名单库》（以下简称"历史文化库内村"）1237 村，开展"寻访传统故事——编撰一套丛书，触摸历史脉搏——形成一个成果，定格乡土印象——摄制一碟影像，回味乡愁记忆——推出一馆展示，构建精神家园——培育一批基地"。

　　"千村故事"研究和编撰对象为"历史文化库内村"的那人、那物、那故事。每村原则上编撰一个故事，每个故事 2000 字左右，每卷收录 90 个左右的故事。故事标题采用"县名村名（区名前加市名）+ 故事主题"的格式。凡以人物为中心的故事，遵循"生不立传、顺应时代和表现'正能量'"等基本原则，编撰过程中出现了几个村落撰写同一人物的故事，我们将其合并为一个故事，体现这个人物在多个村的活动印记。故事编撰坚持"三性原则"，即故事挖掘、整理和编撰具有史实性，是历史文化村落里事实存在、广为流传的故事；体现知识性，可读、可藏、可传；发挥教育性，弘扬和传承历史文化村落的优秀文化。

　　《〈千村故事〉精选》（全三卷）按照代表浙江历史文化村落的地域分布，反映各个方面的优秀文化传统，同时具备"三性原则"的要求，从"千村故事"一套丛书 8 卷故事中遴选出 260 个故事，汇编成精选本，分为卷一、卷二、卷三，三卷本。其中，卷一展现浙江历史文化村落布局、人居环境、礼仪道德及耕读文化，收录了《生态人居卷》（主编王欣）、《礼仪道德卷》（主编洪千里）和《劝学劝农卷》（主编高君、荆晶）的90个故事；卷二颂扬浙江历史文化村落的清廉官吏、大义先贤和名人名流，收录了《清廉大义卷》（主编颜晓红）和《名人名流卷》（主编王长金、彭庭松）85个故事；卷三记录浙江历史文化村落的民俗风情、传统技艺及地域性产品，收录了《民风民俗卷》（主编周新华、朱永香）、《手技手艺卷》（主编任重、唐子舜）和《特产特品卷》（主编车裕斌）85个故事。

《〈千村故事〉精选》容量有限，加之遴选原则制约，入选故事在代表浙江历史文化村落区域布局和反映重点建设村成就等方面不尽理想，加上时间仓促，有些故事的表达还存在这样或那样的缺陷，恳望读者批评指正。

"千村故事"工作室

2016 年 3 月

About the Compilation

Five Action Programs of Stories of Thousand Villages is a significant project of Zhejiang province on rural culture construction with retrievable exploration, collation, recording and inheritance of intangible cultural heritages, based on the protection and utilization of the tangible cultural heritages of ancient cultural villages. The project mainly targets at 1237 villages in The List of Zhejiang's Ancient Cultural Villages ("the Listed Villages" for short), with a series of tasks carried out, including "digging into the lore and legends and compiling a series of books to trace historical development—working out a collection of fruits and achievements to capture the charms of the countryside—making a disk of images to take a trip on the memory lane to relive the nostalgia—bringing out a pavilion for display to build spiritual home—developing a bunch of bases. "

The project of Stories of Thousand Villages takes the figures, the articles, and the anecdotes of "the Listed Villages of Ancient Cultural Villages" as its objects of study. Basically, for each village, only one story is compiled in about 2000 words. Each volume includes about 90 stories. The title of the story adopts the form of "the village name and the county name (city name is added before the district name) + the story theme". As to the stories centered on personae, we follow the basic principles of "no biography for those still alive, adapting to the times and showing ' positive power' ". If the same person is involved in several villages, the stories are integrated into one while keeping the marks of the person's activities in these villages. The stories are compiled with the principle integrating three aspects: the first is that historicity is concerned when exploring, sorting out and compiling the stories, that is, what we select are those widely spread stories which really happened in the ancient cultural villages; the second is that the stories we compile are informative, that is, the stories are worth reading, collecting and spreading; the third is that the stories are instructive, that is, the stories are valuable for spreading and carrying forward the fine traditional cultures of the villages.

Selected Stories of Thousand Villages compiles 260 stories selected from the eight volumes of "Stories of Thousand Villages" in accordance with the requirements that the stories represent the regional distribution of the ancient cultural villages in Zhejiang, reflect great cultural traditions in different aspects, and meet the principle of historicity, informativity and instructivity. Selected Stories of Thousand Villages is consisted of 3 books, among which the first book focuses on the layout, residence environment, traditional etiquette and morality, and farming – reading culture of the ancient cultural villages, collecting 90 stories from Ecological Residence (edited by Wang Xin), Etiquette and Morality (edited by Hong Qianli) and Encouraging Learning and Farming (edited by Gao Jun, Jing Jing); the second book praises the incorrupt officials, righteous and virtuous scholars, and other celebrities of public prestige, collecting 85 stories from Honesty and Righteousness (edited by Yan Xiaohong), Celebrities of Public Prestige (edited by Wang Changjin and Peng Tingsong); the third book introduces the folk customs, traditional craftsmanship and local products of ancient cultural villages in Zhejiang, collecting 85 stories from Folk Tradition and Customs (edited by Zhou Xinhua and Zhu Yongxiang), Craftsmanship (edited by Ren Zhong and Tang Zishun) and Local

Specialties (edited by Che Yubin)

Because of the limited the space and the constraints of the collecting principles of Selected Stories of Thousand Villages, the selected stories cannot perfectly reflect the regional distribution of Zhejiang's ancient cultural villages and the achievements in the construction of major villages. In addition, limited by the time, we may also have defects in the expression of some stories. So any suggestions and criticisms will be highly appreciated.

The studio of " *Stories of Thousand Villages* "

March, 2016

总　　序

　　村落是人类的摇篮，是人类文明的根脉。浙江是中华文明的发源地之一，历史悠久，农耕文明高度发达，地域文化独具特色。数千年来，勤劳智慧的浙江人民世世代代辛勤劳作，在浙山浙水之间聚居形成了成千上万个传承农耕文化和铭刻乡愁记忆的历史文化村落。从写意山水的富春山居到流畅文脉的楠溪古村，从白帆渔歌的东海渔庄到听泉耕读的径山茶舍，从唐诗之路的会稽山坑到宋都遗风的天目山坞，当我们置身游走在这些诗画江南的古韵村落之中时，犹如正在穿越吴越文化的时空隧道，在翻阅农耕文明的历史画卷，在聆听浙人先贤的空谷放歌。这一个个的历史文化村落，不仅在岁月的长河留下了农耕之源、文化之邦、丝绸之府、茶叶之都、鱼米之乡的浙江印记，望山看水，承载着乡愁，更是一部厚重的历史诗书，凝聚着浙江人民的智慧创意和人文精神，让我们在生机勃勃的现代化建设中，仍能感受温情脉脉的文化传承。

　　习近平总书记强调，实现城乡一体化，建设美丽乡村，不能大拆大建，特别是要注意保留村庄原始风貌，把古村落保护好，让居民望得见山、看得见水、记得住乡愁。浙江省委、省政府历来高度重视历史文化村落的保护、传承与利用工作。20 世纪 90 年代以来，浙江就开始古村落保护利用的探索。2003 年，浙江启动"千村示范万村整治"工程，时任省委书记习近平强调："要正确处理保护历史文化与村庄建设的关系，对有价值的古村落、古民居和山水风光进行保护、整治和科学合理的开发利用。"2006 年，浙江省委、省政府明确提出，在新农村建设过程中，要切实加强对优秀乡土建筑和历史文化环境的保护，努力实现人文与生态环境的有机融合。2012 年，浙江出台《关于加强历史文化村落保护利用的若干意见》，全面启动历史文化村落保护利用工作。在浙江多年的美丽乡村建设实践中，以西塘、乌镇、诸葛村、堰头村等为代表的一大批历史文化村落，走出了各具特色的保护利用之路，成为与现代文明有机结合的美丽乡村，在全国形成了较大影响。目前，浙江确定的历史文化村落有 1237 个，其中 176 个被列入中国传统村落名录，数量全国领先。

《千村故事》丛书，是按照接续历史文脉让"古村落活起来"的要求，全面挖掘、整理和记载历史文化村落里的生态人居、经济社会、制度习俗、传统工艺、人物传记等物质和非物质文化遗存，通过深入细致的调查研究，整理出最能够体现每一个历史文化村落的人文特色和历史底蕴的故事。本套丛书收录了近千个历史文化村落的历史人文故事，以群众喜闻乐见、图文并茂的形式，系统展现浙江丰富的农耕文化、深厚的历史积淀和向善向上的人文精神。可以说，这套《千村故事》丛书，是一部故事与史志相融合，集趣味性、科普性和教育性于一体，兼具史学意义、学术价值和教育科普功能的文化精品。

我期望这套丛书的出版发行，能让更多的人关心和保护历史文化村落，传讲好千村故事，传承好优秀文化，从而增强广大人民群众对中华优秀传统文化和乡土文化的认同感和归属感，为全面建成更高水平的小康社会提供精神支撑。

是为序。

2016 年 3 月 18 日

Stories of Thousand Villages Preface

Li Qiang

As has been eloquently presented in the history, village is the cradle of human race and seedbeds of human civilization. And as one of the birthplaces of Chinese civilization, Zhejiang Province, with a long history and high level of agricultural civilization, is featured with its own unique regional culture. Thanks to the painstaking efforts devoted by the diligent and intelligent people here in this area, we have witnessed the construction and development of thousands of villages where agricultural culture is passed on from generation to generation with nostalgia deeply engraved into people's minds. Here in Zhejiang Province you can easily access the enjoyable scenery as portrayed in Fuchun Figure, readily touch the profound culture carved into the old walls of Nanxi Village, willfully get lost in the melodious fisherman's song at the dock of East China Sea and idyllically take a sip of tranquility at a crude tea house near Jinshan Mountain. Such pleasant experiences have earned the accumulative fondness and shared favor by scholars throughout the history as shown in their works ranging from poetry, paintings, calligraphy to novels. A trip to these villages filled with charms of human civilization has helped to relive the history and civilization of Wuyue people. As one of the sources of farming, Zhejiang has witnessed the efforts of its people paid off, as reflected in the wide enhanced recognition of its silk, tea, fish and rice. As for the culture, it's the manifesto of the wisdom, innovation and aspiration of Zhejiang People integrated and inherited across generations, in perfect portrait of the history and modern civilization.

In the light of the instructions of urban – rural integration by the central government with the leadership of President Xi Jinping, we have made constant efforts to guarantee the protection, inheritance and exploration of ancient cultural villages. In the process of urban – rural integration, efforts have been made to reserve the original style of the villages, sustain the fine natural beauty and care for the need of nostalgia, which can be traced back to the 1990s. In 2003, Zhejiang Province started a project called "Village Demonstration and Renovation " in accordance of the instruction of then – secretary Xi Jinping to "find a proper balance between the preservation of historic culture and the construction of the villages as well as conduct the protection, renovation and utilization of the valuable ancient villages and landscapes in a scientific and appropriate way". And in 2006, it was clearly pointed out by the provincial government that in the construction of a new countryside, importance should be attached to the protection of historic buildings and surroundings in the ancient villages so as to a-chieve a dynamic integration between humanity and ecology. In 2012, Proposals on the Further Enhanced Protection and Utilization of Ancient Cultural Villages were issued by Zhejiang Government, which ushered in a comprehensive set of work accordingly. And we have accumulated valua-ble experience in our practice as reflected in the success of a multitude of villages featured with the dynamic integration of modern civilization with its unique and profound cultural deposits. Represented by Xitang, Wuzhen, Guge Village and Yantou Village, these villages have set a good example across China exerting profound impact on the construction of new country-side. Up till now, we have ascertained altogether 1237 ancient cultural villages of which 176 have been listed as renown traditional villages in China.

The collection of Stories of Thousand Villages, with an aim to continue the historic culture and revitalize the ancient villages, by means of in – depth and detailed research and survey, is attempted at a comprehensive exploration, collation and documentation of the tangible and intangible cultural heritages including human residence, economic development, social environment, systems, customs, traditional craftsmanship, biographies, etc, in the hope of presenting stories that best portray the human features and cultural deposits of the ancient villages. Around a thousand stories of the ancient villages have been collected, with illustrations and pictures, to present the rich agricultural civilization, the profound historical precipitation and the human spirit of righteousness and aspiration. In a form massive public can take delight in reading, this collection of stories is a pleasant integration of history with tales featured with a high level of entertainment, education and popularization and strong historic, academic and educational significance.

With the publication of this collection of stories, I sincerely hope that with good stories well told, more people and efforts will be involved into the protection of the ancient cultural villages and the inheritance of the cultural achievements. In this way we can enhance the sense of identity and perception of affiliation by the masses of people towards the outstanding Chinese traditional culture, with which the construction of a better – off society will be further promoted.

This is preface.

2016. 3. 18

前　　言

"千村故事" 书写中国美丽乡村建设浙江新篇章

浙江省农业和农村工作办公室
浙江农林大学中国农民发展研究中心
浙江省农民发展研究中心
中国名村变迁与农民发展协同创新中心

一　　缘起

寻乡愁，
祖宗兴村族规修。
劝学劝农基业定，
礼仪道德孝中求。
生态人居子孙旺，
民风民俗村史留。

寻乡愁，
千村故事话风流。
清廉大义万古传，
名人名流胜封侯。

手技手艺代际承,
特产特品我村优。

寻乡愁,
美丽乡村历史悠。
民族振兴中国梦,
村域发展是重头。
自在安然农民心,
共同富裕写春秋。

　　一首婉转悠扬的"千村故事"之"一碟影像"主题歌,唱出了浙江人民保护历史文化村落、寻访传统故事、定格乡土印象、回味乡愁记忆的诗意情怀,抒发了浙江人民践行自由平等、建设美丽乡村、奔向共同富裕的壮志豪情。

　　"《千村故事》'五个一'行动计划"(以下简称"千村故事")缘起于浙江历史文化村落保护利用工作。"做好历史文化村落的保护利用工作,是彰显美丽乡村地方特色的需要"(李强,2012)[①]。浙江历史文化村落保护利用工作启动,标志着浙江以"千村示范、万村整治"为载体的美丽乡村建设跃升到新阶段。这一阶段,是浙江社会主义新农村建设的"美丽成果"转化为农村经济社会发展"资源优势"的重要阶段,是"生产发展、生活宽裕、乡风文明、村容整洁、管理民主"的社会主义新农村建设目标的实现阶段,也是浙江"推动信息化和工业化深度融合、工业化和城镇化良性互动、城镇化和农业现代化相互协调,促进工业化、信息化、城镇化、农业现代化同步发展"和"城乡一体化发展"大融合阶段。

　　浙江美丽乡村建设始于 2003 年。是年 6 月,时任浙江省委书记

---

　　① 李强(原浙江省人民政府省长、现为江苏省委书记):《在全省历史文化村落保护利用工作现场推进会上的讲话(2012 年 5 月 9 日)》。

习近平启动了浙江"千村示范、万村整治"工程，揭开了中国美丽乡村建设的时代篇章。2005年10月，中国共产党十六届五中全会提出了"建设社会主义新农村"的重大历史任务，浙江"千村示范、万村整治"融入到中国社会主义新农村建设大潮。至2007年，浙江省完成了10303个建制村的初步整治，其中1181个建制村建成"全面小康建设示范村"。2008年，浙江省安吉县提出"中国美丽乡村"计划。2009年9月，一批国内古建筑和文物保护专家聚集浙江省建德市新叶村，发表了《新叶共识》，希望政府"把遗产保护和民生工程建设结合起来……倡导全社会关注抢救正在日渐消失的中国乡土建筑"。2010年，浙江省制订了《美丽乡村建设行动计划（2011—2015年）》，同时，浙江省农业和农村工作办公室（以下简称"浙江省农办"）、财政厅、住建厅、文化厅、林业厅、文物局六部门联合开展历史文化村落普查。2012年4月，浙江省贯彻习近平总书记关于"优秀传统文化是一个国家、一个民族传承和发展的根本，如果丢掉了，就割断了历史命脉"的讲话精神，出台了《关于加强历史文化村落保护利用的若干意见》，把修复、保护、传承和永续利用历史文化村落作为美丽乡村建设的重要内容。2012年11月，党的十八大报告提出了"努力建设美丽中国，实现中华民族永续发展"的要求。习近平总书记指出："中国要强，农业必须强；中国要美，农村必须美；中国要富，农民必须富。"建设美丽中国，重点和难点都在农村，美丽乡村建设理所当然地成为当今中国的时代潮流。

"千村故事"在浙江美丽乡村建设跃升阶段应运而生。2014年5月20日，浙江省委副书记王辉忠、副秘书长张才方等一行到浙江农林大学调研，在听取了中国农民发展研究中心关于"中国名村变迁与农民发展协同创新中心"的工作汇报后，表示要支持协同创新中心开展历史文化村落保护利用研究，浙江农林大学随即向省委办公厅呈送了书面报告，王辉忠副书记做了批示。2014年11月，浙江省美丽乡村建设现场会和2015年1月浙江省农村工作会议，先后做出了"挖掘和传承好古村落古民居背后的故事"的部署。2015年3月2日，浙江省农业和农村工作办公室根据上述两次会议部署和省领导的指示精神，委派相关负责人到中国农民发展研究中心，共同商讨、制订了"千村故事"行动计划，并于3月24日呈送浙江省委、省政府。夏宝龙书记、李强省长、王辉忠副书记、黄旭明副省长分别对此做了重要指示：要把这件大事办好，全力创作"精品"。

浙江省委、省政府四位领导批示后，省农办严杰副主任及社会发展处相关负责人多次到浙江农林大学指导、对接和协调工作，讨论"千村故事"实施方案，部署和推进这项工作。浙江农林大学校党委书记宣勇、校长周国模，要求举全校之力抓好"千村故事"。浙江农林大学中国农民发展研究中心按照上述要求，联络"中国名村变迁与农民发展协同创新中心"及省内外专家，成立了"千村故事"专家委员会，组建了"千村故事"研究团队和工作室，启动了"五个一"行动计划。

二 任务

浙江省提出的"历史文化村落"概念，涵盖了浙江省域内的中国历史文化名村、中国传统村落和古建筑村落、自然生态村落与民俗风情村落。中国历史文化名村是指保存文物特别丰富且具有重大历史价值或纪念意义的，能较完整地反映一些历史时期传统风貌和地方民族特色的村，由住建部和国家文物局共同组织评选。2003年10月至2014年3月，分六批公布了276个历史文化名村，其中浙江28个，占总数的10.1%。中国传统村落过去称"古村落"，2012年，住建部、文化部、文物局、财政部，联合组成了"传统村落保护和发展专家委员会"，此后用"传统村落"

替代了"古村落"概念。传统村落是指1911年辛亥革命以前建村,保留了较多传统建筑环境、建筑风貌,村落选址未有大的变动,具有独特民俗民风,虽经历久远年代,但至今仍为人们服务的村落。2012年至2014年12月,该委员会分三批公布了"中国传统村落"2555个,浙江人选176个,占总数的6.9%。2012年,浙委办〔2012〕38号文件界定:"历史文化村落包括古建筑村落、自然生态村落和民俗风情村落等。"这份文件把现存古建筑等历史文化实物和非物质文化遗产比较丰富的村落,村落建筑与自然生态相和谐、历史建筑保护较好的村落,传统民俗风情等非物质文化遗产丰富、民俗文化延续至今、活动频繁的村落,都纳入了"历史文化村落"范畴。

"千村故事"主要针对纳入《浙江省历史文化村落保有数量和名单库》(以下简称"库内村")的1237个村,开展"寻访传统故事——编撰一套丛书,触摸历史脉搏——形成一个成果,定格乡土印象——摄制一碟影像,回味乡愁记忆——推出一馆展示,构建精神家园——培育一批基地"。

"编撰一套丛书",共9卷,其中,《千村概览卷》是为"库内村"立档。《千村故事:礼仪道德卷》收集和编撰"库内村"在仁义、慈爱、孝道、勤俭、和睦、善行、清白、诚信、情谊(包括兄弟邻里情谊及民族和谐等)方面的典故。《千村故事:清廉大义卷》收集和编撰"库内村"宗族督导其入仕子孙为官清正廉洁、热爱国家、坚守民族大义的典故。《千村故事:生态人居卷》收集和编撰"库内村"经典的堪舆布局、合理的聚落结构、巧妙的给排水系统、精致的建筑园林、优美的自然景观及其传承、保护等方面的故事。《千村故事:劝学劝农卷》收集和编撰"库内村"戒子戒规、劝学劝农、耕读传家的那人、那事、那典范,弘扬勤奋苦读、乐于农耕,崇勤倡简、勤俭持家,以及自强不息、勤勉坚韧、艰苦奋斗的乡土文化。《千村故事:名人名流卷》收集和编撰"库内村"学而优则仕、则商，学而不优则耕读传家等方面名仕、名商、名师、名学、名绅的故事，弘扬干一行、爱一行，行行出状元，造福乡梓的优秀文化。《千村故事：民风民俗卷》收集和编撰"库内村"祭祀、婚嫁、丧葬、节庆、季节与农耕、族规乡约、邻里互助等方面的经典故事，弘扬村落民风、民俗、民习，以及村落秩序与基层治理的优秀文化。《千村故事：手技手艺卷》收集和编撰"库内村"独特的工匠技术，石雕、砖雕、木雕、"竹雕、竹编"、绘画、书法、剪纸、刺绣、女红、戏曲、民歌、武术等乡土非物质文化遗产及其传人的故事，传承乡土手艺、技术和民间艺术。《千村故事：特产特品卷》收集和编撰"库内村"著名农产品、林果蔬产品、畜产品、"老字号"手工产品和特产、名吃及其背后的故事。

"形成一个成果"，就是利用"编撰一套丛书"的调查资料和数据，研究和总结江南历史文化村落变迁（兴衰更替或持续发展）的历史脉络、发展条件、阶段性特征和一般规律，以及文化遗产保护、传承、利用的浙江特色、中国经验。出版《浙江历史文化村落社会经济变迁研究》（专著），提出"浙江历史文化村落保护利用现状和持续发展调研报告"及其"政策建议"，编制"浙江省2016—2020年历史文化村落保护利用规划"。

"摄制一碟影像"，其目的在于用影像手段记忆乡愁，记录"库内村"保护利用现状，收集和保存"库内村"原有影像资料，宣传千村故事。任务包括：一是收集、整理"库内村"以往的纪录片、宣传片、新闻片，储备"千村故事"之"一馆展示"的馆藏影像资料；二是拍摄"库内村"的人居环境，记录"库内村"民居、宗祠、廊桥等历史建筑修复保护利用现状，复活"库内村"民风民俗、手技手艺等非物质文化遗产；三是按照"千村故事"一套丛书的8卷分类，挑选经典、精彩的故事，组织亲历者、传承人和典型代表人物讲述本村、本家和自己的故事，编辑成8集宣传性故事片。

　　"推出一馆展示"，是以浙江农林大学"中国名村博物馆"建设为载体，设立浙江历史文化村落变迁展示馆。展示内容包括：一是农耕生产工具、手工业器具、传统生活用具、民间艺术作品等方面的实物；二是历史文化村落的村史村志，名士、名人、名流传记和作品，档案及散落民间的契约文书等文献资料；三是村庄布局及其变迁的历史图片、碑刻拓片和影像资料；四是农村发展的对比材料，如村落景观变化对比、村域自然环境变化对比、农民居住条件对比、农户经济收入对比、生活质量和公共服务水平提升对比等，采集历史文化村落有记载的历史数据、图片、统计年报、记账农户资料、老照片、村集体经济组织所受的表彰及荣誉称号证件等数据、资料和图片。最终形成浙江历史文化村落数据库。

　　"培育一批基地"，是结合"库内村"保护利用重点村项目的实施，分"乡土历史文化保护传承示范村""时代印记文化保护传承示范村"两种类型，培育"看得见山、望得见水、记得住乡愁"的示范基地。

　　上述任务是一个整体，其中，编撰一套丛书既是形成一个成果的资料源泉、摄制一碟影像的脚本、推出一馆展示的脉络和线条，又是培育一批基地的重要依据。一套丛书、一个成果、一碟影像、一馆展示和一批基地相互支撑，共同托起浙江历史文化村落物质和非物质文化遗存保护利用的历史殿堂。

三　价　值

　　"千村故事"是浙江省在历史文化村落物质文化遗存修复、保护和利用的基础上，对非物质文化遗产抢救性挖掘、整理、记忆和传承的乡土文化建设重大任务。"千村故事"将为千秋万代留下一份诗意情怀的传统村落变迁史料，将为现代农业中如何继承中华传统农业精华发挥启迪作用，将为世界留下一份悠扬的、具有人文底蕴的中国江南鱼米之乡的乡愁记忆。

中国农村变迁发展以村庄为载体。农村变迁史本质上是村庄变迁史。历史文化村落是中国乡土文化遗产的博物馆，是乡愁记忆的百科全书，也是中国国学的思想宝库。历史文化村落镌刻着古代中国农业、农村和农民发展的历史印记，承载着近现代中国共产党领导新民主主义革命、社会主义革命和建设、改革开放和社会主义现代化建设的伟大功勋，展示着中国农业、农村和农民现代化的巨大业绩，凝结着无数农民精英的历史贡献。我们从历史文化村落走过，仿佛走进了中国农耕文明、乡土文化及国学精髓的博物馆，走进了中国共产党领导农民革命和社会主义建设的纪念馆，走进了农业、农村和农民现代化的业绩馆，走进了祖宗先辈、农民精英和名人名流的传记馆。但是，"快速发展的工业文明正在疯狂地吞噬着农耕文明，乡村社会正在成片地急剧消失，作为整个人类摇篮的、绵延了数千年的带有中古韵味的原始村落正一个个地被五光十色的现代建筑群所取代。"[1] 中国历史文化村落保护时不我待，中国历史文化村落社会经济变迁研究时不我待，中国历史文化村落影像资料摄制和农耕文明博物馆建设时不我待！

浙江省历来高度重视历史文化村落的保护利用工作，一直将其作为农村经济社会发展的重要支撑，美丽乡村建设的重要内容。2003 年浙江省启动"千村示范、万村整治"工程时，时任省委书记习近平就强调："要正确处理保护历史文化与村庄建设的关系，对有价值的古村落、古民居和山水风光进行保护、整治和科学合理的开发利用。"[2] 2012 年，浙江省开全国传统村落保护利用之先河，

---

[1] 王先明：《从东方杂志看近代乡村社会变迁——近代中国乡村史研究的视角及其他》，《史学研究》2004 年第 12 期。

[2] 吴坚：《箫鼓牵情古风淳——浙江历史文化村落保护利用工作纪实》，《今日浙江》2014 年第 16 期。

在一个省级区域内，有组织、有计划、大规模展开历史文化村落保护利用。自 2012 年始，浙江省委、省政府每年召开一次"全省历史文化村落保护利用工作推进会"，每年投入近 10 亿元资金①，连续三年（三批）对全省历史文化村落"库内村"中的 130 个重点村、649 个一般村开展了修缮和保护工作。浙江省各级党委、政府做了许许多多的好事、善事，创造了许许多多的新做法、新经验，功在当代，惠及子孙，得到了浙江农村干部和广大农民的肯定、赞扬和积极响应。而今浙委办〔2012〕38 号文件提出的关于"……到 2015 年，全省历史文化村落保有集中县规划全覆盖，历史文化村落得到基本修复和保护……的总目标。"已经基本实现。

四　　方　法

"千村故事"是浙江省"政、学、研、民"合作、大规模调研、大团队协同调研的有益尝试。按照上级要求，"千村故事"由浙江省农办组织协调，省财政厅保障相关经费，浙江农林大学联合"中国名村变迁与农民发展协同创新中心"的力量组织实施。

浙江省农办与农林大学研究团队密切合作，将"千村故事"的研究对象、故事收集撰写方法、要求与范本、工作进度等，通过省农办文件形式传达到各地。2015 年，省农办为"千村故事"发文、发函就有《关于组织开展"〈千村故事〉'五个一'行动计划"的通知》（浙村整建办〔2015〕11 号）、《关于核对和完善"千村故事"千个历史文化村落名单的通知》（浙村整建办〔2015〕14 号）、《关于组织开展〈千村故事〉丛书基础材料收集、整理编撰工作的通知》（浙村整建办〔2015〕18 号）等。这些文件成为协同各方的

---

① 2013 年，浙江省、市、县三级共投入资金 9.29 亿元，其中省级下拨 2.3 亿元——参见王辉忠（浙江省委副书记）《在全省历史文化村落保护利用工作现场会上的讲话》（2014 年 7 月 1 日）。

重要依据。省农办要求：历史文化村落保有量大、入选"库内村"数量多的县（市、区）也要成立相应的指导委员会；要从县（市、区）文化局（文化馆）、方志办和档案馆等单位抽调专业人员，组成专门工作班子，负责有关乡镇（街道）、村的组织协调以及基础材料、经典故事、影像图片等的收集、整理、撰写、审读、修改和报送等工作。

定点定村是"千村故事"研究和编撰工作展开的基础。省农办以2012年六部门联合普查确定的历史文化村落"库内村"（971村）为基础，按照"有价值、有形态、有文脉、有故事、有人脉"的标准，对各地历史文化村落的保有数量和名单进行核实、退出或补充。截至2015年年末，全省普查纳入历史文化村落"库内村"1237个①。

浙江农林大学研究团队于2015年4月上旬召开"千村故事"培训会，统一研究思路、方法，随即组织农村经济、建筑、规划、历史、文化、旅游、民俗等方面的专家，两次深入"库内村"开展预调研。其目的：一是通过预调研拟定"一套丛书"总框架，以及《千村概览》和8卷故事的章、节和故事范本，方便基层参与者在收集、整理、编撰千村故事基础材料时参照；二是摸索"政、学、研、民"合作联动的方法，以及研究团队联合攻关机制。至2015年6月下旬，上述目标全部达成，并形成了关于"千村故事"一套丛书编撰总要求、体例和方法等方面的共识。

第一，编撰总要求。一套丛书编撰要按照省政府领导批准的"千村故事"行动计划所列框架破题，展现历史文化村落"那村、那人、那故事"，最终形成一部故事与史志结合的系列编著。一套丛书编撰要坚持三性并重原则：故事挖掘、整理和编撰要具有史实性，是历史文化村落里事实存在、广为流传的故事；要体现知识

---

① 浙江历史文化村落"库内村"数量不断调整，三个阶段的数据分别为971个、1123个和1237个，因此，在"千村故事"研究过程中，不同时段撰写的研究成果中，其"库内村"数量不同，特予说明。

性，可读、可藏、可传；要发挥教育性，弘扬和传承历史文化村落的优秀文化。

第二，编撰对象。"千村故事"研究和编撰对象为浙江历史文化村落"库内村"，非"库内村"若确有经典故事，亦可选编，但数量要严格控制。凡以人物为中心的故事，必须遵循"生不立传，顺应时代与表现'正能量'，大人物写小事、小人物写大事"等基本原则，如果几个村落撰写同一个人物的故事，要合并为一个故事，但要体现这个人物在多个村庄的活动印记。以人物为中心的故事，不能异化为个人传记，见人不见村。

2015年6月25日，省农办根据上述共识，下发《关于组织开展〈千村故事〉基础材料收集、整理编撰工作的通知》，要求各县（市、区）农办要会同文化、广电、史志、档案等部门，抽调相关专业人员，组成专门工作班子，按照上述要求扎实做好基础材料、影像图片等的收集、整理、编撰、审读、上报工作，于2015年8月1日前，分别上报省农办社会发展处与浙江农林大学"千村故事"工作室。

7月8日，浙江省农办社会发展处牵头，项目研究团队协助，召开了全省市县农办分管领导和"千村故事"基础材料编撰业务骨干培训会（400余人参加）。一套丛书各卷主编，以及一个成果、一碟影像、一馆展示的主持人，分别宣讲各卷和各项目的主旨、框架、要求、范本、方法及注意事项，省农办分管领导、农林大学分管副校长先后提出要求。省培训会议后，各地用不同方式逐级传达落实。一时间，"千村故事"讲述、编撰、求证等，在浙江历史文化村落里蔚成风气，家喻户晓。

2015年暑假期间，浙江农林大学研究团队组织11个联络组、带领百名大学生分赴浙江省11个地级市"寻访千村故事"①、调查

---

① 浙江农林大学"寻访千村故事"暑期社会实践团，获中宣部、中央文明办、教育部、共青团中央、全国学联组织开展的"2015年全国大中专学生志愿者暑期'三下乡'社会实践活动优秀团队"荣誉称号。

研究和巡回指导。其具体任务包括：一是选择典型村落，配合各地开展调查研究，寻访历史故事；二是接受邀请，为收集、编撰故事有困难、特别需要帮助的村落提供援助；三是在编撰一套丛书的同时，收集一个成果、一碟影像、一馆展示和一批基地的资料和实物。

截至 2015 年 8 月 25 日，"千村故事"工作室共收到"历史文化村落信息采集表"1244 份，其中有效信息 1158 个村；故事基础材料 1227 篇，其中《礼仪道德卷》136 篇，《清廉大义卷》130 篇，《生态人居卷》287 篇，《劝学劝农卷》84 篇，《名人名流卷》228 篇，《民风民俗卷》179 篇，《手技手艺卷》99 篇，《特产特品卷》84 篇。8 月 26 日，浙江农林大学研究团队举行了"千村故事"暑期调研汇报交流会，进一步讨论了历史文化村落保护利用现状及对策，部署各组统计分析历史文化村落本底数据，阅读筛选故事基础材料并提出修改意见。

"千村故事"研究团队调研和巡回指导村落，覆盖全省 11 个地级市、57 个县（市、区）、163 个村落，协助各（地）市修改或重写的故事 259 篇。2015 年年末和 2016 年年初，8 卷故事初稿基本完成。2016 年春节（寒假）前后，浙江农林大学研究团队再次进村入户调研，进一步修改、补充和完善历史文化村落的历史故事。2016 年 4 月 8—10 日，浙江农林大学研究团队在湖州市南浔区荻港村召开了"千村故事"统稿会，"千村故事"专家委员会部分成员，中国社会科学出版社领导和相关编辑人员，以及"千村故事"一套丛书各卷主编和其他"四个一"的项目负责人齐聚一堂，审读一套丛书初稿，统一编撰要求，按照"表述精准、真正达到了史实性、知识性和教育性的作品，同时突出重点村，反映浙江区域特色"的原则，遴选《〈千村故事〉精选》（卷一、卷二、卷三）三卷样稿。至此"千村故事"一套丛书调研和编撰工作基本完成。接下来，"一套丛书"交由中国社会科学出版社进入辛苦而繁复的出版程序。

五　梗　概

　　《千村概览卷》厘清了浙江历史文化村落物质文明遗存及其保护利用现状。据历史文化村落基础信息有效采集的1158村统计数据显示，浙江历史文化村落主要集中在浙西、浙南、浙中的山区、丘陵地区，而杭嘉湖平原、宁绍平原地区、海岛地区相对较少，其中丽水市228个村、台州市170个村、衢州市159个村、温州市150个村。浙江传统村落历史悠久，唐代及以前始建的村落160个，占13.82%，其中舟山市定海区马岙村被誉为"海上河姆渡"①"海岛第一村"，嘉兴平湖市曹桥街办马厩村至迟在春秋齐景公时期（前547—前489）便有村落；嵊州市华堂村金庭王氏始迁祖王羲之东晋永和十一年（355）三月称病弃官，"携子操之由无锡徙居金庭"②；宋代始建的村落居多，共有367村，占总数的31.69%，元代始建的103村，占8.89%，明代始建的297村，占25.65%，清代始建的149村，占12.87%。民国及以后始建的82村，占7.08%。村落中所有古建筑等物质文化遗存中，有文物保护级别的共有4357处，其中国家级文物有375处，省级文物有699处，市级文物有400处，县级文物有2877处，216个村文物保护单位是古建筑群。各类古建筑数量主要统计各村的古民宅、古祠堂、古戏台、古牌坊、古桥、古道、古渠、古堰坝、古井泉、古街巷、古城墙、古塔、古寺庙、古墓十四类信息，汇总其数量达3.6万多处，其中最多的是古民宅，共23071处，古祠堂1624处，古城墙91处，古塔69处。有1022个村保存族谱，占"库内村"总数的82.15%，

---

　　①　1973年，发现于浙江余姚河姆渡。它主要分布在杭州湾南岸的宁绍平原及舟山岛，经测定，它的年代为公元前5000年至公元前3300年，是新石器时代母系氏族公社时期的氏族村落遗址。——摘自百度百科
　　②　参见华堂村《金庭王氏族谱》。

一村多部族谱也是常见现象，本次调查统计大约有 4505 部族谱。有 295 个村落保存有古书、名人手稿、字画等文物资源。906 个村有古树名木，占村总数的 73%，有的村拥有古树名木群。据不完全统计，这些村落中 1000 年以上古树有 135 棵，如丽水莲都区路湾村有 1600 年的香樟，建德石泉村有 1400 多年樟树 7 棵，建德乌祥村有 1500 多年树龄的古香榧，余杭山沟沟村汤坑汤氏宗祠前有 1200 多年树龄的红豆杉和银杏，景宁畲族自治县大漈乡西一村有 1500 多年树龄的柳杉王……在村落的非物质文化遗产中，国家级有 89 个，省级有 187 个，市级有 172 个，县级有 237 个。浙江省重视历史文化村落保护和利用，2012 年至今，先后三期批准历史文化村落保护利用重点建设村和一般村达到 779 个，占"库内村"总数的 62.6%。

《礼仪道德卷》述说浙江历史文化村落的价值追求。浙江历史文化村落里的人们，对礼仪道德的重视主要展现在三个方面：第一，有形载体众多，农村礼仪道德故事并不仅仅停留在村民的口耳相传之中，往往化身为物质载体，承载着村民的共同记忆。第二，注重传承，许多农村礼仪道德故事对于村民而言并不仅仅是一个传说，而是化身为族规家训，通过教育在子孙后代中传承。第三，影响深远，农村礼仪道德故事对于村民而言并非是遥远的往事，而是真实地存在于村民的生活之中，影响着其中的每一个人。浙江历史文化村落礼仪道德故事中，以下方面显得尤为丰富：一是慈爱孝悌。浙江历史文化村落有大量父慈子孝的故事，许多村庄将孝作为立村之本。慈孝故事可分为严父慈母的故事、寸草春晖的故事、慈孝传家的故事、节孝流芳的故事四类。慈孝故事在传统农村社会最为丰富，影响也最为深远，对民风的端正起到了极大的作用。二是贵和尚中。浙江历史文化村落里的和谐故事大致可分三类：第一类为家和事兴；第二类为乌鹊通巢；第三类为民族和睦。三是见利思义。浙江历史文化村落的见利思义的故事也可分三类：第一类为勤俭诚信的故事；第二类为公而忘私的故事；第三类为积善得报的故事。四是乐善好施。乐善好施是浙江历史文化村落美德故事的重大主题，总体可分为三类：第一类为回报桑梓的故事；第二类为扶危济困的故事；第三类为造福一方的故事。中国传统农村社会典型地体现了对礼仪道德的注重，这些传统美德与农村社会生活密切相连，它们是农民创造的宝贵精神财富，是农村社会持续发展的不竭精神动力。

《清廉大义卷》传颂浙江"忠义廉正、光昭史策"的如林贤哲。忠诚爱国，廉洁奉公，心系天下是他们为官从政的基本价值取向，也是他们为官做宰的基本要求。他们在其位谋其政，勤于政事，为民请命，爱民如子，以民众和国家利益为先；他们志行修洁，清廉刚正，讲求以身任天下，把个人的安身立命与天下兴亡、百姓福祉联系在一起，得志时则兼善天下，不得志时则独善其身。在一乡则有益于一乡，在一邑则有益于一邑，在天下则有益于天下。每当国家兴盛时，士大夫多以廉洁自重，刻意砥励德行；每当社稷衰颓之时，正是"义夫愤叹之日，烈士忘身之秋"（《晋书·慕容德载记》），竭忠效命，临难捐躯者，指不胜屈。这充分显示出，"腐败"乃是贯穿历史败亡的一条基线。故事主人公们在道德实践上主要依靠内省、自律去克制欲望，抵制诱惑，诉诸的是主体向内用力的道德自觉，而不完全依靠外在他律的规范和约束，养廉多于治廉。他们的政治实践则主要体现在：责君之过，以正君臣；律己之行，以严公私；爱民如子，以和官民；进思尽忠，退思补过；先忧后乐，用舍皆行；等等。他们的政治诉求则是一个"天—君—民"三位一体的政治架构，在这个传统的政治架构中，臣民可忠于君主，也可忠于社稷天下。忠于君主者，以君主利益为第一位，唯君主马首是瞻；忠于社稷天下者，以民众和国家利益为先。在官与民、权与理、君与国的矛盾前面，站在民、理、国这方面，"苟利国家生死以，岂因祸福趋避之"。而伴随着近代"国家"、"民族"概念的传入，政统与道统、君主与国家区分更为明显。杀身成仁，舍生取义，近代以来，浙江无数的仁人志士为了革命理想信仰、为了救亡图存、为了至高无上的道义精神，他们大义凛然，慷慨就义。

《生态人居卷》集萃浙江先民人居环境建设的智慧。"人居环境的灵魂即在于它能够调动人们的心灵"，各村落因地形地貌、水土植被、经济发展程度的不同，形成富具地域特色的个性。浙江历史文化村落大多数是有着宗族体系的血缘村落，宗族伦理观念强烈地影响着村落的空间布局和建筑形态，村落布局形态讲究道德伦理关系，重视等级制度和长幼之分。出现了以宗祠为核心，以主要商业街、道路或河流为发展轴，根据地形因地制宜的布局模式。浙中地区特别讲究形成山水环抱、聚气藏风的"风水"格局，甚至不惜人力、物力改造风水，比较典型的如武义郭洞村。浙江历史文化村落的历史建筑营造匠心独具，除建筑艺术精美之外，还体现了浓郁的人文理念。建筑群体组合往往有着严谨的秩序，祠堂大多设置在传统村落的中心位置，而亭、廊、桥等风景建筑则体现"天人合一"与"文以载道"的思想观念，巧妙结合地形地貌，承载伦理道德和美好的愿望。浙江水系众多，形成了清新淡雅古朴的历史文化村落风貌，村落中合理科学的水系规划，不仅调节了小气候，满足了日常引用、灌溉、排污、消防等功能，同时又形成了优美的人居环境。浙江历史文化村落大多是望得见山看得见水的"山水田园村落"，植根于周围山水自然环境，因地制宜进行家园建设，并辅以恰当的人文景观，形成质朴自然而又如诗如画的乡村风景园林。浙江自古以来人文鼎盛，历史文化村落中多有诗词歌咏、楹联题刻、文化典故等人文景观。在这些人文景观中，有的记录村落发展的重要历史事件，有的记录传说故事或歌颂风景名胜，彰显着村落的人文内涵之美。

《劝学劝农卷》夯实浙江历史文化村落兴村根基。耕读传统是浙江历史文化的重要传统之一，它的产生是与古代中国"劝农劝学"观念的内在要求和政策制度相契合的。浙江耕读传统产生于农本经济（物质基础）、科举入仕（制度保障）、兴家望族（直接动力）、隐逸文化（思想渊源）、人口迁徙（促成因素）五大基石，其中农本经济、科举入仕和兴家望族是浙江耕读传统产生的一般要素，隐逸文化和人口迁徙则是浙江耕读传统产生的特殊要素。在中国农业社会的历史长河中，耕读并重作为农民的生活模式，是一种可保进退自如的持家方略，二者相辅相成、相得益彰。源于此，"耕读传家"作为宗法制的历史文化村落根深蒂固的生活理想，是宗族（家庭）事务的头等大事，每个宗族都期望自己的族人可以中举进仕，入朝为官，光耀门楣。因此，族规家训都极为强调耕读之首要性；士绅乡贤则扮演着文化教育的继承者和推动者的双重角色；而庙祠碑坊既是族人对其丰功伟绩的一种铭记，也是对族中后人的一种鞭策；兴教办学则是文脉传承背后的助推力。耕读传统使得浙江地区人才辈出，尤显家族代传性特征。如温州瑞安曹村自南宋高宗绍兴二十七年（1157）至明成祖永乐二年（1404），200多年一共出了82名进士，是全国闻名的"中华进士第一村"；永嘉屿北村的"一门三进士，父子两尚书"；江山广渡村的"四代十登科，六子七进士"；绍兴州山村"父子两尚书""祖孙四进士""十八进士"等。近代以来，则有"状元村"之美誉的宁海梅枝田村和"博士村"之美誉的缙云姓潘村。劝农劝学观念的化身则是耕读传统在中国农耕社会中形成、发展和行将消亡的思想轨迹，鲜明地揭示了封建社会中富裕农家和仕宦之家对于家族（家庭）文化教育前景的企求实态，它表明，耕读传家观念不仅源远流长，而且深远地影响了农业中国的乡村社会。

《名人名流卷》镶嵌浙江历史文化村落一颗颗璀璨明珠。浙江历史文化村落名人故事丰富多彩，所述人物故事涉及名儒名臣、名贾名商、诗画艺人、乡贤民硕、侠客义士等。名人故事都寄托了村民的情感，反映了时代心理，有一定史料研究意义。浙江历史文村落的名人名流，明代到近现代的居多。这与浙江省历史文化名村形成的历史相适应。从时代变迁看，中国文化经济重心不断南移，与浙江名人辈出是顺向同步的。浙江由于地处东南，战争较少，经济和文化得到长足发展。南宋定都临安，给浙江带来前所未有的发展机遇，从而使浙江成为全国举足轻重的经济和文化重镇，造就了一批优秀儿女，其中不乏这些历史文化村落走出的。地理对文化、对名人名流缝补的影响显著。从地理类型上看，浙江历史文化村落名人名流的分布大致代表了西南山地文化、浙北平原文化、海洋文化三种类型。山区名人名流的特点是崇义尚武、武术医家、义士将军等；平原地区多半为鱼米之乡，交通发达，文化基础本身较好，多出巧匠、商人、科学家、文艺人士等；沿海名人名流具有开放冒险、抵御外侮、漂洋经商的生活经历。浙江祖先多半是中原移民，经过几次大规模南迁运动，很多北方家族南下，到浙江重新聚居，形成历史文化村落。新移民将北方的文明与本地特色结合，将优秀的中原文化传统延续下来，而传统意义上的吴越土著文化实际上自秦灭越之后特点不突出，浙江文化与中原汉文化实现了自然接轨。如朱熹与郭村、包山书院，陆羽与余杭、吴兴、长兴等，赵孟頫与下昂村等。他们的活动丰富了历史文化内涵。

《民风民俗卷》延续浙江历史文化村落鲜活历史。浙江历史文化村落保留的民俗不仅多种多样，而且具有深厚的人文底蕴和独特的地域色彩。比如，素有"鱼米之乡""丝绸之府"之称的杭嘉湖地区，流传于该地区的蚕桑文化民俗即与将民间喜闻乐见的范蠡与西施的传说亦融合在内，使原本是单纯的生产习俗增加了浓郁的人文色彩。浙江地域面积不大，但依山濒海，江河纵流，自然环境复杂，地形地貌丰富。因此坐落于不同地区村落的村民，生产、生活习俗也各个不一，又都与其所生活的区域自然环境息息相关。浙西多山，山地村落流行的生产生活风俗，即与村民千百年所依赖的山地环境关系密切，如流传于衢州洋坑村的"喝山节"——喝山祈福习俗即为典型一例。浙北多平原水乡，流行的民俗不少即与水上活动有关，如嘉兴地区民主村的水上庙会习俗。浙东南濒海、多岛屿，因之生活在滨海地区和离岛上的村落居民，其民俗就带有浓厚的海洋气息，如浙南洞头县东沙村祭祀妈祖（海神）习俗。浙江是畲族的主要聚居地区，景宁是中国第一个也是唯一一个畲族自治县，有"中国畲乡"之称，在景宁及周边的几个畲族分布的县域村落内，流传着畲族独有的生产、生活风俗，成为浙江历史文化村落民俗中极具鲜明地域风格的代表。浙江历史文化村落的民俗大体归为：一是传统的岁时节令类；二是人生历程中的婚嫁、生育、寿庆、丧葬类；三是反映家族文化的祭祖、修谱、族规类；四是农事生产类；五是乡村美食与风物特产（指手工制作者，与自然生产的不同）类。此外，还有一些涉及居住建筑、传统体育、游戏娱乐和口头文学等。民俗是过去生活的记忆与缩影，也是村落民落在千百年的生产生活中积淀的文化遗产，随着社会经济的高速发展和城镇化的快速推进，不少良风美俗也都面临着湮没之危。我们希望"千村故事"能够让这些乡村记忆传之久远。

《手技手艺卷》展示浙江历史文化村落里百姓与"这方水土"相互厮守的故事。浙江省历史文化村落手技手艺体现于生产生活的方方面面，比如，将传统的绘画与雕刻工艺应用于传统建筑与装潢，竹编或草编则在保持手工艺品基本特征的基础上，使其成为乡村旅游的一个品牌；剪纸、陶艺依然维系着一方水土的温馨记忆。浙江省的手技手艺是"一方水土"的百姓与这片山、这片水相互厮守的故事。从远古走来的浙江人民世世代代与这片土地同呼吸、共命运，并由此衍生了具有浓厚区域色彩的手技手艺，这些手技手艺曾经是普通百姓的重要经济手段，尤其是在农耕社会时期，生产力水平不发达，交通闭塞，对一个家庭乃至一个家族而言，一门手艺的掌握将给他们带来相对稳定的收入，由此贴补家用，贴补再生产，当然也贴补愿望。由于区域的相通性，即使有多达上千数量的历史文化村落，手技手艺在许多村落间都是共通的，同时也展现出地域乡土性。传统技艺存在于生活之中，只要有适宜的环境，手工艺就会得到传承，比如木作、雕凿、烧造、冶炼、纺织、印染、编结、彩扎、装潢、造纸、制笔、烹饪、酿造、印刷等，在当代社会的现实生活中仍然有着广阔的生存空间，费孝通先生曾说过，非物质文化遗产"之所以传下来就因为它们能满足当前人们的生活需要。既然能满足当前人的生活需要，它们也就是当前生活的一部分，它们就还是活着。这也等于说一个器物一种行为方式，之所以成为今日文化中的传统，是在它还发生'功能'，能满足当前的人们的需要。"

《特产特品卷》印制浙江历史文化村落亮丽的名片。浙江历史文化村落的特产特品文化深厚，各地的每一种特产，都不是简单的自然馈赠品，而是各地居民在千百年的生产生活中积淀下来的文化遗产，每一种产品都有其独特的种养、加工技巧和工艺流程，许多产品还有一套与其生产过程相配套的地方习俗和文化故事。浙江历史文化村落农特产品具有鲜明的地域差异性，比如，浙北杭嘉湖平原地区是种、养、加特产集中区，农特产品主要以种植产品、淡水养殖品及加工制品为主，传统种植产品以蚕桑种植最具特色，现代种植产品则主要以瓜果蔬菜为特色，如槜李、湖菱、大头菜、莼菜、雪藕等特色果蔬在区域内均有一定的分布；浙中金衢盆地地区是瓜果、药材、粮油肉加工产品集中区，如兰溪杨梅和枇杷、常山胡柚，磐安元胡、玄参和白芍等，金华火腿、金华两头乌猪、龙游乌猪、衢江三元猪，金华酥饼、龙游发糕、江山铜锣糕、常山山茶油等；浙西丘陵山地地区则是茶叶、竹木产品集中区……；浙南山地地区是林木、山石产品集中区……；浙东丘陵地区是特产多样性地区……；浙东沿海平原地区则是蔬果、海产集中区……；东南滨海岛屿地区则是海洋捕捞产品集中区，陆地特产相对较为贫乏。浙江历史文化村落的特产特品注入了深刻的文化印记，其中许多农特产品从一个村落发源，经过历代村民精心呵护与反复打磨，已经走出村落、走向世界，成为历史文化村落的名片。

（执笔：王景新，浙江农林大学中国农民发展研究中心暨浙江省农民发展研究中心常务副主任，中国名村变迁与农民发展协同创新中心首席专家；文中"五、梗概"由各卷主编撰写。）

General Introduction:

Stories of Thousand Villages—A Tribute to the Construction of Beautiful Countryside in Zhejiang, China

Center for China Farmers' Development, ZAFU
Researoh Center for Farmers' Development of Zhejiang
Province Collaborative Innovation Center for China
Village Change and Farners' Development

1. Genesis

Echoing Nostalgia,

We revive the charms of villages and inherit the wisdom of predecessors;

We encourage learning for education and promote farming for foundation;

We build moral intelligence through practice of etiquette and filial piety;

We create a harmonious relationship of man with the ecological environment;

We maintain and renovate the folk culture long cultivated and celebrated.

Echoing Nostalgia,

We tell stories of thousand villages and deliver the message of history;

We advocate honesty and righteousness as guiding principles of victory;

We salute prestige among the crowd rather than power in the office;

We value and enhance the continuous inheritance of craftsmanship;

We establish and promote local specialties of quality guarantee.

Echoing Nostalgia,

We write a sequel to the splendid long history of the enchanting villages;

We build a shared Chinese dream to revitalize the nation for better strength;

We boost the economic development of the villages as a top priority;

We promise the farmers a rebuilt life to be comfortable and carefree;

We march on in full confidence to embrace a future of common prosperity.

This theme song of "A Disk of Images" which briefly portrays Stories of Thousand Villages, is an eloquent embodiment of Zhejiang People's desire to protect the ancient cultural villages, dig into the lore and legends, capture the charms of the countryside and take a trip on the memory lane to relive the nostalgia. At the same time, it has well set our goals and aspirations for the practice of freedom and equality, the construction of a beautiful countryside and the pursuit of common prosperity.

Five Action Programs of Stories of Thousand Villages were initiated for the protection and utilization of the ancient cultural villages in Zhejiang Province. As was instructed by then – governor Li Qiang, (2012)[1] the proper protection and scientific utilization of ancient cultural villages is in the interest of demonstrating the beauty of local area and the initiation of the programs marks the arrival of a new stage of building a beautiful countryside. It is in this stage where we transform the accomplishments into advantages of resources in economic and social development and realize the goal to build a countryside with higher level of productivity, an affluent life, a clean and tidy environment and democratic management. In addition, we will be able to embrace a successful urban – rural integration by promoting the synchronous development of industrialization, informationalization, urbanization and agricultural modernization with efforts devoted to the in – depth convergence of informationalization and industrialization, the positive interaction between industrialization and urbanization and the effective coordination between urbanization and agricultural modernization.

The project of building a beautiful countryside in Zhejiang was launched in 2003 and the initiation of Village Demonstration and Renovation in June that same year by then – secretary of Zhejiang Province guided our efforts into a new stage. Back in October, 2005 when the construction

---

[1] Li Qiang (then – Deputy Secretary of Zhejiang Provincial Committee of CPC, Governor of province, the present Governor of Jiangsu Province): Speech on the in – site Promoting Meeting of the Protection and Utilization of Ancient Cultural Villages in Zhejiang Province (May 9[th,] 2012).

of a new socialist countryside was set as a top priority at The Sixteenth Plenary Session of the Fifth CPC Central Committee, the project of Village Demonstration and Renovation was able to ride the tide. By the year 2007, we have finished the preliminary renovation of 10303 villages and 1181 of them been built into demonstration villages of building a well – off society in an all – around way. And in 2008, a project of Building Beautiful Villages of China was proposed. While in September of 2009, a group of experts in the protection of ancient architecture and antiquities gathered in Xinye Village of Jiande City and issued Xinye Consensus urging the government to integrate the protection of cultural heritage into its efforts at livelihood improvement. The whole society was called upon to make the collective efforts to rescue the vernacular architecture from destruction and disappearance. In 2010, Action Programs of a Beautiful Countryside (2011— 2015) was drafted and issued with a census of ancient cultural villages wes conducted collectively by six departments, namely the Rural Affairs Office, the Department of Finance, the Department of Housing and Urban – Rural Construction, the Agency of Cultural Affairs, the Forestry Department and the Administration of Cultural Relics. In April of 2012, to implement the instructions of the General Secretary that an outstanding traditional culture as the fundamentals of the inheritance and development for both a nation and a country should never be discarded as it would signify the severance of its historic lifeline, Zhejiang Government issued Proposals to Enhance the Preservation and Utilization of Ancient Cultural Villages which stressed the restoration, preservation, inheritance and sustainable utilization of the ancient cultural villages as a task of top priority in the construction of a beautiful countryside. And in July of the same year, a claim is raised in Report at the 10th Party Congress to spare no efforts in the construction of a beautiful China for the sake of sustainable development. And this was reaffirmed by the General Secretary Xi Jinping's assertion that only with a well developed agriculture, a beautiful countryside and an affluent life for the farmers can China become a strong, beautiful and wealthy country. And yet difficulties are inevitable in the process of construction, which calls for constant efforts made all along.

The idea of Stories of Thousand Villages emerged alongside construction of a beautiful countryside in Zhejiang. On May 20th, 2014, Mr Wang Huizhong, Deputy Secretary of Zhejiang Province and Mr. Zhang Caifang among others took a research trip to Zhejiang Agriculture & Forestry University (ZAFU) during which Research Center for China Farmers, Development gave a report on the work conducted at Collaborative Innovation Center for Changes of Ancient Cultural Villages and Development of Farmers, which won their immediate recognition and support. Later an official written report was drafted and presented to the General Office of CPC Zhejiang Provincial Committee to get support for the preservation and utilization of ancient cultural villages conducted by the Collaborative and Innovation Center. The report was personally instructed by the Deputy Secretary Wang Huizhong. Motivated by this, two meetings were held in November of 2014 and January of 2015 respectively with deployments made to explore the stories of the people living in the villages and retell them. In the light of these deployments and instructions from the provincial leadership, on March 2nd of 2015, the Office of Rural Affairs of Zhejiang Province appointed the principals of the project to Research Center for the Development of Farmers for joint consultation and co – design of a workable action plan of "Stories of Thousand Villages", which was presented to provincial party committee and provincial government. The top leaders of Zhejiang province like Xia Baolong, the General Secretary of Zhejiang Province, Li Qiang, the governor, Wang Huizhong, the Deputy Secretary, Huang

Xuming, the Deputy Governor made instructions respectively, which require that efforts should be made to accomplish this project successfully and produce a refined work.

With the instructions from the provincial leadership, led by Mr. Yan Jie, the deputy director of Leading Group Office of Agriculture and Rural Work, the Social Development Division has made continuous efforts to guide and coordinate the implementation of the action plan and its allocation of tasks. Upon approval of the action plan, the Secretary together with the Principle of ZAFU have called for full attention and dedication to the composition of Stories of Thousand Villages. In accordance with above mentioned instructions, ZAFU Research Center for Development of Chinese Farmers has coordinated with Collaborative Innovation Center for Changes of Ancient Cultural Villages and Development of Farmers and experts across China to establish a Committee of Experts for Stories of Thousand Villages A research team and a studio have also been established. On April 7th, a work deployment meeting was called to assign five sub – projects and officially launched the action plan of Stories of Thousand Villages with the rule of biweekly meetings being set for the plan. Tasks have been allocated to specific research groups.

2. Tasks

The concept of "ancient cultural villages" proposed by Zhejiang province covers famous Chinese ancient cultural villages, Chinese traditional villages and villages with ancient architecture, natural ecological villages, and villages with remarkable folk customs throughout Zhejiang province. Famous Chinese ancient cultural villages refer to the villages with rich well – preserved cultural relics and historical value or memorial significance, which can comprehensively reflect the traditional scenes and local ethnic characteristics of a certain historical period of time. This kind of villages is jointly appraised and selected by Ministry of Housing and Urban – Rural Construction and State Bureau of Cultural Relics. From October 2003 to March 2014, 276 villages were granted famous ancient cultural villages in six batches, among which 28 villages are in Zhejiang, making up 10. 1% of the total. Chinese traditional villages were called " ancient villages" in the past. In 2012, Ministry of Housing and Urban – Rural Construction, Ministry of Culture, State Bureau of Cultural Relics and Ministry of Finance jointly set up " A Committee of Expert for Protection and Development of Traditional Villages". Thus, "traditional villages" replaced the concept of " ancient villages". The traditional village refers to the village built before 1911 when the Xinhai Revolution took place in China, in which traditional architecture environment, architecture style and distinctive customs have been well preserved without many changes of its location. Despite of its long history, it is still inhabited. From 2012 to December 2014, the committee announced 2555 Chinese traditional villages, among which 176 villages are in Zhejiang, accounting for 6. 9% of the total. In 2012, the No. 38 document of General Office of Zhejiang Provincial Party Committee (Z [2012] Doc. 38) defined: " ancient cultural villages include famous Chinese ancient cultural villages, Chinese traditional villages and villages with ancient architecture, natural ecological villages, and villages with remarkable folk customs". This document brought into the category of " ancient cultural villages" all the villages with rich and concentrated tangible historic and cultural relics like ancient buildings and intangible cultural heritage, the villages in which historic buildings being harmonious with the nature and ecology, the villages in which historic buildings are well preserved, and the villages in which rich intangible cultural heritages like traditional customs have been carried over on and are still frequently practiced.

The project of "The Story of Thousand Villages" mainly aims at 1237 villages in The List of Ancient Cultural Villages in Zhejiang Province ("the Listed Villages for short"), with a series of tasks carried out, including "digging into the lore and legends and compiling a series of books to trace historical development—working out a collection of fruits and achievements to capture the charms of the countryside —making a disk of images to take a trip on the memory lane to relive the nostalgia—bringing out a pavilion for display to build spiritual home—cultivating a bunch of bases."

"A series of books" is consisted of 9 volumes, among which *The Volume of brief Introduction to Thousand Villages* acts as the archive of "the listed villages". *Stories of Thousand Villages*: *Etiquette and Morality* collects and compilesthe listed villages' allusions in the aspects of righteousness, love, filial piety, hardworking and thrifty, harmony, kindness, cleanness, honesty and affection (including affections among brothers, neighbors and the harmonious coexistence of different nationalities). *Stories of Thousand Villages*: *Honesty and Righteousness* involve the allusions about the families in "the listed villages" instructing their offsprings to be righteous, incorrupt, and patriotic officials bearing strong sense of national interests. *Stories of Thousand Villages*: *Ecological Residence*chooses the stories related to the classical layout and geomancy, proper settlement structure, ingenious drainage system, exquisite gardens and beautiful natural landscape, as well as the inheritance and protection of these architecture features. *Stories of Thousand Villages*: *Encouraging Learning and Farming* tells the stories about the representative figures and anecdotes that involve family disciplines, encouraging learning and farming, farming –

reading culture, carrying forward the vernacular cultures of diligent learn-ing, being happy with farming, admiring hardworking and simple life, managing the household with industry and thrift, ceaseless self - im-provement, diligence and perseverance. *Stories of Thousand Villages: Ce-lebrities of Public Prestige* select the stories of the famous officials, mer-chants, educators, scholars and local squires who are the typical figures practicing the idea of "He who excels in learning can be an official, or a merchant, who not, a farmer", carrying forward the excellent culture of loving any work one goes in for, every trade having its master and bringing benefits to the villages. *Stories of Thousand Villages: Folk Tradition and Customs* includes the classical stories about sacrifice, funerals, marriage, festivals, solar terms and farming, family rules and village laws, and mutual help in the neighborhood etc, carrying forward the excellent cul-tures of folk customs, order and grassroots governance. *Stories of Thousand Villages: Craftsmanship* narrates the stories about the vernacular intangible cultural heritages including unique handcrafts, stone carving, brick carv-ing, bamboo carving and weaving, painting, paper - cut, embroidery, needlecraft, dramas, folk songs, martial arts etc., as well as the suc-cessors of these heritages, carrying forward vernacular handcraft, tech-niques and folk art. *Stories of Thousand Villages: Local Specialties* aims at the well - known agricultural products, fruits and vegetable products, an-imal by - products, handcrafts, specialties and snacks with old names, as well as their stories.

The project of "working out a collection of fruits and achievements" involves investigating and summing up the historical development, the conditions, periodical characteristics and general laws of the development of ancient cultural villages in Jiangnan the China's or sustainable develop-ment), as well as the Zhejiang features and experiences in the protection, inheritance and utilization of cultural heritages, with the materials and data collected when "compiling a series of books". Based on the investigation, *Study on the Social and Economical Development of ancient cultural villages in Zhejiang* (a monograph) is to be published, "The Report on the Protection, Utilization and Sustainable Development of ancient cultural villages in Zhejiang" and "policy proposals" are to be handed out, followed by the making of "Guidelines on the Protection and Utilization of ancient cultural villages in Zhejiang from 2016 to 2020."

"Making a disk of images" aims at recalling nostalgia through audio – visual means, recording the protection and utilization of the "listed villages", collecting and storing the original audio – visual materials of the villages, publicizing stories of thousand villages. The major tasks include: (1) to collect and collate the previous documentary film, publicizing film and news film of the "listed villages", storing up the audio – visual materials for the project of "a pavilion for display"; (2) to film the habitation environment of "the listed villages", recording the restoration, protection and utilization of the historic buildings like the houses, temples and covered bridges etc, and reviving the intangible cultural heritages like the folk customs, handcraft and technique; (3) to select classical and brilliant stories with themes in accordance with the eight volumes of "Stories of Thousand Villages", and organize the witnesses, successors or representative figures to tell the stories of their villages, their families and their own, making the stories into publicizing story films with 8 episodes.

The project of "bringing out a pavilion for exhibition" is to build a pavilion showing the development of the ancient cultural villages in Zhejiang, based on the construction of "The Museum of Chinese Famous Villages". The pavilion displays a variety of objects, including: (1) tangible objects like farming tools, hand tools, traditional appliances, products of folk art etc; (2) the literatures and materials about village histories, the biographies of the famous scholars, other celebrities and their works, the archives and covenants scattered in the folk; (3) the historical pictures, rubbings of inscriptions and audio – visual materials about the layout of the villages and the changes of the layout; (4) the contrast materials of the villages' development, such as changes of the landscapes and the natural environment, the housing and economic income of the villagers, as well as the increase of living standard and improvement of public services; a variety of data, materials and pictures like historical data, pictures, statistical annual reports, recorded farmers' information, old photos, papers of the awards and honors the villages got in the time of collective economy. With all these materials, a corpus of ancient cultural villages in Zhejiang will be established.

based on the protection and utilization of the major listed villages. The project of "developing a bunch of bases" is to build demonstration bases where we can see the mountains and rivers and experience nostalgia, The bases are divided into two types. One is about "Demonstration villages noted for its protection and inheritance of vernacular historic cultures", and the other is about "Demonstration villages noted for its protection and inheritance of the cultures with modern features. "

The above tasks constitute an integrated whole, in which compiling a series of books is the material source of working out a collection of fruit and achievements, the script of making a disk of images, the context and outline of bringing out a pavilion for display and the important support of developing a bunch of bases. A series of books, a collection of fruits and achievements, a disk of images, a pavilion for display and a bunch of bases support with each other, jointly taking the historical responsibilities of protecting and utilizing the tangible and intangible heritages of the ancient cultural villages in Zhejiang province.

3. Value

"Stories of Thousand Villages" is a significant project of Zhejiang province on rural culture construction with retrievable exploration, collation, recording and inheritance of intangible cultural heritage, based on the restoration, protection and utilization of the tangible culture of ancient cultural villages. It will leave our future generations poetic historic chapters describing the changes and development of Chinese traditional villages, providing some reference for the inheritance of traditional Chinese agriculture and showing the world a nostalgia record of China's Jiangnan area, a land of fish and rice with great cultural deposits.

The village is the carrier of the development of the rural areas in China. Correspondingly, in China, the history of the rural development is by nature that of villages. Therefore, the ancient cultural villages can act as the museums of Chinese local cultural heritage, and the encyclopedia of nostalgia, also a treasure of Chinese traditional literature and philosophy. The ancient cultural villages are engraved with the historic marks of the development of ancient Chinese agriculture, rural areas and farmers, bearing the great achievements of Chinese new – democratic revolution led by Chinese communist party, socialist revolution and construction, reforming and opening – up and socialist modernization. The development of villages also show remarkable achievements made in the modernization of Chinese agriculture, rural areas and farmers, loaded with the contributions of numerous elite farmers. Walking through these villages, we seem to walk into the museums displaying the agriculture civilization, local cultures and traditional cultures of China, a memorial hall recalling Chinese farmer revolution and socialist construction led by Chinese communist party, exhibition hall showing the achievements made in the modernization of Chinese agriculture, rural areas and farmers, and biography library recording our ancestors, elite farmers and other celebrities. However, "the rapid industrial civilization is devouring agricultural civilization, and the rural community is dramatically disappearing. As the cradle of the whole human beings, the ancient villages have been there for thousands of years, loaded with ancient and medieval flavor. But now they are being replaced by a variety of modern buildings (Wang Xianming, 2004)[1]. Therefore, it is high time to protect China's ancient cultural villages, to explore their social and economic development, to make audio – visual materials, and to build the museum of agricultural civilization.

In Zhejiang, the importance has long been attached to the protection and utilization of ancient cultural villages, which has been regarded as important support of rural social and economic development, as well as an important part of beautiful countryside construction. In 2003, when the project of "Village Demonstration and Renovation" was launched in Zhejiang province, Xi Jinping, then – secretary of Zhejiang provincial committee of the CPC stressed: "we should find a proper balance between the preservation of historic culture and the construction of the villages, conducting the protection, renovation and utilization of the valuable ancient villages, houses and landscapes in a scientific and proper way."[2] In 2012, the protection and utilization of Chinese ancient villages were first practiced in Zhejiang province. Since then, such a planed, organized and

---

[1] Wang Xianming, The Social Changes of Chinese Villages from The Eastern Miscellany: Viewed from the History of Villages in Modern Times and Others, *Journal of historic Science*, 2004 (12).

[2] Cited from Wu Jian. Documentary on the Protection and Utilization of Zhejiang's Ancient Cultural Villages, *Zhejiang Today*, 2014 (16).

large scaled protection and utilization of ancient cultural villages have been carried out throughout the province. Since 2012, Zhejiang Provincial Party Committee and Provincial Government have convened "The Conference on Promoting the Protection and Utilization of Zhejiang's ancient cultural villages" once a year, with the fund of 1 billion yuan invested. [1] In consecutive three years, 130 major villages and 649 ordinary villages of the listed ancient cultural villages in Zhejiang have been restored and protected. The governments and party committees at all levels in Zhejiang province have done a lot and created a lot of new methods and experience, contributing a lot for the present and later generations, which have been acknowledged, praised and actively responded by Zhejiang's ordinary farmers and farmer leaders. Until now, we have basically reached the general goal put in the 38th document issued by Zhejiang provincial Party committee, that is, the protection and utilization planning have covered all of Zhejiang's counties where the ancient cultural villages are concentrated, and the villages have been basically restored and protected by 2015.

4. Method

To compile "The Stories of Zhejiang's Villages" is a significant attempt made through the cooperation of Zhejiang's "the government, the university, the researchcenters and the masses ", on the basis of large scale investigation and joint work of large groups. Following the requirements of higher authorities, the project, organized by the Office of Rural

---

[1] In 2013, Zhejiang governments at provincial, municipal and county levels invested 0.929 billion yuan, among which the provincial government invested 0.23 billion yuan, referring to Wang Zhonghui (Deputy Secretary of Zhejiang Provincial Committee of Communist Party): "Speech on the on – site Meeting of Protection and Utilization of Zhejiang's ancient cultural villages" (July, 1st, 2014).

Affairs of Zhejiang Province, and financed by Finance Department of Zhejiang province is jointly implemented by Zhejiang A&F University and "Collaborative Innovation Center for Changes of Chinese Ancient Cultural Villages and Development of Farmers".

The Office of Rural Affairs of Zhejiang Province and the research group of ZAFU, by issuing official documents in the name of the Office of Rural Affairs, collaboratively transmitted to different districts the research objects, the method, requirements and models of collecting and compiling stories, and working schedule of "The Stories of Zhejiang's Villages". In 2015, The Office issued a series of documents for the project of compiling "Stories of Thousand Villages", including*Notice on Organizing Five Action Programs of "Stories of Thousand Villages"* (Doc. 11 issued in 2015 by the Office of Renovating and Constructing Villages in Zhejiang), *Notice on Checking and Completing the List of the Ancient Cultural Villages in the Project of "Stories of Thousand Villages"* (Doc. 14 issued in 2015 by the Office of Renovating and Constructing Villages in Zhejiang), and *Notice on Collecting and Compiling Basic Materials for the Collection of "Stories of Thousand Villages"* (Doc. 18 issued in 2015 by The Office of Renovating and Constructing Villages in Zhejiang) etc. All these documents act as the bases to coordinate different parties. The Office requires: Guiding Committee should be set up in the cities, counties or districts where there are a large number of ancient cultural villages or "listed villages". A specialized team should be formed with staff selected from the bureaus of culture (or cultural centers), offices of local chronicles and archives in different cities, counties or districts. The team will take charge of the organization and coordination of different towns, streets and villages, as well as the collection, compiling, checking, correction and delivery of basic materials, classic stories and audio – visual pictures.

Fixing on a specific site and village is the basis of exploring and compiling "Stories of Thousand Villages". Aiming at "the listed villages" (971 villages) jointly confirmed in 2012 by 6 departments after thorough investigation, the Office of Rural Affairs of Zhejiang Province, following the criteria of "being valuable, tangible and traceable, having stories and historic figures, has checked, canceled and supplemented the list of ancient cultural villages in different areas. By the end of 2015, 1237 listed ancient cultural villages in Zhejiang province have been checked. ①

In the first ten days of April, 2015, ZAFU research team held a training session for the project of "Stories of Thousand Villages", unifying the research framework and method. Then a group of experts in rural economy, architecture, planning, history, culture, tourism and folklore have been organized twice to make preliminary researches in the "listed villages" with two aims, one of which is to set up the framework of "a series of books", the parts, chapters and sections of *A Brief Introduction to the Thousand Villages* and eight volumes of stories, as well as the story template so as to provide reference for the junior researchers to collect, sort out and compile the preliminary materials of "Stories of Thousand Villages", and the other is to explore the collaborative linkage of "the government, the university, the research centers and the masses", as well as the joint working mechanism of the research groups. By the last ten days of June, 2015, all the above goals have been achieved, and consensus

① The amount of "the listed villages" of Zhejiang's ancient cultural villages keeps changing. At the first stage, there are 971 "listed villages", the second, 1123, and the third 1237. Therefore, during the research of "Stories of Thousand Villages", the number of "the listed villages" varies in the report written in different periods.

has been made on the overall requirements, style and methods of compiling the collection of "Stories of Thousand Villages".

①The overall compiling requirements. It is required that "a series of books" be compiled based on the framework worked out according to the planning of "Stories of Thousand Villages" approved by the provincial government, showing the landscape, the people and the stories of the ancient cultural villages, and finally a series of books combining stories and histories will be created. "A series of books" is compiled with the principles integrating three aspects: the first is about that historicity is concerned when exploring, sorting out and compiling the stories, that is, what we choose are those widely spread stories which really happened in the ancient cultural villages; the second is that the stories we compile are informative, that is, the stories are worth reading, collecting and spreading; the third is that the stories are instructive, that is, the stories are valuable for spreading and carrying forward the fine traditional cultures of the villages.

②The targets. The study and compiling of "Stories of Thousand Villages" target at the "listed villages" of ancient cultural villages in Zhejiang province. Classical stories in those "non – listed villages" are also included, but the quantity is controlled. As to the stories centered on personae, we follow the principles of "no biography for those still alive, adapting to the times and showing 'positive power', and writing out the anecdotes of the big names while great events of the nobody. If the same person is involved in several villages, the stories are integrated into one while keeping the marks that the person lived in these villages. The stories centered on personae are not personal biographies in which only the personae are spotlighted with the villages being invisible.

On June 25th, 2015, the Office of Rural Affairs of Zhejiang Province, in accordance with the consensus made above, issued *Notice on*

Collecting and Compiling Basic Materials for "Stories of Thousand Villages", requiring the Office of Rural Affairs in all the counties (cities and districts) coordinate with related departments like the bureau of culture, offices of local chronicles, broadcast administration agency and archives to build a specialized team to collect, compile, check, correct the basic materials and audio – visual pictures according to the above requirements. All the materials had been submitted to the Social Development Division of the Office of Rural Affairs of Zhejiang Province and the studio of "Stories of Thousand Villages" of ZAFU by August 1st, 2015.

On July 8th, led by the Social Development Division of the Office of Rural Affairs of Zhejiang Province, with the assistance of the research group of the project, the training for the directors from the Office of Rural Affairs in all the counties of Zhejiang province and the core members who participate the compiling of the basic materials of "Stories of Thousand Villages" was held (about 400 participants took part in the training). The chief editors for each volume of a series of books and the presiders of a collection of fruits and achievements, a disk of images and a pavilion for display presented respectively the purpose, framework, requirements, template, methods and points for attention of each volume and each sub – project. The leaders from the Office of Rural Affairs of Zhejiang Province and vice – president of ZAFU who take charge of the project also put forward their requirements, which were delivered to related departments at different administrative levels. Since then, the narration, compiling and verification of "Stories of Thousand Villages" have become well known and popular in Zhejiang's ancient cultural villages.

During the summer holidays of 2015, the research group of ZAFU organized 11 contact teams, taking a hundred undergraduate students and post – graduate students to 11 prefecture – level cities of Zhejiang to "look

for stories of thousand villages" ①, make investigations and provide trave-
ling guidance for the locals. Their specific tasks include: (1) to select typ-
ical villages, make investigations cooperating with the locals, and look for
historic stories; (2) to accept invitation to provide assistance for those vil-
lages that have difficulties in collecting and compiling stories and need
help; (3) to collect the data and tangible objects needed for the project of
a collection of fruits and achievements, a disk of images, a pavilion for
display and a bunch of bases while compiling a series of books.

By August 25th of 2015, the studio of "Stories of Thousand Villages"
had received 1244 copies of " information collection forms of ancient cul-
tural villages", with valid information of 1158 villages; 1227 pieces of
basic story materials including 136 pieces of *Etiquette and morality*, 130
pieces of *Honesty and Righteousness*, 287 pieces of *Ecological Residence*,
84 pieces of *Encouraging Learning and Farming Volume*, 228 pieces of
Celebrities of Public Prestige, 179 pieces of *Folk Tradition and Customs*,
99 pieces of *Craftsmanship*, and 84 pieces of *Local Specialties*. On August
26th, the research group of ZAFU held a report and exchange meeting of
summer holiday investigation, making discussions on the status quo and
countermeasures of the protection and utilization of the ancient cultural vil-
lages, deploying the teams to make statistic analysis on the original data of
the villages, sorting out the basic story materials and proposing amend-
ments.

The research group of "Stories of Thousand Villages" had made in-

---

① The Summer Vacation Social Practice Team of "The Stories of Villages" from ZAFU has
been awarded "The Excellent Team of social practice of college students' bringing culture, tech-
nology and healthcare skills to the countryside in 2015". The social practice was jointly organized
by the The Central Publicize Department, Civilization Office of the Central Communist Party Com-
mittee, Ministry of Education, The Central Committee of the Communist Young League and All -
China Students' Federation.

vestigations and traveling guidance in 11 prefecture level cities, 57 counties (districts), 163 villages, helping the local departments to revise and rewrite 259 stories. By the end of 2015 and the early 2016, the first draft of eight volumes of stories had been basically completed. During the winter holidays of 2016, the research group of ZAFU once again went into the villages to do investigation, making further revision, supplementing and improvement of the historic stories. From April 8th to April 10th of 2016, the research group of ZAFU held The Meeting on the Final Compilation and Editing of "Stories of Thousand Villages" in Digang Village of Nanxun District, Hunan Province. Some members of the expert committee of "Stories of Thousand Villages", leaders of China Social Sciences Publishing House and involved editors, the chief editors of each volume of the book series and the project leaders of "the Four One Project" gathered to check and approve the first draft of the book series, unify the compiling requirements and select the sample drafts of *Selected Stories of Thousand Villages* (three volumes in total). Up to now, the investigation and compiling of "a series of books" have basically completed. What is left is to submit the book series to the press for editing and publication.

5. An Overview

A Brief Introduction has sorted out the tangible cultural relics in the ancient cultural villages in Zhejiang and surveyed the current status of their preservation and utilization. As is shown in valid data collected, most of the ancient cultural villages are located in mountainous areas and hilly areas in the western, southern and central parts of Zhejiang with relatively fewer located in Hangjiahu Plain, Ningshao Plain and the islands. To be more specific, 228 of them are located in Lishui City, 170 in Taizhou

City, 159 in Quzhou City and 150 in Wenzhou City. Most of the ancient cultural villages have a long history with 160 of them established back in Tang and the Five Dynasties, taking up a percentage of 13. 82%. Madai Village located in Dinghai District of Zhoushan City was accredited as Hemudu Site on the Sea① and No. 1 Island Village. And Majiu Village at Caoqiao Street in Pinghu Town of Jiaxing City can trace its history back to The Spring and Autumn Period during the rule of Qi Jinggong (547 BC – 489 years ago). As for Hua Tang Village, it was first formed when Wang Xizhi, a renown calligrapher back in East Jin Dynasty, left office due to sickness in the year 355 BC and moved to Shaoxin from Wuxi. And thereby the Family Pedigree of Jinting② was established. Most of the villages were built back in Song Dynasties with 367 of them taking up a percentage of 31. 69%, which was followed by Yuan Dynasty and Ming Dynasty with 103 and 297 of them taking up percentages of 8. 89% and 25. 56% respectively. 149 villages were built in Qing Dynasty taking up a percentage of 12. 87 % and the rest 82 villages were built during the Republic of China Period or even later. 4357 of the tangible cultural relics have been confirmed worthy of preservation and among them, 375 are listed of national grade, 699 are listed of provincial grade, 400 are listed of city grade and 2877 are listed of county grade. And 216 villages have been confirmed as cultural relic preservation units with ancient architecture clusters. With a total number up to 36000, the ancient architecture, mainly categorized into 14 different kinds, namely the residential households, ancestral halls, drama stages, memorial archways, bridges, paths, canals, bar-

---

① In 1973, Hemudu Site, discovered in Hemudu of Yuyao, Zhejiang, is mainly distributed in the Ningshao Plain and Zhoushan Island to the south of Hangzhou Bay. According to the estimation, it can be traced back to 5000 B. C. to3300 B. C. It is the relics of clan villages of the period of matriarchal clan society in Neolithic times. ——extracted from Baidu Encyclopedia

② With reference to *the Family Pedigree of Jinting Wang Family* in Hutang Village.

rages, wells and springs, streets and alleys, defensive walls, towers, temples and tombs. Among all these, ancient residential households have taken up the majority with a total number of 23071 and there are 1624 ancient ancestral halls, 91 ancient defensive walls and 69 ancient towers. In addition, 1022 villages have managed to preserve their family pedigrees, taking up a percentage of 82.15% of all the villages listed. Since it is quite common for one village to have quite a few family pedigrees, the current survey has covered around 4505 family pedigrees altogether. Apart from the architecture, the survey also covered other tangible cultural relics such as ancient documents and ancient trees. There are around 295 villages with ancient books, celebrity manuscripts, paintings and calligraphy. As for ancient and rare trees, they have been found in 906 villages, sometimes in groups, taking up a percentage of 73%. And according to incomplete statistics, there are 135 ancient tress with an age of at least 1000. The 1600 – year – old Camphor tree in Luwan Village, Liandu District of Lishui City, the seven 1400 – year – old Camphor tree in Shiquan Village of Jiande City, the 1500 – year – old Chinese torreya tree in Wuxiang Village of Jiande City, the apricot tree and Taxus tree with an age of 1200 in front of the Tang Ancestral Hall in Shangougou Village of Yuhang City and the 1500 – year – old cryptomeria fortunei in Xiyi Village of Daxi Town in Jingning Shezu Autonomous County are just a few examples. As for the intangible cultural relics among these villages, 89 are of national grade, 187 are of provincial grade, 172 are of city grade and 237 are of county grade. Since the year of 2012, in three phases, preservation and utilization projects are granted in 774 ancient cultural villages taking up a percentage of 62.6% of the listed villages, which has eloquently shown that Zhejiang Government not only attaches great importance to the preservation and utilization of cultural relics but also has made rewarded efforts.

Etiquette and Morality is a recount of the value pursuit of people in the ancient cultural villages in Zhejiang Province. We are deeply impressed by how etiquette and morality is greatly valued and continuously practiced by the villagers from three main aspects. Firstly, the stories are not just told from mouth to mouth but translated into a big variety of physical carriers to bear the shared memories of the people. Secondly, the villagers do not just let the stories stay as legends but integrate them into important part of their education of younger generations in forms of family precepts. Thirdly, the impact stays profound and far reaching since it has been lived by every and each of the villagers as part of their daily life. And these enchanting stories of etiquette and morality are mainly told with four different focuses, namely benevolent affection and filial piety, harmony and interaction, honesty over interest and lastly benevolence and charity. With many villages setting filial piety as the foundation of their development, the stories of benevolent affection and filial piety are widely told and lived. These stories mainly portray the images of kind mothers and severe fathers who spared no efforts in raising their children into righteous adults and how their children return the favor by taking good care of them during old age. The widespread of these stories and their profound impact has greatly contributed to a favorable folkway. Harmony and interaction among villagers have been long valued and celebrated in Zhejiang Province and the stories are mainly told of how harmony and cooperation within the family, among one villager and another as well as with the whole nation can contribute to common prosperity. The honesty – over – interest stories are quite well noted, too, mainly about how people keep their promises, sacrifice their own benefits for collective interest and get rewarded for their selfless acts. Benevolence and charity is another topic of which stories are passionately told, mainly about serving the hometown to return the favor, helping and supporting the poor and devoting efforts to develop an area. All these stories have well represented the respect for and practice of the etiquette and morality in the ancient cultural villages. Closely related to the villagers' daily life, the traditional virtues and ethics are rare treasures created by farmers and the driving force of the sustainable development of the rural areas.

Honesty and Righteousness is a tribute paid to the wise, virtuous and capable who are vivid portrait of honesty and righteousness and have made history casting profound impact on later generations. Loyal and patriotic to the country, devoted and clean in the office and deeply concerned for the well – being of massive public, they put the collective interest in front of their own and devote every single bit of themselves to the prosperity of the country and the welfare of the people. Whatever positions are they in, they do their utmost to fulfill respective responsibilities. In times of prosperity, they would devote their efforts to the practice of integrity and self – promotion. While in times of national decline, they would, regardless of their positions and identities, readily engage themselves into the fight, willing to sacrifice their own lives, as it is times calling for agitated literati and devoted martyr (*The Book of Jin – Mu Rongde* Chapter). As is shown in the stories, corruption has long been contributing to the decline of a nation and the heroes in these stories managed to refrain and resist the temptations mainly by means of introspection and self – discipline instead of any external regulation and restraint. In practice of political pursuit, they assist the king with attentive observation timely remonstrance, restrain themselves with an absolute distinction between the work and personal life and serve the people by building their welfare and a harmonious relationship with them. With the construction of a harmonious trinity of heaven, king and people as their ultimate political pursuit, they reflect on their negligence and put the benefits of the massive public in front of personal achievements or pleasures. In this harmonious political structure, the officers can be either loyal to the king or to the country. For the former, they consider the benefits and requests of the king as their priority while the latter attach great importance to the welfare of the people and the prosperity of the country. And when there emerge conflicts of officers with massive public, power with truth and the wishes of the king with the prosperity of the country, they side with the massive public, truth and the prosperity. They devote themselves to the sustainable development of the country and never evade responsibilities for fear of personal loss or swarm in for personal gains. And this choice was able to be further supported with the introduction of concepts such as country and nation in modern times. And Zhejiang Province has cultivated numerous benevolent and righteous heroes who have devoted their whole lives to the actualization of ideals, the rescue of the nation and the security of morality and justice.

Ecologic Residence is a reflection of Zhejiang people's wisdom in the construction of a favorable residential environment. A favorable residential environment can mobilize and inspire the people living in it and all the ancient cultural villages have formed their own unique residential styles due to differences in terms of geographic and geomorphic conditions, soil and vegetation as well as level of economic development. Most ancient cultural villages are developed around certain bloodlines with the spatial layout and architectural morphology of them receiving substantial impact from the ancestral ideas and clan ethics in that seniority and hierarchy are greatly valued. The villages are generally built with ancestralhalls at the center and main commercial streets, roads or rivers as the development axis, taking advantage of the local topographical features. In central area of Zhejiang, it is believed that an area surrounded by mountains and water is well blessed, hence the choice of location for most villages and sometimes the topography is even altered for its sake. A typical example is Guodong Village in Wuyi City. Apart from the exquisite architectural art, much importance has been attached to the humanistic philosophy in the construction of residential environment in most ancient cultural villages. As has been previously mentioned, the architectural cluster are built under influence of ancestral ideas and clan ethics with ancestralhalls in the center and other landscape architecture such as pavilions, verandas and bridges spreading around to demonstrate philosophies that man is an integral part of nature and a vehicle of truth. In this way, the ethics and good wishes get carried on. Blessed with abundant water resources, most ancient cultural villages are featured with tranquility, simplicity and elegance and the scientific water system planning has not only helped to regulate the local climate, managed to meet the needs of daily use, irrigation, sewage disposal and fire control but also created a beautiful environment to dwell in. When a location is chosen to build a village, the people would take advantage of the topographical features and make respective adjustments to build residential households together with landscape architecture. And cultural landscape such as carved poetry, inscribed autographs and cultural allusions, apart from documenting important events in the development of the villages, adds humanistic charm to the elegant simplicity of these places.

Encouraging Learning and Farming is a depiction of how a solid foundation is laid for the ancient cultural villages in Zhejiang Province. As one of the most important traditions in the history and cultural development of Zhejiang, the concept of farming and learning was evolved from the ancient idea of encouraging learning and farming and conforming to the policies and systems. With agricultural economy as the material basis, imperial examination as the system guarantee, household prosperity as the direct motivation, recluse culture as the ideological origin and migration as the forcing factor, the tradition of learning and farming was built and carried forward. If we say the first three are the shared contributors of such tradition, the last two are exclusive for the development of it in Zhejiang Province. In the long history of the Chinese agricultural society, the farmers pay equal attention to learning and farming since these two are complimentary to each other and they can always have a way out. It is a widely shared wish to have someone in the family pass the imperial examination and become an official to bring honor to the family name, which has well explained the fact that farming and learning has been considered as a top priority in most family precepts. And in the promotion of such traditions, the local gentry and elites play the role of both an inheritor and a propellant in the education while the temples and archways mainly function as a memorial of the tremendous achievements in the past and an impetus for the later generations. In the meantime, efforts have been made in the promotion of education so as to carry forward the cultural traditions. And the tradition of farming and learning has been rewarded with a wealth of young talents usually with prominent clan succession features. For instance, during the 200 years from 1157 (Shaoxin 27, Southern Song Dynasty) to 1404 (Yongle 2, Ming Dynasty), 82 Jinshi (a successful candidate in the highest imperial examination) were cultivated in Cao Village in Ruian County of Wenzhou City. In Yubei Village of Yongjia County, there was a family that cultivated two Jinshi and two ministers. And in Guangdu Village of Jiangshan County, there was a family in which ten across four generations passed the imperial examination with six brothers and a brother – in – law accepted as Jinshi. In Zhoushan Village of Shaoxing City, there are also much – told stories about father – son ministers, four Jinshi across three generations and 18 Jinshi in the same year. And in modern times, there emerge Champion Village and Doctor Village represented by Meizhitian Vil-

lage of Ninghai County and Xingpan Village in Jinyun County respectively.
To sum up, the concept of encouraging farming and learning, having undergone the formation, development and gradual loss, has vividly reflected the expectations for the education prospects by the affluent peasant families and families of officials. This has also shown that the farming – learning concept is not only deeply rooted, well established but with far – reaching influence on the development of the country life in China as an agricultural country.

Celebrities of Public Prestige is an account of the well received and widely respected celebrities who are just like shining pearls scattered around the ancient cultural villages in Zhejiang. Rich in content and abundant in number, the stories of the celebrities have cover the lives of respectable scholars, honest officials, successful businessmen, accomplished artists, social elites and righteous men. With a strong emotional appeal to the villagers and reflecting the psychology of a time, these stories of the celebrities are of research significance. From Ming Dynasty till modern times, China has gradually moved its economic and cultural center southward, which has led a wealth of celebrities in the ancient cultural villages in Zhejiang, conforming to the construction and development of the villages. Located in the southeast of China, seldom inflicted with troubles of war, Zhejiang has made prominent progress in both economic development and cultural building, especially after Lin' an was chosen as the cite for capital in South Song Dynasty. Blessed with the enormous opportunities for development brought about, Zhejiang soon became an important center of economy and culture. In the meantime, a lot of talents and celebrities were produced with many of them from these ancient cultural villages. And a closer look at the backgrounds of these celebrities shows the correlation of their expertise with the topographic features of their residential environment. They are mainly categorized into three types representing mountain culture, plain culture and ocean culture in southwestern part, northern part and coastal area of Zhejiang respectively. In the mountainous area, the celebrities are mainly renown for their expertise in both literacy and martial, thus a lot of doctors, swordsmen and generals. While in the plain area, thanks to the well – developed transportation system and favorable education level, a lot of successful and accomplished craftsmen, businessmen, scientists and artists were cultivated. As for the coastal area, the celebrities have mainly won their public prestige with their spirit of adventure as shown in the defense against invaders and business experience overseas. There have been a few major migration from the central plains to the southern area, which led to the integration of many clans in Zhejiang and the construction of some of the ancient cultural villages. And the integration of northern civilization with the local culture in Zhejiang has not only sustained the fine traditions but also brought it to a new level. Zhuxi, Luyu and Zhao Mengfu and their deeds in Guo Village, Baoshan Academy, Yuhang, Wuxin, Changxin and Xia'ang Village are just a few examples.

Folk Tradition and Customs is a portrait of the history of the ancient cultural villages. The folk tradition and customs preserved in the ancient cultural villages are not only of a big variety, profound in cultural connotation but also featured with unique local style. For instance, Hangzhou, Jiaxing and Huzhou are well known for the production of rice, fish and silk and people have formed a silkworm culture with the story of Fanli and Xishi (a couple in Chunqiu Period who reject the luxury of material life and retire themselves into the simple life of the countryside) integrated and widely told. Though not vast in territory, Zhejiang has a complex natural environment and various topography with mountains standing, oceans spreading and rivers running through. Therefore, people living in different areas have formed different customs concerning both their production and lives, which are closely related to the environment they dwell in. For instance, in the western part of Zhejiang, there are many mountains and they have developed a unique festival of their own : Drinking with the Mountain to say prayers. And in the northern part of Zhejiang, due to the abundant water resources, there have a lot of activities closely related to the water and the temple fair on the water in Minzhu Village of Jiaxing is a typical example. As for the coastal area in the southeast, they practice customs closely related to the sea with offering sacrifices to Mazu in Dongsha Village of Dongtou County as a typical example. The She ethnic minority group mainly inhabit in Zhejiang and Jingning is the first and only She Ethnic Autonomous Region in China and a unique folk custom of production and life have been formed and practiced here and in surrounding areas. And this has become a prominent local feature of Zhejiang folk customs. The folk customs practiced in the ancient cultural villages can be mainly categorized into five types concerning traditional time and seasons, important events of lives (such as weddings, birthdays and funerals), ancestor worship, pedigree amendment and clan regulation setting, farming and local specialties (handmade, different from naturally cultivated). Besides, some are concerned with the residential architecture, transitional sports, entertainment and oral literature. Folk customs are not only the memorial and miniature of the past life but also a treasured cultural inheritance accumulated in the life and production of the villagers across the history. With the rapid development and sped – up urbanization in modern times, many of these fine customs and practices are on the verge of distinction. With such concern, we have compiled the Stories of Thousand Villages in hope of passing on the fine customs as well as the memories of the villagers.

Craftsmanship is a recount of the interdependence between the villagers in the ancient cultural villages and the natural environment they dwell in. And the craftsmanship of the villagers is of a big variety and is closely related to all aspects of their lives and work. For instance, they apply the traditional painting and carving skills to the construction of architecture and its decoration. And straw braided and bamboo woven products have been further developed, maintaining the basic features of handcraft, into a trademark of rural tourism. As for the paper – cuts and pottery, they are the carriers of the warm memories shared by the people in the area. For ages, the villagers have shared a fate with the land they have inhabited and have developed a big variety of craftsmanship of strong regional features. The craftsmanship used to be the main source of income for most villagers, especially back in the agricultural society with a low level of productivity and lack of transportation facilities. For most families and even clans, the acquisition of a craftsmanship means a steady income to support household expenditure, production and even the actualization of extra wishes. The craftsmanship is widely shared across the thousand ancient cultural villages due to regional similarity, which is also a display of the regional rustic features. Given the right natural environment, craftsmanship gets carried forward very easily. For instance, craftsmanship such as carpentry, sculpture, shaozao (kilning), smelting, spinning, dyeing, knitting, festooning, decoration, paper making, pen making, cooking and brewing are still widely used in modern life with good chances of survival and prospects. As has been said by Mr. Fei Xiaotong, a well – known sociologist in China, a good reason for intangible cultural relics to be carried on is that they still meet the needs of life. The same is with the craftsmanship. Still an important part of people's daily life, the craftsmanship is in wide use and full of vigor.

Local Specialties is a display of the local products unique for the ancient cultural villages that have been developed into a name card of Zhejiang. None of these local products are simple gifts from nature. Instead, with each one of them having its own procedure of planting, processing and crafting and even a set of folk customs and stories to be told with, they are the carrier of the cultural inheritance accumulated across the history in the life and work of the villagers. There has been a strong regional difference displayed in the local products. For instance, Hangzhou – Jiaxin – Huzhou Plains in the northern part of Zhejiang are boastful of a lot of local specialties with the three – step procedure mentioned above. Plantation products and freshwater aquaculture products are the main focus of agricultural local products. Silkworm breeding and mulberry growing is one of the traditional practices while growing vegetables and fruits has become a new focus in modern times. For instance, Zuili, lake lotus roots, root – mustard, water shield and snow lotus are widely distributed in this area. While in Jinhua – Quzhou Basin in the central part of Zhejiang, fruits, medicinal materials, rice, oil and meat and their products are most well known. For instance, waxberry and loquat from Lanxi, Huyou from Changshan, Yuanhu, figwort root and White Paeony Root from Pan' an, ham from Jinhua, Two – Black – Pig from Jinhua, Black – Pig from Longyou, Sanyuan Pig from Qujiang, flaky pastry from Jinhua, steamed sponge cake from Longyou, causeway cake from Jiangshan, camellia oil from Changshan are all well received local products. The uplands in the western part of Zhejiang are famous for tea and bamboo products while the mountainous areas in the southern part of Zhejiang are well known for the wood and rock products. Thanks to the efforts made by the villagers in the plantation, procession and craftsmanship, many of the local specialties have become the agent of local culture, introduced to the outside world, becoming a shining name card of the ancient cultural villages.

总目

礼仪道德

劝学劝农

Content

Book One

Ecological Residence

Etiquette and Morality

Encouraging Learning and Farming

·卷一·

生态人居

一 风水文化

淳安芹川村

猎犬示瑞迁芹川

芹川村位于浪川乡政府驻地北面银峰山麓北侧，距县城千岛湖镇45公里，是浪川乡人口最多的村。全村520余户，1800余人，其中95%的村民为王姓。该村四周群山围绕，芹川溪贯穿南北，将村庄一分为二。

芹川村拥有独特别致的村落布局，皖南风格的建筑群落，清澈见底的村庄水系，精美绝伦的建筑装饰，敦睦崇文的优秀传统，古朴纯真的民俗风情。村头水口狮象把门，古樟参天，一条水溪穿村而过，一座座石拱桥、木板桥跨溪而架，将一幢幢保存完整的古民居连成一片……一首《芹川情》伴随着芹水溪缓缓飘来："一条芹溪长又长，祖祖辈辈住两旁，古老村落旧模样，粉墙黛瓦青山旁，水榭楼阁戏鱼池，雕梁画栋飞檐翘角明月光……"，一切那么的浑然天成。聆听这里的老人们讲讲王氏祖先的传说故事，带着几分神秘，给人无限遐想，引人入胜。

芹川皖南风格民居

据载，北宋太平兴国三年（978），吴越国镇使王泽，跟随吴越国王钱俶纳土归宋，赐居睦之培郭（建德）。其子王崇宝由睦迁遂，居凤林丰村，后称儒高。清康熙二十五年（1686）方象璜《王氏家谱序》载：王氏"自迁遂以来，为年七百，为世二十有八。"明永乐乙未（1415），汪无鼎《宗鲁王公墓志》记载"始祖瑛赘居新安月山洪氏，高大父（据宗谱记载为王瑛长子王万宁）迁居芹川。"据此推算，王万宁当在元初（约1271）迁居芹川，至今已有七百多年的历史。

据传南宋末年，遂安五都儒高村有个名叫王瑛的年轻后生，生得英武高大，弓箭娴熟，以打猎为生。一冬日，王瑛打猎来到林馆月山村（今马石村月山底自然村）附近的山头，天色已暗，他又冷又饿，就想找户人家借住一宿，便转身下山。当猎狗走到村头一户人家门前，便蹲下不走。王瑛想，猎狗最通人性，难道是叫我在这户人家借宿？于是上前敲门，开门的是一位中年女子，丈夫姓洪，五年前已去世，膝下有一女，年方二九。日子虽然过得艰难，但母女俩却十分热情好客。洪氏开门，见是位又冷又饿的远路猎人，忙招呼进门。王瑛讲明身份，道明来意，并从猎袋里取出山鸡、野兔相送。

而后几天，王瑛白天在附近打猎，夜晚借宿洪氏家中。几日接触，洪氏见王瑛诚实、勤快，又见女儿对他热情，遂有了欲招王瑛为上门女婿的念头，便托了中间人，两边一说合，竟天遂人愿，两人择日完婚。洪氏为了尊重王瑛，答应他上门不改姓氏的意愿。

王瑛在林馆月山村安了家后，仍以打猎为生。有一年寒冬，大雪纷飞，王瑛带着五条猎狗来到芹川凤山山麓一带打猎。王瑛发现两个挺奇怪的现象：一是在芹川溪右侧约三亩多地，尽管鹅毛大雪，但随飘随化，一点停积的痕迹都没有，而四周的积雪却有数尺之厚；二是在没有积雪的中间，五条猎狗自然盘卧成一个"井"字形，吐着长舌，安耽入睡。

王瑛见这两个怪异现象，惊得一下子跳了起来，他想：飞雪不停积，肯定是地下瑞气融雪，而古人择址迁居前必先掘井，井下有水，可迁居，井下无水，必放弃，今天猎狗盘卧成"井"字形，难道寓意叫我王瑛迁此瑞气聚集的福地不成？王瑛又对周围的山势地形仔细观察起来，见此处凤山环抱，水口狭窄，且有狮、象两山对峙，水口内却平坦宽阔，清澈的溪水穿越而过。他不禁感慨自语道："此地四山环抱二水，瑞气融雪，肯定是块徙迁侨居、繁衍子孙的风水宝地。为了王氏宗祠的兴旺发达，我必迁此地。"回家便与岳母、妻子商量迁居一事，她俩欣然同意。几天后，他带着岳母、妻子和儿子王万宁从林馆月山村迁居到芹川。后来，王瑛的儿子王万宁在瑞气融雪的地段上建了幢气势宏大的王氏宗祠——光裕堂，从此，王姓子孙就在芹川繁衍生息。

据村内老人说，芹川原有芹川八景：银峰耸秀、芹涧澄清、象山吐翠、狮石停云、玉屏献翠、金印腾辉、餐霞滴漏、沙护鸣钟。想必这村头水口狭紧，狮象把门，古樟参天就是其中一处吧。村头"天门"建有进德桥亭，村内古民居建筑坐落、布局都很讲究，古建筑雕梁画栋、飞檐翘角更显尊贵。由此可见，当时的芹川村不是官宦迁居就是富人云集，足以体现这是一处居住福地。

（文：杨永娟/图：杨永娟　王欣）

兰溪社峰村

枕山环水话社峰

社峰是一个古老的村落，始建于南宋宝祐年间（1253—1258），距今约 760 年。据家谱载："社峰脉势发祖于白佛过峡，明因之岩，传送夏家之坟，起伏蜿蜒，八宝何楼诸峦转折而来，结为始祖阴坑，直走溪滨，復辟为通族阳基。风树虎表雄踞其后，东畈开阳，其前黄沙插芴于天门，石岩擁塞于水上，西湾为之华盖，满塘岗为之护龙，溪流环绕为之襟带，即远而永昌貔殿皆为捍门重锁，此形家所称最胜之宅兆也。"也就是村中老人所说，"三重山三重水""太师椅""燕子窝"的风水宝地。

《阳宅集成》中口诀云："阳宅须教择地形，背山面水称人心，山有来龙昂秀发，水须围抱作环形。明堂宽大斯为福，水口收藏积万金。关煞二方无障碍，光明正大旺门庭。"可以概括为枕山、环水、面屏的模式。兰溪社峰村的选址，正是受到这一模式的影响，被"形家所称最胜之宅兆也"，符合最正统堪舆选址原则。

据《吴氏考》记载：始祖为兰江巨族，自湖（州）迁淳（安）之石村，其子登宋进士，涟之曾孙才，生五子皆显，长子诚任永福知县，诚之子珏，任校书郎，始自石村迁云峰之杜塘，生子三；长讳仁，登绍熙进士；次讳义，迁淮西；三讳智，其仲子文仪（由淳迁兰之始祖），博学宏文，深于伊洛之学，南宋宝祐年间（1253—1258）任孝昌尹阶宣议郎致政缘，访道于金华，路经兰溪社峰，乐山水之秀，遂迁居社峰。

始祖吴党在世宗显德二年（955）辞了官，携全家老少迁居当时的青溪县石村（离云峰村两公里）。由于"无官一身轻"，再也无须受官场的种种烦恼了，一门心思潜心研究起儒学十三经。到了晚年时，他的易经风水已颇有造诣。据说为了使理论能与实际结合，他曾踏遍淳安贺城、茶园、太平源的山山水水，察看过众多的民间村落建筑，走访了众多农户，拜访了众多民间阴阳先生，写下了大量的考证资料。他一直视云峰（鼓山）一带为最佳巢居和穴居之地：其地理环境十分优越，东靠高山、富城；南倚余岭、荷家源；北连东庄、辉照山；西面就是秀丽千岛湖，一条山涧小溪自东向西蜿蜒而过，直流千岛湖。此地正应了《博山篇》"论龙"所说："认得真龙，后有托的、有送的，旁有护的、有缠的。托多、送多、护多，缠多，龙神大贵、中贵、小贵，凭之可推。"古人曰："后高有陵前近地，南北丘陵更相宜，天赐宝贵钱粮足，辈辈儿孙著紫衣。"于是吴党在定居石村的第五年头（960）又从石村迁居云峰，生前还把自家的阴宅定在令字山脚。去世后，儿孙按遗愿，把他葬于令字山脚，现叫"白太公坟山"。

云峰是社峰祖地，社峰其地形地势亦与祖地云峰有相仿之处，是风水宝地，形胜极佳。社峰村庄坐落在南北走向，延绵数里的上（宅）山、下山间，朝向东方的向阳山坡上，因山就势而建，上至上宅山背，下至下山脚小溪边，俗称上山下。村庄位居于青龙白虎怀抱，竹林青翠，桃李满园，池塘遍布，山水交融，风光独秀的太平世界。村庄的祠庙厅堂大宅门第、民宅及至吴公祖坟概为坐西朝东、背山面水、面向旭日朝阳。即使塔岭背、下山坑这样山坡上的民宅，依旧是东西向的，而村庄小道南北向。这是别具一格的社峰的山水特色，是由社峰的山水脉络走势，地理环境所决定的合理选择，体现了吴氏祖先的智慧和独树一帜的胆识。因山就势，坐西朝东的社峰村庄及其厅堂民宅，冬暖夏凉。正是由于社峰的地形地势是西北高而东南低，西北的山峦和沿山坡栋栋退落的房屋，挡住了冬天的西北寒风和夏天的烈日西晒，而从东南方的广阔田野迎来了冬天温暖和煦的太阳和夏天湿润的东南和风。借社峰山水之势创人文历史天堂，融人文于自然之中，创安居乐业人生环境，这是延陵祖宗的功业，也显出了社峰风水的绝妙之处！

社峰村景

社峰文昌阁、关王殿（汉寿亭侯庙）、文武桥位于千年古镇永昌镇二华里，离社峰村一华里，择华山脚下，是社峰"门户"，风水"关口"。显然，以风水择地，既可以满足人们精神上的寄托和对吉地的依赖感，同时在物质环境上又能获得一个和谐、优美的村落外部空间。水口是村落外部空间的重要标志，用以界定村落空间序列的开端，村民到此便有一种强烈的归属感。在风水观念的影响下，水口不仅是村落的入口，而且对村落的兴衰与安危起着精神主宰作用。《社峰吴氏家谱》中载：本族阳宅坐西向东，水法自北趋南，龟山后镇蛇交锁，所谓金羊会癸甲之雪者也。瀫西形势吾族最焉，但巽己丙三方虽有黄殿山特立为捍门，而内地平沙旷野似为空缺。建议后人予以补"障"，弥补风水微观方面的缺陷。古代人们非常崇拜文昌帝和汉寿亭侯，前者保佑人民仕途坦达，官星高照。后者则上天呈善事，下界保平安，是人间的保护神。因此大多建有文昌阁和关王殿，为弥补社峰"水口"缺陷以祠庙、文昌阁、桥梁、大树等作为"关锁"，是受风水水口处宜"障空补缺"理论的影响。因此在东侧建文昌阁，西峙汉寿亭侯庙，中连文昌桥，守住社峰人气、财气、仕气，是社峰完美关锁，也是社峰又一亮丽的景观。这种在村口建（峙）高大建筑或桥梁、亭阁、大树的做法，虽然是出自一种象征意味的目的，但在客观上弥补了自然环境的不足，使景观趋于平衡与和谐。但由于种种原因，二庙现已无存，留给人们的只有美好的回忆和无尽的遗憾。

社峰是一个古老、绿色、美丽的村庄，社峰是风水宝地，是典型"小桥流水人家"的宜居之地。社峰有深厚历史积淀，蕴含丰富文化历史内涵，是先辈们的聪明才智创造的天人合一的理想生活聚落。

（文：吴社卿/图：吴一鸣）

武义郭洞村

山环如郭幽如洞

郭洞，因"山环如郭，幽邃如洞"得名，被誉为"江南第一风水村"。有人说郭洞村庄格局的形状，很像一把琵琶，这是祖先的杰作。也有人说郭洞何氏家族的兴旺发达，是因为先祖选择并营造了极好的村庄风水。有的人则认为郭洞成为"万古不败之地"，与奇特的村落布局相关。还有的人发现郭洞古村落景观的整体形象，是按《黄庭经》中的"内经图"创意营建的。

郭洞古石桥

问世于 1700 多年前的《黄庭经》，是一部被誉为"学仙之玉律，修道之金科"的名著。现今珍藏在北京白云观的"内经图"，就是根据《黄庭经》要义绘制的，是道家修炼内丹、指点迷津、指认要诀的示意图。有人认为：郭洞古村落至今保存的众多古建筑和自然环境，构成了一幅生动的内丹修炼意境图，与"内经图"有对应关系，极为神奇；这幅由景物构成的"守气结丹"图像，是一幅古代人求仙气的景象，并由此外延，象征村落聚气，祈求宗族兴旺。

具有数千年历史的中华气功，历来被作为个人修身养性之道，而运用到村落环境建设的创意中，则是十分罕见的。郭洞何氏祖先是有意仿"内经图"营建郭洞村庄，还是一种巧合或猜测？成为一个有待深入破解的谜。而《何氏宗谱》中有关郭洞村庄建设的记述，似乎显得更为清晰可信。

当年何氏始祖何寿之迁居郭洞后，娶当地吴家之女为妻，过起与普通山民相似的农耕生活。所不同的是，他凭借官宦之家的实力，运用自己的智慧与堪舆知识，把自己的生态理念付诸山水，体现在重整村落布局和善化环境之中，致力于将郭洞变成更宜人居的风水宝地。

古人营建村落，不仅着眼于小气候状况、安全和防灾等因素，更看重符合风水学说的要求。在漫长的古代社会，农民几乎靠天吃饭，难以掌握自己的命运。因而，他们相信冥冥之中有一种主宰自己的力量存在。在相当程度上，他们把福祸吉凶归因于神祇和自然的力量。历代积淀的风水文化，无疑会对武义的村庄建筑产生极大的影响。它作为古代的一种环境设计理念，注重将自然生命环境、人为环境以及景观的视觉环境，进行综合考虑，蕴含着丰富的哲学内涵。

何寿之深谙风水之道，在营造郭洞风水中，他"相阴阳，观清泉，正方位"（《何氏宗谱》），巧妙地利用自然山川形势。郭洞村的地形确实独特，三面山环如障，北面一片田野，远处亦有左右青山相拥，正应了"狮象把门"之说。村南，源自大湾东坑和黄岭西坑的两条溪流，在村前汇合后，绕村画了一条弧线，然后出村北去。村东龙山与村西相对的西山之间，是狭长山谷中的最窄之处，最适合营造水口。于是，通过何寿之及其后代的不懈努力，砌城墙形成关隘，修回龙桥聚气藏风，植村周树林善化环境，规划民居、道路，并巧设七星井，使郭洞村按风水要求日臻完善。这样，村庄后有龙山为祖山，主龙运不绝；前有虎山为朝山，主文运卓越；有形似狮象、龟蛇的青山把守水口、河流，有龙溪碧水似玉带环绕，形成了绝佳的风水宝地。

虎山南麓的漳村扩展规模后，成为郭洞村的组成部分，称为上宅，现为郭上行政村。S形的龙溪，宛若一条太极河，将这两个分别坐落于龙山、虎山之麓的山村，连成一个太极图形的整体，形成虎踞龙腾的完美格局。

20世纪70年代以来，许多国家掀起了"风水热"。郭洞，成了国外风水考察团常常光顾并且着迷的地方。于是，就有了"江南第一风水村"的美誉。

对于一般人来说，涉及风水，多少显得玄虚，而郭洞村落的现实格局，是有目共睹的。郭洞何氏起源地，呈"琵琶形"的下宅村，主干巷道为"二纵四横"。井井有条的道路，将村庄连为一体，形成四通八达的路网。细心的游人会发现，每条纵巷的北端和横巷的西端，都有二三十米巷道是向左拐个小弯的。没有一条巷道笔直出头，站在巷内，都是望不到边的。村中老人说，这其中蕴含着曲径通幽的奥秘：假若巷道直通村外，夏日暴风，冬日寒流，就会长驱直入村中，带来的危害不言而喻。村庄的水系也挺有讲究。村中设七眼井，像北斗七星一样分布。这些水井以中厅横街为界，南北各三眼，另一眼设在村北龙溪边。五眼水井是龙山泉水水脉，水量充盈，水质清澈甘甜，冬暖夏凉。特别是紧靠龙山脚的一眼尤佳，被誉为"婺州第一井"。数百年来，这些井水滋润了一代代何氏族人。至今，全村人仍然饮用井水。

每天晨暮，家家户户的男人挑着木水桶，到就近的水井挑水，叽吱叽吱挑回厨间。这一挑，就挑了几个朝代，就像村庄这把"琵琶"，寿之公定调的一曲江南山乡风情，从元代弹到如今。

（文：唐桓臻）

江山清漾村

古道文峰映清漾

清漾又叫青龙头，其北、东、南三面环山，林山葱茏的山岭蜿蜒起伏，曲折盘旋，犹如一条青龙，西侧田畴万顷，村庄则如一颗明珠，整个地理环境形成一幅游龙戏珠之美景，东侧有古老的清漾塔，一条"文"字形的文川溪从村中穿过，魁梧的千年老樟树屹立在村头。

清漾村景

清漾古村落历史悠久，早在新石器时期就有人类活动，黄泥岗遗址出土了不少商、周印纹陶器物。据史料记载：江南毛氏一世祖毛宝之孙毛璩（三世祖），因平定恒玄有功，朝廷追封璩为归乡公，食邑信安（今衢州）。毛璩后裔毛元琼（八世祖）字公远，号清漾，于梁武帝大同年间（535—544）从衢州迁入须江清漾。清漾因清漾公而得名。

清漾村自始迁祖毛元琼由衢州迁入清漾村，在近 1600 年的历史中清漾毛氏家族耕读传家，人文荟萃，出了 8 个尚书，83 个进士和不少知名人物。如宋代的礼部、户部二部尚书毛晃、毛居正父子；受知于"三苏"的北宋著名词人毛滂；南宋江山第一个状元毛自知；明代礼、吏、刑三部尚书的毛恺和近代国学大师毛子水等。《永乐大典》《四库全书》等典籍中收录的历代清漾名人著作也为数不少。据史料考证，毛泽东韶山家谱中所记"毛氏祖居三衢"中的"三衢"，便是指这个清漾村。有一种说法，清漾毛氏是受益于这里的"风水"，左青龙、右白虎、前朱雀、后玄武一个也不缺，还有"文峰塔"和"千年古道"，可谓"风水宝地"，当初毛氏始祖在选择和建设清漾时确实花了不少心血。

据传清漾文峰塔始建于南宋。起因就是江山第一个状元南宋开禧年间的毛自知，从状元到被贬，深藏在素有"浙江百山之祖"美誉——仙霞山脉深处、籍籍无名的小山村，经历这样的大起大落，其震撼力是刻骨铭心的。于是毛氏族人想到了风水，为了改变"文人不利、官运不通"的境况，在村庄对面的山峰上建造了这座七层六面的砖塔，期望毛氏家族从此文风日胜、官运永昌。

傲然屹立的文峰塔，像一支神笔直矗天宇，前方那一口莲池，更如一方墨汁饱满的砚田，一池翰墨耕作田，日日书空年复年，似乎随时都欲饱蘸笔墨书写人间风流，也将清漾重视耕读、诗书传家的优良传统显露无垠。清漾祖宅大门由唐宋八大家之一、北宋文坛领袖苏东坡所撰，著名学者胡适 1933 年所题的"天辟画图，星斗文章并灿；地呈灵秀，山川人物同奇"楹联可见一斑。果然，自文峰塔建成后，清漾人才辈出，星斗文章并灿，出了许多"星斗其文，赤子其人"的风流人物。

与文峰塔一样，清漾祖宅的堪舆，更是足见清漾毛氏族人的良苦用心。《阳宅十书》是明代一部专论住宅堪舆的典范之作。文中明确记载：凡在宅左有流水谓之青龙，右有长道谓之白虎，前有池塘谓之朱雀，后有丘陵谓之玄武，为最贵之地。清漾祖宅，也是严格按这样的典型布局规划谋篇的。

毛氏祖宅大门

清漾祖宅，位居村中心。左边一条文溪潺潺而流，绕祖宅而过，就像一条青龙盘踞在村东。祖宅右边就是赫赫有名的仙霞古道，正是"百里长道"，是连接浙江、福建的交通要道，是连接海陆"海上丝绸之路"的一个重要交通枢纽，向来车水马龙、熙熙攘攘，煞是热闹，虎力十足。前面一个大水池，正是村民洗衣荡涤、去污除垢之所在，是为朱雀；祖宅后面田畴万顷，土地平旷，远处青山连绵，逶迤起伏，正是玄武之象。

清漾的人才辈出更离不开毛氏家族对自己子嗣的培养。在村的右侧山脉，离清漾十里开外有一个天然石大门，与江郎山毗邻而居。这里风景如画，环境清幽，宜居住、学习，正是一个读书求学的好去处。为了培养人才，毛氏家族在这里修建了清漾书院（院址就在今天的仙居寺），给清漾的子孙后代读书。小小书院，虽然僻居一隅，却是名声在外，有"山川人物同奇"之誉。唐宋八大家之一，宋朝宰相王安石就曾在这儿读过书，一代大儒朱熹也曾慕名来此讲过学。

清正廉洁一直都是历代清漾后裔所提倡和遵循的传统美德。毛氏宗族历代仕宦恪守清正廉洁、耕读传家的家风，正是淳朴的民风，严格的家教，才使得清漾代代出大官、代代都是"清官"。北宋毛维瞻、毛渐，南宋状元毛自知，明朝礼、吏、刑三部尚书毛恺，各个受到严谨家风的影响，在政治上都享有清名。尤其是毛恺，为官30余年，清廉无私，正身黜恶，一尘不染，被世人称为"毛青天"。这其中，还流传着最为人们所称道的"六尺巷"故事。相传，明代毛恺在京任刑部尚书时，家人和邻居因建房占地闹起纠纷，互不相让。毛恺家人便给毛恺修书一封，请他出面干涉。毛恺回信一封："千里修书只为墙，让他三尺又何妨？万里长城今犹在，谁见当年秦始皇。"晓之以理，动之以情。家人见信后，明白了内中事理。于是，主动把自家墙退后三尺。邻居有感于毛尚书的胸襟大度，也主动把墙退后三尺。于是留下了一条宽六尺的巷子，史称"六尺巷"，遗迹至今犹存。而毛恺清廉大度的胸襟也引为典范，传为美谈。

清漾古村展现的正是毛氏家风。在清漾几乎找不到任何官宦豪族的豪宅大院与亭台楼榭的踪迹，真正彰显着清漾耕读传家、贵而不富的文化特质。清漾毛氏以诗书名世，清白传家，或许，这也是毛氏宗族能够兴久不衰、源远流长的根本原因所在吧！

（文：江山农办/图：江山农办　尧甜）

松阳山下阳村

风水布局山下阳

山下阳村位于浙江省松阳县城西北方向 10 公里处，地处松古盆地中北部，海拔 170 米，村落布局严谨奥秘，与自然风水紧密结合，宛如古人留下的"珍珑"。

山下阳村人以张姓为主，据《麓阳张氏宗谱》记载：张氏始祖张学敬，于明嘉靖六年（1527）自福建泉州安溪县迁居龙泉县溪圩。山下阳村始迁祖张聚英（张学敬曾孙），于清康熙三十年（1691）自龙泉县溪圩村举家迁居山下阳村。他们将烟叶种植生产技术带到了松阳，张氏以此发家致富，发展成松阳望族。

山下阳村表面呈成长方形布局，层出不穷的巷道将村庄分割成若干个"口"字形建筑群，高大巍峨的马头墙使得巷道逼仄而幽深，一座座建筑被分割成一个个独立而连接的空间，宛如八卦迷宫一般。几十条密布的鹅卵石巷弄像村落的脉络，深入浅出，纵横交错。卵石经过筛选，大小基本一致，日久天长，生硬冰冷的卵石被脚步磨砺得失去了锐气，路面泛着藏青光泽。

讲究风水的古人在村里设计出无数的"丁字路"，寓意着子孙世代人丁兴旺。现实中，聪明的先人以"丁字路"将村落巧妙地围成一个"藏"的格局，在发洪水之时，"丁字路"能够有效地减缓洪流，从而保护核心城区免受冲击。由于村落坐落在平原，三面空荡。南北和东西对向的风无法贯穿整个村落，使得居民在冬天不必遭受凛冽的西北风侵袭。"丁字路"最重要的功能还是防御，这些骁勇的客家人后裔依托迷宫一样的断头路、丁字路抵御入侵者，整个村落看似家家户户分割，实际上每户人家之间都有小门相连，他们在熟悉的地形中进退自如。

村落东、南两侧筑有高墙，西侧建有村门、巷门，村东挖有一条水渠（相当于护城河），往北只有一条出路，巷弄一转角，往往是一幢老宅的后门，或者是一垛墙。走过几个转角，又见一条通道，仿佛步入迷魂阵。巷门一闭就将村落隔离成一块块独立的小天地，人为地制造出割裂的空间。从村落的布局上不难发现，张氏先人有着强烈的宗族意识、团结意识和自卫意识，山下阳村是一座壁垒森严的堡垒，富有组织力的山下阳人能够利用村落布局在一定程度上抵御兵患、匪患和盗贼侵犯。

古村水渠

山下阳村坐落在大岭背山南，松阴溪之北，地处阳极，五行属火。因此，山下阳祖先在设计村落布局之时充分考虑到了"以水克火"的相克原理，环绕村落流淌的溪流、密布的池塘、门前流动的圳水、明沟暗渠纵横交错，使得整座村落的水系非常发达，生活取水非常便利。山下阳村依地势缓缓抬高，利用水流的自然走向解决了排水难题，排水设施至今畅通无阻，是松阳县历史文化村落中水利设施最为完备的村落。溪流从村西北流向东侧再折向村落西南侧，呈现出半包围状态，据说围绕村落四周挖掘和改造了 28 口池塘。此外，在村落的地底下，事先设置了数条纵横的地下暗沟，当发洪水时这些暗沟可以起到分洪的作用，当炎炎夏日之时，淙淙的清水流过暗沟起到消暑纳凉的功效。水流从树栏坑引入村落，又从明沟暗渠中分流到各家各户的门前地底，最后在月池中集合，形成了"肥水不流外人田"的风水格局。

村中的月池是村落的地标，也是村落风水布局的核心区域。月池呈半圆形横卧在村前，设计者通过"月亏即赢"的风水轮回道理，寄托着对后世的殷切期待。风水墙将月池严严实实地包围着，阻挡着村落风水外流。月池终年不干涸，由环绕村落的水系来维持池塘的丰沛。池后凿有一口水井，历经数百年依旧清洌无比。据村人介绍，井底有一眼活泉水，泉水"汩汩"上涌，保持了井水的饱满。令人称奇的是，井水和池水咫尺之隔，井水高度却超出池水高度 20 厘米。

紧挨着月池的是正方形地坛，地坛是当年用于祭祀天地、迎仕、庆典和公共聚会的场所。石砌的堤岸将月池和地坛一分为二，它们形成一组对应的平面建筑，取意"天圆地方"。月池和地坛展现了山下阳祖先对天地的敬畏之情，他们在这里生动地模拟出了"天人合一"的至高理想。

围绕着地坛三座大屋的门楣石刻匾额非常讲究，东西对应的两座建筑匾额上分别刻着"祥纳启明"和"瑞映长庚"，太白金星在凌晨时称作"启明星"，在夜晚时称作"长庚星"，意为房子的瑞气映照到了太白金星。面南的西式建筑匾额刻有"南极造临"，南极仙翁居住的南极星位于南边，它的出现寓意国泰民安，福寿临门。东、西、北三个方位对应星辰，南面月池代表月亮，正中地坛代表大地。

从月池边高处向四周眺望，村后是逶迤起伏的山峦，正中的五阳山仿佛一把巨大的靠背椅，在风水上属于神兽中的玄武；天马山沿着村庄右侧成条状侧卧，在风水上属于神兽中的白虎；人工开凿的圳渠弥补了村庄左侧的空缺，形成了神兽青龙；月池就是神兽中的朱雀，朱雀所在南方五行上属火，所以在村前方安置一方池塘镇火。由于山下阳村前方是宽阔的平原，缺少象形地貌守卫水口，先人在水口处建筑了庞大的宗祠坐镇风水宝地。"四方神兽"拱卫村落，暗藏阴阳五行，内外星相遥相呼应。以此来祈求天地、护佑村庄风调雨顺，文运昌盛，宗族兴旺的。在农耕文明时代，山下阳村文气斐然、富庶一方。到了民国更是出了不少有影响力的人物。

山下阳村与自然山水密切地契合着，山下阳村成为古人安放在松古平原上的一把风水机关，村落处处蕴含着"天人合一"哲学思想，成为古人理想状态之下人居环境的经典之作。

（文/图：鲁晓敏）

二 村落布局

大禹流韵对冢斜

冢斜村位于柯桥区南部山区，村域面积 3.82 平方公里。冢斜村人文景观丰富。这里是大禹后裔集聚村，是禹妃墓葬地，是早期越国初都。冢斜名人荟萃，冢斜余氏先祖大禹、本支 37 世始祖由余、本支 69 世唐朝国子监博士余钦、本支 100 世明朝天启年间（1621—1627）乙丑科状元余煌、本支 108 世河南布政司余炳焘、本支 112 世北平市市长余晋龢，还有许多官宦、乡贤等，都是冢斜古村人文历史的精英。

冢斜村北靠大龙山，东依草山、狮子山，西接象山，南面是一片绿意葱茏的广袤田畴和林木茂密的冀溪山，小舜江如玉带绕村而过。它印证了传统选址的风水理念，背靠祖山（大龙山），左青龙（象山），右白虎（狮子山），舜江溪自大龙山、象山蜿蜒向南，而后折向东，流经村落、田畴，年年岁岁守护着这片沃土。

大抵是因为风水好，这里便成了择阴宅、选阳宅的首选。据《康熙会稽县志》载："冢斜在平水三十余里，接嵊界。相传越之坟墓都在，所谓斜者，如唐宫人斜之类。"墓不正向，故名曰"斜"，冢斜村名由此而来。更早的传说则出自族谱，大禹夫人涂山氏也葬在冢斜大龙山麓铜勺柄。据史料记载，余氏为大禹后裔。大禹生了三个儿子，他赐第三子罕为余氏，有纪念其妻涂山氏之意。

可能出自祭祀和守陵的需要，这个风水宝地就逐渐形成了村落。1401 年，余子陵公在绍兴一带经商，择冢斜而住，这里就逐渐变成了余氏的集聚地，今天的冢斜村，其中百分之八十为余姓。余氏在这里安家后，秉承耕读家风，出了不少官宦、学究，也有财力给后人留下一个个台门和一排排老宅。直到今天，冢斜还有保存相对比较完好的一座公祠、一座宗祠和 9 个老台门。如建于明代的"余氏老台门"，清代的"高新屋台门"、"下新屋（八老爷）台门"、"余氏宗祠"等。

下新屋（八老爷）台门

始建于清乾隆庚午年（1750）的"八老爷台门"，前后三进，总面积达 2619 平方米，是官至河南布政使余炳焘的故居，他在道光元年乡试考取举人，恩科第八名，故族人称其为"八老爷"。

村中最宏大、最重要的建筑是始建于乾隆庚申年（1760）的

余氏宗祠

"余氏宗祠"。宗祠前后两进，第一进上方悬挂着"本支百世"横匾，出自《诗·大雅·文王》："文王孙子，本支百世。"东、西侧厢为看楼，居中有一个雕饰精美的方形戏台，前柱上的楹联"铿锵铿锵铿铿锵、人和人和人人和"也颇见新意，令人想起当年演出时台上台下的热闹场景。后进为正厅，22根立柱皆为青石圆柱，后壁神堂挂着始迁祖余子陵及其夫人画像，上方悬挂"明德堂""状元""永宗"等匾额。自2004年1月起村里恢复民间祭禹大典，"余氏宗祠"便成了民间祭禹重地。

村里还有一座别致的"上道地轿屋"，是明清官员在此祭祀禹妃和永兴神的驿站。左边是房，楼上住马夫，右边几间房住官员。史载的祭祀传统至少可以追溯到唐朝。唐初，村民曾请来秘书监（相当于国家图书馆馆长），余姚人虞世南来此主持祭祀。虞世南的传世名诗《蝉》写道："垂緌饮清露，流响出疏桐。居高声自远，非是藉秋风。"居高而自能致远，这种独特的感受蕴含一个真理：

立身品格高洁的人，并不需要某种外在的凭借，自能声名远播。此诗意可用在后人对他的评价上。为追念他的功德，村民建了"永兴公祠"，是冢斜村中最古老的建筑，村民更喜欢把它叫作"永兴庙"，每年要举行两次庙会，纪念这位"永兴神"。

冢斜村的台门老宅历经沧桑。为了保护这些老宅，村里想出了好办法，老宅不能拆，但又不好住，干脆把新房子造在村后。现在的冢斜村，以新修的子陵大道为界，路南是一派陈旧的上古模样，路北则是一片新建的楼房。中间隔着路与树，在路南与路北之间来来回回，就恍若在千年的时空里穿梭。

有老台门就有老故事，这似乎是一个通例，冢斜村也不例外。明初余子陵择冢斜而居，是为了让大禹后裔、余氏子孙有一块集聚地，能繁衍百世，但其实并不容易。史载，余氏曾丢掉过自己的姓氏。大禹后裔第58世余讽，曾任晋元帝的谏议大夫。皇帝觉得"余"意"我"，谏议大夫上奏称"臣余讽"，便成了教训、讽刺皇帝的意思，故敕命将余姓改为佘姓。这样，"佘姓"不出头整整300多年。到了唐肃宗乾元元年（758），时任国子博士佘钦（大禹后裔第69世）向皇帝上了一道奏章，他说，"臣本姓夏禹，出姒氏苗裔。禹生三子，季曰罕，为余氏，臣即罕之后。"但到晋朝被改成"佘姓"。"臣簿读坟典，再任学官，姓失本宗数百年矣。佘韵与蛇，啮齿最毒，甚污祖先。伏乞圣慈，与臣改正本姓，上承先祖，免坠禹祀。"佘与"蛇"同音，蛇齿最毒，岂不坏了祖上大禹的名头？皇帝觉得佘钦说得有理，半年后下旨："准复余姓，赐名永宗。"其意在奖勉余氏永远不要忘了祖先。

出生于冢斜的大禹后裔第101世余煌，是明代最后一个状元，历任吏、礼、兵三部尚书。身处末世，做官难有作为，但余煌之死，却留下了浓墨重彩的一笔。1644年，崇祯皇帝死后，抗清官兵在浙江拥立鲁王政权，定都绍兴，诏令闲居在家的余煌出任兵部尚书。顺治三年（1646）六月，清兵直逼绍兴，鲁王渡海而逃，有人建议余煌组织人马据城死守，余煌冷静地分析形势后说："大势已去，江边数万军队已不堪一击，还想以老弱残兵守住城池吗？徒劳的抵抗岂不是坑害百姓？"他果断下令大开城门，让军民出城避难。城空之后，他赋绝命诗一首，而后从容投河，殉国而死。据清邵廷采《东南纪事》记载，清朝统治者为之震动，规定在进攻绍兴和宁波等地过程中，不能滥杀百姓，并且追谥余煌为忠节。

　　冢斜人的崇祖尚德并不都是轰轰烈烈的。据《冢斜余氏先祖大事》记载，明末年间，大禹后裔第103世茂阳公发起，并出资建造了永济桥。永济桥位于小舜江上，桥长60米，分五洞，至今尚在。民国以前，这里是嵊县到诸暨的交通要道，当年，桥那头还建有永济亭和路廊，为方便来往行人，茂阳公常年为路人免费供应茶水和歇息之处。茂阳公还常常黎明即起，登至亭后小狗山高处，向全村细细眺望。发现哪家哪户没有升起炊烟，老人就会在傍晚时分送米上门，以解村邻断炊之急。在当地，还流传着茂阳公捐田办学、采办船木等逸事。而今，高速公路穿村而过，廊亭在夏雨秋风中坍废，永济桥已淡出人们的生活。年轻人听老辈人说起茂阳公，就像听隔世的故事。但在有心人的心中，桥亭和这位老人仍是那般鲜活，每当忆起，心头就会升起一缕遥远的温馨。

（文：余振波／图：王欣　余振波）

嵊州崇仁六村

聚族而居美崇仁

　　崇仁六村位于嵊州西北部，离市区 11 公里，绍甘线从村边而过。全村 439 户，1154 人。崇仁六村大部分村民姓裘，另有陈、王、韩等姓。崇仁原名杏花村，北宋时，受皇帝敕封的义门裘氏从婺州分迁此地。裘氏以崇尚仁义为本，故名其地为崇仁。但从古村西北路边"方井"旁一石碑刻着"赤乌二年"（239）字样看来，早在三国吴时这里已有先民居住。

　　据史载，在裘姓迁此之前，崇仁已甚繁荣，张、黄、李、段、白五大姓聚居于此。据《崇仁义门裘氏宗谱》记述，宋庆历年间（1041—1048），裘氏迁居崇仁长善溪东八角井旁，为崇仁裘氏第一世祖。随后，裘氏大家族在此繁衍生息，并渐次发展为富甲一方的望族。自宋以来，崇仁受敕书、诰命三十余道，出秀才 1340 余人，仕官 340 余人，单裘氏一族，就有 4 名进士，38 名举人。

　　村中老台门众多，坐落其间的古建筑群基本保持明清风格，尤以五联台门和玉山公祠最为典型。故崇仁六村又称崇仁古村。2000年 1 月，以崇仁六村为核心的崇仁古村落被列为浙江省历史文化保护区。其中玉山公祠 1997 年 8 月被列为省级文物保护单位。走进崇仁六村，宛如走进一座江南古民居建筑的博物馆，沿着寂静的卵石巷道缓缓前行，古朴浑然、精美奇崛。

　　古巷入口，竹木扶疏，一座偌大的建筑迎面而立，这便是古村第一大祠——玉山公祠。此祠建于清乾隆五十六年（1791），供祭崇仁裘氏第十九世祖玉山公。祠堂坐北朝南，主体建筑依纵轴线布局，自南而北为照壁、门厅、戏台、正厅和后厅，两侧建有厢房。除了祠堂常见的一些建筑构件外，公祠古戏台的建筑风格和雕刻艺术别具匠心：4 根上圆下方的石柱和雕有"宝瓶插花""金鱼戏水"

等图案的梁枋构筑成一个美轮美奂的戏台。有着舞台音响功效、八角覆头的戏台藻井由 16 组斗拱旋叠而成，井顶雕刻"五狮戏珠"，上层雕饰"八仙图"，下层施以斗拱，线条自然流畅，乍看云蒸霞蔚，众仙云游，疑似"云之君兮纷纷而来下"。细细品赏，大家无不被它雕刻的精美和造型的奇特所震慑。

崇仁六村古建筑群中，最重要的建筑当推"五联台门"。五联台门是清中后期的建筑，是玉山公为 5 个儿子建造的。经由玉山公祠西侧一条幽深的卵石巷道，就到了五联台门的核心——敬承书房。书房有两座跨街楼与老屋台门相接，学子们可以足不出户上学、下学，免遭风霜雨雪之苦，由此封建社会官宦人家培植子孙的良苦用心可见一斑。以书房为中心，大夫弟台门、老屋台门、樵溪台门、翰平台门、云和台门环列四周。这是一组清一色的青砖白墙硬山顶建筑。台门内部用材精良，砖、木、石雕精细生动。各台门都独立成院，自立门户，而底层又设边门，户户相通。楼上则用跨街楼与相邻的台门隔巷相连，从而成为一个自上而下互相连通的民居群落。这种格局在古建筑中并不多见。

在崇仁六村，这样保存完好的老台门有三四十座，较有代表性的台门有"官宦台门"、"商贾台门"和"平民台门"三类，其布局大致为：前为台门，然后是天井、堂屋、侧厢、座楼，组成一个独立的宅院。这些台门或以姓氏命名，或以仕进和官职为号。

与古建筑外形相对应的便是行云流水般的细节雕刻。崇仁六村的建筑雕刻艺术将中国传统文化中含蓄悠远的意境之美，带进了独具匠心的建筑雕刻设计之中。

在玉山公祠门厅前的道地上有一只回头鹿，在早晨熹微的天光中，整头鹿光亮润泽，一只眼睛睁得溜圆，"回眸"之状活灵活现，而待日出就难觅其影。这是为何？原来，这是建设者的匠心独运。铺设时，先将所用青石用盐卤浸过，砌好后又以缸爿勾勒出鹿之轮廓，如此一来，虽历经千年，此鹿仍栩栩如生，为古建筑平添一景。

崇仁六村中的牛腿、梁枋却似一幅幅打开的画卷，展示着一个个与古村文化有关的故事：云和台门前厅大门上的雕刻——"米芾拜石""羲之爱鹅""太白醉酒""林逋放鹤"，体现着家族的文化涵养与人生志趣；玉山公祠后天井中的两组牛腿——东边一组的"司马光砸缸""人狐鼠相处""济公济贫""愚公移山""三娘教子""真假猴王"，西侧一组的"孝""义""勤""俭""泼水浮球""薛平贵回窑"等雕刻惟妙惟肖，笔简意赅：一个官太太拿着一把竹丝很茬的扫把扫地的情景，一个"俭"字跃然而出；"真假猴王"则告知人们要生就火眼金睛，去辨别生活中的真假是非；从雕刻在古戏台的"对弈图"和"五狮戏珠"图可以看出，崇仁民间自古有弈棋、舞狮的文化传统。"人狐鼠相处"则寄予着人类与动物和谐相处的美好愿景……

崇仁六村中有遍布街巷和院落的古井。这些古井高出地面部分多用整块青石镂空作口，井边配有井槽、井臼，井面有一道道被井绳磨出的凹痕，可以想见当时井边热闹和谐的场景。其中，依附在"廉井""让井""奇异井"身上的故事更让我们着迷。玉山公祠后面的"让井"，有一段被岁月尘封的逸事：古时有户裘姓人家建房时，这口露天井要被围进屋里，邻居因用水不便而起纠纷。这户裘姓遂将屋基退进数米，让出水井，方便村民用水。这一"让"，让出了襟怀，让出了和谐，让出了"崇尚仁义"的内核。

可谓一方水土，养一方人，这方水土又孕育了全国第二大剧种——越剧。崇仁马潮水15岁开始"唱书"生涯，创办了越剧史上的第一个男科班。20世纪30年代初，裘光贤在崇仁戒德寺创办了女子科班"高升舞台"，"越剧皇后"筱丹桂、"金嗓子"傅全香、"老祖宗"周宝奎等越剧名家均在玉山公祠古戏台汇报演出，而后打入上海滩。抗战胜利后，傅全香还在此台上主演过《夜半歌声》。

崇仁六村的人文之美，亦体现在裘氏家族尤其是玉山公的乐善好施上。村里巷道破损了，玉山公就慨然出资；哪家院落排水不畅，玉山公就派人加以疏通；得悉哪个孤寡老人去世时无钱下葬，玉山公即为其置办棺木，将其葬于义冢……古村的人文之美，更体现在以人为主体的消防文化上。那一道道架在民宅之间二层处高约2米多的马头墙，一般设在五间四厢或两厢之间，可防风防火。台门间小巷曲折多变，亦能有效阻隔火源。此外，古村的街巷有水井100多口，一些台门间都有一个长5米、宽4米的水池，既方便村民用水，又可应消防之急。玉山公祠里，也有一清一浊两口灵异的紫砂大缸和一口古井。民间相传，为防古村被火灾吞噬，当时裘氏出资成立了消防队，每人配置锡制水枪，人员均由裘氏家族子孙组成，救火不收费用，被村民誉为"义门消防队"。

崇仁六村的古建筑群无疑是江南古建筑中最富想象力和表现力的古建筑之一，无论是窗棂、门楣、回廊的多变，雕梁、雀替、藻井的精美，街巷、台门、水井等建筑的布局，还是与自然环境的渗透交融，无不蕴含了这块土地上的先民的生活志趣和人生思考。古村是一段沉淀的历史，是一则厚实的故事，更是古筝演奏的一曲古朴而典雅、浑厚而悠长的自然乐章。

（文：钱宁儿）

开化霞山村

八景拱秀耀霞山

溯钱塘江源头的马金溪而上，沿着徽开古道向徽州而去，从浙江的开化县城向西北行大约30多里的路程，有一个古老的村落名曰"霞山"。跨越千年、穿越浙皖两省的徽（州）开（化）古道曾经是徽商经陆路通往闽浙赣的重要通道，霞山便是这通道上一个重要的节点。霞山村北依来龙山，峰峦叠翠；南环马金溪，溪流映碧，真可谓山清水秀，环境清幽。古时的霞山曾有"青云岭峻、元水清流、丹山拱秀、紫雾崖深、蓝峰插笔、碧潭钓月、绿野耕云、翠嶂列屏"霞山八景。

宋皇祐四年（1052），霞山郑氏始祖郑慧公迷恋霞山景色，迁居霞山。后因家族人丁不旺，便招赘汪崧（霞山汪氏始祖）为婿，相互扶持，共同发展。至元代末年，郑氏家族分为三房，汪氏独立发展，霞山分为上、下两村，郑汪两姓分别聚族而居，村落渐成规模。明代初年，郑氏家族参与经商贩木的商业活动，此后一直持续到民国时期，从而造就了霞山村落几百年的繁华。郑氏家族由此走上了一条士农商一体发展的道路，成为开化望族。

在漫长的历史岁月中，历代霞山村民与能工巧匠建造出众多的村落建筑艺术精品。盛时的霞山村落中有园林、书院，有祠堂、钟楼、寺庙、桥梁、水碓等，商业老街上还有不少酒店、肉铺以及出售南货布匹、南货贡面等的商业建筑，可谓建筑类型丰富，几乎囊括了封建社会自然经济条件下的所有建筑内容。如今的霞山仍较为完整地保存了明、清及民国时代的民居、祠堂等古建筑约300座，村落基本体现了民国时代浙西山地聚落的历史原貌。

霞山村的总体布局由北而南呈现不同的结构特征，反映出宗族文化与商业文化两种因素的重要影响。村落北部呈现典型的血缘聚

霞山日落

落结构特质，即以宗祠为核心进行聚落空间组织，民居建筑按照血缘关系所属围绕祠堂——裕昆堂、爱敬堂、永锡堂布置，形成对祠堂的拱卫之势；村落南部则明显呈现出商业因素的影响：以马金溪和古道为基准，村落基本呈近似辐射状布局，主要道路皆保持由北而南与马金溪、古道商业街近似垂直的走向，保证了对外交通的通畅。街巷是最能体现聚落特质的一类空间，霞山村落内的街巷大都曲折迂回，看似无序的街巷只有村里人最熟悉它的走向，外人进村，东转西蹫，如入迷宫，很难找到出路，所以霞山又有"迷宫"之称。

霞山民居与徽州民居类似，以"合院＋天井"为基本单元。合院的形式有三合院、四合院，正房大都三开间，两厢房，与正房相对隔天井的南侧用高墙封闭即为三合，建成下房即为四合，当地也称为"三间朝对"。所有的建筑均为两层楼房，正房明间为敞厅，两次间为卧室，敞厅后金柱间作太师壁，楼梯即在太师壁后。建筑主入口均设置在南向或者东向，南向时一般设在中轴线上，东向时设置于东南角占据一间厢房的位置，垂直于轴线进入。霞山郑松如宅、暗八仙、梨园聚、中将宅等是目前保存较为完整的村落典型民居建筑。

霞山居住建筑的外观形式也与徽州民居的风格相类似，马头墙、砖雕门楼、青瓦、白墙等外观特征一应俱全。霞山民居两侧山墙做成阶梯形的马头墙，高低起伏，错落有致，黑白辉映，增加了空间的层次与韵律，但是与徽州民居不同的是一般马头墙均不超过屋脊。霞山建筑外墙充分利用了当地的资源条件，即用河滩沙土掺入白灰形成三合土砌筑卵石，卵石和沙土均来自马金溪。为增加墙体的整体性和稳定性，沿墙体高度每隔1米左右，用砖平砌或斜砌形成一条砖带，起到取平砌筑面的作用，类似如今砌体结构中的圈梁，而墙体四大角和较长墙体中部的砖柱则类似构造柱，共同加强了墙体，此种卵石墙体砌筑高度可达6—7米。

霞山的祠堂目前存留的有汪氏宗祠槐里堂、郑氏支祠爱敬堂和永锡堂以及郑氏大宗祠裕昆堂遗址。祠堂的形制均为五开间，天井庭院形式，一般分戏台、享堂、寝殿三进，庭院和建筑的尺度往往比民居大得多。祠堂规模的大小则根据基地情况、家族经济实力和祠堂的地位不同而不同。

除上述重点公共建筑外，还有大量的店铺及民居建筑。老街有店号数十家，现在依稀可辨的有"花酒发兑""酒坊茶馆""南北布匹""南货贡面""南北杂货"等商铺店号字迹。店铺多为二层砖、石木徽派建筑，一般每户三间门面，店面出檐长。梁架及牛腿雕饰精美，有的外檐随梁柱雕刻精美木灯笼，造型别致。店面、作坊、住宅三位一体，或前店后居，或下店上居。

普通民居建筑布局沿马金溪自上而下与老街呈垂直排列。平面多为两进的二层砖、石木结构，三合土地面。两进间有天井，用于采光、积水和通风用。建筑的门楼上大多有精美的砖雕，朴拙古雅。屋面都为硬山顶，且多有风火墙。屋内梁架、牛腿等木构件雕工精细，玲珑剔透，雕刻内容丰富。

比较难得的是，这些清代至民国的建筑，多数未做大的改变。基本保持原有的风貌，且整个村落的布局也未有大改。鉴于保护历史文化遗产的重要性和紧迫性，2001年"霞山古建筑群"被开化县人民政府公布为历史文化保护区，2005年"开化县霞山"被省人民政府公布为第三批省级历史文化村镇。不久的将来，霞山将似一颗璀璨的明珠闪耀在浙西的钱塘江源头。

（文：王剑云　陆苏进/图：尧甜）

三 水系规划

桐庐环溪村

莲韵清风拂环溪

环溪村，隶属桐庐县江南镇，南靠相山（俗名来龙），东临富阳，坐落于三国文化的发祥地——著名的天子岗山麓。清澈的天子源和青源溪汇合于村口，三面环水一面靠山，村由此而得名。

环溪村为宋代理学鼻祖周敦颐后裔聚集地。自北宋理学家周敦颐第十一代孙周新一始迁桐庐，其儿周珪定居深澳，历经两代，周敦颐的第十四代孙周维善于明洪武十七年（1384）迁居环溪。自此，周氏一族在环溪村繁衍生息，逐渐壮大。

环溪村布局规划独具匠心，以南北为主干道，东西为巷，纵街横巷，主体设计成"卅"字形，蕴意根系兴旺、财路畅通。明渠暗沟，水沟与每条行路相附，流遍全村，不仅方便洗涤、保障消防，还将灵气贯通全村。根据五行说的"离"卦，村子南侧修有太平塘镇火。而水为"润下"，财气能随水流遍全村；村口"北水南归"为村聚气。整个村落以周氏宗祠"爱莲堂"为中心，成纵横格局。古街道以村中池塘为界，以古银杏树为基点，向西北方向拓展。村子的"周"字象形令人叹其缘巧。相山携东西两溪，以半包围的周字外框，道路与空地组一"吉"字。村内保存着完整的古宗法血缘建筑群，古建筑20余幢、历史建筑30余幢，包括祠、庙、堂、亭、寺、桥、渡、井、塘、堰以及古树等，为江南著名历史文化名村。

环溪村村口的千年古银杏，被誉为"夫妻树"，成为该村的一大景观。据传环溪的人烟从这几株银杏开始。周维善将第一间茅屋建在了这些已经成型的银杏之下，以荫庇这一隅风土。700多年树龄是环溪村的阳基树，雄性的两株较雌性的三株粗壮，均枝叶繁盛，树身高挑。春夏绿意茸茸，浓荫蔽日。时至深秋，一树金黄灿烂如阳。村中以"五杏开泰"为环溪八景之一，见证了这个村庄的百年沉浮。

安澜桥建于清康熙二十一年（1682），是明季诸生周希里为方便里人而建。古桥位于环溪村水口，天子源与清源溪交汇处，南北跨天子源。系单孔石拱桥，长 18.2 米，宽 4.5 米，石拱跨度 12.2 米。相传当年因拱桥跨度过大，建桥工匠忧其崩塌，不敢拆模，在未拿到薪酬的情况下悄悄溜走，后来村民自己动手将支架卸掉。石桥经受住了常年风雨岿然屹立，村民取"安然无恙"之谐音，命名安澜桥。清光绪十七年（1891），安澜桥重修至今。安澜桥规正典雅，简朴庄重，拱形似月。桥头两棵古樟枝叶如云，桥顶青石浮雕如意图历历在目，桥身古藤盘根错节，藤蔓随风飘曳。桥下卵石镶底，流水潺潺。岸边芳草蔓蔓，杨柳依依，蔚然成景。

尚志堂建于清咸丰年间（1850—1861），为周氏第七代传人周德源的先祖大公所建。太平天国忠王李秀成带兵撤退途经环溪，驻绍廉堂、尚志堂、守成堂。驻于尚志堂的官兵，士气低迷，夜寒在天井挖坑取暖。翌日，队伍将行，士兵架起柴火，欲焚烧尚志堂。头领仰首环视厅堂天井，见上堂屏风一字展开，屏风图括历史名流、花鸟虫鱼、神仙奇兽、绿水青山、孝子孝媳，顿生惜意，当即命人泼水灭火。炙热石板遇冷爆裂，至今遗迹仍存。

环溪爱莲堂始建于明代，现存建于清嘉庆年间（1795—1820），五间三进，依次为大厅、享堂、寝宫，分别用来演戏、议事、供奉

环溪村景

祖先牌位。因南宋著名理学家朱熹在周敦颐"濂溪书堂"提下"爱莲堂"三字，周氏宗祠皆以此名。爱莲堂共占地286平方米，观音兜、硬山顶。堂内建筑木雕装饰均经彩绘，部分檩条为雕花檩，精致绝伦别有特色。古老祠堂见证村庄里年华流转，"崇文尚志"的匾额下，水墨荷香相映，周氏的文脉在爱莲堂里传承。

旧时，爱莲堂举行盛大祭祖仪式，仪式后每人可得一份祭品，而按周氏族规"凡读书人，乡绅贤达可得双份"，崇文之风由此可见。如今，爱莲堂里爱莲书社依旧书香传递。周氏子弟在这儿读莲读史，村中老人开设白鹤书院启蒙国学，闲暇时开一讲堂，邀村人共聚爱莲堂中，讲一讲周敦颐的《爱莲说》，在祖先的笔墨清影里，感受不一样的环溪，不一样的自己。

（文：苏文/图：吴一鸣）

泰顺溪东村

众志成城仕水桥

泰顺县溪东村是仕阳镇人民政府驻地。溪东，唐宋时称仕洋，清代称是洋。据泰顺《分疆录》载："是洋是洋，是水洋洋……巨津也。"据此是从仕水汪洋而得名。又因洋地处仕水之北，石人尖（山名，又名石龙尖）之南，俗以山南水北为阳，后人据此雅化为仕阳。而以溪东命名是因为后来迁徙过来的夏氏一族。据考证，后唐天成二年（927），有夏氏一支自安固白云山下呑底（今莒江）迁至仕洋之南，取名夏宅港。而仕洋居夏宅港之东，一水相隔，故夏氏以"溪东"称之。村以溪东名之，那是民国后的事了。时至如今，唯朝阳、洋西几个隔溪相望的自然村称"溪东"以示亲近外，其他乡镇的人仍称仕阳。

水，即村旁有那条溪流。它叫仕阳溪，属交溪水系。是泰顺众溪流中流量较大、延伸最长的溪。全长 62.5 公里，自东而西，纵贯数十个乡村而蜿蜒入闽。两岸多峡谷怪石，沿途尽深潭险滩；支流不时来汇，景致雄奇险峻。那是一条不知冲刷沉淀过多少历史而正在谱写着无数可能的溪。

而桥呢？村旁有水，是上天的恩赐。但如果到处是水汪洋，就有碍交通了。为便于步涉，就自然要为埠（碇埠，俗称矴步，又名碇步）为桥。仕水巨津，难于为桥，就只好以石为埠。这就是仕水多埠的原因。别的不说，就从雪溪到仕阳的数公里之间，百齿左右的碇步就不下五条。当然，最美最长的当数仕阳碇步。

仕阳碇步，共 223 齿。分高低二行。高处白石建造，低处青石为之。远远望去，青白相间，颇像琴键，故后人美其名曰琴桥。琴桥外观优美，建造合理，在世间极为罕见。第一是高低两行的设计。当时，两岸的主要交通是碇步。高低两行之设，一为来往避让

仕阳碇步

方便，二为讲究宗族礼仪：一般长者、肩荷背负者从高处行走。在古代，一般妇女与小孩会选低而行。第二是颜色质地的选择。高处为主道，稍宽，可供二人行走；选白，突出主导地位。而且白岩质地较软，有韧性。两石竖并相依，下面设护岩，更不惧怕洪流夹带异物碰撞。低处稍窄，只能走一人。选青石是因其质地坚硬，可以保护主碇步。而且青白相间，不仅可以区别主次，远远望去也很赏心悦目。第三是间距的设计。碇步宽度刚好一脚，间距0.6米，中间空，可使水流畅通无阻，各步之间间距均匀。而且，在溪流中间二齿碇步上，架一板青石，可防眩晕，也可供休息。而且，碇步上下两侧数十余米，皆有松木结架为底，上用巨石连砌成坪以加固滩基；碇步两端更是巨石作为埠头，并跟村坝相连。

仕阳碇步未建之前，溪流本来较窄。尤其店坪一段，地势骤降，水流湍急。且溪东地势本来就低，百流汇集，常常是今日连木为桥，明日就毁于山洪急雨。碇步建成之后，溪流从此一阔百米。两岸来往便利，更是平添了一道亮丽的风景。盛夏夜晚，清风徐徐，天水共月，然而，人们尽情地享用与赞美感叹之余，谁能知道，仕阳碇步的建设，经历过多少辛酸与苦痛？

据传，仕阳溪东村碇步初造于明代，建于溪东宫前滩至对岸夏宅港，即在现碇步下游200米处，共360齿，为夏宅港夏氏为避免长期竹筏木舟横渡的辛苦而建。可惜该碇步在明朝中叶毁于一场特大洪灾。后村民选址上游"济渡"处即现碇步上游100米处再造碇步，造成又毁于洪水。至清乾隆末年，有乡贤重新选址修建碇步，于乾隆五十九年（1795）建成。该碇步在嘉庆年间又有损于洪水，乡贤再度总结经验，探索新工艺，重修碇步，并在碇步根部及上下滩以卵石密砌滩基，以"井"字形松木架框定，加固滩基。此项技术的突破，致使碇步终于历久不毁。由于温开炳、温应钰父子等两代的坚持，并机遇一代大匠"石精"汤正现，才终成千古绝调。

仕阳碇步建成了，两岸交通自然就便利了许多。但每逢仕阳春夏多雨时节，碇步被淹没，于是人们就盼望有桥。而这一盼，又盼了数十年。据传其间连神仙的参与也圆不了梦：不知是哪个朝代，有一仙人，见仕阳之地，春夏之际，每遇急雨，便是波涛侵岸，商旅不行。于是思建一桥，以济庶众。因近无良石，便从闽地择石化猪驱赶而来。将至建桥之处时，遇一农妇。仙人问："有没有见到一群猪？"妇答："未见猪，只见石。"于是，这群岩石就再也动不了了。而桥，也自然就没有建成。这就是流传仕阳一带而颇为有名的"化猪石"的故事。而今，仕阳苧坑岭尾下之溪中近岸处，还存数堆巨岩，色独黑，即传说猪石幻化而成。

连神仙也没办法的事，那就熬吧。1978年，仕阳人民终于盼来了一条跨溪石拱大桥，即仕阳大桥。过后，为了交通的更加顺畅，于1994年在村尾水尾宫处又建造了一条石拱桥，即石龙大桥。2014年又建成了夏沙港大桥。为了家乡的建设，溪东村的百姓们真可谓众志成城。

看看那水，想想那桥，突然觉得，胡以愚先生在《夏沙港桥碑记》里的几句话，说得很有道理："僻间之义虽小，直可关乎道。仕水建桥，戊午官为，戊寅官助，而今者全筹乎民。而官民之易，虽倚乎义，实托于道也。国循道，则民富而尚义；民尚而传之，则俗清而道存。今者是也。"这几句话虽是赞美之词，但也有警戒之意。

（文/图：胡梦君）

湖州吴兴义皋村

依溇傍水有人家

这里曾是太湖南岸最为主要的水运通衢，这里是湖州原生态古村落建筑保存数量最多的地方，这里是千百年来太湖溇港水利工程的重要节点，这里保存着湖州地区最美丽的原生态古村落建筑，这里是太湖文化风情带上的一颗明珠，这就是千年古村——吴兴区织里镇义皋村。

义皋村因溇港而聚人，也因溇港而兴市。据专家研究，义皋古村落的历史可以追溯到宋代以前，那时太湖溇港有部队管理，百姓不会因水灾而流离失所，义皋溇边因而形成了村落。在明以前，它属乌程县震泽乡。义皋在清代最为繁荣，成了太湖南岸的一个繁华小集镇，仍归乌程县管辖。民国17年（1928）之前被称为"义皋里"，此后一度称"义皋镇"。新中国成立后，义皋系太湖公社所在地，有义皋茧站、小学、供销社、鱼行、茶店、酒肆等，后并入织里镇成为义皋村。

沿太湖南岸一线在史前是一片沼泽，生活在这里的先民饱受洪涝灾害之苦，为防洪泄洪，在春秋战国时期开挖了太湖溇港。这些太湖溇港是一条条规划有序，"如梳齿般繁密"的。南北方向（纵向）的叫"浦"、"溇"、"港"，东西方向（横向）的叫"塘"。太湖溇港原有200多条，其中吴江境内有72港分布在七都、横扇两个镇，七都至湖州的小梅口有36条溇，义皋村就有其中的两条溇，分别为义皋溇和陈溇。据史载，义皋溇在南宋时，曾被更名为"常裕溇"。据撰写于1994年《湖州水利志》记述，时义皋溇长1.517公里，河底宽2米；陈溇长1.567公里，河底宽2米。此外，北运粮河和南运粮河也分别东西走向流经义皋村。

据湖州水利史专家陆鼎言研究，义皋溇至今在当地仍发挥着水利效益。《杭州日报》曾对义皋溇有过相关报道，报载："那溇中的水通过会呼吸的河岸渗透到农田灌溉，上面的石桥不仅能载人过岸，还能起着束水作用。溇港南宽北窄如喇叭状伸向太湖；汛期，由南往北流的苕溪水经过逐渐变窄的溇港河道与桥洞束水双重作用得以加速，湍急而来的水流将淤积的泥沙冲入太湖；旱期，由北往南流的太湖水从逐渐变宽的河道缓缓流过，润泽干裂的河道，从而保护和减少了对岸堤坡脚的冲刷。先民的智慧，在这巧用天力的溇港里泽被后世。"

新义皋溇闸

义皋溇一直往北，临近太湖时，有一座水闸，其下有涵洞沟通太湖。据1994年《湖州水利志》记述可知，陈溇口建有单孔水闸一座，跨径4.8米，有木板闸门，人力启闭。当时陈溇闸可泄洪10立方米每秒，引水3.2立方米每秒。后来，湖州市修建了环太湖大堤，对沿太湖溇港进行了调整，陈溇闸废。2015年5月，为了拍摄纪录片《溇港》，湖州电视台和吴兴区水利局联合寻访木闸板，几经周折，最终在义皋村村委会的仓库中找到。这些木闸板是义皋村溇港水利文化的重要遗存。

义皋村民国时称为义皋镇。至今，民国时的集镇百米老街保留尚好。它位于义皋溇西侧，东西走向，系花岗岩条石铺筑，与尚义桥在一条直线上。古街长47.4米（保存较好的有34.5米），宽2.4米，街两旁的店面旧貌尚在。沿河水市的河埠、驳岸保存较好。水市街长60米，共保存有六个河埠。驳岸系太湖石错缝平砌，街面部分石板仍存。沿河的两进后店前居古建筑立面保存完好。

尚义桥，横跨义皋溇，东西向单孔石拱桥。从构件判断，该桥始建年代应不晚于明代，清代乾隆年间（1736—1795）重建，晚清重修，是目前太湖溇港上保存较好的清代单孔石拱桥之一。陈溇上也有塘桥，名陈溇塘桥，民国年间（1912—1949）重建，系单孔石拱桥，桥型精致玲珑，两侧均有桥联。尚义桥和陈溇塘桥静静地躺卧在窄窄的溇港上面，见证着寒来暑往，春去冬来。而尚义桥、陈溇塘桥与村里另两座古桥常胜塘桥、太平桥合称"义皋四桥"。

依溇傍水有人家，"小桥流水人家"，这是江南水乡典型特征，义皋也不例外。在义皋村北面有朱家庙自然村，它们分布在义皋溇的北段两侧，并沿运粮河走向自然分布。因北运粮河与义皋溇交叉而形成了东西两个区块。西区块保留着太湖石砌筑的古驳岸、花岗岩砌筑的河埠及朱家九开间老宅、小弄等。其中朱家老宅有九开间平屋，东边六间平厅为清中后期建造，后两进平厅为清晚期所建，梁架及堆灰图案保存完好。东区块保存着朱家庙、古朴树和众多朱姓古民居。朱姓家族民居中保存较好的有38号、39号、41号、52号、60号等处。这些民居虽不华丽，但原真、朴素，反映了太湖边老百姓恬静朴素的生活状态。

而义皋溇边还有范氏家族西路建筑（范家大厅，系清代建筑）

它坐落在义皋溇的东侧，建筑坐北朝南，共有三进，由砖雕仪门、天井、大厅和两进楼屋组成，目前已公布为市级文保点。大厅面阔三间，通进深 13.80 米，通面宽 12.20 米，面积 168.36 平方米。大厅梁架为抬梁式，内四界单步后双步，悬山顶，方砖铺地。该建筑体量较大，木构雕刻精美，为太湖溇港古村落中规格较高的厅堂建筑，具有一定的历史研究价值。

千年义皋村，是驻留时光的载体，如今再次端详这古老的脸庞，"旧"的真实，"残"的美丽，看过大都市的美景，这些"旧"，这些"残"更让人心动。

（文/图：吴永祥）

江山浮里、花桥、枫溪村

一溪滋养三古村

廿八都古镇有三个村，分别是浮里、花桥、枫溪。此地有一条北水南流之溪，从浮里开流叫浮溪，流到枫溪村叫枫溪，流经三个古村。

水乃生命之源，人文兴盛之脉。江南的古镇尤为水之滋润而濡养、而性灵、而韵致。廿八都古镇又不同于江南的其他古镇，没有池湖，没有浩渺烟波，没有河渠纵横；但有群山环抱，谷溪长流。仙霞山脉莽莽葱葱，逶迤到天台。四季更迭，滴源汇聚；北渐钱塘，远赴长江。廿八都独特的地形地貌造成了钱塘江水系和长江水系。浮里村到花桥村的浮溪段，纳小竿岭、乌峰尖、洪岗岭、磨盘山、蜡籽岗的水流，分前街和后街名曰浮溪、开叉河在花桥头相汇，清流湍急下达枫溪段。涓涓水流，弯弯曲曲，清波拍岸；吻半边街，亲水安桥，掠竹瓦亭，又接纳林丰溪，筋竹溪，浩浩荡荡拢溪口，南下古溪，折而西去汇闽水，达赣地，绕信江，注鄱阳湖，赴长江。人类因水而居，因水而繁衍生息。大禹治水而洪水消退，梳理江河而华夏繁育。历朝历代迁徙廿八都的先民们，自然晓得五千年积淀下来的璀璨文化，并把这种文化在山水回环，风景四季变换，人文荟萃的仙霞古道上，布局出华夏独一无二的古民居建筑群落。

廿八都古镇地处仙霞山脉的腹地一个较大的盆地里，四周高山拱列，具有盆地气候和山地立体气候的特征，又地处中亚热带北部，属中亚热带温润季风气候，因而雨量丰沛，年平均降雨量达1846毫米，冬暖夏凉，小气候独特。良田阡陌，溪水畅清。于是八方来客迁徙定居，历汉唐宋元明，清朝达鼎盛，仙霞古道来往重镇，浙闽赣边贸集散地因而形成。那四季不枯，绿水长流的浮溪、枫溪旁,不但接纳了南腔北调,接纳了迥异的风俗习惯,更融合了各地古村落民居建筑的精华,集镇布局规划的风水理念。

廿八都古镇总体的水系是北水南流,水资源的合理利用在考量着历代古镇的先民。生活用水、农田灌溉、稻谷的加工离不开水资源的引取,必须合理布局和利用河水、地下水、山涧水。平原的水是停滞的,混浊的;山区的水是活的,是灵动的,是有韵致的。20世纪90年代初,上海社科院的学者来到廿八都,不但惊叹于古镇街道建筑的合理布局,雕梁画栋的壮观,更膜拜的是河坝的选址,引渠的巧妙,汲水的多法,排水的人性。

河水在古时的功能有航运、灌溉、舂米、饮用、洗涤等。廿八都的河流不能航运,但是现代漂流的理想场所。以前灌溉和舂米是结合在一起的,有水的静和动。有水坝必有水碓,有灌溉必有沟渠。廿八都沿浔溪的相亭寺开始,达枫溪的水口地水安桥前有五座河坝、五座水碓。坝堤都是由光滑的大小河石筑起,当河水溢出坝顶哗哗地流下时,在不平的坝面上的水花如同珍珠般地欢跳。水渠是用石灰、黄泥、沙子混成的三合土抹到水渠的三面,以防渗漏。清清的渠水日夜不停地流淌到梯田,到水碓,到古镇的街巷,民居的房前屋后,滋养着这一方水土的人们。

浔溪、枫溪沿岸的百姓在晨曦微明时,男人们挑起水桶,纷纷到浔溪和枫溪挑水;女人们在河边的埠石上洗衣、洗菜。水碓房的"吱咕噗砣"声一年四季如是,古镇的生活每日如是,如同水的韵致。

河流是从古镇的浔里村流到花桥村再到枫溪村的,弯弯曲曲,委婉生动,如古时舞女舞动的水袖,美妙而想入非非。于是每日从清晨到黄昏,人和水都相媚递影,和美安详,浔里街、枫溪街也蜿蜒南伸,千户民居,百多店铺,人来人往。后街也有一条河,叫开叉河,功能一样,就是显得更婉约,也有一坝一水碓。河岸上有一座龙头山,山势低缓蜿蜒如龙游,龙头就落到水岸,如饮水。山脊有一宽广草地，明末清初郑芝龙、郑成功父子先后镇守仙霞关，兵屯廿八都，常牧马龙山，饮马此河，故有"龙山牧马"一景。

浔里暮色

水井在浔里村几乎没有，廿八都的河是北水南流，北高南低，浔里在北，不适合打井。花桥和枫溪水井较多，枫溪村（也叫湖里）面河靠山，除了河水、井水还有用竹筒接来的山泉水。东面的浔溪、枫溪和后街的开叉河拥古镇而流淌不息，水坝又借沟渠而引清水串街走巷，不时有明沟清响，门前戏水。

古镇的建筑大都四水归堂，每栋至少有一到二个天井，多的四五个，雨天的水都汇到天井的暗沟下，水是财，四水归堂意为财不外流，但每个天井都不会积水，都流到街道的地下沟里，汇流到花桥村的花桥头和枫溪村的水安桥下了。有的大户人家的天井四角备有几口千斤缸，储雨天屋水以备防火之需。古镇四季雨水颇多，但街道从不积水。河里抬来的大石块，小石块铺成的街面，中间是大而光滑的大石块铺就，是路心，从珠坡岭到水安桥头，沿三五里长街弯弯曲曲铺下，行人走在路心上，特别惬意，如同一句方言说的：走路要踩到路心。街面是小弧形的，路心的两边同样是用光滑的小石块铺的，靠近两面的店铺的滴水下是大石块铺的沟，这样雨天的水立马就流渗到沟里了。于是就有了"雨不打伞，路不湿鞋"的古镇街道。

自然的地理环境，造就了不一样的古村落，也有了不一样的水系统的合理利用和规划，廿八都的浔里、花桥、枫溪，古代的先民就为我们提供了智慧和合理的布局。青山常在，绿水长流，水韵长滋养！

（文/图：江农文）

岱山东沙村

东海渔岛思水源

舟山东沙历史悠长，文化积淀厚重。据考证早在 4000 年前就有人类在东沙角繁衍生息，2200 多年前秦始皇遣徐福率 3000 个童男童女寻找长生不老之药，看到岱山岛屿缥缈朦胧，犹如仙境，遂登临寻仙，登临之处为东沙山咀头，建于清光绪年间（1875—1908）的"海天一览亭"中有碑文记载。

东沙古镇建制于唐，兴盛于清。据《中国渔业史》记载："东沙渔港形成于清康熙年间（1661—1724），之后每逢渔汛，各地渔船聚集东沙，船以千计，人达数万。遂以渔兴市，以市兴镇，成为中国东部沿海著名的渔业商埠。"当时横街鱼市的繁华景象，清朝文人王希程曾这样描述："海滨生长足生涯，出水鲜鳞处处皆，才见喧闹朝市散，晚潮争集又横街。"悠久的历史、繁荣的商贸，积淀成东沙独特的文化底蕴和人文内涵。

悠悠的古巷，古色古香的民宅，留着旧商号印迹的店铺，还有渔厂、盐坨、货栈等触目皆是，古朴典雅。整个镇区纵街横巷，井然有序，房屋建筑布局严谨、结构牢固。有人把东沙传统建筑概括成六大特点：一是房屋错落有致，所处地势开阔，南高北低，有一定的层次感；二是不少房屋建在海边，带有浓浓的"海味"；三是建筑种类多样，集各地之大成而独具特色，既有四合院式的民居建筑，宏伟气派的宗祠建筑，古朴典雅的庙宇建筑，又有功能各异的商号建筑，还有近代欧式建筑；四是建筑用料特别讲究，不少殷实人家其厅院立柱大多是专程从福建北部山区运来的樟树、柏树、杉树等，厅院用平直石板铺设，屋墙石料也多用大理石、花岗石等上等石材；五是东沙建筑具有古典风范，飞檐画廊，精雕细琢，其建筑艺术极富明、清两代特色；六是东沙建筑历史悠久，现存的近百处古建筑中，最早已有 200 多年的历史，100 年左右的建筑随处可见。被一些影视界行家称为"原汁原味的海上影视城"。但作为东沙人，无论走到哪里，都不会忘记家乡的戊辰河。

东沙村景

戊辰河，承载了每一个东沙人太多的记忆和情感。尤其是上了年纪的人，对它更有一种特别的情愫。戊辰河，民国戊辰年间（1928）建造于东沙镇大河墩。近百年来，东沙居民祖祖辈辈基本上都是饮用这条河的河水长大的，可以说是东沙的母亲河。

东沙古渔镇，镇小，巷多，屋舍密集，人口众多，有旧诗形容为"栉比鳞次聚东沙，挖压蓬山一万家"，加上大黄鱼汛期大量渔民和鱼贩者的涌入，用水便成了一个突出的问题。咸丰二年（1852），大岭墩下挖成一河，占地三亩，名为"大河"。据《岱山镇志》记载："食水河。东沙角大河在大岭夏，约三亩零转方，居民千余户，食水皆汲取于此。咸丰二年（1852）壬子开掘。故一名'壬子池。'"大河的挖成，使村民喝水不再成为问题。光绪三十年（1904），孙以慷出资，又开一河，俗称"孙家河"。后来，人们将大河与孙家河合并，统称"老大河"。这条老大河基本上保障了当时居民的饮用水供给。然而，到了民国年间（1912—1949），东沙常住人口骤增，每逢渔汛，江苏、浙江、福建沿海诸省渔船云集东沙，船以千计，人以万数。每天早晚两个时辰，老大河的边上排满了挑水的人，一行行肩挑水桶的队伍像是大旱天抢水的情景。这样排队挑水的结果是，每天的河水总要下沉两三个步阶。遇到真正的旱天，水源也枯缩了似的，因为积蓄的进度跟不上人们挑水的脚步。民国 17 年（1928），由东沙的大户岑华封发起，个人以"岑庆安堂"名捐款集资，在老大河相隔不远的山脚下又挖一河。因那一年为农历戊辰年，故称戊辰河。

戊辰河建成后，由于该河水清澈甘甜，就成了东沙居民的主要饮用水河。有了两条河，东沙古渔镇平常的饮用水基本可以自给。虽然一到大黄鱼汛期，水的紧张又会提到嗓子口上，排队的情景又天天重演，但终究还是能保障居民平时基本的生活用度。

戊辰河，实际上是一个长方形水池，四周由块石砌筑，占地面积 1300 平方米。南面正中有入口石阶，便于居民取水，在石阶尽处建有基台及护栏，以保证取水人的安全及便于河底清淤，建筑风格独特。戊辰河的选址和设计非常精妙，集中了东沙能工巧匠的智慧。它三面环山，东面是大岭墩，南面小岭墩，西面炮台山，清澈甘甜的山水源源不断地渗到河里。即使在干旱季节，这里的河水也没有干涸过。河体为梯田式设计，分两层，外围一圈河床离岸 1 米左右，里面的一圈离岸 1.5 米左右。这是为了保护居民的人身安全。老百姓传说，河的中央有一个石制的八卦图，四角分别有四个石磨，有驱邪镇魔的意思。

这条河还有个特点，从岸边下去铺有长条形石阶，这是为了方便居民取水之用。它的前侧有一圈石栏，石栏起到一种保护作用，万一有不小心落水者，就可以抓住石栏求生，还有一道门，从这扇门下去，可以直通河底，作清除淤泥之用。原先在碑的东侧有一座小小的庙宇，里面供奉水神的雕塑。庙宇前还有一块小石碑，上面刻着"饮水思源"四个大字，让后人记住饮水不忘掘井人，出门不忘故乡情。

一方水土，养育一方人，古老的戊辰河不知孕育出了多少东沙人民引以为豪的优秀儿女。在东沙人的心目中，戊辰河就是"母亲河"，它见证了古村镇的百年沧桑，外出的游子无论走到哪里，提起戊辰河都会有一种亲切感从心底升起。他们中的很多人一回到东沙故乡，就会到戊辰河河畔来走走、看看。饮水思源，保护母亲河，是每个东沙人的义务和责任。

（文：陈召军）

青田龙现村

稻鱼水利华侨乡

浙江丽水青田龙现村风景秀丽，房舍依山傍水，梯田循坡而辟，阡陌交通，绿意袭人，民风淳朴，文化深厚，稻谷飘香，田鱼闻名。龙现村三面环山，是方山盆地向奇云山过渡的一个缓坡，这是一个非常独特的村庄：龙现村入口处两山相峙而立，龙现十八潭奔腾而下，有"一夫当关，万夫莫开"之势。从水口下行，依次是藏鱼潭、畚斗潭、高漈潭……共有十八个潭，故称龙现十八潭。雨后观瀑，犹如白练垂空、珠飞玉泻，似雾似岚，蔚为壮观。

龙现村被称作"有水便有田鱼，有家便有华侨"，因而拥有两个非常响亮的名称——"中国田鱼村""联合国村"。前者是因为该村于 2005 年被联合国授予"全球稻鱼共生系统保护基地"；后者是因为该村在册人口 1000 来人，其中 650 多人侨居世界 24 个国家，大人奋斗在国外，把在国外生的孩子带回家乡由爷爷奶奶抚养。全村的孩子各自会说不同国家的语言，各自知道父母所在国家每天发生的大事。"华侨"和"稻田养鱼"是龙现村的两大特色。

龙现村至今有 800 余年的历史，村里以吴姓（延陵郡）为大宗，据方山《吴氏宗谱》记载："始祖吴叔远于南宋咸淳年间（1265—1274）从瑞安库村迁至龙谷（现名龙现）。"但凡去过龙现村的游客，无不去瞻仰"陵延旧家"，人们除了观赏这座建于 80 多年前的中西合璧的建筑，更多的是去追忆吴乾奎的艰难创业史和爱国爱乡情怀。

延陵旧家建于 1930 年，该房屋依山而建，就水而筑，中西结合，保留了 20 世纪 30 年代青田侨乡建筑的风貌及其中西文化融合内涵。旧居坐东朝西，建筑总体布局为三合院式，依次有照壁、门楼、宅楼、厢房。建筑面积 1032 平方米。照壁为砖砌，通长 7.8

米，高 2.75 米，基地部分用本地青石砌筑而成。

延陵旧家

走进延陵旧家，照壁上饰一个大"福"字。据房屋主人的后裔介绍，光造这个"福"字就花了半年多时间，该字是用糯米和石灰等材料造成的，十分坚硬，用锤子都砸不掉。门楼三角顶，顶中部雕有"地球"，门额书刻"延陵旧家"四个大字，门柱可见"花旗"图案，两侧屏壁刻有椭圆形图形，门楼两侧各设一个冲天铁栅窗，为欧式风格。主宅楼为五间三层，面阔 14.62 米，进深 11 米，明间中堂悬挂"海外观光""惟善为宝"匾额。两侧厢房面阔六间 21.5 米，进深 7.95 米。和周边一幢幢七层的小洋楼相比，延陵旧家显得有些破败，甚至落寂。但是，这座有着 80 多年历史的旧宅却是当地乃至中国华侨的一段历史和骄傲。为此，我们不能不提该屋的主人吴乾奎。

吴乾奎是青田第一代华侨代表，早在清光绪三十一年（1905）就跟着宁波的茶叶商人在东南亚做生意，因为聪明能干，得到老板的资助，独自一人闯荡世界，靠帮别人贩卖茶叶起家。1930年吴乾奎衣锦还乡，除尽全力建造"延陵旧家"外，生活依然十分简朴。他将许多资金用于家乡建设，铺路修桥，开办学校，造福乡邻。

"十三闸"是青田县方山乡龙现村独具匠心的水利出水工程，既巧妙又科学，解决了农户的灌溉用水分配问题。龙现村"石门峡"，又称"十三闸"。所谓"峡"或者"闸"，实际上是一块长3米，宽1.2米的石制水槽，石槽一边沿附设13个大小不一的缺口，水流沿各缺口分流到农田。据当地村民介绍，该闸自清朝中期设置以来，其公平合理的分水制度深为大家所接受，至今200多年历史，当地未发生过稻田引灌纠纷。"十三闸"的13个分水口，最大的有9厘米宽，最小的仅2.5厘米，其次有7.3厘米、7厘米、6厘米、5.5厘米、4厘米、3.8厘米不等。这些出水口的大小是根据当时不同区块的稻田引灌面积而测算流水量，避免分水不均或管水作弊而特设的。数百年来，渠水长流，石槽依旧，功能未减。

龙现村地处山区，稻田都以梯田布状，水资源以雨量为先决条件。若遇久旱，管水失当，别说养鱼，稻谷都可能颗粒无收。在当时封建王朝生产力低下的那个时代，"十三闸"的出现，是龙现先民的文明和进步的体现。在农村，最突出的问题就是小农意识，尤其是土地私有年代。在历史上，由于分水不公而出现的抢水、争水、偷水的系列事例不胜枚举，甚至因此世代结仇也不鲜见。制度落实显然成为维护农民切身利益、稳定社会的关键措施。"十三闸"正是根据实际需求，老少无欺，谨防小人，客观上提供了环境条件，算得上是一个深得民心的"阳光工程"。再次，从"十三闸"的13个输出口，再由各输水管道至受灌区自行再细分。这部分的"基层网络"各司其责，各显神通，有落实到位的监管机制。农民享受最大的实惠。

　　"陵延旧家"是见证龙现村甚至青田县华侨历史的代表性建筑，而"十三闸"是见证龙现村稻田养鱼最古老的水利设施。龙现村历史文化底蕴深厚，近几年来，小山村声名鹊起，游客慕名而至。一幢幢由石头垒成的古宅、现代别墅深藏在绿树翠竹中、田园间，游客到此仿佛进入了童话世界，漫步在苍松翠竹下、绿谷田园间，呼吸着新鲜的空气，呷着沁人心脾的泉水，坐听松涛竹浪，真是惬意至极！

（文/图：陈介武）

四　风景园林

永嘉岩头村

楠溪岩头传诗话

岩头村位于浙江省楠溪江中游西畔，介于苍坡和芙蓉之间，距永嘉县城 38 公里。因地处芙蓉三岩之首，故名岩头。

该村始建于初唐，后废。至宋末元初之际，始祖金安福（1250—1318）从附近的档溪西巷里迁居于此，重建村庄。明嘉靖年间（1522—1566），由八世祖金永朴主持，进行全面规划修建。

岩头境内人文景观丰富，至今仍保存着新石器时期的文化遗址和宋、明、清建筑的风貌。至今还完好地保存在建于宋元年间的古村、古塔、古桥、古牌坊等。在村落间，弥漫着浓厚的文化气息。

岩头村坐西朝东，背山面垟，村落规划严谨和谐，"水如棋局分街，山似屏帷绕画楼"，景色优美，形成了独具特色的乡村园林。当地民谣"护城湖中栽荷花，绿树从中隐古塔。杨柳紫薇满湖堤，上下花园红间绿。横巷直街行方便，三进两院大住宅。房前屋后清泉水，亭台楼阁巧安排。"通俗形象地描述了鸟语花香、质朴自然的岩头古村落园林景观。其中景观最丰富，景色最优美，最能反映岩头古村乡村园林特色的是丽水湖一带的"金山十景"，即"长堤春晓、丽桥观荷、曲流环碧、琴屿流莺、清沼赏鱼、文峰耸翠、水亭秋月、塔湖印月、南麓锦鹍、苍山积雪"。

岩头丽水街

丽水街不仅是岩头村的象征，也是整个楠溪江旅游区的代表性景点。小街全长300多米，有90多间店面，每间宽约3米，进深10米，为两层楼建筑。成列的商店前，空出2—2.5米宽的道路。有屋檐披盖，以利于行人遮阳避雨。蓄水堤建于明嘉靖年间（1522—1566），当时地方宗族规定堤上只许莳花、种树与建亭，不准筑屋经商。到了清代，岩头村长堤成了担盐客的必经之路。清末之际，长堤发展成为初具规模的商业街。此处景色秀丽，"金山十景"之"长堤春晓"即为此地，有诗赞："萍水碧漾观鱼栏，柳浪翠泛闻莺廊。"明嘉靖三十五年（1556），金氏桂林公建设岩头村水利工程时筑成此处长堤，本来是一段作拦水坝用的蓄水堤，因湖中种植荷花，故当地人称为荷堤。太平天国起义期间曾遭火焚，近年重修。整座丽水街长廊起于献义门（东门），终于乘风亭，风景优美，令人流连忘返。有诗赞曰："日照长河碧似天，长廊百丈贯河边。黄昏一到廊灯跃，映水火龙无比妍。"

丽水街另一端则是一个长方形水塘，塘对岸是塔湖庙，庙前则是一个老戏台，在塔湖庙和丽水之间，还有两座古朴的老亭。一个重檐较精致的是接官亭，村人外派为官回村必先到此亭，还有一个较简单的单檐亭的是乘风亭，两亭之间还有一棵巨大的老樟树，树边有座小平板桥，整组建筑和丽水街浑然一体。

乘风亭前迎客樟下有一座石桥，即丽水桥，是丽水湖与镇南湖的分界。丽水桥建造于明嘉靖三十七年（1558），用48根条石砌成，意指岩头村在明朝时为仙居乡第48都。丽水桥桥长10.2米，宽3.8米，三孔，中间高两端低，略呈弧形，恰似长虹卧波。此处即"金山十景"之"丽桥观荷"，诗曰："红蕖灼灼照清池，君子心情遗世姿。坐对嫣然如解语，乘风散步纳凉时。"丽水桥东南18米即接官亭，又叫花亭。亭平面正方形，重檐攒尖顶，外形美丽，柱上有楹联："情理三巡酒，理情酒三巡"——说明此亭有两个功能，一是迎接宾客，二是调停民间纠纷。亭侧有数人合抱的苦槠树、香樟树和柏树，浓荫蔽日。

丽水桥的西侧是长约66米，宽约9米的镇南湖。从丽水桥上望去，只见翠盖亭亭，间隙中芙蓉三崖倒映如镜。进宦湖与镇南湖平行，在靠村舍一边的湖岸筑有石砌台阶，供村民们洗涤之用。湖里不种菱荷，湖水清澈，倒映塔山上的文笔塔，似一方砚台。进宦湖和镇南湖之间小岛形似一把卧琴，故称"琴屿"，屿上花木扶疏，紫薇、芙蓉等各色花木争艳，"琴屿流莺"为岩头"金山十景"之一。

琴屿西南端有塔湖庙，始建于明嘉靖年间（1522—1566）。庙朝向东北，三进两院，后进有楼，楼上供奉卢氏尊神、袁氏娘娘等守护神。建筑为两层阁楼式，设有美人靠围合"映月池"。"金山十景"之一的"塔湖印月"即指此，诗赞："澄湖邀月荡清湍，波面光摇练影寒。峰吐一珠是夜咏，芙蓉千叠镜中看。"塔湖庙对面是戏台和空地，塔湖庙的后进是通透的环水小院，左俯智水湖，右瞰

进宦湖、文昌阁和文笔塔

右军池。

　　智水湖西南侧塔山山坡上有清乾隆五年（1740）建的文昌阁，1924年谢文锦曾在此创办溪山第一图书馆，1958年毁于风灾，现按原样重建。右军池东北有森秀轩，是清顺治年间（1643—1661）桂林公（名金继攀，岩头"金山十景"评定者）所造，作为书斋。桂林公在《森秀轩记》中说："今日之森秀，美矣丽矣，设不幸而不能发其秀、显其奇，则虽曲水也而乏流觞之咏，长堤也而无走马之欢。紫薇夹岸，自开自落，论列品评，或高卧羲皇之枕，或沉醉阮籍之怀，敲诗煮茗，清溽暑于青荫，酌酒谈棋，披熏风于曲槛，明于期，晦于朝，风雨流连而不息者，安可得乎！"文字中流露出乐于田园的文人情怀。

　　塔山之北即岩头村中央街南端有一座水亭祠，又叫琴山书院，始建于明嘉靖年间，原为岩头金氏第八祖永朴创建之书院，后辟为永朴公专祠。据《金氏宗谱》记载：金永朴举学育才，开河筑泽，兴修亭台楼阁水利设施，为岩头创下丰功伟绩，故设祠纪念。水亭祠占地 2400 平方米，三进二池，从院门入内依次为影壁、泮池、月台、仪门、秋月池、水亭、中堂。秋月池通过地下石函从引水渠中引入水源，池中广植荷花，中央有桥有亭。这水池正好倒映文峰塔，风水上叫文笔蘸墨。"金山十景"之"水亭秋月"赞道："绕栏银浪涌层霄，倒影苍茫映碧寥。烂醉不妨亭上卧，清光相伴到来朝。"水亭祠西有三官庙，是供奉"天官、地官、水官"的民间小庙，立于道路水系转弯处，岩头古村随处可见，炊烟袅袅，凸显质朴的乡土文化。

岩头古村背枕俊俏秀美的芙蓉峰，面对滩浅水清的大楠溪，站在古村之中依稀回到了明清时光，回到了没有污染没有噪声的古代。岩头村恰如中国耕读文化的千年缩影，给了这里村民诗情画意的栖居地……

（文：王欣　王瑛）

泰顺仙居村

世外桃源有仙居

仙居村是一个已有一千多年历史的古村落，景致秀美，历史积淀深厚。关于"仙居"地名，据当地《张氏宗谱》载，"名仙居者，先是五代时，马氏二女尝修炼于此，二女女仙也，而居焉，后之人慕之，因名。为仙居之名，此盖其始欤。"地如其名，仙居的秀丽山水如人间仙境，居中之人，仿佛"仙人"一般过着悠闲惬意的田园生活，令人艳羡不已。仙居具有悠久的历史和丰厚的乡土文化，一千多年以来，先民们在这方土地上生息发展，不仅留下了古韵犹存的村落，而且在仙居周边的山水之间留下了众多古迹。年代久远的古民居、宗祠、古树、古廊桥、建筑小品等至今依然保存完整。因得天独厚的地理优势和源远流长的历史人文，仙居这片润土，一直以来都是一个生态美地，十分适合人居，这一切极好地体现在村落布局、水系规划、建筑营造、人文景观等各方面。

位于泰顺县城东北面，距离县城4.6公里的仙居村海拔250米左右，气候温和，土壤肥沃，山峦俊秀，风景如画，是泰顺较早的移民定居点。整个古朴的村庄安详地躺卧在青山绿树和如丝带般的溪流河间，村中古屋和谐悠然地镶嵌其中。先民们将他们的审美思想融入村庄里，使村落浸染着山水的灵性，蕴含着浓浓的人文气息。

仙居村整体沿溪呈东西方向排列，遵循了"背山面水"的选址原则，村落前面有条仙居溪，形状正如玉带一样，又称有"腰带水"。良好的环境和优美的风景是最初吸引迁祖来仙居定居的原因。

村中结构主要由村巷和沟渠系统构成基本框架。这种框架划分成不同性质的区域，如文教中心、娱乐中心、休闲中心、礼制中心等。仙居村共有南北主要传统街巷四条，自东至西为徐宗巷、三阶步、红古档、石门楼路。村中曾有双路心的道路十多条，听长辈说，这种道路是供达官贵人，高朋贵戚与主人双双对对出入行走的路，以免先后行走，有失礼仪。

仙居水系设计较为简单，但功能系统严密。村内排水沟渠纵横交错，形成网状，除供水外，还有排水，都靠自流的形式，所以沟渠系统就成了村落规划的先决因素，决定了村落的竖向设计。传统民居在选址上趋向"坐北朝南，背山面水，前有屏障，后有依托，左辅右弼"的境界。

村头古柏树和歇坪的古樟树千百年来一直庇佑仙居这片故土，它们枝繁叶茂地伫立在那里，为一代又一代淳朴的仙居村民们遮风挡雨，祈求天佑。它们厚重生命的延续，是仙居村民心中最骄傲的传说，也是最坚而有力的信仰。

要说起民居建筑之美，除了仙居朴素自然，令人感觉亲切大方的民居之外，古木廊桥的建造当属其中翘首了。

仙居桥，系贯木拱廊桥，桥屋十八间，80柱，单檐，长42.83米，宽5.30米，离水面高12.6米，净跨34.50米，是泰顺跨径最大的木拱桥。仙居桥是古桥博物馆中一颗璀璨的明珠，据《分疆录》记载，仙居桥为"明知县郭显宗建，成化十九年（1483）六月洪水冲毁，弘治四年（1491）知县范勉重建，嘉靖三十九年（1560）崩圮，1563年知县区益重建，今康熙十二年（1673）正月里人复造之"。清代文人张天树曾在他的名诗《长桥夕虹》里这样描绘仙居廊桥："凌虚千尺驾飞桥，势控长虹挂碧霄。返照入川波泛泛，暮云拥树路迢迢。晴光飘缈岸空阔，石色参差影动摇。断霭残阳横两岸，苍茫落日见渔樵。"可见仙居桥气势之恢宏，桥边景色之秀美。

仙居桥不仅有宝贵的建筑研究价值，而且还是当年重要的交通要道。此桥是建在泰顺官马大道——"温州大道"上的重要桥梁，"温州大道"乃明清时期泰顺通往温州府城的驿道。仙居桥在此起

仙居桥

到"外达温州，洵为要津"的作用，如果桥梁毁坏，则"临流病涉，行者苦之"。

　　仙居村中另一处重要建筑便是徐氏后人修建并保护良好的徐氏宗祠。徐氏大宗祠始建于宋淳熙七年（1180），明宣德年间重修。位于仙居村尾。清嘉庆六年（1801），被洪水冲毁，留传至今的系嘉庆七年（1802）重建而得。后遭破坏，徐氏后人徐应富和徐茂龙等人多方联系族人，并由董直机主持重新修建徐氏大宗祠，于2004年年初开始集资，再次重修徐氏大宗祠，至2005年12月8日完工。

　　徐氏大宗祠共三进，一门楼一享堂一寝堂。宗祠中供奉着徐氏历代先祖，最早的为徐氏四世祖徐暹。徐暹官居文渊阁大学士，加封西台太宾师，于宋雍熙四年（987）迁居仙居村。宋代以来，徐氏名士辈出。如今浙南、闽东徐姓后人均以仙居徐氏大宗祠为共同宗祠，每年农历七月十五中元节，他们从各地汇集于此，举行大型庆典，祭祀徐氏祖先。

仙居村不仅山水兼胜，风光旖旎，而且自唐宋以来，不少逸士名流来此避乱入山隐居，使仙居的历史文化更添光彩。徐氏四世祖暹定居此地，在他的带领下，仙居村民勤苦耕耘，事业兴旺发达，乡宦士庶为纪念他，故将"长乐里"改名为"仙居"，因"暹"与"仙"同音，沿用至今。仙居村自唐宋以来，陆续有项、陈、陶、金、徐、沈、张氏迁居，以徐、张两姓为旺，家族文化亦最发达。这里也是浙南闽北一带徐氏子孙很多分支的发祥地。

仙居就是这样一个山峦俊秀、风景如画的生态美地，也是名胜古迹众多、人文气息浓郁的人居佳园。历经了千百年的岁月婆娑，时光将这一切都融为一体，才铸就了仙居古村天人合一、如仙似梦、世外桃源般的超凡境界。

（文/图：刘淑婷　张玲玲）

嘉兴秀洲建林村

梅里水乡曝书亭

建林村位于嘉兴市秀洲区王店镇，是一个具有典型江南水乡特征的历史文化村落。据《嘉禾志》《梅里志》载：天福二年（937），嘉兴镇遏使王逵居此，"植梅百亩，聚货交易，始称王店"，"后簪缨相继，日渐殷庶，遂成巨镇"，至明中叶成为嘉兴四大镇之一。王店镇，镇小不大，但老建筑依旧有遗存，位于建林村东北面2公里处即清代著名文学家、学者朱彝（音同夷）尊的故居曝书亭。

曝书亭

建林村大部分土地为滨海冲积土形成的湿地，海拔仅2—3米，村域范围内河网呈树枝状分布，有塘、港、河、浜等多种样式水体。村内水道纵横交错，房屋错落有致，7个不同风格的湾口呈"丰"字形分布，当地居民世代沿河而居，极富江南水乡风情。建林村村民至今还保留着许多江南水乡典型的生活方式：村落沿河浜布局，洗涤习惯在水埠头进行，建筑前为庭院，后为竹园，田地毗邻村落，日出而作，日落而息。同时建林村地处"梅里水乡"，景观以梅、以水、以水乡文化而闻名。建林村村口就是百亩梅林，梅林、小桥、流水、人家。村民在这里宁静地生活，优雅的环境也吸引了不少城里人来此旅游度假，目前建林村已成为嘉兴地区乡村旅游著名景点，被中外游客誉为"自然生态村落"，并获得"浙江省美丽乡村""浙江省文明村"等荣誉称号。随着"2011朱彝尊文化节"在嘉兴市秀洲区王店镇建林村聚宝湾农民公园广场开幕之后，建林村与朱彝尊的曝书亭更为广大游客所颂扬，而建林村村嫂摄影文化更进一步丰富了王店的文化内涵。

历数嘉兴市保护的最为完好的文化古迹，非曝书亭莫属。曝书亭目前坐落在王店镇，是朱彝尊的故居和藏书楼，"嘉兴十二景"中的"曝书竹影"即指此。关于曝书亭的由来，民间广为流传这样一则故事：康熙皇帝当年微服巡游江南，路过梅里（王店古称），看见荷花池畔草亭下，有一老者袒胸露腹在晒太阳，颇感诧异，便问何故。老者回答："肚中书多久闷，恐霉而曝。"康熙仰慕其才，回京后颁下圣旨赐这位老者翰林院编修衔。此人便是朱彝尊。

朱彝尊（1629—1709），清代诗人、词人、学者、藏书家；字锡鬯（音同畅），号竹垞，秀水（今浙江嘉兴市）人；作词风格清丽，为浙西词派的创始者；精于金石文史，购藏古籍图书不遗余力，为清初著名藏书家之一。那一年正是他知天命的年龄，也就在那年，他以布衣入选博学鸿词科，授翰林检讨，编修《明史》。故事里的朱彝尊虽带着三分促狭意味在皇帝面前"曝书"，而在现实生活里他却苦心经营着一座曾经与宁波天一阁齐名的曝书亭——因朱氏有《曝书亭集》著称于世，故园以此名。曝书亭始建于清康熙三十五年（1696），距今已有 300 多年历史，期间多次遭兵燹（音同险）火毁，共经历过 11 次修缮，现在保存的园林格局由清嘉庆元年（1796）浙江学政阮元主持重修。建设之初，共占地 10 亩，旧称竹垞，由南北两部分组成，内有桐阶、菱池、槐沜、荷池、芋陂、青桂岩、钩船舫、绣鸭滩、落帆步、六峰亭、同心兰砌、曝书亭等 20 余处景点，今仅存南垞一小部分，而为十二景之最的曝书亭保留至今，庭院建筑具有浓郁的田园风格，布局雅致，古色古香。荷花池位于庭院中心，面积 0.94 亩，湖面四曲桥贯通两岸，是全园建筑分布的中心，周围筑有醼（音同玉）舫、潜采堂、曝书亭、娱老轩、六峰阁等建筑物，古朴素雅。曲桥为一小型石板折桥，划分水面空间，贯通两岸，点缀水景。

曝书亭的入口位于园林北面，入口东侧，即为水轩"醼舫"，船舫型构造，三面临水，雕窗精美，游鱼可见。朱彝尊常在此与友人吟诗作画，饮酒谈心。穿过醼舫的月洞门，是一座三楹厅堂"娱老轩"，娱老轩为朱氏晚年娱乐之所，与曝书亭遥遥相望，1963 年修缮时将朱氏家祠中的朱彝尊石刻像移入嵌于壁中。穿过娱老轩南面的四曲桥到荷塘南端，穿过紫藤花架，即是砖木歇山四角亭"曝书亭"，周边绿树掩映，花木繁茂。曝书亭占地 36 平方米，四方形，坐南朝北，青砖铺地，四面通透，由 4 根青石柱和 12 根圆木柱构架而成，雕梁画栋，飞檐戗（音同呛）角，周围设美人靠，供人休息。两侧青石柱上镌刻有杜甫诗句的楹联："会须上番看成竹，何处老翁来赋诗。"该楹联原为汪揖所书，后为阮元在重修时摹写。

曝书亭的西北面是朱彝尊的藏书楼主体"潜采堂"，也是曝书亭园林的正厅。为朱氏读书、著作、藏书、书写之处。梁上挂有"研经博物"横匾，原为康熙御笔，因逸由西泠印社张宗祥重写，原堂中藏书甚丰，达 8 万卷之多；现室内存有朱彝尊手书条幅，用过的端砚以及描绘当年"曝书亭"全景的画卷。曝书亭东侧，有六角亭名"六峰阁",立于假山之上,小巧玲珑。它是全园的制高点,领诸景之冠,既有点景、衬景的作用,又是赏景休憩所在。"文化大革命"前原悬有张宗祥书的匾额,据说那时朱氏常登临亭上,抬头眺六峰,低头望园景,怡然自乐。园林所谓"竹垞",自然少不了竹子,整个园中有凤尾竹十多丛,灵秀苍翠。园内古树参天,绿荫深秀,整个曝书亭都在绿树掩映之中。

曝书亭园林以其质朴淡雅的艺术风格,疏密有致的结构布局,以亭台楼阁、小桥流水的江南独特园林艺术而被人称为"水乡明珠",为王店镇、建林村的历史文化环境增添了浓重一笔。

(文:王欣　王瑛/图:王欣)

新昌芹塘村

芹塘八景扬美名

芹塘历史悠久，始建于宋。据史载，北宋初年，董氏第八世祖董梧入赘于将山（小将）石氏，同居不利，徙居芹塘，遂繁衍后裔。现有董、张、俞、袁、石、方、丁、宣、李、贝十大姓氏和谐相处。早时村基位于两大水系交汇处，因沼泽潮湿，村内水芹菜繁盛，古称芹谷。芹塘村风景秀丽，至今仍有芹塘"八景"之说。芹塘八景为菩提峰、枪旗岭、五松陇、双峰亭、龙佑山、水口印、灵芝殿、追远祠。至今芹塘八景中仍有三景是芹塘村的著名景点。

芹塘村景（一角）

菩提峰海拔998米，是新昌第一高峰，山顶埋有"绍兴之巅"条石。自然景观得天独厚，人文景观悠久灿烂。山顶有一山洞名曰"仙人洞"。潺潺泉水，清澈如镜。唐末五代江东才子罗隐到芹塘游玩芹塘岗、菩提峰后，返回芹塘村时，感到有点疲倦，住宿芹塘村，入夜聚蚊成雷，既闹又痒，人皆不能寐。隐暗说道："罗隐芹塘宿，蚊虫去叮竹。"语出即应验，蚊子果飞向竹林，至今村中无人用蚊帐。后来江东才子罗隐每言成谶，民间称"讨饭骨头圣旨口"，到20世纪末，每天仍有人到仙人洞取水治病。

董家祠堂，也称追远堂（追远祠位于芹塘村中心），重修于清光绪甲午时期，坐西朝东，由前后二进戏台及左右看楼组成，建筑面积343平方米。大厅面阔三间，明间五架抬梁外带单步七檩用四柱，山面穿斗式进深七檩分心用五柱，左右看楼面阔各四间带一弄间，楼地面外挑，呈吊脚状，水泥土地面条石压口，天井卵石铺砌。一进门厅为二层楼，面阔五间，朝东立面为重檐，重檐牛腿承托，明、次间均设两扇板门，内外贯通，明间后檐建戏台，戏台基本呈方形，施四角立木质柱子，承托其上单檐歇山顶，八角藻井。董家祠堂由董氏十六世祖董诚初所建。

水口印即芹塘村口，两边悬崖，相距不足20米，看似很平常却有一个古老的传说。据说有两个神仙约好到凡间各办一件事，事办成后，以鸡打鸣为号，一起返回天庭。一个神仙选择在天台国清寺边建一座塔，另一个神仙选择在水口印筑一座坝，将芹塘变成芹塘湖，成为新天地区最高的天然湖，这个神仙在搬运筑坝材料时，发现石梁有两条龙在亲嘴，就把两条龙的口舌捏在一起，变成了现在的石梁，提前完成了任务，到国清寺学鸡打鸣，建塔的神仙，以为天要亮了，连塔顶也未放到塔上，就一起上天了。芹塘湖虽未建成，但村口严严实实，使芹塘村形如箩筐。

芹塘村不仅有曾经的八景，芹塘古桥也是芹塘村最突出的风景之一。芹塘古桥众多，是绍兴市古桥最多的村庄。

永兴桥位于芹塘村村口南侧，建于清代，东西走向，横跨于芹塘村溪坑上。永兴桥为单孔石拱桥。桥东端为安山，距桥东侧2米处建有庵堂一座，桥西端为枫树头山，距桥北侧约5米处有棵近200年树龄的古树，桥东南侧有近100多年枫树一棵。拱券用不规则的大石头叠砌，桥面为卵石、块石铺砌，桥中心用卵石砌成菊花及扇纹形式，桥东端设台阶两级，南端不设台阶，桥全长 7.2 米，宽 3.3 米，跨径 6.1 米，矢高 2.7 米，永兴桥旧时为芹塘通天台必经之路。

祠前桥坐落在董家祠堂前，因桥梁架在祠堂前，故取桥名为祠前桥。祠前桥始建于 1801 年，该桥为单孔石拱桥，拱券用不加修琢的大鹅卵石干叠，桥面用卵石平铺，南北西侧砌有条石，桥中心用卵石作成菊花及扇形纹饰，桥西建有台阶 5 级，东端不设台阶，与村中主道相连接，桥全长 6.7 米，宽 3.4 米，净跨 4.8 米，矢高 2.6 米。

外湾桥坐落在芹塘村下段，始建于清光绪年间。外湾桥为单孔石拱桥，建在旧时芹塘通天台的古道上，桥东为村庄，西端为外湾山，故桥以山为名。桥全长 7 米，宽 3.3 米，净跨 6.5 米，矢高 4 米。拱券用大鹅卵石干叠。桥面为卵石及块石共砌，桥东侧设有垂带并建有台阶 8 级，桥西直接与路相连接，桥中心南侧设有桥额，上书"外湾桥"三字。

新岙桥位于芹塘村北侧上村口，始建于清光绪年间，距老岙桥南约 50 米处。新岙桥为单孔石拱桥，小将至天台的古道从该桥桥东前通过，拱券用未修琢的块石干叠，净跨 5.3 米，矢高 3 米，桥面用卵石及块石共砌，桥中心点用卵石铺成菊花纹饰，桥东端设台阶 6 级，桥西不设台阶，与同村小路相连接，两侧无拦板，南北两侧不设桥名。

村中古民居鳞次栉比，给人古朴清丽之感。保存良好的有新屋台门、相君老宅、袁家台门、张家台门、方家台门。最具有代表性且保存最完整的要数新屋台门。

新屋台门位于芹塘村中心，建于清代晚期，坐东朝西，由门屋、座楼及左右厢房组成，除门屋外，均设两层楼，朝内天井重檐，重檐牛腿承托，为板瓦屋面硬山顶。门屋面阔三间，朝西居中做成八

古桥人家

字墙，设两扇板门，内外贯通。座楼面阔三间，带两弄间，弄间设楼梯，明间为厅堂，后设小天井，二楼早期为香火堂。各缝梁架穿斗式分心前后双步，外带单步七檩用五柱，然前檐柱做不落地处理，立于廊步单步梁上。左右厢房面阔各六间带一弄间。为三合土地面，条石压口，天井卵石铺砌。该台门雕刻精致，在芹塘村具有一定的代表性。新屋台门格局完整，保存较好，原座楼次间均设六扇花格门槛窗。

在龙角尖看芹塘风貌又是别样风情。龙角尖山顶向东看是菩提峰、芹塘岗，连绵起伏，蔚为壮观，向南看是芹塘古村全貌，一片繁荣的景象，向西看是一片茫茫竹海，碧波荡漾，向北看是层层梯田，富有节奏和韵律，美不胜收。芹塘村，这个古老又美丽的村落，将带着古景、古桥、古建筑迎来更美好的明天。

（文/图：方云）

开化石柱村

越国世家石柱村

开化县马金镇石柱村，毗邻钱江源国家森林公园，依傍马金溪，山清水秀，自然生态环境保护良好。它不仅风光旖旎、引人入胜，其深厚的乡土文化和神奇的传说故事更是令人神往。徘徊于幽幽的老街古巷，漫步于宁静的徽开古道，驻足于寂静的百年古居，凝神而思，方能感受其独有的古色古香之美。

石柱村主要有汪姓和胡姓两大姓氏。石柱胡氏为婺源清华胡氏后裔，由南宋胡徽迁至石柱。胡氏多理学家，先后有胡瑗等二十多位理学大家，石柱也因胡氏迁入成为"十里长街灯火通明"的千人村落，留有祠堂"华德堂"，取义理学华德。

石柱村华德堂

石柱汪氏为隋末唐初大将越国公汪华后裔，后因黄巢别部兵犯，为避战乱而迁徙至马金霞田。明初，后人汪良志借古官道经商，汪氏重回石柱繁衍生息，建"继述堂"，题"越国世家"。

石柱村的得名来源于一个古老的传说。传说一千多年前，节逢双龙，洪水肆虐，母龙自里秧田出，至大乌潭盘驻以待；公龙自横坑出，因无可敝身，为泗洲佛所斩，成九段。母龙怒，腾身摆尾，翻天覆地，以致河流改道。后双龙化作两根石柱，公龙柱因已气绝故寸草不生，而母龙柱则草木繁盛，四季常青。石柱村也因此得名。石柱村原本叫老胡家，洪水淹没丹山，整个村庄在一个时辰被毁灭，百姓流离失所，老胡家被毁，全村只剩一人，下游的下山村也被整体搬迁，后双龙化作石柱。

石柱村自古有九都大坻之称，唐宋古道贯村而过，这条官道既是古时两省居民的经商要道也是两省军事行动的主要通道，唐朝王雄诞计占歙州，逼迫汪华奏表归顺所利用的就是"七里垅—马金—石柱"这条官道。由马金走官道进入石柱，沿边是断肠山脊，形似巨蟒，与之相呼应的是一座葱郁山包，形似玄武，古道从中穿过，相传为"文官下轿、武官下马"之地，明代宰相商骆在断肠山脊留有衣冠冢。相传，当年明朝内阁首辅商辂罢相回乡途经这"龟蛇把门，将相并行"的宝地曾欣然断言：三年后必官复原职。但当他看到断崖时，又绝望感叹："龙脉已断，我不复出也。"传说，商辂去世前，曾要求家人在石柱村的"断肠沟"边留下一座衣冠冢。人们猜想，商辂是想以宰相之身修复龙脉，图后世腾达。

石柱村北面有座环翠亭，母龙柱向河边延伸出一片高十余丈的石壁，石壁上古木参天，青翠欲滴。环翠亭依石壁而建，为一座四角凉亭，为北宋大家欧阳修所题，亭内有欧阳修题匾，曰"环翠亭"。亭后石壁凿有一个佛龛，供奉掌水路的泗洲佛。古驿道在环翠亭处拐了个弯，被石壁挡住了视线，故亭前冠以"问津亭"，亭后匾以"知道处"，据传为明代大学士商辂回乡途经此亭而题。环翠亭旁有一千年古樟，树高35米，树围达9米，六七人难以合抱，树冠可覆盖三亩地，树干中空，可容纳十余人，传说当年黄巢兵败藏于此洞中，蛛网封口，逃过了乱兵的追捕，故称黄巢洞。在千年古樟的左边峭壁上刻有"唐宋古道"四个红色的大字。

在石柱村这条古道上还流传有许多故事：经考证，理学大家朱熹的夫人就出生在石柱。朱熹曾于马金包山书院听雨轩论道教学，期间其夫人病逝葬于石柱听雨轩后，朱熹结庐守墓九月。

从石柱村的千年古樟往北50米处，"问津亭"旁有一处叫仙女乳，仙女乳位于环翠亭旁，一块天然的岩石下涌出泉水，像极了母乳滴水。仙女乳终年泉水不断积聚形成小潭。相传，明初汪良志借唐宋古道经商，修"继述堂"，灯火旺盛，祭祀之日红光冲天、祥瑞映地，每到祭祀，观音临界，做过七七四十九场佛事后，随行仙女见石柱风光秀丽，不忍离去，与本村汪氏少男两情相悦。然人仙相隔，演绎了一场七仙女与董永般的凄惨故事，留下一处仙女乳，以抚育后代。泉水积聚形成小潭，鱼在其中游荡。据宗谱传，宋时取潭中之鱼献名臣开化知县李光食之，觉甚妙，立碑记之，后李光官至参知政事（副宰相）。

在千年古樟段，古道中间开始有一块50厘米左右的块石，块石周围全部由小鹅卵石砌成，宽约3米，往北走，路面由两块50厘米左右的块石砌成，宽约1米。再往北走，路面就只有一块50厘米左右的块石，这是开徽古道上保存较好且最平整的一段。再往前就是祝家渡，古时过马金溪必须过的一座桥，现已不存在了。过溪后开始翻越高岭，古道从此开始在崇山峻岭中穿越。到齐溪镇卫生院后通向半山腰，然后翻过一道山冈，从马金溪上方半山腰的一条横路往下走约400米，就到了安徽休宁县龙田乡。巍巍马金岭，奇岩峭壁竞秀，山岭陡峭难行。千百年过去了，古道仍断断续续地横亘在崇山峻岭之中，古道虽已不见当年的繁忙，但它像一位历史老人，经历过世纪沧桑和斗转星移，见证着古道的繁荣和衰落。

（文/图：吴渭明）

五　建筑营造

奉化栖霞坑村

四明秘境栖霞坑

　　奉化市溪口镇栖霞坑村，地处四明山南麓的雪窦山徐凫岩大峡谷中，其水为剡溪支流筠溪之源头。村南有雷峰山，海拔达778米，是栖霞坑村附近的最高峰。天气晴朗的时候置身山顶，宁波市区景象尽收眼底。栖霞坑村村民多姓王、周。栖霞王氏，明代中叶由朝镕公之子三府君，自定海金塘山迁居栖霞。追溯历史，四明栖霞王氏，为东晋右军王羲之后裔。

　　栖霞坑村中，有一条清亮的筠溪潺潺流过，夹村两边是巍巍青山。聚居区依山傍溪而筑，前后延绵600余米。如今的村内民房，除偶有几幢新房外，绝大多数为清一色青砖黛瓦的传统式民居。建筑群充分利用山区地形地貌，错落有致，背山面水，既宜居，又极具观赏性。据传，古时村民宅前和溪边多植有桃树、梨树，春暖花开季节，花簇如绚丽彩云。山坑中的小瀑布飞溅的水花与桃花相映成趣，组合成了一幅迷人的山水画。清初行世的《四明谈助》，在当代被誉为"宁波的徐霞客游记"。它对栖霞坑如此记述："坑上有栖霞岭，从奉邑董村达嵊县唐田等处必经此路。坑内多周姓、王姓聚居。两岩崇竦，饶竹木，夹溪逼视，曲突相错。其锁处如鸱口然，为一村门户。岩下溪水奔赴如雷，岩上众绿阴翳，不见天日。

栖霞坑长安桥

有巨石俯于溪边，可坐数十人，行者必于此乘凉、盥漱，移时乃去。出半里许，溪回路转，仰见徐凫岩瀑布摇曳空中，仅露其半，盖半为立石岭脚所掩也。"

最难能可贵的是，时至今日，多少风雨过尽，清人笔下400年前所见的桃源般景状，几乎没有大的改变。

古时，栖霞坑村名曾称桃花沟、桃花坑。因为环境美丽多姿，又名凤栖村，誉为凤凰栖息之地。桃花坑，不是因为桃花而得名，而指的是这一带红白相间、灿若桃花的岩石，就是所谓丹霞地貌。《四明山志》谓桃花坑"在二十里云之南。山岩壁立数仞，延袤数百丈，其石红白相间，掩映如桃花初发，故名"。明代诗人张楷《桃花坑》诗云："雨晴春色满岩前，误认玄都小洞天。忽讶四山环绕处，中藏数顷遗安田。昌黎只解称盘谷，摩诘徒能画辋川。试问白云如可惜，便须从此谢尘缘。"在《四明栖霞王氏宗谱》中，记载有描绘当时桃花坑景色一首诗："水复山垂路有余，桃花坑里有人家。溪唇乱落如红雨，洞口粉披赛绛霞。盖透鹰岩频午茶，荫迷虎岭每栖鸦。向津可有渔郎否，也胜武陵景物嘉。"

进得栖霞坑村内，古祠、古庙等乡村公共建筑，用材精良，气势恢宏。村口的那座宗祠叫式谷堂，它曾是栖霞坑村一座地标性建筑。它建于清光绪年间（1875—1908），两正两厢，建筑面积约500平方米。五马山墙，青砖黛瓦，一派晚清风格。式谷堂内的大厅板壁上，尚遗存着不少斑驳的"捷报"，其中有一张依稀可见"光绪甲辰年（1904）会试第二百七十六名进士"的字样，见证着王家曾是显赫的书香门第和官宦人家。大厅南侧有清末宁波名流、光绪进士孙锵题写的"式谷堂碑记"，其字迹仍依稀可见。

村中段的王氏宗祠，是栖霞坑村王氏祖堂。它采用青砖、青石、槠木作为建筑主要材料，造型古朴高雅。柱头雕龙绘凤，做工精细。显应庙是全村王、周、何、孙四姓的宗庙，它建于清顺治年间，建筑面积约800平方米，是村庄的精神灵魂。庙内的戏台，有八斗藻井，庙宇不仅壮重，而且十分坚固，至今风貌依旧。旧时为民间求神、祭祖的场所，常在那里演社戏和举办热闹的庙会。而今是村民的娱乐休闲之所，也是游客和文人探幽访古的必到之地。

王氏宗祠附近有"润庄"。"润庄"为贩卖柴爿起家致富的王洽成所建，故俗称洽成闾门。它是一座典型的清代传统建筑，为现存古民居的经典之作。大门前，筑有围屏墙和大步阶，进大门有个偌大的天井。全庄共有29间，前后两进、七架两层，设计布局齐整，左右完全对称。前进稍狭窄、后进较堂皇，柱础、石壁、砖雕花窗，颇为精致；窗棂、屋檐、画梁，令人惊叹。全庄由5部扶梯上楼，间间层层相通。人说润庄是大有故事的地方，东厢房便是清末反清义士王恩溥的故居。

王恩溥是反清义士，在栖霞坑村人中留下了不少有关王恩溥的故事。他生于1888年，祖辈世代经商，父亲曾在亭下开设"王洽成药店"。王恩溥小时候聪慧伶俐，读过私塾，当过药店学徒。长大后个性刚强，身强力壮。相传，王恩溥从小练轻功，把大白篮放在村中的擂鼓潭里，他能在白篮沿儿上走上两圈后，白篮还浮在水面上。

1905年，王恩溥娶亭下恒顺米店老板女儿为妻。岳父沈楚珩，是亭下镇商会会长，非常关心政治。他外出经商归来时，会常带些革命书刊回家。1911年，孙中山领导的辛亥革命爆发。沈楚珩亲自手执阔斧，爬上屋顶，砍倒黄龙旗，悬挂起五色旗。在岳父的熏陶下，王恩溥渐渐萌发了革命思想，直到参加革命。

除了古祠、古庙之外，栖霞坑古道也别具风采。唐朝有一条起自钱塘江，经会稽山和嵊县，转新昌、余姚、奉化、宁海直至天台山的"浙东唐诗之路"。当时诗人墨客，一边赏景，一边吟诗，为世人留下了不少不朽的诗篇。沿"浙东唐诗之路"访古探幽的历代著名诗人陆龟蒙、皮日休、黄宗羲、全望祖等，在他们的诗篇中多次提及桃花坑。

西出永济桥，行里许有古亭，名曰凤仪亭。亭内石凳、石柱依然如故，时刻静候着游人前来休憩。从凤仪亭出发，沿溪依山盘绕而上，翻越南培岭，终于到达余姚的唐田古村，那就是十里之长的栖霞坑古道。据专家们考证，它是"浙东唐诗之路"东支线上的一个重要路段。春秋两季，是欣赏古道的最佳时节。春有桃花，秋有红枫，美得让人常常放慢脚步。

千百年来，这条古道上，不知留下了多少代乡民的沉重脚印！也不知迎来过多少个文人墨客踏歌而行！它粗犷，原始，蜿蜒。但路边不时出现的石砌路廊却告诉了大家它存在的历史，多年来一路上发生了很多的故事，它如同血管，输送给外界养分，在这条道上，或许也走出过成功的商人乡绅官员。历史的年轮中，很多很多的故事，已然湮没，山路作为其中的载体，却作了永恒的见证。

（文：裘国松）

安吉姚村村

太湖山村石片屋

用石片盖屋，偌大的中国恐怕不多见，姚村先民们自古就开始用石片盖屋，在太湖区域内也是唯一的。姚村村位于安吉县杭垓镇西南部，东邻吴村村，西接高村村，南与安徽省宁国市交界，北与磻溪村相连。静谧地伫立许多别具一格的村舍。不同于别处，这里都是用石片盖屋。自古以来，姚村先民就开始用石片盖屋，这在太湖区域内是独一无二的，放之四海也并不寻常。人与自然的共生一直是亘古不变的话题，石片盖屋的缘由也并非无迹可寻，这些背后往往暗藏的是先民在顺应自然和改造自然过程中浓缩的智慧的结晶。

姚村人用石片盖屋，到底是谁发明的呢？在安吉县境内，流传着一个不朽的故事：话说很久很久以前，集居在深山老林的山农们，均用木杈搭架，竹片为墙，茅草结顶，搭建简易的茅棚居住，过着半原始社会的生活。他们凭借自己的智慧和辛勤的劳动，开田垦地，抵御天灾人祸，日子慢慢地好了起来。部分人由于家庭劳力多，又能勤俭持家，日子自然慢慢地富裕起来，建造山外小镇上那些砖墙瓦片的房屋，也成为他们的理想。居住在村中心的姚家财主就是其中一位。于是，他率先拆除自己的茅屋，以石为墙，从山上伐来松木，请来山外的木匠师傅，凿孔穿隼，竖柱横梁，建造起与山外一样的房屋。房屋的架构造起来了，哪里去搞瓦片盖屋呢？水路不通，山路崎岖，财力又不济，急得当家的如坐针毡，整天唉声叹气，连头发都急白了。他家中雇有一位长工，为人忠诚朴实，很得主人的赏识。他见老板如此焦急，也暗暗地为老板操起心来。那天夜里，他翻来覆去难以入眠，办法想了一大堆，都是无法实现的空想，只有自己烧制瓦片，才能解决燃眉之急。但大山之中尽是岩

姚村石片屋

石，到哪里找到合格的黄泥呢？如果找到黄泥，烧制成功又要多少时间呢？他拿不定主意，也不敢向老板讲明。最后他下了一个决心：先找到黄泥，再向老板汇报自己的想法。

第二天一早，天还蒙蒙亮，他悄悄地背上锄头，跑遍几山几凹，也没有发现能够做瓦的黄泥。他气馁了，在一块石头上坐了下来，摸出旱烟袋，安上烟叶，拿出火镰点着，深深地吸了几口，将烟灰在坐下的石头上敲了几下，突然发现这块石头上有整齐的线路，而且分布整齐，厚薄均匀。他用锄头敲了几下，发出空壳的响声。于是又用锄头锋口凿进缝隙，轻轻一扳，一块厚薄均匀的石片呈现在自己的面前。他将石片捧在手中，左看右看，心想：这种石片如能盖屋该有多好呀！他又用手指用力敲了敲石片，不仅没有敲破，而且发出当当的响声。他高兴极了，急忙背起石块下了山，让老板看看这种石片是否可以作瓦片盖屋。

还在睡梦中的老板听到长工的呼叫声，急忙起身，一见堂前摆放着一块石头，大为光火，满脸的怒气。那长工心中明白：当地有个风俗，大清早背块石头回来，是不吉利的兆头。因为"背石"与"背时"谐音，故而老板不高兴。他见此状，马上向老板说明原委。老板听了，拿出凿子，按照石头的缝隙，一块一块地凿开，一块一块地敲打；又找来几根木料，斜着架起来，并用水浇在石片上，上下仔细观察，最后哈哈大笑道："你为我家立下一件大功啊！这就是我们盖屋的瓦片。"在长工的引领下，老板来到发现石片石的地方，用锄头掀开地面上的薄土，成片的页岩石呈现在眼前。老板大喜过望，马上让长工带领全家老少上山采石化片，不几天工夫，一座用石片作瓦的庭院就建设起来了。

村中的俞家、项家、李家等老板，早就思量建造瓦房，只是苦于瓦片难以解决，他们见姚家用石片作瓦，盖起了漂亮的房屋，也纷纷模仿，一座座石片庄园在大山之中拔地而起，逐步形成独特风貌的村庄。

用现代的观点分析，石片盖屋的方式具有四大价值。一是经济价值：封建社会，劳动人民处在水深火热之中，有一茅棚可遮风雨，可御寒冷已满足了，而用石片盖屋则是就地取材，省工省钱。二是社会价值：用石片代替瓦片减少了烦琐的制作过程以及制作中的自然资源消耗，避免了瓦片烧制中的烟雾灰尘扩散造成的人居环境的破坏。三是艺术价值：石片盖屋户户可为，使整个村庄保持统一，美观大方，具有建筑美学价值。四是实用价值：用石片盖的房屋不仅冬暖夏凉而且易于翻修。

当然当时的先民们或许没有考虑到许多，只是从改善自己的生活环境出发，从陋从简而为之，谁知道能成为今日人们赞颂的文化遗产。

（文：董仲国/图：安吉农办）

嵊州华堂村

书圣华堂两相欢

　　金庭镇华堂村位于嵊州市城东 23 公里卧猊山麓，处于新、嵊、奉三地交界，甬金高速穿村而过，交通位置十分优越。华堂村是东晋书法家王羲之嫡传后裔的最大聚居地，距今已有 1600 多年的历史。东晋永和十一年（355），王羲之称病弃官，入剡县金庭（今嵊州市华堂），筑室隐居，卒后葬于就地。墓地距华堂村仅 1.5 公里。第二十六世孙王弘基又从金庭观迁居卧猊山麓，自此，王氏在华堂扎根。宋末元初，第三十三世孙王迈伐木平土，"肇营广厦"。其子孙多擅书画，将书画悬于厅堂，供人品赏，其宅有"画堂"之称。后因其屋舍精丽，山水清妙，"画堂"易名为"华堂"，并逐渐由堂名演变为村名。

　　华堂古村周边青山环抱，瀑布山、金庭山、香炉峰，峰奇林幽，桐柏溪蜿蜒清澈，形成山水交融、天人合一、生态良好的灵秀环境。古村落建筑以路为界，依路而建、布局合理，道路、街巷格局与传统建筑、文物古迹和传统生活交织一体。整个华堂古村形成"一溪、一甽、四街"的独特"井"字形格局，以前街、后街为两老街，元房垟弄（上横街）、荷花垟弄（下横街）为二横街，以街巷为界的各区块为面，祠堂、殿庙、神堂戏台为重心的布局。平溪江紧邻古村，村中有一条九曲水甽，曲水流觞，自东向西逶迤流经全村，沿甽旁设有许多埠头，每流经一台门，便曲折而进，最后流入村西农田。在其他街巷的串联之下形成独特的古村格局。

　　华堂村有丰厚的文化积淀，保留了一大批明清以来的街道建筑、民风民俗和人文景观。除了祠堂、庵堂、民宅、牌坊、店铺、池塘、水井之外，还有 55 座老台门、3200 米鹅卵石街巷、458 米九曲水甽，历史上曾有"十庙十庵十祠堂"之称。

华堂村现存的民居建筑大多建于明清时期，以三合院、四合院为主。清一色的青砖灰瓦，白墙硬山顶，两层楼，较多设置封火墙。建筑结构简洁而坚固，梁架均采用穿斗式，彻上露明造，圆木柱，石鼓墩。二层设楼板，室内装修精致，门窗大多采用万字格，上、中、下绦环板施浮雕花板。临街房屋底层用船逢轩，柱上施雕花牛腿，精巧雅致。古村设有千匾廊，牌匾为全国之最。华堂古时是一个非常繁荣的村落，传承着吴越文化的王氏文化、民俗风情极为丰富，传统商业街、店铺鳞次栉比，商贩朝聚夕散。而今，神堂庙会、朝圣节等文化节日彰显出华堂古村的日趋繁荣。

华堂村景

华堂村文物古迹有省级文保单位王氏宗祠，市级文保单位炉峰庙，文物保护点灵鹅贞节坊、竺绍康故居、竺氏大祠堂三处。此外，还有多处祠堂、庵堂等。村中最引人注目的是王氏祠堂，建于明正德七年（1512），迄今已有500多年历史，是嵊州市现存最古老的建筑之一。祠堂内外各有两眼古池相互对峙，祠内的古池风光最佳，雕栏石桥、古池亭阁、浮萍游鱼，古意盎然。王氏宗祠祭祀对象是石氏太婆夫妇，初始名为"节孝祠"，是封建统治阶级旌表节孝妇女的祠堂。凡节孝妇女由官府奏准旌表的都入祀其中，春秋致祭。

据《金庭王氏族谱》记载：王羲之三十六世孙王琼天性纯孝，不妄杀物，矜贫血苦，施予不斬。其父犯事被逮待役，见其年迈有病，代父充军，病卒他乡。他的孝行感动乡里，王氏宗祠内专立孝子殿，以示敬仰和表彰。石氏太婆年轻丧夫，"父母欲夺而嫁之"，但她"矢志守节"，受到王氏家族的尊敬。石氏太婆曾孙菀（1460—1535）命子诞在平溪岸边而建造王氏宗祠，于殿前设立一座牌楼，棋枋板前面阴刻"慈节"两大字，"慈节"意为慈爱善良，身怀高尚品德和节操，这是对石氏太婆的最高评价。

王氏后裔看待祖先视死如生，为了让祖先有更好的生活环境，在宗祠构建中尽量考虑到神灵居住地的舒适度，充分利用园林建筑中的水法，于孝子殿前设置了"凹"字形的水池，池中种植莲花，因莲生瑞气，故称其"瑞莲池"，又称里双塘。与里双塘相对的还有位于板楼前的外双塘，里、外双塘仅仅是一墙之隔。最能优化环境的还是九曲圳，它从祠前平溪江引入，经过祠堂左侧墙基，又绕过祠堂屋后，再蜿蜒曲折地流经全村，最后注入村西的田畈，长达358米。圳全部用当地鹅卵石砌成，大部分利用墙基作为圳壁。九曲圳因其转过九道湾而得名，它与里双塘和外双塘相连通，构成了供养完整的水脉。据《金庭王氏族谱》载，九曲圳是王羲之三十九世孙王普（1423—1496）蕙庄书院的园林遗存。而莲池、九曲圳的做法又与始祖王羲之的影响密不可分。王羲之的墨池、养鹅池、曲水流觞及对荷花酷爱之情都被子孙后代传承了下来，同时传承的自然还有书法艺术。

华堂王氏后人自古以来热爱书法，人才辈出，成就显赫。二十九族氏王恺（1163—1219）创建义学，明嘉靖时改为"心传书院"，清光绪二十九（1874）年改为"金庭高等小学堂"。现义学旧址为华堂小学，系全省历史较早的小学之一。特别是从1981年起，村上成立了金庭书会，开办书法学校，习书法之风更加盛行。

　　2013 年王氏宗祠被列为第七批全国重点文物保护单位，华堂古村被列为省级重点历文化村落，未来华堂村将以历史文化村落保护和修缮为新的起点，以王羲之故居和王氏宗祠为亮点，积极发展旅游产业。

（文：王瑛）

义乌黄山村

木雕殿堂八面厅

　　黄山村距义乌县城西北约 25 千米，在山环水绕、风景秀丽的岩口水库深处。村庄以船形规划，南北长，东西短，三面环山，风景秀丽。据《石门陈氏宗谱》记载，北宋嘉祐年间（1056—1063），始祖陈蠡避居智者里石门，人称石门先生，其六世孙陈岱析居凰山，为义乌黄山始迁祖。上溪黄山村保存着一座精美绝伦的清中民居——八面厅，闻名遐迩，被称为"木雕艺术的殿堂""天成的雕刻艺术博物馆"。

八面厅

　　八面厅又名振声堂，堂名寄寓了陈氏祖先对后人"弘拓基业，丕振家声"的厚望。古人营造华堂，尤重选址，八面厅坐西南朝东北，前临凰溪，后枕纱帽尖山，东面轩敞，地势高亢向阳，远山峰峦叠翠，近处黄山如屏，门前有玉带水环绕，确是一处背山面水、藏风聚气的风水佳地。

清乾隆年间（1736—1795），有伯寅公讳子寀（1720—1793）者，娶妻楼氏，生三子：金山、静轩、常士，或举业，或从商。伯寅公以经营火腿起家，其寅字号火腿庄遍及孝顺、浦江、东阳、兰溪，产品远销苏杭。经过祖孙三代的辛苦经营，生意越做越红火，财富的积累成几何级数增长，可谓日进斗金，当时富甲义乌西乡。

黄山八面厅由伯寅公孙儿陈正道主持营造，经过两三年精心的筹工备料，华堂于嘉庆元年（1796）起工动土，历时 17 年落成。用当时人们的话说，黄山八面厅好比天上的宫阙，美轮美奂。可以说，黄山八面厅是数千年来购田置地，光耀门楣的传统封建观念与商业社会下普遍的攀富心理联姻结合的产物。

黄山八面厅规模宏大，布局结构独特，整体平面布局以一条中轴线和两条副轴线相交构成中路建筑和南北跨院，建筑占地 2908 平方米，现存建筑 3 路 6 院计 56 间，建筑面积约 2500 平方米。建筑采用主座朝东北、左右对称、均衡布局的平面制式。沿中轴线上依次分布为花厅（花园）遗址、门厅、正厅、堂楼；中轴线南北两侧跨院分别有两个三合院，4 座厢厅，共 8 座厅堂，故俗称八面厅。现除花厅、花园已毁外，其他 7 座厅基本保存完好。

八面厅建材取精用宏，所需大木如榀木、梓木、银杏、栗木、香樟等多为名贵珍稀木种，从严州三都镇购得，汛期由水路运抵义乌，实属难得。

在凝神品读这砖石雕造的鬼斧神工时，俯仰之间，仿佛能听到匠师们使用斧雕刀凿锤击雕作打磨时发出的声音，感受到其粗重的呼吸。这些出自深山的顽石，还有用黏土烧制打磨而成的青砖，经过工匠灵巧的手，都变成了一幅幅精美的有生命的图画。整个门厅的立面，犹如一幅巨大的场面恢宏的幕布，中华五千年的文明在此演绎，跌宕起伏，远自蛮荒时代的神话，近到生活中俯拾皆是的劳动场景，有佛道故事、神仙传奇；有花草虫鱼、珍禽瑞兽；有寻常动物图案，也有神话中的神兽，如白虎、朱雀、犀象等。在狭小的尺方的艺术天地中，或如老子出关、文王访贤、舜耕历山、孔子问道、仙人弈棋等人物典故，或如福禄寿喜、龙凤呈祥、麒麟回首、太师少师、梅兰竹菊、瓜果三多、喜鹊登梅、鲤跃龙门、博古图、暗八仙等民间传统的吉祥主题，一出出，一幕幕，无不体现屋主人对幸福美满人生的追求。

迈入大门，高高的门槛代表着曾经门户的高低，人门前曾经还留存着四对旗杆石，虽已残破不堪，但却是当时作为举人门第显赫地位的象征。

这座五开间以满堂雕为特色的厅堂民居，曾经代表了乾嘉时期婺州民居木雕艺术的最高成就，无论是选材、构架，还是雕工，都具有典型的乾隆工风格。门厅、正厅，采用抬梁插柱式构架，彻上明造，非常适合大家族公共集会议事的大空间要求，是陈氏族人举行红白喜事和盛大庆典的公共场所。正厅前檐采用船篷轩结构，满轩施雕刻，极尽豪华。有别于一般的厅堂民居，八面厅靠天井一周的檐柱，为避免檐口斜风雨淋湿，全部采用马岭石方柱，石雕柱础，更显器宇轩昂。除了柱子和板壁外，梁、檩、枋、椽、雀替、牛腿、斗栱、天花、挂落、花罩、槅扇……几乎所有的木构件都布满了雕刻，给人满目生花的感觉。为了达到完美的艺术欣赏效果，匠师根据视角的变化，灵活采用浅浮雕、深浮雕、高浮雕、镂空雕、锯空双面雕、圆雕、半圆雕、铲阴花等不同技法，极尽雕斫之工、镂刻之美。没人能说清八面厅内雕刻的图案到底有多少！

除了传统的龙凤、狮子、麒麟、祥瑞、花鸟、昆虫、鱼藻、果蔬、山水、亭阁等图案，还大量地选取诗词歌赋、戏曲典故、神话故事以及反映生产和生活的题材，如八大仙人、十二花神、钟馗镇宅、天现麒麟、刘海戏蟾、叶公好龙、伏虎图、出耕图、归牧图等。正厅明间五架梁下雀替，以唐代诗人张拾的儿童诗《四季》为题材，分别雕刻"春踏芳草地""夏赏绿荷池""秋饮黄花酒""冬吟白雪诗"（缺）四幅图画。另外，在移步换景的视觉艺术中，还可以欣赏到霸王别姬、贵妃醉酒、昭君出塞、秦琼卖马、张良拾履、太白醉酒、踏雪寻梅、五凤楼大学士、渔家乐、长生殿、西厢记、牡丹亭、薛家将、杨家将、三国演义等戏曲场景图案，这些木雕好比微观的戏台，台上的角色定格为永恒，驻足于其前观赏的则是散落在时空中的不同面孔。

徜徉于古代匠师创造的特殊舞台间，时间与空间在这儿自由地穿梭游行，劳动的号子与天宫的仙乐相和鸣，眼前忽如金戈铁马、置身硝烟弥漫的战场；忽而又是花前月下，如入温柔梦乡。匠师手中的刀，人物形象刻画或粗犷，或细腻，其神态举止、衣服纹饰，无不入木三分，如马良之神笔，达到了出神入化的境地。

自正厅出内宅门便到了堂楼，这便是上堂，通常是长辈生活起居的客厅，这里曾经陈列着工匠们精心打制的木雕家具。女眷通常大门不出、二门不迈，说的便是不出内院，所谓内外有别，尊卑有序是也。

内院天井虽不似前院门庭宽大方正，却更有一种适合人居的温馨。天井中的青石花架上有着岁月磨蚀的痕迹，上面还长着依稀可辨的苔点。当年的牡丹、芍药，或是月季、兰花早已枯萎了，养金鱼的花缸也不复存在，那个寄托了花开富贵、金玉满堂的梦，随着陈氏家族的败落，时过境迁。人生的境遇无不如此，月缺月圆，分分合合。

出南北边廊有石库门通两侧跨院。南北跨院各分东、西院，对称布局，主要符合家居和会客的功能，一般供晚辈居住。

当年陈氏家族曾经五世同居，多达上百人生活在同一屋檐下，如此庞大的家庭，除了靠传统的宗法礼制，他们又是靠什么来维系一家之雍睦呢？从正厅通南北跨院台门上首青石匾上的题书："规

环""范月"反复思量，联系南北边廊天花上雕的代表清白家风的
青蛙白菜图，以及中路建筑中反复出现的代表清廉、和谐寓意的图
案，这大概就是陈氏先祖对住在其中的家庭成员的一种人生训诫：
要恪守规范，堂堂正正为人，清清白白做事，才能立于天地之间，
日月可鉴。

（文：黄美燕/图：吴一鸣）

嵊泗灯塔村

四个百年花鸟岛

花鸟，一个足以引发美好意象的所在。奇花吐艳，群鸟低鸣，世外桃源般的东海岛屿——位于嵊泗列岛北侧的花鸟岛，以其悠久的人文历史、优美的自然风光和丰富的民俗文化，吸引着世人的目光和关注。花鸟岛西北部有一灯塔村，三面环山，一面靠海，村内百姓以渔业生产为主，是一个保留着原生态风貌的小渔村。灯塔村因花鸟灯塔而得名，建于 1870 年的花鸟灯塔静静地伫立在村子的西北侧山崖上，见证了 140 多年的风云变幻，岁月沧桑。

徜徉在灯塔村内，山海掩映之间能感受到人文与自然的完美结合，一种穿越时空的气息扑面而来。百年民居依山而建，石墙青瓦，质朴依然；百年古树虬枝苍劲，生机勃发，树影里古道逶迤，青石斑驳，绿苔浮迹；百年灯塔历经风雨变化，见证着历史的变迁，仍光芒远射；百岁老人精神矍铄，爽朗健谈，阳光下的笑脸闪烁着婴儿般的真诚。灯塔村钟灵毓秀，四个"百年"的完美融合，使该村成为一个名副其实的历史文化村落。一花一鸟，动静之间皆成境界。

其中最负盛名的便是这花鸟岛的赵氏民居。花鸟岛的先祖，主要来自台州、宁波一带。比较集中的族群移民，使得花鸟岛的风土人情相对比较集中而鲜明。体现在民居建筑上，有明显的浙东风格。灯塔村内有一处赵氏民居，建于清晚期，坐东北朝西南，占地面积约 250 平方米。赵宅由正间和东厢房组成，正间青瓦硬山顶，前屋面开天窗，明间穿斗式梁架，进深八柱八檩，梁架木构简朴，檐柱下垫鼓形石柱础，柱础表面浮雕覆盆状莲花纹，廊下石板拼铺，由石条垒成六级踏跺，东西次间后山墙各开门。东厢房屋顶与正间左厍头相交，青瓦硬山顶，通面阔三间，穿斗式梁架，整个建筑山墙大部分由不规则的石块垒砌，外表朴素。赵氏民居是花鸟乡发现较为完整，保存较为完好的木质结构古民居，该建筑的发现为研究花鸟乡村民迁徙、居住提供了实物依据。

除了民居建筑外，灯塔村自然生态保护良好，村内大水坑范围古树成林，枝繁叶茂。据初步调查，灯塔村现有150年以上古树9棵，100年左右古树6棵，树高普遍在5—6米，树围2米左右4棵，分支树围在90厘米左右。一到夏天，古树群浓荫匝地，形成一片清凉世界，附近的村民都喜欢到树荫下乘凉闲坐，聊聊家常。树上则成了众多鸟类的天堂，鸟语啾啾，好不热闹。灯塔村民，一直有护树、栽树的习惯和传统，特别是对上了年月的古树抱有敬畏之心，不会轻易地去破坏或砍伐。有老年村民说，这些古树有近200余年的历史，都是灯塔村的先民们亲手种下的，能起到改善环境、保护家园的作用。良好的地理条件，加上村民们的保护意识，使古树有了绝佳的生长环境。古树群历经岁月的洗礼，形成了独特的自然景观，记录了村落发展的历史。

花鸟灯塔位于灯塔村西北角山嘴上，建于清同治九年（1870），是卫护长江口的三大灯塔之一。花鸟灯塔在中国沿海灯塔中向来以地理位置重要、规模最大、功能最全、设备最先进、历史最悠久而著称，被誉为"远东第一灯塔"。花鸟灯塔的重要性，体现在它的地理位置：灯塔所在的花鸟岛处于中国沿海南北航线与长江口分野交叉之地，是中外船舶进入上海、宁波、舟山等港口的重要门户，也是上海至日本以及经过太平洋的远洋国际航线的必经之地。

花鸟灯塔塔身呈圆柱形，高16.5米，下部为白色，混凝土砖石结构，上部为黑色，主要材料是铁板。灯塔内部分四层楼面。塔顶为铜铸圆顶，装风向板。顶层使用巨大的玻璃作为墙体，安装有光源。其下一层有外置廊台，可凭栏远眺。建筑和装饰均属欧式风格。灯塔有非常齐全的导航方式，可为不同距离的船只提供不同的导航手段。聚光灯安装在灯塔顶层中央，采用2千瓦卤素灯，周围

灯塔村景

置四面透镜和旋转机组，每分钟旋转一圈，使聚光灯同时射出四道光线，射程为24海里。灯塔周边建有两座无线电铁塔，提供的无线电远距导航方式。雾天时灯塔还提供近距离声波导航，是中国传声最远的气雾喇叭。

　　清末鸦片战争之后，清政府被迫开放上海、宁波等港口，通过花鸟岛附近海面到日本以及太平洋的航线也日益繁忙。花鸟岛附近岛礁极多，给经过的货轮造成了极大的隐患。当时的清海关总税务司英国人赫德向清政府建议："为了中国沿海贸易船舶的安全……给予船舶以危险的警告，这就应在必要的地方设置灯塔。"赫德的建议很快得到了清政府的回复，于是中国沿海第一批灯塔相继建立，其中便有花鸟灯塔。花鸟灯塔由清政府出资，从上海招来劳工建造，于1870年建成。此后灯塔一直由英国人管理，1916年进行了重修。太平洋战争爆发后的1943年，日本侵略军占领了灯塔，国民政府曾派飞机轰炸，但损伤极微。1950年灯塔被中国人民解放军接管，现归上海海事局管理。

在花鸟岛，除了百年的灯塔，还有一位"百岁放映师"。提起百岁老人毛阿娥阿婆，几乎无人不知。老人的家在灯塔村龙舌弄，是两间建于20世纪四五十年代的旧瓦房，用本地山上产的石头垒砌。屋内墙上糊了层层叠叠的报纸，稍显破败，但收拾得整齐清爽。毛阿婆一头银发，面色红润，笑着说起这份"放映师"的工作。原来，近些年村子里的年轻人相继搬迁到外地，就剩下一些留恋故土的老年人。身边没有子女的陪伴，老人们难免感到空虚和寂寞。毛阿婆就用自己平时积攒的钱，购置了一台彩色电视机和影碟机，为村里的老人们免费放映各类戏剧。百岁的毛阿婆为孤独的老人们建造了一个丰富的精神世界，为此她也付出了很多，甚至拒绝了子女们要接她离开灯塔村的建议。老人心头不忍割舍的固然是对老邻居们的情谊，但何尝不是对于故土、对于这片有养育之恩的山海的深深眷恋呢。

（文：王丹俊）

松阳山甫村

山乡古村演人生

松阳县山甫村坐落在海拔710米的小盆地中，四面环山，两面环水，古木翠竹掩映，四时景致分明，它就像山间的一方小舞台，徐徐地展示着一个村落的人文故事。

山甫村依山傍水，村庄所在地较为平整且开阔，四周竹林环绕，植被密集、生态环境优越，山体滑坡和泥石流等地质灾害不会危害到村庄。一条小溪贯穿整个村庄，在村庄中间勾勒出一个S形弧线，主道沿着小溪蜿蜒，两棵高大中空的红豆杉站在村口，成为舞台不变的道具。

村落是舞台的背景。整个村庄沿小溪而建，由西南至东北方向呈狭长形分布。另一条小溪从村东边环绕在村外，两条小溪又在村口交汇，整个村庄显得非常有灵气。现存传统建筑群与周边环境原貌保存完好，整体风貌协调统一。村外建于元代的社殿岭弄古道和山甫源古道是旧时山甫人通往外界的必经之路。村中巷道体系完整，路面大多以卵石铺设，保存较好。土木结构的三合院型房屋紧邻而建。

山甫村的起源最早可追溯到五代后周显德年间，一个叫杨傲的男子打猎至此，觉得此处非常宜居，遂在此处定居，杨氏族人所居之处称为"杨宅"。明永乐年间一毛姓人氏来到山甫，当了杨家的上门女婿，从此也建基立业，发脉的后人聚居之处取名"毛家"。南宋绍定年间（1228—1233），松阳斗潭村的徐种五入赘到毛家当女婿。从此山甫合数姓共同生活。

近千年的时光流逝，山甫的杨姓已经消失在历史的支流中，村中只留有杨宅路，毛姓也已所剩无几，如今村中大都是徐姓。距离徐姓抵达山甫，经历800余载的岁月，徐氏陆续给村中添置了众多的家当：古树、梯田、古道、古宅、石拱桥、古驿站、徐氏家祠、徐氏宗祠、节孝坊等。

以血缘关系构成的族人共同生活在这方水土之上，共同过着日出而作日落而息、男耕女织的农耕生活，并且严格遵循着当时的社会制度，上演着平常百姓人家的故事。

嘉庆二十四年，在山甫村立起了三间四柱三楼的石制节孝牌坊，坊高4.9米，面阔4.9米。该坊为旌表儒童徐成龙原配程氏节孝而立。据民国《松阳县志》载："程氏，山甫徐成龙妻，年二十三夫故，子一饶二龄。汎舟誓志孝翁姑，抚孤儿，效欧母书获训子遗事。有玉岩俏生叶延华赠以'心严冰雪在瑶池，夜分灯红为课儿'之句。后子遵母训，弱冠遊郡庠。嘉庆二十四年（1819），为母请旨建坊。守节六十余年，寿八十有五。"程氏节孝坊，楼阁式，东南—西北坐向，紫砂红石质，悬山顶，柱为抹角方柱，挟杆石刻卷草纹，各间额枋呈月梁状，平板枋上置坐斗承屋顶。明间额枋与平板枋之间置栏板二块，上栏板刻"节孝"二字，下栏板刻"旌表儒童徐成龙元配程氏"，平板枋置"钦褒"竖匾。

祠堂和香火堂是祭拜先祖的产物，更是家族精神和英灵栖息的殿堂。山甫村中保存着一幢明朝时期的香火堂，清代陆续建起了徐氏宗祠和徐氏家祠，两个祠堂在同一中轴线上，目前均保存完整。宗祠在村之上方，占地面积150平方米，门前有一垛照壁，门口有一对桅杆石，祠堂两进三间，天井卵石铺地，天井四周牛腿木雕古朴美观，精美的砖雕置于门顶，墙上书写着祖先家训，表达了祖先对子孙后代的殷切期望，厅堂内雕梁画栋，牛腿木雕内容为动物以及花卉、牌位等，表现了主人对生活的美好愿望和审美情趣。

家祠在村之中间，门口有九级石阶跨过小溪，石阶两侧青石呈弧形，祠堂是砖石门台，门台为硬山顶，门额四周墨花边，上书"徐氏祠堂"，门座砖雕，出檐用花砖叠涩出跳。徐氏家祠面阔三间，二进二厢房，前厅五架梁前双步梁，后厅五架梁前双步后单步

山甫节孝牌坊

梁，牛腿浮雕火炬形，天井为条石铺地，内院墙上有彩绘。

村中建房皆以卵石修砌墙脚、夯土墙，内部以木材构建。卵石来自附近溪流中，石板来源周边山上开采。传统宅院格局大多为三合院或二层重檐楼房，结构形式丰富多变，力求建筑造型美观古朴，泥墙黛瓦，封火墙迭起，石刻、砖雕、木雕工艺精湛，配置合理，石大门的门额上刻"敦厚安居"等字样。

最为典型的是21号民居，因临路临溪，石头垒起的墙基有几人高，墙基和黄泥墙的比例大致相同，泥墙中有四五眼窗户，因为窗户实在是小，所以只能用眼来形容，有徽派之特点。窗棂是木头做的，有的干脆没有窗棂。正门为木门，门的两角雕刻着寿桃和仙鹤，首进门厅的横枋上刻有丹凤朝阳和镂空的花草木雕，枋上还有两个对称的扇形图案，图案中各为一只喜鹊，意寓"双喜临门"，天井四周的檐柱上雕刻狮子戏球、凤栖牡丹、松鹤延年为主题的精美的牛腿。中堂的横坊上枋心及藻头上皆有雕刻，有雀替，二楼栏杆以直棂为主，间着几个万字造型。此宅为清末民初所建，当时木雕均为纯手工精细作品，工匠一天雕刻下来不过是一汤勺的面积，仅天井四周的这些木雕作品，费了工匠不少的时光，更是费了宅主不少的银两。21号民居的建筑风格高度体现了当时的工艺美术水平，建筑营造也具有典型的浙西南山区特色。

21 号民居外观

除了精湛的建造工艺，山甫人在建房时还保留着动土、结顶和上梁的仪式，主要是以三牲宴请众神，众神维持秩序，送走众神，放爆竹，结红绸，摆放千年运、万年青等仪器。

山甫村的村民就是这方舞台上的演员，他们在既有的舞台上，在既有的社会制度内，上演着属于他们的人生。他们循规蹈矩，婚配嫁娶，皆为家族开枝散叶，同时勤劳致富，旨在为后代留下物质财富。

（文：黄春爱/图：叶高兴）

六　人文景观

常山招贤村

千年古渡赞招贤

招贤村历史悠久，俗称"常山东大门"，五六千年前就有人类在境内繁衍生息。招贤，顾名思义，就是招纳贤才之地，名称来历说法有三：其一，相传古代有位贤士隐居于此，后为朝廷所知，招为上卿，故名；其二，古代曾在此设过考场，四方贤能之士汇集于此，故名；其三，南宋朝廷曾在此设立《招贤榜》，招募贤能之士，故名。如今传说最广的是第三种。

招贤始建于西晋年间（265—317），据《大明一统志》和清代《常山县志》记载："晋代信安旧治在县东常山乡招贤下，今名，古县，古县畈。"唐咸亨五年（674），设立县治，始称常山乡古县畈（今古县、古县畈村），唐广德二年（764）移至今常山县城，设立县治历经 91 年。明太祖洪武九年（1376）后，为常山县常山乡；清宣统二年（1910）首次建招贤乡；民国 24 年（1935）设招贤乡；1949 年 5 月 5 日招贤解放；1983 年 7 月恢复乡建制，招贤公社改为招贤乡；1985 年 12 月招贤乡改为建制镇；2005 年 11 月招贤镇、五里乡合并后建镇至今。

自古以来招贤人杰地灵，商贾云集，更有"千年古镇"之美誉，境内有"樊氏大宗祠""古县遗址""箬溪泉水""招贤古渡"

等名胜古迹。

　　招贤古渡位于招贤镇招贤村招贤老街，常山港南岸，南为招贤老街，北为招贤镇五里片，由东、中、西三段码头组成。码头东段位于招贤老街至码头处，有38级石阶。码头中段位于老街至码头原船舶停靠处，有32级石阶。码头西段位于码头常山港上游处，有34级石阶。码头全长350米，东段石阶与中段石阶相距约300米，西段石阶距中段石阶约40米。

招贤村古渡码头

　　据《常山县志》载："招贤渡，位于招贤街。系南宋古渡，原为官渡，设施船两只，渡夫两名。"有村民说，平常及枯水季，船舶主要在码头中、西段过渡，涨水季节，船舶在下游码头东段过渡。现除东码头石阶为水泥浇注外，中、西码头石阶基本保持原状。因年久失修，现古渡基本废弃，仅用作村民生产生活活动，保存较差。该古渡作为研究当地人文历史的实物例证，有一定的文物价值。2011年12月2日常山县人民政府公布为第七批县级文物保护单位。招贤古渡在唐以前就是官渡，历史上就是衢州至江西、徽州的必经之地，名扬大江南北。

常山自古有"两浙首站，八省通衢"之称，是水陆运转、舟车汇集之地。古代的招贤，是渡口也是重要的驿站，所以商贾云集，历代文人墨客留诗遗唱，使招贤增色不少。南宋大诗人陆游曾题诗于此："老马骨巉然，尪骢不受鞭。行人争晚渡，归鸟破苍烟。湖海凄凉地，风霜摇落天。吾生半行路，搔首送流年。"还有南宋的杰出诗人杨万里过招贤古渡时，偏逢淫雨连连，常山港洪水暴涨，艄公也停止营运了，他不得不在古渡岸边找一家酒店住宿，酒至半酣，口占打油诗一首"……一生憎杀招贤柳，一生爱杀招贤酒。柳曾为我碍归舟，酒曾为我消诗愁"。清代袁士灏笔下也有多首招贤渡诗作，其中一首这样描述："澄澈空江万里天，渔翁打桨入秋烟。捕鱼初罢腥风散，几个鸬鹚上钓船。"极富田园风光。古渡临街，半连溪，溪边还有不少古树，景观独特，给人留下无限遐想。

招贤古渡是定阳十景之一，早在宋代的陆游、杨万里等大文豪就在此留有吟咏。杨万里在《招贤渡二首》中写道："倦游客子日无聊，不是江山景不饶。危岸崩沙新改路，断渠横石自成桥。"这里描绘的便是招贤旧时乡间的名胜风景。古渡连接老街，分别有三处埠头，根据春夏涨水渡船靠岸位置，在上街、中街、下街头各设一个埠头。旧时交通依赖水运的大背景使得"招贤古渡"曾经盛极一时。

民国时期，盛产柑橘的招贤，通过埠头上船，每年运往衢州、杭州的柑橘达数十万斤，而外面的油、盐、布匹，则也由此装船、肩挑运进招贤，散向皖、赣等地。那时候，招贤一带的姑娘若远嫁上海、杭州，也都是从古渡水路出发，可直接抵达目的地。

然而，如今的古渡已经苍老了。沿着石阶拾步而下，只见杂草丛生，史书上记载的临江茶楼和酒肆已不见了踪影，就连早前那条像古董一样的破旧铁船也已无处寻找。此情此景，恰如当年宋代大诗人杨万里在此候船时的无奈："归舟曾被此滩留，说著招贤梦亦愁。五月飞雪人不信，一来滩下看涛头。"

要致富，先修路。改革开放后，国家惠民政策大力推行，常山港上的相关大桥和村镇康庄大道早已引申到了每一个村庄，古渡便渐渐地淡出了人们的视野。而今，站在古渡临江的老街上静静地看，她窄窄的不足六尺，一眼望去，空荡荡一片，早已没了昔日的勃勃生机。就像一位垂暮的老人，在夕阳下静静地述说着曾经辉煌的岁月。

（文/图：常山农办）

仙居羊棚头村

括苍问道神仙庄

羊棚头村位于仙居县下各镇东部括苍山主峰米筛浪北麓。全村总人口1760多人，耕地760亩，山林4700亩。羊棚头村已有2000多年历史，村名由来有两种说法。一种说法：祖先受仙人指点，并赐予羊种，定居于此，繁衍后代，以养羊谋生，故取名为羊棚头。另一种说法：公元347年，仙居首任县令羊忻弟羊愔员外到括苍洞修道而得名。无论何种说法，都说明羊棚头与道有缘，与仙有缘，是谓"神仙山庄"。

全村分为成、王两姓，杂姓很少，有建于清道光七年的古祠堂——成氏宗祠，和建于明万历年间的古祠堂——王氏宗祠，均被列入仙居县文物保护点。这两座宗祠均得到修缮，益显昔日之辉煌。村西南有残存古桥一座，村内有古井1口，古亭1座，古路廊4座。村落有2000年古樟1株，600年古樟1株，千年古枫1株。

羊棚头村是道教圣地，村西南1公里处有中国道教第十洞天，当地人称"括苍洞"，洞侧有库容900万立方米的括苍水库。据考记载，自东汉起有6位皇帝为括苍洞赐名赐物，传说有14位修道者在此得道成仙。羊棚头村西山峰顶耸立着仙居"古八景"之一的"麻姑积雪"，当地人称"仙姑岩"。羊棚头村山清水秀，周围括苍山脉充满神话故事，仙气、灵气笼于山村。

括苍洞，是中国道教第十大洞天，地处道教名山括苍山主峰米筛浪脚下，坐落在仙居县下各镇羊棚头村福音山，当地人称为四十五洞，相传最深的一个洞通至东海。

东汉（25—220）时期，括苍洞赐称为道教洞天，太极法师徐来勒至括苍洞任职，管辖括苍洞周围三百里，总管水旱罪福。到东晋穆旁永和三年（347），仙居单独建县（始名乐安县），首任乐安县令羊忻（湖北襄阳人）的弟弟羊愔在四川夹江县当县尉，罢官后隐居在括苍洞修道，相传后来得道成仙。于是一时声名大震，到了唐宋时期，更是十分兴盛。

历史上有六代帝王对括苍洞赐名赐物。公元 748 年，唐玄宗李隆基得奏括苍洞口出现一种似烟非烟、似云非云、郁郁纷纷的仙宅庆云覆盖洞口，是为吉祥之兆，即颁诏书，建造洞宫，赐名为"成德隐元"。北宋真宗赵恒执政时期，于公元 1018 年重修括苍洞，宋真宗皇帝改称赐名为"凝真宫"，赐予括苍洞金龙白壁，并赞叹这是仙人居住的洞天，并赐名"仙居"，乐安县因此而改名为"仙居县"。北宋徽宗皇帝于公元 1103 年，奏闻括苍洞徐来勒治理成效卓著，应予昭报，追封他为"灵应真人"。北宋末朝（1121），括苍洞毁于寇乱。南宋高宗赵构皇帝继位后，于公元 1127 年进行了重建。南宋孝宗赵慎于公元 1182 年赐予括苍洞道士陈会真道教经典总汇《道藏》等经卷。南宋光宗皇帝赵惇在储宫得到有关括苍洞灵验的奏闻，给括苍洞书赠"琼章宝藏"四字。宋宁宗赵扩，在未登位时，就赐予括苍洞自己的手画和"金铸星宫像"。

曾在括苍洞修道过的高道、名道有 14 位，汉时有徐来勒、王远，三国吴时有左慈、葛玄、蔡经，晋时有郑思远、平仲节、羊愔，唐时有、叶常质，宋时有陈会真、马自善、王崇等。相传他们在括苍洞修道，都成为神仙。

括苍洞历史上几经兴衰。括苍洞兴盛时期规模十分宏大，据公元 1148 年记载，南宋高宗赵构时期，括苍洞拥有宫田 1169 亩，宫地 1276 亩，山林 1858 亩，合计 4303 亩。足见唐宋时期括苍洞的兴盛和地位的重要。

元朝时，括苍洞遭到压制。明清以后，括苍洞道教趋向衰微，明代后期佛教融入括苍洞。明万历年间，僧侣曾在括苍洞建立"凝真禅院讲坛"；清康熙后期，括苍洞道教观宇也废为僧居，但葛玄等道教神像仍然屹然矗立；清同治年间，仙居县令余丽元在其任职

括苍凝真宫外景

的三年间（1867—1870）将括苍洞的宫田拨入仙居安洲书院，作为"洞宫学租"。

"文化大革命"期间作为"四旧"，洞中佛道塑像等均被破除。20世纪70年代，为了要建括苍水库，当地公社将破败已久的括苍洞略加修整，作为村民建水库时的休息开会之场所。改革开放以后，有羊棚头村村民和一位住洞道士自发筹资，对括苍洞进行了简单修缮。2007—2009年，经批准重修括苍洞，主洞成德隐玄殿和洞边三清宝殿的主体工程竣工。闻世良道长与十多名道士从事重修工程，后长居括苍洞修道。如今，饱经历史风雨的括苍洞焕发出新的光彩。

括苍洞管辖方圆数十里，宫田数千亩，相传是葛玄真人隐居括苍洞时，施法术向东吴皇帝要来的。

葛玄真人，又称葛仙翁，师事左慈，曾在括苍洞修道炼丹，道行高深，法术无边。他喜好云游山水，一次云游途中忽觉肚饥口渴，又一时找不到充饥解渴的食物，刚好一队人马驮着盖了东吴皇帝封印献给宠妃的几筐橘子经过这里，葛真人施了点小法术吃了几个橘子，并故意让锦衣卫发觉逮住，押往京城。本该问罪，因宠妃患腹痛病，且多年未曾怀上龙种，皇上知道葛真人有仙法，还精通医术，就与葛真人说，你如果医好皇妃的病并使她怀上龙种，朕赐你无罪。葛真人用吃橘子的唾沫和仙丹让宠妃服下，腹痛病即愈，两个月后宠妃怀上了龙种。皇上龙颜大悦，要给葛真人加冠封爵，赏赐金银珠宝。葛真人说："我修道之人，只要一席道袍地就够了"，皇上满口答应。葛真人谢了皇恩，祭起道袍，道袍像乌鸦的翅膀展开，越展越大，飞向天空，遮住了太阳，大地一片漆黑，东吴的江山全部被道袍罩住。皇上惶恐失色，自知失言，正欲龙颜大怒，葛真人念着咒，道一声"缩"，阴影只罩住了括苍洞四周。皇上转怒为喜，问葛真人为什么要这块土地，葛真人腾云而起，向括苍洞而去，并歌曰："东聚五凤朝阳起，西耸麻姑积雪秀。南骑大牛望四景，北卧独龙守海口。"自此以后，这一带数千亩土地成为括苍洞的宫田，历朝历代在括苍洞修炼的道士们有了生活的依托。

（文：陈洪考／图：苗诗麒）

云和桑岭村

福建客家迁桑岭

　　山与山之间，是一弯浅浅溪流，流水的地方，就是村庄。沿着溪流，走进云和县石塘桑岭村，是延绵不断的鸟语花香，大开大合的村落布局，一眼就让人参透了风水。从村口的廊桥开始，呈现出完整的风水形态，村中坐落着一座斗笠一样的山峰，因为清代官员戴着斗笠帽，所以村里流传着一句俗话："门对斗笠山，一生好当官"。村落两侧是整齐的山峰，如同伸展的双臂，抱着水口的朝山。一条清澈的溪流从村落中间流淌而过，仿佛村落的腰带。

桑岭村外景

　　走在桑岭村蜿蜒曲折的青石板小道上，高低起伏的马头墙，大方而端正。历史和岁月构筑起来的两边高墙，向人们昭示着桑岭村生生不息的人间烟火与曾经经历的故事。就是这一条条细细长长的小巷子，它们穿针引线，将青山绿水间的平常人家，绣绘得如此美不胜收，风雅无比。穿过饰有精巧砖刻门罩的大门走进屋子里，令人意想不到的是，从天上投射下来的明亮幽静的光线，竟朗朗地洒满了整个空间，这时候四周的人似乎在这个空间里一下消失了。站在这里仰视，四周是房檐，天只有一长条，一种与世隔绝的静寂弥漫其中。因为南方多雨，使得桑岭村的天井设计四面向里收缩，天井上方的屋檐形成矩形漏斗状，雨水顺着适度的屋檐流进了天井。天井的四个角落放置四口大水缸，寓意着风水上的"四水归堂"。由于屋檐外大内小的形制，起着汇聚光源的效果，光线最大限度地传递到大屋的每一个角落。

村中的建筑结合了徽派、浙派、闽派的精华，大多是三合院和四合院的大屋，最大的一幢"济阳旧家"建筑面积达到2000多平方米，3扇大门、3个天井、3个厅堂，由江氏三兄弟毗连建成。桑岭大屋沿着中轴线左右对称，前低后高，两翼拱卫，主次分明，收放自如，整体布局产生强烈的空间秩序。照壁、大门、天井、牛腿、雀替、横梁、神龛上等均有精美的装饰。随处可见木雕、砖雕、石雕、壁画、墨书、卵石拼花，多以神仙、古典人物、儒家典故、花鸟虫草、琴棋书画、八宝法器作为饰物。有建筑必有书画，有书画必有寓意，有寓意必有价值观，整个桑岭村如同一座艺术殿堂，将中国传统文化以物质化的方式呈现，又如同一本本缓缓展开的四书五经，用那些明暗交替的寓意教化着子孙。桑岭村古民居至今完整地保存着几十幅题额、题匾、楹联，撰题者都是当时县、州府的官员甚至是中国的名流显贵。

桑岭居民来自福建汀州，他们大都于康熙至乾隆年间迁来桑岭村，以客家人为主，有江、熊、邱、刘、朱、金、沈、胡、顾、缪等诸多姓氏，其中以江、熊、邱人数最多。桑岭村不是一夜之间建成的，这些勤劳的客家人含辛茹苦地持家，孜孜不倦地奋斗，有了原始积累之后便开始大兴土木，随着后世不断繁衍，桑岭村步步为营，不断向外扩张，大批来自松阳的建筑师傅和东阳的木雕师傅涌入山谷，这些能工巧匠将桑岭变成了一个露天建筑工地，一幢幢大屋从桑岭里村伸展到了桑岭外村，这里便成了另一个汀州。

桑岭村以建筑的宏伟态势彰显出各支家族的兴盛，与建筑对应的是让人惊讶教育开化程度，其中又以江氏子弟读书之风最盛，据光绪己卯年修订的《江氏宗谱》记载：江氏子孙有庠生 15 人，廪膳生 1 人，附贡生 1 人，武庠生 1 人，国学生 8 人。教育的兴盛，人才的辈出，保证了桑岭村文脉的长盛不衰。

桑岭人也将迁徙图刻在门楣上、灵位上，让人们对他们的来龙去脉有了大致的了解。桑岭村现存三十多幢古民居，门楣石匾额上书"济阳旧家"、"河南旧家"的石大门就有 24 个，标示着他们的远祖来自山东和河南，客家人以中原为起点，在不同的时间段落中南迁。在清初的三藩之乱后，浙南大量居民逃避战火而内迁，造成大批土地荒芜，这些来自福建汀州的客家人响应政府的移民号召，陆续迁徙到人烟稀少的浙西南山区，在桑岭村开始了新的生活。

据《松阳县志》记载：康熙四十八年（1709）二月，彭子英在白莲教神秘的大教主辅助之下，以松阳石仓、云和桑岭根一带为据点，聚合了大规模的农民队伍。康熙皇帝在十三年刚经历了"耿藩之乱"，对造反之事尤为敏锐，有反必平，这是他的为政之道。鉴于江南之地的重要性，他派出了朝廷的重将隆科多赴浙江平反。

朝廷官兵以处、温、金、衢四府合兵加民兵，一万余兵力对付彭子英，彭子英即从松阳往云和、龙泉、遂昌方向逃窜，并擒彭子英于遂昌奕山坳头岭。宁错杀一万，不放过一个，隆科多在瓯江北岸大肆屠杀。于是，牛头山周围村庄血流成河，尸陈遍野，原土著百姓有被杀的，有逃亡的，造成了瓯江北岸的山村"十室九空、田园荒芜"的惨景。此次大屠戮事件，出现了一个怪象。位于牛头山脚的桑岭根村，乃彭子英的大本营，按理，应当在朝廷的重点屠杀范围，然而，该村不但未被屠杀，相反，该村在后来的岁月之中，快速地发展起来，富甲一方。

在桑岭里村，一座全村最早的江氏老宅给人们留下了一个谜。正面望去，戌山辰向的豪宅，高大宽阔的门墙，厚实的石制大门，门楣特大楷书："济阳旧家"。然走进大门，只有一块宽阔的空地及村民新建的零星小房，老人诉说：在1954年"互助组"时代，老宅已被大火烧毁，原先正堂供着一支"御赐龙头拐杖"。故事给人们留下了一个历史谜团：也许正是这支龙头拐杖庇护了该村的兴旺发达。

（文：余登分/图：云和农办）

礼仪道德

一　仁孝传家

象山下营村

陈秀助背母观戏

　　象山县定塘镇东南方向的牛头山下，有一个依山傍水、风光秀美的村庄下营村。村中一条终年水流不断的山溪，自南向北直奔河海。村外田畴连片，稼穑葱茏，水稻、西瓜、甘蔗、柑橘等作物瓜果四季飘香，河浜水塘里浮萍连天，鹅鸭成群，漂亮整洁的农家庭院旁，桃、杏、橙、石榴等果树年年硕果累累。如此原生态的景观让四方来客流连忘返。

　　据村中老人口传，明代官方曾在该地设立抗倭营寨，故有上营村、下营地名传世。但时世久远，营寨遗址早已湮灭，昨日的刀光剑影与国恨家仇也被今天的千顷稻粱所覆盖。清朝康熙年间，村内四大姓氏之首的陈氏太公，一路从河南经福建、苍南、玉环迁徙来象山，与罗、许、蔡三姓太公携手合作，一同披荆斩棘，围涂造田。经过几代人的垦荒拓园，繁衍子孙，最终形成人丁兴旺的村落。

象山地处半岛，夏季常有强台风侵袭，狂风掀瓦，暴雨如注，经常造成海水倒灌、屋塌人亡的惨剧，下营先祖围涂造田、创家立业的艰苦可想而知。在长期对抗大自然的博弈中，陈、罗、许、蔡四大氏族齐心协力，众志成城，自然而然形成了团结一心、和睦相处的乡风村俗。据村中长者回忆，为了加强家族力量，从祖先三百年前立村至今，四姓人家之间保持通婚习俗，现在1700多人中，一半以上不出三代就能攀上姻亲关系。

据《陈氏族谱》记载，其传世家训可概括为四句话：礼者伦也、以礼相待、和谐民族、安定社会。"礼"是儒家文化的精髓，由此衍生了"忠、孝、节、烈"等处世观念。直至今日，在陈氏宗祠的门前廊柱上，依然清晰地挂着"敦亲睦族自强不息，厚德载人世代昌盛"的楹联。下营村的民风淳朴敦厚，村民讲究和睦相处、互敬互爱，各大家族长期奉行敬老爱幼、孝悌为先的做人原则，这些都与祖先的立身训诫有着密不可分的关系。村子里至今还口口相传一个"陈氏孝子"的故事。

清末年间，陈氏第五代传人陈秀助子承父业，除了耕种读书，居家生活推崇孝悌为先。由于父亲早逝，是母亲含辛茹苦一手把他拉扯成人。等到儿子成家立业，母亲已经年近高龄，行动不便。不过母亲有一个喜欢看戏的爱好，陈秀助为了讨母亲欢喜，不计忙碌，只要听闻本村或近邻乡间有做戏的信息，都要为母亲梳头洗脸，拾掇干净，不管路途远近和时间早晚，每次都恭恭敬敬背着母亲去祠堂观戏。乡村做戏，一般每天安排下午和晚上两场。吃过午饭，远处祠堂内的开戏锣鼓响彻往日宁静的乡野，熙熙攘攘跑去看戏的人们，总能望见逼仄的里巷深处，一位衣衫简陋的青年，一步一步，背负白发老母，缓缓融入看戏的人流。

"陈孝子背母看戏来了！"还没迈进祠堂大门，孩子们就在大呼小叫。村中族人看到陈秀助如此孝顺母亲，十分敬佩，大家都相互

陈秀助背母观戏

推让，把戏台下最方便的位子让给陈家老母落座。有一年冬季，天气出奇寒冷，滴水成冰，陈秀助发觉母亲虽然看戏看得入迷，但手脚被冻得乌青发麻。他愧疚不已，可惜囊中羞涩，就嘱咐妻子卖掉家中母鸡，换来一只火囪篮，填好炭火，供母亲取暖。除了看戏，陈家老母还长期念佛吃素，陈秀助就背着母亲到各处寺庙庵堂拜佛敬香，不管刮风下雨，从不违拗母亲的心愿。因为家中日子过得并不宽裕，陈秀助把母亲照顾得体面，自己却常常穿着一双木拖鞋，戴着破笠帽，披着旧衣衫，面对乡人惊异的眼神，坦然自若。时间长了，怕家中妻子心生不满，说出什么不合孝道的话语，或者流露怨色，他就唱孝顺歌给妻子听，几乎是进家门唱，出家门也唱。孝顺歌又叫《花名宝卷》，歌词写的都是敬老人孝父母的：天地日月娘最亲，门前大树好遮阴；家有老人多福分，儿孙孝顺不忤逆；不求官来不求银，只望娘亲乐一生……陈秀助以此让妻子与自己一同孝顺母亲。

陈秀助的孝道行为，给当地的乡风民俗带来了积极影响。三百余年来，下营村村民始终坚守族规祖训，尊老爱幼，感恩图报，一家有难，八方相助。下营村五六百户人家，其中近一半是陈、罗、许、蔡四姓后人，其余均是后续进村的杂姓。四大姓中陈、罗、蔡三家先后在村中东、南、西三方各造了本族宗祠，逢年过节用来祭拜先人，追念祖德祖恩，或者聚众集会议事，做戏娱人。为了凝聚民心，团结大族外杂姓村民，营造和睦乡风，陈、罗、蔡三家牵头全村乡亲，共同出资在村东南角建造一座占地 500 平方米左右的"行馆"，供一半以上的族外村民作为祭祖议事的活动场所。他们希望提供这种平台，通过演戏、唱书、集会议事种种形式，让世间许多行善积德、尽忠尽孝的故事传说和行为准则代代传承。

（文：象山农办/图：曾令兵）

永嘉浦东村

卢氏孝女舍身救母

浦东村面朝楠溪江，坐落于永嘉市上塘中心城区东北面。浦东人的祖先大部分由温州水心村迁徙至此，建村已有八百多年。村里主要有叶、杜两个大姓，至今仍然保存着完整的两氏宗谱。浦东村依山傍水，龙山与鹅浦河孕育了一代又一代的浦东人。浦东村名字的由来非常简单，村子西面的上塘村原本叫浦水村，浦东村正好坐落在蒲水村的东边，便取名叫作"浦东村"。

说起浦东村里最有名的当属孝佑宫。历史悠久的孝佑宫坐落在树木葱茏的浦东龙山脚下，又叫上塘殿，一年四季香火鼎盛。上塘殿始建于唐朝，历经元、明、清扩建修缮，1997 年后又修建月台、戏台等建筑，全殿如今占地达 4000 多平方米，气势宏伟壮观，又不失古朴庄重。上塘殿的庙会在浙南地区非常有名，庙会始于北宋，主要为了纪念殿内所供奉的卢氏孝佑娘娘。每年的农历二月十五为卢氏孝佑娘娘出圣纪念日，庙会的日期一般就定在农历二月十二至十五。每逢会期，由上塘、浦东、浦口三村村民联合轮流祭祀以及组织文娱活动，规模盛大。十二日起，用 400 斤籼米做两架大斛，每架高约 3.5 米，并杀两头大猪连头摆在斛架旁，举行祭祀仪式。十三日开始招请戏班来演出，大殿内设有戏台，这个时候戏班都会来连演三天三夜，有时甚至会演上四天五天。在演戏的同时，还有各种民间艺术班社的游艺活动，以及举办集市交流各种物资，游人、香客、商贾这时齐集上塘，热闹非凡。到了二月十五这一天，殿内香烟氤氲，人山人海，供品琳琅满目。白天，鞭炮连天；夜晚，灯火璀璨。前来朝圣的男男女女，上至楠溪江上游及缙云、仙居，下至温州、乐清等地。他们怀着无比美好的憧憬与虔诚之心，纷纷赶来，参加这一年一度的祭祀活动，希望用自己的实际行动感动孝佑娘娘，求其庇佑自己心想事成，万事大吉。

上塘殿的庙会之所以能吸引这么多人慕名而来，还要从殿内供奉的卢氏孝佑娘娘的传奇故事说起。据《两浙名贤录》与清光绪《永嘉县志》记载，唐天宝年间，永嘉楠溪江畔有一个叫卢岙儿的小村，那里山清水秀，民风淳朴。有一户姓卢的人家，生育一女，聪明活泼。随着时光的流逝，女孩显得更加楚楚动人，卢家夫妇视若掌上明珠，十分疼爱。平日里妻子养育女儿，做做家务，丈夫日出而作，日落而息，一家人倒也其乐融融。然而好景不长，父亲突然得了重病，因无钱医治，不久便撒手西去，留下母女二人相依为命。母亲风里来，雨里去，又要干农活，又要照顾年小的女儿，过着贫困的生活。

时间一年又一年地过去，卢家的女儿长大了，为减轻母亲的负担，她常常随母亲一起上山劳作。那年农历二月十五，当母女二人挑着柴火穿过茂密的树林，转过山坳的时候，突然一只白额猛虎拦住了她们的去路。走在后头的女儿看到这情景吃了一惊，怕母亲受虎伤害，立即将柴担一丢，快步如飞地越过母亲，用自己娇弱的身躯护着母亲。她对老虎说道："畜生，请让我送母亲回家，沐浴更衣后再回来让你吃好吗？"猛虎好像听懂她的话，冲她点了点头，就退到一边去了。卢氏少女陪同母亲挑着柴火回到了家中，她言而有信，匆匆吃过饭，洗完澡，换好衣服又回到刚才遇到老虎的地方。只见老虎仍然悠闲地蹲在那里，她就走上前去，从容地对它说："畜生，我现在让你吃，但你不要再对我的娘有任何伤害好吗？"老虎并不张口，也不离开，只是用友善的眼神看着她，伏在地上很友善地摆着那条粗大的尾巴，还用虎背蹭她的腿，好像让她骑到自己的身上去。少女会意，就坐了上去。说时迟，那时快，老虎从地上一跃而起，升空飞腾。刹那间，不见了踪影。随后追来的卢母，见状惊恐万分，涕泪交加地站在那里，呆呆地望着天空，一动不动。

卢氏孝女舍身救母

太阳慢慢地从东方升起，新的一天开始了。老虎驮着卢氏女子到了上塘岩头儿，从深水中浮了上来，卢氏女子从虎背上跳了下来，硬生生地将脚下的石头踩出了深深的脚印。这时，她觉得有点儿累，就走进了眼前的白马爷殿，对端坐在上面的白马爷说："我想借你的座位休息一下好吗？"白马爷闻声抬头一看，见是一个天姿国色的妙龄女子，便欣然答应了。可是让他想不到的是卢氏这么一坐，就再也没有还座于自己的意思。白马爷自然不甘心，就向卢氏索要。可是卢氏见这地方风景秀丽，风光无限，再也无心还给白马爷。卢氏眉头一皱计上心来，笑着对白马爷说道："你想要回自己的座位，我们先打个赌，要是你赢了，我自然还给你；要是你输了，对不起，这里便不再是你的了，好吗？"

白马爷无奈地说："好吧，怎么个赌法？"

"现在就用一个捣臼和一只绣花鞋来作赌，将它们同时放入水中，谁的东西先到对岸，谁就坐在这里，输的就到对岸去。先由你挑捣臼还是绣花鞋吧。"

白马爷一听，心里乐了，这女子虽然刁蛮，但没有多少心计，这还不显而易见么？绣花鞋这样轻，捣臼那么笨重，肯定绣花鞋漂得快，白马爷便选择了绣花鞋，卢氏自然是捣臼了。他们同时将自己的东西抛进水中，卢氏向绣花鞋吹了一口仙气，鞋子居然让江边的草丛缠住纹丝不动，而她的捣臼却随波浪向着对岸悠悠地漂了过去，不一会儿就到了对岸。面对事实，白马爷只得自认倒霉，乖乖地去了对岸，人们便将那个地方叫作"浮石"。这时，卢母带人沿江寻女正好到了这里，才知孝女出圣了。大家惊讶之余，纷纷膜拜不已。

这事一传十，十传百，很快传开。有一位回乡探亲的朝廷大臣得知此事，回京后将这事奏知了唐朝皇帝。皇帝为旌表卢氏行孝之道，就封她为"卢氏圣母""孝佑娘娘"。从此，民众四时祭祀，上塘殿香火日益鼎盛起来，卢氏孝佑娘娘孝敬母亲的故事更是代代相传。

（文：永嘉农办/图：曾令兵）

诸暨岭北周村

摸桃奉母崇孝楼

岭北周村隶属于诸暨市岭北镇，地处西岘山大岭之北，面朝石壁水库，坐落于诸暨、东阳、义乌三市交界处，是诸暨最偏远的山村之一。白云深处的岭北周村好山好水，满眼绿色，自然环境十分优越。岭北周村还有着深厚的人文底蕴，走出了一大批优秀儿女。村内村民主要姓"周"，先祖由河南迁徙而来。开基岭北周村之后，村民自强不息，耕读传家，塑造了崇尚道义的文化传统，"孝"更是成了岭北周村人的文化基因。

崇孝楼是岭北周村内一座为纪念孝子周太尉而建的古楼，坐落在该村所属的高台门自然村村口，坐东朝西，三间两廊，通面宽12.5米，通进深7米。大厅内坐着的雕像就是周太尉，上挂"天佑黎民"的匾额，四面墙上是周太尉如何孝敬母亲的画像。平时，崇孝楼内烟雾缭绕，烛光闪烁，本村及附近的村民常来瞻仰膜拜，缅怀先祖，弘扬传承孝德文化。

周太尉原名周家七，在岭北周村的《周氏宗谱》中，有一些关于他的简要记载：周太尉生于唐长庆甲辰年（824），东邑岭北周人，家贫事母孝，不慕富贵，癖好山水……虽说详细的生平如今已无从考证，但一直以来，他孝敬母亲的故事在村民之中口耳相传。

周家七的父亲过世早，母亲又体弱，所以周家七在十六七岁的时候就已经下地种庄稼上山砍青柴，用稚嫩的肩膀撑着一个家。他是个孝子，夏天给母亲打扇，冬天给母亲捂脚。如果母亲有什么事，哪怕是半夜三更，也会打着火把出门去。他家原先住的地方边上有座砖瓦窑，冒出的浓烟四处弥漫，时常呛得母亲气喘咳嗽。看到母亲一副病恹恹的样子，周家七心里很是着急。他对母亲说，外出时我会留心的，如果有清静的地方，我们离开这里，搬过去居住

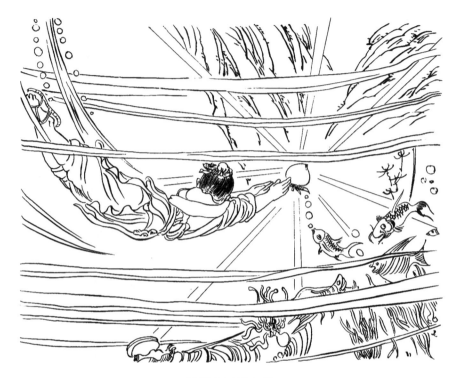

摸桃奉母崇孝楼

吧。对于这个想法，母亲也十分同意。

深秋的一天，周家七来到枫连山下，就是现在岭北周村在的地方，抬头仰望，见山峰一座挨着一座，一座比一座高，好像是登天的桥墩。层层岩石相叠，堆叠出成群怪石，云雾从岩洞中出没，似幻似虚，仿佛如仙境跌落凡尘。山岩之间，野花如星闪，枫叶似火烧，鸟雀在枝头上鸣叫，泉水在溪流中叮咚。山风吹来，神清气爽，心情舒畅。附近有几户人家，山坳里有一个小石潭，离潭不远处转个弯，是一大块平地。这地方母亲看了肯定会满意的，于是周家七砍来了树，割来了草和藤。没多少日子，就在平地上搭建了三间茅草屋。

到草屋居住后，清新的空气，宜人的环境，母亲气不喘了，咳嗽也少了，精神也比以前好了许多。不过他母亲闲不住，在草地上养了鸡，在山脚边放了羊。见儿子已经长大成人，自己也到了抱孙子的年纪，就托付给亲戚和邻居，如有合适的姑娘，给儿子说上一个媒。

周家七常去石潭钓鱼，给母亲做鱼汤，也去山上挖灵芝草，给母亲调养身体。听人说，枫连山最高的那个山峰，峰顶有天桃，吃了能祛病健身延年益寿，周家七就起了一个大早，脚布腰里一缚，钩刀一别，与母亲说了一声，就出门找天桃去了。山道盘旋弯曲，好些地方已被芦柴、荆棘封住，周家七只好用钩刀横砍着前行，但手上脚上还是划出了一道道的血痕。七转八弯，翻过几个山冈，周家七忽然发现前面有一个岩洞，岩洞那边是宽阔的大路，一直通向山顶。山顶彩云飘忽，并有晃动的人影，带着钩刀过去不太好，周家七便往路边岩石上一放，走了过去。

周家七走进一看，只见两个上了年纪的老人，一个白发一个黑脸，对坐在棋盘石两边，不过玩的不是象棋围棋，而是"西瓜六"石棋。这棋周家七小时候也玩过，就站在一旁看着。老人玩棋，不赌钱不赌物，而是赌刮鼻子，谁输了，对方就勾起食指，往输者鼻子上重重地刮一下。白发老头技差一筹，鼻子被刮得通红，像喝醉酒一样。大概过了一个时辰，白发老头说肚子饿了，拿点东西出来吃吃吧。黑脸老汉嘿嘿一笑，从背着的布袋里摸出三个桃子，一人一个。这时周家七才想起自己是来摘天桃的，可峰顶全是岩石，不要说桃树，就是青草也没一株。不过眼前的两位老人这里还有一个桃子，于是周家七向两位老人说明来意，是否可以将剩下的桃子送给他，没想到两位老人爽快地答应了。他看桃子红艳艳、粉嫩嫩，有小碗口般大，散发着阵阵清香。看来，这就是天桃了，母亲吃了百病全消，周家七赶紧转身下了山。

周家七穿过岩洞，不过眼前的树啊路啊，完全不是来时的模样，他怔怔地站着，感到很陌生。路边的岩石还在，但钩刀找不到了，不知是被谁顺手牵了羊。钩刀是新的，没了周家七很心痛。他不经意间又一回首，看到的全是乱石堆，岩洞也不见了，老人和彩云更是没有影子。周家七心里惦记着母亲，也不去多想，继续走自己的路。

来到石潭边，周家七蹲下去将桃子洗干净，不料手一松，桃子掉落水中，慢慢沉了下去。母亲要吃的桃子，说什么也要摸起来，周家七纵身跳进潭中。奇怪的是，钻到水里一摸，桃子像一条滑滑的鱼，没法拿住。他爬上来一看，桃子在潭底一动不动，还一闪一闪地泛着红光。下去上来，上来再下去，周家七一连摸了三次，每次都空手而归。周家七呆呆地坐着就像雨水菩萨一样。

过了一会儿，一个牧牛的孩子牵着牛走了过来，绕过石潭往山上走去。周家七记起岩石上的钩刀，问小孩看见没有。小孩好奇地盯着周家七，过了好一会儿，才摇起了头。不过，他告诉周家七这么一件事，听村里的老人说，好多年前，一个叫作周家七的后生去枫连山上摘天桃，一直没有回来。他娘急得要命，喊来了亲戚、亲戚的亲戚上山去找，满山满垅全找遍，没见踪影，只找到一把钩刀。那天，枫连山顶飘来了祥云，还有一条白云铺成的天路。有人猜测，周家七上天做了神仙。后来，人们把钩刀所在的山湾，叫作"钩刀湾"，把峰顶的那个山冈，叫作"神仙岗"。

牧牛小孩一番话，听得周家七云里雾里。俗话说，仙界一日，人间千年。难道刚才玩棋的两位是神仙？难道自己进入了天庭？如此说来，母亲早已过世，周家七喉咙一紧，不由得流出了两行眼泪。这天桃，看来只能在坟前供奉了。周家七对牧牛小孩说，我就是周家七，如果下潭不能生还，就把我葬在母亲的旁边吧，我会保佑这一带风调雨顺，人畜兴旺，五谷丰收的。说着，周家七又一次跳下了潭。突然，潭底红光四射，桃子变成了桃形大石头。周家七两腿盘坐，双手合十，面含笑容，如菩萨状浮在水面。牧牛小孩一见，惊吓不已，立即将牛绳一放，飞似的跑回了村里。

　　周家七如愿下葬不久，人们在村口建起了一座小庙纪念这个孝子。据说如逢天旱，或者疾疫瘟病传染流行，只要到庙里烧香祭拜就可以，有求必应，十分灵验。宋朝端平年间，朝廷被周家七"摸桃奉母"的孝举所感动，敕封周家七为太尉，并将小庙命名为"崇孝楼"。如今，修葺一新的"崇孝楼"依旧屹立在村中，不但见证了当地人崇孝的历史，也将继续鞭策大家做一个大孝之人。

　　　　　　　　　　　　　　　（文：徐志光/图：曾令兵）

新昌藕岸村

赤崖身代石永寿

"百善孝为先","孝"是中华民族最为看重,一直传承的美德。除了最为著名的二十四孝之外,中华大地上一直延续着许许多多孝感动天的故事。新昌县羽林街道藕岸村也曾发生过一件青史留名的孝子事迹——"赤崖身代"。

藕岸村开基于南宋末年,又名藕津,是黄泽江北岸的一个古朴村落,源自四明山的藕溪穿村而过。藕岸全村古意盎然,民风淳朴,村内聚居的主要是吕氏族人,吕氏族人崇尚耕读,为古村增添了几分底蕴。村内保留了较多的古建筑,如文昌阁、真君大庙等。村里古戏台的石柱上,刻着这样一副对联:宽带常缀莲花座,水袖莫翻藕岸风。向人们述说着藕岸人对江水的敬畏。

每临炎炎夏日,藕岸与枫家潭、芦士三个村之间的黄泽江大岩潭中游泳消暑者总是很多。游到藕岸硑口,能够见到一块奇岩,从水中延伸至山腰公路,岩石呈红色,好似鲜血渗出。据当地年长者称,这里有一个"赤崖身代"的传说,据说元末有一位孝子以身代父被杀害在此,孝子的鲜血染红了岩石,这块岩石从此叫"赤崖"。

地质学常识告诉我们,岩石呈红色,是因为这里属丹霞地貌,本就红色,鲜血染红之语纯属附会。不过"赤崖身代"却是一件真实发生的事件,事件的主人公是藕岸村石氏五十一世祖永寿公。事迹在《元史》《明史》《新昌县志》《南明石氏宗谱》都有记载。据《元史》列传第八十五"孝友二"记载:"石永(寿),绍兴新昌人。性淳厚,事亲至孝。值乱兵掠乡里,永父谦孙年八十,老不能行,永负父匿山谷中。乱兵执其父,欲杀之,永趋前抱父,请以身代,兵遂杀永而释其父。"在民国《新昌县志》当中也有类似的记述:"元石永寿,字德远,待旦十世孙,性淳厚,事亲至孝。元末兵乱，父谦孙年八十，不能行，永寿负父匿山中。乱兵执其父，欲杀之，永遽前抱父，请以身代，遂杀永寿而免其父。乡人哀之，推祀学宫。今藕岸赤崖即其殉孝地。"可见，综合各类史料以及村民讲述，"赤崖身代"是一件脉络十分清晰的孝子事迹。

南宋咸淳九年（1273），新昌名儒石待旦八世孙石奕垓移居到藕岸村（当时称上旺村）。如今藕岸村的蟠龙山脚，就是藕岸石氏的房祖。新昌石氏为名门望族，石奕垓移居时应有些资财。同时，藕岸村位于曹娥江支流黄泽江的北岸，是黄泽江河运的重要码头；"枫家潭——山头里盆地"为新昌第三大盆地，藕岸村位于该盆地的中心地带，属于冲积平原，土壤肥沃，十分适宜种植业发展；藕岸村又临近鸬鹚大山，有取之不尽的木材和野生动物。原有的资财，加上物产丰富、河运畅通，让藕岸石家的财富一点一点地积累着。石家到石奕垓孙子石谦孙这一代，可以说已经是家业富饶了。

石谦孙有三个女儿和一个儿子，他在47岁的时候才生了儿子石永寿。老来得子，且为独子，石谦孙对儿子宠爱有加，期望很高。所幸石永寿天性淳厚，事亲至孝，勇而不屈，勤劳生产。后来，石永寿又生了四个儿子和三个女儿。一大家子人父慈子孝，儿孙绕膝，耕读传家，衣食无忧，过着羡煞旁人的神仙日子。

天有不测风云，人有旦夕祸福。时间到了兵荒马乱的元顺帝至正二十年（1360），厄运降临到了这个幸福的家庭。当年三月三日，方国珍下属温闽大军从天台来到新昌安仁乡，进入藕岸村进行抢掠，石永寿就背着年迈的老父亲逃往鸬鹚山。是年石永寿34岁，其父亲石谦孙80岁。由于拖儿带女身背老父，石永寿一行行动较缓，往山中逃出一里许，到达现黄泽江边藕岸村与芦士村交界的枫家潭岭时，被乱兵抓住了。乱兵抢了行囊，还以杀老父为要挟，要求石永寿回家取出藏宝。石永寿说："家里贵重物品全部带来跑路了，真的是再也没有钱财可献了。如果你们一定要留个人质，就留我，要杀也杀我吧，请放了我的父亲。"乱兵就将刀架在了石永寿的脖子上，换成要挟其老父及妻儿。见确实没有油水可以榨取，乱兵就杀了石永寿，鲜血沿着大岩石流进了黄泽江。后人将永寿殉孝地的岩石叫作"赤崖"，山称为"小天打岩"，并在此建了一座孝子庙，雕有石永寿石像，庙前有一石碑记述其孝迹。

赤崖身代石永寿

明洪武三年（1370），石永寿赤崖身代的事迹被新昌知县周文祥上奏朝廷，因此名动全国，载入史册。石永寿被批准进入乡贤祠，得享春秋二祭。到了民国25年（1936）8月18日，新昌先贤祠举行入祀大典，石永寿作为全县九名历代先贤之一进入先贤祠。

石永寿四个儿子或许是经历灾难后外迁了，没有在村中留下后裔，仅石永寿的第二个儿子石道存在《南明石氏宗谱》中留下了"官至将士佐郎、巡检"简短几个字。方国珍兵乱后约一百年，藕岸村又经历了一次山匪袭击，血洗石氏，藕岸石氏从此衰落。在明嘉靖年间迁入村中的吕氏则日渐兴起，成了望族，现在藕岸村所存七座明清古建筑多为吕氏宗祠和故居。清嘉庆五年（1800）在藕岸桥头所建的石氏奉先堂早已不知所踪，连后来所建的石氏小宗祠也只剩残垣断壁。20世纪80年代初，因劈山开路、取石修堤所需，枫家潭岭被炸毁，半山腰的岭变成了平坦的通村公路，通往芦士村，岭上的孝子庙也就不复存在了。庙前的石碑或已埋于枫家潭村枫杨古树旁的沙堤之下。

虽然目前有关石永寿的物质遗存近乎为零，但是他的孝子事迹和儒家精神却代代相传，从未隔断。从藕岸村走出来的全国著名教育家吕型伟、著名图书馆学家吕绍虞都是以孝闻名，吕型伟还捐资在母校新昌中学建造师恩亭，亲笔题写"师恩难忘"，出资设立"吕型伟英才奖"，奖励优秀毕业生。即便是在藕岸村的普通村民家中，也是将孝道文化作为家庭教育的第一课。村人无论走往何处，从事何种职业，都能做到事亲至孝，敬老爱幼。

修身、齐家、治国、平天下，从"孝"可以延伸出一切传统美德。藕岸村以孝治村，也涌现出了众多爱国志士。1938年11月，新昌县第一个农村党支部在藕岸村成立，该村还是中共新昌县新北区委的办公所在地。村民积极投身革命事业，涌现出了吕再岳等一大批革命英烈。

"祇树千年留古柏，灵台一曲漾清波。"石永寿赤崖身代的事迹影响了一代又一代的藕岸人，应当一代又一代地传唱下去。

（文：新昌农办／图：曾令兵）

嵊州苍岩村

囚车台门爷孙情

苍岩村坐落于嵊州市西南十公里，三面被天台山余脉包围，从山中流出的两条河流——澄潭江和小乌溪江在此交汇。因此这里山清水秀，景色秀丽。黄坞春耕、宝溪渔唱、石壁晚霞、狮山独钓、燕尾晴岚、岩潭夜月、明觉晓钟、莲峰积雪等苍岩八景享有盛誉，而且每一景都有一首属于自己的诗，"宝水渊源出剡西，渔夫歌唱傲村鸡。含光隐护江中趣，清洁高风副品题。"描写的就是"宝溪渔唱"。远远眺望，只见一片黛青色的山峦，似温柔的双臂，轻轻拥抱着苍岩村，而两条碧绿青翠的河流，如翡翠做成的玉带一般，静静围绕着村庄，组成一幅宁静和谐的美丽画卷。

苍岩历史悠久，始建何时，已无可查考。三十余年前，村民曾发现一批古砖，上面刻有"元和三年"的边款，元和曾为汉章帝（84—87）和唐宪宗（806—820）年号，由此可推断，最迟在唐时苍岩已成村落。南宋绍熙元年（1190），俞氏先祖俞澄公务途中路经苍岩，被苍岩的景色所吸引。俞澄念念不忘苍岩的美景，决定迁居苍岩，此后不断发展，渐成村中的第一大姓。现今的苍岩，已分成四个村，分别是一、二、三、四村，村中90%的人家都姓俞，是个典型的一族一姓的村落，为剡南第一大族。

旧时运输主要靠水路，澄潭江直通曹娥江，苍岩地处要冲，建有码头，是从新昌澄潭至嵊县、上虞的必经之地，各种物资在此中转。因此苍岩商业自古比较发达，如烟叶、蚕丝等远销到沪杭等地。同时，苍岩文化底蕴深厚，戏曲、文学、棋类等都享有盛名。明嘉靖年间，苍岩曾出过一个围棋国手，俞氏十三世祖俞则兼"善玉揪子以国弈闻"，"全浙无敌"，打遍浙江无敌手，可见他水平之高。从那时起，围棋一直就是苍岩人喜爱的一项娱乐活动，并且扩

囚车台门爷孙情

大到象棋等其他棋类，多次获得各类比赛的冠军。

俞氏的十三世祖中，还有一位叫俞则善，他建造了一座囚车台门，里面是三进走马楼，四十八开间，规模宏大，这就是现在的油车台门。他为什么要建造这么一座囚车台门呢？这里面有一个感人的故事。

有一天，俞则善正在村口的大樟树下与人下围棋，他的棋艺不精，被对方死死地压制住，眼看着就要输了，这时旁边传来一个稚声稚气的声音，"你走这里。"俞则善回头一看，只见不知从哪来的一个小孩，正看着他手指着棋盘。俞则善死马当作活马医，依着小孩的指点下了一子，对方跟着下了一子后，那小孩又指着棋盘上说："下这里。"俞则善依言下子，这样没几下，棋局竟然渐渐扭转过来。最后，反赢了对方三子。小小年纪居然有如此棋艺，大家都仔细打量起这个小孩来。这小孩十二三岁的年纪，长得眉清目秀，唇红齿白，眉宇间透出一股英气，肩背礼包，手执雨伞，身上风尘仆仆，显然走了很远的路。俞则善问他从哪里来，到苍岩做什么？小孩一一作答。原来小孩名叫丁川，是天台苍山刺乌村人。因为家中连年灾荒，父母饥饿而死，母亲临终前叫他前去投靠外公俞传来。俞则善听了，心中一沉，俞传来和他差不多年纪，但两年前就因病而亡了，他又没有后人，这丁川远来投靠，这叫他如何是好？他看着丁川，感觉这个孩子容貌出众，出语不凡，谙棋识礼，智慧过人，越看越喜欢，不由得心中一动，对旁边众人使了一个眼色，朗声笑道："这真是巧了，原来你就是我外孙丁川啊，我就是你外公，传来是我的外号，我叫俞则善。""真的，你是我外公？"丁川一听，又惊又喜，他还年幼，哪里还分得清真假，顿时就扑到俞则善怀里，抱着他哭了起来。

就这样，丁川在俞则善家住了下来。俞则善年轻时在江、浙、闽几省经营蚕丝生意，家境宽裕，为人又乐善好施，邻近百姓十分敬仰。现在领回了一个投亲不遇的孩子，大家都密而不语，乐意为他保守秘密。

俞则善待丁川如亲生，聘请名师精心教诲。丁川虚心好学，不出几年，文韬武略，大有长进。当时沿海一带，倭寇作乱，丁川时时闻得外公唉声叹气，忧国忧民。于是在十八岁那年，征得俞则善同意后，丁川毅然前去戚继光将军部下投军。转战十多年，丁川屡建奇功，深为戚将军重用，提升为军府参赞，谋划军机。丁川想起外公为自己费尽心血，一心要报答他的培植之恩，派人把他接到了福建防务营中，精心照顾，以尽自己的一片孝心。

常言道："外面金窝银窝，不及自家草窝。"俞则善住了一段日子，就思念起家乡来，时时梦到苍岩的山山水水，几次跟丁川说要回家，每次丁川都极力挽留。

这一天，两名军卒把俞则善带到军营大堂，丁川坐在大堂上，面带怒容，见到俞则善，惊堂木一拍，喝道："大胆俞则善，你不是我外公俞传来，是不是？"俞则善一惊，问道："你知道了？"丁川说道："我小时候被你蒙骗，长大了还能再瞒住我吗？你冒认官亲，该当何罪？左右，给他戴上手铐脚镣，押送回原籍。"几个兵卒不由他分说，给他戴上了手铐脚镣，把他塞进一辆囚车里，往嵊县出发了。

俞则善手上脚上戴着沉重的手铐脚镣，坐在囚车里，越想越气，破口大骂丁川忘恩负义，心想："我这个外公虽然是假的，确实冒充了官亲，但不知哪里露出了破绽，被你这小子抓住了把柄，竟然用囚车来'报答'我的恩情？"

俞则善坐在囚车里，一路上骂骂咧咧。过了二十来天，终于到了苍岩老家。解差放开俞则善，把一大堆手铐脚镣扔在墙角，俞则善指着叫他们赶快滚。这时其中一名解差从怀中取出一封书信，恭恭敬敬地递给俞则善，说丁大人嘱咐到家时再交给他。俞则善气呼呼地撕开书信一看，信上写道："外公恩情，天高地厚，本欲留住，亲自奉养。无奈外公归家心切，难以挽留。兵荒马乱，路途不宁。屈坐囚车，以保平安。链条金铸，外涂黑漆。些微金子，系皇上赏赐。转奉外公安度晚年。为遮耳目，故作如是。先未明言，万请宽恕……"

俞则善刮开手铐脚镣外面的黑漆，里面果然是黄澄澄的金子。他捧着书信，号啕大哭，"川儿，你是外公的亲外孙！"

后来，俞则善就用这些金子造了这幢三进四十八开间的大台门。人们为了纪念俞则善资助丁川成才，且丁川知恩图报，巧计献金的故事，就把这个台门叫作"囚车台门"，后来嫌"囚"字不吉祥，就故意走音喊为"油车台门"。

三百多年过去，现在的油车台门因为岁月的侵蚀已经破败不堪，但依然能够看到当年建筑规模的宏大，而油车台门的故事也在苍岩村里流传不衰，就连通往油车台门的那条弄堂，也叫油车台门路，可见这个故事影响之大。

（文：袁孟梁／图：曾令兵）

遂昌独山村

诚信事主感后人

在遂昌县西南焦滩乡境内，清澈的乌溪江水缓缓流过，两岸山峦蜿蜒叠翠。在江的东畔，有一座奇秀的山峰傲然独立，名为天马山。在山脚下，有一个古色古香的村落，名为独山村。

独山村由独山、蟠龙、隔溪三个自然村组成，村民多为叶姓。南宋绍兴年间，翰林学士叶梦得的曾孙叶峦见这里山奇水秀，风光独好，便从松阳县古市卯山后迁居于此，始成村落。叶氏族人素有家学传统，重视耕读传家，以诗书为资，以笔砚为耕。独山村日益兴盛，至明朝已成一个名士辈出的书香世村，村容大壮。据传，独山村曾经被称作"独山府"，有自己的城墙，城内城外有将近2000户人，村中建有关帝庙、文昌阁、大夫第等重要建筑。至今，村中依旧留有一条相当高规格的官道，这条官道南北走向，是金华、衢州通往福建的要道，其兴盛可见一斑。

如今，村子已经归于平淡，难见当年繁华，不过留存下来的古建筑仍然试图向过往的人们述说着村落的往事。村中有一条闻名遐迩的"明代一条街"，环境优美，古色古香。在这条街上，最具特色的当属叶氏大宗祠和葆守祠。叶氏大宗祠始建于元末明初，三进三开间，石库大门。大门外蹲列着一对狮子，狮子两侧是一对清光绪十六年（1890）冬立的大青石旗杆墩，见证着叶氏族人曾经的功名。葆守祠在叶氏大宗祠左侧，始建于元末明初。祠内悬挂着"叶氏家庙"的匾额，传说是叶姓为感恩一个丫鬟而建。至今当地还流传着一个非常感人的"丫环带姐"的故事呢！

传说从前独山村有个叶员外，家道殷实，奴仆成群。夫妇两人四十多岁才得一子，取名叶福，爱如掌上明珠，真是含在嘴里怕化了，捧在手里怕摔了，溺爱得不得了。哪知天有不测风云，小儿四岁那年，父母双双遇难。在临终弥留之际，母亲将小儿托付给陪嫁过来的贴身丫鬟。叶员外两夫妻一死，树倒猢狲散，那些家奴趁机将叶家细软席卷一空，逃离了独山村，家中只剩下丫鬟和小儿两人。丫鬟牢牢记着老爷夫人临终嘱托，留在叶家，尽心尽力地照顾小主人。谁知屋漏偏逢连夜雨，叶员外的哥哥见钱眼开，眼红弟弟留下的良田豪宅，便设法强行换了去，只留给小主人一间土房，几亩薄田。小主人年幼，而丫鬟更无说话地位。主仆二人相依为命，凄惨度日。

一晃十年过去，小主人已经十四岁了。这十年中，丫鬟时刻牢记夫人临终遗言，将小主人照料得无微不至，比亲生母亲还要尽心。可仅靠那几亩薄田的田租怎能度日？丫鬟除细心照顾小主人外，还要夜以继日做针线活贴补家用，尽量让小主人吃得好一点，穿得暖一点，并想方设法把小主人送进私塾念书。而丫鬟自己吃苦耐劳，十来年没添过一件新衣，衣服都是破了补，补了穿，三餐饭不是吃小主人剩的，便是偷偷地吃点儿野菜充饥，新衣、好菜好饭都让给小主人。但她在学业上对小主人非常严格，不许他出半点差错。村民都被丫鬟的行为感动，亲切地称丫鬟为"大姐"。当地方言"大"与"带"谐音相同，小主人也很尊敬她，亲热地唤她为"带姐"，意为带他的母亲。

一次，私塾里放假。小主人早上出去，直到掌灯时分才回家，衣服也湿了，满头满脸都是水。带姐严声追问他上哪去了，小主人支支吾吾，见瞒不住，只好说出实情。原来是和村里的几个顽童到溪边玩水去了。带姐一听，气得眼泪直流，坐在椅子上一句话也说不出来。小主人从来没见过带姐这么难过，不禁慌了手脚，忙跪下求带姐原谅。带姐叹口气道："你不好好读书，将来没出息，我怎么对得起夫人！"说罢便将往日的痛事细说了一遍。小主人当年只有四岁，许多事都稀里糊涂的，此时听带姐一说，如梦初醒。再看看带姐这十年含辛茹苦，为了带好自己，至今孤身一人。又由于操劳过度，带姐鬓角已过早地出现了白发，脸上也布满了皱纹。小主人心里不禁一酸，眼泪直往下掉，并暗暗发誓，今后一定认真念书，绝不再让带姐操心。

从此，小主人放下贪玩的念头，一门心思用功学习，学业进步很快。小主人十八岁那年秋天，朝廷开考，他辞别带姐，上京赴考去了。小主人不负带姐厚望，三场下来，一举夺得状元。在京都佩着红花跨马游街之后，小主人便向皇上请假，带着随从跋山涉水、披星戴月，一路上马不停蹄地赶回家乡，只想早一点把这好消息告诉带姐。紧赶慢赶，赶到家中时，却发现带姐病得只剩一口气了。原来这几年带姐因为操劳过度，积劳成疾，在他赴试期间一病不起。见他高中回来，带姐长长地出了一口气，拉过小主人的手，脸上露出了宽慰的笑容，缓缓地闭上了眼睛。

小主人没料到会是这样，伤心地一下跪倒在地，失声痛哭。他亲自主持操办丧事，以儿子的身份厚葬了带姐，然后恭恭敬敬地写了牌位，准备送进宗祠供奉。小主人捧着牌位来到祠堂，谁知族中的几个长老正在等着他呢。见他进来，说了一番节哀之类的安慰话，便婉言说道："论理，这丫鬟确实同你母亲差不多。可她毕竟是一个丫鬟，身份低贱，按照规矩她的牌位是不能供奉在我们的宗祠里，状元公您说是不是？"小主人据理力争，可这几个老头执拗得很，就是不肯让带姐的牌位摆放在宗祠。

双方正相持不下，一个族叔说道："这宗祠的规矩不能改，可状元的带姐也不能薄待。我看这样，不如我们大家出钱，单为她修一座家庙，庙里供奉带姐的牌位。这样，既合规矩，又尊重了带姐，状元公也有面子。"此言一出，众人齐声叫好，状元也点头说道："这样也好，不过这钱得让我自己出，算是略表一点孝心，请大家体谅。"众人听他这样说，也不好勉强。商议一番后，决定就在叶氏大宗祠左侧，建造规模略比宗祠小一些的家庙。商议完毕，立即破土动工，村人纷纷自发赶来帮忙。没过几个月工夫，家庙就建成了。

诚信事主感后人

完工之日，状元公便设宴酬谢众乡亲，并当场饱蘸浓墨，挥毫写下"葆守祠"三个字。从此以后，"葆守祠"成为叶状元这支后裔的家庙，独山叶姓人就有了两座祠堂。丫鬟恪守诚信，忠心事主的品行受到世人尊敬，小主人孝敬长辈的品德得到人们的称赞。忠孝传家的美德在当地传扬，带姐的故事在民间传颂。如今，独山还有很多人称呼自己的母亲叫"带姐"。

（文：张先林/图：曾令兵）

二 三贞九烈

海盐永兴村

文溪坞礼义传千古

"远眺秦驻紫云间，近看文坞三面山。巧合周字百世缘，别有洞天小桃源。"讲的就是海盐县秦山街道永兴村。永兴村东临杭州湾，背倚隐马山，村前长漖河与村后三联河静静流淌。

永兴村全村共有 7 个自然村，文溪坞是其中一个。文溪坞三面靠山，一面朝海，形同簸箕，得天独厚的山水环境造就了秀丽的风光，古时就被称作"世外桃源"。这个小山村历史悠久、民风敦厚，已有一千多年的历史。成书于南宋绍定三年（1230）的《漖水志》对文溪坞就有记载："隐马山分二支，两山如巷，内有村落，数十家散居其间，奇秀幽僻，俨一桃源。"清代学者徐元谐撰写长联赞颂文溪坞："涛声环漖浦，正明月高悬，白云初起，倚楼夜坐，此间得山水清音，胜地占文溪，看碧桃满树，红叶成林，鼓棹吉来，最爱是春秋佳日。"清代文人黄金台在《永安湖观红叶记》中写道："同行者谓予曰，子知九秋枫叶，抑知三月桃花乎。当夫碧波始生，红英乱吐，柳色莺声之外艳发四山，苹花鱼影之间春浓双渚。南阳采药，岂无阮肇逢仙。东浦踏歌亦有汪伦送友，不信文溪坞里，居然武陵源中。此行未了前缘，斯地尚期后会焉耳。"在文人墨客的眼中，文溪坞是不输武陵源的人间仙境。

　　永兴村民大多姓周，源自河南汝南，几经迁移来到海盐定居，是北宋大儒周敦颐后裔的一支。周敦颐一生清正廉洁，偏爱莲花，为北宋五子之一。《爱莲说》即出自周敦颐之手，文中有"水陆草木之花，可爱者甚繁，晋陶渊明独爱菊，自李唐来，世人甚爱牡丹，予独爱莲之出淤泥而不染，濯清涟而不妖，中通外直，不蔓不枝，可远望而不可亵玩。"周敦颐号濂溪，故时有"功高细柳，泽普濂溪"之说。先祖取其文人雅士的"文"与濂溪的"溪"两字为地名，称作文溪坞。永兴村村民以先辈为楷模，以忠孝廉爱仁义为荣，言传身教世代相传，载入史册。在这个世外桃源般的小村庄里广为流传着一些脍炙人口的故事。

　　清代文人吴熙在《永安湖竹枝词》中说道："一夜寒霜万卉飞，断肠空有泪沾衣。曾闻木偶随人动，见说芳魂化蝶飞。"《胡氏图经》曰："姚斑妻周氏福莲，斑死，父欲夺其志，投河死，火葬日有一大蝶，五色烂然，从火出向斑所居飞去。"《续澉水志》有张宁所作《节妇传》："周氏福莲，年二十一，归澉浦姚斑，生一女而夫故，年二十有五，时岁歉家贫，父孟经将嫁之，妇觉，而携女同赴水，火葬时有彩蝶飞出，县令谭公哀而祭之，方洲张宁作传。"《南歌子》有《节妇传》："节妇名福莲，芳龄适姚斑。四载夫夭遗弱女，岁歉家贫怎过？父欲诺他人，妇意誓不从，与婴同赴水，葬时彩蝶飞姚坟。县令谭公哀祭，众称奇。"这些讲的都是文溪坞明代节妇周福莲的故事。

　　姚节妇原名周福莲，生于明天顺六年（1462），文溪坞人，为周孟经的女儿。二十一岁那年，周福莲嫁给澉浦姚斑为妻，家里以种田为业。虽然生活艰辛，倒也夫妻恩爱。后生下一女，取名孝妹。天有不测风云，四年后，丈夫因生病无钱医治，离开人世，丢下孤儿寡母。时逢荒年，食不果腹，日子过不下去。父亲周孟经把她叫回娘家，与继母和哥嫂一起生活。周福莲在娘家抽空饲养牲畜，生下鹅蛋卖钱积攒起来，去夫家偿还丈夫去世时所欠下的债务

文溪坞礼义传千古

和工钱。后来溆浦有一富户人家看中福莲，希望福莲能改嫁于他。
父亲周孟经已经应允，不过一时难以启口，福莲也微感父亲心意而
未表态。平时福莲常住娘家，为一些零星小事，哥嫂时有微言。有
一天，全家在一起吃饭，小姑娘想吃鸡蛋，外公不允，小女哭闹起
来，福莲上前抱抚仍不停息。外公孟经顿时火冒三丈，骂道："何
处孽种，不久送你回家。"继祖母装作看不见，母女二人只好离开
餐桌，回屋抽泣不止。福莲虽然已察觉父亲希望她改嫁，但她担心
幼女，"我哪能再改嫁进他人家门，小女以后又将何处安身？"于是

抱着幼女暗自痛哭。

有一天夜里五更之时，福莲继母见她房里灯光未熄，就叫她好睡觉了，可是她并没有答应，全家颇觉怪异。这时，有一僮仆过来说，他从田间回来时，看见福莲抱着小女在那哭泣，他一个人也不敢上前问其原因。家里人这时才发现福莲不见了，急忙出去寻找。后来在岸边发现福莲的一双鞋子，立刻在水中打捞。等到大家将母女两人捞起时，福莲与幼女已经溺毙。第二天，家里人买了棺材准备将母女两人下葬。姚斑姑姑知道后，抱着棺材号啕大哭，说道："当时我侄儿去世时就有所托付，哪知道亲家翁不能谅解福莲心事，以至于母女两人死于非命，现在福莲已死，已经不能生还了呀！"不过神奇的是，将周福莲母女二人火葬的时候，竟然有蝴蝶从烟焰当中飞出，并向亡夫姚斑的坟飞去。邻居路人见到此情此景，无不惊奇可怜。当时就有人说："自古就有人为了忠节蒙难，男人受侮，必当以必死为事。姚家家破人亡，其艰难处境是预料之中的。姚氏妇女，在这种困境中，瞻前痛后，区区一幼女一妇人，不知以后日子怎么变化，不可预测，没等到老，便跳河自尽，是以德葬身，乃女中之烈也，可以说是问心无愧，因此血渍如砖精化为蝶也不是没有道理。"于是，周福莲的父亲周孟经将女儿的尸骨与丈夫葬在一起，当时的海盐县令也是予以哀悼。从此，在海盐一带，节妇化蝶与梁祝化蝶齐名，成为节孝的代名词。周福莲在当时情景下，一为自身贞节，二为幼女生存，不得已走上绝路，在海盐历史上留下了悲凉的一幕。如何评价，则仁者见仁，智者见智。

隐马山下的这个小村庄虽然人口不多，但流传着许多孝老爱亲的故事。如今走在幽静的文溪坞内，白墙黛瓦，绿树成荫，其中一处《文坞孝女》的墙绘格外引人注目，说的就是孝女素珍的故事。素珍原本已许配给海昌吴家，不过尚未成婚。就在素珍成婚之前，父亲不幸在任上殉职去世。这时，他家中儿子尚小，无力去外地把灵柩运回家。眼看父亲客死异乡，素珍不顾婆家人反对，冲破世俗习惯，毅然抛头露面，去外地扶柩归乡。素珍一路上风餐露宿，吃尽了苦头，又受尽了沿途世俗人的白眼，看一个年纪轻轻的姑娘，出头露面，成何体统？父亲英年早逝，家道顷刻破败，素珍决定担起整个家庭的重担。她先是安排好两个妹妹的婚事，又把弟弟托付给叔叔。等到家中一切都已安排妥当，她再行婚嫁到吴家。婚后，素珍还是放心不下娘家，三天两头回到娘家，在北山坡上采茶叶，在南山坡上采兰花笋，去澉浦镇上叫卖，换得少许铜钿，用以赡养家中老母。显然，孝女素珍的故事与当时"嫁出去的女儿，泼出去的水"这种观念相违，但却彰显了一个女儿的孝义之心，因此她的故事也世代相传。在《澉水新志》《迷仙引》，以及清代学者卢文弨所编著的《抱经堂文集》当中，都对孝女素珍的故事有所记载，可以说是青史留名。

光阴似箭，日月如梭，如今文溪坞里，几个老人坐在隐马亭下诉说着过去的故事，电视台记者跑前跑后，拍摄着风光片，城市来的游客在草坪上追逐蝴蝶……真可谓人间天堂，世外桃源，古村添新绿，礼义传千古。

（文：海盐农办/图：曾艺超）

诸暨十二都村

南孟故里孝义传

十二都村位于诸暨市应店街镇，由前十、庄院、堂楼下 3 个自然村组成。据说整个村落是按照中国传统风水理论规划布局，村内"金、木、水、火、土"五行齐全：东面的南泉岭为木，南面的纛山为火，西面的梳头山为金，北面的茅篷庙山为水，中间的前孟为土。这里环山如城，乃钟灵毓秀人居福地。

十二都村古称夫概、概浦、概里，相传战国时期吴越争霸，公元前 494 年吴王夫差之弟、大将夫概战死于此，为纪念他而得此名。十二都后被称作"南孟故里"最早可追溯到南宋初年。据载，当时金兵南侵，徽钦二帝被掳，哲宗皇后孟相在国势危急之下临朝监国，命令内侄宋信安郡王孟忠厚（孟子第四十七世孙）护帝南迁。从此，孟忠厚开基浙江，为迁越始祖。孟忠厚幼子太尉孟德载，字仲博，因为护帝南迁，功绩非凡，被授予诸暨开国男、环卫上将军昭佑明应侯，并于绍兴十七年（1147）在夫概里十二都定居，成为诸暨孟姓始祖。另据乾隆《浙江通志》、光绪《诸暨县志》记载，宋孝宗乾道六年（1170），奉宋孝宗御旨，诸暨县令沈绂主持在夫概里初建"南孟子庙"。另外，宋高宗还御书"仁寿堂"堂号、御题"南孟大宗"匾额相赠。自诸暨建有"孟子庙"以来，这里的孟氏后裔就有"南孟故里"之说。十二都村内现存业绍三迁、诗礼传家老台门、清朝乾隆帝赠"端范夫人"（孟母）石碑、"南孟子庙""贞女祠"遗址等，是极具地方特色的古村落。

十二都内传颂后世的贞节才女孟蕴，字子温，正是南宋信安郡王孟忠厚的后裔，孟子五十九世孙，是明代著名的诗人。她的父亲孟铤，字彦益，是绍兴府诸暨县学生员。据说孟蕴出生时，天降彩虹，被誉为"奇女"。她自幼天资聪慧，知书达礼，能文善诗，工

南孟故里孝义传

于绘画，才闻名于乡里。被里蒋才子蒋文旭聘为未婚妻。据乾隆《诸暨县志》记载，明朝洪武二十九年（1396），蒋文旭当时年仅十七，就考上了乡贡进士，被授予河南道监察御史，巡按湖广。他风雅才俊，颇得当时的大文豪——浙江同乡宁海人方孝孺赏识，成为他的门生。

　　一日上朝，皇帝朱元璋因为原先所立太子朱标去世，欲直接传位于他喜欢的孙子朱允炆。虽然这与祖训的皇位继承制度不符，但文武百官惮于朱元璋嗜杀的脾性，缄默不敢言。初出茅庐的蒋御史刚正不阿，即刻奏本反对，致使龙颜大怒，下令赐死。御史大人的椅子还没坐热，就稀里糊涂地死于君王"虎口"之下。稍后朱元璋自觉朝责过严，于是下令派人释放，但为时已晚。蒋文旭死前还北向拜谢皇上说："苟有裨于国，臣敢偷生？"那年蒋文旭仅二十四岁，孟蕴十九岁。

突如其来的变故，无情地击碎了少女的梦想，让孟蕴猝不及防。蒋文旭的灵柩被运回家乡安葬，正在筹办嫁妆的孟蕴闻此噩讯，哭倒在母亲的面前，说："我已订婚蒋氏，虽然尚未过门，但也是蒋家的人，如今文旭已死，我要以妻子的身份护送其回家。"母亲拗不过她，于是孟蕴外面穿上白色丧服，里面却是早已准备好的红色婚装。孟蕴来到蒋家，在征得蒋父蒋母的同意之后，将婚礼丧礼一齐办了。之后便留在夫家，服丧三年，侍奉公婆，尽人妻之责。

不久，蒋文旭父母因为思念儿子，悲伤过度，相继去世。五年之后，孟彦益便将孤苦无依的女儿接了回去，在老家一个叫作后岩的地方，为她造了一座房子，房前植以柏树，将其称作"柏楼"，既包含着对蒋文旭的纪念（旧时御史府植有柏树，亦名柏台），也象征着女儿如同柏树一样坚韧与贞洁。

从此，孟蕴终日在柏楼上寒窗苦读，吟诗作画，只有一名侍女终日相随。亲戚来探望，她也只是在楼下隔窗拜揖而已。"绣衣御史柏为台，乌府庭前夹道栽。今日霜雪无可睹，为君植此寸心摧。"她常常以诗言志，明竹菊之心。

一直到孟蕴五十多岁，宣宗当朝之时，朝廷才为蒋文旭平反。此后，她开始为当地少妇室女训解《孝经》《内则》《女诫》诸书，凡有关纲常风化者，辄反复阐明不置。同时，她还创作了《咏竹》《咏菊》《雪》《秋荣》《抚琴》《画松》等150多篇诗词，辑成《柏楼吟》。她的诗词在《暨阳孟氏宗谱》里都有翔实记载，如

"夫隐泉台夫路通；千思万想总成空，妾心从一无他率；欲树贞操闺阁种，自古纲常没变通，纲常千载赛长空"等。这些诗词，记述的是孟蕴独栖柏楼的岁月，以及她品味这些岁月时留下的心迹。

八十岁那年，孟蕴对蒋文旭忠贞不渝的爱情故事传到了宫廷，万岁爷下诏宣孟蕴进京。九十岁那年，孟蕴再次被宣入京面圣。最后孟蕴以九十三岁高寿而卒，她至死头发乌黑如初，无丝毫白发，人称"黑发姑婆"。

孟蕴的生辰、死辰都是重九日，七十四年的守贞岁月，造就了她传奇的一生。她的事迹以及诗作后来被直隶监察御史蒋玉华、翰林侍读黄文莹奏报皇上，因此获封"贞女夫人"，建坊立祠，表彰贞洁，以励风化。明代知县刘光复也申请朝廷，建贞烈祠，以表彰孟蕴坚贞高标，并把十二都誉为"风教之基地，耕读之典范"。对此，乾隆《诸暨县志》卷十三里有翔实记载："孟贞女祠，在十二都孟子祠侧。宣德间，巡按蒋玉华、翰林院侍读黄文莹以事疏请于朝招旌，其门建坊立祠……"，"贞烈祠，在县东五里旧属官亭遗址，知县刘光复申请建祠以祀孟贞女蔡烈妇"。

春去秋来，时光荏苒。虽然贞女祠如今已不复存在，但重修后的"南孟子庙"就坐落在南泉岭上，"南孟故里"的牌轩就立在十二都村口。文化薪火，代代相传，孟母三迁断杼教子的故事、南宋年间南孟一族护驾南迁的故事、明代孟氏贞女孟蕴的故事在村民中口耳相传。每年的四月初二，这里还举行"孟子祭祀大典"。受"南孟史事"洗礼成长的孟子后人，以歌颂祭典的方式铭记祖先训导，也赋予十二都村独特的文化魅力。

（文：孟琼晖/图：曾艺超）

江山兴墩村

古树同根夫妻情

地处浙闽边界的江山市廿八都镇有"枫溪锁钥"之称，在它的东部一角有个美丽的兴墩村，犹如一块宝玉，虽然藏在苍茫的林海之中，却难掩光彩。这里山水秀丽，环境优美，一条清澈见底的小溪从村中潺潺流过，山路旁的红豆杉古树群高大挺拔，遮天蔽日。村内乡土气息浓郁，村民淳朴善良，一座座民居红瓦白墙，鳞次栉比，却又门不闭户，透出村庄的宁静安逸。以红豆杉群、戴氏宗祠等为代表的兴墩十景，是兴墩村历史变迁、自然环境和人文社会的真实代表。

古时，兴墩村是连接浙江福建的重要纽带，相传北宋名将杨业之女杨八姐途经此地前往福建时，为了取水喂马，便将宝剑插入山崖，山泉便喷涌而出，从此也养育了一方水土。兴墩村古称儒家墩，后因徐氏始居于此改称徐家墩，1956 年取"兴旺发达"之意，再改名为兴墩。目前，村民以戴、陈两姓人口最多。据《儒家墩戴氏宗谱》记载，宋朝时戴氏先祖戴纯章、戴其恺从福建汀州迁居于江山，后世又分为三支，其中一支就在兴墩。村内遍布的红豆杉，就是当年戴氏先祖从福建带过来栽种的，如今已经从了村里最为宝贵的财富。

兴墩村的后门山脚，有一对相隔一步的参天大树，树干要两三个人才合抱得过来，树枝相互交叉，树叶青翠繁茂。它俩紧密相连，密切之状，酷似夫妻。夫拥抱，妻依偎，蓝天下显得亲热可爱。这对夫妻树，不但给村庄带来了旖旎风光，还有个美丽的传说一直流传至今。

清康熙年间，邻近的张家源有一个年轻寡妇，名叫沈和玉，年方一十有八。这天出门采猪菜，无意间在小路边茅草丛中看到一个穷秀才模样的生病男人，倒在地上不停地颤抖着。她上前细看脸色和嘴唇，断定此人正发高烧。听他喃喃胡话，问他情由又答非所问，神志不清。

沈和玉见状，既想帮他一把，又怕惹上是非，毕竟男女有别，但又不忍心见死不救，遂站在原地犹豫不决。最后救人的想法占了上风，她摒弃顾虑上前撑扶病人起来，谁知此人全身无力不能行走，无奈少妇只好弓身将他背到身上，蹒跚着向近处破庙走去。进庙后，她将病人靠在墙角，垫好稻草，然后提起菜篮急奔回家。不多时，她从家里偷出几个红薯和一个瓦罐，路上顺便采了几味退热消炎的草药，同时拾了些干柴，又来到破庙，赶忙生火，一面用瓦罐煎药，一面煨薯。她的神情如同女儿对待父亲那样认真至孝，待薯煨熟药出味后，少妇喂病人吃了一个薯，再给他喂了汤药，然后才离开。

事后回到家中，少妇心里打鼓，既高兴做了一件善事，又怕被人知晓，枉生男女是非。但她欣慰第一次践行了父亲曾经的教诲："救人一命，胜造七级浮屠"。

沈和玉不放心，第二天借机再次来到破庙，却早不见了秀才身影，只见烛台上有一些用碎石写的字。她目不识丁，但心知肚明，肯定是感谢之类的话。再看瓦罐内，药汤都喝光了，地上也没有了红薯，她吊着的心才放了下来。

谁知没有不透风的墙，少寡妇的善行很快被婆婆知晓，认定她不守妇道，在野外偷汉子。于是百般辱骂谴责儿媳，说她败坏门风。资历浅薄的沈氏遭受不白之冤，但因身世孤苦无依只好忍辱吞声。

沈氏少妇四岁丧母，十二岁丧父，是个苦命的孤儿。叔父仅养她三个月就以两担谷卖给他人做了童养媳，十七岁完房，不到半年丈夫又因意外亡故了，小小年纪就成了寡妇。偏偏婆婆失儿心痛却怪罪儿媳，天天指着她责骂，什么丧门星、晦气妇、克人精之类的恶语常挂在嘴边。事实上，沈氏生性善良，父亲是个山乡业余草医，为人厚道，经常以一技之长为他人排忧解难。沈和玉从小耳濡目染，学到了父亲少许的草医知识。哪知天公缺明眼，好人难留，父亲早早离世，丢下她这个独生女孤苦无依。

回头再说曾经病倒路旁的穷秀才，此人姓戴，名纯璋。相传黄巢造反那年，祖上从福建汀州迁到江西饶州浮棕县，传到他这一辈，已经二十一世。他父母双亡，无兄弟姐妹，孑然一身流落到异乡的儒家墩，做了个私塾先生。谁知这次远乡访友归来路遇风寒，差点丢了性命。幸好命里有救星相随，荒山野岭竟被一位少妇人救了一命，因私塾开学时间已到，童子学业不可有误，故未当面谢恩人，就匆忙离去。没想到最近在儒家墩听人风传，张家源有一年轻寡妇，在野外破庙偷汉子。联想到自己醒来时身处破庙，如此巧合，心中惊讶不已，莫非此女就是被人冤枉，救自己一命的恩人？

戴先生当即向东家告假两天，急急来到张家源寻访。不曾想来到恩人家中时，正逢沈氏被她婆婆恶语相向，戴先生不忍见恩人受冤受虐，决意带她脱离苦海。可惜所带铜钿不多，只好忍气出具字据，分期兑付沈氏婆婆的索要之银。

于是，戴纯璋和沈和玉成双来到了儒家墩。他向东家预支两月的薪水，盖了两间草棚，从此在这里安下了家。因祸得福，天赐良缘，成就了一段美满婚姻。他俩善心相投，情深意切，互敬互爱，系天作之合的恩爱夫妻。后来他俩生了八个儿子，儿子们又生了很多的孙子，总之子孙兴旺，家道发达，成了这里的大家族，并建起了雄伟壮观的戴氏宗祠。

戴、沈夫妇直至耄耋之年仍形影相随，亲密如初。老夫老妻经常在自家后门山脚一块平地上，各坐一把竹椅，一个谈古论今，一个附和感慨，像一对山野仙侣，情意绵绵不减当年。

然而，生命随年退，爱情花有期。这一日戴先生寿终正寝，丢下老妻乘鹤西去。沈老夫人痛不欲生，终日到后门山脚缅怀夫君，越是情深越感失伴的孤独，犹如天塌地陷，一意要追随夫君去天堂相会。最后她哭得泪带血星，不久便撒手西归。

奇怪的是，翌年春天，他们生前放竹椅的地方，冒出了两棵不知名的树苗，并且苗壮成长，葱郁可爱。数十年后，树上结出了无数晶莹剔透的圆豆子，血红血红的。后代子孙们认定这是祖上父母的爱情标志，是祖上爱情佳话的累累相思果，那红色是上祖母哭出的血泪染就的，这树应叫血籽树。这一叫，叫了几百年。不过如今，人们更愿意称这两棵树为"夫妻树"或"爱情树"，也有人干脆把它连起来称为"夫妻爱情树"。

古树同根夫妻情

（文：徐太　梅世祥/图：曾令兵）

常山彤弓山村

苦命鸳鸯悲情歌

常山县同弓乡彤弓山村始建于南宋咸淳年间，至今已有八百余年历史。"彤弓"一词源自《小雅》，说的是周天子赏赐有功诸侯彤弓之事。据传，西周徐国国君徐诞在挖运河的时候，挖出一副象征吉祥的"朱弓赤矢"，即"彤弓"，便被推举为偃王。至今徐姓还是村中大姓，正是西周徐偃王的后裔。彤弓山村始迁祖徐国镇还在村中建了一座"彤弓山舍"，以纪念"天赐彤弓"于先祖。巧合的是从地势布局上看，彤弓山村环山面水，也如同"弓"字一般。

彤弓山村环境优美，吸引着白鹭在此栖居。村内古树参天，郁郁葱葱，百年以上树龄的古树多达千余棵。彤弓山村的古树名木之所以能得到如此好的保护，关键在于民风淳朴，村民时刻牢记祖训，不敢逾越。据《徐氏宗谱》记载，私自砍伐古树的村民，不仅要扭送官府，还要以"败族罪"论处，踢出族谱序列。如今，徐氏宗祠依旧岿然屹立于村中，福荫后人。

这个美丽的村庄至今流传着许多美丽的故事，如风水先生的故事、梦熊桥的传说等，其中王琼奴与徐苕郎的爱情故事最为凄美动人，被誉为常山版的"梁祝"。

王琼奴，字润贞，是衢州常山人。两岁时，王琼奴父亲因病去世。母亲童氏便带着她改嫁到富贵人家沈必贵，沈必贵没有孩子，故而对琼奴百般疼爱。琼奴长到十四岁时，就擅长歌词，又精通音律，女子的妇德、妇言、妇容、妇功，她四者兼备，远近争相求聘。

这其中，彤弓山村的徐从道和刘均玉两家为子求婚尤为急切。徐家本来显贵，现在却清贫如洗。刘家世代平民，却一夜暴富。徐家的儿子名为苕郎，刘家的孩子名唤汉老。两个年轻人都长得仪容秀整，并且都与琼奴同岁。沈必贵想把琼奴许给刘家，却鄙视他出身卑微；想把琼奴许给徐家，却又担心他家贫穷困顿，让女儿受了委屈。他犹豫迟疑了许久，怎么也定不下来。

一日，沈必贵求教于族人中的有识之士。

"你求的是佳婿，何必在乎其他的呢？"族人说。

"话虽如此，可怎么才能知道谁佳谁不佳呢？"沈必贵说。

"你可以备好酒席，把刘、徐两家父子请来饮酒。再请一个擅长诗词曲赋的前辈暗中观察，看看年轻人的度量和诗词文墨怎样？从中选一佳者不就成了。"族人建议。

沈必贵觉得这个建议颇好，于是在二月十二百花生日那天设宴招待宾客。凡是乡里有名望的才俊之士，都被邀请集聚在沈家庭院，刘均玉和徐从道也带着儿子来到了沈家。刘汉老虽然穿戴整齐雍容，在谦让礼仪上稍微有些矜持；徐苕郎则眉目清新，言谈儒雅，衣冠朴素，举止自如。

席上坐着一位名叫沈耕云的老者，他是沈氏一族的族长，善于察言观色。一见刘、徐两人，沈耕云已经暗中判断出孰优孰劣了。于是，他大声对众人说："我侄儿必贵的女儿已长大待嫁，从道徐公和均玉刘公都想与必贵结为秦晋之好。徐刘两家的公子也都十分不错，但不知道这姻缘究竟落在谁的身上。"

"此事由尊长做主就好了。"沈必贵躬身回答。

沈耕云说："古人射屏、牵丝、设席等，都是为了选择女婿，而我的办法则与古人不同。"

于是，沈耕云就叫汉老、苕郎二人来到堂前，指着壁上所挂的《惜花春起早》《爱月夜眠迟》《掬水月在手》《弄花香满衣》四幅画对他们说："你们稍事考虑，以此画为题吟诗咏之。能否像古人那样射中孔雀目、夺取衣袍，在此一举。"

刘汉老生长在富贵人家，平时懒于读书作文，听说要作诗咏画就犯愁了，沉思许久也未成一句。徐苕郎则从容执笔，顷刻之间吟咏成稿，挥毫而就，呈送上去。沈耕云一看，十分称赞。

刘均玉见汉老一个字也没有写出来，颇感羞耻，席未散就溜走了。于是，赴会者众口一词，说苕郎是人好文采也好。苕郎和琼奴的婚事，也就由沈耕云和沈必贵做主定了下来。没出一个月，徐从道就下了聘礼。沈必贵也因为喜爱女婿，想让他经常往来，就把他安置在自家馆塾中读书求学。

一日，琼奴的母亲童氏偶染小恙，苕郎进内问候。而这时琼奴正侍奉母亲服药，想不到苕郎会来，回避不及，两人就相见于母亲的床前。苕郎顾盼再三，见未婚妻姿色绝世，心中喜不自胜。出去之后，他封了红笺一幅，叫丫头送给琼奴。琼奴拆开一看，原是空纸一张，并无只言片语，不由得暗笑，就写成一首绝句回复苕郎：

> 茜色霞笺照面赪，玉郎何事太多情；
> 风流不是无佳句，两字相思写不成。

苕郎阅后，欣喜若狂，没想到竟正好撞上刘汉老。汉老正恨他夺走了自己喜欢的女子，就把此事告诉了父亲刘均玉。刘均玉非但没怪儿子读书无成，反而切齿痛恨徐从道和沈必贵。于是，刘均玉就捏造罪名诬告陷害两家。结果徐从道全家被判到辽阳服劳役，沈必贵全家到岭南戍边。两家诀别的时候，黯然销魂，旁观的人没有不为他们掉泪的。从此，沈、徐两家天各一方，南北音信不通了。

不久，沈必贵亡故，只剩下了琼奴和母亲童氏，家业越加败落。母女两人住在简陋的茅草店里，在路旁卖酒。

当地有个小官叫吴指挥，想娶琼奴为小妾。童氏推说琼奴已经许配他人，委婉拒绝。吴指挥了解到前因后果后，仍派媒人来说亲，琼奴坚决不肯答应。吴指挥又遣媒婆传话，以官府的名义恐吓威逼琼奴母女。

童氏害怕了，就和琼奴商量。琼奴哭着对母亲说："徐家遭受祸害，本来就是因我而起，倘如我再另外嫁人，背弃他们是不道义的。况且人不同于禽兽的地方，是因为有诚信，抛弃旧日的相好而去寻求新欢，或许连猪狗都不如。如果另嫁他人，女儿只有一死而已！"

当夜，琼奴就在房间里上吊自杀了，母亲发觉后急忙把她解救下来。过了很长时间，琼奴才苏醒过来。吴指挥听说了这件事，恼羞成怒，派手下的人把琼奴家的酿酒器全部打碎，又把她们赶到别的地方去住。当时，有一个年老的驿使杜君，也是常山人，沈必贵生前时，与他很要好。他可怜童氏母女孤苦伶仃，就把驿站里一间廊屋借给她们安身。

一天，有三四个身着军服的人到驿站投宿。

"你们从哪里来？"杜君问。

"我们是辽东某驻防军的士兵，差往广东、广西招兵，暂到这里借宿而已。"童氏正巧站在帘子后面，发现他们中有一个青年，样子也不像武士，好几次注视童氏，满脸凄惨的神色。童氏心里一动，就走出来问他："你是谁？"

少年答道："我姓徐，名苕郎，浙江常山人。幼时父亲曾为我聘得同乡沈必贵的女儿，还没来得及成亲两家就出事……刚才进入驿站，见老妈妈的相貌与我丈母娘非常相似，所以不知不觉感慨悲伤起来。"童氏又问道："沈家如今在何处？他的女儿叫什么名字？"少年说："女儿名叫琼奴，字润贞，结亲时年方十四，到今年该有十九岁了。因为不知道他们住何州何郡，实在无法寻找。"

童氏赶紧进到内屋，告诉了琼奴。琼奴说："如果是这样的话，那真是老天有眼啊！"第二天，童氏又把那青年叫到房内，仔细地询问，果然是徐苕郎，不过现在已经改名叫徐子兰了，至今尚未娶亲。

童氏听后大哭："苕郎啊苕郎，我就是你的丈母娘啊。你丈人已经不在了，我们母女流落于此，没有想到今天还能够相见。"于是，童氏就把此事告诉了杜君和苕郎的同伴。大家感叹万分，都说是前世修来的姻缘。

杜君出钱备礼，让琼奴与苕郎当日成婚。徐苕郎同伴中有一个人叫丁总旗，是个忠厚的好人。婚礼之后，他对徐苕郎说："你新婚燕尔，不便立即离开妻子。征兵的差事，我们会分头到各州府投递公文。"苕郎十分感谢，置酒饯别，送走了同伴。

苦命鸳鸯悲情歌

不料此事却被吴指挥知道了，他以抓捕逃兵为名，把徐苕郎逮捕下狱，用杖刑打死了他，然后把尸体藏在砖窑内。

接着，吴指挥又派媒人恐吓童氏。媒人走后，琼奴对母亲说："女儿如果不死，必然要遭受吴指挥的狂暴污辱，我决定在夜里就自缢守节。"童氏一时也不知道该怎么办才好。

当晚，监察御史傅公突然下榻驿站。琼奴知道后即仰天大呼：

"天啊，我丈夫的冤枉可以雪洗啦！"就马上写了诉状上告。傅公立即向皇帝上奏章，请求查办此事。

过了两个月，请求获得批准，朝廷命令傅公审理此案，只是徐茗郎的尸体一直找不到。正在审讯的时候，忽然一股羊角旋风自厅前而起，傅公赶忙躬身作揖说："逝魂有灵，领我前往。"话音刚落，风就旋转，在前面牵引着傅公的马首，直奔砖窑前。旋风吹开炭灰，茗郎的尸体就露了出来。傅公令仵作仔细检验，尸身上伤痕犹在，吴指挥不得不认罪伏法。

傅公命州官将茗郎安葬于城郭之外，琼奴哭着送葬，最后自沉于墓旁的水池中而亡。傅公令人将这对夫妻合葬，并把详情报告了朝廷。皇帝下旨给礼部，为琼奴立牌坊，赐颁"贤义妇之墓"的匾额，以示表彰。童氏也由官府发给衣服粮食，终身优抚赡养。

（文：李昌祺　毕建国　朱爱良/图：曾令兵）

三　和气致祥

杭州余杭山沟沟村

祠堂祭祖同宗情

杭州余杭的鸬鸟镇有个名叫山沟沟的村落，这里风景秀丽，民风淳朴。村里既有建于清朝咸丰年间的古私塾，黛瓦白墙，上书"树德载旭"；也有杭州第一高峰窑头山，峰峦叠嶂，群山苍翠。元朝的连文凤就在《余杭道中晓行》里写道："晓雾湿濛未见天，山光水影白如连。余杭不似西川路，六月中旬叫杜鹃"。诗里所说的就是这山沟沟村。

虽然地处山沟沟，这里却是有着悠久的文化传统。就说山沟沟村的汤坑，一直流传着一个"祠堂祭祖，同族同心"的故事。汤坑原本是一个自然村，村里的村民都姓汤，是本地的一个大家族。随着时间流逝，家族越来越大，枝杈越来越多，同宗兄弟很快就有了几十户人家。大家也相继分起祖宗留下来的土地，各归各经营。就这样，同宗兄弟之间的亲情也渐渐地开始疏远了。

汤坑的中间原本有一块荒地，这块地并没有归属，可以说是家族共有的。一开始，大家只是在空地上聊天嬉戏，夏天乘风纳凉，讲讲故事，倒也十分惬意。可不知从何时起，有人突然对这块空地动起了主意，去将土掘掘松，种上点蔬菜。这一下所有人都开始动手了，不种好像是要吃亏。于是，东家去挖一块地种南瓜，西家掘

祠堂祭祖同宗情

一块地去种萝卜。好好一块空地，一下子就变得四分五裂。

有一天，这些同宗的兄弟竟大打出手。动手的是汤阿大和汤阿二，这两户人家原是二代堂兄弟，按说还是属于比较近的一代，就因为这块地，好好的两弟兄居然打起架来。动手的原因很简单，汤阿大在这块空地上种了些萝卜，由于汤阿大精心照料，萝卜长势喜人。汤阿二看见汤阿大种了萝卜，自己也在旁边种了些丝瓜，也是精心施肥，长势喜人。这一喜人就出了问题，因为丝瓜是藤生植物，长大后就遮天蔽日，种在下面的萝卜见不到阳光便逐渐枯死了。

汤阿大一见自己辛辛苦苦种的萝卜全都死了，气得要命，从家里拿了把镰刀，将那些丝瓜割了个干干净净。再说汤阿二，一见自己辛辛苦苦种的丝瓜被人割了个精光，当即暴跳如雷，到处打听是谁割的。当他知道是隔壁汤阿大割了他的丝瓜，气急败坏地从家里背了把锄头，将汤阿大的萝卜挖了个精光。

汤阿大闻讯赶来，一看，好哇！你竟敢挖我萝卜，冲上去就给汤阿二一镰刀柄。汤阿二反手给了汤阿大一锄头柄。就这样，两个人打了起来。乡亲们闻讯赶来，好不容易才将两个人拆了开来。好在乡亲们拆劝及时，两个人谁都没有受伤。但为了这块无主的土地，他们两兄弟反目成仇。

汤阿大也算是耕读传家，家里有个儿子名叫汤文斌，十分争气，从小勤奋苦读，后来做了朝廷命官，当时正在钱塘县里当县令。于是，汤阿大便托人写了一张诉状，将汤阿二告到儿子那里，想请儿子帮自己这个做老子的翻梢，出一口闷气。汤坑地方小，这边汤阿大刚刚写好状子告状，那边汤阿二马上就知道了，他不甘示弱，也请讼师写了张状纸，同样告到了汤文斌那里，他要看看这个叫自己"叔叔"的侄子会如何处理他的父亲。

汤县令接到两份诉状后不由地搔起了头皮，左右为难。自己的父亲状告自己的堂门阿叔，而堂门阿叔又状告自己的父亲，为的又是小得不能再小的一点点事情，这事若是传出去自己还怎么为官呀！可是事情虽小，却又不能不处理。如果处理不当，小事会变大事，一旦变成大事，就无法收拾了。汤县令左思右想，当即想出一个主意，决定第二天亲临现场，解决这块土地纠纷。

第二天，得知汤县令要亲临现场断案，不但全村的人都围了过来，连外村也有人赶来看热闹。等汤县令一到，四面八方赶来的人已将这片并不大的地围了个水泄不通。正在这时，人群外来了个翻着白眼的瞎子，他边走边喊："大家让一让，让我瞎子望一望。"旁人哈哈大笑，说："你一个瞎子，又看不见，轧什么闹猛。一边去，一边去。"那瞎子却翻着白眼，一本正经地说："我眼睛是瞎的，但我的心没有瞎呀，随便走几步，心里就会有数的。”

大家见他是个瞎子，也不愿为难他，而且他说得似乎有点道理，便纷纷让出一条道。瞎子拄着棍子敲打着往前走，走到那片土地的中间时，竟然笃笃棍子，大惊失色，连声说“坏了，坏了!”大家觉得奇怪，问他什么坏了？瞎子定了定神，告诉大家说：这地方属于祖脉呀，有着祖脉的保佑，族内人当官的步步高升，做生意的财源广进，不做生意不当官的家中万事大顺，大吉大利。现在这块地上种了东西，难免要用粪便施肥，这一施，祖脉的风水也就坏了。菜如果再种下去，族里人当官的要坐牢，做生意的要倒灶，不当官不做生意是天天要把贼气淘!

瞎子这么一说，大家都惊住了。从前农村里的人难免迷信，特别相信风水，一听种东西要坏风水，顿时谁也不敢造次。性急的人还当场喊了起来，“从今以后谁都不能在这里种东西，谁种我就和他拼命!”汤县令见状，当即进行判决：这块土地属于汤氏祖脉，谁也不能在地上种东西，由汤县令个人出资一半，全体汤氏族人出资一半，在这块空地上建造一个“汤家祠堂”，族人们在祠堂里共同供奉大家的祖先牌位。汤县令判决一出，汤氏族人不由纷纷点头，是呀，我们大家都姓汤，原本就是一家人，是应该共同供奉大家的祖先。有人当场就认捐，一时间，“我出一百块白洋钿!”，“我出五十个!”各种声音，此起彼伏。

汤县令笑了，又从自己口袋里摸出两张纸条，分别交给自己的父亲和堂叔，告诉他们，要等自己走后才能拆开纸条。然后他便告别族人，上轿离去。刚出村口，只见瞎子坐在一块石头上，汤县令一见，当即下轿走了过去，双手作揖，连声说：“今天多谢先生了!多谢! 多谢!”那瞎子笑了，说：“谢我干啥，老夫无非是动了动口，还不是大人你主意高嘛。”原来，瞎子是汤县令请来的，那些话也是汤县令出的主意让他说的。

再说汤阿大和汤阿二等汤县令走远后，纷纷打开纸条。汤阿大首先拆开纸条，只见上面写道："父亲叔叔是兄弟，争争吵吵为土地。县令本是尔小辈，怎能忘宗判输赢。"汤阿二也拆开纸条，只见上面写着："同宗兄弟争土地，羞煞地下前辈人。而今土地还先祖，逢年过节祭先人。"看完纸条后，汤阿大和汤阿二顿时面红耳赤，互相鞠了个躬，从此再不争吵。没过多久，在这块土地上就建造起了汤家祠堂。汤氏族人有钱出钱，有力出力，其中最起劲的就是汤阿大和汤阿二，他们两人又亲如兄弟，成了建造祠堂的总管。

祠堂祭祖，同族同心。从此整个汤坑的汤家人又亲如一家，和睦相处。逢年过节，各家人都扶老携幼，到祠堂里祭祀祖先，再也不为鸡毛蒜皮的小事情吵架。

（文：徐永革　丰国需/图：曾令兵）

桐庐 瑶溪村

孝贤瑶溪隐将地

瑶溪村隶属桐庐县合村乡，坐落于桐庐、淳安、临安三县市交界之地，民间一直流传着"鸡鸣三县"的趣闻。村庄地处平均海拔约450米的深山之中，境内麻溪由北入境，至双溪汇成瑶溪之水，溪长十余里，沿溪青嶂叠翠，曲溪蜿蜒，漫步在溪谷之间，仿佛游走在绿色走廊之中。从县城到村里需要在狭窄的山路上行驶二十多里路，翻过小洪岭，从山顶放眼望去，依溪而建的传统民居古朴素雅。村内大部分建筑为泥土瓦房，高低错落有致，陈旧斑驳的墙体在夕阳余晖的掩映下泛着微微的土黄色。

这里的村民全部为外来迁居至此，主要以陈、吕、吴、蔡四大姓氏为主，随此而来的是语言、习俗、文化的相融。千百年来，他们在此生活劳作、繁衍生息、守望相助，从无相隔相械之事。一方水土养一方人，在这独特的环境之中埋藏着异于他乡的人文底蕴。古语云，春耕、夏耘、秋收、冬藏，四者不失时，故五谷不绝。勤劳淳朴的瑶溪人，在四季交替的岁月长河中，用自己的智慧在每个季节都形成了极具自身特色的风俗习惯。春分酿酒、立夏炒面、秋分炒秋、冬至麻糍，这些异于他地的传统让居住在这里的山民显得尤为古朴。

沿着狭长的村道驱车十余里至村尾的自然村里陈家，村中央的千年古银杏默默地告知远道而来的访客，这个村子具有悠久的历史。要说这个小村的来历，还要顺便提下邻村的外陈家，里、外陈家两个村前后相邻接壤，一条清溪如同一条纽带维系着它们。

据隐将村《陈氏族谱》记载，陈氏先祖名重达，号隆冈，自建邑杨林迁居分水儒桥。此后，陈球、陈乾两兄弟又迁居至上八管一保（现瑶溪里陈家一带）。当时瑶溪这里还少有人烟，可以算的上是蛮荒之地。不过兄弟两人正是看中了这里的山水风光，决定落脚在此，开荒辟地，建屋定居。

面对全新的生活，兄弟两人相濡以沫，同甘共苦。平日里两人辛勤劳作，勤俭持家。据《陈氏族谱》记载，两兄弟兄友弟恭，克勤克俭，每每到了夜晚，他们都会相约到村中央的银杏树下促膝长谈，对于两兄弟之间的深厚感情，全村人都是称赞不已。

时过数年，弟弟陈乾娶妻生子，成家立业，互敬互爱的两兄弟面临分家的问题。陈球作为兄长，原本在分家时最有资格留在祖居里陈家，但是他体谅弟弟生活艰辛，最终出于兄弟情谊，决定让弟弟留在老屋，自己另迁他地。可是他把这个决定告诉弟弟陈乾之后，陈乾却坚决不肯接受，百般推辞。弟弟同样能够体谅兄长的不易，兄长既然能够为自己着想，自己绝对不能让兄长独自去承担。在陈乾的百般推辞之下，陈球只好收回了自己原来的决定。后来，陈乾迁居大约两里以外的小村开拓祖业，从此这里也就被称作外陈家。

然而家虽分，心相连，情深义重的兄弟两人白天干完农活后，夜里还是像以前一样，你来我往，相聚在一起谈心聊天，不论刮风下雨，天天都是如此。可是那时候自然条件艰苦，两村之间来来回回有着诸多不便。兄弟两人时常长谈到深夜，都不放心对方独自回家，于是两人常常在古银杏下倚靠着对方过夜。至今，瑶溪还一直流传着一句俚语："陈兄会陈弟，银杏伴天明。"陈氏兄弟手足之情的故事感人至深，直至今日仍然被村民口耳相传，里陈家与外陈家的地名也沿用至今。

除了这段兄慈弟睦的佳话，这里还流传着隐将仲刚的故事。此地原名"隐将"的由来，也与此人相关。

据隐将村《陈氏族谱》记载，陈氏三世祖陈彤字彦章，娶赵氏生五子，名仲海、仲刚、仲深、仲清、仲澡。五子之中的老二仲刚，号中宪，字有刚，出生在分水儒桥，从小天资聪慧，九岁便能诵读不少文章，当时所谓自成一家风骨，而且他常常与自己年长的学者求教，在当地的百姓眼里尤为博学好问。德才兼备的仲刚在地方开始小有名气，深受当地一位颇为有名的吴姓老翁欣赏。吴翁爱才心切便收他为徒，同时还将自己的女儿吴氏许配给了仲刚。年过十五，仲刚被选拔到乡学从教。洪武二十三年（1390），仲刚时至弱冠，因考取进士落榜无名而后在"成均"继续教书育人。功夫不负有心人，仲刚好学笃行、厚德致远，终于被选拔到国学院，成为朝廷重用的后备人选。

万历年间，仲刚由于德才兼备深受皇帝欣赏，随即被提拔任命为福建兴化知府。当时正值金人南下、倭寇入侵的动荡之际，仲刚夜以继日地忙碌，救助生活在水生火热之中的地方百姓，凭借自己不懈努力与辛勤付出，将原本不安的兴化治理得井井有条，深受当地百姓爱戴。然而天不遂人愿，两年之后，仲刚之母吴氏却因病去世。丧母之后，仲刚痛心至极，披麻戴孝之时，靠苦读诗书排遣悲愤。此后，仲刚又被朝廷选派到山东青州任知府一职。据家谱记载，他在青州任职期间寡有言笑、淡泊名利，心系苍生。皇天不负有心人，仲刚的辛勤付出终于有了回报，当地百姓的生活逐渐好转。天妒英才，仲刚在担任青州知府的第二年因劳碌成疾而去世，青州百姓对其亡故之事甚为痛心。

最终，仲刚迁葬于瑶溪里陈家一带，陈家人还在这里修建了陈家祠堂。由于仲刚当时的官位及第刺史，功勋接近将领，这个村子就有了"隐将村"的说法。陈家人谨遵祖上留下的贤德、孝德之习，将此作为自家的家风家训进行传诵。在陈氏家族的历史发展中，陈家还出了陈敬和、陈瑞龙两位行善举义的孝子。

古往今来，贤德之风在人类文明的发展史上绽放开花，引领着世人用不俗的眼光去看待生活在自己周围的人。千百年过去了，无论是陈氏兄弟兄友弟恭、手足同心的美文，还是仲刚爱民如子、克己奉公的佳话，瑶溪这个隐将之地无不展示出它文明古村的独特魅

孝贤瑶溪隐将地

力。这里正如古代诗人陶渊明眼中的世外桃源，土地平旷，屋舍俨然，有良田美池桑竹之属，阡陌交通，鸡犬相闻。眼下的瑶溪，兄弟友情沁心田，婆媳孝道传家训，青山绿水劲吹文明之风。

（文：桐庐农办/图：曾艺超）

余姚中村村

龚郑和谐定村名

古人云："和为贵。"和，即和睦、和谐、亲和。在乡村，和，不仅体现在同宗房族之间，在同村不同宗族之间同样显得十分的重要。在余姚市鹿亭乡有一个名叫中村的村落，其独特的村名，就是我们中华民族传统文化"和为贵"精神的体现。

一般来说，一个村落的得名，或是以村民的姓氏为村名，如陈家、张家、李家等；或是以地形地貌作为村名，如屏风山、石鼓、山湾等。可中村这个村名，它并非是以姓氏为名，也非以地形地貌所至而取，更不是因为有上、下村的存在，而因其坐落中间而得名。那么，中村的村名到底是怎么来的呢？原来，中村的村名是村中龚、郑两姓先祖信奉礼仪、和谐相处而来。

中村位于鹿亭乡东部，村落依山傍水，晓鹿大溪沿村而过。这里溪间清流潺潺，山间竹木茂盛，是四明山脉中一处山清水秀、风光秀美的灵秀之地。早在唐代，有一位龚姓举人，他钟情山水，喜欢寻仙问道，在游历四明山水时，看中了这块风水宝地，认为此处是他"采菊东篱下，悠然见南山"的修身养性之所，便携家人在此搭棚筑室，结庐安家，开荒种地，耕读传家，过起了白天耕作，夜晚攻读，修身养性的自在生活。随着时间的推移，子孙的繁衍，龚姓族人逐渐多了起来，形成了一个小小的村落，因为居住者都是龚姓族人，村落名也自然被称为龚村。

光阴似箭，日月如梭。历史进入北宋末年，北方金兵大举进犯中原，眼看抵挡不住金兵，北宋皇室弃开封南逃。在这批南逃的人群中，有一郑姓的官宦，携妻带子，随着南逃的人到了四明山中的龚村。郑姓官宦见这龚村地域处在深山僻地，山丰水富，倒也是个躲避战乱的好地方，便生了落脚的念头。再说龚村的龚姓族人，见

龚郑和谐定村名

这些逃难之人也是十分可怜，便把郑姓一家安置在自己村里，好生款待，并帮助他们在村里建房筑室。就这样，郑姓一家在龚村定居了下来。龚氏家族以"耕读传家"，读书明礼，对郑氏家族以诚相待。郑氏一家乃官宦出身，以"诗礼传家"，对龚氏族人也是敬重有加，以礼相还。就这样，两姓族人在同一村落居住，和睦相处，礼诚相待，龚村中倒也是和和睦睦，相安无事。

不知不觉中，随着时间的推移，村里郑姓族人的人数大大超过了龚姓族人。俗话说"人多势众",在旧时"以势压人"的事经常发生。郑氏族人在人数上有绝对优势,但屈居在龚村,一些族人心里逐渐暗生不平,再加上有些外村人有意无意间地说动,自然就有人产生了要改村名的念头。当这种想法提出后,龚姓族人心生怨气,认为郑氏族人就是以势压人,要不是当年龚姓先人以仁义之心让郑姓一家在龚村居住,也不会有今天要改村名之争。就连在郑姓族人中,对提出要改村名也有不同观点。绝大多数郑姓族人认为,这事有点不近人情,要不是当年龚姓族人相留郑氏一家在龚村定居,并帮助郑氏一家,郑氏族人还不知道会落脚何地呢。因为改村名这件事,龚村本来和睦平静的生活被打破了,弄得龚郑两族人之间都不自在。

为解决因村名而发生的一些不愉快,龚郑两姓由各自的族长牵头,邀请各自族内德高望重的族人商议村名更改之事。龚姓先祖"耕读传家"的传统一直是族人信奉的理念,他们恪守先祖遗风,对人以礼相待。龚姓族长认为,郑氏族人提出的改村名的要求并非无理之举。虽然龚姓人立村在先,但当前郑姓族人人多势众,如果强行改村名,龚姓也无他法,可郑姓人并没有如此无理,而是提出来要与龚姓族人商议,这就说明郑姓族人是明礼之人。而郑姓族长也是一个遵循先祖"诗礼传家"遗风,以礼待人、以诚处事的。对于有族人提出要改村名之事,自觉不妥,有负龚氏族人当年以礼相待,相留郑氏一家在此定居的仁义之心。也有违郑氏先祖给族人定下要"诚信为要,礼仪待人"的祖训。

正因为龚、郑两姓族长都是读书明礼之人,所以当两位族长带着各自由族人们推举出来的那些德高望重者商议更改村名之事时,大家都是互相谦让。龚氏族长说道,"原先这个小村只有我们龚姓一族在此居住,村名唤作龚村也是情理之中。现如今郑氏族人与我们同村而居,而且郑姓人口已大大超过了我们龚姓,如若再继续龚村之名,对郑氏族人不公。对更改龚村村名之事,我们龚氏族人认为也是情理之中的事。所以，我们族人想听听郑氏族人的意见"。郑氏族长见龚姓族长说得如此大度，也接着话题，说了郑氏族人对更改村名的看法，"不叫龚村，但也不能更改为郑村。毕竟龚氏族人是这个村的开村鼻祖。更何况郑氏能在这里繁衍生息而成大族，全是凭靠龚氏先组的仁德之心。既然龚氏族长同意更改村名，这对我们郑氏来说，已经是一种不小的礼遇了。所以我们绝不能做有伤龚氏族人情感的事"。郑氏族长说后，大家都议论纷纷，取什么村名好呢？一时间大家都没了主见。就在大家众说不一时，不知是谁说了一句，既然不以姓氏为村名，那就取一个双方都能接受的中性村名吧！这话一出，大家都觉得很有道理，既然龚郑两姓同住一村，就要和睦相处，互相尊重，既不能以先后论资格，也不能以多少讲势力。两姓先祖信奉中庸之道，中则不偏不倚，无厚此薄彼，也有中和龚郑两族的意思。于是提出了以中为名，取名中村的建议。两位族长认为这个建议不错，便与各自的族人们进行商议，觉得这"中"字正合龚、郑两族人追求和睦、和谐、亲和的心意。就这样，一个不以姓氏、不以地形地貌为支撑的地名诞生了。龚、郑家族的优秀传统得到了继承和发扬，居住在中村的两姓族人到现在还是互谦互让，和睦相处。

说来也巧，对于龚村改名中村，除了人和方面的因素外，还有一个地缘上的机缘巧合：中村的地理位置很奇特，它与周边的集镇鄞江、梁弄、陆埠都是相距四十里；与周边奉化、余姚、上虞的县城也是等距离。人和地利，中村之名远扬。

（文：余姚农办/图：曾艺超）

嵊州廿八都村

分家析产兄弟情

"廿八都在嵊之西，张家庄派出莒溪。春光明媚澄泓澈，遥溯一源深浚兮。"这诗所写的正是位于嵊州市崇仁镇的千年古村廿八都村。廿八都村北依五百岗，东傍瞻山，涤巾涧曲环绕其间。这个美丽的村庄原本叫作上江村，后来因为张姓人家的迁入，又改名为张家村。王安石变法之后，嵊州被分为五十五都，张家村就成了廿八都村，村名一直沿用至今。廿八都村人杰地灵，人才辈出，姚舜明、张伯岐等都是从廿八都走出去的名人。在这个人文底蕴深厚的村庄，仁义之风更是代代相传。

村里张氏一族聚居于此已历三十余代九百多年，张氏族人世代以耕读传家，以孝友家风自勉。一代代张氏族人恪守家道风范，耕而食、凿而饮、织而衣，一派自给自足的田园风光，颇有晋唐遗韵。在村里留有这样一份年代久远的分家契约"分关"，向我们述说着张氏族人的良好家风。这份分关这么记载着：

立分关张湘纹

今立伯命分关，系余昆仲二人长即纹，幼弟云，上叨祖宗福庇，下仰神明麻护，纹生一子根海，已授室。云生四子，长根燧、次根茂，均已授室，三根裕、幼根友未聘。子繁孙衍，兰桂藤芳。上和下睦，欣欣向荣。三世同堂，怡怡如也。乃者，天不从人。余弟湘云不幸于去岁仙逝，加余年迈，人多事繁，家务分歧，殊难支持。窃念树大分枝，流长别派。当遵古训，理宜分炊，爰邀子侄辈妥洽。薄具、置产除坐祖茔与悬茔，并根裕、根友娶亲费外，所有住屋、田地余产，并长稍归田地，一应照搭五股均分。犹子比儿，俨如亲生。但愿尔等各遵余训，

分家析产兄弟情

克勤克俭，成家立业。嗣后螽斯蛰蛰，瓜瓞绵绵，是厚望焉。兹将生财家具，器皿什物，椆搭均分，立此合同分关一式五本，五房各执一本，永远存照。分产之后……

民国 29 年 10 月

立分关　张湘纹

从分关中我们可以看出，这一次所要分的是张湘纹与张湘云两兄弟的家。不过张湘纹并没有要求兄弟平分，而是执意以子侄辈五人来分。按照通常的理解，张湘纹育有一子，张湘云育有四子，子侄辈五人平分显然张湘纹吃了大亏。张湘纹之所以做出这样的选择，正如分关中所说的那样，"犹子比儿，俨如亲生，不稍偏执。"据《瞻山张氏宗谱》记载，张湘纹兄弟早年丧母，他们的父亲担心续娶之后，后母会对兄弟两人有厚此薄彼的做法，立誓不再续娶。从此茕茕父子相依为命，兄友弟恭怡怡然也。后来经过多年努力，两兄弟齐心协力，共同继承父业，发扬光大。哥哥张湘纹在城中经营"同胜"南货店，弟弟张湘云则在家中管理田产，不出几年两兄弟就在村中建起一座西式小洋楼，取名为"怡庐"，意出孔子《论语·子路》："切切偲偲，怡怡如也，可谓士矣。朋友切切偲偲，兄弟怡怡。"

虽然"怡庐"下的小巷已被叫作"怡庐街"，但能记得起名字的人已经是寥寥无几，乡人俚语中只是将其称为"三层楼"。正是这样一座小楼，向过往的张氏后裔述说着一个"兄推弟让"的动人故事。

据《瞻山张氏宗谱》记载：兄张湘纹，讳镇瑞，字湧水，以商为业；弟张湘云，讳镇灿，字永法，历任嵊县清乡局编查员、嵊县第五十一保保长，为瞻山张氏第二十一世孙。祖父本刚公是前清贡元，父亲焕钦公是国学生。张家虽然有家学渊源，但是人丁一直不兴旺，到张湘纹兄弟这一辈还是只有他们两个。兄弟两人因为早年丧母，更加情义深厚，相互扶持，艰苦创业，同居达四十多年，深得先人遗风。宗谱中又说"兄弟同灶合居四十余载，唇齿相依，斗米尺布无分厚薄。"兄弟两人因早年丧母，没能床前尽孝。当时他们的大舅父黄善根年老无依，兄弟两人便为其养老送终。小舅父黄通运早年去世，遗留三个年幼的儿子无人照顾，兄弟两人又代为抚育，并助其成家立业。兄弟两人以此来报答对母亲的孝思。

民国11年（1922），张湘纹以"同胜"号为股本与汪氏等合股成立同胜裕记南北货股份有限公司，并出任经理。民国 13 年（1924）兼任嵊县农工银行股份有限公司监察，长期以来还一直担任嵊县商会副会长一职。因为当时的会长"汪半城"汪正金忙于自己的商业帝国，张湘纹实际主持了商会的全部工作。后来随着抗战形势日益严峻，再加上年事已高，处理完生意上的事情后，张湘纹飘然退隐回老家廿八都，过起了田舍翁的生活。

时间到了民国 27 年（1938），兄弟两人有感于"树大分枝"的古训，准备分家。但是一直等到民国 28 年（1939）弟弟张湘云去世，这个家也没有分成。矛盾的焦点就在于如何分：哥哥张湘纹坚持按一子四侄五股均摊。弟弟张湘云坚持，如果按五股均摊，大哥一方吃亏太大，非要兄弟两人两股均摊。别人分家争抢犹嫌不足，哪里会有这兄弟两人这般你推我让。如此一来，直到民国 28 年（1939）弟弟张湘云去世后，哥哥张湘纹以大伯的身份下命令，在当年十月按他的意思，所有家产一分为五，毫无偏袒。

对于分家一事，最初只是在一些年长的村民当中口耳相传，真实性很容易为人所质疑，现在这份"分关"的出现正是证实了传言非虚。有道是，兄弟同心其利断金。在现实生活中，为蝇头小利而打得头破血流的兄弟不知有多少。湘纹先生的一子四侄五股均摊，从金钱和家产上来说，他自己损失的何止千金。以此而看，"兄弟怡怡"正是张湘纹兄弟两人亲密关系的真实写照，这真可谓"庐以人名，人以庐传"。

分家，在现实生活中是一场最普通不过的事情，但在张湘纹、张湘云两位先生身上所发生的事情是值得我们学习的。这两位先辈以身示范"孝悌"之道，为我们后辈晚生树立了为人处世的道德标杆，是值得永远传颂的。

（文：张浙锋/图：曾令兵）

金华婺城寺平村

三砖四瓦谢友恩

　　寺平村位于金衢盆地中部，坐落于九峰山脚下，是金华市婺城区一个古色古香的村子。寺平村历史悠久，据《汤溪县志》和《戴氏宗谱》记载，戴氏村民的先祖从元末迁徙于此，距今已有七百多年。据说明宪宗时期，村中有一名贤良淑惠的女孩银娘被选为"淑妃"，因此寺平村有中国十大美女之乡的美称，如今村中的"娘娘井"依旧清澈甘美。全村存有大量建造精美、保护完好的古建筑，令人叹为观止。从上空俯瞰全村，整个村子的建筑格局犹如"七星伴月"，村中有七座古建筑分别对应着天上的一颗星星。其中"立本堂"对应天机星，代表着勇气。说起"立本堂"的建造，还有一段感人的往事。

三砖四瓦谢友恩

相传清朝乾隆年间，汤溪县枫林庄（今上境村）有一位书生名为刘肇淦，为人纯真温厚，待人友善。刘肇淦青年时期，当地遭受饥荒，他和父母将家中财物尽数拿出，扶困济贫，自己一个好家竟弄得穷困潦倒，生活十分艰辛。后来，全凭亲朋好友接济资助，他才能继续学业。

寺平村位于枫林庄西北方四里路之遥的地方，村上有户姓戴的富裕人家，家中有一子名叫戴立本，和刘肇淦年龄相仿，也是他的同窗好友。戴立本父母见刘肇淦天资聪颖，为人正直，非常喜欢，常叫立本带他回家。两人一起伴读诗书、绘画、写字。于是，刘肇淦成了戴立本的知心相交，犹如一对孪生兄弟。戴立本处处为刘肇淦着想，使刘肇淦读书有靠，吃穿不愁。刘肇淦看在眼里，记在心里，对戴立本为自己花费巨大过意不去，时常对戴立本说日常花销要注意节俭。戴立本说："我视钱财为身外之物，不需要节俭，刘兄若学业有成，我还要为你准备一切所需费用，只要你认真进取，不负我家父母期望就是了。"刘肇淦听了非常感动，从此更加专心苦读，一心进取。

那一年，刘肇淦要进京赶考，戴立本自知学术浅薄，也不是个做官的料子，再加上家境不如以前富裕，难供两人一同进京赶考的费用。于是，他单独为刘肇淦备了一份路资，说："刘兄，你这次进京赶考的费用我都已准备就绪，你只管放心，我留在家里等候你的佳音。路上千万要小心，别让愚兄在家牵挂。"刘肇淦一听戴立本为他准备进京赶考，而自己却放弃了这次机会，对于其中的原因已经是心知肚明，真是"知心义为先，泪别情相连。"心里有说不出的酸甜苦辣，只得说："全凭愚兄做主，小弟悉听遵便就是。"

真是功夫不负有心人，刘肇淦进京赶考，未进考场，就被乾隆皇帝慧眼相中，不考便被录用，入事东宫师教，一连数年不归。直到乾隆皇帝驾崩，嘉庆太子登基执政，刘肇淦被御封为"兵部车驾司主事"，荣归故里。

回到故里的刘肇淦，第一件要做的事就是要到寺平村拜访义兄戴立本，但他熟知戴立本的秉性，对于如何前往寺平村拜访才最为适宜伤透脑筋。送钱，不行！因戴立本视钱如粪土。送礼，还是不行！戴立本根本不受官家贺礼，根本不与官家往来。空手前去，更是不行！如此难以酬谢往日助学之情，翻来覆去，绞尽脑汁，难以定夺。

时过境迁，刘肇淦进京赶考直至御封荣归已有数载。他听说戴立本当年居住的"立本堂"多年失修，如今已是破损不堪，于是刘肇淦决定为戴立本修理"立本堂"。同时为显示有意避嫌之意，他脱去官鞋，穿上布鞋；脱去官服，穿上布衫；脱去官帽，戴上草帽；肩上背农夫耕作擦汗用的汤布，在汤布一头扎上三块砖，另一头包上四片瓦，一不鸣锣开道，二不带身边随从，单独步行来到寺平村。到了戴立本家后，刘肇淦把三块砖四片瓦放在堂桌之上。戴立本听说刘肇淦来到家中，连忙出迎。刘肇淦见到戴立本，赶紧将他扶到堂中，坐在交椅之上，然后自己毕恭毕敬地双膝朝地一跪，头点到地上，深深一揖，说："高官厚禄不稀奇，义重如山为常理，官贵民穷不可论，礼义之交不相疑，物轻情重莫嫌弃，三砖四瓦见面礼。"戴立本连忙站起来，扶起刘肇淦，说："愚兄愧领了。"两人握手言笑，不失当年的交情，这真是"友是友来官是官，官官友友不分离，当官不忘穷时友，千秋一拜传礼义。"于是，刘肇淦和戴立本一起脱布鞋，卷裤腿，踏浆泥，递砖瓦，上屋顶，与木匠泥水匠一同修起"立本堂"来。

枫林庄刘肇淦为寺平村戴立本修复"立本堂"，一传十，十传百，轰动汤溪，震动金华府。各地乡绅和官员纷纷学起刘肇淦的样子，不声不响地运来砖石、石灰、木料、瓦片，将"立本堂"修缮一新。完工之时，刘肇淦在堂中两根柱上提联一对，上联是"创业维艰祖若父备受辛苦"，下联是"守成不易子而孙毋勿骄奢"。这副对联如今依旧保存在"立本堂"的屋柱上，熠熠生辉。

君子之交淡如水，刘肇淦与戴立本之间的友谊在百姓之中传为美谈，民间有诗赞曰：

身为帝师受皇恩，
扶佐嘉庆创业旺。
荣归故里跪知心，
三砖四瓦谢立本。

（文：胡阿荣／图：曾令兵）

龙游三门源村

和睦和美三门源

　　坐落于龙游县石佛乡的三门源村是一个古老的山村，这里三面环山，南面直通金衢盆地。三门源之所以为三门源，是因为村前有左象山右狮山、文昌阁寨门和左青龙右白虎三道"门"，而由北向南穿村而出的小溪是塔石溪的源头，所以得此村名。这里风光旖旎，恬静秀美，村外的饭甑山是古代火山爆发的遗留物，如今依旧云烟缥缈；村内的古民居依山势而筑，气势恢宏又不失几分精致。沿着青石步道漫步于其间，小桥流水，鹅鸭嬉戏，一派江南山水风光。

　　在这一切美丽的背后，更为美丽的是村中翁叶两姓共建家乡的故事。村民主要分为翁氏和叶氏两大家族，分别于不同时期迁入本村。三门源村翁氏于北宋宣和年间，为避方腊之乱，由寿昌县迁入。在这块风水宝地上，翁氏的先民们日出而作，日落而息，在碧溪的西岸建起属于他们的村落和民居，怀揣着"风土之足夸，聚族于斯不绝而缕，是以一丘一壑雅称幽情，有水有山俱堪悦目，风声雪影异常萧骚，春卉秋蟾自成佳丽"的愿景，他们在这里繁衍生息，过着"柳塘春水漫，漠漠生正烟，不遽随风去，沙鸥只自眠"和"芳草斜阳里，儿童把笛吹，倒骑牛背上，黄犊紧相随"的田园生活。

　　大约经历一百五十年后，叶氏先人也迁居到三门源。据《叶氏宗谱》记载，三门源村叶氏先祖"石林五世孙文彬由括苍采居三门源之黄里坞，至其孙改卜，乃得今地居之，今以文彬为第一世祖。""咸淳六年，文彬公始迁衢龙生三子，三子曰椿公，迁龙漈北，披荆辟草，聚族于斯，即今之胜境所由肇也。"由此可见，翁氏从北宋宣和年间迁居三门源，开三门源聚居先河。南宋咸淳六年

（1270），叶氏先在黄里坞落脚，后又卜居到碧溪以东安顿下来，为后来者。

翁叶两姓聚居在一个村里，倒也和睦融洽。对未来生活的憧憬与向往，使得他们和平共处在一起，没有等阶和贵贱。两姓各建宗祠，各续家谱，信守"仁、义、礼、智、信、温、良、恭、俭、让"的中华传统文化，建立了一整套规范的生活秩序。比如翁氏家规就明言"家之有规，犹国之有法；法所以正天下，规所以正一家，故诗礼之家莫重于立规。""小子后生诚能如规约束，宗祠之兴也，可翘足而立待矣。"于是"祭祖先""孝父母""和兄弟""谨闺范""训耕读""睦乡邻""节财用""戒争讼"等家规族规就约束着人们在生产生活中不断前行。被"诗礼之家"所浸润的三门源村的翁叶两姓，本着"有名山大川、交阡广陌，足以相夸耀，而又与邻相交错，岂有疆界之可分"的共识，修堰坝，筑堤岸，共同抵御各种自然灾害，共同生活，通婚交融，兴建起一个"睦相邻、谋福祉、求安康"的村庄。正如《翁氏宗谱》中所赞颂的那样："山门本名三门垣，翁氏聚族于此传世数十，与叶姓相错连居仅隔流泉，如朱陈之一村而结好也。"这里一派渔耕樵读、男耕女织、庭院诵读、世外桃源的生活景象。

然而，随着时代的更迭和商业经济的繁荣，带来世俗观念的变化，也带来民风的转变。到了明代中叶，资本主义在中国萌芽，商业资本得到了长足发展。龙游商人风起云涌，他们足迹踏遍祖国大江南北。在历史嬗变中，三门源村也发生了翻天覆地的巨变。在商业的大浪中，叶氏族人抢占了机遇，他们淘得了第一桶金，积累了财富，也激活了他们内心的扩张情绪。他们已不满足于作为后来者在三门源大好山水和村落大好风水之间所处的劣势，他们要求平分秋色，甚至要求开疆拓界的超越。这种苗头和动机显然是翁氏族人所不能接受的，祖先有先来后到，既得利益格局不能任意打破，想到翁氏的碗里再分一杯羹，那是万万不可的。叶氏的觊觎和翁氏的戒备，使得翁叶两姓之间有了芥蒂。

有一年，叶姓男孩与翁姓女孩喜结连理。合八字、相亲、压帖、纳彩、娶亲、洞房、回门，一切都顺利进行。未曾料想，一名叶氏族人在酒后吐了真言：这次婚姻"择八字"时，遇到件尴尬的事，如果"八字"合男方，那么叶氏大吉大利，女方翁氏却大不吉；合翁氏女方"八字"，则对叶氏男方大不吉。两难之际，叶氏族长就偷偷取其彩头择日子结亲，对翁氏家族之兴旺大不吉。翁氏族人听后，大为不悦。

翁氏族人为了振兴文风，开始备材、选址，准备在村口状元峰下修建文昌阁。到了上梁的吉日良辰，翁氏族长"栖南相"礼节性地邀请叶氏族长"熊吉相"到现场捧场庆贺。栖南相年事已高，颤颤巍巍地爬上楼梯，到了节骨眼上，熊吉相突然大喊了一声，致使栖南相受到惊吓，从楼上摔下来后一命呜呼。从此，两姓开始结怨。

按照习俗，每年的正月，翁叶两姓必须在族长的率领下抬阁迎灯，到白佛岩瀑布下的三门寺接佛祭祖；还要抬着"毛令公"四处巡游，以保四季和顺平安。历来，翁叶两姓有传世约定：翁族接佛祭祖确定在农历正月初十这一天，雷打不动，年年平安日；而叶族可以在农历正月初四到初九选择任何一天，岁岁如意春。彼此遵照，如黄历般的准确无误。可是这一年却乱了象，叶氏族人像是故意滋事，也在正月初十这一天去接佛祭祖，翁姓族人义愤填膺，于是在三门寺里发生械斗。由于叶姓族人人多势众，将翁姓族人扛抬的"毛令公"倒戈拆戟般扔进茅厕里。最后，由于官府的干涉，双方才平息下来。从此往后，翁氏族人定下规矩，翁叶两姓老死不相往来，再也互不通婚。于是，"疏戚远姻，赠遗不废"的事再也没有了。从此一溪隔两姓，龙虎对峙，明争暗斗，暗度陈仓之事时有发生。翁家这边修缮了大宗祠，叶家那边就修了一个"四角凉亭"，

和睦和美三门源

还特意挂上两只灯笼，就是为了"开龙眼"，天天监视着翁家的一举一动。这些事关乎着家族的时运兴旺，双方都企求克对方之龙脉发自己之前程。

清康熙年间，耿精忠之乱的人祸加上碧溪山洪暴发的天灾，堰坝决堤，堤岸冲毁，此时的三门源已是满目疮痍，所有尊严、骄傲和自信都已灰飞烟灭。翁氏雍正十三年（1735）谱序"因为修理祠厅，建造文阁，多事纠缠而天又不假之以年，以致有志未逮也，迄今未修已近三世，斯获罪于祖宗者多矣"的记载，成为这一切的佐证。

三门源人闯荡江湖，见过大世面，在大风大浪中尤其是商海大战中人才辈出，这其中并不缺少有远见有抱负的人。终于，翁叶两姓的族人们重新清楚地意识到，村庄的发展离不开两姓的抱团协作，离不开两家百姓的同甘苦共患难。叶翁两姓的族长，把"睦相邻"当作统一两姓思想的座右铭，叶氏族人以"宗族之兴以礼让"律己，翁氏族人以"规所以正一家"为要求。这期间不乏有识之士身体力行，《叶氏宗谱》中就讲到了叶月培的事迹："惟捡言动守法度，时时穷取先辈余语以自淑，颇有士行，吏称为乡里善人斯足矣。"这些执行法律和家规的模范，深深地教育着三门源人。通过康、雍、乾三朝几代人的努力，这个村庄又悄然地发生了变化。康、雍之交，两姓众筹合建虹桥，一有北流南锁留住财源之意，二有锁住怨气之意。这不仅方便两姓出入，更是连心桥的连通。接着，下游的三门桥也于雍正年间由双方共同建成，碧溪两岸的堤岸和堰坝也随后相继合力建成，确保了农田的灌溉，百姓获得了丰收。由于用材的讲究与施工的规范，这些建筑至今还发挥作用，福泽三门源的子孙后代。

因为"礼让"，翁叶两姓已没有以前的刀光剑影。嘉庆十三年（1808），翁家男孩翁谷生娶了叶家女叶五奶为妻，正式宣告近两个世纪水火不容、互不通婚的历史结束。

此后，翁叶两姓人家更加珍惜这和睦、和谐、和美的来之不易，他们用毕生的精力维护着、包容着一切。让人意想不到的是，在1939 年重修的《三门源叶氏家谱》中，已将"急办税收"引入家规："清平之世，盗贼不兴，强不得凌弱，众不得暴寡，而人民得以熙熙乐业者，以有官府治之也。故凡有税役不可不急办。"这里，把国与家、公与私、税与益的事讲得清清楚楚、明明白白。这不就是当今法制社会要求一个普通公民所需遵循的法则吗？有了"修身、齐家、治国、平天下"的思想与境界，和美安顿和清闲的生活就指日可待了。正如《叶氏家谱》诗所云："亭嫋嫋，人依依，虹桥关水口，斜日照沙矶，过边树木常常彩，野外樵夫急急归；呢喃燕，济济飞，每把祥言祝，贻谋大厦楼，两峰相对菁而美，二族频繁奠厥居；瀑布岩，蠹蠹兮，清泉由天际，芳草壅仙基，滔滔不舍长流水，夜夜无聊只听溪。"这正是翁叶两姓族人共同生活、共同发展的美好写照。

三门源人是勤劳善良的，三门源也是幸运的。古风遗韵的三门源，蜿蜒起伏的青山是迷人的神话写成的，清澈甘洌的绿水是先民们勤劳的汗水汇聚而成的，自然和人文的绚丽深深笼罩着这古老的村庄。如今，走进三门源里弄小巷，仿佛漫步于建筑艺术的殿堂里。登入山里人家的华堂，迎面端来的茶水，可感受到礼让人家的浓浓乡情。

（文：黄国平／图：曾艺超）

云和新岭村

新岭畲汉一家亲

新岭村位于云和县城西北角，隶属凤凰山街道，由杉坑岭、新殿洋、新处3个自然村组成。村中一幢有上百年历史的蓝氏大院格外引人注目，犹如一位子孙绕膝的迟暮老人，在村中那棵有三百多年历史的大樟树下，颐养天年。别看老宅子其貌不扬，云和乃至浙闽一带流传"畲汉一家"的故事，就得从这里说起。

新岭畲汉一家亲

新岭村是一个畲汉混居的民族村落，畲族人口占了全村总人口的三分之二。最先是畲族先民在此生活，村名为杉坑岭村，后与新殿洋自然村合并，取两个自然村的前后字而改名为新岭村。在村民的印象当中，村中畲汉两族一直和睦相处，从来没有发生过纠纷矛盾，这和当年蓝宝成力主民族平等，首倡畲汉通婚有很大的关系。在古时，处州、温州一带一向有"畲汉不通婚"的传统，迈出"畲汉通婚"第一步的人正是蓝宝成。

蓝宝成，字韶九，乳名培连。道光二十四年（1844）生，民国14年（1925）卒，是光绪壬午年（1882）恩贡生，曾任石门县（今桐乡县）教谕，民国2年至民国7年（1913—1918）任云和县参议会参议长。蓝宝成生平注重教育，倡导畲汉联姻，热心地方公益，为清末民初浙江畲族知名人士，尤在温州、处州各县畲民中享有盛誉。据新岭村村民回忆，宝成公是一位非常受人尊敬的长者，在畲族群众中非常有威望，因此知县上任都会专程过来拜访。光绪年间，浙江省布政使赠"贡元"，知县洪永栋赠"学衍箕裘"，民国12年（1923）大总统题褒"乡里矜式"匾额。

或许有人觉得一个贡生没什么了不起。其实不然，因为蓝宝成是畲民，他是处州畲民参加科举考试考中的第一人！在封建科举时代，畲民被视为异类，不准参加考试。畲族争取科举权利的道路坎坷曲折，漫长而艰辛。尽管在嘉庆八年（1803），时任浙江巡抚阮元批准了畲汉士民一体应试，但畲族子弟也只是在童试这一最低级别考试上获得了成功。因此，蓝宝成这个"畲民科举第一贡"就有了特别的意义。而且因为热心公益，积极投身畲汉教育，倡导民族平等，蓝宝成赢得了社会的认可，与当地的廖卓章、周冠三并称云和学界"三英"。

光绪二十一年（1895），廖卓章主动向蓝宝成提出缔结婚姻之请，聘娶其女儿蓝章翠为长子廖奏勋妻子，从而开创了当地畲汉联姻的先例。民国初年，云和黄水碓村留日学生张祯阳娶了新岭村蓝宝成族人蓝爱珍为妻。两个汉族士绅家庭的举动震动当地，"畲汉不通婚"的旧俗开始被打破。当时很多人对"畲汉通婚"并不看好，社会上对此也是褒贬不一，毕竟这两宗婚事，都是汉族男子娶畲族女子，人们认为"畲民欲娶汉族女子，比上天还要难"。

但是蓝宝成惊世骇俗地打破了这个惯例，从长子开始，蓝宝成先后有四个儿子迎娶了汉族女子。在此后的百余年时间里，畲汉联姻日渐频繁。蓝氏后人曾经有人做过一个统计，蓝宝成现在的后裔有九十多人，其中畲汉联姻的就有二十多对。蓝宝成的开明之举，影响深远。

在社会普遍对畲族存在民族歧视的年代，在汉族人口众多的县城讲畲语会被人讥笑。蓝宝成在社会交往中，非常注重维护畲族人民的尊严，在县城与官员及乡绅讨论公事时，无论在什么场合，只要有畲民在场，他就会用畲语和畲民交流，令在场畲民深受感动。此外，早在光绪六年（1880），蓝宝成就撰文劝蓝姓族人捐资重绘祖图，并负责记录捐资情况。民国8年（1919），蓝宝成会同蓝清秀等人，奔赴周边各县募捐，在云和县大庆寺后兴建"蓝氏总祠"，供处州、温州各县蓝姓畲民寻根问祖。

光绪二十四年（1898），在石门县当了几年儒学正堂后，深感教育重要性的蓝宝成，辞官返回云和，在村里创立畲汉共学的学塾，对蒙童进行启蒙教育，并设读经班，吸收畲汉青年就读，培养了大批人才：学生蓝应东考取清末贡生；饶益三、诸葛鸿东渡日本留学，加入光复会，致力辛亥革命；张之杰出任天台、云和、庆元县长……民国2年（1913），蓝宝成推荐其从浙江政法学校毕业的次子蓝文蔚到福建霞浦"福宁山民会馆"，为被欺压畲民伸张正义，蓝文蔚留在当地维护畲民权益长达十三年。因此蓝宝成在福建一带畲民当中也颇有声望。

民国14年（1925）9月，蓝宝成因病去世，乡亲民众悲痛哀悼，上千民众自发为其送行，县城各铺拦路祭奠，蓝宝成在云和当地的威望和影响力可见一斑。

在云和县城城北路东头的路边，有一座规模不大的墓葬，这就是蓝宝成的坟茔。为何蓝宝成墓能够在闹市区保留至今？据说这是因为蓝宝成非常热心公益，深受乡民爱戴。据《云和县志》记载，蓝宝成"热心地方公益事业，资助修建县城东门石门桥，主持修建县城青阳门魁星阁、狮山培风亭等"。因此，在城市的发展过程当中，他的墓没有遭到破坏。

如今漫步新岭村，尽管村庄建设如火如荼，但是古民居、古寺庙、古树、古道等遗迹遗存依然丰富，尤其是始建于1848年的蓝氏大院，完整地保存了明清时代畲族风韵建筑风格，具有较高的文物价值。当地畲汉干部群众已经达成共识，在旧村改造的同时，古村落的保护和利用将进一步加强。特别是"畲汉一家"风云变幻的见证者——蓝氏大院，还要继续为民族进步发挥作用。

虽然说民族平等是社会进步，是大势所趋，但是在一百多年前，对畲民而言是一种奢望。蓝宝成受益于传统教育获得成功，也通过教育进一步提升了畲族群体的社会地位，在争取民族平等，致力"畲汉一家和谐共处"的道路上留下了浓墨重彩的一笔，也为新岭村这个偏居一隅的小山村，积淀了深厚的人文底蕴。

（文：叶小平/图：曾令兵　郑雪青）

四　见利思义

东阳上安恬村

存义堂古朴存信义

　　上安恬村坐落于东阳市南马镇西部，地处南江下游东岸。全村依山傍水，环境优雅，据称风水格局极佳。上安恬村建村已有九百余年，历史上财物丰裕，富甲一方，村里气势恢宏的古建筑见证了曾经的富饶。村民主要姓马，据村史记载，先祖从河北迁居而来。北宋崇宁四年（1105），马乔岳（1084—1160）见南马安恬一带山环水绕，山则有兜鍪之高耸，层峦叠翠，枕居于其后；水则有双溪之秀丽，源远流长，襟带于其间。于是从松山迁居兜鍪山附近居住，繁衍生息。因为这里安谧恬静、人熙物阜，就将这里称作安恬，马乔岳也因此成为东阳安恬马氏始祖。

　　"西有阿凡提，南有马坦鼻。"东阳民间故事中最富代表性的马坦就来自上安恬村。自明末清初以来，马坦的故事就在东阳、新昌一带广为流传，可以说是家喻户晓。而到了近代，上安恬马标宇的故事最为深入人心，得以口口相传。

　　马标宇是存义堂的创始人，他的父亲马汉基共生有四子，长子马标宁早早便分居在总厅厢屋，之后就与其他兄弟不相往来，长女马氏则出嫁到下陈宅。二子马标宇、三子马标师、四子马标富与父母仅有部分土地耕种用以养家糊口，到了标宇、标师、标富成年

存义堂古朴存信义

后，父母相继去世，家中生活日益艰苦。转眼间，马标宇已经年近三十，兄弟三人日日在家中轮流洗衣做饭，无人管问，长女马氏只好隔几天回家一次帮助料理家务。有一天，姐姐见家中萧条景况实在无奈，便催促兄弟三人出门打拼，标宇向姐姐讲述了心中早已酝酿的做腌火腿生意的想法，然而苦于没有资本，心有余而力不足。姐姐听罢，决定帮助标宇。

这一年冬天，姐姐借到了足以买两件火腿的本钱给标宇。兄弟三人经过苦心经营，在第二年便将腌好的火腿全部卖出，卖得的钱比本钱翻了一番。兄弟三人从此有了信心，向亲朋好友又凑了一些资金，增加了货量，将火腿直接运到了杭州销售。在杭州结识了一位火腿商行的大老板，得到他的帮助后，三兄弟的生意越做越红火。

在杭州销售火腿的第二年，一次结完账回家的路上，马标师发现多出了一千银圆货款，回到家中便向哥哥标宇讲明商行多算银圆之事，标宇当即告诉标师："做生意要诚信，你吃完点心马上将多算的银圆送回。"马标师急忙跑回码头坐船赶往杭州。而那杭州商行管账先生当夜盘账时发现算错了标宇一千银圆的货款后，十分着急，第二天一早便派人赶来东阳收回。来人找到马标宇后，讲明错付银圆之事，标宇安慰他不必着急，其弟标师已经将银圆送回杭州商行。来人听完之后万分感激，留宿一夜后再三道谢告别。商行老板听闻此事，对马标宇兄弟十分钦佩，他告诉马标宇今后经商资金若有困难，随时都可以找他帮忙，他一定助马标宇渡过难关。从此，马标宇的火腿生意越加红火了，东阳、义乌、永康、兰溪、金华等地的火腿商纷纷来马标宇家收购。马标宇售卖的火腿也打上了金华火腿商标，金华火腿名振杭城。

又过了一年，马标宇在杭州开设了十多家分店，有了自己的火腿行。有一日，马标宇同两个弟弟商量："我们兄弟三人现在事业有成，但缺房屋，希望可以造一幢气派一些的房屋。"阐明想法后三兄弟便分了工：马标宇负责造楼烦琐之事，弟弟二人负责管理火腿生意。

在马标宇采购楼板厅方栅时，又发生了一件有趣的事。

标宇听闻永康长川村山上有一棵巨松，需要三人才能环抱树一圈，十分惊喜，便找到了山主讲明要买下这棵松树，山主讲道："这么粗一棵树，我看你也无法砍倒，即便你砍倒了，也运不回安恬去，你要是能砍倒了还想出运送的法子，我便将这树白送给你。"马标宇听完之后当即拍手叫好："你可要说话算话，立据为证。"山主答道："我早知马老板是个诚信之人，我也绝不会欺骗马老板，你定日来砍就是了。"过了几天，马标宇便领了十余个人，肩挑火腿、黄酒、大米来到在山主家中并住了下来，历经近半月的砍伐终于将松树砍倒，又经过半月锯断加工成料，每段木料重千余斤。工友将木料撬滚至山下溪边后，实在无法搬运，找来标宇想法子。这时刚好是五月天，标宇等人行至山脚便刮起了大风，天空乌云密布，眼看大雨即将倾盆。标宇一拍脑袋，心想大雨后溪水必将高涨，便可以利用水流将木料淌回上安恬村。第二天一早马标宇赶去溪边一看，果然木料已可以浮于溪水之上顺流而走，标宇喜出望外，大笑："天助我也。"

在房屋完成近六成时，马标师因重病去世。房屋落成后，马标宇说："我们兄弟三人团结创业，处处以存义为重，我决定在厅中立一块匾额，取名'存义堂'。"

后来，火腿生意逐渐转淡，兄弟二人改行做起了百货生意。子嗣逐渐长大成人成家，兄弟二人也慢慢老去。在马标宇75岁那年，店中因意外事故遭受了无法估量的损失，马标宇卧床不起，多方求医不得而终。马标宇过世后，家业凋零，子嗣分家，曾一度振兴的家族至此也画下了句点。

后来，存义堂匾额和马标宇画像被烧毁。直至2009年，经村里合议后，存义堂匾额被重新挂上，请来了画师重新描画了太公画像，厅里进行了大翻修，存义堂才重现光彩。时至今日，存义堂已有一百四十多年的历史，被列入市级文物保护建筑。是东阳清晚期民居建筑的优秀代表，也是东阳古建筑延续传承、发展多样化的重要实例和东阳"精工善艺"人文精神的直接体现。

上安恬村正如其名，安谧恬静，村民生活幸福祥和，旧的故事在流传，新的故事也必将不停发生，存义的民风也会一直传承下去。

（文：东阳农办／图：郑锡青　曾令兵）

衢州柯城陈安村

陈安荷塘清香溢

　　陈安村地处浙西钱塘江上游，隶属衢州市柯城区航埠镇。这里既是浙皖赣三省通衢的咽喉，也是柯城区、江山市、常山县三地分界之地。村庄坐落于雨灵山麓，面朝衢江，与美丽的乌石山相邻。乌石山古树成荫，竹林叠翠，山上有通济大师所建的福慧禅寺，是庇佑陈安村民的福地。

　　陈安村由枧陈村与安里村两个自然村合并而成。安里村村民以毛姓为主，祖籍为江山石门。枧陈村曾名渔湖村，村民主要姓陈，祖籍常山东鲁。毛姓始迁祖陈坚公，字志道，号教所，系颍川派第四十八世，东鲁派第十二世。明朝万历十七年（1589），陈坚公离乡别祖，移居于乌鸡山下乌家蓬，后因寻家养母猪，见其母猪和一群仔猪在一塘边嬉逐打闹，甚感惊奇，再往塘中一看，这块地恰似一片莲叶，认定这是一块风水宝地。于是在池塘西边搭起平房一座，从此定居下来。更令人惊奇的是每当月光皎洁夜深人静时，池塘中映出金莲朵朵，月光下熠熠生辉，香气袭人，于是此塘被称作荷花塘。因为此处枧树高大，枝繁叶茂，又因本村陈姓村民偏多，故称村名为"枧陈村"。

　　自陈坚公迁居枧陈，至今五百余年的历史。每逢元宵佳节，全村各房都会来到这座平房，祭祖烧香，分发香饼，并在月光下对荷花塘点香拜月。而到了中秋佳节，全村年老长辈都会携带子孙来到荷花塘边拜月，期盼子子孙孙心怀仁义礼智信之德，学好礼乐射御书数之艺，像十五月亮那样饱满闪光。

　　陈坚公所造的平房，后人将其称为龙凤花厅。在村民中间，还流传着一个当年建造龙凤花厅时的神奇故事。

　　造龙凤厅时有班木匠在一起劳作，他们当中有徒弟，也有伙计。

陈安村陈氏宗祠

其中有一位烂脚师傅被人瞧不起，因为他的脚上生着烂疮，一天不洗脚就臭气冲天。所以大家见到他就非常讨厌，但是有一位叫福益的徒弟对他却很友善，每天都要帮烂脚师傅洗脚，烂脚师傅当然很感激他。

上梁那天，烂脚师傅对福益说："福益，我告诉你，今天这根梁，别的木匠是上不上的，到他们没办法时，你就去上。梁抬到上面，会短三尺，这个时候你就说，天助一尺，地助一尺，鲁班师傅助一尺。再'嗨'一声用斧子头打将下去，保证你能成功。"

福益听了好生奇怪，也没有多加理会。没有料到，到上梁的时候，其他木匠果真没有办法，梁吊上去就是少了三尺。吊上去又吊下来，左量右量，就是解决不了。这梁在地上量，一尺都不会少，可是一到了上面就是短三尺。

这时，福益才想起刚才烂脚师傅所说的话。见大家都已经没有办法了，于是就上前说道："不如让我来试试看。"

大家没有其他好的办法，就让福益去试试。只见福益爬上柱顶，叫其他人把梁吊上来。梁吊到柱顶时，还是短了三尺。这是，福益大声说道，"天助一尺，地助一尺，鲁班师傅助一尺！"福益一喊完，那根梁竟然马上恢复了原来的尺寸。福益立刻抢起斧头，"嗨！"的一声打下去，榫头就对上了。所有人都连声说好，却也奇怪为什么一个年轻徒弟竟然有这本事。

原来，这烂脚师傅就是鲁班，他见福益谦逊礼貌，不像其他人粗鄙无礼，就决定暗中帮助他。烂脚师傅说："一方水土养一方人，有荷花塘能化龙，但还必须讲善行嘉德，才会产生人中之龙，倘若自恃有才却缺德作恶，就会短尺寸，成不了正梁的。"所以，如今木匠师傅用的"五尺竿"都要写上"鲁班先师"几个字，表示对祖师爷的尊重，这样才可以防止尺寸上有差错。

传说固然有神奇的地方，但枧陈村的确从此形成了尊师重教的传统，文风鼎盛。因此，枧陈村自古人才辈出，村中第二代后人就出了个庆元县"知县"，清代时文武秀才更多达十余人。到清朝时，村中楼房鳞次栉比，簇拥而立，弄堂的地面也都砌有鹅卵石，各楼之间均有密封天桥相连。至于"山场田地"更是不计其数，由于陪嫁田抵达数省，所以就有了"马距三日不到边"的说法。陈安村因此日渐繁荣富庶，闻名遐迩。清光绪年间，村中涌现出了闻名衢州名震浙西的法官、律师。新中国成立后，村里同样是人才济济，名流迭出。

如今，在村庄整治过程中，荷花塘塘坎已经被重砌加固，改为八角棱形，荷花塘如同置于八角花檀之中，在美丽绽放。村民在荷花塘边砌起水井一口，专门用于保持荷花塘水清洁。可见塘清水秀，池塘底面的鹅卵石清晰可见。每逢傍晚时分，周边村民都喜欢来到塘边嬉戏。先祖的美德就如同荷花塘水一般清澈明亮，村民们未曾忘记，谨遵先祖教诲，尊师重教的美德在荷花塘畔代代相传。

（文/图：柯城农办）

衢州柯城彭村村

报恩建祠仁义扬

彭村村位于衢州城西，坐落于衢江之畔，隶属柯城区航埠集镇，由彭村、尖坑、毛家3个自然村组成。彭村古时又称祝家埠、彭川、橙川，南宋初年，祝氏家族迁居于此，因为近常山港，村民又姓祝，便取名为祝家埠；彭氏迁入之后，改称为彭川；又因为村内盛产橙子，遂称橙川。在历史的演进和时代的变迁之中，村落承载着先人数百年的生息历史，村内的建筑、道路、水系、农田见证着世世代代的生活轨迹。

目前，村内主要居住着严、王、朱、祝四大家族。村内现存的宗族建筑有三处，分别为严、王、朱三大家族的祠堂。其中，关于严氏祠堂，在村民中间还有一个口耳相传的故事。

从前彭村所在的这片土地上还只是一片茂盛的森林，四百多年前的明末清初，从江山大溪滩迁徙来十几户人家，在此定居繁衍，过起种田樵牧自产自足的安逸生活。这些人家大都姓严，他们正是严氏的祖辈。当时，严氏族人之中有一位德高望重的长老，大家都尊称他为旺公族长。据记载，彭村村严氏始祖为严子陵先生，旺公颇有先人之风，素以慈悲为怀，乐善好施，常以济贫扶困为表率，深得族人敬重。

有一天下午，旺公侄子前来报告说，他在去打柴的路上，发现路边的草丛里有一个病人，背靠着树不停地呻吟，无法开口说话，看来病得不轻。旺公一听，立刻带着几个人赶了过去。找到病人之后，看他模样像是位商人，可问他话却什么都回答不了。旺公二话不说，就和侄子等人把他抬回了自己家中，同时派人到县城请来郎中为他治病。在旺公和他家人的精心照料之下，病人的病情得到控制。一个多月后，已经康复的"商人"就要告辞回家了。

这天早晨，商人早早坐在大门口等着旺公起床。旺公来到厅堂，看到客人高兴地问道："昨晚睡得可好？"

"好，好！"说着，商人站了起来，然后双膝突然下跪，动情地说，"恩公在上，请受我一拜！今天我就要走了。"

旺公双手合抱，躬身施礼，并赶紧用双手把他扶起来说："不要客气，不要客气！患难相救是应该的。"

一会儿，两人就在厅堂坐下。旺公还是十分关心商人的病情，接着说道："病刚刚好，是否再休养一段时间再走？"商人笑着说："我在贵府已经打扰一个多月了，大恩不言谢，必定铭记在心。现在身体已经恢复健康，不便再打扰，在下就此告辞。"旺公再三挽留，见他去意已决，便不再勉强，只好同意。

临别之际，大家互道保重，依依不舍。全家人随着旺公一路送商人到村前，旺公还拿出一些银两送给他做盘缠。这时客人笑道："恩公救了我，在你家又养病一个多月，可是都不曾问过我的来历？"旺公说："是的，我救的是落难之人，是一条生命。不管是谁，有了危难我都会相救的。"商人又道："佩服！佩服！现在我就将我的身世来历告诉你。"

原来旺公所救之人名叫朱浚，乃是南宋诗人、大思想家朱熹的后裔。于是旺公抱拳施礼，说道："原来是贵人大驾光临寒舍，三生有幸啊。"说着旺公就要下跪行大礼参拜。朱浚急忙起身扶起旺公，笑呵呵地说："不可，千万不可。救命之恩，永世不忘！"可是旺公似乎还有些惭愧，说道："这些日子照顾不周，还请见谅包涵！"

旺公又与朱浚推心置腹地交谈了很长时间。最后临别时，朱浚给旺公留下了他在黄山下的住址，并对旺公说，今后任何时候，只要严家有难事，都可以来黄山找他。朱浚说："你们只要带上三斤三两、三尺三寸长的苎麻作为联络信物，我就知道救命恩人来了，我一定会全力相助。"旺公高兴地说道："好！好！后会有期，祝一路顺风！"随后，两人相互作揖惜别。

时间如白驹过隙，很快二十多年过去了。随着旺公的年龄越来越大，身体也越来越差，终于有一天病倒在床榻上。可是积压在旺公心底的一桩大事一直没有实现，那就是建造一座严家祠堂。

临终前，旺公把儿孙召集到床前，忧伤地说道："我这一生慈悲为怀，勤俭持家，生活安稳。但是想为严家族人建一座祠堂的愿望始终没有完成，死不瞑目啊！"他接着交代道："看来只好去找当年我救过的那个人相助了。他是朱熹后人朱浚。"旺公将去黄山找朱浚的联络方式告诉了儿孙，又说："如果哪一天严家祠堂建成，你们一定要到我的坟前来烧纸禀告于我，也让我了却这桩心愿。"

旺公去世之后，他的儿孙带上了信物，几经周折，终于在黄山下找到了那个朱浚。朱浚听闻旺公逝世，痛哭失声，带上祭品与银两跟随旺公儿孙来到彭村。他在旺公坟前敬香秉烛，行三叩九拜之礼，隆重吊唁，并将随身所带银两悉数交予旺公后人，用作修建严氏宗祠，以了却旺公的遗愿。在朱浚的资助之下，严氏祠堂终于得以建成。

严氏祠堂建造得气势恢宏，祠堂门前照壁矗立，门楼高大。大门两侧有一对用青石精雕细刻的石鼓，非常威严。石柱托着硕厚的额坊和曲梁，大门内硕大的木柱支撑着大大小小的梁枋。祠堂共分上、中、下三进大厅，大厅为享堂，中厅为祀堂，下厅为吹鼓奏乐之地，也可搭台演戏。

严氏祠堂建成之后，成为村中严氏族人的精神地标，它的建立离不开旺公的积德行善，祠堂更是成为传承旺公美德的象征。四百多年的历史长河中，严氏遭遇过多次厄运，能保留如今并不完整的格局已属不易，严氏族人凭借着对先人的敬仰，守护着他们共同的精神财富。

（文：柯城农办）

江山广渡村

广渡善人毛嘉裔

广渡村坐落在江山市峡口镇西端，与江西省广丰县管村镇毗邻。广渡村建在广渡溪西岸山坡上，呈三角形块状散列，依山傍水，景色秀丽。据当地《毛氏宗谱》记载，在五代十国的吴越王钱镠时，清漾村毛修业曾担任过江山县主簿，致仕后迁居广渡，距今已有一千多年。因村子建于溪边，村民往来两岸，必须由此渡河，故而得名。

广渡村历史悠久，村中现存诸多知名的文物古迹。建在村口古色古香的大公殿，建于乾隆四十六年（1781），建筑面积五百多平方米，规模宏大，造型别致，雕刻艺术更是精湛，是一座十分罕见的阁楼状古建筑。上马石公路边与八股厅门前的两座节孝牌坊，以及坐落在村中心八角井与毛氏宗祠，还有大量散落在村中的百年古民居，都富有传奇色彩，背后都有着感人的故事。

广渡村不仅古建迷人，历史上更是文风鼎盛，人才辈出，走出了一大批文人学士。生于北宋仁宗天圣二年（1024）的毛恺，字和叔，自少勤奋好学，求师访友，不远千里。皇祐二年（1050），二十七岁的毛和叔考中进士，从此开创了家族辉煌的一页。毛和叔一家祖孙四代，共有十人考中进士，其中和叔的孙辈六人及女婿都是进士，故时人称其为"六子七进士"。

广渡村村民耕读传家，诸多功成名就的社会贤达更是帮扶行善，安定一方，在江山一代颇有声望。清朝嘉庆年间，广渡毛氏就出了一个至今名盛不衰的大善人，他就是毛在桂的遗腹子毛咸恒的长子，江南毛氏第五十世孙毛嘉裔。说起他的美德善行，广渡人如今谈起依旧是交口称赞。

毛嘉裔广有钱谷，家业颇丰，时有村民向他借钱。不过同样是借钱，向毛嘉裔借与向毛嘉裔对门的毛庐川借，结果却是截然不同，成为极其鲜明的对比。

据说向毛庐川借钱，是"好借难还"。只要你有抵押物，毛庐川是什么人都肯借，不管你是懒汉还是赌徒，不管钱借去是用于大酒大肉还是随意挥霍，他都愿意借。但是向他借钱利息一向很重，而且一旦到期无力偿还，必将抵押物没收，甚至是抄你的家，绑你的人，弄得你家口不宁，非还不可。

然而向毛嘉裔借钱，是"难借好还"。毛嘉裔借钱的原则是：救急不救贫，救勤不救懒。赌钿者不借，好吃懒做者不借，造屋者不借，结婚者不借。他说：借钱给赌徒，是促成他早点家破人亡；借钱给游手好闲者，是在养懒汉；借钱给建房者，是让他产生攀比之心，住房的好坏是无止境的，屋是挤不破的，要住好屋可以到有钱时再建，或到钱庄里借，不要问我借；借给结婚者，是助其铺张浪费，结婚时女方不应该给男方施加经济压力，男方应该把婚礼办得越简陋越好。你要是讲排场，但又没有钱，那就迟一点再结婚吧！

不过如果遇到父母生病或过世者，遭逢天灾人祸者，置办农具者，毛嘉裔却是有求必应，并且问少借多。期限到时，借者无力归还，他也从不向人催讨，而且不收取利息。他说：借债为父母治病，不忘养育之恩，是孝顺之人，我必借无疑；父母过世，尸体不能烂在家中，我借钱给他，让他安葬父母，尽最后的孝道；火烧水冲惨遭横祸者，你不救他，他就不能生存，借钱给他是救死扶伤，是人道主义；平日辛苦耕种，需要添置农具，以用于加工农副产品，我肯定要借钱给他的，支持勤劳致富嘛！

毛嘉裔家中多有良田，向他租田耕种的村民甚多。如果恰逢天旱少雨，田里庄稼被晒死交不出田租者，毛嘉裔不但不会向佃户收租，反而会向他们嘘寒问暖。有一次，当他得知一家佃户因为收成不好，连年都过不成时，他就叫家中长工把自家谷仓打开，挑一担稻谷、送一刀猪肉、赠一串铜钿给他。佃户对此感激不已，第二年继续租借毛嘉裔的田种。适逢这年庄稼大丰收，佃户便把两年的田租都挑来交租，可是毛嘉裔却坚决不肯收下去年的田租，只收当年的。

另外，毛嘉裔还建立了一套朴素的养老保险制度，凡是青壮年就在他家做事挣工钿的长工，如果一直干到花甲之后，晚年就可以在他家休养生活，白吃白住，生前为其治病调养，死后为其安葬。如果长工要回到自己家中住，嘉裔就叫人把稻谷和零花钱及时送去，一直送到长工离开人世。

毛嘉裔还是一个心胸开阔，极具忍耐力的人。有一年，毛嘉裔到五里路外的江西省广丰县大阳地方收田租，到了之后很是顺利，只要通知一下，佃户们纷纷把晒干扬净的稻谷挑到毛嘉裔建在大阳的仓屋里来交租。但是收到最后一户时却发生了意外，这个佃户原先在他父亲当家时，就是向毛嘉裔租田种的，他的父亲是个善良之辈，每年交租的稻谷都比别人晒得干扬得净。可是今年他父亲离开人世了，他的儿子却是一个恶棍，竟把湿漉漉的稻谷挑来交租，毛嘉裔便劝他挑回去，重新晒一下再挑来，还对他说："你挑来挑去怪辛苦的，就少交五十斤吧。"

可是没有想到，那恶棍却大声吼道："你浙江人还想到我江西来作威作福，老子今天就是不挑回去重晒，你非收下不可！"

毛嘉裔耐心地说道："如果收下你这担湿谷，倒在晒干的谷堆里，我整屋的稻谷都会烂掉的，还是麻烦你重新晒一下吧。"

"你到底要收不收？"恶棍继续吼道。

毛嘉裔摇手拒绝，并想再次劝说。不料那恶棍竟像头猛兽一样，猛地冲上前去，挥起拳头，对着毛嘉裔的胸脯重重地打了两下，把毛嘉裔打得仰面朝天，横地不起。

消息很快传到广渡，毛嘉裔的儿孙和地方百姓成群结队地拿着刀枪，愤怒地向大阳冲去，并高喊着非把那恶棍杀掉不可。待他们冲到大阳岭背时，却见毛嘉裔已从大阳回来了。儿孙们连忙问他是否被打，伤情如何？可是毛嘉裔却是笑着摇头否认，并说："没事，

广渡善人毛嘉裔

没事，那佃户就是有点拗劲，被我狠狠地掴了两记响亮的耳光。是我打他，不是他打我。"就这样，一场凶杀案没有发生。

没想到年都没过，那恶棍在别处行凶时，被人杀掉了。毛嘉裔忙叫家人宰猪杀鸡庆贺，家人问他："您这么善良慈悲的人，别人死了，应该同情悲痛才是，怎么还要庆贺呢？"

毛嘉裔解释道："我不是庆贺那恶棍的死亡，而是庆贺杀人之事没有出在我们家。其实，那次确实是他打我，至今胸伤还未痊愈呢。但是当时我不骗你们的话，你们不是就成了杀人犯了吗？结果性命的事，是属于官府按律法判的，个人没有这种权力。恶人自有恶报，恶人的好景自然不长。凡事要以忍耐为上，不能一时冲动。"

据说，毛嘉裔一生练习书法，"忍"字是他书法作品中写得最漂亮的一个字。

（文：徐太／图：曾令兵）

开化下淤村

路不拾遗美德颂

　　下淤村古称霞洲，是衢州市开化县音坑乡东南部的一个山村，坐落于钱塘江源头，背靠月亮山，中村溪和马金溪在此交汇。霞洲大桥横跨马金溪两岸，时常有白鹭从溪上掠过。这里依山傍水，景色宜人，一派田园风光。村内千年古樟苍翠挺拔，成片的枫杨郁郁葱葱。每逢秋高气爽时节，站在月亮山之巅，远远望去，成片的向日葵花海，如同油画一般。

下淤村景

　　下淤村历史悠久，宋朝的祖墓如今依旧保存完好。说起下淤村叶氏始迁祖百五公，还有一段动人的传奇故事。

　　百五公名为叶志成，为中散大夫叶琰的曾孙，年幼时随同父母一起迁居叶畈（今中村乡树范村）。志成从小聪慧，读书过目不忘，对父母更是十分孝顺，村里人都称他为"孝子加才子"。谁料志成十五岁那年春日，父亲上山伐木，不幸跌下山崖，当场命绝。母亲闻讯之后，顿时昏倒在地，因为伤心过度，自此一病不起。为了治好母亲的病，志成不得不放弃学业，变卖家产，用小车拉着重病的老母，到处求医问卜。有一次，听说底本前洲有位姓徐的郎中医术高明，治好过不少疑难杂症，于是他一早就拉着母亲赶到前洲，跪求老郎中，为母亲治病。面对这位少年的孝顺之心，徐郎中颇为感动，连忙扶起志成，答应一定尽心而为。这位郎中医术果然高明，在他的精心治疗下，不到半个月，老母病体基本痊愈，身体逐渐康复。临别之时，母子两人千恩万谢，说不尽感激之情。

俗话说"人逢喜事精神爽"，对志成来讲，母亲大病痊愈，就是他最大的乐事。他拉着母亲沿着马金溪东岸的山路向南返回，一路上脸露笑意，口哼小曲，经姚村、穿杨家、过高山村、走读经畈，刚进霞洲，欲从该村过桥回叶畈。谁知天公不作美，忽然下起倾盆大雨。志成生怕老母再得风寒，匆忙脱下外衣披在老母身上，自己光着身子四处张望，欲觅避雨之处。正在心中焦急之时，忽见不远的小山坡上，隐隐约约有个山洞，连忙拉着小车，向那边跑去。到了山脚下，他将母亲背起，躲进了山洞。该洞宽敞干燥，里面还有村民堆放的稻草、柴火。志成急忙搬些稻草铺填好，让母亲躺下休息。安置好后，见母亲渐渐睡去，而洞外依然大雨未停，这才坐靠岩壁，闭目养神。因疲劳过度，志成不知不觉就睡过去。待他醒来时，已经是午后，天也放晴。见母亲还未醒来，他就走出洞外。放眼眺望，只见一江碧水环村，两岸山树葱茏，东南平川大畈，可耕可种。加上春日的阳光照在河岸的沙滩上，霞彩璀璨，景色十分绚丽。看到这美景，志成心中油然升起一个念头，急忙转身进洞。他轻轻叫醒老母，扶她走到洞口，一面指指点点，向她解说四周景色，一面将自己有意迁徙在此安居的打算禀告母亲，征求她的意见。老人虽有恋旧之感，但面对眼前的环境，加上叶畈的家产，全因为己治病，也已经变卖殆尽了，倒不如依儿子之计，迁到霞洲再图创业，于是笑着对志成说："就依你吧。"

南宋乾道二年（1165）前后，志成随母亲隐居于此，开始以山洞为家。他每天上山砍柴，挑到芹城去卖，晚上为老母端水洗脚驱蚊，服侍老母入睡后，他又开始挑灯苦读。此间，凡是村中有红白喜事，都会叫他帮忙，他是一叫就到，加之平日勤奋、厚道、孝顺，因而深得乡民的喜爱称赞。

霞洲村村中当时只有十余户人家，其中一户姓金名弘，因为祖上做官，颇有家产。夫妻两人只生有一个女儿，取名洁溇，芳龄一十有四。有一年冬天，金弘外出访友，因为多喝了几杯酒，回来过山路时滑倒在地，摔伤了腿骨。恰逢志成砍柴归家遇见，见状立即放下柴担，将金弘背到家中休息，然后又奔到城里请来郎中，为他接骨，金弘一家十分感谢。伤好后，当他了解志成的家境状况和他的为人，心中十分疼爱，于是请村中有名望的老人出面说媒，欲招志成入赘。开始志成婉言拒绝，他告诉来人说："别人有难，逢而救之，这是做人的本分，怎么可以索取回报！金员外之情，我心拜领，入赘之事，不能答应。"媒人将这话回禀，金弘听后更是感动不已，暗暗下定决心，女儿非他不嫁，于是一次又一次地请人上门说亲。金弘的真诚感动了志成母子，第二年冬，志成入赘金家。为使女婿能求得一官半职，金弘还专门到县城请来名师教授。

弹指流光，又逢三年一次秋闱，天下举子纷纷赴京赶考。志成在岳父的劝导下，拜别老母，辞别娇妻，带着书童，扬鞭上路。为不负岳父的关爱，这次他立志争取名登皇榜。数天后，主仆二人来到婺州城内，经过一家豪门宅院时，忽然一盆脏水当头泼下，弄得小书童如同落汤之鸡。志成见状，抬头欲加叱责。然而见丫鬟一脸的惊慌愧疚之情，也就忍气没有发怒。然而，当小书童在抖落身上脏水时，竟然发现脚下有一枚金镯，连忙悄悄地拾起，放进袋中。

随后两个人继续匆忙赶路，穿过闹市，直奔杭城而去。行至中途小镇，两人忽然觉得肚中饥饿，急忙找了一家餐馆就餐。在打开行囊欲取银两时，这才发现钱袋已空，所带盘缠不知什么时候已被贼人偷走。面对此情，志成急得不知如何是好。书童见主人如此心焦似焚，赶紧从袋中拿出金镯对志成说："公子且莫忧愁，有这金镯典当银钱，也足够支付上京赴考的费用了。"志成接过金镯细看，急忙问这镯子到底从何处得来。书童不敢隐瞒，就将丫鬟泼水倒出金镯一事详细告知。志成听后一言不发，将金镯放进袋中，拉起书童上了马背，连夜直奔婺州。

且说小丫鬟因替少夫人倒洗脸水，不小心连同金镯一起倒掉，悔恨不已，加上被夫人痛斥，一时想不开，竟想投河自尽，幸好被管家撞见，将她劝住。而少夫人更是含冤受屈，因为丢失金镯，老爷怀疑她是"红杏出墙"，移情别恋，逼她交代将金镯送予何人。夫人冤情难雪，悲愤难抑，于是趁老爷离房之际，剪下三尺白绫，欲上吊自缢，以死明志。忽闻前堂人声嘈杂，不知何故。就在这时，老爷推门进房，一把抱住夫人，连声说："我错怪你了，我错怪你了！"少夫人瞪着双眼，疑惑不解地望着自己的丈夫。于是老爷将前堂所发生的事情，一五一十地告诉妻子。

原来就在夫人欲自寻短见之时，志成马不停蹄地赶到他的府中。志成如实告知金镯之事，并将金镯当场归还主人。这才解除老爷心中疑团，不但救了少夫人性命，也救了小丫鬟性命。少夫人听完丈夫所言，顿时泪如雨下，抱住老爷放声痛哭。突然夫人狠狠推开丈夫，打开房门直向前堂奔去，她要好好地感谢这位素不相识的救命恩人。随后小丫鬟也在管家的带领下赶来，然而当她们含泪匆匆来到前堂，却已是人去堂空，耳边传来的是渐去渐远的马蹄声。第二天，因为还金镯耽误了考期，主仆二人忍饥挨饿，无奈地回到霞洲。当他向母亲、岳父和妻子说明未去参加考试的因由之后，全家人虽感遗憾，但也没有责怪他。尤其贤惠的妻子，拉着他的手，深情地说："救人一命，胜造七级浮屠，你这样做，上天会施福于我们全家的。"

（文：开化农办）

五　乐善好施

诸暨周村村

周其楠乐于助人声名扬

周村村坐落于诸暨市街亭镇北部，由周村、江口两个自然村组成。周村三面临江，一面临山，东与青山头相接，南至开化江，西接双江口，北毗陈蔡江，属山区小平原地区。

周村因周姓聚居而得名，诸暨周氏尊周敦颐后裔周靖为始迁祖。周靖（1102—1163），宣和二年（1120）中进士，后宋室南迁，定居杭州。南宋高宗绍兴十一年（1141），周靖有感北复中原无望，便隐居诸暨紫岩。他迁居于此后，子孙世代繁衍生息，并向四周迁移。据清光绪三年（1907）重修本诸暨《周氏家谱·紫岩分族图叙》记载："周氏自南渡居诸暨之紫岩，历宋、元、明以迄昭代，子姓蕃盛，迁居成族者五十余处"，周靖后人形成众多分支族望，诸暨南门周、丰江周、梅山周闰均为其支裔。到了明朝永乐初年，诸暨南门三踏步人周仕昂，大年三十夜晚，路过街亭周村时，被当地人留下过年，后来他就在周村娶妻生子，定居于此。

街亭周村历史悠久，文化底蕴十分深厚，村里流传着诸多仁人志士的故事。嘉庆末年正月初三，是诸暨街亭乡周村太学生周其楠（字石如）八十寿诞。他膝下有子九人，孙三十人，曾孙十二人，这一天都纷至沓来，给周老太公奉觞称寿。一番祝词过后，周其楠

周其楠乐于助人声名扬

对儿孙们说，"寿何足称……今吾公田若干，择其膏腴者，十亩产为学田，凡子孙游学泮者，准其收花以资膏火……"这八十老翁为何趁寿诞之际，当子孙面立下捐田助学公志？说来却有一个鲜为人知的故事。

乾隆二十四年（1759）正月初三，周其楠出生于街亭周村一个平常百姓家。他自幼好学，熟读四书五经，13岁时就考中了秀才，由于成绩优秀，被保送到外地读书，到17岁时已经是太学生了。正当他壮志凌云之际，不料家中老父周文鳌来信说，他年耄老倦于勤，已无力操持家业，读书费用也交不起了。周其楠是长子，弟弟尚且年幼，无奈只得废弃举业，返乡打理家务。从此，留下终身遗憾。

回家后，周其楠一边从事田间劳动，种菜种瓜，一边自学。离家一里多路的街亭是一个集市，他靠集市做起小生意。天道酬勤，几年过去，他家境慢慢好了起来，竟成为富甲一方的富人。但他始终以不得不废弃举业为憾，因此把自己求学的愿望，寄托在他弟弟周其椿身上，家里的农活、商事从来不让他干，就让他安心学习，还不惜重资聘请名师教之。

乾隆四十年（1775）刚好是县试之年，周其楠亲自陪同弟弟去县城考童生。功夫不负有心人，周其椿最终榜上有名。周其楠趁热打铁鼓励他说："鸟欲高飞先展翅，人求上进先读书。回家好好学习，再去省城考秀才！"

可惜，周其椿志不在此，虽然多次参加乡试，最终还是以名落孙山收场。不过，周其楠重学好义，却名扬四方。当地的绅士名流都愿意和他交往，县里德高望重的先辈夏鼎、蔡君，都成为他的莫逆之交。

嘉庆年间，多地发生农民起义，兵荒马乱造成民不聊生，饿殍遍野。一日，街亭大街上突然涌进了大批难民，不少商铺为防难民抢劫，纷纷关门，有钱的敲门想买东西，没钱的躺在街头哭天抹泪。消息传到周村周其楠那里，他急忙命令家人准备好几口大锅，烧好热粥放入大水桶，让家人挑着前往街亭亲自施粥。这件事情被当地名士雷悦、陈之喻知道了，他们也纷纷加入到捐款捐粮的行动当中去，终于平息了难民涌入街头的困境，使店铺没有受到哄抢，恢复了街亭的平静。通过这件事，周其楠同雷悦、陈之喻他们也成了好朋友。

又有一天，周其楠正在上头街一家茶店喝茶，突然听到街上有人大喊："死人了！下头街有人死了！"

周其楠急忙起身，前往出事之地。只见死者一身破旧衣服，蓬头垢面，横尸在布店门前。

于是，周其楠对布店老板说："此人死在你店面前，也是同你有缘。"

布店老板一看，是大善人周其楠，连忙躬身相问："此话怎讲？"

周其楠说："善缘善缘！我从你店买一块白布，再出一块墓地钱，你负责葬了如何？"

布店老板心想，人死在自己店前也不是办法，他肯出大钱，自己只要出点小钱，还能留下美名，何乐而不为呢！于是爽快地答应，马上请人将死者葬了。

一时间，周其楠为过路死人买布、买墓地，成为街头巷尾的一段美谈。

从此，每逢饥荒年景或有瘟疫灾情，他都首倡蠲赈。对饥民施以钱粮，对死后无墓地的人出钱安葬，不胜其数。

还有一件事也值得一提。一年初夏，周其楠上街发现有家粮店出售稻谷和大米，有缺斤短两的情况。于是，他在一家酒坊准备了丰盛的酒席，让店小二去邀请街上所有米市老板来吃酒。席间，只有一家规模较大的米店因老板出门没有来，其他的都到了。酒席开始，他只说现在不是粮食进仓之机，难得有空来做东一聚。说完频频举杯向米市老板们敬酒，却不说任何事情。正当大家喝得高兴之时，一个市民突然跑来向一家店主诉苦，说买的粮少了很多。周其楠一看，一斗粮只有八成多。

这家店主当着大家的面十分尴尬，说："不会吧？也许是你的秤错了。"

周其楠接过话头说："对，赵老板一向公平买卖，不会少人家的，少了一定补足！"赵老板急忙应允。

周其楠继续说："现在正时青黄不接之际，来买米或来借的都是贫民，希望大家能够公平交易，不要让老百姓怨声载道。我自己带头做到，如果发现缺斤短两，大家可以罚我一桌酒席。"

大家吃酒正在兴头上，纷纷表态绝不做这种缺斤短两的事情，如果发生在自己身上也愿罚酒一桌。就这样，大家相互约定，形成了一个街亭商铺公约。

第二天一早，周其楠又亲自备酒，登门拜访了那家昨天没有来参加酒宴的米铺老板，并说明了昨天桌上形成的商铺公约。店老板见状连连说好，也保证一定遵照执行。从此各铺买卖公平，声名远播八乡。

道光庚子年（1840）十月初九，这位助人为乐的大好人——周其楠先生，带着学子梦离开了人世，享年82岁。他亲自建造带有东西二厢的大古宅至今尚在。他当年以十亩良田收益，支助过的学子不下百人。他捐田、捐款、助人为乐的事迹，至今仍为乡人所传颂。

（文：陈孝平/图：曾令兵）

诸暨溪北村

徐文耀弃政经商富家乡

溪北村坐落在诸暨市东南部，隶属璜山镇，由溪北、下马宅两个自然村组成。溪北村依山傍水，前有莘溪从东山下过境，后有龙泉溪流经溪口接纳梅溪之水，沿山而下，经庵基湾口曲折向东流出。

溪北村原本是一块无名小盆地，直至清康熙年间，溪北先祖到此开荒辟野，逐渐兴盛。村内村民主要姓徐，据《溪北村史》记载，徐氏祖籍东海郡，汉时避王莽之乱，南迁浙江姑蔑城北，后又迁至东阳。到明洪武年间，由道礼公再迁至诸暨大成坞。

当年居住在大成坞的徐氏家族人丁兴旺，而府邸狭隘，一众人口难以容身，于是纷纷外迁，择良地栖居，以另谋求生之道。其中有一族人徐俊（祥十八公），率部分家人来到龙泉溪江北面半山区中的一块开阔荒滩，发现此地地势低洼，南高北低，完全融入一片无边的葱茏之中。由于此处水流不畅，每遇山洪暴发，顿成泽国；若逢干旱，霎时河床干涸，沙石裸露，呈现出一派荒芜景象。然而祥十八公深通易理，熟谙阴阳之道，且独树远见卓识，经过反复勘察山水地域之利弊，洞悉其来龙去脉，认定吴峰山前是块风水宝地。于是决心移江造田，同时择地填土，与家人一起在干涸的溪滩上建造了第一幢宅院，名之"行五堂"。并于康熙甲午年（1714），携全家四代同迁新居。因全家老小成长于梅溪，深念梅溪之恩泽；而新居又位于梅溪之北，故以"溪北"命名之。从此这支徐氏后裔就在溪山碧野的溪水之地——溪北村繁衍生息，开枝散叶。

溪北以大量明清古建筑民居而负有盛名。从徐俊父子在溪北建造了"行五堂"、"燕翼堂"后，至清末徐氏后人又建造了"鸿顺堂"、"成三堂"、"德一堂"等二十多幢相当体量的古民宅。

上百年来，溪北村家家户户种桑养蚕，日子过得红红火火。但要说是谁引进来的，这里有个家喻户晓的故事。

徐文耀弃政经商富家乡

清同治十二年（1873），徐文耀出生于溪北，字荇生，号宿卿。其父以耕读传家，管教慎严。徐文耀潜心读书，修身养性，成年后以俭朴自律，择善而从，终成正人君子。由于他知书达礼，为人正直，被浙江省都督汤寿潜所赏识，委任他为都督府总务处长。辛亥革命后，他又被提任为萧山、嘉兴统捐局局长，兼烟酒专卖局局长等职。

徐文耀在杭任职期间，与马村马氏贡生静斋公长女结下姻缘。其妻生性恬淡，在家操持家务，孝敬父母，并为其生育了三儿一女。凭借徐文耀的为官收入，他们的日子过得还算富裕。然而过着富裕日子的徐文耀并未就此满足，一直以来他都心存想法：独乐乐何如众乐乐。他希望能在自己的有生之年，凭自己的聪明才智，带动全溪北的村民共同富裕。经过官场多年的历练和多方的考察，徐文耀认定种桑养蚕应当是适合家乡村民的致富之路。种桑养蚕，第一年种下桑苗，第二年晚秋可以养蚕，第三年春蚕就可以全面饲养，成本低、周期短、见效快、增资明显。蚕的一生须经历蚕卵—蚁蚕—蚕宝宝—蚕茧—蚕蛾这几个阶段，蚕宝宝仅以桑叶为食，一年能养三茬，每茬二十八天就可以见到现钱。而且养蚕生产期主要是在四月至十月间，其余五个月是休闲时期，不影响摘茶种田收番薯，是农闲赚钱的良机。

有了这个想法之后，他便利用回家探亲的机会，召集父母叔伯，给他们讲解种桑养蚕的过程以及各种好处。但是苦于村民没有种桑养蚕的经验，即便知道好处也不敢贸然把种麦子的山地拿出来种桑养蚕，唯恐辛苦劳作之后没有回报，还耽误了其他农作物的收成，得不偿失。看到村民们的顾忌，徐文耀并没有一味埋怨，也没有轻易放弃。他另辟蹊径，让村民在山地上套种桑树。这样既能保证小麦种植和夏种番薯，也不会影响养蚕的时节。村民听后一致认同，纷纷套种桑树。

村里有个村民叫阿毛，家里穷得揭不开锅，没钱买桑苗。徐文耀得知此事之后，当天傍晚来到他家了解情况，只见三个不大的孩子正饿着向父母讨要东西吃，长年卧床的老母亲因疼痛微微呻吟，而缸里没有一粒米。徐文耀见状很是同情，从衣袋里取出五个银洋交给阿毛去买米。阿毛感激不尽，连声说谢。徐文耀趁机把种桑养蚕能赚钱的想法跟阿毛详细解说了一遍，最后还决定送他一亩地的桑苗，来年再送他蚕种，这样一年下来全家就不愁吃穿了。阿毛听后十分感动，表示一定会种好桑树养好蚕。

当时，村里有个别养蚕户在养蚕第一茬时，产量和质量都没有达到预期的目标，开始失去信心。徐文耀见状，便从外地请来专家查明原因，并进行针对性的指导。经查，原因主要是"出沙"不及时、消毒不及时造成桑蚕染上病，甚至死亡。在严格按照专家的指点操作之后，第二茬的产量、质量一下子提高了，收入也大增。通过试种，村民们品尝到了甜头，主动开始扩大种桑养蚕，并逐年增加种桑面积。徐文耀还经常请有关专家和种植能手来村里指导，村民养蚕积极性越来越高，净收入也逐年增加。渐渐地，溪北村村民开始自主研究种桑养蚕的技术，劳动创新的积极性越来越高。几乎每个人都快乐地忙碌着，家家户户的日子过得红红火火。曾经的溪北村是一处荒滩，现如今遍地是桑树，家家有桑蚕，一派丰衣足食的繁荣景象。

民国初年，全国上下对改革呼声很高。当局对工业、农业、商业三者并重发展，颁布实行了一系列有利于中国民族工业发展的经济政策，扶持弱势的民族工商业，提倡国货，增加进口税并减少出口税，加强国货竞争力，扩大国货销售市场。徐文耀正是接受了这些新思想，怀着对家乡的热爱，抱着"官可不做，实业不可不办"的信念，解甲归田，返回家乡，扩大生产办茧灶。

由于徐文耀曾对溪北村做出了很大的贡献，还时常给村民一些实质性的帮助，所以他在村子里拥有极高的威望。这次，徐文耀把想在溪北和东蔡两地集资开办茧灶收购站和茶厂，方便村民收购桑蚕的想法与大家说了之后，村民们一致拥护，积极响应，纷纷表示非常愿意把自己养殖的蚕茧卖给他的茧站。

徐文耀的茧灶收购站和茶厂成立之后，他又奔赴多地考察学习，引进了先进技术。经他家茧灶加工过的桑蚕，都能产出上等的蚕丝。与此同时，徐文耀还积极开拓销售市场，并在各界人士的帮助下，将全村的蚕丝、茶叶陆续销往上海。

一年夏天，徐文耀去上海谈生意，机缘巧合之下，在一家理发店里偶遇一位讲一口流利中文的洋人。两人志趣相投，谈商论经，相谈甚欢，并相邀理完发后至茶店一聚。交谈中，徐文耀得知该洋人乃一日商，而日商也得知对面此人便是赫赫有名的徐文耀先生，当下欣喜不已。日商当即表示对有千年文化的中国丝绸颇感兴趣，希望日后能长期合作丝绸生意。而徐文耀当然不会错过打开国外市场的好机会，当下双方便愉快地签订了合同。一收到订金，徐文耀便把银洋发给蚕农做本金，扩大生产。有了这个良好的开端，溪北村的种桑养蚕生意越做越红火，溪北村村民的生活越过越富裕。诸暨的丝绸也正式走上了贸易之路，产品远销国内外。

徐文耀生意做得如此兴旺，从不忘记对家乡行善做好事。他为村里捐款办学，大力支持教育事业；资助村里修路建房，搭建塘前光寿亭，改善村容村貌；对困难的村民无不解囊相助。然而，天有不测风云，就在他的事业经营得红红火火如日中天之时，民国9年（1920）四月七日黄昏，徐文耀在陪同事外出视察时，不幸被人暗算身亡。惊闻此消息，所有认识徐文耀的仁人志士，无不扼腕长叹，为英才的早逝痛彻心扉。

现如今，斯人虽然逝去，但他所建立的蚕桑事业一直流传至今。他一生关怀桑梓，热心公益事业，为活跃当地经济做出了极大的贡献，至今尤为人们传诵。看如今的溪北村，到处都是新建的住宅，甚至有很多洋房和别墅。再看那些遗留的古宅，仍然雕刻如海，造作精美，无不透露着当年溪北村繁荣富裕的景象。这些古宅至今仍能保留完好，必定是村民对徐文耀及先人们的一种缅怀和感恩吧！

（文：楼茵/图：曾艺超）

绍兴上虞田家村

"市井小人" 胸怀广

上虞市小越镇田家村坐落于杭甬运河之畔，由前田、后田、小金星3个自然村合并而成，位于小越镇最东端，与余姚市相连。田家村历史悠久，宋代景炎元年（1276）田氏先祖世本公由山东迁居于此，至今已有七百多年历史。村中有一座国内少见的专门祭祀白居易的"白大郎庙"。白大郎庙五间三进，两侧有厢房，中间设有戏台。西大门两旁石柱上，写有一联白居易的诗，"卯耕受社凝芳都荔展躬祠，蓬莱宛在棕榈叶战水风凉"。

不过对于村民而言，村中的田家祠堂有着更为重要的意义，是几百年来联系田氏族人的精神纽带。自田氏先祖始创基业，一代又一代勤劳朴实的田氏后人怀着富裕、幸福的梦想，在这里艰苦奋斗。清乾隆时期以后，更有众多田氏族人上京津、下淮扬、进沪杭，经商办实业，将赚来的钱带回家乡救济穷人，兴办公益事业，使田家村成了附近一带有名的富庶祥和之地。而在众多田氏工商人士中，尤以田时霖最为突出，目前村中的祠堂正是田时霖在民国初年重建而成。

田时霖（1876—1925），名世泽，字时霖、澎霖（林），号柏祥、梦樵、不羁。田时霖从一个失学少年成为沪上著名木材商、金融家、社会活动家。他家境殷实，却又过着清苦的生活。他将赚取的绝大部分资财用于家乡的公益事业，力保家乡的安宁，留下了一段又一段佳话。

少年失学进沪拼搏

田时霖的童年时代是在苦难中度过的，本来殷实的家庭由于"洪杨之变"的波及，祖父将家财基本散尽，用于救济饥民。到田时霖出生时，家庭生计已是捉襟见肘。在他10岁时，祖父、叔父、

田时霖资助乡邻胸怀广

婶娘、父亲相继病逝。母亲陈夫人独自支撑家庭，为抚养 6 个年幼的孩子（2 个叔父的女儿，田时霖和 3 个妹妹），陈夫人不得不变卖家财，并日夜招揽针线活、纺纱织布以补贴家用。田时霖 14 岁时，家里生计实在无法维持，陈夫人忍痛让自小聪颖、学业优异的田时霖辍学，托人带他到上海木行做学徒。

学徒期间，机灵的小时霖表现得十分好学、懂事。除了虚心学习木业交易各种知识，他还抢着做木行内其他力所能及的工作，深得木行业主的欢心。在满师后任"跑街"（业务员）期间，业主甚至将押运清廷采购的木材这样的重任交给他办理。在京城，时霖通过在清廷工部任职的族人田徽祥，结识了包括汤寿潜、张謇在内的社会名流。很快，田时霖就被木行业主聘为经理。

没过多久，田时霖便利用自己积累的资金，在上海开办了震升恒木行。由于人脉广泛，讲究信誉，木行发展很快。他还大胆开辟进口高档木材进销业务，成为上海为数不多经营"洋木"的商人之一。不几年，田时霖即成为上海著名木材巨商。

不过田时霖并未就此止步，他还联络田祈原（田家村人）等46名绍籍在沪工商巨子，创办额定资本1200万元的中央信托公司以及国内首家华人自己创办的保险公司，同时出任首任董事长，成为上海滩著名巨商。

恪守祖训兴学施医

田时霖自幼受到良好的家风熏陶，他的祖父是闻名乡里的善人，接济穷人，排解纠纷，深得乡邻的尊重。父辈忠厚敦睦，其母更是贤惠晓达，自幼就教育子女要堂堂正正，做一个像祖父那样受人敬重的人。田时霖致富并将全家人接去上海共同生活以后，陈夫人更是时时叮咛田时霖：经商虽然是为了谋生，但不能唯利是图，而要服务于家乡父老，不要忘记乡邻在我们无助时给予的关心和照顾。田时霖没有忘记长辈的教诲，致富以后倾力回报家乡父老。

1911年夏，田时霖与在外地的5名族人共同发起续修田氏族谱。经过四年的努力，10卷本的《上虞永丰乡田氏族谱》（清代以前，现小越镇属永丰乡地域）终于大功告成。田时霖不仅花费了大量精力，而且承担了大部分费用。续谱开始后没多久，续谱发起人之一，任四川松潘总兵的族人田征葵在"辛亥革命"中被杀。田时霖冒着危险，拿出巨款，派专人去松潘将田征葵的遗体和他的家人接回家乡，得到乡邻的一致称赞。

田时霖在家乡购置田地，修建了一座私宅，起名"凤荫里"。不过，"凤荫里"并非仅仅用于私人用途，"凤荫里"落成之后，在宅第内建办的"凤荫学堂"也正式开学。学校招收田家所有学龄儿童免费入学，教师由田时霖家人担任，经费全部由田时霖支付。其后，由田时霖、田祈原等旅沪族人共同捐巨资兴建的田氏宗祠落成，宗祠内设学校用房10间，"凤荫学堂"随即迁入祠内，并改名为"紫荆小学校"。由于入学学生过多，祠堂还将后进功房祠的五间楼房也辟为学校用房。该校是当时余姚、上虞两县交界地区规模最大、设施最完善的学校。学生免费读书，所有费用全部由田时霖等旅沪田氏族人按期认缴。

田时霖不仅在私宅内兴办凤荫学堂，后来还在家乡宅第内建办宝泽女子学校，招收附近因封建礼教无法读书的女童入学，女校还附设上虞第一家蒙养院。在田氏宗祠旁，田时霖又出资兴建平房7间，在五夫凤凰山购山30亩，建办"凤荫山庄"，为贫困无可告贷者、穷人和死后无钱无地殡葬的流浪者提供帮助。

由田时霖牵头，余姚、上虞两县交界地区旅沪商人捐资兴建的永济医院在1916年开业。这是两县首家西医医院，医生均从上海和各地医科院校中招聘而来。附近地区贫困者、流浪人员入院治疗，凭董事会成员介绍，可以免治疗、住院等各项费用。医院还开办医科学校，为两县培养了紧缺的西医基础人才。两年后，余姚、上虞两县发生时疫，田时霖便在上海组织同乡捐款，用募得的巨款在上海招聘医生，采购药品，组织医护人员赶赴疫区，救治灾民。

1922年前后，浙江遭受"壬戌水灾"，曹娥江圹被多次冲毁，由于资金短缺，上虞乡绅不得不请求田时霖回来主持救灾和修复江圹。很快，田时霖便募得救灾款55万元，在上海购买玉米10万石、棉衣1万件救助家乡的基础上，还回乡任"曹江水利下游圹工董事会"董事长。他一面赴沪杭、上南京，与董事会其他成员一起募得银洋24万余元，一面请工程技术人员勘察灾情，制订抢险方案，组织民工修复水毁工程。历时两年，江圹修复工程告竣，田时霖却因工程操劳而旧病复发。

胸怀国家关心社会

田时霖在经商中表现了非凡的天赋，而且在社会活动中，也表现出了宽广的爱国情怀和卓越的活动能力、组织协调能力。但是，他牢记母亲"当今社会做官往往不思作为，当官往往为了捞取厚利。你对他人、对社会要给予，但不要为官，保持田氏先人淡泊名利的本色"的教诲，积极参加社会活动，却干事不入仕。20 世纪初，在全国轰轰烈烈的"保路运动"中，他积极主持由中国人自己建设和经营的苏杭甬铁路，并带头入股浙路公司，并被推荐担任浙路公司股东会议议长。

1920 年，为抵制西方列强对中国的经济侵略，上海总商会筹建国货商品陈列所。田时霖被推荐担任首任所长，直至 1925 年病逝。在任期间，他组织全国 3.5 万件民族工业产品在所内展销，还举办了丝绸产品等多个专题商品展览会，为国货商品的销售打开了局面。

在为抢夺上海鸦片烟税源和淞沪护军使地盘而发生的"江浙战争"中，为促使省政府改变抽调甬、绍两地维持社会治安的军警赴衢州参战的决定，两地分别组成请愿团，田时霖被推荐担任绍属绅商代表和甬绍两地请愿团团长，积极为家乡奔走。

不过，田时霖参与社会活动最为典型的事迹当属他在辛亥革命期间的表现。1911 年 11 月 5 日，浙江宣布光复时，田时霖全力协助浙江都督汤寿潜做好全省社会治安工作。不久，浙江新军响应孙中山号召参加南京会攻，田时霖承担了军饷筹措、人员和物资转运的任务。后任南京临时政府大总统顾问的朱福冼在评价浙军时说："浙军获全功，转运之劳，澍林为最。"革命胜利之后，南京临时政府授予田时霖五等嘉禾勋章一枚。朱福诜和汤寿潜都劝田时霖到政府任职，田时霖收下了勋章，却回绝了任职要求，他谨守母亲教诲，坚持回上虞经商。

1925 年春天，由于为修复曹娥江圩以及"江浙战争"问题连续奔波，田时霖旧病复发，吐血不止，最终劳累致死，终年仅 50 岁。田时霖曾在他的一张照片上署名"市井小人"，以此表明自己仅是一个普通人。他一生低调做人，从不张扬。田家人中有个传说：如果时霖要乘火车，哪怕火车开过了也会退回来。但是事实上，田时霖从未如此行事。抢修曹娥江圩和救灾的大功德，他也从未在家乡提起。汤寿潜为照片题词："田时霖君商于沪市……助余而从无纤毫之私……君无私是以不羁，未见小人而无私，更未见小人而不羁也。其诸异于君子，其名小人其实者欤。"

（文：林章苗/图：曾艺超）

金华金东蒲塘村

蒲塘王氏孝义传

蒲塘村隶属金华市金东区澧浦镇，坐落于积道山山脚，为北宋开国名将王彦超后裔聚居地，建村至今已有九百多年历史。村庄三面环山，一面临水，当地人称"燕儿窝"。村内地势高低不平，古建筑依地势而建，目前保存完好的古建筑面积多达 2 万多平方米，村中的两口宋代古井至今仍清流不断，滋养着村民。

蒲塘王姓村民先祖王彦超辅佐宋太祖赵匡胤建功立业，戎马一生，不仅战功赫赫，更具谦谦君子之风。赵匡胤即位之后，为定国安邦，杯酒释兵权。王彦超功成而不居，主动选择急流勇退，乞归田园，反受赵匡胤赏识。据《蒲塘凤林王氏宗谱》记载，王彦超最终以右金吾卫上将军之职悬车致仕，其后举家迁居义乌凤林，开基立业，以孝义传家，后世英才辈出。

王氏传至第六世孙王秉操又迁居至义乌下强，第十二世孙王世宗为避水患再从义乌下强迁居至金华蒲塘。因崇尚先祖王彦超文功武德，蒲塘村民一向崇文尚武，孕育了文武兼备的村风民情。村内最能体现此种村风民情的莫过于文昌阁，蒲塘村的文昌阁不仅供奉文昌帝君，还供奉着武圣关公。门楼内"文昌武曲"的牌匾，大门上"文经武纬"的祖训，都在告诉人们这里是一个有文有武的宝地。

蒲塘古时除以文昌阁表征"文经武纬"之外，还以王氏宗祠倡导"孝义传家"。蒲塘王氏宗祠位于蒲塘村东北部，明朝万历年间始建，清康熙二十年（1681）迁建今址，康熙四十年（1701）、光绪十年（1884）、光绪十八年（1892）、光绪二十年（1894）多次重修，局部在民国时期再次修缮，2005 年至 2008 年又大修。王氏宗祠坐西朝东，占地近千平方米，平面布局呈长方形，前后三进，

蒲塘王氏孝义传

左右设厢房。整座祠堂格局完整，规模宏大，做工考究，雕刻精细。第二进崇本堂内的青石圆柱上共镌刻有八副楹联，具有极高的历史、文物和艺术价值。牌坊式门楼上面雕刻有戏曲人物、和合二仙、八仙、双龙戏珠、双狮滚绣球、蝙蝠、鹿、鸳鸯、喜鹊、仙鹤、梅花、莲花、牡丹、松树、二十四孝等题材，寓意美好，雕工极其繁复，且贴金髹漆并用，富丽堂皇，足以想见当年的王氏家族是何等繁盛。

说起王氏族人孝义传家，明朝王敏祖孙三代可以说最为典型，宗谱之中载有许多他们可歌可泣的善举。王敏做了两件蒲塘历史上的大事，一是倡建祠宇，二是首修宗谱，尤其他在"歉年出余谷借贷缺食者，至秋收还贷只取本谷，粒利不收"，对他的子孙影响很大。

他的长子王景明曾是"乡赋之长"（在乡里管田地税的小官），

因为他"敛积以公",所以"官无逋负"(没有拖欠赋税的),得到上下一致的赞誉。更难能可贵的是他的孝道,凡有时新菜果,他总是先让双亲品尝,然后再自己吃。每晚都与兄弟聚于父母身旁,与他们说些日常所发生的好事,让双亲高兴。邻里之间有什么矛盾,他也都处理得很好,得到大家一致好评。在他过世的时候,送殡的人不下千人。

王敏第三子王景文,也是个"好义捐金"之人。比如当时有一古寺,因管理松弛而荒废,寺产被变卖,他就"用百金买回寺僧楼房四间,田五石七斗",再召回寺僧继承前业。后来他被地方上推举为管理治安的"团长",地方上便再无骚扰之事,没有暴力与抢劫事件的发生,乡民都得以安宁,王景文因此受到乡邻们深深的仰慕。

王敏幼子王景奎,在万历乙亥年(1575)大饥荒时,他家有积谷千余石,本想"减价以粜",又怕"困乏者无措",于是就在各路口招贴告示,说蒲塘他家有谷千余石,缺食者可将冬用衣被拿来借贷,到秋后只要还本谷,并不取利。结果,四面八方肩挑冬用衣被来贷谷的人把道路都挤满了。还有一次,因村上灵山寺的田产被一宦官所夺,他就拿出百金赎回,并召回僧人以奉香火。万历戊子年(1588),当地又遇大饥荒,国库里拿来贩济的粮食都不够了,他又拿出积谷代官贩济。另外,只要家族中有孤幼无靠的人,他就收抚恩养,还为他们娶妻,给他们田屋养家。

王敏父子的美德深深地影响了后人,王敏之孙的孝义之举也是难能可贵的。王景明的儿子王良玉,他在饥荒之年借谷给缺食者,不仅待到秋收之后还本就好了,哪怕有过两三年再还的,也不收一粒利息。至于万历戊戌年(1598)那次大旱,赤野无收,十室九空,乡邻难以存活。他便对自己家人说:"我们家有五十余口人,估量一下积谷好像还有点多的。现在如果全家吃薄一点,到来年开春可以把多余的粮食,拿去扶助族人的春耕。"到第二年春天,果然到处都有剥树皮、掘草根充饥的人，更可怕的是还有不少乡亲坐闲等死，束手待毙。他估计除了供应自己家里吃的，大约可以拿出粮食百余石，供族人数十天的"薄煮之食"。于是他就叫自己的儿子把多余的粮食全部挑到祠堂里去，叫人平均分给各家，使族人都赖以为生，没有一个因饥饿而死去的。更可贵的是，当大家全靠他的救济而度过这次饥荒，要荐举他到官府接受嘉奖之时，他却婉言相拒，说："救济族人，是我的本分事。如果以救人之急去彰显自己的名声，我是绝对不会做的。"这事就这样被他自己阻止了。还有灵山寺田产被宦官所夺那件事，上代人赎回后他怕后代人保不住，又吩咐自己的儿子将自家在寺院附近的沃田二石七斗，每年的租谷一十二石，永远付给寺里僧人，让他们每年不但够吃，而且还可有余钱修葺寺院，让僧人安心侍佛。

王景文的儿子王良瑛，生母在他年幼之时就已去世，不过王良瑛对待继母依旧十分孝顺。在他父亲遭受重病时，他连夜秉香祈祷，持戒告天，并且五步一拜，远到杭州上天竺上香礼佛，沿途礼拜月余才到达，行程四百余里。等到父亲大病痊愈，他又装米一百二十石，直到普陀，供养僧众，为父祈福。在万历乙亥年（1575）的大饥荒，他捐谷一百多石，赈济缺食的穷民。万历戊子年（1588）又闹大饥荒，官仓赈饥不够，他又独捐谷一百零五石，代官仓救济饥民。万历己丑年（1589），因大灾荒而发大疫，饥民缺医少药，他又施药付医，救活许多灾民。当年按院方公获呈报的王良瑛善事的材料，便发公文至金华府，说王良瑛捐谷赈饥施药疗病，实属良善，准许刻名于旌善亭，金华府还给王良瑛多次嘉奖发帖。

王景文另一个儿子王良秀的孝义之举除了与兄共事双亲之外，还因季兄嫂早亡，抚养他们所留下的一双子女长大成人，直到两人各自成婚，并且还为他们举办了体面的婚礼。万历戊子年（1588）大饥荒，他借谷一百余石给村民，不收一粒利息。其中有姚姓等二十五家甚至无本可还，他也不再取。万历戊戌年（1598）大饥荒，他又捐助数百余两白银给以前曾向他借过谷的饥民，并且告诉他们说，"今年又遇荒年，但你们都是我的父老乡亲，给你们捐助点钱，是我应该的。至于以前借过我的粮食到现在还没还的，就不用再还了。"说完便拿出当年的借据，当着大家的面烧掉。王良秀的另一义举就是修桥，他曾独自花费巨资建造了南阳官路石桥、湖陵石桥和傅麟桥，这些义举都让民众勒石感颂。王良秀的义举善行也深深地感动了远近乡邻，地方上也做好材料呈报于县衙，县衙便下令赐他"冠带荣身"等称号。后来，巡按知道王良秀举义行善的事情，又下文命令县衙给匾嘉奖。

王敏三代所创造的蒲塘发展历史上的第二个高峰"百年孝义淳辉"，至今在祠堂悬挂的牌匾上存有遗迹，如"嘉奖义赈""积德广惠""敦厚崇礼""善士""扬善""慕义急公""尚义助塔""乌台族善""嘉尚贤劳""德善传家"等，大都是根据当时各级官府所发之帖建立。

（文：王克俭/图：郑锡青）

仙居杜婆桥村

功德常驻杜婆桥

杜婆桥村位于仙居县城西北方向，紧邻西岙水库，隶属安洲街道，是永安溪畔的一个美丽村庄。杜婆桥村历史悠久，古称大屋，往前可追溯至清朝，因村中有一石桥，名为杜婆桥，村便以桥得名，改称为杜婆桥村。

功德常驻杜婆桥

杜婆桥原本是村中的一座石桥，至今保存完好，因为地处村东，又被村民称作东婆桥。显然，杜婆桥是整座村子的象征，村民对这座桥有别样的感情，村民还作了《杜婆颂》予以赞美：

杜婆造桥路人来往好方便，
杜婆建亭避风雨又纳凉。
桥知黎民喜怒和哀乐，
亭懂世人悲欢与离合。
杜婆人家开门杂事多，
柴米油盐酱醋茶。
遍尝民间咸淡酸甜苦辣味，
桥头桥尾亭里亭外觅文化。

对于这座石桥的来历，有着不同的说法。据光绪《仙居县志》记载，杜婆桥是因"以杜氏妻建，故名。"不过在村民的口耳相传之中，有另外一个传说，内容更为翔实，而且与中国传统文化所倡导的行善积德观念相关。

据村中老人回忆，在很久以前，村中有一个姓杜的老太婆，祖籍黄岩。杜婆为人纯真温厚，勤劳俭朴。她有一项特殊的才能，就是善于纺棉。她的一生都靠纺织棉花维持生计，哪怕到了八十多岁的高龄，依旧是手不离纺车。杜婆心灵手巧，学有专长，虽说是纺棉花，但是她精益求精，纺棉花的技术达到十分高超的水平。杜婆纺棉能够做到中途不断线，少有线结头，而且粗细均匀，纺的棉絮结实牢靠，样子美观不崩盘。杜婆不仅白天纺棉花，而且夜以继日，有时哪怕没有油灯取光，也照样纺棉不停，同时所纺出来的棉质量不会比白天或油灯亮时纺的差。这听起来真有点使人吃惊，不过杜婆就是靠着自己千锤百炼的手艺赢得了大家的信任，靠着纺棉所赚的一毫一厘积蓄起自己的家业。

虽说杜婆的家财来之不易，但是杜婆一生慷慨大方，乐善好施。穷苦人家生活过不下去了，只要向杜婆借钱借粮，杜婆从不犹豫，都是很乐意出手相助。有时穷苦人家借了钱粮没有能力归还，杜婆就不要人家还了。不仅如此，杜婆知道他人无力偿还，正因为家庭困难，这时候反而还会再接济人家一点钱粮。杜婆平生行善积德，在村民中间留下了非常好的口碑，大家都称她是个大善人。

有一次，村中为方便过往的行人，决定在后门坑造一座石桥。杜婆知道后心想，造桥是件为民造福行善积德的大好事，我不但不能置身事外，而且更应该出大力。于是，她把自己平生纺棉花积存下来的钱统统捐献出来，用于建造石桥。村民知道杜婆的善举后深受感动，被杜婆无私奉献的精神所感染，纷纷学习杜婆的善举，有钱的出钱，有物的出物。一时间，村内热火朝天，在大家的齐心协力之下，石桥很快就造好了。

石桥建造好后，首先要进行开桥，举行剪彩仪式，之后才能使用。村子离仙居县衙不远，县太爷知道石桥造好了要开桥，表示要亲自参加剪彩仪式。不过知道杜婆的事迹之后，为了赞誉杜婆为造桥捐款的义举，县太爷提出让杜婆开桥剪彩。不过杜婆听了之后，却连连摇头，说："要不得，要不得，开桥剪彩理应得让大人物来，怎么轮得到我这个老太婆。"县太爷见杜婆推辞，也不好勉强，但依旧希望杜婆能在开桥当天受到民众的欢呼和赞美，于是就说："谁都不要推辞。不如我们大家来定个约，开桥那天，谁先到桥头就谁开桥剪彩。"众人都说这么办好。杜婆心想，自己都已经八十多岁了，又是一个小脚老太婆，无论走得怎么快，也比不过县太爷坐轿子来得早，也赞成这样办好。

等到开桥那一天，杜婆起个早，按照平时行走的速度，一摇一摆地往桥头赶。可是等到她赶到桥头时，却发现所有人竟然都没到，她是第一个到的。杜婆待在桥头，等了大半个钟头，终于等见县太爷坐着轿子不紧不慢地赶来了。县太爷走下轿，笑呵呵地对杜婆说："我们三个人六条腿赶路，还不如您老一个人走得快！这个开桥剪彩您就不要再推辞了。"杜婆好生奇怪，她怎么也不知道县太爷是故意推迟起程时间，走在她后面，有意让杜婆先到桥头开桥剪彩。于是杜婆也不再推辞，就同意开桥剪彩了。杜婆在桥上剪彩，村民们在桥下欢呼雀跃，大家十分高兴新桥的建成，也感激杜婆的义举。石桥是杜婆带头捐钱建造的，开桥剪彩的人也是杜婆，于是有人提议石桥应该叫杜婆桥，桥西边原来叫大屋的村子应该改为杜婆桥村。县太爷与众人听后，齐声说"好"。就这样，这里就有了"杜婆桥"，就有了"杜婆桥村"。事后，村民又在桥南约五十米处搭建了一座凉亭，也取名叫作"杜婆亭"。

石桥建成后不久，在桥东端南边沿上长出一株山楂树，桥中央的桥墩石四周爬满石莲藤。村里的老人对此有不同的解读，有人说这是建造石桥的石匠所留下的暗藏的机关；也有人说是石莲，即石连，意即石桥连着千千万万过桥人的心，山楂意谓石桥祝愿千千万万过桥人都能过上如山楂那样火红的日子。无论如何，这一切源自杜婆的恩情，她的美德一直为村民所铭记。

如今的杜婆桥村民，传承杜婆精神和杜婆文化，艰苦创业，奋发向前。在家庭伦理中，对父母重在孝字，对兄弟悌字为先，对下辈子女慈字当头，夫妻之间突出了一个情字。在公共生活中，村民们行善积德，热心公益。在杜婆精神的引领下，村民的小康日子越过越甜蜜。

（文：仙居农办/图：郑锡青）

三门花桥村

李浩建桥传佳话

花桥镇花桥村，旧称西岑，位于三门县城东南 26 公里，现为花桥镇人民政府驻地。

"君住溪之北，我住溪之南。隔岸相望，溪水淙淙。何年鹊桥相会，何时轿过鹊桥。名匠在前高僧在后，邀佳人入轿，一抬就是千年。"这首诗所说的是花桥，不过花桥首先是一座桥，然后才是一个村子，再是一个镇子的名字。花桥村隶属三门县花桥镇，坐落于东海之滨，三面环山，一面通海，可以说是兼得山海之利。这里风景优美，一条流水潺潺的小溪绕村而过，一望无垠的滩涂上空常有海鸟掠过。

花桥是一座三孔石桥，位于花桥村南端，横跨甘东岙溪，采用当地蛇蟠石材建成，造型灵动，装饰精美，旧时为花桥村一带通往县城的交通要津，也是花桥村的历史标示。花桥穿越近八百年时光，至今依然忙碌地迎来送往，利济行人，凸显其不可替代的历史价值和艺术价值。历史上花桥就是一座熙来攘往的商贸重镇，受惠这座石桥的，不仅仅是花桥村的百姓，也包括整个镇子的百姓和南来北往的商贩。八百年过去了，如今人们一提到花桥，就会想起李熙孟，上了年纪的老人还能如数家珍、津津乐道。在当地，他捐资建花桥的善举被传为佳话，都说他是个大善人。

李浩，字熙孟，花桥李氏第十四世孙，品行端庄，性格开朗大方，宅心仁厚。李熙孟年少之时就有远大抱负，但由于元朝初年连年战乱，社会动荡，李熙孟也没有心思博取功名，便隐居在家乡，息影田园，澹然自守，安分度日。尽管有人请他出来做官，但他从来都是坚辞不就。在亲戚朋友的帮助下，他凭着自己出众的经商能力，把当地的木材、木炭运往外地，又把外地的日常用品运回家

李熙孟建桥传佳话

乡，两头获利，生意做得风生水起。没过几年，勤劳积俭的他竟成了富甲一方的乡绅。

自古以来，桥梁与人类生产生活密切相关。当人们面对江河溪涧时，可谓无桥"咫尺千里"，有桥"天堑变通途"。李熙孟发家致富以后，常年救灾赈贫，修桥铺路，散衣施药，做了数不清的善事，赢得了极好的口碑。可是李熙孟还是感到不满足，他最大的一个心愿就是想在穿村而过的甘东呑溪上造一座大桥，把村北和村南连接起来，使过往的客商、行人，不再饱受涉水之苦。

甘东呑溪，发源于狮子头山，数条溪流在五龙殿汇聚，一遇大雨，就像放荡不羁的巨龙，一路狂奔，直泻大海，有如千军万马之势，锐不可当。当时村人在溪流中建有石矴步，但洪水一来，矴步就被冲垮了。过矴步时，时常有人掉进溪里，夏天还好，冬天衣服一湿透，就难熬了。李熙孟聘请能工巧匠，准备物资，实施起了建桥的梦想。

哪想到天有不测风云，桥造到一半，突然山洪暴发，把即将竣工的桥墩冲垮了，已投入白花花的银子顷刻之间打了水漂。如果是一般人，肯定要打退堂鼓，但李熙孟不愧是位有善根的聪明人，决定继续造桥。不知老天是否故意考验他的决心与诚心，第二年山洪竟提前暴发，把即将竣工的石桥又一次冲垮，投入的物资又一次被冲了个一干二净，唯听到一声巨响而已。

这种打击实在太大，但就是在这样沉重的打击下，李熙孟没有后悔，没有退却，甚至连一句怨言也没有。李熙孟总结前两次造桥失败的原因，是自己低估了造桥过程中的困难。甘东岙溪暴雨季节洪水汹涌，地形复杂，要建造一座多跨平梁石拱桥，工程规模巨大，建造技艺高超，对于这个穷乡僻壤来说，并非易事。光有钱没用，还要有懂设计会建筑的造桥高手，才能建造一座牢固的石桥，往来行人的安全才会有保证。但在本地又物色不到这方面的人才，就连百里外的县城也缺少造桥师傅。李熙孟急得团团转，想想自己年纪越来越大，要是在有生之年不能完成自己的夙愿，会死不瞑目的。

元至治二年（1322）春，李熙孟年轻时在杭州求学时的同学陈伯通一路游历来到临海，前往拜访李熙孟。闲谈之中，李熙孟谈起想为当地百姓造一座桥的愿望，可是力不从心，两次都被洪水冲毁，唏嘘不已。不想陈伯通听了哈哈大笑，说有钱还不容易，我请人给你勘测设计，你放一百个心吧！

陈伯通，字汝明，原籍安州，出生于名门世家，是北宋宰相陈尧佐之后。陈伯通自幼丧父，就一直跟随在祖父陈仲谋的身边长大，从小随长史公在塘栖读书。陈伯通长得魁梧绝伦，议论飙发，在塘栖结识了不少同学好友。南宋宣告灭亡后，陈伯通绝意仕途，布衣蔬食，节俭劳苦，躬耕自晦，连一向交往的好友，也不再往来。目的是告诉别人，时代已变，当忠于故国，此身不再入仕了。

陈伯通有个好友法名叫惠衍，在六和塔出家。惠衍早年也是一个热血青年，南宋灭亡后，万念俱灰，黯然神伤，干脆落发为僧，视功名利禄如粪土，想在清静中了却此生。惠衍的师父博学多才，精通天文地理，深谙建筑学知识。惠衍耳濡目染，与师父一起设计、建造过许多桥梁、佛塔、寺庙等建筑，在当时的建筑界里很有声望。

陈伯通马上修书一封，邀请惠衍前来帮助造桥。李熙孟本想自己亲自去趟杭州，当面邀请惠衍，以示真诚。但年迈体弱，不胜舟车劳顿，只好派儿子带上土特产，日夜兼程，赶往杭州六和塔，盛请惠衍来设计建造桥梁。惠衍也是一个深明大义的人，虽然年事已高，身体一直也不算太好，当听说李熙孟两次造桥失败，也没有气馁，为捐资造桥而寝食难安，造福桑梓的义举深深打动了他，当即答应了下来。

惠衍到了之后，也顾不上好好休息，马上与李熙孟、陈伯通一道，头顶烈日，仔细地踏勘了每一条溪流，选择了一处交通要道作为桥埠。随后便使人开山采石，准备石料。

元至治二年（1322）九月十五日，大桥开工了，各地赶来帮工的民众，络绎不绝，每天都是摩肩接踵，却秩序井然。民工们十分卖力，他们都知道，桥梁必须在溪流的枯水期间完成。他们自带粮食，吃住在工地上，有时还挑灯夜战，通宵不停工。经过一冬的奋战，大桥赶在洪水到来之前，如期完工了！

桥梁南北走向，为三孔二墩石拱桥，全长 21 米，宽 2.6 米，高 4 米，中孔净跨 3.6 米。桥墩为条石砌筑，石板路面，平面微拱，两侧各有望柱 10 根，栏板各 9 块。栏板每块高 0.55 米，镌有两龙舞珠、双狮抢球、麒麟送子、骏马奔腾、喜鹊衔梅、凤穿牡丹、出水荷花以及白象、麋鹿、松鼠、玉兔等吉祥图案。图案雕刻精细，形象生动，栩栩如生，呼之欲出。桥梁继承了我国桥梁建筑的优秀传统，气势宏伟，造型优美，结构奇特，远远看去，好像挂在空中的一道雨后彩虹，十分美丽壮观。

大桥建成之后，人们沸腾了！附近和邻县的百姓，专门赶来看这座"花桥"：做工多精细，雕刻多细腻，桥面多平整，桥头的狮子多威风！白天，人们争相去桥上转转；夜晚，桥头红灯笼高挂，人们搬出椅子、凳子，到桥头纳凉，大谈山海经，享受桥面的凉风。随着时间的流逝，原来的村名渐渐地被人们遗忘，花桥成为人们口中的本地之名。

（文：齐国雄／图：曾艺超）

缙 云 前 路 村

行善积德收福报

前路村坐落于缙云县前路乡的丘间平畈之中，因古时缙云壶镇通往仙居的大路在村前经过而得名。村庄东依蝴蝶山，西南绕漳溪，北连壶镇洋。村中前街南北蜿蜒，后水堰绿水长流，民居错落，活水萦绕。村中村民以应姓为多，另有李、沈、叶、麻诸姓和谐相处。据传南宋淳祐年间（1241—1252），应氏先祖应恒自小筊迁居于此。元朝中期（1320 年左右），应世盛又从仙居迁入。自此，前路村逐渐兴盛，至今已有七百余年历史。

村前壶镇通往仙居的古道必须横跨漳溪，如今溪上依旧有一座保存完好的古桥——"慕义桥"。慕义桥是村中的标志性古建筑，桥体二墩三孔，半圆石拱，桥西廊亭南北相向而建，桥亭结合，古朴优美，浑然一体。慕义桥建成于清道光十二年（1832），至今将近两百年，系应氏先人天祖公个人独资建造，共费银一万三千余两。令人称奇的是，天祖公出巨资造桥行善济世后，后裔子孙人丁大增，人才辈出。直到今日，村中七百多口应氏族人中，天祖公后裔超过一半。于是人们说：古人云"行善积德，福有攸归"，今日天祖公后裔旺盛，就是他建桥行善所积下的功德。

话说前路村应氏，分苍丘和长照两支。历史上，苍丘应氏迁入较早，人丁兴旺。长照应氏又分为三房，到了清乾隆年间，长照应氏长房、二房人丁渐渐旺盛，而三房的老幸公已是两代单传。老幸公娶妻之后，连生六子，却因祖业凋零，生活贫困，长大成人的只有三个。他的第三个儿子正是应天祖（1760—1840），字仲义。天祖自幼聪慧勤劳，终因家底过薄，及至成家，生活仍然捉襟见肘，终日奔波也只能勉强解决家中一日三餐，难以摆脱贫穷。

前路村慕义桥

有一年冬天，时近年关，天寒地冻。天祖挑柴到壶镇卖掉，买回十几斤稻谷，拿到上水碓舂米。一边舂一边叹息说："就这么一点谷米，吃过大年，也吃不过正月半啊！想我天祖，做事没日没夜，却混不饱家人的一日三餐，有何面目活在人世啊……"天祖越说越是伤心，于是解下腰带，意欲上吊，了却此生。就在这时，有一个人刚好经过水碓门口，听到里面长吁短叹，悲戚哭啼，转身走进水碓，见有人想寻短见，急忙救下。说来也真是凑巧，救下天祖的不是别人，而是他自己的丈人——陈坑村张鼎仕公。丈人见女婿如此寒碜，安慰说："人生没有过不去的坎。过年缺米，明天到我家去挑就好了！"

第二天上午，天祖来到丈人家，丈母娘连忙给他烧面，丈人忙着给他装稻谷，又给他一块银圆买肉过年。天祖吃饱喝足，便千恩万谢告别岳父母，兴高采烈地挑着两箩稻谷回家。走过好几里路后，看见有几个小孩正在漳溪里捉鱼，于是歇下来上前观看。忽然，一个小孩捞上来一条身透黄色、似鲤不是鲤、似鲶不是鲶的奇鱼，正准备倒入鱼篓，却又挣扎着掉落溪滩。鱼一着地，连连跳蹦而起，小孩急忙想用手中捞兜杆将鱼敲服。天祖见这条鱼外形怪异，而且蹦跳起来特别的高……不会是什么神灵吧？当即拦住小孩，护着怪鱼，让它蹦回了水中，怪鱼立刻游匿不见。小孩哭闹不肯，天祖便从口袋中掏出那块银圆给他补偿，小孩高兴地收起渔具回家，天祖也继续挑着稻谷往回走。走啊走，天祖觉得这担稻谷是越挑越重，拼命用力挑到水口村时，实在是挑不动了。没有别的办法，只得雇了一个水口人，把一担稻谷分作两担，往家里挑。奇怪的是稻谷分成两担，仍然越挑越重。等到挑回家中，两担稻谷竟然都已变得满满的了。两担稻谷倒进大谷仓，只是薄薄的一层。谁料第二天打开谷仓，金灿灿的稻谷竟然从仓门口哗啦啦满了出来。天祖家的奇事被传得沸沸扬扬，人们认为这是"仓龙"来到他家的结果，并认定他救下来的那条奇鱼就是"仓龙"。用现代科学分析，这当然是一件绝对不可能的事。但是天祖公由贫穷变成富翁，而且独资兴建慕义桥是绝对的事实。特别是这个故事，在壶镇一带可谓是家喻户晓，而且流传了两百多年，就这一点而言，应该就是一件奇事了。

自此之后，天祖一家再也不用为吃饭犯愁了。但天祖有自己的规矩：一是家中的稻谷，除了自己节俭食用和经常接济实在贫穷的人外，一概不得卖出换钱；二是保持自己辛勤劳动的本分。

有一天，天祖来到壶镇做帮工，天黑下来了还没有回家。妻子张氏心里非常担心，于是随手拿了一根扁担壮胆，火急火燎地去接天祖。恰巧有一个贼人牵着一只不知从哪里偷来的大水牛，走在张氏前面。就在这时，天祖也正往回走，就快与偷牛贼相遇了。这贼人本来就是做贼心虚，看到前面有人迎面而来，听到后面又有急促的脚步声，猛回头一看，朦胧中还看见那人手持柴棒，认定是追他来了。于是立即放开牛缰，夺路逃跑。天祖夫妇见一人飞奔而去，却留下一头大水牛站在路中间，两人估计定是贼牛，就把牛牵了回来，等到第二天再去寻找失主。第二天大早，天祖就到村里养牛户去问，可是大家都说没有丢。吃过早饭，天祖又到临近村子去打听，也都说没有听到过谁丢了水牛。过了好几天，仍然没有失主前来认领。天祖只好先给牛做个牛栏，以待消息。孰料在西厢房挖牛栏宕时，竟然挖到了一坛银子。有了银子做本钱，天祖决定改行做收购桐白、贩卖桐油的生意。说干就干，第二天一早，他就带着银两，准备到仙居一带去收购桐白、桐油。当经过马飞岭凉亭时，只见三个猎人正在凉亭内吵得难分难解。天祖走进凉亭，原来这三个猎人共同打到了一只很大的梅花鹿，因无法均分而争吵。天祖问他们这只梅花鹿卖不卖，猎人异口同声说卖。于是双方议好价钱，一手交银一手交鹿。猎人们平分了银子，高高兴兴回家去。做生意的银子买了梅花鹿，于是天祖就背着梅花鹿往回走。回到家后，天祖把梅花鹿的鹿茸、鹿鞭、鹿筋、鹿皮、鹿肉等逐一加工为成品，然后运到永康、金华等地出售，首次获得巨利。本银多了，生意也越做越顺、越做越大，渐渐成了当地的首富。

家中富有了，天祖勤俭持家、行善积德的本质没有变。为了子孙有出息，家族兴旺，天祖雇来先生，教育自家以及族人子弟。当时，有壶镇吕氏母子若孙三世为善，于嘉庆二十二年（1817）至道光八年（1828）的十二年间，共费白银八万四千多两，在好溪流经的壶镇、五云、东渡三大渡口分别建起贤母、继义、竞爽三大石拱大桥。天祖非常仰慕吕家善行，暗下决心要建造村西漳溪大桥。

位于前路村西的漳溪，自古有壶镇通往仙居的大路在此跨过。旧时，溪上只有矴步或架木过往。漳溪属于山溪，溪水枯涨无常。一旦大雨骤下或久雨不歇，旋即山洪肆虐，冲塌桥梁，阻绝交通，甚至给过往行人造成生命财产危害。而在旧桥冲毁、新桥未架的寒冬初春时节，行人赤脚过溪，寒冷刺骨，更是苦不堪言。天祖看在眼里，急在心头，苦于资金实力尚待积累，更怕技术难以过关，故迟迟不敢着手建桥大业。

道光十年（1830）隆冬，具体组织建造好溪三大石拱桥的壶镇吕建盛，特地来到前路拜访天祖，动员他为首建造漳溪大桥，并声明在施工技术和管理经验方面给予帮助。天祖听后大喜，激动地对建盛说："我虽然年近七十，身康体健，尤其是儿孙满堂，家财富足，却迟迟没有动手建造此桥，就害怕是技术不过关！今天有建盛兄诺言，为首倡建还不如改作独资兴建，不是更好吗！"建盛听后万分赞赏，建桥大事就此敲定。紧接着，天祖一边着手买下建桥要用到的土地，并租下溪西田地，用作堆放造桥石料的场所；一边请人设计施工图样。又亲赴李弄坑察看岩头质量，买下宫泽陈氏宗族所有的山地，开宕取石。道光十一年（1831）秋末，建造大桥的工程正式启动。经过一年艰苦的施工后，道光十二年（1832），花费一万三千两白银的漳溪石拱大桥和附属廊亭都顺利完工了。天祖建造此桥，首先是仰慕壶镇吕氏一门仁义大德，又得到吕建盛的启迪和大力支持，所以缙云知县张惟孝将其命名为"慕义桥"，并亲笔书写桥名。随即又要将天祖功德，上报朝廷，请求旌表。天祖却婉言谢绝，并告诫子孙说："善而不彰，方为真善。所以你们今后一概不准请人为建桥之事写记立碑。"

为了满足家中子孙住房需求，天祖又用造桥用过的木料，建造了三幢花厅。做大桥、建花厅，都没有影响到他的务农和经商事务，所以家中财产日益增多。相传到三个儿子分家产时，田产多达七万余把（约合875亩）。每个儿子各得二万把，还剩一万把作为祭祀公田。直到新中国成立时，天祖子孙们的田产仍然是有增无减。

国人自古相信"善行善报"，撇开神秘的因果文化不说，你在行善时一定可以体会到那种自身价值和给予他人帮助所带来的愉悦；你在看到他人遭受不幸时，一定会感悟到自己的幸运和知足，这些就是你行善时即席的善报。常行善事，为子女做出榜样，使之潜移默化，成为好人。家有好儿女，不正是大家最需要、最期望的善报吗？另外，敬人者，人恒敬之；助人者，人恒助之。行善可以互相感染，形成氛围，这岂不是更大的善报？

（文/图：麻松亘）

劝学劝农

一　尚耕劝农

德清燎原村

榛莽之间听弦歌

这是一个在地图上很难找到的地方，但她正如一颗古老的明珠，既有历史的神韵，又有今朝的灿烂，这个地方叫燎原村。在1400多年前的南北朝时期，这里是地荒人稀的无名山村，是樵夫进出山林的小憩之地。梁元帝萧绎在位期间（552—554），有"鸿名重誉，独步江南"之誉的文学家庾肩吾受封为武康侯。他来到此地，见此处风景秀丽，山清水秀，便建屋定居。庾肩吾病逝之后，儿子庾信世袭父职。正所谓青出于蓝而胜于蓝，儿子庾信的诗文功底也同样了得，杜甫评价"庾信文章老更成，凌云健笔意纵横"，"庾信平生最萧瑟，暮年诗赋动江关"。后来，人们为纪念庾氏父子，就把他们的居住地叫作庾村，后改名为燎原村，寓意"星星之火，可以燎原"。然而，当地人还是习惯叫庾村。

燎原村，位于德清县境内国家级风景区莫干山下，它历经千年的风雨洗礼，如今已经演变成一个具有民国风情的小镇。庾姓后裔现已很难寻觅，只有在山脚水旁、树荫竹林之中才能探寻庾姓家族的些许遗迹，但这并不能证明庾村的"败落"。自从西洋人在清朝末期开发莫干山后，又经民国时期的发展，山上的"外来文化"就很自然地影响了山下的她，包括建筑风格、生活习惯、市场意识等。在燎原村，游客不仅会被充溢民国风情的建筑所吸引，同时也会感悟到街道两旁苍老、硕大的梧桐树所显现的历史纵深感。然而这一切都绕不开一个被历史封存了半个多世纪的人物，他的名字叫黄郛。

黄郛像

黄郛（1880—1936），原名绍麟，字膺白，号昭甫，浙江上虞人，早年留学日本，追随孙中山革命，加入同盟会；北洋政府时期，先后任外交总长、教育总长等职。1924 年和冯玉祥一起策划"北京政变"。1928 年 5 月"济南惨案"后，因"委曲"不了政治舞台的风雨变幻，辞职来到莫干山，过上了隐居生活，想在山林之中寻求心境的平和。但作为一名政治家，在"九一八"事变爆发以后，他就无论如何也找不到这份平和的心境了。于是，黄郛凭借自己的能力，开始在政治之外实现生命意义的义举。

20世纪30年代初，燎原村区域方圆十里，有前村、后村、中村、汪家、南路、莫干坞六个自然村，分布在莫干山两翼的环抱中，计120余户490余人。他们之中，只有一人读过"四书五经"，有三人描花押，有八九人会写名字。全村只有一个理发匠、一个铜匠，千余亩耕地，大多属于佃农，二百元以下的年收入要维持五口之家的日子，生活过得十分清苦。因此，黄郛的义举是按照"以学校为中心，谋农村之改进"的设想来开展的各项改良活动。

1932年6月1日，由黄郛自筹资金、亲自选址、操办的私立莫干小学借用汪家村的民房正式开班。同天，校舍奠基。半年后，迁入新校舍，学生超过百人。从此，这个幽静秀丽的山坳里响起了欢快、明亮的童声："莫干之灵，钟我诸生，勤俭忠箴，我校之慎，耕不废读，读不废耕，生聚教训，利国福民。"

学校从第一天开始，就坚持"耕读"并重原则，在传授知识的同时，更多地注重当地实际，教授农村实用种养技术。比如学校引进新型包心菜、西红柿等品种，在学校农场教会学生如何种植、如何管理，待成功后，让学生把种子带回家，教家长种植推广，这是黄郛在莫干农村改良过程中推广科技的"绝招"。学校规定，凡四年级以上的学生，设有农事、劳作等课：男学生到农场耕耘种菜，所收获蔬菜，属寄宿生部分，折价供应食堂；属走读生部分可以各自带回家用。学校还设有竹工场，聘请竹工技师，教授编制花篮、行箧，卖给来莫干山的游客。女学生学习缝纫、做鞋，学校设有"女红实习室"。对家庭贫困的学生，学校实施半工半读，计工付酬，免费读书；对初级部学生不收学费，并且供给书籍用具；对表现优秀的学生，实施奖励。成绩优良的毕业生，由学校保送深造，升学后，在校成绩列一、二、三名者，仍发给奖学金，继续资助他们深造，造就人才。

黄郛创办莫干小学是为了培养人才，而培养人才则是为了更好地推进农村的改进工作。所以，在学校开学后不久，黄郛立即成立"莫干农村改进会"、开设民众夜校，围绕"相友相助相扶持，自治自卫自教养"的要求来展开。

首先，开办成人教育，设有农民夜校、农民教育馆、健身场等，经常举行卫生展览会、儿童健康比赛及改良风俗的化装演讲与通俗演讲等。

其次，开展生产技术改良、金融市场流通和灾荒救济。具体工作有：第一，推广改良蚕种。当时，全国蚕丝价格大跌，蚕业受到沉重打击，许多桑田被迫改为麦田。"改进会"在此时开始大力推广改良新蚕种，并经黄郛授意，特许村民以土种改良新种，村民如因新种遭受损失，即照土种预计收获赔偿。村民试用改良蚕种后，收入大增，这大大提高了村民对改良蚕种的信任度。后来，自制"天竺"牌蚕种成为浙江第二品牌。第二，采用"先试种，再推广"的方法，改良麦种。第三，提倡造林和种植油桐。第四，成立庚村信用兼营合作社，办理贷款、储蓄及购买等合作事业。所需资金全部由黄郛负责筹措。第五，开设公共仓库。以前，庚村的村民每年新谷登场，立即全部贱价出售，以偿还旧账，不留余粮。待到第二年青黄不接之时，又不得不用高价购入。鉴此现象，"改进会"以市价收进押库，第二年村民需要粮食时，即以收进价格购买，中间只收取极低的手续管理费。这样既盘活了村民对现金的需求，同时也大大减轻了村民的负担。第六，修建水利交通，用"以工代赈"的办法，开挖白云池等多处小型水库。第七，学校购置"安哥拉"兔、"美利奴"羊、"莱格杭"鸡等优质种禽，一方面教儿童于知识、饲养技能，另一方面指导村民，发给优良种源，提高村民的收入。

还有，就是订立山林公约、调解纠纷、改良风俗，设立消防队、办医诊室，等等。

黄郛所做的一切，都是个人筹资的义举。他于1936年12月去世，并葬于莫干小学的山旁。此后，他的夫人毅然挑起了夫君留下的重担并坚持到新中国成立初期，前后艰苦实践十八年，使原本落后的燎原村有了很大的变化。用他夫人沈亦云的话说："只要见到六七岁以上二十一二岁以下的儿童和青年，没有一个不是莫干小学的学生，毕业生中有从军而殉国的、有养成专门知识服务社会的；至于在附近各县从事地方教育与乡镇工作的，比比皆是；一般村民，对于风俗与习惯的改进，对于社会及生产的观念，也同样产生了较大的影响。"

如笔者去莫干小学走访时，在新校区东侧的山坡旁见到一位老农，想先给他套个近乎，便递上一支烟，然后再打听关于莫干小学的往事。令人没有想到的是，老农开口说："我不抽烟，这是老师教我们的。"笔者一惊，问道："您是哪个学校毕业的？""莫干小学。几十年了，老师当时就说，香烟不是好东西，对身体有影响。这些话我一直记着，所以也一直没有学会抽烟。"

到目前为止，庚村一带的几条山沟里已经有来自南非、法国、英国、比利时、丹麦等国友人开办的"洋家乐"35家，当地山民也通过学习借鉴"老外"的低碳休闲理念，办起了休闲农业，新农村建设如火如荼，黄郛当年的愿景得到实现，还初步形成了异域风情休闲区。在这里，游客完全可以放下一切，把自己交给大自然，过一种简单的山野生活，爬山、漫步、骑车、钓鱼，静听树林的鸟鸣与清泉的叮咚，细看竹海的轻盈摇曳与云雾的升腾变幻，享受那份人与自然交相融合的感受。

（文：罗永昌）

台州黄岩沙滩村

沙滩黄氏重耕读

沙滩村位于黄岩区屿头乡东南角。屿头乡古名柔极乡，位于黄岩区西部长潭水库西岸，东与北洋镇相连，南与宁溪镇毗邻，西接仙居县，北界临海市。沙滩村以黄姓居多，名人辈出，留下了许多佳话，其中有南宋黄原泰劝农和黄超然劝学。

沙滩村景

黄原泰劝农

宋淳熙九年（1182）七月，浙东常平使朱熹巡行台州。时浙东连遭水旱之灾，饥民遍野，朱熹多方措置救灾，接连上疏数十道奏议，向朝廷提出建议。朱熹到黄岩县视察时，士民童蒙正、诸葛蒸硕等面见朱熹，要求"请使民自结义役"，互相接济，解决农田劳力不足，鼓励农业生产。朱熹上奏，朝廷旨准。黄岩知县王华甫于城内设立社仓。社仓设立必须发动全民投入农业生产，才有余粮入库，王华甫带领县衙一干人员行走全县乡里巡察。

屿头乡沙滩村有黄原泰，家境殷富，属于一等户，任乡里正。南宋里正类似乡长，由田产较多的富裕户担任，按规定任职时间每户一年，各富户轮流担任，任期内必须按定额完成本乡上缴田赋，否则将受到重责。屿头乡处于山区，富户少，无人出面任里正，黄原泰一当20年，用自己家庭资产垫付全乡不足的田赋和各种徭役。黄原泰为此劝说全乡重视农业耕种，南宋朝廷规定种麦可以减免田赋，黄原泰便鼓励乡民在贫瘠山区创造出财富。

乡民对黄原泰多年为贫民代缴田赋十分感动，听其劝农之言，全力投入农耕劳动。当地名士车若水诗："十亩山田手自耕，括囊安分是平生。"知县王华甫下乡督察时，乡民反映黄原泰"其乡义庄少而役重，独立代役二十年；以己田代一都全役"。王华甫当即表彰黄原泰并委任负责义庄事务。此外，黄原泰还做了许多好事，如兄弟为争财产而诉讼，原泰出资平息讼争；有人卖田给原泰，钱被人偷窃逃去，原泰再捐钱给卖家。

凡此种种善行，为乡里所称颂。车若水为之写墓志，《万历黄岩县志》为之立传。

黄超然劝学

黄超然（1236—1287），号寿云，柔极人。初受业于蔡梦说，又学于车瑾，两人是黄岩名师，教授濂洛之学。南宋景定三年（1262），著名理学家王柏任教台州上蔡书院，黄超然是门人，受到正统理学教育，成为朱熹第四代弟子，后回乡办柔川义塾。

黄超然对学生严格规定，每日清早鸡鸣起床盥栉（洗漱梳头），进入书斋读书，上午不得会见宾客及议论家事，必待午后方许。故而培育了许多人才。

宋亡后黄超然不属任官元朝，50岁将书院交付其子黄中玉，黄中玉改义塾为书院。黄超然著有《周易通义》20卷，《会要历》《诗话》《笔谈》《西清文集》《地理撮要》各10卷，还有各种理学著作共13卷。

元代著名学者张翥为柔川书院撰《记》说，在宋元之际社会动乱，人无居定之时，官吏不重视民生，不知学生之饥寒，开办书院何其难也。而黄超然对远道慕名而来的学生，教育诲之不倦，其人道德高尚学术渊博，使民间一些悍猾之辈见到先生风格不敢放肆，礼尚有加，"闻先生之风者，咸起慕焉"，对于改变乡风民俗起到表率作用。张翥《记》又说，地方官员"能明先王化民成俗之方恢宏学校"，黄氏柔川书院是极好的榜样，被列为黄岩县五大书院之一。

至元二十三年（1286），集贤学士程钜夫奉旨下江南为朝廷征求贤士，地方官将黄超然道德学术和教育渐化乡里事迹上报。次年，黄超然卒。中书省和礼部议请朝廷赐予谥号"康敏"。黄超然以布衣身份受到谥号，这在历史上记载很少。

明中叶，台州谢铎（官国子祭酒）为黄超然撰《寿云黄先生赞》："诗礼名家，学贯六经。安居恬静，不以贫穷动其心；性识高明，不以功名易其志。以博达之才，道德之化，渐于乡里也。"

一位黄岩县山区义塾教师，却得到元、明两朝全国最高学府国子监祭酒张翥、谢铎的称赞，又受到朝廷集贤学士程钜夫推荐朝廷赐谥。南宋著名理学家黄幹私谥为文肃，称为南宋"南宋台州十大儒"，偶像入祀黄岩乡贤祠。

黄超然门人众多，其中盛象翁师从车若水与黄超然，传承两师理学，任平阳学正、汀州教授，有"儒官得以其所学教"之称，深感培养人才不易，"一时惊拔之文，平生不过数篇；一代超卓之士，百年不过数人"。盛象翁门人陈德永，被程钜夫推荐任江浙行省和靖书院山长，历官江浙儒学提举，为一省教育主官。

附《谥议》：故寿云先生黄超然，以文肃华胄诗礼名家，字贯"六经"，尤邃于《易》。安居恬静，不以贫窭动其心，不以功名易其志，以博达之才，道德之化，渐于乡里也；远渊源之学，仁义之教，被于后人也。深故既没而名益彰。所著《周易通义》等书，皆能羽翼程朱开明后进，而宜于设教之所，赐以书院之号礼所谓。乡先生没而可祭于社者，公实有焉。定议易名，国有今典，谨按谥法寿考且宁曰"康"，好古不怠曰"敏"，请谥康敏。

（文/图：严振非）

遂昌淤溪村

班春劝农思显祖

淤溪村位于遂昌县石练镇南部，产业以水稻、茶叶为主。水蕴山涵，云蒸霞蔚，稻秀茶香，这是淤溪村的自然与人文风貌之体现。自然方面，淤溪村有着独特的生态环境，90%以上的森林覆盖率为其提供生态屏障和灌溉水源，外来游客形容这里是"连牲畜和庄稼都是喝着农夫山泉长大的"。精神生活方面，无论时代风云如何变化，淤溪人始终坚守着自己固有的人文追求不动摇。"班春劝农""昆曲十番""七月庙会"是村里传承了几百年仍然经久不衰的民俗文化形式。其中的昆曲十番演奏、班春劝农典礼不仅被村民所热爱，还引起了政府的重视，分别于2008年和2011年成功入选国家级非物质文化遗产名录。

葱茏古樟迎瑞纳祥，图腾华表对接乾坤。淤溪村文化广场人头攒动，服饰、道具、布景，一事一物均以五图、五色、五位之要素体现着中国传统文化五行、五谷之气息，昭示着风调雨顺，五谷丰登之愿景。这是正在举行的遂昌县"汤显祖文化节·班春劝农"活动，这场规模宏大，特色鲜明的班春劝农典礼引来了全县民众、长三角城市嘉宾以及央视等全国各级媒体的关注。祭春、鞭春、插花、赏酒、开春犁田……400年前的明代劝农景象在这里得到复原，盛况空前。

所谓"班春劝农"，就是地方官府在新春时节颁布春令，实为劝农耕作，事实上，许多地方都有迎春、鞭春牛的习俗。遂昌县地处仙霞岭边，为深山一隅，山水阻隔，交通不便；土地贫瘠，物力维艰。要想在这样的环境中做点政绩出来，劝农尤为重要。

淤溪村这一民俗文化的发端与传承得益于一位世界级的中国文化名人——汤显祖。

班春劝农思显祖

明万历二十一年（1593），著名政治家、戏剧家汤显祖从广东徐闻贬谪之地"量移"遂昌任知县，任期五年。其间创作出了名著《牡丹亭》，从而使昆曲传到山城遂昌，继而在全县形成了爱好昆曲的时尚。当然，这只是汤显祖饭后茶余的雅兴而已，汤显祖在遂昌任职期间更重要的是劝农务本。

汤显祖是一位有着尚古、务本思想的儒士，当他经天纬地之理想破灭而被量移到遂昌后，便开始了兴农富民的试验。为了实现这一治县理想，汤显祖在韬略上全面规划，在推进上步步为营。其措施一是修建启明楼，在楼顶悬挂一口大钟，每天准时报晓，催人晨兴作业；二是开张相圃学堂，教学农耕农艺；三是春天时节亲临现场，力行班春劝农。

时光穿越到400年前的明代。江南三月，春雨绵绵，正是农耕好时节。汤显祖通过下乡走访，在开春前就选定了具有定型意义的产粮田畈，制备花酒、春鞭、末秏，精选壮牛，派衙役让各乡里组织人员，在班春劝农这天到现场参加观礼。

三月十四日，桃红柳绿，布谷声声，地点在县城瑞牛山下，或者在烟雨东郊；有时在东乡湖边，有时在北乡金竹。有汤显祖专题诗文为证：

> 杏花轻浅讼庭闲，零雨疏风一往还。
> 今日班春向谁手，许卿耕破瑞牛山。

又：

> 今日班春也不迟，瑞牛山色雨晴时。
> 迎门竞带春鞭去，更与春花插几枝。

濂溪春水荡漾，南亩春风纳祥。班春劝农广场旗幡招展，鼓乐震天。祭坛正中神农巍然矗立，供祭香烟袅袅。代表各乡里的方阵在祭台前一一就位，祭春、鞭春、开春三部曲循序渐进。

祭春。身穿明代服装的迎春队伍高擎"班春劝农""风调雨顺""五谷丰登"的旗帜；主祭"汤显祖"、司仪、春牛、供品在鼓乐、旗幡、舞蹈、茶灯、花酒等礼仪方阵的簇拥下入场。在司仪的主持下，人们向神农献上供品。"汤显祖"率领参祭的乡里代表向春神和神农行三跪九叩之礼。县长在礼仪侍者的协助下点燃高香，诵读祭文，文曰："……三月十四，籍地石练。县长某某，率吾邑人行劝农赠鞭之仪……仙霞逶迤，胜境平昌……风调雨顺，百业宏昌……伏惟尚飨。"

鞭春。惟妙惟肖的春牛道具绕场一周，在祭坛前恭敬止步。待"汤显祖"和县长为乡亲插花、赏酒，赠春鞭后，司仪颁发春令：

> 一鞭辛勤耕种，农时不忘；
> 二鞭风调雨顺，土肥禾壮；
> 三鞭五谷丰登，六畜兴旺。

在亢奋的春令声中，人们举起春鞭，鞭向春牛，只见春牛肚皮绽开，五谷源源不断地溢出，众人欢呼、舞蹈，争先恐后地抢抓五谷，以为吉祥之春种。

开春。祭坛一侧的水田里，犁耙具备，犐牛待命；一头身披红绸，套着春犁的耕牛在农夫声声吆喝下发力耕荒。鞭春过后，县委、县政府领导鱼贯下地，亲手扶犁、鞭牛、耕田。农妇则欢欣喜悦地奉送新茶、春饼、菜肴到田边，分发给众人食用，意为"咬春"。

男女老少观礼者均是欣喜若狂。其情其景，借着汤显祖自己的生花妙笔记录下来，定格在《遂昌县志》里："琴歌积雪讼庭闲，五见阳春风历班。岁入火鸡催种早，插花鞭起睡牛山。"更多的收录在《玉茗堂集》中："家家官里给春鞭，要尔鞭牛学种田。盛与花枝各留赏，迎头喜胜在新年。"有的还化作《牡丹亭》和《南柯记》的人物语言，流传到市井里巷、山乡角落："时节，时节，过了春三二月。乍晴膏雨烟浓，太守春深劝农。农重，农重，缓理征徭词讼。"又："焚香列鼎奉君王，馔玉炊金饱即妨。直到饥时闻饭过，龙涎不及粪渣香……"汤显祖的班春劝农，推进了农业生产的发展，乡村呈现出一派和谐欢乐的景象。山也清，水也清，农歌三两声。官也清，吏也清，村民无事到公庭。

自从汤显祖首次在遂昌举行班春劝农活动后，这种制度就被一代代地传承下来，成为官民同乐的农耕礼仪，以具有中国传统特色的文化要素载入史册。

新中国成立以后，百废待兴，人们整天忙于恢复生产和建设，曾经一度把班春劝农活动给淡忘了。直到2010年，人们在挖掘汤显祖文化素材时才发现，曾经在遂昌县传承了400多年，被全县人们所称道的宝贵文化典故。经过调研、挖掘、整理，恢复、完善其形制和活动，逐级申报为各级"非物质文化遗产"，固定为"汤显祖文化节·班春劝农"，并将活动场面从原来的田头改变为专门广场，将典礼地点固定在山水秀丽、民风古朴、文化底蕴厚重的古村落——淤溪村，成为促进和谐，劝励农耕，全县瞩目的典型民俗文化项目。当然，它也就成了名不见经传的淤溪村的一个响当当的文化符号。

（文：楼晓峰/图：陈敏民）

二　崇学重教

杭州富阳上村村

上村培秀养心田

富阳场口镇的上村，清代名为让村，因音讹为上村。上村的主要姓氏有曹、孙、徐、姜、王。曹氏于明万历元年（1573），从安徽歙县雄村迁徙过来，是三国曹魏陈思王曹植后裔；孙氏于宋朝回迁王洲再于明朝中叶迁到上村，为孙权后裔；姜姓于明初从灵桥里山迁徙过来。目前上村人口最多的当属曹姓，村里留存的众多历史遗存也多属曹家后人。

在村里行走，幽长的古巷，古老的青石板路，房屋里精美的木雕，抬头赏古迹，低头品文化。现在设为文化礼堂的曹氏宗祠，更是一个好去处。它是曹氏后裔定居上村后用来安放灵魂的场所，有了它，曹氏后人在这一方土地上才算是真正扎下了根。

宗祠建于明代，祠堂里的七十二根方石柱用各种字体镌刻着楹联，讲述了曹氏家族不凡的渊源。"祀奉黄端家传孝友，节高青岱世笃忠贞"；"一门显秩树唐代勋劳，三世侍中定汉廷义礼"；"上溯陈思才超邺郡，再传节度望重晋阳"……一句句读来，上村曹氏的历史与文脉，已浸润在子孙后代的血液里。

这样一个家族，对教育的重视已经成为一种习惯，绵延至今。在定居上村的四百多年里，人才辈出，而奖掖教育的故事，也时时

上村培秀养心田

可从家谱中翻阅出来。清康熙乾隆年间上村人曹胤昌继妻倪氏之事，便是其中一个令人感动的故事。

清康熙二十年（1681），上村乡绅曹胤昌迎娶了一生中的第三位妻子倪氏。新嫁娘倪氏生于顺治十八年，时年二十一岁。曹家是大户人家，家境虽好，但一嫁过来就成了三个男孩及两个已出嫁的、也许年龄比她还要大的女儿的继母，对未来的生活，倪氏惴惴不安。

曹胤昌第一位妻子汪氏不到两年就去世了，没有留下子嗣。随后，他续娶了第二位妻子，生下二女三子共五个孩子，可惜第二位妻子去世也早，除出嫁的两个女儿外，家里三个儿子都还未成年。三个儿子的教养、偌大的家业都需要一个女主人料理，在这样的情形下，倪氏嫁了过来。当时，曹胤昌的三个儿子，老大初毓十三岁，老二仲毓十岁，老三季毓才五岁。

年轻的倪氏进了家门，开始充当一个母亲的角色。操持家务，主持中馈，新嫁娘倪氏话语不多，待人和气，虽然年龄不大，处理家务却是井井有条，对待三个孩子也是视如己出，在教导孩子学习上更是有熊丸教子的风范，渐渐得到了孩子们的喜爱。

几年时间，倪氏也真正融入了这个家庭。可惜好景不长，倪氏所生女儿仅仅一周岁时，曹胤昌病重，他自知不起后，留下遗嘱，对年仅二十七岁的妻子以及孩子们交代了身后事。在遗嘱里，曹胤昌特意叮嘱三个儿子，要顶门立户，孝顺继母，善待年幼的妹妹，和睦亲长。

丈夫去世后，倪氏没有再嫁，只是专心操持家务，抚养幼女，教导已逐渐成年的三个继子。曹胤昌在遗嘱里要求三个儿子在他去世二十年后方可分家。这样，随着几个儿子相继成家立业，娶妻生子，倪氏作为长辈还要继续操劳。

清乾隆二年（1737）七月，倪氏已经是九十七岁高龄的老人了。不久卧病在床，她自知不起，就在病中立下遗嘱，将自己的陪嫁田五亩六分三厘定为家族奖励子侄后辈读书进学用的公田，并命名为"培秀户"。家谱说"户而曰培秀者，培培养心田也"。又说"祖母诱掖奖励，欲成人有德，而小子有造也"。

据家谱记载，培秀户的奖励制度是这样的：学童首次入学行"入泮礼"（开蒙礼）时，每人赠送衣服帽子一套；学子去县城参加考试时，补贴路费开支；考中秀才及举人再行奖励。

这个奖励制度，连同培秀户的管理，曹家世世代代相传，据倪氏的孙子曹楹在《培秀户引》里记载，他的祖母倪氏将培秀户奖励的规矩告诉儿子辈及孙子辈，希望后代子孙能读书上进，不要辜负了她设立培秀户的一片心意。

据家谱记载，到了嘉庆年间（1796—1820），因后代子孙繁衍，原用来培植子孙上进作考费之资的培秀户，有人心生占种之意。家族长老想到这件事如迁延日久，则必起争端，如此一来，倪氏用来培养读书人的举措反而有可能带累了读书人。于是，长老们就邀请了村里长者及秀才士人等，大家坐在一起讨论处理方案。这次讨论定下来培秀户的五亩六分三厘田，由获得奖励的秀才等人各出资本，合力种植，不得私自买卖或者出租，以避免日后纠纷；并再次强调了倪氏设立培秀户是为了培养后人读书成才的志向。通过这次讨论，曹家后人还对可以得到培秀户出产谷子奖励的几种情况做了具体的说明，对奖励的数量也做了规定。这以后，培秀户的出产用来奖励曹氏子孙考取秀才、贡生、举人的做法，一直延续到新中国成立后土改分田才停止。

倪氏设立培秀户，既激励了家族后人，同时也对整个上村的教育起了很大的促进作用，为表达对倪氏的敬重，奖励仪式每年都在祠堂举行，而上村曹氏本为一宗，奖励范围也因此扩大为上村的曹氏后人。在这样的氛围下，上村人读书重教的家风更加发扬光大，读书上进成为每一个孩子从小受到的教育。明清时期，上村考中秀才以及中举的学子很多，奖励场景一度成为家族盛典。直到现在，上村人也一直延续了重视教育的风气。新中国成立以来，在这个村庄里，研究生以上学历的就有30多人，大学生更是不计其数。

但倪氏作为一名普通的乡村妇女，在当时的社会背景下，她连姓名都没有留下，家谱里对她是否读书习字也没有记载，但是她的识见、她的胸襟远远超过了同辈的许多女子，甚至很多男子也难以望其项背。她以继母的身份，将慈母之爱倾注到三个继子身上，她的丈夫赞扬她"治家项项有规，中馈条条有序"，赞扬她对孩子们"视同己出"，且教养三个孩子读书求学有"熊丸教子之风"。而培秀户的设立，更是将一位母亲对孩子的爱升华为一种对家族子侄辈的"大爱"。这份爱值得所有曹氏后人珍之重之，这位胸怀大爱的女子也值得后人永远记住。

（文：柴惠琴/图：曾艺超）

瑞安曹村村

中华进士第一村

温州瑞安曹村隶属温州瑞安曹村镇，已有 1000 余年历史，村域面积 8.67 平方公里，全村约 8900 人。该村山清水秀，人杰地灵，是远近闻名的"中华进士第一村"。追本溯源，可知曹氏第十一世祖曹霭、曹雪、曹昌裔三兄弟为避闽乱，于后晋年间（936—947），从福建长溪迁居许峰。此后，曹氏家族经过 200 多年的繁衍，发展成为"温郡世家大族"。于是，许峰遂改名为曹村。

中华进士第一村

南宋绍兴二十七年（1157），第十八世曹逢时（字梦良）首登王十朋榜进士，由此开启了瑞安曹氏之显赫家史。自此之后，曹村文教之风日渐兴盛,两百多年之间进士辈出。尤为值得一提的是,曹叔远、曹豳、曹觱、曹元发和曹良朋分别官至礼部侍郎、工部侍郎、刑部侍郎、户部侍郎等,并称"曹氏五侍郎"。其中,曹豳所作绝句《春暮》:"门外无人问落花,绿阴冉冉遍天涯。林莺啼到无声处,青草池塘独听蛙。"后被收录在《千家诗》之中,堪称绝唱。

曹村之所以出了这么多的进士,是与其崇耕尚读之传统分不开的。如曹氏家族设立学田以赡学的制度,稳定地保证了曹村兴办学堂、延请教师和资助本村学子参加科举之资金来源。另据史料记载,曹绛曾于1163年创办了凤岗书塾,曹豳则于1209年创建了虎丘书院,这两大书院对曹村学风之发展也发挥了巨大的推动作用。正是缘于此,曹氏家族之文脉才得以源远流长。

曹村被称为"中华进士第一村",自然是指其所出进士人数第一。对此,卢良秋先生曾在《温州瑞安曹村进士数考证》一文中对曹村进士人数做了详尽的梳理和考证。

卢良秋先生根据明嘉靖《瑞安县志》、明万历《温州府志》、清乾隆《温州府志》、清嘉庆《瑞安县志》和《瑞安市志》的记载,表明曹村共有甲科进士26人:(南宋)绍兴丁丑王十朋榜曹逢时,淳熙辛丑黄由榜曹易,淳熙甲辰卫泾榜曹杭,绍熙庚戌余复榜曹叔远,嘉泰壬戌傅行简榜曹豳,嘉定戊辰郑自成榜曹觱,嘉定辛未赵建大榜曹泳,嘉定丁丑吴潜榜曹靖,嘉定庚辰刘渭榜曹黼,嘉定庚辰刘渭榜曹子辰,绍定壬辰徐元杰榜曹邰,瑞平乙未吴叔吉榜曹良平,嘉熙戊戌周坦榜曹愉老,淳祐辛丑徐俨夫榜曹良度,淳祐甲辰留梦炎榜曹元发,淳祐丁未张渊微榜曹良朋,淳祐庚戌方逢辰榜曹茂冲,淳祐庚戌方逢辰榜曹沂孙,宝祐癸丑姚勉榜曹翁馀,宝祐癸丑姚勉榜曹应甫,宝祐丙辰文天祥榜曹宏善,咸淳乙丑阮登炳榜曹元凯,咸淳戊辰陈文龙榜曹煜,咸淳戊辰陈文龙榜曹经,咸淳甲戌王龙泽榜曹穰孙,(明)永乐甲申曾启榜曹睦。

曹村的武进士有3人:嘉定辛未曹豹变,嘉定丁丑曹伯虎,咸淳乙丑曹可道。曹村的特奏名进士有 23 人：（南宋）曹汝闻、曹宣、曹庚、曹湜、曹重光、曹沂、曹大同、曹粟、曹廓、曹友龙、曹春龙、曹良显、曹良济、曹良素、曹良宪、曹元弼、曹良臣、曹均、曹国尚、曹鄞、曹绛、曹直，（元）曹文基。

卢良秋先生另据明万历《温州府志》、清乾隆《瑞安县志》和《曹氏族谱》记载，指出南宋曹村有 20 人参加荐举考试，而且都做了官。内有国子荐曹应时、曹子展，大理司直曹鄞，淮西安抚司曹镇；乡荐有宁海教授曹礼；荐举有兵马司曹仁贵，大理寺丞曹怡老，泉州司户曹元直；荐辟有兴化安抚司曹澄孙，江西榷茶都转运副使曹昌孙，翰林院直学士曹良瑞，散骑员外郎曹犀孙，淮东帅干曹穴，潮州治中曹弥昌，宫讲曹良弼，校书郎曹晏，绍统曹琼孙，巡检曹它，琼州司户曹仁杰，潼州路提刑曹舜清。按照唐朝以来的规定，九品知县以上的官吏由进士担任（恩荫、军功、捐纳买官除外），他们都是朝廷中央和地方的命官，进士中举毋庸置疑。

此外，卢良秋先生还指明，《曹氏族谱》（现藏平阳县西戈村）还记有 10 名进士。他们是："（曹良驷）绍定戊子领国举特科出身，调□子县主簿。族之同举者上房茂华、槿、良器、愿，汲下茂俊，溪边良知，凡七人。"这里讲的特科就是宋代的特奏名科。特奏名即恩科，是皇帝照顾年老屡经礼部殿试落第举子的考试，一般多能考上。还有曹莘老，族谱说其"由学舍取巍科登第归里，文恭公（曹豳）作诗以勉之"；曹澜孙，"咸淳庚午胄请"，"授将仕郎，绍兴路新昌县尹"；曹穆孙，"请江东漕举，铨中，调寿春府下蔡县尉"。

综上所述，曹村自南宋绍兴二十七年（1157）至明永乐二年（1404），两百多年一共出了 82 名进士。其中甲科进士 26 人，武进士 3 人，特奏名进士 30 人，荐举进士 20 人，太学（上舍释褐）进士 1 人，胄贡进士 1 人，漕贡进士 1 人；南宋进士 80 人，元代 1 人，明代 1 人。四世甲科蝉联：曹逢时、曹叔远、曹麟、曹邠；父子连科 8 对：曹豳、曹愉老、曹觱、曹邰、曹绛、曹沂、曹良平、曹犀孙、曹大同、曹元发、曹元直、曹穰孙、曹舜清、曹穴、曹弥昌、曹文基；同年登科：曹繡、曹子辰、曹茂冲、曹沂孙、曹翁馀、曹应甫、曹煜、曹经；五个侍郎：曹叔远、曹豳、曹觱、曹元发、曹良朋。

古时曹村，科第蝉联、簪缨蔚起，获得"中华进士第一村"的美誉，闪耀着曹村人崇耕尚读的智慧光芒；当今曹村，仍然英才辈出、群星璀璨，沿袭着曹村人崇耕尚读的文化根脉。

参考文献

卢良秋：《温州瑞安曹村进士数考证》，《浙江大学学报（人文社会科学版）》2006 年第 3 期。

（文：高君/图：曾令兵）

新昌斑竹村

斑 竹 一 枝 赋 雕 章

斑竹村，又名班竹村，出新昌县城东门 40 华里，地处天姥山麓、惆怅溪畔，有一个四面青山环抱、一衣带水的秀丽村庄，这就是斑竹古村。

斑竹古村中有一条 2 里长由溪中鹅卵石镶嵌铺成而通往杭温的古驿道，驿道两边林立着驿馆和店铺，这里距天台、嵊州各 80 华里，对于古时行走者来说，必是歇足和住宿之地。到了明清时期，文人墨客、商贾仕绅南来北往，熙熙攘攘，十分繁华。久而久之，这里积淀了深厚的文化底蕴。历史上流传着南朝谢灵运伐木凿山开道时，对山水仙境和人文风情的赞叹，唐代司马承祯出天台山入京时曾在落马桥上下马的悔意万千，尤其是唐代大诗人李白的千古绝唱《梦游天姥吟留别》，更是给斑竹古村增添了浓墨重彩的一笔。

深厚的文化底蕴依赖于知识的积淀，知识的积淀又以求学为前提。班竹村历来有着崇学重教的好传统。章氏是班竹村的望族，据《民国县志》记载，生于元朝至元元年（1335）而后入住班竹村的第一代太公章曜，名冠之，乃好学重教者。他性情慈顺，尤笃于孝友，被元代朝廷封为万户，统领一方乡兵。自己富裕不算啥，全村致富最为先，于是他萌发了创办学堂，造福子孙后代的强烈愿望。有一天，章曜与诸子商议，近观诸山之胜莫如班竹，天姥峙其东，泉当其面，石涧绕其间，桃源处其右，吾择而居之，风水宝地也，后世子孙必有昌盛者。遂揭家而居焉，因以花墙之旧居，建为义塾，名为育才小阁。聘赤城王好古先生为师，聚郡邑中远近子弟而封焉，其师会友对云：门对燕窠化出凤凰羽翼，地邻赤土培成桃李芬芳。

章曜创办的育才小阁（后改名为承德小学）教诲本族、外族、

孝悌立身之本
勤俭广业之资
积善传家之宝
读书发迹之基

斑竹一枝赋雕章

邻村子弟，不论贫穷富贵均可入学，开启了章氏望族祖先尊师重教的先河。他们制定了"孝悌立身之本，勤俭广业之资，积善传家之宝，读书发迹之基"的家训，把读书作为成才之基础，勉励子孙后代好学向善。创办的学堂注重品德教育，学知先立人，入学弟子必须要文明礼貌，尊敬师长；虚心好学，戒骄戒躁；诚实有信，开拓创新。这就奠定了班竹村村民子孙后代重德好学的基础，至今传诵不忘。

自此之后，章氏虽居山中，而门前为通衢。俗尚诗书，延师开塾，青衿济济，（书）声相闻，小学之孝，盖甚重也。虽甚贫者，亦能操笔作字，若能为举子业者，即入城中就外傅矣。以故书香不绝，而衣冠相接踵也。如章氏后裔章坚、章景床、章甫等接受祖训，诗书养性，勤学举业，成为具有书生意气风度的处士中的代表人物。

章鋆（1820—1875），章氏第二十三世孙，在"明学圣贤，朝忠世立，登高必显，发祥惟益。远绍建安，承先德积。大振家声，克昌永吉"辈分排行第次中为"世"字辈。他的祖父克勤克俭，以诗书裕后，培植起优良的家风；他的父亲以所学课教子孙，诲人不倦。清咸丰二年（1852），章鋆29岁之时，他考中恩科进士，钦点一甲一名状元及第，这是班竹村章氏家族光宗耀祖、显赫门楣的一件盛事。之后他仕途一帆风顺，官至提督福建广东全省学政、上书房行走、国子监祭酒，加四级，诰封资政大夫。历充日讲起居注官，实录馆纂修，国史馆协修纂修总修，文渊阁校理等。1855年任四川乡试正考官，1861年任考试试差阅卷大臣，1862年任恩科广西乡试正考官。

每到一地，章鋆都倡导重教兴学之风，帮助当地新建或扩建学校，广纳学子。他不忘祖先，追本溯源，特地赶到班竹村承德堂，祭祀列宗列祖，并在承德堂前竖立旗杆，以示旌表。章鋆后积劳成疾，英年早逝，1875年卒于广东学政官任上，清末淮军名将刘秉璋（1826—1905）为其撰写墓志铭，曰："惟公之少，敏而能文。对策殿上，独弁其群。惟孝友于，公之禀性，道继紫阳。"

民国7年（1918），承德堂毁于火灾，章文华、章桂荣等章氏后裔深明"合斯族、联斯宗，非建有祠不可"之大义，迁址重建承德堂，即如今的章氏宗祠。承德堂是新昌县一座保存较为完整的古建筑，正厅面阔三间，两侧各三间看楼，连接戏台前廊。正厅明间台梁式，次间穿斗式，七柱落地。檐柱牛腿为狮子捧绣球透雕，边檐柱牛腿为和合二仙及刘海钓金蟾，戏台藻井精细，顶心正中为狮子捧绣球浮雕，四周围以七层卷浪纹花拱木雕片，逐层缩小，共42组。四台柱均有牛腿，后台柱牛腿为左文右武透雕人像，前台柱为狮子捧绣球及骑马武将，极其精细而完美，属新昌县内罕见，为来往行人赞叹不已。章氏宗祠（新中国成立后改为班竹完小）一直是村民子弟读书的场所，琅琅的书声响彻庭院，不少孩子在这里接受启蒙教育之后，进入高一级学校深造，然后走出天姥山麓，跨过惆怅溪，走向外面的精彩世界。

班竹村人崇学重教的光荣传统薪火相传，历来享有"会读书，读好书，出人才"的美誉。不知是沾了历代文人墨客的灵气，还是一方山水孕育一方人才，班竹村里出生的孩子从小天资聪颖且勤奋好学，远乡近村享有盛名。不论在乡镇中学还是县城中学，求学者中总有不少班竹学生出类拔萃，独占鳌头。古时，人们把班竹村称为商埠客家，有容乃大，这里还云集着王、张、盛、蔡、吕、石、桂等二十来个姓氏人家，不但章氏望族的后裔会读书，其他姓氏人家的子弟也会读书。20世纪60年代，村里曾流传着这样的故事：某一天，憨厚朴实的蔡老兄与盛老弟相遇，闲聊中说，我们辛辛苦苦挣来的钱花在哪里，不是花在建造舒适楼房和娶上体面媳妇方面，而是毫不吝惜地花在给孩子求学读书上面，这就是"会算育人才，勿算看眼前"。一旦孩子功成名就之后，什么造房娶媳问题都迎刃而解了。

崇学重教已成为班竹村民的共识，挣钱求学，学成立业，为国奉献，因此各个时代都有不少读书人供职于官场商界之中。远的不说，民国时期，该村张桂铨考取黄埔军校第四期，毕业后步步晋升，官至国民革命军少将师长。1977年全国恢复高考制度，班竹村仅有3名考生参考，3名全被大专院校录取，以后每年都有学生跨进高等学府。2010年，班竹村考生高考成绩喜人，多名学生被国内知名大学所录取。在班竹村里，全家兄弟姐妹都是大学生的，表兄妹都是大学生的逸事比比皆是。

正因为有了良好的读书氛围、强烈的求学欲望，才有了如今具有深厚文化底蕴的班竹村，崇学重教的好传统才能被一代又一代的后人所传承并发扬光大！

（文：盛忠仁　章必武/图：曾令兵）

浦江新光村

重才育英灵岩公

浦江县虞宅乡新光村，俗称廿五都朱宅新屋，位于县城西北部，距县城18公里，沿村210省道是浦江至杭州的主要通道之一，村东为浦江最著名的朱宅水口，村南为中华山、笔架山和瞿岩岭古道，灵秀茜溪由西向北再向东环绕该村，美轮美奂。新光村现为浙江省历史文化名村，首批中国传统村落。

浦阳朱氏始祖朱照，祖籍江西婺源，与朱熹、朱元璋祖出同门。朱照于北宋年间从婺州通判致仕后定居浦江县城。第二世朱临为光禄寺丞、著作佐郎、诰封正议大夫，1060年受嘉祐皇帝旌表。第三世朱适之为史部侍郎。第四世朱恮为文学处士，江南第一家的始祖郑淮拜其门下。第六世朱有闻为文学处士，知县吴损授匾"文学名家"。第八世朱子槐，南宋宝祐年间中进士（文学），浦江学正，1267年被聘为月泉书院主师，他最先编撰《浦阳县志》，后又编撰《东阳郡志》。

浦阳朱氏第十三世朱胜，于明洪武二年（1369）从县城迁居茜溪上宅（今朱宅），第二十三世朱可宾，号灵岩，于1735年前后，在杭州等地创办印染厂和茶叶生意等，赚得大钱，富甲一方，号称朱百万。灵岩公创业历经坎坷艰辛，惊心动魄，以其智慧、勤奋、诚信致富后，主要做了三件大事：其一，建造了一座高档次、高品位的灵岩大庄园和坐落于县内外的几十座小庄园；其二，修桥铺路，赈灾济贫行善事；其三，重才育英，捐资助学，垂为典范。

灵岩公从杭州请来专业人员设计规划灵岩庄园，庄园最大的特点就是高品位的设计规划和精湛的营造技艺。其空间布局以四进厅堂（诒穀堂）为中轴线，东西分列六幢厢房，既各自独立，又是一个78间房屋的整体。两横两纵街巷成为井字，有专家称这是井田制时期皇宫与都城的设计理念，再向外扩展的是按封建礼制排列的四个大小儿子的住房及四个小厅堂。有浦江最精致的古门牌坊；大厅堂有八道穿堂门和罕见的"天池"设计；有文房四宝的设计。墙上设有古代路灯。村中街巷均为丁字或十字交叉，没有一条歪斜街巷。原本全村三百来间房子都有便砖（望砖）。墙上窗户均为轮门，是当今窗形的老前辈。整个建筑处处显示了超前的规划设计，文化名人黄亚洲云："一个国家的完整的国骼，在一个小小的山村显现"。

新光老屋

灵岩公的仁义道德，有口皆碑。他收留黄（伟守）、刘两个江上流浪者并使其改邪归正，又帮其成家立业，自食其力，他们及其后裔每年都会去厅堂祭拜灵岩公，时间长达200来年之久。灵岩公捐巨资修筑马岭路和免费茶水点、食宿店；他独资建造了镇东桥；他捐300金购谷赈贫；他借给贫困者3000余金，宣布一律免除，焚烧借条，据传他还捐资朝廷几万金赈灾，据其善行义举，乾隆皇帝破例授其为国学生，其妻金氏诰封为安人。其子朱之理八十大寿，力排众议，免开寿宴，捐400金修筑瞿岩岭，1802年嘉庆皇帝赐予"七叶衍祥"束帛，并直匾建坊于浦江县城。

灵岩公重才育英，捐资助学，垂为典范。在灵岩庄园内，设计有多处教育文化节点，如笔墨纸砚文房四宝的设计，有灵岩公的读书园、读书房，灵岩书院；静斋公的种学园；崑山公的儒林园和崑山书房等。1756年重建浦江学宫，1763年新建浦阳书院，灵岩公捐金250两，望其早日落成。其孙朱其追捐640金，重建金华府学，知府严荣授"义崇黉序"匾额。灵岩书院由儒丰居、教室、立考亭、坦途等组成，由朱可宾创办于1745年左右，拔有许多贤田，所有本家及外来学童一律免除书学费。灵岩家规说，"本宗子侄有能，励志攻书，如家贫不能上进，为富者当周助之"。本宗学童考上秀才者奖银400两，良田2石。本村150年内培养出举人、秀才、太学生等八九十人；外来的不计其数，其中县城朱能作考中进士，任监察御史；薛下庄的薛砚封考中举人，为灵岩公赠楹"积功累仁留名乡国，继志述事为贤子孙"。

灵岩公还挂念本县的读书人，考虑到贫寒者居多，他就捐出坐落于杭坪村的庄田108亩及庄屋5间，园地4分6厘，将其每年的租金和利息分给全县参加乡会两试的学童当路费。在其病危临终前，还嘱咐子孙，扶助读书人是其一生的志愿，希望他们不要辜负他的遗训。

由举人戴如京、张用路撰写而上呈的"朱公义庄"一文中提到，浦江县的读书人去赶考，总有不少贫穷的学生，虽然他们天资聪颖、读书优秀，却因缺少赶考的路费而不能取得功名，多年的努力因没有盘缠而落空，朱可宾深为读书人有志有才，却因无赶考路费不能取得功名而惋惜，故此他捐田助学，为本县长久兴旺打下基础，金华知府凌广赤批示"捐产一门，孝义可知"；闽浙总督钟音批示："捐田扶助贫士，义行可嘉"。金华武状元朱秋魁题匾："前微克绍"。浦江知县薛鼎铭则为其撰写传文,《浦江县志》《朱氏家谱》多有记载。

收藏于浦江博物馆,由金华校官何纶锦于1818年5月撰写的《朱氏乡会试路费义田记》的长篇祭文,是尚学重德的一笔极为珍贵的历史文化遗产。文中说:朱可宾仁义德高、惠及子孙,尤其是他能以一个县的教育文化发展为己任,有志者第一是道德,第二是功名,最后才是富贵,绝不能把它们颠倒过来。朱可宾并没有培养人才的责任,却能把自己的家产贡献出来,帮助读书人走上功名之路,是忠义之举,孝友之举,为国培养人才之举,是功在当代,利在千秋的伟业。

灵岩免费学校从1745年左右兴办至1943年止,1936年编写了全县最早的校歌。在朱可宾重才育英、崇德尚义的精神鼓舞下,其后裔一脉相承,朱耀枢以本科甲等第一名的成绩毕业于省立第七师范学校,后任浦江县校校长,曾著书《瞿峰异草》和小说《梦里鉴》。朱耀晖等4人从保定和黄埔军校毕业。朱楚辛于1925年入团,1927年加入中国共产党,曾任国家财政部司长等职,为新中国首批财经专家。时至今日,该村现有博士4人。

浦江新光村,这里有精致的建筑,这里是道德的高地;这里有厚重的文化,这里是精神的家园。走进该村,定能感受到浓厚的儒家文化之氛围,以及农耕文明之气息!

(文:朱希光)

衢州衢江破石村

牡丹仙子点破石

衢江湖南镇破石村位于湖南镇东 2 公里处的乌溪江畔，村域面积 38.8 平方公里，至今已有 1000 多年的历史。这里翠峦叠嶂，尖峰插云，碧水萦绕，曲径幽深。村前有"笔架山""湖钟山""牡丹台""双蝶峰"群山重围，全村仅有一条道路可通，到了村口不见村。正是"夹岸青山何处是，莫道渔人武陵逢。"

破石村景

破石，古名叫圆石。传说古时候这里的山口被一块圆如球状的巨石所堵，车马无法通行，人猿难以攀登，圆石村由此而得名。在那崇山峻岭之中，野兽出没，巨蟒潜行，交通阻隔，人烟稀少。在漫长的历史时期内，圆石村都处在人兽共居的洪荒时代。

相传有一年，"牡丹仙子"从古都洛阳南下，来到乌溪江。她看到这里山水碧滴翠流芳，繁花似锦，百鸟和鸣，好一派江南春色，便有心在此落苑繁衍。她选定了圆石村一块向阳坡台定居以后，见到山民们劳作艰辛，攀援似猿猴，吃食多野果，虽有平畴沃土，但亦难从事耕种，究其缘故，乃是交通阻塞，与外界隔绝，银货盐铁无从进入，牛羊不畜，种子不辨。于是，"牡丹仙子"立即上天奏请玉皇大帝，望能恩赐生机。玉皇大帝一听，慨然同情，当即遣使"雷公神"在三天之内劈开圆石，使之通道。

"牡丹仙子"下凡来，盼等喜讯从天降。一天两天过去了，仍杳无音信，晴空万里，滴雨未见，山民翘首相望，心急所盼。到了第三天傍晚时分，陡地乌云密布，狂风大作，飞沙走石，铺天盖地，"轰隆隆"一阵惊天雷震得地动山摇，霎时滂沱大雨漫天无际。待雨过天晴，风平浪静时，山民从穴居的山洞里探出头来，既而往山口一走，不禁大吃一惊，原来那块屹立万年的巨大圆石果真被劈为两半，中间豁出一条坦然大道。

从此以后，山民便与外地交往，舟楫往来如梭，山什野味得以输出，盐铁货物得以换进。洪荒之地渐渐趋向文明，山民们学会了农桑稼圃，通过勤劳的双手改变生存环境，万年顽石开始了新的变化，自此圆石村更名为破石村。

衣食无忧，遂求学问。"牡丹仙子"有心教化山民，鼓励勤学苦读，即点那突起的奇峰为"笔架山"，孤峰海拔 150 米，屹立于乌溪江畔上游，山体中间高两边低，形同笔架，后有清代诗人余思仑作诗："玲珑崛起碧摩空，注势如飞印沼中。沙篆不须猜两岸，山痕岂若认头童。频看帆影千层合，随着钟声万里通。得气均占清雨露。依然林木庇笼葱。"

"牡丹仙子"又将那山峰横断的内湖赐名为"砚瓦池"，"砚瓦池"一分为二，湖水一红一黑，红者为朱，黑者为墨，用之不竭。笔架山为印，砚池即为印台。清破石诗人余汝儒曾作过诗："双池为砚色不同，一墨还兼有一红。如有微凹多聚墨，浓占文笔插云峰。"

仙子所居之所遂称"牡丹台"，后为破石余氏祖茔前四周石栏围绕的花坛，环之牡丹多种，清咸丰年间被毁，但遗迹尚存。有诗云："绰约仙姿胜洛阳，高台云涌独流芳。艳含湖水三分阔，秀吐钟山一脉长。质异原分琼岛种，繁英常对紫微郎。"

牡丹园内双双飞舞的粉蝶化身"双蝶峰"，峰形奇特，草木葱郁，有诗写道："蛸拔文峰隔岸开，云房双蝶载飞来。联翩探得天香后，恰与高岗鸣凤回。"

历代文人学士对于传说中的"牡丹仙子"奉若神明，赋诗作词，赞颂不已，并将"牡丹台""笔架山""砚瓦池"和湖钟山的"双蝶峰"合称为"破石四景"。

自"牡丹仙子"点化之后，破石村开始办书院，兴学校，生聚教训，人才辈出。据说，每逢乡试举贡，破石生员连连夺魁。相传"牡丹仙子"留下一种名为金带围的名贵牡丹，此花平时不易开，一旦开放，村中必有得第者。正是"牡丹花儿开，花翎进村来。"

唯查考圆石《余氏家谱》，历代的秀才、举人比比皆是，从唐代起，该村考上进士的7位，举人15位，贡士26位，七品以上官员近百位。特别是明朝期间，破石余氏成为衢州名门望族，出过多名进士和举人：

明永乐元年（1403），余贞、余能兄弟同中举人。

明永乐二年（1404），余贞又高中进士，官为给事中。

明永乐十三年（1415），进士余敬，官为福建道监察御史，巡按交趾（今越南）。

明成化二年（1466），进士余英，官为太平府知府。

明万历二年（1574），进士余国宾，官为江西右布政使。

明万历八年（1580），进士余懋中，官为福宁参政。

此外，破石村的举人、秀才者比比皆是，如余敷中、余钰等皆为三衢名儒。

民国《衢县志·食货》中曾记载：衢州余姓中颇具特色者，当推破石（又称圆石）一支。破石余氏为宋乾道年间武举余智远由柯城区的石梁镇大俱源徙迁，后从破石迁出者甚多。由于破石村四围山绕无沃土，皆鸥踞狼嗥、酸风苦雨之境，因此，明代力役之征皆免，"遂有闭户攻书，掇巍科而跻显秩"。当时，余汉谋出任衢州绥靖公署主任，曾与破石余氏有联宗之举。他们置祠立祀，光宗耀祖，建成"余氏祠堂"。新中国成立前在破石村宏大壮观的祠堂内，陈列着余姓名贤之史迹，大圆柱上一联云："占居圆石传三十数代，诗礼相承；派衍钟山感五百余年，簪缨继续。"这也是破石耕读传家之风的生动写照。

（文/图：汪晓蕾）

江山大陈村

崇学重教在大陈

大陈村是衢州江山著名的历史文化村落之一。它坐落于江山北部，三面环山，一条回龙溪横穿村落，蜿蜒如彩带。大陈村古称须江乡九都大陈庄，今属大陈乡。大陈村民风淳朴、尊孔推儒、读书重教之风世代相传。

大陈村汪氏家族系黄帝之后，周武王之弟周公旦后裔。源于歙州，得黄山之灵气。唐贞观年间（627—649），歙州刺史汪华，因军功封上柱国越国公，食邑三千户。自此，子孙繁衍，衣冠济济，又流布徽州绩溪、婺源等地。明永乐年间（1403—1424），越国公三十世孙汪普贤，由常山金桥川（今常山球川石桥头）迁江山大陈，并命名为环山。以志山环水抱，又谐黄山之音。经数百年开拓经营，并经商致富，大陈汪氏成"三衢阖郡之巨族"，"烟居数百家，云连鳞次，皆其一姓富饶之家，兼有江（山）、常（山）、西（西安，今衢州），开（化）四邑之田。析居于外者，不可枚举"。

据说，衢州城里南街一条街，六成的店是大陈人开的；汪家的田地3000亩，龙游、衢州、开化、常山都有。衢州建机场用的1500亩田，就是汪家捐出的。相传有这样一个故事，汪家在龙游有一大片田，中间一丁点是另外人家的，汪家为了方便，就想把这点地买下来，可是，那户人家说什么也不卖。汪家就一棵稻茬摆一块银圆，结果那户人家想，"哎呀！种一辈子稻子也没有这么多收成呀！"于是只好卖了。对于这汪家的富有民间有一句话，"三天三夜走不出自己的田"，这说的就是汪家。

作为首富的汪氏具有崇德尚文、诗礼传家、崇学重教的传统。早在光绪年间汪乃恕就是衢州首富，他当过衢州府商会会长。他一生积德行善，铺路修桥、建凉亭、施药医，尤其重视后代教育，他创办了萃文义塾和萃文（基金）会。

清同治十一年（1872）族长汪膏、富商汪乃恕等"为培士久远计"，引领族人捐资，置田 370 亩作基金，创办萃文（基金）会，并各捐献白银数千两创办萃文义塾（又称"环山会馆"）。会馆就开设在祠堂内。萃文（基金）会规定族中学子，无论男女（含妻、媳），不论出身，分为高小、初中、高中（含大学预科）、大学正科、研究生、留学日英美法等国，7 个等级，分别给予每人每年 4、30、60、100、160、320、640 银圆的补贴。按照当时的币值，大学生即可满足正常的一切开支。即萃文（基金）会承担了大学生、研究生、留学生的学习、生活等一切正常费用。每年冬至祭祖时节，并拨出专款，根据学历，给予不同的物质奖励。同时，对学成后服务社会的学子也会按照薪金比例做出一定的回报。

光绪末年，随着西学东渐，萃文义塾改为私立大陈萃文初等小学堂。这是江山最早的新学堂之一。民国 31 年（1942），族人汪汉滔，以宗祠租谷 12.75 万斤为基金，创办私立萃文中学。这是 20 世纪 30 年代衢州地区独一无二的民办中学。沿袭助学与奖学制度，并聘请名师执教，以教育质量见长，名扬浙西南。

新中国成立后，私立萃文中学停办。1951 年 8 月，利用萃文中学校舍创办江山初级师范学校。此后，相继为鹿溪中学、大陈中学、大陈小学校舍。直至今天，汪氏宗祠仍被作为村中集会场所和大陈中学学生寝室之用［汪氏宗祠始建于清康熙五十三年（1714），清同治二年（1863）重建］。建筑坐西朝东，三进二天井结构。因依山而建，自大门往内，各堂渐次升高，后堂地面与大门前地面高差达 2.36 米。宗祠内用材讲究，梁柱粗硕，雕刻彩画琳琅满目，富丽堂皇，汪氏宗祠的西侧是宗祠附属建筑文昌阁，是当时族人祭祀祖先的场所，也是公共活动和教育子弟的地方，约 350 平方米，与宗祠相连，进深 25 米，面阔 14 米，为两进一天井三开间。

汪氏家族不仅劝慰所有学子学成贡献社会，他们家的子孙也成为鼎鼎有名的专家学者。汪乃恕的儿子汪志庄，是民国初年的国会议员，在北京住了 10 年，精诗书印，书法造诣尤深。汪志庄的儿子汪新士，后来成了"中国篆刻第一刀"，于 2001 年故去。

汪氏宗祠

在汪氏家族兴办义学的影响下，大陈村尊儒重教，兴教办学、崇文向善，致子孙腹有经纶、囊有金银，亦儒亦商，代有簪缨。如今，大陈村已经是首批中国历史传统文化村落，这是一个迷人的地方，是一个充满书香的地方。

（文：高君/图：尧甜）

丽水莲都西坑村

徐望璋主教莲城

丽水莲都区峰源乡西坑村是一个有着 700 余年历史的古村落，整个村庄依山而建，历史文脉深厚，民风淳朴，书香浓郁。西坑徐氏，为村中主要居民。据《徐氏宗谱》载，元至元九年（1272），徐显清为避战乱，自丽水县西乡碧湖泉庄迁居西坑，为西坑始迁祖。

徐显清迁居西坑，教育子孙耕读传家，正源务本。徐氏先祖留下了"学堂田"，徐姓子孙读书的所有费用，都由"学堂田"所出。于是，族中学风蔚然，人才辈出。

村里文物古迹众多，随处可见古老的民居，泥墙黛瓦，马头墙高耸；梁坊、牛腿、门窗、石板、石件等雕刻花鸟人物，栩栩如生。门前的青石桅杆墩，刻着徐崐、徐有蕃等贡生姓名，和"五福临门""三元及第""松鹤延年""龙飞凤舞"等浮雕。村里有建于清乾隆七年（1742）的徐氏宗祠，悬挂着"有勇治方""以厚其本""聚德参天""芹泮宣劳"等牌匾，传承着西周时期徐国国君徐偃王倡导的重仁义、讲仁爱、让人民安居乐业的精神；也有大顺公家庙，清宣统三年（1911）后为西池两等（初等、高等）学堂所在地，取消了旧清制的私塾教学，开设了国语、算术、国史、地理、自然等现代文化课程，并且还作为义仓，每年约藏谷 80 石以上，专门用于救济贫困百姓；有"存仁堂"中药店，为村民百姓悬壶问世；有徐琨建于清道光二十三年（1843）左右的三层楼，二楼专门设置了藏书楼，其中有些孤本已成为国家图书馆珍藏的善本。

在西坑历代学子中，以徐望璋最为著名，西坑徐氏后人尊其为"望璋公"或"望璋太翁"。徐望璋（1776—1857），谱名宗穆，字达珍，号芸亭，清代丽水县西坑（今属莲都区峰源乡）人，西坑始祖徐显清第十四世孙。自幼颖敏，每天读书千言。长大后更加喜欢读书，但家贫无钱买书。后来，他想了个法子，无钱买书就借书读。他主动来到碧湖镇上的汤家设馆授课。汤家藏书非常之多，徐望璋每天抄写阅读，不论大雪大雾，不让时光虚度，对诗词古文都能深刻领会其中的境界。徐望璋爱书，可谓痴迷至极，常常由于囊中羞涩，对极想珍藏的文献，就典卖衣物以购书。

徐望璋画像

十八岁时，徐望璋考入处州府学。清嘉庆六年（1801），举拔贡。处州知府恒奎爱其才，聘为莲城书院主讲，每每与学生士子讲解诗文，曲尽其妙，学者忘倦。前后十余年，可谓桃李满处州，出其门下的学生都有他的风范。

徐望璋在主教莲城期间，有一件旷世之功，即引导畲民争取考试权之争。丽水是畲民聚居地之一，汉民称其为"畲客"，被官府视为"异族"。徐望璋曾作《畲妇》一诗，咏叹畲民悲惨境遇：

"衣斑斓，履苴芦，薪担压肩走风雨。覆髻筠筒缀石珠，自称槃瓠我之祖。面目瘠且黟，钩辀獠语何支离。名称更可怪，呼畲作畲终无稽。耕不疗饥，歉岁仍赈灾，休问官仓陈。麻布单衣著两层，朔风吹壁寒欲冰。燕来茅屋莲蓬火，促膝团坐温如春。"

徐望璋不仅同情畲民生产生活境遇，也对官府不准畲民参加科举考试的规定十分不满。有一次视学至西乡，徐望璋在苍坑地方发现了一个胸怀大志、学文练武、胆略过人的生员雷起龙，极为赏识。于是，徐望璋鼓励雷起龙应敢于担当，领头伸张正义，向官府争取畲民考试权。

清嘉庆八年（1803）春天，雷起龙在徐望璋的指导下，联络丽水、松阳、青田、云和、宣平5县畲民，具呈文递送处州府，要求准予畲民参加科考。徐望璋还联合各县教谕、训导等儒学官员到府衙进谏府台，应唯才是举，准予畲民学子与汉民学子平等获得功名的机会。因此，处州知府时敏只得将呈文报送省抚台。

当时的浙江巡抚阮元，是一位比较开明、爱惜人才的大臣，审阅了丽水畲民的呈文，认为畲民请求合理，便会同提学使文宁上书礼部，请准畲民"一体考试"。获准之后，畲民终于争来了与汉人一样参加科举考试的权利。徐望璋的挚友、丽水县学教谕屠本仁为畲民高兴，写了《畲客十二韵》，称颂此事："……即此十县间，畲客有千百。子弟秀而良，亦足备选择。字或识九千，弓可挽五石。以之充学童，汉法不相供。大吏请于朝，准敕转恩光。令下郡县庠，五姓咸欢怿。"

清嘉庆二十一年（1816），徐望璋离开莲城书院，到省城杭州参加乡试，考中第八名举人。当时，徐望璋中举轰动丽水城。因为丽水县自清乾隆十八年（1753）林鹏举中举后，已经63年没有丽水籍士子中举。之后，徐望璋曾两度入京参加会试，皆因长途跋涉，重病缠身未能入场考试。后以其学生、知县朱有章荐举，被授武义县教谕。任上，徐望璋廉洁自律，珍爱士子，武义人至今还称颂他的高风亮节。七十多岁时，以足疾致仕回乡。徐望璋曾倡议丽水县的乡绅名士，置宾兴田一百余亩，资助邑中贫困而好学者。据清光绪《处州府志》卷之七《学校志》载："宾兴田：（清道光）九年，举人徐望璋等，以在（丽水）城及东、西、南三乡捐资置田地八十一亩一分四厘九毫三丝八忽。又无额有租田三十六石八斗……"

徐望璋生平善书法，尤工行楷（《中国美术家人名辞典补遗一编》《皇清书史》卷二均有传），有《姜山读书图》题跋存世。

徐望璋卒时，年八十二，可谓"学博寿高"之士。葬丽水城岩泉门外枫树冈。著有《芸亭书抄》。清同治八年（1869），丽水廪生李国材撰《望璋太翁传》，载入西坑《徐氏宗谱》。

（文：吴志华/图：潘贵铭）

龙泉大舍村

大舍连元民为本

东郊凉伞鲤鱼山，南摆高低两姜山。

西举石印纱帽威，北竖金烛台照亮。

这是 93 岁文化老人连立舟对大舍村地理位置的高度概括。大舍村地处安仁镇天平山的东南麓，海拔 575 米，这里屋舍俨然，良田桑竹，山道纵横，美丽的梯田和郁郁葱葱的林木分布于村前屋后，村内民居多以居住于半山腰，古民居鳞次栉比，村右边三棵 800 年的古树，枝繁叶茂，仿佛在向人们叙述着大舍村的历史繁华和沧桑往事。

据《龙泉县志》载："民国二十七年（1938）至民国二十九年（1940），属安仁区大舍乡，辖 21 村。"大舍村是乡政府所在地，是这个乡的政治、经济、文化中心，设有乡中心小学。季步高烈士、李逸民将军曾在此校就读。大舍乡撤销后，平山乡改成天平乡，大舍属天平乡的一个行政村。

据《连氏宗谱》记载，大舍村连氏始祖为连骊，其一脉始迁祖连武公于北宋末年从福建浦城县临江村迁至龙泉天平山下大舍村，一住就是 870 多年。连氏一脉名人辈出，800 多年里，大舍连氏一族有拔贡两人：连声献、连启甲；进士三人：连元、连炳、连一鲸；举人：连正钊。其中南宋进士连元是大舍村连氏世代相传并引以为豪的楷模。

据《连氏宗谱》记载："宋朝散大夫封宁邦侯连公传，宁邦侯连公讳元，字长卿，世居龙泉东乡大舍里……侯生而类异，读书数行俱下，迥异齐辈，弱冠赋笔典胆，素见知于州郡，以开禧乙丑成进士。"当时朝廷选俊才择能任刺史，连元试选名列前茅，随后在横州当知州，因才华出众，又被推举为三衢知府。任内连元访贫问苦、礼贤下士，得遇灾年，开仓放粮，并亲临灾区，教民挖蕨根制山粉代粮自救，深得百姓爱戴。"朝廷闻知，予以嘉奖，赐紫金鱼袋。离任后，衢郡立生祠以纪念。"

连元自幼天资聪颖、勤奋好学，中进士前他的文章就已在本州县内知名。南宋开禧元年（1205），连元得中进士，朝廷授予从政郎任隆兴府（南昌）县丞（副县令），后调任福建漳州建安（建瓯）知县，又调任横州（广西横县）知州。几年在各地为官，连元的政绩、才学声誉斐然。当朝参知政事（副宰相）卫泾很重视为官者的德行，常说"官爵自有定分，名论千古不磨"。他对连元的人品官德早有所闻，于是力为举荐，《举荐状》称连元"操守端温，学术该洽，洁己奉公，不事奔竞"。不久被任命为刺史三衢（浙江衢州）知府（从四品）。

连元到任时，衢州已连续几年遭天灾，因前任官员未及时上奏灾情，以致连元到任时处处饥民塞道，饿殍遍野，街巷中哭号之声不绝于耳。连元遍访各地，要求开放常平仓和社仓以救济灾民。这常平仓是历代政府为调节粮食价格，备荒赈恤而设的粮仓，谷贱时收粮进仓，谷贵时卖出。宋代各地设常平仓和惠民仓，后有提倡社仓，但法令极严，地方官怕事，长久封闭，社仓又由官吏和地方乡绅控制。因此前任官员怕惹事不敢上报要求开仓放粮。

连元为救百姓，不顾一切，连续上奏灾情和民情，并提出抗灾自救的办法。朝廷终于准予三衢开仓放粮，并赞同连元抗灾自救方案。连元还将自己的俸禄拿出来救济灾民，每到一处都与地方官员和灾民按当地实际情况共商抗灾自救办法。三衢等地群众原来不知蕨根可制淀粉充饥，连元教灾民上山挖掘蕨根磨粉淘洗制淀粉，"民得以安生"，迅速稳定了灾情，恢复了生产。很快，三衢民众的哭喊声变为欢呼声，大家都将连元当作"谷神"敬拜，以报答他的恩德。

连元任期届满，要离开衢州，数千人聚集到衙门外，请愿挽留连元，连元亲自出面，说服了百姓，百姓只好结队送连元到边界上，挥泪目送连元上路。连元感叹说："我在三衢无甚功德予你们，却受到你们如此拥戴，留在我心的只有惭愧啊！"连元离开后，衢州人民为纪念他的功绩而为之建立了生祠，并将其在任期间的功德上报朝廷，朝廷嘉奖其功，封赐连元为宁邦侯（古五爵位"公、侯、伯、子、男"的第二等），并授"紫金鱼袋朝散大夫"，召为朝官。

大舍村的"元公祠"建于南宋末年，其门面是牌楼式的结构，门架是青石条，文字"元公祠""钦赐""宋开禧紫金鱼袋朝散大夫"等，清晰可见，图案花鸟鱼栩栩如生，都是由阳刻砖雕和磨面砖块砌筑而成，瓦檐下是宋代的屋叠砖斗拱，整个门面至今保存完好。"元公祠"朝东建，平面呈纵长方形，门楼为二柱三楼式，前厅、正厅均为五开间。保存如此完好的牌坊，为近年来发现的龙泉牌坊中所仅见。

总的来说，大舍村的历史建筑最主要的是两个寺庙——金鳌殿、仁源古社及三个祠堂——追远祠、元公祠、广居祠。除祠庙外，整个村落整体保持着传统的人字土墙木构架的乡土建筑风貌。仁源古社位于大舍村甬道东侧山墙，古社青石条的门架，中门梁上有阳刻双凤抢花，门两边有牡丹，有诗对"帝继唐雯千载威致懋德，虞尊叶蔡一方永荷神床"。古社内竖有《中门缘碑》序，其碑文以连元进士为楷模，记录了大舍村的历史和重大史绩。连元公为官、为民的学风、官风影响着一代又一代的大舍村后人。

追远祠则是学风影响之典型。追远祠门前摆放着一对石制"举人墩"，墩上各阴刻"咨议局议员甲午科举人连正钊立"。举人墩，由三层叠起，上下层稍大，中间稍小，为方形，总高 0.84 米，宽 0.82 米。墩中间有 0.22 米圆孔，逢年过节，竖上桅杆，张灯结彩。连正钊把南宋时进士连元的业绩撰写在元公祠的后板壁上，以弘扬连元的廉洁精神，教育后代。

大舍村元公祠

清末举人连正钊撰书安仁镇《修筑永和桥志》，这里摘录诗一首，以飨读者：

讲堂化雨

仁山昔日启鸿基，讲习堂开教泽施。

坐向春风人鼓舞，化同时雨物蕃滋。

涵濡育得坛中杏，优渥培成室内芝。

多士沾恩争洗涤，名材崛起上丹墀。

大舍，一个古老而文明的村庄，一个蕴含"学而则仕，学而有为，学而为民"故事的村落。

（文/图：江圣明）

三　耕读传家

余姚柿林村

丹山赤水育仕林

柿林村位于浙江省余姚市大岚镇东南部，隐于八百里四明山麓间，依山而建，西高东低，错落有致。村中道路弯曲，小巷悠悠，房屋呈明清建筑风格，雕梁斗拱，花格门窗，是结构十分完整的古村落，属于江南传统历史文化村落的典型代表之一。

柿林村地处平均海拔为 550 米的高山台地，境内阳光充沛、雨量丰富、四季分明，村区域面积 6.05 平方公里，山峻林茂，石褚溪碧，柿硕竹密，流泉叮咚，鸟语花香，历史文化积淀深厚。

拥有 650 多年历史的柿林村曾因人才辈出被称作"仕林"，又因两岭对峙故称"峙岭"，现因盛产柿子而得名"柿林"。

早在东汉年间，就有许多道教名士来"丹山赤水"隐居修身，被道家尊之为三十六洞天之第九洞天。宋徽宗御书"丹山赤水洞天"，迄今留墨山崖之壁。历代诸多文人雅士到此揽胜抒怀，留下了许多优美诗篇。晋代诗人木华赞赏"其山东面如惊浪，七十高峰列烟嶂"，唐代诗人李白有"四明三千里，朝起赤城霞"之吟，明代诗人高彝有"丹山赤水神仙宅，布袜青鞋作胜游"之记。柿林村开村始祖沈太隆赞美柿林："洞天福地甚奇哉，不染人间半点埃，相士择宜居此在，岭头惟有白云来。"

丹山赤水育仕林

柿林村自古以来"重教敬学"风尚盛行，"耕读传家"传统浓郁。柿林全村只有沈氏一姓。据族谱记载，沈氏始祖是周文王的第十子，受封于沈地，遂以封地为姓，其后裔来此隐居。又村中有一古井，井水清澈纯净，冬暖夏凉，是全村人的饮用水源。故有"一村一姓一家人，一口古井饮一村"之说。

柿林村西南角有一处占地一亩左右的古建筑群，粉墙青瓦，庄严肃穆，这就是沈氏宗祠。整个建筑坐南朝北，由前后二进五开间的正厅和左右厢房组成一个四合院，中间是个院落，大门外有一堵八字形照墙。前门正中是两扇厚重的黑色大门，大门上方悬挂着"沈氏宗祠"匾额，左右设便门两扇，右首便门上方有"贡元"匾一块。

沈氏宗祠始建于清道光四年（1824），当时只有后进正屋五间，至清道光十五年（1835）又建前进五间，但均未告竣。至清咸丰二年（1852），将几近废圯的前后进正屋修缮一新，并配建左右厢房及阶砌、照墙、台门等，工程才算告竣。此后，又经多次修缮，现存祠堂是1990年重修的。宗祠后进靠南墙，原供有历代祖宗牌位，正中最高处供奉着柿林始祖太隆公神主，然后按元亨利贞四派排列，绍穆有序，可惜在"文化大革命"中以扫"四旧"之名被焚。

后进檐下正中挂着"文肃世家"匾额。据志书记载，沈氏第二十四孙沈括，官至龙图阁大学士，第二十九世孙沈绅，官翰林院直学士兼给事中，授少师衔。两祖均被北宋皇帝谥为"文肃公"，这就是文肃世家的来历。

后进正厅正中挂有"忠清堂"匾额，原匾黑底金字，古朴遒劲，出自鄞县毛玉佩手笔。忠清堂两侧原有柱联一副，因早年散失内容不详。由第二十二世孙沈远波撰文、第二十一世孙沈建农书写的柱联一副，悬于原处，其联曰："历姬周嬴秦刘汉李唐赵宋诸朝授武职谥文肃屡建安帮利民千秋业，经西岐汴梁钱塘会稽余姚各地觅佳境择仁里终成赤水丹山万世居。"将沈氏起源、历代祖先文治武功及迁徙定居行状，全概括在五十六个字之中了。除此之外，柿林村还有沈氏祖训八条，概括起来即"孝、悌、忠、信、礼、义、廉、耻"八个字。柿林村的先祖从"持家、卫国、修身"三方面，严格教育后世子孙为人处世要诚实守信，恪尽职责。

在柿林村一处叫"下四份"的门墙上，至今仍留有"耕读传家"四字。为何这个隐藏在深山老林、世代以农耕为主的古老小山村，却有如此开放的文明理念与思维？据柿林村的《沈氏宗谱》记载，柿林村开村始祖沈太隆一生以他的前辈沈括为楷模，教育后代注重"耕作"，既要学谋生，又要学做人，知诗书，达礼义，以立高德。所以历代柿林村以"耕"为根，以"读"为本，皆以"勤于耕种"和"善于学习"为传统美德，历代相传。

从第十四世开始，柿林村仅国学生（最高学府的学生）就有25人，贡生、邑庠生9人。科举制度废止后至今，村里已有大学生近百人，他们有的出国留学，有的行医救人，有的教书育人，成为当代柿林人的骄傲。

走进柿林村，你可以看到白发苍苍的老者正在院内读书看报，天真的孩童们在认真地看书写字。有一年，某高校大学生走访老区，走进柿林村一户老伯家，大学生们看到墙上挂着惟妙惟肖的山水画，落款字体浑厚苍劲，他们以为这是哪位大师在此避世闲居。一问，原来这些字画是白发苍苍的主人闲暇时所作。老人年轻时由于家境清贫，请不起老师，每天面对秀峰深壑的丹山赤水，心画相映，凭着想象临摹，渐渐入心入画，竟然无师自通画出了一手好画，自成一家。大学生们由衷佩服这位耄耋之年的老者。柿林人自小秉持父辈们流传下来的耕读教育理念，不光会种地养家糊口，还好读书，读好书。

余姚籍著名学者余秋雨曾为柿林村境内的丹山赤水作《丹山赤水游记》，以优美的辞藻吟诵柿林之美。全文如下：

中国道教以修德养性、学道登仙为胜事，而修炼之地必选佳山胜景大小洞天。代代道士布履，处处严校细勘，至唐司马承祯排定四明山洞为三十六小洞天之九，名曰丹山赤水洞天。后由宋徽宗御书此名赐予四明，天下皆知。

丹山赤水所在，岩峻谷深，石赭溪碧，竹密柿硕，境幽气清，历代诗人多有题咏。李白有"四明三千里，朝起赤城霞"之句；孟郊有"迥出万松表，高楼四明巅"之吟；宋代本地进士孙子秀更有"四明洞天居第九，巨灵劈石开窗牖"之记。尤为难得者，由此胜景衍伸，方圆皆学风醇厚，文物鼎盛，诚可谓洞天有灵，山水有魂。

近年，余姚百业俱兴，丹山赤水又获重修，远近旅迹纷然汇聚，千年胜景焕然一新。余曾携妻畅游其间，步悠长木栈，看谷顶云影，听洞声鸟鸣，宛然如在梦中。今在异乡忽又心驰，特书数语以记思念。

余姚余秋雨撰并书

柿林村独特的宗祠文化与耕读文化，以其旺盛的生命力和感召力，成为维系人们世代延续、和谐共生、善待苍生的重要精神支柱，乡土文化在这个绵延千年的古村落里，得以从容有序的延续与传承。

（文：沈银燕/图：郑锡青）

奉化林家村

翰墨飘香入林家

　　林家村以农民书法见长，是宁波奉化著名的特色文化村之一。村庄坐落于奉化城郊西侧，东临八面同山，西眺十里泉溪，南接弥勒大道，北通甬金高速，山水秀丽、交通便捷，更兼五千余亩桃林掩映，阳春三月繁花压枝，仲夏时节硕果飘香，不是仙境胜似仙境。村民耿直淳朴、重耕崇读，素有"出门劳作进门书"的优良传统。

林家村景

　　林家村林氏家族的先祖本姓徐，与唐朝将领徐敬业同族。徐敬业反武则天失利后，后裔为免受牵连和残害，改姓林。但林氏家族不忘根本，采用阴徐阳林之法纪念族祖，即在世时姓林，过世后姓徐归宗。

　　400余年前，林家太公林英（徐英）从福建莆田金堂山迁居奉化，先在曰岭之西的马岙落脚，后移至同山脚下三面环山的燕子窠。林英公见燕子窠西边的五条小溪交汇成一朵梅花状，不由得想起福建家乡的那条梅溪，于是将此溪和庙号皆名梅溪。此后，梅溪旁的燕子窠渐成村落，林氏家族开始在这块土地上精耕细作，繁衍生息。

受中国传统耕读文化的影响和熏陶，林家村林氏家族历来有日耕夜读的良好习惯，家家户户除了犁锹锄耙等农具之外，家中必备"文房四宝"，一有空闲便坐下来读书习字，故有"白天扶犁锄禾，晚上舞文弄墨"的美誉。时至今日，每年暑假期间，林家村的孩子们都会在"耕人书院"接受免费书法培训。

20世纪初，博学多才、擅长书法的应雅贤老师到林家村教书。时值华夏民族多事之秋，外侮内轧，民生萧条，但在应雅贤老师几十年的悉心培育下，林家村几代人学得了一手好字，凝聚了一身墨香。

1990年5月，在林鹤松为代表的林家村18位书法爱好者和奉化市文化馆书法干部竺波等人共同努力下，浙江省第一个农民书会——耕人书会在林家村成立。18位会员及众多书法爱好者欢聚一堂，挥毫泼墨，切磋书艺。当时，宁波电视台专程到林家村拍摄了专题片《农家墨香》。

从2003年起，每年桃花怒放时节，林家村都要在黄瓜山桃园举办"桃花笔会"，边赏桃花，边切磋书艺。2008年起，在萧王庙街道助推下，"桃花笔会"升格为"中国·奉化桃花节"，来自全国各地的书法爱好者和外国友人齐聚林家村，与林家村"耕人书院"成员一起到桃花丛中挥毫泼墨，形成了"万亩桃花漫山争艳、耕人书会翰墨飘香"的别致风景。

经过25年的笔墨洗礼，林家村耕人书会不断发展壮大，至今，书院拥有150平方米书法作品展览室，近100平方米的少儿书法活动室及作品储藏室，其规模和设施在全省农村堪称一流；会员达40

余人，年龄最大的 70 多岁，最小的十几岁，形成了老、中、青、少相结合的书法队伍。不少会员加入了浙江省书法家协会、宁波市书法家协会、奉化市书法家协会。每年都有会员作品参加全国、省、市各级各类比赛或展览，入展和得奖的已有百余人次，有些还入选了现代书画篆刻名家作品集，被国内外名人收藏。其中，林鹤松的作品先后获得国际书法大赛优秀奖、国际文化交流奖、奥林匹克第一届国际绘画书法艺术展老年组优秀奖等奖项，个人被授予国际书法比赛世界级铜奖艺术家称号，其成果曾在《浙江日报》《人民日报》《浙江电视台》《中央电视台》等主流媒体报道、播放；林长兴的作品获得国际老年人书法大展世纪名家精英创作奖；2014 年，林伟峰、应志鹏、林雄洲三人的书法作品入选"中国梦·乡村行"浙江书法村作品联展作品集。

随着林家村"耕人书院"名气日渐响亮，各级领导和书法名家对林家村格外关注，不时莅临考察、交流。1996 年，浙江省农村文化工作现场会在林家村召开期间，原浙江省文化厅厅长、书法家钱法成泼墨挥毫，以"左手算盘右手笔，出门劳动进门书"一联盛赞林家村优良传统；2008 年 3 月，时任宁波市委书记、现吉林省委书记巴音朝鲁在"天下第一桃园"开游前夕视察林家村时留下"右军洗笔遗墨处，万树桃花别样红"的墨宝；而"耕人书社"则是原宁波市市长、现天津市市长黄兴国的手迹。此外，上海市书法家协会副主席周志高，宁夏回族自治区书法家协会主席柴建方，浙江省青年书法家协会副主席胡朝霞，宁波市书法家协会主席陈启元，宁波市书法家协会副主席沈元发、林邦德、陆爱国，奉化市政协副主席林平海，中共奉化市委党校副校长林志平，奉化市书法家协会主席王三五，奉化市美术家协会主席应硕莽，宁波万里国际学校校长、浙江万里教育集团副总裁林良富等领导和名家均在林家村"耕人书院"留下了可贵的墨宝。

2014 年，耗资 40 余万元的林家村文化礼堂建成，村民特以

　　"耕人书院"命名，一副自撰自书、熠熠生辉的楹联传神地彰显了林家人特有的襟怀和志趣：耕田耕书耕春色，稻香墨香花果香。

　　林家村，一个桃花盛开的地方，一方翰墨飘香的净土。

（文/图：沈国毅）

宁海梅枝田村

文风徜徉梅枝田

梅枝田村，地处宁海白峤港、三门湾畔。这里，以耕读传家为祖训，历代学风浓厚，人才辈出，远近闻名，走出了5名黄埔军校毕业生、116名大学生，素有"状元村"之美誉，并被列入第三批中国传统村落名录。

梅枝田村以田姓村民为主，先祖显赫，为早期宁海县城拓荒者田什将军之后。在宁海地方史上，田什将军占据重要地位，被《宁海县志》人物传列于首位。田什将军，原籍陕西凤翔，南朝梁武帝时被授为殿前将军，并封为武冈侯。梁太清二年（584），侯景作乱。因为战事不利，田什等人退至宁海，战乱结束后驻守宁海。梁亡后，田什将军多次拒召入京做官，自此不问国事，合家卜居广度里（今县城）度余生。因其在宁海"保境安民"，县民建庙以祀，并留下许多胜迹以示怀念，如将军墓、将军路、将军湖、花楼殿等。

南宋开庆元年（1259），田什将军第十四代后裔田均振从宁海县城移居梅枝田。据《田氏宗谱》记载："公均振，字仲则，妻胡氏；公性恶嚣尘，好静幽，宋理宗开庆元年己未，由城南迁居梅枝，是为梅枝始迁之祖。"此后经七百多年的繁衍生息，田氏家族不断兴旺，村落规模也随之扩大，新中国成立前此地曾设立过乡公所，新中国成立后命名梅枝田村。现由上田、隔坑、肖支湾及小梅枝四个自然村组成。

梅枝田村古有梅里之称，三面环山，一面朝海，山峦叠嶂，海天相映。明代即有"十景"并历代相延：古洞仙踪、狮刹晨钟、九皋灵岳、曲港渔歌、双溪垂钓、青屿雪浪、牛山牧歌、七星追月、角井饮泉、灯台夕照。村民围月山而聚族群居，依山傍水，选址巧妙，规划精致，整体布局无不渗透出宗族理念、儒学章理、道教文化，彰显堪舆学"大风水"的概念。在宁海卫星测控地形图中发现，梅枝田村的位置，恰好在一座形似猛虎神兽的印堂之上，印堂乃神兽元气之所在，从侧面映证了当初先人村落选址的巧妙与传统堪舆学"大风水"的神奇。

耕读传家历来是田氏家族信奉的祖训。自移居梅枝始，田氏家族便将此训诫摆在了重要位置。耕者，事稼穑、丰五谷，解决了温饱问题；读者，知诗书、识礼义，传承了文化思想，以此为传家之宝，整个家族方能生存，并不断延续、兴盛。

文明教化润乡间。梅枝田有田氏家庙，这在宁海实属罕见。家庙和普通的宗祠级别不一样，古时只有官爵者才有资格建家庙，以此作为祭祀祖先的场所。最早叫宗庙，唐朝始创私庙，宋改为家庙。在等级森严的古代，如此厚遇足见历代官府对田什将军的景仰与尊重，并将此无上荣光阴于迁居此地的田氏家族。田氏家庙建于明朝嘉靖年间，为田氏族人为尊宗敬祖而建的祠堂建筑。家庙坐东朝西，建筑面积1200平方米，木结构品字形，中三间大殿，马头墙，南北建两厢，中天井，西戏台。内挂历代官府赠送匾额八块，最早可溯清乾隆年间。庙前三大门，中间两旁立石鼓，庙外立石旗杆架。每年的清明，田氏家族都要在家庙中祭祖，场面庄严隆重，几百年来一直是田氏家族精神的统领和支柱。

戏剧教化在民心。在中国古戏台之乡的宁海，众多如珍珠般散落于乡间的古戏台，其丰富而精湛的木作、雕工、工艺和色彩无不让人叹为观止。相较而言，梅枝田田氏家庙内的戏台，则显得格外简洁朴素，藻井和梁上均无过多的木雕装饰。其戏台前那块"莫作戏看"的匾额却是言简而味深，无不时刻提醒台下观众：假作真时真亦假，台上做的戏，也是台下的事。

忠孝礼义薪火传。田氏家庙内的左右两侧厢房，当年曾是村里的学堂。昔时，学童济济，书声朗朗，学风蔚然。在田氏家庙内挂

梅枝田村景

有8块匾额，为历朝历代官府所赠送，蔚为大观。其中，除了彰显田氏祖先安定一方功绩的六块匾额外，另两块匾额却有两段故事。一块"懿徽纯孝"匾额，是康熙年间宁海知县所题，旨在表彰村里一孝顺媳妇的感人举动。据说此媳妇在公婆生病后一直悉心照顾，不曾怠慢分毫，但其病却不见好转。在一有经验的郎中看诊后，告诉这媳妇需要她的一块肉做药引，方能药到病除。于是，她当即拿刀咬牙忍痛割下了自己身上的一块肉，其一片至纯孝心最终使公婆大病痊愈，此事也成了乡间一段佳话。另一块"懿行可风"匾额，也是讲村里一贤惠媳妇，毫无怨言地照顾生重病的丈夫，不离不弃，在丈夫去世后又毅然扛起了奉养一家老小的重担。

千年训诫代守护。崇学风尚如同山间清泉般在梅枝田这块古老土地上涓涓而流、绵绵不绝。1908年，宁海县第一家村级完小——

梅枝田村完小悄然开学。当时筹建小学的资金由全村村民集资，总共筹集到 200 块银圆，另外田氏家田的收益也捐入其中，土地则由村中腾出。梅枝田村完小规模此后逐步扩大，一度承担了周边十几个村就学学童的教育任务，后来成为一市区域国民第一小学，并在 20 世纪六七十年代进行过扩建。这所百年小学，走出了五位黄埔军校的学生。如今小学已不复存在，学堂旧址已成越溪乡中心幼儿园梅枝田分校，但昔日小学的大门仍然保存着。

此外，梅枝田村还有一项延续百年的奖学族规。早在梅枝田村级完小成立之初，梅枝田的族长就定下一条不成文的规矩：凡是小学毕业的人家，在清明节可分到一两猪肉，十二块清明麻糍；小学毕业后，每上一个学历，这两项福利就相应翻一番。这样的激励办法，不管朝代政府如何更替、时事如何变迁，仍然沿用，激励着一代代学童入学求知。时至今日，村里依然还延续着这一百年奖学优良传统，即对考入重点大学的学生，每人奖励 1000 元奖学金，并宴请一桌子饭菜。时代在变，标准在变，但不变的是历代梅枝田人对知识的敬仰、教育的重视与祖训的坚守。

在耕读传家祖训传承之下，村风民风一直颇为淳朴纯厚，读书世家也是遍布乡间。清朝嘉庆年间，梅枝田曾有一位广为人知的乡贤叫田良宰。据说田良宰年幼时，因家贫而无法交租，财主把他家仅存在石磨中的小麦粉末都搜刮走了，几乎断了他家的粮食。当时田良宰母亲对此行为憎恶不已，并发誓："自家后代如富裕，有人种我家田地就免一年租税。"后来，田良宰成为本地的员外，毅然兑现了他母亲当年的誓言，并屡屡个人出资救济周边逢上饥荒的百姓。

梅枝田村至今还保留着一批自明末清初至民国时期的古建筑，如有祥下、新楼下、高堂等十几处道地，皆是当年大家族的历史遗迹。田氏家庙附近的祥下道地最具代表性。祥下道地约建于清末时期，是当年黄埔军校毕业生、抗日将领田守中的家院。在祥下道地门外，门匾上"座拥犀峰环一角，门迎狮嶂振双铃"的对联和横批"雅爱吾庐"，是当年田守中题刻，其中"犀峰""狮嶂"都是宅子周边的风景。

田守中一家可谓是田氏家族中颇具代表性的读书世家。田守中父亲和祖父皆为秀才，家风非常纯正。在田守中后人中，其中一个儿子田小福是种粮大户和全国人大代表。20 世纪 80 年代，田小福创新土地流转方式，每年承包土地 100 亩种粮，年上缴国库 10 万多斤粮食。田小福重视儿女教育，七个孩子均大学毕业，一家子出了七个大学生，有的甚至还是中国人民大学、浙江大学等响当当的重点高校的学生，无愧于读书世家，也无愧于耕读传家祖训。

犁耙耕锄忙，笔墨纸砚香。一方水土一方人，耕读乐土梅枝田。我们相信，在梅枝田这块古老而底蕴深厚的土地上，将门后裔、信奉祖训的田氏后人们，必将勤耕重学的故事代代传诵，必将崇学仁义精神薪火相传。

（文：葛兴林／图：余国静）

永嘉屿北村

状元归隐居屿北

屿北村隶属永嘉县岩坦镇，位于岩坦镇北侧，南距岩坦镇 3 公里，距县城 60 公里。始建于唐代的屿北村，是楠溪江上游历史悠久的古村落之一。

屿北村村落的营建，力求寓教化意识、礼制于温婉山水中，是楠溪江田园山水与耕读生活结合的典型，达到亲近自然、寄情山水、亦耕亦读、通达义理的境界。整个村落从空间格局到建筑单体、构件装饰都将"耕者"与"读者"的内涵表现出来，"耕者"即坦诚、率真、淳厚的胸怀，"读者"则是崇尚淡泊自然、潇洒脱俗的价值取向，二者在此达到完美的统一。

在屿北村的书院，今天我们还可从古宅楼阁的书桌前，遥想当年的书生手持黄卷，青灯孤影寒夜苦读的情景。屿北村以状元汪应辰一家为代表的"一门三进士，父子两尚书"的传家史，正是永嘉耕读文化的一个标本。

屿北村先祖为南宋状元汪应辰及其兄弟汪应龙，汪氏是徽州显赫家族的后裔。汪应辰，18 岁中状元，是我国历史上少有的少年状元，官至吏部尚书。汪应辰之弟汪应龙为进士，官至奉议大夫。汪应辰之子汪逵也中进士，官至尚书。他们在任期间不畏权贵、整顿吏治、兴利除弊、关心百姓疾苦的为政作风，深得朝廷赞赏和民众好评。

汪应辰（1118—1176），字圣锡，原名汪洋，出生信州玉山（今江西上饶），自幼聪慧好学，读书过目不忘，妙语惊人。汪应辰少年时期，已连中县试、乡试、会试。宋绍兴五年（1135），汪应辰参加殿试。殿试中对策的题目是"吏道、民力、兵势"，他答以"为政之要，以至诚为本，在人主反求而己"。高宗皇帝览卷深许

惟学贵九
流而不自以
挤足才高一
世而不自以
为名道尊德
备而不自以
得位高声利
而不自必为
荣 朱熹

状元归隐居屿北

之，钦点为头名状元。揭卷后方知其才 18 岁，甚为高兴，特赐名"应辰"，授镇东军签判。18 岁中状元，历史上十分罕见，且他的状元卷被后人誉为"吏治宝典"。

南宋初年，秦桧主和议，汪应辰上疏主张抗金，力言因循无备、上下相蒙、不明敌势的危险性，因而违反秦桧意，出通判建州（今福建建瓯）、静江府、广州等。宋绍兴十七年（1147），宋孝宗时的宰相赵鼎受奸相秦桧陷害贬谪，愤然绝食而亡，其子赵汾扶柩归葬老家。因惧秦桧淫威，沿途无人敢祭奠。独汪应辰素衣草履，当路设祭，宣读祭文。为此，他被指为赵鼎的死党，幸有胡寅发表了一封公开信，说汪应辰曾受知于赵鼎，写祭文表示悼念乃人之常情。秦桧见公论如此，方才罢手。秦桧死后，汪应辰官复原职，他历任秘书少监、权吏部尚书，权户部侍郎兼侍讲，四川制置使知成都府，官至吏部尚书兼翰林学士。

汪应辰被重用期间，干了一件大事，解决了豪门权贵强行霸占土地的问题。当时，长江下游的大片良田，全被世豪之家所占。其中投靠秦桧的奸臣张俊，一个人就侵夺了 10 万亩良田。这引发了许多农民起义。汪应辰上疏高宗，指出权贵们抢占农民土地是农民起义的主要原因，恳请高宗命令权贵们交出抢占的土地归还原主。高宗采纳了他的意见。权贵们见皇帝下旨，才不得不交出抢占的土地，其中张俊一人就交出了 2 万亩。汪应辰此举，也得到了广大农民的拥护。

汪应辰一生勤学、勤思、勤政，严于律己，清廉公正，吏治有方。在任内，他整肃军纪，力主抗金；鼓励发展手工业，惩治贪官污吏，免除百姓劳役，购粮赈灾。

汪应辰少年时跟从喻樗、张九成、吕本中、胡安国等人游学，又与吕祖谦、张栻为友，朱熹为从表叔，也常与其往来研究学问。他为人刚正不阿，直言不讳，又多革时弊，所以遭到许多人的侧目，为人所陷害。但他待人接物温逊，遇事特立独行，坚定不移。虽遭秦桧排挤，流落岭峤 17 年之久，"蓬蒿满径，一室萧然，饮粥不继，人不堪其忧"，但"处之裕如也，益以修身讲学为事"。著有文集五十卷，今传《文定集》二十四卷，《文定集》后被收入《永乐大典》和《四库全书》。他学问具有渊源，不少鸿篇巨制。他的不少诗作都体现了"好贤乐善，尤笃友爱"的思想品格和个性。

宋淳熙三年（1176），汪应辰病逝于家中，享年 58 岁，谥"文定"。朱熹《祭汪尚书文》评价："惟公学贯九流，而不自以为足。才高一世，而不自以为名。道尊德备，而不自以为得。位高声重，而不自以为荣。"

汪应辰之弟汪应龙，高宗绍兴年间进士，官至奉议大夫。金兵南侵，秦桧要求议和，汪应龙上书劝阻，秦桧不答应。感于奸臣当道，难容于世，欲称病辞官隐退。翌年，汪应龙对其兄汪应辰说：

"永嘉菰田（现在的岩坦、屿北、溪口一带）一带地形偏僻复杂，没有受到外来侵扰，是个安居乐业的好地方。"于是与兄汪应辰、侄汪逵及孙辈、随从等一起迁往永嘉屿北居住。

汪应辰之子汪逵，继承了父辈忠诚正直的优良品质，为官清正，处事简明，博学多识，恪守家法。宋乾道八年（1172）进士及第，宋淳熙十五年（1188）为太学博士，兼实录院检讨官，宋庆元元年（1195）为国子司业。时权臣韩侂胄斥道学为"伪学"，其上疏辩驳而遭贬谪。后韩侂胄获罪，汪逵才得以重新出山。到了嘉定二年被钦定为朝议大夫，进而为吏部尚书、工部侍郎兼太子詹事、同修国史，又御赐紫金鱼袋。后于宋嘉定十五年（1222）被授予少保端明殿学士。

（文：杨大力／图：曾令兵）

泰顺库村

库村无言自风雅

隐居白云山

唐以前，库村（又称漈头村，因村口有漈水瀑布而得名）还是深山老林。只有少数先期隐者散居其中。唐著名诗人顾况在《仙游记》中这样描述库村一带景象：温州人李庭等，大历六年，入山斫树，迷不知路，逢见漈水。漈水者，东越方言以挂泉为漈。中有人烟鸡犬之候，寻声渡水，忽到一处，约在瓯闽之间，云古莽然之墟，有好田泉竹果药，连栋架险，三百余家。四面高山，回还深映。有象耕雁耘，人甚知礼，野鸟名鸽，飞行似鹤。人舍中唯祭得杀，无故不得杀之，杀则地震。有一老人，为众所伏，容貌甚和，岁收数百匹布，以备寒暑。乍见外人，亦甚惊异。问所从来，袁晁贼平未，时政何若．具以实告。因曰："愿来就居得否？云此间地窄，不足以容。为致饮食，申以主敬。既而辞行，斫树记道。还家，及复前踪，群山万首，不可寻省。"

这种世外桃源般的景象，自然引起历朝士人的关注向往。第一位到达库村，具有重要影响的是唐贞元元年（785）进士包全。包全，生于唐天宝元年（747），原籍会稽。曾任彬州义昌县官、润州司仓参军。唐贞元二十一年（805）三月，以承奉郎迁徽事郎的名衔出任福州长溪县知县。当时藩镇相继叛乱，社会动荡，民不聊生。包全心生隐居之意。于是渡肘江至海门，经西陵到会稽，沿剡水，过天台，达温州。因爱山水风物，包全在唐元和六年（811），自瑞安飞云江西溯而上，水路既尽，弃舟登岸，但见库村一带漈水白云青山甚好，于是在白云山下于次年择吉伐木，建房开田，耕读传家。

包全居此福地，甚觉欢乐，故生子取名福。包全卒于唐开成二

库村村景

年（837），享年91岁，为千年库村始祖。现存包全公墓于库村
后坪。

　　光阴似箭，日月如梭。包全迁居库村85年后，原籍山阴的吴畦
也迁隐白云山下的库村。吴畦，唐大中十四年（860）进士，曾任
桂州刺史，河南节度使。唐文德元年（888）吴畦拜为谏议大夫，
职掌侍从规谏。因忠言直谏，于唐大顺元年（890）被贬为润州刺
史。当时奸臣当道，吴畦遂生隐退之意。唐乾宁三年（896）吴畦
率兄弟子侄，沿飞云江溯流而上，迁隐库村，开始劝农劝学生活。
唐天复四年（904）晚唐著名诗人罗隐奉吴越王钱镠之命千里入山
礼聘吴畦出山辅政，吴畦避而不见。罗隐归后作《罗江东外记》，
以感叹山中库村的耕读生活。后梁龙德三年（923）正月，吴畦逝

于库村，终年84岁，现存吴畦公墓于库村吴宅。

包全和吴畦相继归隐白云山下库村，开泰顺耕读文化先河。千年来，劝农劝学，人丁兴旺，人才辈出，以库村为中心，逐渐形成诗意栖居、文风昌盛的包姓吴姓血缘村落。

耕读传千年

先贤耕读传千年，库村代代出文才。包全和吴畦迁居库村后，库村人在先贤的儒家思想影响下，创办义塾社学，开设书院学堂，在库村，耕读传家的思想可谓源远流长，这种风尚到南宋中期达到鼎盛。

库村侯林书院，是泰顺县境内最早的书院，由南宋宁宗年间进士吴驷之父吴子益于庆元年间创建。在两宋期间还有中村书院、石境书院。不同时期的社学、义塾、读书楼则更是异彩纷呈。如包朝珉创办的社学、包涵的古柏山房、吴驷的岚壁堂、吴氏先贤的桂芳堂。由于文教之风盛行，库村仅唐宋两朝考取文武进士的就不下半百，这种现象在中国古代历史中也不多见。库村包氏、吴氏都是官宦世家，迁隐耕读思想的种子在库村人心中根深蒂固。"朝为田舍郎，暮登天子堂"的梦想，激励着一代又一代的库村人。

尤其值得一提的是，库村包氏先祖常以德字命名宅院，取以德立族之意，如食德堂、衣德堂、恒德堂等。古街商铺也取有堂号，如药铺百龄堂，杂货铺聚泰堂等。这些民居集耕读生活求学教化于一体，以德孝为本，以信义为先，重视教育，自强不息。

食德堂，又称外翰第，主人是高祖包涵，有诗歌作品集《古柏山房吟草》。包涵母亲21岁嫁到包家，三个月后丧夫，不思改嫁，立志守节，耕读传家，培养儿子包涵成才。朝廷旌扬包涵母亲，下圣旨敕封"钦旌节孝"四字，并立节孝牌坊。其德孝励志教化事迹，代代相传。

恒德堂，系书香世家。包氏三十六代主人包超庸系温州师范学校弘一法师高足刘质平的学生。包超庸毕业后回乡任教至退休。其父包际春早年负笈东渡日本，明治大学毕业后回国，民国时曾任温州市公安局教官、兰州市公安局长等职。

聚泰堂，经营南北杂货，主人包长敖，字慕恢，身居乡村，关心国事，重视教育，接济民众，多有义举。新中国成立前与中共泰东北地下党领导人林子东交往甚密。长子包达明，在温州中学求学。1949年2月，包达明和泰顺进步青年吴德华、谢家管等参加中共鼎平泰中心县委举办的青年训练班，加入浙南游击纵队，同年加入中国共产党。新中国成立后，先后在中共中央华东局机要处、中共浙江省委机要处、浙江省军区、浙江省文化局、浙江省艺术学校任机要秘书、副处长、书记、正处级调研员。1982年，经浙江省委批准负责组建小百花越剧团。后带领剧团赴全国各地巡演，轰动全国。在北京参加国庆35周年献礼演出期间，小百花剧团先后到中南海怀仁堂、人民大会堂做专场演出。在中南海西花厅受到中共中央领导邓颖超、习仲勋、万里、乔石等人接见。

次子包达光，求学于泰顺中学，"文化大革命"前考入瑞安师范，毕业后回乡任教至退休，曾任校教务处主任、校长等职。三子包达耀，瑞安师范毕业回乡任教至退休。聚泰堂，重教之风，至今依然。

库村吴宅下厝，三合院式，庭院深深。主人吴立迥，自幼勤耕苦读，民国时考入国立交通大学，后又入中国人民大学。毕业后，在东北解放区工作。父逝后，他回乡任教，侍奉母亲。吴立迥传道授业、孝顺事迹，远近闻名。

风雅锦绣谷

从库村东行1公里，两溪交汇处，有一面悬崖，上横书阴刻"锦绣谷"三个大字，颜体正楷。距此20米处崖壁上又有"三友洞"石刻，楷书直刻。据林鹗《分疆录》载：崖下有书室，为吴驲、吴泰和、包涵讲学处。南宋宁宗、嘉定年间，此三人先后考中进士。三友洞的故事，广为流传。

吴驲，字由正，库村侯林书院开创者吴子益之子，官授承直郎，累迁为武侯大夫，曾任昭州、藤州知州，后退隐库村，著有诗集《岚壁集》。

包湉，字公济，号紫崖，任永州州学教授，后升为永州通判，后归隐库村，学问博洽，尤善古文。

吴泰和，字浩然，为朝廷重臣贾似道之师，深得贾贵妃赏识，曾任扬州通判，后辞官归隐库村。

吴驲、吴泰和、包湉三位志同道合饱读诗书的文人在库村锦绣谷畔的三友洞广招弟子讲学，面对林泉赋诗，过着世外桃源般的生活，世称他们为"三友"。

相传三友及弟子朝朝暮暮，贪黑苦读，山崖为之感化，变作明镜一鉴，将东海晨光和西沉余晖反射入谷。一日，皓月当空，三友举杯咏诗。包湉吟咏《锦绣谷》一首，诗云："恍然天地外，浑似画图中。泉响崖为应，风柔云较闲，小开三益径，高上一层山。诗量雄于酒，赓题病已删。"吴驲接上一首《百花岩》，诗云："一岩千古异，百卉四时开。不假栽培力，天然锦绣堆。"吴泰和听罢，诵道："不是桃源路可通，霞正洞口满江红。看山只有苍颜客，避世更无白发翁。明月影移栖凤竹，白云钥锁卧龙松。岁寒三径人何在？空有孤梅寄朔风。"这是吴泰和的《三友洞感怀》一诗。

另外，吴驲有诗歌《月夜偕包紫崖弟饮清音堂奉和》《双星石》《百花岩书感》《江心寺》，作品集《之官纪行诗草》。包湉有诗歌《清音井上感》《月夜吴岚壁翁招饮清音亭即席赋》，散文《锦绣谷记》，诗歌作品集《紫岩集》等存世流传。吴泰和有诗歌作品集《掬泉集》（失传）。

从包全到吴畦，从白云山到锦绣谷三友洞，从归隐之旅到耕读生活，从高高的庙堂到私塾书院，在遥远的江湖乡野，在库村的西院南窗，先贤士人们不忘德义，坚持传道授业，劝农劝学，行其志，立其言，打薄唐朝铁，插活宋代柳。如今，库村静静的千年民居巷道，默默无言的黑瓦石墙，依然遗世独立，依然透露着唐宋风雅。

库村村史公江南雨曰：包吴归隐白云山，耕读文化传千年。锦绣谷畔三友洞，库村无言自风雅。

参考书目

1. 泰顺《分疆录》。

2. 刘杰：《库村》，河北教育出版社 2003 年版。

3. 包志远主编《泰顺风情》第二期《吴驲和他的〈之官纪行〉》一文，作者，赖立位。

4. 包志远主编《泰顺风情》第七期《库村漫步》一文，作者，格子。

5.《库村包氏族谱》。

6.《库村吴氏族谱》。

（文：包登峰/图：廖雄）

绍兴柯桥州山村

一脉文华贯州山

州山村隶属柯桥区柯岩街道南部。四周青山环列，相传明代开国元勋刘伯温游历至此，曾曰：此地可作一州，故名州山。州山历史悠久，名人辈出，自明以后，州山人文蔚起，明初至清道光年间，有进士39名。其中以吴氏一族最盛，据《绍兴县志》载："州山吴氏为望族，后裔明清时期入仕为官者甚多，其中考取'进士'者，志书可查有11人。"

吴氏是州山村的大姓。州山吴氏族谱尊吴均礼，字慎直，为州山一世祖，从明洪武四年（1371）入籍山阴州山以来，子孙繁衍，支脉茂盛，至民国13年（1924）吴邦枢等纂修的《绍兴山阴县州山吴氏族谱》时止，已传至二十一世。吴家在明、清两朝，出过许多高官显宦，相传有"父子两尚书""祖孙四进士""十八进士"等故事，现州山村联谊自然村的长溇沿及短溇底一带，仍有不少做官人家的台门遗址，如尚书第台门、翰林第台门、进士第台门、柱史第台门、都统第台门、司马书生台门等。其中，进士第台门就有四座，翰林第台门悬挂的匾额写着"父子祖孙进士"。

吴家有严格的家规和良好的家风，众多吴家子弟金榜题名，同时族中涌现出很多杰出的文化名人，引领着吴氏家族的读书风尚。自始祖入籍州山，至五世吴蔬、六世吴便、七世吴彦陆续考中进士出仕，至八世后，吴氏家族科举入仕渐趋兴盛，名人辈出，成为绍兴地区名门望族之一。

吴蔬（1468—1506），字子华，号细山，吴家五世孙，州山吴氏的第一位进士。据《山阴（绍兴县）州山吴氏家族研究》介绍：吴蔬自幼在父亲的教导和影响下，养成了好读书的习惯，凡四书、五经、诗词、古文皆能熟读记诵，父亲、老师、族人皆以神童视之期之。十九岁，即明成化二十二年（1486）参加浙江乡试，考取第73名，其试卷为主司称赞。后因父亲患病，吴骥常年照顾老父，终于于明弘治六年（1493）考中了进士。授翰林院庶吉士。

吴兑（1525—1596），字君泽，号环洲，吴家八世孙，明嘉靖三十八年（1559）进士，授兵部职方主司，累官至右都御史，兵部尚书蓟辽总督。吴兑居边十余年，积极支持高拱、张居正推行"蒙汉互市"，西北边境出现了蒙汉民族"醉饱讴歌，婆娑忘返，东自海冶，西尽甘州，延袤五千里，无烽火警"少有的民族和睦、安定团结气象。

吴兴祚（1632—1697），字伯成，号留村，吴家九世孙，于清顺治五年（1648）以贡生授江西萍乡知县。历任山西大宁知县，山东沂州知州，无锡县知县，清康熙十五年（1676）升福建提刑按察使司、都察院右佥都御史，巡抚福建提督军务，十八年以军工加兵部尚书，二十年为两广总督。为人慷慨，为官40余年，后至封疆大吏，所得俸禄大都用来犒劳战士、接济亲戚故旧，宦迹所至的山西、江苏、福建、广东等地，把他列入名宦祠祭祀。好交文士，与当时文人吴梅村、徐乾学、龚鼎孳等皆有来往，能诗词善书，擅音律。著有《留村诗抄》《留村词》《粤东舆图》等，《清史稿》有传。

吴兴祚友亲睦邻，资助族里相亲，鼓励乡人读书取仕，凡是投靠他的州山乡里，都竭尽全力照顾，吴兴祚曾让幕僚中的州山族人进行统计，每年从俸禄中拿出银两接济乡民，并多次鼓励乡人要苦读诗书考取功名。州山族人为感谢他的义举，特请吴氏的姻亲，时任奉天府府丞姜希辙写了《赡族碑记》，在吴氏宗祠中勒石纪念："总督两广大司马留村民吴公推俸赡族，族之人饥者得食，寒者得衣，少者得婚，老者得养，死者得葬，可谓敦族之极轨矣。"

吴乘权（1655—1719），字子舆，号楚材，吴家十世孙，幼承家教，勤奋读书，吴乘权未能如前人走科举取士之路，而长期以教

州山村景

馆为业，教书糊口，潜心编书。吴乘权最出名的著作便是与人合编的《古文观止》和《纲鉴易知录》。《古文观止》编撰选文精当，体例周密，散文为主，兼收骈文，繁简适中，评注精当，后成为全国私塾学馆的"统编教材"。《纲鉴易知录》是一部史书，被学者称为"中国通史第一书"。清康熙五十年（1711）初刻至今，300余年中屡印不衰。酷爱史书的毛泽东，所读第一部中国通史著作，就是这部《纲鉴易知录》，也是他一生最爱的两部史书之一，另一部是《资治通鉴》。吴乘权以己之力，积极向族人乡亲传播古文和历史文化知识。

州山吴氏之所以名人辈出，正是源于家族中一向极盛的读书风气，吴氏家族在其繁衍发展的过程中，一直秉持耕读传家的优秀传统。据说乾隆时，有一年京城武科会试，州山光都统就出了18个。当时朝中有州山吴家人任尚书等要职，乾隆帝就有点怀疑是否这些州山籍京官在营私舞弊，提携同乡。不久，乾隆皇帝游江南，来到古城绍兴。他想起了这件事，决定到州山微服私访一番。他雇了一只乌篷小划船，不带随从，独自一人来到州山。到了州山，已是傍晚，他并不上岸，嘱咐船家将船悄悄停泊在岸边，将船篷拉上。他就坐在船里听岸上的动静。入夜，岸上台门热闹的读书声从傍晚一直响到了凌晨，乾隆帝这样听了一夜，心里暗暗叹服。

第二天一早，他上岸游逛，只见出畈的农夫，锄头柄上都挂着一本书。乾隆帝暗暗惊叹，他想此地读书风气如此之盛，出这么多高官显贵是当然之事，别说18个都统，就是180个也不为多。他这样一走二走，来到了吴家祠堂，观赏起吴家祖先画像来。祠堂婆见他虽是平民穿着，但器宇轩昂，神态不俗，上前询问，听得乾隆开口又是北方京片子口音，便怀疑是哪一房的高官朋友到此，忙去通报了已卸任在家安度晚年的尚书公。待得祠堂婆通报回来，乾隆帝向她要纸和笔，写下了一个斗大的"福"字。这个"福"字有点怪，下边的"田"字出了头，成了个"由"字。正当乾隆帝在写这个"福"字时，尚书公已匆匆赶到。他一见是当今皇上到此，大吃一惊，再一看乾隆所写之字，乃是一个"福"字，顿时心下放宽，欢欢喜喜地下跪谢恩，说："臣多谢皇上赐吴家有福！"

原来我国古文中，有一个"同音假借"之字，乃是一个"福"字中的"田"字中间一竖出了头，成了个"由"字；"由"可通"有"——与原字合起来就成了"有福"之意。乾隆帝如此写，其用意正在于此。乾隆帝见尚书公识破自己的隐喻，也佩服尚书公的才思敏捷，便提笔写上落款，又好言褒奖一番，叫尚书公不必大肆接待，他马上就又下小船离开了州山。乾隆帝所写的这个奇怪的"福"字，被吴家人奉为至宝，精心装裱了，高悬在祠堂大厅的栋梁上。直到"文化大革命"祠堂被毁，这幅字也就不知去向了。

州山吴氏的崛起，离不开这种耕读传家的优良文化传统，当然，也离不开吴氏家族重教兴学的传统。州山吴氏一部分由科举直接入仕做官，另一部分成为庠生、国子监生。吴氏家族基本上是以读书业儒起家，以科举发家，本质上是一种文化型家族，因此，在其崛起后，他们往往充分利用自己文化上的实力，积极参与地方的文化建设，通过办义塾、讲学会友、著书立说等重学的手段教育子孙后代；通过重学，将"文行"落到实处，在文教资源上抢占优势，提振家声，延续家声。

正如《吴氏家训》中所说的那样："吴家三世祖木庵公（吴暎）早兴文教以来，奕叶不乏其人。今日生齿虽繁，而文风未能不振，良由鼓舞鲜术，志气颓废，堕先声而陨厥志，习流俗以甘自卑污，甚可慨也！今后子弟有能奋志读书，博一院道考者，宗长等将公贮银内给于若干两，以为赴考之资。其有赤贫愤励举业，而乏束修之赍者，宗长亦于公贮之中代馈所师。……家若贫，不可因贫而不教子读书；家若富，不可恃富而怠于训迪。朱文公有云：'学与不学之间，君子小人之分。'又曰：'贫而勤学，名乃光荣。'学，其可忽乎哉？今人惟多营资以贻子孙，而不知勉强教之以学问，臂犹衣之以文锦而食之以糟粕，腹一毙而身无用矣。"

这段家训既肯定了州山吴氏家族以三世吴暎重学，以来接连涌现了通过科举而入仕的大批子弟，同时也有指十世之后家风已有所不振，科举也日渐衰落的现象。认为应该采取得力的措施，以物质奖励为手段，鼓励发愤读书，考取功名，并引用朱熹的名言佳句勉励后人重视读书上进，为子孙留下田产不如将知识道德传给子孙宗人。

吴氏家族都非常重视兴办义塾，远者不讲，十六世孙吴广遂于清同治七年（1868）捐资倡导崇文惜字会，组织宗人与村民之文盲者读书识字。十九世孙吴善庆，于民国初年出资10万银圆，在家乡建起了一座欧式建筑的善庆学校，专供族人子弟上学。

综观州山吴氏家族的历史，可见其代代自有人才出。如今，州山村以他独特的文史脉络成为了历史文化村落，它的耕读传家之传统和崇学重教之风尚将始终伴随着这个书香之村。

（文：吴建华）

临海孔坵村

耕读传家话仁心

孔坵，古名陇洲，亦称陇头梅村，隶属临海市汇溪镇，海拔600余米，地处羊岩山东麓，是名茶羊岩勾青的产地，距临城25公里，位于天台、三门、临海三县交界处。

孔坵村幽谷碧水，茂林秀竹，千年古柏为屏障，瀑布飞溅，梯田层层错落，奇山异石，有凤凰盘谷、小楼书院等。孔坵村素有"临海东乡文化第一村"之美誉，虽地处山区，却重视教育，清时有秀才九人，民国期间有十多人弃文从武，保家卫国。

据《临海陇洲章氏宗谱》载：明末，"天下大乱，为避战乱，处士海游人（今三门海游镇）章廷可背妻骨灰携六子入山，惟恐不深，寻至陇洲结庐而居"。从此，章廷可"举世不闻，以耕以稼，克俭克勤，秉古遗训，教子育后"，至今已有400余年。

孔坵始祖章廷可是个书生，虽隐却"卷不释手"。他一边过着耕读生活，一边教导子孙以读书为重。数百年来，陇洲章氏言传身教，历来以家训、重教为先德，教导后人要知书达理，修身明德。同时，以《章氏家训》作为村人的行为规范。《章氏家训》，为章氏先祖五代名臣章仔钧亲手撰写。全文如下：

传家两字，曰耕与读；兴家两字，曰俭与勤；安家两字，曰让与忍；防家两字，曰盗与奸；败家两字，曰嫖与赌；亡家两字，曰暴与凶。休存猜忌之心，休听离间之言，休作生愤之事，休专公共之利。吃紧在尽本求实，切要在潜消未形。子孙不患少，而患不才；产业不患贫，而患喜张门户；筋力不患衰，而患无志；交游不患寡，而患从邪。不肖子孙，眼底无几句诗书，胸无一段道理。神昏如醉，体解如瘫；意纵如狂，行卑如

耕读传家话仁心

丐。败祖宗之成业，辱父母之家声；乡党为之羞，妻妾为之泣。
岂可入吾祠而祀吾茔乎，岂可立于世而名人类乎哉！戒石具左，
朝夕诵思，切记切戒。

这段短短二百余字的文字，把居家宜忌，说得透彻易懂，细细
体味，对现代家庭生活，也有借鉴作用。

清初，孔坵村立村不久，便有"育英家塾"和"登祥家塾"等
私塾，曾在临海东乡一带名噪一时，培养出不少读书人。清道光年
间，该村太学士章业培，中举人后不问官场，回乡致力文教事业。
1869 年，受台州知府刘璈之托，章业培偕史秉义广设义塾，次年 2
月，于家乡陇洲设立"宝书义塾"，借村祠堂为舍，并筹集学田
（地）七十余亩（当时，该村所有耕田仅六百余亩），可见该村对教
育的重视。同年，章业培又在离该村十来里的箬笠山（今箬坑村）

设立"鼎新义塾"，筹学田四十五亩。两塾开延寿乡（今汇溪、东塍一带）教育之先河。章业培凭借自己当时的声望，聘名士任教，文化顿盛，附近天台、宁海等地前来求学的学子不断，每年入庠者均在 20 人以上。后由于发展需要，两塾合并，改名为"宝书鼎新日新义塾"。

1904 年，应时势之要求，"宝书鼎新日新义塾"改为新式学堂，更名为"宝新初等小学堂"。1933 年，在原有基地上建校舍 7 间（校址尚存）。"历年来颇有得法，为教育界所赞许"，相关部门还专门颁发了"奖状匾额"，该村上了年纪的老人都还记得，但已说不清奖状上写着什么，"文化大革命"期间，匾额全部遗失。

由于崇文重教，孔坦文人辈出，清时曾出九秀才，其中章锺谓等三位曾任上海圣约翰大学教授。近代有章昇平等人士，其中章昇平（名育，字皆洽，1897.7—1996.4）毕业于浙江政法大学，曾为复旦大学法学教授，1937 年后历任二十九军、九十八军、十军暨第十集团军总司令部驻防台湾青年军司令部军法处处长兼秘书长，任军法处处长一职时曾营救了不少共产党干部。

遵循"不为良相，既为良医"的古训，孔坦村除书生辈出外，杏林高手亦不为少数，如独资建造西安桥的名中医章省春，医术高明，口碑载道，是近代民间医生的佼佼者。

章省春，名正概，生于清光绪十八年（1892），卒于 1977 年，年轻时，在本村名医章笔泉门下学习，由于勤学苦练、专心钻研，深得真传，并打下了坚实的中医临床基础，后就读于平阳中医院，毕业进入医途，中间曾弃医从政，数年后复返杏林，潜心向医，为民治病，留下了很好的口碑。

由于章省春和蔼可亲，并尽治病务尽的原则，所以有许多劫后余生者都和其成了莫逆之交。其中医治大石九岗村的姚可香和上王村的戴照林的事迹，至今为人诵道。

九岗村地处偏远的羊岩山麓，崎岖的山路让人望而却步。姚可香身患绝症，经台州医院医治无效而退回，章省春时年八旬，听人口述病情后，毅然走了十多里的崎岖山路，为姚可香诊断病情，又配了药方，耗费几年的苦心才从死神手中夺回性命渐至康复。

上王村的戴照林亦是被医院判了"死刑"的病人，年迈的章公爬了几年上王岭才救回他年轻的生命。

这两例危重病例的治愈，无疑给晚年的章公再创光辉加上耀眼的光环。

六十多年的行医生涯中，远不止这些病例，健在的章皆淳（北京大学毕业，昭通师范专科学校副教授，1928年出生）常对人说："章公的医术是了不起的。昔年本地高塘村有一患者重症不起，家人前来请为诊治，至其家，患者已气存身亡，已移于堂前停放，木匠正在为其做棺材，在家属的央求下，章公无奈只能上前看视，家人问曰：可救否。答曰：试试看。急拟方煎药撬牙灌之，少刻人醒，再进方药调理，该人以后复获健康，在当时传为美谈。"章皆淳评论说："这样的医术，当年的扁鹊、华佗亦不过如此。"

当地人年龄在五十岁以上者，深知章省春之名气，周边各县的边民（三门、天台）皆慕名前来就诊。远路就医者逢昼一餐，贫苦可怜者送些小钱购药，把笔泉公的医德医风继承发扬光大。

当年在平阳医院毕业后，时值天花流行，天花与麻疹相仿，顺者无甚大事，逆者危症吓人，能使人或夭或残，危害非常。章公以自己熟练的治病经验，巧妙地进行中西合璧，创造出功效倍增的成果来。他所开拓的成功之路给后人奠定基础。从此临海东乡天花绝迹，麻痘稀少，造福百姓。同时，因其古道热肠，急公好义，他热心慈善，救助贫苦广做无主孤坟（无人认领之死尸）。无论是平头布衣，还是乡贤名士，无不对其敬佩与赞赏，其爱好也五花八门，尤以书法诗词地理风水称善，对别人有求必应，无处不显示其诚善与宽厚。

章省春一生淡泊名利，一心向医，自甘清苦，薄薪济贫，朝暮不辞其辛，风雨不辞其苦，即使在病痛期间，仍为别人看病就诊，显示其高风亮节，医德风范。他为人诚实，饱读经书，虽无瀑布之喧哗，江潮般壮观，然心血的灌溉，智慧的挥洒，无不在病人身上得到满意的效果，直到临逝的前一天，在病床之上，虚弱之下，仍叫人代笔开方，足见其医术精熟，思路清晰，殊不知此时他的生命只有几个小时了。

正是：魄返九泉满腹经纶埋地下，后继无人空留心得在人间。

（文：章宏行/图：曾令兵）

龙泉上田村

墟里古风沐上田

上田村位于龙泉市以北，与遂昌、松阳交界，为行政村，下辖万水岙、塘元头、山顶、麻车坞、松树坑等自然村。现在这些自然村已搬迁、统一集居上田村之内。

上田原名蓝田。在村尾一座廊桥中有一石碑，记载着当时村民募捐建桥时的鸿名。题曰："蓝田众造"四个字，此桥亦名蓝田桥，由此而知其名。村内地势平坦，青山环绕，山中有山，层叠三重，水田尽在山峦夹缝之间，垄垄梯田，连绵漫长超5里。因村外水田比村庄高出许多，故改名为上田村。昔有"处州十县好龙泉，龙泉北乡好上田"之誉。2013年，上田村被列入第一批中国传统村落名录。

从有关文献得知，明崇祯十二年（1639），因战乱，毛氏有两支族系从遂昌县关塘迁徙而来，一支居住在山顶自然村，另一支居住村内大路下。山顶自然村毛姓后裔人口甚少，并且分居外地一部分。大路下毛姓后裔较多，大约200人，一部分居上田村内，为松、竹两房；另一部分迁居松阳县古市镇，为梅、兰两房。又据《毛氏宗谱》记载，当时毛氏先人兄叫毛元征，弟叫毛元康，一起从遂昌迁徙而来，因毛元征只生一个女儿，出嫁，无子嗣繁衍，故毛元康成为上田毛姓之始祖，历时385年，传十五代。又有说上田最早为叶姓，现在叶姓村民尚几十人居住上田村内，未考其始末。

上田村民居集中，房屋密集，所建道路宽狭不一，宽者两米余，狭者仅一米多些，弯弯曲曲，长长短短，古街小弄达40余段，所有道路皆用石块铺面，高低落差不大，或三五步，或十几步石阶随眼可见。村尾还有一段用石条做的护栏，叶石栏杆，田陌间有一小桥叫石板桥。村中大量房屋构建于清代中、晚期，其雕梁画栋，石

墟里古风沐上田

门、翻角房屋样式如金殿缩影，传说是明刘伯温为处州人从皇上那里讨来的封赏，只有处州人可以参照这样的建房模式，精美的达二十余幢，稍次的有十余幢，至今保存完好的尚有五六幢。

村前田园开阔，四周山林丰厚，村中有九桥十三碓，九条桥都架设在村中央一小溪之上。从村头到村尾大约长四百来米，村民傍溪而居，这里曾是十里八乡最繁华热闹的村落。

十三碓为水碓、踏碓，主要用来舂米。水碓有两种，一种是以水冲力为动力的水碓，另一种是以水压力为动力的槽碓；以人力脚踏为动力的叫踏碓，上田共有十一座，现尚存三四座。较其他村坊用石臼舂米，又先进了许多。上田村祖辈承袭农耕生活，但少数人拥有自己的田地，多数农户依靠租种大户田地，每年收获后，根据地质好坏，按比例分成四六或三七交租。所种品种有太顺谷、乌谷儿、九月冻、西瓜红、硬天搓，产量低易倒。用肥以人畜粪便、草木灰、槎（山上嫩树叶）等为主。原始的耕作，不可更变的品种，肥料的奇缺，更兼交租。每当遇上歉收年景，佃户们流传着"金廉刀上壁，肚皮贴背脊"之说。为谋生计，有些农民还要去外地务工。至今，上田村的许多农民还延用着古老的农耕操作方式——用牛犁田、用桶打谷。

上田村素来重视教育，人杰地灵，文化底蕴深厚，堪称北乡望族。清代，授贡之匾的就有五家，宗祠桅杆三对，出太学生一人，国学生三十人，有贡元三人、贡生四人。毛闻郇（1808—1891）任布政司理问（省级司法官），其子孙有国学生十二人，贡生四人，被誉为"桂兰竞秀，堂构联充"。

坐落于村口路旁的文昌阁，建造于清道光二十六年（1846），二层楼，八角上翻，外观很是美观，据说，但凡去求取功名的学子，须虔诚礼拜，方可取得功名。阁内有文武二圣，一为文昌帝君，二为关云长，还有关平周仓。楼上有魁星，装有机关，眼睛会动，显示当年工匠的精湛技艺。"文化大革命"期间遭破坏，2008年，龙泉市政府花巨资将其修复，虽不及以前精致，但大致恢复了昔日风采。

清道光二十一年（1841），奉旨旌表毛绍春之妻张氏节孝，于清咸丰八年（1858）遵圣谕，恩赐建立节孝场，建于文昌阁旁。牌坊全青石结构，石柱石楣，分三层，翻檐翘角，气势雄伟，做工精细，雕刻讲究，顶层有"圣旨"二字，已毁于"文化大革命"。《毛氏宗谱》记载，张氏生于清乾隆三十四年（1769），卒于清同治元年（1862），享年93岁。夫毛绍春，英年早逝，三子皆幼，一个目不识丁的寡妇却是秉承家风，重视教育之人，代夫行事，择名师课子，择其质敏者习儒，业性灵者习商，三子皆成才，子孙昌盛，张氏因节孝又兼贤能荣获朝廷牌坊嘉奖。

清末废科举，上田士绅毛葆镕等于清宣统三年（1911）倡立"上田育化初级小学"培植人才。抗战期间，时任上东乡乡长毛宝龙（上田村人），在上田建一幢三层校舍（现存），成为城北乡第一所公办学校。新中国成立后，又将道堂改为学校，之后学校不断更新，至今新校舍二幢三层洋房，大学生达 100 余人，博士研究生达 10 余人，最高学历博士 1 人。

新中国成立前，一些富户延师家教，外地请来有名老先生，如松阳县枫坪杨士堪先生、城北双溪村六儿先生等。草药最出名的毛壬林老先生，有"对症下药，药到病除"之功，此老先生乃一位奇人，十分精通古文，知识渊博，诸子百家，诗词歌赋无有不通，风水地理无有不晓。早年他就从事教育，常被大户人家请为私塾先生。

历来还有上田出秀才之说。相传清嘉庆年间（1796—1820），上田一太公名毛维其，去杭州做客，一天见杭州一群名流为写一块大匾，用大米摆字，字成，毛时维其穿着蓝长衫，误将其匾拂去一字。他们抓住要赔，说赔钱无用，无奈之下，求说：用笔写一个相赔，果取笔书一字，对比之下，远胜其他三字，求毛维其书写四字，有重谢，毛维其一挥而就，从此在杭州出了大名。至今我们村老辈尚在流传，毛维其墨宝尚有遗留。还有一个清代秀才毛福全，新中国成立后亡故，为自己药铺写有一幅招牌，其字堪比书法名家之作，现还尚存。

（文：金少芬/图：郑易青）

松阳南州村

朱子文脉传南州

南州村，位于松阳县城东部，松阴溪南岸，距县城 15 公里。南州者，南洲也。据《松阳县地名志》载："因村处松阴溪南沙洲上，故名。"村庄三面环水，一面靠山，风景优美。

南州村是象溪镇辖区内具有久远历史的历史文化村落之一，始建于梁朝时期，距今已有 1700 余年。现有村民 780 人，有徐、罗、宋等姓氏，最早入住为宋姓。据《徐氏宗谱》记载，官至学士的先祖千驮公于宋绍兴年间（1131—1162）为避战乱自灵山（今龙游）迁徙至此，繁衍生息，已有 800 余年历史。《罗氏宗谱》记载的罗姓先祖则是明天启年间（1621—1627）从福建延平迁徙而来。

"松阳出城，南州最平"，南州村村内纵横交错的大小巷道居然连一步台阶都没有，如此平坦的乡村，在松阳全境实属罕见。村内以一条老街为主干道，宽约 4 米，呈西北至东南走向，其余巷道则以"非"字形排列在老街两侧，或通山脚，或通溪边。卵石砌的街道正中为条石路心，路边各有一条下水明沟。随着经济的发展，古老的条石路均已改为水泥路面。

一直以来，善良淳朴的南州人在一亩三分地上辛勤地耕种着。种桑养蚕是南州村传统的农耕生活，现村内桑叶园种植面积还有 200 余亩，每家每户仍然延续着养蚕的农耕生活，每年的 5 月是全村男女老少最繁忙的时候，采桑、喂蚕、换匾一刻不得闲。

风光秀丽的南州，村落和房舍都非常的简朴，但却散发出一种独特的魅力，这魅力就来自南州人对自然山水的热爱和自始至终追求的耕读生活。

"耕为本务，读可荣身。"在先辈的教导以及儒家"学而优则仕"的影响下，南州的学子也加入到了牛角挂书的耕读生活中。南

朱子文脉传南州

州的学子们陶醉在田园山水之间，沉浸于子曰诗云之中。朱熹的到
来则更是一石激起千层浪，在南州的历史上留下了深刻的烙印。

南宋淳熙九年（1182），时任浙江常平使的大理学家、教育家
朱文公朱熹自台州来到缙云。据束景南《朱熹年谱长编》所载，他
在这一年的八月十八日离开台州，"二十二日，巡历至处州缙云

县"。但他何时离开缙云却没有记载,只说在"九月四日,巡历到遂昌县"。在这 12 天里,他还巡历了处州府城和松阳两地。

朱熹酷爱山水,民国《福建通志·朱熹传》就说他"闻有佳丘壑,虽迂途数十里,必往游。携尊酒时饮一杯,竟日不倦"。一路上,朱子赏景、讲学、收徒一样不落。仲秋时节的松阴溪两岸几许枫叶,数挂柿子,亩许稻谷,三三两两的秋菊……一艘木船,一位老者,悠悠然进入南州的视野。此刻,一阵朗朗的读书声传来,循着读书声远眺,古樟下的寺庙映入眼帘。停船上岸,朱子信步走进寺庙,此时,一个稍显年迈但却中气十足的声音正在讲解着《中庸章句》,先生加"渐暗"二字于"滋长隐微"之中,朱子含首捻须,略一深思,不禁拍手连赞:"妙哉,妙哉。"

朱子推门而入盘桓终日,相谈甚欢,于是借宿福安寺中。夜色中,两位老者乘着酒兴品茗言谈,从经学到史学,天文到地理,朝政到乡野……到访老者的博学,让教书先生直呼胜读十年书,也明了了眼前这位虚怀若谷的老者就是天下学子为之倾倒的朱圣人。攀谈中朱熹说,有个大才子名叫徐稑,是我们南昌府南州村人,学识广博,恭俭义让,众人均服其德,人称大儒,他自己却只叫儒子,你与他同姓,也称得上儒子了。言毕,取来文房四宝,当即写下"儒子别里"四字,送予教书先生。先生如获至宝,将其珍而藏之。

福安寺,据县志所载于梁时建,曾于南宋绍兴末年重建,现存部分建筑为咸丰五年所建。福安,无非是"神寿安康"抑或"平安是福"之意。无论是现在还是过去,老百姓都有一个共同的愿望,那就是企盼福气的到来。一个"福"字寄托了人们对幸福生活的向往,对美好未来的祝愿。淳朴善良的先辈将私塾放于福安寺中是有其道理的,即希望借这村中的风水宝地让学子们能学有所成。

朱子在福安寺讲学逗留期间,恰巧松阳的理学家王光祖也到南州,据《松阳县志·人物理学》记载:"王光祖,字文季。官大理评事,精于理学。朱文公提举时,避后邑之福安僧舍。光祖拱立规掌，如太极状。朱熹异之曰：'王子胸中自有太极。'后数以诗文往复，有寄孙竹湖书曰：'吾到括止得士友王文季一人而已。'"

朱子走后，教书先生将圣人墨宝做成匾额高挂中堂，彼时村里造亭以纪念朱圣人，"儒子别里"四字刻石于亭上，亭则为"儒子亭"，并将村名沙溪改为南州（《徐氏宗谱》载）。随着时间的流逝，亭子早已灰飞烟灭，但南州人的耕读精神却代代相传。后邑人叶再遇于宋咸淳年间（1265—1274）在古市建明善书院，以纪念朱圣人到松阳讲学之事（《松阳县志》载）。

有着浓郁耕读氛围的南州村，有着徐老夫子这等优秀的儒子，有着松阳仁人志士的榜样，自然代有才人出。据《徐氏宗谱》记载，从千驮公起徐姓族人中出过学士、太尉、举人、贡生、秀才等共计有 109 人。其中：

徐孟英，官至南京太尉，赞曰："敬勤乃职，文章政事，卓有声誉，四海宾服，及解级归，义方训子，馨香俎豆，裕后光前。"

徐伯基，明永乐十九年（1421）举人。授翰林院侍读，圣旨赐联桂坊旌之以光其宗，牌坊高 3 米，宽 1.4 米，二柱单间（《历史文化名城松阳》）。牌坊虽然不豪华，但却是松阳较早的功名坊之一，可惜于 2004 年被拖拉机碰撞而坍塌，如今构件均失。

徐旭初，字杲东，例贡生。清咸丰十一年（1861），粤匪陷松，侦知旭初饶于财，以伪命招抚，如不出，则将屠其乡。旭初为地方计，佯往投之，至福建境，始脱身归乡里，竟免于难。

南州，藏风纳气之所，人杰地灵之处。白墙黑瓦依稀勾勒着当年田园般的画面：山水相依，草木茂盛，瓦屋生香。昔日的繁华虽已消逝，但古老淳朴的特有气质却留了下来。至今观之，古风犹存，令人回味无穷。

（文：黄淑梅/图：曾令兵）

四　崇勤倡俭

新昌南山村

南山善人鹅鸭脚

新昌儒岙南山村，居民多以王氏姓为主，世称南屏王氏，相传已有七百余年的历史。村中有最大的祠堂"永思祠"，迄今还保留着"奉先思孝"的匾额，告诫王氏后代子孙，侍奉长辈要懂得孝敬，对待别人要谦恭礼让，做人基本的德行与道义，就是辛勤劳动、诚恳待人。该祠明万历《新昌县志》有记载："永思祠，在南山，王氏建，祀其祖王之纯。"

明嘉靖二年（1523），理学家王阳明还为南山村王涧的季叔王铨写了一篇寿序，归结为："积金有余，贻子孙以衣食；积书有余，贻子孙以学植；积善有余，贻子孙以福泽。"这是王阳明对南山村的高度赞赏，说明南山村民风历来淳朴，家训族规向有传统。

南山村南屏王氏家族，在当地是个名门望族。祖上不是做官，就是经商，祖祖辈辈，民风淳朴，儿郎们不是读书考取功名，就是勤劳致富节俭治家，修桥铺路，做尽好事。县治内都以南山为榜样，它像一个神话，被乡邻奉为美谈。坊间有谚语传诵："有囡嫁南山，吃的白米饭，穿的白绸衫，住的台门间，烧的堂（大）柴爿。"

然而，到清乾隆年间（1711—1799），南山村南屏王氏家族却

南山善人鹅鸭脚

出了一个人，称"鹅头鸭脚"。这绰号颇有说法，当地人形容是好吃懒做的"混混"、坏种或根苗不正、名声坏到了极点之人。

"鹅头鸭脚"，原名叫王文宿，是南屏王氏宗族"寿山堂"第二十二代子孙。从小在"寿山堂"长大，享尽荣华富贵。讲到"寿山堂"，它的名声，从明朝到清朝，下至一般的乡间里弄，上至绍兴府衙，没有人不知道的。明朝官员吕光洵、尚书何鉴、书画才子徐文长、诗文才子文征明，都留下过足迹和文案，都盛赞过南山村孝悌传统，耕读持家的美德。到了清朝，大学士齐召南特地到南山考察，并为"寿山堂"留文，勉励王氏子孙后代继续发扬祖辈精神，南屏王氏因此门庭光耀，村落也就成了明清两代的楷模村。

但王文宿没学好，非但没有学好，还败坏了南屏王氏家族的名声。稍稍长大，他就沾染上了赌博的坏习气，十七八岁以赌为业。输了想翻本，赢了还想赢，越陷越深，最后只得变卖财产和房产，值钱的东西全部败光。

　　三十而立，不知悔改。还借债赌，赊账赌，穷赌恶赌都上身，有了数不清的债。这时候，王文宿不但得了个"鹅头鸭脚"的"雅号"，连祖宗十八代也被人翻了个遍。当时，乡间流传着这样一首民谣：

　　　　　　南山鹅鸭脚

　　　　　　寿山堂下游

　　　　　　不知要拔脚

　　　　　　赌赌亦勿赢

　　　　　　早上输到夜

　　　　　　风水倒头运

　　　　　　鹅头变鸭脚

　　　　　　脚脚勿搞运

　　这话传到南山，村里人愤怒了。这一棍子打得太恶毒了，把南山南屏王氏"寿山堂"的子孙全部都横扫在内，叔伯兄弟、族长房长们忍不住了，终于找上了王文宿。开始还讲不通，王文宿依然我行我素，最后大伙儿没办法，只得把他祖上王彦方给搬出来了。

　　话说当年，乡里一个偷牛贼，被主人抓住，小偷自知罪职难逃，唯独恳求这家主人能帮忙把这件事瞒过王彦方。这家主人见小偷与王彦方有故，就把他放了。后来，王彦方听说这事，非但没有怪小偷冒名，还差人谢谢这家主人。很多人不知道王彦方为何这么做，王彦方则指出，既然小偷怕我追究，就是有羞耻心之人，那就一定能改好！过了几年，一位老者把剑掉在路上，有人看到后，一直守到傍晚，待老者寻来，把剑交还才走。老者不知这人是谁，就把这件事告诉了王彦方。结果，王彦方追查到最后，才知道是那位偷牛贼。由此可知，小偷已经改好了。

　　听了这个故事之后，王文宿羞愧难当，回到家里，他拿起菜刀，砍下一根手指头，对天发誓，自己要重新做人。这就是南山"断指太公"的来历。

常言道，浪子回头金不换。可现实是何等严酷，王文宿早已输光败光所有家产，不要说没有下锅的米，就连住的堂屋，也是叔伯兄弟们见他痛改前非才照顾的，而且，还常有债主催讨上门。为了活下去，王文宿只得到财主人家去做年（雇工）。

这一年，他在彩烟双柏树一户财主家里做年，年三十还在水碓里为财主人家捣年糕（俗称麻糍）。那年，雪下得特别大，结冰打冻，王文宿却还是单布衫、单梢裤，打着赤脚在雪地里行走，感觉像刀割一样。当他担着年糕，颤颤巍巍走过道地，邻居大伯实在看不下去，拿了双木屐给王文宿，谁知财主不乐意了，认为这是打脸，骂邻居大伯多管闲事，并指着王文宿讥讽说："你知道他是谁？听好了，他是南山鹅头鸭脚！鸭脚会冷吗？如果冷，他还会'早上输到夜，鹅头变鸭脚？'……"

邻居大伯一愣，再看了看小伙子，眉清目秀，很快反应过来，立刻反唇相讥："你懂个屁！你知道'鹅头鸭脚'什么意思？……我就给你说道说道，鹅头向天歌，志向传四方。鸭脚掌着地，脚踏又实地，今天小伙子到你家做年，本身就是长志气，而你倒好，落井下石，为富不仁，我看你有势也不长！……"王文宿起初被财主奚落，觉得心如刀绞，但听了邻居的话，心里一暖，当即整理几件破旧衣衫，冒着风雪离开了双柏树。这一年，王文宿三十六岁。

回到南山，叔伯兄弟们见他一年做到头，身无分文，很是同情，便邀他到家里过年，他横竖不去，最后只要了几升米。这时候，别人热热闹闹过春节，看戏走亲戚，而他正月初一早早就带个排竹筒，上山垦荒去了。村里人不知道他发了什么疯癫，但他却有个计划，要在南山种烟发家。起早贪黑，连中午都在山上，肚子饿了，就喝排竹筒里由几粒米熬成的米汤，再含几粒盐，算是一顿午饭了。

　　一天中午，王文宿在地头烧焦灰，路上匆匆忙忙来了一个陌生客，他远远打招呼，不知什么事，王文宿停下活，一问才知，原来陌生客是温州人，去杭州做生意走错了道。陌生客问完路，本想马上赶路，见地头小树上挂了个排竹筒，讨点水喝，王文宿二话不说，取下排竹筒递给陌生客。此时，陌生客又饥又渴，拿起排竹筒咕噜咕噜便喝，感觉甘甜爽口，低头一看，有点淡淡的乳白。王文宿说那是米汤，还劝他多喝点，此去山高路远，到新昌城里才有东西吃，并打开纸包叫客人尝几粒盐。温州客人很是感动，干脆停下来，跟王文宿聊了一会儿。王文宿并不避讳过去的种种错误，把遭遇一五一十地说了出来。温州客人非常敬服他断指做人的勇气，为人又诚恳爽快，临别时，告诉王文宿等烟叶收成，一定到温州"鸥海路×号"找他，千叮咛万嘱咐。王文宿觉得这个陌生朋友值得信赖，一直从南山把他送过象鼻岭。

　　待到烟叶成熟晒黄，王文宿找到这位温州朋友，谁知一了解，才知道他是温州有名的大烟商。不但把王文宿的烟叶高价收了，还盛情留他在温州玩了好几天。临别时，还额外送了五十两银子，叫他好好扩大种烟业。有了资本，又有销售渠道，没几年工夫，王文宿发家了，很快还清债务，赎回祖屋老宅，后经媒人介绍，还娶了上里村徐氏一户人家的女儿，后代有王国选一脉。

　　接着，他还在南山"寿山堂"的西边，兴建一座"走马楼"，取名"和乐堂"，目的是鼓励后代与人为善，耕读传家。王文宿富贵发家以后，不像有些财主吝啬苛刻，因为有过贫穷和苦难，凡是邻村各乡的人找到他，都乐意帮助，并鼓励他们种烟发家，就这样王文宿渐渐有了好名声"南山善人鹅鸭脚"。

　　一天，南山来了个行乞的小伙子，听说是来自彩烟双柏树，这勾起了王文宿在双柏树老财主家里做年的往事，结果一打听，原来小伙子是老财主的孙子，老财主此时早已家败业空，饥寒交迫。他把小伙子请到家里，让他吃饱，叫他以后不要行乞，只管种烟，并送上一臼年糕，一大刀肉，差人送到南山双溪桥口。小伙子惊喜万分，只得向来人打听，来人惊讶道："你不知道？他就是善人鹅鸭脚呐！"小伙子回到家里，把自己的奇遇告诉了祖父，谁知，老财主羞愧不已，当场昏厥。其实，王文宿根本没记老财主的仇，内心反而有份感恩。后来长征、彩烟等地有很多人种烟，听说这是王文宿带来的功绩。

当时，有一首民谣是这样说的：

> 南山善人鹅鸭脚
> 寿山堂西走马楼
> 昔年嗜赌祖业空
> 他年断指志汉霄
> 和乐堂内四方客
> 种烟乡邻共一家
> 要说鹅头变鸭脚
> 好似四海有根脚

（文：娄建龙/图：曾艺超）

五　遗存印记

余姚天华村

先祖义举泽天华

千年古村，名曰天华，追溯踪渊，源自战国。大秦雄风，一统六国。始皇南巡，会稽立碑，余姚设县，开元建乡，禾山称里，沿用时下。皇家车队，饮马于潭，屯兵渚山，移师大隐，车厩养马，随行宽带，以解途困。设宴摆席，君臣共饮。姚墟村邑，时逢疫情，百姓患病，缺医少药，呈报始皇，派出御医，巡诊病区，妙手回春，手到病除，归程复命。百姓感恩，塑造真身，供奉村内，四季香火，鲜花水果，敬奉天医。光阴似箭，岁月如流，东汉年间，狼烟四起，华佗行医，来到江南，驱病消灾，拯救民生。禾山域内，又逢疫病；肝病伤痛，袭拢百姓；神医到来，煎汤蒸药，针灸艾熏，百病消散；民众开颜，感恩华佗，又塑金身，供奉于村，两尊神医，同受香火。北宋祥符，迁姚始祖，名讳承谋，定居本地，建祠修谱，捐出书房，改建庵堂，称茶亭庵，迎请菩萨，入住庵内。村中名贤，多次共商，给村定名，取前二字，吉祥天华，流芳至今。

天华村位于朗霞街道西部，余姚大道纵贯全村。1008年符氏迁姚始祖，承谋公定居天华，枝开叶散，子孙繁衍，薪火相传，形成巨族，散居慈溪、上虞、周巷、方桥、宁波、上海等地，修谱时核查人口近4000人。自宋至晚期，符氏有东、西两房，东房共有尚字八兄弟，各立一房，向外迁到黄岩、金华、上虞、桐乡、周巷等地，只有尚允公一房留守天华，西房青山、石桥头支相伴。岁月如流，族内村内，变化亦大。

先祖义举泽天华

悠悠族史，赫赫家乘，慈慈先祖，祗祗后裔。笔者在拜读《符氏族谱》之时，崇敬之情油然而生。当查阅到清嘉庆二十一年（1816），由清朝奉政大夫文渊阁检阅中书舍人，翰林院编修加五级邑人——邵瑛编撰的《符氏四房义学田碑记（仕谋公支）》时，笔者深深感动，先祖慧眼远瞩，致富不忘回报乡邻，牢记祖训，注重培养子孙后代，让优秀人才效劳社稷万民，可谓目光长远、用心良苦。

该谱记载："符氏自承谋公以下列为八房和石桥头支，其后宅四房之祖为琚增公，孰重孝友、遇人辄勖以诗书、见贫苦者家任恤，尝曰：'吾生平得建义学以启群蒙，置义田以周困气。'"符氏先祖早有兴学的宏愿，受制于当时的条件，几代人的心愿未了。到清乾隆二十九年（1764），时逢太平盛世，后宅四房晋玉之子文豹公，父子常挂念办义学一事。看到村内大群符氏子孙，嬉逐玩耍，得不到教育，他俩看在眼里，急在心头。"念历代未之事，思缵成之，谋诸公而合。"为继承祖父这项义举，他俩拿出扬州经商赚来的白银二百两，和琚增公的资金合在一起，在天华西街建造起了"西义学"。为解决教书先生的薪金和办学费用，又捐出 30 亩土地，以田租收入充实办学经费，先后得到受助公田 140 多亩，有财力每月举办"文会"和助学济贫等活动。

西义学位于余姚天华乡天华村西街"宣古寺"的西南，坐街南，西邻义学弄（南漕斗大路），是座庭院式的建筑，从街道进入大门是一排朝南小屋，中间为大门，左厨房两间，右杂物两间，右一山朝西小门。主建筑是朝东五间平房，北边一间是任教先生的寝室，中间三间是抬梁起的通厅，作教室和逢年祭祖用房，南边是仓库。东边是碧波荡漾的大池，西岸上立一块碑，刻有"养正书院"字样，碑的北边有两间小屋，是义学会客室，南边是两间任教先生办公室，屋之间有护栏廊屋连接，院内栽有柏树和丹桂，环境优雅，是读书学习的理想场所。

"养正书院"的匾挂在正厅朝东上方，下挂《松鹤图》。下面是先生用的"折衣帐桌"（有抽斗的八仙桌）和高背太师椅，作为讲台办公桌。摆放书籍、笔墨、纸、砚和茶壶、戒尺的神圣之地，学生会望而生畏。前面摆放三排学生的书桌和凳子：按低、中、高就座，如此循环。符姓学生免费入学，得启蒙教育，笔、墨、纸、砚由义学提供，先生严格教育学子："对写有毛笔字的纸张，不能乱丢弃，要惜字如金。"每天由轮值生收集保管，于初一、十五送到"惜字亭"焚烧，写秃的毛笔也统一上交保管。每年清明节在柏树下埋葬为笔冢，纪念"笔"的牺牲精神。

自明清时期以后，社会上流兴起"敬惜字纸"的习俗，认识到字乃仓颉所造，神灵所感，无论何种形式，都不应乱扔，如发现废弃的字纸，最好的形式是拾起来焚烧，以后又出现大量劝人敬惜字纸的善文，如《惜字文》《文昌帝君惜字文》等。但这些劝善文远比"养正书院"的善举要迟。惜字文讲究因果报应，劝善止恶，在古代是一种道德规范，至今老一辈人的头脑中仍保留着这种习俗的元素。

"养正书院"的办学宗旨很有特色：使村内符氏家庭有读书脱盲的人，会写毛笔字，会诵读诗文，会对对联，会打算盘算账。书院在每月初一或十五举办一次"文会"：那时的学生当天均被母亲打扮一番，整洁干净，新旧不论，送到义学，早晨由先生带领学子到宣古庙向文昌君焚香叩拜，然后回到书院品尝"状元糕"，而后参加毛笔字书法比赛，按先大楷，再中楷，后小楷，每位学子必须上交作品，再举行"打百子"，"加、减、乘、除"的比赛，赛后在院内用中楷，饭后公布成绩，优秀者奖铜钱五十文。每月优胜者，在年终时奖糙米一石。这样共培养出国学生77人，登仕郎39人，有力地促进了村内的文化底蕴、社会效益的提升。

清同治元年（1862），符氏宗祠被进攻泗门"成之庄"的太平军焚毁，1888年重建宗祠，历时10年，三进主建筑和两厢楼才竣工。当时要求读书的族人增多，西义学已容纳不下，祠堂董事会决定让出两厢楼作教室，开始祠堂办学，那时共四个班，符氏子弟免费入学，笔、墨、纸、砚由祠堂提供，每月举行文会一次，学生先叩拜孔夫子像，品尝状元糕，然后参加书法，对仗和命题作文，由教书先生和祠堂贤达共同批阅，参加"文会"的学生可享用中餐，领取考费，有无故不到，后又补作诗文的学生，不得领取考费，只能算参加了这次文会，从中选拔优秀人才，来提高学童学习的积极性，基本沿用"养正书院"的做法，但力度更大。

宗祠学规规定：第一，各房学子须在规定日参加"文会"，到祠堂集中，费用由值年董事给付，诗文交董事掌管，请高明者批阅；第二，对参加科举考试，成绩上线的学子家庭，每年奖四石糙米；第三，学子参加考试，上至院线，每人发给考试费六千文钱，修生院试也照先例执行；第四，对生员、武生、副榜、贡生、监生去参加考试，每人给拾千文的参考费，文武贡生参加会试，给一百千文的参考费；第五，对族内孤儿寡母的家庭，给予助学和生活费用。

先祖高瞻远瞩，兴学重教，培育后人，仁慈体恤，使族内人才济济，代不乏人。符氏的兴盛，由贤达共扶。原祠堂办的学堂，赏罚分明，教育办得有声有色。

到清光绪二十九年（1903），"百日维新"运动浪击中华，清政府痛定思痛，决定崇尚教学来救国，力图挽"九州大地无风雷，万马齐喑积心田"的局面。当时，姚北大地学校寥寥无几，而文盲、适龄学童比比皆是。宗祠董事会看到两厢房的教室光线不佳，教室已满足不了族人要求入学的需求，于是，1902年拨款采办材料，第二年年底新造的八间平屋教室竣工，又腾出朝北六间用房创办起姚北名校"咸正小学"，与"养正书院"同义，注重培养正直、正义、有用的大批人才。

新建的"咸正小学"，主建筑有八间教室，每两间为一个抬梁式的教室，两教室之间一间作图书室，另一间作办公室，地面是光滑的水门汀，朝南大开窗，光线充足，外面是走廊，屋前铺石板通道，外侧是绿化带，自西而东种有高大的翠柏、桂花、女贞和夹竹桃，树下围花坛，种有花草，是非常幽静的读书场所。围墙外是小操场，有羽毛球场、沙坑、滑梯、秋千架、爬杆、跷跷板、单杠等设施，前围墙内侧是一排高大的冬青树，巍然屹立在墙边，阻挡来自外面的噪声。墙外是祠堂的大晒场，又叫大操场，靠西南一片是练武场地，有石锁、石担，每天有村内年轻人在切磋技艺，外面用竹篱围住。

"咸正小学"的校门口原先开在朝药店弄的北门，进门左拐沿石板路往东到长生弄堂的内门向南再右转到达新校址。民国年间，校门迁到街路朝北，对面是理发店、饮食店，明清风格的校门上方嵌有一块"咸正"的红石板，左边是祠堂的街面房，右边是消防水龙间，再向东是宗祠前进大门。

"咸正小学"的学生有一个从接受符氏子女到向外扩招的发展过程，学生来自东蒲、张朗、禾山、乐城、黄家、籍义巷、南徐、熊家街和天华本村等地，以后梨朵、杨家、木桥头等地学生也来入学。成千上万的学子输送到各地、各行、各业，为社会做出贡献。人民感恩贤达的此举，四乡人士赞誉这眼光卓异的举措，"咸正"培育出"咸正人"，"咸正人"感恩"咸正"，咸正小学越办越红火，累累硕果，伟伟人才，济济一堂，默默奉献。

（文：符凌恢/图：曾令兵）

宁海力洋孔村

孔门传承力洋孔

力洋孔村隶属宁海县力洋镇，位于力洋镇北 5 公里的茶山南麓，力洋（金塘）水库上游，距县城 20 公里。因村初建时靠近力洋，且村中孔姓居多，故名为力洋孔村。力洋孔村孔氏先祖为孔子北宗一支，明朝洪武年间辗转迁至力洋孔。

力洋孔村，背靠盖苍山（茶山），面向浩淼水库，青山碧水，蓝天白云，两岸桃花夹古津，风光优美，环境怡人，人称世外桃源。村中古迹众多，600 多年的古树，美丽传说的洗珠古井、喜鹊潭，刻有"孔、傅"等字样的省级文物古碶子，3 排 9 间明清双层古建筑等，古朴静谧，文化底蕴深厚。现村中在原先的"中央道地"上建有文化广场，竖有孔子石像，建有孔子书屋，还有修复的大成庙、仰高门、杏坛，新建别墅错落分布于古村间。夜不闭户，路不拾遗，"脚踏檐阶一杯茶"，儒家文化弥漫在村庄各处。

《光明日报》在报道"宁波推进社会主义核心价值观落小落细落实"中，特别提到一条："借力传统，建章立制"，其中对力洋孔村的报道是这样写的："力洋孔村村民是孔子后裔，多年来一直自觉学礼、知礼、行礼，建起了孔子学堂，常态开展国学教学，吸引大批游客前来感受礼文化……"，"传统""自觉学礼、知礼、行礼"道出了力洋孔村的独特之处。

继承传统，推崇礼文化，力洋孔村做得非常突出，且呈现三个特点：

第一，不论时代怎样变迁，他们在最重要的"人"的建设上始终一丝不苟。据《孔氏世家谱》载，力洋孔氏先祖属孔子后裔河南郏县派。孔门后裔现在全球分布已有 400 多万人，而力洋孔村一代一代传承，从最早的孔子第三十七代长孙齐卿始，其后裔遍布山东

力洋孔村孔氏家庙

兖州、安徽全椒青阳、福建兴化莆田，直至浙江温岭宁海；从第五十六代起，取名完全按照明洪武始敕《经昭万世排名字辈》进行，代际脉络清晰，人数繁衍众多。

第二，不论迁徙何处，都自觉遵行孔子第十一代孙孔臧订《孔氏家训》："人之进退，唯问其志趣，必以渐勤则得多矣。"并把《孔氏家训》10条，条条落实到位。

第三，孔氏遵行祖训，有极强的播迁能力与生活自信，600余年间，不论其他支系如何迁徙，单就从力洋孔村迁居于各地的就已达11支之多，他们分布各地，不论条件如何，都能遵行祖训，将之发扬光大，并形成新的支脉繁衍生息。

据传，力洋孔村先祖就是他们生活的榜样，表现出生生不息的中华文化顽强生命力。孔子第五十六代子孙孔希道于明洪武元年（1368）迁至宁海并入赘胡陈中堡溪叶氏，其子孔天麒是首位踏上力洋孔村的孔子后人。故事说，孔天麒初到力洋，看中了山坡上一块地，便在此砍柴度日。每日，他背着装有几个饭团的行囊，上山砍柴。有一天，到了"中央道地"这个地方，他把饭团用布包裹好，挂在树枝上。等到日落西山，他砍好柴，捆好担，取下饭团准备进食后赶路回家，却发现饭团还冒着热气，就像刚揭开锅一样热气腾腾，香气四溢。他很吃惊，来了数次，次次如此。他悟出了一点玄机，认准此处是一块风水宝地，于是举家迁至此处，发族成村。

中央道地，现在被孔氏后裔辟为孔子文化广场，他们遵循着颜回"博我以文，约我以礼"的态度敬仰孔子，在广场上立孔子石像，广场内有孔子书屋，常伴有朗朗读书声。

最能表现力洋孔村传统继承仪式的当属祭孔大典。力洋孔村祭孔目的，不是复古，而是通过祭祀孔子的仪式，唤起年轻一代追寻中华文化之根、国学之根、礼仪之源，鼓励他们进一步了解历史、尊重传统、崇尚国学、尊尚礼仪，以完善人格。因此，力洋孔村的祭孔大典既体现传统，又注重新时代精神，祭孔大典采用的是传统与现代结合的祭祀流程，采用三献礼、九鞠躬制，很好地把民族文化传统形象呈现给当代年轻人。

同时，为扩大祭典活动的意义，他们与宁波四中联动，让城市的学生来乡村参加这个特别的加冠礼。整个祭典仪式，庄严隆盛，给人印象深刻。仪式开始前，全体参加祭典的人员全部换上汉服。

仪式开始，击鼓撞钟，钟鼓齐鸣，参加典礼者在主祭带领下到春泥广场孔子像前敬献圣水、圣土，回庙前鸣赞，唱"入庙行礼""启户""行扫除"等，开正大门仰高门，入庙参祭。执事者各司其职，"迎神"，髦生（旗手）举髦（旗），乐奏昭平之章，开演开场舞。开场舞毕，"灌鬯"（香酒洒地）"往迎""神降""分班""恭神""九鞠躬"。"奠帛"，行初献礼。

起乐，20名小学生齐诵《论语》。

致祭者浴手，司帛者捧帛、司香者捧香、司爵者捧爵，到至圣先师孔子神位前，上香，献帛，进爵，献爵。三鞠躬，行亚献礼，乐奏秩平之章，髦生（旗手）举髦（旗）。

加冠授成人礼。"令月吉日，始加元服。弃尔幼志，顺尔成德。寿考惟祺，介尔景福。维我中华，东亚之光，炎黄世胄，鸿图大同，……中华弟子，天伦圆梦。进学受教，儒道为重。遵古礼行，仪节典范。诗书仪礼，实践于兹……"长者宣读加冠祝词，"成人"学生宣读誓词，加冠礼仪师，颁发荣誉证书，证书上写"子曰：'后生可畏，焉知来者之不如今也？'""后来者居上，勉之哉！"等祝语。

终献，乐奏叙平之章，"彻馔"（撤走祭品），乐奏懿平之章，人们将牛头、全猪、全羊等祭品一一从供桌上撤下。"送神"环节，乐奏德平之章。

借助优秀传统文化的力量，培育社会主义核心价值观，这样的活动在文化底蕴深厚的力洋孔村并不鲜见。除祭典外，祖训的宣读，祖辈故事的讲述，结合现代生活故事的训教，在各家各户都自觉进行。

"遵儒重道，好礼尚德，孔门素为佩服，为子孙者，勿嗜利忘义，出入衙门，有愧先德"，"子孙出仕者，凡遇民间词讼者，所犯自有虚实，务从理断而哀矜勿喜，庶不愧为良吏"，"祖训宗规，朝夕教训子孙，务要读书明理，显亲扬名，勿得入于流俗，甘为人下"，这是祖训的部分内容。

"读书明理"，力洋孔村一直重视办学，村东金字山旁曾办有书院。"好礼尚德"的人，最受村民敬重。村民熟悉且津津乐道的是民国期间孔万事秉公词讼的故事。据村支书孔令柯介绍，孔万事与另二村联合得到国民政府资助申办的学校资金，但当事人挪用专款，却以自焚备料库房的不当手段掩盖。孔万事秉持正义，不顾个人生计，穿着草鞋奔波县乡，终于打赢官司，办成学校，为三村百姓办了好事。

现在在美好乡村建设中，力洋孔村主打文化与环境牌子。文化当是孔子礼文化，他们建了孔子文化广场，立了孔子石像，建成大成庙、孔子书屋，村旁墙壁绘上《论语》名言传扬文化精义；重视礼俗传说故事的挖掘，重视"杨梅客"的传统习俗；整修清代乾隆年间举人杨逢春题有"若非昔日飞龙过，安得人间留此辉"诗句的洗珠古井；在刻有"孔、傅"等字样的古石碾处，竖立标牌，显示邻里互助合作和睦文化；遵行祖训建村后就不动山上一草一木的"金字山"环保文化。

环境建设上，则以东海云顶景区为依托，遵循生态原则，维护古树名木、古屋古道，既继承传统又结合现代休闲旅游要求，美化庭院；建设乡村旅舍，在古道上搭建藤梨廊道，让清澈桃花溪水绕廊而走；在桃花溪旁建设风格独特的名为"有巢氏"的树屋。现在的力洋孔村，真有"不辨仙源何处寻"的乡居美韵味。

两岸桃花夹古津，祭孔大典世代传，不辨仙源何处寻。力洋孔村传孔门精神，得其宜也。如何进一步增强力洋孔村的文化印记，让"万世师表""至圣先师"的孔子礼文化精神在现代人的日常工作生活中和谐体现，力洋孔村正在努力探索中前行。

（文/图：袁伟望）

温州龙湾瑶溪村

瑶溪张璁伴贞义

瑶溪村在温州市大罗山东麓，风光秀丽，人文荟萃，1991 年被列为省级风景名胜区。它原名姚川、姚溪，有溪发源于卧龙潭，循瑶溪泷至九曲涧，汇入上河滨、下河滨，经金岙直达岭下，而出龙湾陡门。

明弘治二年（1489），15 岁的永嘉场三都普门人张璁，到瑶溪临村湖滨邵选家跟从表兄李阶读书。从三都到湖滨，必须要经过瑶溪的阮桥及三巨岩。数年时间往来，瑶溪山水印入了少年张璁的心中。

至明正德十三年（1518），张璁已是 44 岁的中年人，自 24 岁考中举人，经过 7 次礼部试，都以名落孙山告终，又逢父兄相继病故，身心可谓疲惫不堪，意志消沉到极点。于是，他思忖寻访一片清幽山水，隐居读书，了此余生，瑶溪理所当然成了首选。经多方打听，他知晓瑶溪山下的土地为自己姐夫的族弟、二都英桥王镝所有。经商议（或由于姻亲的关系），王镝于这年的年初将这方土地相赠予他，也是作为对落第士子的鼓励。

张璁得瑶溪地后，选择于蜈蚣山（民间俗称馒头岩）下，坐西北朝东南建造瓦房三间，开辟菜园五亩，并取名为"罗峰书院"，中堂取名为"敬义堂"。中揭范浚《心箴》，旁列程颐《四箴》。书院周围九曲涧萦回，汇为大池，又经三曲成三条湘而流入湖滨河。他于正月十八书院落成前一日，作《建书院告罗山灵》《书院上梁》二文，并作《书院成》等诗，把自己的希望和理想都寄托在培养学子身上，当时招收的学生约 30 人。在此，他可以莳花观鱼，可以携生远游，舒坦自在，远避世俗的浮躁和烦嚣，静静地疗伤，默默地抚慰。

瑶溪村张璁像

这年的春日，张璁带上8个学生登游瑶溪源头。沿着瑶溪泷经石门、石室，过洗足潭、篾丝潭、板障潭（卧龙潭），休憩于川上吟坛，至一笑岩而回，都有诗作传世，并作《瑶溪穷源记》，此为瑶溪游记的肇始。这次的穷源游，使张璁领略了瑶溪山水的美丽，似天上的瑶池散落在人间，故改姚溪名为瑶溪；也使张璁悟到了"学问不可穷，可穷非真学"的治学之道，萌发范希文"先天下之忧而忧，后天下之乐而乐"的胸怀，将个体生命提高到与宇宙并生的境界。

在瑶溪的两年时间，应该是张璁一生中最愉悦的时光，也是他辉煌人生中的转折点。张璁一生写了大量的诗文，以在瑶溪山中所写的为多，而且纯朴自然，不事雕绘，见心见性，含情溢满。"平生精力悉在于是"的《礼记章句》八卷，《杜诗训解》六卷《周礼注疏》《仪礼注疏》《姚溪书院诗文》二卷，都是他在教学的间暇所著。据今存的《张文忠公集》统计，戊寅至己卯两年在瑶溪山中他所作的诗文有70多首。

经过两年时间的休整，张璁重新燃起了积极入世的情怀，及"知其不可而为之"的儒家进取心态。当然，他的政治抱负是不会随着一时意志消沉而消失的，在《书院上梁文》中的"谁道青天不可登，我有云梯千万丈"，已经表明他自始至终的志向。

明正德十五年（1520），46岁的张璁考取进士。自南京刑部主事，历翰林学士、詹事府詹事、兵部侍郎、礼部尚书兼文渊阁大学士、少傅兼太子太傅、吏部尚书、谨身大学士等。明嘉靖八年（1529），55岁的他进内阁首辅，9年时间位极人臣。

明嘉靖七年（1528）三月，张璁官礼部尚书、文渊阁大学士，加少保兼太子太保，但他还是非常怀念已经离别8年的瑶溪。于是，他上疏世宗皇帝《请赐书院额名》，世宗赐书院名为"贞义书院"，堂名更为"抱忠堂"，又在书院侧敕建"敬一亭"一座，中置世宗的《敬一箴》《五箴注》；同时修缮鼎新书院。今在民间传说张璁在瑶溪建有两所书院，一所为"老书庵"（罗峰书院），另一所为"贞义书院"。其实罗峰书院和贞义书院为同一所书院，是在这一年被世宗所易名并重修的。明嘉靖八年（1529）三月，张璁在京师改溪口三巨岩为兄弟岩，并立诗碑。

明嘉靖十年（1531）八月，张璁罢职归瑶溪，在贞义书院旁附筑居室，全家居住，又扩建御书楼，用以尊藏御赐敕诰诗书文札。次年三月复职，八月再被锡归，就兴建来青园、富春园、留胜亭、千橘亭、万竹亭、来鸥亭等景观；于"九曲涧"、"三条湘"河边加以栏杆，砌以精石，建栏杆桥、揽月桥、跑马桥、显德桥、随云桥等；又在书院山房前竖"翰林学士"牌坊，在书院前竖"寅亮天地"、"燮理阴阳"两牌坊，在书院左竖"理学名臣"牌坊，在书院右竖"中兴贤相"牌坊，并在周围竖"黄阁元辅"、"青宫太师"等牌坊；在三条湘边朝南建一品家庙；成为永嘉场当时远近闻名的园林胜地。

明嘉靖十四年（1535），张璁以病休致返居瑶溪，整理文稿，修纂《温州府志》八卷，会同《礼记章句》《杜诗训解》等藏于御书楼内。次年三月，他建观荷亭于书院荷池前，并勒石竖碑于其中。明嘉靖十七年（1538），他移居温州郡城，敕建宝纶楼，次年二月卒，一生在瑶溪的时间有五六年。无论是读书讲学，还是病休致仕，瑶溪始终都是张璁精神安憩的理想家园。

瑶溪山水给了张璁人生的反思和深沉，使这条自诩的"卧龙"得以腾飞；张璁也同样给了瑶溪人文的流续和传承，使这片土地蕴含着人格的魅力、情感的瑰丽和文明的厚重，至今感召着无数学人去感悟去沉思。

（文：孙建胜）

文成下石庄村

崇农重武下石庄

　　下石庄村，位于石钟山下的高山平地，紧邻新 56 省道、百丈漈镇景区南大门。村民多为赵姓，少数村民为郑姓等其他姓氏。村庄背山面田临水，沿山麓稀疏散落地安排建筑，随形就势，十分自然，田园风味浓郁。三条清澈的流动溪水穿村而过，远山近景倒映在溪水中，蜿蜒如彩带，绵延于田间地头。村落山水相映、田居融合，景色秀丽迷人。

崇农重武下石庄

　　《林氏宗谱》中前清拔贡林寿琪所作《石钟十景诗》，其中《驼峰积雪》《长桥新涨》《基塘明月》《古寨秋风》等诗词不仅表现了先人对下石庄村村庄美景的赞誉和留恋，更凸显了当地深厚的人文底蕴：

驼峰积雪

驼峰高接天，天压雪常积。

遥望冻云端，微茫一线碧。

（驼峰位于下石庄水口，龟山顶上，远看像驼峰）

长桥新涨

水浅桥平路，波流齿寒石；

新涨昨宵多，无数蛟龙跃。

（下石庄水口桥）

墓塘明月

独坐松风里，俯瞰墓塘曲；

水月圆未圆，娥眉弯两角。

（位于下石庄水口，祖墓前面的荷塘）

古寨秋风

古寨碧岩峣，秋高望无极；

霜叶满枝红，风声听未息。

（位于下石庄铜锣口，传元末吴成世在这里扎营）

　　下石庄村的赵氏起源于商朝的季胜，于南宋嘉熙二年（1238）由昭信将军赵允夫这一分支迁入龙川一带。赵允夫，曾担任过太守，之后任职都务先锋，死后被追封为昭信将军，是为龙川赵氏家族打下基础的第一世祖，排行太一。

　　在赵允夫之后，本族亦是武将辈出。如赵维寅，诰封武德骑尉，首取商号"赵同春"，创家业成龙川望族。又如赵钦安，号标生，自幼聪慧，曾在国民军事委员会任少将参谋等职。赵钦安热心公益，曾卖地筹资以助乡邻修筑龙溪堤防洪，此善举得到传颂，其子赵超构为新闻界名流。

　　下石庄石门台大屋后面，现赵建勤的老屋是赵氏始祖迁居地。据《赵氏家谱》载，赵氏二十一世始祖应国（又名正国），1786 年前后迁居此地繁衍生息，至今（包括）迁居外地人数达 1300 多人。60 年代下石庄赵沛招（赵建勤父亲）旧屋翻新时（始迁祖宅基），宅基地挖了一米多时，挖出了大量大小不等的完整彩釉古陶瓷药罐及大量陶瓷片，相传这里就是陶然制药的地方。也有说陶然配制的药物在百丈漈某山崖上炼丹，今百丈漈景区内建有陶然纪念亭，百丈漈一漈边仍有碑记之。

另外，受"龙川一世祖"昭信将军赵允夫的影响，赵氏后人练拳习武历史悠久，习以为常，成为村里人农耕劳作之后锻炼身体的爱好活动，一直流传至今。

清同治年间（1862—1875）出现了一位武贡元——赵鸿锵，武功非凡，远近闻名。凡有朝廷官员下访办差，皆需赵鸿锵亲自迎接才能入村。下石庄赵氏宗祠前面至今还立有一对石旗杆夹，名曰：贡生赵鸿锵。所以下石庄赵氏以此为荣，代代相传，一直延续到 20 世纪六七十年代，习武风气很盛。拳师赵伍龙、赵聪捐等人还经常受聘外出授徒传艺。

时下石庄常设三处拳坛：一是林赵南—林宝银—林正齐—林学考—林多元，二是赵廷玖—赵伍龙—赵士足—郑国助—赵聪娟，三是赵廷根—赵长旺—赵士昌—赵东宽等。均设在几家古民居堂屋，有刀枪棍棒，练功石锁、石头铰之类，练武的目的是强身健体、防范自卫。

练武一般在秋收后至芒种前的农闲季节，在午后或夜里，在各自的拳坛对练，持刀拿枪、舞棍打棒，噼噼啪啪，热情高涨。以南拳为主，包括五步、七步、莲步、八卦掌、九龙鞭、三节棍等，盘拳、对打、单练，切磋武艺，无所不有。

传说拳师林赵南在当地功夫出众，有跃跃欲试之能事。林赵南，现村民林则培房太公，遗留故居现由林则培居住，子孙后代尊称为"赵南公"。他自幼爱好习武，好打抱不平。每日清晨在下石庄那条约 4 米宽的门前溪跨越自如，身姿非常轻盈。当时"赵南公"因武艺高强而名震四方，传说平时只要他随手拿一板凳或木棒，便能使几十人无法近身。在原来的青田县、龙泉县、平阳县等方圆百里之内无敌手。因"赵南公"的一身好武艺，百里之内谁家有难都找他打抱不平，四里八乡的青年慕名而来求艺。阿南师傅严格规定：习武者当虚心习武，精益求精，遵循武德，不能以武恃强，持艺凌弱。习武应以强身健体，防身自卫为目的，绝不允许犯人、伤人，若有损声誉者逐出师门。石钟拳坛师徒始终遵守规定，严格要求自己，声誉经久不衰，享誉至今。

"武"字还有前辈赵松镇——华东炮兵部队功勋英雄，一位传奇式的解放军大尉，出生于 1924 年 9 月，1949 年 5 月省立处州师范毕业，即参加中国人民解放军；次年，加入中国共产党。

在部队 30 年，历任排长、师侦察科参谋、团侦察参谋股长、副参谋长等职，参加过抗美援朝、保卫波灵桥、保卫钱塘江大桥、解放舟山、炮击金门、援越抗美、保护第一颗原子弹总装基地、唐山抗震救灾等，立功受奖达三十多次，还受过越南国防部颁发的嘉奖。1978 年转业，任中学校长书记。1985 年离休，从事地方公益事业。2015 年 2 月逝世。

祖辈不仅崇扬习武，同时也用族规激励子孙后代握笔学文。赵氏族规规定：凡是中举取得功名者，各房族宗祠允许立旗杆夹一对，或挂对匾一副，以作后人典范。该规定一直延续至今，现在的下石庄对本村获得本科及以上学历的学子还会给予一定的奖学金鼓励。

下石庄村历来农耕气息浓郁，经调查及不完全统计，村内有水碓四门、榨油坊两处、棉织坊、印被染布、酿酒、做粉干面、打银打铜、织布成衣、篾匠木工等，各行各业，人才齐全。

村内古树名木众多，古建筑鳞次栉比。下石庄，是一个有着淳朴民风、优美环境、深厚文化底蕴的历史文化村庄。

（文：赵小红/图：郑锡青）

绍兴上虞通明村

文心通明照珍斋

绍兴丰惠镇通明古村，钱为大姓。钱氏通明始祖钱德晋，字子俊，为吴越王钱镠二十五世孙。明朝后期徙居通明村。通明村是上虞四十里河的终点，上连萧绍古运河，下接姚江，直达宁波，是商贾云集的交通枢纽。明朝诗人杨珂曾在《通明坝》一诗中写道："四明山尽到通明，春水随潮浪不生。隐隐雷声惊乍起，却疑身向禹门行。"通明村地处县治东郊，田畴平展，水网纵横，良田肥沃。钱氏家族在此优越的地理环境中繁衍生息，家业逐渐壮大，很快成为虞东地区的名门望族。

笔者从《钱氏宗谱》中发现：首卷祖训内容，皆述忠孝、恤民、社稷、睦亲之事："现居高官厚禄，宜作忠臣孝子，做一出人头地事，可寿山河，可光俎豆，则虽死犹生……子孙不忠、不孝、不仁、不义，便是坏我家风，须当鼓而攻。"其后续家谱中则出现："不入学者不准入族。女子入学，免学费"的文化条款。笔者据其年代考证，此条款应出自钱珍斋公之手。

钱珍斋，德晋之孙。他重建文昌阁，同时筹建钱氏大宅院。造朝西屋、朝南屋、太屋、田屋、老当等多处住宅，还开挖了埭河，建造了多个花园，有假山、戏台、小憩、书房间，还有驯马的草地。钱氏由珍斋公发迹。他为确保家业，必须使子孙后代明理，明理必须读书。故将"不入学者不准入族。女子入学，免学费"载入家谱，以诫子孙，并延聘塾师，开办书院。

"不入学者不准入族"的族规，曾得到清重臣林则徐的赞赏，引出一段佳话。

钱骃，通明人，清嘉庆十六年（1811）中进士，林则徐好友。授翰林院编修，道光年间九江知府，湖北荆宜施道。回故里后，以

文心通明照珍斋

著述为乐,辑有《史钞》300 卷,《诗钞》30 卷。据上虞文史工作
者陈绵武在《虞史漫拾》一书中记载,林则徐通明晤钱骙:

> 林则徐革职后复出,授道光帝谕旨:"赏给四品卿衔,驰驿前
> 赴浙江省。"其任务是叫他去镇海协办海防。他于 1841 年 6 月 9 日
> 由百官沿四十里河到上虞(今丰惠镇),下午达通明坝,老友钱骙
> 早在观塘坎率乡绅父老肃立恭候。当晚宿在钱家大院"务本堂"
> (田屋),促膝长谈至深夜。当谈及"不入学者不准入族"的族规
> 时,林则徐拍案叫绝,感慨不已。随即乘兴挥毫,留下了"墨庄"
> 两个大字。后钱氏制匾悬于"老当"中堂。这"墨庄"两字,激励
> 着一代又一代的钱氏族人,遵守祖训,学文明理。在通明,至今还
> 流传着钱氏二房钱鸿章其子被格出族的传说。鸿章祖上家境殷实,
> 可他既不学文,也不从农,常去县城鬼混,染上吸"乌烟"(鸦片)

的恶习，且嗜赌如命。不几年，家产荡光，生活朝不保夕，将其儿子送去堕民村施家看牛，触犯众怒。一天，开祠堂门，焚香插烛，按其"不入学者不准入族"的族规将其子格出族，在宗谱上除名，并罚钱鸿章在祠堂放炮仗一封。这一故事，代代相传，妇孺皆知。

钱俊人（1875—1944），字澄。先祖时家道中落，其幼年，父母仙逝，家境贫寒，生活难以维系。祖母恐其孙不入学而被格出族，咬紧牙关，卖掉祖宅，将7岁孙儿送入私塾。少年的钱俊人聪慧过人，受塾师钟爱。在其祖母含辛茹苦的抚育下，钱俊人终于长大成人。

钱俊人历任前奉天（今辽宁省）、吉林二省政府参议、前哈尔滨特区行政长官公署参议，他与张作霖、张学良父子交往甚笃，与抗日名将朱庆澜尤为相契。1931年"九一八"事变后，南下息隐北平。他与朱庆澜、屈文六、范高平（范寿康父）等一起，悉心办理各省赈灾事务，他曾任前国民政府赈济委员会委员，山东赈务会办、沪杭甬、浙赣两路难民救济专员等职，有"七省赈济"之誉。晚年告老还乡，在上虞做了许多惠及百姓的好事。

民国23年（1934）钱俊人毅然斥巨资建造"上源闸"，大大地减少梁湖、丰惠一带的旱涝灾情。捐资创建"永锡堂"（俗称会馆），免费施舍白皮棺材，解决贫苦人的安葬事宜。钱俊人在通明周边修桥、挖河、铺路、造凉亭的善举也不胜枚举。据《中国传统文化故事》一书记载："每到春上，青黄不接之际，他毅然打开粮仓，把家里的粮食一袋一袋地分给他们，接济周边穷苦的人，年年如此。"钱俊人的心中，早已埋下了祖训"人济其穷"的种子。

笔者在资料整理中发现，有许多钱氏子孙履职在祖国各地。钱艮（1915— ）：毕业于日本东京工业大学电机科，先后任台湾电业公司、日月潭发电厂管理处长、台湾电工程服务社董事长。钱士诞（乳名梦熊，号徵祥）：曾任浙江省高级人民法院审判委员会委员、民事审判庭庭长。钱钟岳（1916—1998）：笔名天逸，春晖中学名师，书法家。书法作品多次参加省市书画展，有多幅作品被送往日本展出，并散见于报刊。如此等等，不一而足，但钱氏子孙对上虞教育的贡献，更值得一提。

新中国成立初，经过土地改革的上虞广大农村，一片欣欣向荣的景象，村村办学校。此时，文化基础较好的通明，先后走出了60多位教师，单就钱姓教师就有30余位。

其中钱宗善于1990年1月，获绍兴市人民政府颁发的"教育世家"荣誉称号。钱氏家族的读书风气也影响了整个通明村，其他陈、施、王诸姓，也涌现出了许多读书人。一个千余人口的小村，有教师110余人（含退休教师），还有各行各业的众多文化人，实在难能可贵。归根溯源，是先祖"不入学者不准入族"所结出的丰硕成果，更值得称赞的是，钱氏先祖开创了女子入学的先河。

世事变迁，沧海桑田，钱氏大宅院昔日的辉煌已湮灭在历史的烟尘里，老屋缝隙中散落的故事，却是我们永久的记忆。台门上书写的"职思其居"、"仰长者风"的教导，激励着通明儿女，在新的征程上，迎着晨曦，创造出更大的辉煌。

参考资料

1. 《中国美术学院风景建筑设计研究院规划书》。

2. 《上虞县志》。

3. 《钱祠宗谱》首卷。

4. 《虞史漫拾》。

（文：金慎言/图：曾令兵）

磐安梓誉村

桑梓誉重归名宗

磐安县双溪乡梓誉村，位于风景秀丽的东阳江上游，是一个环境优美且具有浓郁的儒家理学文化底蕴的山村，村落以蔡姓人为主体。梓誉村，原名安仁里，为了让子孙后代不忘宋理学家朱熹赠墨宝"理学名宗"的崇高荣誉，便在古文"桑梓誉重"中选出"梓誉"两字定为村名。

桑梓誉重归名宗

　　早在千年前，就有各姓人在各个山岙口散居。先祖蔡元定是宋代理学名家，其长子蔡渊师从朱熹，1196年因避祸携其子蔡浩入居后，繁衍后代，逐渐形成现在的村落，至今已有800多年的历史。历史上梓誉村先后有过四位岁进士、十一位庠生、十八位太学生。新中国成立前，梓誉设有三个蒙馆，新中国成立初梓誉有"十八书箱"（十八位教书先生）之称，中小学校长、教师多人，新中国成立后曾办过乡校（完小）、初中、高中，培养了许多有用人才。至今梓誉村有230多位蔡氏人在县、乡各级政府机关、企事业单位、高校工作，这些都与梓誉村的历史文脉——"理学名宗"以及儒家理学文化息息相关。

　　蔡元定及其子蔡渊均为蔡氏九儒，潜心研究理学，著书立说。根据梓誉《蔡氏宗谱》记载，先祖蔡元定与朱熹有着一段40余年亦师亦友的深厚情谊："西山公生（先祖蔡元定）来颖异，八岁能诗文，十岁日记数千言；十四而孤，刻意读书，天文地理，度数乐律兵阵，无所不通。四十不受科举，诸臣举于朝，公坚以疾辞。""二十四岁拜于朱熹门下，朱夫子见其知识渊博，论述精辟，凡技艺曲学，异端邪说，悉拔其根，辨其非，以至古书盘错肯綮，学者不能读之，不能以句，而西山先生却能'爬搜剖析，细入秋毫'，朱熹在闽常与西山先生对床而卧，相与讲习，通夕不寝。所以朱熹呼西山先生'老友也，不在弟子之列。'当朱熹遇有疑难时，常听西山先生见解，且多为首肯。"

　　蔡元定的儿子蔡渊（1156—1230），遵从父训，长从朱熹，在任婺（金华）州路教授时，经常聆听朱熹的教诲，研究理学，著书立说。朱熹见蔡氏一门心思潜心苦研理学，为倡导理学、著书立说做出了巨大贡献，就挥毫书"理学名宗"，赠予蔡渊。

　　蔡渊的儿子蔡浩自小就跟着父亲四处游学，耳濡目染。宋庆元元年（1196），朱熹被罢官，蔡元定受牵连，被充军道州，蔡渊带着儿子避于东阳南面八十里处的许之顾岭（现在梓誉村西之山岭）。

庆元三年（1198）蔡元定在道州因病去世，蔡渊送父亲回老家落叶归根，但因为家门之祸，不知现状如何，且儿子已有家室，便让蔡诰留在梓誉，以继续将家族发扬光大，朱熹的墨宝"理学名宗"便因此永久留在了梓誉。蔡氏宗祠落成后，将其制作成匾，悬挂在宗祠前厅正中上方。

梓誉蔡氏子孙遵从祖训，尊儒重文，以理学的勤劳、节俭、和谐、创业的道德论理教育子孙，刻苦耕读，创家立业，并立下家规家训，让理学文化发扬光大。梓誉人历来重视办学，为鼓励村人勤奋读书，历代村规都有"养贤田"制度，刻苦读书取得一定功名的就可得一份"养贤田"以示奖励，同时得到村人的尊重。过去梓誉村家家户户门口都挂有一竹编"字纸篮"，把写过字的纸放在纸篮内，不准丢掉，绝不能脚踏，装满后拿到村口的文昌塔焚化，由此可见梓誉人幼小就受到尊儒重文的理学思想道德的教育。

"理学名宗"成了梓誉村的历史文脉和文化根基。如今，在梓誉村，还保留着许多历史文物古迹，这背后有许多关于梓誉人爱学习、善良为人的故事。

钟英堂是当时恩进士蔡亨洪于清乾隆二十三年（1758）所建，平面布局呈三合院式，前面靠围墙是天井，左右各有厢房六间，中间为厅。厅是钟英堂的主体建筑，三开间，通面阔12.30米，通进深9.60米。整体梁架抬梁式与穿斗式相结合，明间抬梁式九檩前轩，后栏用四柱，次间边缝穿斗式九檩前后用五柱。直柱无卷杀，柱头用柱头科，梁柱交接处用丁头拱，前轩卷棚顶，使用罗锅椽。屋面椽上铺望砖，盖阴阳合瓦，檐口置瓦当滴水，柱础鼓形，天井用鹅卵石铺面。整座建筑雕刻精美，同时集结了石雕、木雕，砖雕，其中正厅的木雕是整座建筑的精华所在，镂空的群狮、群鹤、群鹿形态逼真，可以代表那个时期精湛的木雕艺术水平。同时，在拱门洞和地栿上使用精美的砖雕和石雕，时代特色明显，具有较高的艺术价值。

　　蔡亨洪自小喜欢读书，年幼的时候就开始学习儒家文化，有过目不忘的本领，稍年长一些，开始学习四书五经，练习写字画画，不管是山水画还是小品，都生动超逸，尤其擅长画松柏蔬果之类。

　　因为家境困难，十多岁的蔡亨洪不得不放弃学业，跟着父亲外出做生意，但他一直坚持看书、写诗作画。蔡亨洪尊儒重文，以先祖理学道德论理量身，发家致富后，仍保持粗茶淡饭的简朴作风，但乐善好施，对待同族的乡民尤其宽厚。每逢寒冬时节，蔡亨洪都会拿出自家的粮食赠送给家中生活有困难的人；遇到乞讨的人，不仅送他们粮食，还送棉衣让他们抵御寒冷。除此之外，修桥铺路，劝人多做善事，待客以诚，待人以礼。因此文人墨客都喜欢到他家谈诗论文作画。

　　蔡守辉父亲英年早逝，在母亲谆谆教导之下，蔡守辉自幼懂事勤奋，为继承父亲遗志，日日刻苦耕读，学识日益丰富，文采愈加精进，被当时的文人士大夫所看重。赐进士后，为了纪念母亲，蔡守辉便建了这些建筑群。如今，只有翔和堂被保存下来。

　　清朝诗人胡筠在游玩梓誉村后，曾留下了一首诗："万峰深处有平畴，始信桃源不外求。东转琴山迎我笑，西来襟水抱村流。诗书预兆人文盛，朴雅还信气味投。碑记万安书欲就，为君把盏说泉洲。"今天，当我们走进梓誉村，一如走入了古诗词中的隐逸之境，这里民风淳朴，村民仁德好客。蔡氏宗祠之内，悬挂着的"桑梓誉重"牌匾指引着世世代代的蔡氏后人为人处世之道，"理学名宗"传万代子孙道义，"桑梓誉重"育一方生灵仁德。

（文：磐安农办/图：曾令兵）

岱山石马岙村

於氏秀才石马岙

石马岙位于舟山市岱山县高亭镇，是舟山群岛历史上一个典型的"秀才村"，村名因清康熙年间，在本岙美女山山麓出土的宋代状元、官至兵部尚书兼吏部尚书袁甫墓前的文物石马而得名。村庄背靠省级名胜风景区摩星山，面向大海，三面青山环抱，山峦绵连。村落选址讲究天人合一，布局严谨，与山水自然融合为一体。村周边有大小山头 20 多座，山峰叠嶂，奇松怪石，触目成趣。主山雄鹅峰气势不凡，如万马奔腾。左青龙，右白虎，双重怀抱。大溪水奔腾向前，过河清、海晏、涟漪诸桥，向西流注入海。石马岙风水独特，是一处藏龙卧虎之地，人才辈出之处。

於氏家族

石马岙有人口 3000 多，姓氏四十来个，其中近 40% 是於姓。於氏出自萧山临浦白塔湾峡山头（现萧山义桥镇），清康熙二十三年（1684）第二次海禁展复（展界开海），清康熙二十七年（1688）成立宁波府定海县，朝廷召民垦荒。清康熙三十二年（1693），岱山於氏先祖於炳公、於焯公兄弟俩携妻带儿（焯子廷相、廷龙），来宁波定海县之岱山为农，定居石马岙，因治家有方，务农经商有道，克勤克俭数十年，至雍正年间即成岱山望族，《岱山镇志》有记。

萧山《於氏宗谱》岱山支谱共 18 册，第 2 册 48 页中有廷相公传记记载："公，讳廷相，字美公，父焯，家不中资，携公兄弟至宁波定海县之岱山为农。是时，公甫三岁，兄美生仅垂髫，比长父即世。公貌丰硕，有膂力，配赵孺人，克勤俭，力作数十年，食指大繁，乃与兄分居。常言：'子弟不可不读书，不能尽读书，至十七八岁，升沉已定，平庸者力谋生，始免无赖读书，虚名不可务

於氏秀才石马岙

也。'子七，士农工商贾各执一业，宅七门，庭闱奥无异制，买田十倾，督子孙力耕，居家质朴，布袍方舄，见者不问而知为於家子也……"於廷相开创了石马岙於氏家族耕读传家创业守业之策略。

《於氏宗谱》所记载的这种耕读文化传统，影响了一代代於氏后人。为使家族长盛不衰，他们就以"耕田读书"为立家之本，重视勤耕善读，读可荣身，耕可致富，成为石马岙於氏后裔子孙所孜孜追求与向往的生活理想，故石马岙耕读文化积淀极为深厚。

於氏义学堂

石马岙於氏崇文重教，以兴学为乐，以耕读为本，注重文化教育。於氏家族一直勉励后人发奋读书，涌现了许多出类拔萃的子弟。值得於氏骄傲的是：岱山开禁后，经休养生息，在清乾隆三十三年（1768），岱山学子第一次参加定海县秀才考试，有三人中榜，其中二人为：於潮宗，字海，於氏来岱的第三代人；於景先，字洙传，来岱第四代人，他们都是石马岙於氏族人，他俩"志切功名傲骨不磨"，成为当时岱山第一批庠生（秀才）。

据《定海厅志》记载：在清道光年间，族公於铭勋联合族内十余房（於式良、於式熙、於式尹、於九成、於式尧、於式鸠、於式尚、於式乾、於式训、於月亭、於式坤、於梦龄、於维琰、於文灏），出资捐田，分资生息，经过二三十年的日积月累，有了一定的资金，办起了於氏义学堂，民呼文昌宫，实行於氏义务教学。

同时，他们还创建了"显承会"。由于岱山子弟考秀才、举人要到宁波、杭州去考，岱山是海岛，须乘船去，清代交通船又不多，有也是木帆船，行驶靠风、潮，很难准确计算到达日期，往往有赶不上考期的，若提早几天去，吃住盘费又不够用，故穷家子弟考不起。有了显承会，优秀的寒门学子也能参加考试，人才不会被埋没，石马岙於氏后裔读书入仕成了风气。

文昌宫规模宏敞，不亚于现在的庙堂，有中宫三楹，左右厢房各六间，共十五间，象征十五房弟子，可设四五十人一班的六个班级，有容纳200多名学生求学的规模，文武二重教育，文科先生由本族贡生、秀才於丹伟、於丹粉、於凤虞等担任，武科先生由族内武秀才於式鹤、於丹瑜和本岙武林名人孔传芳等担任。清道光年间正值外国列强入侵，爆发了鸦片战争，又有海盗风起，故国人习武之风盛行，朝廷也设有武科考试，招纳人才，保家卫国，清道光二十六年（1846）於式鹤荣中武举人。

新楼屋秀才楼

文昌宫朝南坐，梅山直落泥城河，老楼屋破漏叟，新楼屋秀才多……这是石马岙在清光绪年间的一首民谣，新楼屋即秀才楼。

石马岙的23位秀才，有4位从这幢楼房里出来，故有"秀才楼"之称。堂屋里至今还贴着，一张盖一张的四张秀才捷报单。报主是：秀才，於维梅、於丹粉（父子），於丹毫、於丹莲（兄弟），当时秀才之多可见一斑。

堂中的神龛之上，有一张挂于清同治四年（1865）的"馀庆堂"匾额，"馀庆"二字，意积善人家，必有馀庆，就是说，一个人做了很多利国利民、功在千秋的善事，虽然不一定能及时得到回报，但留下来的恩泽必然会惠及子孙。相反一个人做了很多损人利己、祸国殃民的坏事，尽管本人没有受到应有的惩罚，但留下来的祸根必然会殃及子孙，由子孙来承担。

在清代的农村能造起二层木质楼房实属不易，在岱山清代古建筑中属凤毛麟角，同时它也是石马岙秀才村的历史见证。

於氏英贤人物

在这所石马岙的於氏义学堂——文昌宫里，就读成才的有文有武，其中有父子六品官：父於嘉营武将校骑尉，封六品官赏戴蓝翎顶戴，子於式鹤榜名九皋，中道光丙午科右榜举人，丁未会试六品衔。父子二秀才：父於式尹子於维右、父於式高子於维申、父於式鹤子於维琳、父於式中子於维琰、父於维梅子於丹粉、父於式韶子於维聪。兄弟二秀才：於式大於式高、於式韶於式歌、於丹毫（民国众议员）於丹莲（民国省议员）。一家三代都是名贤，有数家不列。还有一门六代是英贤：於景淳太学生、子於嘉营六品武官、孙於式鹤武举人六品衔、曾孙於维淋秀才、玄孙於丹筒国学生、六代孙於凤城贡生。

在於氏义学堂求学成名的还有：於式良修职郎、於式宪候选巡政厅、於式乾候选县左堂、於式坤从九品（与式乾是兄弟）、於式熹从八品、於维则民国省议员、於丹元从九品民国省议员、於丹金从九品、於文灏附贡生、於式鸠宣讲生、於嘉会乡大宾、职员於式训、於维荣、於式尧、於式旦，秀才：於式标、於式豪、於丹颜，及太学生、国学生。

从清乾隆三十三年（1768）定海县恢复科举考试至清光绪三十一年（1905）科举终止的100多年时间里，石马岙於氏先后共出英贤人物有：武举1人、贡生3人、秀才22人、六品顶戴1人、从八品顶戴1人、从九品顶戴3人、官府任职9人、太学生10人、国学生28人，新中国成立后还有一位於彭辉成为中国人民解放军将军，共79人。

一个小小的石马岙文风盛行，办起如此大义之学堂，时间之早，规模之大，实行义务教育，又人才辈出，在当时社会是难能可贵的。人杰地灵的石马岙成为舟山群岛名副其实的"秀才村"，浙江省历史文化名村。

（文：於有财/图：曾艺超）

玉环东西村

东西陈酿醉书香

玉环东西村原名竹岗村，村面积仅 2.3 平方公里。位于楚门镇东北部，村庄背后三面环山，前临大河，西南面两条宽敞笔直的村道与外界连接。东西村不但山川秀丽，而且人杰地灵，历代名人辈出，具有深厚的文化底蕴，是玉环县历史文化名村。

据《玉环厅志》记载：文臣有宋进士、户部尚书戴明，明进士、吏部郎中陈参及子陈钝，明进士、大理寺卿、刑部主事陈璋等；武将有清澎湖总兵戴宪宗。既有东咗关庙等重大历史事件发生地，又有陈参墓、戴明故居等杰出历史人物纪念地，印证了"自古高官出竹岗"之说。难怪宋淳熙十五年（1188）春，理学大师朱熹也千里来此寻访，并为《戴氏宗谱》作序，有《竹冈戴氏宗谱原序》留存。戴明的故居也是近年修葺，四周是长长的青石围墙，门前是弯弯月牙儿湖，人称古月湖，戴明就是在此湖边与好友朱熹秉烛夜谈，抵足而眠，并在此地商讨国计民生，诸子百经。也许就在当晚，两人有了计量，要在东咗关庙开昆山书院，开教化之先风。

村民徐其云说：据史料记载，历朝以来，玉环中进士人数 7 人，我们这里就占了 4 人，中举人数 12 人，我们这个小山村就占了 7 个。所以自古以来有一句话叫作"自古高官出竹岗"。

东西村山中遍布名人墓葬，有宋户部尚书戴明、明刑部侍郎陈璋、郎中戴铨和陈参墓等墓。由于自然和人为的损毁，今仅留存陈参墓及两对极为珍贵的石马、石羊。

明朝时期，耕读文化承宋元之势发展到精英文化的层面。陈氏一门陈钝（约 1387—1469）、陈璋（1470—1541）、陈亶（1491—1542）三进士，都是刚正不阿、不畏权贵、廉洁奉公、一心为民的清官。

玉环东西村陈参墓

　　陈氏一门三进士，以陈钝订立家规读书为首。陈钝，乐清县玉环乡竹岗（今玉环县楚门镇东西村）人，于明正统元年（1436）中进士，"立朝数载，清德重望，表表在人耳目"（陈亹《使游录志》）。明景泰三年（1452），陈钝吏部司勋郎中任上，朝廷赐一品服出使朝鲜、日本诸国。陈钝北渡鸭绿江，历无人之境，不畏旅途险恶。到朝鲜后，迎送所赠厚礼一概不取，说："吾奉上命之来是邦，所以宣上德，岂以币帛为哉。"（龙文《使游录序》）

　　陈钝致仕回竹岗后，晚年手订南郭《陈氏家训》，在五方面立下严格的家规，其中"守业"一条尤其突出。宋、元、明三朝时期的乐清，往往几代人农耕，才出一个凭科举考试进入仕途的读书人，世代以读书为业的士族仅有陈氏。陈钝手订的南郭《陈氏家训》，其所守之"业"，是读书之业而非稼穑之业，"吾家世业儒，今将二十世矣"，"读书之外，止务稼穑"，"工商百技既不可为"，"子孙当世守家训"，"有悖逆非为贻玷家声者"，"不许入祠，以俟悛改；仍旧习者，众以大义灭之，姑息者非孝也"，措辞相当严厉。随着人口繁衍，陈钝这五条严格的家训实际上发展成了族规。

陈氏传承其先祖福建陈襄家风，世世代代以读书为业，把精神期盼放到物质庇荫的前面，生生不息，追求家族群体人格的提升，这是移民文化影响玉环耕读文化的缩影。孙诒让在《温州经籍志》案语中记载："寿斋陈郎中钝，万历《温州府志·宦业传》、雍正《浙江通志》、道光《乐清县志·介节传》并有传。"

现其父陈参墓在东西村南向，呈扇形，块石砌围，泥封顶，墓后部稍有陷落，前部尚露于地面。墓前立碑一块，高1.5米，宽0.65米，字迹还清晰可见，阴刻"皇明赠奉政大夫吏部郎中竹轩公之墓"，下款为"万历辛卯（1591）孙赠刑部侍郎穆颍州司训秉同建"。原墓范围较大，墓坦有三道，全部石板铺地。

墓坦上有石马、石羊各一对。石羊高0.75米、身长0.9米，接近于真羊的大小。这是一对绵羊，两个犄角像螺丝形下卷，前肢跪，后肢伏，十分美观，给人一种温驯、被驯服的感觉。石马高1.3米、身长1.6米，下有长方形底座。四腿略呈方柱状，尾长面粗，背负锦鞍，雌雄可辨，机警地立着，形象生动，简直像真马一样。

这两对石雕，是明万历辛卯年之物，距今已有400多年历史。它各用一块整石雕成，整个造型朴拙有力，比例适当，刻工精美，细部雕刻线条粗犷，显示了古代工匠们精湛的雕刻技巧和独特的艺术风格，是古代劳动人民智慧的结晶。石雕虽然年深日久露置旷野400多年，但在当地群众的保护下，至今仍完整无缺，神态生动如昔，具有一定的历史、艺术、科学考证价值，是研究明代石雕艺术不可多得的实物资料。

除了这些石马、石羊完好外，在东岙关庙内还有一座始建于北宋淳熙年间的江南古戏台，其前身为玉环皆山书院。从远处看，整个戏台造型古朴，前檐至额枋间布满斗拱装饰木构件，内外额枋、斜撑、雀替、月梁等均雕有各种精巧人物、花鸟等图案，制作工艺考究；戏台天花板上绘有精美的龙凤图案，虽历经上百年的风风雨雨，整体保存良好，在建筑、浮雕、绘画上具有极高的艺术价值。宋朝时候，本村戴氏名人戴明在此创办了玉环第一个书院——皆山书院，后来在这个皆山书院的旧址上又建造了戏台，戏台在清朝时期曾重修过。

别看眼前的戏台场地不大，在抗日战争时期，它还是玉环的整个司法机构所在地。2005年，著名的导演谢晋也曾来到这个古戏台踩点，准备在这里拍摄影视作品。

在村里转了一圈，我们发现村内还有许许多多历史的古迹，不能一一道来，这幽深的历史如一壶陈酿，静待你揭盖嗅香。

（文/图：轩歌）

天台街一村

蓝洲书院聆遗风

街头镇是天台西部的商贸重镇，古称窦湖镇，四周有浙山、三望岭、回龙山、姚干山，雷马溪纵贯中部，始丰溪环绕于南部。集镇所在地由街一、街二、街三、街四四个行政村组成。街头的名称始于清康熙十三年（1674），这一年，街头开始设市，为农历逢二逢七，这是天台最西边的一个集市。镇内有"曹氏三透"、"余家宅院"和"一品宅"等民居，并有一条完整的古街，为浙江省历史文化名镇。

街一为街头镇四个行政村之一，境内有余家宅院，古街的一部分和蓝洲书院旧址，在抗战时期蓝洲书院曾作为浙东行署府署。村内早多余姓，由于地处下街，俗称"下余"。

坐落于街一村的"蓝洲书院"是清朝天台县境内规模较大，并有一定影响力的书院。"蓝洲书院"的创建得益于一位商人的后代——曹光熙。

曹氏家族在街头镇是名门望族，第二十八世曹宗建家业丰厚，他乐善好施、闻名乡里，清乾隆三十年（1765），由浙嵀村迁入街头。他先后购置了街头街四十多间店屋，经营茶叶、桐油、白油、土布、苎麻、黄豆等，由水陆两路运往各地。当时曹家在新昌、绍兴等地都设有曹家贸易货行。

由于经营有方，治家有道，曹宗建家道兴旺，并积累了一定的财富。于是，他想着在街头造一幢院子。清乾隆五十年（1785），在街头做了20年生意的曹宗建，与长子曹光熙、次子曹光弼一起在街头造了一幢新宅，此宅坐落于现街二村，这就是现在人们所称的"曹氏三透民居"。

在曹氏三透民居建成之后的第38个年头，曹光熙想到了家族中

蓝洲书院聆遗风

缺少一样东西，那就是良好的读书环境。虽说从小读过一些书，自己也是一位监生，但他希望曹氏的下一代能在一所正规的书院里读书。只是当时街头还没有一家书院，族人读书只能在私塾。于是，他想到了在街头建造一家书院。

清道光三年（1823），春节刚过，曹光熙便将这一想法告诉了弟弟曹光弼。其实，在曹光弼心中，也早有建书院的这个念头，兄弟俩一拍即合。接下来就准备筹建书院，建书院首先需要的是资金，只依靠兄弟两人的力量，还无法满足。于是，他们召集街头的各位乡绅，提出了共同为家乡建造一家书院的建议，各位乡绅也都一致响应，认为这是一件功在当下、利在千秋的好事。

曹光熙首先捐白银五千两，弟弟曹光弼也捐白银三千多两。兄弟俩慷慨捐资，各方乡绅也都闻风继起，各有资助，集资银达到数万两。"曹氏三透"的中堂的墙上至今还贴着一张捷报，两百年过去了，这张捷报的纸已有些泛黄，字也有些斑驳，但还能看到大概的信息，主要的文字也还能认出："贵府曹名光熙创捐义学，乐善好施，捐白银五千两……"

当时办学的动机很单纯，除了教育族人读书明理之外，或许就没有更多的想法了，因为旧时读书的确是一件高雅的事，是走上仕途的必经之路。捐资办学是大家共同的事，将银两捐了，也就完事了。但那时懂得尊重人，人家将银两捐了，官府就得将"捐款证书"敲锣打鼓地送到府上，事做得大方而风光。

书院的建造在曹光熙主持下进行，他亲自确定了书院的格局，建筑的风格也体现了他的思想。开阔的空间，曲幽的小道，种几株桂树，的确是读书的佳处。经一年时间的建造，一家书院在街头建成了，书院取名"蓝洲书院"，建在村庄的南边，也就在现在的街一村。

据《天台县教育志》记载："计有院舍12间，内有月波楼、聚青楼各3间，西首尚有去生社。"二幢楼名也是曹光熙拟定的，"月波"和"聚青"都是读书人的情怀，读书本来就是风雅之事。之后，他亲自到乡里各位名儒府上，送去聘书，请他们到书院任教。他的真诚也打动了各位名儒，他们走上了蓝洲书院的讲台。有了书院和名儒，街头各族将学子送到书院，读书识字，接受儒学的教化。看到学生们在聚青楼端庄地坐着，听先生讲解四书五经，听着从月波楼中传来朗朗的读书声，在庭院内种植桂树的曹光熙笑逐颜开，等待着来年丹桂飘香那一刻的到来。

蓝洲书院对于街头各村所起的作用，都体现在了这方土地淳朴的民风上了。因为有了书院，才有了读书明理的村风，也因为有了书院，这方土地上的村民才显得文质彬彬。蓝洲书院的出现，改变了西乡的乡风。

自从有了蓝洲书院，街头各族的学子读书明理。在"曹氏三透"这幢民居中就先后走出了十位秀才。清宣统元年（1909）正月，蓝洲书院改名为公立蓝洲两等小学堂，现为街头镇中心小学。

在抗日战争时期，因处于浙东山区，街头镇成了当时民国浙江省浙东行署的所在地，浙东行署的府署就在街头镇的蓝洲书院。从1943年9月浙东行署的成立至1945年12月抗战胜利后的撤销的两年多时间里，蓝洲书院的月波楼和聚青楼成了当时浙东行署的办公场所。浙东行署管辖浙东18个县，在管辖区域内代行省政府的职权。行署主任先后由鲁忠修和杜伟担任。行署内设秘书处、政务处与警保处三处和军法、情报、会计与视察四室。

现在的街头镇还留有当年浙东行署的痕迹，但作为署府的蓝洲书院原建筑已被拆得片瓦无存，在蓝州书院旧址上建起的街头镇中心小学，仍旧传出孩子们朗朗的读书声，似乎还在传承着一百年前先人恪守的"读书明理"的理念。

（文：金建荣/图：曾艺超）

云和北溪坑村

拾纸炉里有春秋

横山头村位于云和县石塘镇西北方向，辖老处、凌家、正坑尾、大丘田下、北溪坑、上堂屋、出水井、曾家、桑岭根、畚箕湾10个自然村。其中，在北溪坑的村口，曾经建有一种小屋式结构的建筑——"拾纸炉"，它装修较为考究。凡有字迹的纸片，全村老少必须送炉中焚毁，大家必须遵从，无一例外。众所周知，古人对文字非常尊重，然而，在这个偏僻的山村之中，对文字竟有如此之尊，实为罕见。是什么原因致使刘家人对文字产生如此的敬重呢？

该村位于瓯江北岸，与桑岭根村仅一山之隔。从村之水口悄然行入，眼前豁然开朗，一条小溪从村中西东向蜿蜒而下，在村口形成S形的回环，水口山脉呈犬齿状交错，村居依偎在两旁缓坡，南北相对而建，马头飞檐，粉墙黛瓦，鳞次栉比，颇有一番大风水格局。村间石阶阡陌纵横，炊烟袅袅；小桥流水，嫩草芳菲；不时传来鸡鸣犬吠，雀声莺语。白胡老者步态悠闲地行于小道，黄犬或前或后，令人羡慕不已。这里生机盎然，妙趣横生，若浔阳柴桑陶公幸临，必当有另一篇桃源佳作。

南面的大屋前，宽敞的大门气势赫然，可惜门楣之上的字迹已被破坏，仅依稀可见"彭城旧家"。走进大屋，巨大的天井透过了所有的阳光，使得老屋格外的亮堂，典型的两层五直、四周马楼结构，彰显主人当年的富有。天井右前角的一株现已百年的楠竹，依然绿映东窗，主人说是防火用的，难不成花卉可以防火？这房子曾经失火，自从种上了楠竹，一百多年来从未发生过火灾。有如此的文化之家，用五行相克的原理，找一个适当的风水方位种楠竹，当然不是难事。

在大屋的门口，横着几条又长又大的精制条石，村人介绍说，

拾纸炉里有春秋

这是村中的贞节牌坊，在"文化大革命"时被炸毁，原有十多米高，是本地最大的牌坊。

北面的山坡重复着南面的建筑，所不同的是，这里安葬着刘氏的开基先祖，典型的汀州范式坟碑已被自然增高的土层淹埋了半截，它非常自然地告诉来访者，刘氏已来此开创基业数百年。先祖于斯安然地俯视着子孙们数百年的晨起暮归、兴衰荣辱。翻开《刘氏宗谱》，历史的脚步仿佛就在眼前。

　　彭城郡刘氏，历来都被视为刘姓的正宗郡望，宋代以后更成为天下刘姓的统一郡望。彭城，古为郡名，属楚地，汉宣帝地节元年（公元前69年）以楚国改置彭城郡，治所在彭城县。有《刘氏宗祠记》云："箬溪刘氏，系出陶唐，族号彭城，自鼎新公徙居福建汀州府上杭县龙下村开基，至自有公娶邓孺人，生二子，长科纯，次科进，昆仲同徙江西。纯公江西居住聚族，进公由江西而徙浙江处州云邑九都北溪坑。当公卜居此地，见夫泉甘而土肥，草木严茂，居民鲜少，因而辟荆棘，崇屋宇，置田园，聚世族。勤俭忠厚，积蓄饶裕，子孙繁昌。延师就学，文武登科者，指不胜数。人杰地灵，非进公之福荫哉！"

　　据其谱世系载："自有公，世居福建汀州府上杭县龙下地方，生二子科纯、科进，科纯公与弟全迁江西赣州府瑞金县鸟头嘴居焉。科进公于康熙年间复由江西转迁于浙江处州府云和县九都北溪坑创业而居，是为北溪坑始祖。公生于康熙十一年壬子（1672）闰七月二十九日寅时，终于乾隆七年壬戌（1742）二月十二日巳时。生一子汉荣公，生于康熙三十九年庚辰（1700）十月初四日寅时。"清光绪二十四年（1898）《刘氏新辑宗谱跋》云："今琊族于康熙年间，汉荣公由福建迁居云和，已近二百年……"由此推断，刘氏于清康熙四十年（1701）前后迁至云和。

　　来到北溪坑之后，刘氏不但修文，而且于战事之中修身养性。清同治十年（1871）《翰邦刘先生茂阅历》云："伟彼美之一人，虽降生于十室，怀入梦兮长庚，戚下观兮太乙，岂是诚通天帝，炊藜杖以然，将毋字作神童，绾髫了抱滕。尔乃家临涧水，郡号彭城，祖父务农，服先畴之田亩。弟兄讲武，执射艺以成名。先生则束发受书，独向芸窗而奋志，弱冠即出头，钻纸共看，艺苑以蜚声。于是，歌乐泮咏采芹，荣宗祖显。严君李文衡视学之年，举茂才而曰庠，日序罗部院观风之岁补增广……乃翁髦倦家政，谁修，诸生请辞，户庭不出。无奈烽烟起粤，雾露横江，狼奔闽省，蚁聚栝苍，即屯兵于丽邑，旋分寇于云乡。身（指刘翰邦）被掳于郡城，时抱斩哀之痛，体苦拘于幽室，日防锋刃之伤，唯恐无归。彼四子兮不见，既云可赎，即百金以何妨。脱离虎口，微损蝇头，葬亲以礼，保已无忧。时乐观夫山水，时登眺于屋桥，吾爱吾庐，屋绕扶疏之树，尔田尔宅，轩开场圃之楼。教子义方……"

清同治三年（1864）刊本《云和县志》载："咸丰八年（1858）二月，粤贼洪秀全党石达开自江右窜江山、常山，围衢州城。三月二十八日，突由遂昌、松阳，陷处州府，四月二十三日，陷云和，贼势猖獗。西窥龙、庆时，剽掠西乡。五月初六日，溪头、黄庄诸乡兵败贼于赤石，（贼）走还县城。咸丰十一年（1861）三月，粤贼党李世贤突寇衢州、龙游，余党突至云和，城遂陷。同治元年（1862）正月二十八日，余党复寇云和。三月十二日，都人江起鎌等御贼于大港头河边，军溃，起鎌战死，同死者，刘廷铭、刘和林、毛凤兴、黄武元、张荣舜，凡五人。十五日，贼攻将门岭。翌日，复却朱村，乡兵连战克之……"现在已无法判断刘翰邦在哪场战役中被掳，但在竹子坪村的记载之中有云："王德聪，在咸丰十一年，粤匪扰处州。公攘臂直前，与乡人偕，一日，贼至朱村口，众与之敌，而公因遇难焉。"可能为同一场战役。

虽然是望族之裔，但小顺北溪坑村的刘氏，从康熙年间迁居云和，竟然百余年未入云和户籍。刘氏为国家之命运而战斗，同时，他们又为区区云和之户籍而奋斗了一百三十年。《作屏刘先生行略》云："先生，字作屏，系元盛公之子也，家业素封，少负节气，颖悟不群。因上代迁居以来，未曾入籍（指云和户籍），始奋发读书，过目成诵，祠堂叹服。年弱冠，即游邑庠，旋补增生，遂隶云和籍焉。由是接踵而至，书香不绝，皆先生力也。而屡赴棘闱，竟不获售数，奇也。爰息意于上达，立志于修身，孝亲敬长，睦党和乡治家，学朱子之训……乡党称其孝族，戚沐其恩。迄今年逾花甲，精神凝固……"若清同治十年（1871）时，公为六十岁，则其弱冠时，当在清道光十年（1830）前后。也就是说，刘氏为云和之户籍而等待了一百三十年。

清朝时期，土、客户籍差异较大。许多外来客未编入本地户籍，不享受教育、诉讼等权利。即使编入本县册籍，但实行客民保甲法，比如客民入学实行另额取进等政策。争取云和户籍，对于汀州移民非常重要。刘氏因为学业有成，"游邑庠、旋补增生"，方入云和籍，可见文字之事对刘家的重要性，建造"拾纸炉"，"炉焚字纸有烟痕"表达了刘氏对文字的极大尊重。

对文字的尊重，同样也在谢家得到印证。在谢家老屋的门前，横躺着两块巨大的条石，它就是贡生的桅杆夹石，另有两块深埋地下的桅杆底座，在青草之中独领当年的风骚。在条石的侧面，有"光绪二十二年岁次丙申"的字样，也同样感受了当年"枫陛荫浓"的荣耀。

同样，今日北溪坑村的年轻人都已外出，除时代的感召外，这许是汀州人的天性所致。很多老屋在春日的风雨之中，又将增添一份沧桑与斑驳，但四周青青的翠竹挺拔秀丽，年年依旧，代代繁华。竹非凡物，它有节外无枝的操守，有刚柔相济的品德。竹枝傲骨，青翠幽香，高风亮节，依依君子德，无处不相宜。这正代表着北溪坑刘氏代代传承"炉焚字纸"的高尚品德。

（文：黄育盛/图：曾令兵）

景宁高演村

诗礼书香润高演

高演村位于距浙江省景宁畲族自治县城西南22公里处，属梧桐乡。据《任氏宗谱》记载，高演村村史可推至唐宋间，有何、夏二姓在此居住，到明永乐十九年（1421）任姓迁入，从此生根发达。任氏家族以严格的家法推崇耕读两途，坚持"诗礼传家，书香继世"，使之成为一个远近闻名的村落。

高演村海拔810米，四面环山，其中最高峰海拔1200余米，是一个南高北低的深山沼泽盆地。《任氏宗谱》有明确记载："盖高者，谓山也；演者，则水长流之貌也。谚曰：'山高水亦高'，其古人揽山水之胜也，而锡此名也乎"，故民间还有"高远"之称。

高演任氏属乐安郡，从丽水仁溪迁至景宁沐溪，"凡传七世，至以良公，择里高演"，以良公即高演村的开基始祖任纪。

任纪的父亲叫任昌，明洪武二十四年（1391）任南京典史，娶妻王氏育有三子，于明永乐四年（1406）衣锦还乡，回归景宁沐溪。王氏去世，再娶何氏计娘，于明永乐十一年（1413）生任纪。任纪刚满三岁，父亲就去世了。当时各位兄长都已婚聘成家，只有任纪还年幼。奈何母亲何计娘只好带着九岁的任纪回到了高演娘家。

任纪虽然年纪尚小，但勤劳懂事，为舅家做些力所能及之事。当时，高演的上湖是一片沼泽地，水肥草嫩，是个放牛的好地方。任纪给舅家放牛，把牛赶到上湖，牛吃饱了，就在上湖的草丛里睡觉，天晚了也不肯回家，任纪觉得很奇怪。有一天，任纪想赶牛回家，可是怎么赶也赶不回去，正好有一位风水先生路过，任纪就向风水先生请教。风水先生告诉他，这是一块风水宝地，嘱其向舅家讨取此地。于是，任纪就向舅舅讨要上湖这块沼泽地，舅舅觉得这

诗礼书香润高演

么一块沼泽地，只长杂草灌木，也派不上什么用场，就把它送给了任纪。于是，任纪按风水先生的指点，掘开回龙山排水，开田起屋，果然子孙兴旺发达。

得天独厚的自然环境，宛若世外桃源，使这里六百年来未遭战乱兵祸，肥美的水土也为生活在这里的任氏子孙提供了丰厚的物质资源。"仓廪实而知礼节。"这是任氏家族"诗礼传家、书香继世"的重要物质保障。据说，即使在20世纪贫困的年代，这里的村民还能够自给自足。

任氏家族有严格的家法祠训，在制度上为"诗礼传家、书香继世"提供了保障。任氏家法明确规定"祖先原以诗礼传家，书香继世。凡为父兄者，宜延师造就弟子成才"。在每年春秋两季祠祀时，耕者要40岁以上才有资格参加，而读书人不论年长，只要是庠生都可以参加，且可分得一块4两的胙肉，而耕者要有子孙三代的老人才能享受。

据《任氏宗谱》记载:"任氏当全盛时,硕儒名彦济济,英多家弦,户诵子弟咸秀而能文。每逢朔望,其父兄必召集子弟命题试验,评定甲乙,郡县应试,多得列名榜首。"同时,家法还规定:"本族具系公众山场,并无己业。虽契内与案上名字不等,亦系办事之人出尖有名,其祖名字其子孙即不得执为己业。"这一规定使整个家族以"氏族集体公有制"的形式,为族中子弟延师读书和一些公祭活动提供了物资保障,推崇了诗礼书香的家风。

从任纪始祖开基,仅历时一甲,于明成化二十年(1484)四世孙任惺(湛)就荣登岁贡。及至清道光十六年(1836),已是"英才辈出,见今隶名学宫者,贡入成均者,候登仕籍者,偻指计之,四十许人,盛矣哉。吾邑之冠冕也"。

在当地民间,至今还流传"十人九贡"的故事。话说在任家书风鼎盛时期,有十个人同年赴温州府参加科考,没想到这一考,九个考取了贡生,就连帮忙挑行李的书童,也因平时的耳濡目染,临时参加考试结果也名列其中。这次科考让高演村名声大振,许多人纷纷到高演村来探寻究竟,甚至还吸引了地方官员和临近郡县的名士前来探访。

村里的"遵鸿轩"就是泰顺县进士董眉伯在清嘉庆四年(1799)省试获第后来到高演,在高演游玩了十天之后,临行时所题。《任氏宗谱》里还有他当时留下的题记。清道光年间,候选知县龙泉县教谕萧山任载送试龙泉,曾两次到高演拜访同宗,并为《任氏宗谱》作序。福建建阳吴裕中在景宁任知县时留下了《寓演峰序伦堂会诸绅士留宴作》,并在诗旁注明"时任族来会者,明经二,廪膳生九,附生三十余人",其诗曰:

> 济济英才序一堂,欣看桃李总成行。
> 漫言耕凿人情古,尤见诗书世泽长。

俎豆适当轮奂美，簪裾如带藻芹香。

到来莫道催科俗，樽酒论文快举觞。

高演村有八景十九胜。自然景观有七胜，分别为豸顶、仙岫、雾岗、金字山、飞凤山、黄连坑、三连漈；人文景观有十二胜，分别为乩坛、古井、店亭、钟楼、石街坪、孝诚宫、庆云庵、环胜桥、回龙桥、清风桥、遵鸿轩、马仙行宫。旧时，县里的教谕，各地方名雅士经常在高演村咏山吟水，特别是"古木朝晖""雾岗夕照""金峰晴岚""凤山霁雪""豸顶闲眺""云庵幽憩""叠石呈奇""三桥环胜"八景常常成为文人学子作诗吟联的对象，一时间闻名遐迩，并留下了大量诗文。

据《任氏宗谱》记载，至清光绪末年，累计制贡、附贡、例贡、乡宾、廪生、增生、庠生、国学等168人，其中制贡22人、附贡2人、例贡2人、乡宾7人、廪生11人、庠生89人、国学35人。民国时期，还有两位为革命捐躯的黄埔军校毕业生。据任氏后人口传，旧时有8位贡生赐进士，但目前留存的只有清乾隆五十七年（1792）赐进士任制琎的功名旗杆夹。可以想象那一个时期，村子里功名旗杆林立、旌旗飘飘，这是一道何等亮丽而令人自豪的风景线啊！

高演的村落布局也很有文化底蕴。据《任氏宗谱》记载，七世祖时，按堪舆家的意见对村子的房屋建筑进行了全面的规划，整个村子的房屋基本保持"坐壬出癸水"格局。村巷干道排列有序，沟渠并行。房屋多为土木结构的"三植两进二层楼"，有趣的是，那些房屋布局既相对隔离又毗邻相通，便于旧时女眷不从村巷露面也能方便往来。走在灰瓦泥墙的巷道上，仿佛还能看到一两个女子羞答答地迈着细碎的步子从这家出来，匆匆地进入另一家的后门。

斗转星移，岁月沧桑。许多人文景观如今已不复存在，如庆云庵、马仙宫、钟楼等，而那气势恢宏的任氏宗祠也已消逝在岁月的深处，好在行宫、店亭、孝诚宫、遵鸿轩、风水三桥等古建筑依然留存，也好在任家世代不乏文人雅士，给后世留下了许多文字的记忆。

如今，最让人引以为豪的，当数风水三桥。风水三桥是坐落在村北水口的三座古廊桥，由内及外，依次为环胜桥、回龙桥、清风桥，其中环胜桥保存最为完整，现已列为国家级文物保护单位。据《任氏宗谱》记载，环胜桥建于清乾隆年间，全长 35 米，共三层，古时上层供文昌，中层供关公，下层两侧为通道、中间为书塾。书塾里还挂着那根刻有《无情诗》的教鞭："此根无情竹，打你书不熟；若为儿心痛，莫送此来读。"严厉的教法又一次给后人诠释了"诗礼传家、书香继世"的任氏家风。登上环胜桥，耳边仿佛传来学子们的朗朗书声；俯视回龙桥，依稀能见考生们挥毫著文章；远眺清风桥，犹有仕子吟诗作赋正风发。正所谓：

江山代有人才出，诗礼传家享万钟。
廊桥古楹沐新风，高演书香今更浓。

新中国恢复高考制度后，几乎历年都有学子考上高等院校，为国家建设事业输送了大量的骨干人才。

（文：周树根/图：曾令兵）

松阳界首村

意存教养化界首

界首村位于瓯江上游的松阴沿岸，地处丽水市松阳县境内西北端，与遂昌交界。古老的村庄依山傍水，背枕着苍翠欲滴的双龙两重岗，面迎着终年不息的松阴溪水。村中至今保留着清代早中期建筑的老街、宗祠、庙宇、牌坊、古民居、古店铺、古井等，西北鲤鱼山有商周文化遗址，村东北水井岭头有唐宋时瓷窑址，是一个地道的历史文化古村。

界首村民风淳朴，村民知书达理，崇德尚文，读书重教之风世代相传，成为丽水市知名的崇尚文化教育的古村。

界首，古时曾名佳溪，以刘姓、张姓人居住为主。据《佳溪刘氏宗谱》载，明清时，刘姓人祖先历代就留有"祀承田"（一种给子孙轮流收租的田产），以"祀承田"的部分收入用于奖励子女读书。收入多时一笔就上几百石稻谷。过年、过清明节，族人有按人头分"丁肉"的习惯，除每人一份外，对考取秀才、廪生、贡生、举人等功名的，都另外递加增发"丁肉"，以示奖励。在《佳溪张氏宗谱》族规务本之训中规定："古之绵世择，莫如积善；振家声，还是读书。欲光前裕后者，必此二端也，故传家之道，必以耕读为本，秀者为仕，朴者为农，古之道也。"耕是本，读也是本，奖励读书、耕读成了界首村民传家之道，务本之训。由此可见，界首祖先对耕读之重视。

在清朝时期，界首刘姓祖先就从"祀承田"等产收入中拨出经费办学堂。清乾隆年间，界首村就设有两家私塾，人称"小书院"，学的是《三字经》《千字文》、日用杂字及四书五经。

据有关史料记载：清嘉庆年间，村人贡生刘邦诏病殁，其妻陶氏是年才二十四岁，留下二子，长子四龄，次子周岁。陶氏含辛茹

意存教养化界首

苦，独抚二幼子，苦教二子成才，二子不负母心，一个成贡生，一个成太学士。陶氏守节三十五年而终。该村老街中段，现仍保留着一座建于清嘉庆二十五年（1820）钦褒陶氏守节的节孝牌坊，其工艺固然高超精湛，但陶氏丧夫后不辞辛劳教子成才的故事更令人肃然起敬。

清光绪年间，村人又创办了在当时独树一帜的"震东女子两等小学堂"，招收本村适龄子女及邻村子女，免费入学。震东女子两等小学堂的创办，革除了一直以来女子不能入学的陈规陋习，它是松阳县最早的女子学校，也是处州（今丽水）最早的女子学校。这在当时引起了很大的社会反响，有力地抨击了"女子无才便是德"的男尊女卑封建制度，具有划时代的意义。

说起震东女子两等小学堂，不得不提起村人刘德怀先生，没有他，也许就没有震东女子学堂。

刘德怀（1873—1930），又名厚体，字钟玉，秉性纯笃，幼年受家庭严教，少年求师学习，学做人之道，分君子、小人之界。清光绪三十年（1904），刘德怀先生自备学费东渡日本，求学于东京明治大学，成了松阳县第一位留学生。在日本期间，他参加了孙中山先生创办的同盟会。

回国后，刘德怀极力宣传新文化，倡导兴学，女子天足，女子享有同男子一样入学的权利。为普及青年男女教育，刘德怀先生与村里长老商议兴办学堂，劝捐银圆，劝捐田租，得到长老和村人的大力支持和拥护。清光绪三十二年（1906）二月初一，震东女子两等小学堂正式创办，规定缠足者不许入学，开创了处州女子教育之先河。

后来，刘德怀参与了王金发等筹划发动的"浙东起义"，参加了推翻清朝封建统治的革命斗争，成为松阳辛亥革命元老。1911年处州光复后，他出任处州军政分府民政局长。民国5年（1916）任县视学，民国7年（1918）任县学务委员。为倡导松阳新学，他不遗余力，成为松阳县的名人。

开办伊始，学堂设在刘氏宗祠内，刘德怀先生还腾出自家住屋作为校舍。村中的刘氏宗祠和"一亩居"老屋成了当年"震东女子两等学堂"的早期校址。

学堂男女兼收，分高等班、初等班。初收学生，凡已文笔通顺，有学习基础者直接收高等班入学，凡年幼及初学者则收初等班就读，首收学生50余人。首任校长为饱学之士刘德元先生，并选聘了三位学有专长的人士为教员，创办人刘德怀先生也亲自参与授课。所授课目除传统国学外，还授英语、数理化等现代知识，以及美术、音乐、刺绣、缝纫等科目。

学堂开办后，不仅吸引了本村的适龄男女孩童就读，还吸引了狮子口、赤岸、半古月及遂昌金岸等邻村的孩童前来求学，学生人数加倍骤增，校舍很难容下。不得已，第二年暑假后，只得把女子从原来的男女同校中分离出来，另设一处，实行男女分开上学。

百年大计，教育为本。开办学堂，上为国家效力，下为地方造士，刘德怀先生之举，得到了当时松阳知县、处州知府的充分肯定，处州知府萧文昭还特题赠"意存教养"牌匾，给予鼓励嘉褒。该匾至今保存于松阳县博物馆内。

清光绪三十四年（1908），省视学范晋来校视察后，评价道："查此堂规严肃，形式整齐，凡缠足者不许入学。开学至今首尾甫及三载，不图佳溪（界首旧称），全村解缠足之幼女，移风易俗，煞费苦心……风气开通，实为处郡之冠。"

清宣统二年（1910），因土匪肇祸，地方不靖，为避其乱，学堂曾停闭半年。民国 2 年（1913），又另设震东初级小学，专收男生入学。

民国建立后，学校一端，垂为定制。刘德怀先生考虑，靠租借校舍办学并非长远之计，便在村中禹王庙旁择址兴建学校，置换了刘祠菜园，买下了毗连的傅姓房屋，筹工备料，建了两个教室和操场，种上了花草，又整修了禹王庙左厢，作为学校图书室和教员办公场所。民国 3 年（1914）二月，正式迁入焕然一新的新校舍。

民国 14 年（1925），震东女子两等小学堂与震东初级小学两校合并，更名为区立震东小学。现外墙上还留有当年"松阳县第五区区立震东小学"校名的字迹。

震东女子两等小学堂自开办至与震东初级小学两校合并时，先后办学二十年，为村人及邻村人培养了大批的女性人才。这些毕业的学生不仅懂数理，而且能咏诗赋文、绘画歌舞、针织刺绣，大多成为教学的骨干力量，为女子教育起了很大的推动作用。她们有的留校任教，有的成为县内外女子小学的教员，有的成为松阳成淑女子小学的校长，有的升入省立蚕桑学校、处州师范等学府继续深造……时松阳有这样一句流行语："要讨好老婆娶好媳妇，要先去界头（界首俗称）女子学堂找"，足见时人对震东女子学堂的评价之高。

正是由于界首历代祖先的崇文重教，并得以代代传承，才使得村中耕读文化浓厚，人才济济。几百人口的小村庄界首，光刘姓人在明清两代就获有廪生、贡生82人。曾任震东女子两等学堂校长的刘德元（兼任县毓秀小学教师）一家也人才辈出：刘德元，字含三，晚清贡生，饱读经史，博学多才，人称"活字典"，留有诗文集《赤溪存草》，现收藏于松阳图书馆；其子刘福宝，考入当时浙江省最高学府就读，毕业后留校任教，为浙南知名学者；其孙刘为纹，曾任解放军第三军医大学一级教授、博士生导师；其曾孙刘善诗为留美教授，常受邀在北京大学、清华大学授课。新中国成立后，特别是恢复高考制度后，据不完全统计，考取大中专院校就读的已有300余人之多，在全国各地任教授、研究员、高级工程师的也有30多人。这是界首人对重教读书、意存教养的最好注解。

（文：钱明龙/图：曾令兵）

千村故事

精选

卷二

浙江省农业和农村工作办公室
浙江农林大学中国农民发展研究中心
浙江省农民发展研究中心
中国名村变迁与农民发展协同创新中心

主编

中国社会科学出版社

目录·卷二

清廉大义

名人名流

Book Two

Honesty and Righteousness

Celebrities of Public Prestige

·卷二·

清廉大义

一　清廉自守

奉化马头村

菜汤知府陈肖孙

马头村，背倚银山，三面环山，一面临港。自后梁时，人间弥勒——布袋和尚垒沙为堤开始，马头先祖先后在海边山谷围筑海塘，建成了多个小平原，使马头既有峥嵘的山岳、浩淼的江海，又有溪河纵横、广袤平整的田畴，不但风光旖旎，而且物阜民丰。唐中宗时，太子太傅陈邕后裔子孙，有三支分别在唐末天祐二年（905）、宋天圣五年（1027）、宋室南迁三年（1127）先后迁徙至此地，定居繁衍，开族建村，距今已有1100多年。由于这里栖息着一种叫"鸡鹐"的水鸟，故此马头村的古名叫鸡鹐。

陈氏先祖定居此地后，耕读传家，重视教育，千百年来人才辈出，至今村民们还以祖辈相传的谚语"东边旗，西边鼓，不是文，就是武"来激励子孙。陈氏子孙们也不负先人期望，使马头陈氏成为代有闻人、人才济济的奉东望族。陈肖孙便是这其中的一位。

马头村村貌

陈肖孙，字伯岩，号勉云，生于开禧二年（1206），卒于咸淳三年（1267）。父亲陈师稷，是当地的乡贤，诗词歌赋，无一不能，曾经尝试考进士以及考武举，但不幸都没有考中。同乡文士杨文元、舒文靖、沈端宁等人都和他交往密切，并尊推陈师稷为"仪范"，意指其品德高尚，可为乡里人效仿。

受家庭影响，陈肖孙从小志趣不凡，爱好读书，因为聪明颖悟，又肯专研，学习进步很快。十五岁左右，生母陆氏去世，家境每况愈下，学业亦一度受挫。几年后，陈师稷续娶邬氏，邬氏贤淑，勤劳能干，视肖孙犹如己出，见他有志于学，多次勉励肖孙，为使陈肖孙能够更专心读书，又将家中事务全部揽在自己身上，一肩挑起生活重担。

淳祐四年（1245），陈肖孙不负继母重望，高中甲辰科留梦炎榜，成为进士。初入朝廷，陈肖孙继续过着清苦的生活，每日必操笔墨，尤其进入大理寺工作后，更是勤学不辍。没过几年，就升任大理寺丞。大理寺是宋代掌管刑狱的官署，相当于现在的最高人民法院，大理寺丞有六人，为从六品官。当时，权臣贾似道为丞相，不喜欢四明（宁波古称）士人，千方百计排斥四明籍官员。唯独慈溪黄震（焕章阁左司马尚书，著有《黄氏日钞》）和奉化陈肖孙因为生性耿直，清正廉洁，贾似道找不到他们的错处，只好让他们继续为官。两人后来都成为有名的监司（宋转运使、转运副使、转运判官与提点刑狱、提举常平皆有监察辖区官吏之责，统称监司）。天下的士子都议论说，这两人在权臣弄权排挤的情况下，还能取得这样的成就，真是不容易啊！

陈肖孙性格耿直，生活艰苦朴素，在大理寺任职时，善于以法理人情和解纠纷，处理刑事案件时判刑适宜，一时间名声远播。咸淳元年（1265），陈肖孙因为善于处理政事，由户部郎中转迁为嘉兴府知府。嘉兴为鱼米之乡，物阜民丰，到此地任知府，确实是一个肥缺。

可是，陈肖孙上任后，却保持一贯的清廉作风，官府仓库里的钱财物品丝毫不曾胡乱花费，对官场的送礼之风深恶痛绝，从不送礼行贿，也不肯接受礼物馈赠，实在推脱不了的，他就登记在册，上缴国库。他还上告朝廷，请求免去嘉兴府百姓积欠官府田赋，计有钱 20 万，米 4 万石。在家里，他和子侄家人只吃些粗米糙饭和蔬菜粗食，因此，被人们誉为"菜汤知府"。

没多久，朝廷叫他兼任浙西提刑官，第二年，又叫他兼任度支郎官。大宋提刑官不用像电视剧里的宋慈一样去破案，他只是代表朝廷主要负责对一路（相当于省）司法、审判、监狱及官员们进行监察，核准死刑等，不亲自参与对案件的调查与审理。陈肖孙的破案水平如何，我们不得而知，但是，他的廉洁却被当地百姓广为传诵，就连朝廷也非常满意，准备再行封赏他，大家都说此人"且大用矣"。

正值此时，浙西安吉县发生了贼寇作乱。大宋的提刑官，其实还负责监督赋税征收、仓储管理，甚至维持地方社会的治安，也就是剿除、捕获盗贼以及镇压农民起义，等等。陈肖孙亲自率领军队去镇压安吉贼寇，由于处理措施不当，损失惨重，受到弹劾，被罢了官。

陈肖孙回到家乡后，并未郁郁寡欢，而是为家乡做了许多好事，如他为黄贤村的林氏编修了第一个族谱。过了不久，因为天气炎热，他不幸中暑生病死亡，终年六十一岁，安葬在黄贤的张天岙。

陈肖孙病逝后，他的儿子当时并未受到荫封。不久，朝廷议论此事，宰相认为，陈肖孙虽然有过错，然而他一生为官清廉，可为后世榜样，应当让他的儿子荫官。于是，陈肖孙的儿子陈矞伯被封为将仕郎，侄子陈晟伯封为武节郎，后恩补迪功郎。

陈肖孙到底是马头陈氏还是黄贤陈氏不敢妄下结论。据黄贤陈氏族谱记载，陈姓始祖是在金兵扰乱中原之际，从台州迁至象山窦岙，后来兄弟四人中，两人迁宁波，一人迁马头，一人迁黄贤，由此可见，不管他是马头人抑或黄贤人，都是一家。

（文/图：陈贤灼）

诸暨赵家新村

琴鹤家风世代传

赵家新村位于诸暨市赵家镇境内，是诸暨东部赵姓集聚地，史称"兰台赵"。据《暨阳兰台赵氏宗谱》记载，伯益的后裔，传十三代至造父，擅长驾车，侍奉周穆王有功，被封爵，封地为赵城。于是，造父的子孙就以封地为氏，始称赵氏，在天水郡发迹成望族。兰台赵氏始迁祖孟良，为燕王德昭十世孙。北宋末年，自山阴柯山（今绍兴柯岩）迁诸暨长阜乡兰台里。

现存于赵家宗庙内的《兰台古社碑记》，记载更为详细："暨阳之东六十里，里曰兰台，有孟良公于南宋宝祐中（1255 年前后），自山阴柯山，负其祖父吉国公枢密使二柩，来乞于檀溪之西，卜居守墓，特建土谷祠。"760 多年来，子孙繁衍，聚族而居，家风清正，成为暨东望族。据宣统《诸暨县志》卷九载："兰台里居民皆姓赵。人文秀出，甲于县东。"当地俗语云："磨石山头背横皮带多；兰台赵家读书人多。"据不完全统计，兰台赵氏出过秀才 70 个，太学生、国学生 108 个，贡生 20 个、举人 7 个、进士 1 个。

据陈炳荣先生《枫桥史志》称，兰台赵家，为宋神宗朝赵抃后裔。

赵抃（1008—1084），衢州西安人。年少时父母双亡，成为孤儿，生活贫苦，由长兄赵振抚养长大。他潜心学习，景祐元年（1034），年仅 26 岁就考中乙科进士，累官殿中侍御史，弹劾不避权贵，人称"铁面御史"，后拜参知政事，卒谥"清献"，其所著《清献集》，被收入《四库全书》。兰台赵氏宗祠中的"清献堂"之堂名即源于此。

赵抃曾两次去四川做官。第一次为益州（成都）转运使。上任时，他随身携带的东西仅有一张古琴和一只白鹤。古琴放在一只布袋里，而白鹤则放在一只竹篓里，一琴一鹤分两边驮在一匹马上，这就是赵抃上任的全部行装。琴和鹤是古代文人学士高雅不俗的象征。赵抃只带一琴一鹤上任的事迹传到宋神宗耳里，宋神宗十分赞赏，在赵抃入京朝见时对他说："你能以匹马入蜀上任，只随带一琴一鹤，这实在太好了。希望你在任期间，能够为政简易宽和，不贪财物，就像你的行装一样简单。"

琴鹤家风世代传

赵抃果然不负所望，为官清廉，把任所治理得物阜民丰。当时四川地远民穷，官吏肆无忌惮地胡作非为，州郡公然互相行贿。赵抃上任后，以身作则，一清如水，蜀地风气为之一变。穷城小县，百姓有的一生没有见过朝廷命官，而赵抃的足迹无所不至，父老乡亲大感欣慰，奸猾的小吏不得不敛息屏迹，不敢为非作歹。当时皇宫内侍到四川为宫妃采买蜀锦、为宫廷版刻新书等事，一路上吃喝玩乐，接受沿途官员馈赠，竟然在路上花费两月之久。赵抃发现后立即上书，要求内臣入蜀，只许住十天，州县之间不准互赠互请，以免劳民伤财。

他看到人民安居乐业，就高兴地弹琴取乐。他养的那只白鹤就在旁边翩翩起舞。平时他也时常用鹤毛的洁白勉励自己不贪污，用鹤头上的红色勉励自己要赤心为国。所以他的后人以此作为堂号，名为琴鹤堂，以示纪念。

卸任时，他的全部家当还是一张古琴和一只白鹤。当地老百姓听说这样一位一心爱民的父母官要走，就合力为他建造了一所宅院，苦求他留下。赵抃便利用这所宅院办起了学校，振兴当地文教。百姓为他送了一块牌匾，上书"天水门第，琴鹤家风"，表彰他为官一生，两袖清风的高贵品质。

后来因为成都戍卒困扰，赵抃以资政殿大学士之职再任成都知府。神宗召见时慰劳他说："在此之前，还没有过以朝廷大员身份到地方任知府的先例，你能为了朕破一次例吗？"赵抃回答说："陛下的话就是法律，何必管先例不先例的呢？"趁便请求神宗允许他相机行事。

再次到成都后，赵抃执行的政令较上次更为宽简。有个卒长站在堂下，赵抃喊他说："我同你年岁相当，我单身匹马入蜀，为天子镇抚一方。你也应该清廉谨慎威严地统率士兵，等戍期满了后，分得些余财回家，替妻儿考虑，岂不好？"他与卒长的对话传出去，人们欣喜地奔走相告，不敢再为非作歹，蜀郡一片升平景象。

赵抃告老还乡后，曾写过一首《自题》诗，抒发自己从位高权重的位置退下来后的平常心：

个中消息也平常，腰佩黄金已退藏。

只是柯村赵四郎，世人欲识高斋老。

　　兰台赵氏子孙为纪念先祖品德，启迪晚辈要像赵抃那样为人为官，就把"琴鹤家风"作为兰台赵氏家族传统的标志性门额。如果你走进赵家新村辖下的赵一、赵二、赵三、赵四等自然村，就会发现在古色古香的老台门正门的门楣上，随处可见"琴鹤家风"这样的门额，或石刻，或砖雕，用材高档，做工考究。

（文/图：赵校根）

新昌岩泉村

"清官第一"敕甄完

岩泉古村距新昌县城30公里，距今已有八百年历史。据古籍记载，古村所在处兀立一座山峰，形似泉涌，故名"岩泉山"。山麓之南，小溪穿村而过，村前平畴百亩，为宜耕宜居之风水宝地。在村子的路口矗立着一座青瓦白墙的祠堂，祠堂的正厅中悬挂了一块匾额，上书"清官第一"。这是明朝景泰帝敕封甄完而立的。

甄完（1392—1465），字克修，号复庵，新昌彩烟岩泉人。他刚出生的时候家里很穷，只有一间茅屋，家里没钱供他上学，他只能整日里在田间放牛割草。有一天，他路过村中私塾，听见里面书声琅琅，不禁好奇地趴在窗户下偷听。这一听就入了迷，从此以后，每当放牛路过，都要到窗下偷听先生的讲课。有一回，甄完又到名儒杨丽泽先生开办的金岩义塾偷听先生授课，恰巧被杨先生发现。一番考问之后，杨先生为甄完的聪颖而赞叹，称其为"奇才"，特别允许他免费进私塾听课，从此甄完犹如久旱逢甘霖，开始了他的求知生涯。

永乐十九年（1421），甄完赴京赶考。当时从新昌进京赶考须经过钱塘江。那时江上没有大桥，只有渡船。那天，他走到码头刚要上船，江上突然风雨大作，波涛翻滚。他望江许诺道："钱塘江啊钱塘江，请平息波浪吧！我甄完如果考中做官，绝不贪赃枉法，定当造福于民。"说也奇怪，甄完话音刚落，钱塘江上果然风平浪静了。于是，他一路平安地到达京城，经会试、殿试，一路过关斩将，荣登辛丑科曾鹤龄榜二甲第四十二名，赐进士出身。

1424年，明成祖朱棣病死，太子朱高炽即位，为明仁宗。洪熙元年（1425）明仁宗病死，皇太子朱瞻基即位。当时汉王朱高煦（明成祖朱棣的次子）一直有谋反之心，始终有夺位之念。宣德元年（1426）八月，汉王在山东起兵谋反，宣宗皇帝朱瞻基亲征乐安，平定叛乱。甄完时任刑部主事，与监察御史于谦等同僚一起派往山东处理朱高煦叛乱一案。当时山东地区受此案牵连者近三千人。所有受牵连的人，无论有罪无罪，都想着开脱自己，行贿之风空前猖獗。甄完到任后，悉心调查，秉公执法，拒绝一切行贿的说客，并张贴告示："有罪行贿，罪加一等；无罪行贿，训贿释放。"由于甄完熟谙吏事曹务，不徇私情，僚属们谁也不敢儿戏，使这次叛乱案件的审理得以顺利进行，众多的无辜者得到平反，很多人因此活了下来，甄完也因此声誉鹊起。宣德五年（1430），宣宗皇帝朱瞻基颁下敕书，表扬他"清慎明刑，课绩为最"，予以奖赏。他的父母、妻子亦受推恩之礼，获得封赠。

此后，甄完又被派往广西、湖广等地任职，所到之处无不留下卓越的政绩和廉洁的美名。景泰四年（1453）三月，他调任为河南左布政使。此时正逢黄河决口，百姓受灾严重。甄完上任后，一面率领属官视察灾情，安置难民，治理黄河；一面开仓赈济，奏免赋税，缩减开支，减轻百姓负担。治理黄河水患期间，每天都有成千上万的银子在他手中过往。可是，他始终不忘钱塘江边的誓言，分文不沾，账目一清二楚。哪怕是检验金银真假时锉下的粉末，亦毫厘不侵，全部如实上缴国库。

甄完因清廉耿介遭到一些官僚的猜忌和陷害。他们上疏弹劾甄完，罗列了许多罪名。甄完被迫借病辞官返乡。归乡途中的最后一天，到了嵊州境内一个村庄的水塘边，离家只有几里路了，他一摸身上还有7个铜钿的盘缠，于是随手递给了塘边洗脚的乞丐。他面对水塘叹道："我甄某虽蒙受了不白之冤，辞官回家，但自身清白如水塘也！"后人将这件事广为流传，并将这口塘称作"清水塘"。

景泰皇帝虽允准了甄完辞官，但总觉得弹劾之事另有蹊跷，与甄完平时为人处世大有差异。于是，皇帝一面召来户部官员清查账目，一面派特使到岩泉村明察暗访，了解甄完的府第及家产，以便证实一下甄完几十年来究竟有否贪污。结果，户部所有参与查验的人员都证实甄完账目清楚，根本没有贪污行为。

正在此时，特使返京，一回来就向皇帝念了一首甄完家乡流传甚广的民谣："甄布政，甄布政，长椽细瓦擂鼓门。八十公公作樵夫，七十婆婆织纺锭，两只小船运菜还缺一顿。"

皇上一听，勃然大怒。一个小小布政使生活过得如此阔气，房子气派不说，还要八十人打柴，七十人织布，两只小船运菜还不够吃，这还了得！

特使急忙解释道，"长椽细瓦"是指竹椽茅草，"擂鼓门"是指用竹篾编的扁平圆形竹器当门，"八十公公"和"七十婆婆"是指甄完年迈的双亲，"两只小船"是指两只鸭子，全家每天靠两只鸭子下的蛋生活！皇上这才恍然大悟，深受感动，下旨召甄完返京复职，同时御赐甄完"清官第一"的金字匾额，以资奖励。

但此时的甄完因常年宦游在外，早已积劳成疾，于是上疏请辞。景泰皇帝感其清廉品德，命令留给甄完朝服、朝板和朝靴，准予他"本职冠带回还原籍致仕，有司以礼相待，免其杂泛差役"。

甄完回到家乡以后，时常在乡里做些善举，遇到贫乏者，即给予赈济。岩泉南通回台，北接镜澄之要津，甄完见乡民往来不便，就拿出省吃俭用节省下来的银两，在村南头修建石桥，此即"永济桥"，又在彩烟台地北端山岭开凿一千多级石阶，后称"台头岭"，大大方便了来往行人。天顺甲申年（1464）正月，英宗皇帝朱祁镇病死，太子朱见深即位，为宪宗皇帝。他一方面大赦天下，为于谦等冤案平反昭雪；另一方面恩惠旧臣，诏赐甄完进阶为"资善大夫"（正二品），下旨拨款在岩泉村建了三进府堂（台门），立"冲霄"、"进士"、"方伯"三座牌坊（品字形），官员过往须遵守"文官落轿、武官下马"规定，以示敬仰。

成化元年（1465）十二月十二日凌晨鸡鸣时，甄完长逝，享年七十四岁。翌年十二月辛酉日，安葬于岩泉村东苍骊山中。墓表由资善大夫、南京吏部尚书、诏进阶一品萧山魏骥撰文，荣禄大夫兼吏部尚书、太子少保、沧州王翱书丹，正议大夫、大理寺卿、庐陵王概篆额。甄完一生清廉为官、勤政为民，气节脱俗、风范长存。然而，古往今来，历史上不乏清官廉吏，甄完只是其中之一。归根结底还是他们的人格、气节所铸就的钢筋铁骨，成为留给后人宝贵的财富。

苍骊山甄完墓

（文/图：新昌农办）

兰溪古塘村

水比官清官更清

水亭畲族乡古塘村位于兰溪市西面，始建于宋咸平六年（1003），迄今已有1000余年的历史，为兰溪徐姓的重要聚居地。始祖为徐元洎，汉献帝建安年间寓居东阳太末（金华折桂里）。始迁祖徐堅，行太一，宋咸平六年携孙徐宗迪由金华折桂里迁居兰溪水亭古塘村。

古塘村背靠凤凰山，依山傍水，布局于两翼之间。村中徐塘，是衢江一条小支流的蓄水池，其流水进出自然，水清似镜。村中有古井一口，旁有千年古木槐花树，据传与村庄同岁，有"前有槐花树，后有古塘村"之说。徐堅第七世裔孙徐良能就出生于此。

古塘村古槐

徐良能（1104—1174），字彦才，古塘村人。从小跟从范俊学习易经。南宋绍兴五年（1135）进士。曾任宿松、安吉两县知县，都有惠政。在宿松任上，他安抚流亡人口，采取各种措施督促和勉励百姓耕种养蚕。当时有许多地方官员都会拿任职所在地出产的土特产品作为馈赠佳品赠送与人。然而徐良能在宿松任职期间，从来不曾拿过当地的土特产品作为馈赠礼品。宿松县的前任官员在任期间私自增加自己的俸给，徐良能上任后全部削去。县吏禀告说这是旧例，是官员应当的收入。徐良能反驳道："这不是旧例，这是贪赃。你是想要以此引诱我！"听到这件事的人都很佩服他的清廉。

他到安吉上任时，当地因为发生了水灾，百姓受灾严重，粮食严重匮乏，许多人流离失所。徐良能竭力奔走，募集赈粮，赈济灾民，救民无数。当地百姓非常感激他，将他的容貌图绘下来，挂在学宫内，进行祭祀，并竖立石碑，在碑上刻上他在安吉的政绩，以纪念他。安吉的百姓还作了"渔樵耕织"四歌谣，在民间传唱，歌颂他的廉洁爱民。

《渔歌》

市价渔平酒义平，卖鱼买酒快予情。

扣玄笑指一溪水。若比官清官吏清。

《樵歌》

清晓拂烟上翠微，一肩薪樵趁时归。

公庭不到私无事，静掩柴门结草衣。

《耕歌》

濛濛春雨一犁深，一块膏腴一块金。

唤妇呼儿荷锄去，日来官长又亲临。

《织歌》

北舍西家巧斗机，阿姑娇女共裁衣。

勤劳经纬官无调，保障吾民信不丝。

在安吉卸任的那天，当地百姓士绅争相赠送礼物于他，但是徐良能全都婉言拒绝，一无所受。

当时官吏授职后，还要依次按照资历补缺。在候补期间，徐良能因为家境贫寒，需要亲自耕种生产，以维持生计，然而他并不以为意，心情平静，处之安然。不久后，他担任御史台检法官，接着又被任命为太常博士。第一次上书，就向皇帝奏陈三事：一是要求朝廷预先谨慎防范边防的金人；二是要求朝廷精心选择地方太守和县令；三是要求朝廷虔诚供奉祭祀。皇帝认为他说得很对。不久后，徐良能又由监察御史转为殿中侍御给事中，封兰溪开国男。以后，徐良能一直担任言官职位，代表皇帝监察各级官吏，对皇帝的过失直言规劝，并督促皇帝改正。每次奏陈的事情或者提出的意见都很符合皇帝的意思。直到后来他生了重病，方才向皇帝请求退休致仕。皇帝准允，并加封他为龙图阁待制。宋理宗登基后，又追赠他为少师。宝庆三年（1227），又再次追赠他为太师。

据说，徐良能返乡后，因为他拥有兰溪开国男的爵位，食邑三百户，也就是说，他每年可以获得兰溪县三百家农户的上缴赋税。然而徐良能生活俭朴，不肯收用，在京城时就曾向皇帝恳求辞去爵位，收回食邑。可是，皇帝见他为官两袖清风，不事家产，且疾病在身，恐其回乡后生活无依，不肯收回爵位和食邑。徐良能不得不带着"兰溪开国男"印返回故里。回到家乡后，徐良能并没有凭印领取赋税，安然享受，而是将其深埋于院中，依然过着勤劳俭朴的生活。此印直到清朝光绪丙午年（1906），才被其后人挖掘出来，重现于世。

据徐氏族谱之《喜得祖印记》记载："按是印出土，实可传奇，吾族有掘土筑墙者，从一角直下，约深丈许，见灰沙地一层，又深丈许，仍灰沙地一层，再下第三层，直则砖铺砌，平坦鳞叠。"因为徐良能精通易学，曾著易说，对印章的埋藏地点及埋藏方式都颇有讲究，故而此印能在地下完好保存七百余年。

该印现存兰溪市博物馆，属国家二级文物。质地为铜，高3厘米，长4.8厘米，宽4.8厘米，重280克。印呈正方形，长扁形纽。

印正面刻有"兰溪开国"篆体阳文印文；印背面右侧刻有"乾道七年"（1171），左侧刻有"日月使府"，笔画极细浅，印边有一小孔，印章保存完整。埋印传说，亦能从侧面反映徐良能一心为民，清廉自守，严于律己。宋代陈子志佩服徐良能为官清正，曾写诗一首《咏徐待制诗》，来缅怀这位清官名臣。全诗如下：

古今多少立名翁，得志行来一道同。
汉代澄清悲范氏，宋庭弹劾服徐公。
怀忠屹立云霄上，肃政推明耳目中。
好似鹰鹯秋嗣健，长怀搏击奋天风。

（文/图：徐汝昌）

浦江郑宅村

江南廉正第一家

郑宅村地处金华市浦江县东部，为浦江郑姓的主要聚居地。自北宋年间，浦江郑氏义门同居始祖郑绮临终立下遗嘱，倡导以"孝义立身、肃睦治家"后，郑氏全族谨遵遗训，立《郑氏规范》，制《郑氏家仪》，同居、共财、聚食达 15 世之久，合家人口最多时达三千余人，历宋、元、明三朝，屡受旌表。明太祖朱元璋敕封为"江南第一家"，时人称"郑义门"。

郑氏牌坊群

据《郑氏家谱》记载，洪武十八年（1389）七月，明太祖朱元璋召见郑氏义门家长郑濂，询问他怎样才能治理好一个家族。郑濂回答说，谨守祖宗成法。他把郑氏家规呈给皇帝阅读。太祖看完后，对左右的人说："普通人家谨守家规成法，尚且能够维持家族长远，何况是一个国家呢？"

确实，郑氏义门之所以能同居共食长达 350 余年，一个重要的原因，那就是有《郑氏规范》和《郑氏家仪》的行为准则和礼仪规范。这两部被郑氏义门奉为圭臬的法典，其主体精神是"孝义"和"廉正"。

如果说"孝义"是郑义门的凝聚剂，那么"廉正"就是郑义门的搅拌器。纵观郑氏义门的家族发展史，我们不难发现，《郑氏规范》中的廉正修养要求和《郑氏家仪》中的廉正礼仪程序，无一不在规范着郑氏家族的每一个人，每一件事。据统计，《郑氏规范》168 条家规中涉及廉正的条目竟然达到 35 条之多。而《郑氏家仪》更是把廉正礼仪贯穿于人的一生之中。

《郑氏规范》中最具代表性的廉正条目有第 86、87、88 条，规定凡族人入仕，必须奉公勤政，毋蹈贪黩，不可一毫妄取于民。若是在职期间，衣食不能自给的人，由公堂资助他，以此勉励他。如果廪禄有余，也应当交给公堂。子孙出仕后，如果有以赃墨闻者，生则于谱图上削去其名，死则不许入祠堂。

郑氏义门为达到这一要求与准则，把礼仪作为治廉的重要预防手段和预防措施。凡成人、入仕、诰命、封赠均须举行训诫仪式，让当事人面对列祖列宗听祖训、立誓言，以此来培养与灌输廉正思想，锻造栋梁，达到修身、齐家、治国、平太下的崇高理想。

郑氏义门有严格的家法制度和礼仪规范来保证族人的廉正，因此，在这种浓厚的廉正文化氛围之下，郑氏义门自宋至清，据《义门郑氏宗谱》记载，千余年间，共入仕 374 人，从无一人因贪腐去职或受罚。相反郑氏义门中出现了许多以清正廉明著称的族人。

郑铢（1297—1355），字彦平，郑氏七世孙，性极精密，不妄嬉笑，读书尚义，好学不倦。年少时就心怀壮志，到处游学，行程达万里。到了京师后，达官贵人，争相引重。当时丞相脱脱掌握朝纲，每天都致力于使国家太平安乐，哪怕只有一种才能一种技艺，也都要进行甄别选拔。他见郑铢才识出众，仪表端正，清正耿直，自我克制，遇事明敏，非常器重他，向皇帝奏请任命他为宣政院照磨，管理江南寺院。

元代宣政院是管理全国佛教的事务机关。照磨则是掌管宗卷、钱谷的属吏。郑铢虽只是一个属吏，但由于他掌管的档案钱谷关系到和尚们的身份、等级、津贴等切身利益，因此他到任后，江南地区各寺院的和尚纷纷向他送礼。然而郑铢却恪守家训，报国为本，对和尚的行贿严词拒绝。和尚们送礼屡遭退回，一打听，方知郑铢来自浦江郑义门，这才知道郑铢确实廉洁，并非欲收还拒。

江浙行省的长官察知郑铢非常廉洁，就命令他携带檄文巡行浙江，一路上他清如水，明如镜，一无所取。和尚们都说："听说凡是携带檄文来这里巡查的人，收受的贿钱都积累至数万之多。现在郑铢返家时行囊中空无所有，他确实是个清官呀！"因此，宣政院推举清官时，一而再，再而三地推荐郑铢。

明代郑斡（1343—1425），字叔恭，聪明正直，不为物诱，少年时受学于宋濂门下。洪武二十六年（1393），明太祖朱元璋诏命郑义门三十岁以上子弟都赴京选用。郑斡被选中以备擢用。永乐元年（1403），授湖广道监察御史，出使广东、闽南等地，安抚军民。到任之后，察问民间疾苦，平反十多个冤案，深得百姓称赞。当时百姓每年都要向朝廷进贡南海珍珠，许多人为采珠而淹死。他又上奏免去这一贡赋。百姓感激他的恩德，在海滨为他建了生祠。他在闽地任职期间，还有一个拒蟒倡廉的故事流传。

那是他刚上任时的事情，一天，他正在衙中理事，忽报当地乡绅耆老求见，抬着一条五丈有余的蟒蛇向他献礼。郑斡到此不久，尚不知当地习俗，心中生疑，婉言谢绝。送礼者见他不肯收受，不敢多言，唯唯退下。过了三天，送礼者又来求见，此次抬来的蟒蛇有六丈之长，郑斡见了，不胜诧异，又命退回，并沉声道："本官绝不妄取民间丝毫财物，不管你们送何礼物，本官绝不会接受。你们若是不听劝告，继续胡闹，本官定当重重责罚，绝不宽恕！"送礼的人见他生气了，一个个面面相觑，惶恐不安，只得垂头丧气地把蟒蛇抬出大堂，失魂落魄地回去了。过了几天，送礼的人又来了，这次抬来的是一条七丈多长的蟒蛇。送礼的人进来后，先当堂跪下，流泪叩拜，哀声恳求道："大人开恩，小民为捕巨蟒献于大人，组织四邻八村的乡亲，在深山密林中整整搜了几天几夜，幸而老天见怜，托大人的福，千辛万苦方得此蟒。大人若还嫌此蟒太小，小民再也无能为力了，情愿听凭大人处置。"郑斡愕然望着跪在堂上哭诉的一干送礼之人，惊诧道："此话从何说起？我至今尚不明白，你们因何要向本官献蛇，为何屡次不听本官之命呢？"一个老者颤巍巍地上前回禀道："大人，本地习俗，凡新官上任，须献蟒蛇一条，以聊表小民恭敬之意，这已成惯例。前两次小民向大人献蟒，大人不收，小民以为大人嫌小，所以历尽千辛万苦，费了九牛二虎之力，冒着生命危险，方从深山中捕得这条罕见巨蟒，万望大人格外开恩，收下此蟒，不加小民之罪。"说罢，痛哭流涕，叩头不止。

郑斡听了老人的哭诉，恻然不忍，忙下堂扶起下跪乡民，和颜悦色地说道："本官初到闽南，不晓本地风俗，枉自连累你们费尽周折，实在有愧。"遂命差役收下巨蟒，拿出五十两纹银相酬。乡民哪里肯收，苦苦推辞。郑斡沉下脸断然道："你们若不收钱，我绝不收受你们的礼物，请把蟒蛇抬回。"送礼的乡民见他正气凛然，不敢再推辞，只得收了银子，称颂叩谢一番，欢天喜地而去。

当晚，郑斡独坐灯下，想着家规祖训，想着乡人三次献蟒的情景，心情格外沉重。于是，他援笔在手，铺纸毅然写道："献蟒习俗，实乃贪官敛财勾当，深为不齿，今后予以取缔。官吏中倘有贪污受贿等卑污勾当者，严惩不贷，凡举报官吏贪弊情事者即赏！"第二天一早，郑斡就命差役将布告贴于大街小巷。从此，闽地各县摒绝了向新来官员送蟒的习俗，官场风气也大为好转。

郑机（1361—1429），郑氏九世孙。永乐年间，他经吏部铨选考察，授文林郎，任湖广汉川知县，后又转迁广东仁化县知县。在职期间，他勤政爱民，平定蛮寇，兴修水利，奖励农耕，政绩显著，尤其是对自身严格要求，生活简朴，从不收受属下及百姓的礼物。

他50岁生辰时，按照风俗习惯，应当祝贺一番。早饭间，夫人楼氏就征求他的意见，郑机只吩咐买点鱼、肉、豆腐和黄酒，作为生辰晚餐。结果，晚餐时，郑机看见桌上摆满了名贵佳肴，大大超过了早上计划的标准，顿时沉下脸，怒责夫人。面对丈夫的严厉责问，楼氏只好吐露真情。原来，县里有一个典吏叫章玉，平时颇受郑机器重。当他得知今天是知县大人的50岁生辰，就想：知县大人平时节衣缩食，一身清廉，从不收受他人礼物。但今日是他的50岁生辰，买几道好吃一点的菜，让大人补补身子，这也是情理之中的事情。因此，他说服了知县夫人，自己花钱买来几道好菜，请夫人晚上一并烧来吃。听完原委，郑机更为生气："俗话说得好'拿人家的手短，吃人家的嘴软'。这次既然已经烧好了，不能原物退还，那就退回等价银钱，分文不得少。"

第二天，郑机叫来章玉认真地对他说："你的心意我领了，但你的行为将陷我于不义！"随后掏出九钱银子还给了章玉。

郑氏义门不仅在官场上勤政廉明，报国为本，在家政上也是克己奉公，清廉为人，保证了郑氏大家族的有序运行与繁荣发展，有宗谱为证。

郑锐（1289—1320），字景敏，自幼聪明，日记数千言。长大后，通晓《春秋》，闲暇时间则习书吟诗。他侍奉母亲极为孝顺。母亲贾氏生病，郑锐日夜不解衣冠，侍奉汤药，几十天都没有松懈怠慢的神色。他和兄弟相处，表里如一，怡然相欢。因此，他的为人得到全族人的称赞，家长相信他的廉能，命他掌管义门的家财。郑锐身负重责，每每自勉说："我们郑氏一族累世义居，如果到我这儿，出现败坏先祖家训的事情，那是万死也不足以救赎的耻辱。"于是，他创立格式，使用钱财必须有凭据，每天记账，每月做一次总结，送到监事那里签署意见，以备查考。从此以后，家族钱财收入开支都有凭据，就如官府一般。这种做法也可以保证使自己做到分毫不妄取。由于他理财清明，郑锐为郑氏义门家族兴旺发达作出了重要贡献。

郑铉（1295—1364），字彦贞，郑锐的弟弟。《郑氏规范》规定郑氏义门选用家长，不以资历辈分，而是以才干德行为标准选用。所以郑铉虽然辈分排行较低，然而却因德才兼备而被推为家长，主持家政。他正人先正己，对全家千余人口，爱无不均，情无不一。对待财物，不论暗明，一丝一毫皆归于公。他说："我身为家长，怎么敢为自己谋私利呢！"

大家出工了，他走在前头。他说："这是我的本分，应该如此。"他的一言一语、一举一动，都合乎义德，合乎身份，他的名声传播四海。凡是经过义门的人，哪怕有一丝鄙欲吝啬的念头，都会消失无形。当时的人都称赞他有才德、有节操、贤明通达，能够继承郑氏义门先祖的遗志。

孝义和廉正文化是郑氏义门的灵魂。从《郑氏规范》到《郑氏家仪》，我们不难发现，郑氏家族从制度和礼仪上严密设计了族人一生礼教的课程表。同时，郑氏义门在空间上营造了一个具有增强影响与渗透人生观念的独特环境与气氛。请看！郑氏宗祠大门口，墙两边的"忠、信、孝、悌、义、礼、廉、耻、耕、读"十个大字醒目震撼。请看！郑氏义门所有聚集族人的房屋名号都与治家有关，像"有序堂"、"师俭厅"、"存义斋"等，把世代奉行的"孝义"、"廉洁"等伦理思想高悬起来，真可谓触目都是孝义训诫，耳闻皆为廉正警示，郑氏义门之所以成为"江南廉正第一家"，全在于此。

（文/图：洪国荣）

天台前杨村

杨震 "四知" 传千古

前杨村坐落于天台县南山，隶属南屏乡。大淡溪和后溪汇合于村前。"南山秋色"素负盛名，被元代隐士曹文晦列入天台山十景之一，村旁的"南黄古道"最能呈现南山秋色的美景。

前杨村为杨氏族人所居，为东汉杨震后裔。至第三十五世杨帮义迁居杭州，五世后，杨瓒迁居天台，成为杨氏南山始祖。杨瓒（1201—1263），字玉统，别号文器山人，宋理宗宝庆丙戌年（1226）进士，当时正值国家多事之秋，执政非人，遂隐居不仕。绍定五年（1232）春，杨瓒考中进士的第六年，他游览天台，来到始丰溪南面的南山，见此处二水环流，土厚风淳，可耕可读，感慨道："此非洞天福地乎！"于是，这年秋天，迁居于此。

现在村中保存完好的杨氏宗祠，建于清代，坐西北朝东南，面阔三间，为硬山顶建筑。原祠堂建有戏台和厢房。正堂内供奉着杨震坐像，厅堂内挂有"四知堂"匾额。所谓"四知"即天知、地知、你知、我知。这个堂名述说了一个拒绝贿赂，清廉自守的故事。

这个"四知堂"的故事与杨氏祖先杨震有关。杨震（51—124），东汉名臣，弘农华阴（今陕西）人，字伯起。少好学，从其父研习《欧阳尚书》，通晓经籍，博览群书，时人誉之为"关西孔子"。

杨震专心研究学问，孜孜不倦，求学不殆，无心仕途，几十年都没有答应州郡的礼聘。他在湖城西40里地方，建造了一所学舍，传授学问。他把学舍取名"校书堂"，意思是要把书里错漏之处纠正过来。他一教就是20余年，培养了无数人才。很多人认为他年纪大了，应该出去做官了，杨震不仕的志向，却更加坚决。后来有冠

杨震"四知"传千古

雀衔了三条鳣鱼，飞栖在讲堂前面，主讲人拿着鱼说："蛇鳣，是卿大夫衣服的象征。三是表示三台的意思，先生从此要高升了。"所以后人又把校书堂叫作三鳣堂。

杨震直到50岁时才在州郡任职。大将军邓骘听说杨震是位贤人，于是举荐他为茂才，四次升迁后又先后担任荆州刺史、东莱太守。在东莱任太守时，他有一位叫王密的学生，曾经受过他的提拔，此时正好担任昌邑县县令，昌邑是东莱下面的一个县。听说自己敬重的老师来东莱任太守，王密非常高兴。当年在老师严厉的管教下，自己才学业有成，得到老师的荐举，走上仕途。现在又在老师手下为官，定能学到更多东西。如果能得到老师的赏识，仕途也会更加顺畅。

王密决定亲自去拜访老师。然而他没有在白天去老师府上，反而是在一个漆黑的夜晚，怀揣十斤黄金悄悄地敲响了老师的家门。

看到旧时的学生来访，杨震自然是十分高兴。一番寒暄之后，师生之间叙叙旧事，谈谈学问，气氛也非常融洽。离开之前，王密拿出十斤黄金，对杨震说："以前承蒙恩师关照，以后也希望能同样得到恩师的提拔推荐。"看着桌上的这些黄金，杨震感到惊奇，对于一个县令，十斤黄金也不是一个小数目。杨震反问道："你看我能收吗？"王密劝说道："这夜深人静的，无人知晓，收下无妨，不会损坏老师的清名。"这时杨震伸出四个手指，王密一脸的茫然，不知道老师的四个手指到底是什么意思。杨震不紧不慢地说道："你不是说无人知晓吗？我倒觉得起码有四个人知道此事。"王密更加糊涂了，是哪四个呢？这儿明明只有老师与我两个人，另外两个是谁呢？老师指着自己说"我是一个"，又指着王密说"你是一个"。接着杨震站了起来，推开房门，走到院中，指着天，说："你看，苍天无影，天会知道，这是第三个人。"然后，又指着地说："后土无私，地会知道，这不是四个人吗？"

我知、你知、天知、地知，这就是四知，其实我们所做的每一件事，都要对得起自己的良心。人在做，天在看，无论什么事情，总有被人知晓的时候。因此，想做坏事的人不要心存侥幸，拿了不应该拿的东西，总有一天你会后悔莫及。听完老师的这番话，王密深感惭愧，他拿回黄金，向老师表达歉意，并表示恩师的话从此铭记在心。

这就是"杨震暮夜却金"的故事，故事传播很广，影响很大，后人因此称杨震为"四知先生"。故事出自《后汉书》。在前杨村，这个故事却有不同的版本，故事的情节大同小异，《后汉书》中说是王密为感谢老师的提拔之恩，而送金上门。在前杨村百姓口中，这个故事却发生在不一样的环境背景下。这个版本的故事说他在荆州当刺史时，有一个叫李大衡的人仗着兄弟李常侍的势力，经常欺压百姓。一天，堂上有人击鼓告状，大声喊冤。原来李大衡强抢民妻，打死了那个女人的丈夫。死者的父母击鼓喊冤，左邻右舍一起扶老人上堂。老人哭诉儿子死得太惨、太冤，要求杨大人主持公道，惩治恶霸，为民除害。杨震派人验了尸，在人证物证俱全的情况下，派人拘来李大衡，依律判处李大衡死刑，押往大牢，申报上司批斩。李常侍急了，急忙跑到刑部来说情，想把李大衡提来刑部重审改判。刑部素知杨震清正廉明，不肯采纳李常侍的意见，批示荆州刺史秋后处斩李大衡。李常侍见刑部不肯徇情，只好另打主意。他想，杨震这个硬头官，硬的不吃，我就来软的。我就不相信金钱买不倒他。经过多方调查摸底，他了解到山东安邑县令王密是杨震举荐的官员，便决定在王密身上做文章。接下来的故事就相同了，最后杨震拒绝了学生王密送来的金子，依律处死李大衡，为当地百姓除掉了这个祸害。

杨震为官公正廉洁，从不肯接受私下的拜见。他的子孙常吃蔬菜，步行出门，他的老朋友中有年长的人，想要让他为子孙留下一些产业，杨震不答应，说："让后代被称作清官的子孙，把这个馈赠给他们，不也很好吗？"他始终以"清白吏"作为自己的座右铭，严格要求自己，从不接受别人的请托。这种品行不仅在古代，即便在现代也令人敬仰。

天台杨氏作为杨震后裔，他们都为这位清廉为官的先祖而感到骄傲，因此在当年建宗祠时，把正堂命名为"四知堂"，以此纪念杨震。"杨震暮夜却金"的故事也在前杨村长期流传。

（文：金建荣/图：曾令兵）

缙云桃花岭村

文渊却金桃花岭

缙云县桃花岭村，有古驿道穿村而过，人称栝苍古道。始建于东汉，自丽水至缙云，全长约45公里，蜿蜒于两地崇山峻岭之间，路面以山石、卵石铺就，昔日因该处山岭栽有许多桃树，这一段驿道又被称为"桃花岭"。村庄房屋便依着古道夹道而建。古往今来，数不清的高官显贵、文人墨客从这里经过，如袁枚、阮元、朱彝尊等。他们在感叹山水奇绝、道路险阻的同时，也写下了一篇篇歌咏诗文，留下了一桩桩奇闻逸事。明代有"铁面御史"之称的何文渊在经过桃花岭时，优留下了一段彰显清廉的"却金"佳话。

何文渊，江西广昌人，明永乐十六年（1418）进士，曾官至吏部尚书、太子太保。何文渊为官能秉公执法，洪熙元年（1425），他奉旨赴四川考察吏治，明察暗访后写了一份翔实的弹劾奏章，一举罢免贪官酷吏300多人，因而被人称为"铁面御史"。

宣德五年（1430），何文渊出任温州知府。他任职期间，勤政爱民，为官清正，兴利除弊，颇得民心，获"治行为浙东第一"的好评。温州瑞安县的水利失修，何文渊实地踏勘后组织百姓疏浚淤塞的渠道，修筑溪堤，拦洪引流，分溉各村，受益农田达两千顷。百姓为纪念何知府的功绩，将新修的溪堤命名为"何公埭"，并勒石立碑。

宣德十一年（1436），他任满奉命进京，因为平日廉洁奉公，竟然没有充足的盘缠。离任时，为了不惊动百姓，何文渊身穿便服，背着行囊，准备悄悄地步行上路。不料，刚出大门，就见温州百姓夹道来为他送行。此情此景，何文渊两眼湿润了，于是赋诗一首，表达了自己的情感："作郡焦劳短鬓蓬，承恩又侍大明宫。行囊不载温州物，唯有民情满腹中。"后来，温州百姓为了纪念这位

文渊却金桃花岭

少有的好官，曾立《何公文渊画像碑》于先贤祠，把他的这首留别诗刻在了祠中，并绘其像立于东岳庙。

何文渊辞别温州百姓，继续上路。此时，众人方知堂堂一府长官竟然雇不起一顶轿子！温州府所属官吏和百姓感慨不已，于是纷纷解囊筹集礼金。但何文渊已经走出很远一段路了。于是府治所在地的永嘉县丞于建，嘱咐儿子带着五县的民众代表，怀揣礼金，抄小路，日夜兼程追赶。这天夜里，一路跋山涉水的何文渊住宿在桃花岭上的刘山铺驿站（现为却金馆村）里。于建之子及民众代表追到驿站后，将礼金赠送给他，说道："温州百姓感于您的品德政绩，听说您离任起程缺少盘缠，特意筹集礼金以相资助。"何文渊再三推辞不下，只好暂且收下。

次日天未亮，何文渊就悄悄起床，弃礼金于驿站，翻过山岭，经过缙云，往金华去了。且说众人醒来后，发现何知府竟然弃金"潜逃"而去，一时议论纷纷，驿站的过客闻知何公如此举动，个个赞不绝口，有位书生当场在驿站墙壁上大书"却金馆"三个大字。众人认为，不可再次追赶，以免拂了何知府的良苦用心。有人提议，用何知府留下的礼金建一个亭子，供行人休憩，并在亭子上方挂一块"却金"的横匾，以纪念何知府"却金"的美行。众人拍手称好。却金亭造好后，闻知此事的处州知府还下令在何文渊"却金"处建造四座公馆：第一座公馆命名为"却金馆"，供官员、士绅住宿；第二座公馆，供客商住宿；第三座公馆，为游乐场所；第四座公馆是饭店。由于这四座公馆规模较大，还曾一度派兵守护。

俗语说："冰冻三尺，非一日之寒。"何文渊廉介自持，不为利动，并非偶然所为，而是其一贯的作风。他的得意门生章纶在《吏部尚书何公行状》中，就曾多次记载类似事情：何文渊七岁时入社学，跟随乡先生（古时尊称辞官居乡或在乡教学的老人）读书。有一次，一起读书的孩子偷窃他人的瓜果送给何文渊，何文渊推辞道："童稚之年，怎么能够养成偷盗的习惯？"听见的人都赞叹何文渊小小年纪就识见非凡。入仕后，何文渊曾代表皇帝视察地方，宣扬政令，安抚百姓，由建昌行都司，入云南，经贵州，出播州。途中，杨宣慰曾到驿站迎接谒见他，并献给何文渊银器和文绮，何文渊却笑着推辞了。杨宣慰出来对别人说："由此一事，可见何公是个不会被利益动摇的人啊！"

宣德二年（1427），皇帝封赠他的妻子，追赠他已逝去的父母，因此他告假回家探亲。返回京城后，他的行李为之一空，唯有张履道家人托他寄存的白金十五两原封未动。何文渊到京后，将白金十五两全部交还给张履道，装银两的包裹上，封识（包装的标记）宛然（依旧），人人都很赞叹和佩服他。

他曾经受命率领属官和耆老修建漕运船只，只花了不到两个月的时间，完全没有骚扰百姓，增加百姓负担，就将船舰修成，并把剩下的工料银钱还回去。

后来何文渊复任温州知府，对温州百姓更加尽心尽力。闲暇时便和生员周旋、章纶等人讲论经史。这些生员学问愈加精进，日后都以文章德行著称。处州盗贼兴起，官军征讨失利。何文渊侦知贼寇以鸟风洞为老巢，率军将贼首全部擒拿。当时，都指挥李贵等人捉拿平民，诬蔑他们，迫使无辜的百姓服罪。何文渊以正式公文通知李贵等人，言明贼寇已经拿获，他们所逮捕的都是平民，于是两百多人得以释放。民间有兄弟争夺财产，何文渊对二人晓谕以天伦大义，使兄弟二人感悔如初。何文渊在温州任知府前后共计六年，没有向百姓取过一丝一毫的小钱，穿着布衣，吃着蔬菜，处之怡然。

何文渊的却金美行，对当时和后世都有深刻的影响。据史志所载，明朝一代才子文徵明，其父文林任职温州知府。文林死时，当地官员和老百姓以千金相赠。其时文徵明才十六岁，他一概予以拒绝。为此"吏民修故却金亭，以配前守何文渊，而记其事"。由此可知，在明一代，温州人在温州也曾为何文渊修建了却金亭。而且在何文渊之后，还有文徵明的"却金"事迹相传。两个"却金亭"，真可称得上珠联璧合，交相辉映。

在桃花岭，当地老百姓后来又在驿道左侧竖立牌坊，以弘扬何文渊的美德。然而，象征清廉的却金牌坊，却刺痛了地方上的一些贪官污吏。他们竟认为这是对他们的讽刺，对百姓建造牌坊之事耿耿于怀，借口这是"小题大做"，竟然摘除"却金"匾额，拆掉牌坊。明嘉靖年间（1522—1566），处州知府潘润对这些官吏的做法予以斥责，他重修了却金馆，将"却金"匾额重新挂上，并作《重修却金馆记》以记其事。其后，"却金馆"和"却金亭"又经过多次修葺和扩建。清康熙二十九年（1690），刘廷玑任处州知府时，再次捐资重建却金馆，并扩充其规模，又立碑记其事。

关于却金馆，历代赞颂诗文不断，如明代许国忠作《却金馆》：

迢峣俞岭数登临，廉吏曾闻此却金。

孤馆无尘遗素节，层台有客寄高吟。

青山不改当年色，明月常悬去后心。

我亦勉为清白吏，更从何处觅知音。

又如清代钱维城亦作《却金馆》，称赞何文渊：

黄金百千镒，掷之鸿毛轻。

刘宠一大钱，受之得美名。

千金散尽复何有，子孙侧足田间走。

荣名一著天地间，日月齐光不能朽。

君不见，却金亭，何公于此垂芳名。

亭前溪水清溟溟，千秋长对青山青。

　　这些诗文，无不赞颂了何文渊清白廉洁的高尚品格。如今，《温州府志》将何文渊列为明代名宦，由丽水市文广新局策划的新编婺剧《却金馆》也于 2009 年开始公演。婺剧《却金馆》以何文渊清廉故事为蓝本而创作，对何文渊却金真事进行演绎，讲述温州知府何文渊上任途中经过栝苍古道刘山铺驿站时，当地灾民向他状告贪官污吏，何文渊上任后投入调查惩治当地贪官污吏，经过一番斗智斗勇将贪官污吏绳之以法，后来何文渊被栽赃陷害，削官为民，回乡途中经过刘山铺驿站，当地百姓送上银两，何文渊分文不收，当地百姓为纪念和答谢这位清官，将刘山铺驿站改名为"却金馆"。婺剧《却金馆》公演后，被群众称赞为一部新时代的反腐倡廉好戏，它教育并激励后人"做官先做人，做人要善良，做官要清廉"。

（文：江剑杨　吴志华/图：曾令兵）

二　勤政爱民

杭州萧山欢潭村

清廉能臣田轩来

欢潭村位于浙江省杭州市萧山区境内，清朝时原属于山阴县。据浙江省文物考古研究所考古发现，欢潭村在新石器时代就有人类居住，历史古迹和传说较多。村口有一个直径 3 米，深约 1 米的水潭，俗称欢潭。据《田氏宗谱·欢潭记》记载，村名源自岳飞率军掘潭饮水，"欢潭者，因有天潭，故以潭名村。潭在村口湖堤边，宋时古迹也。周不数寻，深不及丈，四时澄澈，不涸不溢，水清味甘。自宋岳飞行军至此，饮潭水而欢，故名。"

田姓为欢潭村的大姓，约占全村人口的百分之八十。田氏原籍河南开封府陈留县田家庄，南宋建炎年间（1127—1130）随驾南渡，定居于天乐乡（今欢潭乡），至明朝永历年间，已历十三世，当时朝廷迁徙巨族充实边防，田氏全族迁居陕西临洮，尚有一子因出继未迁，后复归本宗。现已传三十余世。除田姓外，还有诸、陈、王等姓。

田轩来，字东轩，康熙三十年（1691）进士。初授成都县知县，后来以"清廉勤敏"擢升河南道监察御史。康熙五十三年（1714），任顺天府乡试副考官。绍兴《嘉庆山阴县志》、成都地方志及《康熙起居录》，都记载了这位旧时代的能臣。《欢潭田氏宗

欢谭

谱》也为他专门立了传。

清朝初年，长期的战争和动乱致使民不聊生，社会秩序混乱。战后重建与恢复民生，不仅是摆在康熙皇帝面前的首要难题，也是各级官吏的当务之急。当时的成都，属于西南边方穷邑，地处冲要，山瘠民贫，民风恶劣，"盗贼之多，甲于天下"。接手这样一个百废待兴的烂摊子，对田轩来而言是一个挑战。

田轩来上任伊始，首先下令清理废除所有的陈规陋习。以前来成都为官的人，一直沿用原先陋规，一切开支均摊派乡役，向百姓索取。他感慨道："官是贫穷，可是百姓比官更加贫穷，怎么能让官去拖累百姓呢！"于是下令道："凡官员所需要的一切费用都从自己的薪水中捐出，自行解决。一概不得干预乡里的差役。"这些措施极大地减轻了百姓的负担。

由于长期战乱，成都许多地方田地荒芜，民众逃亡，十室九空。田轩来采取按地起征的方法，不遗漏不苛刻，鼓励民众开垦荒地，许多逃散的民众因此返回家乡，辛勤耕种，很快恢复了生产。结果，不仅国家增加了税收，百姓的负担也减轻了。

成都恢复生产以后，民生渐渐好转，粮价也都比较便宜。可是没想到甲申年（1704）突遇天灾，粮食歉收，粮价暴涨，一时人心惶惶，随时会导致社会混乱。田轩来向上级请示后，立刻拿出成都所有公家仓库积储的粮食，以陈粮换新粮，既平抑了粮价，安定了民心，又没有使公家受到损失。

当时，成都民间流行一种恶习，人与人之间只要发生一点纷争，就有亲戚一齐赶来，劝那人投缳自尽，以此诬赖对方，使对方受到重罚，并赔偿大量财物，无数人为之倾家荡产。田轩来对此十分痛心，他发出告示，痛陈此害，晓谕百姓，严禁此事。一有案件发生，田轩来必定立即赶去，亲自验尸，三天之内断案了结。事主不能牵连他人，亦无从得到赔偿。此举有力地遏制了轻生恶俗，使无数当差的小胥吏和百姓，身家老小得以保全。

成都是四川首县，凡事都须逐条呈报、请求指示。田轩来在成都为官时，每有兴利除害的改革措施，就要率领同僚向上司请命。有时遇到上司不同意或脸色难看，许多同僚都因此打退堂鼓，就此罢手。唯有田轩来，品性执着顽强，无畏无惧，呈情"坚执如初"，"必求得请"才肯罢休。由于田轩来的条陈，总是言简意赅，事理曲直，切中要领，久而久之，赢得了上司的尊重，称为"铁汉"。遇上疑案、杂案及棘手之事，上司总是让田轩来出马办理。

在成都任职九年后，田轩来升任户部主事，进员外郎，在职期间都以清廉和勤敏著称。后来又被授予河南道监察御史之职。康熙甲午年（1714），担任顺天府乡试副考官。他慧眼识人，所选拔的人才中，王敬铭考中康熙五十二年状元，成为嘉定县第一位状元。汪应铨考中了康熙五十七年状元。杨尔德考中康熙五十七年会元，进士及第，才华出众。储大文考中康熙六十年进士，被时人称为旷世奇才。

　　田轩来是一位能臣，更是一位廉臣。他告老还乡之时，囊中空空、一贫如洗。晚年他对儿子说，为人处世唯有"清白"两字最难。而他一生最看重的是东汉杨震的一句话："让别人对我的子孙说他们是清官的后代，不是很好吗！"这样一个清廉的能臣，能不让他的子孙后代为之骄傲吗？

　　（注：本故事主要根据嘉庆《山阴县志》、乾隆《绍兴府志》、《欢潭田宗宗谱》及萧山日报《欢潭田氏的官品传承》改编而成。）

（文：颜晓红/图：萧山农办）

德清勤劳村

太祖御赐 "忠烈" 匾

在德清县筏头乡勤劳村的文化礼堂中央，悬挂着一块明洪武二十三年（1390）封赠的"忠烈"御匾。欲问忠烈匾的由来，话得从郎姓说起，因为御匾赐予的对象是郎理和他的夫人沙氏。

郎氏出自西周文王姬姓，原籍陕西，姬昌为郎姓始祖。十四世祖费伯，为避灾难，筑城自立为郎姓，从此，天下始有郎氏姓属。唐咸通年间，四十三世祖郎珦开始定居浙江临安，为浙江郎氏始祖。至四十七世祖郎策，由临安迁居安吉风亭乡。明洪武二十年（1387），安吉郎理与兄弟郎子霖同时考取进士。郎理被任命为户部主事。

1387年腊月，郎理奉旨去陕西征收赋税。可一进陕西地界，却是"天茫茫地茫茫，风沙横行草不长，不见炊烟和牛羊，只见遍地白骨乡，老妇妻媳拦道哭，饥饿儿女呼爹娘"的凄惨情景，郎理及随同官吏不禁流下泪来。郎理当即下令：一是随同官吏不得进店就餐；二是不得入户住宿；三是不得损害百姓一草一木一豆一粟。每天三餐，每餐煮三大锅粥，官吏每餐一碗，多余的分给灾民。不到三天，"郎青天与民同苦，分发救命汤"的消息就传遍了四面八方。

腊月十五，郎理来到了陕西城，先听取了赋税征务署官员汇报，原来当地发生灾情，银库里没银两，粮库里粒米无存，老百姓饿得慌，树皮野草也吃光，饿死白骨遍城乡。当天深夜，有一位耆老给郎理送来一封信，郎理细看后立即吞入腹中。

腊月十六，郎理亲自视察民情。这一天民情激昂，原来陕西是郎姓始祖发迹之地，凡是知道郎青天老爷来的人都来了。大家认为郎青天能够与民共苦，一定会放粮赈民。他们也想看一看郎青天有没有胆量敢在"太岁"头上动土。有位大婶拉住郎理，把三块野菜饼塞给郎理以表心意。有位老公公拉着郎理的手说，我家原有八个人，六个饿死了，只剩下我和小孙子了，求求我们郎青天救他一命，说着把小孙子交给了郎理，老人就含笑离世了。在场的百姓齐声要求郎理救救孩子，救救灾民。郎理含泪承诺，他高声地说："我的俸禄是每月三石六斗米，今天先分发给各位同胞，明天我们再商量！"郎理的这一举动迎来一片欢呼声。

腊月十七，在陕西金头大米行前，人群围得水泄不通。米行的主人老金头得悉郎理要来视察米行，也摆出了一副同情灾民的样子，在米行前架起了三口大锅煮粥救灾，还一个劲地说，大家受灾，我也受灾，没法子，我要是朝廷命官，一准打开粮仓，放粮一个月。

"谁不知你是我们陕西最大的只进不出，只吃不放的吞粮大王。"一个老人开了腔。

"你别说话不用舌头，要是我金某粮仓里有粮不放，我是你生的。"

"这话当真？"一个壮年人发了问。

"一言九鼎。"

"那敢不敢打开粮仓让大家看看？"

"当然可以，不过大家看后要给金某做个证，我老金头是个大好人！"

"喔！"人群呼啦一下子就涌到了老金头的十个大粮仓前。他亲自一一打开粮仓。仓内确实没有一粒粮食。看到周围老百姓失望的模样，老金头得意忘形，连蹦三下，只听得粮仓地板咔嚓一声响，老金头和断地板一起掉进了地板下面的粮仓里，原来粮仓下面隐藏着真粮仓。老金头费了好大的劲才爬出来。

这时，郎理和地方官员到场了。老金头气得七窍生烟，可又无法抵赖，只好哑巴吃黄连。此时，老金头也认出了那个问话的壮年人，原来他就是户部主事郎理。开头发问的老人则是昨天为郎理秘密送信的人。郎理打趣地说："这粮仓下藏的粮食是金老板 3000 亩良田五年欠缴的皇粮赋税，谢谢金老板保存。因救灾救民急需，只好把征赋税改成放粮。从明日起，开仓放粮十天，以扬皇恩！"顿时，百姓高呼吾皇万岁，感谢皇恩！

郎理回朝后的第三天，就接到刑部诉状，指斥郎理犯了三大罪状：一是私自做主，开仓放粮，扰乱朝纲；二是以郎青天自居，藐视天子威望；三是乘放粮之机，私吞公粮，转移郎姓匿藏。明太祖下旨，郎理若三个月内还回千石国粮，即可赦罪。不能追回则斩之。郎理理直气壮地上诉道："臣直行办实事，尽忠扬皇恩，何罪之有？陕西灾民比本官更穷，急需赈济，不可征税加赋，臣无力也不愿追回已放灾粮。"在行刑前，郎理交代儿子郎壬由安吉迁至甘岭避难。三月期满，郎理屈斩京都，坟葬安吉邵溪。

郎理夫人沙氏是安城秀才沙留芳的女儿。为人贞洁刚烈，深明大义，她对丈夫的放粮之举，十分敬佩。在丈夫临刑前，她发下了誓言："一定要为夫君洗清冤枉，还你尊严。"郎理屈死后的第三天，她拿着三件青白布衣，要父亲把郎理的冤情书写在衣服上，然后一件套一件穿在身上。第五天，她头顶铁锅，开始走上了为夫申冤之路。

风雨来了用锅挡，肚子饿了用锅煮野菜汤，口渴了用锅取水送清凉，衣服污了用锅洗。一年里，沙氏女连告三状。首告进县衙，收缴了状衣，受刑三十大板，得到的只是一句话：刑部结案，无权推翻。二告上府台，收状衣，滚钉板，判决还是那句话。三状上刑部，沙氏女在刑部大堂大声喊冤，声声述说刑部判斩郎理案徇私枉法，有失公正，要求重审。刑部主判官刁向认为自己判案无数，若是今天让沙氏女翻了案那还了得。于是，他立即以民女闯闹刑部大堂之罪，先毒打沙氏女四十狼牙棍，见沙氏不服，再用针穿十指，沙氏女还是不肯屈服，依然大声为丈夫鸣冤叫屈，说刑部徇私枉法。

刁向一时间也觉得难于应付。当他看到沙氏女身边的铁锅和从她身上搜出的秤砣，又对她增加了一道"油锅里摸咬秤砣"的毒刑。还说这是对一个女子对丈夫忠不忠、纯不纯的考验。沙氏当场表态，只要能重审郎理冤案，我粉身碎骨也心甘情愿。不一会儿，刑部大堂中央铁锅中的油沸腾了，秤砣落锅后，发出了吱吱啦啦的响声。刁向一声令下，两个衙役将沙氏的双手插入油锅，只听得一声撕心裂肺的号叫。当她把摸起的秤砣用嘴咬时，在场的人除了刁向都惨叫起来。沙氏女痛得在地上滚来滚去，突然起身一头撞在刑部大堂的案桌上，只听"嘭"的一声闷响，沙氏女结束了她的生命。

这时，"万岁驾到"的呼声震动刑部内外。仵作在沙氏女的裤裆里取得一份郎理进陕西时的日事记录和救人放粮的清单。太祖皇帝阅后立即下旨要吏部、刑部、户部联合对郎理案件重审。原来老金头与刁向是舅甥关系，此案确实徇私枉法。三天后老金头与刁向立斩午门。

洪武二十三年（1390），皇上下旨，为户部主事郎理昭雪复职，并用金头补齐尸身。太祖皇帝又称郎理乃是大明一等忠臣，沙氏为九州烈女。下令将郎理和沙氏以官葬规格，合葬于安吉邵溪。八月，御赐"忠烈"匾赠予安吉郎姓祠堂。因郎理之子郎壬在甘岭（百家坞）发迹，忠烈匾归入百家坞祠堂。现忠烈匾悬于勤劳村（百家坞）文化礼堂，成为镇堂之宝，有诗为证。

> 户部郎理，主事有方
> 陕西征赋，正遇天荒
> 为民作主，改作放粮
> 百姓普赞，王恩浩荡
> 奸臣谗害，忠良遭殃
> 郎理驳诉，理直气壮

含冤断首，屈死冤枉
贤妻沙氏，替夫告状
酷刑受尽，血溅刑堂
太祖亲审，正义声张
御赐金匾，忠烈名扬

（文：王凤鸣）

嘉善丁栅村

心怀百姓垂青史

姚庄镇北边的丁栅村，下辖有个自然村叫屠家浜，在明代出了个清官，叫丁宾。《南京通史》对明代两百多年中的众多地方官的描述，仅浓墨重彩书写了三位名臣，除王恕、海瑞外，第三位就是丁宾。

丁宾（1543—1633），字礼原，号改亭。隆庆五年（1571）中进士。初授句容知县，后任御史。万历十九年（1591）起复故官，迁南京右佥都御史兼提督操江、南京工部尚书，后累加至太子太保（正一品）。卒谥清惠，有《丁清惠公遗集》八卷传世。

丁宾考中进士后，因名次比较靠后，初次授官为江苏句容县县令。在他赴任前，他的父亲拉着他的手告诫说："你此次赴任，戴乌纱帽的说好，我不信；戴吏巾的（指官府当差的吏员）说好，我更加不相信；即使是穿青衿的（明代秀才的常服）说好，我也不信；只有戴瓜皮帽子的（指老百姓）说你好，我才相信。"在父亲的勉励下，丁宾决心做一个心怀百姓的好官。

在句容县任上，丁宾兢兢业业，孜孜求治，把百姓的事情当作最重要的事来办。白天伏案之余，或与地方士绅交谈，或拜访乡间耆老。休息时，若有人来访，往往是不及整理衣装便接见。即使夜间就寝，也是手握笔管，念念不忘的仍是百姓之事。故史书记载，称他"日昃不遑，中夜不寝"。丁宾以敏识强记、体大思精著称。凡是见过一面的人，即使是村夫野民也不会忘记，数年之后相见，仍能直呼其名；乡下百姓的田产牲畜，皆了如指掌；民间争讼之事，往往一语点明其中症结；对于勾校钱粮、划析经费等地方事务，丁宾都能不差分毫。

在治理句容的六年期间，丁宾清理赋额，减少杂徭，每年减轻

心怀百姓垂青史

田赋等各项负担 7000 余石，白银万余两。他抚恤鳏寡孤独，修筑仓舍驿站，兴修水利，但凡为百姓兴利之事，无所不为。离任之日，当地百姓建起生祠，纪念他的恩泽，还有专门祭祀他的"遗爱祠"。百姓们还称赞他，认为只有嘉靖年间的清官徐九思才能与他相提并论。

做了六年县令后，丁宾入朝觐见，接受朝廷考核。不久，升任御史。当时他的座师是大学士张居正。万历初年，张居正与冯保联手赶走高拱，成为内阁首辅。神宗年幼，一切军政大事皆由张居正主持裁决。万历四年（1576）正月二十三日，辽东巡按御史刘台上奏《恳请圣明节辅臣权势疏》，弹劾张居正弄权，结果反被下狱，后削籍为民。四年后，辽东巡抚张学颜因为与刘台不合，诬告刘台贪污。张居正嘱咐丁宾去辽东搜查刘台的罪证。然而刘台并没有贪污劣迹，完全是被人以莫须有的罪名陷害。丁宾不肯做假证，竭力推辞。张居正发怒道："你要做官，就听我的话去辽东搜寻刘台的贪污罪证，否则，你就回家！"丁宾没有屈服，结果得罪了张居正，丢官回家。

万年十九年（1591），丁宾官复原职，随即又因母亲亡故而回家守制。直到万历二十六年（1598），他才再次出任南京大理寺右丞。

南京在明代被称为留都，与北京一样设立了各个衙门。在南京的官员，地位虽然不低，但并无实权。一般是作为资历较深、声誉较好的官员颐养天年的地方，或是打发那些性情耿直又没有什么靠山，不被当权者喜欢的官员的地方。但是，丁宾在这个赋闲之地当了三十年官，却大有作为，异常操劳。

在他累迁南京右佥都御史后，又兼操江提督。当时江防松弛，丁宾亲自率领将校乘坐一只小舟往来巡视，增兵守卫要害，巩固了江防。南京卫所的世袭职位向来是应袭之人到京师去请求袭职的，常常因故留滞在京师长久不能袭职。丁宾上书请求在南京就地勘察后再接任世职，免去他们长途奔波及留滞京师之苦。凤阳人刘天绪妖言惑众，弄得人心浮动，坊间不安。兵部尚书孙镶想要彻查，结果牵连了许多人。当时丁宾兼摄刑部大理寺，他了解真相后，坚决不同意兵部尚书孙镶办的案子，力主对无辜者平反，严惩真正的罪犯，最后，仅七人处死，其余皆获释。

丁宾升任工部左侍郎，不久，又升为南京工部尚书。在工部任职期间，他修葺了凤阳、泗州的皇陵和各大殿、留京公署、桥梁、驿站，饬令下属治修闸坞，开浚江浦，筑高河堤等几十处，扩建方正学、王阳明两个祠堂，还完成了一项浩大的工程，将从上元至丹阳的土路，全部改铺为石路。这样不仅使粮食可以全天候运输，提高运输效率，而且方便了行旅往来。

丁宾在南京任上善政多多，如针对城市管理中的积弊，丁宾将重点放在商业铺行和火甲差役的改革上，被时人赞为"革弊苏民至计"。顾炎武也称赞他说："官行雇役，……何其简便。"他在南京做官三十年，每当遇到旱涝灾害，总是向朝廷报请赈济灾民，甚至捐出自己的家财。岁末寒冬，出门常常让人负钱跟随，"遇寒馁者辄给之"。他还在南京城中设置了三个施粥摊。南京百姓感念丁宾的种种惠行，亲切地称他为"丁管家婆"。首辅叶向高也称赞他说："留都（南京）近年来自然灾害不断，仰赖丁宾这个福星方才获得安宁太平，真是功德无量啊。"他还评价丁宾，说他在南京为官很长时间，为人真诚恻坦，每天都以爱人利物为急务，南京人都很信任他。

当年他丁忧期间，及起复原官时，嘉善连续三年发生大饥荒，因为他捐钱赈济，数万人得以存活。天启五年（1625），他又捐粟三千石赈济贫民，捐银三千两代贫户缴纳赋税。据陈龙正统计，丁宾一生为做善事，前后捐银三万两，约相当于现在的一千万元。巡按御史将他的事迹上报朝廷时，他已经是太子少保了，于是，皇帝下诏晋为太子太保，旌表其门。然而，丁宾对自己的要求却十分严格，自奉俭约，住处卑陋，坐的不过是柳木椅，挂的是粗布帷，桌椅床榻几十年不换，生活清简得就像一个苦行僧。尽管朝廷对他荣宠有加，丁宾治家却极其严格，青浦有一个富户受诬陷，以重金贿赂丁宾的儿子代为请托。丁宾闻之大怒，杖责其子，并以耄耋之年亲往青浦会见这个富户，良语安慰。

崇祯六年（1633），丁宾离开了人世，享年九十一岁。在最后的日子里，他仍念念不忘赈济穷人。他再次上疏皇帝，恳切地要求辞去皇帝给予的荣衔，并希望皇帝恩准将赐给他的用来建立坊表的钱，也用来帮助百姓。

（文：徐顺甫/图：曾令兵）

永康胡库村

流芳百世说胡则

1959年8月，毛泽东乘专列途经金华接见永康县县委书记时，有一段十分有趣的对话：

"你说你们永康什么最出名？"

"五指岩生姜很有名。"

"不是什么五指岩生姜。你们那里不是有块方岩山吗？方岩山上有个胡公大帝，香火长盛不衰，最是出名的了！"

其实祀奉胡公大帝的祠庙不止方岩一处。元代大儒黄潪说，"余郡（婺州）暨绍台温处诸郡，公庙以千百计"。晚清上海道台应宝时也说，"惟浙东千里，几无一邑一乡无公庙"。

胡公庙

胡公大帝究竟是何方神圣，为什么有那么多民众为他建庙立祠，向他顶礼膜拜呢？

对于这个问题，毛泽东当年是这样回答的："其实胡公不是佛，也不是神，而是人。他是北宋时期的一名清官，他为人民办了很多好事，人民纪念他罢了。"（以上引文均见中共党史出版社《毛泽东在浙江》）

被百姓称为"胡公大帝"的清官姓胡名则，字子正，宋太祖乾德元年（963）农历八月十三卯时生于永康游仙乡石门里大圣潭边。尽管曾祖胡彭因助钱镠建国有功，官至仆射，但富不过三代，从他的祖父胡彦澂把家从县城搬到偏僻的乡下时，家境已大不如前。父亲胡承师偏好道术，为了远离尘嚣，养气修真，又把家搬到一个荒无人烟的大水潭边。这天凌晨，夫人应氏肚子疼痛难忍，没等她走到茅房，一个鲜活的生命就呱呱坠地了。这个新生儿就是胡则。不过在考中进士以前，"则"上还有一个"茅棚"——"厕"——夫妇俩给他起的乳名。

随着第一个孩子的出生，各种各样甜蜜的烦恼纷至沓来，弄得小夫妻俩疲于应付。所以当第二个孩子即将临盆的时候，胡承师不得不撇下搭在水潭边的几间草房，到附近的库川去安家。

库川村原是方岩山脚下应姓、黄姓聚居的大村落，以诸山之水汇流如财入库而得名。自胡承师入住后不久，胡氏居然成了该村第一大姓，于是库川村渐渐演变成了胡库村。久而久之，胡库村俨然成了永康胡氏的发祥地。

光阴荏苒，转眼间厕儿已长到十四岁。永康乡风，男孩一到十四五岁就该拜师学艺了。所谓"家有千秧八陌，不如手艺盘身"。加之那时的永康还是吴越国的天下。钱氏立国百年，选官采取荫补制度，即录用官员子弟做官，不设科举制度，导致吴越地区文教不兴，儒风几乎熄灭。因此，到底让胡厕学手艺还是学文章，一家人为此纠结了很久。但胡氏毕竟是耕读世家，岂能为了手艺而断了文脉？所以胡承师权衡再三，还是把贪玩的儿子，送进了设在寿山岩洞的蒙馆。

宋太宗太平兴国三年（978），吴越王纳土归宋。端拱元年（988），宋太宗诏谕吴越州县长官荐举品学兼优的士子参加礼部会试。吴越地区的莘莘学子，终于盼到了"学成文武艺，售于帝王家"的机会。

胡厕禀赋极高，经过十多年的刻苦攻读，已是名闻遐迩的青年才俊。所以县令、知州都把他列为首荐对象。

为了应试，这年春天，他与湘湖文友陈生，借寓方岩大悲寺僧舍，夜以继日研习经史诗赋，恶补了半年。直到八月初一，他们才下山赴京赶考。行前他挥笔写了《别方岩》五言十二韵，回忆了"冥心资寂寞，琢句极幽玄"的经历，抒发了"明日东西路，依依独黯然"的惜别之情。

端拱二年（989）三月，胡厕高中陈尧叟榜进士，成为婺州有史以来考中进士功名的第一人，实现了"朝为田舍郎，暮登天子堂"的人生梦想。更令他激动的是，金殿御试时，太宗亲笔圈去"厕"字的厂字框，赐名"则"，说："厕不应当作为名字。"

衣锦荣归后，他写了一首《及第诗》。其首联云："金榜题名四海知，太平时合称男儿"，踌躇满志之情溢于言表。但他没有被胜利冲昏头脑，"小花桥畔人人爱，一带清风雨露随"。小花桥是永康县城山川坛的一座小拱桥，是县城最热闹的地方。显然，此时此刻他想的更多的是肩负的责任，是怎样播洒清风雨露，给热爱他的父老乡亲带去福祉。

宋真宗咸平二年（999），胡则出任签署贝州（今山东临清、武城、夏津一带）节度观察判官公事，奉命视察河北道。他大刀阔斧，雷厉风行，废除德州（今山东陵县）等地强征民夫民马以供驿传的扰民弊政，又奏准暂停修复新乐、蒲阴二县，成功地将十余万服徭役的农民遣返回家。昔日满目疮痍的宋辽边境总算恢复了一线生机。

宋真宗天禧三年（1019），时任广西路转运使的胡则按察宜州（今广西宜山县），恰遇台风过境，山洪暴发。胡则冒着被洪水冲走的危险赶到宜州。经过取证复核，"重辟十九人，为辨活者九人"。

宋仁宗天圣三年（1025），胡则移知福州。期间胡则做了两件震动朝野的大事：一是释放从成都押解福州审讯的刑部重囚龙昌期；二是为官庄田佃农减租平直。

龙昌期是著名的经学大师。前任知州陈绛请他来福州讲学，并挪用国帑送他十万帑银作为酬金。胡则认为挪用国帑罪在郡守，而与龙昌期无干，当庭宣布无罪开释，并以自己的俸金代偿所遗。

关于减租平直，范仲淹在《兵部侍郎胡公墓志铭》中有详细记载。当时在福唐有官庄田数百顷，百姓交租获利已经很久了。到这时，掌管国家财赋的大臣上书请求卖掉，要求估价二十万贯。百姓承担不了这种高价，受损严重。胡则上奏此事，没有得到批复。胡则就连续上了三道奏章，而且说："百姓疾苦，刺史应当为他们说出来。如果不采纳刺史减轻百姓疾苦的建议，那么刺史可以废除了！"于是朝廷允许减半价出售，百姓因此得以安心耕种。

宋仁宗天圣八年（1030），胡则升任权三司使。作为管理全国财政经济的最高长官，上任伊始他就上书条陈县官榷盐的种种弊端，请求进行改革。

食盐专卖是从西汉就开始实行的基本国策之一，改革谈何容易。但胡则没有退缩。面对国家花费大量人力物力而所得甚微，老百姓花了钱却吃不到真盐，边远地区甚至无盐可吃的现实，胡则顶着重重压力，大胆提出变官卖为商销的"通商五利之法"。具体做法是：盐商把钱款上缴京师榷货务（中央管理食盐运销的机关），然后凭榷货务出具的凭证，到解县、安邑两大盐池领盐，运往指定地区销售。实行商销后，老百姓买盐方便了，盐价便宜了，老少边穷地区也能吃到真盐了。试行一年，国家从榷盐所得的帑钱猛增 15 万贯。

举国上下莫不拍手欢迎。

胡则浮沉宦海凡四十七年，"十握州符，六持使节"，足迹遍及大半个中国，所到之处，政绩斐然。为了维护黎民百姓的正当权益，他宽刑薄赋，鼎革维新，的确做到了一不怕诬陷，二不怕罢官，三不怕杀头，谁人能不为之感动！但最后把他推上神座的，则是奏免衢婺两州身丁钱的壮举。

明道元年（1032），淮河、长江流域遭受百年一遇的大旱，衢州、婺州一带灾情尤烈。真个是禾苗枯焦，赤地千里，饿殍遍野。铤而走险的灾民"一年多如一年，一伙强似一伙"。

这天退朝后，仁宗皇帝回到内宫，展阅御案山积的奏疏。面对满纸陈词滥调，他一下子就失去了耐心，一把推开奏疏，仰天长叹道："大臣无一人为国了事者，日日上朝何益！"

"中书省还有一份奏章，听说有点儿……"一旁侍候的太监乘机献媚。

"哦？快去取来看看。"

原来这是新任工部侍郎、集贤院学士胡则，要求免除衢、婺两州身丁钱的奏章。

"荒唐！"仁宗不由火冒三丈，恶狠狠地把奏章摔在地上。

翌日早朝，仁宗将胡则的奏章榜于朝堂，诏令群臣评议。就像冷水泼进油锅里，言官弹劾，大臣围攻，指责之声一浪高过一浪，庄严的朝堂简直闹翻了天。胡则早就料到会有这一招，并不急于申辩。等到大家的情绪冷静下来，他才针锋相对展开反击。他首先抓住天灾告变，天象示警做了一通文章，然后列举事实，痛斥沿袭吴越旧制征收身丁钱的不仁不义及其危害之烈。胡则的慷慨陈词，句句击中了仁宗的软肋。仁宗赵祯一向以仁义相标榜。吴越归宋都五十多年了，可除了缴纳全国统一的两税之外，还要加征吴越国特有的身丁钱，于情于理都说不过去。如果免除衢、婺两州的身丁钱，真能换回一顶仁君圣主的光环，仁宗又何乐而不为呢？为江山社稷长远计，他终于批准了胡则的奏章。

减免身丁钱的消息传来，胡则激动得老泪纵横，当即泼墨挥毫写了一首七律《奏免衢婺两州身丁钱》：

> 六十年来见弊由，仰蒙龙敕降南州。
> 丁钱永免无拘束，苗米常宜有限收。
> 青嶂瀑泉呼万岁，碧天星月照千秋。
> 臣今未恨生身晚，长喜王民绍见休！

宋朝赵善括在《应斋杂记》说："丁谓作宰相时，苏州、秀州百姓赋税得到减免；胡则在朝廷任官，衢州、婺州百姓丁钱得以免除。"这不仅是一件惠及衢、婺两州百姓的德政，亦是胡则登上神座流芳百世的原因。

"公尝奏免衢婺身丁钱，民被其赐而为之立庙。"——黄太史（潜）的评述意味深长。

"进以功，退以寿，义可书，石不朽，百年之为兮千载后！"范参政（仲淹）的"颁奖词"声情并茂。

当然最精辟、最经典的还是毛泽东主席的结论："为官一任，造福一方，很重要啊！"

（文/图：胡国钧）

东阳古渊头村

草鞋御史李学道

古渊头村位于东阳北部，西北倚岘山，乌竹溪自北而东环抱村庄，南面一马平川。明永乐年间，李泓由义乌迁东阳，再迁此地定居。其长子为补廪生，嗣后宗族置产养贤，家家户户，耕读传家，子弟发愤为学，相袭成风。自明中叶至清末，考中进士、举人及生员七十余人，文风兴盛，甲于一方。

李学道（1532—1577），字汝致，号爱泉，古渊头人，他身长七尺有余，长着一脸络腮胡须，不畏权势，不徇私情，无论行动或静止，他都表情庄严，目光专注，看见他的人都自然而然会变得神色严肃起来。

明朝嘉靖辛酉年（1532），李学道考中进士。不久，出任陕西七品丹阳县尹。上任前，有老朋友告诉他，一般县里征收的赋税往往有多，缴纳完国家的，还会有剩余，你可以纳为私有，不然县中的小吏将会据为己有。李学道上任了解情况后，却将所有剩余的收入都收归公有。

丹阳县地瘠民贫，积欠田赋年久，官府历年追逼，百姓缴不出赋税，就被定为抗粮不交的刁民，杖责入狱。无奈之下，丹阳人只好四处逃亡，土地更加荒芜，而监狱中则是囚犯众多，积案成山。李学道上任后，首先勘察监狱，但见牢房挤得满满，喊冤之声响彻耳畔。

李学道首先提审了"为首闹事"的王良。刚刚提及事由，王良立即竹筒倒豆子一般原原本本地说出情由：

我王良种有水田旱地各二十亩，家有父母妻儿，牛羊牲畜，算得上是殷实农家。谁知近年来丹阳不断更换县尹，换一个加一次田税，增加一些负担。早先每亩三十斤税，先来的一个加到每亩四十

古渊头村景

斤，一年后他吃饱拿足走了；又换一个加到每亩六十斤，农家还勉强过得去；等到第三个上任，加到每亩九十斤。农家出汗出力出肥料，到头来也不过只有这个数，遇旱年连皇粮也交不出，大家没办法都逃荒去了。我是村上最后一个逃荒者，县老爷却说我是个抗税的为首分子，把我抓到这里来了。其实关在这里的都是老实巴交的种田户，谁愿意离乡背井去逃荒啊！

李学道看王良面相忠厚，说话诚实。再审讯其他人，都众口一词，大致相同。李学道不禁泪如泉涌。他想起头天晚上微服私访，听见儿童高唱童谣："铁打的江山流水的官，一个个吃饱拿足就滚蛋，谁管百姓死和活，新爷老爷都姓贪！"不禁长叹一声："当官不为民，社稷怎保？江山怎久？为百姓黎民谋福祉，当从李某开始！"

经过一段时间的排查摸底，李学道颁布了上任后的第一道文告：

本县农户凡回家种田者，无论男女老幼，均可领到三个月的口粮；再加每亩种子粮五斤，年底奉还；田税按每亩三十斤征收；有私自贪污强行加税者，依法严惩！告示传遍丹阳，逃荒者纷纷回乡传播。与此同时，李学道又重新清理田赋，不仅按田亩数量，还按田地肥瘠等标准征收，又减轻了百姓的徭役负担，使百姓农忙时不受到赋役干扰。丹阳百姓十分感激李学道，盛赞李县尹为"李公田"。到夏收时，百姓不但还清了口粮与种子，连皇粮也一并交清。

在丹阳任上时，李学道的父亲去世了。按照惯例，李学道必须丁忧回家守丧。但是李学道家境贫穷，没有钱举办丧礼。有人知道后，在路上拦住他，奉上百金，以帮助他办理丧事，并对他说："没有大人的话，小人已身首两处了！"原来此人受人冤枉，屈打成招，只等秋后问斩。正好李学道上任勘察冤狱，他也大声喊冤。李学道翻阅案卷，发现疑问，重新调查案件，终于还了他一个清白，救了他一命。他听说李家无力办理丧事后，就送来银钱以示感谢。

可是，李学道却对他说："以前我为你昭雪冤狱，并不是因为认识你，而是因为这是我的职责罢了。如果你真的感激我，不想玷污我的德行的话，那么就请你把钱收回去！"回到老家后，李学道就开办学馆，教授生徒，赚钱自给，终于使亡父得以安葬。当时东阳县令陈某乃是李学道同门，想请他居间调解，请托人情。结果陈县令陪着他喝了一天茶水，也不敢向他开口。

李学道守丧期满后，升任监察御史，巡视京都中城。当时宦官多在中城营建房屋居住，并非法经营青楼，蓄娼养童以谋暴利，还经常扰民。有一个叫许义的宦官带兵强抢寡妇徐氏，李学道不畏权势，抓住许义，处以鞭刑，并关入监狱。明朝时宦官集团能与官僚集团相抗衡，异常嚣张。听说此事后，众多宦官非常恼怒，决心报复李学道。一天，李学道下朝，一群宦官突然冲出来，将李学道拖到左掖门外，拳棒相加，围殴李学道，几乎将李学道打死。一时间，朝廷大臣群情汹汹，首辅徐阶迫于公议，让司礼监先上奏章，大臣又在朝会上向皇帝面奏此事。行凶的宦官都被发配边关，李学道也被迁往庐州担任推官。

不久后，李学道主持南京驾部事务，升职方郎中，出任顺德府知府。他还没有到任，三母去世，只好回家守丧。起复后，出守贵州，他到任后就将那些积压或拖延未予审决的案件全部审理完结，使公堂中再没有滞留的案件。他治理地方，恩威并施，那些强横狡诈不守法纪的人，吓得不敢再出来捣乱，社会风气陡然好转，贵州百姓生活顿时安宁下来。

李学道出任山东青州知府时，当权的人商议开挖胶河，李学道持否定意见，他说："胶河里都是沙石，又有海潮挟带泥沙，时不时地冲入河流，开凿胶河必定不容易成功，即便成功，也很容易淤塞。"当权者执意开挖胶河，果然如李学道所言。青州发生旱灾，庄稼枯死，粮食歉收，百姓无奈，为了生存，不得不流徙他乡。李学道痛心疾首，向朝廷请求赈济，言辞危切，台使认为他危言耸听，非常不高兴。恰好轮到李学道入朝觐见，奏章被驳回，他忧心忡忡，回任路上不小心生了病，死在山东青州知府任上，年仅四十七岁。

李学道一生中历经嘉靖、隆庆、万历三朝，在任期内，爱民如子，清廉拒贿，忠心鲠骨，昭雪冤狱，百姓拥戴，政声赫赫。其事迹正史、方志均有记载。由于任上经常脚穿草鞋，走乡入村，访贫问苦，人们又送他一个"草鞋御史"的美名。留有《青霞集》（十卷）传于后世。古渊头村现存万历五年（1577）浙江道监察御史赵池所书"忠孝廉节"匾额，还建有花台题额"名御史第"纪念李学道，其联曰：忠贞气节贯青史；刚直威名震紫宸。

（文：颜晓红）

武义白革村

宽明廉介朱若功

武义县白革村位于括苍山脉状元峰之腰，依山而筑，三面环山，万亩竹海绿，百亩古树群，风景秀美，素有"十里竹海，十景白山"之称。村内有一座朱氏宗祠，为明末清初建筑。清官朱若功便是白革村朱氏第一百六十七世孙。

状元峰下白革村

白革村村貌

朱若功（1667—1736），字曰定，号学斋。康熙四十八年（1709）考中进士。由于朱若功不肯送礼跑官，吏部候选后，足足等了十年，才被委派到千里之外的云南任昆明知县。

在家候选期间，武义发生虎患，猛虎时常出没于乡村，咆哮咬人，乡民不敢出外耕田，不敢上山砍柴，有被老虎咬死者，家属也不敢收埋残骸，闹得当地人心惶惶。朱若功多次赴县禀报，官府却不予理睬。朱若功心急如焚，多次组织猎手上山捕杀，都一无所获。当时人们认为城隍神是保护百姓安全的地方守护神，猛虎之所以不能除去，很有可能是城隍神和土地山神的庇护。于是，朱若功奋笔疾书了著名的《驱虎文》，状告武义县、金华府、处州府的城隍和土地神。他在文中义正词严地指出城隍和土地有守护百姓的职责，当地出现猛虎食人的现象，这是神明不能推诿的过错。如果城隍和土地神不能在规定期限除去猛虎，那就是与虎同谋，包庇老虎。那么，他就要一级一级地上告，直到都城隍、京师城隍等。事有凑巧，《驱虎文》写完后，他再带领乡民猎手巡山搜谷，不出三天，就杀死了猛虎。人们都认为是他的《驱虎文》起了作用，令神明显灵，保护了百姓。

康熙五十八年（1719），52 岁的朱若功前往昆明上任。昆明县附郭云南府，云南府则为云南省首府。清朝官场有一句话形容这种情况，叫作："三生不幸，知县附郭；三生作恶，附郭省城。"加上昆明还是少数民族集居地，原叛逆吴三桂的老巢，兵荒马乱，情况非常复杂，属于"冲、繁、疲、难"四类俱全的县邑。又值准噶尔入侵西藏，康熙帝派兵援藏，大兵西征，急需供给。然而朱若功上任后，不畏艰难，不惧上官，仔细筹谋，一切军需，亲自应付处理。当时昆明百姓生活非常困苦，拖欠国家赋税，长期不能缴纳。多年来官府不断地派差役限令百姓按期缴纳，如果不能按期上缴，就会被打板子以警示严惩。百姓苦于鞭扑，却毫无办法，只能忍受。朱若功上任后不但没有急于收缴久欠的赋税，反而下令不许对未完税者鞭打和强征。他亲自下乡，走访农户，了解到百姓并非是有意抗缴，实在是无力上缴，于是，他向上司详细说明情况，使百姓积欠的赋税得以免去。

康熙五十九年（1720），云南按察使金某奉命去边界办理军需。云南巡抚就将近百宗案卷交给朱若功审理，并交代说若有不服者，以光棍论处。朱若功审理案卷期间，兢兢业业，从不以权谋私。有一天，一个行贿者深夜带着银子前来拜访，想让朱若功徇私枉法，为其办事。遭到朱若功拒绝后，来者又劝说道："夜深人静，无人知晓。"朱若功听后，便为来人讲了东汉杨震却金的故事。他用故事告诉行贿人，天知、地知、你知、我知，怎么可以说无人知道呢。行贿者只好带着银子灰溜溜地走了。

康熙六十年（1721）夏，昆明大旱，宝象桥河水干枯，禾苗枯萎。百姓哀叹道："再不下雨，我们将活不下去了！"朱若功派人在宝象河底掘地数尺，发现水源，筑涵洞，截河底水灌溉田地，缓解了旱情，百姓因此欢呼雀跃。

朱若功作为昆明县令，虽与知府、巡抚同处一城，但却不像清朝官场上一些附郭省城的县令，因害怕得罪同城上官而无所作为。相反，朱若功在当地革除陋弊，废除繁难苛细的法令，修学校，崇节义，礼士爱人，宽明廉介。闲暇时，则召集县中诸生授课教学。若有生员生计艰难，则捐出自己的俸禄赠予他们。一时间，昆明讼清于庭，风恬于野，请托不行，苞苴路绝，上自缙绅父老，下至牧竖茭夫，以及还梳着椎髻的孩子、掉了牙齿的老人，没有不庆幸本县得了一位好官的。朱若功也因此屡次忤逆了上司。雍正二年（1724），被调往呈贡县，担任县令。当他离开昆明前去呈贡时，昆明百姓远送数十里。

到呈贡县上任后，乡民呈报灾情数十起。朱若功经过实地调查，询问民俗，方才知道当地乡民不知车水之法。于是，他邀请家乡木匠前来，教导呈贡百姓制作水车，引河水入高地。他又劝百姓开塘积水，以备旱情。在他的多方努力下，呈贡的旱情得到控制，庄稼年年丰收。后来呈贡县又发生"虫灾"，朱若功下乡一调查，发现原来是泥鳅群游水田，伤害稻根。当地百姓视泥鳅为怪物，不敢捕捉，致使稻田无收。朱若功亲自带人捕捉，并烧成菜肴，自行先食，再给群吏分食，味美胜过猪肉。自此，乡民都去捕捉泥鳅，虫害消灭。呈贡县原来没有讲学的地方，朱若功又捐出俸禄创建"凤山讲堂"，发展教育。

朱若功在云南前后任职八年，离任前，将在云南为官时的俸禄约白银千两都捐给当地的公益事业。他说："聚集金钱留给子孙，子孙未必守得住；聚集书籍留给子孙，子孙未必能读；我所留给他们的，唯有心而已。"故而返乡时，行囊萧然。云南按察使称赞他说："昆明朱令，清、勤、慎为第一。"

（文/图：永康农办）

仙居李宅村

铁面冰心李一瀚

李宅古村是仙居李氏的主要聚居地，先祖李守贞原本居住在温州永嘉苍坡村，南宋时为了躲避战乱，从温州迁到此地，至今已历十七代，生活了近千年。李氏家族自古文风鼎盛，南宋以来，李宅村曾出现"一门六进士"的盛况，是仙居乃至台州首屈一指的"进士村"。李一瀚就出生在这样一个文风极盛的家族里。

铁面冰心李一瀚

李一瀚，字源甫，号景山，嘉靖七年（1528）乡试中举，嘉靖十七年（1538）进士及第，官至都察院左副都御史。他为官三十年，史书称赞他"廉洁之操一尘不滓"。死后"囊无长物"，"室庐田产无所增益，妻子婢仆身无美衣"，后世称颂他为"铁面冰心"。同乡好友吴时来感叹道："李都宪天下第一流人物！"

李一瀚成为一代廉吏，其父李镳的影响甚大。李镳，字尚澄，号环翠，为人正直忠厚，急公好义。担任"粮长"时，常常帮助族人贴补田赋。粮食歉收时，李镳虽只有数十石稻谷，却只以平常的利息借贷，一颗稻谷都不卖。先祖的十数所墓庵，若有损坏都是他出资修理。他最值得称道的是在儿子李一瀚当官之后的清醒和自律。"一人得道，鸡犬升天"，古今皆然，多少官员的家属从此趾高气扬，不可一世，或者横行乡里，欺行霸市，或者干脆利用其权力大发横财！李镳却完全相反。儿子高中以后，他待人反而更加温厚谦恭，被人冒犯从不计较，甚至连县衙门都不曾踏进去过。李一瀚担任江西安福知县时，台州府的王别驾是安福人，专程上门拜访，寒暄客套自然不会少，但言谈中李镳丝毫不涉及安福县的公事。王别驾屡次设宴邀请他，他却一次也没有赴宴。李一瀚把父亲接到安福享清福，安福的官绅上门拜谒，李镳一概不见；有人送礼物，一概不受。他在安福只住了一个月就回仙居了，因为他清楚地认识到，这么多人这么费尽心思地巴结他，无非是希望他在当县太爷的儿子面前为自己说句好话，而"凡嘱托公事，必枉曲直"，所以他不能留在安福，不能坏了儿子清白的名声。他对儿子说出了自己的心愿："吾得汝为清官足矣。"李一瀚没有辜负父亲的心意，始终"一尘不滓"。

李一瀚考中进士后，最初授官江西安福县令。他一到任，立即查访百姓疾苦。对于怙恶枉法之徒，他予以严厉打击，绝不宽宥，一时之间安福县的豪强地主屏声匿迹，不敢为非作歹。当时一些官绅之家为逃避田赋而瞒报田亩的风气很严重，他们的赋税因此转嫁到穷苦百姓的头上。李一瀚顶住重重压力，下令重新全面如实丈量耕地，限期完成。他把官宦之家的资料另造一册，亲自批阅，任谁也不敢捣鬼，长期积弊一朝根除，百姓的负担从此大大减轻。

　　他在担任山西按察司副使期间，延边诸郡百姓吃土产小盐，很方便实惠。可是巡盐御史却上奏朝廷，要求禁止土盐，全部改吃官方的池盐。李一瀚上疏阻止，认为边郡崇山峻岭，池盐远道运来，价格上涨五倍，百姓穷苦，根本吃不起。嘉靖帝认为他说得对，此事终于没有实行，边民为此事编了歌谣来感谢他。

　　李一瀚担任江西按察司佥事时，当地有一个湖泊，百姓一直在这个湖里享有采莲捕鱼之利，后来被当地的皇族宗藩强夺占有，百姓无可奈何。李一瀚一到任，立即将此湖判还给当地百姓。南昌以前有个刘某，疏浚河道几百里，使两岸田地得到灌溉，沿岸百姓大受恩惠，为他立祠纪念。有熊姓豪族倚仗权势，夺河为田，并毁坏了刘祠。结果河道堵塞，百姓的禾苗得不到灌溉，成为一方之患。李一瀚痛下决心，抑制豪强，使河道畅通如旧。当地有很多盗贼日夜作案，百姓不得安宁，他严厉打击，抓捕判决，绝不手软，社会治安大为改观。所有的诉讼审判，他必亲力亲为，细细剖析案情，秉公依法作出判决，使人心甘情愿接受。李一瀚升任山东布政司参议时，恰逢大旱，蝗灾暴发。他亲自上阵，率领民众捕蝗，几日而蝗灭。接着当地又发洪水，淹没民房数千家。李一瀚又亲自乘坐小船实地察看，了解灾情，根据受灾程度予以救济。

　　有一位姓沈的御史到安福，对李一瀚公事公办的接待很不满意，认为是对自己的怠慢，当众大发雷霆。李一瀚却视若不见，安之若素。于是，沈御史百般挑剔，想要找到他的问题狠狠地治他一下，结果竟然挑不出他一丝毛病，不禁深感敬佩。面对御史的称赞，李一瀚照样无动于衷，坦然自若。沈御史叹道："李知县真可以说是宠辱不惊了。"他担任江西按察司佥事时，当朝宰相严嵩虽然家在袁州，但产业都在南昌，家人仗势胡作非为，李一瀚一点也不顾情面，都依法予以严惩。严嵩当时权势熏天，生性奸险，一句话就能决定别人的生死，很多士大夫奴颜婢膝自认干儿子，或者与严府的家童奴仆结为兄弟，所以升迁都很快。只有李一瀚与另一位林佥事与众不同，风骨铮铮，矜持自守，所以五六年都没有得到升迁。官员进京，自然得拜会朝廷首辅严嵩。其他官员都带着厚礼，多的有数百金，只有李一瀚是空手去的。见面时，严嵩意味深长地对他说："李先生资历很深了啊。"李一瀚却淡淡地说了一句："还有比我李一瀚资历更深的人呢。"

后来，李一瀚还是升迁了，当了山东参议。当时山东的风气是，官宦人家田地虽多，却都赖着不缴纳田赋，乡里百姓田地少，田赋却缴得多，因为官宦人家拖欠的赋税要大家分摊补齐。翰林院有个编修梁绍儒，是严嵩的干儿子，最为牛气冲天，一直不缴田赋。李一瀚到任后严令追缴，梁绍儒跑去找干爹，严嵩无奈地说："李某人岂是可以说情的人？"梁绍儒知道形势不可挽回，勉强缴了一半的粮。李一瀚不依不饶，全部征收才罢手。

嘉靖二十一年（1542），蒙古铁骑大规模突入边塞，朝廷大惧，决定于居庸关之南的南关东西延袤两千里，动工筑城墙、挖深壕。御史李一瀚受都察院派遣去实地勘址。考察期间，目睹因工役苛酷而自杀者不计其数，民房、祖坟被毁甚多，百姓流离失所。李一瀚毅然给嘉靖帝上《谏止南关城壕疏》，直言筑城挖濠御敌是个不可行的馊主意。在东西延袤两千余里区域筑城挖濠，要花多少人力物力？而今日动用了二十万工，仅仅得到一丈多长的壕沟，七尺多高的墙，民间财力已经不堪承担，民怨鼎沸了，旷日持久何以为继？他对已被敌人吓破胆的嘉靖皇帝说，只要选择精兵良将，分布于要路，以御外敌，修筑墙垛，竖立栅栏，屯兵储粮，做好防御准备，内外夹击，敌人又能逃到哪儿去呢？朝廷最终接受了李一瀚的建议，停止了这一劳民伤财而且示弱于敌的决策。在《开言路疏》中，他严词批评了嘉靖帝拒谏饰非的行为，其言辞之犀利大胆实为罕见，今日读来仍觉酣畅淋漓。他指责嘉靖帝深居西苑专事建醮修道，不理朝政，对九庙化为煨烬，阴谋起于萧墙，北虏侵扰不止，公卿将相贿赂公行，藩司郡县贪酷无忌等乱象闭耳塞听，反而残酷钳制诤言，导致满朝官员瞠目结舌，对国家安危置之不问。他指出，历代昏君都是因为纵欲妄为，拒谏饰非，结果都步上了夏桀王、商纣王的老路。为此他要求皇帝改正错误，为所有受冤屈的诤臣平反，广开言路，以保国家长治久安。嘉靖帝虽对李一瀚的忠言置若罔闻，幸好也没有降罪于他。

李一瀚这种敢于批评皇帝，直言不讳的行为，颇有古大臣之风。在李一瀚生命的最后一年，他被连续升迁了五次：升陕西布政司参政，不久，转按察使，升山东右布政司，升应天府尹，一个月后升都察院左副都御史。可惜天不假年，在赴任都察院左副都御史途中，他病故于杭州，获明穆宗皇帝诏赐祭葬，并在吴时来等人的倡议下，列入乡贤祠。李一瀚墓坐落于东村，十年浩劫中遭毁，墓棺被打开，墓中没有金银珠宝，只见几叶甲带碎片，几缕残骨，几枚棺钉，还摆放着一块约六十厘米见方的石碑，上书"都察院左副都御史"等字。今墓已重修，石碑下落不明。

（注：李一瀚的事迹见光绪《仙居志》卷十三《人物·宦业》。）

（文：仙居农办/图：郑寅俊）

三　正道直行

宁波鄞州走马塘村

精忠直言振赵宋

北宋端拱年间，进士出身的江苏长洲（今苏州）人陈矜出知明州（今宁波），卒后葬于鄞南茅山，其子陈轩为父守墓，举家从城里迁到茅山以南五里处一个叫"走马塘"的地方。从此，陈氏就在这里定居繁衍，至今已传三十八代。

走马塘，古称"忠孝里"，地处鄞南平原，依傍奉化江支流东江，有"四明古郡，文献之邦，有江山之胜，水陆之饶"之称。走马塘之名始于唐代，自北宋至明清，这里的陈氏家族先后出过进士76名，官吏160余名，有过"一门四尚书、父子两侍郎、祖孙三学士"的辉煌和荣耀，被誉为"中国进士第一村"。

穿过村口高大气派的"中国进士第一村"牌坊，经过东升桥，一旁便是清廉亭，放眼望去，前方一侧是近年修建的进士墙，另一侧是一潭开阔的荷花池，池中央有两座石板桥连接南北两岸。池畔则是一字排开的高耸着马头墙的老宅，名叫中新屋，始建于清乾隆年间，是这里最大的建筑群，飞檐翘角，气势不凡。院内檐弄相通，分为四进，无论从哪一间出发，都能到达想去的任何一间，令人称奇。据说下雨天，人们在院内穿行无须撑伞。中新屋靠西端的一进宅院现辟为村史村情馆，其中"走马塘历代进士陈列室"，陈

中国进士第一村牌坊

列着由宁波著名画家盛元龙、何业琦精心绘制的走马塘76进士像，惟妙惟肖，各具个性，细阅进士简介，让人肃然起敬。他们或勤政爱民，造福一方，或耿直精忠，不畏权贵，或抗击外侮，誓死不降。不少人被载入史册。其中四世陈禾、十世陈埙皆以精忠直言著称，《宋史》有传。

陈禾，字秀实，北宋元符三年（1099）进士。曾担任辟雍博士、监察御史、殿中侍御史、左正言、给事中等职。

当时天下承平日久，军备松弛，东南一带尤其严重。陈禾请求增加守军，修补城墙，以防不测。有人指责这是无端生事，搁置起来不予批复。后来盗贼闹事，人们才佩服他的预见能力。

陈禾任左正言时，正值童贯权势日张，内与黄经臣共同当权，外与御史中丞卢航遥相呼应，士大夫因畏惧而不敢正视。陈禾说："这是国家安危的根本啊。我所处的职位有进言的责任，这时候不进言劝谏，一旦调任给事中，进谏就不是我的本职了。"他没有接受给事中的任命，而是上书直言弹劾童贯。又弹劾黄经臣说："依仗恩宠玩弄权势，在朝廷同列中夸耀自己。常常说诏令都出自他的手中，说皇上将任用某人，举行某事，不久诏书下达，都跟他所说的相同。发号施令，是国家的重大事情，降免昏庸官吏和提拔贤明之士，是天子的大权，怎么能让宦官参与其中？我所忧虑的，不只是黄经臣，这条路一旦开通，类似的进用者就会多起来，国家的祸患，就不可遏止，希望赶快把他放逐到远方去。"

陈禾的话还没有说完，皇上就恼怒地拂衣而起。陈禾拉住皇上的衣服，请求让自己说完。他用力过猛，将皇帝的衣袖撕落。皇上说："正言撕破我的衣服啦。"陈禾说："陛下不惜被撕破衣服，我难道敢吝惜头颅来报答陛下吗？这些人今天得到富贵的好处，陛下将来会遭受危亡的祸患。"

于是，陈禾的言辞更加激烈，皇上改变了脸色说："你能像这样尽心进言，我还有什么可忧虑呢？"内侍请皇上换衣服，皇上回绝说："留着破衣以表彰正直的大臣。"

第二天，童贯等人一个接一个地上前陈告，说国家非常太平，怎么能说这么不吉利的话呢？卢航还上奏说陈禾狂妄，请求把他贬为信州监酒。皇上受到蛊惑，将陈禾贬出朝廷。直到遇到赦免，陈禾才得以自由地返回乡里。

当初，陈瓘从岭外归来，住在鄞县，和陈禾相互友好，吩咐他的儿子陈正汇跟从陈禾学习。后来陈正汇揭发蔡京的罪行，被押送到朝廷，陈瓘也被逮捕，黄经臣审理他们的案子，用檄文征召陈禾到案取证，陈禾回答说事情确实有的，罪行不敢逃避。有人说他回答失当，陈禾说："祸福死生，都是命啊，怎么可以用逃避一死来换得个不义的名声呢？希望能够分担贤者的罪名。"于是陈禾因为被诬陷为陈瓘的同党而罢免官职。

遇赦之后，陈禾又被起用，掌管广德军，调任和州知州。不久陈禾母亲去世，他回家丁忧，服丧结束，担任秀州知州。王黼刚刚执掌大权，陈禾说："怎么能在王黼门下听候调遣？"他极力辞职，于是改任他为汝州知州。他辞职更加坚决，说："宁可饿死，也不接受任命。"王黼听说后对他怀恨在心。陈禾的哥哥陈秉当时担任寿春府教授，陈禾就到官邸侍奉兄长。

恰逢童贯统领军队路过寿春府，想要拜访陈禾不能进门，送礼给陈禾也不接受。童贯恼羞成怒，回到朝廷后就说坏话诬陷陈禾。皇上说："此人向来如此，你不能容忍吗？"过了很久，朝廷才又起用陈禾担任舒州知州，任命刚下达他就去世了，追赠他为中大夫，谥号为文介。

陈垲，字和仲，南宋嘉定十年（1217），登进士第，任黄州教授。当时的宰相史弥远是他的舅舅，见外甥科举考试出色，便说："省试是数千人中的第一名，状元是上百人中的第一名，朝廷打破惯例，直接任命省试第一名为教授的，当从你这儿开始。"陈垲却婉言拒绝道："朝堂议事盛行，如果从我开例，难道不会让别人说闲话吗？"

宋理宗即位后，下诏让百官进谏。陈垲就对皇帝说："上位者如果忧虑天下安危，那么下面就会呈现安定平和的景象，社会就会由此隆盛。上位者如果贪图安乐，那么下面就会呈现忧虑惶惧的景象，社会就会由此衰败。因此为天下忧虑，则天下安乐。以天下为安乐，则危亡随之。治理天下，在于善于审识忧乐的时机罢了。现在国家的弊端，莫大于人心不合，纲纪不振，风俗不淳，国家衰败，民众苟且而无法挽救。希望陛下能以正气来培养，用真诚来激励，用明察来治理国家，用英武来决断大事。"此后，陈垲正直的名声开始传播天下。

他担任太常博士时，朝廷为袁燮讨论谥号，其他的人都搁下笔，由他单独起草。他叹道："周幽王、周厉王的谥号虽经百世，不能改变。谥号有褒扬有贬抑，岂能与制作墓志铭一样，不论功绩如何，一概夸大其词予以颂扬？"正好朱端常的儿子为父亲乞讨谥号，陈垲说："朱端常为御史时，则驱逐有德之士；守卫边防时，又以侵夺剥削为能事，应该给予含贬义的谥号。"于是，他草拟了"荣愿"的恶谥。自宰相以下的官员看到这个谥号就神态恭敬端庄。考功郎陈耆复核时，与宦官陈洵益一起想要更改这个谥号，陈埙坚持不肯答应。

宋理宗宠爱贾贵妃，陈埙又直言上谏道："请皇上清除身边以媚态迷惑人的妖女，以端正德行；听从天下的公论，以使国家政治焕然一新。"宰相史弥远死后，陈埙被任命为枢密院编修官。他入宫对宋理宗说："天下安危在宰相，南渡以来，我朝屡失机会，都是因为没有选好宰相。秦桧死了，接任的是万俟卨、沈该；韩侂胄死了，接任的是史弥远。现在史弥远去世了，由谁来继任宰相，陛下一定要慎之又慎啊！"次日，又进言："内廷当严厉禁止宦官干政，外廷当严格台谏官的选拔。"

陈埙为官期间，屡次犯颜直谏，陈述百姓疾苦，忧心国家财政困难，边境不宁，虽遭权奸弹劾贬官，依然不改其志。

走马塘陈氏以耕读传家，门风极正，自古以来荷花一直被视作走马塘陈氏族人律己育人的族花。陈氏先人在家门前挖掘这些池塘，一来可作消防之用，二来可遍植荷花，取荷花"出淤泥而不染"之意，告诫后世子孙以荷花的品格为规范，无论做人为官，都应清正廉洁。

荷花年年栽种，周而复始，寄托着走马塘人的美好愿望和精神追求。千百年过去了，让走马塘人感到骄傲的是，从陈氏家族走出的76名进士和150余名官员中，无一人因贪而贬，因渎而废，多的却是忠孝节义之士，名留青史，令人敬仰。

（文/图：陈武耀）

乐清南阁村

自是胸中铁作肝

雁荡山北部有两条狭长的山谷，南面山谷就是章氏聚族而居的南阁村，这是一个以文物古迹著称的村落，有全国文保单位南阁牌楼群，是明代著名诤臣章纶的故里。

章纶（1413—1483），字大经，号鬓夫。祖先原为乐清北阁吴氏，后出继南阁章氏，遂以章为姓。章纶是乐清历史上可与王十朋、刘黻并称的一位名臣，是乐清文人中最著名的硬汉。他的事迹不仅在正史、方志中有记载，还被后人编成剧本搬上戏曲舞台。清嘉庆、道光年间，温州高腔剧目《拜天顺》，就是写章纶下狱的故事。

正统四年（1439），章纶登进士第，授南京礼部主事。景泰初年，章纶被召回京师，担任仪制郎中，他见国家总是出现重大变故，因此经常上疏慷慨论事。他曾经呈上"太平十六策"，反复论述达一万余言。瓦剌首领也先与明朝议和后，章纶请求全力整修政教武备，等候也先内部势力的变化，到时趁其不备进行打击。宦官兴安请代宗修建大隆福寺，建成后，代宗将临幸该寺，章纶上疏劝谏，河东盐运判官济南杨浩授了官尚未去上任，也上奏章劝谏，代宗只好取消前往计划。杨浩后来累官副都御史，巡抚延绥。古代崇尚天人感应之说，如果发生了天灾，就要从帝王或官员的行为上寻找原因，并改正以弥灾。章纶曾为灾异的发生而上书代宗，请求寻找导致灾变的原因，用语非常恳切。

景泰五年（1454）五月，钟同上奏请求复立储君。原来明英宗北征瓦剌惨败，自己也被敌人俘虏了。当时，以于谦为首的大臣拥立了英宗的弟弟为帝，史称景泰帝，庙号代宗。瓦剌无法以英宗为质勒索明朝，就将英宗放回去了。英宗被景泰帝尊为太上皇，软禁于南宫。他的儿子朱见深本为太子，景泰三年（1452），也被景泰帝废为沂王，改立自己的儿子为太子。这件事令许多正直的大臣都非常不满。不料，次年十一月，新太子又夭折了。所以钟同才会上疏请求恢复朱见深的太子位。过了两天，章纶也上书直言，要求皇帝修德消灾，提出十项建议。包括："宦官不可插手干预外朝政事，奸佞之臣不可假借皇帝之名掌握处理事物的权力，后宫不可以盛行声色。凡属于阴盛之类的事，请都予以禁止。"他又说："孝悌是百行之本。希望陛下退朝之后要朝见两宫皇太后，每日问安，每餐侍奉。太上皇君临天下十四年，是天下人的父亲。陛下亲自接受太上皇的册封，是太上皇的臣子。陛下与太上皇，虽然不是一个形体，实质却是同一人。臣伏读奉迎太上皇回宫的诏书，诏书中说对待太上皇的礼仪只有更为隆重，而不能降低待遇；对待太上皇的态度是自己为卑，太上皇为尊。希望陛下能够践行这一诺言，或者在初一、十五，或者在节日元旦，率领群臣在延和门朝见太上皇，以示兄弟之情，这实在是天下人的愿望。还请恢复汪后中宫的地位，使天下人母的仪范合乎法则；恢复沂王储君的地位，以安定天下的根本。这样的话，天地间和气充盈，灾异自然消除。"

奏疏呈入后，代宗勃然大怒。当时太阳已落山，宫门已锁上，代宗于是命人将圣旨从门缝中传出，立即将章纶和钟同二人逮入诏狱。在狱中，两人受到严刑拷打，被逼迫交代主使人以及勾结交通南宫（上皇软禁地，又称南内）的情况。两人濒临死亡，却没有说一句话，始终未牵连他人与太上皇。二人被判死刑时正好京师刮起大风，飞扬的尘沙使白天变得晦暗，人们认为这是上天觉得两人受了冤枉给予的警示，所以案情稍稍得以缓解。景泰帝下令禁锢他们，不准出狱。次年，在宫阙之下对廖庄施予廷杖，又下令将打廖庄的木杖封好，拿到诏狱中去责打章纶、钟同，每人一百下。钟同竟被打死，章纶虽从杖下幸存，依然长期羁押狱中。

在被禁锢诏狱的日子里，章纶用铁钉在瓦片上划字作诗。他的文集和诗集留传至今，有刻本和抄本多种。章纶的硬汉性格使他的诗文中充满浩然之气和阳刚之气，极富感染力和鼓舞力。如《贯城十二咏》：

> 忠言逆耳如批鳞，网罗陷阱多误身。
> 今我效忠忤人意，果然系狱尝苦辛。

出狱后，章纶又写了一首诗，纪念被杖责而死的钟同，题为《出狱哭钟御史同》：

> 复储一事重于山，自是胸中铁作肝。
> 慷慨捐生今不易，从容就死古尤难。
> 释囚愧我如箕子，封墓怜君若比干。
> 满地血污春草碧，东风泣雨泪汍澜。

此诗写得极为沉痛，不仅是哭悼钟同，同时也是他的自我写照。

英宗复位后，郭登向皇帝进言，说章纶、廖庄、林聪、左鼎、倪敬等人都是因为抗疏直言，要求善待太上皇，恢复储君，忤逆了景泰帝，现在应该表彰和提拔他们。英宗于是立即释放了章纶，又命内侍寻找章纶先时的奏疏，没有找到。内侍就从旁背诵了几句，英宗听了叹息再三，升章纶为礼部右侍郎。

章纶以能坚守大节而为英宗所器重，然而性格亢直，不能与俗同流。石亨贵幸之后，召公卿大臣去饮酒，章纶推辞不去，又多次与尚书杨善论事意见不合，石亨、杨善便联手一起诋毁章纶。于是，章纶被调到南京礼部任职，不久又就地改调到吏部。

明宪宗即位，有司以英宗遗诏为凭，请皇帝大婚。章纶上疏说："先帝山陵尚新，年号还未改，先帝逝世百日即改行吉礼，易以吉服，心中能自安吗？陛下刚刚登基，应当以孝治理天下，三纲五常实根源于此。请等来年春天再举行大婚吧。"他的建议虽然没有被采纳，但天下人都很敬重他的话。

成化元年（1465），两淮发生饥荒，章纶上奏救荒四条建议，都被批准了。成化四年（1468）秋，章纶的儿子玄应冒充其他籍贯参加科举。那时，每个省都有规定的科举名额，如果冒充其他籍贯，就会占用那个籍贯的考试名额。给事中朱清、御史杨智等人因此弹劾章纶，宪宗命侍郎叶盛调查。

成化五年（1469），章纶与佥都御史高明考察百官，两人意见不合。奏疏呈上后，章纶又单独上疏给皇帝，说给事中王让没有参加考察，并且说高明刚愎自用，自己的意见多不见赞同，请求将他与高明一起罢免。他的奏章被交给叶盛等人手中。于是，王让以及所有参加考察的大臣都连着上疏弹劾章纶。章纶自己也上疏要求罢免自己。宪宗皇帝没有听从。后来，叶盛等人查出他的儿子玄应确实冒籍考试。宪宗宽宥了章纶，至于他奏的其他事情也都置于一旁，不再追责。

不久，章纶又转调礼部。温州知府范奎被弹劾调官。章纶上疏说："温州是臣的故乡，范奎在温州为官，大得民心。他解官离任那天，当地绅士百姓三万余人为之哭泣，攀着他的车辕，不肯让他离去，一直留了十八天，范奎才能离开。请求陛下让他回任，以安慰温州百姓。"奏章下到有关部门，竟被搁置。

章纶为人憨厚刚直，喜欢直言不讳，不为当权者所喜欢。担任侍郎二十年，不得升迁。后以年老为由请求辞去。成化十九年（1483）逝世，享年七十一岁。成化二十三年（1487年），章纶的妻子张氏呈上他的奏稿，并请求加恩，皇上嘉奖叹息。七月，明宪宗追赠章纶为南京礼部尚书，谥号恭毅，他的一个儿子荫为鸿胪寺典簿。朝廷为表彰其德行，特立"会魁"、"尚书""方伯"等牌坊。

自是胸中铁作肝

（文：赵顺龙／图：曾令兵）

桐乡汇丰村

留得清白在人间

在桐乡市屠甸镇汇丰村，有一个叫于家埭的自然村，村民均姓于，堂名忠肃，岁时祭祀，庆吊往来，他们均称自己是忠肃堂于氏，是明朝忠臣、民族英雄于谦的后裔。

于家埭村北有一个漾潭，水质澄清，碧波荡漾，潭北松柏参天，绿荫匝地，正对面有一座高大的坟茔，石碑上写着"大明忠肃公于谦之墓"。每年清明节，于家埭及其附近村落里的于姓居民，成群结队，鸣锣奏乐，前来祭拜这位功垂千秋、名扬四海的祖先，并以此作为家族的光荣和骄傲。

于谦墓

于谦是钱塘人，蒙冤就义后葬于西湖，后被平反昭雪，谥号忠肃，后世将他与抗金名将岳飞、抗清名臣张煌言并列，称"西湖三杰"。他怎么会与桐乡市汇丰村于家埭有联系呢？原来，于谦遭诬陷被害后，他的一个儿子正在老家，得此凶讯，决定携妻小远走避难，仓促之间仅带了父亲的一件官服，行走百里后，来到现在汇丰村的地方，见此地水流回环，人烟稀少，便隐姓埋名，构筑草庐，定居了下来。不久，明宪宗登基，父亲昭雪，他便在村北的漾潭边营建衣冠冢，作为纪念之地。从此，桐乡便有了于谦的一支后裔，而于谦的故事也就在桐乡民间流传开来，至今不息。

于谦（1398—1457），字廷益，号节庵，自小长相奇伟，七岁的时候，有一个和尚路过他家，看见他奇特的相貌，惊奇地预言道："他将来可是一个济世救困的宰相啊！"旁人不以为然，引为笑谈，直到永乐十九年（1421），于谦考中了进士，才有人开始相信。

宣德元年（1426），于谦被任命为御史，四年后，又升任兵部右侍郎，巡视山西、河南，整顿军备。正统十三年（1448），于谦被召回京，任兵部左侍郎。第二年秋天，蒙古瓦剌部首领也先率军大举南犯，威胁京畿，太监王振极力怂恿明英宗亲征，于谦与兵部尚书邝野苦谏无果，邝野只得护驾出京，于谦留守京城主持部务。不料，三个月后传来英宗在土木堡战役中被俘的消息，朝野震惊。郕王朱祁钰监国，召集大臣讨论守御之策，于谦掷地有声地说："国不可一日无君，今皇上被扣北狄之地，料一时难以回还，国势危重，请郕王代理国政，切勿推辞。"于是拥立朱祁钰为帝，是为明代宗，年号景泰。钦天监徐有贞说星象有变，上天示警，主张迁都南京。于谦厉声斥责："此乃千钧一发之际，主张南迁者，可斩。京师是天下的根本，不到万不得已之时，不可轻言迁都。一旦迁都，民心大失，不可挽回，各位难道不知道宋室南渡的前车之鉴吗？"郕王于是采纳了他的意见，决定重兵驻守，并命令于谦调集河南备操军、山东备倭军、江南运粮军急赴京师驰援，于是人心稍安。在国家生死存亡的关键时刻，于谦不忘"社稷为重君为轻"的古训，不计个人得失安危，毅然挺身而出，辅立新帝主政，避免了朝廷群龙无首的局面，并当机立断，调兵遣将，拱卫京师。在于谦的奋力支撑下，明朝军队取得了一系列胜利，一年后，情况发生了变化，瓦刺部也先接连派出使者求和，并愿意交出原先被俘的英宗。于是，于谦派官员迎接英宗回京，瓦刺也恢复朝贡，向明朝称臣。

景泰八年（1457）正月，奸臣石亨、曹吉祥、徐有贞等迎立英宗重新为帝，改年号为天顺。不久，以于谦传布不轨言论、另立太子等罪名，将于谦逮捕入狱，数日后，斩于闹市，并抄没其家，家人充军到边疆。传说于谦被害之日，阴云密布，狂风大作，大家都说于谦被杀是冤枉的，是被奸臣陷害的。

于谦是著名的清官，他对腐败疾恶如仇，对权臣从不曲意奉承。正统年间，王振专权，作威朝上，肆无忌惮地招权纳贿，文武百官争相献金求媚，每逢朝会，必须献纳白银百两，方能觐见皇上。但于谦每次进京奏事，从不带银子，有人劝他说：“你不肯送金银财宝，也就罢了，难道就不能带点地方土仪吗？比如绢帕、蘑菇、线香之类的东西。”于谦总是潇洒地一笑，甩甩两只衣袖子，说：“我只有两袖清风，难道这还不够吗？”还特意写了一首《入京》的诗：

绢帕蘑菇与线香，本资民用反为殃。
清风两袖朝天去，免得阎罗话短长。

这就是“两袖清风”的出典，此诗写成后广为传诵，成一时佳话。于谦对这句诗也颇为得意，写成横匾，挂于门楣之上，以示不为利禄所动，同时也劝告前来向他有所求的人，让他们自动打消不轨的来意。但是这个举动引来了同僚们的不满，他们说于谦沽名钓誉，居心叵测，但于谦不为所动，以实际行动给予回击。

于谦性格刚烈，遇到不痛快之事，总是拍着胸脯大声说：“这一腔热血，不知会洒在哪里！”德胜门一役，明军取得大胜，于谦居功至伟，有人便上疏皇帝，要求给于谦的儿子于冕以世袭侯爵的名号，于谦得知后，极力劝谏皇帝，说："国家多事之秋，为臣子者义不顾私恩。他们不举荐一位有德的才人，不提拔一名有功的兵士，却举荐了我的儿子，就能得到公众的认可吗？"在他的力谏下，皇帝终于放弃了这个想法。

一天，于谦路过一处生产石灰的窑址，看见窑工正在从山上运来青石，要将它冶炼成白色的石灰石，顿有所悟，口占一绝，这便是那首传诵千古的《石灰吟》：

千锤万凿出深山，烈火焚烧若等闲，

粉身碎骨浑不怕，要留清白在人间。

于谦的一生便是这石灰的写照。

（文/图：颜剑明）

台州黄岩新宅村

公廉刚正黄孔昭

新宅村地处黄岩区北城街道，为黄岩黄氏族姓聚居地。五代后晋时，黄氏一族从福建邵武迁居黄岩南部洞山。明成化五年（1469），黄岩县析出三乡，另置太平县（即今温岭）。明中叶，黄孔昭一家从洞山迁居黄岩城内定居。其孙黄绾再迁居北郊翠屏山，在此建筑新居，故名新宅，逐渐繁衍生息，形成千余人的大村庄，至今已 600 多年。

黄孔昭（1428—1491），初名曜，后来以字为名，显达天下。于是，改字为世显。十四岁时，父母亲去世，他因过分悲伤而异常消瘦，好像身体只剩下一副骨架子支撑。二十多岁时，迁居黄岩后街。天顺四年（1460）考中进士，朝廷任命他为屯田主事。他奉命出使江南，事情办完后，当地士绅父老感激他廉洁公正，向他赠送临别礼物，他全都婉言拒绝，没有收受一件礼物。回京后，升迁为都水员外郎。

成化五年（1469），文选郎中陈云等人被一些小官吏攻讦，全部下狱，并被贬官。一时间，吏部文选司人员一空，人手缺乏。吏部尚书姚夔知道黄孔昭非常清廉，就把他调入吏部文选司。黄孔昭兢兢业业，不敢有丝毫松懈。成化九年（1473）升为文选司郎中，主管选拔文官。

吏部文选司职掌官员升调，按以往惯例，文选郎中都要闭门谢客，以避嫌疑。黄孔昭上任后，却改变了这一惯例，由闭门选才改为开门选才。他说："假如文选郎中都以深居简出，谢绝来客为高风亮节，又怎么能够了解天下的才能出众的人呢？"因此，黄孔昭下朝后，遇到客人上门，他都会延请入内，认真向客人打听情况，趁机寻访人才，并将这些人才的情况记录在册。

明朝时，州县都按照大小、繁简、冲僻、难易四项标准划分为不同等级。任命长官时，就会对此加以考虑。黄孔昭通过对人才的了解，按照这些官员才能的高低，选择地方任职。才识高的官员，就派往那些政务纷纭、地当孔道、赋多逋欠或民刁俗悍的地方。才识低的官员就派往那些不属于要缺的地方任职。这样就使官员各得其所，办好当地的事务。从此以后，吏部铨选都非常公平适当。他常常对人说："国家选拔使用人才，就好像农家储藏粮食一样。在丰收之年储蓄粮食，这样在饥荒之年，才能免于饥饿。国家平时注意储备人才，关键时刻就有充足的人才办成事情。"

黄孔昭对于那些托人情走后门以谋求官职的人，都会严加斥责，予以拒绝。哪怕是顶头上司吏部尚书的不合理提名都会毫不犹豫地拒绝。有一次，他和吏部尚书尹旻争执，弄得尹旻大为恼怒，甚至发火推倒了几案。孔昭拱手立于一旁，等尚书怒气平息下来，继续向尹尚书陈述，坚持自己的观点。尹旻虽然不痛快，但还是很相信他的诚实正直。

尹旻与通政使谈伦很亲近，想要升迁他为侍郎，黄孔昭经过考察衡量后，认为谈伦才识不足，坚决反对。尹旻最后还是提拔了谈伦，过了不久，谈伦果然失职获罪。尹旻又举荐故人为巡抚，黄孔昭又不答应。他的故人来到京城，谒见孔昭，为了让黄孔昭高抬贵手，让他获得巡抚的职位，乃至下跪请求。黄孔昭见了，不为所动，反而愈加鄙视这个人。尹旻命令黄孔昭推举这个人，黄孔昭拒绝了，回答说："这个人所缺少的，正是大臣的体统。"尹旻拿黄孔昭也没有办法，只好对故人说："只要黄孔昭一日不离开吏部，还在这个掌管官吏选拔的部门，你就不可能得到升迁。"

黄孔昭当文选郎中满了九年后，才升迁为右通政使，过了很久后，调任南京工部右侍郎。当地权贵侵占大量朝廷土地，许多官员畏惧这些权贵的势力，不敢吭声。黄孔昭却毫不惧怕，奏请收回。他奉诏向皇帝推荐知府樊莹、金事章懋应两人，后来这两位都成为历史上的名臣。南京一个郎官向他进献向百姓征收的附加税白银数千两，被他免官革退。南京从地里挖掘到一只古鼎，黄孔昭急忙命令工匠在上面镌刻"文庙"二字，送往宗庙。没过不久，就有皇帝宠爱的太监想要夺走古鼎，献给朝廷，看见上面镌刻的字方才打消企图。南京百姓因而逃过一劫。

弘治四年（1491），黄孔昭病逝。嘉靖年间，追赠为礼部尚书，谥号为"文毅"。黄孔昭不仅自己为人公廉刚正，对于家人也要求严格。受他的影响，他的儿子黄俌、孙子黄绾为官也有清廉的名声。

黄俌（1450—1506），字汝修，号方麓。成化十七年（1481）进士，历任吏部职方司主事、员外郎、武选郎中。他在担任车驾主事时，朝廷分封各地亲王，每年报销车船费十余万银两，黄俌奏准裁减车船费半数，并启用车船户票，用于往返销缴。他在担任吏部文选郎中时，就像自己的父亲那样，严格为朝廷考查选拔人才，以致引起权贵们的不满。

黄绾（1480—1554），以祖荫入仕，官至礼部尚书兼翰林学士。他很关心国计民生的大事，曾上疏黄河改道方略，奉旨安抚山西兵变，建言开放海外贸易，限制皇亲国戚特权，改革司法刑审，保障民生权益等。他还撰写了一部哲学著作《明道编》，提出"大臣法，小臣廉"观点，强调政府官员应遵纪守法，保持廉洁。后来被清初顺治帝钦定《御制人臣儆心录》收录，改成"大臣不廉，无以率下，则小臣必污；小臣不廉，无以治民，则风俗必坏。层累而下，诛求勿已，害必加于百姓，而患仍中于邦家。欲冀太平之理，不可思矣"。意思是说，大臣如果不能给下级小臣做出廉洁表率，下级官员就会上行下效；下级官员如果不廉洁，就不能有效治理地方，社会风气就会败坏，百姓就会受到伤害。从上到下，层层官吏普遍腐败，天下就没有太平之日。

后人称赞说："国家兴盛时，士大夫大多以廉节自重，难道都是刻意砥砺德行，喜好名声而故意做出的行为吗？其实是这些人淡泊名利，耻于蝇营狗苟、奔走竞争，品性孤高，不随流俗啊。明朝仁宗、宣宗时期，朝廷严惩官吏贪墨，提拔公廉刚正的士人。黄宗载清正自持，掌管吏部铨选，顾佐为官刚正，掌理国家大法，于是天下风纪为之一清。段民、吴讷、魏骥、鲁穆等人廉洁清白的节操犹如羔羊素丝一般。轩輗、耿九畴、黄孔昭高昂激越，超出世俗，物欲不能干扰。章敞、徐琦、刘戬律己严正，他乡之人都为之倾倒。这些人的清廉刚直足以让后人学习啊！"

（文：严振非）

温岭桥里村

苟利社稷生死以

赵大佑，字世胤，号方崖。明正德五年（1510）六月十一日，生于太平关峤（即冠峤）。其祖先出于上虞蛟井（今属新昌），后迁至洪洋（今路桥洪家），始迁祖赵德明于元末为避方国珍而迁徙关峤（今桥里村）。赵大佑纪念馆就坐落在风景优美的冠峤山麓。据史书记载，赵大佑官至明朝刑部尚书，为官清廉，刚正不阿，"勋业著于官，行谊闻于乡"。擅长书法，有晋人风骨，著有《燕石集》。有明一代，盛行建立坊表，旌表人物。温岭尚书坊就是为赵大佑而建。斯人已去，幽思长存。

嘉靖十三年（1534）乡试，赵大佑中举。嘉靖十四年（1535）连登进士，初授安徽凤阳府推官，在任时，兢兢业业，恪尽职守，理讼状、破悬案，政绩显著。

嘉靖十七年（1538），赵大佑升迁为广东道监察御史，巡按贵州，调查蜡尔山龙求儿、龙子贤等啸聚山林之事。当时朝廷下令贵州巡抚韩士英及湖广巡抚陆杰共同会剿，可是韩士英、陆杰出兵，仅仅拿获喽啰数十人。二人急于夸耀功绩，以求取赏赐，便招安了龙求儿等匪首。不料，仅仅过了一年，龙求儿、龙子贤又各自聚集徒众，往来酉阳、平头、九江等寨，打家劫舍，杀死和俘虏百姓上千余人，至于财物畜产，则不计其数。贵州巡抚韩士英惊慌失措，百计掩盖。赵大佑巡按贵州期间，被害人拦轿喊冤，跪地哀告，请求大人剿灭盗匪。

赵大佑会同巡抚韩士英商议，龙求儿系两省叛乱苗人，须会同湖广围剿。但是陆杰因先前欺骗朝廷说已经招抚了龙求儿，不敢再提围剿之事。新任巡抚刘培菴屡次与陆杰商议会剿，陆杰犹疑不定，出尔反尔，致使盗寇益发嚣张，劫掠范围扩大，甚至围烧县

苟利社稷，死生以之

城，绑缚知县，被劫者来巡抚衙门控告，反被陆杰杖责。赵大佑得知此事后，严斥陆杰，果断上奏朝廷，请求合兵围剿，并提出由自己承担围剿重任。最终他亲自督兵湖广平定叛乱，又上书弹劾巡抚陆杰、韩士英，罢黜二人，两省百姓终于得到安宁。

原贵州已退休官员宣慰使安万铨，以及现任宣慰使安仁两人均系土司充任的地方官吏，在任期间不守法纪，放肆妄为，惹是生非，作恶多端，为了侵占他人田地房产，图谋害命，致死无辜。他们还私立庄田，长久拖欠国家粮税，擅自开挖矿场，牟利巨万；以土司袭流官，却不向朝廷行使仪节，藐视朝廷，上司查询文档，也不当一回事。安仁罪行昭著，三司会参，依然不改其邪恶，不但压案不办，办差催报者，反遭拒捕殴伤。赵大佑奉命巡按，首先将他的爪牙张仁、李木抓起来，按杀人劫财，伤天害理之罪逮捕审理。赵大佑疾恶如仇，审理张、李二犯，并绳之以法。处理完安仁事件后，紧接着他又去调查安万铨之事。贵州巡抚刘培菴受其贿赂，指使安万铨向各衙门递文书，并备好武装以威胁赵大佑。赵大佑厉声道：“人臣苟利社稷，死生以之，吾何爱一身哉！”坚决派人抓捕审理安万铨。

春秋时期郑国子产受人诽谤，就曾说过“苟利社稷，死生以之”的话，意思是说只要有利于国家，个人生死就由它去。赵大佑面对威胁，毫不犹豫地说，作为臣子，只要对国家有利，绝不会珍惜自己这条命。安万铨听说之后，知道自己罪无可恕，赵大佑绝不会放过他，只好穿上囚衣向赵大佑认罪。赵大佑仔细勘察后，就把安万铨的违法事情全部向皇帝报告，请求按律处置，为民申冤。在奏疏中，赵大佑还弹劾了贵州等地巡抚，认为边关西阳、铜仁出现此等劫掠、叛乱事件都是因为这些巡抚大臣包庇纵容所造成的结果。据贵州大臣王宗沐记载：赵大佑驻兵辰州、沅州、酉阳期间，最终剿灭了叛乱。还说赵大佑巡按贵阳，考察吏治，一时间，贵戚敛手，豪滑屏息，贵阳百姓得以安居乐业，真是前所未有之事！称赞赵大佑谋略超群，乃是抱负远大之人哪！

他巡按贵州时，勤政廉洁，求真务实。这都可以从他上奏朝廷的《按贵奏议》体现出来。当时贵州许多官员平时不勤于政事，大多延捱时间，以图升迁。军职世臣多数不奉公守法，反而假公济私，索要钱财，克扣手下俸禄，奸、盗、诈无所不为。赵大佑严加整顿，究治奸贪，对官吏结党、教唆作弊者，尽行查出，予以革退，使贵州官场风气为之一变。他根据贵州情况，还向朝廷条陈八事，要求兴学校、设哨堡、禁侵渔、杜骚扰、省刑罚、备边储、均徭役、厚流民。朝廷下诏贵州以此为令。

嘉靖四十年（1561），赵大佑奏报伊王朱典楧不法事。三月初三，朝廷遣派时任刑部左侍郎的赵大佑与锦衣卫都指挥佥事万文明等再次勘问伊王朱典楧不法事。内阁首辅严嵩收受伊王贿赂，言语中暗示赵大佑包庇伊王。赵大佑严词拒绝，根本不害怕得罪权势滔天的严嵩，据实奏报伊王所犯之罪。嘉靖帝下诏，按律治罪伊王，毁其宫殿，退还官民房舍，放还民女。赵大佑因此得罪严嵩，严嵩恨之入骨。当赵大佑与刑部尚书郑晓、侍郎傅颐，上疏坚持案件应按法律程序由法司审理，再由都察院刑部评议时，严嵩极力反对，故意激怒嘉靖皇帝，结果令郑晓去职，傅颐遭贬，赵大佑则被逐出御史台，官降两级。

同年，御史邹应龙不畏强暴，冒死上书，弹劾严嵩、严世蕃父子及其党羽，极论其各种不法罪行。嘉靖帝阅后，勒令严嵩致仕，下严世蕃等人入诏狱，不久后，又将严世蕃斩首示众，严嵩革职为民，查抄家产。严氏父子倒台后，赵大佑升迁南京刑部尚书，调查齐王不法事。原来齐王极为凶残，自己无故杀死家仆，反而嫁祸诬蔑儒生陆某，刑部其他官吏明知陆某冤枉，然而畏惧齐王的权势不敢追查。赵大佑接手此案后，昭雪陆某冤情，怒斥齐王诬告，并奏报朝廷，齐王因此被贬为庶人。五城兵马司胡光弼贪赃枉法，被赵大佑查处，并弹劾罢黜。他还针对此案，上疏请朝廷对兵马官员制定终岁考察法。嘉靖帝宠爱近侍黄锦，其属下宦官马广依仗其势，目无国法，被判死刑。黄锦以重贿为马广说情，请求赵大佑缓办。赵大佑却说："岂可以大释当诛之人！"立即上奏朝廷，马广很快被处死。

赵大佑在刑部时，要求官员：禁止滥用酷刑，强调依法用刑；追究钱粮，不得非法拷讯，致伤人命。办案时主张虚心推敲，缘情求实，无罪冤案者，应及时给予释放。有一个冤案，数年不得昭雪，他叹道："死刑，是重刑。法官怎么能明明知道这是冤案，却不为他洗雪冤情呢！"于是，他为之平反。他疾恶如仇，对贪官污吏，强调严格执法。他曾对友人说，自己是御史，即使是朋友犯法，也照样处理，叫朋友谨慎行事。他教育子弟要切实修养，以祖宗、百姓、子孙为念，切不可临财起意贪赃枉法。他一生清廉，与人交往从不收礼。

嘉靖四十四年（1565），赵大佑以留都（指南京）之责上奏嘉靖帝。皇帝称赞他说，"你确实是一个能够坚守法律、恪尽职守的臣子呀！"进资德大夫，为正卿，并赠他祖父、父亲为刑部尚书。不久，赵大佑以孝养父母为由辞官还乡。

赵大佑为官三十余年，一生以治国平天下为己任，在监察、理狱、治政诸方面均取得卓越业绩。隆庆初，宰辅徐阶、高拱都曾极力邀请他一起入内阁，先复原职南京刑部尚书，后升兵部尚书参赞机务，均被他辞去。宰辅徐阶，既是赵大佑的座师，后又是同僚，交往密切，非常了解赵大佑。他在墓志铭中对赵大佑叙述较为详细，其中谈及朝廷大臣为赵大佑复出之事而议论纷纷。第一种议论是赵公是大臣，应以国家为重，一定要授封他。第二种议论是赵公为国尽忠，为家尽孝，最终以归养年迈八十的父母为孝，不能授封。最后，吏部同意让赵大佑作为后人的榜样而致仕。赵大佑致仕五年后病逝，期间不曾踏入县城一步。徐阶流泪说道："巍巍六卿，朝廷所尊，两去不顾，卒陨丘园。进能为忠，退能为孝，公身则亡，公名有耀。匪孝非子，匪忠非臣，刻铭幽墟，永训后人。"

刑部尚书应大猷评论赵大佑说："阅览他前后所上奏疏，激烈恳恻，都是为国、为民、为社稷之言。他在贵州的政绩最为显著，无论地方险易，他都一一亲历，在他之前或之后的巡按御史都未曾到过这些地方，而且他还详尽地了解夷人的艰难困苦，使他们感颂不已，由此可知赵大佑忠于国家人民。"赵大佑尤其关心社稷安危和百姓的生机，他与抚臣、郡守、县令的交往就能说明一切。他写给项宗曙的赠序，就提倡体国亲民，要做纯臣、良臣，做到尽忠直言。

在桥里村，还流传着谢祭酒出联醒凤麟的故事。传说，大溪冠屿赵大佑十八岁高中解元，他和乐清南阁村的章纶是同窗好友，据说当时主考官评赵大佑的文章"贵如麟角"，说章纶的文章"华如凤毛"。从此"赵麟"、"章凤"的名气到处传开了。两个少年成名，不觉得意忘形，终日游山玩水，寻香访艳，不思进取。

一年春天，二人携美女到雁荡山游玩，回来时经过白溪凉亭，联句吟诗，好不得意。不料从凉亭中走出一个老倌来，嘲笑二人。赵大佑大怒，气冲冲走到他面前问道："你是何人？竟敢笑我！"章纶从旁亦道："让他对对子，给他点颜色看！"

老倌毫无惧色，笑道："请出上联！"

章纶看了看山上起伏不定的松林，脱口而道："望松涛，千里风云收眼底。"

老倌随口应道："听音韵，万民忧乐在心中。"

赵大佑也出了一个上联："锦绣青山，花木香千里。"老倌待他话音刚落，便接口道："澄清白溪，福泽遍万民。"赵、章二人听了自愧不如，于是邀请老倌一起去饮酒谈诗。闲谈中，方知老倌乃是国子监祭酒谢铎。谢铎为了扫尽二人傲气，亦出一上联："白溪白鸡啼白昼。"赵、章二人思虑良久还是对不上来，这才知道山外有山，天外有天，从此不敢再骄傲。临别时，谢铎劝两人继续潜心读书，切勿贪花爱色，虚度光阴。二人都认真听取了谢铎的训导，后来都考中进士，成为一代名臣。

（注：赵、章二人并非同时代人，然两人确为明代名臣，光耀史册。）

（文：赵富云/图：郑寅俊）

仙居高迁下屋村

铁骨铮铮吴时来

高迁村位于仙居县白塔镇境内，以自南向北的月鹿河为界，分为上屋、下屋两个行政村。源自梁代银青光禄大夫吴全智，至六世始居吴桥下宅，自此青紫不乏，人才辈出。明代左都御史吴时来即为其后人。迨至七世祖浙东副元帅兼仙居县尹吴熟，因人稠地狭，遂购朱氏宅而居之，始名高阡，意为阡陌纵横，后来讹为高迁。村内保留了大量风貌各异的古宅院，是浙江中部地区最具代表性的古村落。

吴时来，字惟修，号悟斋。十岁能诗文，有神童之称。一次野火烧山，其父吟曰："半块火可烧千仞山。"他接咏道："一粒谷能种万顷田。"后参加县试、府试，均占鳌夺魁。嘉靖二十八年（1549）乡试中举。次年会试不第。归来后至离家二十里的景星岩古刹，面壁苦读，两年不下山。父亲去看望他的时候，只见读书之处四壁血痕斑斑，不禁大哭道："吾儿呕出心肝矣！"功夫不负有心人，嘉靖三十二年（1553），吴时来终于考中进士，时年二十六岁，授任松江府推官，代理知府治理松江。

当时正逢倭寇犯境，老百姓都逃往松江城里躲避兵火。有人建议吴时来关上城门，不让百姓入城。吴时来反问道："难道城外百姓不是我的子民吗？"下令开城门放百姓进来，据光绪《仙居志》载，此次救活人数以万计。第二年夏天，倭寇进攻松江西南一角。因为突下暴雨，城墙毁坏，民众惊惶失措，一时间人心动摇。吴时来亲率士卒，以强弩扼守冲要。当时进城的百姓居住在木头搭建的屋子内，吴时来担心会被火器所毁，下令拆除。在记下屋主的姓名后，将拆除的木材趁夜运至城外，一夜间立起栅栏，三天内修好城墙。城墙修好后，他又下令将栅材还给百姓搭建成屋。倭寇知道松

"半块火
可烧千仞山"

"一粒谷
能種萬頃田"

铁骨铮铮吴时来

江城有了防备，只好撤退。吴时来估计倭寇一定会走槜李，于是密令吴江县令决开太湖，阻挡倭寇，随后又以伏兵夹击被水拦阻的倭寇，大败倭寇。此一战，斩首数千，倭寇溺死者不计其数。在明代抗击倭寇史上堪称第一大捷，极大地鼓舞了民族信心。

吴时来为人正气凛然，爱憎分明，曾与明朝大奸臣严嵩相斗数年，留下许多妙趣横生的佳话，为江南文人所推崇。

嘉靖年间，严嵩曾长期把持朝政，结党营私，朝野上下怨声载道。北方少数民族侵犯中原，而边关守备荒疏，长官克扣军饷，兵卒冻馁，朝不保夕，形势危若累卵。为此，吴时来上疏弹劾兵部尚书许论、宣大总督杨顺、巡按御史路楷，结果许被罢官，杨、路二人下狱。这三个人都是严嵩的党羽，严嵩父子恨之入骨，想要置吴时来于死地。适逢朝廷要遣使出访琉球，严嵩党羽便推荐吴时来出使。吴时来受命后慷慨陈词："男儿死当葬身鱼腹中，这有什么可推辞的？只是权奸不除去，又怎能报效朝廷呢！"于是他毅然上奏弹劾严嵩父子，引经据典，列举了大量事实说明严嵩父子操纵朝政、贪赃枉法、祸国殃民的滔天大罪。他向嘉靖皇帝坦陈道："假如不铲除严嵩父子及其奸党，尽管陛下勤政爱民，励精图治，但边疆海域永远难以安宁啊。"

当时嘉靖帝正宠信严嵩，看见奏疏，龙颜不悦，留中不发。严嵩父子趁机指使党羽同僚以"不愿出使琉球，挑拨君臣关系，犯上作乱"为由，将吴时来打入大牢，命令锦衣卫审讯追究是谁主使的。吴时来铁骨铮铮地回答："祖宗立言官，为国除奸，此是主使。"锦衣卫听了十分恼怒，将吴时来大刑伺候。吴时来又回答说："孔子教人臣事君以忠，此是主使。"锦衣卫愈加恼怒，将衙门内所有的刑具都用在吴时来的身上，吴时来被折磨得体无完肤，却宁死不屈。

第二天，锦衣卫正准备再审讯时，京城忽然发生了地震。嘉靖帝手中的毛笔一下子掉到地上。皇帝大吃一惊，以为上天在警示他。吴时来才因此逃过一劫，被流放横州十年。吴时来在横州淡然无怨，闲读群书，修建悟斋书院，朝夕讲学，造就人才，发展当地文化。

明穆宗继位后，吴时来恢复原官，不久后又迁工科给事中，曾筹划多处治河事宜，造福于民，又向穆宗上疏推荐谭纶、俞大猷、戚继光三人专练边兵，得穆宗采纳。此三人皆为明朝著名的抗倭将领。他弹劾佥都御史刘秉仁推荐太监李芳，没有大臣的节操，刘秉仁因此被罢免。明穆宗隆庆二年（1568），吴时来官拜南京右佥都御史，提督操江，将宿弊尽数革除，后来又做广东巡抚。当时高拱掌管吏部，不喜欢吴时来，便以滥举亲信为由，将吴时来降职为云南副使，不久后又免去了吴时来的官职。吴时来闲住家居十六年，直至万历年间才起复。万历十五年（1587）官拜左都御史，正色立朝。万历十八年（1590）五月乞休归，还未出都城就去世了，时年六十四岁，赠太子太保，谥忠恪。

（注：故事来源于村民、光绪《仙居志》、《明史·吴时来传》、林一焕《吴忠恪公行状》。）

（文：颜晓红/图：郑寅俊）

丽水莲都大港头村

刚直廉明数王信

丽水市莲都区大港头村对岸是峰峦叠嶂的八仙山，山下有一块三面临水，一面依山的平坦土地，人们形象地称为"坪地"。在这块寂静安详的坪地上，安葬着许多丽水地方先贤。南宋给事中王信亦葬于此处。据清道光《丽水县志》卷六记载："宋给事中王信墓在县南五十五里十九都坪地。"今墓址尚存，石像则散落在墓园周围。

大港头村村貌

铨选清正严明

王信（1135—1194），字诚之，丽水人。少时颖异，弱冠之年赴都城临安（今杭州）进太学求学。南宋绍兴三十年（1160），考中进士，开始了他三十余年的宦海生涯。

王信为官清正廉洁，为政秉公守正。他在京城时曾担任考功郎官，负责考核和荐拔官员。四川人张公迁授官后，在最初的八年免于考核，现在改任其他官职。考功司有一个小吏不了解情况却胡乱地写上他的考核结果，还下令阻止张公迁改任升职。王信认真地调阅档案，仔细地探求，查出了实际情况。小吏对他的严格认真由衷地感到信服。四川有三个官员考铨时掩盖升职标准，考功司的官吏却接受了三个人的贿赂，替他们遮掩此事。当时工部尚书赵雄是四川人，也为三名四川官员向王信说情，王信不畏强权，严词拒绝。不久，赵雄转任吏部尚书，审阅考功司考核官员的档案，看到王信对那三个四川官员的考核评价，公正严明，不觉拊掌感叹，对自己嘱托的行为感到惭愧不已，于是将此事上奏孝宗。宋孝宗闻知此事后，也感叹不已，对尚书蔡忧时说："考功司有王信，主持铨选的官员就很清白廉明了。"那些巡查的人都私下议论，认为他就像神明一般明智不可欺骗。

宋高宗时重定补荫法，从四品以下文武官员只有年满三十，或任官十五年以上，其子弟亲属方能凭借他们的年龄资历或功绩获得荫补。于是出现武臣的任命状故意不写年龄，在磨勘、升迁、荫荐时，肆意欺骗，想方设法地骗取荫荐，毫无忌惮地为子弟亲属谋取官位。年未三十，一人就荫荐十余人。这种情形发展得几乎无法控制。王信选出最严重的几件事告知宰相，交付大理寺处置。此事牵连到三衙（宋代掌管禁军的机构。有殿前司、侍卫亲军马军司、侍卫亲军步军司，合称三衙），殿帅王有直竭力抗辩，孝宗了解事情经过后，明白王有直的抗辩是不对的，于是阻止他说："考功郎官说的是公事，你想要干什么？"罪案成立后，犯法的人都认罪。此事结束后，王信上奏请求设置簿籍记录，以杜绝类似情况的发生。

不久后，宋孝宗任命王信为军器少监，仍然兼任考功郎官。因母亲去世，王信卸任回乡守孝，一些官吏见王信走了，便聚钱杀猪宰羊祷告神明，愿王信守丧服满后，回朝后不再当考功郎官。

王信起复后，改任永州知州。回朝奏事，被皇帝留在京中，担任将作少监，又重新担任考功郎官，后又转任军器少监兼右司郎官，升员外郎。各地如果有案情不明、证据不充分、一时难以判决的案件上报，王信常常要反复披览材料，直到深夜。

论奏不避权要

宋朝时，在京师的职事官自侍从以下，每五日轮一员上殿奏事，指陈时政得失，时称"转对"。每次轮到王信上殿奏事时，他都能尽忠直言，遇事坚定果敢，从不回避朝廷权贵。

王信曾在殿上批评士大夫趋炎附势的弊病，称："当官的人逃避一时的责任，却对以后的祸患毫不顾及。进言的人只追求一时符合皇上的意旨，对于建议是否可行却不加考虑。办事的人，只求快点办完事，根本不考虑国家利益。谋利的人只关心那些以赋税盈余的名义向朝贡的财物，却不去探求这些羡余征收的实际情况如何。议论崇尚刻薄，逐渐丢失了祖宗忠厚的本意。革除弊端时掺杂着繁杂琐碎的事，却缺少国家宽大的法规。对因循守旧、玩忽职守的事，满不在乎，不觉得奇怪。希望陛下反复衡量和考虑古时候的道理，适合当今的需要，在取舍之间显示出喜欢什么、厌恶什么，使天下人明白怎么去做，而不再曲从目前这种因循苟且的士风。"

他还在朝会上批评地方州县官员不能真正地实行朝廷的恤民政策，致使朝廷徒有恤民之政，而无恤民之实。他说："近年粮食歉收，陛下惦念百姓，凡是发生水旱灾患的州郡，或者蠲免了租税，或是暂时停止征税。然而许多州县官员却假借暂时停止征税的名义，去做骚扰百姓的事。还请陛下对这些地方，明确下令免去赋税。"他还建议了预防祸患的三个方法：召集逃亡的兵卒，选用忠顺的官员，加强训练的职责。又讲了屯田的利益与危害。皇帝都采纳了他的主张。

太史上奏说仲秋时太阳、月亮和金、木、水、火、土星将在轸宿会聚，王信说："吉凶的征兆，史籍的记载不一样，但金、木、水、火、土五星会聚是有的，没听说七星会聚的，会聚点对应的地方是楚地，希望陛下考虑怎样顺应天意。"于是他就分列条目，上奏七件事。他说："陛下刚开始即位时，经营中原的志向十分坚定，然而却没有建立这个功绩。原因在于陛下所任用的人不是同类。不是同类的人，言论就不同，言论不同，心思也就不同。希望陛下先求得最适当的言论，使言论统一。锁闱封驳，而右府所颁布的命令不经过中书，有时斜封从宫内传出，被公论所不相容。统领像奴仆一样侍奉宦官，因此获罪被贬到偏远的地方，幸好蒙受赦免，回来后却立即官复原职。与皇子故交世好的仆人，得到榷酤官却看不起朝中官员。老军校侥幸希望获得节钺，使用诡计就能得到，而得到的俸禄和恩惠，同正当途径得到的没有区别。阁职多是超出定员的祇候。妃嫔进封而把异姓的人假充为自己外甥、侄子。被给事中一一加以改动的诏敕奏进后，有的虽然已写成文书而又被慢慢核实出不确当的，妃嫔就争相解救他们。"皇上说："事情不能不问清楚的，你只管一件一件地说，我没有不为你做主的。"于是王信更加坚定自己的志向，毫不动摇和屈服。

宦官甘昇曾被逐出朝廷，流放偏远的地方。高宗驾崩，甘昇被召回负责处理高宗的丧事，没有人敢提出异议。紧接着甘昇又担任了德寿宫提举。王信立即上疏反对，满朝文武官员都震惊了。正好翰林学士洪迈入宫，孝宗徐徐地对他说："王给事议论甘昇的事非常恰当。朕特别上报给太上皇后。太上皇后认为，'现在宫中之事与以前不同，不是我这样的老人家能够处理好的，小黄门虽多，却不熟悉宫务，起不到什么用处。只有甘昇可以担起这些责任，为我分忧解难。他如今刚回来，连居住的地方都没有，岂敢故态复萌，像过去那样呢？'因此驳回王信的奏疏不想施行。你见到王给事，可以对他说明这个原因。"王信听了洪迈的话，方才罢手，不再追究。

视民若有所伤

王信考中进士后，朝廷最初任命他为建康（今南京）府学教授，掌管儒学科考之事。不久父亲亡故，护送灵柩回乡守孝。服满回任，将所著《唐太宗论赞》、《负薪论》献给孝宗，孝宗阅后赞叹不已，特别破格授予太学博士。按当时定例需先派往外地任职，于是到温州任教授。

他到温州上任时，正遇上那里发生饥荒和瘟疫，百姓面临缺粮的危险和疾病的威胁，许多人因此死亡。州府商议派遣官员赈济救灾，地方父老希望王信能够担任此事。州守不想以此事烦劳他，父老反而更强烈地请求。王信知道后，欣然前往灾区，亲自走访灾民，遍至病家探视救济，救活的人不可胜记。

王信在担任绍兴知府、浙东安抚使期间，曾上疏奏免绍兴府积欠官钱十四万缗、绢七万匹、绵十万五千两、米二千万斛，极大地减轻了百姓的负担。当时山阴县（今绍兴县）境内有狭猕湖，环湖四周皆为田地，每年汛期，湖水漫涨，田地淹没，百姓苦不堪言。王信上任后，访问耆老，亲自考察，组织民力修筑堤坝11座，独创启斗门，按时启闭，引水入海，将水涝之地变成上等肥田。百姓非常感激，为他绘像建立祠堂进行祭祀，并将湖名更改为王公湖。

绍兴有溺女恶俗，女孩一生下来，就被父母溺杀。王信上任后，严令禁止溺婴行为。绍兴文风不盛，王信就捐俸置买学田，供养儒士，以兴文教。绍兴有停葬之风，百姓家中死了人，无钱下葬，就长期停放在野外或家中。他就设立义冢，帮助那些因家贫无法下葬的人家。为使民众老有所养，他还兴治义田，帮助赡养那些贫困无子嗣的百姓。因政绩显著，朝廷加王信焕章阁待制，知鄂州，改知池州。

早先，王信护送父亲灵柩从金陵回丽水时，按孝子规矩草履步行，虽疾风暴雨也不躲避，因此得了风湿病。当他听到宋孝宗驾崩的消息，读了孝宗遗诏后，悲伤过度，疾病复发，病情日益沉重，于是上疏请求辞官。最后以通议大夫致仕。宋绍熙五年（1194），因病卒于王家故宅，朝廷命有司祭葬。据说，他去世前，夜晚有星星坠落在宅前，光亮如火炬，离地数尺时散去。几天后，王信病亡。临终前以"忠、孝、公、廉"四字传给儿子作为遗训。

（注：王信的事迹见《宋史》卷四百列传第一五九。）

（文：吴志华）

龙游石角村

直言宰相余端礼

石角村在龙游县溪口镇境内，原名石墎村。据《龙游县志》记载："去治西三十里。下临灵溪，有石桀立水上，石壁循水而北为石墎。""墎"同"郭"，是城郭的意思，意为群山环抱如同城郭。当地方言"墎"与"角"同音，后来被误写成石角村。石角村依山傍水，静谧安详。水绕群山，山环灵江，村内保留着万寿宫、古码头、状元桥等古迹，以及大量风貌各异的古宅院，是金衢盆地内最具代表性的古村落之一。在这块古意深远的土地上，立有一座宰相墓，墓中长眠着南渡名宰余端礼。

余端礼（1135—1201），字处恭，考中进士后，先后担任宁国县尉、江西南路安抚司、乌程县令等职。后奉召入都，历官监察御史、大理寺少卿、太子侍读等职，并先后担任礼部侍郎、兵部侍郎、吏部侍郎、刑部尚书、吏部尚书，直至身居权力中枢，拜右丞相，再拜左丞相。

余端礼刚正不阿，敢于直言。他担任乌程县令时，当时老百姓丁税缴纳的一律以本地出产的缣（绢）折算，规定每三人出一匹缣，但官府不收实物，而以每匹缣一千钱的价值换算征收。由于官府层层加码，每匹缣的实际费用增加到五千钱，老百姓不堪忍受。余端礼了解情况后，就把这一弊端向上级反映，请求纠正。又亲自赶往京都中书省申诉，以一个小县令的身份与朝廷大臣抗争，最终使乌程县百姓每年得以减免的丁税绢钱达六万缗之多。

事后不久，孝宗皇帝召见余端礼，以国事相问。当时，孝宗皇帝立志恢复中原，赶走金人。余端礼大胆应对，回答说："谋敌取胜的方法，有用声威震慑的，也有用实力打击的。对于弱小的敌人，往往先用声威震慑，打击敌人的士气，使敌人惧怕。对于强大的敌人，则先积蓄实力，等候时机，再一举歼灭。汉武帝趁着匈奴窘困之际，亲自巡行边陲，威震朔方，而大漠以南的匈奴没有王庭，被汉朝声威所震慑，臣服于汉朝，这就是所谓先声而后实。春秋时，越国图谋吴国则正好相反，外面示以盟好，内则整修武备，表面上派文种、范蠡修好于吴国，暗地里与齐国、晋国结盟，越国兵士训练越精锐，向吴国献贡礼越频繁，以此迷惑吴国，当时机来临，一次战斗就彻底击败吴国，称霸诸国，这就是所谓的先实后声。当前形势与汉时不同，而与越国相似。希望能内修武备，秘密图谋，观势察时，就有可能抓住机会。"

他又说："古时切中时机的情况有四种：有投隙之机，有捣虚之机，有乘乱之机，有承弊之机。趁敌人内讧而出师讨伐，譬如汉宣帝利用匈奴内讧单于争立的时机出兵，这就是投隙之机。趁敌人有外患时而讨伐，譬如越国趁吴王夫差被黄池战役牵制时出师讨伐吴国，这就是捣虚之机。趁敌国君主昏昧，人心离散之机兴兵征讨，譬如西晋征伐吴国孙皓，这就是乘乱之机。趁敌人形势窘迫，力量衰竭之时，尾随其后，趁势追击，譬如汉高祖追击项羽，这就是乘弊之机。时机未到，不可以先动手；时机已到，不可以落后。以此备边，就会犹如泰山一样安稳；以此应敌，则动如破竹，为所欲为，没有什么志向是不能顺利达到的。"

孝宗听了，大为高兴，称赞道："爱卿对国事真是了解啊！"后来，余端礼被举荐为监察御史，迁大理少卿，转任太常少卿。

有一次，孝宗下诏来年举行祈谷之祀，仲春实行籍田礼，下令礼部官员讨论明道礼制的先例情况。当时余端礼担任太常少卿，掌管祭祀礼仪事务，认为此事不妥，便上奏说："祈谷祭礼，应该在圜丘祭祀天地，此前在太庙供奉，与冬至郊祀礼制相同，这是本朝的先例。至于明道礼制，则是宫中火灾之后，重建宫寝落成，然后在太安殿恭谢天地，仅仅是为了谢灾一事罢了。现在想要举行祈谷礼，亲耕籍田，必须在圜丘祭祀天地，必须于前期在景灵宫、太庙供奉。想要像举行明道礼那样，在殿廷内进行，是绝不可以的。"孝宗下诏令太常、礼部官员集体商议。有人认为可以从权按明道礼制实行，余端礼反驳说："礼法固然可以有从权的情况，然而礼制的根本是不可以变动的。古时候人们在郊外祭祀天地，亲耕籍田，所以称为郊礼。在明堂祭祀，就叫明堂礼。像明道谢灾礼制与祈谷礼制完全不同。现在想要在殿庭中举行郊礼，将来是否要在坛壝举行明堂礼了吗？如果这样做的话，那么违背礼法将会从我这儿开始。我死也不敢奉诏！"孝宗只好中止这种行为。

光宗继位，召见余端礼，端礼进言道："天子的孝顺与普通人不一样。现在陛下孝顺寿皇（即孝宗皇帝，后传位于光宗），应当像舜对待尧那样，实行他的政治主张就可以了。武功之于文治，只要继承寿皇的志向，遵行他的行事就可以了。凡是寿皇睿谋圣训、仁政善教，曾经施行天下的，希望陛下与二三大臣早晚讲求，身体力行，这样就足以说明陛下非常孝顺寿皇了。"光宗听了，觉得很有道理。

余端礼做吏部尚书，升任同知枢密院事时，发生了一件事情。兴州统帅吴挺死了，余端礼对枢密赵汝愚说："吴氏世代掌握蜀地兵权，如果让吴挺的儿子承袭职权，将来一定会有后患。"赵汝愚认为余端礼说得对，两人就一起上奏光宗，光宗皇帝犹豫未决，余端礼说："汝愚所言是为蜀地长远考虑，是为东南考虑。派驻大将而所选非人，等于没有蜀地，没有蜀地，就等于没有东南。现在蜀军统帅迟迟不决定，人心将会离散。"然而光宗没有听从余端礼的劝告。后来，吴挺之子吴曦果然占据蜀地叛乱，余端礼不幸言中。

光宗受皇后李凤娘挑拨离间，借口生病长期不去朝拜重华宫的寿皇，寿皇驾崩，又以病重为理由拒绝主持丧礼，一时间，朝廷上下人情汹然，局势动荡不安。余端礼对宰相留正说："唐肃宗时，太上皇过世，群臣在太极殿举行哀悼仪式的故事，您难道不知道吗？应该去请太皇太后代行主祭之礼。"于是决定由宰相请求太皇太后出面主持。留正很害怕，快到重华宫时，故意跌倒在地，退休而去。

太皇太后垂帘，策立皇子嘉王即皇帝位（即宋宁宗），嘉王流泪不肯，坚决推辞道："这样做恐怕会背负不孝的罪名。"余端礼竭力劝谏，情词恳切："太上皇（指光宗）生病，丧礼缺乏主祭，人心离散，国家安危的转换时机在于一瞬间，太皇太后并不是为了您着想，而是为了太上皇帝着想，为了宗庙社稷着想。现在陛下坚持退让，是不考虑国家大计，是守匹夫之小节，而昧天子之大孝。"宁宗收泪，不得已侧身坐下，只坐了一半御座。余端礼和赵汝愚带领大臣再次恳请，嘉王方肯正坐御座，登基为帝。

后来，右丞相赵汝愚被奸党围攻，不能主事，余端礼受命于危急之际，掌理左右丞相事。可是，韩侂胄权势越来越大，朝纲渐乱，朝廷议事不成体统。皇帝昏庸无能，朝廷岌岌可危，处在风雨飘摇之中。余端礼虽竭力维护，然受韩侂胄所制，难扭乾坤。无奈之余，他只能托病向皇上乞恩退休，以观文殿大学士提举洞霄宫。不久后，做潭州通判，调到庆元，又回任潭州。

66岁那年，余端礼病逝于潭州任上。宁宗闻讯停朝两天，以示哀悼，并追授少保、郇国公，赠太傅，谥"忠肃"。后人誉其为"南渡名宰"。死后，家人把他的灵柩运回龙游下葬，大学士终于回到了他生前日思夜想的故乡，回到了生他养他的故土，长眠于家乡的青山绿水间。

1997年的冬天，在石角村的一道山冈上，当地文物部门正在对余端礼墓进行抢救发掘清理。事前，人们有过种种猜想。归纳起来只有一条，那就是作为相爷的墓葬，陪葬品必然有不少稀世珍宝，或者价值连城的文物。

人们焦急地等待着。可是，结果让人大跌眼镜。相爷的陵墓没有宏大的规模。墓外圆形的土包，面积约90平方米，墓四周以青砖铺地，未见其他建筑物。打开墓穴，为双穴结构，上用青石板封盖，也不见什么奇珍异宝。最后挪开青石板，再也找不到值钱的东西了。最有价值的是一方墓志，底部铭文详述着余端礼的生平。这篇由杨万里所撰的《余忠肃公墓铭》中称他"肃如清风，闻者兴起。勋者智名，帛素竹清"。

一个王朝的相爷，在他生命最后的岁月里，尽情地释放着他的人格魅力。他一生不喜欢钱，吃素食，穿布衣，最后的银子都用在他的许多义举上了，义亭、义渡、义学……洗尽铅华的人生，生命将尽的人生，就是每天做一件好事。原来，一个读书入仕的书生，他的一生就是在自己的道德碑上添砖，一支精神的蜡烛在风雨飘摇中燃到尽头，何其不易啊。江河浩荡，谁解心怀？

（文：余怀根）

四　精忠报国

杭州萧山云飞村

民族英雄葛云飞

葛云飞（1789—1841），字雨田。清代山阴天乐乡山头埠村（今杭州萧山云飞村）人，中国近代史上著名的抗英民族英雄。

葛云飞像

葛云飞出身武官家庭，其父葛承升乃是武举出身。在父亲的培养下，葛云飞通史书，善武技，膂力过人。年少时曾去杭州西湖游玩，拜祭岳飞，对岳飞的名言"文臣不爱钱，武臣不惜死"尤为赞赏。闲暇时，将两汉至明代的著名将领事迹编成《名将录》，以此勉励自己。道光三年（1823），考中武进士，授守备，隶属浙江水师。

在浙江水师营中，葛云飞兢兢业业，勤于缉捕海盗。他常常微服巡查海防，屡次捕获巨盗。最有战绩的一次是道光二十一年（1841）六月二十九日。

那天，在例行巡防时，葛云飞忽然发现定海花鸟洋面有海盗船只出没。他立即率部驾船出海。当时风大浪急，葛云飞亲自掌舵，从上风直逼盗船。

敌方船员压根儿没想到，水师船只会以如此风驰电掣之速，乘风追击他们。等他们发现葛方船只时，为时已晚。此时，两船相距只有两丈左右。敌寇刚想掉头逃跑，葛云飞已手握佩刀，像一只起飞的雄鹰，纵身跃上了盗船。他手起刀落，刹那间，已砍倒数人。在他的带领下，众将士与群盗在船上短兵相接，奋力搏斗，表现异常英勇。不到半个时辰，敌方已无还手之力，余下的贼寇只好乖乖地投降。

据史书记载，此次战斗，葛云飞"亲擒大盗邱亲等十一名，斩取首级十二颗，又拿获盗船三只，烧毁盗船一只"。因屡建军功，葛云飞先后五次获得擢升。道光十一年（1831），他暂代定海镇总兵，不久，又被正式任命。后来，他的父亲去世，葛云飞丁忧离职。

道光二十年（1840），英军侵犯定海，总兵张朝发战败，定海失守。巡抚乌尔恭额、提督祝廷彪强行起用正在服丧的葛云飞，让他暂代定海镇总兵。总督邓廷桢也推荐他，认为他可以担当重任。

葛云飞建议先守后战，重兵扼守招宝、金鸡两山，在江岸布置炮防，修筑土城。他上任后，首先召集那些失伍旧兵，免去他们的罪名，加以训练，军队士气才开始振作。他练兵时，常常深入兵营，与士兵同甘共苦。天寒地冻时节，葛云飞巡查海防时，见士兵衣着单薄，仍坚守边防，便下令给每人制作了一套棉裤。棉裤还在赶制过程中，他的家人已从家里给他送来了棉衣，葛云飞说："士兵顶风冒雪，在外站岗放哨，脸都冻红了，脚都冻麻了，我独自穿着棉衣，怎能舒坦？"他把棉衣送给了年龄最小的士兵，自己仍穿着原来的麻袍进出军营。

英国人安突得公然出来测量定海地形，葛云飞使计抓住了他，英军才开始防备清军。葛云飞本想乘机恢复失地，可惜的是，没有达到目的。

道光二十一年（1841），中英双方在广州谈判，议定以香港换定海。钦差大臣伊里布命令葛云飞率领所部渡海收回失地，再放回俘虏。葛云飞带领寿春镇总兵王锡朋、处州镇总兵郑国鸿一同前往。

没过多久，裕谦取代伊里布，以江苏巡抚兼署两江总督，重新讨论战守策略。葛云飞认为定海三面皆山，正面朝海，缺乏遮蔽，不宜坚守。请求在衢头修筑土城，在竹山、晓峰岭两处增置炮台，并在衢头南面五奎山、吉祥门、毛港都部署兵防，使它们之间呈互为掎角之势。裕谦认为花费太多，没有完全允许。葛云飞就向裕谦请求借官府三年的养廉银来修筑工事，裕谦觉得他在要挟自己，更加不高兴。

不久，裕谦前往定海巡视，看见葛云飞用青布帕包头，穿着短衣和草鞋，在烈日下忙碌公事，又听说他曾在海上缉捕盗寇，伤了手臂后，还能反手夺过盗寇的兵刃刺杀敌人，这才对他的忠勇心服口服。

同年八月，英军再次侵略定海时，葛云飞率军在竹山门、东浦港炮击敌舰，打退了敌军，清政府奖赏他，给他加上了提督衔。于是，葛云飞屯兵衢头土城，当敌要冲，独自抵挡敌人的正面进攻，王锡朋、郑国鸿则分别防守晓峰岭和竹山。

九月下旬，英军集结舰船 29 艘，向定海竹山门、五奎山进攻，企图登陆。葛云飞亲自登上五奎山，炮击英军头目，才击退敌人。

第二天，英军隐蔽在山后，发炮仰击衢头土城，葛云飞亦隔山回击。晚上，英军利用浓雾的掩护，偷偷逼进土城，想要打清军一个措手不及。没想到，葛云飞所部枕戈待旦，丝毫不曾松懈。敌人偷袭未能成功，反遭清军迎头痛击，被炮弹击中装载弹药的船只，船只爆炸，英军死伤惨重。

过了一天，敌人增兵抢夺晓峰岭，同时分兵攻取竹山门，定海守军在王锡朋、郑国鸿的率领下，虽然一次次打退敌人的进攻，然而由于阴雨连绵，道路泥泞，粮食和炮弹无法及时补充，土炮也陷入了泥潭，坚守城池变得越来越困难。更严重的是英军不断从南方调来增援部队，舰船增加到 40 多艘，定海守军却因伤亡减员，武器又是土枪土炮、弓箭刀矛，无法与敌人的洋枪洋炮抗衡，双方战斗力的差距越来越大。最后，王锡朋、郑国鸿力战不敌，全部阵亡，定海县城沦陷。

紧接着，敌人聚集全部兵舰，全力进攻土城。葛云飞明白大势已去，情势已不可逆转，于是他取出印信交给随身亲兵，并叮咛道："此乃朝廷信物，不能陷入敌方，请交大营，并请速速发兵进剿，我若死而有知，当化厉鬼协剿夷寇。"又告知同乡亲兵："是我尽忠之时已到，请代慰老母，节哀保重；转告儿孙，要奋发图强，继我杀敌卫国志向。"交代完毕后，眼看英军逼近土城，他率领亲兵 200 余人，挥刀大吼，一跃而出，冲入敌军当中，与英军转战二里多路，格杀英军无数。杀到竹山脚下时，迎面一刀砍来，他躲闪不及，被劈去右边半个面部，右手也被英军砍断，顿时鲜血直流。他忍着剧痛继续作战，身受 40 多处创伤，被炮弹洞穿胸背，终因伤势过重，背靠竹山崖石，站着死去。史载，其临终时，"遂立竹山门崖石，手擎刀杀敌状，尸直立不仆，左目霍霍如生"，表现出宁死不屈、虽死犹生的崇高战斗精神。

　　此次战斗持续了六天六夜，杀死英军千余人，最后因众寡悬殊，不敌英军，三位总兵同时殉国。定海义勇徐保深夜摸到竹山，背起葛云飞尸首，乘着小船渡海，运回营中。葛云飞抗英杀敌的事迹上报给朝廷后，清宣宗挥泪下诏，赐给银两办理丧事，抚恤恩典按照提督标准进行，赠予骑都尉兼云骑尉职位，谥壮节。又赐给葛云飞两个儿子为文武举人，以长子简袭世职，后官至甘肃阶州知州；以幼子敦为守备。

　　葛云飞不仅擅长武略，也精通文学。曾著有《名将录》、《制械制药要言》、《水师缉捕管见》、《浙海险要图说》以及诗文集。平时非常孝顺母亲，他的母亲也通晓大义。当葛云飞棺木运回老家时，他的母亲只悲痛地大哭了一声，就止住了，对众人说："吾有子矣！"

　　（注：本故事主要依据《清史稿》卷三百七十二列传一百五十九葛云飞传改编而成。）

（文／图：葛银环）

抗辽将领道钟厚

说来也奇怪，桐庐县域东南角，翻过高高的杨家岭、雪水岭或大桃岭，与浦江、诸暨、富阳三县交界处，从水系上看跟桐庐没有多大的关系一带，却称"桐江嵩山"，自古归桐庐县管辖，隶属水滨乡。这里居住着一支从江苏丹阳迁来的晋代重臣钟雅的后裔。人们怀念中原祖地，一直称这聚居的崇山峻岭为嵩山（今松山）。宋代抗辽爱国将领钟厚就是这里人。

钟厚（975—1005），字惠民，桐江钟氏始祖珊公第八世孙。祖父镂公，任宣州判官，为人正直，殁于任上。父亲名沛，随母居家，后娶李氏，躬耕溪谷，薪炭山林。生有二子，厚为长子，幼子取名远。

因澶渊之役钟厚救驾（宋真宗赵恒）殉主有功，宋仁宗、宋高宗两位皇帝曾两次颁旨封他为"忠救王"，旌表桐江钟氏为"忠义之门"。凡其宗族的聚居地都建有纪念他的庙宇，有关这位英雄的故事，在本地也广为流传。

东坑坪习艺

钟厚生得方面大耳，天庭饱满，自幼聪明，喜欢玩水。八九岁不仅能下溪滩在石坎缝里摸鱼，卵石底下捉蟹，那一躬身即遁的大虾公，他照样手到擒来，成了饭桌上父亲的下酒菜，还能屏气潜入深潭久久不上浮，练得一身好水性。他没见过爷爷，只听父亲说起过爷爷在很远的地方做过官，在父亲还年幼时就没有音信了，更谈不上享过什么福。父亲就是个烧炭佬，到处砍柴烧木炭，因家境贫寒请不起先生，只识得炭篓上的字号。十岁那年春天，父亲送他到先生那里上学读书，读了《千字文》和《弟子规》，总算初识文字。

是年，先生"歇夏"，钟厚不用上学，于是，他翻过泄水岭，跑到下坞外婆家玩。正当他和几个小伙伴光着屁股在溪水中玩得忘情时，突然有人在岸上大叫："快跑，快跑！大水来了！"真是六月下雨隔田塍，原来这里艳阳高照，上游倒山岭却是大雨滂沱。山里的水说来就来，小钟厚赶快叫伙伴们别管衣衫先快跑，自己却去收集伙伴的衣物抱在怀里，落在后面。这时奇怪的事情发生了，只见洪水在离钟厚丈余的地方原地停住了，只咆哮不前进。等钟厚一踏上岸，说时迟，那时快，轰隆隆的洪水已淹没了刚才的玩场，水底下还不时传来大石块恐怖的走石声。这一幕情景，被对岸的大人全部看在眼里。此人正是在东坑坪烧炭，能用芒干当箭，芒叶作剑，身怀绝技的王老相公。

王老相公从下坞人那里打听了一番，得知那天所见的小孩是他早就认识的烧炭伙伴沛公的儿子，心里不由得一阵暗喜。他不停地自言自语道："是他，就是他，传给他不会错。"

于是，钟厚在父亲的陪同下，爬上云雾缭绕的东坑坪，拜王老相公为师。冬春烧炭，夏秋种田掏六谷，一有空闲就练武不歇。十八九岁时，他已膂力过人，八百斤石墩能随手而起，把玩于股掌；开得千觔硬弓，能左右射；腋下挟得八尺椴头，尚能健步如飞；还学会了编竹筏木桴。在嵩山溪和大源溪发大水时，村民们常常可以看见钟厚操楫撑篙驾竹筏，将木炭顺水运到窄溪、场口二埠。

铁佛寺投军

北宋景德初年（1004），辽国大举侵犯中原。大将萧挞览为前部，率领精兵十万，抢关夺隘，攻城略地，一路势如破竹，直入中州腹地。辽国萧太后与国主耶律隆绪随后尽出国内精锐，地毯式铺进，妄想一口吞灭大宋王朝。告急文书如雪片般飞往汴京，朝廷上下惊惶万状。

这日，皇帝赵恒（真宗）早朝，令文武百官当廷商议对策。众大臣纷纷扰扰，有的主张划地求和，有的主张迁都避锋，也有的私下嘀咕不如请降，嘈嘈杂杂乱成一锅粥。此刻，左班中闪出一位大臣，朗声奏道：“陛下莫听误国之论，强敌入侵，焉有退却避让，自取灭亡之理！”皇帝一看，乃是当朝丞相寇准，不禁愁眉一展，问道：“卿有何良策？”“辽邦既然倾师前来，我堂堂大宋自当全力抗击，臣请御驾亲征，敛敌锋芒。”寇准话音刚落，只听得班列中有人冷言相向：“哼，寇丞相说得轻巧，而今敌强我弱，万岁乃九五之尊，岂能亲蹈险地！”发话者非等闲之辈，乃右相王钦若是也。其人早与辽邦暗通关节，故生此议。众大臣中原本主战者少，王钦若平时又深得皇上宠信，便都一旁随声附和。

“佞臣乱国，气死我也！”只听得右班中一声吆喝，转出殿前太尉、天下兵马大元帅高琼。他严厉驳斥了王钦若的卖国谬论，透彻分析了当下情势，力主抗辽，并向皇上呈献三策：一是贬逐王钦若之流，以弭祸国之议；二是御驾亲征，以消辽敌锋芒；三是张榜招贤，以增抗辽之力。

皇帝边听边点头，除对“贬逐祸国者”一条稍作开释，不愿贬逐王钦若外，其他一一准奏，并当即颁诏在汴京四城区设置考点，征选人才，令寇准、王钦若等四大臣主持其事。复令太尉高琼整顿兵马，调集全国勤王之师，准备御驾亲征。

圣旨一下，顿时轰动京师，远近人士纷纷赶来应考候征。

此时钟厚正好携山货来京，栖身于京城铁佛寺，此事也惊动了他。此处离北门考点较近，于是，他前往报名应征。

第一场考臂力，钟厚举起 500 斤重的石担，并能在头顶旋转，赢得满堂喝彩。第二场竞射，钟厚要求将 60 步箭靶移至百步以外，施展穿杨绝技，三箭连中靶心，全场又掌声雷动。第三场实战比武，钟厚仗着一手好棍法挫败群雄，观者顿时欢呼雀跃，个个赞叹不已。

且说北门主考官王钦若，早有降辽之意，见钟厚武艺高强，便存心找茬，当即传他近前问话。得知钟厚来自南方水乡，就问他可会骑马格斗。钟厚回禀道：“小人只会水战、步战，从未骑过马。”

王钦若摇了摇头，又命他写一篇策论文章。钟厚答："小人自幼习武，只读过几年蒙学，不能为文。"王钦若心中窃喜，却假装惋惜地说道："既不能上马杀敌，又不能运筹帷幄，匹夫之勇，有何可用？"钟厚一听，顿感焦躁，情急之下，不免顶撞了几句："榜文只说征召抗辽志士，又不是荐元帅、取状元，为何要面面俱到？"王钦若一时语塞，恼羞成怒，吩咐中军官将钟厚逐出校场。

满怀一腔报国热忱赶来应考，竟然遭到无理斥逐，钟厚十分懊恼。人说王钦若是奸佞，果真不谬。闻听高琼元帅是保国忠臣，何不前去投奔于他。可惜选士已毕，如何是好？思量再三，他有了主意。

几天过后，皇上御驾出征，高琼元帅统领三军于前开道。才到北门，只听先头一阵喧哗。中军来报，通衢道口有一汉子抱着一尊铁佛阻路。高琼催马上前，见一位七尺昂藏的壮士，怀捧铁佛踽踽而行，细瞧那尊铁佛，足有千斤之重。高琼心知有异，便吩咐中军唤壮士放下铁佛上前答话。经过一番盘问，高琼已经明白，这是王钦若嫉贤妒能，不让壮士报国，遂将钟厚收在中军帐下，随同出征。

阵前救帅

澶州濒临黄河，为南北交通要隘，乃兵家必争之地。当时，辽邦前锋已越过黄河将澶州围住，宋将杨延昭率领军民据城死守，形势十分危急。高元帅领兵在三十里外扎营，问谁敢冲过敌阵去澶州送信，话音刚落，便有人挺身而出，正是那个在京城抱佛投军的钟厚。高琼大喜，即刻拟妥文书，通知杨延昭按约定时辰接应，里应外合恭迎圣驾入城。

钟厚收拾停当，藏好文书，手持齐眉棍雄赳赳来到阵前。只听高元帅一声令下，几员大将直扑辽营，辽军猝不及防，只得仓促应战。钟厚趁势突入营中，舞弄齐眉棍，打得辽兵四散奔逃，瞬间闪出一条通道，直抵澶州城下，被守城将士接应入城。

次日，杨延昭率兵杀出城门，高元帅亦指挥众将士群起进攻，内外夹击，把辽军逼至黄河边上。于是，皇帝及随驾的文武大臣安然进入澶州，高元帅则分兵在城外扎营，与澶州互为掎角。

那辽敌前锋元帅萧挞览自然不甘心受此挫折，尽驱十万之师过河激战。高元帅不敢怠慢，急忙布阵迎敌。不想，萧挞览这贼酋煞是骁勇，竟然连劈宋军十数员大将。高元帅大惊，急令鸣金收兵，闭城紧守。

王钦若乘机向皇帝进谗言，说贼焰甚炽，不如回銮为安。寇准则连说不可，如果贸然退兵，中原落于敌手，我大宋江山危矣！高元帅也劝谏道："陛下但请宽心，各路勤王之师不日聚齐，届时，臣当亲自出战，定与辽邦决一雌雄！"皇帝这才舒了口气，寄希望于来日。

数日后，两军再次对阵，萧挞览手提开山斧拍马驱前，高元帅白马银枪挺身相迎。高元帅暗忖：需用祖传滚龙枪取他。只见高元帅卖了个破绽，回马便走。萧挞览哪肯轻易放过，随后紧紧追赶。双马头尾相接，高元帅突然仰面侧身，枪似滚龙直奔萧挞览咽喉。岂料马失前蹄，一个趔趄，几乎将高元帅掀下战马。萧挞览大喜，乘机抢斧狠狠劈来。只听得"嗖"的一声，忽从旁边飞出一箭，射中萧挞览脸庞。萧挞览疼痛难忍，弃斧护面。高元帅趁势跃起一枪，将他挑于马下。原来，钟厚早就隐蔽在阵前一侧，张弓搭箭等待机会，正当高元帅危急之时，遂给萧挞览致命一击。辽兵大溃，宋军蜂拥掩杀，钟厚舞棍直捣辽营，辽兵抱头鼠窜，纷纷蹚水过河，许多辽兵被激流冲走，葬身河底。幸得萧太后与辽主后援部队赶到，这才压住阵脚。

高元帅获胜回城，犒赏三军，并提拔钟厚为游击将军，随中军听用。

救皇殉身

且说那辽邦萧太后与辽主耶律隆绪眼见大宋兵强势炽，难于图谋，便心生一计，提出议和。丞相寇准和元帅高琼原本主张抗战到底，怎奈王钦若在皇帝面前一味撺掇，极力言说辽邦的厉害，唯议和乃上上之策。皇帝本就害怕打仗，于是赞同王钦若的意见。经过几番磋商，双方决定于澶渊择吉签订盟约。

澶渊，本为澶州城北四十里处的一个古湖泊所在，两山夹峙，一水中流，直通黄河。由于年久淤积，湖中有一大片沙洲，其色金黄，故又名金沙滩。此时，这里已搭建了几顶帐篷，筑起了一座土台，以作宋辽会盟之所。

其实对于议和之事，寇丞相和高元帅早存戒心，并在临行前做了周密安排，以防辽邦暗施鬼蜮伎俩。果然，会谈进行了一半，辽主耶律隆绪突发命令："拿下！"一队持刀的卫队便拥向土台。而大宋这边，由大将杨延昭统率的禁军急忙上前阻拦，双方就在土台下厮杀起来。忽然，台上一声怒吼，宋朝皇帝身后转出一名太监，掀翻案桌，扯下桌腿，逼退了辽主一干人等，迅速背起皇帝冲到台下。如此神勇之人，正是受高元帅委派，假扮"太监"保护皇帝的钟厚。

钟厚背着皇帝冲出重围，直奔河岸，杨延昭率众掩护，且战且走，终于上了早就备好的船只。谁知辽军已有埋伏，只听芦苇丛中一声喊，钻出数十艘牛皮艇来。那牛皮艇虽小却十分轻便，眼看渐渐就要接近大船。钟厚当即与杨将军商议说，欲保我主安全，须得如此如此。杨将军听罢连连点头，神色凝重地望着钟厚说："只是难为你了。"钟厚哈哈一笑，转而从容不迫地言道："大丈夫生而为国，死有何惧！"于是，赶快请皇帝换下龙袍，由杨延昭保护，大船加速驶向南岸。钟厚则披上龙袍，率几名禁军将士登上另一条船，直奔黄河口而下。

再说那辽军见"宋朝皇帝"的船进了黄河，个个都想抢立头功，纷纷尾随追来，在河心将钟厚的船团团围住。钟厚耳听岸上号炮声声，知是高元帅援兵赶到，皇上已经脱险，不禁豪气干云，清嗓大叫："你们来吧！"转而纵身跳进黄河滚滚波涛之中。

一代壮士英勇殉国，辽人大为震惊，情知大宋人心未散，难以遽灭，不得不重开订盟之议。而宋室在王钦若之流的极力怂恿下，终于与辽邦签订了"澶渊之盟"，换来了北疆几十年的暂时安宁。

（注：本文根据钟百成编著的《新合世事》中张宝昌所撰《钟惠民金沙滩救主》一文和当地的传说改写。）

（文：钟张勇）

建德于合村

抗日英烈叶润华

1939 年 3 月 24 日，春寒料峭，冷雨潇潇。寿昌县（1958 年并入建德）七里乡新街村男女老少沉浸在异常悲痛肃穆的气氛中。他们倾村而出，迎回了自己的儿子——寿昌县为抗日牺牲的第一位少壮军人叶润华的灵柩。

寿昌江在鸣咽，金鹅山在哭泣。英雄是由其兄长叶润石移榇归葬的，途径富阳、桐庐、建德停灵时，沿途地方官员及百姓闻讯后，都主动设灵祭拜。寿昌县各界在南门外草坪上召开了盛大追悼会。浙江省主席黄绍竑特地派人送来挽轴，寿昌县各界人士和亲友送来的挽联挂满了灵堂，会场庄严肃穆，恸哭之声不绝于耳。送葬队伍排成长龙。为了纪念为抗日献身的叶润华，县政府将七里乡新街（叶家祖居地）小学改名为润华小学，并立碑纪念。

大义凛然 视死如归

叶润华是在富阳东洲保卫战中英勇牺牲的。东洲保卫战是抗战八年中富春江上著名的战役之一。它是我军以劣势之师同占绝对优势之日寇作战，并取得胜利的光辉典范。

1939 年 3 月，日本侵略军侵占了杭州、富阳一带，富春江下游成了浙江抗日的前沿。东洲地处富阳城东，是富春江下游中的一个大沙洲，它将富春江分隔成南北两江，江面狭窄。东洲是我军的游击根据地和进出浙东浙西的要道，日寇视东洲为南侵的跳板，是敌我必争之地。

3 月 20 日清晨，日寇调集精锐部队 400 余人，装备了迫击炮、小钢炮、掷弹筒、轻重机枪等轻重武器，在八座炮台数十门大炮的掩护下，乘坐汽艇几十艘，企图渡过富春江，攻占东沙，继而南侵。我自卫团将士在东洲自卫队和民众配合下，仅凭步枪、手榴弹

抗日英烈叶润华

与敌军作战，形成拉锯形势，双方互有伤亡。

3月21日晨，敌人眼见东沙久攻不下，恼羞成怒，施放毒瓦斯，并以炮火掩护，继以橡皮艇先登紫沙、浮沙。我军某大队顽强抵抗五小时，因毒气中毒，伤亡过重，奉命撤退。时任浙江省抗敌自卫团一支队迫击炮队队长的叶润华奉命率部坚守，掩护大部队撤退。

一个跟随叶润华多年，深受其信任的赵班长，激于情义，两次从三里地外的防地赶到壕中，请求他相机后撤，把阵地交给士兵。

但是，叶润华拒绝了，他正气凛然地回答："这是什么话，我早就对洲民说过，与阵地共存亡。队长怎么可以先后退，而让士兵们去死？这岂是我叶某人所能干的？就是你们退了，我也要死在这里。"赵班长只好回到原地。

情势越来越危急，赵班长再次赶到战壕，哭泣请求："队长的身体无论如何比我们重要，我们死不足惜，你如有不测，就是国家的损失。"说完，突然猛拽其臂，强迫他后退。叶润华立即举起手枪厉声呵斥："你懂纪律吗？速回阵地，不得多言。"赵班长见叶队长态度坚决，凛然不可侵犯，只好含泪再回原地。

此时，敌人已经冲了过来，双方进行了激烈的肉搏，队伍也被冲散了。叶润华带着传令兵吕龙虎、勤务兵张承材，一直向前冲杀。在一座关帝庙前，碰上了大队敌人。敌人发现他是一位军官，立即密集的机关枪弹向他扫射过来。他拿着驳壳枪进行还击。忽然，一颗罪恶的子弹穿过他的钢盔，接着又一颗打中头部……他终于倒下了，传令兵、勤务兵也相继阵亡。敌人过去后，一批难民逃经庙前，叶润华似乎又苏醒过来，看见难民，还在喘息地说："我是叶队长……对不起你们。"

已退至南岸的弟兄，听说队长没有回来，又含泪集合几次冲到东洲，且战且寻，终因天色已晚，搜寻无果。

后来，幸亏一位小兵化装成轿夫，冒着生命危险，骗过敌人，半夜才将烈士的遗体背了回来。烈士所遗的钢盔弹痕累累，鲜血殷红，他将自己的热血洒在了东洲的热土上，一位年仅26岁的青年军官践行了与阵地共存亡的铿锵誓言。

3月22日，我军多支部队协同反攻，东洲光复。此役，国共合作，将士用命，军民协同，以劣胜强，极大地鼓舞了浙江人民的抗日热情。叶润华在战场上数次放弃避险保身的机会，视死如归，奋勇杀敌，充分体现了军人的凛然正气。他和同伴们用生命阻击了日寇，为赢得东洲保卫战的胜利打下了坚实基础。

师生同仇　相许救国

东洲保卫战发生在抗日民族统一战线比较稳固的阶段。当时浙江省政府主席黄绍竑先生拥护国共合作，采取了一些利于抗战的开明措施，接纳了一批共产党人和进步青年，积极抗战。叶润华烈士所在的第一支队，也有中共浙江地方组织派党员参加的60余人组成的政治工作队。司令员赵龙文亲自抓政治工作，加强了前线的政治思想工作，民运工作深入敌区。

叶润华的成长与赵龙文的教育影响关系很大。叶润华毕业于浙江警官学校第三期，当时的校长正是浙江义乌人赵龙文。赵龙文毕业于南京中央大学，曾任中学国文教师，深谙历史和文学。担任过省会城市警察局长、浙江警官学校校长等职位。赵龙文虽有国民党军统背景，却是一个有抱负、有学问的知识分子，对新思潮、新事物比较敏感。在当时轰轰烈烈的抗日救亡大潮的推动下，他的英雄主义气质逐渐同爱国主义精神相结合，不顾旧部中排共反共的企图，以抗日大局为重，坚持拥护国共合作，积极投身抗日。周恩来到一支队视察慰问时，曾与赵龙文密谈良久。赵龙文亲自给将士们上政治课，大讲特讲岳飞、文天祥、陆游、辛弃疾等民族英雄故事，特别是抗倭民族英雄戚继光和戚家军的故事，大大地激励了队伍的抗战激情。他非常赏识叶润华，曾说："许多学生中，在军事方面，润华进步最快，亦当最有成就。"叶润华对赵龙文司令也最为敬仰，矢誓舍命相随。

叶润华等烈士牺牲后，赵龙文司令在富阳大源镇塔堰头为烈士们召开隆重的追悼会。会上，全军素缟，赵龙文抚棺恸哭，悲痛欲绝，为叶润华挥泪作祭："呜呼润华，汝竟去耶！七年之前，汝才少年，裙屐翩翩，歌舞如仙。暴日凭陵，陷我热省，汝仍攘臂，怒气如云。洗尽铅华，专心军训，誓死报国，尝胆卧薪。会值乱离，从我流徙，尝言师苦，弟子当死。群彦纷纷，各投所契，唯汝扬言，效死勿去！呜呼！谁知江南一抔土，竟为汝成仁之地耶？又谁知出师未捷，即丧我右臂耶？报仇杀敌，后死之责，千万同志，终继先烈。呜呼！润华！九泉之下，汝应瞑目，汝师今日凭棺恸哭，魂如有知，尚来其格！"

字字血泪，惺惺相惜，全军将士无不动容，会场上爆发出：

"为死者复仇！"

"宁可战死，不当亡国奴！"

"把日本强盗赶出中国！"

排山倒海的怒吼，气壮山河，浩气冲天。

忠孝传家　诗书继世

叶润华于1914年出生在寿昌县东门一个"忠孝传家，诗书继世"的知识型官宦之家。新街叶氏宗亲情浓，如同许多先祖一样，叶润华一家将新街祖居地看作是自己的根，祖茔于斯，宗祠于斯，衣锦还乡更不忘斯！新街也确实是块"五马跑槽，一龙入海"的风水宝地，背倚金鹅山，面临寿昌江，自古林木茂盛，风光宜人，民风淳朴，乐耕崇文，人才辈出。据叶氏宗谱记载，一个仅有600人的村庄，历史上出了10名进士，1名武状元，57名庠生，8名京官，40多名县省级官员。

叶润华排行第四，其父叶浩书，字采章，清末拔贡生，五品蓝顶戴，历任桐乡、瑞安等县教谕。民国元年（1912），任严州军政分府府长兼摄建德知事。八十寿诞时，中华民国大总统黎元洪题赠"令德孔昭"匾额，后叶浩书又出任山东省、浙江省省署顾问官，深得山东省长屈映光赞赏。叶浩书品学兼优，清正廉明，怜贫惜孤，造福桑梓，是严州六县名宿。每次叶浩书回乡省亲祭祖时，都会在村口（于合村唐皇庙旁）下轿步行，访贫问孤，施舍救助。

据村民叶成祥回忆，每年正月，父亲带他去叶浩书家拜年，凡是新街叶姓晚辈，每人赏银元一枚。叶浩书拨冗参加《寿昌县志》编修，三度主修《新街叶氏宗谱》，捐建叶氏宗祠，深得村民尊敬。

叶润华兄长叶润石，毕业于浙江医学专科学校，日本东京泉桥慈善病院硕士研究生。曾创办寿昌新街医院。民国 19 年（1930）在建德梅城东湖之滨创建严州地区第一所科室较为齐全的现代西医医院，现为建德市第二人民医院。1937 年七七事变，全面抗战爆发，叶润石停办医院，义无反顾地服从征调，任国民党军政部第 37 后方医院主任、院长，直接投身抗日洪流。

叶氏家教严谨，父兄侠肝义胆，品行端方。叶润华在这样的家庭环境中熏陶成长，时刻不忘父兄给自己的教诲。有一年，乡里演大戏，演的是《岳母刺字》。叶润华回家后就哭闹着要父亲在自己背上也刺上"精忠报国"四个字。父亲没给儿子背上刺字，只要求他将这四个字烙印在心中。于是，"精忠报国"四个字成了叶润华矢志不渝的人生信条。

10 岁时，润华随兄在杭州读书。叶润华曾经读过严州中学、安定中学、金华高中、杭州高中，每个学校读了一半，即随意弃去，而且很会用钱，使兄长接济都来不及。兄长叶润石严厉恳切地责备了他一番，使他深受感动。于是，他哭着对兄长说："哥哥，没有什么的，项羽学书不成，学剑不成，不过为选择方向未定耳，请再允许我一次吧！"后来他进入警校，功课与他兴趣颇为契合，从此专心致志地修业。

1937 年夏，叶润华娶于合乡绅郑廷鳌之女郑桂英为妻，次年生一子，名茂生，但不幸夭折，妻子抑郁寡欢，不久身亡。叶润华虽然处在人生极度悲惨之境，却绝未沉沦，毅然怀着弃家报国之志，凭借满腔热血，奔赴战场，奋勇杀敌，舍生忘死，终成一位名留青史的爱国青年。

（注：本文中有关叶润华的相关史实均来源于《东洲保卫战》一书。）

（文：陈晔/图：曾令兵）

温州龙湾新城村

叔侄抗倭保家国

温州市龙湾区新城村是明代城堡永昌堡所在地。那长 778 米、宽 445 米城堡所包围的 0.34 平方公里范围,是相对于永兴街道永兴堡的老城而言的"新城",故新城为永昌堡别称,当地人称"新城底",村庄因此得名。堡即是村,村即是堡,与周围村庄泾渭分明。

倭寇,俗称"倭儿贼"。14 世纪,日本处于南北朝的内战时期,一些战败的溃兵败将流落海上,得到封建地主和寺院大地主的支持,会同浪人、奸商组成海盗集团,进行劫掠和走私。有的还与我国的海匪和土豪勾结在一起,成为无恶不作的流寇,经常骚扰我国东南沿海。

历史上,倭寇入侵始于洪武时期,嘉靖年间成沿海大患,一直延续到明末。特别是嘉靖三十一年至四十二年(1552—1563)的短短 11 年间,温州遭受了倭寇 28 次侵扰,每年因此而死亡的人数不少于 3 万人。永嘉场位于温州东部瓯江入海口,首当其冲,备受倭寇侵扰掳掠之苦,"倭儿贼"所到之处,皆为焦土,人员死伤、财物损失,社会经济遭到极大破坏。史书中多次出现"各乡罹其锋者几半""烧毁民居十之八""杀人溪水变赤""稻禾不能下种"等惨不忍睹事件的记载。

嘉靖三十七年(1538),倭寇自四月初入境至五月十五后始去,在三四十天时间内,烧毁乡间民房十之八九,杀死男妇以数万计。有瓯以来,未曾有如此之惨。哪里有侵略,哪里就有反抗。为了保卫家园,永嘉场民众纷纷武装起来,组成义师,同仇敌忾,奋起抗倭,出现了王沛、王德等抗倭英雄。永嘉场的抗倭故事也开始以族谱、唱词、民间壁画等形式流传开来。

王沛(1485—1558),字子大,号仁山,永嘉场二都英桥里人。

出身仕宦世家，舅父张璁为明内阁首辅，长兄王澈官兵部员外郎，次兄王激任国子祭酒兼经筵讲官，王沛行三，不乐仕进，学习医术，为人治病。嘉靖三十一年（1552），倭寇袭掠黄岩。四月，倭寇大船两艘由瑞安港进入永嘉场。王沛事先侦得消息，遂组织乡民千余户，挑选健士，把守要塞。当倭寇即将登陆时，王沛与从侄王德率领乡兵义师赶到，涉水与之格斗，倭寇不敌，蹈海遁去。

王德（1517—1558），字汝修，号东华。王沛从侄。嘉靖十七年（1538）进士。历官东昌府推官、大名府推官，有能声。丁父忧，起复后补大名府（今属河北省），署滑县事。升户科给事中，以风节自持，上疏请简任辅臣，为当路所忌。嘉靖二十九年（1550），出为广东按察司佥事，备兵岭南，与抚台议事龃龉，谢病回乡，归奉母亲，居温州郡城内。王德看到家乡永嘉场遭倭寇劫掠，庐舍为墟，生灵涂炭。在国难临头之际，王德丢却个人仕途恩怨，毅然捐献全部家产，协助叔父王沛募兵抗倭，加募义兵1000余人，使队伍扩充到2500余人，为保家卫国悉心训练。2500人的"王氏义师"平时学习武艺，潮汛时聚集宗祠，以做防守。王氏义师纪律严明、士气高昂、战斗力强。

嘉靖三十五年（1556）十月初九，一股倭贼由永嘉楠溪渡江至蒲州登陆后，过茅竹岭，烧海山钟秀坊，欲经永嘉场前往梅头下海，可是听说永嘉场有王氏义师，不敢轻进，于是屯据龙湾，分掠永嘉场诸乡。王沛、王德闻讯后，立即率领王氏义师赶赴龙湾上金截击。义兵斗志昂扬，奋勇杀贼，倭寇不敌，大败而逃，义兵追杀数十里，取得了"斩首十六、生擒十四、夺马十余匹、解救被掳百姓八十余"的重大胜利，史称"上金之战"。从此，王氏义师名扬浙南，时人称为"永嘉场长城"。

嘉靖三十七年（1558）四月初，倭寇再次入侵，大肆烧杀劫掠。当时遍地皆为倭寇，又有奸细为之引路，深山穷谷，无所不至。永嘉场各乡遭其劫掠几达半数。此时，王沛已是七十三岁高

明抗倭英雄王沛、王德像

龄，众人劝他入城暂避贼寇之锋。他却说："今若退一尺，便失一丈。绝不能为自身计，而忍看乡间成废墟。"

四月初四，倭船十七艘登陆梅头前冈。初五，倭寇800余人进攻海安所，劫掠索求蓑笠和银两。守城军民凭借城垣为屏障，坚守奋战，滚石利箭倾城而下，倭寇惨败而退。初六，王沛、王德率王氏义师追剿，倭寇见义师来战，焚烧舟船，佯装下海逃遁。于是，王德分兵屯驻山前海边，王沛则留驻梅冈半山腰，以监视敌情。

忽然有一支船队顺风飘来，众人都以为是渔船而没有防备。不料乃是倭贼装扮突袭，顿时将义师截为两段，并迅速包围王沛，刹那间，形势极其险急，王沛身先士卒，挥戈左冲右杀，终因寡不敌众，未及王德来救，便不幸壮烈牺牲。同时遇难的还有族弟王崇尧、王崇修等七十余人。当义兵抬着尸体回来时，乡人见之，哀震闾里。

王氏义师喋血梅头，王沛牺牲。王德归来后，当众断刀发誓："我王德若不能为沛公报仇血恨，就如此刀。"次日，王德统领义兵，奋起神威，连斩二寇，擒七人，倭寇见其勇猛难敌，遂退兵。

十八日，数千名倭寇包围温州郡城，十九日，守备袁祖庚派人告急。在敌强我弱的不利情况下，王德置生死于度外，与宁村所参将张铁相约：二十日，会兵出击。是日凌晨，王德率少部精兵从偏僻的小路前行，不料消息走漏，行至金岙时遭到倭寇伏击。据《明史》记载，王德殉难前，仍"射杀数人，骂贼死"。民间传言他被倭寇惨无人道地"剥皮滚沙"，死得极为凄惨悲壮，年仅42岁。值得一提的是金岙一战后，王氏义师虽严重受挫，然而倭寇自此不敢再从此地入侵府城了。

王沛、王德壮烈牺牲后，倭寇气势益加嚣张，以至于屡次围攻郡城，焚掳村落，无所不至，再也没有顾忌了。族人王叔果于嘉靖三十七年（1558）回乡扫墓，正遇倭寇猖獗，于是上疏请筑永昌堡。其弟王叔果放弃赴京会试的机会，会同族中父老，亲自主持建堡工程。同年十一月，开始修筑城堡，次年十月竣工。耗资七千余金，王叔果独自拿出建城所需的一半资金，仅用了11个月就完成了这座垒石填土达10万立方米工程量的永昌堡。从此，宁村所城、永兴堡、永昌堡互为掎角，在防倭抗倭战斗中发挥了有效的防御作用。

（文/图：方舟）

永嘉芙蓉村

抗元志士陈虞之

温州永嘉芙蓉古村是一座背靠"芙蓉三冠"，布局于平地上的大型村寨，始建于唐代末年，为陈姓聚居之地。抗元志士陈虞之就出生于此，为永嘉大源鞭蓉陈氏第十六世后人。关于他率领族人誓死抵抗元军，最后自杀殉国的壮烈故事依然在村中父老中口耳相传。

陈虞之，字云翁，永嘉芙蓉村人。他自幼勤于耕读，于宋度宗咸淳元年（1265）考上进士，并授官；善书画，工墨竹，以忠义自许。宋度宗在位时，金朝已经灭亡多年，北方蒙元的军队大举南下，国难当头之际，他却把军国大权交给大奸臣贾似道执掌，使南宋偏安江南的锦绣江山处于暗无天日之中。陈虞之为国上谏，反遭撤职返乡。

1274 年 6 月，昏庸无能的宋度宗病死于福宁殿，遗诏以四岁幼儿赵显继承皇位，谢太后临朝听政，实际上却是贾似道独揽大权。这时元军已攻下西部重镇襄阳、樊城，声势大振。9 月，忽必烈认为灭宋的条件业已成熟，发兵二十万，分兵两路向南宋进军。1276 年 2 月，元军攻陷临安（今杭州），宋恭帝赵显被俘，南宋主管军事的枢密院官员和御史纷纷离京逃跑。南宋皇室也仓皇逃至浙江温州的江心屿。

自都城临安陷落后，元军继续南下。当一支元军在宋朝降将吕文焕的带领下追击至温州时，九死一生的文天祥想到了赋闲在家的离这里不远的陈虞之。为恢复大宋江山，陈虞之义无反顾地接受了文天祥的命令，亲自带领族人和乡军 1000 余人赶赴瓯江北岸，引开元兵主力，保护宋端宗顺利向南撤退。

陈虞之率领部下在永嘉上塘附近的绿嶂岈与元将乞答剌对垒，

抗元志士陈虞之

双方鏖战激烈。虽然陈虞之和部下奋勇拼杀，终因寡不敌众，陈虞之且战且退，一直退到他家乡南面的芙蓉岩，以此为据点，坚持抗元。

芙蓉岩位于芙蓉村南，高耸入云，崖顶平坦广阔，四周峭壁千仞，只要守住几条小径，就可据险固守，是一个"一夫当关，万夫莫开"的天险之地。陈虞之率领族众乡兵利用有利的地形与敌人巧妙地周旋，在崖上克服了许多难以想象的困难，粉碎了元军发动的大大小小数百次进攻，坚守此岩长达两年之久。援尽粮绝之时，忽然传来一个消息，张世杰兵败广东崖山，左丞相陆秀夫背着小皇帝赵昺投海而死。陈虞之闻此噩耗，自知宋室覆亡，大势已去。加上芙蓉岩背面唯一的粮道已为元军截断。于是，陈虞之带领八百部下一起跳下百丈悬崖，以身殉国。

元军攻下芙蓉岩后，对当地进行了疯狂的报复，扫荡了芙蓉峰及附近的芙蓉古村，除极少数陈氏后裔逃出之外，其余陈氏族人被屠杀殆尽，芙蓉古村也被一把大火化为灰烬。芙蓉古村遭到有史以来最严重的一次破坏。然而"野火烧不尽，春风吹又生"，正是这场大火成就了现在我们看到的芙蓉古村，也正是这场大火，芙蓉古村才有了奇特的"七星八斗"布局。

芙蓉古村重建于元朝顺帝年间。元顺帝是元朝最后一位皇帝，他在位期间，元朝正处于风雨飘摇之际。据说元顺帝有一次沉思国事，忽然问身边的嘉义大夫陈轼道："臣子是忠的好还是奸的好？"

陈轼不假思索地回答道："当然是奸的好。"

"为什么？"

"想当年国史院编修陈虞之为国上谏，反而遭到撤职，只好返乡。在家乡为了抵抗元军，结果却落得跳崖自尽的命运。但是专权的贾似道虽然诬陷忠良，却能荣华富贵，做了三朝的宰相。可见还是奸臣好啊。"

陈轼的陈词当然是反话，元顺帝此时正愁自己身边没有陈虞之那样可以为江山社稷拼死尽忠的忠良之臣。于是，他当即下了一道圣旨重建芙蓉古村，为的就是树立一个忠君报国的典型。

清朝康熙己丑年（1685）秋，赐进士出身吏部候选知县林元桂为芙蓉村陈足轩撰写的祝寿文中，称赞陈虞之道："虞之公悯宋祚不延，志图恢复，聚孤军，保穷崖，究能成仁取义，萃忠孝于一门，今观史书所载，凛凛生气，不第以十八金带之艳当时也。"虽然在正史、方志及前贤笔记史料中，当年追随陈虞之抗元殉国的众多陈氏族人仅仅留下一句"死者八百人"记载。陈氏宗谱中也只是在姓名、排行后添了几个字，或"死节芙蓉岩"，或"战死芙蓉岩"。但是史书记录虽简，忠烈之气却扑面而来，那些浴血奋战、从容殉国的陈氏族人，仿佛就在眼前。

（注：芙蓉村流传的陈虞之抗元事迹，较早见于明代万历年间徐象梅所撰《两浙名贤录》。雍正《浙江通志》、乾隆《温州府

志》、光绪《永嘉县志》均将陈虞之列入忠臣或忠义人物传内。其内容则转引自《两浙名贤录》及万历《温州府志》两书。与村中父老口耳相传的故事略有不同。据史书所载，陈虞之不是跳崖殉国，而是自刎殉国。）

（文：颜晓红/图：曾令兵）

桐乡东田村

一指忠骨葬东田

东田村位于桐乡市洲泉镇境内，距镇区不远。自汉至今，洲泉是吴氏聚居之地，所以有"洲泉千年吴"之说。东田村名来源于吴氏，它是吴氏拥有的众多庄园中的一个。《吴氏世谱见闻记》记载：

一指忠骨葬东田

自汉历唐宋间多显达者，田宅浸广，饶园林池馆之胜，其东花园、西花园皆在宅之西里，人称花园村，至今有遗石。数里内有吴家田塍、吴家浜、吴家横头、南庄、北庄、西庄、东田、大吴村等名。

东田村在当地颇有名声，还与历史上一位忠臣、抗清英雄吴尔埧有关。

吴尔埧（1621—1644），初字吹伯，长大后，因倾慕古代介子推的为人，改字为介子，故后人称其为介子公，自小即承家学，博览群书，深通经义，性情豪爽，胆略过人。崇祯十二年（1639）中举，三年后又高中进士，入翰林院，授庶吉士。

吴尔埧入仕之时，正值明亡清兴六十年刚刚拉开序幕，农民起义风起云涌，李自成的大顺军大掠古都西安，张献忠的大西军攻克武昌三镇，腐败透顶的明王朝已是雨打泥墙，摇摇欲坠。新科进士吴尔埧以国事为念，夙夜忧叹。崇祯十七年（1644），李自成大军势如破竹，渡过黄河进入山西，直逼京畿，朝中君臣相对，束手无策。崇祯皇帝于德政殿急急召见大臣，垂询守御之策，大学士范景文推荐了吴尔埧。崇祯帝立即传其进殿，吴尔埧侃侃而谈，献计曰："河南土司李、祁、鲁三家实力雄厚，家兵十万，足以挡贼，请派遣密使，许以重爵，联络起兵，牵制贼军，以解燃眉之急。"然而为时已晚，计策尚未实行，李自成大军已兵临城下，军民大乱，崇祯皇帝在下了最后一道诏书——《罪己诏》之后，自缢煤山，更意料不到的是驻守山海关的辽东总兵吴三桂竟"冲冠一怒为红颜"，引清兵入关。

对于这突如其来的变故，吴尔埧悲痛欲绝，绝食数日以求速死。同窗友人海宁举人祝渊劝说他："死徒何益？应善自爱惜，徐图报复。"不久，李自成又被清军打败，逃出北京。吴、祝两人困于乱军之中，改装南归，原本想投奔南京福王，但听闻南明小朝廷马士英当国，不纳义士，遂另图出路。当时兵部尚书史可法正督师扬州，吴尔埧中途决定投奔史可法，祝渊却心灰意冷，欲归家息游，两人遂在途中分手，吴尔埧自知将战死沙场，他拔出佩刀，斩断左手一指，托祝渊寄回老家，并修家书一封，告诉父母："国仇未雪儿不还，他日不归，可以手指葬我。"并力请父母尽散家财犒劳军士，其时吴父尚在福建督学任上，母亲沈氏深明大义，广献家财，以助抗清斗争。

吴尔埙投奔史可法后，奉命去河南归德、彭城等地檄抚抗清义军，先后收复了临颍、西华等六州县，但不久，清兵南下，扬州告急，吴尔埙回师救援，此时扬州已孤悬江北，独木难支。弘光元年（1644）四月二十五日，在坚守了数昼夜后，扬州终于城破，史可法誓死不降，壮烈殉国，吴尔埙身负重伤后，也不肯被俘，投井自沉。

家中遥闻凶讯，合族举哀，将先前所寄之一指及衣冠一套葬于东田村，人称"一指坟"。为了纪念这位颇具民族气节的抗清志士，家乡父老又在古刹祇园寺内，建祠塑像，焚香祭奠，世代不绝，直至三百年后毁于抗战时期。建祠之初，同乡诗人胡滢作诗赞曰："王气金陵尽，孤臣受命时。三军皆缟素，一指独淋漓。志以仁书誓，心唯义友知。回思转战日，飒爽犹英姿。"

吴尔埙十三岁录籍秀才，十八岁考上举人，二十三岁高中进士，二十四岁受皇帝诏见，在德政殿上滔滔不绝陈述御敌之策，参与军国大事，二十五岁便以身殉国，浩气长存，真可谓是一个早慧、早熟、早夭之人。对于自己的结局，吴尔埙似乎又早有察知，他曾与弟弟吴尔籁编撰过一本书，书名怪异，曰《死臣传》，记载的都是些历史上取义成仁的英烈，故亦名《仁书》，书前有小序："披犀甲，操吴戈；气之雄，胜天河；警广野，捐爱戚；志之决，头非恤；我心赤，我心碧；长城虽坏，白虹贯日。"与他数年后的结局竟完全吻合，真是一语成谶，怪不得两百多年后，后裔吴学俊、吴肖桐续修族谱，在写到这位先祖时，情不自禁地添上一笔："后死维扬，竟如其言。"并写下一篇四言诗赞咏："壮哉我公，年少尽节；一指遗归，淋漓碧血；脱身京阙，死事维扬；越今累页，家乘有光。"

胡滢在《语溪棹歌》中有一首凭吊东田一指坟的诗："太史孤忠胜国闻，谁从汗简考遗文。丹心碧血埋荒草，记认当年一指坟。"

将吴尔埙与史可法并论。如今，一指坟边的池塘依旧微波荡漾，杨柳青青，遥想起三百多年前吴尔埙大义凛然、挥泪斩指的壮烈情景，不禁让人肃然起敬。

（文：颜剑明/图：曾令兵）

新昌元岙村

抗金名将表张浚

　　新昌县七星街道元岙村坐落在离县城约五公里的十里潜溪风景区的入口处，始建于南宋前期，距今已有八百多年的历史。自宋室南渡，定都临安（今杭州）后，抗金名将张浚携家眷安顿在新昌县城定居，几十年后其后裔迁徙至潜溪选址建村，因地处潜溪风景区第一个山岙，故取名为元岙。张浚后裔便在此繁衍生息，十分兴旺，至今已有三十多代传人，子孙后裔人才辈出。《源溪张氏宗谱》对此有详细记载。

抗金名将表张浚

　　张浚（1097—1164年），字德远，号紫岩先生，原籍四川绵竹县。南宋名相、抗金统帅，官拜左仆射侍郎、枢密院枢密使，都督诸路军马，统领岳飞、韩世忠等将领。宋建炎三年（1129），张浚护送宋高宗（赵构）南渡建都临安（今杭州），一生辅佐宋钦宗、高宗、孝宗三帝朝政，乃三朝元老。

张浚为官清正廉明，文韬武略，运筹帷幄，军纪严明，除暴安良，深得朝廷器重，军民爱戴。每到一方，军民夹道欢迎，武夫健将，庶民童叟皆知其为人。曾屡建奇功，被誉为诸葛再世。对内他曾平定苗傅、刘正彦叛乱。期间，苗、刘二人曾以重金雇用刺客，潜入官邸刺杀张浚。不料刺客深明大义，听说张浚乃忠良之臣，不愿加害，为贼作伥，于是亲临席前，跪告苗、刘欲害真相，警告张浚要严加防范。张浚请问姓名，义士却不告而别，苗、刘暗杀阴谋未能得逞。

对外他抵御金兵入侵，与秦桧、张俊、万俟卨等主和投降派进行针锋相对的斗争，力主抗金保国。金人听说他还在宋廷任职，就不敢轻举妄动，侵犯边境，一旦得知他被贬逐，立即兴兵入侵。据《宋史·张浚传》记载，金兵统帅粘罕病重时，曾嘱咐诸将说，自我领兵攻打中原，无人敢与我为敌，唯独张枢密能与我抵抗，我尚不能取胜，我死后，你等不可妄动，但求自保而已。金兀术不服，提兵南侵，果然大败而回，再也不敢犯边。

张浚力主抗金，屡建奇功，众望所归。秦桧等人怀恨在心，屡次毁谤陷害于他。当时宋高宗轻信秦桧造谣，将张浚贬职零陵。起程时，他随身只带了几箱旧物。秦桧党羽为达到置其死地的目的，诬告说他带走的箱笼内有张浚和其旧部往来的策划谋反的书信。宋高宗立即派人查抄他的箱笼，并在金殿当堂打开箱子查验，只见箱内只有一些旧衣物和治国安邦的书籍，虽有一些与岳飞等将领的往来书信，信中内容均是一些忧国爱君，用兵韬略的话，并无分文银钱。宋高宗大出意外，非常感动说："没想到张浚竟清贫如此！"于是，派使者送还箱物，并赏金三百两。

秦桧见此计不成，又生奸计，派党羽赶在朝廷使者前面，造谣宣称朝廷派使者宣旨赐张浚死罪，指望张浚得知谣传后，信以为真，引起错觉，做出自杀或者反叛的错误行为。消息传到零陵后，左右幕僚大哭，埋怨朝廷轻信诬告，不识忠奸。张浚却说："如果像外面传说那样，我的罪过固然当死，死了向国家谢罪也没有什么，你们不必为我哭泣。"又问朝廷来使是谁，听说是殿帅杨存中，张浚笑着说："皇上不会赐我死了，杨存中是我的旧部下，如果朝廷要赐我死，必另派别人传旨。"果然使者到后，宣读圣旨，嘉奖赏金三百两。

宋孝宗即位后，召见张浚，庄重地说："听说你的大名很久了，现在朝廷只有依靠你了！"赐座并向他询问治国之策。张浚从容地说："人主之学，以心为本，一心合天，何事不成？所谓天，就是天下的公理。陛下只要兢业自恃，使自己清明，那么赏罚举措，没有不适当的，人心自然归向，敌仇自然可报。"孝宗肃然说："朕一定不忘记你的话。"

金人以十万兵力驻屯河南，扬言要进攻两淮，向宋室传布文书，索取海、泗、唐、邓、商诸州以及岁币。一时间，人心惶惶。张浚认为北敌诡诈，不应当为之所动，重兵驻扎在盱眙等地以备敌患，终于无事。

隆兴元年（1163），朝廷任命张浚为枢密使，都督建康、镇江等地军马。当时金人将领蒲察徒穆等人驻扎在虹县，都统萧琦驻扎在灵璧，积蓄粮食修整城池，作为南攻的准备。张浚打算乘其未发抢先进攻，正好主管殿前司李显忠、建康都统邵宏渊也提出捣毁敌人二城的计策，张浚详细告诉皇帝，皇帝表示同意。于是李显忠出兵濠州，直趋灵璧；邵宏渊出兵泗州，直趋虹县，而张浚亲自前去巡视。李显忠到了灵璧，打败萧琦；邵宏渊围攻虹县，逼降徒穆、周仁，乘胜进克宿州，中原为之震动。孝宗赐予手书慰问说："近日边报，中外鼓舞，十年来没有这样的战绩！"

张浚年轻时有大志，任熙河幕官时，遍行边垒，观览山川形势，经常与以前的戍卒守将握手对饮，询问祖宗以来守卫边疆之法及军陈战略事宜。所以他一旦被提拔，担当枢密之职，能全部知道边事本末。在京城中，他曾亲眼看见徽、钦二帝被虏，皇族被捕，百姓涂炭，发誓不与敌人共存，所以终身不主张和议。每次朝廷商议定都大计，他坚决认为东南形势，莫如建康，人主居之，可以北望中原，常怀愤惕之意。至于钱塘，偏处一隅，易于安逸，不足以号令北方。他与赵鼎共同执政时，引荐了很多人，都成为一时名臣宿将。如他推荐的虞允文、汪应辰、王十朋、刘琪等都是一代名臣。他在军队中提拔韩世忠，认为他忠诚勇敢，可以托付大事。一见到刘锜就认为他是奇才，交付他重任，这些人都成为抗金名将，立有大功，一时间，人们都称赞张浚慧眼识人。

张浚去世后，追赠太师太保，追谥"忠献"，被列入宋朝昭勋阁二十四人名臣之中兴四名将之首。明朝洪武帝下诏，把他与历朝名相周公旦、张良、姜公尚、诸葛亮、房玄龄等三十六人配享历代帝王庙。清顺治时，张浚等四十一位历代功臣从祀帝王庙。

（文：新昌农办/图：郑寅俊）

嵊州贵门村

贵门吕氏出忠义

贵门村位于嵊州 28 公里的西南山区，古名鹿门。据《吕氏宗谱》记载，南宋理学家吕规叔，见鹿门山水清妙，遂卜筑此地，又在距鹿门二里之处，另建别业，号"白宅墅"，种植梅树数百株。以后又于炉峰山麓修建鹿门书院，教读童子，谈道讲学。因为鹿门学院就在村后，四周古木参天，野草丛生，时时得闻鹿鸣之声，"鹿门"村因此得名。那么，鹿门又是如何改成贵门的呢？原来淳熙九年（1182）时，朱熹来嵊县放赈，专程拜访吕规叔时，题鹿门为"贵门"，从此，鹿门改称"贵门"。

朱熹手书"贵门"

贵门吕氏在两宋时，先后有九位先人位极人臣，官至相位。他们是：吕端（宋太宗时拜相）、吕蒙正（太宗、真宗时三次拜相）、吕夷简（仁宗时拜相）、吕公著（哲宗时拜相）、吕大防（哲宗时拜相）、吕公弼（英宗时拜相）、吕希哲（徽宗时官至太子太保）。

还有两位，一是吕规叔的祖父吕好问，一是伯父吕本中。

吕规叔的祖父吕好问，字舜徒，吕希哲之子，吕公著之孙。金兵攻陷开封，掳走徽、钦两帝，金朝立张邦昌为傀儡皇帝，张邦昌拜吕好问为门下省摄政（宰相）。当时康王赵构领兵济州，金兵为了彻底灭宋，选派精兵直取济州。吕好问闻讯，一面修书急告赵构，一面暗中派兵救援。金兵赶到济州，赵构已安全走脱。待金兵退走，吕好问力劝张邦昌还政赵氏，张邦昌只做了三个月的傀儡皇帝还政给元祐太后，这就是历史上"元祐摄政"事件。

靖康二年（1127）五月，赵构在吕好问等人拥立下，于南京（今商丘）登基。赵构在慰劳众臣时赞扬吕好问："宋朝获全，卿之力也。"遂拜尚书右丞（副相），并在婺州（今金华）建造宅第，赏赐给吕好问。

吕好问之子吕本中于绍兴八年（1138）官至中书舍人（南宋时，中书省不设中书令、侍郎两员，中书舍人掌行政命令，即副相）。此时左相赵鼎与右相秦桧不和，赵鼎是皇亲，与吕本中是世交，秦桧考中状元时，吕本中之父吏部尚书吕好问是其座师，吕秦之间有师生之谊。吕本中利用这一政治背景，企图调和两相之间的矛盾，但秦桧拒不听从调解，两人从此失和。后被秦桧排挤出京，吕本中的门生汪应辰［绍兴五年（1135）得中状元］，也受牵连被贬。秦桧死后，汪应辰还朝，官至吏部尚书，吕本中才得以昭雪。吕氏家族又一次名显朝野。吕规叔的儿子吕祖璟此时在淮南任上，官至淮南安抚使。平定盗贼有功，加封武功大夫。

每当国难之时，贵门吕氏家族便有忠臣志士挺身而出。抗战时期，更是出现了一位宁死不做汉奸的民族志士——吕韶美。吕韶美也是吕规叔的后裔。

清朝末年，吕韶美父亲尝够了没有文化的苦头，省吃俭用供儿子读书，功夫不负有心人，吕韶美终于考得清朝末科秀才，可惜时运不济，革命风雷此起彼伏，打破了老父亲培育儿子中举做官的人生规划。

刚二十出头的吕韶美毅然离开家乡，东渡日本，寻求救国救民的济世良策。到日本后考入东京警监学校读书。留学期间，参加了孙中山组织的同盟会，为了革命事业，积极奔走。

辛亥革命后，吕韶美先后出任浙江省警察稽查长兼司法科长、省议员及萧山、常山县长等职。1931年"九一八"事变，日本迅速占据我国东北三省，国内出现了三种对日态度：一种是积极抗日，前方拿起武器，后方出钱出粮；一种是消极抗日，"攘外必先安内"；另一种则是从亲善走向投降。吕韶美反对投降，到处奔走呼号，鼓动抗日。虽然他的官越做越小，然而他那颗保家卫国的民族良心从来没有泯灭。即使是在1938年被卸去乌纱帽回老家躬耕垄亩后，也不忘抗日救国初衷。贵门一带，山峦连绵，历来为盗匪出没之地，聚集了许多小股盗匪。吕韶美经常上山，与山中盗匪接触，对他们晓以民族大义，鼓动他们抗战杀敌，保境安民。在吕韶美的感召下，那些盗匪有的转向抗日，有的金盆洗手，有的小了动静。贵门一带渐渐安宁下来。

1941年农历四月初，一支日寇骑兵队突然窜进贵门。那时，绍兴已经沦陷，嵊州还未被蹂躏。他们孤军深入意欲何为？指挥官在昏黄的暮色中找到了吕韶美的家，九十度鞠躬，弯了又弯。最后，把吕韶美"请"到鹿门书院"商讨国事"。后转移到书院前的一所民房里。据同时被"请"去的邢友谅医生回忆，他们之间有一段有趣的对话。

指挥官用日语咿哩哇啦地讲了一通又一通，吕韶美闭口不言，指挥官见吕韶美不回答，问得急了，就改用生涩的中文：

"吕先生，您怎么不开口讲话？"

"你叫我讲什么？"

"我刚才不是问你了吗？"

"你咿哩哇啦地我还以为是鬼念经呢。"

"吕先生的日语呢？"

"那是过去的事了。"

指挥官耐着性子，友善地道：

"您是东京警监学校的高才生，能培养出您这样的人才也是大日本帝国的骄傲。"

"我的日本老师教导我们，反对暴力，反对侵略。可是你们违背了先师们的遗训！"

"我们对中国不是侵略，而是为建立东亚共荣圈而努力。"

"你们不是侵略跑到中国的土地上干什么？烧杀抢掠就是你们共存共荣的政策？"

"……

最后，指挥官改变了态度："这次冒险来找你，是请你去担任维持会长的……"

"我已年过半百，虽不能流芳百世，岂能甘做民族败类！"

"那么！"指挥官吼道，"你得动员乡民去修复被游击队破坏的道路！还得解决军粮！"

"我哪里去找人？要人，你们自己去抓！要粮，你们自己去抢！"

指挥官恼羞成怒，把吕韶美押到鹿门书院前的一块麦地里。指挥官再次以恳求的口气问吕韶美：

"吕先生，请接受我们的邀请，出山去做嵊县的维持会长。"

吕韶美知道，这是最后通牒。答应了可以高官厚禄，不答应人生就走到头了。他昂然仰起头，毅然回答道：

"我是中国人，绝不当汉奸！"

他始终没有忘记民族大义，没有忘记知识分子临危不惧的文化人格。面对敌人寒光闪闪的刺刀从容不迫。日寇往他身上刺了三刀后，把枪口塞进他的口腔，子弹从太阳穴蹿出……

（文/图：成于渐）

兰溪梅街头村

殉国尚书梅执礼

兰溪县梅江镇梅街头村坐落在黄茅山脚下，青砖黛瓦，石道环绕。沿着村后的一条小径曲折而上，不一会就能看到一口清澈的池塘，村民称为"里塘"。从里塘往前继续走，就到达了黄茅山。山的两侧向南延展，呈环抱之势。在半山腰的位置，有一处山坡向外凸出，好像一个胖子的腹部。此即为梅氏宗谱所说之"金刚肚"，据说这里是宋朝户部尚书梅执礼的墓地所在。

梅执礼（1079—1127），字和胜，婺州浦江黄茅山（今兰溪梅街头村）人。北宋崇宁五年（1106）中进士。授常山尉，还未赴任，就被人举荐，担任敕令所（宋代编纂整理各种行政命令的机构）的删定官（类似从事校对业务的工作人员，八品）、武学博士。大司成强渊明觉得他这个人很贤能，于是就向宰相进言推举他。宰相却以没有和他见过面作为不满意推荐的理由。梅执礼听说这件事后说："因为别人的言论而有所得，必定会因为别人的言论而有所失去。我只要追求通过我自身的完善而有所收获就够了。"最终没有去拜谒宰相。

梅执礼曾担任比部员外郎的职务。当时比部职掌稽核财务簿籍，文牍堆积如山，多得来不及一一核查。有一个掌管苑囿的低级官员拿着茶券要求支取三百万钱，打着杨戬的旨意强迫索取，非常急切。当时杨戬主管皇帝的后花园，由于善于揣测皇帝的意思，非常受宠。梅执礼拿过这个人的茶券一看，就发现此券不符实际，准备禀告此事。比部的正副职官员都害怕得罪杨戬，不敢做这件事。于是，梅执礼单独列名禀告此事，果然此券是假的。

梅执礼平素与宰相王黼关系很好，王黼曾经在自己的府第中置酒晏客，得意扬扬地向客人炫耀自家的园林池塘歌儿舞女之盛。执

梅执礼像

礼不但没有附和称赞，反而正色说道："您是宰相，应该与天下同忧乐。现在方腊（宋末农民起义领袖）流毒吴地，当地到处受到兵祸破坏，百姓生活困苦，流离失所，这个时候岂是歌舞晏乐的时候？"回家后，梅执礼又写了一首诗送给王黼，劝告他不应当奢侈宴乐，而应以天下为重。王黼既觉得惭愧，又对梅执礼感到恼怒。正好朝廷举行帝王宗庙及原庙祭祀时，梅执礼来迟了。王黼便以此为借口，将他外放地方，以显谟阁待制知蕲州（今湖北蕲春），紧接着又撤去他的官职。

夺职后的第二年，梅执礼转任滁州，恢复了集英殿修撰的官职。

当时征收盐税有一定的数额，滁州盐税总是没有征齐，亏损严重，不得不强行摊派，滁州百姓常为此事所苦。梅执礼知道后，说："滁州一个郡抵不上苏州、杭州一个县，然而食盐征收却是粮食征额的一倍，百姓怎么能忍受呢？"于是，梅执礼向朝廷申请减轻滁州的盐税征额。朝廷下诏减去二十万，滁州百姓因此大大减轻了负担，非常感激梅执礼能够为民请命。

宣和七年（1125），宋徽宗迫于金兵入侵，将帝位禅让给儿子赵桓。十二月，赵桓即位，是为宋钦宗。梅执礼转任镇江府知府，接着被召回京师为翰林学士，尚未回京，在路途中又被任命为吏部尚书，不久又改任户部尚书，统理国家钱粮。当时正值金人入侵，军费开支庞大，国库钱粮不足，梅执礼请求将皇帝宫禁内所属钱粮交由户部掌管。凡六宫廪给，都须经由户部度支方能支给。曾经有个小黄门拿着皇帝的诏令前来户部支取钱粮，但诏令的封识上却没有加盖玉玺，到户部后才发现这个失误，又重新加盖玺印再来取钱。梅执礼即上奏要求审查此事，皇帝下诏斥责了典宝夫人，并下令杖责了小黄门。

金兵犯境，围困京师，在一片主和声中，梅执礼却苦劝宋钦宗御驾亲征，并请太上皇、太后、皇后、太子都出京师，以避金兵。可惜梅执礼的建议遭到当权者的阻挠，宋钦宗没有实行。不久后，汴京失守，徽、钦二帝皆落入敌手。

徽、钦二帝刚被羁押于金营之时，梅执礼曾经与宗室赵子昉、吴革等将领密谋，准备秘密召集兵马，夺取万胜门，夜捣金营，拿下金军统帅营帐，迎回二帝。可惜的是，王时雍、徐秉哲故意将他们的计谋泄露给范琼。范琼知道消息后，正好遇上吴革率领义兵数百人举事，便假装同意与他合谋，乘其不备从后面袭击，杀死百余人，吴革亦被拿下，不屈被杀。事败未成。

金人以天子为人质，要求宋室缴纳金银财帛以数百千万计，并说："和议已定，只要将我们所要求的金帛数量缴齐，就把你们的皇帝还回去！"梅执礼与同僚陈知质、程振、安扶四人都被要求负责搜集金银财帛以满足金人的要求。当时国库早已空虚，民穷财尽，四人怜悯百姓已极度困窘，不忍心再去敲剥百姓。于是四人私下商议说："金人的贪欲毫无止境，即使是铜铁也无法富裕充足地供给。何不以军法担保民力确实困乏，无法拿出更多的金银财帛。假如做得到的话，就可以阻止金人的要求。"然而有一个和他们有宿怨的宦官，向金人统帅告密说："汴京城中有七百万户人家，所取财帛不及百分之一。如果您不相信的话，可以下令允许百姓拿金银来换取粟麦，一定会有人拿出金银的。"金军统帅听了此人的话后，下令照做。不久之后，果然出现这样的情况。

金人统帅大怒，唤来梅执礼四人，严厉斥责他们。梅执礼回答说："天子落难，臣民都愿意为救天子而死，哪怕是肝脑涂地，也在所不惜，何况是金银财物呢！环顾城中，家家户户都已空了，实在是没有办法交出更多的金银财帛来。"金人更加生气，问谁是官长。程振担心梅执礼获罪，于是上前说："我们都是官长。"金人于是下令杖责他们带来的四位副使，每人一百杖，以此威吓梅执礼四人。梅执礼等人还是坚决拒绝金人的贪得无厌。金人无奈，只得遣还他们。刚走到大门，金人又反悔了，将梅执礼等人抓住杀死，并砍下他们的头，挂在城门上示众。时值靖康二年（1127）二月，梅执礼才49岁。梅执礼等人被杀的那天，大白天一下变得昏暗无比，无论士人百姓都为之哭泣愤叹。

宋高宗即位后，下诏追赠梅执礼为通奉大夫、端明殿学士。参加讨论的人都认为追赠不够优厚，于是皇帝又加赠资政殿学士。梅执礼死后归葬故乡黄茅山，梅氏后裔发展繁衍，由梅街头村而扩散到其他地方。其中诸葛镇万田村的梅执礼后裔建有梅祠。梅祠挂有一副对联，写道："提举殉国铭祖训，万胜不克慰苍天。"

（注：梅执礼事迹可见《宋史》卷三百五十七列传第一百一十六。）

（文/图：何百川）

温岭城南村

戚继光歼倭"三绝"

新河城南村披云山上山岩垒叠的烽火台、城南村戚公祠竖立的《南塘戚公奏捷实记》石碑、新河石砌城墙、新河斗门桥歼敌石碑……那一处处历史古迹，都在诉说三百多年前戚继光将军在此地抗击倭寇的历史。

话说明代山东登州府蓬莱鲁桥有一座戚姓大宅，大门对联云："天下太平，文不爱钱，武不惜死；乾坤正气，下为河岳，上为星辰。"大门横匾书"昊天无涯"。戚府主人单名谏，自幼膂力过人，弱冠之年曾经独自一人抓住一只猛虎，为乡人所赞扬，世袭登州卫指挥佥事。可惜的是，他英年早逝。戚谏有两个儿子，长子戚宣，没有子嗣，便过继弟弟戚宁的儿子景通为嗣，承袭世职。景通原配张氏不育，又娶王氏。时隔十三年，即嘉靖七年（1528）闰十月初一，夫人王氏梦见赤衣神人从天而降，落于庭中，变成猛虎，耀耀室内。当天，王氏生子，日华五色，景通将军给新生儿取名为继光。这便是明代著名的抗倭将军戚继光。

戚继光自幼倜傥，聪慧颖悟，性朴行端，好弄捭阖，多权奇。稍长，折节为儒，以经术著称。当时，乡里某员外素来宠爱继光，赠予丝鞋，继光喜不自胜。景通见后，斥责道："你小小年纪，就喜欢这等物件，长大定然喜爱锦衣玉食，贪图享乐，如果做了将官，势必贪污军饷，中饱私囊，污我清白，我岂能容你贪得无厌。"继光听了父亲的训斥，羞愧万分，于是，脱下鞋子，撕裂丢弃，自此以后，以清苦自励。景通还手书"忠孝廉节"四字，悬于厅堂，令继光晨夕省览。

景通教子，爱而不溺。晚岁退休，埋头著书，家中经济窘困，适逢友人来访，对景通说："将军拿什么东西留给子孙呢？"景通立

戚继光像

即叫继光来到庭前，指着堆积案头的厚厚书稿，对他说："你不要以为父亲没有留给你东西，这些留给你的书稿，它的价值岂能估量？等你长大，可以将遗产献之国家，贮于朝廷。"继光回答道："父亲嘱托遗产，如此崇高博大，足够孩儿一生消受。"

继光十岁时，生母王夫人去世。张夫人对他慈爱甚于己出，含辛茹苦抚育继光，对继光品格的熏陶影响极大。受父母影响，继光从小立志疆场。

十七岁那年，父亲又因病去世。继光袭任父职，成为登州卫指挥佥事，操练水军，整顿军备，辑和众心，抗击入侵山东沿海的倭寇，自此金戈铁马一生。嘉靖三十四年（1555），因为浙江倭患严重，戚继光被调任浙江都司佥书，次年升任参将，镇守宁波、绍兴、台州三府。

日本在中国古代被称为"倭"，来自日本的海盗因此被称为倭寇。他们四处抢掠时，常分成几队、十几队甚至几十队，以当地奸民为向导，用海螺号互相联络。刀枪磨得雪亮，且大多使用武士刀，杀伤力极强。擅长近身格斗、火枪射击，惯于设伏偷袭，常用川字或一字长蛇阵。由于明朝各地卫所处于严重废弛状态，军队腐败，明军与倭寇作战之初时常吃败仗。

继光到浙江上任后，见卫所官军都贪生怕死，平时也没有经过操练，正在烦恼之际，忽然亲眼看见义乌矿工与永康矿工几万人打架的凶狠场面，戚继光不禁惊呼道："如有此剽悍一旅，可抵三军。"于是，他招兵不纳城市游滑之人，特募浙西壮丁四千人。平日严格训练，教以击刺之法，长短兵迭用，由是继光所率军队特别精锐，号称戚家新兵。他还针对浙闽沿海多山陵沼泽，道路崎岖，不利驰逐，大部队兵力不易展开，而倭寇小股分散，又善于设伏，好短兵相接的特点，创立了攻防兼宜的"鸳鸯阵"。

嘉靖四十年（1561）夏四月，倭寇大举进犯台州，复分流700余徒，乘8艘船，由坭澳潜抵下洋梁，次日进犯新河，并于周洋港（即北闸处）登陆。一时间，新河四境骚动，人心惶惶。此时新河城内精壮兵丁都已出征了，只有戚夫人留守新城，大家不免手足无措。戚夫人命士兵急速在披云山烽火台燃烟报警，报后立刻退回新河城。情急之下，戚夫人命令打开军火仓库，让留守士卒以及全城男女都穿上兵装，布列城头，"旌旗丛密，铳喊齐哄"。贼寇远望，怀疑城中有准备，一时不敢贸然攻城。这为救兵赶到赢得了时间。

戚继光闻报后，一面派人分别到泽国、南塘两处做好竖立木城准备，一面急驰书派金事唐尧臣率兵趋新河会战。同时，知会太平县令徐钺、黄岩县令张思善等率兵助战。下梁梁姓乡兵自发最先赶到。正遇上倭贼大肆抢掠，双方相遇于新河城下，短兵相接，鼓噪大战。戚继光指挥若定，摆开"鸳鸯阵"，阵形以12人为一队，最前为队长，次二人一执长牌、一执藤牌，长牌手执长盾牌遮挡倭寇的重箭、长枪，藤牌手执轻便的藤盾并带有标枪、腰刀，长牌手和藤牌手主要掩护后队前进，藤牌手除了掩护还可与敌近战。再二人为狼筅手执狼筅，狼筅是利用南方生长的毛竹，选其老而坚实者，将竹端斜削成尖状，又留四周尖锐的枝丫杈，每支狼筅长3米左右，狼筅手利用狼筅前端的利刃刺杀敌人以掩护盾牌手的推进和后面长枪手的进击。接着是四名手执长枪的长枪手，左右各二人，分别照应前面左右两边的盾牌手和狼筅手。再跟进的是使用短刀的短兵手，如长枪手未刺中敌人，短兵手即持短刀冲上前去劈杀敌人。倭寇从未见过此等战阵，霎时阵脚大乱，被杀得死伤遍地，鬼哭狼嚎，向南逃亡。戚家军歼倭第一绝招"鸳鸯阵"初见实效，倭寇逃至牛碶桥，慌忙上船向西逃去。

戚继光急命人从新河城里运出四门虎蹲炮，安于披云山之南坡，炮口对着江面。同时命令戚家军六百余人带弓弩至南塘（今之塘下一带）设伏。不到一个时辰，倭寇之船从西向东急急开回。

原来，寇船向西至泽库时，戚继光早已命人在河中打木桩，堵塞其从温峤港出海去路，岸上又遭太平县令徐钺、黄岩县令张思善等率兵袭杀，只得调转船头想从团浦（今箬横一带）出海。

到披云山下，江边喊杀连天，山上炮声隆隆，两船被击中起火，余船向南逃窜，戚家兵沿江跟踪追杀，箭如飞蝗。寇船逃至南塘，突然轰轰连响，水面下木桩并排，连木成城，碰得船上倭寇落水无数，船只根本无法通过。这便是戚家军歼倭第二绝招"木城"（后来人们把这条河也叫作"木城河"）。

眼看追兵将近，倭寇只得弃船上岸，向不远的海滩逃命。海滩泥涂，软陷没膝，倭寇拼命逃跑，还是不比陆地上快，力气大的奔逃在前，力气小的远远落后，气喘吁吁。这时，只听岸上急急锣响，泥涂上南北方向突然出现两彪人来，他们踩着海马，"溜——溜——溜"快速滑行追击。逃得慢的倭寇纷纷被弩箭射中，倒在海涂上动弹不得，戚家兵也不去管他们，踩着海马迳直追杀。逃得快些的倭寇也被追近射杀，逃得最快的转头见追兵已退去，暗暗庆幸，想不到潮水忽涨，赶紧逃回已来不及，都被海浪吞没。戚家兵踩着海马，赶在潮头前轻快安全地返回南塘。"踏海马"（俗称踏艇）这是戚家军歼倭第三绝招。只见南塘海堤上"戚"字大纛被海风吹得猎猎作响，戚继光将军向背着海马凯旋的士兵频频挥手致意，岸上军民万众跳跃齐呼，欢声惊天动地！正如戚将军诗：

南北驱驰报主情，江花边草笑平生。
一年三百六十日，都是横戈马上行。

明代，戚继光率军在台州沿海平倭寇时，曾制造海马，又称泥艇（俗称桥，"桥"是将"泥艇"两字快速连读而成），为海涂作战器械。用木板一条，长 1.7 米，宽 35 厘米，两边钉狭板作舫，头稍翘起，中间架一横木。驾驭时，双手扶横木，一脚跪板上，一脚蹬涂滑行，每蹬一脚可滑两丈许，小沟亦能窜越。在海涂上追杀倭寇，转动灵活，撞击有力。因它重不过三四十斤，不用时即可提起背着。以后它发展成海涂快速交通工具，沿海一带渔民常驾海马在海涂上取蛏捕鱼；并成为民间体育运动器械，青年们劳作之余，常自发进行踩海马比赛，比速度，比超越障碍技术。

（文/图：李小咸）

缙云西施村

游击将军施化麟

西施村地处缙云县与永康市交界处，村民以施姓为主。南宋时期从缙云雅施村迁入，距今约 700 多年。

光绪年间，西施村出了一位施化麟将军，他是恭亲王的得意门生，曾受到左宗棠、廖寿恒等人的赏识。他在福建前线曾屡建奇功，得到清廷嘉奖，敕造游击将军府，赐堂号"丛公堂"。这座"游击将军府"，又称"道门进士第"，它实际是一个层层设防、步步为营的军事堡垒。

那么，施化麟是一个什么样的人物？据道门施氏后裔方野的《游击将军府》记载：施化麟，乳名施文彬，字守仁，号蔫虞。同治元年（1862）五月八日午时，出生在一个仁厚殷实的武术世家。他从小发奋攻读四书五经，仰慕岳武穆，4 岁就随曾祖父学习扎马步、举石锁，练内家拳。光绪三年（1877），年仅 16 岁就考中武秀才，光绪八年（1882），中武举人，光绪十五年（1889）考中武进士。

时值清政府外患频仍，时局动荡，施化麟早在光绪九年（1883）即奉诏赴京，任兵部、军机房捷报处行走。初入仕途，施化麟诚惶诚恐，忠于职守，勤勉有加，深得恭亲王赏识。不料风云突变，1883 年 2 月，法国召回驻华公使宝海，推翻《李宝协定》，悍然发动中法战争。

不久，慈禧太后以前线失利，借口恭亲王"萎靡因循"，免去他的一切职务，命左宗棠赴京任军机大臣。1884 年 8 月 26 日，清政府下诏对法宣战，在一片主战声中，左宗棠临危受命。恭亲王召集刚入军机处不久的施化麟等 30 名武举人组成敢死队，交由左宗棠指挥，一起随军前往福建御敌。

施化麟第一次参加战役，就主动请缨，率30名敢死队员赴广西参加镇南关战役，他们以迅雷不及掩耳之势，制服守军，打开城门，攻破城池，夺取谅山。谅山一战，法军大败，残部狼狈逃窜，清军主力渡过淇江，收复谅山。谅山—镇南关大捷，首战得胜。此战直接导致了法国茹费里内阁垮台。

光绪十三年（1887）十一月二十九日，年仅26岁的施化麟荣任都尉钦差官，钦差直隶良乡关。他忠于职守，尽心尽力办差。当时恭亲王和廖寿恒都鼓励他考武进士，以期大用。于是，一有空闲，施化麟就勤加练习，研习军事，并与大内高手、同僚切磋武学。光绪十五年（1889）秋闱会试时，他一路过关斩将，顺利进入由光绪皇帝和慈禧太后亲自主持的程文殿试，金榜题名，考中李梦说榜第三甲第三十四名，赐同进士出身。初授三等侍卫，正五品营守府，隶属恭亲王镶黄旗麾下。

日本明治维新后制定了对外扩张的"大陆政策"，派遣间谍渗透中国各地，收集情报，图谋日后大举侵华。军机处得到确切情报，日本间谍头目宗方小太郎出现在威海一带活动。兵部立即派施化麟率领禁卫军前往缉拿。

宗方小太郎自幼习文好武，喜读历史，曾于中法战争期间前往上海学习中文，并打扮成中国人遍游北方九省，成为著名的中国通。还协助另一间谍在上海培训间谍学员130多名，分散中国各地搜集情报。存段时间他带了四个随从，正在威海一带刺探清军驻防情况。施化麟率精锐禁卫军将士100人，日夜兼程赶到威海后，全体改着便装，扮成平民，分10人一组，巡游于各军营周边集镇要道，搜集间谍的蛛丝马迹。起初毫无所获，为了引蛇出洞，施化麟实施单人行动计划。他自己也扮成店小二，在威海西城门附近的"日升酒家"暗中监视，终于发现间谍活动，在抓捕中，日本四名间谍为了掩护宗方小太郎逃脱均自杀身亡。

此次行动虽然逃走了宗方小太郎，但击杀了四名日本间谍，撕烂了日本在威海的谍报网。因此，施化麟等人回到京城后，受到兵部嘉奖。不久，中日甲午战争爆发，施化麟也参加了此次战役。战争以清政府签订丧权辱国的《马关条约》而结束。

《马关条约》的签订，在全国引起强烈反响。康有为等发动公车上书，掀起维新变法高潮。光绪帝也激愤于甲午战败割台，决心变法，于1898年6月发布"明定国事上谕"，推行变法运动。

施化麟亦受震动，他在拜访妻舅廖寿恒时，因都是家人，道出了自己见解："民富必须兴工，国盛必须强军。惟变法维新，力求进取，方可屹立于世界之林。"

然而维新变法在以慈禧太后为代表的顽固势力的反扑下，以失败告终。慈禧太后再次临朝听政，幽禁光绪皇帝，并下令将跟从其变法的亲信一一缉拿格杀。

恭亲王眼看康梁等维新人士就要大祸临头，自己却病体怏怏，时日无多，便招来施化麟，下达密令："速速通知梁启超和康有为等，立即远遁欧美，不然将身首异处。施化麟，吾之季布也，努力自爱。"施化麟凛然下拜，愿意前往通风报信。就在他要迈出房门时，又被恭亲王叫住，耳语了几句："你带一武功高强之亲信，装扮成平民，不得暴露身份，不得言我差遣。护送彼至塘沽码头后，立即潜回。此事天知地知你知我知。"

施化麟得令之后，连夜约来同在兵部的挚友施东洵，两人乔装打扮后立即出发至梁启超寓所，见其大门紧闭，就翻墙入院，亮出了恭亲王令牌，传达了消息。梁启超早年就认识施化麟，知道他是同情维新派的官员，就立即收拾紧要物品，匆匆随同二人前往宣武门米市胡同康有为住处。双方来不及寒暄，就按计划前往天津塘沽码头。那头，廖寿恒已派遣应振在码头接应了。在途中，大内骑兵杀出，一场场恶斗，直取康梁二人性命。在施化麟和施东洵的拼死护卫下，夺下两匹军马，一路狂奔，闯过了鬼门关，趁天黑冲到了塘沽码头。康有为和梁启超从天津塘沽南下逃亡香港后，辗转国外。同年9月28日，谭嗣同等六君子被杀，戊戌变法失败。

施化麟因暗助光绪皇帝维新变法，遭到慈禧太后疑忌。太后旨意，下达给军机大臣廖寿恒，着令施化麟一干人等速速奔赴福建御敌。施化麟揣着兵部"调任福建前协陆路提标右营守备"的委任状，偕同施东洵等29人，披星戴月奔赴福建前线而去。

到达福建时，已是次年正月十五。元宵佳节，地方上本应普天同庆，然而这泉州城却是一片萧条冷清。施化麟等人刚刚安顿下来，就听见军号吹响，军队集结。原来是要去歼灭海盗。当时，游击将军杨岚运筹帷幄，命令领各部兵勇分路清剿，又嘱咐施化麟率众埋伏海边，切断海盗退路，终于取得于山镇大捷，此次战斗共剿杀海盗128人，俘虏56人，烧毁贼船5艘，缴获大帆船1艘，洋枪18杆，刀械230件，从大船上起获赃银8000余两，击毙两个海盗头子，侵扰福建多年的海盗大患一举剪除。回营后，杨岚对各部将士论功行赏，特别表扬了施化麟的神勇善战，并逐级上报兵部，直至太后。慈禧闻报，自然是凤颜大悦，眼下时局不稳，正是急于发掘吏才、笼络干将之际，有感于施化麟主动请缨，英勇杀敌，力保江山稳固，于是放下猜忌，下懿旨表彰："擢施化麟为福建前协陆路游击将军，钦加二级三品封典，赏戴花翎。通报大清海陆全军嘉奖，鼓舞士气。"

剿灭海盗后，泉州地面相对平静，当地百姓额手称庆。施化麟手下统辖将士近万名。他治军严厉，秋毫无犯。如有士兵不小心扰民，他必亲自登门道歉。在他的镇守下，一年来泉州地面太平无事，百业兴旺。泉州军民感其恩德，屡送德政牌，以示感激。

光绪二十六年（1900），有台湾志士高扁因不满朝廷签署《马关条约》，在安溪一带聚众起义。施化麟得令后，命部将化装成平民，暗地侦察，弄清原委后，力劝高扁率义军投诚。不费一兵一卒平复了民间动乱。

英军四艘战舰入侵广西，被清军水师阻击后，向泉州方向窜来。

施化麟事先侦得消息，进行周密布防，结果英军的坚船利炮，被施化麟所部打得落花流水，仓皇逃亡。此次龙湖大捷，施化麟一战成名。泉州各地百姓闻知施化麟部英勇作战，驱逐英军战舰出境，再次保境安民，又自发联络起来，制作万民伞和四块德政牌，敲锣打鼓，送到游击将军衙署。并以泉州一条街命名为"化麟街"，以示纪念。

慈禧闻讯后，欣喜万分，随即颁发懿旨："福建陆路游击将军施化麟打败英国海军四艘军舰，厥功甚伟。传旨：诰授昭勇巴图鲁，赏穿黄马褂，敕造游击将军府，敕造午朝门，敕造牌门楼。"一口气颁完懿旨，老佛爷面对众臣长吁了口气道："倘我大清将士皆如此神勇，定当江山永固，何愁列强不除？"

光绪二十八年（1902年）五月二十三日辰时，施化麟因救助百姓而身染鼠疫，病逝于泉州任所，享年四十一岁。清廷追赠他为一等威毅伯爵，诰授振威将军衔，赏双眼花翎，赐游击将军府堂号"丛公堂"，将军行棺还乡，钦赐祭葬，准建家庙，春秋祭祀。谥号为"武丛"。

沧海横流，方显英雄本色，时代造就了一批英雄，英雄又用自己的光辉事迹让自己所处的时代更加灿烂辉煌。游击将军施化麟，在用自己的一生，谱写了坚守民族大义的高贵品格，可敬可佩！

（文：李根溪）

五　舍生取义

淳安厦山村

红色印记知多少

在皖浙交界的万山丛中，有一个美丽村庄，叫厦山村，这个村由茶山、半山、泰厦（含徐家、汪家、项家三个小自然村）三个自然村组成。据汪氏宗谱记载，南唐武状元汪杨高之子汪得罗，秉性忠直，才智过人，多次拒绝朝廷征辟。北宋天禧三年（1018），狩猎至泰厦，见山川秀丽，即举家从开化县霞山村迁来定居，子孙延续至今已近千年。泰厦村地处徽（州）严（州）交界处，衢（州）徽（州）古道和古遂安县最大的溪流武强溪穿村而过，是徽商进入浙江的重要水陆要道，元、明、清三朝都在这里设立过巡检司，并在村口和村后山冈上建有关隘（石寨门）。汪氏先祖汪都一曾任泰厦巡检司巡检，谱中称："汪都一，字伯畿，智识宏远，有志四方，元末干戈纷扰，行省以公义勇，擢为本处巡检，守备游寇。公善于用兵，士卒咸乐为用，有恩于乡里，至今人犹思慕之。"

泰厦村地处要津，为历代兵家所重。土地革命时期，红军著名将领方志敏、刘畴西、乐少华、粟裕、刘英等都曾率领中国工农红军北上抗日先遣队红十军团转战此处，方志敏同志曾在茶山方氏宗祠"敦睦堂"亲自主持召开了他生前最后一次重要会议——中国工农红军北上抗日先遣队红十军团军政委员会紧急会议，史称"茶山

浙皖茶山古道

会议"。先遣队十多位高级将领聚集在这座祠堂内为先遣队的命运焦虑、担忧、商讨出路，最后作出停止北上行动，全军返回赣东北的决定。皖浙赣省委书记关英、省委组织部长刘毓标、省委宣传部长滕国荣曾在这里战斗过；中共下浙的皖特委、下浙皖苏维埃政府、下浙皖军分区领导人也在这里战斗过，留下了许多红色印记。

1935年1月9日，风雪交加，在通往厦山村的衢徽古道上，寒风凛冽，军号嗒嗒。中国工农红军北上抗日先遣队红十军团数千名饥寒交迫的将士，在军政委员会主席方志敏、军团长刘畴西、政委乐少华、参谋长粟裕、政治部主任刘英等一大批红军高级将领的率领下，静静地穿过茶山、半山、泰厦，进入安徽境内，因前方遭遇强敌，重新撤回，当夜驻扎在泰厦、半山、茶山一带。自古以来，人们视兵匪为一家，山里人最怕过兵过匪，每家每户都在山上搭个小草棚，一有动静就躲进山里，红军还没进村，百姓们能走得动的，都钻进了大山，留在村里的只有几个老弱病残。方志敏望着寂静的山村，思绪千万，感叹道："百姓们被害苦了！"于是，他亲自找到留守在村里的老人，满怀深情地嘱咐他们："我们是穷人的队伍，是为穷人打天下的。天气寒冷，快把躲在山上的人喊回来吧。"当得知茶山村民也姓方时，他高兴地对群众说："你们姓方，我也姓方，我们是本家。"说完爽朗地笑了，长期如草芥般被兵匪欺凌践踏的山民，顿时感到一股暖流缓缓淌过心间，凝结在心中的坚冰瞬间化作滚滚热泪，他们对着巍峨的群山，大声地疾呼："躲在山上的人，赶快回来吧，来村里的是穷人的队伍，是我们自己的队伍！"喊声犹如洪钟大吕，在空旷的山谷久久回荡。逃离村庄的村民回来了，本以为这么多军队进村，家里的财产一定遭殃，可当他们回村一看，红军们穿着褴褛的单衣，站在小路旁、屋檐下、田埂上，迎着寒风，打着哆嗦，可是家里却连园门都没被打开。村民什么时候见过这样的军官？这样的军队？于是村民们激动了，茶山沸腾了，全村男女老少都自发地行动起来，把红军一个个拉进家里，升起火盆，为红军烘烤衣衫，做饭烧菜，端茶送水。这一天成了茶山人、半山人、泰厦人历史上最盛大的节日。这就是我们的党，这就是我们党领导的人民军队，在任何艰难困苦的环境下都把人民群众的利益放在首位。从此，泰厦人坚信：只有共产党，才能救中国；只有共产党，才能为人民。红十军团在厦山村停留的时间虽然短暂，却是震撼世界的中国工农红军万里长征的组成部分，载入了中国革命的史册。如狂飙，挟带雄风，一扫厦山村千年阴霾；如曙光，穿过乌云，照亮了白际山脉的千山万壑。从此厦山人知道，黑暗的中国，有一支为人民打天下的队伍，这支队伍叫中国工农红军，于是，在厦山人心中燃起了对光明的期盼。

历史静静地翻过一页。1936 年春天，一支由皖浙赣省委委员、省委宣传部长滕国荣等人率领的红军游击队也来到了厦山村，他们深入农家，走进田头，传播着共产党"打土豪，分田地"的革命纲领。很快，党的组织建立起来了，中共泰厦支部、中共茶山支部、中共泰厦中心区委、泰厦中心区苏维埃政府，红色政权很快建立起来了；徐家村农民团、项家村农民团、汪家村农民团、茶山村农民团，人民群众也很快组织起来了。一个个党组织、一个个农民团，如一团团烈火，在厦山村燃烧。厦山的天，成了晴朗的天，欢声笑语代替了愁眉苦脸，男女老少热爱红军，省吃俭用支援红军，青年小伙参加红军，儿童们为红军站岗放哨，妇女们为红军做鞋送饭，很快革命根据地从厦山村延伸到遂安县的大部分区域。

"西安事变"后，国民党为了抢在国共合作协议生效前彻底消灭南方游击队，加快了剿共步伐，把淳安县列为"特别清剿区"，要求在40天内剿灭红军。他们临时拼凑队伍对山区实施拆棚并村，保甲连坐，禁运粮食、油盐，在各村制高点修筑碉堡，妄图把红军困死、饿死。1937年2月9日，皖浙赣省委书记关英、省委组织部长刘毓标、省独立团团长熊刚等人率领独立团三个连到达茶山，在当地活动的省委宣传部长滕国荣也率队前往会合，并报告了紧急军情。原来茶山村对面的项家山村有一支安徽省保安团一个连的兵力，他们处处与红军作对，听说红军到达茶山，正在盘算前来袭击。红军独立团立即与下浙皖游击队合兵一处，悄悄地赶到比项家山村地势更高的严池村，居高临下，以迅雷不及掩耳之势，突然发起攻击，一举将其歼灭。敌人不甘心失败，皖浙两省反动派迅速增加兵力，企图对游击队实施报复。1937年2月中旬，滕国荣率中共下浙皖特委、下浙皖独立营100余位红军战士，在泰厦西关隘与国民党浙江省保安团遭遇，几经拼杀，仅30余人冲出重围，大部分壮烈牺牲。在严重的白色恐怖下，滕国荣率领游击队机智地周旋于皖浙边的大山里，在当地群众的掩护下，避免了一次次死亡威胁，一直坚持到1937年7月，这时国共合作的协议已经生效，但国民党背信弃义，暗地里继续围剿红军游击队。一次，滕国荣率省委保卫队和下浙皖游击队部分武装从结竹营（现属歙县狮石乡，当时属遂安县）向化婺德游击区转移时，在泰厦村附近，被国民党独立46旅包围，由于队伍长途跋涉和连续作战，干部和战士都已极度疲劳，弹药也所剩无几。生死关头，滕国荣仍和往常一样沉着冷静，他挑选了15名共产党员组成敢死队并带领大家宣誓："为了苏维埃，勇敢前进，绝不后退！"这时敌人已经爬到半山腰，滕国荣率领敢死队员愤怒地向敌人投出了手榴弹。在"轰！轰！"的爆炸声中，敌人抱头鼠窜，趁着硝烟弥漫，游击队冲出了敌人的包围圈。狡猾的敌人又重新组织力量追击突围部队，滕国荣率领敢死队员英勇阻击，掩护大部队转移。在激战中，两名敢死队队员牺牲，两名队员负重伤。滕国荣被流弹击中腿部，排长要背他转移，滕国荣厉声命令排长把他放下，带领敢死队掩护游击队撤退，而自己和另两名负重伤的队员掩护敢死队撤退。排长含着泪水放下几颗手榴弹，向滕国荣和两名伤员告别。当敢死队追上突围部队时，身后传来震天动地的爆炸声，党的好儿女滕国荣为掩护战友拉响了绑在身上的手榴弹，与围上来的敌人同归于尽，长留在了厦山村的土地上。

厦山村头有座孤魂碑，建于1938年11月，青黑色的墓碑，历经近80年风雨，上面的碑文仍然依稀可辨。碑文介绍，内埋军士77位，墓地所在地名为姜塘，墓地形状为黄龙下溪形，尸骨由村民向立坤等人从厦山村的各座山上收集而来，徐姓村民则负责安葬。墓内埋葬的军士，是1934年至1937年，牺牲在泰厦一带的中国工农红军北上抗日先遣队、中共皖浙赣省委独立团、中共下浙皖特委游击队的红军战士，其中或许还包括滕国荣烈士。聪明的厦山村人为了避免被国民党扣上通红军的帽子，故将碑名刻为"孤魂碑"，可他们暗地里都称"红兵坟"。自该墓建成后，附近百姓和负伤掉队流落在泰厦一带的红军战士常来祭扫，一直坚持了数十年。

青山依旧，绿水长流，英烈们的音容笑貌，与岁月渐逝渐远。但人们不会忘记，方志敏同志与村民亲切交谈的身影；人们不会忘记，皖浙赣省委委员、宣传部长滕国荣，在厦山村留下的串串足迹。至今村里还完整地保留着方志敏住过的房子，红十军团开过会的祠堂，内有方志敏的画像，就挂在祠堂的正中间。2011年6月27

日，方志敏的女儿方梅到茶山追寻父辈足迹时，看见父亲的画像挂在祠堂正堂上，顿时潸然泪下，久久不愿离去。

厦山村风光秀丽，环境幽美，人文历史厚重，红色遗存丰富，是一代又一代厦山人民成长的摇篮。2014年，淳安县政府筹资5000万元，在村内修建了一座规模恢宏的中国工农红军北上抗日先遣队纪念馆，又为村庄增添了新的红色风采。

（文/图：严卫华）

平阳凤林村

浙南巾帼郑明德

凤林村位于平阳县水头镇西北方向，全村由过溪、满洋、房山、面前山、冠尖5个自然村组成。郑氏始迁祖一助公，号南阳，子乐公，次子仲成，其第八世孙，于明隆庆五年（1571）生于福建省安溪县石盘头下殊。万历年间，贼寇蜂起，郑氏屡遭兵乱之苦，于万历三十七年（1617）跋山涉水来到平阳。初居江南界外龟山，因地邻海滨，屡遭海寇侵扰，故弃之，后择地凤林安居。革命战争时期，凤林村是一块被鲜血染红的革命土地，凤林人跟随刘英、粟裕、郑海啸等同志，进行地下党活动，凤林村的家家户户都住上了红军，当地的人民群众为浙南的解放立下了汗马功劳，作出了重大牺牲和巨大的贡献，全村被烧房屋56间，为党牺牲了14位革命烈士，被誉为"浙江红村"。郑明德就是其中一位久为传唱的烈士。

郑明德，乳名爱珠，母亲金澄梅1940年牺牲，父亲郑海啸青年时在家务农，1933年参加中国共产党，1936年开始任中共平阳县委书记，因此她自小就接受共产党的教育。1937年，中共闽浙边临时省委书记刘英、红军挺进师师长粟裕率领省委机关和挺进师部队来到平阳，时任小交通员的郑明德有机会在省委机关进出。刘英看小明德活泼好学，机敏好问，就在休息时教她唱红军歌曲，给她讲方志敏的故事。郑明德听后感动得流下眼泪，表示渴望参加红军干革命。当时，她年仅12岁。

郑明德自幼勤奋好学。由于父亲和哥哥离家干革命，家里全靠母亲劳动养育弟妹。郑明德上学无钱买书，她就借来书本自己抄写。晚上学习没有油灯，就点着火篾看书。放学回家帮忙干家务的郑明德，哪怕是烧火煮饭的工夫，也会借着灶膛里的火光看书，有时火苗从灶膛里蹿出来，烧着了她的头发，她还不知道。一次被烧

郑明德故居

掉半边头发。郑明德索性要她妈妈替她剪成男孩子一样的西瓜头。

　　1937年9月，当时党领导下的抗日救亡运动蓬勃发展，各类抗日群众组织遍布鳌江南北，郑明德也以火一样的热情投身抗日救亡斗争。1938年春，粟裕要率领新四军第七军团北上抗日，郑明德和村妇女会同志一起串门走户，动员妇女做军鞋。妇女们都被她鼓舞起来，日夜忙碌赶做军鞋。短短几天，200多户人家的凤林村，就做了400多双军鞋，部队离开的时候，每名战士穿了一双。

　　1938年夏，年仅13岁的郑明德离开家乡参加抗日救亡活动，党组织派她和其他同志在水头镇办妇女识字班，组织抗日宣传队。郑明德每天都不知疲倦地忙碌着，白天教妇女学文化，教唱抗日歌曲，宣传共产党抗日主张；晚上，提着煤油灯到农村进行抗日演说，演出抗日话剧。每次群众大会，面对大家要她上台讲话的要求，年少的郑明德从不推辞。一次，水头镇埠头殿召开抗日救亡群众大会，明德在会上宣传毛主席和共产党的抗日主张，严厉驳斥国民党顽固派散布的亡国论。她人虽小，但声音十分洪亮，有条有理，说服力强，富有感染性，许多人称赞她比男人还强。水头镇进步人士王醒吾（曾留学日本，新中国成立后任复旦大学教授）听了郑明德演讲后，当着众人的面给她起了个名字：超雄。

1939 年冬，国内政治形势发生了急剧变化，国民党顽固派不把枪口对着日本侵略军，却部署兵力对付共产党领导的抗日游击队和革命老区群众，白色恐怖笼罩着整个浙南革命根据地。郑明德当时被分配在中共平阳县委宣传部附设的流动"红星"图书馆工作，背着二三十斤重的图书和宣传品，跟着游击队伍夜行军、急行军，过着风餐露宿的生活，并英勇地参加战斗。游击队里的女同志很少，组织上还分配她做发展妇女的工作，每到宿营地时，她除了摆好图书，就是到群众家里做宣传发动和调查研究工作。一次，她在腾蛟包垟住了 10 多天，走遍全村 30 多户人家，帮年轻妇女纺纱、烧火、抱小孩，替老婆婆洗头、梳发髻。郑明德总是辛勤工作在第一线，每到一个地方，都能在最短时间内和群众熟悉起来，即使群众有顾虑，经过她的工作，也能及时解除，游击队内的同志们对她都是赞不绝口。

1941 年，郑明德加入中国共产党，不久被分配到环境艰苦、斗争激烈的平西区工作。7 月 16 日，郑明德等 10 多人转移到瑞安县公阳（今属文成县）时，被国民党清乡队发现，郑明德被子弹打中，鲜血直流，行动困难。为了保存党的力量，她坚决谢绝同志们的援救，隐藏在小坑沟里，被清乡队顺着血迹搜索，不幸被捕。

国民党平阳县长张韶舞以为郑明德只是个黄毛丫头，稍加哄骗、恐吓，就可以得到共产党的秘密，便亲自审问，却被郑明德驳斥得哑口无言。张韶舞又派爪牙到监狱以同乡之情妄图软化她，还派叛徒施泽民和自己的外甥到监狱威逼利诱，均遭到郑明德的痛骂。眼见劝说的一个个都碰了钉子，张韶舞只得再次出面，带着丰盛的酒菜到监狱假献殷勤。郑明德痛斥张韶舞破坏抗战，倒行逆施。张韶舞恼羞成怒，叫来刽子手把刀架在她的脖子上，气势汹汹地威胁道："限你三分钟，把共产党的事说出来。"郑明德斩钉截铁地说："要杀就杀，我死也不会把党的秘密告诉你们！"张韶舞暴跳如雷，使出了坐老虎凳和灌辣椒水的酷刑。老虎凳上的砖头已经垫到五块，郑明德依然坚强地忍受着极度的痛苦，一声不响。当郑明德痛得昏过去时，就会被刽子手的冷水泼醒后继续用刑；又把她倒吊着，把一碗碗辣椒水往她鼻孔里灌，灌得她鼻孔里、口里鲜血直流。敌人残酷地接连用刑，郑明德一次次地被折磨，一次次昏了过去，一次次被冷水泼醒，遍体鳞伤。但始终没有吐露党的一丝情况，自始至终她都只有一句话：要么放我出去，要么枪毙我，再没有别的可说。张韶舞万万没有想到一个 16 岁的小姑娘，竟然会有这么坚强的意志。他遇到的，是一个真正的共产党员。

一年的监狱生活，郑明德都忍受着创伤和酷刑的痛楚，但凭着一颗始终跳动的丹心，她依然坚持为党工作。她常常给狱中的难友唱《义勇军进行曲》等革命歌曲，讲革命故事，启发他们的阶级觉悟，鼓舞他们的革命斗志。她与男牢房的中共蒲门区委组织委员张传卓取得了联系，领导难友进行绝食斗争，要求改善狱中生活，终于取得胜利。一次，郑明德和女看守交谈，得知县里在开会，城里又增加了兵力。郑明德估计敌人新的进攻和"清乡"就要开始了，立即写信托人送出去，使县委机关和游击队得以及时转移。这也是郑明德给党组织的最后一封信。

1942 年 5 月，日军在温州登陆，国民党变本加厉地镇压人民。张韶舞感到对郑明德这个英勇的姑娘无计可施，又怕县政府退到山区时，郑明德会被游击队劫走，于是决定下毒手了。6 月 27 日下午，敌人从白水临时监狱里押出了郑明德。郑明德知道，自己的最后一天到来了。

　　她换上在游击队里经常穿的那件印花大襟衫，穿上买来不久的力士鞋，梳了梳短发，神情是那么坦然，态度是那么从容。傍晚，从平阳坡南到西门刑场，一路上岗哨密布，杀气腾腾。郑明德被反绑双手，坐在黄包车上。她面庞虽然消瘦，两眼却射出炯炯的神光。她抓紧生命的最后一刻，在车子经过大街时，站立起来，向两旁群众大声宣传。敌人十分惊慌，监刑官陈国聪带领一群国民党兵声嘶力竭地喊起反动口号，想要压住明德的声音。郑明德越说声音越响亮，"共产党一定胜利！同胞们，坚决斗争下去，10年后，国民党顽固派定要垮台！"拉车的老人胡培郎回过头，望着这位勇敢的姑娘，悲痛地摇摇头。明德挣脱脚上的力士鞋，对他说："老伯，这双力士鞋您拿去吧，我什么也不留给他们。"

　　黄包车经过国民党县政府大门前，郑明德昂首挺胸站在车上，高呼口号。国民党顽固派怕得要命，他们不等郑明德走到西门刑场，就朝她开了枪，郑明德壮烈牺牲。

　　郑明德短短的一生，是光辉的一生，人们后来敬称她为"浙南刘胡兰"，她的事迹曾作为乡土教材编入中小学的语文课，她永远活在人们心中。

（文/图：平阳农办）

绍兴越城东浦村

反清志士徐锡麟

"积水之区，小者为浦。"据乾隆《绍兴府志·水利志》记载，东浦因地势低洼，且在山阴县东而得名。东浦村历史悠久，早在东晋末年已有聚落，两宋时形成集镇并日渐繁华。

东浦村是绍兴水乡、桥乡、酒乡、名士之乡的缩影。境内三里街河连贯南北东西。辖区内有 37 个溇、7 座古桥；曾开设有许多美酒作坊，诸如诚实酒坊、贤良酒坊、谦豫笭酒坊、沈鸿兴酒坊、汤源元酒坊、沈裕华酒坊，等等。出现过许多名人，诸如父子总兵周国奎、周文英、清代藏书家沈复粲、辛亥革命志士徐锡麟、当代文学家许钦文、党的早期革命活动家余礼泉等皆为东浦人。村内直到现在依然保存着许多古建筑和传统风土人情，是东浦古镇地理、人文的重要组成部分。

徐锡麟（1873—1907），字伯荪、又字伯圣，别号光汉子，是近代杰出的民主革命家，辛亥革命的先驱和烈士。1873 年，徐锡麟生于东浦镇东浦村孙家溇，并在家中"桐映书屋"从父读书，攻读 10 年。

甲午中日战争爆发后，徐锡麟每天都从东浦赶至绍兴城里，查阅报刊，了解战况。当时，日寇疯狂地屠杀中国人民，战后清廷签订了割地赔款、丧权辱国的《马关条约》。消息传来，他痛心疾首、悲恸异常，强烈的爱国热忱和救国思想就此被激发。戊戌变法失败后，已考取秀才的徐锡麟受康有为、梁启超等人维新思想的影响，认识到"保国之举，则在御患；御患之术，则在人才"，从此他踏上了寻找保国之路的征程。

1901 年，徐锡麟怀着投身教育事业，实现教育救国的抱负，应何寿章之聘，出任绍兴府学校算学讲师，他在数学研究论文《代数

徐锡麟像

备旨草序》中，开篇即以"开一国之风气，则于学习之途有直接之关系焉"，道出开设学堂造就人才的重要性。1904 年 2 月，徐锡麟以"有热心人可与共学、具诚意者得入斯堂"作为校训，在东浦创办了热诚学堂，提倡"兵式体操"，从此矢志革命，暗地里培养革命人才。

在东浦，至今还流传着徐锡麟创办热诚学堂，投身辛亥革命的故事。

徐锡麟目睹国家落后挨打，为了唤起民众，决心办学救国。办学需要钱。而徐锡麟手头的积蓄只有二百块银圆，这无疑是杯水车薪。徐锡麟就去找同是秀才的陈赞钦商量，陈赞钦提议去租东浦陈家"斗坛"的房屋作为校舍，并以年租金 12 块银圆的价格把"斗坛"的全部房屋租了下来。

可是，这件事被一些封建势力知道了，他们以"斗坛"改办学堂会冲撞神灵为由，百般阻挠，仗势诉讼于山阴县，县府判决徐锡麟归还"斗坛"，停止办学。

徐锡麟知道此次诉讼如果胜了，必定结仇；如果诉讼失败，则必定散财。可是，他不畏强权，挺身冲破阻碍，借清朝当局曾一度支持洋务运动以及兴办教育为由，上诉绍兴府，据理力争。他的铁齿铜牙，说得豪绅们哑口无言，官司总算获胜，学堂准予创办。

回到东浦后，徐锡麟走东家、串西家，分别邀请了热心办学的曹钦熙、陈子英、许东山等人到家聚谈，讲述了租用"斗坛"作为校舍，开办新式学堂的想法，得到了众人的支持。徐锡麟还当即铺开宣纸，写了一副"有热心人可与共学，具诚意者得入斯堂"的嵌字楹联，并取其四字"热诚学堂"作为校名，众人一致击掌称好。

此后，热诚学堂成了徐锡麟在光复会的联络机关。学堂开设有国文、历史、修身、算术、体育等课程，徐锡麟亲自出任体操教员，他采用日本体操教材，特别重视兵式体操，兵器为木枪、宝剑、哑铃，还聘请南京兵船军乐司教军乐。徐锡麟还曾到上海购买后膛九响枪 50 杆，子弹 2 万发，寄存于学堂；自制浑天仪，绘制绍兴形势图，日夜练靶，为革命做好准备。此后，徐锡麟来往于诸暨、嵊县、义乌、东阳等县联络会党，结交反清志士，发展光复会成员。当时秋瑾、陶成章、竺绍康、王金发、陈伯平、沈钧业、孙得卿等仁人志士都曾来学堂秘密策划革命事宜，热诚学堂成了光复会的革命机关。

1905 年 9 月，徐锡麟在陶成章、龚宝铨的协助下，又创办了第二所学堂——大通师范学堂。学校设置 14 门各类课程，尽量使学生学到比较渊博的知识，特别强调体育、军事训练，所开设的兵式体操、器械体操在国内是个创举。徐锡麟亲自授课，向学生灌输民权思想，抨击时弊，鼓励"排满革命"。大通学堂先后培训光复会成员 600 余人，成为领导江、浙、皖三省活动中心和武装起义的指挥中枢，徐锡麟成为光复会在国内的实际领导人。

为了打入清军系统掌握兵权，伺机发动起义，1905 年冬，在徐仲卿资助下，徐锡麟捐资为道员。1906 年 1 月，他带领陈伯平、马宗汉、王振汉等 13 人，东渡日本学习陆军，受到秋瑾的热情接待。回国后，在杭州、绍兴等地继续发展光复会员，壮大革命力量。在表叔湖南巡抚俞廉三的推荐下，12 月，他前往安庆任职。上任前，他对秋瑾等同志说过这样一番话："法国革命八十年才成，其间不知流过多少热血，我国在初创的革命阶段，亦当不惜流血以灌溉革命的花实。我这次到安徽去，就是预备流血的，诸位切不可引以为惨而存退缩的念头才好。"

徐锡麟抵达安庆后，先任安庆陆军小学堂会办。1907 年 3 月，调任巡警学堂会办和陆军学堂监督，取得了安徽部分军警大权。他利用合法身份，积极联络和争取安庆新军中的革命志士，发展了一批革命力量。是年春，在安徽创办浙江旅皖公学，广事交游，结识志士，为起义作准备。秋瑾根据徐锡麟"为排满事，欲创革命军"的倡议，组织了一支有数万人参加的光复军，推徐锡麟为首领，秋瑾为协领；编光复军为八军，用"光复汉族，大振国权"8 字为八军口号，徐锡麟亲自拟定了《光复军告示》。

1907 年 2 月，徐锡麟与秋瑾商议好，决定于 7 月 8 日浙、皖两省同时起义。谁知消息外泄，安庆全城搜捕革命党人，恩铭要求徐锡麟按照名单抓人。千钧一发的时刻出现了：徐锡麟拿到一看，名单上排名第一的"光汉子"正是自己。于是，起义只能提前于 7 月 6 日进行。

是日清晨，徐锡麟召集学生发表演说，反复强调"救国"二字。他慷慨陈词："我这次来安庆，专为救国，并不是为了功名富贵。大家也不要忘'救国'二字，行止坐卧，都不可忘。如忘'救国'二字，便不成人格。"随后，毕业生在礼堂外台阶下列队如仪，徐锡麟一身戎装站在台阶上等待巡抚恩铭来临，他的两个助手陈伯平、马宗汉分别把守着左右甬道。按照保卫要求，现场所有枪械均是空枪，就在恩铭现身之前，有关人员还特地卸掉了徐锡麟腰上所佩的手枪。

上午9时，乘学堂举行毕业典礼之际，徐锡麟抢上前向安徽巡抚恩铭大声报告说："回大帅，今日有革命党起事。"这句话正是起义的信号。陈伯平闻讯迅速上前，向恩铭投掷了一颗炸弹，炸弹在地上转动，却没有爆炸。恩铭惊恐万状，其他官员目瞪口呆，徐锡麟迅速从靴筒内拔出两支手枪，左右开弓向恩铭射击，恩铭身中七枪，当场身亡。

徐锡麟立即集合学生，与陈伯平、马宗汉率学生进攻安庆军械所，经过4个小时的激烈战斗，陈伯平战死，徐锡麟、马宗汉弹尽援绝。马宗汉提议："不如烧掉军械局，与敌人同归于尽。"徐锡麟不同意，他认为如果引爆军械局，则全城将化为灰烬，百姓就会遭罪，"与革命宗旨不符，我们即便能成功，百姓必将糜烂不堪"。于是他们仍然坚持与敌人搏斗，不幸受伤被捕。

徐锡麟被捕后，面对酷刑审讯毫无畏色，自画供词："蓄意排满已十年余矣，今日始达目的。我本是革命党大首领，捐道员到安庆，专为排满而来，做官本是假的，使无人可防，尔等言抚台是好官，待我甚厚，诚然；但我既以排满为宗旨，即不问满人做官之好坏，至于抚台厚我系个人私恩，我杀抚台乃为排满公意。"词壮气直，大义凛然。问起同党有哪些，徐锡麟回答："革命党本多，在安庆实我一人，你们杀我好了，将我心剖了，两手足断了，全身碎了，不可冤杀学生。"

当晚，威武不屈的徐锡麟被押上安庆抚院前的刑场，他在敌人面前谈笑自若，视死如归，他神色自如地说："功名富贵，非所快意，今日得此，死且不恨！"年仅34岁的徐锡麟毫无畏惧地倒在敌人的屠刀下，他的心被清朝官吏挖了出来，他的肝被恩铭卫队挖去炒食。暮色苍茫，晚风如泣，徐锡麟的一腔热血洒在中华大地上，滋润着拯救国难的革命之花。

皖浙起失虽然失败了，但激起了各地革命党人的斗志，革命运动风起云涌。皖浙起义是辛亥革命时期最重要的起义之一，其意义和影响不亚于黄花岗起义。它不仅大大激励了人们推翻清朝的斗志，使清朝高官人人自危，更使摇摇欲坠的清王朝离死期越来越近了。在日本东京，革命党人隆重举行追悼会，章炳麟宣读了亲自撰写的悲壮悼词，介绍烈士光辉的革命业绩。孙中山在辛亥革命胜利后，亲来杭州致祭，他说："光复会有徐锡麟之杀恩铭，其功表见于天下"，并亲自书写了一副挽联哀悼："丹心一点祭余肉，白骨三年死后香。"蔡元培也为徐锡麟烈士墓撰写《碑记》，颂扬烈士的英雄壮举。

徐锡麟的英勇事迹和大无畏气概为后人钦服，正像柳亚子诗中所言：

慷慨告天下，灭虏志无渝。
长啸赴东市，剖心奚足辞！

（文/图：陈云德）

绍兴柯桥虹溪村

革命烈士王惠成

虹溪村位于陈溪乡东南部，由原虹桥、刘生、生溪三个自然村合并而成，村域面积4.8平方公里。它虽然只是一个面积很小的小山村，然而这里竟有十多位烈士在革命战争时期奉献了自己的宝贵生命。在陈溪乡烈士纪念碑上，"王惠成"的名字格外显眼。这个名字，是根据乡亲的回忆写上的，村支书王柏成说："虹溪还有很多无名英雄，为革命献出了宝贵的生命。"

虹溪村村貌

王惠成（1925—1948），原名范兴鳌，陈溪是他的第二故乡。1941年夏天，王惠成小学毕业。1942年6月，年仅17岁的他加入了中国共产党。1944年5月，王惠成受党组织调动，到浙东抗日根据地工作。他先在四明地委举办的青年训练班受训。学习结束后，被分配到余姚县大岚区搞民运工作。1945年4月，他被调到梁湖区工作，任组织委员，后兼任全区民兵大队长。1945 年 8 月下旬，他组织民兵半夜袭击汪伪军队的五个据点。

1945 年 9 月下旬，王惠成奉命留下来坚持地下斗争，担任中共下管区特派员。王惠成连夜发动民兵把浙东游击纵队在陈溪的军械厂、被服厂、印刷厂里带不走的物资埋藏到深山。一个多月后，国民党派了两个正规师和浙江保安一团及各县的地方部队，分多路向四明山革命中心进犯。王惠成通过熟人的关系，在一个地主家里当雇工。他白天上山干活，晚上睡在牛棚里，这样躲过了国民党军队的"清剿"。半个月后，国民党军队撤走了主力部队，留下浙江保安一团王祥根部驻扎在下管。王惠成亲眼看见群众的深重苦难，从地主家里辞工来到陈溪凤凰山村，继续开展革命工作。他白天与老百姓上山砍柴、挖笋，晚上联络地下党同志进行革命活动。他一有空闲还教群众识字，向群众讲述革命道理。

1946 年初，国民党又一次对四明山区进行"清剿"。王惠成的外地口音很容易被敌人发现、怀疑，于是他跳出了包围圈。在新昌县新北区特派员的安排下，王惠成打入国民党驻丁家园自卫队，做秘密工作。1947 年 12 月，由他做内应，中共党组织未发一枪，顺利地缴获了丁家园自卫队的枪械。缴枪的第二天，王惠成的家庭遭到国民党迫害，母亲被捕，家里只留下 3 个孤苦伶仃的幼小弟妹。

1948 年 3 月，嵊新奉独立大队成立，王惠成任指导员。同年 4 月，党组织又把王惠成调到下管区任特派员，给他配了郑孝火和龚孝惠两位警卫员。他到下管后，领导群众开展抗丁、抗粮、抗税斗争。他在大泽（陈溪）、下管、岭南一带搞宣传活动。他在生畈、虹桥等地争取了中间派保长。一个夜晚，王惠成带着两位警卫员大胆地缴获了岭南乡公所的两支长枪和一支木壳枪。缴枪后的第二天，他来到下岭村地下党员王纪成家，又写了一批革命标语。晚上，王纪成从县城回来，报告了敌人正在召开紧急会议，估计敌人要实施报复了。王惠成离开王纪成家后，带着警卫员到生畈、陈溪口一带贴标语。后半夜来到潘宅村缴了保长潘芝云的手枪。

5月12日晚上，王惠成带着两位警卫员来到虹桥村，到保长王顺宝那里催粮。突然，从村边传来急促的狗叫声。警卫员小龚机警地喊了声"有情况！"王惠成立即拔出手枪，冲出门。当他准备撤出村子时，发现几十个国民党军人向他冲杀过来。王惠成当机立断，命令警卫员小龚和小郑向山上撤退，自己面对来敌打了几枪。不料，枪弹卡壳了。几十个国民党军人蜂拥而上，王惠成被捕。

国民党上虞县自卫大队长许晃举起刺刀，戳穿王惠成的锁骨用铅丝穿住，再把王惠成的两只手也用铅丝穿住，押往县城。王惠成的左脚被打成重伤，身上鲜血直流，额上冒出豆大的汗珠，他依然昂首向前。

第二天，县自卫大队开庭审讯，软硬兼施，想迫使王惠成招供，然而王惠成不为所动，他坚定地说："一个共产党员是不会被鬼话所迷惑的。"县自卫大队多次对王惠成实施酷刑，王惠成却一声不吭，始终坚守党的机密。

次日清晨，王惠成被押到梁弄国民党绥靖指挥部。在那里，王惠成受尽毒刑，几次死去活来，被折磨得遍体鳞伤，可是他的革命意志依然坚定不移。

7月16日中午，一无所获的国民党准备杀害王惠成。临刑前，他们强迫王惠成呼喊"国民党万岁，蒋委员长万岁，消灭共产党"等口号。王惠成大义凛然，毫不畏惧，反而对敌人露出一丝轻蔑的微笑。国民党反动派在王惠成身上毫无所得，恼羞成怒，向王惠成连开数枪。王惠成倒在了血泊之中，是年23岁。

（文/图：绍兴柯桥农办）

六　兼善天下

雅水悲歌姜可行

下姜村位于淳安县枫树岭镇境内，站在高高的宁静轩亭子里，一眼望去，四面青山环抱，一朵朵白云绕山飘过。山脚下的村落，白墙灰瓦显得格外醒目。一条 Z 字形的河流弯弯曲曲穿村而过。满野的翠竹迎风起舞，发出沙沙沙的响声，那响声就像是在诉说下姜村的过去，那一段悲壮的历史。

姜姓是下姜村的主要姓氏。在下姜村的《姜氏宗谱》上记载了这样一个姜姓子孙。

明末清初，姜杨两姓全村十几户人家，就在这贫瘠的土地上艰难地生活。那个年代，村民们靠刀耕火种，伐木烧炭艰辛度日。那年隆冬，五狼坞山上烟雾缭绕，一个烧木炭的村民在喊："天晚了，朝縲返家了。"朝縲回答说："你先走，我再砍一会儿柴。"那村民说："那我先返了。"朝縲拿起两斤重的柴刀继续砍柴，那嗒嗒的砍柴声响彻山谷。说起姜朝縲家，一家三口就住在村中央那破旧不堪的房子里，朝縲早年丧母，是父亲把他拉扯大的。后来，父亲给他娶了媳妇。一家三口起早摸黑地干活，日子虽苦，总算还勉强过得去。幸运的是，朝縲的妻子已怀孕，虽然辛苦，一想到要出生的孩子，朝縲心中还是感到很欣慰的。明崇祯乙亥年（1635），朝縲妻子生了一个儿

下姜村村貌

子，夫妻俩看着儿子生得虎头虎脑的，高兴得合不拢嘴。朝鎏对妻子说："他娘啊，这个儿子以后肯定有出息，家里也会慢慢好起来，按辈分就取名叫'可行'吧。"

一转眼，儿子已八岁了，朝鎏看着活蹦乱跳的儿子，对妻子说："儿子都八岁了，要想办法让儿子读书。"妻子说："他爹啊，家里这么穷，哪有什么钱让儿子读书。"朝鎏说："就是再穷，也要想办法让儿子读书，咱不能误了孩子。"但家里确实穷，根本没钱让儿子上学，朝鎏一咬牙，把家里最好的半亩田卖掉，硬是把儿子送到私塾读书。俗话说，穷人的孩子早当家。姜可行读书十分用功，一回家，就帮助家里干这干那，很是懂事。少年的可行，看着父母亲那么拼命地劳动，不忍心继续读书，只读了四年的私塾，就辍学了，在家里同父母亲一起干农活，为家庭分忧解难。

可行终于长成了一个大后生，身材魁梧，膂力过人，秉性刚直，为人侠义，时常以古代英雄自比，族里哪家有困难都及时帮忙。姜氏族中有一户人家忠厚老实，家里种了二十几棵黄皮梨，一家几口就靠卖梨赚钱开销。有一年附近村庄的几个小混混大摇大摆来到梨园，上树摘梨吃，姜老汉对这帮小混混说："你们摘几个吃吃可以，但不要摘太多，你们行行好。"几个小混混听后，满不在乎地说："你这个死老头，老子摘几个梨吃吃，你还啰啰唆唆，老子火起来把你们家的梨树都砍掉。"姜老汉在地下不断地求饶，几个小混混一边吃一边扔，故意糟蹋姜老汉的梨子。这天，可行背着锄头到地里去除草，刚好路过梨园，看见这情景，就大喊一声："你们几个小混混赶快给我下来，再不下来看我怎么收拾你。"几个小混混看见可行一个人，就从梨树上下来，并恶狠狠地说："你休要管闲事，你再管老子就揍扁你。"可行听后，火上心头，三下两下就把几个小混混打得屁滚尿流，并对小混混说："你们几个再敢来摘人家的梨，我见一次就打一次。"乡里一带都说可行是个好青年。

可行看着家乡交通闭塞，村民们累死累活地干一年，生活却十分艰辛，就想到外地闯一闯。于是，他来到了武林（杭州），那时候的武林商贸十分繁荣发达。可行来到武林后，凭着一身的力气在码头上肩挑背扛做苦力。几年下来，由于有点文化，加上聪明过人，很快就在武林站住了脚，并通过做生意逐步发达，家境也很快好起来了，在家里盖起来十几间大瓦房，并娶了王氏为妻，成为当地响当当的人物。

可行虽然是商人，但平生乐善好施，非常讲义气，资助贫苦，捐资修桥修路十分慷慨。在杭州经商时，曾看到一位中年妇女，坐在街边哭得死去活来，可行和跟班前去询问："你这大婶，在街旁如此悲伤哭泣，是何道理？"那妇女开始不答，只顾自己痛哭流涕。可行几次询问，那妇女才答："丈夫常年赌博，恶习不改，家里贫穷潦倒，儿子大了，本以为有希望，可没想到，子跟父学，有过之而无不及，父子整天赌博，欠了一屁股债，要把我卖给兵营，以抵赌债。"可行听后，气愤地对那妇女说："世上竟有如此父子，简直就是两个畜生。"劝那妇女莫悲伤，并随手拿出十几金给那妇女还债。那妇女见世上有如此好心肠之人，连忙跪在地上，给恩人磕头。当那妇女抬起头来时，可行和跟班已经走开了。

1674 年，耿精忠在福建起兵造反，响应吴三桂的叛乱，此即为"三藩之乱"。战祸绵延，连及遂安县，也祸及下姜村一带。贼寇烧杀抢劫，无恶不作，乡民流离失所，尸横遍野，惨不忍睹。由于官府兵力有限，自顾不暇，根本无力剿灭贼寇。可行在武林听到此事，毅然决定弃商从戎，回家保卫家乡，保护乡民。时年 39 岁的可行，从武林回到遂安县后，先与官府协商沟通，组建乡勇义军，得到官府同意后，马上回家变卖自己的家产，拿出自家的全部积蓄，招兵买马，在雅水一带组建了一支由数百人组成的乡勇义军，配合官府作战。他在战场上英勇无比，杀敌无数，多次受到了官府的嘉奖，因此贼寇怀恨在心，总想办法进行报复。一次，贼寇趁大雪天，包围了姜可行的乡勇义军，这时候的官军还在一百多里路开外，更由于天寒地冻，大雪纷飞，义军火炮上的导火索已沾湿，大多数的义军请求撤退，可行却当着乡勇义军的面，拔出大刀，斩断自己的一根手指，举起血淋淋的手指以示同贼寇决一死战的决心。在可行的带领下，义军挥舞大刀，冲向贼寇，奋勇杀敌，因孤军奋战，寡不敌众，最后贼寇十几把大刀砍向姜可行，他壮烈牺牲，义军们的鲜血染红了雅水河。

姜可行战死时，夫人黄氏只有三十岁，膝下有四个儿子，最大的儿子姜茂柏才九岁，由于家产都拿去组建义勇军，家境十分困难。黄氏怀着巨大的悲痛，带着四个年幼的孩子，含辛茹苦，持家立业，十几年如一日，终身不改嫁。太史官旌之以匾"节励冰清"，姜可行一家可谓一门节义。后来，姜可行之子姜茂柏，在族人的帮助下，重走父亲经商之道，经商武林，家境也逐渐好转。姜可行的英雄壮举感动乡里，也感动了姜氏宗族后人，成为下姜村姜氏族人的骄傲和楷模。

（文/图：姜银祥）

杭州富阳东梓关村

益于天下许秉玉

富春江进入富阳境内后，便可见东梓关的庙墩头往江中伸展，与对岸桐洲就成了掎角之势，古代水上关隘——东梓关的"关"就有了地理学上的释义。据宋咸淳《临安县志》记载："东梓浦，在县西南五十一里，东入浙江，旧名青草浦。宋将军孙瑶葬于此，坟上梓木枝皆东靡，故以名。"这个说法在东梓关《许氏家谱》里也出现数次。清光绪《富阳县志》记载，明洪武十九年（1386），朝廷在东梓浦设立巡检司并派有军队驻守，为东梓寨，因而改名东梓关。

东梓关村地当要冲，历史悠久，底蕴深厚，是杭州境内颇有名气的古埠名镇。历史上曾出现过许多名门望族，东梓关许氏家族就是其中之一。东梓关许氏始迁祖许彧大约是五代十国末期到北宋初年的人。他曾因为孝行在宋朝雍熙三年（986）获得朝廷旌表，立孝子牌坊，许彧可以说是富阳历史上有记载的最早的孝子之一。

在许彧之后，东梓关许氏秉承孝义的家训，诗礼传家，在富春江畔繁衍生息，逐渐成为一个大家族。到清朝嘉庆年间，东梓关人许廷询先后娶了三个妻子，生了十个儿子，人称"许十房"，许廷询的十个儿子及其后人在随后的一百多年时间里人才辈出，有孝廉方正一、举人一、拔贡二、秀才十八，经商置业者也均有所成。光绪《富阳县志》亦称，许十房"家门之盛，为邑中首屈一指"。

"许十房"及其后人在风云变幻的年代里，涌现了很多脍炙人口的故事，今天读来，这些先人的事迹还是跃然纸上。其中六房许秉玉的故事更是值得后人铭记。

许秉玉在兄弟中排行第六，世人称呼他为"六先生"。他仪表

益于天下许秉玉

伟岸，发声如洪钟，因为近视，终日戴一副水晶眼镜，走到哪里都神采奕奕，引人注目。太平天国运动爆发时，他才八岁，跟随父亲辗转在湖源山里避祸五年才返回东梓关。回家后，在家塾读书六年，十九岁补学官弟子。不久，父亲许廷询去世。由于许廷询向来乐善好施，待人谦和有礼，体恤乡亲，做了很多公益事业。去世后，留下一些未竟之事，他的兄弟们相互谦让，委托许秉玉接任。年轻的许秉玉毅然接任，从此开始了一生为公为民的生涯。

当时，富阳县的"民害"莫过于张牙舞爪的胥吏，胥吏是官长的助手，他们通晓律法、管理公文、帮助官员处理具体事务，像赋税征收、民间粮食丰收与否，水旱灾荒的严重程度等都是由胥吏收集后再上报到官员处。借职务之便，胥吏们形成了中国古代政权文官政府下的"胥吏之害"，他们有的刁难索贿，挟制主官，监守自盗；有的欺压百姓，敲诈勒索，盘剥平民；有的操纵司法，徇私舞弊，为害乡里。

清政府镇压了太平天国运动后，为了表示体恤民生，就下达了"剔荒征熟"的征税方法，旨在让田地荒芜的老百姓可以免于交税，让老百姓可以休养生息，喘一口气。但是，胥吏们无视公文，谎报百姓真实情况，借着"剔荒征熟"之名，肆意搜刮民财。冬天缴纳漕粮这一项更是弊病百出，比如公文上写了每户要完税几钱，他们就在"几钱"的上面加"几两"，并把这篡改行为叫作"戴帽子"；有的是写着要完税几两，他们就在"几两"下面续以"几钱几分"字样，并叫它"穿靴子"；也有的先以淡墨印成"分厘"字样，后以浓墨盖"分"为"两"，盖"厘"为"钱"，叫它"穿套子"，甚至使用假印章、假公文，为鱼肉百姓挖空心思。

清光绪初年，米价一石可卖钱二千几百文。官府征收漕粮款，每届起征都从六千五百文起。在这样的征收方法下，一石粮食的价格明明是二千几百文，而胥吏们收税时却让老百姓按每石六千五百文起征收。也就是说，老百姓按市价卖掉将近三石的粮食，所得的货款才够缴纳一石粮食税款。不仅如此，胥吏们还在开库门的时间上做手脚，很晚开库门征收税款，太阳还未落山，就关门收工。老百姓常常因为路远或信息不灵通错过了开库门的时间，这时就要按过期的日子多缴税款，最多时一石漕粮款要交九千九百五十文，百姓苦不堪言。而且浮收的欠款并不纳入国库，而是被官员和胥吏们按官四胥吏六的比例瓜分。如此，老百姓十足十的税款，国库收入不过二三成，其他的都被贪官污吏中饱私囊。因此，当时县城特别富有的那些人都是曾经担任过管库房的胥吏之家。事情曝光后，官员往往包庇下属的胥吏，不受理老百姓的诉状。

许秉玉了解此事后，义愤填膺，收集证据，向府台、道台一路上诉，官员们相互包庇，一直不受理这件案子。在告状过程中，甚至被一些胥吏罗织罪名反告，差点被捕。最后，他乘船到京都去告状，在担任京师学官的大哥许秉常的帮助下，多方奔走，诉状终于送到皇帝面前，涉及案子的人也因此被查办。为了揭露漕粮税款的弊端，许秉玉在这场诉讼中花费了一半家产，却在所不惜。

此后，政府对公文的格式、缴纳税款的数量都作了规定，避免了篡改公文的可能，也规定了老百姓交税时，把漕粮折合银钱不得超过四千六百五十文一石，积年弊端因而清理一空。这场官司，每年省下民间老百姓的钱以巨万记，而因此增加的国家税收更是翻了几倍。许秉玉胸怀家国，大公无私的义行得到了整个县的老百姓称颂，而涉案的仇家则恨之入骨，官吏们都想假借其他事情罗织罪名陷害许秉玉。为了避祸，许秉玉捐官去江苏某地担任巡检司一职十年，主管的漕运冬防皆有政绩，被朝廷奖授五品顶戴，并赏蓝翎。后来因母亲张氏生病，才辞官回家。回家后，许秉玉担任家族族长。这时，当年的仇家已经死亡过半，许秉玉经过多年历练，遇事也更加缜密，人情练达，别人想要陷害报复他也很困难了。许秉玉素来疏财仗义，侠义心肠，能急人之所急，整个乡里的孤寡以及贫穷的亲戚朋友，他都能尽力照顾，落魄的行旅客人来许家也能得到精心照料，就是村庄间的械斗也会邀请许秉玉前去调停纠纷。

清光绪三十二年（1906），许秉玉考虑到村庄儿童的教育，独立出资五百金创办了东梓小学，自任校长，同时聘请有学识的人担任教师，教导学生。他还出资合办了东梓关对面桐洲岛的看潮小学，热心公益，培养人才不遗余力。

去世前一年，许秉玉看到织布女工不善经营而致贫，特意集资在富阳县城创办女织布厂，并出资五百金作为女工生病的备用金，亲自管理。

许秉玉勤力为公数十年如一日，家谱上称颂许秉玉的传记里就这样写道："士君子处世，在一乡，当有益于一乡；在一邑当有益于一邑；在天下当有益于天下。予闻程子曰'一命之士，苟存心于利物，于人必有所济'。然则士君子之所谓利济者，不必得位乘时掌天下国家之柄，苟有一事于乡邑有益，即不虚此世，况有益于一乡一邑，未尝不有益于国家乎？"

（文：柴惠琴/图：曾令兵）

文成公阳村

散财保乡叶光汝

　　文成县岙口镇公阳社区公阳村，是一个具有千年历史文化的古村落，境内历代名人辈出，文化底蕴深厚，在瑞安文成一带素有"公阳好风水"、"公阳好财主"之美誉。村内有明清时期建造的祠堂、殿宇、四合院、街道、老房子、古井、古树等景观二十多处，还有部分宋元时代的古遗迹。据《叶氏宗谱》记载，其始迁祖叶仁捷为五代十国之南唐的殿前都押衙副将（相当于御林军副统领），因不愿意儿子侍奉新主，遂率全家四代几十口人逃出南唐京城，于公元975年隐居于公阳村开宗肇基，至今已繁衍四十余代，成为当地最大的望族。据有关史料和《叶氏宗谱》记载，千余年来，公阳出过上百位八九品以上的政府官员，著名的有南宋京学学正叶岩起，元末明初名满温、处两州的大儒叶葵、叶蕃兄弟和礼部郎中（正三品）叶鼎，以及20世纪我国著名武术传承名家、中医导引推拿专家叶大密等诸人。

　　不过，本故事的主人公却是另外一位叶氏后裔——叶光汝。

　　叶光汝（1807—1882），名作人，字澍霖，号雨田，又号云舟先生，国学生，为叶氏第三十世孙，出生于公阳村一个书香门第之家。其祖父名叶邦孚，字国信，号诚斋，为登仕郎、乡饮宾；父亲叶文选，名涵，字永海，号芝亭，钦授六品衔。叶光汝一家居住在瑞安县境内原五十三都，是当地比较显赫的名门望族，历代皆以"勤俭持家、崇孝节义、乐施好善、济困助饷"而著称于世。

　　叶光汝继承了叶氏家族良好的家风，虽家庭富裕，然而起居服食非常朴素，毫无一般富家子弟的纨绔作风。性情至孝，他的父亲晚年时患眼疾，他在父亲身旁侍候，不等父亲开口，就能顺着父亲的心意去做。在家乡居住时，从来不说别人的闲话，中伤别人。待人和蔼可亲，哪怕是农夫牧人，也坚持与他们往来，言谈举止一如既往，安然自若。他善于为乡邻排忧解难，遇到乡邻打官司时，就拿出自己的钱财弥补双方的裂痕，使双方停止争执。平时喜好施舍，帮助他人，看见别人处于危急困难时候，就会加倍给予照顾。

邻村有一次遭遇火灾，三十多户人家的财产房屋被烧光，生活陷于困顿。叶光汝就拿出衣服粮食，送往邻村受灾人家，帮助他们渡过困难。类似助人为乐，舍财济世的义行不胜枚举。尤其是他拿出家财充作军饷，出资建立团勇，保境安民的行为，更是为人称颂。

明清时期，嘉屿乡五十三都，因地处瑞安、平阳、泰顺三县交界之要冲，历来都是起义军部队进攻、撤退和政府军平寇剿匪的必经之地。从唐末以来，曾有十几次较大的兵灾危害过五十三都地方，如唐末"黄巢"之乱，元末明初的红巾军起义、吴成七抗元斗争、平阳矿工暴动、青田刘甲刘乙起义，清初剃发易服令激起的"白头军"起义、撤藩引发的"三藩叛乱"等。每次叛军与政府军交战时，嘉屿乡五十三都都会遭到大量人员伤亡和财物损失。正所谓"匪过如梳，兵过如篦，官过如剃"。故而每次发生兵灾时，大批村民都会扶老携少背井离乡，或者躲进深山老林避难。

咸丰年间太平军起义时，浙南也发生金钱会起义，响应配合太平军在浙江的斗争。清政府则调集重兵进行镇压。接连数年，战争不断，给当地百姓带来了无穷的灾祸。为了保境安民，使当地百姓免于兵祸，叶光汝捐巨资创办嘉屿乡五十三都团练。

团练，俗称民团。团员，俗称乡勇或乡兵。它相当于现代的地方民兵部队，为当时国家机器的组成部分，但又区别于正规部队，属于"兵员自招、兵饷自筹、兵制自定、军官自任"的"四自"地方军队，主要以"训练乡勇、清查保甲、坚壁清野、保卫地方安全"为职责。其最高指挥官称"练总"、"练长"或"团长"，掌握这支部队的军事指挥权，负责部队士兵训练、作战和粮草筹集、地方治安等工作。

叶光汝创办五十三都团练后，自任团练总练长，设团练总部于公阳村，设分部于山下村，下设四个分队，每分队二三百人，最多时有千余名团员，并主动与周围其他团练部队相互沟通、联络、呼应。在通往瑞安、平阳、泰顺、文成大峃等主要道路上、山顶上，设置明岗暗哨和烽火台，遇有敌情，便放火、鸣锣为号。乡勇在有战事的时候就是兵，随时一呼百应，上战场杀敌。在无战事的时候就是民，分散种地，或者集中训练拳脚功夫以及刀枪棍棒等器械。

据当地老人回忆，五十三都团练大约存在了十余年，办团经费大部分由叶光汝无偿捐赠，他家所捐的银两数至少有上万两之多。因为团员都来自辖区里的农民子弟，大家只有一个共同目的，那就是齐心协力保卫家乡安全。加上叶光汝制定了严格的军纪进行约束，故而十余年来团练成员从未发生过扰民事件，深得当地百姓拥护。

当时，这支团练部队在瑞安（包括今文成）、平阳一带很有名气，在政府军与太平天国、金钱会两支起义军交战最频繁、最激烈的时候，两县的许多老百姓都会选择到五十三都辖区内的公阳、双桂、周山来避难。五十三都团练作战勇敢，能征善战，一般的山匪流寇根本不敢涉足或觊觎其辖区，甚至连清兵和起义军部队也不敢小觑这支团练。据说当时团部立有一条不成文的规矩，凡是清政府的官兵通过五十三都境内，都要事先派人到团部照会，约定不许扰民。凡是义军借道过境，则要先投"拜山帖"，不然就会有麻烦，甚至不让通过。太平天国和金钱会起义被清政府镇压后，不久，叶光汝因为保境安民有功，被地方官上奏给朝廷，同治帝下诏，以例贡资格，授予江西省布政司理问一职，原为从六品官，破格提拔为五品。叶光汝随后到江西上任，五十三都团练才随之解散。

（注：叶光汝的事迹在《叶氏宗谱》《云舟先生墓志铭》中有记载。）

（文：沈学斌）

湖州南浔荻港村

惠我无私赈荻港

"莽莽芦荻洲，纵横水乱流。经营几岁月，勾画好田畴。渔网缘溪密，人烟近市稠。从来生聚后，风俗最殷优。"这是章氏六世祖霞枰公描绘荻港的诗歌。荻港村由于四面环水，河港纵横，两岸芦苇丛生而得名，历史上曾有苕溪渔隐之称。从庙前桥河埠上岸，经凤津亭（亭名由状元陆润庠所题）、十景塘、演教寺，就到了荻港村的总管堂，大门朝南，一对宋代石狮，一雌一雄，静静地屹立在仙鹤祥云图案的石坫上，已有八百多年历史了。门前挂着一副楹联："善为至宝一生用之不尽，心作良田百世耕耘有余。"正殿内塑着三个押粮官神像，上有"惠我无私"匾额。每逢初一、十五，年长的老人便会前来祭拜，以颂扬先人，期许后人。

那么这三个押粮官有何功德，竟然受了村民八百余年的香火，甚至一直绵延至今？此事说来话长，宋室南渡后，定都杭州。那时，皇帝有一个总管老丞，叫肖堂，专门为朝廷催收皇粮。每年夏秋，他都会接受皇帝的命令，到南太湖区域的村庄征收粮食。南太湖的老百姓大多忠厚老实，通常不会积欠粮赋。肖堂催粮的活计相当省力，只要将百姓自动缴纳的皇粮，装运上船，运送到杭州就算顺利完成任务。

这一年，南太湖区域发生百年难遇的旱灾，骄阳如火，连日不雨，河道干枯，田地龟裂，粮食歉收。北面的金人又不时骚扰，兵荒马乱，肖堂带人费了九牛二虎之力才勉强完成征粮任务。皇粮征齐后，肖堂派人把粮食装上运粮船只，由押粮官护送，顺水路南下，沿途经过曹溪河、袁介汇、荻港村等地，运往杭州。

可是这一年，肖堂押运的皇粮并未顺利到达京城。原来，当他们的船只经过荻港一带时，发现此地旱灾更为严重，粮食可以说是

惠我无私承荻港

颗粒无收，众多乡民挣扎在死亡线上。当饥饿的乡民看到从北而来的皇粮船队时，犹如在死亡的绝望中看到最后一线生的希望。他们成群结队、拖儿带女来到荻港外巷，摇摇晃晃地跪在河岸边，哀哀痛哭，苦苦恳求，哀求皇粮船队分粮救灾。

肖堂站在船上，看到沿河两岸上的灾民越聚越多，哭声震天。因为长期饥饿，许多灾民骨瘦如柴，更有甚者，一些灾民好不容易挣扎着来到岸边，却不支倒地，咽下了最后一口气。随着灾民饿死倒地者不断出现，肖堂心里犹如油煎一般，不知如何是好？跟船的押粮队伍看见此种惨状，也不禁流下了同情的眼泪。

肖堂左思右想，终于下定决心。他找来手下两个押运队长商量道："如果我们私自将皇粮分给灾民，会有杀头之罪。可是，我们不把粮食拿来救灾，那么就会有上万人饿死。散粮的话，只有我们三个人死，可是这船队的皇粮可救活几万灾民。我们把皇粮散给灾民吧！"两个押粮官互相看了一眼，异口同声地答应下来。

于是，肖堂下令把粮船靠岸，把船中皇粮卸了下来，一一散给这一带灾民。乡民们大喜过望，一面大声感谢，一面纷纷向前，背扛肩挑，将粮食运回家。粮食分完后，肖堂老爷和两个押粮队长，知道进京必死，怎么办呢？为了不连累家人，三人商量来商量去，最后决定三人一起跳进曹溪河（现在大运河），自杀身亡。

等到荻港乡民发现时，肖堂老爷与两个队长已经跳入河中，根本来不及拯救，甚至连尸首都没有打捞起来。荻港乡民悲痛不已，最后集资建造了一座庙，塑了三人神像，年年月月进庙朝拜，以感激他们拯救荻港乡民的恩德。皇上得知肖堂三人为救灾民不惜牺牲生命的壮举，十分感动。认为他们为民而死，死得壮烈。遂赐封三人为荻港总管，其庙为总管堂。传说三人死后，因为这一善举拯救了数万之众，功德甚高，玉皇大帝便加封他们为都天安乐王。世世代代享受荻港乡民的香火，让他们的事迹千古流芳，永世传颂。

年轮转换，岁月流逝，清朝乾隆年间，荻港望族章氏家族第八世凤藻堂一脉的章大友出生了。在名师的执教下，勤奋上进的章大友于雍正八年（1730）考中进士，从此走上仕途。乾隆九年（1744）春，章大友上任途中经过家乡荻港拜望父母，闲暇时信步来到总管堂。作为荻港人，章大友也算是听着三个押粮官故事长大的。他看着三个宋代押粮官神像，想起他们为救家乡灾民，分皇粮于民，以身殉义的事迹，一时间浮想联翩，豪情大发，挥毫留下"惠我无私"墨宝，让总管堂主事雕刻成四边黄金色，底红色匾，悬挂在正殿上，教育后人。

后来章大友致仕回乡，慷慨好施，地方上凡有善举，皆尽力相助。乡里有不忿之事，必婉言劝息。当时荻港整个区域，都是芦苇沼泽地，龙溪以北，水系纵横，朝南就是龙溪港，排涝方便。于是，章大友慷慨出资，发动乡民，开挖鱼塘，塘堤上种桑，每年养鱼塘中的淤泥用来壅桑、肥桑，以桑养蚕，又将蚕蛹喂鱼，建立起一个鱼、桑、蚕、泥相互循环利用的生态产业模式。年复一年，使乡民春天有卖蚕茧的收入，冬天有卖鱼的收入，积累了不少财富，再培养下一代进积川书塾读书，真正做到耕读传家。直到现在，当地乡民还传颂着章大老爷为民开鱼塘的故事。

章大友的一生，无论是为官，还是为民，都以"惠我无私"要求自己。为官时清廉自守，爱民如子。归乡时，以善为先，饥者食之，寒者衣之。婚嫁不结者助之，贫而死者帮之，修桥铺路，造福乡梓。

八百多年后的今天，总管堂前匾额上的四个字"惠我无私"已经在历史的长河中逐渐积淀内化成荻港村的古朴乡风。

（文：章金财/图：曾令兵）

名人名流

一　诗文艺人

杭州富阳双江村

晚唐诗才罗昭谏

双江村（旧名钦贤罗家），地处葛溪、松溪的汇合处。这里山清水秀、风光宜人，是新登八景之一的"松葛双清"。晚唐著名诗人罗隐便出生在这里。据《新登镇志》记载，村里鸡鸣山下旧有罗隐读书台、罗隐宅，宅前有罗隐手植的两株桂花树。如今仅存一只护宅石老虎、一片罗隐故居宅基和一块记述罗隐事迹的《鸡鸣山记》碑（现存于新登中学圣园碑林）。

罗隐生平：出身寒微，命运坎坷

罗隐（833—909），名横，字昭谏，号江东生。据新登《钦贤罗氏家谱》记载，为避战乱，罗隐的祖先由湖南长沙迁居到新登镇双江村鸡鸣山脚。唐文宗太和七年（833）癸丑正月二十三日辰时，罗隐出生在新城县钦贤罗家。罗隐生活于唐朝晚期，社会阶级矛盾激化，朝廷腐败，官吏贪污，战乱四起，民不聊生，罗家也日渐衰落。

汪德振《罗昭谏年谱》记载，罗隐童年，生活过得十分清苦，为糊口常给人家放牧。他常趁清晨放早牛之际，在鸡鸣山上刻苦读书，其诗文少年即负盛名。他从宣宗大中六年（852）二十岁那年起，凭自己的真才实学赴京（长安）赶考，一直考到懿宗咸通十四年（873）四十一岁，十次应试，次次落榜。这倒不是罗隐才疏学浅，而是他秉性耿直，所写诗文善于讽刺，易得罪人，不为豪门权贵所容。罗隐因有了隐退之心，而改名为隐。此后，罗隐辗转各地，寄人篱下，贫困漂泊。据《新登镇志》记载，他足迹遍及江、浙、赣、湘、鄂、皖、豫、鲁、陕、晋诸省，备受艰苦，深刻认识了社会现实。特殊的时代，特殊的经历，造就了诗人愤世嫉俗、好打不平的特殊性格。

唐昭宗光启三年（889）罗隐55岁，由于同宗邺王罗绍威的推介，他离长安东归。罗隐回到家乡，投奔坐镇杭州的钱镠帐下。钱镠重用了他，使他在以后的22年中，做出了一番有益于人民的事业。罗隐卒于梁太祖开平三年（909）盐铁发运使任上，享年七十七岁，"诗坛怪才"就此陨落。

罗隐诗文：诗坛奇葩，传世瑰宝

罗隐是晚唐的讽刺诗大家。他关心民疾，讽刺丑恶，忧国忧民，诗风独具一格，对后世影响深远。他的诗品、人品均受到历代骚人墨客的赞颂。如唐代杜荀鹤的《钱塘别罗隐》、宋代许广渊的《题罗隐宅》、元代黄元之的《钱塘署有罗昭谏手植海棠一本》、明代凌志的《题罗隐故宅》、方廉的《舒啸亭》、马世杰的《罗隐宅》、清代张瓒的《鸡鸣山》等诗文，都高度赞赏了罗隐。

毛泽东主席很欣赏罗隐的讽喻诗文，在他故居的藏书中，有罗隐的两本诗集——《罗昭谏集》与《甲乙集》。在这两本诗集中，毛主席对其中很多首诗都画着浓圈密点，有几篇还加上批语。例如《焚书坑》："千载遗踪一窨尘，路傍耕者亦伤神。祖龙算事浑乖角，将谓诗书活得人。"罗隐从另一角度写秦始皇的焚书坑儒，含蓄有新意，毛主席对这首诗的最后两句加了密圈。《秦帝》："长策东鞭极海隅，鼋鼍夺走鬼神趋。怜君未到沙丘日，肯信人间有死无。"这首诗讽刺秦始皇寻求长生不老之术，毛主席对前两句加了曲线，后两句加了密圈。《西施》："家有兴亡自有时，吴人何苦怨西施。西施若解倾吴国，越国亡来又是谁。"罗隐的这首诗，不把国家兴亡的责任归于个人的作用，不认为封建王朝是天命不亡的。在当时的历史条件下，有这样清醒见解确实难得。毛主席在这首诗的标题前画着两个大圈，全诗都加了密圈。粗略统计约有91首诗都有毛主席批注，罗隐是毛主席极为赏识的一位很有才华的诗人。

江泽民同志也曾引述罗隐《夏州赠胡常侍》诗中的名言："国计已推肝胆许，家财不为子孙谋。"以此来诫勉共产党人和领导干部，应处处以国事、人民之事为重，绝不去干那种以权谋私之事。

鲁迅先生也很赏识罗隐的诗文，他在《小品文的危机》一文中曾评说："罗隐的《谗书》几乎全部是抗争和愤激之谈。"《谗书》被他称誉为"一塌糊涂的泥塘里的光彩和锋芒"。罗隐的诗文堪称唐诗宝库中的璀璨明珠，是中华文化的传世瑰宝。

罗隐传说：流播神州，薪火相传

一千多年来，民间口耳相传着许多关于罗隐的各种传说，这些传说已进入浙江省非物质文化遗产名录。传说都是民众出于对罗隐的爱戴，也出于平民百姓对罗隐的理解、同情和奇想的集体文学创作。由于罗隐前半生过着漂泊的生涯，足迹几乎遍及全国，因而传说流播的区域很广，我国东西南北都有他的传说，并形成了同一个故事的许多不同版本，因此罗隐传说已成为中华民族的一份宝贵文化遗产。

众所周知，历史人物与传说人物，既有联系又有区别。劳动人民对历史上的著名人物，特别对本地的历史名人，擅用"传说"形式加以歌颂和宣扬，从而形成口头的（即经民众加工塑造）历史人物，也就是传说人物。不难推想，百姓对罗隐的认识，从传说中了解的罗隐远比历史史实中了解得多。在罗隐故里，会讲罗隐故事的人真不少，如《罗隐出世》《讨饭骨头圣旨口》《牵纸窝榔头》等，但会说历史罗隐的人就不多了。

由富阳区文广新局编撰出版的《罗隐传说》，仅采集富阳地区罗隐传说就有90篇，其中反映罗隐童年生活的传说14篇，如《罗隐出世》《罗隐和石狮》《讨饭骨头圣旨口》《浮石潭的传说》《山谷为啥有回音》《拜先生》《打屁股止痒》《小罗隐赶石头》《鹅飞日》《罗隐放牛》《一碗炒黄豆》《茅草代刀》《知错就改》《角尺的来历》等。这些传说多角度地反映出罗隐的勤奋好学、机智聪明、性善助人的品性。

在罗隐故里，百姓们世世代代用罗隐童年传说教育自己的孩子。时至今日，仍有人在给孩子们讲。由此可见，罗隐传说具有极强的生命力。愿先贤罗隐的精神及其诗文、传说能够薪火相传，绵延永久。

（文：盛伯勋）

长兴鼎新村

元曲大家臧懋循

臧懋循（1550—1620），字晋叔，号顾渚山人，明朝人，因编著《元曲选》而闻名，是集元曲之大成者。

元曲大家臧懋循

臧懋循于明嘉靖二十九年（1550）出生于浙江长兴县鼎新村，父亲臧继芳，生母丁氏是侧室。臧懋循从小天资聪颖，三岁能诵诗，七岁通晓《五经》，当时人人称奇。安吉孝丰有位名士叫吴维岳，因喜爱臧懋循的俊才，便将他弟弟吴维京的女儿相许。

隆庆二年（1568），曾担任两任知府的父亲去世，18岁的臧懋循继续攻读功名。万历元年（1573）参加乡试中举，万历八年

（1580）以第三甲第八十八名赐同进士出身。第二年受聘湖北荆州府学教授；万历十年（1582）任应天乡试同考官，不久任夷陵（今湖北宜昌）知县；万历十一年（1583），升任南京国子监博士。由于为人不拘小节，于万历十三年（1585）受到弹劾被罢官，返归乡里，其时仅36岁。万历二十四年（1596）移居南京，万历三十年（1602）再次举家返回家乡。

臧懋循博闻强识，涉猎宽泛，才高隽永，且擅结友人。南京为官时，与汤显祖、王世贞、梅鼎祚、袁中道等文坛名流善交，时常游览六朝遗迹，风流倜傥，寓居乡里时，与吴稼登、吴梦旸、茅维诗词唱和，并称"吴兴四子"。万历二十九年（1601），与曹学佺、陈邦瞻等名士结集金陵诗社。

臧懋循热爱家乡，万历二十四年（1596）与里人重建鼎甲桥。罢官后赋诗言志，留下了歌咏家乡风光的诗句，他还传承了臧氏科举世家的文风，其后人又有五人进士及第，举人数位。万历四十八年（1620）去世，享年七十一岁，与夫人吴氏同葬于孝丰鄣吴村（今隶安吉县）岳家墓地。

目前，鼎新村仍有臧懋循故居，主要包括负苞堂、雕虫馆。"负苞堂"的含义应该来自汉朝王符的《潜夫论》。"负"和"苞"都是植物，古书上的"负"指的是"苽草"，即今天的吊瓜，"苞"就是席草，可以用来编草鞋。古时候，这两种植物很普遍，村落周围大概到处都有。王符是东汉末年的人，他不满东汉政治腐败，终身不仕，潜心探讨人情世事，写就的《潜夫论》抨击时政弊况，宣扬民本思想。《潜夫论》中有这么一段话："人之善恶，不必世族；性之贤鄙，不必世俗。中堂生负苞，山野生兰芷。"大意是说，人的善恶贤劣，不能只从他的门第出身看，中堂之固，难保日后不长"苽草"和"苞草"，而荒山僻野，说不定潜藏着兰芷的芳香。

臧懋循借用王符的话取下堂名。"中堂生负苞"包含一种警诫：门庭败落，难免杂草丛生。万历四十四年（1616），他的堂兄臧懋中告诫自己两个同登进士的儿子："孺子毋以一第骄人，顾立朝自兹始，未有己不正而能正人者。一堕足，终身不可湔洗。"表达的也是这个意思。但臧懋循的可贵之处，在于他没有因"堕足"而沉沦，他的"负苞堂"还潜伏着另一层含义："山野生兰芷。"果然，身处乡野的臧懋循，留给后人的芬芳远在那些仕途得志者之上。

雕虫馆是臧懋循的藏书处之一，臧懋循自称雕虫馆主人。雕虫指雕刻虫书，虫书又叫鸟虫书、鸟虫篆，是秦书八体中的一种字体，也是西汉学童必习的小技。雕虫比喻微不足道的技能。臧懋循以雕虫命名，足见其不傲才以骄人的谦虚品德。

臧懋循的主要成就还是在出版事业上。他在万历三十年（1602）返乡后，在雉城创办了印刷工场，命名为"雕虫馆"，自选、自编、自刻并亲自主持书籍的发行，成为中国最早一代具有代表性的私人出版商。先后编纂出版的著作有《六博碎金》8卷、《古逸词》24卷、《古诗选》56卷、《唐诗选》47卷、《校刻兵垣四编》《玉茗堂四梦》《校正古本荆钗记》《改定昙花记》和弹词《仙游录》《侠游录》《梦游录》等，总字数达300余万字，堪称卷帙浩繁，在雕版印刷的时代殊为不易。

让臧懋循青史留名的伟大著作是他主编的《元曲选》100卷。他受家乡戏曲盛行之风的影响，对戏曲具有独到的鉴赏能力。究其一生，尤其着迷于元代杂剧，曾自述"吾家藏杂剧多秘本"。在其家藏的基础上，又利用与松江徐阶、申时行、王锡爵等人的姻亲、师友关系，不惜代价广收散佚的元曲。晚年利用送幼孙到河南确山娶亲之机，在河南、湖北等地遍寻各种元曲版本，在湖北麻城刘承禧处，一次借得二百来种杂剧抄本。历时三十年的搜罗、筛选、改编，终于在万历四十三年（1615）刊行《元曲选》100卷、图一卷，为传承中华文化作出了巨大的贡献。

（文：长兴农办／图：郑寅俊）

湖州南浔下昂村

书画大师赵孟頫

湖州市南浔区菱湖镇下昂村和元朝书画大师赵孟頫有着深厚的渊源。南宋灭亡后，作为宋秀安王后裔的赵孟頫，生活窘困，从湖城来到他生母邱夫人娘家柳溪村，边寻亲访友，边练书画技艺。后来被元朝三次征召，其学识才艺受到元世祖忽必烈赏识而重用。元亡明兴，柳溪里人为纪念本乡邱氏后人，遂改村名为松雪（赵孟頫之号）；又因唐朝文学家陈子昂生于长江上游"天府之国"四川平原，而生于长江下游"人间天堂"杭嘉湖平原的赵孟頫之字也为子昂，所以称陈子昂为上昂，赵孟頫为下昂，这样，下昂也成了村名。"松雪""下昂"就替代了原来的柳溪村名。

赵孟頫（1254—1322），字子昂，号松雪，是宋太祖第十一世孙。宋理宗宝祐二年（1254）九月初十，赵孟頫诞生于湖城甘棠桥堍秀安僖王府。赵孟頫兄弟10人，他排行第七，姐妹有14人。他父亲有妻3人，大夫人姓李，赵孟頫生母邱氏是妾。5岁时，赵孟頫入家塾启蒙，始学书，日练书法万字。其父赵与訔善诗文、富收藏。赵孟頫8岁时，随父宦游金陵（今南京）。

12岁时，赵孟頫父病逝。此时，虽贵为秀安僖王侯世家，但家境每况愈下。赵孟頫的兄长们都以父荫补，在宋廷或外地任官职，而赵孟頫的生母在家族中地位并不显赫。所以，邱夫人嘱咐他："你年少又丧父，如果不能自强于学问，你就无法生存，我们孤儿寡母这一生就没希望了。"于是赵孟頫刻苦磨砺，昼夜不休。

14岁，赵孟頫以父荫授真州（今江苏仪征）司户参军，一个八品闲职。于是他就抓紧时间，仍以读书、练字、作文为主。23岁时，元军攻进南宋都城临安（今杭州），宋恭帝降元。元军过钱塘江，追杀南宋残余势力。赵孟頫从真州逃回湖城，宋亡，元军驻湖

书画大师赵孟頫

城，赵孟頫很快由王室贵族沦为平民，生活维艰，甚至"向非亲友赠，蔬食常不饱"。在此困境下，邱夫人仍不断告诫赵孟頫："蒙古鞑子当道，他要一统江山，必然要收录江南贤能之士而用之，所以你一定多读书，要在知识博学上不同于普通人。"于是赵孟頫便隐居湖城、菱湖、德清，广交师友，发愤读书。

赵孟頫26岁至32岁（1280—1286）期间，受母命，到菱湖找堂兄赵孟颛和柳溪外婆邱家，隐居下来，这期间便在菱湖、松溪留下了许多与他有关的传说。

赵孟頫到了柳溪（今下昂），由于外婆家境也不大好，他便安排两个妹妹住外婆家，自己和弟弟赵孟籲住在赵家墩赵家祖坟守坟人的小屋里，那里四面临水，西边云巢山与莫干山逶迤相连，襟山带水，他就和弟弟读书写字，有时就去菱湖赵家弄堂兄赵孟颐家，切磋书画，吟诗作赋。他特别钟情菱湖水乡风光，以柳溪周边村落特色，取名莲花庄、桃花庄、桂花庄，将一块四面环水的清丽高地呼为"浮霞郡"。在柳溪村东、竹墩村西，有三座贯成珠串的小山：南凉山、中凉山、北凉山，他登上北凉山，画《玉山雪霁图》以记游事，后人刻石置碑于北凉山顶庙中。菱湖镇南栅南当湾的真武庙，俗称南圣宫，气势恢宏，他便书额"金阙飞升"，该匾额直到新中国成立后南圣堂拆除时才被毁。

赵孟頫受第三次征召后才就任，受到元世祖忽必烈赏识重用。元朝五代帝王对他都很赞赏，他累官翰林学士承旨、集贤学士、荣禄大夫、一品大臣后，在湖城建别业，取名莲花庄；把甘棠桥故居一带四面环水之地呼为浮霞郡，这和他青年时生活困顿居住菱湖柳溪（今下昂）的情愫有关。传说，他曾为柳溪的四座石桥分别题写了诗意盎然的桥名：东边桥名"日晖"、西边桥名"听月"、北边桥名"清远"、西南桥名"众安"，这四座古桥至今尚在，是市文保点。

由于赵孟頫的外婆家在柳溪，他和菱湖百姓有患难之交，更因他是宋皇族后裔，又是著名书画大师，因此元末明初，里人将古村市柳溪改名下昂、别名松雪以纪念他。几百年来，地名就以下昂村、下昂市、下昂镇（松雪镇）、下昂乡保留至今。下昂集镇有一条东西向的小河，原名柳溪，也改名为昂溪，其北支流则仍叫柳溪。

明朝初年，当地村民在浮霞墩建松雪庵，内供魏国公赵孟頫和魏国夫人管道升的肖像，清初改为塑像，年年祭祀。松雪庵在20世纪80年代恢复，香火鼎盛，而今村里又集资新建庙堂，准备塑像供瞻仰。下昂集镇还建有松雪电影院、松雪卫生院、松雪公园、松雪亭、松雪路，并在集镇中心广场竖立赵孟頫汉白玉大型塑像；竹菁公路进集镇入口处，新建三门大型牌坊、赵孟頫书法碑廊、鸥波亭、石俑石马石羊，修复陈氏百年古宅命名为松雪斋；下昂集镇的菱湖三中和菱湖三小，是浙江省书法教育基地，以赵孟頫书画为教材培养一批又一批的中小学生，传承弘扬中华文化。

在湖城，赵孟頫故居、赵孟頫纪念馆已开放，内有赵孟頫、管道升夫妇弹琴吟诗的铜像；莲花庄别业已扩展为大型莲花庄公园，有赵孟頫遗物、遗址、铜像和管道升楼等建筑及莲花峰；在湖城名人公园，有赵孟頫一家欣赏书画的大型铜像群雕，市博物馆展出珍藏的赵孟頫书画作品。赵孟頫夫妇合葬墓在德清县洛舍镇东衡村，已修复，为全国文保单位。20世纪50年代，赵孟頫被列为世界文化名人，苏联（今俄罗斯）莫斯科大学有他的全身塑像。国际天文学会在太阳系九大行星之一的水星上，将位于西经235度至225度的直径达120千米的环形山命名为赵孟頫山。

赵孟頫一生虽"被遇五朝，官尽一品"，终因赵宋王室后裔而不委要职，更无实权，所以他致力于书画，终成独领风骚的书法绘画大家。元世祖忽必烈经汉族大臣程钜夫推荐，曾三次征召他，官至一品，先后受元世祖、元成宗、元武宗、元仁宗、元英宗赏识，元仁宗还将赵孟頫比作唐之李白、宋之苏轼，称其有七大过人之处："帝王苗裔，一也；状貌日失丽，二也；博学多闻，三也；操履纯正，四也；文辞高古，五也；书画绝伦，六也；旁通佛老之旨，造诣玄微，七也。"

元朝统治时实行残酷的民族压迫政策，将国人分为四等，北方汉人和南方汉人列为第三等和第四等，受尽欺凌。赵孟頫后来任职翰林侍读、侍讲学士、知制诰、修国史时，常借古论今、直言进谏，使元统治者后来对汉人、南人的政策渐趋缓和。同时，赵孟頫为官清廉、处事公正、关心民间疾苦，也为同僚和百姓所称道。

有三则逸闻，数百年来为家乡传颂。有一次赵孟頫回到湖城，见一对老夫妇摇着破船，像乞丐一样过日子。赵孟頫以前泛舟碧浪湖时曾认识他们，看到他们，同情地说："我送衣服供食你俩人，可否帮我打扫鸥波亭？"老夫妇高兴地答应。又一天，赵孟頫跟着弟弟步行至鸥波亭，看到俩老人，问道："你们住在这里，日子过得怎么样啊？"老夫妇感激地说，吃住衣食都有了，担心将来老死没有棺材坟地。赵孟頫想了一会儿，说："我刚才走过来时，看到奎章阁有一太湖石非常奇特。"于是吩咐跟随取来纸笔，就在亭内画了幅厅石图，交付老夫妇，说你们卖了后，就有后事的费用了。后来，老人将画拿到骆驼桥，众人一见是赵孟頫真迹画品，有人就以十千价格购买。

有一位文人，曾看到一卷千字文，以为唐人字，绝无一点一画似赵孟頫的书格法度，看完后方知是赵孟頫所写，只见他自题云："我二十年来写千字文以百数篇，此卷不知何年所书。当时学褚河南《孟法师碑》，所以结字规模八分。今日看到，不知哪儿为最好？田良卿朋友在骆驼桥市场中买到此卷，特来让我题跋，写在此千字文书法后。因想到自己从5岁入小学学书，不过像大家一样习帖摹临罢了。没料想今天有人拿去贱卖了，而我友良卿却花若干倍钱去购买，都是可笑之事啊。元贞二年（1296）正月十八日子昂题。"从字里行间，可以看出赵孟頫之书法之所以妙不可言，这是他数十年无帖不习的缘故。这位文人还见到赵孟頫题画马字："我（赵孟頫）自幼好画马，自以为已尽知所画之物的习性。友人郭祐之曾赠我诗，说，'世人但解比龙眠，那知已出曹韩上。'曹（曹勿兴大画家）韩（韩干擅画马）因是过许，使龙眠无恙，当与之并驱耳。"这位文人接着说，往往看赵孟頫所画马以及人物、山水、花竹、禽鸟等，无法计算，有数百轴，又岂止与龙眠并列而已。又听说赵孟頫得到了朱海岳书《壮怀赋》一卷，中缺数行，赵孟頫取刻印本临摹以补其缺，凡易手写五七纸，终不满意，叹道，"我不及古人太多了！"遂以刻本补缺。这位元朝文人就是陶宗仪，在他《南村辍耕录》中感叹："赵孟頫翰墨为国朝（元朝）第一，犹且佩服前人谦虚自叹不如，可近来有那么一批自称文墨高手，仅仅能点画如意，便夸大自我，与赵孟頫相比，真不知羞愧啊！"

赵孟頫和夫人管道升伉俪情深，管夫人也是一代才女，两人作画互题诗词，琴瑟和谐，可是夫妇间也有过一段风波，这就是著名的管道升《我侬词》。很多史料记载，赵孟頫五十岁时，尽管与夫人管道升相濡以沫，有一天却忽然起了娶妾的念想，于是写了一首词给管道升："我为学士，你做夫人。岂不闻王学士有桃叶桃根，苏学士有朝云暮云。我便多几个吴姬越女，无过分。你年纪已过四旬，只管占住玉堂春。"管道升看了后，不吵不闹，不愠不火，也写了首《我侬词》："你侬我侬，忒煞情多。情多处，热似火。把一块泥巴，捻一个你，塑一个我。将咱两个，一齐打破，用水调和，再捏一个你，再塑一个我。我泥中有你，你泥中有我。与你生同一个衾，死同一个椁。"赵孟頫读了这首词，自觉惭愧，终于打消了娶妾的念想。

（文：李惠民/图：郑寅俊）

建德建南村

章燮注疏 《唐诗三百首》

　　章燮，字象德，号云仙。浙江建德大洋镇建南村（原三河乡章家村）人，生于乾隆四十八年（1783），逝于咸丰二年（1852），享年70岁。工吟咏，诗有唐人气质，为时人所钦佩，每天以教子弟为乐，蒙其教诲者如坐春风。教课之余，注疏蘅塘退士孙洙所编《唐诗三百首》。在原有注解之外，广征博引，源流分明，兼及诸家诗话，内容相当周备，且能注意辞义贯串，深入浅出，简要不繁，颇有特色，堪称唐诗注本中最详尽、最严谨的版本。《唐诗三百首》章燮注疏本自道光十四年（1834）秋季刊印以来，广为流传，遍及全国。新中国成立以来，仅浙江就已三印其书，约五十万册。此外，尚著有《古唐诗精选注》《诗话合选》《针灸揭要》《高林别墅诗集》等著作，惜遗佚无传。

　　章燮其人，逸事颇多，尤其是关于他酷爱读书和唐诗宋词的故事较多。

　　章燮，自小勤勉好学。他有个堂兄叫章庑，两人亲如骨肉，学玩均在一起。章庑平时经常到西乡桐山后金的外婆家玩，章燮都跟着一起前往。章庑表哥金正是金仁山十四代嫡孙，金正先祖金仁山乃皇宋大儒、南宋理学大师，是继朱熹之后钻研道学的"浙东学派"领袖之一，其思想一度为宋元明清官方哲学。金正熟读金仁山的《大学疏义》等书籍，有这样的渊源家学，人也雅致起来，好古起来了。

　　章燮在金正家玩时，也跟着章庑"表哥，表哥"地乱叫。好学的章燮，为亲近金正，干脆认金正为干爹，再来金村就师出有名了，他成了金村一位不入籍的"秀才"。于是，在老师金正的亲自教导下，章燮饱读诗书。可是没过多久，金正认为自个儿不能进

章燮注疏《唐诗三百首》

举，收受学生会让学生沾染晦气，影响科举前途，就算干儿子也不肯再教，除非先拜他人为师，学有小成之后，再一起切磋学艺才无妨。不得已，章燮就到离干爹村三里外的新叶村去拜叶士林为师，这样接近干爹机会就多了。

叶士林为十足的乡间"唐宋派"文学代表，吟必唐诗，诵必韵文。章燮后来"工吟咏，诗有唐人气派"就是受叶士林的影响。章燮玩唐诗入味后，就决计不肯歇手，与干爹、干兄交流切磋，学习研究乃祖金仁山周易义理心得，竟为作诗时借象来服务立意。他研究《论孟集注考证》《通鉴前编》等注疏书籍，也为研究唐诗打底。平日即物抒怀，也总模仿王摩诘、李太白、杜少陵等作品，深浅不论，闲忧不避……这些，都为他后来给蘅塘退士孙洙所编《唐诗三百首》作注疏奠定基础，使注疏在原有注解基础上更翔实、更周备。

平日，章燮也教书、写作，吟诗如吃肉，口腹之必需。撰写闲杂文章，其旨归也在为印证唐诗意境、义理，一门心思加以研究，自然深奥通达。如有疑惑，就到新叶村叶士林处求教。他还能够利用博大精深易学原理进行考辨，可以说是集一生之精力作成了《唐诗三百首注疏本》。该著自清道光十四年（1834）秋刊印问世以来，就盛传不衰，为历代学子挚爱、传阅，后人再读"三百唐诗"，如沐春风，如聆听章燮当年亲自训导。

章燮常悠游乡村名胜，往新叶幽谷觅古宋元的重乐书院和矗立村口的明代拏云塔，到山泉名村寻找明代兵部侍郎绝句高手唐龙踪迹……

相传章燮痴迷唐诗的程度之深，竟从山泉村去迎来唐龙后裔孙女做自己孙媳，这些情事细节，在正史没有记载，在家谱也鲜有述及，大都只流传于他曾经游历的那些山村坊间。

章燮的《古唐诗精选注》《诗话合选》《针灸揭要》《高林别墅诗集》等著作，他去世时，被当作殉葬品埋入黄泉，烂朽无迹，煞是可惜！而《唐诗三百首注疏本》由于深入学生人心，才得以传世，委实侥幸！

章燮学问高超，教授得法，听他的课是件乐事，因此，学生遍及周边乡野，积攒了不少钱财。清嘉庆三年（1798）戊午仲冬月，他在章家村造大房，房屋坐北朝南，主体建筑面积约有300平方米，三进三开间，前厅后堂，主体建筑40根柱子，其中前进天井旁有方形石柱子 4 根，且刻有楹联。前厅二进为单层大厅，天井一个，后堂为三间二搭厢二层楼房；前厅左右有二道侧门可通东西厢房，两厢房均为三间二搭厢二层楼房，建有"吸壁天井"和用青石铺砌的大鱼池，鱼池既可养鱼观赏，同时又可用作防火"太平池"。古宅为清代的典型的徽派建筑，门厅为"石库门"，门前原设有石鼓一对（现已失），整座古宅大木构架的木雕装饰和小木装饰都十分精致，具有较高的建筑艺术研究价值。

章燮经常搞文会，信马由缰，步韵唐诗，写作玩耍。他的堂兄章庑却潦倒困苦，章燮毕生不断对其资助，一直送其归山。

章燮的一生，是做学问的一生，为家族后人所膜拜。

（文：胡志丰　建德农办/图：郑寅俊）

海盐澉浦村

杨梓创调 "海盐腔"

杨梓（1260—1327），元代官员、富商、戏曲家、美食家，海盐澉浦人，历任浙东道宣慰副使金都元帅府事、嘉议大夫杭州路总管。卒后，追封弘农郡候，谥康惠。

戏曲家

杨梓风流倜傥，好侠义，喜交人，爱好戏曲。因搞海运贸易，往来商人很多，他家经常招待客商仕宦，设家宴举行各种演奏，因此拥有杨氏自家的演出班子。

《海盐县志》载："杨发其家复筑室招商，世览利权。富至僮奴千指，尽善音乐。饭僧写经建刹，遍二浙三吴。"据元代姚桐寿《乐郊私语》记载："杨氏家僮千指，无有不善南北歌调者。"所谓千指即百人，大概杨家能够唱海盐腔的年轻女子超过一百人，这么大规模的戏文班子，歌声喧阗，响遏行云。"海盐少年，多善歌乐府，皆出于澉川杨氏。"又据明董谷《续澉水志》记载："西门内大街，南有真武庙，元宣慰使杨梓居之，建楼十楹，以贮妻妾，谓之梳妆楼。"姬妾们将洗下的胭脂剩水倾入楼旁池中，水尽染色，尽为之赤，人称胭脂湖（遗址在今澉浦镇中心小学内）。桃红柳绿之际，杨梓便携歌姬到南北湖游览，丝竹隐隐，宴乐融融。杨梓也曾邀名曲家张可久秋游南北湖和唱，张可久有越调《作别澉川杨安抚》，其中有"不堪听，尊前一曲《阳关令》；斜阳恁明，寒波如镜，分明照离情"。而这十间楼，随着明初杨氏一族远徙，终于废为延真观。明代，楼尚有存，故可以凭吊，可以登临，这是有诗为证的："彩鸳飞去曲池荒，栏槛依然绕绿杨。春色不知歌舞尽，野花犹学美人妆。"（明·陈金《题宣慰妆楼》）明正统年间，有位道士朱洞玄，大概也是古雅之人，登楼，见有帘幕镜奁古书玩物等，

杨梓创调"海盐腔"

想来这风雅的道士是何等的欣喜了。清代彭孙贻亦有诗云："画阁青山宣慰家，曾将金屋贮名花。朱楼吐月开妆镜，红袖翻风驻彩霞。乐府酒旗银落索，姬人宫粉玉钩斜。舞台歌榭今何处？澉水荒城只暮鸦！"可以为之一证。

　　杨梓精通音律，长于散曲。在好友（著名的戏曲音乐家）贯云石的指点下，杨梓发挥自己的才艺，在创作补遗中对流行的南北歌调进行加工，逐渐形成海盐腔，并以之作为杨氏歌僮演唱的"家法"。这种柔美婉转的新唱腔由明代开始盛行，并成为南戏的四大声腔（海盐腔、余姚腔、弋阳腔、昆山腔）之首，逐步取代了在南方流行的北曲杂剧在戏曲舞台上的统治地位，海盐少年"往往得其家法，以能歌名于浙右"而名声大噪。据史料记载，当时"海盐戏文弟子"盛行一时，该腔流布地区后扩展到浙江乃至江西、山东和北京，对后来中国的昆山腔等各种声腔的形成和发展产生了重要的影响。在反映明代嘉靖年间社会生活的《金瓶梅词话》中，记载海盐子弟演剧和清唱者有八处之多。书中西门庆凡接待大官，必用海盐子弟，以为郑重。《全元散曲》录有他的小令29支。

杨梓编写的剧本，今天保存下来的有三种：《下高丽敬德不伏老》、《承明殿霍光鬼谏》、《忠义士豫让吞炭》，在元杂剧中属上乘之作。郑振铎的《世界文库》第二册首刊《敬德不伏老》一剧。此剧的第一折由高腔《敬德打朝》改编，第二折至今仍以《诈疯》之名演出。该剧成就较高，明代改编为传奇《金貂记》。杨梓的杂剧和戏曲活动，奠定了他在元代戏曲史上的重要地位，使他成为元代戏曲家中的佼佼者而载入中国文学史。

航海家

杨梓早年主要从事对日本和高丽等国的贸易活动，间或也做南洋的生意，至元三十年（1293）因熟悉南中国海路和东南亚风情，参加了元军入侵爪哇的海上战争，为海上远征军出钱出船，并亲任远洋导航。杨梓征战归来，受封为安抚总司，后任杭州路总管，是海商海军兼而有之的航海家。《崇宁万寿禅寺杨氏施田记》说："中大夫、浙东宣慰副使金都元帅府事杨公梓在至大三年（1310）冬十月二日，用海船傥钱如浙东。"说明杨家有自己的海船。

杨氏一门三代（杨发、杨梓、杨枢），从事海上贸易，下南洋，下西洋，既为远征南洋的海军领航员，又是接送波斯湾外商的使节，虽称不上伟大，但算得上真正的远洋航海家。杨家是大德五年（1301）下西洋的，郑和是永乐三年（1405）7月11日出发去西洋，杨家比郑和下西洋早了104年。杨梓曾在澉浦造了大量的房屋招海商，澉浦也自此有了街道。元代澉浦的海港为杨氏家族统治，杨家的财富为杨氏从事戏曲事业提供了深厚的物质基础。

如果说杨梓创海盐腔是无意间给后人留下了一笔"非物质文化遗产"，那么，还给我们留了一件"物质遗产"——重达"五千余斤"的澉浦铜钟（董谷《续澉水志》卷九）。

杨梓任杭州路总管时，与日本有相当频繁的贸易。商船在日本卸货后，如果空船回来，海面上风急浪高，时有翻船的危险，船家精明，纷纷购买日本黄铜压舱，以稳定船身。船回到澉浦，卸铜后再装货去日本，如此反复。因澉浦常年干旱，为了镇压风水，祈祷丰年，保一方平安，杨梓把这些从日本装来的压舱铜，浇铸了一口大铜钟，这口钟重达2740公斤，高2米余，内径1米余，壁厚20余厘米，双龙盘绕的钟纽，祥云如意图案的钟肩，流水花纹的钟腰，回形纹的钟边，波浪形的钟口，钟面还镌刻有密集的文字。建六丈楼悬之，其声铿洪，十里外闻焉。钟楼于明成化、嘉靖、万历年间几经重修改建，增为三层，高十丈。清康熙、乾隆、光绪及民国年间又几度修葺，缘梯登楼，可览澉浦镇全景。"禅悦钟声"列"澉川八景"之一，与苏州寒山寺钟声相媲美。楼中旧有楹联："钟以神名，听百零八杵撞来，真能发人深省；楼因禅悦，为九十九峰环绕，洄堪与物咸熙。"吴文晖有登钟楼诗云："鸣磬归鸦集，登楼驯鸽逢，谁遮千里目，九十九青峰。返照踵虚牖，凉烟浮暮钟。笼纱吾岂望，题壁半尘封。"明代钟梁亦有诗："禅悦钟声出海城，紫烟苍霭晓冥冥。梦回高枕湖山下，不是枫桥夜半声"。澉浦人古谚"澉浦城里穷则穷，还有三千六百斤铜"至今在当地流传。

美食家

杨梓除了创作杂剧、领戏班演出，还是一个美食家。吴侠虎先生说他"善烹饪，有食谱流传"，杨梓创制了著名菜肴——鱼卤羊肉、烫黄鳝、五子登科和蟛虫越馄饨。

据说杨梓按照"鲜"字字形，将小山羊与海鱼或河鱼煮成清汤，再加糖、酱、枣、酒等，用文火焖透，后加入芋艿，味道更加醇厚。传说杨梓某日听曲忘情，而厨师置上好羊肉于大铁锅中，烧制的时间不知不觉超过了头。不料，这烧过头的羊肉，色泽红亮，酥而不烂，油而不腻，味道倍于异日。

五子登科的制法是，先将麻雀纳入鸽子，再将鸽子纳入鸡，再将鸡纳入鸭，再将鸭纳入鹅，置大锅内文火焖蒸，熟透后厨师当着客人面剖开，五禽忽然在目，层层剥食，味道好极。这样讲究的吃法，也只有杨梓这样的人才想得出。

蟛蜞越馄饨是杨梓不得已而发明的。杨家宴会多，澉浦没有这么多的螃蟹，而澉浦海涂，蟛蜞越极多，杨梓即以蟛蜞越替代，做出的馄饨，据说味道与蟹肉馄饨无异。

杨梓六十寿诞，要宴请宾客。杨家子弟反复商量，认为"八"这个喜数好，就准备出了八大寿菜：两冷盆、三大菜、三热炒。而且给这八个菜取了既吉祥又能体现杨家声望的名字。后来有条件的老百姓办宴席也跟着用这八菜。这八菜代代相传成了定例，称为"澉浦八大碗"。如今，澉浦羊肉已与清汤肉皮、糖醋炒鱼等澉浦喜筵八大菜一起，被纳入当地非物质文化遗产加以保护。

（文：海盐农办/图：曾令兵）

安吉鄣吴村

昌硕传神画西瓜

安吉县鄣吴镇鄣吴村，是一代宗师吴昌硕的故里。吴昌硕曾刻有一印，印文曰"归仁里民"。明以后，因鄣吴地处古鄣郡（秦建制）之南，又是吴氏族人的居住地，故称"鄣南吴家村"，俗称鄣吴村。鄣吴村依山傍水，风景秀丽，因村后高山林立，村前古木参天，日照短，故又有"半日村"之雅称，吴昌硕也曾有一印为证。

自北宋末年吴氏始祖吴瑾卜居于此，历南宋、元、明数百年，因"未尝有大变革"（吴昌硕《重修宗族序》），且族人重教之风日盛，吴氏家族得以繁衍发展，人口逐渐鼎盛。咸丰末年，鄣吴村已成为五六千人的大村，其中籍科举之阶跻身仕林者近两百人，最著名的当推明嘉靖年间的"吴氏父子四进士"，故有"大大鄣吴村，小小孝丰城"的美誉。

吴昌硕（1844—1927），名俊，字昌硕，别号缶庐、苦铁、老缶、缶道人等，为吴氏第二十二世孙，其艺术造诣被誉为"诗书画印熔一炉，风流占断百名家"。吴昌硕幼时随父开蒙，七八岁时即入"溪南静室"（吴氏私塾）读书。闲时随父下田劳动，嬉戏牧牛于鄣吴村"柳树窠"。十余岁起喜刻印章，其父加以指点，初入门径。早年的乡村耕种、刻印和读书生涯，都深刻地印在吴昌硕的记忆里，成为后来刻印、作画、吟诗的极好素材。

吴昌硕画得最多的"园菜果瓜"是南瓜、葫芦、白菜、竹笋、枇杷，都是鄣吴田野里常见之物，其画中不灭的野趣就是来源于幼时的田园生活。

民国二年（1913）西泠印社建社之际，作为首任社长的吴昌硕为印社亲题社额，并撰写长联"印岂无源？读书坐风雨晦明，数布衣曾开浙派；社何敢长？识字仅鼎彝瓴甓，一耕夫来自田间"。

昌硕传神画西瓜

　　关于吴昌硕幼时喜印，乡里人还流传一段故事。据说，吴昌硕因家境清贫，无钱购买刻刀、印石，便以铁钉作刀，古砖为石。偶得一石便如获至宝，刻了又磨，磨了又刻。他经常独居一隅，就着窗前光线刻印，终日不倦，被同辈戏称"乡阿姐"（吴昌硕晚年曾刻一印"小名乡阿姐"）。由于少时刻印太专心，不小心凿伤左手无名指，后未痊愈竟烂去一节。

关于少时溪南静室的书香生活，吴昌硕有诗作描述。

> 别墅下溪南，绕屋种松树。
> 秋空窠鹤归，明月照山路。
> 下有读书堂，是我旧吟处。
>
> （吴昌硕·《缶庐诗》）
>
> 枯禅相与对，法侣静无哗。
> 溪上丹砂井，时飞一片霞。
>
> （吴昌硕·《溪南静室》）

吴昌硕成名后，几乎每年都返村探母、祭祖。他关心乡里宗亲，维护故里风貌。为杜绝滥砍伐林木之事，他回乡参与发起树立《阖村公禁碑》于村东关帝庙；宗族"以家乘之辑谋于俊卿"，他遂参与鄣吴村《吴氏宗谱》续编，并亲作《吴氏列祖诸传》等；村里儿童无处上学，他便说服族人腾出吴氏宗祠作校舍，以族长的名义将族产"柳树窠"的田产赠为"校产"；乡亲请其写字、画画，他从不推辞，留下真品百余件，鄣吴一带张贴"宗堂画"之风即起于此。吴昌硕赠画之事被传为美谈，有的演绎为民间故事，如"吴昌硕回村画西瓜"就是其中一则。

话说当年吴昌硕回故里探亲，正值赤日炎炎三伏天。他从泗安下船后，徒步三十余里，到达鄣吴村口，酷热难当，满头大汗，衣衫全湿。忽然见到路边一瓜棚，他便踱入休息。瓜农一看是大名鼎鼎的吴昌硕，一边起身让座，一边去田里摘了个大瓜，用刀剖开，那西瓜青皮红瓤，水灵灵、甜滋滋。吴昌硕几片西瓜落肚，一通凉气沁入心脾，顿觉暑气全消，汗都干了。坐得一个多时辰，他方拱手告辞回家。

第二天，吴昌硕亲自给瓜棚送来一幅四尺中堂，画的就是西瓜。只见那画面上瓜藤缠绕，长得十分茂盛，藤蔓间大大小小、错落有致地分布着几个西瓜；中间的那个大瓜，已剖成两半，一半还连在藤上，红的瓤，青的皮，黑的子，鲜艳夺目。那老农十分欢喜，如获至宝，连声道谢。

老农把画送到城里装裱后，挂于堂屋正中。劳作之余，站在屋中细细观赏，自得其乐。不想，日子一久，那幅《西瓜图》却显出奇异之处来——竟会随着季节的更替变幻颜色。春天，那瓜叶、藤蔓色泽嫩绿，瓜瓤青青，瓜子白白；到了夏日，藤叶黑绿，瓜瓤鲜红，瓜子黑黑。更奇的是，三伏天里，任你劳作得大汗淋漓，心中冒火，只要往画前一站，便觉得凉风习习，口里生津，浑身清凉，舒服至极。村里人闻讯后，都争先恐后来看《西瓜图》，老农家里日日如办喜事般热闹。一传十，十传百，后来竟然传到县衙里。

县太爷闻讯后，带着师爷、衙役一班人，浩浩荡荡直奔郭吴而来。在瓜农家里，县太爷屏退众人，一人仔细品玩。只见画上的西瓜颜色鲜艳夺目，画法柔里藏刚，更有那画中透出阵阵凉风，如入仙境。回去之后，县太爷夜不能寐，整日惦念《西瓜图》，后绞尽脑汁把画"借"到县衙。但说也奇怪，《西瓜图》不神了。那瓜瓤始终是青青的，瓜子始终是白白的，连藤蔓都是蔫头蔫脑的。县太爷大失所望，只好又把《西瓜图》送还给种瓜老农。

《西瓜图》回到瓜农堂屋后，又重焕生机。赶来看画的人更是越来越多，连省城也有人赶来。老农家的陋室实在无法容纳数不尽的看画人了，于是瓜农索性将画挂到祠堂里去了。有乡民说，抗日战争前在吴氏宗祠里，还看到过这幅会随季节变换的《西瓜图》呢！

如果说《西瓜图》栩栩如生的故事更像传说，那么村里老人提到的另一幅画的故事则更真实。说是三年自然灾害时，村里人在后山种苞谷，鸟儿、虫儿都来采食，有吴家后人挂了幅吴昌硕的旧画，画上是一顶礼帽和一大片荷叶。远远看去，像一个头戴礼帽、下穿荷叶衣的人立在田里。自此以后，连雀子都不敢来偷食了。

当然，吴昌硕留给后人的不仅仅是这些故事传说。郭吴一带，深受昌硕遗风影响，书画氛围浓厚，人人会动笔，家家挂书画。上至七八十岁老翁，下至七八岁孩童，争学书画，蔚然成风。

郭吴乡民经常在昌硕画苑中交流习画，昌硕小学还被评为省书画教育研究会实验基地，并与日本北九州花房小学结为友好学校，连年进行书画交流。随着百姓书画技艺的提高，近年来郭吴一带的扇业也逐渐兴起，先后成立了五十余家制扇企业，其产品远销日本、韩国、新加坡等东南亚国家，扇面画也成为当地新兴的特色文化产业。"白天扛锄头，晚上拿笔头"成了众多郭吴乡民的生活方式。

（文：李琳琳　王季平/图：郑寅俊）

嵊州崇仁九十村

"笃牌班长" 裘光贤

　　九十村，位于崇仁古镇那狭长老街的尽头，全村共 1037 户，2836 人。村内古建筑林立，名胜古迹众多，文化底蕴深厚。位于三市头路西端的"上方井"是崇仁最古老的水井之一，开凿于三国时期，就是这甜美的井水，滋养了一代代的崇仁人。到清朝末年，因为此地是联络绍兴、诸暨的交通枢纽，崇仁成为嵊县（今嵊州市）第一大集镇，繁荣异常。九十村依山傍水，有山丘平地，水资源丰富，地理环境优越，人民生活富足安乐，适合人们劳作生息。在劳作之余，往往会有人哼几句田头小调，编一段乡村俚语，自娱自乐。

　　戒德寺，为嵊州市古刹之一。距九十村西约三里，始建于南北朝齐永明三年（485），原名光德院。唐武宗会昌五年（845）八月，光德院在"会昌灭法"时被拆毁，晋天福七年（942）重建。宋治平三年（1066）改名戒德寺。宋元丰年间（1078—1085）黄颐又捐资重建。《剡录》载，戒德寺"依火炉尖山，山甚秀拔，如星子峰前有松林，左右皆松竹，二池澄洁"。最旺时期，寺庙有田产 300 多亩。但到民国时期，已是一片破落不堪的景象，东倒西歪的山门，几近淤塞的放生池，早已没有了往昔的巍峨壮观，但这一切并不妨碍它在越剧发展史上留下光辉的一笔。

　　高升舞台

　　民国 19 年（1930），因交通改道而日渐衰落的戒德寺，迎来了一位行色匆匆的中年男人，他就是崇仁镇上的生意人裘光贤。

　　裘光贤，谱名广贤，字惠芳，崇仁镇九十村人。他以经商为生，但因经营不善，时局混乱，生意难以为继，成为"空手头人"。他为人正直，处世机敏，粗识文字，笃爱戏曲。民国 12 年（1923），

"笃牌班长" 裘光贤

与钱章尧合股经营嵊县老紫云班（绍剧），自任班主，演出于嵊县、绍兴、新昌等地。民国 13 年（1924）底，嵊县第一个女子科班的创始人王金水，因经营不善难以为继，裘光贤就出资租下女子科班。经过一番整改，于 1925 年春带着施银花、屠杏花等第一代女子越剧艺人流动演出于嵊县、绍兴、新昌、宁波、嘉兴等地城乡，饱尝了早期女子科班的四处流浪之苦，但也积累了丰富的带班经验，为后期的"老高升"、"小高升"舞台的成功打下了坚实的基础。后因租赁时间到期，科班被王金水收回。

民国 19 年（1930），裘光贤的亲戚、长乐大崑人邢惠彬，出资 300 银圆，委托其筹组高升舞台（俗称"老高升"）。招收女孩子学戏的消息很快在长乐不胫而走，很多人前去报名，跃跃欲试。有一女孩张香娥也来报名。张香娥的容貌虽不很娇美，但小方脸上的一对眼睛生得很有灵气，裘光贤看了显出了满意的脸色。张香娥看到班主的反应不差，胆子也大了，放开了喉音唱了起来，不时还来一下不像样的身段。

"好了，好了！"裘光贤马上拍板收下了小香娥，与家长签订"关书"（契约），大致内容是：学艺三年，帮师一年。学艺期间不得擅自离班，否则家长赔偿一切费用损失，生伤病死，各凭天命。四年期间，膳宿由班主供给。四年期满，补发薪金大洋一百。签完关书，艺徒向班主磕头，向师傅行拜师大礼；再由班主与师傅根据每个人的嗓音、容貌、身材，分别定下学习行当；又根据行当，分别另取艺名，如：裘阿凤学小丑，取艺名贾灵凤；钱春韵学小旦，改名筱丹桂；裘雅香学大面，改名裘大官；商雅卿学老生，改名商芳臣；张香娥学小生，改名张湘卿。

民国 19 年（1930）4 月 1 日，越剧历史上的第三副女子科班"高升舞台"在崇仁戒德寺如期开班。共招收学徒 23 人，裘光贤自己出任班长，并与喻传海、应方义、竺小忠等师傅合议，制定了"做戏要认真，做人要清白"，"吃得苦中苦，方为人上人"的班规，并严密防范男女交往。

每到一地演出，他把铺盖卷往徒弟睡觉的房门口一放，守住门口，不让闲人进内，以防意外。裘光贤以戏班管理严格、克己律人、严以课徒而被称为"笃牌班长"。喻传海担任开笔师傅，他教戏非常耐心细致，善于把生活中的动作加以提炼，用于舞台表演。自己在生活上做出表率，在艺徒中威信很高。他对艺徒各方面要求都很严格，唱腔、身段学得不好，必须重来，被同行冠以"笃牌师傅"的雅号。喻传海的同门师兄弟张云标、卫梅朵、马潮水、一枝梅等男班艺人来看他时，他必定留他们教戏，分别对小生、小旦、老生等行当的艺徒做辅导。这批学员中如筱丹桂（钱春韵）、张湘卿（张香娥）、筱灵凤、商芳臣、周宝奎、贾灵凤、裘大官等在经过若干年的磨炼后，都成了越剧界的一代红伶。

原定科期四年，后因物价飞涨，不得已提前出科，演出于嵊县、杭州、宁波、绍兴等地城乡，由于管理严格，学习刻苦，"高升舞台"一炮打响，名声传遍了江浙沪一带。特别是筱丹桂，为自己的艺术生涯迈出了成功的第一步。

小高升舞台

20世纪30年代初的某一天，廿八都人张宗海在平阳县公安局长任上，受同乡连累而被革职，因而家境拮据，生活捉襟见肘。无奈前往杭州谋求出路，适逢裘光贤带领的"高升舞台"在城站（即杭州火车站）边的第一舞台演出，挂头牌的名伶筱丹桂艳丽出场时，台下观众的掌声呼啦啦一片，使张宗海怦然心动，觉得让两个女儿前去学戏倒是一条不错的出路。

张宗海有文化，又喜欢越剧，思想比较开明，并不以为学戏就低人一等。当时就与裘光贤合计，托付两个女儿学戏的事。

裘光贤对于张家两小姐想学戏自然是赞同的，就想另外再立一副科班，自己还是当老板，让张宗海再找几人凑点股份。张宗海也正苦无出路，一听正中下怀，随后联络了张怀卿、邓贞元二人，于是裘光贤和张宗海各出300银圆，张怀卿和邓元贞各出200银圆，凑足1000银圆开班招人，借"高升舞台"的名气，打出了"小高升"的牌子，教学地点还是安排在戒德寺内。这一期的学员有粉牡丹张吉喜（张茵）、玉牡丹陈翠英、白牡丹钱苗钗、芙蓉花周宜男、海棠花张金香、八岁红邓香娜、钱鑫培（钱宝珠）、裘奎官（裘灿花）等三十几人。教育方法与高升舞台一脉相承，对艺徒的要求还是文武兼备。每天上午和晚上学唱文戏，由文戏师傅教授落地唱书中的"花园赋""考场赋""讨饭赋"等。清晨练功归武戏师傅，刀、枪、棍、棒，常常是手脸挂伤、浑身酸痛。这样苦练三个月后，虚龄只有九岁的张茵第一次在家门口的瞻山庙戏台上拉开了她近七十年的越剧生涯。可能，当初决定送她学戏的父亲也不会想到，就是这样一个柔弱女孩，在若干年后，撑起了"浙派越剧"的半边天。

戒德寺，一个破落的千年古刹；裘光贤，一个经营无方的"空手头人"。这两者的结合，使越剧这个年轻的剧种平添了一串闪亮的名字。在越剧的发展史上，留下了无可替代的地位。

虽然在滚滚的历史洪流中，戒德寺早已不复存在。裘光贤、喻传海、张宗海及他们的弟子筱丹桂、张湘卿、周宝奎、张茵、钱鑫培、商芳臣等一批越剧名伶，都已大多魂归道山，但他们的越剧始终在崇仁大地上回旋。

近年来，随着"越剧寻根游"的兴起，重修千年古刹戒德寺的呼声不断，在九十村有识之士的多方奔走下，得到了上级领导的支持，重建戒德寺得以提上议事日程，重建工作得已逐步开展。相信在不久的将来，戒德寺这一越剧的重要历史遗存又会重回人间。

（文：张浙锋/图：曾令兵）

金华金东畈田蒋村

艾青故里话艾青

自从美国学者罗伯特·C.弗兰德的长篇论文《从沉默中走来——评现代诗人艾青》发表后，世界文坛曾兴起过一股艾青热潮，他们将艾青与智利聂鲁达、土耳其希克梅特齐名，并称之为"这一时代的伟大诗人""中国诗坛泰斗"。但人们也许万万想不到一个伟大的诗人，竟诞生于浙江金华七十里外的一个小村庄，名叫畈田蒋。

艾青的父亲蒋景銮是一位拥有上百亩土地的清末优贡生。他为了守住家业，"没有狂热！不敢冒险！""却用批颊和鞭打管束子女"，其中常受父亲打骂的便是长子艾青。父亲的理由很简单，说艾青一生下来便克父母，因为母亲楼仙筹在怀孕四个月后便一直生病。有一天母亲梦见儿子站立在一个被汪洋大海包围的孤岛上，两只突然起飞的海鸥吓得她直打哆嗦，幸亏她信佛，释迦牟尼显灵，用尘拂将她拂醒。但临产很不顺利，四十八小时的难产使母亲气息奄奄，抬回娘家，因此艾青自童年便失去母爱。奶奶天天为艾青烧香，父亲却为这不吉利的儿子算命，结果算出个"克父母"，从此艾青成为家中不受欢迎的人。

后来艾青风趣地说："我母亲难产是补得太多，而算命先生却在我一生下便挑拨父子关系。"母亲根据梦中情景，将儿子取名为海清，后来父亲的老师傅鸿河又觉得用梦境取名不吉利，因此又将海清改为海澄，这便是艾青的原名。

为了给全家消除灾难，父亲觉得光给儿子取名"澄清"还不够，就请算命先生排了八字，还送儿子到一家村里最穷的人家去寄养，保姆叫"大堰河"。说起大堰河，她是畈田蒋村的童养媳，老家在邻近的大叶荷村，因童养媳地位低下，连个正名都未曾起过，

时间顺流而下 生活逆水行舟

艾青 金川

艾青故里话艾青

大家便以她老家"大叶荷"相称。艾青后来在狱中写成的成名作《大堰河——我的保姆》中的大堰河便是他的保姆大叶荷。大叶荷在生下三个男孩后,丈夫病亡,改嫁后的丈夫又是一个游手好闲的混混,致使原本清贫如洗的家更加雪上加霜。这时恰好大叶荷的第二个女儿出生不久,艾青便来到了她家,大叶荷以养育艾青而补助家用。为了让艾青有足够的奶水,大叶荷狠心地将自己的亲生女儿溺死,这件事催生了艾青一生的叛逆成长。

当时,父亲在离畈田蒋村三里地的傅村镇合股开了片"永福祥"酱坊,希望儿子长大能帮他管账,因此对珠算管得特别严。父亲多次说："永福祥地上掉落的铜板也要比你以后干什么都强！"然而艾青却不肯，为这件事，父亲几乎每天晚上都要骂。

1924年9月艾青升初中，他报考的是浙江省立七中（今金华一中），艾青因病成绩不好而落榜，但他在金华傅村育德小学时，各门功课都名列前茅，尤其是语文。但万万没想到，毛病却又恰恰出在语文上，升初中考试的作文题叫《苦旱记》，艾青因没有见过苦旱，不想乱编，于是交了白卷，由于反对讲假话，第一次考中学便吃了亏。第二年，他以优异的成绩考进了省立七中。

不久，大革命的风暴席卷南方，艾青则因偷看油印本《唯物史观浅说》而被校方记大过，回家自然少不了父亲的一顿棍棒。但艾青不后悔，学会用"无数功利的话语，骗取父亲的同情"。让其去法国留学。留学回国后，艾青因参加"左联"而被当局关进了监狱，父亲对儿子绝望了，一夜哭到天亮。

艾青出狱后，父亲为了留住儿子，便为他娶了一房妻子叫张竹如，想以此让他安心继承祖上财产。但艾青"用看秽物的眼光，看祖上的遗产"。艾青淡漠的态度，终于激怒了父亲，他恨儿子把家庭当作旅行休息的客栈。作为父亲又怎能理解儿子那更为远大的理想？"为了从废墟中救起自己，为了追求一个至善的理想""即使我的脚踵淋着鲜血，我也不会停止前进……"父亲与儿子终于决裂了，艾青也再次离开了畈田蒋。

此时，抗日的烽火已经燃起，艾青便与茅盾、冯乃超、丁玲等人组织成立了"中华全国文艺界抗敌协会"，尔后在桂林任《广西日报》南方副刊主编，在重庆任《文艺阵地》编委，积极投入抗日救亡运动。

1941年在周恩来支持下，他终于从重庆奔赴延安。两个月后，父亲也因病而亡。艾青说："从此他再也不会怨我，我还能说什么呢？"

在他出殡的时候，

我没有为他举过魂幡

也没有为他穿过粗麻布的衣裳；

我正带着嘶哑的歌声，

奔走在解放战争的烟火里……

母亲来信嘱咐我回去，

要我为家庭处理善后，

我不愿意埋葬我自己，

残忍地违背了她的愿望，

感激战争给我的鼓舞，

我走上和家乡相反的方向……

　　1942年，因汉奸告密，艾青的畈田蒋故居被侵华日军焚之一炬，母亲楼仙筹悲恨交加，不久也含恨离开人间。而这时的艾青正根据毛主席的指示，在修改延安文艺整风纲领性文章《我对目前文艺工作的意见》，全然顾不上老家的变故，因此父母至死都未能最后见上儿子一面。

因为我，自我知道了

在这个世界上有更好的理想，

我要效忠的不是我自己的家，

而是那属于千万人的，

一个神圣的信仰。

（艾青《我的父亲》）

　　正因为这样，艾青这颗诗坛明星才能从畈田蒋的大地上升起，带着战火的硝烟，经过血与火的洗礼，在全国乃至全世界的天空折射出耀眼的光芒。

（文：蒋鹏旭/图：曾令兵）

二　硕儒学者

淳安郭村

方塘悟道话朱熹

在淳安县姜家镇郭村，有一处名叫瀛山书院的遗址。北宋中后期，有詹氏一支在郭村马凹里崛起，熙宁间中宣大夫、邑人詹安建双桂书堂于银峰之麓，凿方塘，"躬教五子，皆举进士"。淳熙二年（1175）因詹骙殿试第一，故取"登瀛"之义，遂改银峰为瀛山，其书堂亦改名瀛山书院，理学大家朱熹曾在此讲学。

朱熹（1130—1200），字元晦，又字仲晦，号晦庵，晚称晦翁，谥朱文公。祖籍江南东路徽州府婺源县（今江西婺源），出生于南剑州尤溪（今福建尤溪县）。朱熹是宋朝著名的理学家、思想家、哲学家、教育家、诗人，闽学派的代表人物，儒学集大成者，世尊称为朱子。朱熹是唯一非孔子亲传弟子而享祀孔庙，位列大成殿十二哲者。朱熹与郭村的渊源，离不开郭村人詹仪之。

詹仪之，系詹安之孙，字体仁，郭村人。詹氏有双桂书堂，课宗戚子弟，仪之有志于学，绍兴二十一年（1151）举进士。

南宋绍兴十八年（1148）戊辰，19岁的朱熹中王佐榜第五甲第九十名，赐同进士出身。二十一年（1151）辛未，朱熹入临安（今杭州）铨试中等，授左迪功郎、泉州同安主簿。就在朱熹铨试后还在临安访友时，郭村马凹里的詹仪之也到临安参加会试。会试后，

朱熹像

到伯父詹大和的好友张浚家拜访，正好碰上同在张家为客的朱熹。
两人相见，谈及故里籍贯，当朱熹得知詹仪之为遂安人时，即有一
种故人相见之感（历史上婺源和遂安曾同属徽州）。朱熹又想起小
时父亲朱松曾和他讲过的与遂安康塘洪氏的通家之谊。父亲早年在
休宁石门求学时，就经常到邻近的遂安康塘会友，后来还为康塘写
过《洪氏宗谱引》等。詹仪之也向朱熹介绍了詹家与康塘洪氏的姻
亲关系，两人一见如故，从此，开始了毕生之谊。

　　南宋绍兴二十一年（1151），詹仪之中进士，官至礼部侍郎。
时詹氏家族还有很多在朝中为官的，其中詹仪之的伯父詹大方为工
部尚书、枢密院使、参知政事；另一伯父詹大和为桐庐、临川等郡
守。他们均与时任宰相的张浚交厚，张浚曾荐举詹大和擢守九江。
张浚有子张栻，精于理学，与詹仪之很早就成了学术上的朋友。时

江西婺源人朱松，为秘书省正字，与张浚都是主战派，私交也很深。故精于理学的朱松之子朱熹与张浚之子张栻也早就志同道合，成为挚友。所以，詹仪之也很早就通过张栻认识了朱熹。

乾道三年（1167）八月，朱熹带着林中用等弟子自福建崇安去潭州（今湖南长沙）访问时任知府的朋友张栻，进行学术思想交流。乾道五年（1169），张栻调严州任知府，吕祖谦任严州教授。吕祖谦，字伯恭，金华人，出身宦官世家，幼承家学，隆兴元年（1163）进士，与张栻、朱熹相友善。这时的朱熹、张栻、吕祖谦三人，学著东南，时称"东南三贤"。詹仪之如鱼得水，特赴严州与张、吕"日以问学为事"。

这年秋天，朱熹又率弟子来访严州，与张栻、吕祖谦继续对"太极之理、中庸孔孟之义"等进一步探究，詹仪之也参与其中，无所不谈，获益匪浅。詹仪之与朱熹的问学之谊又更为深入，遂成莫逆之交。这时，詹仪之表示了欲邀请朱熹到瀛山书院讲学之意，朱熹欣然应允。

淳熙二年（1175），詹仪之任信州（江西上饶）知府。时朱熹、吕祖谦和陆氏兄弟（江西金溪人，当时中国东南另一理学支派陆九渊、陆九龄）等人在信州鹅湖寺（今上饶铅山）论学，史称"鹅湖之会"。詹仪之作为信州行政首长、又作为讲会三方（朱熹、陆九渊、吕祖谦三人各为一方）朱熹这一方的第一人，至鹅湖与朱熹"往复问辩无虚日"，这段经历使詹仪之与朱熹"学之共鸣，友之相契"更甚。

朱熹多次到郭村，在詹仪之的引荐下，又结识了很多好友。其中有资料可寻的就有康塘的洪志曾父子四人、狮城无碍寺住持和另一任姓好友。狮城任姓好友的儿子任忠厚，于绍熙四年（1193）负笈从学于福建建阳考亭，成为朱熹门人。

乾道五年（1169）秋，朱熹到严州访张栻后，詹仪之邀请了他到瀛山书院讲学，朱熹也早有到遂安游学和访友之意。于是，朱熹在张栻、吕祖谦等好友陪同下，随詹仪之来到遂安马凹里瀛山书院。一路上，朱熹为青溪和武强溪的美景所陶醉。船过铜官峡，他触景生情，作《清溪》诗一首："清溪时过碧山头，空水澄鲜一色秋；隔断红尖三十里，白云黄叶两悠悠。"当船来到武强溪畔的许由山下时，詹仪之向朱熹讲述了当年许由为逃避做官而南遁此山隐居的事，朱熹遂停船登岸赏景，又赋诗《过许由山》："许由山下过，川水映明珠。洗耳怀高洁，抛筇墩上娱。"后来，当地人就管这座小山头叫"朱墩山"。朱墩山和许由山相依相偎，今天已成为千岛湖中的两个小岛。

朱熹一行到瀛山书院，在詹仪之的丽泽所（詹仪之与朱文公、张宣公、吕成公相友善，往来论学于此）安顿下来。当晚，詹家以当地三宝"山鳗、石斑鱼、鹰嘴龟"等佳肴招待贵客。

在瀛山书院，朱熹为这里的美景和詹氏家族浓郁的文化气息所吸引。仰观瀛山耸秀，俯瞰方塘云影。又对那瀛山书院堂构之精华、学风之浓厚和詹氏家藏典籍之丰裕倍增兴致。这里的瀛山精舍（讲堂）、董陶所（詹安与上蔡谢氏讲论之地）、传桂堂（詹安五子科第堂）、虚舟斋（詹仪之书斋）、半亩方塘等，更让他们应接不暇。之前朱熹曾校订《谢上蔡语录》，这里他又发现谢上蔡与詹安讲论之语录和赖文俊所著《披沙拣金经》、詹仪之所作的《四书释稿》等，对这些也表现了浓厚的兴趣。一连数日，一群鸿儒，游赏唱酬，山川也为之生色。特别是朱熹和詹仪之，"相与讲明其所未闻，日有问学之益"。朱熹还赞许詹仪之："所见卓然，议论出人意表"。

这天一大早，朱熹又在方塘边的得源亭里读起詹氏家藏的典籍。朱熹一边读书思考，一边观赏着方塘美景，或一目十行，或斟字酌句，或闭目神思，或极目山峦，或凝眸方塘。但见方塘源头，层峦森鬱，云岚浮幻，瀛溪两岸，柳风竹影，清澈的源头活水，源源不断地注入方塘，方塘一鉴，澄波似镜。朱熹感慨着这大自然赐予的灵秀和美景，似乎彻悟到了什么。朱熹回想着这么多年来，上下求索，学无止境，而今鸢飞鱼跃，从佛家的困惑与道家的迷茫之中游离出来，深深融入理学的瀚海之中。正是"夫学莫贵于自得，斯逢源资深，道义之出无穷哉"。由此，朱熹豁然贯通，临流触发，即兴赋成有感于问学的千古绝唱《题方塘诗》：

半亩方塘一鉴开，
天光云影共徘徊。
问渠那得清如许，
为有源头活水来。

随后几天，朱熹对这首诗又进行了反复思考和吟咏，对它的寓意又有了更为深层次的理解，他认为"天光云影"、"源头活水"，就是"即物穷理，格物致知"。"人心之灵，莫不有知"，要去掉"人欲"，洁净心灵，才能唤醒心中的"天理"，通过"今日格一物，明日格一物"的不断积累过程，"用力之久"而产生"豁达"的知识扩展，才能真正把握"天理"，实现人的智慧、道德完美，成为"圣人"。为此，朱熹又把《题方塘诗》改为《观书有感》，即所谓"因为《题方塘诗》以见志"，这就是朱熹的"方塘悟道"。明代学者钱德洪《瀛山三贤祠记》："余读晦翁朱先生《方塘诗》，乃叹曰，此朱子悟道之言乎！"有了"方塘悟道"，日后的朱熹才思如清泉喷涌而出，著述不断，哲学思想体系更为成熟，终成为集理学之大成者。

朱熹在郭村期间，留有很多遗文墨迹，但真正流传至今的已经较少。尚有记载的文字有《题方塘诗》《过许由山诗》《康塘百琴楼歌》《三瑞堂记》《康塘洪氏旧谱引》等。墨迹有朱熹等三家六札卷（朱熹、张栻、詹仪之三位学者的信札合卷，藏故宫博物院）、

《题方塘诗》碑、康塘"三瑞堂"匾额、百琴楼"三瑞呈祥龙变化，百琴协韵凤来仪"门联、郭村"仁义忠孝"匾额、黄村桥"山口"路碑等。

（文：汪永明、邵航锐）

龙泉黄南村

永嘉叶适经济观

在离龙泉市区南约 34 公里的地方,有一个村庄叫黄南,《龙泉县志》称为二都黄楠,约于唐代建村。在北宋天圣年间(1023—1031),一位姓叶的先生从松阳迁居到此。这位先生精熟易经,通晓地理,见此处山清水秀,土地肥沃,便停下脚步在此定居下来并繁衍生息。这位先生便是黄南的叶姓始祖——仁训公,叶氏太公的五十四世孙。他在此以耕读传世,逐渐成为村中的望族。

通商惠工 扶持商贾

永嘉叶适经济观

多年以后,他的曾孙叶公济,从黄南徙居温州瑞安县。谁也没想到,这位从黄南走出去的叶公济之曾孙(黄南始祖叶仁训的第八代孙)——叶适,会成为一位对我国南宋以后,影响深远的唯物主义思想家、政治家、文学家；永嘉学派的集大成者！

叶适，字正则，又称文定公、水心先生。南宋高宗绍兴二十年（1150）五月初九，叶适出生于瑞安县县城南门望江桥，一个三世贫穷的知识分子家庭。父光祖，字显之，教书为业。母杜氏，是一位勤劳贤惠的农家妇女。叶适少年时期，由于温州、台州一带发生大水灾，曾随父母搬迁过21处，过着颠沛困苦的生活，后随父从瑞安迁居永嘉（今温州）定居。叶适有兄弟四人，他居老二，因家庭困苦，三个兄弟均未出仕，唯叶适苦心求学。

叶适的一生大致可分为三个时期：一是24岁前的求学时期；二是从24岁赴临安（今杭州）至58岁被罢黜回家，34年的政治生涯时期；三是58岁归居水心村至逝世，16年的学术研究时期。经历南宋高宗、孝宗、光宗、宁宗四朝，其政治和学术活动主要在孝宗至宁宗三朝。

叶适晚年定居于永嘉城外水心村著书讲学，自称水心先生。至南宋宁宗嘉定十六年（1223）正月二十日，叶适病逝于水心村，享年74岁，封赠光禄大夫，谥文定。

叶适虽出生于瑞安，但他亦自称"龙泉人"，在他的文章后也常署名"龙泉叶适"。黄南始祖仁训公信奉的"读可荣身，耕可致富"，重耕重教的俗尚，在他的身上得到了延续。叶适从小聪慧，童年随父读书，少年受教于陈傅良，历仕京外，曾官至兵部侍郎、吏部侍郎、太常博士、宝文阁学士等。他结识名士游学大江南北，博学多师，著有《习学记言》《水心先生文集》等。他是南宋时唯一中榜眼的一代学宗，学者赞其"所论鸿博精当，可谓大成，独树一帜，其文、赋、记、铭被誉为'近世之最'"，成南宋一代大儒。

叶适通古今之变，成一家之言，思想体系博大精深，在政治、哲学、学术思想、经济、伦理、文学等诸方面均有独到的见解。他主张"通商惠工，扶持商贾"。他一反传统儒家"非功利化，重义轻利"的思想主流，大胆提出"义利并重，推崇理财，重视工商业，反对抑制兼并以及为富人辩护"的功利主义经济思想，对后世产生极大影响。他创立的市场经济理论事功学说，与朱熹的理学、陆九渊的心学鼎立为宋代三大学派，被誉为温州模式和温州精神的源头活水，更是黄南叶氏族人的一面旗帜。他最具特色的经济思想，不仅具有反传统精神和商品经济发展的特征，几乎涵盖传统经济观的诸方面，比如他的义利观、本末观、理财观、富民观、人地观及货币观。

一是义利观。"'仁人正谊不谋利，明道不计功'，此语初看极好，细看全疏阔。"汉代大儒董仲舒的这句名言受到叶适的"全疏阔"评价，无功利的道义被认为只是无用的"虚语"，这是对传统儒家的义利观进行的深刻修正。叶适说："古人以利和义，不以义抑利。"认为义利不是对立的，也不主张"明道"和"计功"对立；功利是义理的外化，主张结合事功讲义理，他说："崇义以养利，隆礼以致力"，"义"应成为养"利"的手段。

二是本末观。"重本抑末"是当时传统经济观的主要倾向。三代"皆以国家之力扶持商贾，流通货币"，到汉代始行抑商政策，他认为："夫四民（即士农工商）交致其用而后治化兴，抑末（工商业）厚本（农业），非正论也。"标志着宋人的商品经济观念进入一个新的历史时期。他主张"商贾往来，道路无禁"，并要求政府改变政策。否定不许工商子弟为官的旧规，主张入仕无身份限制等，在经济思想史上有着重要意义。

三是理财观。传统的经济问题中财政是关键。由于"讳言财利"，连大张旗鼓变法理财的王安石都小心谨慎地避"言利"、"聚敛"之名。叶适指出："理财与聚敛异。今之言理财者，聚敛而已矣。……而其善者，则取之巧而民不知，上有余而下不困，斯其为理财而已矣。古之人未有不善理财而为圣君贤臣者也。"他说圣君贤臣都应善理财，这是很杰出的思想。他提出"以天下之财与天下共理之"，他要求罢去苛捐杂税，削减财赋，减轻民众负担。而解决财政困难应该着眼于发展社会生产和政府节省开支。这些观点都非常符合时代精神。

四是富民观。"藏富于民"是传统儒家的主张，叶适发展了这样的主张，强调许民求富、保民之富，反对政府抑制，公然为富人辩护。他反对"抑兼并"和行井田制，作为国家的根基，富人应受到保护，不容抑制损伤。他多次要求除去苛捐杂税，使"小民蒙自活之利，疲俗有宽息之实"。叶适为富人辩护的思想，包括地主、农民和工商业者的整个民众在内，他把富民作为富国的基础，这也符合当今时代的富民思想。

五是人地观。人口问题也是经济思想史的重要问题。他在《民事中》中提出："为国之要，在于得民"，即一要合理利用民力，二要人地优化配置。当时宋金战争疮痍遍地，人口大规模南移，两浙人口"百倍于常时"。然而偏聚而不均，势属而不亲，是故无垦田之利勉为其难增税之入，民虽多而不知所以用之，直听其自生自死而已。他以"分闽、浙以实荆、楚，去狭而就广"的人地优化配置方案，来解决人多不富的"偏聚不均"问题。从生态平衡角度分析闽、浙集约式经营有伤地力，不解决会"极其盛而将坐待其衰"，提出"均民"的主张，也是对"适度人口"理论的较早理解，是区域经济发展与人口合理配置方面的重要思想。

六是货币观。对当时流行的"钱荒"提出质疑，认为从物价变化来考察铜币购买力来看，不是钱重物轻，反倒是钱轻物重；物价上涨的普遍要求，使不断扩大的铸币量依然不能满足需求，铜币购买力下降钱多物少，必然形成钱贱物贵，这完全不同于传统的认识，比单纯从货币绝对量看问题要深刻得多。更为重要的是，他不仅认识到铜币为纸币所驱，而且指出这是一种必然规律，"劣币驱除良币规律"早于西方三百余年。

美国著名社会学家丹尼尔·贝尔说："最终为经济提供方向的并不是价格体系而是经济生存于其中的文化价值体系。"叶适作为永嘉学派的集大成者和宋代最后一位著名思想家，他的通达与明智，远见和卓识非一般人可比。他主张发展民间经济实力，主张务实重实利功效，提出的一系列反传统性经济思想观点，对当代也有着极其重要的意义。

（文：罗燕鸣/图：曾令兵）

平阳钱仓村

元代名儒史伯璿

在温州市平阳县钱仓村北面的钱仓山西南坡上，有一块巨岩，名为烟台岩，很平整，上面刻了一行端端正正的大字："元儒史先生墓"，是清乾隆年间平阳著名县令何子祥所题，墓中长眠的就是平阳先贤史伯璿先生。清代浙江巡抚、乾嘉学派领军人物、一代文宗阮元把此墓列入《两浙防护录》，如今，作为省级的"文保单位"加以保护。

元代名儒史伯璿

史伯璿是平阳历史上一位重量级的元代学者，与南宋著名诗人林景熙齐名，一为诗人，一为学者，都闻名全国，并称"林史"。

《永乐大典》引用了史先生《四书管窥》，《四库全书》把史先生的《四书管窥》《管窥外篇》两部著作都收录，纪晓岚在《四库全书总目提要》中说他深得朱子之心。

二十多岁才发愤

史伯璿（1299—1354），字文玑，平阳县钱仓人。他的名字与天文有关，"璇玑"是指天上北斗七星前面的四颗星星，也指古代观测天象的仪器。他自号牖岩，"牖"就是窗户的意思，以山上岩石之间的空隙作为窗户，通过这个天然的窗户，他深处书斋，也可以"窥天"，不时观察日月星辰的分布、运行。

史伯璿出生时，元朝国家初定，百废俱兴，大家都在努力学习国学，儒家的思想正在重新兴起，尤其是朱熹的理学受到了朝廷的推崇，他也像其他读书人一样进行深入的研究。

史伯璿没有良好的家庭教育，也没有"神童"之说。直到他二十三岁时，才用功读书。他的学习方法和一般人不一样，不是从简单读起、按部就班的，而是先从经、史、子、集中选取二十几种经典著作混在一起熟读，然后再读其他的书，这就是我们经常说的"精读"和"泛读"读书法。

隐居青华山治学

钱仓风景秀丽，自古是南雁荡山风景区的一部分，很多人慕名而来。五代时，吴越王钱俶曾在凤山南麓的宝胜寺住过一夜，留下了"钱王一宿楼"的佳话。在凤山及其西边的青华山上有很多奇石、岩洞，冬天温暖，夏天凉爽，适宜隐居。

南唐时，永嘉严永不愿做官，把自己的衣冠藏在钱仓青华山上的一块岩石下面，所以有了"严公岩"。宋元间，黄本英隐居在凤山的一个岩洞中，所以也有了"黄石公洞"。史伯璿隐居在青华山教书著书，诗文集为《牖岩丛稿》，后来散落，经后人重新编辑，取名为《青华集》。到了晚清，鳌江王理孚也带着门生来青华山读书，他的学生中有两个是钱仓本地人，后来都成为当地的宿儒，一个是民国将军谢力虎的父亲谢静斋（原名卿安），另一个是南洋文化巨子温平的父亲温简言（名让，字谦益），他们都是在青华山受到了史先生的影响和熏陶。

有一天，他的好友周觉（字天民）就问史先生："先生读圣贤的书，又对当代的事务很内行，却在这里隐居养亲，不追求名誉和地位，这是为了沽名钓誉还是以独善其身为乐？您从来就没有求取功名、发财致富的志向？您终身局限在钱仓，没有到全国各地去游览，恐怕见识有限，跟不上外面的世界，怎么办？"

史先生却说："读书人都有自己的志向，不可强求一律。我年纪已大，家中又有老母，对功名、做官不再抱侥幸的心理。你现在刚好壮年，国家又是在盛世的时候，就应当到全国各地走走……哪天你回来了，如我还没有死，就向你请教，用来丰富我的知识，不是很好吗？"明确提出了自己读书是为了修身，不是为了做官。

《四书管窥·大学管窥》中有"先师郑冰壶"一说，可见郑冰壶就是他的老师。冰壶是林景熙好友郑朴翁的孙子郑如圭，对《尚书》很有研究，也住在钱仓。（郑朴翁曾经与林景熙一起冒着生命危险扮作采药人，收拾宋朝徽钦二帝的骨骸，葬于会稽兰亭山中，是一位大义凛然的民族义士。）明末清初浙东学派创始人黄宗羲把史伯璿、鳌江蓝田人陈刚、昆阳人章仕尧写进他的学术史名著《宋元学案》。

史先生的得意门生有黄岩徐宗实、金华李一中，平阳县徐兴祖、陶公任、章廷瑞，其中最有名的是明朝兵部右侍郎徐宗实和"横阳先生"徐兴祖，前者弟子有大学士黄淮，后者弟子有翰林院庶吉士张文选，这黄、张两人就是史氏的再传弟子，他们无不用自己从老师那里学来的学问施政，在明朝政坛上发挥了重大的作用。当时平阳已升为州，知州岳祖义非常看重史先生的学问和品格，曾亲自登门拜访，向他请教赋役、盐法等问题。

精研天文、地理、赋役

史伯璿主要研究朱熹的《四书集注》，他把宋、元间各家研究

《集注》有误之处一一加以辨析，历时三十年，著成《四书管窥》。元代著名诗人陈高作序，说他"笃信坚守"朱熹宗旨，有功于朱子。明代学者杨士奇的《东里集》、清代学者朱彝尊的《经义考》都把此书加以著录。明朝《四书大全》《性理大全》《永乐大典》都引用了此书。

他还著有一本《管窥外篇》，其中对天文、地理、历算、田制等都有很深的研究，他是一位百科全书式的学者。尤其是对月食之成因，继承了东汉天文学家张衡"暗虚"说，提出了"地影"说，他认为："恐暗虚是大地之影，非有物也。""与泰西天学家论月食为地影之说正合。"（刘绍宽语）这个观点，到了两百多年后的明万历年间（1573—1619），才由欧洲传教士传入我国。元朝大家都在空谈心性，史氏能务实，造诣非凡，确实远远超过了当时学者。

史先生读圣贤书，并不是两耳不闻窗外事，除了关心"天上"，也关怀"地上"，他对钱仓兴修水利的事就特别关注，这也是朱熹理学精神在事功上的表现。他写了《上河埭记》《作上河埭疏》等好几篇策论，积极建言献策。在《与作埭头首论事宜书》中说："今梅溪以全都之水，其源之大者有三，其余之小者不下六七十处。其山最高，其地最广，东距州治，北抵章安，而西则可接乐溪诸处。四面回环，近将百里，其深如此，其流可知，必有十数都之地为之河道，使之水得以周旋游荡乎其间。"到了清乾隆三十四年（1769），县令何子祥根据史先生总结的经验，自钱仓至埭头开新渠，引梅溪水汇入小南塘河，灌溉了小南平原七万余亩的农田，水旱无忧，瘠土成沃壤。后来人们在钱仓城东建造了何公祠，用来祭祀这位父母官。

民国著名学者刘绍宽在《厚庄日记》民国 31 年（1942）3 月 22 日记载："得李佩秋上海书，谓在康南海家见史文玑《管窥外篇》元椠本，字大如钱。《四库提要》谓清吕氏前无刻本，盖未之见也。"康南海就是维新运动领袖康有为，吕氏就是清康熙时平阳著名学者吕弘诰，曾重修《平阳县志》十二卷，康熙乙亥年（1719）首倡集资刻印《外篇》，他在后记中说："先生之流风馀韵，沦浃于人者，如此其深！"民国时期政治家、实业家黄群在上海校辑出版《敬乡楼丛书》，由刘绍宽校第三辑，其中就有此两书，后向全国推出。

千秋业就名山隐

从明、清以来，史氏受到历任县令、学者的表彰。明代平阳知县王约在钱仓史氏故居前建史先生祠，并在县城南门外立了"东海真儒"的牌坊；知县何钫在坡南学宫旁边建林、史二先生祠，祭祀林景熙、史伯璿。

清代雍正时，知县张桐上奏朝廷，敕他在钱仓史氏的故居前又重建史先生祠。后来知县徐恕在坡南又重建林、史二先生祠。乾隆时知县何子祥在县城南门外立"文谢齐芳""程朱绍美"的林、史二先生牌坊，并且在凤山南麓的史伯璿墓上方烟台岩上题写了"元儒史先生墓"六个大字，让后人瞻仰，以示不朽，这摩崖石刻具有很高的历史价值。乡人赵玉亘、陈楫等人又捐资重建钱仓史先生祠。清中叶平阳学者全祖望再传弟子叶嘉榆写了《史牖岩先生祠堂记》，还写了《谒史牖岩祠》诗："东海真儒拜墓田。"进士张南英儿子、著名诗人张綦毋在《重题史先生祠》诗中写道："千秋业就名山隐。"晚清学者吴承志任平阳训导，非常钦佩史氏，捐出自己的薪水来修墓，还捐出年薪一半劝修史先生祠。

后来，钱仓、坡南两处祠都坏了，民国7年（1918）把县城西门外白石亭的节孝祠改建为"宋元四先生祠"。民国12年（1923）又移到北门外文昌阁内，现在也没了。

20世纪80年代，史先生墓被列入县级文保单位。2014年，刚好是史伯璿逝世660周年，整整十一个甲子。清明期间，钱仓村村主任周仁多带着人员到史先生墓扫墓，看到一片荒凉的情景，杂草丛生，几乎没有路可以上去，他就决定修路造亭，表彰先贤。到年末，整个陵园焕然一新。请全国著名书法家马亦钊先生书写了亭名"文玑亭"和楹联"自古齐名誉林史，从今并世挹芬芳"。

　　薪尽火传，史伯璿先生的影响是极其深远的，给一代又一代人树立了学习的榜样，其精神必将发扬光大，传之弥远。

（文：陈骋/图：郑寅俊）

兰溪渡渎村

"八婺儒宗" 章德懋

　　章懋（1436—1521），字德懋，兰溪纯孝乡（今女埠街道）渡渎村人。9岁初通四书大义，10岁能文，14岁通史，17岁获浙江乡试第一，荣膺"解元"，成化二年（1466），获全国会试第一，再膺"会元"。两元及第，名播遐迩，一时成为佳话。

　　1467年，选翰林院编修。十二月，明宪宗朱见深下令元宵张灯，命群臣撰诗词进奉。刚出任的章懋会同翰林院同官黄仲超、庄昶联名疏谏："今川东未靖，辽左多虞，江西、湖广赤地数千里，万姓嗷嗷张口待哺。此正陛下宵旰焦劳、两宫母后同忧天下之日……伏乞将烟火停止，移此视听以明目达聪，省此资产以赈饥恤困，则灾可消，太平可致。"宪宗听了大怒，当廷杖责三人，贬官外放。忠谏谪官，声震朝野，时称"三君子"，加上罗一峰亦因谏被谪，世称"翰林四谏"。

　　成化四年（1468），章懋任南京大理寺左评事，"法当所执，虽贵夕即莫夺"。三年后，迁福建按察佥事，毅然开仓赈灾，以平民变；开放福安民采矿以杜盗源，建议番货互通贸易以裕商民，政绩甚著。三年期满入京，年仅41岁的章懋便急流勇退，力求辞官。

　　章懋回家以后，杜门谢俗，甘于清贫。奉亲之暇，专以读书讲学为事。弟子从学如云，门墙容纳不下，于成化十九年（1483）迁址于枫木山中，称"枫山书院"，四方学士仰慕章懋的高风亮节，尊称为"枫山先生"。经过多年的精心教学，为兰溪造就了一大批高级人才。登进士入仕者就有唐龙（三边总制，兵部、刑部、吏部尚书，《明史》列传），董遵（知县），姜麟（四川按察司佥事），黄傅（监察御史），祝瓛（刑部员外郎），陆震（兵部员外郎，《明史》列传），章拯（工部尚书，《明史》列传）等。

　　章懋家居二十年间，工、礼、吏、刑各部屡屡上书推荐，说他"德足以表人，文足以华国""志行高洁，识见精明""博古通今，淹贯经史，弃而不用，诚可惜也""老成宿望，宜急起之"，而他却屡屡推辞达 14 次之多。

　　弘治十四年（1501），66 岁的章懋出任虚位以待 20 年之久的南京国子监祭酒（皇家大学校长），六馆人士雀跃，人人以为得师。弘治十七年（1504），章懋上《弊政疏》，强调"法无古今，便民者为良法；论无当否，利民者为至论"的民本思想。正德二年（1507），告老还家。以后皇帝多次授南京太常寺卿、南京礼部右侍郎（三品大员），均坚辞不赴。正德十六年（1521），特升礼部尚书。同年底，卒于县城章府里，享年 86 岁。赠太子少保，谥文懿，官居一品，位列三公。

　　章懋为官清廉，其子皆务农。家 10 口，田只 20 亩，所入不足当其半，常以麦屑充饥。及终，遗孤一人及妾，并亡故子、孙之妇，全家共 5 口，穷苦伶仃。嘉靖二年（1523），金华知府王九峰奏吏部得准以月米 2 石养赡。

　　章懋一生，对后人影响极大。湖广名宦祠称先生"抗疏敢言，是其忠；受谪不顾，是其义；屡聘屡辞，是其介；乐育人才，是其仁"。金华北山鹿田书院院额"八婺儒宗"，章懋是儒宗之一。他编纂的《正德兰溪县志》是兰溪首部县志，填补了自唐咸亨至明正德九百年历史的空白。

　　章懋曾以名言鼓励后学："吾婺有三巨担：自东莱何王金许后，道学无人担；自宗忠简潘默成后，功业无人担；自吴黄柳宗后，文章无人担。后学可加勉也。"兰溪一中的前身叫"担三中学"，即取其意而为校名。

　　综观章懋一生，为官仅 10 多年，而请辞达 20 余次，《明史》为他列传，他的卓著功业和高风亮节，永远受后人敬仰。

（文：兰溪农办）

宁波鄞州沙港村

史学大柱全祖望

沙港村，俗称沙港口，位于宁波市鄞州区洞桥镇，地处潘沙公路西侧，南塘河穿村而过，下辖沙港、龚家、塘堰三个自然村。这里百分之八十以上的村民姓全，主要居住在沙港自然村；龚家自然村村民主姓龚，宋代时从吴龚村迁入；塘堰自然村的村民主姓王，宋代时从镇海迁入，以堰名村。因沙港村位于南塘河上游，有泥沙流到这里便终止了，故称"沙港"。据史料记载，沙港村全氏家族的始祖叫全权，北宋太平兴国年间（976—984）中进士，曾任侍御史，知山东青州，因丁母忧，从钱塘迁居鄞之桓溪（即今沙港村）。从此，全氏族人在这里繁衍生息，崇文育人，忠孝节义之士辈出，后人中最著名的当属清代的全祖望了。

全祖望（1705—1755），字绍衣，号谢山，时人称"谢山先生"，生于鄞县城厢月湖西岸白坛里"五桂堂"（今宁波市海曙区桂井巷）。清乾隆元年（1736）进士、翰林院庶吉士，因不附权贵，辞归故里，不复出任，从此致力于学术研究，毕生笔耕不辍，相继讲学，足迹遍布大江南北，从者云集，以睿智的学问、卓越的见识、耿直的秉性，成为史学大柱。他是继黄宗羲、万斯同之后浙东学派的重要代表，备受学术界推崇。

穿过近年新建的沙港口桥，南行二百余米，一座位于水池畔的清代建筑赫然入目，这就是旗杆屋1号的"全祖望故居"。整个建筑呈四合院格局，飞檐翘角，主体建筑有全祖望纪念堂、村史陈列室、齿德堂。故居于2014年经过改造，并与文化礼堂紧密联系，成为人们纪念全祖望和了解村情村史的一个"窗口"。大门南开，上悬甬上著名书家曹厚德先生题写的"全祖望故居"匾额，黑底金字，端庄凝重；水池的西侧为鲒埼亭，也为纪念全祖望而建（亭名源自其著作《鲒埼亭集》和别号"鲒埼亭长")。

史学大柱全祖望

全祖望自幼聪慧过人，4岁启蒙，8岁就能读《四书》《资治通鉴》，因此有"神童"之称。有一年清明节，他随父亲去沙港祖坟前祭拜全氏太公。回来路上被几个族中长辈拦住了去路，其中有一位族长太公笑着对全祖望说："大家都说你是神童，小小年纪能作诗文，今天我可要当面考考你，当场作诗一首如何？"当时族中不少人以烧窑为生，全祖望辈分小，碰到年长一点的几乎都得叫太公，故有"十八太公"之称。全祖望也毫不怯场，见族长满头白发，双手乌黑，便说："作出了可得让我过去呀！"族长太公说：

"作出了不光让你过去，还有赏哩！"全祖望便脱口吟道：

一缕青烟上碧霄，月里嫦娥鬓熏焦。

天将差使来相问，十八太公烧瓦窑。

长辈们听了都惊讶不已，竖起大拇指直夸小祖望，小小年纪有如此才华，以后必成大器光宗耀祖。族长太公听了也高兴地说："有赏！有赏！"即从衣袋里摸出一把炒豆塞到全祖望的手里。

全祖望年少时不仅聪慧，而且为人正直，疾恶如仇。全祖望的族伯母张氏，是明末抗清志士张煌言的女儿。在全祖望十多岁的时候，张氏给他讲了很多明末抗清的事迹，激发了全祖望的民族感情。14 岁那年，他考上秀才，按规定首先要去孔庙参拜孔夫子。在大成殿名宦乡贤祠里，当他看到供着明末献甬城降清的太仆谢三宾和降清明将张杰的神主牌位时，不禁怒火中烧，大声斥责道："这两个卖主求荣的无耻之徒，怎能玷污宫墙，怎能在神圣的孔庙里受着配享呢？"随即拿下这两块牌位用力摔在地上，没有摔碎，就把它们丢入泮池中。

这一举动一下惊呆了领队的府学教谕和同行的其他秀才，但大家回过神来，都十分佩服他的胆量和勇气，说他"乳虎初生，已具食牛之气"。

全祖望博览群书，鉴古知今，由此养成了对史学的爱好，自 21 岁开始就从事文史撰著工作，千方百计搜罗乡邦文献，尤其对南明时期的"故国遗事"，更是倍加着力。一次，全祖望听说有位叫管道复的学者，在清兵入关后随明廷南迁，搜集和记录了许多宝贵的文献资料，以及张苍水、钱肃乐等抗清义士的逸事，原本打算出一部《管道复集》，后因突然去世，未能如愿。全祖望几经努力，最后找到管道复的遗孀，在老妇人身前长跪不起，终于感动了这位老妇人，得到了《管道复集》的所有遗稿。

雍正十年（1732）全祖望28岁，参加顺天乡试，考中举人。内阁学士李绂阅其卷，赞为王应麟（南宋大儒）、黄震（南宋理学家、史学家）以后的又一个人才，并邀他到自己家中同住，引为知己。32岁中进士后，按规定入翰林院所设的庶常馆学习，学习期满再进行考试考核，然后按考核等级分别授予官职。凭全祖望的才学考个上等不成问题，时张廷玉当权，与李绂不和，迁怒于全祖望，因此在翰林院结业考时，全祖望被列为"下等"，以"候补知县"待用，全祖望遂一气之下回了家乡，从此再未出仕，唯以整理古籍校订史料为己任，并引领了一代史风，影响了后世一批又一批学者。

迈入全祖望纪念堂，迎面便是全祖望先生塑像，只见先生身着长衫泰然安坐，右手执一书卷，目光炯炯，显示出继黄宗羲、万斯同之后浙东"史学大柱"的风采。全祖望治学严谨，上承清初黄宗羲经世致用之学，博通经史，在学术上推崇黄宗羲、万斯同，于南明史实广为搜罗纂述，贡献甚大。其主要著作有《鲒埼亭集》及《外编》，《困学纪闻三笺》《七校〈水经注〉》《甬上族望表》《续甬上耆旧诗》《经史问答》《读易别录》《汉书·地理志稽疑》《古今通史年表》等。全祖望以他秉笔直书的史德、洞微察异的史识、文采斐然的史才，奠定了他在中国史学史上的崇高地位，被誉为"班（班固）马（司马迁）之后第一人"。胡适也说过，"绝顶聪明的人有两个，一个是朱熹，另一个就是全祖望，学问、道德、文章都冠于一时"。

与全祖望纪念堂相对的是齿德堂，展示的是全祖望生平事迹及著作，包括他所作的有关沙港的诗文，《桓溪旧宅碑文》和《桓溪全氏祠堂碑文》等，使人观后对全祖望短暂而又不虚度的51年人生，以及全氏家族的起源历史有了大体的了解。"齿德堂"匾额由曹厚德先生所题，原匾额于清乾隆戊戌年（1778）题写，今已遗失。据管理人员介绍，现在修建的全祖望故居，原来叫"旗杆屋"，即在屋前有旗杆夹，非望族官宦之家不能有此规制。当年旗杆屋正中的一间就是齿德堂，齿为年龄之别名，德指德行，取堂名"齿德"，含全氏家族年高德劭之意，寄托了一种美好的愿望。

据当地老人讲，旗杆屋东侧有广孝堂（俗称"南祠堂"），出旗杆屋过广孝堂，到塘堰自然村的十八湾石板路，中间有两个土墩，叫"上马墩""下马墩"，即来这里的官员必须做到文官下轿、武官下马，可见旗杆屋曾经的显赫地位。

说起祠堂，沙港村全氏家族原有两个祠堂，除了广孝堂今已不存，另一个便是南塘河畔的敦五堂（俗称"北祠堂"），至今已有近三百年历史。敦五者，明伦也（仁义礼智信），庠序之间，为士子讲学之所，故以敦五名堂。旧时，北祠堂藏有许多祖先的画像，每逢重大节日祭祖，族人就会将画像挂出来供人瞻仰，其中就有全祖望的画像，可惜"文化大革命"时这些画像包括家谱都被毁了。虽然全祖望并不出生在沙港村，但在村民眼里，他的根在沙港，也在沙港留下过足迹，是村民引以为骄傲的乡贤。

（文：宁波鄞州农办）

绍兴柯桥青坛村

青坛大家董秋芳

在距绍兴南边 70 里的山旮旯里有个小山村，这里就是青坛村。现代作家、翻译家、教育家董秋芳先生，就出生在这里。

董秋芳（1898—1977），笔名冬芬、秋芬、秋舫等，绍兴会稽青坛人。

民国二年（1913）考入浙江省立第五师范，民国八年（1919）毕业，在家乡小学教书，积极参加社会活动，任绍兴"抵制日货会"会长和"国耻图雪会"副会长。民国九年（1920）考入北京大学预科，后转入英语系，成为鲁迅的学生。开始翻译外国文学作品，并连续发表杂文，抨击军阀政府，毕业前遭军阀政府通缉，遂南下杭州，任杭州第一中学总务主任。民国十八年（1929）重返北京大学，毕业后历任山东、天津、杭州等中学语文教师。民国二十六年（1937）去福州，主编《福建民报》副刊《新语》等。民国三十五（1946）年离闽回绍，任稽山中学国文、英文教师，绍兴简易师范校长。

新中国成立后，任杭州高级中学、宁波市立中学教员、校长。1954 年任浙江师范学院教员，不久调人民出版社，任教育部中学语文教材编辑组现代文学研究室主任、中学语文课本编委会编辑。1971 年回绍兴定居，1973 年任县文管会副主任。著有《伟大的思想家鲁迅》《鲁迅言论杂忆》，译有《争自由的波浪》等。

1919 年，21 岁的董先生在绍兴第五师范读书时，正遇五四运动爆发，他即投入运动，做了"国耻图雪会"的副会长，成为绍兴五四运动的领军人物。

1920 年考入北京大学外语系。读书期间，和同乡许钦文等文学青年组织了"春光社"，邀请鲁迅、郁达夫等作为指导。1924 年

董秋芳像

秋，他在同乡宋紫佩的陪同下，前往西城西三条胡同登门拜访了鲁迅先生。从此以后，他就经常去听鲁迅的课。鲁迅先生真诚地告诉他："你学的是英语，不如去搞点翻译，恐怕会更切实些的。"于是，他改弦更张，开始翻译外国文学作品。1926年8月，鲁迅离开北京前往厦门大学执教，鲁迅一再叮咛董先生，要他把在《京报副刊》《语丝》杂志发表过的俄国短篇小说和散文寄到厦门，好为其找地方出版。暑假里，董秋芳对译文重新整理校阅一番，将其寄给鲁迅先生。鲁迅收到译稿后，亲予编校、订正，选用高尔基的小说

《争自由的波浪》作为书名，鲁迅还为之撰写《小引》："只要翻翻这一本书，大略便明白别人的自由是怎样争来的前因，并且看看后果，即使将来地位失坠，也就不至于妄鸣不平。所以，这几篇文章在中国还是很有好处的。"

1928 年 3 月，他以"冬芬"的笔名，给鲁迅写信，请教"革命文学"论争的种种问题。鲁迅便以《文艺与革命》为题回信，并将来信一并发表在《语丝》上，在社会上产生深远的影响，也使董先生受益匪浅。从这里，我们可以感受到作为一个翻译家"虚心、求实"的人格魅力，而董先生还有更可贵的一面。

1937 年 4 月应郁达夫之邀到福州，七七事变后，为了抗击日寇的侵略，为了民族的解放，为了追求民主与科学，董先生不远千里来到永安，以笔为武器，与著名进步作家黎烈文等一起进行顽强战斗。福州组织成立"福州文艺界救亡协会"，董先生任秘书长兼组织部长，创办《抗战文艺》，宣传抗日。发表《怎样建设内地的国防文学》等文章，致力于传播民主革命思想。1938 年 6 月随省会内迁到永安，任省府编译、省府图书馆馆长、《民主报》副刊主编。1942 年 5 月，《新华日报》刊登了毛泽东《在延安文艺座谈会上的讲话》的主要部分，董先生通过图书馆的有利渠道，在文化界和文学青年中广为传播，使广大革命青年受到团结抗战思想的熏陶和民主革命思想的教育。

他在《我和笔杆》一文中回忆说："我觉得，我们在殖民地里做人，不应该专为个人的生活打算。我们凭着从学校里学得的一点知识技能，把自己一个家弄得有穿有吃，并不能算作一个'好孩子'。我们还得群策群力地挽救我们危殆的国族，改进我们陈腐的社会，叫大家都有机会从泥窝里跳出来，自由地吸着新鲜的空气，享着温暖的阳光。"

1943 年 9 月，董先生任《民主报》主编副刊，把副刊定名为《新语》，继承鲁迅战斗风格，宣传抗战，揭露社会时弊。董先生利用这个文艺阵地，热情鼓励和指导一批既爱文学，又勇于探索人生道路的进步青年努力掌握和运用好文学这一武器，并引导他们走向革命的道路。他告诫青年人要"新鲜、活泼和真实"。新鲜是陈腐的反面，活泼是呆滞的对立，真实是虚伪的否定。世界上只有新鲜、活泼和真实，才能使存在生生不息。在董先生的努力下，《新语》创刊后，迅速吸引和团结了一批进步青年和文学爱好者经常为其写稿，为福建开拓了革命文艺的通途。董先生自己也常用"冬奋""秋航"等笔名发表了许多文章，还发起组织了"新语读者会"，宣传抗日，学习鲁迅，倡导战斗性的文艺创作，引导青年用笔杆子向社会的黑暗、腐败作斗争。

1945年7月12日，在福建永安发生了一起震惊中外的大逮捕事件——"羊枣事件"。在羊枣（杨潮）等被捕一个星期后，在白色恐怖笼罩时刻，董先生于7月19日在《新语》上发表了他的最后一篇杂文《沉默之美》，他在文中对国民党顽固派在永安扼杀进步文化活动、逮捕进步文化人士暴行进行了辛辣讽刺和强烈抗议。文章发表后的第三天，即1945年7月22日，董先生即被国民党特务逮捕。在文艺界和社会各界的共同努力下，1946年2月，反动派不得不释放董秋芳先生。

董先生是作家和翻译家，虽未给我们留下大量著作，但他战斗的笔，在我国新文学运动的每一个战役中，始终未曾停止过。他和我国新文学运动的奠基人鲁迅先生有着密切的交往和友谊，和李大钊、郁达夫、胡也频、丁玲、周建人、叶圣陶、吴伯箫等老一辈革命作家曾经患难与共，在文学创作方面，以及在思想上、生活上多有交往。1949年以后，董先生曾在教育部中学语文教材编辑组工作，他先后注释了毛泽东、鲁迅著作以及许多国内外名著，作为全国通用中学语文教材使用。

董先生的学生、国学大师季羡林，称他为"平生感激最深、敬意最大的老师"。季羡林说："董秋芳先生的指导对我影响最大，他的指教决定了我一生的写作活动。自那以后60多年来，我从事的一些稀奇古怪的研究与文章写作虽风马牛不相及，但一有灵感则拿笔写点什么，至今已垂暮之年依然舞文弄墨不辍，完全出于董先生之赐，我毕生难忘。""我对董先生的知己之感，将伴我终生了。"

董秋芳，作为作家，著作有《争自由的波浪》《我和笔杆》《董秋芳译文选》、《王坛名人诗文丛书〈董秋芳〉》等。他在培养青年的事业中，在和"黑暗之夜"的抗争中是那么坚定，那么顽强。他那为争取"人间之美"的呐喊声仍在我们心中回荡。

　　我的故乡是山乡，去县城70里地，山岭重叠，围成一环，左右两座高山，矗立如牛角；前面溪流一条，随时涨落；有一深潭，碧绿如海，多鱼虾。村后山峦逶迤，松竹丛生，很像一座翠屏。我的家就坐落在这座山的山麓里，屋外有三棵大树，夏天绿叶繁茂，天然翠盖，一逢飓风陡发，澎湃万马奔腾；颇骇人。

这段文字，可以说是董秋芳老先生对家乡青坛村的描述。足见老先生的思乡爱家的情结！

（文/图：绍兴柯桥农办）

象山东陈村

"两脚书橱" 陈汉章

宁波象山县城往南约20里，公路左边有一个村子，叫东陈村。这里是著名国学大师陈汉章的出生地。走进东陈村，游走于陈汉章故居，青砖石板、纸墨幽香，让人产生对文化的由衷敬仰。

陈汉章故居

陈汉章（1864—1938），名焯，谱名得闻，字伯弢。曾先后任教北京大学、中央南京大学，学识渊博，有"两脚书橱"之称。与当时文化名流蔡元培、马叙伦、章太炎等交往甚密，并受到高度评价。许德珩、茅盾、范文澜、顾颉刚、冯友兰等大家都是他的学生，陈汉章著作等身，现存文稿100多种，作为浙江省图书馆乙种善本书收藏。他主撰的《象山县志》名列江南四大名志。2006年，陈汉章被列为首批浙江省历史文化名人。

东陈陈家　闻名乡里

与很多不平凡的人一样，陈汉章的出生也伴随着美好的期盼和传奇的故事。陈汉章的父亲谱名昌垂，贡生，娶石浦佘勉翰举人之女为妻。婚后四年仍无子，让盼孙心切的太夫人着急。行善积德的陈家太夫人捐了50亩水田给育婴堂，次年，陈氏家族中最有影响力的人物——陈汉章呱呱坠地。据陈汉章自云："母梦虹化龙，龙复化猴，啼血于林，而汉章生。"陈汉章来到人世，远近百姓相互传诵，都说这是陈家积善之报。

在陈汉章的生活环境里，有着厚实的文化积淀，正像一棵参天大树，植于沃土。陈汉章的老师虞竹亭先生在《凝绿山房·题南屏所居室》说："山房一架绿俱凝，不许红尘半点增；唯有夜来凉月下，梅花影伴读书灯。"写出陈汉章父亲读书之用功。父亲有许多做学问的教导，对陈汉章一生影响很大。陈汉章堂房叔母陈孔氏，也是一位值得敬仰的人。她做的好事不胜枚举，出资在杭州建造象山试馆，独资兴建新祠堂，修建象山蟹钳渡埠头，捐巨资造奉化大桥，为老丹城两条主街铺石板路，为普陀山新佛殿捐资……她家里每天还煮满大锅米饭，饥者随时可入内进食。而她自己则生活简朴，穿布衫蒲鞋。此外，陈汉章的伯父树屏、堂兄得善更是陈汉章学业上的导师。

陈汉章4岁时，从诸姑对弈中，认识了车、马、炮等字，父亲乃命他认字。6岁已能吟诗，初露才华，有"为臣如不忠，匈奴便来乱"等诗句流传。7岁正式受业，就读于"约园"私塾。10岁开笔（浙江图书馆保留其10岁的诗作151首），后考入丹山、缨溪书院，勤奋好学，得童生第一名，遂立志研究经史子集四部。陈汉章23岁进入杭州俞楼，师从著名经学大师俞樾。24岁至宁波辨志精舍，师从黄元同先生。25 岁赴杭州乡试，中第 10 名举人。

爱国怪人　发愤图强

陈汉章自幼好学，博闻强识。每看一书，必用色笔加点句读，由浅而深，先藤黄，加淡墨，再浅蓝、桃红、胭脂，而后银朱。并考其优劣，校其佚漏，辨其真伪，评其得失。有些书读 30 遍，有些书读 40 遍，有些书则读 50 遍，直至滚瓜烂熟。到了年底，他还要做个读书总结：今年读了多少书，一年读书几天、虚度几天。章炳麟曾称道陈汉章："浙中朋辈，博学精思，无出阁下右者。"

陈汉章喜欢开卷大声诵读，他认为此种方法能加深记忆。晚年归乡，依然诵读不息。每日拂晓，陈汉章必登三层书楼，洪亮的读书声破窗而出，非常准时，以至于村人习惯将之作为"晨钟"。每当读书声传出来，邻人就会互相提醒："天亮了，起来啦，起来啦，陈先生已经在读书啦！"

京师大学堂（北京大学前身）慕名聘请陈汉章当教授。不料到京后，陈汉章竟一改初衷继续求学，以 46 岁大龄和博学教授的身份当起了学生。4 年后，他以第一名成绩毕业，当时已 50 岁，这一奇人逸事，至今在北大仍传为美谈。当时京师大学堂的刘幼云总监督点名时，对其他学生按例应"到"之后点头予以确认，点至陈汉章，却起而颔首，以示尊重。桐城派的姚仲实、姚节叔兄弟俩，讲完课，总要问陈汉章"然否"。严复在任校长期间，一日邀陈汉章去家中相聚。恰好下雨，陈汉章撑着纸伞穿着木屐前往，门房见状让他在一旁等着。不料严复接到通报后马上亲自到门口迎接，堂上其他宾客也全部随之出迎。

陈汉章是当时北大开课最多的教授，他要到 4 个系、2 个研究所讲课研究，内容涉及史学、哲学、国文等 20 余门，还受聘到北京高等警官学校、北京师范大学等校兼课，工作量非常大。因显著的教学成就和丰硕学术成果，陈汉章曾多次荣获国家级"嘉禾"奖章。不仅如此，每次国外汉学家来访，教育部总要指定陈汉章作陪。外宾提出的问题，陈汉章总能随问随答，引经据典，观点独到，令在场的中外学者敬佩不已。时间一长，大家觉得陈汉章满腹经纶堪比一座图书馆，索性送他个雅号："两脚书橱"。

陈汉章一生治学严谨，日积月累而著作等身。从他晚年自拟的《缀学堂丛稿初集目录》中统计，共有100余种800多万字手稿准备出版，内容遍及经史子集，现作为善本藏于浙江图书馆。

有段时间，陈汉章给学生们上中国史，他自编讲义，特地搜罗片段，证明欧洲科学所谓"声光化电"之论我国古已有之，而欧洲列强尚处于茹毛饮血时期。一次，他讲完课，正在北大就读的年仅17岁的茅盾对他说："陈先生是发思古之幽情，光大汉之天声。"为此，陈汉章还找茅盾长谈，他坦率地说："我明知我编的讲义，讲外国现代科学，在两千年前我国已有了，是牵强附会之说。但我为何要这样编呢？鸦片战争后，清廷士林中，崇拜外国之风极盛。中国人见到洋人奴颜婢膝，有失国格人格，实在可耻可恨。我要打破这种媚洋崇外风气，所以编了这样的讲义，聊当针砭。"理解了他的苦衷，茅盾对先生肃然起敬，称陈汉章是一位"爱国怪人"。

乡土情结　礼义传家

陈汉章学识渊博，还颇通医理。1890年，27岁的陈汉章赴京会试，回来后看见母亲久病未痊，请了不少中医，总不见好，便一心一意侍奉母亲。这年的6月开始，陈汉章先后研读了近20部医学著作。经过一段时间的调理，母亲病愈。后又几度反复，到底不支谢世。陈汉章虽苦读医书终无回天之力，一片孝顺之心却足以告慰母亲在天之灵。

父亲对陈汉章的要求是读书，至于功名做官并不强求。陈汉章不违祖训，宁做学者，绝不为官。在京师十几年，多次谢绝孙传芳、吴佩孚邀他"出山做官"的聘请。父传子承，陈汉章崇尚节俭，不甚讲究穿着，土布衣衫、布鞋粗袜，他认为"只要文字真，哪怕破头巾"，"绣花枕头表面好，其实是个大草包"。那些不甚了解的商贾士子，希图衣帽取宠，登门求见，结果多半吃了闭门羹。

陈汉章继承父亲家教遗风，对家乡做了不少善事。1907 年，他首任象山劝学所总董，经他赞助与发动，设立小学 30 余所。他还担当象山民意代表，力挽县域被分割。陈汉章不忘家乡公益事业，资助创建"象山县公立医院"（象山县第一人民医院前身）。1922 年，陈汉章从北大回乡探亲，受聘担任民国《象山县志》总纂。后带稿北上，"独纂"县志，在北大 4 年完成了县志编写。该志是民国时期四大名志之一，象山的百科全书，起到了资治、教化、存史的作用。

每当春节将临，陈汉章返回乡里，孤寡老人每人猪肉十斤，大米一斗，若有生、老、病、死者，为其请人接生，请医治病，或买棺安葬。陈汉章急公好义，对救灾募捐，从不吝啬，修桥铺路，修建庙宇，积极赞助。如姆龙洞到岳头一段几十里长的路，因年久失修，石板破碎，路面凹凸不平，下雨天泥泞难行。为解乡亲行路难，他独资修筑这段路。据现在看管陈汉章故居的陈汉章孙子陈维旺先生回忆："我们家一直做善事，我对此印象很深，我母亲每月初一、十五都要量米送给穷苦人家。"

在北大时陈汉章教儿女读书，晚年归家则教孙子孙女读书识字。每日上午 7 时半至 10 时半，祖父召集孙辈们，先是写字，读《三字经》，后对对子，先对一字课、二字课，一年之后，对三字课，读唐诗，读古文故事。再一年后教读《论语》《孟子》等书，直至送入学校读书。

陈汉章后代遵循祖训，礼义传家。父亲去世后，儿子庆麒先生将陈汉章一生珍藏之书籍，慨然捐赠给浙江图书馆，使一家之藏成大众之藏，使私人之物成国家之物。其情其义，感人肺腑。

（文/图：郑丽敏）

嵊州浦口村

马寅初浦口二三事

马寅初（1882—1982），字元善，浙江嵊州浦口村人。中国当代经济学家、教育学家、人口学家。曾担任南京政府立法委员，新中国成立后曾历任中央财经委员会副主任、华东军政委员会副主任、北京大学校长、浙江大学校长等职。1957年因发表"新人口论"被打成右派，后得以平反。他一生专著颇丰，有当代"中国人口学第一人"之誉。

兄弟"连坐"

马寅初的父亲马棣生，16岁只身从绍兴来到浦口，最初以卖米、卖盐为生。略有积余后开设酒作坊，因酒作坊开在柏树林下，便起名叫"马树记酒坊"。马棣生有五个儿子，老小便是马寅初。

清光绪八年（1882）农历五月初九正午，马寅初出生在蒸蒸日上的"马树记酒坊"家中。他的生辰八字里有"马年、马月、马日、马时"，加上他姓马，人称"五马齐全"。算命先生说他是"大富大贵之命，长大后会做大官"。父亲马棣生对子女管教极严，必须五更起床，先到父母亲床前请安，然后读早课。兄弟五人若有一人犯错，余皆同罚。他训诫五个儿子："三兄四弟一条心，后山黄泥变黄金；三兄四弟生异心，前山黄金变臭粪。"

马寅初从小非常调皮，爱打抱不平，爱使小脑筋，爱讨野债，四位兄长常因他"连坐"，受父亲的责骂甚至挨打。到了十四五岁时，才明白"连坐"的意义，对四位兄长格外敬重，从而兄弟五人非常团结，相互帮衬，直至终老，真正做到了父亲"兄弟一条心"的训诫。

"经济"博士

马寅初17岁离开浦口去上海中西书院读书，7年后考上北洋大学。两年后，以优异成绩被公费送往美国耶鲁大学留学。

当时，一人中举不仅家人风光，连村里的人也跟着横起来。清光绪年间，距浦口五里路的棠头溪村，有人中了举人，棠头溪人到浦口街上买东西不付钱，浦口人拿他们没有办法。如今浦口也出了一位洋学生，比举人还了不起嘛。于是，浦口人非要马寅初的父亲马棣生按照清朝中举的规矩，在"马树记酒作坊"大门前立起"旗杆"，热热闹闹地办了几天酒、唱了几天大戏，好好地庆祝了一番，村里人称马寅初是"末代状元"。从此，乡亲们都沾足了这位"状元"老爷的光。

过了四五年，从美国传回马寅初获得"经济博士"的消息，乡亲们更是兴高采烈，口耳相传：马寅初在美国考中了"洋状元"了。

不久，马寅初回到祖国，回到了阔别多年的浦口老家。家里为了接待这位外国"状元"，买了一箩白莆枣招待他和亲友。他知道后，要求拿出去卖掉。他说你们要学点经济学，算算经济账，每天一箩白莆枣，这家怎么过？家人拗不过他，只好把一箩白莆枣拿到街上卖掉。

自从"马树记"立起旗杆后，确实让浦口人"荣耀"了几年。有一年夏天，县里警察去浦口抓赌，反被浦口人"沉了料缸"（粪缸）。警察从料缸里爬出来，回到县衙向县长报告，县长也只好不了了之。此事被马寅初知道后，狠狠地骂了"沉料缸"为首的乡亲一顿，并说："你们把我马寅初逼成土匪了！"

20世纪20年代，马寅初任浙江省"县长考试官"，这是手捏全省县长升降大权的肥缺。嵊县县长为了讨好马寅初，动工修建一条从县城到浦口的马路，并以"马树记"命名，马寅初得知后坚决制止。

有个名叫钱源的钱塘人通过关系想出资买个县长当当，被马寅初当面驳回。钱源不死心，赶到浦口，以捐为名，想在浦口以马寅初父亲的名义建一座桥，解决浦口无桥之苦。钱源的做法，也被马寅初拒绝了。

这两件事一前一后传到浦口乡亲们耳朵里，都说马寅初是"经济博士"，在当地的方言里，"经济"与"刮利"同义，是"小气"的意思。

"小店王"

尽管马寅初做了留洋博士，当了教授，但回到浦口，上了年纪的乡亲们依旧按当年称呼，叫他"小店王"。马寅初也依旧亲亲热热地叫他们"大伯"、"大妈"，常去看望他们，嘘寒问暖。

马寅初任浙江省政府委员时，每逢回乡探亲，县政府总要派出卫兵，跟到浦口，在马家大门外站起岗来，保护这位"大员"。马寅初要外出，卫兵马上紧随其后。这一来，看望乡亲就不便了，马寅初几次推辞，不让县政府派卫兵，政府还是照派不误，马寅初很有些懊恼。

一天，马寅初起了个大早，独自从后门溜出，走上街头。他慢慢踱到小镇东头，见一间破旧不堪的小屋前，一位满头白发的老妇人正伛偻着背，慢手慢脚地在做汤粞。儿时的记忆一下子涌到眼前，马寅初急忙走上前去，亲热地叫道："善叶大妈，还记得我吗？"善叶大妈仰起头来，眯起双眼，细细打量了一阵，不由得惊叫起来："啊唷，这不是小店王吗？小店王，听说你在省城里做了大官了？""大妈，我不是做官，我做点经济工作，教教书。"善叶大妈用衣袖把一条长凳擦干净，招呼马寅初坐下，给他煮汤粞吃。马寅初并不推辞，一面吃着他儿时常吃的汤粞，一面与善叶大妈拉起了家常，问她生意如何。善叶大妈说："年纪大了，手脚也不活络，生意很清淡，有时连本钱也凑不起来，常常东拖西借，家中吃口又多，日子有些难过。"马寅初不禁感慨万端地说："有钱人奢侈糜烂，穷人衣食无着，太不公平了，一定要改！"吃完汤粞，马寅初问善叶大妈做汤粞一天要多少糯米、多少糖、多少柴，善叶大妈还以为他随口问问，便一一实告。不料，马寅初吃完汤粞对她说："善叶大妈，从明日起，你买糯米买白糖的钱，到马树记酒店去取，我会支付的。""这，这怎么说得过去呢？"善叶大妈不知如何道谢才好。"不要紧咯，我会关照好，你大胆放心去支好了！"

马寅初同样没有忘记炸油杂烩的朱师傅。朱师傅老了，为了糊口，还在炸油杂烩，日子难过得很。马寅初本想给他一些本钱，可是见他烟、酒、茶三码一齐落，听人说，他是个给一百要用一百五的人，担心他拿到钱后会"今朝有酒今朝醉"，就另外想了个办法救济他。过了两天，朱师傅照例去单公泰油车买油，去周茂兴磨坊买面粉，当朱师傅点好钱要付时，两家老板都摇摇手说："钱不要付了。"朱师傅觉得十分奇怪，忙问是怎么回事。原来马寅初临走之前，特地到单公泰油车和周茂兴磨坊，预付了一年的菜油钱和面粉钱。马寅初还关照，一次只能付3斤菜油、10斤面粉，既不能多付，也不能以钱代货。生产本钱有人添补，朱师傅家生活渐渐有了改善。事隔3年，马寅初又回到浦口。他再次去走访朱师傅，朱师傅客客气气给马寅初泡茶，特意放了许多白糖。马寅初和朱师傅拉了会儿家常话，端起茶杯喝了一口，"唔"的一声，便不再说话，站起身打了个招呼就走了出去。这以后朱师傅再到油车和磨坊去领面提油，老板只给一半。镇上知情人说："朱师傅一壶白糖泡茶，泡掉了马博士一半照顾。"原来马寅初认为他用白糖泡茶待客不够节俭。

在浦口，还有一位马寅初儿时吃过几口奶、八竿子才打得到的远房亲戚，叫德胜婆婆。马寅初去看望她时，她已耳聋眼花，认了半天，才认出来："小店王，你出山了，没有忘记我老太婆啊！"德胜婆婆眼挂泪花，讲起她的老头一不会种田，二不会做生意，文不像誊录生，武不像救火兵，只有在镇上有婚丧喜庆时，跟人去吹吹打打，做做吹鼓手，赚几个利市钱，要养活一家人，难啊！马寅初听着，一直点着头，告别时，再三关照她，要保重身体。如何让她家吃饱穿暖呢？马寅初费了一番心思，给她家买两亩田吧，大伯不会种；给一笔钱吧，怕二老坐吃山空。后来马寅初出了钱，依照大伯的职业，给他买了一副吹打乐器。德胜婆婆一直到临终时，还念念不忘地称赞"马树记酒坊"的小店王真是个好人！

（文：张刚裕）

龙游童岗坞村

藏书名家童子鸣

童岗坞村位于龙游县衢江以北（俗称"北乡"）的黄土丘陵地带，旧名桐冈，也名桐冈坞，村人中以童姓为主，其先祖珍四公于元至正八年（1348）从邻县寿昌杜田迁此开基，至今已达667年。

童珮（1523—1576），自幼就随父亲贩书于苏州、杭州、常州、无锡等地，后来又继承父业贩书为生，一直过着一种清贫漂泊但又自由自在的行商生涯。他因贩书而读书，因读书而藏书、编书，并有诗文集刊行，可谓商人与文人兼于一身，是龙游商帮中儒商的代表人物。

童珮，他幼时"家贫，不能从塾师"（王世贞《童子鸣传》），但职业使他长期受到书的浸润，"日与之居，其性灵必有能自开发者"（归有光《送童子鸣序》）。再加上他的勤奋，"喜读书，手一帙坐船间，日夜不辍，历岁久，浏览既富"，终于学有所成，不但能够写诗作文，而且"尤善于考证书画金石"（民国《龙游县志·童珮传》）。

学养既丰，也就有了和文人学士打交道的本钱和共同语言，当时和童珮关系密切的知名文人主要有以下这些：

人称"震川先生"的昆山人归有光（1507—1571），是明代的散文大家和文学宗师，童珮想投身他门下，向他问学求教。归有光还写有《送童子鸣序》传世，文中提及"子鸣依依于余，有问学之意"。在批评了一通当时读书人"内不知修己之道，外不知临人之术，纷纷然日竞于荣利"的现象后，归有光对童珮"鬻古人之书，然且几于不自振，今欲求古书之义"的不求荣利、一心向学的行为深表赞赏，但也怕他因此而"愈穷也"，所以在童珮"岁暮将往锡山寓舍还太末"之时"书以赠之"。流露出归老夫子对童珮那种既

明朝藏书名家童珮

欣赏又同情，还有一分不忍的复杂心情。

在文学史上居"后七子"首领地位的太仓人王世贞（1526—1590），居文坛魁首之地位，又官刑部主事之职，在他所写诗中，把童珮的为人概括为"隐能逃小贾，穷不废长吟"。童珮死后，又作诗表达那"泪向吴江尽，恩偏越峤深。山阳夜中笛，肠断不堪寻"的悲痛，可谓是情深义重。

文学家王稚登（1535—1612），苏州人，曾为童珮所编《徐侍郎集》作序，童珮去世后又主持了《童子鸣集》的编印，在序文中更是对其学习的刻苦和谦虚诚实的品格赞叹不已。

文学家胡应麟（1551—1602），兰溪人，和童珮交谊最深。一方面因为兰溪为龙游邻县，来往方便；另一方面因为胡应麟也是个不入仕途，专以著述为乐之人，两人意气更为相投。这在胡应麟所作悼亡诗中也可看出："海岳谁高蹈，丘园有独醒。下帷头自白，避俗眼常青。"这是写童珮的不随世俗；"向来携手地，凄绝子期弦。"这是抒发对童珮去世的悲痛之情。

还值得一提的是，当时的衢州知府韩邦宪。韩邦宪未做官时，曾在旅舍中偶遇童珮，两人因谈得投机而成为朋友。任知府后，韩曾专程去龙游乡下访童珮，山坞中人从未见识过知府驾临的排场，都拥来观望。只见两人吟诗相和"至夕始去"。当时韩邦宪很想为童珮改善一下条件，却被他以"甘田中食，不忧馁"相谢绝。后来韩邦宪在任病逝，童珮徒步前去送丧。

在中国藏书史上，童珮也占有一席之地。在吴晗所著《两浙藏书史略》中就有关于他的记载。顾志兴著《浙江藏书家藏书楼》一书，对他有这样的评论："龙游童珮不仅藏书，还刻书，在浙江藏书史和出版史上都应有一定的地位。"这也得益于童珮的贩书生涯，在贩书过程中，他每遇善本便藏之不售，因此所藏多善本。胡应麟曾见过他的藏书目录，并兴奋地去信说："得足下藏书目阅之，所胪列经史子集皆犁然会心，令人手舞足蹈。"可见其藏书数量与质量的不凡。

童珮生平编过两部书，一是曾任盈川县令杨炯的《杨盈川集》。杨炯是位列"初唐四杰"之一的名家，其文集到明朝时已无存，经童珮从各种旧籍中搜集遗文，共得诗赋四十二首，序表碑铭志状杂文二十九篇，编为十卷；二是《徐侍郎集》，徐侍郎即徐安贞，唐玄宗时供奉内廷为中书舍人，掌管制作诏书，后授工部侍郎、中书侍郎，深得玄宗赏识，"帝属文多令视草"（《新唐书》）。《全唐诗》

收录其诗十一首。"公后相传有集凡若干卷，亦散漫不复见，此诗赋杂文十有三篇，往余得之断碑脱简。"（童珮《徐侍郎集序》）杨、徐二人，一为龙游地方官，一为龙游人，童珮搜寻残存，为他们编文集，其用心当出于桑梓之情。另外，童珮还和曾任临武知县的龙游人余湘合纂万历丙子《龙游县志》十卷。童珮还发起建造龙丘祠以纪念乡贤龙丘苌，使先贤业绩得以弘扬，可见他对乡邦文化的贡献也是功不可没。

童珮死后，人们把他的遗文编成《童子鸣集》六卷，其中诗四卷、文二卷，王稚登作序。文集被《续文献通考》所著录，也为《四库全书》存目。《四库提要》描述童珮写作的认真："闭户属草，必屡易而后出，出则使人弹射其疵，往往未惬，并其稿削之不留一字。"

童岗坞童氏族人素有诚信经商的优良传统。童珮父亲童彦清就被王世贞誉为"不寝然诺"，是个讲信用的人。童珮的伯父童庆"为人峭直无私，不妄贪利，不循枉道"，是个恪守商业道德的人。叔父童富则乐善好施，"损人便己之事，虽小不为；济困扶危之举，虽费不惜"。族兄童巨川享有"居心正直"之誉，童洋则被评为"家风为一时之最"。作为一代儒商，童珮在商业道德和为人操守上，也多有可传之处，最突出的表现就是淡泊名利和洁身自好。

据王世贞《童子鸣传》记载，童珮贩书的主要地方是梁溪（今无锡），"梁溪诸公子心慕之，争欲得子鸣一顾以重"。他对这些公子哥儿们也"时时有所过从"，这自然是出于生意上的考虑，但如果想要控制他，那就不能了。当时的宗室太保朱忠僖和其兄恭靖王，想请童佩来评鉴家藏的字画，两人设法请和童珮要好的人把他"挟之都"，而童珮到他们家后"焚香啜茗评骘字画而已，不复言及外事"。兄弟二人想把子鸣留下来做门客，"一夕竟循去"，来了个不辞而别。商人总是要言利的，而童珮却为了维护自身的人格尊严和人身自由，放弃了攀附王孙公子的大好机会，显示了他的儒商风采和书生气节。

童珮一生以贩书为生，却能成为颇有影响的藏书家，并以文名为士林所重，这在他的那个时代来讲实属不易。他从商人中脱颖而出，以文人身份和读书人交往酬酢，他的商业活动也就有了一般书商所难以具备的便利条件，这对现今从事商业活动的人们来讲，很有一些有益的启迪和借鉴。对于如何在逆境中发愤，如何保持独立的人格和清白的操守，如何正确处理"利"和"义"的关系，童珮的事例也是值得人们深思的。

其实童岗坞童氏之始迁祖珍四公，就具有商业头脑。《桐冈童氏族谱·珍四公传》说："公世居寿昌杜田，曾九公六世孙，宣六公之长子也。元末丧乱，赋繁役重，至正八年，避地来此，赘于胡氏之家。携有赢资，就此经营鱼盐菽粟、布帛之货，锐意生殖，渐致富饶。洪武初年，编为龙游土著之民。"可见童氏族人原本就有经商传统，是靠经营商业才得以在龙游立脚开基。其族谱的《宗规十条》中，就明确指出："士农工商，各有常业；九流艺术，亦有专家。"在重农抑商的传统社会，如此见识是难能可贵的。而童氏族人中那些敢于经商、善于经商的族人，也无愧为珍四公的孝子贤孙。

（文：劳乃强／图：郑寅俊）

嵊州小昆村

丝绸专家马伯乐

小昆村位于嵊州市长乐镇，坐落在群山环抱之中。南宋德祐二年（1276），小昆马氏始祖马嵩（字德安，号泰岳），因卜居地马踏石被元兵所焚，率子孙乔迁于此。历七百余载，村民崇尚礼仪，耕读传家。尤其是清末民国时期，商业发展，文化繁荣，小昆村有"小上海"美誉。全村现有 455 户，1200 多人口。丝绸专家马伯乐便出生在这个山村。

年少志高，成为全村首位大学生

马伯乐（1899—1967），名尚年，字象耕、伯乐，为马氏第三十二世孙。父亲马杏林出生于清朝光绪三年（1877），以务农为主，农闲时外出经营茶叶、白术和南北货。马杏林是小昆马姓宗字辈老大，外号杏林大头，个性豪爽，爱打抱不平，生有二子一女。因常在绍兴、宁波等地经商，见多识广，思想开明。清末时期，就将女儿马月芬送到外地读书，马月芬后来成为中华民国政府驻苏联海参崴市大使外交官的夫人。

姐姐的求学道路对马伯乐影响很深。作为儿子，他被父亲认定为家业继承人。但马伯乐不甘于父亲安排，最后背叛父亲意愿，独自一人偷偷离家赴杭州求学。在人生地不熟的杭州，他以非凡的意志走着自己的路，从半工半读开始，求生存求发展。18 岁时，以优异的成绩考入浙江纺织专科学校，成为小昆自废科举后的第一位大学生。

1919 年，马伯乐从丝绸专业毕业，进入杭州古老的丝绸作坊，从学徒做起，开始了他的实业生涯。

转赴上海，炼成丝绸专家

杭州的丝绸作坊只能解决温饱，与马伯乐心中所想相去甚远。

纺织专家马伯乐

1925年，磨炼了几年后的马伯乐离开杭州来到了上海，另寻出路。因有以前的经历，加上学有所长，在多次更换工作后，最后进入一家留美华侨蔡辛伯参股经营的美亚织绸厂。

美亚织绸厂是上海第一家电机丝织厂，创立于1917年，在上海有数家分厂。马伯乐被安排在二分厂，先后担任普工、织绸挡车工、机修工、保养工等。不久经理发现他有技术基础，又见他工作勤快、老练，有管理才能，便提拔他为车间主任。后来当老板蔡辛伯得知他毕业于丝绸专业后，就直接提拔他担任了美亚绸厂四分厂（1949年后改为上海第四丝织厂）的厂长。

1925年至1939年，近15年的时间里，马伯乐为美亚绸厂创造了巨大的财富，先后开发了国内首创的织丝绸新设备、新工艺和大量新产品。

他是国内首先把机械计算技术原理应用在丝织业上的人，自己设计将需要织造在绸面上的花样图案，用纵横坐标小方格依次排列，在一条条长方形的纸板上打上数码孔，一组花样图案制成一捆，用绳串起一个可回圈使用的整体，周而复始地放在机架上回圈操作。通过机械杠杆机构，可按长方形的数码孔，将织机上的钢纵架按一定程式上下依次启动，在平绸面上织出各种花样图案，代替了当时以人工为主的丝绸织品传统旧工艺，生产效率得到大幅度提高。

期间，蔡辛伯从美国带回一种新产品，是用人造丝机制成一种丝绒样品，质地光亮耀眼。在美国以这种丝绒做成的女装，靓丽高贵，前景十分看好。

蔡辛伯拿着这块丝绒样品，要求马伯乐试制。说实在的，马伯乐也从来没有见识过此类产品，对其织造原理尚不清楚。但既然现在老板要求啃下这块硬骨头，便只好答应试制。

在之后的一段时间里，他用一块折叠式放大镜翻来覆去地分析其织造机理，逐步了解其结构形式，最后梳理出两个需要解决的技术难题：第一个是要采用特殊的织机织成丝绒坯料，第二个是采用丝绸行业从来也没有过的专用破绒机器。

第一个难题很快得到解决。在美亚绸厂四分厂内专门安排的车间里试制安装调试织机，成功地织出人造丝绒坯料。当时蔡老板看了以后，认为这种坯料怎么想也变不成丝绒来。马伯乐说这就是第二道难题，需要改制出一台专用破绒机。

为了达到研制新产品目的，只要马伯乐提出的要求一定满足。为了保密，马伯乐把改制破绒机的工作安排在自己家里，二儿子马立信、儿媳周水娥、四儿子马立民、儿媳钱英华等作为助手。幸运的是他们只用了半个月时间，就完成了破绒机改进，并用破绒机将一匹丝绒坯料顺利地破开成二匹丝绒绸白坯，再经染坊清洗漂白清洗烘干梳理等印染工艺处理后，一匹光亮洁白耀眼的丝绒成功放在蔡辛伯眼前，这完全能与美国的新产品媲美。蔡老板看了兴奋极了，以为这下可以发大财了。

此后，马伯乐以丝绒为大前提，热衷于新品种开发，陆续开发出烤花丝绒、蓝花丝绒等五颜六色的新花样品种，成为当时全国引领丝绸行业的技术专家。研制的产品除在国内畅销外，还出口到南洋群岛、东南亚、印度、美洲和欧洲等很多地区。后来蔡辛伯的美亚绸厂规模大扩展，发展到全国几大主要城市，成为数十家工厂的大公司，马伯乐功不可没。

资助地下党，换得一片新天地

1938 年，蔡辛伯的一位龚姓亲信，获得马伯乐兄弟俩与共产党有牵连的信息，便向蔡告密。蔡辛伯得到这个消息后，没有告发他，反而采用婉转方法辞退了马伯乐。

原来，马伯乐之弟马象镌，由马伯乐带他来到上海一起工作、生活，在工作时马象镌经常接触到地下党员。之后兄弟俩便在地下党组织领导下参加各种集会、游行，直接受上海纺织丝绸业党组织领导。兄弟俩在 1927 年美亚绸厂工人 50 天的罢工斗争中发挥了重要作用。后据马象镌回忆，在抗日战争时期，马伯乐一家在小沙渡路有一空住房，曾经借助给地下共产党员李白住过一段时间，李白妻子的两个哥哥均在马伯乐伟达绸厂做工。电影《永不消逝的电波》中的主角李侠原型就是李白。

1938 年，马伯乐离开美亚绸厂，在好友帮助下，利用自己的丝绸专业技术和企业管理经验，投资两万银圆在上海西康路 679 号创办了上海伟达绸厂，主营丝绸纺织，并在家乡小昆村招聘十多名年轻人进厂工作。1955 年，实行公私合营，上海伟达绸厂合并其他绸厂组建成公私合营上海美文丝绸厂（后更名为上海第七丝绸厂），马伯乐担任技术厂长。期间成功开发了国内首个灯芯绒新产品，并承担我国重大工业项目上海第一丝绸厂技改工作。1958 年马伯乐调安徽省，负责筹建芜湖丝绸厂，任总工程师，直至 1963 年退休。

发挥余热，心系家乡

1963 年退休后，马伯乐便把精力放在家乡，修路修桥，给小学添加鼓乐乐器等。1964 年，看到家乡村民粮食加工设备落后，夜间又无照明用电，便与村干部商量，出资兴建小昆第一座引水式水电综合加工厂。从厂房、引水渠选址、设计，水电厂关键设备水轮机设计、制造等，马伯乐都亲临第一线。其中，水轮涡叶设计又是当初遇到的最大技术难题。最后定型的蹄式涡叶是马伯乐反复试制，择优采用的机型，具有制造工艺简单、效率高的特点。1965 年水电综合加工厂建成投产，白天用于粮食加工，晚上用于发电照明，成为全县小水电开发典型，小昆村成为全县山村最早用电村之一。水电站直至 2004 年才停止运行，为村民生产、生活发挥了近 40 年的作用。

小昆是嵊县首批绿茶产量上千担的村庄，但 20 世纪五六十年代，茶叶加工设备老旧，制约了继续发展空间。为此，马伯乐又把视角投向茶叶加工领域，在 1966 年的一年时间内，数次去外地学习机械制茶技术，收集整理技术资料，着手准备大力开发小昆制茶产业。在 1967 年的一次考察途中，马伯乐因过度疲劳引发脑溢血晕倒在杭州火车站，医治无效，离开人世，终年 69 岁。

马伯乐是小昆村的骄傲和榜样，其创业、创新精神和爱国爱乡情怀，至今仍有着十分巨大的影响力。

（文：马小增/图：曾令兵）

长兴杨林村

纺织学家蒋乃镛

长兴有"白胚布王国"之称。长兴纺织业的发展,有赖蒋乃镛之力。蒋乃镛(1913—1996),乳名安堂,学名乃镛,笔名冶民、在东、镛等,小浦(旧称合溪)杨林村人(旧称九都岕杨林村)。

纺织学家蒋乃镛

奋力完成纺织著作 于右任题书名

1934年,21岁的蒋乃镛便完成了中国第一部机织学著作——《理论实用力织机学》。民国元老于右任为该书题写书名。于右任早年为同盟会成员、书法名家，时任民国监察院院长，为中国近现代高等教育奠基人之一。他能为该书题写书名，可见其对蒋乃镛成果的认可。

还有两位名流为该书作序，盛赞蒋乃镛对纺织事业的使命感与责任感。

一位是南通张孝若，清末状元张謇之子。他继承父业，是著名实业家，先后担任大生纱厂董事长、南通师范学校校长等职。张孝若在序中说："先君子主张棉铁政策以救国，于前清光绪末叶创大生纱厂于通州，复感人才之需要，首设纺织专校，成绩昭著远近，蒋君乃镛即该校毕业生，出校后服务上海鸿章纺织染厂，近编《理论实用力织机学》一书，本学识经验之所得融合理论实用与一炉，夫纺织学科非易事也。"

另一位是醴陵傅道伸，纺织工程专家和教育家，时任南京国民政府经济委员会棉业统制委员会专门委员。他在序中提到："我国之有新式力织机，迄今已四十余年矣，历年设厂织造，役用力织机者渐多，而宣告失败者，亦时有所闻，于是主其事者，始悟非深明机构之原理与运用之方法，实难操胜算，斯力织机之有待乎学也明矣！坊间关于斯学之著述，寥寥无几，初学者每苦无从问津，今蒋君毕业南通学院，得名师传授，锐意研究，心得兹富，毅然尽出其所学与研究结晶以贡献于纺织界，其对于学也可谓专矣。"

从序言中，我们可以看出蒋乃镛倾其所学，在纺织事业上为中国的纺织事业作出了非凡的成就。当时国内纺织著述甚少，理论研究及实践都十分欠缺，蒋乃镛以满腔热情，填补了我国纺织应用领域的诸多空白。

清寒志愈坚　励志为求学

蒋乃镛的家乡长兴，在民国时期可谓是名人辈出。杨林村分为前后两村，前村周家曾出了一位北伐军第二十六军军长周凤歧；后村蒋家则出了浙江省议会议员、浙西水利议事会会长蒋馥山（玉麟），蒋乃镛就出生在后村蒋家。

蒋乃镛祖父蒋炯轩、祖母席氏，生有五子四女。父亲蒋馥西排行老大，母亲许氏，生三子一女，蒋乃镛排行老小。

早年蒋乃镛家境十分贫苦，吃穿皆朴素清寒。八岁时进入杨林村蒋氏宗祠附设的初级小学读书。九岁，父亲因在外经商得病，回家即病故。从此，兄妹四人均由母亲一人抚养，家境愈加贫寒。十岁那年，大哥蒋乃斌从杭州法政专门学校毕业，进入浙江省长公署工作。不久，姐姐出嫁，小哥蒋乃明由三叔蒋馥山送到湖州省立第三中学附属小学读书。

哥哥都去了外地学习工作，蒋乃镛下决心也要出去读书（当时长兴县里无中学），并趁三叔蒋馥山过年回家之际，恳求他让自己也去湖州。经过努力，蒋乃镛辗转进入省立第三师范附属小学插班五年级学习。期间远在山乡的母亲因劳累过度一病不起，离开了人世。蒋乃镛从此无父无母，日子越发贫苦。

不惧困苦的蒋乃镛发奋学习，顺利考入省立三中初中一年级。校长周翔先生（长兴鼎甲桥人）见蒋乃镛诚朴勤读，非常喜欢他。到了第二年（1927），雷震先生（长兴吴山人，后任民国教育部总务司司长，《自由中国》发行人）担任校长，他十分鼓励学生开展实践活动，蒋乃镛表现十分积极。1928年开始，尚是初中生的蒋乃镛便已在《湖声日报》《湖报》发表文章。1929年，他从省立三中毕业，毅然选择继续求学深造。

蒋乃镛住在上海蒋馥山处，到浦东中学上课补习，并延请了一位李姓老举人（吴昌硕家里的一位老师）来教国文，从此蒋乃镛的国文大有进步。后来蒋乃镛以优秀的成绩，考取了上海青年会无线电专门学校。毕业后，仍旧坚持报考大学，并顺利考取了南通大学纺织科。

在南通读纺科期间，正值"九一八"事变，日本强占东北，蒋乃镛参加了南通抗日救国会，并担任纺科分会秘书长，鼓动学生演讲、表演、募捐。

南通名人张謇是末代状元，是纺织专家，力行实业救国。蒋乃镛下定决心，为我国纺织工业发展做点事业。大学期间，他从事纺织学科翻译，编成了《理论实用力织机学》，这本书十分畅销。

毕业后，蒋乃镛先在上海实习，后到广西任教纺织科，之后又辞职到南宁染织厂，负责装机工作。期间，完成了《实用织物组合学》一书。该书由时任广西大学校长马君武（留德工学博士第一人）作序，由上海商务印书馆排印。书籍出版后被全国纺织专业大学争相购买，后又被教育部作为大学教材使用，成为中国第一本织物组合大学用书。

1935年7月赴日留学，8月考取日本早稻田大学研究院，专攻工业经济和企业管理。1936年9月，蒋乃镛在日本加入中国国民党。留日期间，他笔耕不辍，编著了《革命的婚姻论》《男女洋服裁制法》《家庭实用漂洗学》等书。

1937年7月，蒋乃镛学成回国，参加了由陈果夫主办的军委会第六部留日归国学生训练班（后班名改为"军事委员会战时工作干部训练团第一团留日学生训练班第一期"，蒋介石任团长，陈诚任副团长）。毕业后，蒙雷震的帮助，他参加了国民参政会第一次大会秘书处议事组工作。随后到陆军103师政治部从事日文翻译工作，享受少校待遇。参加了武汉会战，从武汉艰苦行军到湘西，而后又到云南、四川办工厂。在此期间，他与哲学家侯曙苍一起创立了"中国学术研究会"，并出刊《建国学术》，学者响应众多。之后又去重庆北碚筹办西南麻织厂，任工务主任，协办其他分厂工作，期间写成了《机织准备工程学》一书。1940年后，蒋乃镛进入国立中央技艺专科学校、南通学院等校任教。

他的著作在很多专业领域中开创先河，如《理论实用力织机学》是我国第一部机织学著作；《织厂经营与管理》是我国第一本织厂管理专业著作。

蒋乃镛一生著作丰硕，其著述不仅在国内纺织领域引起反响，有些甚至走出了国门。1975 年 3 月，蒋乃镛从武汉印染厂退休以后，继续以一腔热忱书写精彩之作，如《自动翻布机理论》《印染污水处理简介》等著述发表在了日本的《纺织界》。

蒋乃镛的一生是执着纺织事业、奉献纺织事业的一生，并以民众之所需作为其努力的方向。正如他在《我的往事》中提到的：“要立德、立功、立言，以无形体的精神实现大价值”，他正是用一生实践着这一追求，以对纺织领域的贡献体现着自身的大价值。

矢志终不渝　纺织书春秋

蒋乃镛从小立志，以祖国和民族的强盛作为自己的最终奋斗目标，始终热爱着祖国的纺织事业。抗战胜利后，美国曾偏护日本纺织工业，蒋乃镛便愤然执笔写就《抗议书》，由中国纺织学会集会提出抗议。他还热心社会事业，关爱百姓，曾致函蒋介石、毛泽东及上海市提出建议等。1948 年，出于对国民政府的贪污腐败的痛恨，毅然致函国民党中央党部，公开脱离国民党，并于 1949 年加入中国民主同盟。

1950 年，蒋乃镛由上海工业专科学校纺织科教授调往武汉从事教学研究工作。教学之余，他便想尽一切办法，推动纺织事业的发展。“文化大革命”期间，仍设计和制作了几十种设备，并把这些创造和革新项目，编成 24 册资料赠送普及。

1987 年 8 月，蒋乃镛欣然接受长兴县印染厂之邀，年已古稀的他到长兴参观纺织工厂，商讨交流；为夹浦丝绸厂解决生产发展难题；并利用自己的人脉，带领长兴轻纺印染企业到无锡、苏州、上海等地发展，积极为他们牵线搭桥，介绍专家。他还被聘任为长兴印染厂驻上海办事处主任，而此时他已 76 岁高龄。

1996 年 12 月，蒋乃镛老先生病逝。回顾蒋乃镛先生的一生，我们感受到了一种执着追求、负重奋进、敢于创新、不畏艰难、实践自我的精神冲击，激励我们奋勇前行。

（文：长兴农办/图：曾令兵）

松阳梨树下村

"厚朴大王" 张美献

　　枫坪乡梨树下村，位于松阳西南箬寮群山深处。这里的气候、土壤很适宜厚朴的生长，野生朴树到处可见。清光绪版《松阳县志》载：药类有茯苓、白术、仙茅、茱萸、厚朴等61种。关于松阳人工栽培厚朴林的历史，少说也有上百年了。《松阳县医药商业志》载：在梨树下、安岱后都有成片上百亩的厚朴林基地，全县将近800亩厚朴林。梨树下农民张美献，于清光绪二十八年（1902）就开始收购厚朴，销至外地。后又开发了"盘香朴"，销往省内外各地及东南亚地区，声名远扬。

厚朴大王张美献

张美献（1877—1958），又名张美松，字鹤栖，松阳枫坪乡梨树下人。自幼习武以应武功，光绪年废科举，遂继承父业从事商贸，专营中药材厚朴的加工销售。足迹遍及全国东南和华北、东北各省份，是浙南颇有名气的一位厚朴商人。

自幼习武——练就一副好身板

张美献生于光绪三年（1877），父名张信寿，祖上累世药商，小有家底。其幼学之年，时值多事之秋。据传，美献生得浓眉虎目，天生异禀，口大能容拳，乡人谑称"大嘴张美献"。美献少时亦颇顽劣，不能安于学，乃嬉于乡里，常与众小儿搏击为戏。张父思忖：儿子既然孔武有力，现今世道又乱，不如干脆让他习武，即使不能以应武举博得功名，也能强身健体自护家园，遂延请了樟村拳拳师来教美献。那些同伴后生也一并邀来陪练，众人时常切磋拳脚，本地习武之风渐盛。

张美献边习武边帮着父亲打理厚朴生意。25岁时，已能独自外出跑厚朴销售业务了。30岁那年，清廷废科举，完全打消了他搏取功名的念头。从此接过父亲创下的基业，毕生致力于厚朴中药材事业发展壮大。闻鸡起舞的生涯虽然没有给他带来高官厚禄，但带来了坚强的体魄，也磨砺了他的品质。据说，直到新中国成立后，已经七十多岁的张美献（此时已改名叫美松）仍坚持外出跑江湖，蹿高跃低，步履矫健。这无疑得益于少时打下的根基。

走南闯北，开一代商贾名流新基业

还在少年时，父亲就有意无意地带他出去跑跑码头见识见识。少年老成的他已极善于药材鉴别，能帮父亲分担工作，一副小老板派头十足的样儿，很受大人称赞。二十岁后，各路生意就能熟门熟路。创业之初，先是杭沪宁，后是京津冀，再就是闽粤港等省会城市，都有药材行的业务联系。后来业务增长，美献还在杭州、上海置办了房产，以方便与温州的黄、朱姓及安徽朱姓大药商设在上海、杭州的药行做生意。还在河北祁州（今河北安国县，时为北方五省有名的药材集散地）城内开设"张益生美记药材行"，坐庄营业，药材分销至沈阳、长春及东北三省各地，成为当时有名的中药材经销商人。

晚清至民国时期，中国大地战火连年，兵匪四起，盗贼横行。美献凭着艺高胆大、经营头脑灵活和交际有方，硬是在极其艰困的环境下，拓展出广阔的贸易商路来。独家的"盘香朴"（即厚朴制的盘香片，中药切制饮片名称，指卷筒状朴皮类药材的横切丝片，呈圆形盘状似蚊香，因而得名）质效极高，为厚朴药材中之上品。他走遍大江南北，出入战火纷飞之地，生意越做越大，越做越远，名头也越来越响。各地药材贾商都知道浙江南面深山里有个"厚朴张"，家大业大，所做的松阳"香朴"，特别是"盘香朴"物美价廉，名噪一时，可与"川朴"（即鄂西、川东为中心的厚朴，古来为厚朴之最优。生长区域的一部分恰经三峡库区一带，为国家重点环境保护区，严禁采伐，故至今商业川朴的产出已极为稀少）相媲美，都来购买他的货。

精心炮制，"盘香朴"名传海内

现代对厚朴植物的研究取得很多成果，其多种新的化学成分被发现，对它们的药理活性研究也取得了很大进展。现有研究表明分离得到的化合物有很多具有独特的生物活性，随着厚朴研究开发和应用的深入，该种植物将有着更为广阔的应用前景。

可是厚朴作为木本药物，其生长周期缓慢，是难以短时间循环再生的资源，野生厚朴已处于濒危的境地。其实厚朴不但具有极高的药用价值和经济价值，而且具有很好的观赏价值及生态效益。厚朴是一种落叶乔木，其叶色翠绿，叶形舒展开阔，势如浮屠宝塔密集而上；花开硕大，单生于枝顶，色呈黄白，气味芳香，宛若枝枝大字毛笔，长锋白毫，指向蓝天，意欲"题诗留万古，青天扫画屏"，别具情趣。极适宜作为庭园观赏树及行道树，应用到园林规划当中。

幸而在松阳，还有许多高品质的厚朴树木留存。这不得不感谢药商张美献百多年前的锐意开拓之功。清光绪年间，松阳人一开始只是把搜集到的厚朴原药材直接出售给上海、四川等地的销售商，产品没有名气，璞玉蒙尘，利润微薄。张氏父子凭借丰富的从业经验，在广泛参考了"川朴""朴筒"的制法之后，经过繁复的实践，苦心摸索出了其独特的"盘香片厚朴"的制作工艺，并使来自松阳的"盘香朴"一炮打响，从此成为众多厚朴名类中的一个重要品牌。

与外地的"川朴""筒朴""双筒朴"不同，张美献的"盘香朴"加工精细，手续繁多：厚朴树在"小满"时砍倒，历十日后开剥，"芒种"后十日停剥。剥下的皮要经过三伏天阴干，不能曝晒。干燥的厚朴皮刮去皮外衣和杂质，将厚朴重量百分之十的生姜及一定量的肉桂子，捣碎取汁，用汁液浸泡厚朴皮1—2天，装入铁皮箱置入大锅隔水煮沸。煮透后取出厚朴（一般中药所指的"厚朴"，即主要使用的厚朴皮部分），趁热用两条铁杆夹住向一边内卷成筒，要卷实卷匀，用细麻绳捆扎，抽出铁杆。待隔日风干定形后进行烘焙干燥。然后又用蒸笼蒸软，用半圆形的专用刀具将朴筒横向切成半厘米厚的切片。这些厚朴切片依原样码好，约每筒一尺二寸长，用白纸包好，红绳将两头扎实，中间用面糊封粘。再放入焙笼，用文火焙到干燥即成。

正因其切片形似小盘，开封后香气扑鼻，故名"盘香朴"。在当时，松阳张氏所制的这种"盘香朴"，依其品相分为"天、元、亨、利、贞"五品。其天字号的售价每斤要4块银圆左右。尽管其高于同行时价，但由于质量上乘，药效显著，仍受各地药商青睐，供不应求。当时的年销售量约5000斤，收入达上万银圆，张氏遂成巨贾，"厚朴张"声名鹊起。

后来张美献将"盘香朴"的技艺传授给了当地的加工户，流传至今，影响和带动了松阳及邻县中药行业发展。新中国成立后，国家曾一度实行中药的统一管理，废止个体经营模式。松阳张氏的家族制药也带着它的辉煌走入了历史。到 20 世纪 80 年代，乱砍滥伐之风严重，不法商人对松阳的厚朴大肆掠购，造成了厚朴资源的极大破坏，这已是后话了。

一生自俭，热心公益　同情革命

梨树下村的"厚朴张"家，在那个年代是当地一方富豪。但张家也是凭着几代人的辛劳智慧和苦心经营发的家业。因此，张美献虽家财万贯，但一生却克勤克俭，从不张扬。只有当事涉公益、利于乡里时，才处处当先、慷慨解囊。其立身处世都颇得当地民众的认可、钦佩。

山居沟深水急，为了乡民们的过往便利，张美献出资在梨树下、玉岩、枫坪等地修筑了四座石拱桥。旧时松阳，交通滞涩，地处偏僻，更加缺乏新式教育，对教育兴邦的认识极为有限。张美献就独资在梨树下村兴学办校，为家乡后来的建设储蓄了基础人才。他非但有远见还颇有进步思想。1935 年，中国工农红军挺进师在枫坪、玉岩一带开辟革命根据地。红军物资紧缺，条件极为艰苦。他知道后，自发拿出一千银圆，秘密从温州购买了西药、手电筒、力士鞋等红军急需用品，亲自送往根据地，解了部队的燃眉之急。受他行动鼓舞，乡绅纷纷响应，效法捐献。这对帮助红军立足浙西南创建革命根据地起了重要作用，也是爱国进步商人的一次义举。

张美献还是一个朴拙而虔诚的天主教徒。在外地行商时有教堂做礼拜，回乡可没这个条件。那时松阳西式教堂并不时兴，他虽广有银钱，却没有强行建造礼拜堂。而是将村头的新兴社殿整修一新，并加建了楼阁。有空就跑去阁楼里坐修，常常一待就是半天。虽然中腔洋调，却既方便了乡里，也遂了己愿，可见美献平日待人接物之风。"美献"是他的幼名，后来他改成"美松"（松，即他的家乡松阳），字鹤栖。于此，足见其商旅客居时的悠悠之情，不改乡人本色之浓厚淳朴的心迹。

美献育有四子，俱有所成。长子名爕、次子名杰，兄弟二人继承了家族事业，从事厚朴的生产经营。三子名汉，在国民党空军任飞行教官，1949 年去台，终老台湾。四子名角，18 岁担任国民党陆军的连长，21 岁升为营长，中共地下党员。

张美献 1958 年辞世，终年 82 岁。他一生兢兢业业，磊落坦荡，爱国爱乡，为松阳厚朴产业的发展和中医药的丰富做出了贡献。

（文：刘关州/图：曾令兵）

义乌分水塘村

千秋巨笔陈望道

陈望道（1891—1977），义乌夏演乡分水塘村人。我国现代著名的思想家、社会活动家、教育家和语言学家。中国共产党创始人之一，曾长期担任复旦大学校长等重要职务。

千秋巨笔陈望道

陈望道出生在一个较为富裕的农民家庭。父亲陈君元思想开明，全力支持五个儿女读书。陈望道从 6 岁起一直到 16 岁，就在村上的私塾里攻读《四书》《五经》等传统经典，并跟随老师学拳术，课余也参加田间的体力劳动。16 岁那年，他离开农村，来到义乌县城，进了绣湖书院，学习数学和博物。一年后，他回到分水塘村，邀人兴办村学，招募村童入学。不久深感自己知识贫乏，便前往省立金华中学就读。四年后，陈望道想赴欧美留学，于是他先到上海，补习了一年英语；又到之江大学，进修了一年英语和数学。然而限于当时种种条件，他没有能去欧美国家，只能就近前往日本。留日期间，陈望道阅读了不少日本人介绍的马克思主义著作，思想发生了很大的转变。

1919年，五四运动爆发后，陈望道毅然返回祖国，应聘到浙江第一师范学校当语文教师。受到新文化和五四运动的影响，一师校长经亨颐和进步教员大胆高举民主和科学大旗，大胆进行全方位改革。在这场改革中，陈望道与夏丏尊、刘大白、李次九四位语文教员的贡献尤多。然而，经亨颐和陈望道等教员在一师进行的改革却遭到封建顽固势力的疯狂抵制。反动当局要查办校长和陈望道等所谓的"四大金刚"，这引起了一师师生的强烈不满，他们组织起来对抗军警和教育当局，酿成了著名的"一师风潮"。斗争的结果，终于迫使政府当局收回了查办"四大金刚"和撤换校长的成命，但由于新旧势力对比的悬殊，经亨颐和陈望道等教员也不得不离开学校。

在历经了"一师风潮"后，陈望道更加倾向于马克思主义。1919年底，陈望道带着一本日文版的《共产党宣言》，回到自己的家乡分水塘村过春节。这个春节他注定不能走亲访友，因为他肩负着一个重要的任务，必须要独立完成《共产党宣言》的第一个中译本。

这次翻译任务，是应上海《星期评论》社约请的，刊物在挑选翻译人选时，几经斟酌。最后为什么选中陈望道呢？据陈望道儿子陈振新的回忆："因为他（指戴季陶）认为要完成这本小册子的翻译，起码得具备三个条件：一是对马克思主义有深入的了解；二是至少得精通德、英、日三国语言中的一门；三是有较高的语言文学素养。陈望道在日本留学期间就接受了马克思主义学说，日语、汉语的功底又很深厚，所以邵力子推荐他来完成这一翻译工作。"

为了避开人来人往，陈望道躲进了老屋的一间僻静的柴房，他要在这里专心致志地工作。那是一间堆满了柴火的屋子，墙壁积灰一寸多厚，墙角布满蜘蛛网。他端来两条长板凳，横放一块铺板，就算书桌。在泥地上铺几捆稻草，算是凳子。伴着一盏简易的油灯，通宵达旦地工作，潜心翻译这一经典名著。

冬春之交的义乌山村，气候特别寒冷。刺骨的寒风透过没有遮挡的窗户灌进来，陈望道经常冻得手足发麻。实在受不了，他就在屋里运动取暖。母亲看着心疼，就给他送来手炉和脚炉。强大的劳动量，让他烟、茶比往日多费了好几倍。为了节省时间，陈望道几乎脚不出柴房，就连一日三餐饭菜，还有劳母亲送过来。

母亲看他翻译如此辛苦，心疼不已，就想着给他弄点好吃的东西。陈母设法弄到一些糯米，包了几个粽子。把粽子送到柴屋时，不忘附带上一碟红糖。随后，母亲在屋外问他："口味如何，是否还需要加些红糖？"他连连回答说："够甜了，够甜了。"一会儿母亲进来收拾碗碟时，只见他满嘴都是墨汁。原来他只顾全神贯注地埋头查阅翻译，竟全然不知是蘸了墨汁在吃粽子呢！

在翻译《共产党宣言》的过程中，陈望道遇到的不仅仅是生活条件的艰苦，还有参考翻译资料的匮乏。当时即使是在大上海，要找到马克思主义著作都是一件非常困难的事情，更不用说在这样的一个封闭小山村。陈望道手头仅有的，就是戴季陶给的这本日文稿和一点儿参考资料，这无法完全满足翻译的需要。为了高质量完成翻译任务，陈望道决定找到另外外文版本，通过对校参照，来提高精准度。为此他辗转委托在上海的陈独秀，通过李大钊从北京大学图书馆借了一本英译版的《共产党宣言》。通过比较，陈望道决定以英译本为底本，日译本为参考，来进行中文翻译。在整个翻译过程中，他克服了重重困难，花费了平时译书 5 倍的功夫，在 1920 年 4 月下旬，终于将全文翻译定稿。

与此同时，陈望道也接到了《星期评论》编辑部发来的电报，邀请他担任该刊编辑。但当他抵达上海时，《星期评论》已停办了。当时正在筹备建立中国共产党，印行《共产党宣言》自然成为急迫的政治任务。陈独秀跟共产国际东方局派来中国的代表魏金斯基商议后，大家很重视此事，当即筹措一笔经费，决定自行印刷出版。不久，就在上海租了一间房子，建立了一个小型印刷厂，取名"又新印刷厂"。又新印刷厂承印的第一本书，便是陈望道所译《共产党宣言》。初版于1920年8月印了1000册。作为第一个中文全译本，《共产党员宣言》的出版立即受到了中国先进知识分子的热烈欢迎，并引起了强烈的反响。

《共产党宣言》中文译本的面世，对推动中国革命的发展有着不可估量的作用。千千万万的革命志士都是因为读了这本书，而走上了共产主义革命道路的。毛泽东1936年7月对美国记者埃德加·斯诺说："有三本书特别深地铭刻在我的心中，建立起我对马克思主义的信仰，这三本书分别是：陈望道译的《共产党宣言》，这是用中文出版的第一本马克思主义的书……"周恩来也曾对陈望道说："我们都是你教育出来的。"

陈望道因为翻译《共产党宣言》而永垂青史，被誉为"传播《共产党宣言》千秋巨笔"。现在国家图书馆还珍藏着当年《共产党宣言》中译本。据陈望道之子陈振新介绍，1975年1月他随父亲去北京时，北京图书馆（国家图书馆的前身）特地邀请陈望道前去参观，并要求在原版本上签名存念。陈望道问："这是图书馆的书，我签名合适吗？"馆长道："您是译者，签名之后成了'签名本'，更加珍贵。"陈望道推托不了，端端正正签上了自己的名字。此书如今成了国家图书馆珍本之一，它无声地见证了风起云涌的20世纪革命史。

陈望道当年翻译《共产党宣言》的柴房虽然早已失火被毁，但是这本书点燃的革命圣火却红遍了全中国。为了纪念这位《共产党员宣言》的中文首译者，义乌市将分水塘陈望道故居列为浙江省级文物保护建筑和爱国主义教育基地。2011 年还专门建立了"望道中学",并在校园内立起先生的铜像。党和人民永远铭记着陈望道先生这一特殊贡献。

（文：彭庭松/图：曾令兵）

三 名臣乡贤

庆元黄坞村

朱元璋御批 "生茂林"

相传在元朝末年，庆元县黄田镇黄坞村至西边村一带曾是十分繁华的集市，俗称"五里上洋街"。可惜它毁于与明太祖朱元璋有关的一场战火。

相传朱元璋起义不久，战事正紧。可偏偏在这个时候，军师刘伯温家中（浙江青田）来报，老母病故。于是刘伯温向朱元璋告假祭母，朱元璋想眼下正是用人之时，故未准其回乡，直至前方取胜才准其回乡。刘伯温走后，朱元璋回想起来深感内疚，想亲自前往青田祭奠刘老夫人，再说刘伯温也去了很长时间了，军中不能没有军师出谋划策。于是朱元璋只带十余亲随化装成商人，说是祭拜，实则是催促刘伯温早日归队。岂料朱元璋在途中被元兵识破，一场惨烈的遭遇战后，十余亲随死的死、伤的伤，只有朱元璋一人抄小路一直逃到了上洋街。

到了上洋街（也就是现在的黄坞村附近）时，又遇元兵。朱元璋正愁无处藏身，忽见前面有一小桥，桥下杂草丛生，正是藏身的好去处，于是他跳进了桥下的草丛中。说来也奇，正在这危急的时候，桥上出现了一只大蜘蛛，它马上在桥两边织了一张大网。元兵追至小桥，看桥洞两边的蛛网尚在，料想朱元璋也不会在这里藏

朱元璋御批"生茂林"

身，就一直往前追去了。后人把这座桥称为"保皇桥"，桥下的小山坑（小河）也因此被称为"璋下坑"。有人要问，这里的蜘蛛为什么会有如此灵性呢？据上辈的老人说，这与朱元璋当年当和尚的经历有关。当时朱元璋曾是庙里的一个扫地僧，他扫地时从不伤及蜘蛛的性命，可能蜘蛛精报恩来了。

元兵过后，朱元璋终于松了一口气，但又不敢轻举妄动，怕元兵还未走远。只得忍着饥寒，在桥下一直躲到二更天，才慢慢起身向上洋街走来。谁知精神一放松，他立马感到全身酸痛，日夜逃命的劳累也一齐涌上了心头，竟一头晕倒在一家药铺的门口。说来也巧，这家药铺就是当时上洋街有名的药铺，店号"济民堂"，老板姓刘，是当地有名中医，人称刘白鹤。

刘白鹤起早开门，发现一人昏倒在自家门前，发现鼻息尚在，马上抬回家里施救。谁料昏迷中的朱元璋大叫："渴煞本国公也，还不茶水伺候。"刘白鹤一惊，知道此人来头不小，自然不敢怠慢，便精心调制了祖传秘方"六味怯寒糖"给朱元璋服下。这"六味怯寒糖"乃用糯米经特殊工艺发酵后熬成糖，并在其中加入生姜、玉桂、陈皮、紫苏等六味中药材制成，是颇为神奇的治风寒良药。后来"六味怯寒糖"因医治过朱元璋而被后人称为"璋糖"，20世纪50年代在西边、黄坞、小梅一带仍有出售。因糖中有生姜，年代久了"璋糖"渐渐也被称为"姜糖"。言归正传，这"六味怯寒糖"甜里带辣、温中理气，朱元璋倒也爱吃，经过几天的调养，朱元璋病情很快好转。

俗话说，"天下没有不透风的墙"。朱元璋仍在上洋街的消息很快被元兵细作探知，元兵半夜里前往上洋街搜查。刘白鹤听到街上狗叫声此起彼伏，意识到情况不妙，赶快叫朱元璋躲进一只药筐内，和老伴一起用井绳把药筐吊入井中，再挪过一只浸满中药的大药缸压住井口，把朱元璋藏好。

元兵挨家挨户搜到了"济民堂"，这时其中一名元兵用棍子搅了一下药缸。刘白鹤一惊，生怕被看出破绽，急中生智，马上跑到自己的猪栏，把老母猪放了出来，并狠狠地在猪屁股上踹了一脚，老母猪痛得狂奔而去。刘白鹤放开嗓门大喊，"快来人啊，老猪跑了"。元兵在黑夜中隐隐约约看见一黑影狂奔，又听到"老猪"跑了，以为是朱元璋跑了，一起追了上去，追到一看原来是只老母猪，知道自己上当受骗了，气急败坏地跑回来，不由分说一刀杀了刘白鹤，一代名医就这样惨死了。

元兵搜遍了上洋街，仍然不见朱元璋。只听气急败坏的元兵头领一声令下"找不着就烧死他!"元兵四处纵火,上洋街顿时成了一片火海,哭喊声、火焰声、倒塌声响作一片,村民死伤无数。大火烧了三天三夜,昔日繁华付之一炬。朱元璋因躲在井中,又被药缸盖住了井口,终于躲过一劫。

话分两头,当时与朱元璋一起出来的一个亲随与朱元璋失散,因找不着朱元璋就直接赶回营地搬救兵。朱元璋部将赵将军立即率五千精兵,日夜兼程,直奔上洋街而来。可是到了上洋街后,元兵已去,上洋街也成了一片灰烬,幸好朱元璋安然无恙。君臣相见,悲喜交加。赵将军劝朱元璋,"此地不宜久留,请主公速回"。朱元璋劫后余生,心存感激,说道:"我等须暂留此地平定战乱,安抚百姓,以报民恩,刘白鹤救主有功,应造一庙供奉。"

赵将军依令屯兵黄坞村后的树林中,朱元璋看着生灵涂炭的上洋街心生感慨,说道:"此林就叫生茂林吧,以期我民愈挫弥坚、众生繁茂。"朱元璋当场叫笔墨伺候,挥毫书就"生茂林"三个遒劲的大字。可惜年代久远,当年朱元璋所赐之字下落不明。因皇家曾在此林屯兵,并得到过明太祖亲笔御批,历代黄坞村民都将"生茂林"视为禁林,也就是俗称的风水林。久而久之,这里也就留下了今天仍然能见到的无数参天大树。

为了防止元兵来袭,赵将军在黄坞村中的高地和西边村修筑了两个烽火台,用于观察和传报敌情。黄坞村烽火台旧址现被称为"天灯",西边村烽火台边上驻哨兵的旧址现被修成了凉亭,现名为"天灯亭",这两处烽火台遥相呼应,控制着整个上洋街地面。"刘白鹤"因救主有功,赵将军在黄坞村后的山上造了一座白鹤庙,让上洋街民众世代祭祀。这处小庙曾经香火极旺,求医问药者络绎不绝。据上年纪的老人说,当年庙墙上还有一首诗:"杏林良医去,仙坛白鹤来。莫道此神小,龙曰真贤才。"

火烧上洋街后,朱元璋四处抚慰百姓自不在话下。赵将军的五千精兵还兵分两路攻打西边山的西边寨和半山丘的天罗寨。山寨草寇哪里经得起精兵攻打，不下半日，两寨皆破。两山寨掠夺百姓多年积蓄颇丰，赵将军将缴获的部分财物分给了百姓，百姓不胜感激。据说当时收缴的金银颇多，因行军不便，还有部分未被带走，埋在了村后的"生茂林"中。具体藏宝地点至今无人知晓，只留下三句密语："中心路，八角井，八字中间是黄金。"

朱元璋仁义之师的名声大振，青壮年纷纷参加义军。由于投军的人多了，赵将军就在现枫树桥村的一空旷地上设了个选将台，让民间习武百姓前来比武，选拔了不少人才。这比武之地，现名叫赛坪。上洋街并无马匹，黄坞村却有一山湾叫马坞（马壶），据说那是当年朱元璋驻兵养马的地方。

赵将军率部在"生茂林"驻了十余天，朱元璋心中挂念军师刘伯温，急于赶往青田。百姓知道朱元璋要走，纷纷出来拦道挽留。请求朱元璋留下部分士兵保护上洋街安全。朱元璋告诉百姓，前方战事正紧，更需要士兵打仗，太平日子很快就要到了，请大家不要担心。百姓最终还是没有把部队留下，当年挽留部队的地方，后被称为"留将坪"。

因上洋街刚遭火劫，百姓确实拿不出东西来，只杀了几头猪和羊，做了大量的米粿犒劳军士。米粿实是稀奇，系用粳米所做，在没有防腐剂的年代竟能放上半年不坏，不仅便于携带，而且火烤即可食用，十分适宜用作行军干粮。自朱元璋当上皇帝后，这里的百姓就将这种米粿称为"皇粿"。每逢过年，百姓都会做大量的米粿，一是纪念朱元璋，二是因为这米粿的确也是一道佳肴。

赵将军走后，黄坞村民感激赵将军平定了山寨，得以过上安稳的日子，便在村内建了一庙供奉赵将军，以保平安。该庙就是现在村里的元帅公庙。

（文：李国梅/图：曾令兵）

衢州柯城上瓦铺村

"营盘山" 黄巢留足迹

营盘山原名"大岭背",俗话说:"爬得大岭背,老婆都要弃",意思是说山高路陡岭长,挑担爬到顶要了半条命,老婆都不要了。大岭背自古以来是交通要道,通往常山、江山,山民靠这条山路砍柴烧炭为生,挑山货换钱度日。那么"大岭背"山为何叫营盘山呢?

唐末黄巢农民起义军为抗击唐军,曾在大岭背安营扎寨,故后人称为营盘山,至今已有1000年的历史。

营盘山地形独特,地势险要,东西走向,横拦在南北山间盆地之中,而且山体的东西两侧是悬崖峭壁,西面有一个山冈出口唯一的通道,只有一条小道蜿蜒攀升进入山口,独特的地势形成了易守难攻的重要关隘。山岭上古木参天,山岭下约有一平方公里的平地,宜人居劳作,考古发现地下存有新石器时代的石器。

唐乾符年间,黄巢起义军北上遭到唐军阻击,便转战南下,攻打杭州、绍兴等地。想从浙东渡海入闽,因人多船少,起义军又不习水性,改由陆路进军。为摆脱唐军追击,采取"避实击虚"战略,转战遂昌、建德一带。黄巢每到一地,都打出"打土豪,均贫富"的口号,受到农民的欢迎。

黄巢起义军来到浙江,驻守在浙江的唐军将领李存孝奉李佣大将之命,一路围追堵截黄巢义军,然而黄巢义军从建德遂昌翻越千里岗,从七里大头古道顺流而下,企图直取衢州西安城,刚来到石梁下村,军中接到情报,唐军李存孝部队已固守西安城,并在白云山布阵堵截迎候黄巢义军,妄想一举将黄巢义军消灭在狭小的山坳里。据传,另一部黄巢起义军从金华直取龙游城,从全旺赴江山仙霞关,黄巢军中将领接到情报后,环视四周群山,发现一条古道通

"营盘山"黄巢留足迹

往大岭背,视大岭背山山势独特,地理位置险要,山体悬崖峭壁,山下田野阡陌平坦,可防守突袭,便率部上大岭背扎寨防御,黄巢起义军其避实击虚,保存力量目的与另一部义军捷径突仙霞关入闽建立根据地。

唐军李存孝率军士驻扎白云山,一方面是防止衢州西安城被黄巢起义军袭击,另一方面是围剿营盘山的起义军。两军在营盘山下上瓦铺自然村一带对阵激战,杀得天昏地暗,两军将士伤亡惨重,始终攻不下营盘山堡垒。黄巢起义军用一个月的时间,劈山开道七百里,一夜间撤得无影无踪。

后人为纪念黄巢义军,把大岭背改为"营盘山",把上瓦铺村改名为"黄巢村",大岭背下埋着黄巢将士的忠骨,建起将军庙,虽历千年风雨沧桑，营盘山仍留下古城墙、古营门、古饮马池、古将军庙、古跑马道等遗迹，留下了"黄巢剑""黄巢窑""马藏源""石壁天书"等民间传说故事。

（文：衢州市农办/图：曾令兵）

建德孙家村

智勇兼备的孙韶

　　孙家村位于建德市下涯镇的东面，距离下涯镇15公里，东与古城梅城接壤。孙家村历史悠久，以孙姓为主，为建德侯孙韶的后裔在唐末时期由梅城迁居此地。村庄被回石尖、钻头尖、毛垄尖、九峰尖四峰怀抱，故又名四峰村。

智勇兼备的孙韶

　　据《三国志》卷五十一记载："孙韶，字公礼。伯父河，字伯海，本姓俞氏，亦吴人也。孙策爱之，赐姓为孙，列之属籍。韶年十七，收河余众，缮治京城，起楼橹，修器备以御敌。权闻乱，从椒丘还，过定丹杨，引军归吴。夜至京城下营，试攻惊之，兵皆乘城传檄备警，谨声动地，颇射外人，权使晓喻乃止。明日见韶，甚器之，即拜承烈校尉，统河部曲，食曲阿、丹徒二县，自置长吏，一如河旧。后为广陵太守、偏将军。权为吴王，迁扬威将军，封建德侯。"建德因之得名。

孙韶镇守边关数十年，"善养士卒，得其死力"。孙韶卒于东吴赤乌四年（241），享年五十四岁。

建安九年（204）的一个夜晚，吴郡京城县府衙的大厅里，聚集着众多将领，他们一个个神色焦急，坐立不安。原来数日前镇守京城县的主将孙河听说孙权之弟孙翊在丹阳被人所杀，急冲冲地带着数名随从赶往丹阳去了，一直没有消息，大家担心会不会发生什么意外。真是担心什么就来什么，正在大家焦急的等待中，寂静的夜晚传来一声紧急的报声，"报——!"一个士兵浑身鲜血跪进大厅，"报，主将孙将军在宛陵县被妫览与戴员所杀。"

犹如一个晴天霹雳炸响在众将领的头顶，谁都想不到事情会变成这样，这妫览与戴员要造反了不成？将领们个个怒火满腔，嚷着要为主将孙河报仇，点集人马前往宛陵。这时，一个年轻的将军拦住了众将领："众将军稍安毋躁，报仇肯定要报，我比谁都心切，但不是现在。主将陨落，军心民心不稳，贸然出击，倘若有人乘虚而入，京城危矣。我孙家连陨两员主将，这事绝非偶然，如果我们仓促出战，也许正好落入妫览与戴员的计谋之中。"

众将一听，猛然一惊，"少将军言之有理，那我们怎么办？"

众人口中的少将军就是孙河之侄孙韶，时年十七岁。孙韶说："主公现今不在吴郡，远在椒丘，当下之计先要安抚军心民心，加固防守，另一方面要立即报知主公，等待主公之命。"众将一听，觉得有理，一致推孙韶为京城主事将军。孙韶年少志笃，当仁不让，当下派人去向主公孙权报信，一方面派人安抚军心民心，加强防守；另一方面下令工匠加紧制造箭弩，筹储防护物资。

孙韶日夜督察城防工事不敢懈怠。这一日，孙韶正在城楼督察，得到密探传来的书信，才知道伯父孙河陨落的内幕。原来妫览与戴员，本来是吴郡太守盛宪的僚属，关系极为密切。由于在战事中盛宪死于孙权剑下，妫览与戴员就一直怀恨在心，欲寻机报复。不久，孙权之弟孙翊担任丹阳太守，聘妫览和戴员以大都督和郡丞要职。然而，妫览和戴员竟在各县至郡述职的宴会上，将年仅二十岁的孙翊杀害了。孙河不知妫览和戴员的根底，赶到宛陵严厉问责，妫览和戴员心中害怕，一不做，二不休，趁孙河不备，将孙河也杀死。看完密报，孙韶牙齿咬得格格响，妫览、戴员贼子，此仇不报，何以为人。

再说孙权闻报孙翊、孙河先后遇害，心中惊愤交加，他担心孙河遇害，京城县无将镇守，一旦妫览与戴员乘虚而入，京城县危矣。于是立即领兵从椒丘起程，星夜赶回。距京城县三里，孙权驻足遥观，只见城中漆黑一片，寂静无声，隐隐觉得有一股肃杀之气透将过来，心里略感不安。不知城里是一种什么状况，孙权决定试探一下，当即派了一支骑兵绕到后门，前后门一起发起佯攻。忽见城楼上飞起号箭，霎时灯火通明，旌旗摇曳，只见一位少将军一声号令"杀！"顿时城内杀声震天，城上箭矢如雨。孙权见城上立着孙字旗，当即放下心来，下令停止佯攻，并立即着人传令城楼，告知主公讨虏归来。

孙韶果然见孙字旗立于军中，旗下主公正向他挥手，当即下令停止射箭，出城将孙权迎进城内。孙权询问城内情况，孙韶将将士们如何群情愤慨，如何军民一心守护京城的情况一五一十向孙权作了汇报。孙权见孙韶举止儒雅，不慌不忙，冷静沉着，识大体，顾全局，智勇双全，具有大将风度，爱才心切，立即授予这位年仅十七岁的孙韶为承烈校尉，命他统领孙河部下的原来兵马，又将曲阿、丹徒二县归他管理。

孙韶拜谢之后，提出要去宛陵擒拿奸贼妫览和戴员。韶说："我只带数十人马，见机行事，若无胜算，绝不轻举妄动。"孙权思虑片刻告知"勿骄勿躁，谨慎行之"。孙韶回府，精选十余骑勇士，即赴宛陵。

且说宛陵这边，事变之后，丹阳军府中不少将校，对妫览等人不满，但是力不能敌，只能怀恨于心。妫览为解脱自己的困境，就把追随身后多年的边洪，抓了起来，当作替罪羊，斩首示众，随即又入居丹阳军府中。对外总揽军政大权，对内，将孙翊昔日姜婢侍御，统统掳到身边，作乐享受。妫览虽然对孙翊之妻徐氏早有觊觎之心，却不敢太过用强。

徐氏知道妫览这贼子一心想要得到自己，此番必遭毒手，只是大仇未报，死也不安。于是暗中召见孙翊旧日亲近的副将孙高、傅婴二人，哀泣地诉说："妫览这个奸贼，杀害我夫，尽掳婢姜，今日又进逼于我。望将军念昔日之情，援手救之。"孙、傅二人亦泪流满面说："当日未即追故主于地下，是为寻找时机，一雪冤仇，但是寻不到机会，所以不敢明禀。今日夫人定策，我们粉身碎骨在所不辞！"徐氏遂与二将密议停当。

过了一些日子，妫览派孙翊的旧时侍姜去见徐氏，传话要与夫人结婚。徐氏假意应承于月底成亲，并告知孙高、傅婴二将随时听计而行。

再说孙韶到了宛陵，乔装打扮进了城内，找到了孙翊的旧部下，了解到徐氏正在张罗与妫览成亲，心中惊疑不定，孙韶认为徐氏这么张罗，定有意图。决定混进府中，见机行事。

转瞬已到月底。选定良辰，徐氏着意脂粉，设下锦帏绣帐，布下洞房。妫览几次使人探听，来报的都说："徐氏身穿吉服，笑貌动人，语言欢悦，与前似乎换了个人一样。府里的下人暗地议论：'这人无情，把孙翊忘得那么快'。"妫览听后，疑团尽释，一心一意等待做新郎的那一刻的到来。

　　到了晚上徐氏令贴身侍婢去向妫览致意："吉时已近，唯府君之命是听。"身着华丽新装，静候良时的妫览闻听此请，高兴得昏了头脑，认为府中已是他的天地，吩咐侍卫在后花园等候赐酒，身不佩刀，空手入内。徐氏在房中见状，忙迎至房门边，弯腰万福，妫览喜滋滋地伸双手，既示免礼，又欲相扶。此时徐氏高呼："二将何在！"没等妫览反应过来，孙高、傅婴从幕后冲出，剑光一闪，即毙妫览于房门之旁，并杀入花园中，与戴员一干人等厮杀起来。这时，突然冲出一员大将怒吼一声："孙河在此！"戴员不禁回头张望，就在这刹那间，一柄长剑刺入戴员颈项，一刹就削下头颅。戴、妫的兵丁，尽弃刀剑，俯地投降。

　　奸贼已诛，徐氏一身素服，由众婢簇拥而出。孙韶大步上前，弯腰施礼道："侄儿孙韶见过伯母，救护来迟，请恕罪。"原来那怒吼一声："孙河在此！"的大将正是孙韶。徐氏说："难怪你那猛喝之声，奸贼乍闻失措，我一时也分不清是谁哩！"接着又问："你怎么会如此及时地出现在后花园里的？"孙韶把事情前后大致叙述了一遍，徐氏欣喜地说："我孙家有人，孙家有人也！"回到京都，见了孙权这位兄长，哀号不已。孙权含悲抚慰，令女侍扶之，送入后院。

　　孙权见孙韶定京城，平宛陵，智勇兼备，能得将士死力，就任命他为广陵太守、偏将军。黄初二年（221）孙权为吴王，封孙韶为建德侯。

　　现在当地仍遗存相关风俗。每年农历九月二十三，举行"建德侯祭"，全体村民都要在建德侯庙举行祭祀大典，烧香祈福，保佑平安，虔诚而庄重。

　　每年正月十五，举行"孙家排灯"，全村人很早就到建德侯庙前集合，家家擎着自制的牌灯，到祠堂祭祖，然后举灯在村里游一遍。牌灯的灯体骨架采用硬木制成，上部呈长方形，高45厘米，宽

50 厘米，深 30 厘米；底板分立三枚粗大铁钉，插蜡烛用，灯框两边各有四根方木相连，外糊绵纸，涂上羊油，以透烛光。灯箱外画上各人喜欢的梅兰竹菊、瑞兽锦鸡、花鸟虫鱼、亭台楼阁等图案，写上风调雨顺、国泰民安、五谷丰登、家和业兴等吉利词语。

（文：郑祖平/图：曾令兵）

龙泉章府会村

明朝开国元勋章溢

　　章府会村原名横溪村，位于龙泉市八都镇西北，村庄自然环境优美，文化底蕴深厚，是明代开国重臣——章溢的故里。吴姓是村中大姓，根据《吴氏宗谱》，吴氏祖先在两百多年前从广东古梅州前来落户，其他还有章、杨等零星姓氏。

明朝开国元勋章溢

　　村名的更改与章氏家族息息相关，据相关资料考证，章氏祖籍福建浦城县。大约在元朝中期，太公章公杰，是元朝都官郎中。有一天，他率领随从骑马来到龙泉西宁乡横溪村打猎，发现这里秀山丽水，风景宜人，背靠一条山脉长满翠竹，地形似大象蹲在溪边，象头侧面是峭壁，细看又如一顶乌纱帽，有八都大坦溪、竹垟盖竹溪在此汇合。溪水环绕着一座倒锅般的孤山，孤如日字形，溪水环绕孤山如紫金腰带围着。站在孤山前，他举目远眺，又是一片平坦的开阔地，郁郁葱葱，四周古木参天，盘根错节，很难分辨哪里是进出口。见此地形，章公被迷住了，这正是一块风水宝地，不禁脱口大叫："此乃天赐我建府之胜地也！"返回后立即计划迁移定居事宜。章府人氏居住此地后，果然一代代人财两旺，家业越来越发达。章溢是章氏迁居龙泉横溪后的第四代。章府人氏在此地家财巨大，权势显赫，从此章氏人自然而然便将此地称作了章府会，该地名一直流传至今。

章溢（1314—1369），字三益，号匡山居士，别号损斋。元末明初著名政治家、文学家。明朝开国元勋，官居御史中丞兼赞善大夫，著有《龙渊集》。其人其事在张廷玉《明史·卷一百二十八·列传第十六》有长篇幅的记载。

章溢出生那夜，传说其父章遇周梦见雄性花豹来势汹汹闯进他卧室，对他狂叫不止，此时恰逢妻子陈氏临产，次子章溢嗷嗷出世，其父联想起刚做的噩梦，疑是妖孽化身，为不祥之物，遂将他抛入横溪丢溺。叔父章遇孙发现后将其救起并抚养成人。二十岁时，章溢与胡深一起拜王毅为师。王毅教授经义，听者大多感悟。章溢跟随他到处游历，有志于圣贤之学。游至金华，元宪使秃坚不花对他以礼相待，秃坚不花调任秦中，要章溢与他同行。至虎林时，章溢心中动摇，告辞回乡。回乡八日后父亲去世，尚未殓葬，大火焚烧其屋。章溢拍着额头吁求上天，果然大火烧至放置棺材之处时熄灭。

元至正十八年（1358），蕲、黄地区的贼寇侵犯龙泉，章溢的侄子章存仁被捉，章溢挺身而出，对贼寇说道："我哥哥只有一个儿子，不可使我哥哥丧后，我愿意代替他。"贼寇都听说过章溢的名声，想招降他，便将他绑在柱子上，章溢毫不屈服。到夜间章溢哄骗看守的人脱身逃走，召集同乡百姓组成义兵，击败贼寇。府官随即率军而来，要杀尽有牵连者，章溢前去劝说石抹宜孙说："贫苦百姓是迫于饥寒，为什么要处死他们呢？"石抹宜孙觉得他的话有理，便下令止兵，并将章溢留在幕下。

章溢随军平定庆元、浦城盗贼，被授为龙泉主簿，章溢推辞不受，返回故乡。石抹宜孙驻守台州时，被贼寇包围。章溢率领乡兵前往救援，击退贼寇。不久，贼寇攻陷龙泉，监县宝忽丁逃跑，章溢与其老师王毅率领壮士击走贼寇。宝忽丁返回后，心有所愧，杀死王毅而反。当时章溢正在石抹宜孙幕府，获悉此事，迅速赶回，偕同胡深捉杀首恶，并趁机引兵平定松阳、丽水诸寇。长枪军进攻婺州，听说章溢军至，撤兵离去。论功之时，章溢被授为浙东都元帅府佥事。章溢却说："我所率都是故乡子弟，他们肝脑涂地，而我却独取功名，我不忍心啊。"因此坚辞不受。章溢将义兵交托其子章存道，自己退隐匡山。刘基、宋濂都曾前往匡山造访，讨论诗文，商谈国事，写了《苦斋记》《匡山看松庵记》。

明军攻克处州，明太祖朱元璋诚心聘请，章溢与刘基、叶琛、宋濂一同来到应天。明太祖慰问刘基等说："为了天下，委屈四位先生了。如今天下纷乱，何时才能平定呢？"章溢回答说："天道无常，只有恩德方能辅助成功，只有不嗜杀人者才能一统天下。"朱元璋觉得他的话颇有远见，任命他为金营田司事。章溢巡行江东、两淮田地，根据户籍确定税额，这对百姓十分有利。章溢因久病休假，朱元璋知道他想念家母，便给予厚赐，让他回乡，而将其子章存厚留在京城。

浙东设提刑按察使时，朱元璋命章溢为佥事。胡深出师温州，章溢受命驻守处州，供应粮饷，而百姓不觉烦劳。

洪武元年（1368），章溢与刘基同被授予御史中丞兼赞善大夫。当时廷臣窥探皇帝的意图，办事大多严厉苛刻，唯独章溢能持大体。有人因此劝说他，章溢却说："宪台为百司的仪表，应当教人懂得廉耻，岂能以相互攻讦抨击为能呢？"朱元璋亲自去祭祀社稷，却遇上了大风雨，回来之后坐在外朝，怒说礼仪不合，以致变天。章溢委婉说明自己无罪，明太祖才宽恕了他。

李文忠征伐福建，章存道率所部乡兵一万五千人随往。福建平定后，明太祖下诏命章存道率所部从海路北征。章溢认为不可，他说："乡兵都是农民，曾允诺让他们在福建平定后回乡务农，现在又调去北征，这是不讲信用啊。"明太祖听后不高兴。章溢不久又奏道："已经进入福建的乡兵，让他们返回故乡。而对那些过去曾是叛逆的百姓，应当征召为兵，命其北上，这样便可一举两得，恩威并显。"明太祖高兴地说："谁说儒者迂远而不切实际呢？没有先生一行，便无人能办此事。"章溢行至处州时，恰逢母亲去世，请求回乡居丧守孝，明太祖不许。乡兵聚集之后，章存道受命由永嘉出发，由海路北上，章溢再次奏请回乡守丧。明太祖下诏答应其请求。章溢悲戚过度，殓葬时又亲自背运土石，跌倒横溪，最终染病去世，时年五十六岁。朱元璋悲痛哀悼，亲自撰写悼词，到章溢家中祭奠。宋濂撰写《章公神道碑铭》，朝廷厚葬于横溪桥头。

洪武三年（1370）其长子章存道随徐达西征，后随汤和出塞征阳和，战死断头山。

133年后，章溢墓被盗掘，明廷又给予续葬。

五百多年前的一场大火，章溢故居没有留下一墙一垠，一砖一瓦，其墓址也无处可寻。沦为平民的章氏后人生老病死，流离失所，各谋其生。时至今日，唯一姓章的老妇人也死于前几年，章府会已无章姓之人。

（文：金少芬/图：曾令兵）

温州龙湾普门村

宦海沉浮张阁老

普门村是龙湾区永中街道张姓聚居的一个小村落，其得名于张姓六世祖张璁始设"普门堂"。

张璁（1475—1539），字秉用，号罗峰，因与明世宗嘉靖朱厚熜同音，世宗为其改名孚敬，赐字茂恭，永嘉永强（今温州市龙湾区普门村）人。官至内阁首辅，明朝大改革的开启者。民间又亲切称为"张阁老"。

张璁在兄弟四人中排行最小。少时聪慧，曾与年龄相仿的两个外甥王澈、王激同学于塾。少怀大志，十三岁时赋诗以卧龙自许："有个卧龙人，平生尚高洁。手持白羽扇，翟翟光如雪。动时生清风，静时悬明月。清风明月只在动静间，肯使天下苍生苦炎热？"十五岁那年拜从表兄、进士李阶为师，学习时文诗赋，学业大进。二十岁考取秀才，二十五岁中了举人，一路顺风畅意。但考进士时，十九年间七次赴考皆铩羽而归，于是心灰意懒，退而在瑶溪创办罗峰书院，率徒讲学、著书。似乎至此人生不会再起波澜，前途也不会再有念想。不料，御史萧鸣凤的一席话又唤醒了一颗业已沉寂而又不甘平庸的心。张璁再次发奋，"以此三载成进士，又三载当骤贵。""成进士，即与人主若一身，声蜚海内，位极人臣，与世无比。"

历史的机遇往往垂青有准备的人。一场"大礼仪"风云际会为张璁提供了施展抱负的大舞台。在嘉靖皇帝如何尊崇生父问题上，朝廷发生了激烈争论，张璁提出"礼从人情""统嗣有别"的观点振聋发聩，在朝野间引起"大地震"。嘉靖皇帝闻奏龙颜大悦："此论一出，我父子获全了。"朝中以杨廷和为首的实力派原想一手遮天把持朝政，做自己的"春秋大梦"，搞"一言堂"，容不得一丝半点"异端邪说"。所以，对张璁软硬兼施，一方面，对亲信面授机宜，仿前朝马顺故事，一旦进京就乱棍打死；另一方面，寄语中书舍人张天保对张璁说："你如不应南官，第静处之，无复为大礼说难我也。"但张璁就是不为所动。

杨廷和失算了。不懂与时俱进，还躺在拥戴新皇的"功劳簿"上，翻着"老皇历"，以全体朝臣的名义胁迫新皇就范，弄得嘉靖很不顺心，以致勃然大怒："朕是来做皇帝的，不是来过继给别人做儿子的！"君权与相权出现了严重冲突，关系裂缝至此无法弥补。终于导致"左顺门事件"的爆发，雷霆之下大肆镇压，下狱者一百四十二人，被廷杖的一百八十余人，其中十七人当场被活活打死，其余充军的充军，削职的削职，纷扰了三年多的"议礼"之争终于告一段落。

"议礼"的险胜，使张璁得到嘉靖的器重和信赖，从此平步青云，大权在握，最后官至内阁首辅，位极人臣。也许正因为他升迁神速，难免遭人横议，竟遭"翰苑一厄"之讥，以身犯众怒，致使弹劾不断，宦海几经沉浮。

纵观张璁掌管全国政务八年中，其间三召四挫，暗潮汹涌，他始终处在风口浪尖，以挟雷霆之威势，撤镇守内官、清勋戚庄田、反腐败、除积弊，以安江山社稷，大手笔做大文章，改革力度不可谓不大。

明代中叶，正处社会转型时期，贫富差距加剧，土地兼并严重，社会矛盾凸显，农民暴动接踵而起，大明政权岌岌可危。自仁宗建立皇庄（皇宫、王府、勋戚等所占有的庄田），正德九年（1514）仅畿内皇庄就占地 37594 顷，其严重程度已到了天下额田减半，民怨沸腾。嘉靖即位后，为革此弊政，曾两次清理庄田，并由畿辅扩大到各省。至嘉靖九年（1530），查勘京畿勋戚庄田 528 处，计 57400 余顷，其中 26000 顷归还失地农民，成效显著。

张璁虽官居首辅，权倾朝野，但清正廉明，绝不徇私。对子侄戚友要求甚严，家风整肃。同乡项乔在《瓯东私录》书中曾记载了这样一件事："予十七岁在张罗峰家读书，其家一处住三五百人，俱戴毡帽，只有张某一个戴纻丝帽，众便指其浇浮。其家亦无一人有棋盘双陆者，吃酒无有行酒令者。"堂堂一品大员竟俭朴如此，以至"今乃人人侈用而一变至此，诚不可不反正还淳也"。

万历《温州府志》卷五《贡赋》记载的"罢贡"——"如石首鱼诸品，所值几何，用以输止，则费用千百于此者，张文忠当国奏罢之。"即嘉靖六年（1527）十月，张阁老请除温郡鲜贡。明初，温州就额有鲜贡：石首鱼、龙头鱼、鲈鱼、黄鱼、鲻鱼、鳗鱼、虾米、龟脚、水母等。除进贡海鲜外，树果还有乳柑、金橘。每年进贡费用不赀。景泰以后，事属镇守内臣，百姓受剥肤之苦，地方被累百有余年。张阁老柄政后，体察民情，知所贡之物俱非荐朝之用，因上密议革镇守内臣并力清除，凭着与嘉靖皇帝的亲密信任关系，为地方百姓做了一件大快人心的好事。

嘉靖《永嘉县志》记载的"拆违"——"按旧《志》载府治外原有子城，城四面有濠，濠上下岸各有街。彼时一渠两街，河边并无民居。宋绍兴间，下岸街许民告佃，自是稍架浮层，岁久居民侵塞，舟楫难通，火患罔备。嘉靖十年间，有司以少师张公旨欲尽拆沿街桥棚，众皆称便。"即嘉靖十年（1531）冬，佐永嘉知县整治县城河道，拆除新河、前街、百里坊三处桥棚，以防火患。

嘉靖《温州府志》卷一《风俗》记载的"变俗"——"治丧不用浮屠，不饮酒"。注云："自元以来，俗信浮屠诳诱，张少师（即张璁）力变之。"其他如造桥修路则力行之。而张璁致仕返乡时，家中仅有祖遗薄田三十亩，老屋六七间，因而，仍居住在瑶溪贞义书院中，潘夫人日侍汤药，官府、亲旧之间的交往，几乎屏绝。他曾叙述病状称："获命生还，病实垂死，四肢浮肿，行步莫能"，"到家常喘咳不宁"，"未几，病复加，精力益衰，须发尽白，齿落殆尽"，"今春（嘉靖十五年（1536））病少减，行步尚艰"。嘉靖十五年（1536）七月，嘉靖知其病好转，差官到山中问疾，诏复任，命星夜以行。君命不可违，张璁无奈，只得抱病赴京。行抵处州，"痰火复作，毒暑内伤，肚腹疼痛"，"寝卧不安，饮食减少"，只得折回山中。不久，诏命又至，勉强走到金华，又病倒了。自此，遂在家养疴不出，挨到嘉靖十八年（1539）二月初六，便与世长辞，终年六十五岁。

嘉靖皇帝得知张璁噩耗，悲痛不已，宣布辍朝三日以示哀悼。时礼官请示为张璁加何谥号，嘉靖皇帝取甘冒危险恭奉皇上的意思，特为他加谥号"文忠"，追赠为"太师"。后来，万历进士、礼部侍郎杨道宾称赞道："自来相业之炳烂，未有如公者，宠遇之优渥亦未有公者，公诚中兴贤相也哉。"

如今，沿着三都普门那条笔直的太师路步行，不一会儿就到了张璁一品家庙门前，望着"阀阅名家"的匾额和"三朝宠命"的牌坊，心中不由产生"昔人已乘黄鹤去"的感叹。

沧海桑田，悠悠五百年过去了，普门村民至今还是那么亲切，饶有兴味地传说着张阁老的故事。在人走茶凉的世俗社会里，张阁老始终顽强地活在人们心中，不能不说是一个传奇。

张阁老的胸襟气度，则非常人所比。13岁时就有"肯使天下苍生苦炎热"的匡世济民的志向。张阁老有一次夜游瑶溪，站在"水石同踪"石头之上，眼望瑶湖作《川上吟》："脚踏满天星斗，手擎万里江山"，可见其雄心壮志。张阁老在"议大礼"中初试锋芒，其间处处闪烁着他的真知灼见。终使嘉靖皇帝腹心相托，从此君臣鱼水。民间传言，嘉靖有一次问张阁老，张爱卿家乡永嘉有哪些寺院？可否一一说与朕听？阁老也有如纪昀答乾隆般机智，说内有嘉福天宁，外有护国太平，巧言释之。内修嘉福，天下自然安宁；外有护国，江山永保太平。又有一次君臣弈棋，因张璁棋艺较之高明，故意让步只剩一炮一马一车。嘉靖自然高兴了："半局残棋，炮无烟，马无鞍，车无轮。"阁老转眼一看壁上古画，随口答曰：

"一张古画，鸟不叫，树不摇，人不笑。"君臣相视，会心一笑。

凡此种种，无不感知张阁老的机敏和善辩。这位达则兼济天下，穷则独善其身的大学士，一句"溪石皆玉色"，就使瑶溪传颂至今，一座报恩坊，足见滴水之恩涌泉以报之传统美德。十九年间七次科考，书生寂寞，老百姓内心怜之，又杜撰"水獭精伴读"之佳话。"天络瓜花配老酒"足见阁老待人之诚，君子之交淡如水。

"张阁老做官带携一省"，成为久久矗立人们心底的一座伟大的人格丰碑。

张璁石碑

（文：潘伟光）

嵊州楼家村

浙商风云人物楼映斋

楼家村位于嵊州市西部石姥山下，旧属崇安乡，建村历史约650 年。公元 1372 年前后，南昌郡王楼玺第二十六世孙楼仁荣（1352—1419）从上显潭迁居于此。楼家村素有"嵊县出西门，楼家第一村"之说。

据传，楼氏太公出葬时，风水先生为其择定了一个绝佳时辰：一定要等到有人头戴铁帽、身穿龙袍、鲤鱼上树时方可下葬。出葬那天，楼家太公的棺材被早早地抬到墓地，等候风水先生说的那一刻。不久，一山里人路过此地去外地赶集，在他返回时，但见楼氏太公棺材还未下葬，他好奇地走上去观看。这时正好下起雨来，他便把新买的蓑衣穿上，铁镬戴在头上，顺手又把买来的鲤鱼挂在树上。这正是风水先生所说的景象，于是楼氏子孙立即将太公下葬。从此，楼氏子孙永富永贵。

当然这是传说，但楼氏家族在清朝近三百年间，确实是人才辈出，富甲一方。现今村中尚存希古堂、三省堂、积德堂等十多座前清建筑。气势恢宏的古老台门，更是见证了兴衰变化。

楼映斋（1846—1923），名景晖，清末嵊县首富。《嵊县志》载，楼映斋在宁波开纸行，后至上海创办丝厂、茶栈，生产丝锦、珠茶，行销海内外。合资在萧山创办通惠公纱厂、合义和丝厂，任总经理，并任清廷农工商部顾问，后又创办钱江、乍浦商轮公司，出资万余银圆修嵊县南桥。

楼映斋兄弟五人，他为老大，村民称他阿先老大。同治元年（1862）他 16 岁，其父亲楼启东被长毛（太平天国义军）杀害。本来就不富裕的一家，从此更加贫困。有一年年前做麻糍时，他家自己做不起，母亲想去讨个"麻糍团"又开不了口，便借故到加工场

浙商风云人物楼映斋

点火，希望别人能送她一个麻糍团，结果无人给她。为了能引起别人的注意，她走到门口把火吹灭又去点火，这样往返三次，结果还是无人给她。后来楼映斋发迹后，她吩咐子女们说："想起前几年想吃麻糍团的事，今后只要我们做麻糍，任何人进来，都要送他们一个麻糍团。"

父亲死后，为糊口楼映斋在村中书房帮忙。期间常趁别人不在时，偷偷去厨房盛点冷饭充饥。有一回不小心，站在凳上挂饭篮时把饭篮跌落在地，于是阿先老大偷饭吃的事在村里传开了。他感到无脸见人，就由人介绍到宁波楼启瑞大亨通纸行当学徒。因他做事聪明、勤快，深得主人的欢心。

一天，纸行经理趁老板不在，把纸行的纸都低价批发出去，然后逃走，私吞了这笔货款。老板楼启瑞回来后，急得不知如何是好，可楼映斋说不要紧。原来他有过目不忘的记忆力，那经理在批发时，他刚好站在旁边，把发货的数量、收货人都清清楚楚记在心里。由于他的努力，楼启瑞把所有的纸钱都追了回来。老板从此对楼映斋更为器重。

楼启瑞年事渐高，便把大亨通纸行盘给了楼映斋。由于楼映斋态度和气，经营有方，价格适宜，且经营的纸张主要来自楼家村自产竹纸（1949 年停止生产），纸质好，有很强的竞争力，生意越来越好，也因此受到当地其他纸行的妒忌。他们为排挤楼映斋，买通官府，把楼映斋的新亨通纸行以不正当竞争罪名查封。

虽然此时的楼映斋在生意场上已崭露头角，但在钩心斗角方面不如人家，面对此情此景，他只好无奈地站在被封的店铺外张望。然而，一个想不到的意外，让他时来运转：当年楼家村在京中的翰林院修编、兵科、刑科给事楼启赍的一个学生，被委任为宁波道台，临行前他前去向先生告别，问先生有什么吩咐。楼启赍想了好久，觉得也没什么事要办，只想起他有一位堂兄楼启瑞，在宁波开了一家大亨通纸行。

那道台坐船到宁波，未及下船便让公差把名片送到新亨通纸行，并称其为世兄。楼映斋把名片接下来，并大张旗鼓地去迎接道台下船，此事一时成了宁波的新闻。这让当时主张封他店铺的几家纸行惊悚不已，慌忙请人到楼映斋处说情，赔偿损失。楼映斋心想冤仇宜解不宜结，于是一笑了之，此事成就了他"义商"的称号。

楼映斋从此风生水起，先后兼并了一些濒临倒闭的企业。其中一家萧山的通惠公纱厂，正面临倒闭，请楼映斋去参股。楼映斋前去实地查看，看出该公司的漏洞，楼映斋入股不久，通惠公纱厂即扭亏为盈。

1894 年，他集银 55.9 万两在萧山东门外创办了合义和丝厂，后改为广云公司。后又在杭州创办了世经丝厂、余杭大纶制丝厂，这些企业是当时浙江最早的缫丝厂之一。他还筹建了杭州航运公司、浙江银行、绍兴电灯公司以及参股宁波、杭州、上海等地的许多商铺。至清朝末期，他开办了十多家茶栈，把中国茶叶出口到海外，楼映斋的商业王国达到了鼎盛，成为浙江乃至全国的商界风云人物。

在革命思潮风起云涌的清末，楼映斋支持其女婿王晓籁的革命活动。清光绪三十三年（1907），王晓籁参加光复会。秋瑾案发，避沪经商，任楼映斋的账房经理，开始商事活动。宣统二年（1910）与友人王琳彦等创办闸北商团，开设闸北商场和闸北工程局。以后，又独资及合伙开设大来、天来、泰来和春来等缫丝厂，先后担任上海商业银行、中央信托公司董事。

辛亥革命光复上海时，王晓籁率闸北商团参加攻占闸北火车站的战斗。此后，他与陈其美、蒋介石等人常有往来。二次革命时，上海组织讨袁军，王晓籁曾助饷支援，钱其实都是楼映斋支出的。1914年起，王晓籁任嵊县私立剡山小学名誉校董，资助办学，与兄王邈达、弟王孝本在县城创办芷湘医院。新中国成立前夕，王晓籁拒绝去台湾而去了香港。1950年初返回上海，受到毛泽东主席、周恩来总理的接见，并被指派为中国人民银行总行代表，列席有关会议。

楼映斋卒于民国12年（1923）。在晚年，楼映斋乐于慈善和公益事业。他曾助六百五十银圆重修宗祠、助两千银圆编纂民国嵊县志、助一千银圆编纂杭州志；出资一万银圆独资建造嵊县南桥、在杭州北高峰出资建景晖亭等。1922年，大水冲毁楼家村的拦河堤坝，他出资一万银圆修筑了一条高七八米，长一千米，宽五米的拦河堤坝，现今的石雅公路就是从此堤上通过的。

在他回乡居住的日子里，每到冬天他常派人到山上去看村上各户人家的烟囱。如有谁家的烟囱不冒烟，就着人送去粮食，这成为村民的美谈。

（文：楼泳民提供资料　马小增/图：曾令兵）

温岭朝阳村

曾铣抗敌蒙冤终昭雪

温岭市松门镇朝阳村，因朝阳洞得名。该村位于松门镇西南，距镇政府驻地约两公里，辖大甘岙、小甘岙、甘岙山头、屏风湾四个自然村。清《光绪太平续志·叙山》载："甘岙山，在松门西南五六里许，与蛇山相接，山之中支曰小甘岙，曾石塘铣之祖墓在焉。"古称朝阳为甘岙。

朝阳村历史悠久，宋时建村，有着独特的自然景观和丰富的人文资源。周边有象山、狮子山、猫山、凤凰山、龙山等环绕。龙山上有摩崖石刻和朝阳洞观，凤凰山上有烽火台，狮子山上有蝌蚪文和渔猎岩画，村落内有曾府遗址，是明代著名将领曾铣的祖籍地。

曾铣（1509—1548），字子重，祖居温岭松门南城外甘岙（今朝阳），随父徙黄岩之仓头街。十二岁时，其父托友携至江都（今扬州）就学，遂入江都籍。曾铣自小胸有大志，以松门南之"石塘"自号。明嘉靖年间任兵部侍郎，总督北方边陲抗击鞑靼，以数千之兵拒俺答10万骑兵于塞门；出兵河套，迫俺答移营过河；后遭朝中奸臣陷害，判斩刑。临刑慨然赋诗："袁公本为百年计，晁错翻罹七国忧。"明穆宗时得到雪冤，诏赠兵部尚书，谥襄愍。越剧《盘夫索夫》和电视连续剧《胭脂红》反映了曾铣蒙冤昭雪的情景。

嘉靖八年（1529）曾铣高中进士，授官长乐知县。后征召为御史，巡按辽东。辽阳发生兵变时，曾铣急传檄文征召副总兵李鉴征剿。正巧朝廷派遣侍郎林庭木昂前往辽阳勘察，辽阳兵变倡首人赵劓儿暗中与于蛮儿合谋，想等到林庭木昂到达时，关闭城门搞兵变。但是曾铣已经刺探得到恶人的姓名，密授诸将，将赵劓儿等数十人捕获。曾铣上奏说："过去甘肃大同兵变，处置得过轻，于是相继作乱。现在首恶应当急诛。"朝廷于是召回林庭木昂，命令曾

曾铣抗敌蒙冤终昭雪

铣勘察核实，将诸首恶全部斩首，将首级悬挂边城，全辽大定。

朝廷擢曾铣为大理寺丞，迁升右金都御史，巡抚山东，平定刘仪，上疏说："民贫不堪重役，请以召集义勇编入，均徭免其杂役。"山东自此安定。今山东曲阜孔庙的前厅悬匾"太和元气"即为曾铣手迹，署衔为山东巡抚、右副都御史。

自明英宗"土木之变"后，蒙古各酋长相互拼杀，其中俺答势力较强，统一了各部落，控制了漠南，拥有骑兵十万，时常侵掠明朝边境。曾铣请示朝廷修筑了临清外城。嘉靖二十一年（1542）起，俺答屡入山西，边民不胜其扰。曾铣受命巡抚山西后，修边墙、制火器，在浮图谷与俺答较量之中获全胜。此后，"经岁寇不犯边，朝廷以为功，进兵部侍郎，巡抚如故。"

嘉靖二十五年（1546），朝廷调曾铣为兵部侍郎总督陕西三边军务，以数千之兵拒俺答十万铁骑于塞门，命参将李珍袭马梁山大营，迫其退兵。同年上疏收复河套，建议不拘一格选拔将领；引黄河水防旱涝，限制俺答骑兵。帝准奏，拨银二十万两，并罢免反对收复河套的延绥、陕西、宁夏巡抚。次年春，曾铣修筑边墙，出兵河套，拒俺答求和。六月，调集各路总兵围歼，俺答被迫移营过河。

曾铣治军严明，副总兵萧汉败绩，按律惩治。总兵仇鸾贻误战机，也被曾铣所劾而夺职入狱。《明史》说曾铣"有胆略，长于用兵"。一岁除夜，曾铣突然命令将领出击，而塞上并无警报。此时将领们正在饮酒，不想出战，就贿赂曾铣身边的通信兵，通信兵又通过曾铣的妾求情，曾铣立斩说情的小兵。诸将不得已披甲连夜出战，果然遇到敌寇，击败之。次日，诸将问其缘故，铣笑曰："见乌鹊非时噪，故知之耳。"诸将大服。曾铣"色有冰霜，言笑甚寡，长不过中人，其忠勇特立，沉毅善谋"。每谈及蒙骑践踏中原，便"怒发裂眦而中夜不寝"。

八月，曾铣再上《重论复河套疏》说："中国不患无兵，而患不练兵。复套之费，不过宣（府）大（同）一年之费。敌之所以侵轶无忌者，为其视中原之无人也。"此时陕西澄城山崩，嘉靖疑为上天示警，疑虑复套之举。权臣严嵩见帝害怕"土木之变"重演，发动言官上疏收复河套会"轻启边衅"，并勾通仇鸾，诬陷曾铣兵败不报、克扣军饷、贿赂首辅夏言。嘉靖帝先罢夏言，又命廷臣议曾铣之罪。

嘉靖二十七年（1548）一月，夏言、曾铣入狱；六月，三法司以律无正条。但嘉靖帝又重拟交结近侍律斩，妻与子流放两千里。曾铣临刑赋诗："袁公本为百年计，晁错翻罹七国危。"部将李珍被毒死，夏言亦遭斩刑。曾铣幕下王环千里护送曾妻及二幼子到流放地陕西汉中的城固，史称此案"天下闻而冤之"。

隆庆初年，给事中辛自修、御史王好问为曾铣辩冤，说曾铣志在立功，却身遭重法，理应平反。皇帝下诏赠曾铣为官兵部尚书，谥号襄愍。万历年间，经御史周磐的请求，在陕西为曾铣建祠纪念。

曾铣用兵奇巧，能文能武，是当时不可多得的将帅。鞑靼人多为骑兵，为了能用步兵制胜，曾铣购置了大批战车，双方交战时，他将战车环立布阵，在车上配置一定数量的弓箭手，车四周复设士兵。当鞑靼骑兵来袭时，战车上弓箭手矢发如雨，战车四周的士兵见机斩马足、挑骑兵。因而，曾铣能每战必胜，鞑靼无不败北，惊呼曾铣之兵为"天兵"。曾铣还善于运用火炮，一次鞑靼人来围城，只见城门口立一高高木架，架上木偶载歌载舞，而全城却偃旗息鼓，没有一丝动静，鞑靼人不敢贸然攻城。突然间，只听城中军号突起，架上巨炮先发，紧接着，城楼各处火炮齐鸣，鞑靼士兵被轰得落花流水。而这时，城内士兵又随之而出，斩获敌人无数。曾铣还研制了一种叫作"慢炮"的火器，如当今的手榴弹一般，其"炮"圆如斗，外缠五色装饰，中设机关，内藏火线，战时，扔在对方进攻的路上。鞑靼人见了甚是惊奇，不知为何物，便环立观看。谁知，早已点燃的火线顷刻烧到尽头，火药爆炸，死伤者甚众。鞑靼人称此为"神物"，称曾铣为"曾爷爷"。曾铣还是地雷的发明者，据史料说，"穴地丈余，藏火药于中，以后覆四周，更覆以沙，令与地平。伏火绳于下，系发机于地面人不注意处。过者蹴机，则火坠药发，石飞坠杀，敌惊为神"。

（文：黄玉成/图：曾令兵）

温州瓯海上潘村

元昌为村办好事

上潘，原名尚磐、上磐，分为上潘、上角两个自然村，是温州市瓯海区泽雅风景区内的一个古村落，居住着潘、章、林、周、吴、傅几大家族，以潘姓为主。据清光绪《潘氏宗谱》记载，当年始祖认为，此地为"山明水秀之境，龙盘虎踞之地，故名尚磐，择定居焉，是为发源之衣也"。宋朝宣和年间（1119—1126）潘氏始祖潘文绕因避战乱，从福建长溪迁往永嘉龙湾（今温州市龙湾区），至三世孙潘雷焕得功名之分，官江西上饶知县。后因龙湾位于海口，屡遇潮汐，又频遭海上倭寇骚扰，六世时，始迁祖潘维纲择吉地移居尚磐，因为潘姓，故改村名为上潘。其时约为宋末元初，距今800余年。

境域物阜天宝，人杰地灵，民风淳朴。几百年来，青山秀水的自然环境，孕育了一代又一代的杰出人才。出生于清咸丰元年（1851）的村民潘元昌，是一个名不见经传的小人物，但他的行事为人却在上潘村一代代口耳相传，得到人们的称赞。

封山育林，为民造福

清同治十三年（1873），上潘邻村的一部分人，经常召集一些不法之徒到上潘村，乱砍滥伐竹木，原本竹林遍野的上潘村，林木被糟蹋得所剩无几。村民们看在眼里，急在心里，但也拿不出办法来制止，二十出头的潘元昌自告奋勇，将乱砍滥伐的外村人，以"强取资源，影响税赋交纳"的罪名告到县衙，并将《奉宪谕禁》碑立于村头，严加禁止砍伐森林的行为。其碑文全文如下：

奉宪谕禁　钦加同知衔调温州府永嘉县正堂陈，为出示严禁事，据二十三都上潘地方耆民人等为严禁山产诸物等项呈称，

元昌为村办好事

伊等上潘各庄祖遗课山第十六号至五十七号止，从前各管自业，系样成林，今有不肖之徒私入山场磐荡，尔等会请示禁等情，据此，除批示外，合行出示勒石严禁，为此示仰该处，居民地保人等知悉，尔等须知该处山场栽样竹木、完粮、山产诸物应归业主经管，毋得私自砍，严禁以后，如若犯者，会众罚钱文、酒席、戏文，依然犯者扭送到县，从重充惩，不稍宽贷，各宜禀遵毋违，特示。开列条规于后：一禁大小树木不许砍，一禁箕草杉树林不许割，一禁山产诸物不许为外人等偷窃。

　　同治拾贰年叁月　日　上潘众等同立

　　设立示禁碑后，既维护了社会治安，保障了村民的纳赋之源，又严禁了社会上乱砍滥伐森林的现象。（现碑文还立在村头。）

立碑禁赌，警示后人

清光绪元年（1875），社会上一些闲散人员经常在村中聚众赌博，一时间，赌风愈演愈烈，贻害无穷。赌风一盛，淳朴的民风不再，鸡鸣狗盗之事蜂起，社会秩序破坏殆尽。村民对此深恶痛绝，屡起禁伐之声。

于是，潘元昌带头协同村民，联名上书永嘉县，痛陈聚赌之害。由永嘉县府批示谕禁。并立禁碑，以儆效尤。

禁赌碑文痛陈了赌博的危害性，及禁赌的事项：

兹者年富后生，正韶华堪羡之时也，不宜博弈（指赌博）而饮酒，亦不当好勇而斗，或游猎而奸狡，可慨已哉！嬉游何益耶？然而，家道渐萧条，将危而倾败者也，不可胜言焉。

自于今后，不准设局会赌，即掷骰、斗牌、些屑小博，凡称为赌钱之事，皆列禁止条内，一概不准，倘有故犯，定引送官治叩恳。

此后，上潘村中再没有出现聚众赌博现象，村庄秩序迅速好转，村民们齐夸潘元昌为人们做了好事。（现禁赌碑文还存放在一村民的院子里。）

捐资办学　热衷公益

在上潘村民潘永钿的房子中堂上，现还挂着一个横匾，匾上写着四个大字："宾筵雅望"，边上有几行小字："特授浙江温州府永嘉县儒学正堂加三级记录十次　郑褚"，落款是"光绪岁次己丑阳月　乡宾潘元昌立"。

据说，光绪十五年（1889），村民潘元昌出资在村中办学校，并请到一位叫郑褚的老师来学校教学，郑褚老师教学认真，深得学生的喜爱。于是，学校吸引了邻近乡村的学龄儿童，来上潘入学读书的学生越来越多，学校办得相当红火。几年后，学生由办学初的几个，发展到几十个，老师也由开始的一人，发展到三人。为了表彰郑褚，潘元昌特制一匾授予老师，表扬郑褚老师以品德高尚的声望，吸引了众多志同道合的朋友。潘元昌捐资办学，让原本没有机会上学的儿童接受教育，他的行动也得到社会上的赞赏。

潘元昌为村民办实事的传说一直流传至今，他的动人故事一直勉励着上潘村的后人，村民们以先辈潘元昌为榜样，同心同德，互敬互爱，为村庄建设献计献策。

（文：陈安生/图：曾令兵）

景宁茗源村

厚朴公立禁伐令

东坑镇茗源村位于景宁县东南，距县城 28 公里。宋建炎年间吴氏先人小七公开基，随后有潘氏等姓迁入，至今已有 860 多年历史，为"南宋古村福文化研究传承基地"。村名初因盛产稻米称之"米源"，后人觉得村子很美又称"美源"，最后因茶而称为"茗源"。茗源生态环境绝佳，适宜人居，有人这样赞叹：好个绿色的世界！嫩绿晶莹的稻禾，翠绿起伏的竹海，碧绿欲流的林涛……

村口两片百余亩树林，松、杉、枫木荷、柳杉还有厚朴等几百种古树，傲岸挺拔、顶天立地。据统计，百年树龄的有八九千棵，近千年的不下百棵，在湛蓝湛蓝的天空下，分外美丽。徜徉其中，享受着从密匝匝的树叶透下来的缕缕赤橙黄绿青蓝紫的七色阳光，呼吸着湿润润、甜丝丝的空气，仿佛回到那千年前的远古时期。

茗源村口风景林，当地人称"风水林"，其面积之大，树种之全，树木之大，可谓凤毛麟角。其中一株厚朴树高 28 米，胸围 176 厘米，是国家 II 级保护野生植物，可谓"厚朴王"。此景正如唐代著名诗人张籍所描绘的："古树枝柯少，枯来复几春。露根堪系马，空腹定藏人。蠹节莓苔老，烧痕霹雳新。若当江浦上，行客祭为神。"

有"厚朴王"就有故事，厚朴公是村民心中的神。

传说南宋建炎年间，谏议大夫吴畦的后代吴小七公挑着行囊，从泰顺来茗源开基时，随手将一根挑担往山地一插，不久便长出枝叶，几十年后长成大树，并由此繁衍出大片树林。

自从有了这片树林，茗源村百姓安居乐业，就这样过了几百年，村上有人动起了坏脑筋，居然偷偷到那片树林里盗砍树木，背到外地去卖钱。这可急坏了村中一位本姓老人，这位老人在村里德高望

厚朴公立禁伐令

重，他召集族人商量，订出《禁约》：谁砍树杀谁的猪。

可是，怎么才能令行禁止呢？老人很是伤脑筋，后来总算想出了一个解决办法。这就是至今茗源村仍流传着这位老人"自罚"的故事。

一天，猪饿得"唔唔唔"大叫不停，他老婆叫他喂猪。他拎着猪食走近猪栏，这头猪养了三年，是准备给孙子婚宴用的。他把自己的打算讲给老婆听，老婆气得大骂。

一不做，二不休，老人豁出去了，没办法，他老婆只好勉强答应。

第二天大早老人悄悄地来到古林，在最显眼的地方砍了株吹火筒大小的厚朴树，连枝带叶背回，搭在家门口显眼的金瓜棚上。早饭后，他叫来远房侄子，拉着他一起去古林看看。

不一会儿，果真"发现"了被砍的树，老人便故意四处寻找，找了大半晌，来到自家屋外，他邀侄子进去歇歇，喝杯茶。来到瓜棚边，侄子双眼紧紧盯着那棵连枝带叶的小树。老人也假装意外"发现"，便叫出老婆责问，老婆说是小儿子拿回来的，今天一大早便出远门了。老人装着惊讶说，这就是风水林那棵。远房侄子随机找了借口拔腿就跑。老人赶忙拉住，侄子以为要他保密，连忙发誓不说出去。可老人却要他马上叫杀猪老司来杀猪。

一头三百来斤的猪杀了，老人敲着锣满街满弄喊：砍古林树要杀大肥猪，大家快来拿肉吧，每家两斤！

此后，村里再也没人敢动古林的一枝一叶。不久乡亲们给老人取了一个外号"厚朴公"。

村里还流传着一个厚朴公灭蝗的故事。

一年夏天大旱，田地龟裂，枯草连天，大批蝗虫四处觅食。黑压压的一片一片，把庄稼吃得寸叶不留后，又转向古树林。

厚朴公和全村人急得坐立不安，发动全村男女老少驱赶，几天来，从早到晚累得腰酸背痛也无济于事。这天夜里，他做了一个梦，梦见一个朝服银须的老者来到他面前不紧不慢地取出烟袋往烟筒里装上一大撮烟草，然后点上，烟草冒出袅袅青烟。梦醒了，厚朴公恍然大悟。

次日大早，厚朴公叫村里家家户户男女老少都背来一捆稻草，然后点燃，刹那间，一团团浓烟直冲天空。一只只蝗虫就像下雨一样从树上掉下来，蚱蜢灭了，古树林保住了。

两个孩子抬来一只小兔子般大小的蝗虫。大家说这是蝗虫精。厚朴公吩咐把精怪弄到水口林脚的坪里去，让人去找七枚长铁钉。挖了土坑，叫七位大汉分别拿一枚钉子，将蝗虫精的头胸腹、两只翅膀、两只腿，钉下去，压上石板，在石板上打七个孔，插上香。

这一天是农历六月六日，全村男女老幼，敲锣打鼓，祭拜先祖吴畦显灵，灭除蝗灾，祈祷幸福。此后，每年六月初六举行隆重做"福"活动，沿袭至今，成为非物质文化遗产，并创建了"南宋古村福文化研究传承基地"。

人们知晓那场自编自导自演的"护林杀猪戏"后，对厚朴公愈加敬重。厚朴公寿终正寝后，族人为了感恩他的护林功德，尊他为古林守护神，庄重地、破天荒地将他安厝在狮林（俗称庙林）这块风水宝地。这也是对村人进行爱护森林、爱护古木的教育。子孙在坟茔边种了棵厚朴树，以寄托哀思，就是今天的"厚朴王"。后人写下了《厚朴赋》赞："厚朴为人，堪作典范，金声玉振，教化一方。"

村人都认为狮山之麓是难得风水宝地，所以在安葬厚朴公的时候，族人还把分散在各处为保护古林、节约土地的35位先祖移至此地，合葬在一起。据同治丁卯版《吴氏家谱》绘制的坟图中载："尚品公、万八公、斌一公、昌公、昱公、星公"等35位祖先的名字。仅二十多平方米的陵寝，竟安葬了这35人，也许这是开启了公墓的先河。茗源人珍惜土地，道法自然，敬畏自然，敬畏森林，保护生态、天人合一的理念和朴素情感，从中也可见一斑。

按《吴氏家谱》考证推算，这座古墓至少有150年历史。今天，这座半月形二十来平方米的陵寝依然完好保存着，它向后人叙说着一段佳话，值得后人缅怀纪念，发扬光大。

（文：陈华敏/图：曾令兵）

龙泉下樟村

下樟管氏两兄弟

下樟村位于龙泉市西北部近郊，距市区约七公里，四周均为山地丘陵，村庄四面环山，绿树成荫、云雾缭绕。有一小溪自北向南穿村而过，流经村南水口崖壁倾泻而下，形成百米瀑布，蔚为壮观，被人称作"小龙湫"。

村子里有一古庙，称"白云古庙"，该建筑为明清时所建，石基坚固，小青瓦，白粉墙，牛腿翘檐，香烟依依，透出一股氤氲的书卷禅学之意。据说，这里就是宋代隐士管师复的隐居之地。

据下樟村老人相传，宋时，龙泉管师复、管师仁兄弟俩，为人聪明，勤奋好学，家庭富裕。他们的父母指望子女能读书成才，光宗耀祖，就尽力培养他俩求学，以图将来出将入相，出人头地。

一天，有一位相命人来到他家测字看相。相命人一见师复和师仁俩人天庭饱满，眉清目秀，就对他们的父母说："两位令郎天庭生得宽，地角又丰满，虎鼻守中央，日后定做官。他俩面相好，正如两盏红灯、光华照人。但读书须择静处，供他俩修身养志，若不是这样，有误他俩前程。"

为此他们的父母就依照相命人的话去做了，在离城十五里的白云岩上建造学堂，供他兄弟俩读书。学堂离家较远，每日往返不方便，就让他俩住宿在学堂里。每隔十天回家一次，以便检查他俩学习情况。每逢儿子回家的那天，母亲都挂着心，早早上楼，盼望孩子的归来。但兄弟俩到家里时，天都已黑了。母亲望着远处两盏明亮的灯，照着她的两个孩子向家里走来，她心里就非常高兴。日复一日，两盏明灯如同两颗闪亮的星星，在夜空中升起。后来兄弟俩饱读诗书，才高八斗，管师仁高中进士，官拜正二品，管师复则终生为隐士。

据《管氏宗谱》记载，约在天祐元年（904），管家先祖从南京迁居到龙泉县石马白云岩一带，到宋熙宁六年（1073），管师仁官至当朝宰相，管师复隐居下樟村白云岩上。管师复师从著名哲学家胡安定，宋仁宗闻其名，召至御前，欲委以重任，管师复坚辞不受。皇上问："卿诗所得如何？"管师复答曰："满坞白云耕不破，一潭明月钓无痕，臣所得也。"皇上惊其才，又感其心志，放归故里，人称"卧云先生"。

而管师复之兄长管师仁，博览群书，一展抱负，二十八岁考中进士。初任沧州教授（正七品），以经术行义教导生员，深受学子爱戴。不久，因德才兼备，召为皇族子弟学校教授。几年后，出任邵武军，后任陕西沣周通判，后知建昌军（江西境内），任内管师仁大力推行道德文化教育，颁行一系列惠民政策，深得民心。《江西通志》为其立传，称"人戴其德，为立生祠"。

因政绩卓著，朝廷考核屡获第一，管师仁被召为右进言，右进言是中书省的谏官。他品性忠耿，深知朝廷委以此任之重，不可负社稷百姓，入朝进对时，将自己路过河北滨州、隶州时所见灾况，将大量流民四处逃荒、土地荒芜、租赋照旧未减、百姓匮乏、军士饥寒等情状如实禀报，并奏请朝廷减免河北租赋。皇帝采纳管师仁之言，于是河北一带灾民渐次归农，史称"一方赖其赐"。履任右进言职后，又奏请朝廷削减在京冗员，节省费用。徽宗接受管师仁意见，下诏："在京滥员并裁。"后转任左司谏，敢于直陈时弊、弹劾赃官，使朝中一些权要人物惧怕、忌恨。

但宋徽宗却对管师仁甚为赏识，先提升为起居郎，其职责是侍从皇帝、记录皇帝言行，提供给编修院编纂《实录》。未久，又升任中书舍人、给事中（正四品），分管尚书省六部，承办各类文书，起草皇帝诏令。朝廷事有违失或授官不当，有权驳回，权力极大。给事中一职，备皇帝顾问应对，参议政事，稽查六部各司政事，为门下省要职。

其时，吏部下属负责选拔人才的官员有贪赃枉法的，朝廷命管师仁暂主吏部政事。他受命后，严惩贪赃官员，官僚大受震慑，士论则大为赞赏。又命师仁任吏部侍郎（位居尚书副职）。不久又升为刑部尚书。崇仁三年（1104），徽宗召师仁兼任神宗玉牒（皇家族谱）修纂及审订哲宗玉牒。

大观初年（1107），管师仁升任枢密院直学士（正三品），任河南邓州知州兼西南路安抚使，掌管一方军政大权，有"帅司"之称。不久又调任扬州知府兼淮南东路兵马钤辖。管师仁辞行时，徽宗向他征询边防之策，管师仁详细条陈己见，并献上《定边策》奏论。

大观三年（1109）四月十五日，升管师仁为同知枢密院事（正二品，职同副宰相）。朝廷在授职制（任命书）中赞管师仁："智周事物，学洞古今，有猷有为，允文允武，甲兵不试，边境以宁。"但任职才两月，管师仁即以病请求辞职。《宋史》对管师仁拜辞的评价却是因为当时蔡京为相，奸党掌权，管师仁不愿受制于奸党，以身体有病，主动辞职，认为管师仁的举动值得赞赏。

大观三年（1109）六月病卒，终年六十四岁。

当时，在世人的眼里，兄弟两人，一个金榜题名、高官厚禄、光宗耀祖，是为荣耀。另一个是才高八斗，却不受皇上龙恩，不要荣华富贵，在俗人的眼里确实是令人费解的。其实从管师复的生活背景及从师古灵四先生精研五经的求学经历来考察，尤其是在白云岩长期隐居的经历，就不难找到答案。管师复自幼聪慧，悟性极高，在白云缭绕、碧潭明月的幽景中，心静如水，加之长期隐居修炼，自然使他的心灵得到升华，达到了灵空无物的极高境界，故唯有他能独自领悟："做到心静无欲，遥远星辰只是咫尺，宇宙之大也不过如此。"他耕读养心，穿梭在白云之间，白天与蓝天为伍，晚上约月色相伴，在读书中自得其乐，修身养性，参悟着人生的空灵和淡泊，写出了"入寺层之白级梯，野堂更与白云齐。平观碧落星辰近，俯见红尘世界低"的禅寺诗句。

有了管师复，才有下樟村。后来，附近有吴氏等山民迁入，明末清初郑成功后裔郑承恩也从福建迁到下樟，形成村落。后因村南水口处有一古樟独树成林，改名为下樟村。村内明清建筑群与民国时期乡土建筑群连成一片，村内通行道路和村里弄均为鹅卵石铺设，建筑风格古朴典雅，有着闽越文化的简洁和乡村古意，体现了浙西南山区古建筑风貌。

除了人文景观，下樟村还有得天独厚的自然美景，如"白云飞瀑""七星潭""古樟树"等，会让你在品味管氏兄弟的故事时得到更多的思考。

（文：江圣明）

四　宗教仙佛

兰溪洪塘里村

日本曹洞宗寿昌派开山祖师蒋兴俦

蒋兴俦（1640—1695），字心越，幼名兆隐，别号东皋，众称东皋心越，兰溪柏社乡洪塘里人。8 岁时在苏州报恩寺出家为僧，十三岁起云游诸省，寻师访道。清康熙十年（1671）入杭州、寿昌、皋亭诸寺参究禅法。

康熙十五年（1676）八月，兴俦应日本高僧澄一法师之邀，乘商船离杭东渡日本，于十二月抵达九州，第二年正月十三日抵达长崎，会见澄一法师于兴福寺，并在该寺讲经说法，前来求教者接踵。同年为长崎延命寺撰《法华三昧塔铭》，更是声名鹊起，播扬四方。

但一些别有用心者编造罪名诬陷兴俦致被囚禁，水户藩王德川光圀早慕兴俦之名，得知此事后，即面见当局以救，兴俦获释。康熙二十年（1681），移居江户的德川光圀把水户的天德寺按中国明代寺院形制改建，于康熙三十年（1691）三月竣工，改寺名为寿昌山邸园寺，并请兴俦禅师主持。兴俦禅师成为日本佛教曹洞宗寿昌派的开山祖。

兴俦禅师精于篆刻。禅师东渡时所带陈策撰写的《韵府古篆汇选》被译成日文，成为日本当时篆刻启蒙的主要工具书。他的篆

日本曹洞宗寿昌派开山祖师蒋兴俦

刻，受到日本艺术家普遍赞扬和推崇，被奉为"日本篆刻之父"。今邸园寺藏有《自刻印谱集》，载有他为德川光圀刻的"源光圀印""子龙父"，为人见竹洞刻的"泼墨"等。技法上，既端庄邃密，又古拙飞动；既删繁就简，又腾挪顾盼，俨然汉印风貌，并做到刀法和书法融为一体，相得益彰。

兴俦禅师书法长于隶、草。隶书不囿于汉碑鼎文，行书承赵松雷、祝枝山与董玄宰，更参禅宗的独特风格。长崎皓台寺有他创作屏风2组共12联，笔势如风翥鸾翔，视为神品，被日本书法界列为与黄檗书法齐名的五个代表人物之一。

绘画长于人物，喜作道释，兼工梅、兰、菊、竹。日本茨城邸园寺内藏有兴俦所作巨幅《涅槃图》，上绘僧俗人物、树木花卉及翎毛走兽等。据安积澹泊说："虽吴道子、张僧繇，恐不过如此。"

善抚古琴，精通琴道。兴俦学琴于庄臻风，是虞山派的传人。东渡时带去"虞舜""秦王""万壑松"三张古琴。著有《东皋琴谱》和《和文注琴曲谱》传于日本。《日本琴史》说："中国琴学盛日本，实师之功。"

兴俦旅居日本二十年，"位卑未敢忘忧国"。"大明方外一人""游明子""西湖一人""剑胆琴心""西方之人兮"，这些篆刻，反映了他的爱国之心和思乡之念。

康熙三十四年（1695），兴俦因肺炎不治，于九月三十日圆寂，终年57岁。德川光圀为之立坛题碑："寿昌开山心越和尚之塔。"墓地保存完好，每逢忌日，僧众前去供奉，至今不衰。蒋兴俦是从兰溪这方沃土上走出去的又一位著名僧人，一位多才的艺术家，更是一位中日两国人民友好交往的使者。

（文：兰溪农办/图：曾令兵）

杭州富阳上臧村

臧洪宇观棋烂柯拔松树

上臧村建于宋末明初，至今已有 700 余年。据《臧氏族谱》记载：上臧村鼻祖建一公，性喜游山玩水。其游至壶源栖鹤十四庄永丰乡（今富阳区湖源乡上臧村）时，赞叹此地"富春有四仙八景"之地形，遂在此建上臧村。

村庄坐落于群山绿水之中，自然景致得天独厚。村内现存臧氏宗祠、孙家祠堂、臧家厅等多处古建筑，雕梁画栋，工艺精湛，有较高的文物价值。至今仍有"小洪宇观棋烂柯""洪宇公骑虎上天"等传说。

明神宗万历十八年（1590），一个小男孩降生在上臧一户臧姓人家。小男孩出生那晚月明星稀，星空皎洁，突然有一道亮光从天空划落，只听这户农家里"哇"的一声，声音十分洪亮，小男孩呱呱坠地了。说来也奇怪，母亲生他时一点疼痛感都没有，第二天便可下床，行动自如地下地干活了。按家谱辈分来排，小男孩是汝字辈，其父便给他取名汝元，字洪宇。

光阴似箭，日月如梭。转眼间，小洪宇就长成了一个高大威武、仪表堂堂的少年了。此时的小洪宇身高八尺，力大如牛，能挑千斤重担，面色红赤有如关云长。小洪宇十分懂事，能吃苦耐劳，孝敬父母，村民们都赞不绝口。

每年的农历八月十三是祭祀永康方岩胡公大帝的日子，信奉胡公大帝的村民们都会在这一天千里迢迢地赶去永康方岩祭拜。小洪宇的母亲李氏也是十分信奉胡公大帝的，跟其他村民一样，提前一天准备好祭祀用品赶去祭拜。在小洪宇 15 岁这年的八月十二这天，晨光熹微，李氏就起来准备第二天祭祀要用的东西了。由于路途遥远，李氏打算包一些粽子当干粮，可以在祭祀来回途中吃。一小斗

臧洪宇观棋烂柯拔松树

米刚好能包三十个粽子，包好放锅里煮了近一个小时后，李氏就叫来小洪宇添柴烧火，自己就去沐浴更衣。（古时在祭拜神明时，每一位村民都必须先要沐浴更衣，以表示对神明的敬畏之心。）小洪宇刚坐下不久就闻到粽香扑鼻而来，而早上起来就没有吃早餐的肚子里空空如也，此时更是咕噜咕噜地叫个不停。小洪宇心想这时母亲不在，不妨先拿两个粽子当早餐，他小心翼翼地移开锅盖，也不管烫不烫手就胡乱地抓了两个，开始狼吞虎咽地吃了起来。两个粽子吃下去了却一点饱肚的感觉也没有，再加上这糯米粽子实在是太好吃了，抵挡不住这粽香的诱惑，小洪宇忘记了母亲的嘱咐，不管三七二十一拿起粽子津津有味地吃起来。在饱餐一顿后，提起锅盖一看，锅里只剩下了三个粽子。此时的小洪宇吓出一身冷汗，心想这些粽子是母亲去祭拜胡公大帝途中要吃的干粮，现在都被自己给吃完了，母亲必将责骂于我，这可如何是好？小洪宇正在苦苦寻思对策，突然灵机一动，自言自语地说道："我何不一早上山砍些树来造新房，将功补过，母亲就会消气，原谅我的。"

主意一定，小洪宇就提上一把斧子往山上去了。一路上伴随着溪水潺潺、鸟语花香，还有松鼠在树上跳来跳去，小洪宇忘记了疲惫，走着走着，突然被一块硕大的石头挡住了去路，只见巨石四四方方，平坦如砥。巨石周围林木参天，怪石嶙峋，旁边一条小溪绕石而过。巨石上端坐着两位鹤发童颜、神采奕奕的老者正在聚精会神的下棋对弈，双方落子掷地有声，似乎都想在气势上压倒对方，但双方势均力敌，局势十分紧张。小洪宇十分好奇，就轻轻地将斧头放在一边，然后静静地坐在老者旁边看他们下棋。老者们气定神闲地吃着仙桃下着棋，小洪宇没有吃的就直接吃老者们扔掉的桃核。日复一日，双方战局十分激烈，等到老者们分出胜负后，对小洪宇说："小伙子，你看你的斧头柄都烂了，赶紧回家吧。"说完，老者们脚踏祥云而去。小洪宇如梦初醒，发现带来的斧头木柄真的都烂掉了，才想起来自己是上山来砍树的。小洪宇没有了斧头，但又要砍树回家建房以取得母亲的原谅，他就只能徒手拔树了。小洪宇虽年纪尚轻，但他力大无穷，轻轻松松地就拔了两棵松树。小洪宇夹着两棵松树回到了家，母亲激动地抱着他痛哭着问："你这三年做什么去了？"小洪宇当下惊了一下，将自己上山砍树的事情原原本本地跟母亲细说了下，才发现原来自己离家已有三年之久。

小洪宇带来的两棵松树做成了新房的楼梯，保留至今。而小洪宇观棋烂柯的故事也在村里口口相传，妇孺皆知，流传至今。

（文：富阳市农办/图：曾令兵）

湖州吴兴妙西村

陆羽杼山著 《茶经》

妙西村，位于湖州西南 12 公里处。"妙西"名字的由来得益于一座寺观。据史料记载：梁武帝大同七年（541）建"妙喜寺"于湖州西 11.8 公里的金斗山，"帝以东方有妙喜佛国因以名之"（同治《湖州府志》卷四十八）。唐贞观六年（632）移"妙喜寺"于杼山，故"妙喜"之地名始于唐。因"喜"与"西"在湖州方言中发音近似，故有了"妙西"这个名字。

如今"妙喜寺"已经湮没在历史的风尘里，无从寻找，但"杼山"却依然泰然自若地矗立着。"山不在高，有仙则名"，杼山不高，却因"茶圣"陆羽在此研茶，撰写世界上第一部茶学专著《茶经》而闻名。同时，杼山也因"法学泰斗"沈家本的落叶归根而增添了几分历史的沧桑和凝重，平添了几许浓墨重彩。

中国茶文化圣地"杼山"，经专家们考证，就是妙西村的宝积山。此山汉名"稽留"，晋称"东张"，因夏王杼巡猎于此，后人于是命名其为"杼山"。自晋代以来，杼山就是吴兴郡城西南令游人流连忘返的山水胜地。到了唐代，著名的"茶圣"陆羽与此山结下了不解之缘。

陆羽（733—804），字鸿渐，号竟陵子、桑苎翁、东冈子、茶山御史，复州竟陵（今湖北省天门市）人，唐代著名的茶学专家。他一生嗜茶，精于茶道，被后世誉为"茶仙"，尊为"茶圣"。陆羽一生富有传奇色彩。据称他是一个弃婴，不知所生，其姓名是他长大后自己用《易经》占卜出来的。他卜得"蹇"之"渐"卦，其卦辞有"鸿渐于陆，其羽可用为仪"等语。于是，他就取陆为姓，以羽为名，用鸿渐作字。

据传，陆羽是一个和尚从河边拾回，在庙中长大的。但他自小

陆羽妙喜写《茶经》

就喜爱读书，不愿意学佛，后来就偷偷离开寺庙，跑到一个戏班子里学戏，做起"优人"来。天宝年间，陆羽在一次演出中为太守李齐物所赏识，他长得不俊，但为人正直。"安史之乱"后，陆羽一路考察茶事，辗转来到江南的吴兴，闭门著书。他出名以后，朝廷曾任命他为太子文学，后来又改仕太常寺太祝，他都没赴任，贞元末（804）卒。

　　陆羽来到吴兴之前，就开始着手准备撰写《茶经》。之后，一方面继续游历名山大川，访泉问茶，广泛搜集资料；另一方面同名僧高士保持交往，寻求知音，共研茶道。与著名茶僧、诗僧皎然就相识于吴兴，当时皎然任妙喜寺住持，陆羽就在妙喜寺生活过一段时间。在这寺里，他常常往返于竹林茶园之中，在皎然的帮助下，研究茶艺，并撰写茶经初稿。由于陆羽的诚信人品以及对佛学、诗词、书法的造诣，特别是渊博的茶学知识和高超的烹茶技艺，使他在吴兴士、官、僧、俗各界赢得了很高的声望。《茶经》初稿完成后，社会名流们争相传抄，广受好评，使得陆羽的声誉日隆。

《茶经》三卷十章七千余字，是唐代和唐以前有关茶叶的科学知识和实践经验的系统总结；是陆羽躬身实践、笃行不倦、遍稽群书、广采博收茶家采制经验的结晶。《茶经》一问世，即风行天下，为时人学习和珍藏。在《茶经》中，陆羽除全面叙述茶区分布、种植、采摘、制造、品鉴外，有许多名茶首先为他所发现。如浙江长城（今长兴县）的顾渚紫笋茶，被陆羽评为上品，后列为贡茶；义兴郡（今江苏宜兴）的阳羡茶，则是陆羽直接推举入贡的。《茶经》是世界上第一部茶学专著，被后人誉为茶学的百科全书。《茶经》奠定了中国茶文化的理论基础，它在茶文化史上具有划时代的意义。

《茶经》上卷分三章，第一章讲茶的本源，第二章讲制茶工具，第三章讲茶的采制，讲的都是茶叶基础知识。《茶经》中卷详细介绍了烹茶的器具。《茶经》下卷分为六章，内容结构比较复杂。第五章煮茶方法和第六章茶的饮用，讲的是茶事活动的基本技能，相当于现代茶艺学的内容。第七章历代茶事，讲的是有关茶的典故，为品茶悟道作文化铺垫。第八章讲茶叶产地。第九章讲茶具应用。第十章教人们把《茶经》制成挂图，张挂在座位旁，以便随时参悟。

山不在高，有仙则名。杼山最精彩的历史当属陆羽生活的那个中唐时期。与"茶圣"成为好友的皎然则有《茶诀》问世，并提出"三饮即得道"，成为"茶道"第一人。唐大历八年（772），著名书法家颜真卿任湖州刺史，与陆羽、皎然成为好友，常在杼山雅聚，诗文唱和。颜真卿也在陆羽等名士协助下，于杼山编纂完成文字音韵学巨著《韵海镜源》。据颜真卿撰并书写的《杼山妙喜寺碑铭》称，他早年就已着手编纂《韵海镜源》一书。该书是引《法言》、《说文》诸字书，"穷其训解，次以经史子集中两字以上成句者，广而编之，故曰'韵海'，以其镜照源本，无所不见，故曰'镜源'。"颜真卿到湖州任刺史后，继续从事编纂，并"以俸钱为纸笔费，延江东名士萧存、陆士修、陆羽等十余人，笔削旧章，核搜群籍，撰定为三百六十卷。"这部书稿先在"州学及放生池日相讨论"，后移到当时称为"郡之胜绝，游者忘归"的杼山定稿。著名诗僧皎然曾有《韵海楼诗》赞扬道："世学高南郡，身封盛鲁邦。九流宗韵海，七字揖文江。惜赏云归堞，留欢月满窗。不知乐教乐，千载与谁双！"

后来，为迎接殿中侍御史袁高巡视湖州，颜真卿在杼山立亭，由陆羽命名为"三癸亭"，皎然赋诗《奉和颜使君真卿与陆处士羽登妙喜寺三癸亭》，其诗记载了当日群英齐聚的盛况，并盛赞三癸亭构思精巧，布局有序，将亭池花草、树木岩石与庄严的寺院和巍峨的杼山自然风光融为一体，清幽异常。

皎然、陆羽仙逝后均葬于杼山。唐代诗人孟郊在《送陆畅归湖州，因凭题故人皎然塔、陆羽坟》诗中记有其事："杼山传塔禅，竟陵广宵翁。"

现今杼山上已重建了陆羽墓、皎然塔和三癸亭。杼山是"茶圣"陆羽人生的转折点和归宿地，理所当然成了中国茶文化的"圣山"。

（文：吴永祥　吕建梁　朱梓华/图：曾令兵）

湖州南浔新庙里村

顺治朱家坝留逸闻

浙江省湖州市南浔区菱湖镇新庙里村朱家坝，几百年来传说是清朝顺治皇帝圆寂之地。顺治帝削发做和尚，在朱家坝科寺头庙修行，为百姓做了很多好事，也留下蛮多逸闻传说。

古龙山寺（科寺头庙）

顺治帝不做皇帝做和尚，是宫廷秘而不宣的大事。民间传说是顺治帝到五台山削发隐名做和尚，康熙帝欲上五台山寻父皇。五台山的方丈接到了圣谕，非常害怕，便告诉了顺治帝。顺治知道五台山方丈收留自己，按大清律要全寺抄斩，所以决定离开五台山。方丈想了会儿，对顺治帝说，"远离五台山去江南，逢科庙堂修正果"。又叮咛了一句，"早去早安诵经卷，北水南流汇西水"。于是，顺治帝告别了五台山方丈，悄悄地去东南寻觅带"科"字的寺庙挂单修行。

顺治帝晓行夜宿，一路打听，来到了江南杭州。一天，他到了杭城拱宸桥，那里有来自四面八方的船家，人来人往，正是探听消息的场所。说来也巧，顺治帝看见一个布衣打扮的运鱼人，他知道太湖边的湖州府有个镇养鱼很发达，更知道湖州府的百姓信神佛，便上前问讯："客官可是湖州来杭城卖鱼的？"那人正是湖州菱湖一带养鱼人家，点头称是。顺治帝便问："不知贵地可有寺庙？"那人是菱湖下昂朱家坝的朱金锡，忙答道，"我们朱家坝村就有几所小寺庙，西圣堂、北心庙、太钧堂、科寺头庙……"顺治帝一听科寺头庙，马上打断话头，追问道："科寺头庙可是五子登科的科，寺院的寺，人头的头？"朱金锡忙点头连声称是，心想这肯定是高僧了，他怎么知道这名称的。顺治帝很高兴，终于打听到了"逢科庙堂"的下落了。朱金锡知晓眼前的高僧没有去过自家的村子，却晓得有科寺头庙，不敢怠慢，忙说，"待我将这船鱼卖掉，一同回去"。顺治帝也很高兴，终于可以避开尘事，去清静之地诵经修行了。

第三天，顺治帝如约来到拱宸桥埠头，上了朱金锡的渔船，两人客套了一会，便开船了。说也奇怪，本来朱家坝到杭州二百多里水路，二人二橹顺风扯帆也要十几个时辰，这次午时不到便到家了。回到家，朱金锡忙叫妻子烧菜做饭，请高僧吃了中饭。

饭后，顺治帝便说到科寺头庙去看看。朱金锡就带领高僧往村东南走去，只见村西一条大河，河面远处是逶迤的青山，真是襟山带水的秀丽风光。穿过田垄，只见一排三间平房，那三间平房就是科寺头庙。见此光景，顺治帝想起五台山方丈所说的"北水南流汇西水"，正是"诵经礼佛"的好去处。而且香樟树虬枝似卧龙随水南流，心想这科寺头庙确实是自己逢科而修、安身向佛的归宿地了。

走进科寺头庙，顺治帝便拈香礼佛，并对住持说，"请允许我在贵寺落单，诵经礼佛，可好？"住持是位六七十岁的老僧，一见来者虽是行脚僧打扮，但眉宇气质非同一般，加上朱金锡是村上有名的善人，彼此熟悉，朱金锡引进的僧人足可信赖，便满口答应。从此，顺治帝就隐居水乡小村的科寺头小庙了。

自从顺治帝来到朱家坝科寺头庙后，为百姓做了一系列神奇的好事。

治水

黄梅天连日雨水不断，地处东苕溪后庄漾边上的朱家坝村总要全村动员抗洪排涝，遇到大伏干旱，村中门前港便干涸成臭水沟，村里几代人都想不出好办法应对洪涝干旱。

于是村里长者便请教顺治高僧。他说："兵来将挡，水来土掩，有备无患。"还说，村中门前港虽然东通康家漾，但是西连后庄漾的口子太小了，门前港不是活水。他提醒道："田低水高是大忌，田畈要围坝，大坝防大水，长城防外敌同样道理。"村民听了他的话，先将门前港清除淤泥，挖深；并且挑土筑坝。果然，黄梅山水下来，有坝挡着；干旱时，东苕溪后庄漾的水照样流进门前港，水盘活了，田地也旱涝保收了。因为村上住着大都是朱熹后裔，而东西横穿后庄漾的大坝不仅方便来往，更是起到了防洪拦洪的作用，人们就习惯地称朱家坝，慢慢地，村名也叫朱家坝了。

门前港的水满了，就有人在河里洗菜、洗衣服、刷马桶。有一天，顺治高僧见到了，忙劝大家："水乃圣水，万物之源忌污，污之物祸民祸，污之有祸，不污不祸。"果然到了第二天，有的村民就肚痛、呕吐，跑到科寺头庙烧香祷告。这时，顺治高僧早已在山门外等候，"唉，你们不听老衲忠告，吃亏了，祸来了。"大家忙说，"怎么办呀？"顺治高僧便说："快回家烧点开水放点盐，吃了便好。当然这不是长久之计啊！"众人叩拜。顺治高僧又说："谋事在人，成事在天，不污水便无灾无祸。"从此，村民再也不敢去河里洗马桶倒垃圾了。然而过了几天，顺治高僧又对村里人说："你们不污水却在污天了。"大家不解。顺治高僧说："村里臭气冲天，秽物乱倒。"告诉大家在房前屋后低洼处深挖坑，蓄水，既养鱼又可洗脏物，两全其美。于是大家在房屋边、田畈低洼地深挖鱼塘，河水清洁了，秽物不见了。这样，朱家坝村就吸引了周边村民搬迁进村，加上朱家坝村市河北岸是乌程县地界，南岸是归安县地界，很快便成了两县交界的大集市，鱼行、米行、酒坊、药铺、茶馆、饭店、杂货店开了起来，村里人也富了起来。

治虫

从前村里田畈蚂蟥多如牛毛，大家无计可施。一天晌午，田畈里耘田摸草的人到科寺头庙香樟树底下休息，顺治高僧就叫小和尚将早已准备好的凉茶让大家喝。他见不少人的腿肚上血淋淋的，忙问怎么回事。有人回说，"田畈里蚂蟥很多，叮住腿上吸血，腿上又痛又痒，十分难过。"顺治高僧皱着眉头说，"此乃罪过，百姓田中耕耘，养家糊口，孽障万不可吸吮人血呀！"他看了看众人，但见人人面黄肌瘦，心中纳闷，便说，"蚂蟥啊蚂蟥，可恼可耻，你在田畈作恶，应该万劫不复，罢了，尔等还是到河里去寻食吧！"从此，田畈里的蚂蟥就搬了家，有的钻入河蚌，有的附在河中杂草上，直到今天，朱家坝科寺头庙周围几百亩水田里，再也寻不到一只蚂蟥了。

夏天到了，天大热。顺治高僧在香樟树下纳凉。可是树上的知了叫声不停，十分刺耳。顺治高僧叹了口气，说："唉，知了，知了，热了，热了，尔等热了，我也热了。想不到这儿也不再是清静之地了，烦请你们到别处去唱歌吧！"奇哉，树上的知了竟停止了鸣叫，嗡嗡地都一下飞走了。从此，科寺头庙河边香樟树、柳树，再也没有出现知了，更听不到知了的叫声了。

一天晚上，顺治高僧在道场上给小和尚讲经，见小和尚心不在焉，东挠西拍，就问："为何心神不宁哪？"小和尚说："有虫子叮我，好痒好痛。"顺治高僧便劝道："心静听经，虫自会去。"从此，蚊虫再也不飞来叮咬了。据说，科寺头庙从此没有苍蝇、蚊虫、臭虫、蟑螂、蜈蚣、蛇蝎之类的害虫，大家说，顺治高僧做过真龙天子，金口一开，万物都得听他的呀！

生态

几百年来，最让朱家坝人津津乐道的是凤凰戏牡丹和金鸡桥的传说了。

顺治高僧素来喜欢种花草，在京城皇宫最爱牡丹。所以在科寺头庙，他也种了一片牡丹，有大红的、紫红的、橘黄的、鹅黄的、白的、绿的，姹紫嫣红。据说牡丹花开到 1000 朵，天上的凤凰就会飞来采花，民间就有"凤戏牡丹"是富贵吉祥象征之说。假如凤凰真的来戏牡丹，这块地方就是风水宝地，地下就会冒出宝塔，升起龙山来，就会出贵人、出帝王将相。经过顺治高僧的调理，牡丹花真开了 1000 朵。果然，凤凰飞来了。凤凰在牡丹花圃上飞了一圈又一圈，就是没有停下来嬉戏，因为牡丹花只有 999 朵。还有一朵呢？据说清早被一位渔妇摘了一朵戴到了头上，也有说是小和尚清早浇水时不小心碰掉了一朵。没有 1000 朵，凤凰就长喔一声，飞到了朱家坝门前港上的石拱桥上，依依不舍地飞走了。村里人从来没有看见过凤凰，便奔走相告，金鸡停到石拱桥上了，于是便叫这座桥为金鸡桥——后来，人们给起了雅名叫津济桥，至今还在。凤凰飞走了，后来顺治高僧也圆寂了，牡丹圃也衰落了。"文化大革命"结束后，村民打听到菱湖有个有心人，曾经移栽了几株牡丹，便派人联系，移栽了两株，如今白色镶红边的牡丹花又在庙里绽放了。两寺边香樟树临水的九河交汇处，因顺治帝常歇息，所以村里人便称呼为九龙朝渊。

顺治高僧临圆寂火化时，他心爱的猫扑到他身上，一起火化了。所以，村里人为顺治高僧塑了像，像身左肩披风上就伏着一只猫，以此祭拜他为村中百姓做的好事。后来听说，顺治高僧就是当年隐退做和尚的顺治皇帝，传说牡丹花开 1000 朵，风水宝地就会升起宝塔和龙山。于是，村里人就把科寺头庙重新命名为古龙山寺，顺治帝的高僧形象便尊称为护法龙山神了。

（文/图：朱水桥　李惠民）

庆元龙岩村

浙南菇神吴三公

龙岩村隶属于庆元县百山祖镇管辖，全村近200户，其中吴姓占95%以上。龙岩村自然环境优美，境内群峰并起、山青水绿，居民世代皆以栽培香菇为生。

很早以前，庆元龙岩村有个后生叫吴三，在兄弟六人中排行第三，因此，人们就叫他吴三公。一次，吴三公去寿宁滩担盐，担到斜滩岭时，正好被"五显神"看见。"五显神"见这后生两耳垂肩，很有佛性，有心点化他，就将手杖抛向岩际，化作一株桃树，将包袱化作一个小女孩牵在身边，只等吴三公到来。

吴三公担着盐担，一步一步顺着石阶往上蹬，见一个白发老妇人领着小女孩在路边歇凉，那小女孩"呜呜"哭个不停。白发老妇人见吴三公来到面前，便问："这位兄弟，我孙女口渴，想要吃那岩际上的桃子，你肯帮我摘否？"吴三公见那岩际下是个很深的水潭，那桃树又凌空长在岩际上，只在树顶上孤单单地结了一个桃子。如不小心跌落岩际，连骨头都没处找呢。正在左右为难，只听那小女孩越哭越伤心，三公把心一横，放下盐担，抓着树干往上爬，爬呀爬呀，那桃子总差那么三四寸，三公向上攀一寸，桃子也向上挪一寸，只听"咔嚓"一声，桃树断了。三公抱着树干从岩际跌落，轰隆一声沉入了潭底。

吴三公觉得一阵迷迷糊糊，睁开眼睛一看，自己正站在一个大岩洞前，只见洞府正堂上有块大匾，匾上写着"五显神"三个大字。匾额下是个神龛，神龛里坐着一位金面红发的大神。原来，这大神便是刚才路上碰见的那位老妇人。

"五显神"留三公在洞里学了三年法。出得洞来，再也不去担盐了，回到龙岩便开始做手艺。说也奇怪，六月天人家做扇，他却

浙南菇神吴三公

做起火笼来，当他把火笼做好，天上果然下起了大雪，村上的人个个都来买火笼；冬天下大雪，别人拼命做火笼，他却编起了蒲扇，当他把蒲扇编好，天上当真出了大日头，村里人热得难熬，都来买他的蒲扇。大家都说三公成仙了。

有一年，温州有个客商到龙岩买木材，商客要的是杉树，而吴三公却砍了一大片栲树和米榆。结果，这些树在山上风吹雨打，无人过问。谁知，到了冬天，满山的栲树、米榆都长出了一朵朵小雨伞般的东西，三公采了一兜回来，煮熟一尝，味道很香，便把它取名叫香菇。从此，三公天天上山采菇，鲜的吃不完还可以用炭火烘成干。有一次，天上飞来一群白鹇，把香菇吃得一颗不剩，吴三公很生气，举起斧头在菇树上乱砍乱捶了一番，谁料第二天，那些被斧头砍过捶过的地方便长出了更多的香菇来。因此，三公又得了"砍花法"和"惊蕈法"。据说，这都是"五显神"在暗地里助他呢。

从此以后，吴三公把做菇法传给了自己的后代。时间久了，邻近的龙泉、景宁两县百姓也学会了做菇。洪武年间（1368—1398），处州香菇入贡，国师刘伯温就向朱皇进谏说处州龙庆景三县菇民之艰难，朝廷要多加扶持。朱皇就将香菇生产的"专利权"赐给龙庆景三县人民，并封赠吴三公为"羹食公侯"。明万历三年（1575）皇帝又敕封为"判府相公"。民谣曰："朱皇钦封龙庆景，国师讨来做香菇。"后世菇民奉吴三公为"菇神"，并建了规模宏大的凤阳庙，设菇神之位，年年祭祀。

龙岩村作为吴三公的故乡，至今保存着很多与吴三公有关的事物。包括吴三公祠、吴三公故居、吴三公墓等。龙岩村的各处都体现着龙岩的香菇文化。而龙岩村现存的《吴氏宗谱》也肯定了吴三公确有其人。据记载，吴三公，名墨，生于宋高宗建炎四年（1131）三月十七日，被茹民尊为吴三公。每年在吴三公的生日

（农历三月十七日）和卒日（农历八月十三日）龙岩村民都会在吴三公祠或者屋中吴三公神位前点烛上香，摆设供筵祭祖，使得龙岩村的香菇文化随着吴三公源远流长。

（文：庆元农办/图：曾令兵）

五　义士侠客

平阳仙口村

景熙冒死葬帝骨

平阳县万全镇宋埠社区有个村叫"仙口"，地处万全平原东南，东临大海，南枕仙口山。这里是三国时孙权造船、操练水师的地方，也是晋代葛洪炼丹的地方。村里有座寺庙叫神山寺，明弘治《温州府志》记载，禅山院，在仙口叶岙，唐乾符二年（874）开山，尚存石洞、葛仙丹灶、石棋盘遗迹。

林景熙（1242—1310），字德旸，一作德阳，号霁山，浙江平阳人，南宋著名爱国诗人。咸淳七年（1271），由上舍生释褐成进士，历任泉州教授、礼部架阁，进阶从政郎。宋亡后不仕，隐居于平阳县城白石巷。他教授生徒，从事著作，漫游江浙，因而名重一时，时称"霁山先生"。

南宋祥兴二年（1279）二月，厓山（今作崖山）战败，陆秀夫背着宋卫王小皇帝投海的消息传来，林景熙等人秘密举行哭祭。

元世祖至元二十二年（1285），总统江南释教的札木杨喇勒智（杨琏真迦）为了盗取皇陵中的金玉宝玩，把会稽的徽钦二帝以下的历代帝王后妃的陵墓全部发掘，把剩骨残骸抛弃在草莽中，惨状目不忍睹，但无人敢去收拾。这时林景照正在会稽，出于民族义愤，与郑朴翁等扮作采药人，冒着生命危险，上山拾取骨骸，埋葬于兰亭山中，并移植宋常朝殿前冬青树作为标志，还写了《冬青花》诗："移来此种非人间，曾识万年觞底月。蜀魂飞绕百鸟臣，夜半一声山竹裂。"又作《梦中诗》四首，以凄怆笔调记录埋骨经过，抒发悲愤和伤痛之感。

元大德元年（1297）四月，林景熙为了避寇，曾在神山寺留足，写下了《避寇海滨》《神山寺访僧》《过风门岭》《归自越，避寇海滨，寒食不得祭扫》四首诗及《蜃说》一文，至今留有传说故事。

一天吃午饭时，林景熙仆人跑来报告一件怪事，说大海里突然涌现几座大山，全是以前没见过的。林景熙和乡亲们听了觉得十分惊诧，赶忙跑出去看。正巧遇到陈姓主人派遣仆人邀请林景熙。到了海边，林景熙和陈姓主人一同登上聚远楼向东望去，只见浩渺大海中，出现了景象奇特的高峰，像重叠的山峦，且时隐时现。过了一会儿，城墙亭阁忽然浮现，有如一座人口众多、面积广大的城市，房屋像是鱼鳞般整齐而密集，其中有佛寺、道观、钟楼、鼓楼，历历可辨，就是穷尽公输般的技巧也没有办法超越它。过了一会儿，蜃景又起了变化，有站着像人的，有散去像兽的，有的像飘扬的旌旗和瓮盎之类的器具，千姿万态，变幻不定，直到黄昏时分，蜃景才慢慢消失。

这就是林景熙《蜃说》里所记载下的海市蜃楼盛况。《蜃说》全文共266字，写得跌宕起伏，摇曳多姿。最后指出世间事物，如秦朝的阿房宫、楚灵王的章华台、曹操的铜雀台等，虽然当时这些"摩天大楼"高耸入云，时运一去，朝代变迁，就化为焦土，这与海市蜃楼没什么差别啊！寓意深刻，研究林景熙的学者陈增杰先生说："宜为后世读者所赏爱，选家所青睐。"

他还写下了《避寇海滨》一诗："偶动乘桴兴，孤筇立海头。兵尘何处避？春色使人愁。腥浪翻蛟室，痴云结蜃楼。神山空缥缈，水弱不胜舟。"说的就是至元二十七年（1290）春天的一天，诗人徘徊海边，很想"乘桴"浮海而去，而蓬莱山等三神山又很是缥缈，如眼前"痴云"所结成的海市蜃楼，可望而不可即。诗中"兵尘何处避，春色使人愁"给人倍感苍凉，反映战乱给人民带来痛苦。

林景熙是南宋的遗民，以爱国情操闻名，此文写作之时，他已隐迹山林十二年。此时元朝统治天下，局势扰攘不安，百姓民不聊生。作者由蜃景的幻化漫灭，转而感怀历史，笔法委婉曲折，这种感慨华屋丘墟、桑田沧海的情绪，正包含着对宋王朝的追忆与叹恨，也对元朝统治者表达严厉的批判。在欲吐不吐的议论中，饱含着哀国叹时的幽怨情怀，因此拓展了文章的深度。

元大德元年（1297）四月，陈空崖与嫂子苏锦娘聚众讲法，起义反元，建立罗平国，建元正治，陈空崖自称"罗平正治国主"。十月，罗平国被元朝军队镇压，陈空崖及大部分头领一同被俘，随后被元成宗奇渥温铁木儿下令斩杀或病死狱中。据明弘治《温州府志》记载："有司收捕，至闻省府，方议兴兵。州吏林朴、里正陈景春等俘获三十三名，械送有司，狱成而空崖瘐死（病死狱中）。寻有旨，籍其财产，分与朴等，赐衣授官。"

平阳稍有平静之后，林景熙又回到他的白石巷，教授生徒，从事著作，过着清贫的生活，以颜回箪食瓢饮、乐在其中来自我解嘲。从他的《归白石故庐》一诗中，我们已经读到，林景熙所住的白石故庐，绝不是一个人民埠盛的地方，而是一个"四邻井灶出荒墟"的所在。

元大德元年春（1298），林景熙又第二次到访神山寺。在来神山寺途中写了下《过风门岭》诗篇："客来自风门，飔飔撼两袖。溪回众峰新，畈绝一岭又。行行春晶微，怪禽啼白书。流年感花稀，古道表松秀。"风门岭是平阳县最早的古道，位于仙口村和鳌江镇西湾社区头沙村之间的山路中间。始建于哪一年已经不可考，但从三国东吴赤乌二年（239）仙口一带即已置横屿船屯，且西晋太康四年（283）便在此设县的记载来看，风门岭古道作为仙口和外界联系的重要道路，在三国西晋时期应当已经建成，是古时当地的交通要道。风门岭古道四周风景优美，有神山寺、助福亭、风门头宫、伏龙寺（三官堂）、龙王禅寺、樟木潭、明代烽火台等众多文化遗迹。由于国破家亡的惨痛体验，林景熙在此感怀今昔，寄托遥深；风格幽婉，声情绵邈，音节苍凉悲壮，有强烈的艺术感染力。

之后，林景熙来到神山寺，原来的高僧走了，真是沧海桑田，变幻莫测。那天晚上他一个人在神山寺住下来，面对青灯古佛写下了《神山寺访僧》："独客无清伴，高僧住别村。空山卓锡影，断石系舟痕。风细松生籁，沙虚竹走根。小亭间坐久，落日啸孤猿。"据《永嘉记》云："阳屿有仙石，山顶上有平石，方十余丈，名仙坛。坛陬辄有一筋竹，凡有四竹，葳蕤青翠，风来动音，自成宫商。石上净洁，初无粗箨，相传云曾有却粒者于此羽化，故谓之仙石。"林景熙借景抒情，以精粹简练的语言，委婉曲折的表达方式，来揭示自己心灵深处亡国隐痛。风格幽婉，沉郁悲凉。同时又写下了《归自越，避寇海滨，寒食不得祭扫》一诗："持酒无因洒墓松，禽声花色惨东风。去年此日身为客，及到乡山又客中"。

始建于唐乾符年间的神山寺，村中至今还留有该寺的旧址，有佛教禅宗临济支宗第37代的真传石牌。日前，在仙口村河道上发现一处有文字的记载桥板，经初步辨认，系"裴收并妻黄九娘阖家等为四恩三有舍"十六个字。该桥板为花岗岩材质，长4.2米，宽0.44米，厚0.2米。此桥板原来应该是佛堂寺庵的石柱，被人拆移至此处，当桥板用。

林景熙两次到访仙口村，为该村留下了无比珍贵的诗文，成为后人丰厚的文化遗产。

（文：周春薇）

苍南金星村

顾老敏疏财为乡邻

金星村隶属于苍南县金乡镇，位于金乡卫城南城区域，明洪武二十年（1387），朱元璋命信国公洪武在此置卫筑城，至今已有六百余年。主人公顾老敏就是这里人，在金乡可谓家喻户晓。有关他的故事也在世代流传。

顾敏之（1770—1841），名讷，号芝田，自称雁南散人，乡邻称他"顾老敏"。父亲曾在京中太学为官，他少年时在京求学长达十年之久，且勤学苦读，常常是三更灯火五更鸡，所以一生著作颇丰。道光元年（1820），顾老敏五十岁时才中恩贡，根据明朝官制，属"未入流"，做了儒学正堂，专管社会教化之类。

顾老敏给金乡人留下一句至理名言，"人生有三大无奈：妻不贤，子不孝，只怕铜钿被欠不肯还"。

金乡百姓家有疑难之事，大家公认只要找顾老敏，没有解决不了的难题，这说明他点子多，脑子灵活，也肯与人办事，深得民心。然而，他常说自己也有三大无奈，也有束手无策的时候。其子因对祖父不恭，触怒了顾老敏，经百般拷打，其子就是不肯屈服。最后，顾老敏竟然做了一件使世人瞠目结舌的事，将自己的亲生儿子活埋，此事曾轰动乡里，惊动京城。事情的结局如何，姑且不论，从此，顾老敏就给后人留下了话柄——做人千万莫学顾老敏！顾老敏的谐音是孤老敏，含有孤独相、孤老毒、不近人情之贬义。顾老敏给后人留下"畏"和"敬"两重性，"敬"是他肯为下层民众打抱不平，"畏"是他办事老辣，别出心裁。

顾老敏告老回家时，不但不与当地官员同流合污，甚至还要敲敲当官人的"竹杠"，老百姓称为"吃官铜"。

曾有一位不知天高地厚的"父母官"，一上任就想捞钱，他自

顾老敏疏财为乡邻

行规定百姓不准在金乡卫山上打黄泥，谁犯禁，一担黄泥罚一百个铜钿，以此敛财。有个穷人，快过年了，锅灶坏了，要用黄泥修补，又不敢犯禁，就去找顾老敏商量。顾老敏拿给他一百个铜钿，叫他胆大去打黄泥，"父母官"如要钱，你就给他一百个铜钿。那人听了顾老敏话后，第二天真的去卫山上打黄泥了，不想被抓个正着，罚了一百个铜钿。第二天，顾老敏来到金乡衙门，要求与当官的登山观风景，那官无奈，只得陪同。到了卫山上，顾老敏对着山上的坑坑洼洼处指指点点，大发雷霆，对那当官的说："你到金乡才不到一年，就卖去黄泥几千担，怪不得如此发财，今天请借一点小铜钿也让小弟过个好年。"那官不敢强辩，拿出一百个铜钱。叫顾老敏息事。从此以后，那些当官的到了金乡，一听到顾老敏的名字就闻风丧胆。

有一年，有户人家到顾老敏家借钱过年，顾老敏就问，"你为什么要借钱呀？"那人讲家里如何如何困难，顾老敏听了就说，"你明天早上到西门潘家，那里有个台门，你去把那个画有门神的门板背回来，那你就有钱过年了。"那人听了，当晚就去把画有门神的门板背了回来。第二天潘家的人就找上门来了，那背门板的就和潘家的论起理来，说"朝廷规定，只有官职到一定地位的官府家，才能门神画到地，你们家哪有资格画落地门神呢？我若去告发你，你家必定吃官司无疑"。潘家人听了，赶紧包了个大红包给他，偷偷换回了门板。

又有一年，有个人与顾老敏打官司，别人就挑唆那人说，你和顾老敏打官司，必输无疑，除非你死了赖他。那人听后，果真去死了。到了晚上，他家里人就把尸体背到顾老敏家门口，吊在他家的大门上。第二天一早，顾老敏发现了此事，就马上吩咐手下人去买了一双新鞋子，给死人换上了。结果官司打到衙门里，顾老敏就和判官说："死人的脚下穿了一双新鞋子，鞋底没有一点泥，谁信是他自己走过来上吊的呢，肯定是他死后，有人背过来挂在我家门口赖我的，判官可要明辨是非啊！"果真，顾老敏最后打赢了这场官司。

（文：夏守安　余黎静/图：曾令兵）

奉化西坞村

邬元会智铺石桥迎宰相

地处东江之西的西坞，因形如船坞而得名。这是一座水上的古村，四条河流形成"井"字形，街道顺着河流延伸，而桥又把河岸彼此勾连，形成自然而又精巧的布局。西坞自古多桥，聚义桥、镇宝桥、新义桥……每一座桥都有着自己独特的历史和韵味。其中最著名的要数居敬桥。

居敬桥古名龟径桥。龟在中国古代是长寿延年的象征，桥名龟径，寄寓长寿和吉祥。因为方言读音相似，渐渐演化成了现在的"居敬桥"。居敬桥始建于明嘉靖十九年（1540），距今已经有近五百年的历史。几经修缮，至今保存完整。1982年，居敬桥被列入奉化市文物保护单位。这是一座三孔石砌拱桥，全长31.5米，宽3.6米，桥面有台阶七十二级。中孔桥墩桥栏有一对石雕鳌鱼头，两侧桥栏上有两对石狮子，两对石象，以及十二对莲花灯。桥上刻有两副对联，分别是：

跨石成梁会尽有源活水，面山作业送来无数奇峰。
桥镇闾门缔早计一家祖调，路当津要往来通万里舟车。

居敬桥造型优美，横跨在东江之上，三个桥洞与水中的倒影组合在一起，如同三轮明月。多年前的西坞，因为水上交通发达，西坞一度成为"北通宁绍，南达台温"的浙东重镇。如果逆着时间的河流回到百年前，居敬桥下必定是喧闹无比，渔船、货船、客船穿梭来去，桨声欸乃，汽笛轰鸣。不知道这三轮明月是否触动过一代代远游的旅人，牵动载不走的幽幽思乡之情。

居敬桥西面不远处，有一座祠堂，是西坞大姓邬姓的宗祠。祠堂大门上挂着一个匾额，上题"名阅钜宗"四个大字。这块匾额的由来，与西坞一位历史名人邬元会有关。

邬元会，字时泰，号平阶，明万历二十三年（1595）进士。邬元会因为官清正，得到了朝廷的嘉奖，任命他为广东大主考，主持两广考务事，从五品知府晋升为三品大员。元会公到了广东后，不改青天本色，考务主持公平公正，为朝廷选拔了一大批人才。

民间传说，有一次宰相叶向高来江南巡察，抵达宁波府时，想起了门生邬元会，就想到西坞看看。当时，西坞水上交通已十分便利，官船可直达西坞居敬码头。元会公得知叶向高要来，亦喜亦忧。喜的是宰相大驾光临，蓬荜生辉。忧的是官船大，居敬桥桥孔小，船到这里必须换轿。宰相是一品官，需用八人大轿，可居敬桥边只有三块石板，八人大轿无法通过。古时有规定，一品官员过桥时需用五块石板铺的大桥，三块石块是违制的。当时情况紧急，宁波到西坞不到一天水路便可到达，再运长石铺路已经来不及了。这如何是好呢？元会公一番思索，命人把居敬桥旁两块护栏石板放倒，正好形成横向五块石板，大大节省了时间。当叶向高到西坞时，桥已铺好，宰相的八人大轿也顺利通过。

叶向高抵达西坞后，受到了邬元会等众乡绅宿老的欢迎。他们详细察看了西坞全村风貌，路上元会公不时介绍当地情况。当叶宰相得知如此大的西坞村是一个姓一个大族时，连连称赞："确是名门钜宗，名门钜宗！"当时邬姓祠堂新建不久，正缺一块匾额。元会公马上提出请叶宰相赐墨宝，题匾额。叶向高一口答应，命人取来文房四宝，写下了"名门钜宗"四字。

叶宰相走后，元会公想，"名门钜宗"虽是宰相所题，我们邬家亦是望族大姓，但毕竟做官不多，自称"名门"未免过于托大，传出去恐会惹人耻笑。他思之再三，总觉不妥，几天都是食不知味，夜不能寐。终于想出一个办法，在"名门"的"门"字内加了一个"兑"，变成了"阅"字，希望后代子孙多读圣贤书，多出能

水乡晨曦居敬桥

人贤才。于是，"名阅钜宗"这块匾一直被挂在西坞新祠堂大门之上。西坞人都十分感谢元会公，尊称他为"官房太公"。

史书记载，他为官时"裁冗节滥，简讼清刑"，深受百姓爱戴。民间传说他曾在苏州任知府，苏州府有一户富绅附庸风雅，在后花园养了许多白鹤，因为白鹤经常外飞，富绅就命人在鹤颈上挂了铜牌。有一次，一只白鹤飞到了枫桥寒山寺附近的农家，被农户养的一条黄狗咬死了。富绅十分生气，递状纸告官要求严办狗的主人。邬元会接到状纸后，认为富绅的要求太过分，提笔回复道："鹤项挂牌，犬不识字。禽兽相争，与主无涉。"了结了这一桩公案，百姓都称赞他为穷人主持公道。

官房太公邬元会的故事，一代一代地传了下来，夹杂进了许多后人的想象和寄托。不管是真是假，他已经和居敬桥一起，成为西坞历史的一部分，成为西坞人精神的一部分。直到今天，那些清晨在西坞桥头讲古的老大爷，黄昏时坐在巷子口摇着扇子乘凉的老大妈，还在绘声绘色讲述着居敬桥和官房太公的故事。

如今的西坞，因为时代的变迁，已经不再是水上交通枢纽。船只逐渐消失，居敬码头已经不复存在，河道也归于寂静。但是经济的发展，大量企业的兴起，包括外来打工者的涌入，给这座东江边上的船坞插上了新的翅膀。如果你来到西坞，千万不要止步于工业开发区的现代化厂房，也不要被西坞中路上密密麻麻的服装店、快餐店、美发店所迷惑，走进来，走进来，走到河流和桥梁上来。雨天沿着绵密而幽深的小巷，去寻访那一扇扇木门重掩的古老闾门；夜晚沿着种满巨大樟树的老街，看水波倒映在白粉墙上，轻轻荡漾——你会发现一个被隐藏起来的，清灵而秀美的西坞。

（文/图：奉化农办）

绍兴袍江尚巷村

仗义正直的师爷骆照

常言道："无徽不成商，无湘不成军，无绍不成衙。"明清两朝绍兴不知出了多少师爷，人称"大师爷"的却没有几个，绍兴昌安门外的尚巷村骆照以"骆大师爷"闻名全国。

骆照（1811—1878），字叙清，早年到河北保定直隶总督府习幕，学成后，也在北京、天津、直隶、山东一带当刑幕。骆照的出名是在当直隶按察使刑幕时。赵州有一贫妇过着生不如死的生活，十分厌世，想以吃毒饼的方式了却一生。她刚做好毒饼，邻居有要事把她叫走。正在此时，丈夫从田里干活回家，又累又饿，看到桌子上有几个饼拿起就落肚，很快七窍流血，一命归阴。

村里出了人命案子，那还了得，官府验尸后，认定是贫妇"毒杀亲夫"，上报求判死刑。"毒杀亲夫罪"按《大清律例》要凌迟处死。骆照办案向来审慎，接案复审时，发现此案疑窦重重。于是，他多次亲自提审犯妇，又亲临其左邻右舍和亲友处调查，终于访得实情，遂遵律据实力主改判，将原先定性的"故意杀人罪"改为"过失杀人罪"，最终该贫妇免遭凌迟酷刑，被判了永远监禁。这桩重大命案轰动了京津，亦使骆照名声大振，时人评述"谈申韩者，咸奉圭臬"，也就是说，都将骆照这一案例奉为准则和标杆。

清道光、咸丰、同治年间，内忧外患严重，战乱频频，时局动荡，"州县皆无暇谳狱"，连直隶总督府衙门积案高达五百余宗之多，积压时间长达十年之久。刘荫渠新任总督后，即慕名特聘骆照入幕，专门清理积案。骆照不负刘总督的重托，殚精竭虑，夜以继日地工作，仅仅用了五个月时间就审结了这五百余宗积案，并亲拟《清理积案规条十则》。刘总督看了以后，觉得条条在理，很有普遍推广的意义，遂奏请皇上恩准，颁诏令各省施行。

　　骆照大半辈子游幕燕赵齐鲁，到了晚年，也有了回江浙就近游幕的想法，以方便与家人有个相互照应。恰巧李卫出任浙江巡抚，他平素非常推崇骆照，就礼聘骆大师爷到浙抚衙门办文案。

　　话说常安门外松陵有个傅姓财主，上代中过秀才，村民亦以"相公"称呼他。别看他长得白白胖胖，文质彬彬，但心肠很黑很坏，他最大的特点就是贪得无厌。家里有上百亩良田，雇了几个长工，几年下来，长工们吃煞苦头。他们虽然没有读过书，但是你一言，我一句凑成了一首《相公要我做长工》的歌谣骂他：

　　　　相公要我做长工，
　　　　骗人造话讲一遍。
　　　　侬话工夫松，
　　　　两工抵一工。
　　　　侬话工钱现，
　　　　上年欠下年。
　　　　侬话床铺好，
　　　　一堆烂稻草。
　　　　侬话下饭好，
　　　　一碗咸菜无油炒。
　　　　早起吃碗碎米汤，
　　　　要我捻河泥，挖池塘。
　　　　肚皮饿得咕咕叫，
　　　　没有力气做勿动。
　　　　夜到吃碗馊气饭，
　　　　还骂你长工穷光蛋。

　　傅相公有个狗狐党，也是财主，贪财又好色，也流传下一首骂他的歌谣：

黑心老爷田地多，

日思夜想抢老婆。

老婆抢来三四个，

还要看相张巧姑，

连夜恼人抢来做个小老婆。

张巧姑：

"伢勿想倷房子大，

伢勿想倷田地多，

侬五十来伢十五，

哪有爷爷做丈夫？

无法无天来抢亲，

难得不怕人家告官府？"

　　傅相公常对人说："我傅相公只要想得到的，没有做不到的事。"他横行乡里，村民恨之入骨，只因他有财有势，奈何他不得，只能背地里咒骂他解恨消气。

　　一年秋天，难得回乡探亲的骆大师爷走亲访友路过松陵、则水牌，见一户人家男的唉声叹气，不时地捶打自己的脑袋，女的号啕大哭，嚷着要跳河。骆大师爷见此情景，忙叫轿夫停下轿子，一问才知又是这个傅相公在造孽。原来该村阿土有两亩祖遗水田，全靠它养家糊口。本来，这田与傅相公的田相隔了好几块地。但几年下来，这些田地都陆续被傅相公设计赚取了，两人竟成了田头邻居，阿土家的两亩水田早就成了傅相公朝思暮想的目标，只是苦于没有机会和借口。

　　这年三伏天格外闷热，阿土嫂忙这忙那，劳累过度，突然昏倒在地，不省人事。阿土和几个乡亲连忙手忙脚乱把她背回家，急得不知如何是好。这傅相公的鼻子耳朵特别灵，只一会工夫就撑伞上门来了。一进门就虚情假意地对阿土说："阿土，总是人要紧，抓紧给阿土嫂请郎中，万一有个三长两短，侬懊悔来不及咯。晓得侬手头没钱，我袋里有几两银子先拿去用。亲帮亲，邻帮邻，做点好事也是应该的。不过，亲兄弟明算账，我们也得写个契据，省得口说无凭。"此时的阿土急得六神无主，虽想到傅相公定没安好心，但现在救命紧要，急需用钱，也顾不上这么多了。于是，阿土匆匆请人写了契据，用两亩田作抵押，借了五两银子，契据约定"一可赎回，二可找绝"。秋后，阿土凑够五两银子准备找傅相公赎田，谁知傅相公凶煞神似骂道："契据上白字黑字写得明明白白，'不能赎回，只能找绝'，再找侬二两半银子，两亩田就归我了，侬不能反悔，也反悔不成。"阿土是有名的厚道老实人，听了后气得脸色发白，回家后同老婆一说，她又哭又骂，但拿不出别的好主意。

有人就想到了去官府去告状，但傅相公口口声声说"官府也怕他的铜钱多"，打官司也是白费力气。骆大师爷听了乡亲们的诉说，他捋了捋胡须，对阿土说："侬尽管大胆些，我帮侬打官司。"阿土和乡亲们已听说骆大师爷为人正直，是大名鼎鼎的大师爷，眼下又在浙江巡抚衙门任师爷，也增添了信心。骆照见多识广，办案经验丰富，傅相公欺阿土是个亮眼瞎，在契据上动了手脚，但这种雕虫小技被骆大师爷一眼看穿了。他要来笔墨纸张，草就了一首诗：

"一"加三笔改不字，
"二"添四点成"只"字。
不能回赎胡乱言，
只可找绝是杜撰。
相公凶恶黑心肠，
阿土失田活命难。
这桩世间不平事，
骆照到要管一管。

骆照让阿土到山阴县衙门击鼓鸣冤，升堂后递上这张纸。知县一看这是骆大师爷的亲笔，连忙同师爷商量。其实两人不用商量就决定惩治傅相公，为阿土找回活路。山阴知县和师爷早已被骆大师爷的威名震慑，浙江巡抚衙门里的当红师爷，任何知府、知县都得罪不起。况且，傅相公改动契据，明眼人一目了然，加上他平时劣迹斑斑，民愤很大。所以，山阴知县乐得顺水推舟，当即判了傅相公在县衙门戴枷锁示众三日的刑罚。山阴县民特别是遭受傅相公欺压的百姓无不拍手称快！同时颂扬骆大师爷做了件好事，而这个黑心财主则威风扫地，大病一场，没几年就呜呼哀哉！

（文：绍兴袍江农办）

杭州萧山楼家塔村

悬壶济世楼全善

萧山城区西南 35 公里处的楼塔镇楼家塔村，毗邻诸暨，接壤富阳，三县交界，四周群山环抱，村边碧水回绕，颇具诗情画意。在这钟灵毓秀之地，明代出了一位著名的医学家——楼英。有联赞之曰"德医双馨，铸就泰斗风骨；名利两忘，修成人生正果"。其医学成就成为中国医学发展史上的一座丰碑。

悬壶济世楼全善

楼英（1332—1401）元至顺三年壬申（1332）三月十五日，出生在萧山楼家塔村一个儒学世家。他的父亲楼友贤任富阳教谕，后受聘沪淞巨富朱君玉为家庭塾师。祖父楼寿高在元至元己卯（1279）春选秋选赴绍兴经试，连中两榜，授萧山县儒学直学。其母赵氏是宋皇室缙恭宪王的第五世孙女，簪缨世族，知书达礼，才貌双全，贤淑善良。父母给他取名公爽，字全善，楼英是他后来著作所取的笔名。

受家庭的熏陶和基因的遗传，童年的楼英就显露聪颖，不同寻常。四岁时，其母就教他识字。她对儿子"严于训饬，虽祁寒暑雨不废"。在其母亲的安排下，楼英七岁由塾师教读《周易》。他悟性极高，又有超凡的记忆力，对书中语句能背诵如流，植根于心。在髫年，经史、天文、地理无所不及，堪称饱学神童。

楼英的父亲认为"贫欲资身，莫若为师；贱欲救世，莫如行医"。在父亲的启迪、鼓励下，楼英十二岁时弃儒从医，潜心攻读《黄帝内经》。这是中国最古老的医书，深奥异常，犹同"天书"。楼英医海击楫，锲而不舍，八度春秋，终天道酬勤，铁杵成针，破解了这部古老医典之奥秘，觅知中华医学之本源，彻悟岐黄之术之真谛。家学的渊源，优越的家境，先天的灵气，勤奋的治学，造就了楼英。

楼英20岁时开始行医。凭着扎实的医学功底，执着的济世宗旨，严谨的医疗作风，高尚的职业道德，他使许多患者摆脱了疾病痛苦，恢复了健康之身。两三年间，他已声名鹊起，口碑载道。乡民们对这位年轻郎中无不赞赏。年复一年，楼英的医术不断精进，上门求诊者接踵而至。事业心极强的楼英，对病人的病情、号脉诊断结论、药方剂量都作了详细记录，日积月累，积累了大量的医案。这些医案成为他后来著书立说的重要资料。

楼英有一位姨父叫戴士尧，浙江浦江人，与名医朱丹溪（义乌人）是密友。戴士尧的儿子戴原礼是朱丹溪的真传弟子（后成为明初名医，洪武年间征为御医）。由于这层关系，楼英的父亲楼友贤与朱丹溪也有了师友之交。楼英在青年时代多次义乌拜访朱丹溪，深受其影响。戴原礼也多次到楼家塔姨父家，他觉得这个表弟"敏而好学，后必有成"。一次戴原礼自嘉禾（嘉兴）归浦江，顺道到楼家塔探亲。时年楼英26岁，在医学上已有相当修养，学术思想基本形成。两人切磋医道，十分投契，楼英受益匪浅。戴原礼获悉楼英在积累医案，准备撰写医书后，赠楼英联："闭门著书多岁月；挥毫落纸似云烟"，表达赞赏和勉励。

楼英没有真正意义上的拜师，但他在大量的研读、缜密的思考和认真的实践中，形成了独特的医学体系，可谓自学成才。他在行医中，因人、因病、因时而异，施以药疗、理疗、针疗等法，故每多奏效。对一些药铺短缺之药，自己上山采集，其足迹遍萧山南部山区及云南、贵州等地。

步入中年，楼英的医术炉火纯青，名扬天下。他救治的病人数以万计，使许多患者，药到病除；让一些在"鬼门关"挣扎的沉疴病危者，重燃生命之火。人们认为他是"神仙"，因此才有克伏病魔的广大神通。他逝世后家乡的后人、乡亲及楼家塔周边地区诸、萧、富三地的民众都称他"神仙太公"！

楼英不仅医术精湛，而且医德高尚。时人一致称颂他"孜孜以活人为务，疾口不谈声利事"。楼英对儿子宗望说："世人得一秘方，往往靳而不以示人，盖欲为子孙计也。吾今反之，将以惠天下，非求阴骘也。""惠天下"，是他一生行医的座右铭。

一次楼英出诊路过一旅店，两个住店老人病倒在店中，店家怕受拖累，令伙计把两个病叟扶出大门外，让他们离开。两位老人苦苦哀求。楼英看见后，要求店家不要赶走他们。他说"万一不讳，吾为直之"，意为如果发生不测的后果，一切由我负责。两位老人这才得以住回客店。楼英诊疗送药，一个多月后老人痊愈，楼英分文不取，还为他们付清住店费用，赠送了盘缠，两位老人"感泣而去"。像这样感人事例，在楼英的行医生涯中，俯拾皆是。

"活人为心，视人之病，犹己之病，则能称为仁术者！"楼英不仅是一位神医，也是一位仁医。

明洪武十年丁巳（1377），50岁的明太祖朱元璋身患沉疴，经太医院众多太医诊治，病情未见起色，并日趋危急。其时最忐忑不安的要数那些太医，他们战战兢兢，如临深渊，如履薄冰，在惶恐中煎熬。万一"九五之尊"驾崩，他们的命运轻则人头落地，重则满门抄斩。朝廷无奈颁诏征召天下名医。

时年楼英46岁，在医界闻名遐迩。朱元璋老家的临淮（今安徽凤阳一带）县丞孟恪向朝廷举荐了楼英，在太医院供职的楼英表兄戴原礼也推荐了楼英。此时的楼英，心情纠结，抉择两难。他虽是一个淡泊名利之人，但如不应诏，则是抗旨，后果不堪设想；去京城若能治愈皇帝龙体，自己极可能会被羁留宫中，终身成为君王的奴才；若皇上已病入膏肓，无药可救，自己为皇上陪葬，身败名裂事小，行医惠下天半途而废事大。然而他转念觉得朱元璋是一位重症病人，其身份特殊而已，作为医者，对病人岂可不救。瞬间，他觉得天地宽广，豁然开朗，所有顾忌杂念，烟消云散。

夙兴夜寐，风雨兼程，到达京城（南京）后，楼英立即为皇帝号脉，查明病因和病情，并查阅太医们为皇帝诊治开具的药方，至此，楼英已胸有成竹。他力排众议，提出了自己的医疗方案。

在楼英的精心诊疗下，洪武皇帝奇迹般地恢复了元气。楼英不仅救了朱元璋一命，也救了众多太医的命。（据说朱元璋驾崩前，除戴原礼外，为他治过病的太医全部被处死。）太医们无不为楼英的敬业精神、精湛医术和超凡胆识所折服。楼英的名望遍布朝野。

洪武皇帝的身体完全康复后，在金殿召见楼英，重金厚酬，楼英"飘然弗视"；许以官职，楼英以"老病"谢辞，他只恳求皇帝让他回老家。可能是朱元璋出于对楼英高风亮节的钦佩和获得第二次生命的感恩，这位刚愎自用、凶狠暴戾的君王，破天荒地"恩准"楼英回归故里。

回到故乡后，楼英继续从事他钟爱的行医"惠天下"事业，在为人治病的同时，潜心撰著医书。历时30余年，反复考订、数易其稿，至洪武二十九年（1396）他65岁时，终于完成恢宏巨著《医学纲目》。《医学纲目》共10部，总40卷，120万字，是中国历史上最早创立人体脏腑分类法的一部医典，甚为后世之推崇。楼英在

《医学纲目》"自序"中说："英爰自髫年，潜心斯道，上自《内经》，下至历代圣贤书传及诸家名方，昼读夜思，废食忘寝三十余载，始悟出千变万化之病态，皆不出阳阴五行。"

《医学纲目》受当时印刷技术的限制，未能当即出版，时人只能辗转传抄。到明嘉靖乙丑（1565），才有了第一版刻本。此后各种版本陆续问世，到2011年，已有14个版本流传于世，为中华医学之瑰宝。

明万历年间，李时珍在编纂《本草纲目》时，把楼英的《医学纲目》作为主要参考资料，在《本草纲目》中，留下了许多"引自楼英《医学纲目》的注脚"。

明建文三年辛巳十一月十九日（1401年12月23日），楼英逝世，享年70岁，安葬在楼家塔村西北一公里之尚坞山麓。一年后翰林学士、奉仪大夫王景为楼英墓撰写了《墓铭》，明永乐戊戌（1418），翰林修撰承务郎陈循，为楼英墓写了《墓铭跋》。

楼英墓历代修葺，保存完好，2004年被列为萧山区文物保护点，2007年11月被列为杭州市文物保护点。2014年楼英墓扩建成"楼英陵园"，门楼、景亭、长廊、水池错落有致，园内草木芳菲。国民党名誉主席吴伯雄先生题写了园名。楼英墓成为楼家塔村一处历史文化景观。

（文：杭州萧山农办/图：刘琦）

临海垫廒村

朱胜非智平兵变

朱胜非（1082—1144），字仲集，谥号忠靖，出生于河南蔡州（今河南汝南），宋室南渡后迁居浙江省临海市白水洋镇垫廒村。他身处两宋风雨飘摇的年代，宋徽宗崇宁二年（1103）策试进士第一。朱胜非历仕徽宗、钦宗、高宗三朝，曾两度入相。

宋钦宗靖康二年（1127）四月，金军攻破东京（今河南开封），烧杀抢掠。宋徽宗、宋钦宗父子，以及大量赵氏皇族、后宫妃嫔与贵卿、朝臣等共三千余人被掳北上，北宋灭亡。

朱胜非智平兵变

在金人的威逼利诱下，张邦昌僭位，国号"大楚"。张邦昌派使者到朱胜非那里游说拉拢。朱胜非虽为其友婿（连襟），但在大义面前绝不含糊，立刻囚张邦昌使者，并把张邦昌大骂一通。

靖康之难后，朱胜非和宗泽前往山东济州，劝说康王赵构即位应天府。宋高宗赵构认为朱胜非有功于王室，再加上当时的宰相黄潜善和汪伯彦声名狼藉，不得不罢相，相位虚悬。建炎二年（1128）三月，宋高宗任命朱胜非为尚书右仆射（右相）兼中书侍郎，王渊签书枢密院事。统制苗傅、刘正彦认为他们两人功劳大却赏赐少，又嫉妒王渊一下子得到高官显爵，心里极不平衡，因此对宋高宗心生怨气。苗傅、刘正彦与心腹同党王钧甫、王世修密谋策划，诬陷王渊勾结宦官谋反，以"为民除害"的名义发动兵变，伏兵杀王渊，捕杀宦官，拥兵到行宫门外，苗傅逼请高宗退位，让位给三岁的儿子赵旉，请隆祐太后听政。

隆祐太后不愿意，苗傅、刘正彦等执意不从，当时的情势犹如箭在弦上，一触即发。当时实力悬殊，为了防止情势进一步恶化，朱胜非轻轻地对高宗说："王钧甫是苗、刘的心腹，他告诉我，'二将忠有余，学不足。'"这话是以后再作打算的苗头。于是太后垂帘听政，高宗退居显忠寺，号称"睿圣宫"。朱胜非奏请下诏赦免以安抚苗、刘等人。又奏请隆祐太后和宋高宗，允许他第二天引苗、刘等人上殿，以消除苗、刘的猜疑。苗傅、刘正彦等人想挟持宋高宗南迁徽州、越州，朱胜非晓以祸福，说服苗、刘，与他们巧妙周旋，苗、刘才打消这个念头。太后看着胜非公对宋高宗说：幸亏任命此人为相，如果是黄潜善、汪伯彦二人，局面就难以收拾了。

稳住苗傅、刘正彦后，朱胜非接着走了两步棋，这两步棋可以说是平定苗、刘的关键。

第一步棋是对兵变集团采取了分化瓦解的策略。通过仔细观察与分析，朱胜非敏锐地感觉到苗、刘的心腹将领王钧甫、王世修对苗、刘的做法并不是特别赞同，或许王钧甫、王世修是解决苗、刘兵变的突破口。确定策略后，朱胜非决定对王钧甫、王世修两人晓以大义，积极争取。

王钧甫去见朱胜非，朱胜非趁机问道："前言二将学不足，如何?"钧甫曰:"如刘将手杀王渊,军中亦非之。"朱胜非于是用激将法来刺激他:"上皇待燕士如骨肉,乃无一人效力者乎?人言燕、赵多奇士,徒虚语耳。"王钧甫回答:"不可谓燕无人。"朱胜非反问:"君与马参议皆燕中名人,尝献策灭契丹者。今金人所任,多契丹旧人,若渡江,祸首及君矣。盍早为朝廷协力乎!"王钧甫连声称是。

王世修来见,朱胜非先晓之以义:"国家艰难,若等立功之秋也。诚能奋身立事,从官岂难得乎";后动之以利,提拔王世修为工部侍郎。在大义的感召和自身利益的驱动下,王世修心悦诚服,经常向朱胜非报告苗傅、刘正彦的动向。

第二步棋是暗中写信给驻扎在平江的礼部侍郎张浚,请求张浚会合吕颐浩、韩世忠、刘世光等人起兵镇压苗、刘等叛军,书写讨逆文书,并上疏请建炎皇帝重登帝位。苗傅、刘正彦等人自恃城池坚固,十分猖獗,拒不听从。朱胜非对苗傅、刘正彦说:"勤王之师未进者,欲使此间早自归正耳。不然下诏率百官六军,请帝还宫,公等置身何地?"于是率刘正彦到显忠寺,请高宗复位。等到勤王大军进入北门后,朱胜非立即命人捉拿苗傅、刘正彦并杀了他们。

因外有文臣吕颐浩和张浚、武臣韩世忠和刘光世的武力进逼,内有朱胜非与苗傅、刘正彦的巧妙周旋,苗、刘兵变才很快被平定。在这场惊心动魄的政变中,朱胜非确是尽心竭力地保全了宋高宗赵构。《中兴遗史》称朱胜非"性缓而不迫,虽柔懦而安审,故能委曲调护二贼,使不得肆为悖乱"。但此次危机的成功化解表现了胜非公沉稳机敏、权谋通变的政治智慧。

苗、刘兵变平定后,朱胜非自请罢相。他上奏高宗说:"以前遇变故,我当殉义死,偷生到现在,正是图谋今日之事而已。"高宗屡劝无效请其推荐继任者,朱胜非推荐吕颐浩、张浚。高宗遂授朱胜非观文殿大学士、洪州知州,不久又授江西安抚大使兼江州知州。

绍兴元年（1131），窜扰在江南的游寇头目主要有李成、曹成等。其中最使朝廷头疼的是以李成为首的一支。李成，河北雄州人氏，当过弓手，惯舞双刀，彪悍异常，集众数万，趁金兵北撤之机，占据了江淮之间六七个州部，妄图席卷东南，成为一代枭雄。游寇李成的副将马进攻陷江州，侍御史沈万求指责九江失守是由胜非赴任太慢所致，贬朱胜非为中大夫，分管南京驻江州。

绍兴二年（1132），吕颐浩推荐朱胜非兼任侍读，又统领江、淮、荆、浙诸州军事。不久朱胜非升任尚书右仆射、同中书平章事，后因母丧去职守孝。同年九月，再次被起用为右仆射兼知枢密院事，第二次入相。

绍兴三年（1133）十一月，岳飞建议出兵收复襄阳等六郡，恢复中原。收复建康后高宗召见岳飞，特赐"精忠岳飞"的军旗。岳飞连续上疏建议乘胜北伐进取襄樊，宰相朱胜非和参知政事赵鼎全力支持，高宗迫于形势派岳飞北伐，但规定：只准"收复襄阳府、唐、邓、隋、郢州、信阳六郡"，敌军"若逃遁出界，不须远追"，"亦不得张皇事势，夸大过当，或称'提兵北'；或言'收复汴京'之类，却致引惹"。规定事毕，大军复回江上屯驻。

后遇长期大雨，灾难沉重，朱胜非多次上书求免职，并自责十一条罪状，直到绍兴四年（1134）九月，宋高宗才准奏。

绍兴五年（1135）正月，宋高宗下诏，向前任和当朝的宰相"访以攻战之利，备御之宜，措置之方，绥怀之略"。从他们的上疏中，可见主战与主和两个营垒阵线分明：李纲、朱胜非、吕颐浩主战，秦桧和汪伯彦主和。虽然宋高宗也力主和议，但朱胜非仍应诏上疏言战守四事。朱胜非所言虽然不合宋高宗的心意，但是宋高宗还是真切地感受到了朱胜非在奏疏中流露出来的为君王分忧的耿耿忠心，应诏上疏后不久，胜非公被起用为湖州知州。

后因反对秦桧的所作所为，朱胜非称病归家，闲居八年，著

《秀水闲居录》传世。《全宋诗》、《全宋文》都录有其诗文。

朱胜非绍兴十四年（1144）卒，年六十三，谥号"忠靖"。

对朱胜非隐忍以图存社稷的行为，主编《宋史》的元朝宰相脱脱的评价十分中肯："朱胜非、吕颐浩处苗、刘之变，或巽用其智，或振奋其威，其于复辟讨贼之功，固有可言矣。"

琳山苍苍，灵江泱泱，朱公之风，山高水长。忠靖宰相朱胜非的大忠、大智、大义永远是朱氏后人的道德高标。遥想八百多年前那一段波诡云谲、风云变幻的历史，不禁令人对始祖肃然起敬。

（文：方永敏/图：曾令兵）

青田罗溪村

林三渔旅日 70 年不改国籍

林三渔（1902—1987），一生侨居日本，是旅日著名爱国侨领，青田仁庄乡罗溪村人。

林三渔出生于青田县仁庄乡罗溪村。祖辈以种田为生，家境贫寒。林三渔有两个哥哥，三个姐姐，他排行第六，七八岁就开始做家务，干农活。

1913 年，家里遭火灾，全家八口只好蛰居在林氏祠堂里，过着饥一顿饱一顿的生活。为生活所迫，其哥哥林泽渔于 1914 年东渡日本做苦力，几年之后，又回家种田。1918 年，林三渔十六岁时，怀里揣着东挪西凑的 16 个银圆，跟随乡亲一起从仁庄罗溪走到港头，坐航船到温州再转船至上海，以"留学"的名义，东渡日本谋生。先是在码头做苦力，打零杂工，后来进皮革作坊当杂工。因平时有机会接触到技工制革染色的技术，林三渔暗暗学习，认真揣摩。日积月累，他掌握了制革染色技术。一天技工师傅生病，作坊几乎要停工停产，老板正焦急之际，林三渔自告奋勇，挑起制革染色的担子。作坊老板不得已让他试试。林三渔认真操作，准确配方，一试成功，染制皮革的颜色比原师傅还好，得到老板的器重，有幸当上了技工。这件事当时还曾上了东京的报纸。老板还为此摆酒向他表示感谢和庆贺。林三渔平生第一次喝了一杯酒。他成了作坊里的骨干，有了固定的工作和稳定的收入。

1923 年，在日本残酷杀戮旅日华工商贩，掀起汹涌的排华恶浪时，林三渔所在的地方未被波及，他因而幸免于难。抗日战争期间，因作坊老板离不开他，林三渔有幸在作坊里打工度日，他一个日元一个日元积攒血汗钱，带回家乡供养父母姐兄。1935 年后，林三渔与日本女子结婚，建立家庭。但是，他始终保留着中国国籍。

1945 年，日本无条件投降后，经济一片萧条，老百姓掉入了贫困的深渊，皮革作坊也不景气。林三渔看准了时机，利用多年的积蓄，在台东区盖起铁皮板屋开设"中国料理"，到郊区买来大米，经营中国米饭、白粥、小菜等。由于价格实惠，味道可口，经营方法灵活，林三渔的饭摊特别适合日本战后经济萧条、老百姓十分贫困的状况和日本人惜时如金的观念，生意非常兴旺。日本人称为"满意饭摊"。

林三渔在饭摊的基础上，把生意做大。他在东京买了一家店面，经过装修把饭摊扩展成中华料理——"光海楼"餐馆。他以真诚待客、薄利多销的经营方针和色香味俱佳的中国特色菜肴吸引日本顾客，使"光海楼"餐馆经久兴旺。此时，林三渔已有三男三女，妻子善良贤惠，子女勤勉诚实，全家勤俭持业，经营有方。他们有了积蓄，又相继开办了游乐场，成为华侨实业家。林三渔热心侨团工作，被推选为旅日华侨东京总会常务理事，旅日浙江华侨同乡会副会长。

1961 年 9 月，林三渔首次回国参加国庆观礼活动，受到周恩来、廖承志等领导接见，并参加周恩来总理的酒会。之后，他又随同观光团到东北重工业基地和北大荒粮仓参观访问。他看到东北的大豆、玉米源源不断地运往日本，去换取日本的钢筋铁板，感触很深。他从北国回到阔别 40 多年的江南，浙江省青田县仁庄乡罗溪村。一路上，看到自己的祖国比 40 年前他离别时进步得多了，但与日本相比，确实还很落后。一直保留着中国国籍的林三渔，心里觉得很不好受，下决心要为祖国富强起来作点贡献。

自 20 世纪 60 年代初起，林三渔常为青田华侨中学、温州华侨中学等捐赠办学经费、学习用品。1973 年起，他捐资兴建山口至仁庄公路、罗溪小学、罗溪水电站，重修大安至仁庄道路，先后兴建山口、下陈、阮垟、仁庄、罗溪等地桥梁 6 座、凉亭 4 个；1980 年，捐资兴建浙江华侨大楼；1981 年，资助兴建青田华侨饭店；1982 年，捐资重建太鹤公园谢桥亭；1983—1986 年，在青田中学、温州大学、丽水师范专科学校、罗溪爱国小学设立振兴中华奖学金，捐资兴建青田中学三渔礼堂；1987 年，捐资 70 万日元，在上海大学兴建实验中学，提供教育实验基地，资助修纂《青田县志》40 万日元。

林三渔常说：祖国与海外赤子是母子关系。国富民强，国弱民辱，只有先国家后自己，才能使祖国强大，人民荣光。他不仅这样想，而且这样做了。

林三渔本人生活十分俭朴，属于他自己的只有极平常的简陋的居室和一辆用于清理垃圾和代步的破旧自行车，他把一生的辛勤积蓄全部奉献给家乡。

林三渔故居

1987 年 10 月，林三渔身患绝症，第 40 次回乡。同年 11 月 13 日逝世于日本东京。

（文/图：陈介武）

洞头垄头村

周鸣岐怒斥日寇暴行

周鸣岐先生是垄头村鱼岙人，出生于清光绪二十八年（1902），雅号"浪漫人"，被洞头人尊称为才子、诗人，他创作的大量诗歌和顺口溜采用闽南语音韵，顺口好唱，好懂好记，在洞头百岛民间家喻户晓，几乎男女老少都会哼几句，唱几段。歌词的手抄本也被争相传抄。一时"浪漫人"的名字叫响了各个渔村，而其真名却少有人知。

周鸣岐怒斥日寇暴行

在第二次全县文物普查时，普查人员收集到他的民间鼓词和民歌作品有《抗战组歌》"可恶东洋日本仔""把伊（他）抓来下油锅""中日交战拼生命"和"日本番王无道理"等；民歌有：《洞头百岛串名歌》《戒赌歌》（又名《国牌歌》）、《戒乌烟》（鸦片歌）、《鲂鱼案（轰动玉环县的一桩冤案）鼓词》，这些作品抨击抢劫害人，违背天理，官盗勾结的顺口溜，有各类内容的"十二月"歌词等，他的歌词虽难登大雅之堂，略显俗气，却朗朗上口，颇受大众喜爱，至今一些七八十岁的老人还能记住"浪漫人"和他的歌。他不仅有才，而且是个不怕邪、无拘束、执信仗义正气凛然的义士，也可以称得上是一位抗日勇士。他为了救三十多位渔民兄弟的生命，慷慨惨烈死在日本鬼子的屠刀下。

1945 年春天，一艘火轮（日本军舰）毫无顾忌、横冲直撞地闯进洞头渔港。只见一个日本兵站在甲板上，手里举着一面膏药旗，不断地招摇着，口里叽里咕噜地说着番话，当时停泊在港内的十多艘渔船没有一艘搭理他，不料日舰入港后，却气势汹汹、无缘无故指责渔船有意抵抗，不给让道，随即抓人、扣船，把三十多个船老大和伙计关押在中仑的叶氏祠堂内，不让进出。被扣押者的家属心急如焚，深知日本仔是杀人不眨眼的魔鬼，惹了他有死无生。当是时，有人想到"浪漫人"先生，说他会讲几句日本话，为人慷慨仗义，把他请来也许会有办法救人，于是立即派人去请"浪漫人"先生。

周鸣岐先生一听乡人的报告，二话不说，立即随着来人前往祠堂与日本人交涉，也许是他的大气和果敢让日本人折服，不到一小时谈判，果然奏效，当天下午被扣押的三十多个渔民全部被放了出来。不过，日本人有个条件，渔船不能出海，要随时听候指令。不料，当天晚上，月黑风起，那些老大们怕日本人把他们的船捣毁或放火烧船（此种事听得多了），便趁日本人在山上寻欢作乐，没有注意，偷偷把渔船开离渔港，出海去了。

第二天早上，鬼子们不见港内船影，很是生气，就把周鸣岐叫到日舰上，大发雷霆，指责他不守信用，周先生以他的半土半洋的番话据理力辩，他说："你们是日本人，离我们中国有千万里之遥，无缘无故来我们这个岛上，抓人扣船是何道理！假如我们中国人也像你们一样去日本抓人、押船的，你们会怎么想！又会怎样对待我们！渔船是我们自己花钱造起来的，自己要怎么做，就怎么做，有什么不对。"

日本人听了周鸣岐半土半洋的争辩，明白了大概意思，一时无言以对。但是强盗是不讲理的，一个鬼子的头目，像个恶煞，拔出了腰刀，手起刀落砍在了周鸣岐肩上，一时鲜血四溅，可周鸣岐并不气馁，圆睁双眼，大声呼喊"日本狗仔无道理，无故杀人天不依，我死之后做厉鬼，定抓你们到阴司"，鬼子见他如此勇烈，几个人上前，把周鸣岐托起，抛入港内，此时因港内没有船只且周先生又受重伤，无法抢救，一位抗日义士，就这样被日子鬼子杀害了。

周鸣岐临死痛骂鬼子的壮举被传开，全岛人无比伤痛，当人们在悼念周鸣岐的时候，一位垄头村陈氏渔民回忆起他的另一件痛斥日本仔的事。农历八月的一天，他在山上割柴草，见一架日本轰炸机从北方飞来，在洞头岛上空盘旋，他十分气愤，举起手中镰刀，指向飞机，高声吟出："天上飞来日本机，日本狗仔把人欺，番王无道不讲理，侵占中华咱地基，中国人民有骨气，团结起来打死伊（他），把伊全部消灭掉，送伊个个去阴司。"他念了周鸣岐这首顺口溜时，激起了在场所有人的义愤，一致要为周鸣岐先生报仇。终于复仇的机会来了。

当时日舰有一名小佐，名叫钱川，因留恋外地（玉环人）一名在洞头渔港"卖欢"的女人，他没有跟随军舰离去，住在"卖欢"女阿柳家。因此，洞头和中仑地方几位姓叶的血气方刚的年轻人，被周鸣岐的义勇气慨所感动，他们聚在一起，商议杀死钱川的计划，其中有一位跟阿柳比较熟悉的人说，要杀钱川不难，只要买通阿柳，以大义晓之，让她帮助我们行事，大家一致认可这个办法，于是由他去做通阿柳的思想工作。

　　阿柳虽然是个"卖欢"的人，但也很讲义气，她愿意成就杀钱川的事。于是，阿柳在一天晚上特意摆了一桌子"海鲜宴"，殷勤陪钱川喝酒，把个钱川喝了个大醉如泥。她见状，立即通知那几位叶姓青年。于是他们立即前往，用绳索把钱川捆绑好，装在一只大麻袋内，扛到码头，划了小船，把钱川抛入"炮呑门"的江里去喂鱼，以其恶人之道，还治恶人之身，为周鸣岐报了仇。

（文：郭温林/图：曾令兵）

千村故事

精选

卷三

浙江省农业和农村工作办公室
浙江农林大学中国农民发展研究中心
浙江省农民发展研究中心
中国名村变迁与农民发展协同创新中心

主编

中国社会科学出版社

民风民俗

特产特品

Content

Book Three

Folk Tradition and Customs

Craftsmanship

Local Specialties

·卷三·

民风民俗

一 岁时节令

宁海联溪村

联溪布龙闹元宵

从宁海出西门至黄坛街的徐霞客游线古道上，有个叫联溪村的古老村子。从枧头过来，经由一座五排石板并列有 48 孔、长达 168 米的雄伟古桥，就是联溪村了。它位于杨溪南畔，依偎着宽阔的杨溪水，在繁华的黄坛街前沿，静静伫立了一千多年。村里 90% 以上都是陈姓人家，另有林、潘、邬等少数姓氏，多为入赘、迁徙或外来打工的，也曾用溪头陈、陈家村等名。从村谱里看，陈姓始祖始载于唐建中时期，渊源久远。

联溪村内原有古祠堂、古桥、古牌坊等众多遗迹，惜已在岁月中湮没，唯留一座百余年历史的古庙和村口一株 200 年的古树，但联溪村的九节布龙、元宵行会等风俗仍在流传，远近闻名。

九节布龙之风俗，与求水有关。距联溪村十里左右有一水潭，名为白龙潭，是古代宁海著名的求雨圣地。宁海一带祈雨，又称为

"取水"，"取水"队伍中有许多用以娱神的民间艺术形式，其中舞龙就是重要一项。

据村里陈兴汉等老人说，联溪的九节布龙是由他们的先人陈守龙、陈守罗（明末清初人）等首创，并一代一代传了下来。至民国初年，他们的舞龙已不单为"取水"所用，每到春节、元宵都要表演，1949年后时断时续，1966年以后完全停止。2001年，联溪村在村委会的支持下，以财政补贴、社会集资等方式，重新制作了道具、服装，特邀胡全纯等老前辈指导舞龙，培训出陈兴汉、王兴标等24名年轻的舞龙高手。在队长陈兴汉的带领下，每逢重大节庆活动均会表演。2002年该舞龙队应邀在"黄坛镇元宵行会""第二届中国（宁海）5·19徐霞客开游节"上做过表演，现服装、道具保管较好，而且还有一支相对稳定的舞龙队伍。现在，联溪九节布龙已列入宁波市非物质文化遗产。

联溪布龙有一对，每条龙九节，每节一个人，由于龙头和龙尾运动量大，往往两个人轮换；伴奏乐器有长尖号一对（兼吹唢呐）；大鼓、大锣、大钹和小锣各一。表演时，先敲一番锣鼓，当长尖号发出"嘟嘟嘟"声音时，"九节龙"开始出场。在不同的鼓点下，依次表演龙抬头、龙出宫、游龙、快龙、金龙打滚、双龙戏珠等环节，直至梅花结顶止。联溪九节布龙形体适中，讲求动作细腻有力，更因为他们舞的是双龙，表演是否对称，往往成为人们关注的焦点。服装主要是淡蓝、黄、白三色丝绸衣及头巾，大小依据表演者身材而定。道具为黄白两条龙，龙头高55厘米，前额至后颈长65厘米，丝绸布裱褙，黄白底色上描以鳞片。

精美的联溪布龙给黄坛古有盛名的元宵灯会平添了几分风情。黄坛元宵灯会俗称"十四夜会"，又称"行会"，与全国各地"元宵过十五"有所不同。黄坛行会于正月十三开始，持续三个晚上，源自明清松坛主庙的"新春迎神赐福赛会"。自南宋以来，受"京杭都会""西湖歌舞""浙东文化"等影响，黄坛就开始有元宵灯

联溪布龙闹元宵

会活动，明清时尤为繁荣。黄坛古称松坛，其乡境囊括西郊村间十五里方圆。自黄坛沿大溪至溪南，两岸大小 22 个村庄包括联溪村，竞相参与灯会，故称赛会。各村组成的头牌、台阁、秋千、鼓亭、龙灯、舞狮、船灯、跑马灯、高跷、乐队等，表演精湛的技艺，演奏不同的曲调，各具艺术特色，博采众长，无不呈现着一种乡情民意和凝聚力。

黄坛行会曾有七月行会，起于宋末，盛于明清。这是一个声势浩大的喜庆游行、为祈求五谷丰收的活动。后来黄坛更流行十四夜行会。鼓亭、抬阁、秋千、舞龙、舞狮，各民俗活动精彩纷呈。队伍从黄坛大庙出发，游遍黄坛各村，到半夜才结束。元宵行会必有鼓亭、抬阁、秋千、舞狮等，以及前童行会所没有的联溪九节布龙舞龙，还配有专门的龙舞音乐。行会队伍先在黄坛大庙里集中，然后游转各村庄，声势浩大。目的是祈祷风调雨顺、康福平安。

十里花灯，二十里迂回，长龙漫游，火树银花，锣鼓欢快，其声势之大，规模之广，时间之长，路程之远，实属罕见。灯队行进中，三连铳排放，方盒焰火腾空。24 支古铜长号齐鸣，嘟嘟声威震四野，催人奋进。台阁上戏剧将相人物，英姿飒爽。秋千神童了结弯环，起落翻滚。鼓亭花灯交相辉映，龙凤呈祥。高跷队伍竞技演艺，各显神奇。龙灯环绕吉祥宝珠，翻腾逐浪。狮舞争抢如意球，欢腾雀跃。马灯队健儿跃马牵缰，旋舞驰骋。轻挑船灯艄公摇桨，"水漫金山"。笙箫鼓乐演奏曲调，铿锵悠扬。八面大小铜锣声，响彻天空。幽悠的丝管弦乐，顿挫抑扬。高明的唢呐手，悦耳清脆，这是一场民间才艺荟萃的演出。欢乐热闹的场面，连缑城元宵花灯也远不及黄坛行会风光，极大地吸引了市民赶来黄坛"相会"。

黄坛的元宵灯会，既是娱乐的场所，也是牵系红绳的鹊桥。男女青年在这喜庆热闹浪漫的相会中相亲，很多人因此终成眷属。据说著名左联作家柔石与其夫人吴素瑛就是在黄坛元宵灯会牵线相聚的一对有缘情侣。柔石在西门正学学堂就读时，结识了一批志趣相投的知心同学，其中有黄坛严雅惠、胡兆宪、陈有才等。每年元宵节，柔石总是应邀到黄坛去观赏灯会。1919 年，柔石从浙江省立第一师范学校读书回家，在老同学严雅惠等陪同下，观赏了黄坛元宵灯会。斯文秀气的青年柔石遇上了端庄、贤淑的吴素瑛，流萤飞旋、灯火灿烂，在熙来攘往的人流中，四目相对，各自心生好感。又经严雅惠牵线促进，柔石进而结识了吴素瑛。第二年，19 岁的柔石与吴素瑛结了婚。虽然后来因为知识与思想上的差距日渐加大，柔石与吴素瑛历经坎坷、心有隔阂，但初始也是相亲相爱的一对情侣，这不能不说是黄坛元宵灯会所促成的一份情缘。

现在宁海县前童古镇的元宵行会闻名遐迩，当年比其名声更盛的西乡黄坛元宵灯会也日渐复热。岁月更迭，日新月异，如今黄坛正在大踏步走向更时尚靓丽的新时代。而时光给予了黄坛联溪美好的记忆，时光也将延续联溪村美好的未来。

（文：杨小娣/图：曾令兵）

龙游星火村

貔貅狮子舞星火

星火村位于龙游县东部的湖镇集镇上。湖镇通济街俗称湖头街，星火村原称湖头街下街，占据古街道的 2/3 以上，是旧时湖镇集镇的主体，从某种意义上说星火村也就是湖头街。星火之名自 20 世纪 50 年代创办星火农业合作社始，有江、周、童、王、汪、徐、吴、沈等姓氏。

星火村喜舞龙、舞狮由来已久，明代周氏三兄弟（明崇祯年间武进士周之桢、周之成、周之魁）倡导的硬头狮子，其"武、猛、威"之势堪称国内一绝。

貔貅狮子

早年时，过春节玩狮舞龙的盛会，于每年农历正月初十始揭开序幕，由下街的狮子先舞。早晨，"狮子上街"的呼声四处传来。

街上的商店都在准备香烛、鞭炮、烧纸，准备来迎接狮子。尤其儿童们，都以雀跃兴奋的心情，在街上伫候观赏狮子上街。

大约上午十时光景，一对新添加了许多狮毛的老狮子，由下街并列俪行，在捧着香烛、五祀件的狮会人士簇拥护送下，缓缓地向街上走来。先要到裕成布店去染靛青，这叫"狮子染靛青"。染完靛青，并由该店对双狮予以"披红"之后，才开始以"双狮斗角舞"的形式向上街行走舞狮。在不断敲击的锣声中，在熙熙攘攘的人群围观的热闹气氛中，一双硕大威武的神狮，沿着街市以连锁方式交互通过两旁商店，逐店逐户地舞去。此时，街上鞭炮声、铛锣声大作，再加上周围嘈杂的人声，使这条长街上弥漫着农历过年"舞狮"的热闹气氛。

下街的狮子和貔貅，镇上的人们是把它们崇敬为神佛的。舞狮的重点是要"舞人家"。"舞人家"的舞狮，是要一家一家挨门逐户，进入每户人家房户内舞演的；全镇约计有一千多烟灶，下街的狮子与貔貅自正月十一日晚上八时开始"舞人家"，由周家祠堂为第一户开始舞起，从下街向上街连续不断地一直舞去，要舞到翌日晚上八时多，把最上街的弯口和下街的菜铺全部舞完为止，才算把整个湖镇"舞人家"的舞狮舞演完毕。

"舞人家"的舞狮，不是纯为娱乐而舞，而是春节期间人们为祈求保平安驱邪恶而舞的。不仅白昼要舞，而且要夜以继日，彻夜地舞。狮子"舞人家"以单狮独舞，一组舞狮包括：一提灯笼收取纸包的，一敲击铛锣引舞的，以及一个高大的狮子。当舞狮要进入人家房屋内去舞时，首先由提灯笼者先进入人家户厅内收取供桌上所放置的红包，接着铛锣引道进入户内，在一连串急骤的锣声敲击下，舞狮以"三角头"展开舞演。其威武的仪表与娴熟的舞演技艺，令人肃然对舞狮产生虔诚的敬意。在寒冷的黇夜里，白发皤皤的年老贫妇，独自在堂前烧着香纸迎拜神狮。尚有些贫苦人家所住的茅屋太小，狮子无法进到户内去舞时，但也得在其门口简略地舞演一下，才能过去到下一户去舞。

狮子如进深巷内"舞人家"，良久才出巷时，通常都要跳街。所谓狮子"跳街"，即敲击镗锣者急激地敲打镗锣，引道舞狮在长街上做一次往返的猛力飞跑。这一狮子"跳街"的舞演项目，颇能引人入胜，够紧张刺激的。

农历正月十三，是湖镇下街的"灯会"。这天晚上，街市上灯火通明，异常热闹。晚餐后，镇上的人，尤其是妇女小姐们，都穿戴着艳丽的服饰，兴致盎然地到街上来观赏这一年一度的花灯夜会。晚上八时毛令公出巡，狮子、龙灯以及镇上的花灯队伍，全部都要出动，到街上来舞演。于是一场五彩缤纷、盛况空前、热闹异常、一年一度的正月灯会于焉揭幕。第一个项目是"狮子上殿"。狮子上殿，是非常隆重庄严而精彩的一幕。当一对狮子临殿时，首先要燃放三响惊天动地的大铳，接着要连续燃放十五响的小铳。此种气势之大，令人肃然起敬。然后一对头部油光发亮，看上去水晶晶亮光射目的雄赳赳的舞狮，并肩而立面对金山殿毛令公神像，以精神抖擞、威风凛凛、庄严雄伟的神态，在殿前那片石板地上施展一场娴熟敏捷而勇武的"双狮斗角舞"。在一片漆黑的夜色里，在四面八方高举着的火把、火斗的强烈火光照耀下，舞狮的头部益发显得晶莹如水，亮丽炫目，使人远远望去，颇有顿然崭新之感。三响巨大震撼的大铳之轰雷一般的洪大声音，与四周高举着的无数的火把、火斗的强烈火光，把"狮子上殿"这一幕展示得多么的雄伟勇武、庄严肃穆！

镇上的花灯，于夜幕低垂将入夜的时分，就已出灯。约在夜晚七时，花灯队伍浩浩荡荡地由菜铺出发，开始徐缓渐渐进入街市。历年灯会的花灯队伍皆是一连串阵容庞大、内容丰富、五彩缤纷的长列灯队。远远望去，一片灯光林列，闪烁灿烂，如同鲜艳华丽之不夜城一般。当长列的花灯队伍缓缓地游行街市时，灯队中间的锣鼓不断地敲击，发出震耳的宏亮巨响，火海一般的灯光在人们的眼中闪烁着，在一片祥和欢乐的气氛与大小锣鼓齐击的奏乐声浪里，多彩多姿的花灯行列，展示在这条长街上，为这小镇带来了平时少有的繁华热闹，也为人们带来了一年之中少有的欢乐。花灯的类别，在颜色上呈现出多种色彩；在形象上有大型灯、小型灯，有各类动物与美艳的花朵形状。诸如狮子灯、蟠龙灯、凤鸟灯、猴子灯、金鱼灯，以及牡丹花灯、梅花灯、兰花灯、菊花灯等，琳琅满目，令人目不暇接。

当华丽夺目的长列花灯通过街市后，紧接着就是毛命公出巡的阵容。大约在入夜后八时光景，出巡的队伍由金山殿出发。狮子会的年长者和地方上的士绅耆宿等有七八位，皆穿着长袍马褂的中国礼服，双手捧着"五祀件"，或手提"檀香炉"，烛光亮丽、香烟袅袅地在毛令公的驾辇前导引。毛令公的神龛轿座是由八个人协力共抬的。出巡队伍之序次为：按龙灯在前，踵接着狮子、貔貅，然后才是毛令公的神龛轿座。在入夜后的长街上，整个街市灯火辉煌，"咚咚锵！咚咚锵！……"的热闹声响此起彼伏，整条街市上挤满了来观赏"灯会"的人群。当狮龙在前头开道后，毛令公的神轿随之在后跟进。当毛令公座龛驾临街市时，每家店户的当家人，都要穿着长袍马褂式样的整洁服装，以虔诚的心意，恭敬的仪态，行往座龛前进香，把毛令公神龛换回来的香烛，再插置于"东厨司命"的灶君神龛上。镇上的人们除了前去座龛换香外，各店户还要燃放鞭炮，以示迎接毛令公大驾巡莅。鞭炮一连串地要连续燃放很久很久才会放完，使得那一段地带浓烟弥漫。毛令公的神龛座轿总要经过半小时以上的停留，俟鞭炮声消落后，才突然听到大铜锣"锵"的一声发出巨大的响声，于是抬神轿的八个人才把神龛座轿缓缓地抬起，然后继续向上街徐徐前进。

灯会之夜，尚有一特殊精彩的节目，就是"狮子抢龙头"。狮子抢龙头的表演，是在中街猪市场空旷地区举行的。其表演方式，是每一狮子要抢三次，把一个狮子对准龙头向上面空中抛上去三次，能撞接到龙头胡须，则算狮子胜利。否则，则算狮子失败。"狮子抢龙头"是一项令儿童和青少年颇有兴趣的节目，很多人都会去观赏，皆眼巴巴地希冀狮子战胜，能抢到龙头，以慰观者之心愿。但是使人失望的是，狮子没有一次抢到龙头，都是狮子失败的。这真使观者趁兴而去扫兴而返！狮子为什么总是抢不到龙头呢？因为那个举龙头的人，每年都是那个高个子的中年人，他人又高，手又长，而且特别地把他手里举的龙头的木棍提举得高高的，使有胡须的龙头在高高的上空耀武扬威地东摇西晃。而狮子的体型颇庞大，体积又太重，由下面抛上去，根本不容易达到龙头的高度。况且举龙头者还狡猾而机巧地把那上空的龙头向后一仰，借机躲避抛上来的狮子；所以抛上去的狮子，总是没有办法接近龙须。

元宵节过后，镇上的一切春节活动渐趋沉寂。但到了正月二十，尚有一个尾声的回响项目，那就是"散灯"。散灯是在正月二十晚上，上下街的狮子、龙灯，均要在正月二十夜晚同时在镇上出舞。因此上街的狮子与下街的狮子会在中街猪市场那里碰头相遇。如双方互不相让街道，则容易发生冲突，甚至演变成群众械斗。此种情形，被湖镇人称为"狮子打架"。因之在正月二十夜晚散灯的狮子舞街时，上下街之狮会人员及地方上的士绅，都提着灯笼聚集在中街猪市场为双方斡旋调停，使上下街狮子不致发生冲突，以免上下街的狮子互殴打架。到了每年正月二十散灯夜晚，中街猪市场似乎隐约地笼罩着一片剑拔弩张的紧张气氛，幸好每年双方士绅都能同时把己方狮子很快地拉过中街，免掉一场因争街冲突而引起的械斗。整个春节的欢乐活动，自正月二十夜晚散灯以后，即告落幕。

（文/图：梦缘）

仙居上王村

仙居冬至 "做梁皇"

仙居县双庙乡上王村因地处山区与平原交界地带，传统的民俗节日活动既保持了原始的历史习俗，又融入了现代的文化气息。特别是冬至节活动已成为当地传统民俗节日的一大盛事，盛及百年，流传至今。冬至节在当地有三种叫法：冬节、过小年、贺冬。其主要活动内容包括：吃"冬至圆"、祭祖、庙会、人会、"抢私下堂（仙居方言）"等活动，其中最具地方特色的是庙会中的一项，叫"做梁皇"。

"做梁皇"的习俗，据上王的老人相传，始自后梁武帝萧衍天监壬午（502）。据佛教典籍记载，梁武帝之皇后郗氏去世后数月，梁武帝常追悼哀念，昼则闷闷不乐，夜则耿耿难眠。一夜居寝宫，闻外有宿窣之声，视之，只见一蟒盘踞殿上，瞪睛哑口，以向于帝，帝大骇，无所逃遁，不得已蹵然而起。对蛇说："朕宫殿严谨，非尔蛇类所生之处，必是妖孽，欲祟腾耶。"蛇为人语启帝曰："蟒则昔之郗氏，妾生时曾嫉妒六宫，其性惨毒，怒一发则火烙矢射，损物害人。死后受尽折腾，投胎为蟒。无饭食可充口，无窑穴可蔽身，饥窘困迫，力不自胜，又每一鳞甲则有多虫在唼啮肌肉，痛苦甚剧，若加刀锥于蟒。非常蛇亦复变化而至，不以皇居深重为阻耳，感帝平昔眷妾之厚，故托丑行骇露于帝，一切功德，以见拯拔也。"帝闻之鸣咽流涕，允蟒，遂不复见。翌日，帝大集沙门于殿，宣其由善之最，以赎其若。志公对曰："须礼佛忏除烟疑方可。"帝乃然其言，搜索佛经，录其名号，兼亲抒塾洒圣谕，撰悔文成十卷，皆采撷佛语，为其忏礼。又一日，闻宫室内异香馥郁，良久不已。初不知所来，帝因仰视，乃见一天人，容仪端丽。谓帝曰："此则蟒后身也，祟帝功德，已得生利天，今呈本身以为明验也。"

并殷勤致谢，言绝不见。因为有此传说，自此以后，"做梁皇"之俗遂得以传播流行。

也有传说是北宋时期，杨家将为了保卫大宋江山，不少将士战死沙场。为使这些死难将士不致成为孤魂野鬼，杨五郎别娘亲抛妻子，上了五台山当了和尚，为那些死难的战士做道场，念经诵佛，送他们走向极乐的西天。佛门为了纪念杨五郎的那份慈心，就把此事记载下来。后来的善男信女们也经常效仿杨五郎，做起了法事。这种来历的法事，就叫"做粮王"。

双庙一带的"做梁皇"，大致有两种含义：一是为溺水而死的亡灵超度。传说凡溺水而死，其魂魄就在该处为水鬼，若要转生投胎，须找一个代替水鬼者，才可能转生投胎。为使溺水死者顺利转生投胎，避免替代轮流无尽，以"做梁皇"圆满功德而终止。二是"散"梁皇，将"做梁皇"用的斋饭供品、纸帛经忏烧给那些无后人祭祀的孤魂野鬼，使这些孤魂野鬼不再作祟，危害邻里乡村，其功德无量。虽然这些说法子虚乌有，属怪诞谬论，不着边际，但本着"可能""也许有"的唯心思维，善良的民众还是纷纷解囊施舍。

"做梁皇"的所有开支都是善男信女们自己筹集的。资金筹集好了之后，他们就开始自己念一些经文，如《寿生经》《高皇经》《更生经》《心经》等一系列的经文。

"做梁皇"的主要流程有：先在寺庵内拜《梁皇宝忏》，包括发文书、写疏文度牒、放焰口；其次制作花船数只，每只花船长达至少5米，用毛竹做骨架，外观用细白纸糊上，绘有龙凤图案，同时建有灯塔一座，犹如鼓亭灯，为八角玲珑，花船上放有经卷、钱物等。然后在溪岸排成十里长廊再将花船上的蜡烛点亮。这项活动观赏性较强，很有节日味道。

花船为"做梁皇"必需之物，也是"做梁皇"法事的专用道具，花船内舱装有纸帛、经卷，分施孤魂野鬼后，能避免饿鬼作祟。花船能救渡众生，能使溺水死者投生极乐。按佛家说法是：人生愚昧，红尘纷争，苦海无边，回头是岸。花船能超度苦海，登到彼岸极乐世界，也就是西方净土，佛家有"觉海慈航"之说法。因此，"做梁皇"必须要扮花船及"七妙宝塔"。

"做梁皇"还请来和尚登台表演，和尚手摇摄魂铃，向过往的孤魂野鬼们邀请，并向台下四周广散糖果之类的物品。然后和尚就为这些孤魂野鬼们念《梁王忏》以及《三昧水忏》等。和尚的铃声和念经的声音交杂在一起，很是好听。和尚登台表演差不多耗时两个小时。

拜《梁皇宝忏》须在佛殿庙庵内举行，而且要三天三夜。花船应放在水岸边，在溪滩的水岸上搭建厂蓬，拜《慈悲水忏》一日一夜，然后再将花船焚烧。规定凡走过魇间（这间房屋有人亡故，未满五十日的）、血间（产妇生产的房屋，未满一个月）的人，忌入寺庵内拜忏，拜忏期间，忌食荤腥食物。

据秀溪王氏族谱记载，双庙冬至节"做梁皇"等习俗流传至今已达八百年之久，不但一直没有中断，而且已成为当地百姓自发的一种群众性民间文化活动。它寄托了人们对先祖的哀思，反映了老百姓对先人的深切缅怀之情，也成为当地人修身养性的一个有效载体。

（文：仙居农办）

兰溪刘家村

兰溪刘家 "月半节"

刘家村位于兰溪市黄店白露山及云山街道一带，这一带历来有迎猪羊、接銮驾的"月半节"活动习俗。

月半节又称大年月半、猪羊会。它最大的独特性就是节日的周期，中国各个传统的节日每年都有，而月半节则不是年年都有，它的周期为8—10年一次。另一个独特性是这个节日并不是全民共庆的盛会，而是以村为单位庆祝的一种节日盛会。在这一带至今有白露山脚、王家、刘家、高丼、太平桥、夏唐、东坞、百步岩、清塘何、下章等25个村有此节日。其中活动最为广泛、最为盛大、最有特色的是白露山脚、王家、刘家、高丼4个村。第三个独特性是月半节的庆祝时间之长是其他节日不能比的。这个节日的庆祝时间长达一年之久，活动时间长达半个月，可以说在全中国都极其罕见。

由于不是全国性或大范围内的节日，因此在各种史料中没有关于月半节的记载，甚至在当地也找不到关于它的起源记录，只能从祖祖辈辈口口相传的一些信息中了解月半节的起源。当地流传最广的说法，说月半节形成于明朝前期，兴盛于明末清初。但据分析，月半节的起源有可能早到南宋甚至更早的时期，因为它的一个重要内容是纪念晚唐时期因"甘露之变"而被害致死的宰相舒元舆。

舒元舆祖籍东阳市上卢泉塘，其祖父这一代徙居至今兰溪市万罗山（今白露山北麓）下的现坦村。弟兄五人其为长，下有胞弟四个，兄弟五人皆中进士（亦说兄弟四人），在历史上传为佳话。唐文宗大和九年（835），官至御史中丞（民间称丞相）的舒元舆为铲除宦官重振朝纲，同李训等人发动史称"甘露之变"的太平之策，后因计划败露惨遭腰斩。20年后即唐宣宗大中八年（854）得以昭雪，晋封为光禄大夫上柱国乘仙公。同年十一月，敕建乘仙祠（今

月半节活动

乘仙殿），以祭元舆之功绩。次年其孙舒锡将其遗骸由长安移归故里安葬，在今白露山西南棋盘石下，当地人称三相坟。

现今有此节日的 17 个村庄均分布在白露山麓周围，相距甚近。而这个节日的一项重要内容就是纪念舒元舆，而刘家村主要纪念的是舒元舆的母亲（刘家《刘氏宗谱》上称为鸟母娘娘）。舒元舆归葬故里后，他的直系后人肯定是每年都会通过某种祭奠仪式来纪念他们先祖的功绩，而经过漫长的演变，周边其他姓氏的村庄也开始祭奠这位乘仙公，以至于后来迁居于此的其他姓氏先祖也入乡随俗，共同祭祀乘仙公。当然各姓氏先祖们祭祀祈福的愿望可能不尽相同。

关于月半节 8—10 年的周期，在当地也是知道的人不多，只有一些上年纪的人能说出一些来历。祭祀活动必不可少的就是礼器与祭品，还要耗费大量的人力和财力。现在当地的祭祀礼器有銮驾、华盖、旗帜等，祭品则有全猪、全羊，当然还有祭祀中不可少的蜡烛、香、纸钱等。而对于古代贫苦的普通百姓来说，这样的祭祀活动肯定是一种沉重的负担，每年用全猪全羊来祭祀肯定是不现实的。因此就形成一种风俗，即每年的祭祀活动由不同的姓氏村庄（姓氏家族）来承办。这样既减轻了老百姓的负担，而且举一村（族）之力来举办这种祭祀活动肯定能办得隆重盛大。

每次的月半节活动时间跨度长达一年，一般来说由两大部分组成，一是"认月半"，二是"过月半"（也称作月半）。认月半的时间一般是在正月十四至十六，具体举行活动的日子应去乘仙公塑像前祈讨，先从十四这一日祈讨，如果不成，再讨十五，依次循环类推，直到日子讨成为止。祈讨前要先进行简单的祭拜，祭拜完后拿顺告（当地方言，也称阴阳卦）往地上扔去，如果出现阴阳卦，那么日子就祈讨成功；如果出现阴卦或阳卦，则再祈讨下一个日子。

在做月半的过程中，刘家村是到蟠山殿去把蟠山大帝接回到宝训堂的。然后每家每户抬着装扮好的猪羊到祠堂祭祀蟠山大帝。祭祀时先把猪羊抬进祠堂按规定的位置放好，然后再行祭拜，祭拜完后燃放烟花爆竹，以示庆祝。与此同时，邀请来的剧团也开幕献戏，同庆月半盛会。

正因为祭祀时要用全猪全羊，因此月半节也被称作猪羊会；而月半这一年因为要举行隆重的仪式来庆祝盛会，当地人把这一年称为"大年"，因此也就有大年月半一说。猪羊在祠堂的供奉一般会持续一天一夜，所以在供奉期间，亲朋好友、外姓村民、邀请的贵宾都可以到祠堂参观各家的猪羊。而本村的也可以从别家的猪羊打扮中学习借鉴，期待下一个月半节时把猪羊打扮得更漂亮。至于祭品为什么选择猪和羊，也有一种说法，猪肥为壮，羊大为美，即猪壮羊美，寓意人们的生活丰衣足食，幸福美满；同时也祈福风调雨顺，国泰民安。

供奉一天一夜以后，各家就可以把猪羊撤回，撤回家中后，把猪羊的头割下，再拿到祠堂祭拜蟠山大帝公，祭拜完后，就把蟠山大帝送归蟠山殿，历时近一年的月半节活动也就宣告结束。

从民俗的角度来看，月半节应该是一种地方性的民俗活动，而不是一个传统意义上的节日。但当地人已经把这一古老的民俗活动看作他们的一个传统而又隆重盛大的节日，这也反映出月半节在当地人心中的神圣地位。从历史的角度来分析，月半节是为了纪念晚唐丞相舒元舆，但经过漫长的历史变迁，现在的月半节与其说是纪念乘仙公，还不如说是人们通过纪念乘仙公这一形式来祈福禳灾、庆祝丰收、求保平安吉祥、祈盼风调雨顺、国泰民安的美好愿望。从猪羊的装扮上也可看出人们的这一愿望，比如猪羊的口衔橘果，寓意为吉祥；插在上面的状元花，也是祈求族中的孩子将来能登科及第，光宗耀祖，惠及桑梓；还有诸如元宝、百合花、柏枝等都可以看出人们对丰衣足食幸福美满生活的期盼。至于月半节这一名称的来历并不难理解，就是因为这种祭祀活动在正月十五和十二月十五前后，久而久之人们就把这种祭祀活动称为月半节。

（文/图：兰溪农办）

松阳黄山头村

黄山头村说年俗

黄山头村坐落在海拔 650 米至 750 米的燕形山凹中，北靠高山，左右两翼山峦环抱村庄。黄山村历史悠久，传统文化积淀深厚，村里至今保留着各种各样的年俗活动。

杀年猪

一直以来在黄山头村家家都有杀猪过年的习俗，它和做红糕、打年糕、做豆腐一样是农家过年的几件重要的事。因现在不是每户人家都养猪，杀猪过年已经不像以前一样家家户户都有了，但每到年关杀猪过年的这种习俗还是有的。

黄山头村年俗

每年到年底农村家家户户就忙开了，家里准备了黄豆、糯米，用水浸泡准备过年磨老豆腐、打年糕、做红糕用。家里的那些猪也长得膘肥体壮，过年全靠它们了。农村过年杀猪有个习惯，谁家杀猪左邻右舍都要来捧场，过年猪杀了以后把猪的头、脚和剁下来的鲜肉，风干几天，除了招待邻居食用外，其余都腌制成腊肉。那时谁家的腊肉腌得多、晒得多，那谁家的日子就好过。腊肉的多少也是农村当时生活富裕的象征。

最主要是主人家请邻居、亲友吃年猪饭。年猪饭主要以猪肉为主，还有猪血、猪下水，加上豆腐、烧粉丝、炖冬笋、农家土鸡等，每桌最起码有十多碗菜。酒水当然是自家酿制的红糟酒。邻居亲友们放开肚皮吃喝。在以前当地农村亲友们一年到头忙着自家的农活，难得有机会在一起，吃年猪饭，亲友邻居正好喝酒、聊家常。

吃年夜饭前要祭祖

春节祭祖，是我国农村传统风俗之一。一直以来黄山头村仍保留着这一传统习俗。

祭祖活动一般是在吃年夜饭前开始的，除夕到来之前，家家户户都要把祖先像供于家中上厅，安放供桌，摆好香炉、供品。意在通过春节祭祖表达对先祖的敬重、缅怀之情，让先祖神灵保佑子孙平安健康、兴旺发达。先列菜肴（猪头一个、鸡一只，一定要有豆腐、肉、米饭），点起红烛，摆好酒盅、筷子，在两扇大门旁边各烧三个"元宝"（纸钱），寓意让门神放行。在酒盅里斟上酒，然后点上三炷香邀请逝去的"爷爷奶奶、外公外婆"等祖先进来吃饭。

在整个拜祖过程中，酒要筛三遍，每隔3—5分钟筛一次。桌上的菜、酒杯、筷子和长椅都不准动，否则，被认为是对祖先的不敬。拜祖时，全家人都会虔诚地跪在地上默默祈祷先祖保佑全家平安，家丁兴旺，财源滚滚。即将结束时，开始烧纸钱，烧纸钱也是非常有讲究的，一般家中年龄最大的长辈才有资格焚烧纸钱，在烧纸钱过程中，烧纸人合理分配财产，使先祖们每个人都能拿上"红包"。

正月初一至初五集中祭祖仪式

祭祀先祖，是春节期间一项隆重的民俗活动。按照民间的观念，自己的祖先和天、地、神、佛一样是应该认真顶礼膜拜的。因为列祖列宗的"在天之灵"，时时刻刻在关心和注视着后代的子孙们，尘世的人要通过祭祀来祈求和报答他们的庇护和保佑。正月初一早上每家每户在早饭前要将准备好的供品送到村厚德堂自家先祖像前的供桌上，供品主要有鸡一只、红糕两块，放置于托盘内，豆腐三片、五花肉一片，放于一个碟子内，以及热腾腾的米饭一碗。饭后全村所有的男丁都集中来到厚德堂，在祖先遗像前，点着香烛，行跪拜礼，而后燃放烟花、鞭炮。在厚德堂面对祖先遗像跪拜后，所有人又来到苏氏宗祠，每家每户都在祖先灵位前，点上香烛、燃烧纸钱，然后统一向祖先行跪拜礼，燃放鞭炮。祭祖结束后，回到厚德堂拿出锣鼓乐器进行一番活动，以表示对先祖的欢迎。下午将所送的供品收回家中，晚饭后每家每户再到祖先遗像前点上香烛，一天的祭祖活动就算完成了。

正月初二供奉的祭品有所改变。在原有的基础上要加上鱼冻和肉冻各一碗。这一天还有一个重要的婚俗祭祀活动。即上一年村民家中新娶入的媳妇都要在这一天早上举行认祖祭祀活动。这一天是最热闹的一天，全村所有男女老少都聚集在厚德堂，见证这一祭祀活动。参加的家庭在祖先遗像前，点着香烛，由婆婆带着媳妇行跪拜礼而后燃放烟花、鞭炮。新婚夫妇家庭准备了大量的香烟和喜糖，分发给前来参加的村民，并给每人奉上一杯红糖水，一是为了让大家能够认识一下新娘子；二是也让村民能够在以后的生活中能多多帮助，和睦相处。婚俗最热闹的要数最后俗称"筑田埂"的活动。新娘在行完跪拜礼后，门槛上已经由未结婚的小青年一个挨着一个地拦着，看这架势，新娘子是很难从里面出来了。新娘的亲人由里面往外推，拦门的小伙子又使劲地向里推，来来回回，边上观看的村民起哄、鼓掌，真是热闹至极，新娘想出来还是有难度的。这时候新郎就拿出烟和糖向拦门的小伙子们分发，和大家讨价还价，以求大伙放新娘出来。可是拦门的小伙子也不是好打发的，一次、两次、三次……在很多次的索取之后，直到口袋都装了满满的香烟和喜糖后，才会慢慢地放松警惕，新娘趁大伙注意力不集中的空隙，才能冲出大家的包围圈，一阵欢笑过后，整个活动就算结束了。村民也各自带着喜糖和喜烟回家去了。

正月初三供奉的祭品又有所改变。初二供奉过的鱼冻和肉冻不用再上了，要新添一份由粉丝、年糕、红糕混搭而成的供品。并要对前两天供奉使用过的鸡过汤加热一下。

正月初四、初五供奉的祭品不变，正月初五供奉至九点后，全村所有的男丁又都集中来到厚德堂，在祖先遗像前，点着香烛、烧纸钱、行跪拜礼，燃放鞭炮完毕后，各家各户都要把香灯接回家，而后收回供品，整个春节的祭祀活动就结束了。

（文：胡慧强　苏国成/图：胡译成）

嘉兴秀洲民主村

莲泗荡水上庙会

民主村的历史文化悠远，江南旅游名胜莲泗荡风景区就位于民主村内。莲泗荡景区内的"江南网船会"是国内唯一的水上庙会，从明朝万历年间开始，距今已有400多年的历史，于2011年列入国家级非物质文化遗产名录。

每年的清明、中秋、除夕时节，江浙沪一带渔民、船民数万人，纷纷驾船前来赶会，船只汇集荡面，最多时不下数千艘，蔚为壮观，是国内罕见的水上庙会。他们以家族和会社为单位，高举大纛（旗），纷至沓来。庙会期间，各地渔民、船民吟唱宝卷、神歌，自发表演高跷、戏文、舞龙、舞狮、打莲湘、挑花篮、荡湖船等民间活动，人山人海，热闹非凡。百余年来，网船会成为太湖流域渔民、船民的特殊节日。

网船会的形成有诸多历史原因，主要有两个方面：一是旧时渔民、船民没有房屋土地，一年四季以船为家，长年四处漂泊劳作，平时难有见面的机会，无法通信联络，需要一个固定的场所交流信息、联络感情、认祖归宗；二是旧时渔民、船民生活困苦，风险较大，社会地位低下，需要一种精神寄托和信仰，需要有一个自己的神。

清末民初时期的网船会盛极一时，规模宏大。清光绪年间的《点石斋画报》有一幅直接反映网船会的图画，云："远近赴会者扁舟巨舰不下四五千艘，自王江泾长虹桥至庙前十余里内排泊如鳞。"民国36年（1947）记载，有"十八万三千之多的猪头献上神座""高高竖着桅杆的大船约有八百余艘，轮船二十四艘，其他汉口船三艘，青岛和香港来的船各一艘，其余小网船和民船更不知凡几"；民国37年（1948）8月28日的庙会有"五十万人虔诚顶礼"，敬

莲泗荡水上庙会

献给刘王的纱帽"价值黄金六两",由此可见网船会规模之大。

网船会信仰祭祀的主神"刘猛将",与中国历史上的蝗灾史有密切关系。我国农民为抵御蝗灾而形成的"蝗神信仰"分布极广,历时久远,如今大多已衰落,而嘉兴网船会硕果仅存,因而具有不可替代的史料价值。

对于网船会信仰祭祀主神"刘猛将"的原型,在各地方志史中都有表述,但说法各不相同。

一种说法是南宋抗金名将刘琦,另一种说法为南宋刘宰,而清朝顾震涛在《吴门表隐》中这样记载南宋中期苏州城内的情况:"瓦塔在宋仙洲苍吉祥庵,宋景定间建,即大猛将堂。神姓刘名锐,……亦作刘武穆名奇,冯班作刘信叔,又作刘韦,又作南唐刘仁瞻,有吉祥上义中天王之封,旁列八蜡神像,……其封神敕命碑在灵岩山前丰盈庄,宋景定四年(1263)二月正书。"

由此可见,清以前这位"刘猛将"的身世并没有明确的定论。

但不管这位"刘猛将"的身世有几种说法，原型基本为抗金将领，而清前身即为金，这不符合清朝统治需要。于是雍正皇帝从巩固清朝统治需要出发，将元代武将刘承忠封为"刘猛将"，驱蝗正神，列入国家祀典。此后，有关"刘猛将"身世的说法便统一为刘承忠。嘉庆《莒州志》记载刘承忠："吴川人，元末授指挥，弱冠临戎，兵不血刃，盗皆鼠窜，适江淮千里飞蝗遍野，将军挥剑追逐，须臾蝗飞境外。"宣统三年（1910）铅印的《闻川志稿》记载："神姓刘名承忠，元时官指挥，为民驱蝗，元亡，自沉于河，世称刘猛将军。"

许瑶光任嘉兴知府时编撰的《嘉兴府志》记载："雍正二年（1724）列入祀典，同治皇帝赠赐'普佑上天王'匾额。"之后"刘猛将"又不断得到加封，咸丰五年（1857），加"保康"；同治元年（1862），加"普佑"，七年加"显应"；光绪四年（1878）加"灵惠"，五年（1879），加"襄济"，七年（1881），加"翊化"，十二年（1886），加"灵孚"。从此，驱蝗正神"刘猛将"被抬到一个极高的地位，供奉"刘猛将"的莲泗荡刘王庙影响越来越大，为方便祭祀，刘王庙也逐渐遍布到全国各地。

"刘猛将"有许多民间传说，刘王庙内抄本《刘王宝忏》《猛将神歌》所记"刘猛将"故事比较简单，"刘猛将"原身是刘相之子刘阿大（刘佛），幼时饱受后娘虐待之苦，后来被外公所救，得道成仙，灭蝗受封。民间流传"刘猛将"的传说虽然有很多相似之处，基本上都是年幼受苦，被后娘欺凌，后来得道成仙，法力高强，但却非常丰富多彩并充满浓厚的生活气息。如因为年幼受苦，常年赤脚，百姓称其为"赤脚刘千岁"，渔民不小心掉在河里，快要淹死了，只要喊一声"赤脚刘千岁救命"，就会自动浮出水面；船只开到湖荡里，碰到天气变化，风大浪急，眼看快要翻船，只要喊一声"赤脚刘千岁救命"，就会风平浪静，确保平安。

这些朴素的民间传说，使百姓亲切地认为"刘猛将"是自己的神，是自己人，纷纷称其为"寄爸（干爹）"，以干女儿或干儿子自居。各地乡村的猛将像，有的光头赤脚，短衫短裤，完全是个孩子的形象；有的神像头上还扎着一块红布，那是因为被后娘打破了头，鲜血将扎头布都染红了，称他为"扎头猛将"；有的猛将老爷塑像的嘴唇还豁了一块，连牙齿也露了出来，大家说是被蝗虫咬掉的；还有的猛将神像，不仅赤脚、光头，旁边还有两座小的立像，说是他的亲戚，左边是他的娘舅，右边是他的外公；有的还给这些神像配上夫人、公子，充满人情味。

（文/图：嘉兴秀洲农办）

平湖鱼圻塘村

蜡烛庙会祭刘锜

历年的重阳节期间，在浙江省平湖市新埭镇鱼圻塘村内，总有来自江浙沪地区的 3 万多游人不约而同地会聚于此，自发地举行一次原生态、盛况空前的"鱼圻塘大蜡烛庙会"。该庙会已有 800 多年的历史，是当地及周边地区人们为纪念南宋抗金名将刘锜而举行的。

据史料记载，刘锜（1108—1162），字信叔，德顺军（今甘肃省静宁）人。南宋绍兴六年（1136）至临安（今杭州市）兼宿卫亲军，高宗赵构驻跸平江（今苏州市），刘锜受命率六军驻守秀洲鱼圻塘塞，即现今的鱼圻塘集镇，以护卫江东沿海广陈重镇。广陈镇有"番舶辏集，广货陈列"之誉，唐宋以来一直为江东滨海的大都会，紧靠鱼圻塘南侧。鱼圻塘，当时是一处巨浸，占地 1500 亩，故又称"千亩荡"，东侧是一条贯通南北的古运河——长泖（三泖之一），北溯"松江太湖"（即今淀山湖），南流至广陈镇。当年南来北往的商船都在此停泊休憩（后因泖水沉积，千亩荡淤涨为泖田），因这一带经常有水贼、海盗出没，商船迭遭劫掠，百姓难以安生，苦不堪言。刘锜驻兵于此，出兵平定，水上匪患遂从此绝迹，地方赖以安宁，百姓深受其惠。

绍兴十年（1140），金兵入侵，顺昌被困，刘锜奉命率八字军 4 万余人前往救援。刘将军巧施谋略，突出奇兵，大破金兵主力，获"顺昌大捷"。但是，因刘将军坚持抗金，反对议和，遭到秦桧等奸臣排挤，后呕血愤恨而死。至宋孝宗淳熙年间，追谥"武穆王"。鱼圻塘人民为追思一代民族英豪，醵资在刘将军当年的军营故址"即宅为祠"，尊以"刘千岁"，并塑像视其为保护神。800 多年来，每年的农历九月初八刘千岁的生日，即重阳节期间以及每年春节，鱼圻塘村当地必用大蜡烛祭奠刘将军，并延请戏班公演社戏三天。

"庙指鱼圻六里遥，秋来报赛集尘嚣；田中插遍莲花炬，十丈光芒火树摇。"这是清朝末年里人俞蕴甫，在《泖水乡歌》中对鱼圻塘大蜡烛庙会盛况空前之真实生动的写照。数百年来，当地人民还袭传着请烛、迎烛、点烛那种独到讲究的民俗民风。每年，鱼圻塘村和附近星光、石桥及上海市金山区兴塔、山阳等地的百姓，都会自发性地奉行请烛风俗。各地推选一名香主，把购置蜡烛的钱登记造册，联系大蜡烛的制作及赠送，也有一些私营业主单独醵资请烛。九月初四为迎烛日，平湖大蜡烛庙派人带着各地香主，敲着钹子、扁鼓，威风凛凛，彩旗飘飘，将大蜡烛迎到庙宇。庙内有附近村民用起重机把大蜡烛吊下车后，用绳索、扛棒抬进点烛亭，竖起安放好大蜡烛，燃放高升（即爆竹）鞭炮，村民们喜气洋洋。农历九月初八、初九两天为点烛日，由香主带着醵资的百姓到祠内点烛许愿，先点大蜡烛，再点附烛。鱼圻塘的大蜡烛重超双千斤，高达2.6米，外绘精美图案，题有祝愿诗句，工艺独特，在全世界属首屈一指。2004年年初，为了进一步提升大蜡烛的文化品位，鱼圻塘村成立了申报"大世界吉尼斯之最"领导小组，向"吉尼斯总部"提出了巨烛最粗最重夺冠申请。经吉尼斯总部综合审核同意后，村里就着手进行巨烛的制作和申报资料的准备。同年，一对精心制作，平均底部周长1.6米，上部周长2.1米，高2.6米，总重1259公斤，刚劲挺拔、精美绝伦的巨烛终于"重压群雄"，一举摘取了"大世界吉尼斯之最"的桂冠。曾有一位来自青浦的80多岁老人激动地说："大蜡烛庙，真名不虚传，我活了这么大岁数，游了许多名胜古迹，这样大的蜡烛，还是第一次见到。"

同时，为保护传承大蜡烛庙会的民俗文化，提高其知名度和美誉度，也为使民间文艺表演有一个理想的场所，1997年，村投资50万元建造了"鱼乡戏苑"。戏台三层飞檐黑瓦，古色古香，台面向东，台面积有250平方米。壁上绘有江南水乡风景的彩色图案，观众看戏的场地面积为 2580 平方米，是迄今为止浙北地区最大的戏台。"鱼乡戏苑"的建成为庙会演出提供了平台，村里专门请浙江省京昆艺术剧团来隆重献演，为庙会活动助兴添彩。1998 年，上海越剧界著名演员王文娟兴致勃勃来"鱼乡戏苑"为游人上演了五场富有特色的连台好戏。后来，嘉兴市小百花越剧团等也来演出过。"鱼乡戏苑"的建成，更助推了庙会文化活动高潮的掀起，也推动了民间文艺的挖掘创作。2002 年，在平湖市文化馆和新埭镇文化站的指导下，鱼圻塘村挖掘、编排了一套《威风锣鼓舞》，展现当年刘将军点将、出征、战斗、凯旋的恢宏场面。《威风锣鼓舞》有大鼓 1 只，中鼓 2 只，小鼓 3 只，盘鼓 18 只，大锣 2 面，大钹 2 把，小钹 18 把，共有 50 多人参加。其中大鼓直径有 1.8 米，高 1.6 米，有 4 名身强力壮的鼓手同时擂鼓。锣鼓舞节奏刚劲激昂，如雷霆万钧，江河奔腾。

编排后，在新的刘公祠大殿建造完工上大梁时，第一次献演。那天，人、车挤得水泄不通，锣鼓就放在当时大殿西侧的田地里，随着指挥员一声命令，一边锣鼓震天动地，一边高升鞭炮蹿天齐鸣。一批批游客如潮水般涌入，有的游客开着大巴车直接进来，有的摇船而来，祭拜用的一蒸笼一蒸笼尺糕、圆团装在大卡车里叠得高高的、挤得满满的；有的一担担挑进来，这样热烈的场面，使每一个身临其境的人都激动不已。《威风锣鼓舞》不仅在庙会期间演出，还多次参加了平湖市"西瓜灯文化节"的开幕式、行街表演和民间舞蹈表演，观赏的数万群众，惊叹不已。如今，"鱼乡戏苑"每年都有十来场大戏上演，在使村民大饱眼福的同时，也成为大蜡烛庙民俗文化的一大特色。

除了点蜡烛、听戏文，大蜡烛庙会上，民间的各类活动也是精彩纷呈，钹子书、舞龙队、舞狮队、挑花篮、打莲湘等节目轮番上演；传统小吃、特色点心、时令水果、农资物品、香烛锡箔等各种商品琳琅满目。大街上人头攒动，游人如织，游客总量达 3 万人以上，除了嘉兴地区的游客之外，还有从上海、江苏等地慕名而来的游客。大蜡烛从九月初八、初九点燃后，一年四季常明不灭，昼夜照耀，寓意着四季平安，长年吉利。

鱼圻塘大蜡烛庙会这一民间文化习俗，跨越 800 余年的时空，在当今仍以其顽强的生命力存在着、发展着，足见其文化传承的魅力所在。该传统节日文化的内涵，通过在继承传统的基础上挖掘，吐故纳新其形式和载体，倡导了和谐喜庆、健康向上、文明节俭的节日理念，使传统节日与现代生活方式适应融洽，更提升了传统节日的文化价值。一方面，它凝聚了民众对民族英雄刘将军最为朴素的情感和精神皈依。蜡烛是光明的象征，又是平安吉祥的化身。民众用荣获"大世界基尼斯之最"的巨烛，用这样全世界独一无二的载体祭奠刘将军，借用壁画讴歌刘将军剿匪安民的丰功伟绩，反映出民众对先贤强烈、深厚的乡土感情、民族感情，激发着民众热爱家乡、热爱民族、热爱国家的深厚情感，激发着广大民众的民族自信心和自豪感；另一方面，大蜡烛庙会培育了民众的文化生态环境，丰富了农民的文化生活，满足了农民求知、求美、求乐的心理需求，提高了农民的整体素质，促进了农村乡风的文明和社会整体的和谐。

鱼圻塘每年举行的大蜡烛庙会活动，汇集了商贸活动、观光旅游、文艺表演、走亲访友等社会活动，成为人们物质和精神的交流大会，成为人们传递信息、交流感情、文化娱乐的纽带和桥梁，也成为农民生活中每年翘首企盼的一大美事、乐事。庙会传统节日构建的是一种人与人、人与环境、人与自然之间的和谐之美，更助推了地方旅游业和经济的蓬勃发展。

（文：平湖农办）

建德新叶村

新叶雅会三月三

每年的农历三月初三，是新叶人最隆重、最开心、最浪漫的日子。

新叶雅会三月三

"三月三"是中国传统的"上巳节"，这个传统节日一直可以上溯到先秦。东晋的王羲之也是在这一天，与一批风流雅士在兰亭集会，并写下了千古第一行书——《兰亭序》。

宋末元初，金仁山先生在重乐书院讲学期间，与玉华叶氏三世祖叶克诚，以及金华的许谦、浦江的柳贯等儒源四先生，也效仿兰亭雅集，在每年的三月初三这一天相聚吟诗。到了六世祖叶仙璚

（新叶叶氏敬称为九思公）首倡在这一天举行迎神祭祀活动，以祈求风调雨顺、五谷丰登、文运亨通、功名有成。从此，"三月三"就成了新叶叶氏最为重要的节日，甚至赛过春节。

在新叶通往儒源的路上有一座庙，此庙始建于南宋初，最早时，庙中只供奉关帝，后来增加了观音、胡公、吕祖等，成为一座神佛并存的"杂庙"。叶姓迁来并逐渐壮大之后，又把自己的先祖也供奉到庙里，统称为"五圣"，庙名就叫五圣庙。在当地方言中，"圣"与"星"音近，故又叫五星庙。金仁山、叶克诚、许谦、柳贯等儒源四先生去儒源讲学，都要经过五星庙，每次路过，都要进庙游憩，诗兴一来，还随手在寺壁上题诗。时间久了，他们觉得，不管是五圣庙还是五星庙，其名都不够雅，于是改名为玉泉寺。

叶仙墩首倡的迎神祭祀活动就是把玉泉寺中的五座神像一起抬到村中的厅堂里来，接受全体叶氏的祭祀。

新叶叶氏共有七个主要支派，每年的迎神祭祀活动由这七个支派轮流操办，以一个甲子（60年）为一个大轮回。在一个轮回中，共设大祭40次，也叫大年，其余20次为小年。小年只迎神，不举行其他活动。大年就要隆重得多，除迎神外，还要举行各种各样的祭祀活动和文娱活动。

轮到值大年的支派，要提前三年选好猪崽、羊崽各一只，到玉泉寺中去向神祷告，然后饲养。所选的猪崽、羊崽一定是经过阉割的公猪、公羊，选定后的猪崽、羊崽就成了圣猪、圣羊，饲养时间也要达到两年以上，他们认为，只有这样，才是最上等的祭品。除此之外，还要准备其他祭品，比如用各种糕点叠置而成的亭台楼阁，用四时干果制成的狮、象、虎、马、麒麟，用全鹅做成的老寿星，用全鸭做成的姜太公等，花样繁多，千姿百态，每一件不仅是祭品，更是艺术品。

到了二月底，族人就开始忙碌起来。首先忙碌起来的是村里的一些读书人，他们要编对联、写对联，布置好厅堂，除了"一年花市九月九，千古兰亭三月三"这一副对联外，其余的对联都要自己创作。

从三月初一开始，杀猪宰羊，陈列祭品，布置戏场，全村上下，忙得不亦乐乎。所有的圣猪、圣羊都要宰好，并在口中含一个橙子，头顶左右两边插上状元花，背上披着红绫，一路吹吹打打，抬到厅堂里去。

三月初三一大早，迎神的人在厅堂前集合。只听一声火铳响，一支由几百人组成的迎神队伍浩浩荡荡地向玉泉寺进发。玉泉寺方面也早已做好了准备，他们也放起鞭炮迎接。

迎神队伍来到庙前，先向"五圣"祷告，然后把"五圣"请上轿，抬回村。一路上鞭炮齐鸣，鼓乐相和，所到之处，人们也以燃放鞭炮等方式迎接"五圣"。

"五圣"抬到厅堂里，祭祀的高潮到来了，一时间，厅堂上下，人声鼎沸，香烟缭绕，一拨又一拨的人跪到神像前祭拜。整个活动一直要进行到中午时分，才渐渐地停了下来。从下午开始，厅堂上开始演戏，时间要持续七八天甚至十来天。在这几天时间当中，玉华山下彻夜不眠，四方百姓也都像赶集一样，涌到新叶村。新叶人特别好客，无论是亲戚，还是朋友，抑或是陌生人，只要来到家中，他们都会拿出他们的大曲酒、沉浆馃、水米糕、肉圆等土特产来招待，会喝酒的不喝高兴还不让走。

迎神活动结束后，"五圣"被重新抬回玉泉寺，新叶村又恢复了平静和安详，这个时候，春耕也将开始，该上山的上山，该下田的下田，该进学堂的进学堂，所有的人都进入自己的角色中，一年的生活重新开始。

新叶，这个古老的村庄已经在玉华山下存在了800年，在几十代新叶人的共同努力下，新叶已经成为众多专家认可的中国农耕文化的活标本。

（文：沈伟富/图：吴一鸣）

二 婚丧嫁娶

泰顺左溪村

畲乡对歌庆婚嫁

对歌成婚是畲族先民的习俗。因此，在畲乡左溪，畲族青年男女有自由恋爱的传统。在生产劳动中，青年男女通过对歌建立感情，即可成婚。婚姻形式主要是女嫁男，也有男嫁女、两头家，以及少数的子媳缘亲、姑换嫂等。左溪畲民婚嫁习俗古朴而隆重，必须经过说亲、定亲、娶亲三部曲，青年男女才能完婚。婚礼在对唱畲族山歌中进行，现场气氛十分热烈、欢快。

先说"说亲"。畲族青年男女在劳动生活中，通过对歌而产生爱情，若双方有意结合，白头到老，男方就会委托和女方父母关系较密切的媒人去女家说亲，将男方的个人及家庭情况向女方父母作详细介绍，然后征求女方父母的意见。如果说："我女还未大，过几年再说"，这就表示不愿意缔结这门亲事。如果说："我和家人、女儿商量一下再说"，这说明有一点儿希望了。第二次，媒人去询问意见时，如果同意这门亲事，女方家长会把女儿的"八字"交给媒人带给男方，看看男女双方的"八字"是否合得来。如果八家相合，媒人就和男方家长一起去女方家，就聘礼等财物问题进行商谈。媒人从中协调，谈妥后，男方家长邀请女方在母亲的陪同下到男方"看人家"。来时，男方设宴热情招待，临走时还要给女方守

畲乡对歌庆婚嫁

身钱、布料等，也就是男方给女方的定情物。如果女方同意就高兴地收下，如果不同意就会婉言谢绝。

也有男青年自己去女方家相亲，一般由媒人陪同，畲语称"肷布尼崽"，意为看"女孩子"。如果女方烧点心招待男方则表示同意，不烧点心表示不同意。男方同意就吃点心，不同意就不吃。如果同意，女方也要去男方家相亲，一般由母亲或姑嫂陪同，畲语称"肷人家"，意为"看人家"。男方热情招待，临行前送给女方守身钱及布料等。女方同意婚配就收下，如果不同意就谢绝拒收。男女双方同意后，即由媒人与双方家长协商男方送给女方的聘礼。

其次是"定亲"。男女双方同意结合，男方就择定良辰吉日（一般都是逢双月，即二、八、十、十二月。日也选双日，即二、六、八、十日。四不选，因四在畲语中与死同音，不吉利），办八盂（蛏子、明蛹、螺肉、香菇、面、年糕、红蛋、猪脚八样菜品），还有给女方的银手镯、银戒指、布料等，由族人亲戚挑去给女方。女方家长就在定亲之日中午，邀请亲戚族人来吃定酒。男方也在同日晚上邀请亲朋好友、族人来吃定酒。

定亲又分大定、小定两种。小定是双方同意结合时，因经济、物资困难或尚不具备条件所采取的临时定亲措施，称为小定，男方只需备小量礼物送往女方即可，以后再择吉日大定。也有的经双方家长同意，不进行大定。定亲时就将择定的娶亲日子单交给女方家长。也有另择吉日送交，定亲后，双方以亲戚来往，称谓婚后的称呼。

畲家姑娘出嫁前，要到舅母姨姑家"做表姐"，与表兄弟们对歌，实际上是考验姑娘的对歌本领。

最后是重头戏"娶亲"。在双方约定娶亲日子的前一天，男方组织娶亲队伍去女方家。娶亲队伍中有亲家（即男方父母的代理人）1人、"赤郎"（即能说会道、善于对歌、懂规矩、父母双全的青年男子）1人、陪伴新娘的"赤娘"（即未婚的青年女子）2人、行郎（轿夫）若干人，由媒人带领，挑着礼物去女方家。队伍人数凑双，娶亲队伍到女方村口时，媒人放三只双响鞭炮，报信娶亲队伍到来。这时，女方的阿姨舅母们随即拿杉树枝拦在路上，意即告诉对方夜里对歌。赤郎肩挑盂担（宴请女方亲朋好友的礼盒，一般为明蛹、白弓、红枣、面、年糕、糖、衣八盒，表示八仙吉祥，还有猪肉、米，公鸡、母鸡一对），右手将杉树枝折三小枝抛在路上，再折一支丢路下，然后送上"接礼包"给阿姨舅母们，她们随即把杉树枝搬走。媒人点响百连鞭炮，娶亲队伍在鞭炮声中进村入大门，把轿放在天井。娶亲队伍到中堂（中厅），规定男方4人站在中堂右边，女方也来4人站在左边，对对作揖，换边作揖，这个礼节叫"捡田螺"。礼毕，阿姨舅母端来洗脚水，拿来布鞋，请娶亲人洗脚后穿上布鞋。女方请娶亲人员吃点心，称"脱草鞋"。然后，亲家将所带礼品交女方父亲清点收下，给岳母的礼品叫"老鼠尾"。送给新娘的是几套针锈的民族服装，有年轻时穿的服装、中年时穿的服装，还有一套青色老年衣。其中最漂亮的是浅红色的新娘装，衣襟上钉有八仙银装饰，出嫁时穿。除衣服外，还有一副"笄"。

晚上办出嫁酒。媒人坐第二席首位。席间，女方姐妹兄嫂会去媒人那里"撬坑鸡"（捉石蛙），即讨红包。第一个端来一盘特制菜：盘内盛着一只鸡腿，一个大蛋饼盖在鸡腿上面，蛋饼上有贴成"十"字形的红纸，鸡腿象征"石蛙"，蛋饼象征大石块。其意是：大石块下面藏着一只大石蛙。第二个提来一壶酒。第三、第四个各拿一把火蒗把，口曰"捉石蛙"。如果不喜欢开玩笑的媒人会立即把红包放在"大石块上"。如果有备而来、喜欢开玩笑的媒人就会特意装聋作哑，不拿出红包。姐嫂们就用唱歌"骂"，媒人也用唱歌驳：

> ……
>
> 媒人：石蛙浮在塘中央，浮在塘中看着人；看出人来蛙就走，伏在水底妹难寻。
>
> 姐嫂：石蛙跳到塘中央，头若钻入身朝上；夹头夹脚捺不倒，分妹抓到脸吓黄。
>
> ……

双方一边对歌一边喝酒，如果对歌、喝酒难不倒媒人，或媒人不认输，不肯交出红包。姐妹们就开始照"坑"了，她们把火把伸进桌下，口曰："石蛙在哪里？"故意把媒人熏烤得眼泪直流，有时不小心还会把媒人的裤脚烧着了，弄得大家哄堂大笑，最后媒人不得不把红包放在"大石块上"。

席间，女方请来善于对歌的姑娘（赤娘）来劝酒，赤娘端来一个"桶盘"（长方形木盘），盘内点一对红烛，放一双酒杯，一个红包，由新娘的姐妹提酒壶陪同。首先来首席劝吃，由新娘的姐妹先介绍客人的称呼，然后赤娘开始唱劝酒歌：

> 一双酒盏花又红，
> 端来桌上劝××（新娘对客人的称呼）。
> 劝你××食双酒，
> 酒筵完满结成双。

赤娘唱完，姐妹斟一杯酒给客人，客人放一个红包到桶盘内，接过酒一饮而尽。首席的客人一一劝过，每个客人也都给每位劝酒人一个红包。然后到各桌劝酒，一般只给一个红包。这些红包分给姐妹，叫"姐妹钱"。大部分给赤娘做手薪。

席间，赤郎也会代表男方出来敬酒，先敬功劳最大的亲家翁、亲家母，然后是新娘的兄弟姐妹、嫂子，接着是六亲、媒人、行郎，最后是邻里。每敬上一杯酒都会唱上一句劝酒歌：

> 一盏酒哩劝亲翁，亲翁食酒面红葱；
> 爷娘养女功劳大，今日奉上酒三盏。
> 二盏酒哩劝亲家，亲家食酒笑哈哈；
> 两家作亲百年合，永久同心结琵琶。
> 三盏酒哩劝大舅，大舅食酒眼泪流；
> 细时姐妹作陈大，分开好比手脚丢。
> 四盏酒哩劝姐妹，姐妹食酒紧相催；
> 细时姐妹作陈大，姐乃嫁了就嫁妹。
> 五盏酒哩劝阿公，阿公食酒放面风；
> 女大当嫁是本分，不用留恋娘家中。
> 六盏酒哩劝契姆，契姆食酒冇奈烦；
> 在寮姐嫂同做事，如今各自奉公婆。

七盏酒哩劝六亲，六亲吃酒笑盈盈；
贺喜姻缘多和合，祝愿夫妻久同心。
八盏酒哩劝媒人，媒人食酒就起身；
一头来讲人嫁女，一头去讲人罗亲。
九盏酒哩劝行郎，行郎食酒起身扛；
这边上轿红花女，那边落轿是新娘。
十盏酒哩劝村人，两边倚满几多人；
大里喊笑拍巴掌，新娘打扮胜观音。

在赤娘、赤郎劝完酒之后，赤娘就开始寻赤郎对歌。

赤娘：今脯听说赤郎来，姐妹双双站门背；
姐妹双双去修路，修条大路赤郎来。
赤郎：今日寮里起身来，收拾南货（礼品）两三回；
收拾南货饼搭面，担落娘峒（女家）度花栽。

起歌头后就边吃边唱。酒席结束后，来的歌手更多，场面更热门。唱的有度亲歌、嫁女歌、采茶歌、结成双、恩爱夫妻等。对歌对到半夜，客人吃点心，赤郎即唱点心歌：

赤郎：新打酒壶颈下乌，我郎斟酒你无顾；
我郎斟酒你无食，无是嫌淡就嫌浓。
赤娘：酒壶装酒浓又香，双手捧盏尽斟上；
句句劝郎莫斟酒，酒醉吴好唱还郎。
……

酒足饭饱，歌已尽兴。新娘准备起行时，要唱《催亲歌》，该歌最后一首是：

五更鸡啼催天光，劝你主家扮新娘；
子时出门把路赶，卯时夫妻好拜堂。

最后，还要唱《十二生肖》以送"歌神"。

新娘起身前，还有哭别爹、娘、舅和溜箸、分风水、吃姐妹饭的习俗。轿顶拿去请轿神，新娘头戴凤冠，身穿八仙紫红色的畲族新娘装，下身着花裤、花鞋，跪在爹娘面前，以歌代哭：

爹哎娘啊！当时等我不的大哎娘啊！
头毛未留就叫定，头毛未长就叫扛哎爹啊！
爹哎娘啊！乃是养崽分田地哎爹啊！
乃是养女分家妆！女乃大来就叫扛哎娘呀！

爹娘扶起女儿站起递给脚跪头红包。接着姐妹将新娘牵到外舅面前跪，要外舅背外甥女上轿。新娘以歌代哭：

外舅啊！外舅！爹娘留我压楼栋，舅啊舅！
你心乖埋心乖粗，今日一定要你送我去哎！外舅！

临行前，新娘还要溜箸、分风水、吃姐妹饭。在厅堂中央，米箩装上半箩米，点上七星灯，放上尺、镜子。新娘拜过香火，姐嫂就在新娘身后把两把筷子递上去，新娘需用双手交叉接过，举到肩膀后一丢，意为与兄嫂分家了。接着在地上放一碗清水，新娘用脚轻轻一绊，将水倒去一半留一半，意为借娘家风水去夫家。姐嫂还会端上"姐妹饭"让新娘含一口，意为不要忘记爹娘养育恩情。然后，外舅将新娘背到轿门外，站在米斗、米筛上，钱串衔嘴吐给兄弟接去，然后坐入轿内。轿夫把轿抬起，花轿在院内前进三步，又后退两步，新娘在一步一哭声中，依依不舍地离开娘家，前往夫家。

　　新娘要在天亮前赶到夫家，出门后不准回头看，意为回头看了要走回头路，夫妻不长久。如果有两个新娘同一天出嫁，同走一条路或同走其中一段路，在这种特殊情况下，一般都事先协商好，让路远的先走，以免发生抢先的情况。后走的新娘就得有一头角系红布、插着红花的黄牛在前面踏路，意为牛踏过的路又是新路。

　　新娘到夫家大门，放鞭炮迎接。新娘在赤娘陪同下来到中堂（正厅），赤娘将灯笼送到祖宗香案左右，再带新娘到香案前经过，到厨房灶前坐一会儿，等祖宗香案摆好祭品，新郎新娘进行拜堂。先向天地拜三拜，再向祖宗拜三拜。拜堂完毕，夫妻双双入洞房，坐在床前，厨师端来一桌点心，放在床前的桌子上。赤娘、送新娘来的小舅子、村上父母双全的小男孩小女孩凑齐一桌，夫妻开排坐在床边同吃，吃罢开始自由活动。

　　婚礼当天，男方置办迎亲酒招待亲朋好友、乡亲邻里。迎亲酒和女方出嫁酒基本相同，但更为隆重和热烈一些。婚礼现场洋溢着歌声笑语，胜似山歌的海洋。

　　第七天，新郎新娘去认亲与回门，俗称做头客。办一担礼品分给岳父家亲房，一家一份。岳父叔伯请新郎新娘吃酒。回家后，夫妻双双开始生产劳动，也有的是第二年春节去做新客的。

（文：雷朝兴　蓝晓波／图：曾令兵）

遂昌奕山村

奕山习俗重生育

遂昌县湖山乡奕山村的朱姓是当地的大姓,朱姓人秉承耕读为本,礼仪传家的家风,明清以来人才辈出,村庄范围不断扩大,崇礼向善蔚然成风。宗谱的族规记载着忠贞、孝悌、诚信、勤俭的思想道德规范,人们在生活中积累和总结了丰富的经验,形成了系统的具有当地特色的人生礼俗,包含了丰富的民俗文化。本文择其生育习俗介绍如下。

奕山习俗重生育

生儿育女是人生的大事。传宗接代、养儿防老是民间传统的生育观念。"不孝有三,无后为大"的思想在民间有较大的影响。多子多福，早生儿早享福，重男轻女的思想在过去的农村普遍存在。

过去，家里想生儿子，会去求神拜佛。多数人去拜观音娘娘，观音送子的观念在民间有较深的影响。有的人到夫人庙拜夫人，有的许愿写缘，保佑家里生儿子。等到家里生了儿子，三朝后，家人要准备三牲香纸，到佛殿去还愿，谢老佛。

有的人想生孩子，想方设法请先生开药吃；有的人结婚后多年无子，就到别人家去带个小孩来，俗称"叠踏步"，踏步脚叠牢了，以后自己就会生小孩；有的人家前几个都生女儿，盼望生个儿子，就将女儿取名"招弟"等带"招"字的名。

民间有新母鸡蛋给小姑娘吃的习俗。新养的母鸡生的第一个鸡蛋，蛋壳上还带有血丝。据说，新母鸡生的第一个蛋给小姑娘吃了，姑娘嫁人后，就像母鸡娘一样，一个一个连着生儿子。

保育女人怀孕为有喜，俗称"有了"。怀孕的妇女称"带身"的人。女人怀孕后，有的人喜欢吃酸的东西，有的人会有呕吐等反应，民间习惯称其为"病儿"。一般人呕吐反应一段时间后就好了，有的人呕吐较为严重，有的要请医生诊治。

怀孕后，要吃安胎茶保养。怀孕前三个月，孕妇行动要小心，手不能伸高，不能做重活，防止胎掉了。五个月后，怀胎较为稳定，干活无须要求，一般的活都可以做。过去人家都很苦，怀孕后什么事都做。到了八九个月，孕妇要多活动，多干活，临产时会好产一些。

怀孕的人坐的姿势要端正，屁股不能后垂，否则胎位会不好。

饮食方面，怀孕前几个月，营养要好。七八个月后，要控制营养，防止胎儿生长过大导致难产。怀孕时要多吃猪肚，说吃了猪肚腹皮松些，生产时更顺利。

民间有看肚子知男女的说法，怀孕七八个月时，肚子尖是男孩，肚子圆是女孩。

孕妇到产期未生，娘家要送"催生饭"，送一碗饭，饭内两个鸡蛋,一个子整个的,一个子剖开的。有的人娘家没人,会请邻居代送。孕妇临产前腹痛时,煎金珠莲(草药)给孕妇喝,俗称"催生茶"。

临产前,房间内要安"夫人"神位,一碗米,米上插三炷香,放一个鸡蛋。鸡蛋大头朝下,表示出生时小孩头朝下。小孩生下后,把碗内的蛋大头朝上摆,表示小孩出生后顺头顺脑。"夫人"神位安在房间里摆三日,三日后在厅堂点香灯,摆茶酒,把那碗米拿到天空下"谢夫人"。

产房有血房的讲法,一般人都不好进血房,男人更不能进血房。产妇临产时要少让人知道,说知道的人多了,产妇不好产。传说加一个人知道,做产会加一个时辰。产床内只能有产妇、母亲和接生娘等几个人。

小孩生出后,接生娘将肚脐带剪断,用温开水洗清小孩身上的血污,帮小孩穿上衣裙。穿和尚衣时,在小孩左右胳膊处要用红头绳扎起,以防小孩的手从袖中抽出。左右衿布带从两侧到背后绕至胸前打结,穿着结实,保暖。在小孩的腹部缚一根布条,俗称"缚腹带",用于扎尿片。布裙系在小孩腰部,两边向里包裹,下截多余部分向上折,包紧小孩脚,保暖。俗话说"冻头莫冻脚",对小孩尤为重要。

小孩出生后,要泡黄连汤给孩子喝,有祛火、消毒作用。再泡甘草汤给孩子喝,有祛痰、解毒作用。黄连味苦,甘草味甜,给小孩吃了喻意先苦后甜。有的先喝黄连汤后再给小孩吃奶,也含先苦后甜之意。

小孩出生后都穿和尚衣。民间传说认为,和尚是出家人,皇法管不着,不纳皇粮,不派差役。小孩穿和尚衣,胆子大些,无忧无虑,健康长大。

小孩出生后,接生娘要检查胞衣是否完整,检查无误后,将胞衣、血包拿到外面处理。有的地方把胞衣埋到棕树底下,意喻传宗接代，有的人把胞衣埋到种有葱的地里，意喻小孩子聪明一些。

胞衣药名叫"紫河车"，可治痨伤和虚弱等症。过去，胞衣都不肯给人拿去吃。都说吃胞衣是罪孽。也有说胞衣给人拿去吃了，小孩不好带。

女人生小孩叫"做生母"，生产后称"生母娘"。生母娘产后要穿暖，防止受冷。月内要少讲话，传说产后百骨都开了，多讲话会受风寒。产妇要多卧，少坐，少活动，多坐了会腰痛。不能哭，月内哭了，以后眼睛会经常流泪。不能吃酸，酸的吃了以后牙会浮。总之，若产妇月内得了病，以后都很难医。

产妇产后要多吃红糖，补血。一般吃红糖煮煎蛋，加姜，吃了对产妇身体好。甜酒、鱼、猪脚汤，吃了奶水足些。当地有"生母菜"，如春风豆干、豇豆干、捞汤菜等干菜，专门备好给产妇吃。要少吃水菜，水菜太寒，对产妇不利，而且会过奶影响婴儿。半个月内不能吃荤油，荤油吃了会"油奶"，即无奶。

产妇产后，一般要禁水四五十日。漱洗都用开水。禁好了，对妇女一生都有好处。产妇月内一般不洗牙齿，说洗了对牙齿不好，多用纱布蘸开水擦牙齿。

如在夏天生产，要用蒲扇扇凉，传说蒲扇是《白蛇传》中白娘子蒲出来的，扇了不怕风。不能用其他扇，如用其他扇，生母娘会受风。

婴儿出生后，其生父要到岳母家报生。报生时带红糖酒、熟鸡蛋、麻糍等，酒壶盖上贴圆形或方形的红纸，圆的表示生男，方的表示生女。岳母家人提着酒壶，拿着鸡蛋、麻糍分给邻里亲友，一般一小杯酒，四个鸡蛋，四块麻糍。吃过酒，分到鸡蛋、麻糍的人要准备"送生母"。"送生母"一般都送鸡、蛋、生母菜、衣裳等。送生母的蛋一般送九个，取"九"字吉利。

小孩取名遵祠堂排行命名，一般由自家父母和长辈商议取名。有的人家小孩不好带，就要到老佛那里去请老佛给小孩取名字，把事先选好想用的几个名字，到老佛前点香烛，准铰杯，准着升铰，就用那个名字。

小孩出生第三日称"三朝"。三朝内，有客人到家来，主人家都要送上一杯砂糖酒，俗称"香嘴"。

三朝日，要给小孩洗浴，俗称"洗三朝"。用柏、油麻壳、菖蒲、艾叶等煎汤，称"百草汤"，在房内给小孩洗浴。洗三朝要洗干净。传说，三朝洗干净了小孩长大后皮肤好些。如手挟下没洗干净，小孩长大后会狐臭；手脚没洗干净，长大手脚会开裂。

洗浴好后，给小孩穿好和尚衣，用红头绳缚小孩两胳膊，连到胸前，当中结一枚戒指，俗称"缚手骨"。传说小孩缚了手，长大手不会骚。如缚的时间过长，长大后做事手脚慢。

接生娘用鸡子在小孩头上滚几下，表示小孩头圆些。用石玄壳在小孩头上滚几下，表示小孩头硬些。用绿葱在小孩头上摸几下，表示小孩长大后聪明些。之后，接生娘抱小孩拉屎，口中念："你很听话的，一日三次尿，三日一次屎。"祝小孩清爽些。

三朝日，宴请"送生母"的亲友，俗称"做三朝"。席上必上一盘鸡子，俗称"剥子"。桌上一般每人二个子。每碗要多一个子，余下来。

婴儿在月内，不抱出外，以防小孩受冻伤风。

婴儿睡着时，自己会笑、会哭、会讲，传说是夫人娘娘教小孩笑、哭、讲。大人看了，不能说，不能叫。如果说了，小孩会受到惊吓。小孩晚上好睡，小孩好带、漂亮，大人都不能说，说了会变。

另外，还有剃满月头、剪指甲、开荤、百家包、认亲爹、认亲娘、认樟树娘、认石玄壳娘等习俗。

（文：罗兆荣/图：曾令兵）

临海张家渡村

张家渡丧不拣日

张家渡，原名湖阜，地处括苍山主峰北麓，永安溪和方溪的交汇处，宋宝祐年间（1253—1258），黄沙进士张汝楷丁忧后来此隐居，因溪水阻隔，出资筑埠头，购置渡船，以便行人。人们感怀张汝楷的恩德，将此地改名"张家渡"。

自宋宝祐年间开始延续至今，张家渡村有这样一个风俗习惯，就是村民死了不用拣日子出丧。村里有语："男单女双，死了就扛。"意思是男的死了逢单日出丧，女的死了逢双日出丧，单日、双日都要以阴历为准。

早在宋宝祐年间（1253—1258），张家渡有许、金、李三姓，由于当地土地贫瘠，生产落后，村民过着清贫的生活，不巧一户姓金家里死了顶梁柱，准备请先生择个好日子，讨个吉利，择日子先生所拣的出葬日子对死者很吉利，但对活着的人不利，需作解法，即要做水陆道场才能出丧。所谓水陆道场，就是请来和尚、道士祭作解法，讲究排场，起码要用4个和尚、4个道士，设坛念佛经超度七七四十九日道场。如此一来，要花费很多钱，本就揭不开锅的金氏如雪上加霜，急得家人哭天喊地，哀悲大哭，在场的人无不为之动情。正当束手无策、走投无路时，忽然来了一位满面红光满头银发，一咎银须长到肚脐，身穿长衫的形象高大的老翁，出现在众人面前，并说："男单女双，死了就扛。"当人们未回过神，想仔细看一眼老翁时，人却不见了，邻居都说这一定是个仙人，为你家解难来了，仙人所讲的日子一定是好日子，百无禁忌。这户人家就按仙人说法出了丧。后来村民们回忆，此人好像面熟，最后都说像是下街土地庙里的土地公显灵，从今往后，按老人的说法，男人死了，逢阴历一、三、五……单日出门，女的按二、四、六……双日

张家渡丧不拣日

出殡。

　　话说回来，土地公是怎么回事？张汝楷（1195—1269），字俞仲，号竹屋，原籍黄河双娄人，1241年考进士第，先后做过宋学博士，于1253—1258年，丁忧还乡，看到张家渡三面环水，为方便乡民隔江过河，选择风景秀丽的岩下山脚，自己出资，建竹屋三间，庭院如一朵绽放梅花，并造渡船，为百姓义渡。张汝楷去世后，张家渡村民为纪念他把原湖阜改成张家渡，并在下街用毛竹建了一座土地庙，把张汝楷夫妇称作土地公土地婆。张汝楷活着全心全意为大家做好事，死后照样不忘张家渡人，为村民排忧解难，变作仙人下凡，不拣日子出丧的习俗代代相传。

基本流程如下：

1. 人亡故后，亲人为其洗浴、剃头（女的梳头）、换衣服，富裕人家穿上七套、五套，普通人家里单衫、中夹袄、外棉袄三套新做寿衣，换下来的衣服叫子孙衣，意味着从今往后不愁穿，兄弟各户都要均分。

2. 把死人用两条高凳平放在板或门上，头用稻草捆当枕头，外壁用草席围着，脚穿上定制鞋底有花的寿鞋，点上日夜不灭的灯叫脚头灯，这可能意味着到阴间夜里都能看得到（男的放在堂前右手边，女的左手边）。

3. 拣日子。把家里人出生年月写出来，拣日子先生拣出对主家人不冲不忌（起码对儿子不冲不忌）的时间、出殡的时辰。拣好出殡时间后叫鼓乐队，亲自到亲戚家通报、报丧。

4. 出丧头一日。中午鼓乐队必须到场，所有亲戚朋友都要来送丧礼，鼓乐见有客人来要敲锣打鼓迎接，主人去门外把客人接进来，先跪下，拜三拜，男的长子陪拜，女的长媳陪拜，并且跪小手面，女的要哭几声，心疼亲人不辞而别；自己有什么不顺心或受打击的苦，向亲人诉说；哭得厉害会兴旺发达。

念夜佛：叫七八个妇女围坐八仙桌，用千张一片片边念边用手传过去，一般从下午3点到晚上12点（富人做道场，叫几个和尚念经）。

布置灵堂：吊孝，表示对死者的哀悼。

5. 出门头夜。一两点钟年轻力壮者到墓葬地挖土，平墓基，这叫开金井；先准备一碗面饭，到墓地请山神、土地，再用盐米在墓地上散，边念"卟咄哨，盐米落地，百样无忌，四方大利，主家兴天发地"，随后再挖土平基。

6. 日子日。亲人请和尚或道士，先用6碗菜食饼筒请死者叫作小修，请后叫讨饭人或扛棺材客倒去。接着做祭，先本家祭，娘家祭，接下囡祭（根据出殡时间，可以并祭，也可借祭）或道士一碗一碗边唱边传给跪拜者。亲人（儿子、女婿等）头戴孝子帽（用麻布做成），身穿孝服，腰系草绳，脚穿蒲，手拿孝棒，手挽杠送到墓葬地。儿媳、囡孝服都有区别，儿媳裙子系孝服里面，囡系孝服外面（表示囡已出嫁，不是家里人，所以外露，儿媳不露。古人有云，泼出水，嫁出女）。

哭灵：一般儿媳、囡等在左上角哭灵，寓意兴旺发达。

7. 落材。先准备一包黄腊，放死者嘴里，叫含口包或黄金包。另一包用小许白银放身上，叫白银包。

棺材：当地都用杉木，12 块，足三寸不等，老者去世漆红色，年轻的漆黑色，二三十岁的用原色，有句老话"做死白着，棺材夹白"。先在棺材底倒上木炭，称"乌金"，摊上草席、垫被，放上尸体后叫亲人都来看，是否已经居中（民间流传说：死人偏右手边爱长子，偏左手边爱小子，当中最好，公平合理）。

盖被：棺材头高喊"高升、发财"等好话，目的向送被的亲人讨要红包。

8. 盖棺。有一枚 20 多公分长的铁钉，系上苎麻，亲人都朝棺材跪，每人拉一劄苎麻绳，棺材头拿斧头边敲边喊"留丁，留财"，亲人跟着喊"丁要旺财也要，丁财两旺"。

9. 起轿。用麻绳系两头，两边各穿上一根竹杠，两头再穿一根短杠，一般人家用四人抬，有老人家用八人抬，道士念经咒，手摇铜铃，扛到百步把棺材放凳子上，由道士念完再上路。前面唢呐，两个敲 13 响锣（前面 10 响慢敲，后面三响快连敲，两个人敲快慢要一致），后面引路（百步内不鸣锣），两人举幡叫旗牌，由两根带叶子小竹竿，竹脑头吊挂纸剪的胡白花。一个人挑墓地用的纸币，妇女回来换的衣服、鞋及祭品等满满两大筐。带芝麻杆一捆，一碗东邻西舍的面饭要求邻舍帮忙，芝麻捆象征生活越过越好。

10. 路上。鼓乐引路，吹哀乐后鸣锣，轿夫扛一段拄一拄，拄得越多下世占地越多。老话讲"连短柱头屋都没有"，说明穷得可怜。过水坑、转弯都要叫一声，使亡灵记住。儿子、女婿挽棺材杠，叫防材。

账房到百步外发手巾布（土话叫包头白布），剪一块白布戴在头上表示孝敬，儿辈用白，孙辈红，曾孙辈绿色不等，跟在后面送到墓地。

11. 墓地。风水先生按朝向吉利、山形定。先在墓地烧纸，请左邻右舍，两头放一块岩石叫上马石，对准朝山，由儿子鸣锣，顺三圈、倒三圈，再在棺材背盖上稻草，妇女咒娘哭爷后更换衣服，点上灯笼回来，叫转山。

家里由道士念经，牵头一个人手拿扫帚先扫主家，再左邻右舍全部扫，叫扫净，意思整座房子都干净了。

把跪拜过的稻草捆绕百步外路当中，让转山的亲友跨过稳灰（表示晦气清除干净），事先点上神香发给他们，让他们到门口插在指定地方。中餐吃面，不喝酒，吃汤饭粥。

送丧者不能留宿，账房先生事先包好礼金，除因祭以外，其他都送红包，称折白，祭礼担多点被少点，把他们送出门。晚上主家准备五盘象征性的如红鸡蛋、红花生、糖果、钱币、铁钉等分给大家表示"利时"。把纸糊的房子、纸箱烧给亡灵。

道士在主家堂前设孝堂，奉牌位，给亡灵做七。"七"就是过七天请道士念经，解关难，连续七次即四十九日，晚辈必在家守孝49日，最后满七，叫端灵，牌位放祠堂。其中三七、因儿七由因出资做七。

牌位一般的高约30公分，宽约15公分，插入底座：上书"某×公××之灵位"，两旁书出生年月与亡故日期，中间是用另外一块，拔篓插入。较有的讲究两旁雕花，中间描金字，比一般高大许多，各种各样，这与当地艺术水平与经济条件有关。

（文：何达舟／图：曾令兵）

三　祭祀仪式

兰溪诸葛村

诸葛祭祖传祖训

　　兰溪市诸葛镇诸葛村是全国最大的诸葛亮后裔聚居地，为后汉三国时期蜀汉丞相诸葛亮后裔，南宋末年诸葛亮27世孙诸葛大狮公迁居此地后，今有第43—45代共4000多人居住村中，诸葛村以其"原汁原味"的神秘文化与文物古迹而闻名。现有保存完整的明清古民居及厅堂200多处。诸葛村村落布局十分奇巧罕见，高低错落有致，气势雄伟壮观，结构精巧别致，空中轮廓优美，是为纪念先祖诸葛亮而按九宫八卦阵图式精心设计构建的。

　　诸葛亮（181—234），字孔明，徐州琅琊阳都（今山东省沂南县）人，三国时期蜀汉丞相，中国历史上著名的政治家、军事家、散文家、发明家。诸葛亮青年时耕读于荆州襄阳城郊，地方上称其卧龙、伏龙。受刘备邀请出仕，随刘备转战四方，建立蜀汉政权，官封丞相。223年，刘备死后，刘禅继位为蜀汉皇帝，诸葛亮受封爵位武乡侯，成为蜀汉政治、军事上最重要的实际领导者。234年逝世，享年54岁，辞世后追谥为忠武侯。后世常以武侯、诸葛武侯尊称诸葛亮，是中国传统文化中忠臣与智者的代表人物。

　　诸葛亮家训流传至今，为民间所传唱，口口相传，有口皆碑。其内容有：

诸葛祭祖大典

其一，远观山色年年依旧常青，近看人情朝朝不如往日。花开时蜂蝶聚，人困时亲朋疏。茶朋酒友日会三千，有事相求百中无一。吾生志愿积善读书，不敢望名声动地，不敢望富贵惊天，不敢望一言定国，不敢望七步成篇，不敢望珊瑚树高百尺，不敢望琉璃瓦盖千层；但愿父母康健夫妻偕老，兄友弟恭子孝孙贤，无荣无辱骨肉团圆。采茶青山之上，钓鱼渭水江边，无忧无虑在眼前。一日平安一日福，一日快乐一日仙。家不缺粮灶不断烟，茅舍不漏布衣常缠。退一步依然儒雅，让三分快活神仙。青天不管人闲事，绿水何能退是非。交有道之朋，绝无义之友，饮清泉之茶，戒乱性之酒。学有二三事之能，终身用之有余，平生之愿至此足矣！

其二，诫子书：夫君子之行，静以修身，俭以养德。非淡泊无以明志，非宁静无以致远。夫学须静也，才须学也，非学无以广才，非志无以成学。淫慢则不能励精，险躁则不能冶性。年与时驰，意与日去，遂成枯落，多不接世，悲守穷庐，将复何及！

其三，诚外生"外甥"书：夫志当存高远，慕先贤，绝情欲，弃凝滞，使庶几之志，揭然有所存，恻然有所感；忍屈伸，去细碎，广咨问，除嫌吝，虽有淹留，何损于美趣，何患于不济。若志不强毅，意不慷慨，徒碌碌滞于俗，默默束于情，永窜伏于凡庸，不免于下流矣！

大公堂位于钟池北侧，始建于明代，据说是江南地区唯一仅存的诸葛亮纪念堂。祠堂前后五进，建筑面积700平方米。门两旁分书斗大的"忠"、"武"二字。整座建筑古朴典雅，气势恢宏，保存完好。堂内壁上绘有三顾茅庐、舌战群儒、草船借箭、白帝托孤等有关诸葛亮的故事壁画。堂外围墙旁现存六株龙柏，暗示诸葛后人六族繁衍，人丁兴旺。门庭飞阁重檐，高约10米，上悬一块横匾"敕旌尚义之门"。顶层有明英宗于正统四年（1439）所赐盘龙圣旨立匾一方，表彰诸葛彦祥赈灾捐谷千余石的义举。

大公堂正中四根金柱，全由直径50厘米的松树、柏树、桐树、椿树组成，意为"松柏同春"。四根金柱上方雕有九头木雕雄狮会合成"九世同堂"。中堂正中高悬诸葛武侯像。金柱上书有加拿大46世孙诸葛培根撰写的楹联：

溯汉室以来，祀文庙、祀乡贤、祀名宦、祀忠孝义烈，不少传人自有史书标姓氏；

迁浙江而后，历绍兴、历寿昌、历常村、历南塘水阁，干滋启宇可从谱牒证渊源。

诸葛村诸葛氏遵承祖训，每年农历四月十四、八月二十四，即诸葛亮诞、忌的纪念日举行祭祖大典。诸葛亮后裔子孙齐聚享堂，在《汉丞相武乡侯诸葛》神主迁开展祭祀活动，行三献大礼，焚香、登祠、叩首，钟鼓齐鸣，笙箫阵阵，追忆诸葛孔明的智谋德行。

祭祀完毕后，年高八旬者入寿宴。八旬以上者，如果只是一两位，也独享一桌寿宴，年轻者按辈分围着寿席用餐。用餐完毕，分给每个年轻人两个馒头，以祭祀诸葛亮安抚南蛮的足智多谋。馒头分毕，当年出生的婴儿，按宗谱行辈用字，由年长辈高者上谱，入录《高隆诸葛氏宗谱》。

诸葛亮后裔遵照诸葛孔明遗训的敬老习俗，崇尚礼仪，村里安定祥和，因而感动了皇上。元朝元贞年间（1295—1297），兰溪由县升格为州，成宗皇帝派蒙古人怯失烈（字吉甫）任兰溪州达鲁花赤监州。吉甫到兰溪后，看到这里百姓安定，民风淳朴，敬老爱幼之风盛行，已经成为一种习俗，于是便奏请皇上。成宗帝诏赐天下："高年九十者，年赐帛二匹；八十者年赐帛一匹。君周历境内，虽穷山绝壑，悉临其家，手授之帛，且召其子孙而勖孝焉。"

如今，诸葛村建立起民俗文化馆等一些爱国主义教育基地，在中小学生中开展学唱《戒子书》活动，诸葛孔明的遗训成了兰溪一带百姓的座右铭，文明风尚代代相传。

（文：刘鑫/图：兰溪农办）

洞头东沙村

妈祖圣灵保东沙

洞头县属全国14个海岛县之一，由168个岛屿组成，称"百岛县"，在全县近百个渔民聚居的村落中，建有不同风格、大小规模不一的"妈祖庙"，又称天后宫14座。"妈祖"在海岛居民的心目中是"救灾难，保平安"的不二神灵，每年农历三月二十四日和九月九日在妈祖诞生和羽化为神的日子里，各个宫庙都要举行祭祀活动，尤其是首座妈祖发祥地——东沙妈祖宫的祭祀规模最为盛大，祭拜仪式、习俗传承、祭典内容等最为隆重，影响度也极广，已有300多年历史。

东沙妈祖宫坐落在洞头第二渔港——东沙渔港的港湾内，背靠西北苍翠山冈，朝向东南浩瀚海洋，晨观沧溟喷日，暮迎逐浪归舟，被视为"妈祖圣灵镇宝地，渔村渔民护平安"的圣迹。关于这座宫庙的由来及其祭祀习俗的缘起，在东沙村一代又一代的居民中流传着很多美丽的传说。

妈祖原名林默，出生在福建莆田湄洲岛上的一个村宅中，她是五代闽王时都巡检林愿的第六个女儿，母陈氏。宋太平兴国四年（979）三月二十四日出生，是一位富有传奇色彩的女子，关于她的不寻常的奇闻逸事，在福建沿海一带甚至我国台湾及东南亚华人地区广为流传，是一位可与"大慈大悲，救苦救难"的观世音菩萨媲美的救世度人的女神，尤其是在海上作业的渔、商人员更把她奉为至圣极灵的平安保护神，因而便有了洞头东沙妈祖宫的由来和祭祀习俗的流传。

洞头县位于瓯江口外，东海之滨，外海域称洞头洋。为浙南第二大渔场。内海域诸岛屿间港湾密布，盛产鱼虾贝类和海洋藻类，是浙、闽沿海渔民捕捞生息的好场所。明末清初，福建省的惠安、崇武、莆田、泉州等地渔民，每年春汛一到，便驾渔船、带渔具、携家眷前来洞头，在现在的北沙、东屏一带的山岙搭建茅寮，安顿家眷，然后进行海上捕捞作业。那时候，海上生涯一怕风浪，二怕海盗，为求得平安，福建渔民把海神妈祖的塑像一起带到洞头，在东沙岙里盖一间茅棚屋，专供"妈祖"香火，每天早晚烧香礼拜，祈求平安，到了渔汛期结束，渔民们返回老家时，又把妈祖的塑像带回去，年复一年，一直如此。

妈祖圣灵保东沙

福建渔民笃信妈祖的习俗，逐渐影响了当地人，到"妈祖庙"烧香求安的人也日益多了起来，当福建渔民把"妈祖神"带回去后，当地人便失去了叩拜的偶像，有一种失落感。到了清乾隆年间，有一年渔汛结束时，正是盛夏季节，福建渔民携家眷、带"妈祖神"，起锚扬帆，欢喜回家。这一天，阳光灿烂，天空如洗，风平浪静，碧波无痕，当渔船将要驶离东沙港时，海面上突然掀起一股股巨浪，渔船无法前行，只好回港，此后一连几天，都是这样，最后一天，驶在前头的几只渔船安然无恙，唯独携带"妈祖神"的那只渔船突被一个巨浪掀翻，落水的渔民和家眷全被救起，并搭乘同乡的渔船回家，但那尊"妈祖神"却不知去向。第二天，东沙村一位渔民发现港口水面上漂着一件东西，忽隐忽现，慢慢向岙口沙滩边漂来，他卷起裤腿，涉水去拾取，一看竟是"妈祖神"塑像，他喜出望外、小心翼翼地抱回家，告诉全村人，大家齐声说："怪不得晴天无风起大浪，原来是'妈祖神'不肯回家。"于是把"妈祖神"依旧供奉在原来的茅屋里。事后，全村人出钱，出力在岙口左边的山峦下，盖了一座木石结构、规模较大的寺庙，称为"妈祖宫"，有人叫她为"不肯去妈祖宫"。

东沙岙坐西北朝东南，岙口是一个天然的深水良港，南来北往的船只和洞头本地的渔船大多停泊在这里。因此敬仰"妈祖神"，祈求妈祖保平安的人越来越多，妈祖宫的香火也一年比一年鼎盛。后来逐渐兴起祭拜妈祖神的大型活动，在每年的农历三月二十三日妈祖诞辰纪念日和九月初九日妈祖羽化升天成佛这一天，都要举行隆重的祭拜妈祖仪式，每次祭拜活动持续3—5天，其中主祭活动1—2天，余为演戏，祭祀活动自始至终，组织有序，规模较大，热闹非常。主持祭拜活动的成员有16人，开头由有名望（产量高、技术精、声望好）的渔船老大牵头，在常年停泊在东沙渔港的渔船老大中推举产生，其后，每年在妈祖诞辰这一天的早晨，原主持祭拜活动的16人齐集在妈祖佛堂前，由宫庙主事（庙祝）向妈祖佛卜卦示意，把众渔船老大的姓名——念出，逐个卜定，重新组合下一届（年）佛事活动的16名主管人员，一经卜定，翌年的佛事活动就由这些人主持安排，管事人员按佛事活动的内容，分设财务、购物、香火、抄写、佛事、安全、后勤等小组，各司其职，使整个活动有序进行。

佛事活动的主要内容是请师公（道士）"作敬"（道场）。道场

（作敬）分为小作，又称"大头敬"，时间一昼夜；中作，时间两昼夜；大作，时间三昼夜。大、中、小的道场规格，内容各不相同，师公的作功和收费也不一样，每逢太平丰收年大庆，就作"大敬"，一般年成，以"中作"居多，中作的内容，行头有十大项目，先是邀请师公（道士）10—12 人，其中主祭（坛主）1—2 人，陪祭立坛 3 人，助祭 2 人，鼓乐、五音 3—4 人，开祭前，先在宫庙内设祭坛（主坛、分坛等）及道场一切应用摆设，祭坛分三层九坛，前、中、后三层，左、中、右三排，形成对称，每坛由两张长条凳和一张四方桌搭成，四方桌放在长条凳上，在每个祭坛下边设一拜场，用木板搭成，上铺设填具（如草席、地毯）供师公和信徒祭拜。中一坛为地坛，供地藏王菩萨，后一坛为神坛，供妈祖神，前一坛为天坛，供玉皇大帝，左边三坛分为福星、寿星、财星，称三星坛。

信徒们由师公带领，先拜妈祖坛，次拜地坛，再拜天坛，然后拜左坛转右坛，巡回一周祭拜，拜毕，再转到天坛祭拜，六人一组，轮流祭拜，由师公分发给每人一支燃香，鞠躬三拜，把香插进香炉，然后接过师公手中的一杯清茶或黄酒，对着玉皇大帝一饮而尽，以示"饮天赐神茶（酒），消灾祛厄，无病无痛，长寿健康"。妈祖诞辰日正式开祭。开坛时，师公要引领一众人员，念净天地法语：

> 天地自然，秽气消散，洞天玄虚，晃朗太元，
> 八方威神，保民安然，灵符保命，祷告九天，
> 乾罗怛那，洞空太玄，斩妖缚邪，杀鬼万千，
> 中山神咒，元始玉文，持诵一遍，祛灾延年，
> 五狱巡行，八海知闻，魔王车道，持卫我斩，
> 凶煞退避，正气长存，太上老君急急如律令。

念完后，绕坛一周，然后法师手拿一只盛满清水的碗，用芒草

蘸碗中的水,为众信徒净身,念净身咒:灵宝天尊,安慰身形,魂爽魄清,五脏玄冥,青龙白虎,队仗纷纭,朱雀元武,保卫我身,我以月洗身,我以日炼形,仙童扶玉女,二十八宿同行,干邪万秽逐水而逝,仙神帝君勒到奉行,太上老君急急如律令。

众信徒散去,祭祀进入程序。祭祀内容为:

1. 请水。由相关祭拜人员组成请水队伍,师公及其鼓乐人员走在前头,随后是两个手提一对大红灯笼的人,其灯称为妈祖灯,又名太平灯或吉祥灯,后面紧跟着的是主持本次活动的"头家",双手捧着一个红木盘,上面放置着太上老君神像,称"祖师盘",其后是两面大红旗——龙旗和虎旗,称龙虎旗,以示威仪,在龙虎旗后面跟随着一班双手拈香的信众,人数不限,愿意参加者均可,请水队伍到了海滩,由师公举行请水仪式,祷告四海龙王赐予一年风调雨顺,鱼虾丰收,渔船平安,祷告时,师公们一边吹法号,击法器,由主祭法师念法语:天清清,地明明,四海龙王显威灵,风调雨顺年景好,国泰民安保太平,太上老君急急如律令(反复念三遍)。仪式结束,在回宫庙的路上要过三道关,即在路上按一定的距离,各放置一张桌,要放置三张桌,由师公作"过关"状,意为"斩魔除妖,劈风破浪,保佑平安"。过三关时,每过一道关,师公要踏步、转圈,口念法语,第一道关称"天门关",法师念:

月朗朗,日炎炎,日月光芒照无边;九重天门开福运,普济人间丰收年,太上老君急急如律令(反复念三遍)。

第二道关称"地堂关",法师念:

山高高,地灵灵,大地山川正气清,五狱诸神发号令,妖魔鬼邪尽隐形,太上老君急急如律令(反复念三遍)。

第三道关称"水府关",法师念:

风静静,水平平,风调雨顺四海宁,走南闯北无灾厄,千家万户人财兴,太上老君急急如律令(反复念三遍)。

2. 请神。又名帖坛醮,由师公发帖迎请各路神仙前来参加妈祖盛会，师公要念"三出经文"，每念一遍，烧化一张黄帖子，以示盛情三请，并向八方神祗的降临致谢。所念经文名"玉皇宝号"（又名玉皇诰），念毕，把有关的神道名称——念到，最后四句为结束语：

太上玉皇下九重，万方诸神齐相逢，宝辇华车盖日月，威灵显赫耀神光。

3. 祭北斗。排七张或九张方桌，每张桌上设一香坛，并用黄纸写上北斗星名称，插在一个盛米的盆斗上，每个盆斗前点上菜油灯（现用蜡烛），师公要逐个祭拜，踏云步，摇道铃，念法语，祷求北斗星君为一方百姓降福消灾，男女老少添福增寿。

4. 祭三界。设置三界灯。祭拜天、地、水三官。敬请三官爷降临盛会，保佑一方平安，风调雨顺，五谷丰登。

5. 请灶神、祭醮、进表。灶神奉行"上天奏好事，下地保平安"，并托咐灶神爷向各路尊神送达"醮表"，醮表分正表四、副表四，正表四道：三官表（天官、地官、水官）、三星表（太上老君、元始天尊、通天教主），早朝表和帖坛表；副表四道：玉皇表、龙王表、风神表、妈祖表。祷求：上天赐福，鱼虾入网，风平浪静，船只平安。

6. 献敬。又名祭祀。把民间五谷、各项食物、生活用品、金银首饰等献给众神和妈祖享用，所有物品放在盆上，由师公进行敬献仪式，一些信徒为给家里人消灾解厄，都把本人穿用的衣服物品拿来祭献，以示佛祖享用的衣物穿戴在身上百邪不侵，可保无灾无难。

7. 玉皇赦。由师公带领一班参加佛事活动的信众，手拈燃香，跪在玉皇大帝神像前，由师公把民间的种种罪孽，共三十六种，——诉状，进行忏悔，祷求天帝宽恕、原谅。

8. 解厄。仪式与玉皇赦相似，由师公带领一众信徒在南北斗神坛前赎罪，并祷求去除厄运，赐给好运。由五个师公站立五个坛位，主祭五个方位，向五方神祇祷告，消除八灾十难。八灾：刀兵、雷电、水、火、风、瘟疫、海盗和狂浪。十难：孕妇难产、幼婴难活、渔船海难、行商劫难、旱魔发难、牢狱犯疼患难、出行遇难、牲畜遭难。

9. 东岳醮。东岳大帝上通三十三天，下彻十殿阎王和十八层地狱，褒善贬恶，保佑好人平安，惩治恶人遭报应的圣灵福神，致祭东岳大帝，让万民百姓在和谐安定的社会环境中过上好日子。

10. 入敬。又名送神。由师公带领一众佛事人员先向妈祖和各路神祇行答拜礼，称谢坛，一谢白虎神，二谢瘟疫神（赵、马、温、康四瘟神），祷求无灾难、无瘟疫、无鬼怪作祟，万家平安。然后大众上香礼拜，烧化"金银元宝"，放鞭炮，谢坛，以示佛事圆满结束。

作敬祭祀活动结束后，举行宴席，一般20—30席，宴后演戏，戏班子多为南戏，新中国成立前请演的是昆班，现为越剧。一般演三天三夜，最多五天五夜。下午、晚上各演一场戏，大多为"才子佳人和悲欢离合"的古装剧，内容丰富多彩，每场戏开演前，都有一段"八仙过海"，称"打八仙"，这段戏的费用多由答谢人支付，演戏一般只在妈祖诞辰期间，妈祖羽化升天成佛纪念活动只作敬，不演戏。

除了一年两祭大型活动外，还有六次佛会，佛会活动以会员为主。妈祖佛会成立于20世纪80年代，由邻近十多个村庄的信徒组成，有100多人参加，设会长一人，副会长多人，下设十个活动管理小组，每次佛会活动除会员外，还有外乡村的群众前来参加，参加活动的人数多时达千人，一般也有五六百人，参加活动的人除供奉和烧香外，还要掏一点腰包，多的上百元，少的十元、几十元，以示答谢。

一年六次佛事的时间分别为：农历二月十八日，称"年头会"，比较隆重，并设便宴接待宾客；四月十八日、六月十八日、八月十八日和十月十八日为一般佛会；十二月十八日为年尾会，给妈祖拜年，也称过年，这次佛会规模较大，场面很是热闹，并设宴招待各方来客。

随着祭祀妈祖活动规模逐渐扩大，活动内容不断丰富，久而久之，便演变成为海岛渔村的一种习俗，一种妈祖文化、海洋文化与民俗文化的载体。这一载体突出表现为祝愿"国泰民安，风调雨顺，居家吉祥，社会和谐"共同理念的弘扬，而发端于妈祖文化并于每年春节期间举办的"迎火鼎"大型活动，更是其独特文化组合中的一颗闪亮明珠。

（文：郭温林／图：曾令兵）

衢州衢江洋坑村

洋坑村 "喝山" 祈福

洋坑村地处衢州市南部山区，位于乌溪江水源地上游，海拔600多米，因一眼望去广阔如海洋，而又多山坑，故得名洋坑。

洋坑喝山节祭祀活动的历史可追溯到明代末期，距近已有400年左右历史，《蓝氏祭祀节日谱》有"宛人呼十月八为喝山节又意护山。乡民用谷、酒、土、木灰自门外委婉布入洋坑山前，旋绕庙宇，呼之为引山神、祭先祖、其音乐回落"的记载。

洋坑村"喝山"祈福

喝山的"喝"其意为呼喊，通过对大自然的呼唤达到天、地、人之间的呼应，因"喝"与"护"在当地方言中同音，百姓也称护山节，护有护苏的意思。护苏是当地畲族蓝氏的先祖，他从小聪明过人，能文善武，喜好乐律，传说韩湘子在周游四方时路过洋坑岭送给他一管箫，并传授百余种韵律，临别时告诫已改名蓝箫子的护苏百曲中的《降雨咒》除万不得已外不可轻易吹奏，否则会冒犯天条，遭灭顶之灾。有一次连年干旱，洋坑岭上燃起熊熊大火，为救黎民，蓝箫子拿起箫对着火海吹起了《降雨咒》，顷刻狂风暴雨，大火被灭，蓝箫子却葬身火海，化身为神灵守护山林，长箫化为山泉瀑布，恩泽百姓。后人为纪念护苏，每年在他的祭日农历十月初八都要祭拜这位先祖，从而逐渐演变为喝山节。喝山节祭祀可分为祭拜佛主、祭拜天地、祭拜山神、祭拜先祖和添土祈福等，形式有公祭、家祭、墓祭、重社祭等多种。祭祀活动用以教育后代要重品行、讲修养、珍惜山林中的一草一木。

祭祀活动在当地有较大的影响力，参与程度之高、文化结淀之深，是乡间其他民俗不可比拟的。节俗内涵丰富、生动，充满了人性伦理之美、情感之美、艺术与智慧之美，凸显了鲜明的地方特色。

每年农历十月初八，一大早村民们就携带祭品聚集在古寺庙前参加神圣的祭祀活动，祭祖仪式在祠堂正厅中进行，先供奉五谷祭品，按照一祭诸佛、二祭天地、三祭山神、四祭祖先、五祭古树的先后程序进行祭拜。焚香拜揖，向天地神灵表达感恩之心，向祖先表达虔诚的敬仰之心，祈祷神灵和祖先护佑，确保一方平安、风调雨顺、五谷丰登。祭仪结束之后或分猪肉给各户，或操办祭宴，供祭祀人和宾客分享，人神共度祭祀的欢乐，与此同时，在交通不便的村落还就地举办相对简单的家祭、墓祭、重社祭等，组合成完整的喝山节祭祀活动。

祭拜佛主：全体村民在洋坑殿集中，祭拜神王太子、平水禹王、观音娘娘和陈林李奶（养育山神，从福建传入）。祭拜佛主仪程为供奉祭品、焚香点烛、祭拜祈祷。

祭拜天地：由主祭人率全村村民步出大殿祭拜天地。祭拜天地仪程为焚香点纸、鸣炮奏乐、跪拜感恩、祈祷。

祭祀山神：全体村民在山神庙聚会，通过献祭品、主祭人献祭词、众人和祭词等形式来祭拜山神。祭祀山神仪程为：先在山神庙贡上由三牲构成的祭品。由族长率先焚香、点烛、跪拜，然后率众村民鸣炮祭拜，然后由主祭人献祭祀词，众乡亲和应祭祀词。

祭祀祖先：每年农历十月初八，由村中长者率本族村民在祠堂按照俗规拜祭祖宗。祭祖仪程为：焚香、点烛、击鼓鸣乐、祭祀人焚香化裱，跪告诸事。

添土祈福：全体村民聚集在古草榠树下，由族长率众乡亲添土祈福。添土祈福议程：先在古草榠树前摆上祭品，焚香、点烛、跪拜，先由族长添土，然后众乡亲轮流为古草榠树添土祈福。

2014 年 10 月 15 日，洋坑村举行了一年一度的喝山节，祭祀队伍分为主祭司、副祭司、陪祭、礼炮队、仪仗队和祭旗队。

主要器具有戒方一块、小锣白二块、摇铃一个、罗盘一块、告副一块、犀牛角号一只、喝山旗帜、香纸、蜡烛等。

器乐有锣鼓、唢呐、二胡、钹等。曲目有《十番锣鼓》的"满堂红"、"跳锣"、"四拍子"等。

主要祭品有猪、鸡、鸭、鱼、虾、酒浆、谷物、馃类等。

主要服饰如下：祭祀群众身着畲族服装，有胸衣、对襟衫、膝裤等。男人腰缠枝藤，女人身戴肚兜。主祭人戴士帽，身披斗篷。

祭祀开始前所有祭祀人员各自分工，祭旗队上山砍细竹，购买祭旗，制作祭祀用祭旗，并在祭祀线路两旁插上三角祭旗，主祭司沐浴净身，准备祭文以及祭祀道具，副祭司沐浴净身，准备祭品以及香纸，陪祭准备好祭祀流程，礼炮队准备礼炮，并事先在各点放置好礼炮，仪仗队排练好祭乐，安排村里部分妇女准备好宴席，宴请全村村民。

祭祀开始时所有队伍在祭祀广场集合，副祭司摆好祭品，九点整由陪祭宣布祭祀开始，鸣炮、奏乐，整个祭祀过程严格按照五大祭祀部分进行。

据传承谱系记载，喝山节每个年代的传承人有：蓝名正（明代末期）—蓝哲芝（清代初期）—蓝传彩（清代初期）—蓝芳焕（清代中期）—蓝庆期（清代中期）—蓝立时（清代末期）—蓝本忠（民国时期）—蓝兴瑄（民国时期）—蓝石美、蓝显洁（新中国成立初至"文化大革命"时期）—蓝法浩、吴锡富、王金洪（现今）。

喝山节作为农村的一种祭祀活动，不仅是对传统文化的继承与发展，更是联系全村人情感的系带，在喝山节上村民们团结一心，祈天纳福。喝山节于2009年和茶灯戏、木偶戏一起被列入浙江省第三批非物质文化遗产名录，共同组成了洋坑村三项"非遗"，它不仅提高了洋坑村的精神文明建设，更丰富了洋坑人的精神文化需求，它告诫后人要不忘历史，要学会感恩与奉献。

（文：吴笛/图：曾令兵）

象山渔山岛村

如意娘娘连两岸

　　如意娘娘信仰起源于象山石浦渔山列岛。渔山岛是悬岙离岛，由北渔山和南渔山等 54 个岛礁组成。渔山岛人以捕鱼为业，清朱正元《浙江沿海图说》载："查此间有居民者三岛。南渔山二十余户，北渔山二十户，白礁五户，皆闽人之捕鱼为业者。"

如意娘娘连两岸

　　在艰苦而风险丛生的渔业工作中，按朴素的理想，简单的生活逻辑，渔山岛滋生出本地独创的保护神如意娘娘。传说宋朝时，渔山岛就有福建兴化、台州和黄岩人来捕鱼，铲淡菜。一日，某采贝人落海身亡。其女儿从家乡赶来，纵身跃入海中殉葬，但见投身处浮上一块木板。人们为其孝道所感动，遂以木板塑少女像，塑像是坐身，双手搁在膝上，扶着一块约 20 厘米×100 厘米见方的木板，建庙于该岛，称为如意娘娘庙。又传说该女在渔山岛庙舀纵海殉葬，落海处浮上一只绣花鞋，所以该女塑像脚穿绣花鞋。

1955 年 1 月 18 日，解放军突击攻下一江山岛。浙东大陈岛、渔山岛一带的国民党军队被迫撤离，渔山岛 93 户人家 487 人归入撤退行列，村子整体迁移到富冈渔民新村。撤离前，以柯位林为代表的渔民，决心要把本岛如意娘娘装箱带到台湾地区。士兵阻拦时，柯位林斗胆向上岛巡视的"国防会议副秘书长"蒋经国先生求助。蒋经国先生说："可以，可以。搬上去，搬上去。"这十个字，奠定了如意娘娘习俗在台湾地区发展的基础。

去台渔民在富冈建村时，同时建造娘娘庙。"国民党台东县委员会主任委员"萧焕复考虑到富冈新村"以渔为业，应祀海神，以祈充裕而保平安"，改名为"海神庙"。海神庙占地 600 多平方米，庙屋里有戏台，庙里供奉如意娘娘、二娘娘、三娘娘、李府元帅、广泽尊王、保生大帝、池府王爷、泉州王爷、北极王爷、德福正神、关公、关平、周仓、三太子、观世音菩萨、南渔山王爷等神像，又有将军的"兵马"、"太岁"、如意娘娘的护法"虎爷"和"船神"（石浦传统古渔船"绿眉毛"）等，合 100 余尊。

海神庙还有专门的管理机构——海神庙管理委员会。委员 40 多名。"主委"（主任委员）是最高管理人员，由所有委员评选，负责全面工作。两名"副主委"由主委选派，协助主委工作。副主委下的职位叫"炉主"，配有"副炉主"若干名，负责日常事务。炉主由如意娘娘"钦定"。在农历七月初六（如意娘娘的生日），其中一项祭祀活动就是掷筊杯，选炉主。筊杯是一种占卜用具，半月形的竹根，平面为阳，凸面为阴。祈祷神灵时，一对筊杯合于手中，掷于地上，观其阴阳，以占吉凶。两片都是阳面，称"笑筊"，表示神在冷笑，即无效。两片都是阴面，称"伏筶"，表示神在生气，即否定。一阴一阳，称"圣筶"，表示神肯定和接纳。

如意信俗的祭祀程式叫"请五营"。"五营"指神祇的开路先锋，"东、南、西、北、中"五位将军，由5面令旗表示。另外有各种法器：一口红色的"东西南北斗"装着祛邪的盐米；五块红色的"法旨"形如惊堂木；一条长长的"法绳"麻质鞭子状；五将的兵器是"五宝"，分别是"七星剑"、"鲨鱼剑"、"月斧"、"铜棍"、"刺球"。通过五位将军"操练兵马"，才能请出各位神祇。"请五营"是祭祀者与神灵"沟通"的媒介，通过这种仪式，神灵"附身"，为大众指点迷津、消灾赐福。

仪式开始，八九个祭祀人员轮流担任五将，念"请神咒"和"本坛咒"，咒语浑厚粗犷，像曲谱。然后五将轮流上场，手执法绳，手舞足蹈，念念有词，如入迷幻状态。战鼓擂起，五位将军赤裸上身，手执兵器，"操练兵马"，顿时，祭祀现场"刀光剑影"。操练完毕，东西南北中放着的5个红色铁桶开始焚烧金箔纸，一将舞动法绳，登坛作法，正式请神祇。如意信俗是多神信俗，如意娘娘一般在重大的活动中"现身"，平时请出的可能是池府王爷，或其他神祇。请出的神像，两将各执一端，像拉锯一样，相互拉扯争夺。其他各将念咒语，匐然如梦。在梦幻般的"拉锯战"中，凡人如有难题，即可由神灵来解答。

"请五营"结束，村民们摆出鱼肉酒菜等供品，面向大海，祭海谢神。祭祀过程叫"扶乩"。"乩童"是神祇的代言人，是神与人互相沟通的媒介，神灵上身称为"起乩"。海神庙的乩童叫柯为民，1946年出生，16岁时进入海神庙"做禁"7天。"做禁"就是在紧闭的庙门里，通过老五将作法请神，使"神灵附身"，"神定"乩童，传承各种"法术"。

富岗村至今还保留着许多故土习俗：逢年过节，家家户户包麦饼筒，做鱼滋面、鱼丸、八宝饭、春卷。除夕"要吃三十夜"，36

道菜层层叠叠摆在桌上。元宵节在海神庙外烧平安茶，几口大锅用姜、红糖、红枣和上等好香等配料烧汤。然后请神，请来泉州王爷，"指定"两个人上山采药。采的草药，数量、地方，神灵都会"告知"采药人。草药放入沸腾的汤料里一起煎熬。平安茶烧成后，全村家家户户都来取茶，男女老少争相喝平安茶，祈愿岁岁平安，生活安康。

"风调雨顺民安乐国界安宁兵革销。"随着时间的推移，两岸兵戎对峙的坚冰已溶。富冈新村村民想念家乡，渐渐地和大陆相通。20世纪80年代，台湾地区解禁开放大陆探亲，台湾同胞纷纷来到家乡旅游、修坟、祭祖。2003年9月，"亚洲飞人"柯受良赴渔山岛祭祖、祭庙。2007年7月，在象山县台办支持下，海神庙始建人柯位林发起如意省亲活动，率令旗队、锣鼓队、七星阵、八卦阵等回乡祭祖团54人，敬奉如意娘娘小塑身及池府王爷、广泽尊王、阵头八将等神像回到渔山岛娘娘庙省亲。这是阔别50多年的如意娘娘，第一次踏上故土祈福祭祖，开创了两岸娘娘省亲迎亲习俗。

2008年，象山县以"中国开渔节"为平台，以文化为纽带，邀请台东富冈村参加"妈祖如意省亲迎亲"仪式，祈福巡安活动，进一步加深两岸同胞友谊。

第十三届中国开渔节，富岗村村民捐资60万元，在东门岛合资兴建新的如意娘娘庙。届时，如意娘娘真身将叶落归根，重归故里，石浦—富冈省亲迎亲仪式在传统仪式中有所创新，包括：

起身祭。如意娘娘在富岗海神庙动身启程前，庙里供奉祭品，颁经祭拜。

落地祭。如意娘娘到达家乡目的地，祭桌上放各类牺牲。锣鼓队开道，吹打乐队迎候。置香炉，忏拜娘娘。如意娘娘进娘娘庙，居中停放。

如意娘娘在东门妈祖庙省亲，妈祖是姐姐，居中堂，如意是妹妹，居大殿中堂小位（即左侧）。双方信徒守夜。负责通宵上香陪护。

赠礼。神明往来如凡人赠礼，2007 年 7 月，富冈村海神庙赠渔山岛娘娘庙功德红包人民币 6000 元，200 市斤功德铜香炉一尊，价值 2.5 万元人民币。2007 年 9 月，富冈村海神庙赠东门岛妈祖庙功德红包人民币 1200 元，《安阑赐福》旌旗一面。东门妈祖庙回赠红包人民币 1888.88 元，《百世蒙庥》旌旗一面。

客祭。信徒自由上香祭拜，不设祭品。

送别祭。如意娘娘回程，众信徒在村口祭拜欢送。

回庙祭。如意娘娘返回台湾海神庙，祭拜娘娘，告慰辛劳。

如意信俗产生于渔山岛，发展到台湾，后海峡两岸天各一方，一别就是半个世纪，基于两岸民众的文化认同、孝慈理念、故里祭祖、祈福消灾等愿景的一致性，如意省亲迎亲习俗成为两岸文化交流的纽带，是我国唯一一个横跨海峡两岸的非物质文化遗产项目。

（文：沈学东/图：曾令兵）

慈溪任佳溪村

任溪端午龙廷会

任佳溪村地处慈溪市掌起镇南部，由原上宅、下宅、湖墩三个村合并而成。南为丘陵，北为平原。南部翠屏山丘陵逶迤起伏，植被茂密。横筋线东西穿村而过。村内古迹甚多，有千年古刹洞山寺、宋代古塔、白云洞、摩崖石刻、高山寺、呼童庵、沙湖庙、任氏宗祠等。最具特色当属灵龙宫。任佳溪村有句俗语是："天下龙廷两个半，一个是东海龙王的龙廷，一个是皇帝上朝的龙廷，另外半个就是掌起镇任佳溪下宅灵龙宫的龙廷。"

灵龙宫俗称龙廷，初建于清乾隆二十八年（1763），把原在沙湖庙内附祀的石陡龙神单独进行供奉。道光二十年（1840）又改建成灵龙宫。灵龙宫为宫殿式建筑，坐北朝南，东依灵绪湖，南对狮子山，西邻沙湖庙，宫前是清澈静缓的任佳溪。红墙黛瓦，重檐歇山顶，龙头吻脊，雄伟庄严。依中轴线有宫门、戏台、大殿及左右厢房五个单元，占地700多平方米。

宫门为五开间硬山顶楼房，一排木栅栏将檐廊围住。明间与戏台衔接，东西梢间和两侧三开间厢楼相连。双龙吻脊歇山顶屋面，藻井四角素枋斜撑趴梁，中心层叠宋明样式的八角攒尖小斗拱，四周以龙首、云形昂做装饰，雕工精致，结构严谨。戏台两旁石柱上"洒满恩膏长使人间鼓舞，拨开云雾会闻天上笙歌"的对联，表达了村民的美好祝愿。据现任村支书任建华介绍，此戏台可拆装，因为旧时祈雨，要把龙神抬出去，不好走侧门，便设计了可拆装的戏台以方便行会求雨。大殿面宽五开间，梁柱粗壮，合抱的柏木金刚柱高近20米。东西二壁绘有"云龙化水"大型壁画，虽隔着几百年时光，依然气势磅礴。廊沿装饰卷篷式抬头轩，雀替、月梁上雕刻着精美的双凤、花卉等吉祥图案，使灵龙宫充满了祥瑞之气。

关于灵龙宫的来历，传说不一。一说是沙湖庙建成之后，为行走方便，村民又在庙东的任溪上架设仁美桥。打桩的时候，忽听得异样的声音，每敲一下，地下便传来"嗯"的声音，宛若龙吟，又似叹息。村民们倍感奇怪，仔细掘找，发现了一尊木雕神龙，长约一尺，雕像威武。在那个吃饭靠天的年代，龙是人们心中的神灵，呼风唤雨无所不能，大伙很是敬畏。造桥挖出木雕神龙，村民都认为是龙神显灵，于是在仁美桥附近即现在的灵龙宫位置建造龙祠以供奉。

还有传说是与一个土裁缝有关。说清朝某一年，任佳溪又遭旱灾，人们食不果腹，有个任裁缝到京城去谋生，却被公差抓去给皇帝做新衣。原来京城的裁缝师傅们做的衣裳都不合皇帝的心意，一个个都被砍了头。任裁缝本是个土裁缝，一听原委心头就更慌了。这专业的师傅做不好，我一个土裁缝平时只会做做粗布衣裳，可怎么是好？心里一慌，他就把衣服裁错了，前短后长，原本是前襟开叉后肩圆，他一紧张就把领子开到了后面，纽扣也缝到了后边。谁知皇帝年纪大了，有点儿驼背，后颈长了"峰墩"，所以穿别的衣服总是前拖地后吊起，不能体现王者威严，脖子还卡着不舒服。而任裁缝错裁的衣服，前短后长刚好合身，领口开在后面，纽扣可以松开非常舒服（此种服装款式一直流传到现在）。于是龙颜大悦，立即封任裁缝为浙江布政司。任裁缝想起老家任佳溪正闹旱灾，于是请辞了封官，愿在家乡建造龙宫，祭祀龙王，以保风调雨顺，国泰民安。这样，奉旨造龙宫，灵龙宫就造起来了。

民间传说，口口相传，总会不断演变，版本也会不同。在其他版本中，这两则传说串联成同一个故事：因为任佳溪村民众打算筹建龙宫，消息不胫而走，传到京城，把神住龙宫误传为人住龙宫。皇帝大怒，民间造龙宫岂非谋反，罪当灭族。幸好有任裁缝正在宫中，有机会得以解释澄清，才保了一族性命。任裁缝做的新衣服也不是给皇帝穿的，是为太后做的。太后不便见生人，所以其他御裁缝都不知太后的体型，做的衣服总不合意。独有任裁缝因祸得福。而皇帝是个孝子，既然太后欢喜，事情又解释清楚了，故下了圣旨准任佳溪建造灵龙宫。

灵龙宫建成之后，备受当地民众爱护，当时的乡规民约规定，哪怕折桂花一枝，也要罚瓦片千张。据村内的老人称，他们曾见到过灵龙宫内悬挂的两块匾额，一块为乾隆癸未年（1763），上题"遂灵百昌"四字，红底金字，外有黑底金色花边；一块为道光庚子年（1840），上题"龙宫福地"四字，红底金色。还有一对很大的篆书抱柱对联，也是乾隆年间的，可惜都毁于"文化大革命"。也有人说曾看到圣旨挂在屋顶，这些均已无从考证。但却为"蹩脚裁缝做御衣，为救三北大旱，奉旨造龙廷"的传说增加了真实的成分。而任裁缝布政司亦确有其人，其墓在灵龙宫东南的灵绪湖边，新中国成立后被拆除。

任溪端午龙廷会

灵龙宫是旧时敬奉龙神的重要场所，正殿供奉三位龙神，东边侧殿则供奉葛仙翁与勉一先师。葛仙翁就是东晋道教著名炼丹家葛洪。勉一先师在《镇海县志》方外传中有记载，是任氏的一位先祖，据说得道成神，供奉于灵龙宫。如此一来，灵龙宫既求风调雨顺，又能求治病救人，还供奉祖先以求人丁兴旺、光宗耀祖。故而长年香火不绝，特别是每年的五月初四和七月初四，三北一带善男信女云集，上香静坐，念佛祈福，希望龙神保佑风调雨顺、国泰民安。五月初四夜是端午龙廷会，祈求龙神保佑风调雨顺、五谷丰登。七月初四称吃西瓜老酒，问年岁收成。另外天旱与山上虫发时还要抬菩萨行会求雨与治虫。

端午龙廷会是三北民俗的一项重要活动。旧时在端午节前一天，三北一带的百姓云集于此，备纸钱、香烛和供品，祭祀龙神，善男信女坐成几排，虔诚地念经祈福，到第二天清晨才结束，在这期间灵龙宫内烛火通明，香烟缭绕，人流如潮，热闹非凡。有病的向葛仙翁求药，无儿的向勉一先师求子。年岁好时，戏台上还有绍兴大班演出，一直要持续三天。

遇到连年干旱的年份就要请龙行会求雨，仪式更加隆重。端午节正日，由族中长者主持公祭，人们齐跪大厅下，首先由主祭人上香，之后行三拜九叩大礼，公祭人读祭文歌颂龙神的功德，并祈求风调雨顺，最后焚表，将愿望送达龙廷。仪式后即行会，前有旗幡锣鼓开道，后面依次是抬阁队、舞龙队、车子灯，最后面才是三尊龙神。从任佳溪出发，往西到东埠头，然后折向北到掌起桥陈家，再到范市，转到王家、河头、潘岙，再回到任佳溪，一般要一天时间，队伍有一里多长。所到各处也会参与祭祀，以求各地风调雨顺、国泰民安。

在特别干旱的日子也会举行请龙求雨活动，不过仪式又有不同。先由族内长辈到灵龙宫内焚香祈祷，然后将龙神移至门口烈日下暴晒一天，称为晒龙王，第二天即举行求雨行会。

七月里，沿山有时会旺发松毛虫，导致松树枯死，人碰到皮肤起肿块。村里这时就要行松虫会。松虫会的行会仪式与求雨相似，路线一般往南由焕岭到通天庙、上圣庙，然后到高巷、西蔡、东蔡、潘岙，经湖墩回到灵龙宫。最后一次行松虫会是在70多年前，据说行会到湖墩白石庙，龙神尚未进殿，雷雨随之而下，松虫打落大片，浮满溪坑。

直至今日，五月初四与七月初四，来自四面八方的百姓依然会到灵龙宫赶庙会祈福求平安。平时的农历初一与月半，灵龙宫也会有不少村民自发祈福求平安。任佳溪村端午节龙廷会已列入慈溪市第三批非物质遗产名录。

（文：张巧慧/图：曾令兵）

松阳平卿村

平卿村福日祈福

在浙西南的山村，历史上由于地处偏僻，交通不便，村与村之间的往来交流不多，处于相对封闭的状态，故虽有相近的民间信仰，且村村都有还愿、祈福、祭祀的活动，但历经千百年的演变，各村形成了独特的祭祀习俗。以松阳为例，除了较为出名的石仓请年神、大竹溪摆祭、小竹溪排祭、高亭迎神赛会等民俗活动外，还有不少值得挖掘的民间信仰习俗，其中新兴镇平卿村的"福日祈福"习俗就很有代表性，值得一书。

福日祈福，就是平卿村的村民选取黄道吉日，合众向"八保新兴社"中的"平水禹王"还愿、祈福的民俗活动。平水禹王就是上古时代治理黄河有功，受舜禅让而继承帝位，成为夏朝开国君王的大禹。大禹在汉族民间的信仰度较高，浙江各地多有供奉，而平水禹王或者平水大王是汉族民间对大禹的俗称。

福日每年八个，"大福日"和"小福日"各四个。大福大祭，每次杀一头大黑猪作为主要祭品；小福小祭，仅用肉、饭等相对简单的祭品。正月初八前（"上八日"），村里请道士先生选好一年各个福日的良辰吉日，并采用抓阄的方法在本村男丁中确定四位村民担任"头首"，轮流负责全年大小福日祭祀的具体事务。一人一生只能当一年头首，已经当过头首的就不能再参与抓阄了。

福日和时令节气紧密相关，也与当时农耕生产的技术条件密不可分。大福日有四个，分别是：

一、"上山福"：在谷雨前后。以前种田缺少肥料，村民就上山割下柴草叶，挑到田里，埋于土中，以作肥料使用。做福祈祷上山作业平安。

二、"落山福"：在小满前后。这时村民结束割叶作肥，准备下

平卿村福日祈福

田播种插秧。做福祈祷播种作业平安。

三、"立秋福"：在立秋前后。这时稻谷处于抽穗阶段，也是虫害肆虐的时节，古时没有农药杀虫，只有祈求"社公"帮忙了。

四、"八月福"：在白露前后。此时庄稼即将收割，丰收在望，做福感谢"社公"功德。这是一年中最大的福日，由道士先生主持，还会邀请戏班来村里演出。

小福日也是四个，与大福日交叉进行。六月初一还要包粽子祭祀神灵。每年通过数次祭祀，祈求神灵保佑一年来风调雨顺，五谷丰登。

大福日的凌晨，天刚发亮，头首们就起床忙碌开了。请来师傅杀好大黑猪，猪头要煮熟，剔除骨头，将肉切成碎片。其他猪肉，当地俗称"光膀"的，则不用煮熟，剔除骨头（骨头也要煮熟拆肉），切成小块状。熟猪肉和生猪肉都要按照参加祭祀活动的男丁人数，予以平分。熟猪肉平均分摊于社庙正中的桌子上祭祀，生猪肉则用稻草当绳捆扎，悬挂于社庙两侧的墙板上祭祀。一般每个参加祭祀的人可以分到一斤多的生猪肉、米饭以及几两熟猪肉。

村里18—59岁的男丁都可以自愿参加祭祀，家里没有这个年龄段的男丁的，也可以将年龄延至60岁以上。平卿村560余人，每个大福日都有160余位男丁参加祭祀。

大福日那天，四位头首是很辛苦的，有时也请几个村民前来帮忙。除了准备社庙里的祭品外，还要准备肉、饭等祭品，遥对山下的四相公殿（已毁）祭拜，或在香火堂、风水古树等处祭拜。当上述的一切准备工作就绪，放了鞭炮，烧了纸香，已是中午时分，所有祭品供奉神灵慢慢享用，大家各自回家吃饭。

午饭后，村里一通锣鼓响，村民纷纷拿着锅、碗、篮子、袋子等盛器，陆续到社庙里领取祭祀过的祭品。有不少男丁因学习、工作、务工、经商等原因外出，不在家的，无法参加祭祀活动，可以叫家里或邻里的老人、妇女前来代领。

村民里三层外三层地围在社庙内外，场面好生热闹。四位头首分工明确，一位高呼村民的姓名，其他三位则分别将生猪肉、熟猪肉和米饭授给该村民，其顺序按照抓阄确定。小孩子嘴馋，早就等不及了，拿过熟猪肉和米饭，就津津有味地吃起来。大人们则将生猪肉拿回家里，再做一番摆祭，才将生猪肉煮熟了与家人共享。通过分发、食用猪肉、米饭等祭品，将神灵的佑护和福气带给家家户户。

福日祈福的习俗究竟始于何时，现已不可考。据村里的老人介绍，应该从村子成立时就有了，世代沿袭，流传至今，仅在"文化大革命"期间停办过。平卿村的村民以周姓和张姓居多。据周氏族谱记载，该村周姓始祖三道公于元至正二十五年（1365）从新兴镇大岭根村迁至平卿，建立村庄，子孙后代在此繁衍生息。如此算来，福日祈福的习俗应有600余年的历史了。

平卿村的村民世代以农耕为生，靠天吃饭，万事由神灵做主的思想根深蒂固，祈求神灵保佑风调雨顺、五谷丰登是他们最大的愿望。通过合众祈福，还能增进家族邻里的团结和睦，增强克服困难、战胜灾难的信念。这或许是平卿人将这一传统祭祀习俗代代相传、生生不息的缘由吧。

如今，平卿村的不少村民在外地工作、务工或者经商做生意，留在村里的村民主要种植茶叶和高山蔬菜，生活条件不断改善，日子过得越来越好，仍没有忘记将福日祈福这一具有悠久历史的祭祀习俗一年一年地传承下去，蕴含了村民对祖先的感恩，对故乡的情怀，以及对未来更加美好生活的期冀。

（文：郑忠民/图：曾艺超）

长兴上泗安村

上泗安出会承古俗

坐落于仙山湖下游的泗安镇，具有1400多年的历史，处在苏浙皖三省四县交界，也是历代军事重地。隋大历九年（613），就在此地设置军府"鹰扬府"。历史上因战乱有过多次外籍移民迁来定居，泗安每年农历三月的"泗安出会"，就能体现多地元素融入的文化习俗。

泗安"出会"承古俗

在民国时期，泗安出会由泗安镇上的工商联会发起，确定出会的路线、时间、范围，报镇公所备案。前来参与出会的有泗安周边的四乡八社。出会时，人们如遇盛节，身着新衣从四面八方汇集而来，这时，泗安古街上酒店商铺敞开，满街尽见各类民间杂玩，地方小吃。泗安出会可称集祭神求安、民俗表演、商贾交易、休闲游乐为一体的地方民间集会。泗安出会的行游线路绕泗安十里长街，一个来回有十五华里。出会一般连续三天。每天要抬出一座行游的敬拜神像。分别有上泗安头天门庙中的"东岳大帝"，世称治鬼之神，长潮芥太子庙的"箫太子"，传说为求雨之神，二天门的"刘猛将军"，史称灭蝗之神。

按照泗安出会的规矩，由上泗安为聚会头。出会的那天早上，聚头人手持一块绣有青龙的旗子，以此旗为号，在上泗安街的长春堂药店门口集会。起头有上泗安的两条青龙（绸制和布制的各一条），每条青龙由 13 个年轻力壮的汉子手持龙棍舞动，还有一位舞龙珠的在前面引路，行游时，随着锣鼓的伴击，两条青龙同时追逐龙珠而起舞，上下左右，迂回曲折，气势不凡。因此当地人也把泗安出会称作"青龙老会"。

上泗安还有"扮台阁"的民俗文艺展示。台阁有两层高，四个平方大小，由木板、铁条组成，上面用彩绸、绢花装饰。台阁上由两位童男童女妆扮成民间称颂的传统戏剧人物造型，有"千里送金娘"中手持棍棒的赵匡胤和秀丽动人的金娘；有"白蛇盗仙草"躺在假山边的白娘子，由小巧的姑娘妆扮的白鹤，其鹤爪蹬在蛇头上，栩栩似生；还有"哪吒闹海"，哪吒直接骑在龙头上，右手拿着乾坤圈，左手抓龙头。为了稳实，台阁下压着石条，由八个人抬着。到上泗安聚会的还有广德东亭湖乡的高跷和舞狮。待齐后，会首的行游队伍方可出发。行游队伍经头天门时，有四人抬出头天门庙中"东岳大帝"的神像，汇入出会的人流中。

行游队伍到了中泗安，中泗安开设盐埠，隶属官盐，其官盐要供应泗安及安徽广德等地。为此，这里除有一条黄色的舞龙外，还有 20 位脸上化妆丑陋的"私盐贩子"。行游表演时，"私盐贩子"每人担着箩筐，东倒西歪地走着，后面还有一位戴着面具，唤作"向大人"的人物，紧跟在 20 位"私盐贩子"后面，意思是朝廷官员缉拿"私盐贩子"。

行游队伍行至泗安古街的中心地带"公官基"大场地时，街道两侧木楼的窗口已挤满了伸长脖子观出会的人群。这里的所有出会表演项目都由"杨开泰"米行老板出资包揽。表演项目有"高台阁"、"平台阁"、"千秋架子"，三项"台阁"都有古典戏剧人物造型。其中"千秋架子"也由八人抬着，但艺术制作独具匠心，其形状像台风谷车，上面分作四档风叶，每档风叶上坐一位扮相的小演员，能自动做径向的上下转动，别具一格。还有"调大头菩萨"的民俗表演。"调大头菩萨"由一个成人撑根足有 3 米高的竹竿，套着黑白财神的袍服，伴随锣鼓的节奏，来回甩动，煞是好看。

接着行游队伍要越过泗安镇第一高桥——顺心桥。当地百姓俗称高桥或新桥。该桥为单孔石拱古桥，两桥堍各有 32 节台阶，打造精致，突兀高耸。行游队伍过此桥时，都要尽性表演一番，让围观的众人鼓掌喝彩。遗憾的是这座石拱古桥在 20 世纪 70 年代为便利通车而被拆除。行游队伍越过顺兴桥，在桥东等候的下泗安街的那条白龙也舞进了出会的队伍。没待多时，行游的队伍沿着泗安塘进入塘边一块占地有十多亩的沙滩，各项民间表演又要在此展示一番，然后穿过三座石筑古牌坊，经老镇公所门口，向北绕进柴湾街。这时，由长潮圩、云峰圩、槐坎、澄心寺等地前来参加出会的人们，舞着紫色游龙，跃腾着舞狮，骑赶着马灯会集而来。由此参会的四乡八社的人众才算全部到齐。

然后，队伍回流到老镇公所门口略为休息，重整队伍次序。待青龙旗号令一出，一时间锣鼓喧鸣，丝弦齐奏，龙游狮跃，台阁挪动，人们拥簇着当天的敬神，徐徐地向上泗安回返行游。在返回路上，队伍必须要全部越过顺心桥（新桥），若因天降大雨，会尾未能通过顺心桥，此次出会得重新来过。所以，泗安当地有句俗语叫作"老会过新桥"，这有两层意思，一层是出会队伍最后必须过新桥；另一层是出会的队伍已过了新桥，然而还有人没跟上出会队伍，有人对那些迟到而没赶上队伍的人说："老会过新桥了！"以后"老会过新桥"便成了泗安人的口头禅，讥讽那些办事拖拉迟到的人。

出会的队伍回流到上泗安时，一般已是暮色降临，队伍要经过塌水桥，沿着泗安塘边的石板古道经"荆竹潭"村，再经压鱼桥，将出会的神像抬进所供奉的庙宇安顿好，烧香燃烛，许愿叩拜一番，出会队伍这才各自返家。如果出会队伍回流到上泗安天色已黑，人们便停留在上泗安，夜餐后再度前行。此时，上泗安古街上到处都是点着的灯笼，古街上摊贩商铺琳琅满目，出会队伍的各色表演，挤在街上看热闹的人群，摩肩接踵，趋之若鹜，乐此不疲，一时泗安古街似一幅天堂夜景。

（文：长兴农办/图：曾令兵）

奉化长汀村

中华弥勒出长汀

长汀村，位于奉城之北，距市中心约2.5公里，东依县江，北靠小山，村形狭长，是市区最大的自然村。

宋代名士楼钥曾写过一篇《长汀庵记》，其中有一段为："……俗谓江水一段为一汀，近金钟一汀最长。弥勒每浴其中，号长汀子，故地名金钟而庵名长汀……"楼钥是楼隘人，少年得志，宦游在外，对家乡的风物不甚了解，只知有金钟而不知长汀，其实长汀庵所在之地就是长汀村，文中所提到的"弥勒"、"长汀子"，就是五代后梁时期长汀村的布袋和尚契此，举世公认的中华弥勒的形象就是以其为蓝本。

弥勒像

自古至今，弥勒现世的传说不少，为什么只有长汀的布袋和尚被认为是弥勒的化身，而且最终他的形象形成中华弥勒取代了印度天冠弥勒？首先是因为布袋和尚是确确实实存在过的一位僧人。布袋和尚来自哪里，是一个谜，可以确认的是他自年幼起便一直生活在长汀村。目前发现的最早的关于布袋和尚的记载是北宋初年赞宁所著的《宋高僧传》，说他"常以杖荷布囊入廛肆……号为长汀子，布袋师也"。然后《景德传灯录》卷二十七《布袋和尚传》中有了更详细的描述："明州奉化县布袋和尚者，未详氏族，自称名契此。"而长汀村民代代相传的是，有一年县江发洪水，村民张重天从漂浮物上发现一个年幼的孩童，他将孩子打捞上岸抱回家中，认为义子，取名契此。清代乾隆三十二年（1767）重修的《长汀张氏宗谱》称契此为"义祖"，印证了这种说法。

还有一个原因是布袋和尚做了许多实事，对他生活的时代乃至如今依然产生着深远的影响。农民靠天吃饭，古代的天气预测技术没有现在发达，而在长汀村，农民们看布袋和尚的衣着就能判断当天的气象：如果他穿着高齿木屐悠闲地在路上走，那当天必然是个晴朗的好天；如果大晴天里，看他穿着蓑衣、趿着草鞋一路狂奔，狂风暴雨必然随后即至。布袋和尚还是农事高手，长汀村有两大著名特产——水蜜桃和萝卜，水蜜桃形美色艳汁水甜，萝卜又圆又脆水分足，据说都是布袋和尚品种改良的结果，但最负盛名的还是他所传授的种植水稻的六株法。以前奉化的农民种水稻没有方法，随意插播，一块地里有的地方稀疏有的地方密集，对水稻的生长不利，也影响收成。布袋和尚就教了大家一个六株法：人带着秧苗边插秧边直线往后退，移动时脚不能抬起，须用脚后跟往后拖，形成两条沟。插秧以沟为界，脚沟中间两棵，脚沟两边各两棵，合计六棵。这种方法种出来的稻田，禾苗横平竖直，十分美观，收成也有较大提高。在相当长的一段历史时期内，奉化地区人们把从事农业活动称为"摸六株"，周边地区的农人农忙时节雇人插秧，也能从这种插秧方法中判断出打工者的家乡。这种插秧方式还因为布袋和尚所作的一首《插秧歌》诗偈，由单纯的农事作业技术提升到哲学的高度："手捏青苗种福田，低头便见水中天。六根清净方成稻，退后原来是向前。"整首诗句句说的是插秧事，句句又有言外意。稻道谐音意味深长，而为了最终的向前而暂时的退后符合中国人的处世哲学，千百年来，这首诗受到无数文人和学者的关注。在教会人们六株法的同时，布袋和尚还教大家要把握时节，所谓机不可失，农作物的生长要依赖特定的季节因素，也要考虑其生长的节点规律，要依时施为，不可错过，这番道理演化成了奉化口语中对"及时"一词的生动别称——"把节"。

到奉化沿海裘村庄下的岳林庄当庄主时，布袋和尚把六株法也带到了沿海地区，被当地奉为种田的祖师爷。沿海地区居民靠海吃海，饮食以海鲜为主，土地条件也不太适应种蔬菜，布袋和尚在这一带的近海发现有种海里的蔬菜很适宜食用——海苔，由他推而广之，苔菜成为奉化海产一宝，人们学会了采集海苔，不但鲜食，还把它制成干制品，作为一味"长羹"。据后来的调查发现，我国虽然地大物博，但适宜海苔生长的地方并不多，因此，古时这里出产的海苔一度因质优味美而入选为贡品，在近代也是畅销的外贸产品，为当地渔民带来了较可观的收入。海苔还是溪口特产千层饼常采用的一味重要原料。然而，布袋和尚在沿海所做的最大的贡献却是一件对现代人来说也颇为不可思议的壮举：围海造田。五代时期，政权割裂，战乱纷起，人民四处流亡逃难。为接济难民，造福当地百姓，布袋和尚决定围海造田。在他的组织调度下，附近村民一起出力，囊沙筑堤，建成了东起岳林庄，西至东宿渡（后称十字塘）的海堤，得塘田一百余亩。不久之后，又召集周边十个宗庙名下的村民在五六里外的啸天龙山下围海造田，清《忠义乡志》对这桩水利建设有所记载："后梁岳林庄布袋和尚，在此得地二千余亩。啸天龙山在十庙碶旁，岁久碶为潮冲毁。"同样被时光湮没的还有岳林庄，据史书记载，1949年新中国成立前夕，岳林庄尚存上庄屋3间，下庄屋4间，可惜1956年"8·1"台风登陆象山港，庄屋悉数毁坏。直到1993年，周边村民发起重建，还作《布袋和尚入主岳林庄德行碑记》勒石刻碑，以纪念布袋和尚的丰功伟绩。

作为一名僧人，佛教史上留下了布袋和尚众多的痕迹。如今位于长汀村东北的岳林寺，原址在长汀村对面，中间隔着一个张重天发现江上漂流而来的幼童契此之处的洪郎潭，是布袋和尚出家之所。布袋和尚到岳林寺的时候，这里规模尚小，不久之后香火鼎盛，需要扩建，住持让他负责募化建主殿所需的大木料。布袋和尚一路走去，在福建武夷山募化到一片质量优良的大杉木，走海路运抵裘村，投掷到田螺上的五通洞，便可由岳林寺的井里取出来。据说，木头在洞里一路磕磕碰碰，把树皮都磕得光溜溜的，木头从井里取出来直接就可以用于建筑。这些木头建成了岳林寺一堂两厢三殿四阁后还余下一根，奇怪的是这根木头留在井里居然也拖不出来了，成了岳林寺的一景——"井中观木"。历史上的岳林寺几经兴毁，如今搬迁重建后，原址上还安置了布袋和尚的铜像，内容是布袋和尚当年和长汀村里的孩童们嬉戏的场景。布袋和尚还曾到雪窦山，在雪窦寺的前身瀑布院中讲经说法，这里至今还留存着他讲经时坐过的磐石。

布袋和尚的诗偈言浅意深，发人深省，流传较广的除《插秧歌》外，还有"我有一布袋，虚空无挂碍。打开遍十方，入时观自在。""一钵千家饭，孤身万里游。睹人青眼在，问路白云头。""吾有一躯佛，世人皆不识。不塑亦不装，不雕亦不刻。无一块泥土，无一点彩色。工画画不成，贼偷偷不得。体相本自然，清净常皎洁。虽然是一躯，分身千百亿。"等。最著名的是他的《辞世偈》，据《景德传灯录》记载："梁贞明二年（916），师将示灭（即圆寂），于岳林寺东廊下，端坐磐石而说偈，曰：'弥勒真弥勒，分身千百亿。时时示时人，时人自不识。'偈毕，安然而化。"这也是后人认为布袋和尚是弥勒化身的重要依据，并由此广为流传，促成了中华弥勒造型的诞生。

布袋和尚坐化后，葬身于风景秀丽的锦屏山东麓的中塔，据说其墓顶早晚屡发异光，地方官把这一异状上报到朝廷，当时的皇帝宋哲宗于元符元年（1098）特给布袋和尚赐号"定应大师"。而在布袋和尚出身的长汀村，人们在洪郎潭畔建了弥勒殿，以纪念这位"义祖"，弥勒殿屡经沧桑依然屹立。

（文/图：江幼红）

缙云金竹村

关公神威护金竹

　　金竹村的关公庙会，是缙云县东乡的传统庙会之一，也是金竹村人最盛大的节日。关公庙是为了供奉三国时期蜀汉大将关羽而兴建的。关帝庙早已成为中华传统文化的一个主要组成部分。关公，又称为"武圣关公"，与"文圣人"孔夫子齐名。一尊关帝圣像，就是一方水土的民俗民风展示。一尊关公圣像，就是千万民众的道德楷模和精神寄托。每当农历五月十三，即关公圣诞之日，村人就要扛着供有关公圣像的香案，全村迎游，这就是一年一度规模盛大的"关公庙会圣案"。

关公庙会

传说在元朝至正丁酉年间（1357），壶镇的人民忍受不了异族的统治，起来造反。元朝派了一位将领，名叫迈里古思，带了无数兵丁前来镇压。元兵从净心寨（即现在的舟山）进入壶镇（当时叫胡陈），见人就杀，见东西就抢。元兵屠杀了胡陈、小日、左库等各个村寨后，正想冲向金竹时，突然间天空乌云密布，雷声隆隆。元兵正想继续往前，忽然间狂风猛刮，只见黄尘翻滚，飞沙走石，直向元兵扑去。元兵大惊，感到好像有万匹烈马奔腾扑来，慌忙退兵，于是，金竹村得以保全。村人传说，当狂风大作、飞沙走石之时，天空好像有位红脸大将，现身半空，正是他跃马挥刀，挡住了元兵。不久后，明太祖平定处州，次年，金竹村民为了感谢关公，就在村边的岩塔塘里建造了关公庙，每年祭拜关公。

相传明朝隆庆四年（1570），金竹一带山村闹瘟疫，哀鸿遍野，民不聊生，村民个个担惊受怕，苦不堪言。村人求神问卜，当地的一位风水先生仔细察看了金竹的地形后说："村水口少镇，故也！"意思是金竹村的水口没有庙宇镇邪的缘故。当时，金竹的一位富户朱昌（名希盛，号南洲），急公好义，毅然拿出一百两银子，商议在村西水口的一个小龟山上，扩建武安庙，即现在的关帝庙，重新泥塑了关公圣像。说来也巧，关帝庙一落成，流行的瘟疫也渐渐消止。正是关公的又一次显灵，拯救了金竹一方百姓。只因关公灵圣，于是百姓天旱求雨，经商求财，男女求缘，夫妇求子。每当有求，无所不应，甚为灵验。于是远近乡民慕名而至，关帝庙香火越来越盛，祭拜关公大帝渐成规模。每年五月十三日关公诞辰这天，金竹村民都要举行规模盛大的"迎案"活动。迎其圣案，佐以刀旗，供以三牲，祭以纸马。这每年一度的"五月十三关公庙会"，堪称处州一大盛会。

传说当年朱南洲重塑关公圣像时，还发生了一件有趣的事。就是塑佛的师傅，从九松寺运来新泥，又仿照各地的关公神像，精心塑造。但不知怎么，塑塑不像，塑塑不满意。一天，这塑佛师傅回村里吃饭时，来到南宅口的南洲宾馆，见主家朱南洲正在与人商议什么，那端坐而庄重的形象，让塑佛老师心头一亮。他回去后，就仿照朱南洲的形象进行塑造。没想到竟很快塑好，并且塑得十分伟岸而庄严、文雅而威武。后来人们见了塑好的神像，都说四海之内没有比这形象更绝的了。据《朱氏宗谱》记载，自从这武安庙扩建成后，流传的瘟疫也渐渐不再漫延。为了庆贺武安庙的建成与瘟疫的立止，金竹村人每逢关公诞辰之日，又是迎游关公的神案，又是扎糊纸马虔诚焚化，渐渐地，这庆贺成了习俗，这就是如今仍兴隆一时的"五月十三关公庙会"。

金竹的关公庙会圣案，主要是迎罗汉与迎纸马。一般于每年农历四月十五日开始操练，五月十一早上在村边武安庙（即关帝庙）内举行咬鹅祭旗仪式。十三日在本村及附近街道迎游，并在开阔地表演。

迎案之前，有两项事要做，即"催案"与"禁屠"。"催案"就是催促大家事先做好迎罗汉与迎纸马的准备工作。催案人手提铜锣，边敲锣边高叫："迎案喽！各案队早做准备喽！'十八和尚'凑齐十八，'十八狐狸'做好彩衣！长脚鹿、手推车，扎好脚架勿会错！""催案"是五月初一开始，其实练拳脚功夫的，早在四月初就请了拳把师，每天演练不停。扮演罗汉心的少儿少女，一听到催案的锣声，就嚷着要试穿新做的衣裳。迎纸马的，每年三月就准备竹篾扎马架子。一到四月，就开始糊纸马了。"禁屠"就是禁止杀生，禁止挑粪桶，禁止做一切不干净的生活。庆贺神灵生日，岂能不洁？据说有年，也就是在"禁屠"后的一天，一位村民忘了顾忌，大清早在琴溪的上游洗粪桶。下游的人不知情，扛了四座香亭，清洗亭架上的灰尘。结果，那年迎关公圣案，燃放"扛山鸟"（一种大型的土铳）时，炮筒就嘣地一下炸了，还炸死一个人。为啥会炸？因为装硝的人一时犯糊涂，第一次装了硝后，第二次又装硝。硝太多，岂有不炸？那人为啥犯糊涂？因为亵渎了神灵。

五月十三日正式迎案前的五月十一日，预先要"祭旗"。这

"祭旗"就像从前打仗前的祭旗一样。迎来的各路案，先在庙前等待。祭旗前先要净坛。点燃红烛高香，供上祖师爷真武元帝。师公手执宝剑，口喷法水，口中念念有词，作法净坛。驱除一切凶神恶煞后，宣读本年庙会主祭人，开始敬献三牲。三牲一般是猪、羊、鹅。敬献三牲与五谷后，才开始让各路案队依次进入庙堂朝拜。最先进入庙堂的是钢叉队，威风凛凛列阵两旁。由数人将用来祭奠的活鹅，以牙咬破颈部，将点点喷溅的鹅血，疾速揩在案队的钢叉及刀、棍、旗、棒等有关器具上。仪式完毕后，各路案队才分别进入庙堂内，拜谢关公圣帝后，呼拥而出。

每年迎案，都有各种班子，分别成会。如"三十六行"、"钢叉队"、"莲花班"等。只要当年会中有男丁出生，则要出一只活鹅供祭奠用。祭奠时，以鹅血揩各种叉旗。揩了血后，还不能让活鹅断气。不然供鹅的人家就不高兴。用来祭旗的鹅，在迎案后，由会里同仁一起会餐享用。

罗汉班由前后两队组成。前队为神幡、香亭、铜钱索、大号先锋、锣鼓，后队为蜈蚣旗、四门刀（关公刀）、响铃叉（钢叉）、四门叉、棍、矛、盾、双铜、双刀、雷公拐、罗汉顶等，分别以队列形式组成。先是铜钱索（俗称摇流星）由一人挥舞成各式花样，以清理道路，随后有写以"恭迎圣案数道"的神幡为前导，幡后为内供神主的二人抬歇山顶香亭四座，一为关帝、二为文昌、三为观音、四为本保。再是二支大号先锋，吹奏进场曲，并配以锣鼓吹打。长旗、蜈蚣旗、各式兵器、狮子、莲花、秧歌等跟在其后，每到广场，先绕场一周，才开始正式表演。此时前队固定一边压阵，后阵开始摆阵走队，阵法有八卦阵、连环阵、梅花阵、龙门阵、结字阵、万字阵、罗成阵等。

关公圣案的旗幡，有彩绸制作的令旗，有绣上龙凤的蜈蚣旗，还有五彩斑驳的长旗。这长旗的出现，还有一个神奇的故事。有一年，几位台湾的金竹人回乡探亲。回来一趟，自然要到关帝庙朝拜圣帝关公，祈求圣帝保佑他们生意顺利、路途平安。回去时，他们坐的飞机飞到半途，突然猛地一沉，似乎要出事。就在这时，一位金竹人恍惚觉得，好像面前出现了手执青龙偃月刀的关公，他用大刀只那么一挑，飞机又顿时平稳了。回台湾后，他说起此事，其他两位惊喜地说，当时我们也有这感觉。关公圣帝保了他们的平安，当年五月十三日关公庙会时，三人捐赠了数匹红绿绸缎，制作五彩长旗。从此，这猎猎迎风的数十面长旗，成了金竹关公庙会圣案的一大亮点。

关公当年征战，坐骑是一匹日行千里的赤兔马。关公是金竹村人的保护神，人们自然想到他最需要的是坐骑。于是人们就以烧送纸马来表示对关公护卫的感激之情。所以每逢五月十三日关公圣诞时，迎游纸马并烧送纸马，就成了关公庙会圣案中的一大特色。金竹村人只要到关公面前许愿，都喜欢以扎一匹纸马烧送还愿。这一习俗，已经历数百年之久。这些赤兔马、大白马与胭脂马都要与圣案中的罗汉队一起，迎游到全村各处，再在下午从上街排到下街，送到关帝庙前烧送。因近六月天，一路炎热，村民们就沿街摆放了茶水与酒水，迎案人要茶喝茶，要酒喝酒。每年迎游的纸马，少时一二百匹，多时三四百匹。其时，琴溪两岸马嘶人涌，蔚为壮观。

（文/图：朱文凤）

丽水莲都沙溪村

沙溪畲风插花女

丽水市莲都区老竹镇沙溪村包含黄兰、西岩等6个自然村，有居民187户、449人，其中蓝姓居民占95%，是典型的浙西南畲族村寨。"沙溪蓝氏，汝南郡望，支分广东，徙居福建，始祖为龙麒之次子蓝光辉。"这支畲民于宋朝末年由福建迁移至此，生息至今，保留着先祖们来此开山辟荒时所特有的浓郁畲家民风民俗。

村境内的东西岩，因东西两巨岩对峙而得名，自古被誉为浙江十大名山之一。清风峡、水帘洞、玉甑岩、剑劈石、将军岩、穿身洞、卓笔峰、桃花洞、七女峰、蟆头岩等东西岩十景自古就被秦观、陆游、刘基等历史名人所推崇。亿万年来的地质演化把东西岩雕琢成一幅天然的立体画，一首无声的抒情诗。这里山清水秀、奇山怪石、山林静幽、怪石嶙峋、峡谷幽深、奇洞密布。如今已成为国家4A级风景区。

村旁景区内有一座"插花娘娘"庙，红墙黄瓦，古色古香，庄严肃穆，气势恢宏。在当地畲民中流传着一个动人的故事。相传很久以前，畲族有一位蓝姓姑娘，不但貌似月里嫦娥，而且能歌善舞，勤劳贤淑，灵巧动人。因她总爱在头上插些美丽的小野花，人们喜欢叫她"插花姑娘"。到了谈婚论嫁的年龄，上门求亲的人络绎不绝，门槛都被踩破了。可插花姑娘的亲妈死得早，终身大事要由后娘来决定。这后娘偏偏又是个贪财之人，多少英俊能干的小伙子她都看不上，偏偏选中了一个老财主。这老财主不但人长得丑，而且家里已经有了妻子，插花姑娘嫁给他只能是小妾了，对于这桩婚事，插花姑娘当然宁死不屈。可财主财大势大，后娘又嗜财如命，见姑娘不同意就软硬兼施，逼她就范。日子定下来以后，身单力薄的插花姑娘终因无力反抗，而被逼上了花轿。大红花轿伴着唢呐节奏一摇一晃，人们喜气洋洋，而在花轿里插花姑娘却凄凉悲伤地哭着。她想到自己凄凉的身世，悲痛欲绝，更何况人生一世谁无死，何必独我受侮辱。当花轿抬到山冈上的悬崖边时，插花姑娘迅速打开轿门，纵身一跳，便跌落悬崖，如一朵鲜花似的随风凋零，香消玉殒。人没了，迎亲的队伍只得抬着空轿回去。而残忍的后娘，觉得姑娘不是亲生的，而且又是竹篮打水一场空，捞不到任何好处，竟然对插花姑娘的后事置之不理。乡亲们愤愤不平，都十分同情姑娘的遭遇，便主动出来料理后事。当时正值山花烂漫的季节，人们就在姑娘的坟头插满了五彩斑斓的野花，以表达真挚的哀思之情。后来，人们为了纪念这位不畏强暴、不慕虚荣的美丽女孩，就募捐钱财，替姑娘建造了一座庙宇，称为"插花娘娘"庙。

沙溪畲风插花女

"插花娘娘"是沙溪村畲民信仰的女神。平时他们到庙里祭拜，在香炉里插花为香，以示对插花女神的敬仰，祈求她赐福，家有危难时前往"插花娘娘"庙祝拜，祈求保佑，许以歌礼祭谢。祭谢歌礼在祭者家中以对歌形式进行，由一男歌手（神童）代表插花娘，另一男歌手与插花娘对唱畲歌。这种问神的方式称作"讲花"或"问花"。摆设的祭礼，除鸡、肉、酒等食物，还必须有畲族妇女穿的花边衣，戴的头冠（笄）和银项圈、银戒指、银手镯等饰品。祭谢插花娘必须在夜深时进行，不许任何异族人观看，不许在场者讲异族语言。同时，畲民有遇到家庭纠纷、夫妻不和的，纠纷双方便会径自祈求插花娘出面评理和调解。在插花娘娘庙中，插花为香，祷告神灵，由两个巫师盘唱巫歌，其中一人扮演神童，一人扮演插花娘娘，通过与神灵之间的交流，进行有目的性和针对性的心理疏导，以达到夫妻和睦、家庭安定之目的。

沙溪村畲族文化已经成为莲都地方文化的一道独特风景，村里有畲族风情表演队、婚嫁表演队、畲族山歌对唱等多支文化活动队伍，有畲家山歌传人十多人，畲家彩带传人五人（都已上报非物质文化传人）。村民们自主创建了村庄的文化品牌——"新沙溪之夜""山哈大席""三公主迎宾""畲家大鼓"，展示畲乡畲家风情。沙溪村建有"银英彩带工作室"，展示和传承畲家人编草鞋、织彩带的民间手工艺。畲民们喜爱山歌，以歌代言，沟通感情；以歌论事，扬善惩恶；以歌传知，斗睿斗智。尤其在三月三，对歌时男女分别三五成群结队，双方选定后即开始对歌，歌词多为情歌，但由浅入深，所涉极其广泛，在"谈情说爱"的一问一答中歌唱现实生活、历史传说等。其歌词旧时多为即兴编唱的，如今也有利用传承歌词的。曲调单一重复，却能婉转悠扬。这种对歌，传统上往往从傍晚开始，直到天亮，也有昼夜连续歌唱的。

"三月三"是畲族人民的传统节日，又称"乌饭节"和"对歌节"。据传在唐高宗总章二年至开元三年（669—715），山越人（即畲族的祖先）首领雷万兴、蓝奉高，在领导闽东、粤东的山越人民反抗唐朝残酷统治的40年斗争中，于景龙元年（707）被朝廷军队围困在山上。他们靠食一种叫作"乌饭"的野果充饥度过了难关，第二年三月三冲出包围，取得战斗的胜利，后来畲族人民为了纪念他们，便把三月三定为传统的庆祝节日，并代代相传延续了下来。每到这一天，畲民就自发聚集一处办歌会，山歌对唱，通宵达旦，以示纪念。2008年，畲家"三月三"被国务院列入第二批非物质文化遗产名录。沙溪村"三月三"随着迁入沙溪的畲民相伴而行且不断发展，在过去，畲民过节是自发的，自娱自乐的；而现在的节日活动，由政府安排内容，主要是举行具有浓郁畲族风情的文艺晚会，以稳凳、操杠为代表的传统畲族体育表演、畲族欢乐舞、民俗风情表演、山歌对唱、篝火晚会、品畲乡美酒等畲乡风俗系列活动，更像是一次畲族文化的展览会。在莲都、武义、松阳周边的老竹、丽新、柳城、板桥四乡镇具有极大的影响力。

三月三作为畲族的重大节日，很多沙溪村畲族青年仍然会选择在这一天结婚。新娘这一天会头戴凤冠，戴耳环银项圈，尤其是左手无名指要戴一枚九连环的银戒指（寓意日后有九子十二孙）出嫁；在离开娘家前，新娘要"溜筷子"和吃"千斤饭"。当天，桌面上会放着两把筷子，一满碗饭。新娘一手拿起一把筷子，交叉着递给站在身后的哥哥，哥哥接筷后，从新娘的腋下把筷子放回到桌上。然后，新娘低头弯腰把那碗饭衔上三口，吐在桌上的手帕里，由哥哥包好手帕，装进新娘衣袋带到夫家去。据说，新娘带去千斤饭之后，年年都能养一只千斤重的肥猪。除此之外，还有其他的婚俗仪式，如杉刺拦路、抱上花轿、猜赤娘头、长夜对歌等，这种独特的婚礼活动体现了畲族鲜明的民族特征和浓郁的乡土气息。

此外三月三节日里，畲族姑娘小伙要表演古朴欢快的舞蹈。跳起火把舞、木拍灵刀舞、竹竿舞、龙灯舞、狮子舞、鱼灯舞。同时还有问凳、操石磉、腹顶棍、操杠、赶野猪等畲族民间竞技。

沙溪村至今还保留着畲家十大碗山哈大席特色畲族风情大聚餐的民族餐饮文化，将蓝氏宗祠改建成集畲族风情表演、畲家美食为一体的山哈大席畲族风情盛宴场馆和村文化礼堂，在该礼堂内开辟了展示展览墙，介绍村庄的悠久历史，陈列畲族的家规、家训，也陈列了畲族史诗《高皇歌》，展示了部分活动照片。同时蓝氏宗祠也是村民娱乐、聚会、红白喜事的重要场所。

（文：林上远　吴志华/图：曾艺超）

四　农耕农事

德清鑫山村

西施蚕花送鑫山

德清县是浙北杭嘉湖地区蚕桑主产区之一，有着悠久的蚕桑生产历史，自古以来形成并保留着比较完整的蚕俗文化。德清县民间主要蚕俗活动有蚕花庙会，庙会最核心的内容就是送蚕花。这些习俗大多与蚕桑生产中祭祀蚕神的活动有关。蚕神在古代有嫘祖、马头娘、马明王、马明菩萨、蚕丝仙姑、蚕皇老太等。但是，浙北杭嘉湖蚕桑产区，多是把西施作为民间信奉的司蚕桑之神，人们尊称西施为蚕花娘娘，"西施送蚕花"是这一地区最富有特色的民间蚕桑遗俗。

德清县钟管镇鑫山村鑫山，是突兀于水乡平原中的一座孤山，如螺浮水面。鑫山虽不甚高，但风景独秀。过去相传范蠡曾居于此，故名鑫山。旧有"鑫山八景"之说：陶朱古井、西施画桥、碧山凤鬻、翠岭马回、石池剑跃、柳浪珠浮、竹林云屋、松峤天梯。其中四处就与西施、范蠡有关。山顶有建于清初的范蠡庙，庙中供奉着被尊为"土主"的范蠡与西施的塑像。山下有范蠡湖，是范蠡养鱼处。附近还有西施兜、西施驻马岭、西施梳妆台等景物。清代徐以泰曾有《鑫山诗》："白银盘漾一螺青，洞口胭脂带雨零，怪道西施曾小住，水杨柳亦学娉婷。"清代蔡熙《梳妆台诗》云："仿佛

蠡山村景

馆娃故宫苑，泥香露出玉叉来。胭脂颜色已消磨，想象猩红点翠娥。"

　　相传东周春秋末年，吴越争霸，越国被吴国所败，西施随越王勾践赴吴为质3年。返越后，助越王发奋图强，经"十年生聚，十年教训"，终于灭吴称霸，范蠡被尊为上将军。因与越王勾践难共安乐，便辞而去，更名鸱夷子皮，携西施泛舟五湖，历齐至陶（约今山东定陶西北）操计然之术治产，便成巨富，自号陶朱公。他三致千金，接济贫民，人称"贤相"。据清康熙《德清县志》记载："昔范蠡扁舟五湖，寓居此地，属三致千金之一。"可见范蠡携西施扁舟五湖时，曾隐居此山。

　　如今虽然时间跨越了2400多年，但范蠡和西施在蠡山的美丽传说仍在民间传唱，也留下了许多民风民俗，"西施送蚕花蚕花十二分"便是其中之一。每年清明时节，养蚕姑娘个个头插蚕花，还要到范蠡祠祭拜蚕花娘娘西施，祈求保佑蚕桑丰收。"蚕花十二分"

至今还是杭嘉湖地区人民祝愿蚕桑丰收的颂词。

西施，姓施，名夷光，春秋时越国人，浙江诸暨苎萝山下若耶溪溪畔的一个浣纱女子，尽得山水秀灵之气，出落得水葱似的惹人怜爱。世人多以"沉鱼落雁"、"闭月羞花"形容女子的美丽，"沉鱼"指的便是中国古代四大美女之首西施。相传西施离开越都会稽，正是绿柳如烟、蜂飞蝶闹、山花似火、杜鹃啼血的春深季节。山一程，水一程，越山波水，千里迢迢，前往吴国。越王勾践的相国范蠡，亲自相送。自从范蠡奉命到民间挑选美女，选中西施，便与西施情投意合。在西施故乡诸暨苎萝山结发石上，立下山盟海誓，永结同心。后来西施进了越宫，范蠡亲自教她歌舞、礼节和琴棋书画，两人更是心心相印。只是为了共赴国难，西施才忍气含悲远嫁敌国。此番范蠡相送，情绪意切，一送送到接近吴越边界的一座小山岭上，再往前，眼看离吴国不远了。俗话说："送君千里，终须一别。"范蠡与西施在依依不舍中泪眼而别。范蠡毅然勒转辔头，催马南回。西施在马背上望着范蠡远去的身影，又望着即将离开生养自己的锦绣河山，亲人分手，故国离别，万千情思，汇涌心头。不知不觉中，眼泪像两串断线的珍珠扑簌簌流了下来！

这时，山坡上的桑林里，涌出一群采桑姑娘，头挽双丫乌丝髻，身穿白布大襟衫，腰围蓝纱素花裙，像飞燕展翅，快活似喜鹊噪群。姑娘们个个笑盈盈围绕在西施马前，西施不由得大吃一惊！看这群采桑姑娘：面庞红润如朝霞，眼珠明亮像晓星，媚人的笑靥如牡丹，俊秀的眉毛像剑兰。西施心想，人人说我西施美，我看这里的姑娘胜西施！于是西施忘记了离愁别恨，朝这群采桑姑娘嫣然一笑，便翻身下马，吩咐随行的侍女，把檀香木镂成的小花篮递来。西施手托花篮，把绚丽多彩的绢花分送给采桑姑娘们：先拔一朵嫩黄的腊梅花，再拔一朵艳红的蔷薇花，粉朱芙蓉绿牡丹，百合陪伴水仙开，朋脂千年红，芝兰十里香……一个姑娘一朵花，西施那檀香花篮里的绢花分完了，可是还有一个姑娘没有花。西施黛眉轻蹙即舒，素手一抬，便把自己头上那朵玉蝶九香兰拔了下来，又亲手给这位姑娘戴在头上。

西施一数，不多不少，正好十二个姑娘，便笑眯眯地说："十二位姑娘十二朵花，十二分蚕花到农家！"说得姑娘们眉飞色舞，心花怒放。她们羞答答娇滴滴地齐声说："多谢西施娘娘！"西施恭谦地说："苎萝农家女，越溪浣纱人，敢请众姐妹，莫我娘娘称！"姑娘们你看看我头上的花，我看看你头上的花，想不到西施待人这般亲热随和，心好意好，她们笑得更甜更美。但是一看西施发髻上连一朵花也没有了，那可不成啊！她们正在发急，忽然微风送来一阵清雅的馨香，沁人心脾。众姐妹寻香看去，只见不远的岩石边，在一丛兰花中，正挺伸出一茎花苞，渐渐长、渐渐大，渐渐展开花瓣，吐出花冠……那位接受西施赠送玉蝶九香兰的姑娘，三步并作两步抢上前去，把这朵神奇的兰花采了下来，大家细看时，与西施头上拔下来那朵玉蝶九香兰一模一样，毫厘不爽。于是那位姑娘就把这朵不寻常的兰花，恭恭敬敬地献给了西施。

西施高高兴兴地把这朵异香扑鼻的神奇的兰花戴在自己头上。兰花淡雅的花姿、清新的香味，原是西施最喜爱的花朵。童年的时候，她父亲砍柴回来，常给她带来三五朵兰花，她也爱戴一朵在小发髻上，其余的分送给邻近的姐妹。西施含笑谢过送花的姑娘，便重新提裙跨马依依恋恋地缓辔下岭。下岭之后，西施从马背上回过头来，见十二位美娇娘还伫立在山岭上，向她连连招手，齐声喊话："祝西施娘娘，一路平安，永远平安。"西施也朗声回话："多谢众姐妹，祝你们今年蚕花十二分，年年岁岁蚕花十二分！"说着，西施扬鞭催马，马蹄嘚嘚，与护送她的人马一起，奔向吴国……

果然这一年蚕茧获得大丰收，村民欣喜之余，想起了西施送给采桑姑娘的头花。从此以后，清明时节，养蚕姑娘个个头插用彩纸或茧子、绸帛做成的蚕花，祈求蚕茧好收成，这便是西施娘娘亲手送花传下来的风俗。

同时流传至今的风俗还有，清明时节，方圆百里的蚕农纷纷来到蠡山祠祭拜蚕花娘娘，养蚕的姑娘、妇女必定是头插蚕花的，以做佛事、载歌载舞的形式祝愿风调雨顺，蚕桑丰收。

相传越国灭吴称霸后，在一个月光如水的静夜，西施乘吴王夫差商议军机的时候，盗取了通行信符，驾着龙舟驶出采香泾，登上了范蠡接应她的一叶扁舟，穿过了三十三道叉，转过了九十九道湾，便到了当年范蠡送西施上马的地方，开进了一个冷僻寂静的抖浜。从此，就双双在这里共享田园归隐的乐趣。这个抖浜，就是现在蠡山的美女西施斗。范蠡在这里教当地老百姓养鱼、开荒种稻，西施教老百姓养蚕、种棉织布，带领当地百姓致富。后世的人们，为了纪念范蠡、西施，寄托对他俩驾一叶扁舟归隐在此的深情怀念与敬仰，就按他们当年乘坐的扁舟的形状，在蠡山造了这样一个"庙貌扁舟"的蠡山祠。这个蠡山祠的外廓，至今还完好地耸峙在蠡山顶上，远远望去，仿佛一叶扁舟，在万顷碧波中浮荡着。

春耕育蚕前，邻近村民都不约而同地来这里烧香、拜忏、做佛事，还要请职业或半职业的艺人举行"扫蚕花地"仪式，执帚由外向内扫，以确保蚕花宝气不出门，据说与古代蚕神信仰和祛蚕祟的驱赶巫术有着一定的渊源。蠡山祠的前堂是座戏台，前后相通，演戏的人并无台前幕后之分，赏戏者，前后都可观看，清明时节，四乡八邻的村民赶来演社戏，千人云集、社鼓喧闹，蔚为壮观。歌舞"扫蚕花地"便在此上演，通常由一女子头插蚕花边歌边舞，边上有人伴奏，唱词内容多为祝愿蚕茧丰收和叙述养蚕劳动生产全过程，并表演着扫地、糊窗、掸蚕蚁、采桑叶、喂蚕、捉蚕换匾、上山、采茧等一系列与养蚕生产有关的动作，说唱间向台下观看者抛撒蚕花，载歌载舞的表演承载的是对蚕桑丰收的美好祝愿。2008年，《扫蚕花地》正式列入国家级非物质文化遗产名录（"民俗类"类项目）。

今德清县春秋时先属吴，后属越。古代文献记载这里的吴越史事颇多，著名的避暑胜地莫干山因春秋时期莫邪、干将炼剑而得名，计寿山为越国大夫计然的隐居地。勾垒城、东句城古籍记载为越王勾践屯兵处。蠡山东南坡考古发现的"蠡山遗址"，也证明早在良渚文化晚期至商周时期就有先民在此繁衍生息。因此，蠡山关于范蠡与西施隐居的故事并不是孤立的，是有着深刻的历史背景的。"西施送蚕花蚕花十二分"是吴越文化的重要组成部分、优秀的非物质文化遗产。

（文：德清农办）

青田小舟山村

稻田养鱼小舟山

小舟山村原名小邹山隶属青田县小舟山乡，地处青田县城东北方向。青田县小舟山村的稻田养鱼有 1700 年历史。在浙江，素有"大海养鱼大舟山，稻田养鱼小舟山"之说。在小舟山村，人们把水稻米和田鱼视为神圣并十分崇拜，于是便形成一种独特的文化习俗。

小舟山村村貌

尝新饭

所谓"尝新饭"是指每年新谷登场时的第一顿饭。

在农民心目中，一年一次的"尝新饭"习俗，也算是一件较为隆重的事，首先，"尝新饭"要拣一个好的日子。其次，在众多"尝者"中，谁先"尝"，谁次之，谁再次之……都有严格的讲究。

最先"尝"的是天地神灵：就是把一碗新米煮成的饭，一盘烧熟的田鱼，几盘素菜在桌上露天摆放，然后插香点燃，主人跪拜祈祷，最后烧点纸钱。

其次"尝"的是列祖列宗：就是把一碗新米煮成的饭，一盘烧熟的田鱼，几盘素菜（不能用祭过天地的鱼、饭和素菜，要另盛）放在房屋中堂祖宗灵位前，仪式依照前者。

再次"尝"的家中主要男劳力（古时候流行"男主外，女主内"，田里的活大多是靠男人去干）。这里的"尝"是指"第一口"，是一种象征性行为，而不是由男劳力吃完整顿饭。

最后"尝"的是妇女小孩以及老人——至此才是合家共享"稻饭鱼羹"。

改革开放以后，随着商品米大量涌入，小舟山村的"尝新饭"习俗逐渐消失。

放鱼节

所谓"放鱼"，就是把田鱼苗放进稻田里。古时候，人认为生活、生产等一切都是依赖神灵。所以，每年春末夏初，人们放鱼要挑选特定的日子和特定的形式进行，于是这一天便叫"放鱼节"。

据小舟山村老人说，田鱼有鱼神，放鱼之前，村民首先得举行祭祀，祭拜张辽神位，才能祈求鱼肥稻壮，风调雨顺。

为什么要祭拜张辽？张辽是什么人？小舟山人和张辽有什么关系？张辽和田鱼又有什么关系？

小舟山村在三国时期始有人居。相传三国时期，曹魏名将张辽多次击退孙吴进攻，有一次还差一点儿活捉孙权，从而威震东吴。相传当时东吴人都视张辽为神，从而形成很多有关张辽的民间传说。在小舟山村，人们把一个山洞叫作"张辽洞"，这其中流传着这样一个故事：

张辽去世后，小舟山村有一农夫上山砍柴时，路过一个山洞，隐约看见一道亮光划过，虽难辨其形，但就好像有股力量存在周围，雾气弥漫，朦胧中他看见一员大将，持一把黄龙钩镰刀，驰于马上，那马在风中嘶吼，威风凛凛。于是他请来法师询问其故。法师说，此人正是张辽将军的阴魂。于是，后人就把此洞称为"张辽洞"。

从此人们就在"张辽洞"奉上神位，每年春末夏初的时候都有农夫各自来祭拜祈求鱼神保佑，久而久之就形成了小舟山农夫的农事习俗。传说，到了明朝，人们确定立夏那天为放鱼日。

放鱼节要举行声势浩大的祭祀，请来法师、吹响号角、打起锣鼓、到"张辽洞"把张辽神位请到田间举行人人跪拜放鱼仪式。据说还有忌讳呢，就是往稻田里投放时不能向外倒，定要朝里投放，口中还念念有词："养大鱼。"寓意是这样做鱼会留在稻田里而不会逃走，希望田鱼世代繁衍、鱼肥稻壮、年年丰收。

大家放完鱼苗，再把张辽神位送回"张辽洞"。

据说小舟山的放鱼节在清末民国时期还有祭祀活动。新中国成立后特别是人民公社成立以后，小舟山的"放鱼节"被列为迷信活动而禁止，至21世纪初，小舟山把开春以来首次犁田之日列为"开犁节"，把原先"放鱼节"的内容列入其中。

开渔节

所谓开渔节，就是每年秋天收割稻子前第一次收获田鱼所举行的仪式。

每年开渔节选择秋分那天祭拜鱼神，在举行祭祀活动之前，首先得请风水先生挑选良辰吉日，推选出村里德高望重者为主祭人来主持祭祀活动。祭祀开始之前，主祭人还要沐浴斋戒，以表示对神灵的敬畏，供奉桌上摆放田鱼、五谷、五果，在一阵阵鞭炮齐放、敲锣击鼓声中祭祀仪式进入议程，主祭人手持清香，带着全体村民进行焚香跪拜：一、祭拜敬酒，感谢神灵和大自然；二、祈祷风调雨顺，四季平安；三、祈祷鱼谷满仓，生活美满。祭拜者满怀虔诚，场面庄严肃立。

说起村民祭拜的这位"鱼神",说来还有一段有趣的传说:

很久以前的一天,在小舟山村的一位老汉家里,来了一位客人,农夫因为家境贫寒,没有像样的食物招待客人,想到只能去稻田里抓几条田鱼回来。于是老汉提着木桶来到稻田边,望着田里的鱼儿欢蹦灵活,老汉费了好大劲儿才抓到几条,人也累得筋疲力尽了,便坐到田埂上想休息一会儿。突然一条颜色金黄、鳞片熠熠闪光、肚子鼓鼓的田鱼,从水桶中一跃而起,一头钻回稻田中,顷刻水花四溅,转眼间便消失得无影无踪。稻田中还飘出一缕白烟,慢慢飘向山顶的洞中。被水花湿蒙了双眼的老汉,顿时惊呆了,耳边隐隐约约传来一阵女人的哀哭声。惊恐不安的老汉赶忙跑到山上的庙里,向高僧问其缘故,高僧说那一定是一条鱼娘,肚子里怀有上百粒鱼子,要繁育子孙后代,不能捕捞。

自此之后,村里便口口相传,每当田鱼收获的季节,捕捉田鱼时,都得留些鱼娘,以便繁衍后代。还得从其中挑选最大最好的田鱼供奉天地,以求神灵谅解,保护田鱼世代生息,年年丰收。

(文:陈介武　程硕琦/图:青田农办)

龙泉下田村

菇源圣地说菇神

群山环抱，溪流潺湲，林木繁郁，水草丰美，这儿便是龙泉市龙南乡下田村了。若不是有一个菇神庙，这儿仅是浙西南一个再普通不过的小村庄，因为菇神庙和祭拜菇神是下田人的一个既定民俗，小小的下田在世人眼中便多了份神秘。

菇神庙，又名五显庙，位于下田村中央，白墙青瓦，斗拱飞檐，气势恢宏。庙宇初建于明神宗十五年（1588），占地面积1000多平方米，为菇民捐助兴建，由下田项氏申一、申二兄弟所建。拥有做菇绝活的下田吸引了周姓人氏，康熙十九年（1680年），一位周姓村民从屏南横坑头村迁入，迅速孕育出了许许多多的子孙后代。如今周姓成为下田村的第一大姓，村里以周氏和金氏村民为主。据周氏宗谱记载：五显庙扩建于清咸丰十一年（1861），五显庙缘引则记录着：光绪十六年（1891），五显庙动工扩建大门与戏台，扩大了规模。

菇神庙

　　这座庙宇是龙庆景香菇文化的代表，也是世界香菇历史文化的特殊遗迹，在龙庆景一带具有相当大的影响力。庙里供奉的菇神是五显大帝，名字称显聪、显明、显正、显志、显德。每年夏天，龙庆景的菇民们都要在这座菇神庙里隆重举办菇神庙会。这一习俗，已经延续了270多年。

　　为什么菇民把五显大帝供奉为菇神呢？传说，在很久很久以前，大帝爷五兄弟忽然心血来潮，想做一笔蚀本生意。在那年六月间，他们挑了五担冬天烤火用的火笼，到集市上去卖。那一天，赤日炎炎，路人都用惊奇的目光看着他们。说来奇怪，过了不多久，天空突然乌云滚滚，寒风怒号，竟下起了鹅毛大雪，冻得人们牙关打战，火笼一下子卖光了。

　　到了冬天，五兄弟又到做扇子的地方买了几十担扇子送到集市上去卖。他们想，这下总要蚀本了吧？让他们没想到的是，突然间，骄阳似火，天气热得不得了，人们汗流浃背，扇子又被一抢而空。五兄弟惊得目瞪口呆，为什么生意这般难做？

　　过了年，五兄弟又想出一个主意，他们带着斧头把自家后山上的杂木砍得干干净净，并用刀在每根树上乱砍，兄弟们看到这些被砍得乱七八糟的树木，心想，这回蚀本生意终于做成了。谁知，到了那年冬天，满山的杂木长出了白花花的菇，五兄弟把这些菇拿到家中煮起来吃了。一入嘴，滑溜溜，香喷喷，十分可口！"如此美味佳肴，就叫它香菇吧！"兄弟中一人说道。自此，兄弟五人爱上了香菇的味道，开始做起了香菇，并把技艺传授给了村民们。就这样，华夏大地又增添了一道营养丰富的美味。

　　同样被当地菇民敬为菇神的还有吴三公。菇神庙里有一堂联这样写着："恩感朱皇钦封龙庆景，敬仰菇神艺传子媳孙。"这里的菇神又是指吴三公。吴三公名吴昱，又名吴老三，也被称为人工栽培香菇的鼻祖。历史上确有其人，据记载，他在宋高宗建炎四年（1130）生于龙南乡。

很久以前,吴老三与母亲在龙泉的深山老林里相依为命。有一天,吴老三上山打猎,远远地看见一只野猪,便紧跟着跑进一片千年古林里。这里的烂树木上长满了黄色的、褐色的、白色的菇蕈,吴老三见野猪用鼻子闻了闻,狠狠地吃了几口,又跑进更深的林子里,一会儿不见了。野猪是追不上了,吴老三来到菇蕈旁,摘了一些抱回家,准备让母亲烧了充饥。

走到一个山岙时,吴老三突然听到打斗声。他走近一看,居然是一条丈余长、米斗粗的蟒蛇与一位姑娘在搏斗。蟒蛇体形硕大,游走灵活,这位姑娘显然也是练家子,她毫不示弱,用一双有力的手紧紧掐住了大蟒蛇的脖子。那蛇被掐得难受,张开血盆大口,吐出舌头,坚持了几分钟,就一动不动了。姑娘也筋疲力尽,正当她准备坐下来休息时,又来了一条大蟒蛇,姑娘显然已无招架之力,情急之下,大喊:"救命!"

吴老三见状,连忙拉开弓箭,只听得"嗖"的一声,箭正射在大蛇的"七寸"上,蛇挣扎了一会儿就不能动弹了。姑娘对吴老三深施一礼,感激地说:"多谢大哥救命之恩,我终身不敢忘记,谨赠您香丸一颗。"说完,从衣兜里取出一颗鸡蛋大的丸子。此丸子香气四溢,有麝香之味,吴老三不知何物,但知道定是珍贵之物,便恭敬接过。姑娘说:"前几天,我的小鹿被恶狼咬伤,我向祖父要来两颗药丸,准备医治小鹿。这药丸有延年益寿、起死回生之效。"姑娘说完就走了。吴老三听后,又惊又喜,捧着药丸高高兴兴地回家了。

吴老三的母亲把摘来的菇蕈放在锅上煮起来,房间里香气扑鼻。母子俩一尝,顿觉味道妙极,美美地饱餐了一顿。此后,吴老三外出打猎时都背上一个篓子,经常采些菇蕈回来当主食。

有一次,吴老三不小心采回了毒菇。他母亲误食后中毒倒地。吴三公发现后,急忙取出姑娘赠送的药丸,放在母亲鼻前,母亲吐出了黑黑的饭粒,救回了一条命。后来,吴老三就以米饭与采摘回来的菇同煮，以饭粒是黑是白鉴定菇蕈有毒与否。采得多了，吴三公注意到，菇蕈都是长在裸露的木头上，于是，就试着自己砍花栽培，发明了"惊蕈法"，成功栽培出了香菇，摸索出一套数以万计的山里人维持生活的绝技。

谁为百姓办了好事，百姓永远怀念着他，菇神的传说告诉我们的正是这个道理。

当年，龙泉、庆元、景宁的菇帮协会商定，每年农历六月二十四至二十八在龙泉市龙南乡下田村菇神庙开展庙会庆典活动，据说有现存的三县菇帮协会收据印章为据。活动演出五昼夜，庙里请来戏班助兴，期间各地商人云集，饮食、瓜果、日用小商品摆满庙门、路旁。庙内香烟缭绕，瞻拜菩萨者川流不息，摩肩接踵。戏台上锣鼓喧天，三县市菇民聚会，大家趁此庙会打听菇树资源、商谈来年生意、交流制菇经验，祈愿大帝、三公显灵、保佑五谷丰登、种菇发财，祈祷龙庆景三县菇民香菇生意越做越大，向周边各省扩展。每年农历九月二十八是菇神五显大帝生日，又请木偶戏班来上演三天三夜。

"文化大革命"期间，破"四旧"，庙会活动被迫停止了。之后，庙会陆陆续续举办过几年。2008年，龙南乡党委、乡政府将该庙会以节庆的形式固定下来，每年夏天在下田村举办"龙南乡香菇文化节"；2010年，龙泉市又将"龙南乡香菇文化节"提升为"龙庆景毗邻乡村香菇文化节"。从此，一年一会，雷打不动。

庙会，是中国"真正活着的民俗"，鸣炮、敬香、宣读祭文、菇民花鼓戏、菇民木偶戏、菇民武术表演、菇民山歌对唱等竞相登台。其中最吸引人的是菇民武术表演。拳礼、起步、抱子舞、进上一枪子舞、收桩……20多个招式的防身扁担功，菇民们打得不慌不乱，四平八稳，丰富的招数中尽显自然生动，灵活多样，博得观众的阵阵掌声。

菇民防身术有"扁担功"、"凳花"、"三步"、"五虎"、"七步"、"三秋拳"等多种套路。1000 多年来，勤劳智慧的下田菇民身居安徽、江西等地的深山老林里，以种植香菇为业，为防盗贼与野兽的侵扰，在自卫中练就了一套套独特的防身术。据传，这些防身术为菇神吴三公所创，其器具多为菇民家中随用即取的扁担、板凳、棍棒等。防身术只为自卫，反映了菇民们当年的某些生活状态。

如今，下田村节目丰富的庙会不仅吸引了龙庆景的菇民，还有省内外的游客。夏天参加下田菇神庙会，成为许多人不了的情结。

（文/图：姜爱华）

舟山翁家岙村

郑家山龙潭祈雨

　　自古以来，我们的先民们为有神灵佑庇，渴求风调雨顺，便对能兴云吐雾、呼风唤雨的龙推崇备至，并有了一种精神意识上的冀望和寄托，于是各地便有了各种表现形式、特色各异的龙王信俗。譬如旧时每逢干旱年景，盛行于定海县大展一带，人们组队去翁家岙郑家山龙潭请龙祈雨的民间风俗，便是一个典型的例子。

郑家山龙潭祈雨

　　相传展茅翁家岙郑家山龙潭乃龙王居处。每遇天旱不雨，当地各庙柱首就会集会商议，择日聚众到龙潭请龙祈雨。请龙队伍以大展乡民为主，由庙柱首指派各户一名男子手执白旗参与，前导抬八角龙亭，后仪仗、乐队相随，吹吹打打上山，至龙潭边设祀桌摆三斗三升糯米块及糕点、水果等供奉品，巫师拈香祷告，礼毕捉潭中一水生物青蛙或山蚂蟥等作龙王化身放入盛水罐中，置罐于八角龙亭，而后请龙队伍下山巡游各村畲田畈，谓龙王察看旱情，最后至大展庙，请小唱班演庙戏，巫师继续焚香祈祷。几日后如仍不下雨，则将罐置烈日下暴晒，俗称"烤龙王"，直至下雨，请龙队伍再敲锣打鼓恭送"龙王"回龙潭。

民间的每一个信俗都不外乎有了神话传说才衍生，而这个神话传说的形成源于翁家岙村落郑家山山上一潭。据元《大德昌国州图志》载："在州东大篛（展）村，有山危峭不可跻攀，山之巅旧有石罅，一村民因采樵浣垢衣期间，视之则绀色，及其归，若有所凭依，谵言触龙之怒故然。后遇旱祷之，有金丝蜥蜴者出。"清康熙《定海志》也载："县东，大展山，危峭不可跻，巅有大石罅，草木翁翳，岁旱祷之，有金色蜥蜴出。"光绪《定海厅志》如故照载，还加了注："以此剖析，郑山龙潭是金丝蜥蜴龙的居所，若有金色蜥蜴出现，即当年可获丰收也。"

一个地方有了神话才更显美丽，一段历史伴随有传奇才更变得璀璨。从后来挖掘出土的一块镌刻于清光绪三十年（1904）的"龙王神话故事碑"记述："郑家山龙王姓郑，逸其名，自前明天顺己卯三年十一月初七日巳时降生尘世，盖距今四百有余岁矣。山有龙潭，形如釜然，其水四时不溢不涸。旧说潭旁有亭，……案厅志载，天亢旱有诣龙潭祷雨者辄应以雨。到今犹然，历验不爽。……"按这块字迹已漫漶不清的碑文所称推算，明朝天顺己卯三年（1459），距今已有550多年了。给龙冠以人姓，不奇，但阐明确切的降世日子及时辰，却是罕见，像煞有介事，给虚拟的神话套上了真实的外衣，使人信奉更甚，各种传说因此层见叠出。

　　说有一天，郑家山老龙见一妇女在海边滩头哭泣，便化成老翁上前问询，得知其丈夫捕鱼遇风暴落海，撇下孤儿寡妇，日子难熬。老龙悯怜之心顿生，愿帮其出海捕鱼，每日只要三斗三升糯米块充饥，余一概不取。修船补网后，老龙雇请几个后生一同出海。吃完糯米块后，老龙叫伙计张网，自己却酣睡舱板，睡得满身是汗，衣衫湿漉漉的。醒后催伙计起网，捕上的全是梅子小鱼，装舱后即令拢洋。伙计们私下嘀咕，只捕一网小鱼如何交差？怎料到埠开舱，却见满舱都是金灿灿的大黄鱼。原来老龙睡觉时，龙身已遁入海中去赶鱼，并施法缩小入网鱼形，故捕上来的鱼似小梅鱼，其实全是大黄鱼。每日如此这般，一渔汛下来，寡妇已成富庶人家。老龙临别，寡妇问其居址，老龙说："我住大展翁家岙。"

　　又说某年，一寡妇有一块稻田，平日雇人耕种。秋收时节，台风将临，各户忙着抢收，寡妇一时雇请不到人，急得都要哭了。忽有一相貌奇特老翁上门愿帮衬，但言明要三斗三升糯米块做点心。寡妇见其年迈，虽不太顺意，但苦于一时找不到男劳力，只好接纳。便请老翁吃中饭，老翁却执意要先看稻田，再吃中饭。之后说："我腰骨酸痛，想躺一会儿。"寡妇应允，自去做糯米块。待做好蒸熟，太阳已偏西，老翁仍熟睡，且满脸绯红，浑身淌汗，衣服俱已湿透，寡妇不好意思唤醒他。至傍晚老翁方醒，说："稻已割好，谷已进仓，稻草堆在晒场上。"寡妇起初不信，待实地查看，果如所言，方惊其异，待回首，人已不见。事后寡妇告说乡亲，有人提醒说："这相貌稀奇老头就是郑家山老龙。"

　　郑家山老龙至仁厚德，经常恩泽乡里，被称为"管家老龙"，不但在乡间广施德行，而且深怀大义。翁家岙挖掘出来的"龙王故事碑"里就记有一事："……抑又闻之，乾隆间小金川背叛，龙王现化老翁，担水止兵马燥渴，一军得保无恙……"这里讲的是关于老龙助清兵的传说，说的是清乾隆年间，官军在平定小金川叛乱时受困城中，兵渴马饥。郑家山老龙变一老翁，担一桶水、一捆草入城献给清军。几万兵马饮食之却未见水浅草少，带兵将军知是异人相助，问其姓名、家籍，答曰："姓郑，住定海大展翁家岙。"后清军得胜班师，将军将此事奏禀皇帝，皇上命钦差带圣旨去封赏。钦差一路跋涉来到展茅翁家岙，询问几名正在晒谷的妇女，晒谷妇女说："翁家岙男人都姓翁，没有姓郑老头。"钦差遂回程，船至定海灌门，忽遇大风大浪，无法航行。原来灌门老龙得知此事，便兴风作浪，以讨封赏。钦差见这风浪无端兴起，知必有缘由，便大声喝道："倘若小金川助援老翁是此地神灵，请即刻平息风浪，皇上有赏。"话音刚落，风浪就停息了下来。钦差当即照旨宣诏，事毕平安回程。后郑家山老龙知错封便宜了不干好事的灌门老龙，心感不快，怪晒谷妇女乱说。于是驾一朵乌云，独降雨于翁家岙晒谷场，晒谷妇女忙收谷子，待再晒出，老龙又驾云降雨，如此再三，晒谷妇女情知有异，问及巫仙，方知来龙去脉。于是翁家岙信众怀着愧意，募化在山麓建造了一座龙王堂庙宇，殿正中神龛塑龙王像供奉。老龙见乡民虔诚，没再作弄过晒谷妇女。小金川叛乱指的是乾隆年间四川大小金川部落土司的叛乱，乾隆几度派兵进剿，征战多年，至后终于平定，此事史料确凿。这则传说再次与史实联系在了一起，让人笃信确有龙王显灵其事。

郑家山龙潭，面积不过0.5平方米，水深只0.3米，但却能久旱不竭，似确有神灵隐潜。正应了"山不在高，有仙则名；水不在深，有龙则灵"这句话，此龙潭龙王灵验的声名远扬，久而久之，这里及周边的人们便有了请龙祈雨信俗，逐渐盛行，并众志聚谋，乡党相应，措赀出资，在龙潭边修建了亭子，敬称"龙宫"，虔恭明祀，朝觐叩拜。这座龙亭全用石条石板建成，这里又有一个传说，说建亭的石材都是老龙自己背上去的。老龙想在潭旁造一亭子，以供求雨的村民歇息。他化成一白发老翁，从别处背来石条放在潭旁。最后一趟，一堕民嫂见其肩背臂夹一下负着三根石条，不禁诧异地道："这老头力气真大！介大年纪还能背三根石条！"老龙被道破法术，顿感筋疲力尽，放下石条，再也没有能背上去。后来村民们用这些石条造了龙亭，做歇息和祈雨祭祀的场所。

传说中，郑家山老龙相当灵验，有求必应，若有虔意祈求，即行时雨，保得当地是年年五谷丰登。现存龙潭边的龙亭，前柱镌有一联："望定海县槁苗助长，仗郑家山好雨时行"，说的就是此番寓意和景象。

传说丰富多彩，故事耐人寻味，龙王信俗兴盛的渊源也基于此。郑家山龙潭请龙祈雨祭祀礼仪，是典型的以庙会、习俗和传说等为表现形式的民间信仰，是一种文化的凝聚和积淀，尽管其中不乏迷信色彩，糟粕成分，但体现了先民们朴素的认知和价值观，我们应予以尊重。而龙王的故事传说中，崇奉和颂扬的核心是立德、行善、大爱，就今天我们倡导助人为乐行为，弘扬大爱精神，构建和谐社会来讲，也有一定的现实意义。

（注：上述龙王故事据《展茅镇志》纂述编撰）

（文：胡文平／图：曾令兵）

五　饮食民俗

泰顺徐岙底村

乌衣红粬飘酒香

泰顺县筱村镇的徐岙底古村落，以历史悠久人文渊薮、宅院鳞次栉比构作精致而闻名于世，是泰顺重要的人文旅游资源。村内近300年历史的乌衣红粬虽然一直以来闻名于县内外，但作为一种传统民间手工艺，却是在泰顺县非物质文化遗产普查时，才开始进入人们的视野。徐岙底的乌衣红粬是从福建古田传过来的，在泰顺素有"筱村粬，翁山竹"的民谚，在当年交通并不发达的年代，一直闻名于县内外。

300多年来，勤劳的徐岙底人一直沿袭着做红粬的手艺，艺人虽然换了一拨一拨，但手艺如徐岙底吴氏血脉一样从未断过，徐岙底祖祖辈辈把做粬的作坊称作"窑"，此地做粬行业在历史上兴盛一时，来自平阳、苍南等地的客商雇人挑来的一担担大米（古时用米换粬，另付加工费），都停靠在村口的那一条巷道的墙边，排着队等着换粬。明清时期，泰顺的洪口和百丈两地以及如今福建的桐山，在通往这些地方的道路上，也时常可见肩挑筱村粬的挑担人身影，古时乡村对粬的需求量非常大，因此徐岙底做粬是没有季节之分的，最多的时候粬窑达到100多家，规模大，从业人员多，几乎家家户户都能做粬，而徐岙底也一年到头都飘着炊米香味，昔日制

乌衣红糵飘酒香

糵酿酒规模之盛，历史之久，喝法之考究，无不令人惊叹。

　　村中有三口古井，泉水清冽甘甜，源源不绝。相传原徐岙底村水流细小，时常干涸，难以满足村人饮用及洗涤之用，很多村民还要到很远的地方取水饮用，徐岙底吴家祖上吴莱对风水深有研究，落户此地不久，便命人在这地上挖井，一直挖到 3 米左右，一股清泉喷涌而出，村人惊喜不已，奔走相告，对吴莱更是感激不尽。第一口井刚一落成，后山上的雌狮也合拢了嘴巴，村人暗暗称奇，考虑到村里牲口较多，吴莱又命人在这口井下方再挖了两口井，分为第一口井饮用，第二口井洗菜洗衣用，第三口井牲口饮用，筱村徐岙底名扬天下的乌衣红糵和红酒便是取第一口井中的清泉制作，至今人们还是保持着酿出的第一杯酒洒向地面敬祖上的习惯，以此显示对祖上吴莱的敬重！

立冬后是酿酒的最佳季节，此时的细菌少，酿出来的酒品质是最好的，因此每年的立冬前后便也成为徐岙底的红粬艺人们最忙碌的时节。遇上好天气，站在村口就可以看到徐岙底古村落的地坪上晒满了刚出窑的红粬；在作坊里，则是艺人们忙碌的身影，饭甑里快要熟了的飘着香气的饭团，打扫得干干净净的地上铺着由红慢慢转乌黑色的红粬半成品，景象神奇令人惊叹。

乌衣红粬的制作过程非常精细，首先时间上要选择一个吉祥的日子，看准那天的潮汐，定了几时入米，就可以开始准备了，水是上好的泉水，将挑来的泉水倒入酒缸，以 100 斤水、50 斤糯米的比例，放入泉水当中浸泡数小时，做粬用的是质硬形圆的杂交米，最好是放了三四年的"陈米"。泡在水缸里浸过后，然后在此灶上架起饭甑，铺一层糯米盖上盖子，底下开始烧，火得旺，木材也是上好的木材，等前一层糯米上气了，屋子里飘满香气时，又开始铺一层糯米，反复如此，用饭甑蒸到七成至九成熟，然后摊在凉席上散热。其间用木把翻几次，到了一定的时间，抓一把放在手臂上，感觉热量与体温差不多时，把散在竹席上的米收拢成堆，撒入生头倒入糟娘拌匀。装在箩筐中密封严实后，再放到曲窑中开始发酵。18—22 小时后，倒在窑地上拌匀，再装入箩筐中发酵。如此反复几次，待饭粒表层颜色发生变化时，说明其本身的热量开始升高了，这时就要再摊薄，以免因粬灼热而烧伤了自己。

过一个晚上，红粬的半成品便又"退烧"了。但此物"遇有水分就发酵"，所以要再次装入箩筐，把箩筐浸入盛满水的大木桶中晃荡三下，然后倒在地上成堆，到一定温度后摊薄。再过一个晚上后重复先前的泡水步骤。约莫过了 6 个小时后，粬的表面呈现出灰白色，表层开始起毛后再发酵一天，这个工序艺人们叫"站窑"一天。粬的表层由灰白色过度为红色再转变为黑色，"红地起乌衣"说的就是这道工序。乌衣红粬出窑晒干后，接下来艺人们就期盼着能卖个好价钱了。

这个被艺人们重复了成千上万次的做釉步骤，其实各个环节都要求有老到的经验做支撑，其中的微妙是我们所不能精确描述的，"神仙难识乌面贼"这句俗语说的就是这个道理。但红釉毕竟是人做出来的，神仙未能识的事或许做釉的老艺人们就能识透。

在徐岙底，最有代表性的艺人是吴建云一家，吴建云已经去世的爷爷吴道兰曾经是筱村最有名气的做釉师傅，据说他只要进窑场闻一闻味道就能知道这釉的好坏。把技艺修炼到如此高深的地步，由不得人们不钦佩。对于当时吴道兰独创的"闻味法"，并没有传授给他的儿子也就是吴建云的父亲吴宏忠，他对后辈强调的是靠心得体会去掌握其中的奥妙。但"铁心釉"的识别法却通过他的口授传到了吴建云这一代。从做好的釉中随意抓一把摊开掌心，如果能数出两三粒铁心釉，这一窑的釉就算是好釉。识别方法是折断釉粒后，如果内有黑点就是铁心釉。含有一定数量的铁心釉的红釉酿出来的红酒是无比醇香可口的。

乌衣红釉酿制的红酒，不仅是家家户户必备灶台的佐料，烧菜时加入几勺，可以去腥还可以让菜肴多几分香醇，还是筱村当地妇女坐月子时必喝的，据说徐岙底村的妇女个个酒量都了得。而客人来时，热点红酒，则又是上乘的待客之道。红酒要用锡壶盛放，一锡壶可以装三斤酒，酒筵时，还要有专门的烫酒师来为宾客服务，温上几壶红酒，热情的家庭主妇还会打两个自家鸡蛋放进去，而主人则与两三知己就着乡土小菜，品味着其中别样的滋味，时间就在这微醇的红酒中静静流淌。

如今的乌衣红釉，已作为一种传统民间手工艺，成为非物质文化遗产，渐渐进入人们的视野，成为各地游客的最爱，她如一位刚揭开红盖头的新嫁娘，羞红着脸，却又落落大方地走出泰顺，走出温州，一路过来，一路芳香，背后，是徐岙人自豪的笑容。

（文：王叶婕/图：泰顺农办）

临安童家村

童家 "半年" 吃馒头

湍口镇洪岭片的童家村位于临安城西南 88 公里，南与桐庐、淳安两县接壤。村中心海拔 500 余米，有东坑西坑两条山溪绕村而过，沿溪有田畴与村落布列，峰峦叠翠，风景秀美。童家村历史悠久，民风淳朴，这里有一种独特的风俗叫"过半年"。

"过半年"就是在每年的一年过半之时，农历的六月初一，全家人像过大年一样团聚一起美食一顿。但这个美食不是吃鸡鸭鱼虾，而是吃馒头。所以有民间俗谚："六月初一吃馒头。"为啥要"过半年"？为啥要吃馒头？说法不一，版本很多。

一说是过去山里穷，没有好东西吃，只有到五六月，小麦登场了，磨点面粉蒸几笼馒头吃吃，就算"享受生活"，好像过大年。

一说是高山上种庄稼常遭兽害，庄稼人在主粮六谷没有长穗结实时，用馒头祭拜山神，要山神管住山中野兽不要来糟蹋农民的庄稼。

还有一说与村里的民间故事有关。故事说童家村老员外有一个独生女，叫阿巧。阿巧聪明伶俐，长大了招了一个叫杨九桶的男人做丈夫，俗称"倒插门"。童家村原本并没有"过半年吃馒头"的风俗，是从阿巧与杨九桶的爱情故事之后才开始风行起来。阿巧的丈夫是淳安县人，在昌化人的村庄里做箍桶匠，手艺出众，但因为是"倒插门"，做事特别小心。给东家做箍桶活，起早摸黑从不偷懒。他的手艺精、肯吃苦，能揽到的活儿做都做不完，回家探亲的机会很少。一年到头只到过年了才回家团聚。而在童家村通行"男主外，女主内"的治家方式，男人都要出门揽生活挣钞票，有做官的、有教书的、有当掌柜的、有打苦力的；女人则留守家里，家中大小事务都是女人撑着，该男人做的事也由女人来顶。当地人拿这个开涮，嘲笑童家人："童家童、童家童，童家的老娘们挑粪桶。""挑粪桶"是指下地干活的苦力活儿，本该男人干的活儿压到女人肩上，当然不合常情。但是让童家女人感到苦的不是干活，而是丈夫不在家，空床独眠的相思之苦才是苦。阿巧的夫婿杨九桶，为谋生计出门揽生意，无法顾及家中的妻小，阿巧能理解，就自觉挑起家务担子，扶老携幼，上山下田，农事家常她没有一件事不去做。但她是个多情女，怜悯有人说"倒插门"的闲话。她对丈夫疼爱，唯恐有什么地方让人钻空子。对九桶的思念真让她郁郁寡欢，老是看不见丈夫回家真比什么都凄凉。那天晚上，阿巧又害相思，但突然从窗外的月亮里得到了启发，她想到了一个好办法让杨九桶回家团聚，想出一个"过半年"的新节。如同过大年一样，"过半年"也是让外出的人都赶回家来团聚，共吃团圆饭，这顿饭定在六月初一。第二天，她就捎口信，要丈夫半年了回家过个小年。杨九桶爱妻心笃，这一天果然推了手上活计赶回家来，合家老小，欢欢喜喜地吃了一顿团圆饭。阿巧知道九桶是淳安帮源洞人，那地方穷，一年到头吃苞谷番薯，难得吃细粮。阿巧就特地用新麦磨了面，做了一蒸笼馒头给九桶吃。爱妻的心意丈夫很领情，一边吃一边夸奖好吃好吃，还说："以后回家过半年，你就专做馒头吧！"阿巧说："那好哇，明年六月初一，我给你多做些，有糖馅的，有菜馅的，做些菊花形的，做些竹叶形的，让你吃顿馒头宴。"就这样，一年又一年，年年六月初一，杨九桶都以"过半年"的名义，赶回村来与阿巧团聚，吃阿巧给他做的馒头。

当时，童家村的左邻右舍、上下周边的村子里也有家人出门在外，忙于生计，很少回家团聚的。见阿巧让丈夫回家"过半年"得以团聚，觉得真是个好法子。都暗暗地效仿阿巧磨面做馒头，把出门的亲人召回家来"过半年"。虽然是依样画葫芦，阿巧的做法别人家去做也都成功了，因为人心都一样，亲情的力量大得很。久而久之，阿巧始创的"过半年吃馒头"就约定俗成似的成了一种乡风。只不过吃馒头的日子各地稍微有些不同，如青坑口村定在六月初一，何家村定在六月初六，柴家村定在六月十五。到这一天，出门在外的家人都要赶回家，做馒头、吃馒头、送馒头，如过大年一样其乐融融。

再说有一年六月初一，杨九桶意外地没有回来过半年。阿巧为他做的馒头蒸了几蒸笼，怎么会不回来呢？阿巧心里着急就央人分头去打探。结果打探回来，是个噩耗，杨九桶被朝廷官兵杀害了。原来杨九桶有一个亲哥叫杨八桶，原先也在昌化淳安的交界地带做箍桶匠，他与帮源洞的方腊是结拜兄弟。方腊起义了，杨八桶去他那里做了一员大将，结果方腊打不过朝廷官兵，退回帮源洞，杨八桶赶来帮源洞护驾，半路上就被另一批官兵逮住砍了头。那些官兵还来个"满门抄斩"，说箍桶匠是杨八桶的弟弟也一刀杀掉了。闻知丈夫遇凶，阿巧如晴天霹雳当即昏厥，后经众乡亲救助才清醒过来。面对现实阿巧只得挣扎着站起来，为丈夫料理后事。她把为杨九桶准备好的馒头，全部改作斋供摆设在杨九桶的灵台前。这个细节后来就演变为"过半年"也要祭祖祭亲人，且都是用馒头做祭品。

六月初一"过半年吃馒头"的习俗为洪岭山区的一种文化现象，流传已久，是一种约定俗成的地方节。改革开放后，当地政府引导民间提升为"高山馒头节"，社会影响更大了，这也是当地老百姓的一大福祉。

自 2007 年首届洪岭高山馒头节举办以来，当地政府每隔两年举办一次"馒头节"，弘扬传统文化，助推地方经济发展。2008 年 6 月，洪岭高山馒头节被列入临安市第二批非物质文化遗产名录。2009 年，被杭州市列入非物质文化遗产名录。2012 年，被列为省级非物质文化遗产名录。

（文：戴建飞）

六　民间技艺

舟山定海紫薇村

双桥布袋木偶戏

　　舟山布袋木偶戏流传于舟山已有150年的历史，最具代表性的是双桥紫薇村的"侯家班"木偶戏。2003年，舟山布袋木偶戏被列入浙江省第一批民族民间艺术资源保护名录；双桥镇被浙江省省文化厅命名为"布袋木偶戏民间艺术之乡"。

　　舟山民间流传着"木偶辟邪"说法，舟山木偶戏在民间又称"急戏"，有"急难之中解围"之意，常能听到一些老人说，做小戏文，保太太平平。木偶戏又叫小戏文，以强烈的民族风格和浓郁的生活气息，扎根流传于舟山民间至今，它的特点可用一句话来概括："十指能演百态情，一口道尽人间事。"

　　舟山历史上曾经流行两种木偶戏：杖头木偶和布袋木偶。杖头木偶又称"下弄上"，是用竹竿顶着木偶的手足操纵木偶表演，木偶头子大如鹅蛋，画的都是京剧脸谱，身子长约半米。演出时以围布作场，演出人员在围布里面将木偶举到围布上面进行表演，观众在围布外观看，现在已失传。布袋木偶戏就是四周用布围住表演的小台，演员在里面手举木偶和各种刀枪道具，边唱边讲边表演，两三个乐师在里面伴奏。民国《定海县志》"风俗篇"对这种"傀儡戏"也有记载，称"为之者皆外来游民"。

布袋木偶

现在舟山经常在演出的木偶戏就是布袋木偶戏，布袋木偶演出使用的木偶，除了头、手掌和脚的下半部以外，手部和腿部都是用布缝制而成的，因形状酷似布袋，故被称为布袋木偶戏。表演时主要靠手指活动来操作，与皮影木偶、牵线木偶、杖头木偶戏相比，布袋木偶戏中木偶的动作更加节奏明快迅捷。

舟山的布袋木偶戏有别于其他地方的傀儡木偶、牵线木偶、杖头木偶和皮影木偶等的表现手法。它的最大特点是，能一人操纵和演出多个人物角色，不像其他木偶戏只能是"一人一偶"地表演，这就大大地简化了演出的程序。舟山木偶戏艺人全部的行当是：一根扁担，一头担着折叠起来的戏台，一头装着木偶和乐器的道具箱。由于没有繁复的道具和装备，艺人就可以轻车简从地挑着一副担子走巷串户，在普通的人家堂前用两条凳子一块门板架起台子，打开小戏台套在扁担上，竖直扁担固定好，就可以演出了。

布袋木偶戏的戏台雕镂精美，体积狭小，这不但受制于表演者一个人双手伸展幅度的局限，而且也便于折叠后能够很轻松地挑在肩上行走。这种戏台的原理相当于现在的折叠椅，打开时宽度1米、深0.8米左右，折叠起来之后不到十几厘米。便于在海岛上、下船时搬运，可在寻常渔民百姓家的堂屋内、晒网场、渔船舱板上演出，符合海岛交通不便、文化生活相对闭塞这一特定环境。

布袋木偶戏戏台

因为戏台小，所以木偶也不大，一人能双手操纵两个木偶，以食指顶着木偶的头部，中指和拇指分别套入木偶人物的左、右两个袖筒代表木偶的双手，这样，木偶的头、手都能活动起来。通过表演者的高超技巧，表现了人物丰富多彩的动作，如执物、开扇、换衣、舞剑、打斗、搏杀等高难度动作，加上整个手臂的运动做出踏步、行走、骑马神态，结合念白、唱腔和锣鼓点子，完成木偶整套演出动作。

木偶脸谱基本上承袭了越剧的脸谱，有生、旦、净、丑之分，而唱腔却别具一种风格。它既不像越剧的唱腔那样婉约、清丽，也不似京剧那样悠长、拖沓，而是综合了绍兴大班、宁波走书、二簧、流水清板、乱弹、越剧等唱腔特点，以绍兴大班为主调，以高音板胡伴奏，高亢激越、节奏紧凑，堪比秦腔而有过之而无不及。在文化生活极为贫乏的渔农村，闻其声就让人回肠荡气、热血沸腾。

木偶戏的演出分独人、双人和多人几种形式。过去"唱门头"式的演出多为一人，单是一些唱腔而无鼓乐和器乐伴奏，场面显得单调，于是加上锣和钹，由于腾不出双手只能用双脚替代。敲锣的方法有点像现在的"脚踏式翻盖废物桶"原理，踏一下就能敲一下；而钹子的击打方法是采用一条竹片弯成"U"字形，两片钹子绑在竹片两头，横放后利用竹片的弹性用脚踩，这样，一个人的双手、双脚和嘴都派上用场，演出也便热闹了，这也是木偶戏演出的一个奇观。后来的双人演出则主要是一人拉板胡和打击乐，大大减轻了独人演出的压力。

舟山木偶戏主要演出传统剧目有《薛丁山与樊梨花》《李三娘推磨》《月唐传》《乾坤印》《薛刚反唐》《天宝图》《乾隆游江南》《贞德游山东》《七侠五义》《罗通扫北》《薛仁贵征东》《薛丁山征西》《杨家将》《双狮图》《周文王逃五关》《杨文广平北》《赵匡胤战关东》《水浒传》等。现代剧目有《焦裕禄雪地送粮》《平原枪声》《智取威虎山》《江南红》《海岛女民兵》《中秋之夜》等。

布袋木偶戏之所以能够流传延续至今，是因为它广泛的民俗性。在旧时的定海农村，渔业农耕生活环境十分恶劣，海难事件时有发生，求神拜佛许愿是常事，而许愿为神演一台戏也是内容之一，故乡间当时的"小戏文"大多是以"请神"为借口，堂前的小戏文正席上摆上香案、三牲供品、神位，而观众反而只能站在边席看戏。久而久之，由于文化生活贫乏，木偶戏便形成一定的市场，不少人家逢年过节也会叫艺人演上一两天。小戏文陪神福是敬神的组成部分。敬神享先不用乐队，但必须有小戏文，而且有一整套的程序仪式，演出的剧目也是祈福、敬神、送宝、团圆之类的内容。敬神之后，才开场正戏。

舟山布袋木偶戏的第一代宗师朱潭山来自宁波奉化，他在舟山各地演出时，收了4个徒弟，朱家尖顺母的阿伟、长涂岛的张庆发、马岙三江的陈宝金、金塘姚家山的姚惠义。后来盐仓螺头的叶星昂和紫微侯家的候长寿拜金塘姚惠义为师，成为第三代传人的代表。侯惠义于1941年投到叶星昂门下，成为第四代传人的代表。

新中国成立前海岛渔民文艺生活枯燥，诸小岛的鱼行老板为使渔民安心捕鱼，利用修船补网之际请侯惠义演出。一条扁担撑着一个小型木雕舞台，围布作场，侯惠义坐在布围内操作木偶，所有角色都由他一人演唱，演出剧目大多是渔民群众喜闻乐见的《七侠五义》《薛刚反唐》《罗通扫北》等。淳朴的艺术风格、灵巧的操纵技艺、别致的演绎方式、生动的木偶造型，赢得了渔民们的喜爱，整座小岛的人全部集中到沙滩上来一睹木偶的风采。空前热烈的掌声，激发侯惠义的演出激情。侯惠义又把舟山木偶戏演到大陆，那时没有汽车，他们肩挑步行，到宁波、绍兴、镇海、余姚、奉华、慈溪等浙东各地做街戏，一条街一条街地演，吸引了越来越多的民众观看。

布袋木偶的表演需要高超的技巧，演员通过指掌操纵造型精美的偶像，栩栩如生地表现出人物的丰富表情。凭借精湛技艺，做出开扇、换衣、舞剑、搏杀、跃窗等高难动作，令人叫绝。表演中，一个人可以同时演两个木偶，左手一个右手一个。木偶头套在食指上，是表演头部的，另外三个指头是套一个手，大拇指套另外一个手，大拇指同样还要管头部的一些转动。一个小小的舞台，却很巧妙地结合了中国的传统武术、杂技和戏曲艺术。侯惠义说："木偶本身是没有生命的，表演艺人灵巧的双手是木偶的灵魂。一双手让木偶拥有灵魂，可不是一朝一夕能练就的功夫。小时候练手指是很辛苦的，练功的时候食指不能动，要练到要它动才动，不让它动它就不能动，因为食指套的是木偶的头，如果一直转个不停，就失去了真实感和生动感。刻画人物的内心活动，更需要精益求精的好学精神。所以，一年四季，无论严寒酷暑，都必须早早起来练手功。另外，演唱者嗓音要好，整场戏下来，唱词要连贯，不能有错。手功和唱功是演活木偶的关键。同其他舞台戏曲一样，木偶戏也要表现戏中角色的唱、做、念、打和喜、怒、哀、乐。但是区别于其他舞台戏曲的是，木偶戏中角色的动作和情感不是通过与观众正面接触的有棱有角、有形有色的演员本人演绎出来的，而是由幕后的一双手，借助木偶这个小物体表现出来的。"

　　凭着艺人的一双巧手，以一个不足一平方米的小小舞台和两块围帘营造了一个人物故事情节纷呈的天地；以几个无生命的木偶巧妙地演绎出中国传统的武术、杂技和戏曲做、打、念、唱等综合艺术的精深造诣；以一个人的双手指挥了千军万马的场面；以高昂激越的唱腔传达了剧中人物喜、怒、哀、乐所有复杂的内心世界，只有舟山木偶戏才能做到这一切，这也是它能广泛流传的主要原因。

　　　　　　　　　　　　　　　　　　　（文：侯飞玲／图：之江）

诸暨十里坪村

乱弹唱响十里坪

浙江省诸暨市东和乡十里坪村位于东和乡西北部，距东和乡所在地的东一村约3公里。村庄东为三坞村，南面为姚邵畈村，西面和北面接枫桥永宁，枫谷线从村庄附近穿越，交通十分方便。

十里坪村包括卓溪、朱村两个自然村，十里坪村区域面积为3.95平方公里，其中水田1211亩，旱地389亩，茶园950亩，林地5924亩，两用竹林263亩，经济林1180亩。有十里坪休闲农庄和有机茶园，名气都不小。但能使十里坪在各种媒体频频露脸的，则是因为它的另一个身份：诸暨西路乱弹的展示性传承基地。自从6年前重建了十里坪西路乱弹剧团，中断演出50年的古老地方戏种重新焕发了生机。

诸暨西路乱弹已有300多年的历史。明末，诸暨一带盛行昆腔，同时流传的还有弋阳腔、余姚腔、高腔等。清初，"西秦腔"传入诸暨，与其他腔系混合演出中，诞生了音乐高亢激昂，唱腔抒情悠扬，与诸暨人南人北相的铿锵性格十分合拍的诸暨西路乱弹。由于演出不受场地限制，具有浓郁的农民思想感情，深受诸暨及周边县市百姓的欢迎，很快就迎来了它的鼎盛时期。全县有"老长春"等数十个班社。《国朝三修诸暨县志》称"每岁十月二十四演剧，百货骈集，帆樯相属"，可见当时盛况。后来与水路流传过来的徽调融合进一步发展了剧目，丰富了演出内容。戏班发展到80多个，可谓鼎盛一时。

东和乡十里坪的西路乱弹剧团就在那时诞生。东和乡卓溪、朱村一带民间戏曲活动十分活跃，自清同治、光绪年间开始，卓溪就已有半职业戏班，并且已有以演戏为生的专业演员。当时卓溪村有个叫卓泰来的艺人，工小生，扮相英俊，身段漂亮，嗓子高亢，武

乱弹

功扎实。饰演《罗成陷车》里的罗成，跌扑翻腾，矫健敏捷，成为当时一绝。在嵊县、绍兴一带都很有名气，以至于在民间至今还流传着他的两个故事：

他的出道就很有点传奇味道。据说他从小喜欢演戏，常跟在戏班后面学戏，但由于当时做戏的人受到社会歧视，戏子不能读书，不能进家谱。他的父母坚决反对他做艺人，母亲甚至对他说："你去做戏子我就寻死！"于是他只能背着父母偷偷地学，因为天赋过人，不长时间竟成为一个有名的小生，他的父母却还蒙在鼓里。有一天在隔壁村子演出，母亲去看戏，嘱他在家守着，不准出门。母亲回来，发现儿子真还坐在家中，还问母亲戏文演得好不好。母亲十分兴奋，说从没看过这样好的戏，对演罗成的小生更是赞不绝口。泰来见母亲这么开心，就说出了自己就是戏台上罗成扮演者的真情，并表演了几个经典动作。母亲看到儿子如此执着且成效显著，也只好顺其自然，终于同意他去做戏了，从此卓泰来正式成了一位挂牌小生，声名日隆。

他的结局也很有戏剧性：有一年嵊县某地因仰慕他的名声点了他的三本戏，挂牌全部由他主演，然而前两本戏他本人没有到场，只是最后一台戏他才自己来演《罗成陷车》。当地人对他如此"耍大牌"而不讲信誉的行为十分不满，决定要在演出结束后给他一点教训，轻则让他破相，重则要了他的性命。这事被一个弹花师傅知道了。弹花师傅曾经在诸暨东和一带待过，对卓泰来印象很好，不忍心一代名伶遭人暗算，就派儿子去通知泰来，让他演出后不要卸装，以弹棉花的弹弓声为信号，从台后直接溜到弹花的地方，然后帮他化装成一个木匠，卓泰来拿着一把锯子和一个推刨，从嵊县一口气逃回家里。这件事对他打击很大，发誓从此不再从艺。而这把锯子作为他的救命符在他的家族代代相传。

卓泰来退出乱弹班以后，比较有名的演员有"大脚老生"传友兄弟、大花脸王福校等。传说王福校在《长坂坡》中演曹操，声如洪钟，很远的地方都能听到他唱戏的声音，他的嗓子与绍兴大班的著名演员陈鹤皋都有得一拼呢。至20世纪三四十年代，小生王永校、老生王仲武等名气也很大，王仲武有个艺名叫"阿友老生"，人人皆知，他的本名却很少有人记得。还有一个荣中老生，在《龙虎斗》中饰演呼延寿定。其中"托梦"一场有一段独唱比较长，他唱得激昂高亢、声情并茂，走板如行云流水。群众听了莫不拍手叫好，正可谓余音绕梁，三日不绝。这一段唱腔在行内俗称"十八句头"，"十八句头"就成了荣中老生的别号。

1949年新中国成立后，十里坪诸暨西路乱弹剧团有名的演员有卓章根、卓贵桥、卓学范、卓和权等。其中卓和权唱做俱佳。他演的传统名剧《斩经堂》和当年卓泰来演的《罗成陷车》一样，成为名扬四方深受群众喜爱的经典剧目。可惜他英年早逝，下葬时，他用过的戏本成了他的随葬。老生卓贵桥，拿手好戏是《白虎关》中的薛仁贵和《下河东》中的赵匡胤；卓学范更绝，他能一个人同时演两个角色。他演《龙门阵》中的薛仁贵时，同一角色在不同的剧目中由不同的行当扮演，风格不同，他演得清清楚楚，一点儿都不会串乱，深受观众热捧，十几年不衰。这些精湛的演出社会效果显著，有句流传的话叫："乱弹班，搭台班，男人不出坂，内客不烧饭"，生动形容了它在群众中的巨大影响。

据说，十里坪村有80%的人会唱乱弹，俗话说锣鼓一响，脚底发痒，晒场一站，生旦净丑齐全。现在，村里十分重视诸暨西路乱弹的传承和发扬光大，还把宗氏祠堂改成文化礼堂，建成西路乱弹展示馆。村书记卓任翔，因此成为诸暨市第四个喜获"金牛奖"的美丽乡村建设的典型带头人。十里坪西路乱弹剧团，首次在省城金牛奖的颁奖现场精彩亮相，获得广泛好评。

2014年《梨园竞辉争芬芳》节目参加浙江好腔调比赛荣获浙江好腔调奖。在国家级传承人蒋桂凤的带领下，复排传统剧目《双阳公主追狄青》等大戏8本，折子戏5个。邀请民间艺人为"西路乱弹"创作的新曲《乱弹神韵》，入围浙江好声腔——2014戏曲音乐（演奏）汇演。

西路乱弹能绝处逢生，有政府的支持，也有艺人们的坚持。就说阿林和阿红吧。他们在50多年前一起进的乱弹班，乱弹把他们两个人"弹"在了一起，在地方戏曲被禁演的50来年中，他们冒着被批斗的危险，精心保存了一箱子的乱弹剧本和曲牌。冬天下雪的日子，两人就生个火炉，煮一壶浓茶，打开宝贝箱子读剧本，对台词，哼曲牌……这些事，在当时要避开众人耳目，否则会有麻烦的，但他们仍然在一起"偷着乐"。50多年前，阿林是剧团副团长，阿红是头牌花旦。今天，他们虽然年近古稀，仍然是十里坪西路乱弹剧团的演出骨干。他们费尽心思保护下来的宝贵资料，在这次西路乱弹的传承开发中发挥了巨大的作用。

现在，十里坪村已被列入"传统戏剧特色村"，诸暨西路乱弹已经成功列入国家级非遗项目，成为诸暨著名的文化品牌。最近，有关部门正在小学生中举办戏曲培训班，以吸引、培养更多的青少年热爱西路乱弹，让西路乱弹这一文化遗产能薪火相传。

十里坪村的村民以西路乱弹为骄傲，诸暨的人民也以西路乱弹为自豪。凭着他们对西路乱弹的痴迷执着和热爱，一定会把西路乱弹一直唱下去，直到永远。

（文/图：陈冬梅）

永嘉枫林村

枫林武术震中华

枫林村位于国家级旅游风景名胜区楠溪江中游东岸，距离永嘉县城 38 公里，素有"武术之乡"的美称。自古崇尚武术，自宋朝以来，村民们就喜欢练武，渐渐形成了集中性的武术表演活动。每年的农历二月二十二，永嘉县枫林镇都要举办传统武术节。每年都会有众多国内外的武术爱好者慕名前来参演。2000 年 3 月，枫林被浙江省列入第二批省级历史文化保护区，省级历史文化名镇。2009年，当地南拳还入选"浙江省非物质文化遗产"。

追溯枫林武风的缘起，始于宋朝，盛于元明，流传于清朝、民国以至今日，770 多年来不断激励人们爱国护乡、居安思危。清监察御史徐定超（1845—1918）为弘扬乡里崇文尚武、爱国卫家的优良传统，曾亲临主祭下社殿陈五侯王，传为佳话。

宋时，枫林四世祖徐霆，字居谊，号长孺，以武功大夫致仕，著有《北征日记》和《黑鞑事略疏》，徐霆在文通之乡再开武达之风。元时，徐氏八世祖杲（1307—1369）字君明，曾在均州武当山学武艺，此后，枫林徐氏族党习武渐成风尚。

明朝倭警频仍，枫林拳坛比屋相连。九世祖徐文辉（1333—1396）字仲华，承父志，有实学。洪武二年（1369），倭寇掳掠乐清蒲歧，公率乡兵前往救援。后罢归，群盗剽掠乡都，公出粟募集壮勇，设险守隘，盗不得入。嘉靖三十七年（1558）四月十六，倭寇上千人取道乐清进攻枫林，受到当地壮勇乡兵猛烈抗击，只得夺船循楠溪南遁。明政府曾于当地设枫林汛，轮派千把总一员，领兵15 名，营房 12 间，牌楼烟墩俱全。

入清以来，枫林为溪山重镇，文通武达之乡，是永嘉县丞署驻地。顺治五年（1648），永嘉方岙何兆龙"白头军"聚众十万，进

枫林武术震中华

攻枫林。曾任长乐典史的徐应鲤（1593—1658）挺身而出，散财发粟，招集丁壮，制甲铸兵，设险守隘。其四弟徐应鲸（1620—1707）也颇有胆略，保守孤山天井头一隅，会合官军游击马进宝，会剿擒拿于天井头。余部一哄而散，乡民安宁。后有数万"白头军"围攻枫林，下大宅房派100多位武功强手迎击，终因力量悬殊而覆没。续有黄五峰入寇，徐嘉玫（1630—1712）时聚乡兵以拒之，战胜获马二曹，深为永嘉县令嘉许。

自古武术名家，往往还是医药妙手。枫林大门台徐思藏，以制作竹器"骨排九"谋生为业，艺高力大，能用手代替篾刀捏碎毛竹根部，劈成篾条，双手可以扭断夹缬被单，识伤科。徐宝成，名定守，号志竟。15岁从平阳江南宜山（现属苍南县）应培槐拳师学习，技艺精通，武略超凡，有"小武松"之称。他在温州"同福班"中演武生，最拿手的一出戏是《杀金定情》中的《卖拳》一折。伤科精妙，能闻声识病，延请治病者门庭若市。其弟子温州东门陈寿喜，再传西岸金德和、枫林徐贤欢都是现代浙南武林名师，兼备武医德。

枫林南拳套路有军栏、杨家短、四步、五步、七步、燕儿扑水等，动作朴素实用，随处可练。步马稳实，招式刚劲，讲究寸劲爆发。基础套路之外，仍有许多实战拆法，非得其人，不得真传。今传柴棍套路共五路，因是晚清鹤盛塘底赵石井执教传授，就称"塘柴五路"。棍长齐眉，称齐眉棍，同普通锄头柄相仿，适耕适战。

日军侵华期间，枫林演武大会场——下社殿被日寇烧毁，从此一年一度的枫林武术节一度中断。1981年，刚满18岁的徐海斌自学成一身武艺，回到枫林，在当地老人协会的帮助下牵头组织了解放后的第一届枫林武术节，从此每年农历二月二十二的枫林武术节得以恢复。如今的徐海斌平日从商，闲时推广武术。目前他是永嘉县武术协会常务副会长、浙南涉外武术专家组副组长，同时也是中国武术段位6段获得者，在国内外多次重量级武术比赛中获得佳绩。

随着经济的飞速发展以及科技的日益进步，如今枫林当地习武之风并没有像我们想象之中的活力四射，尤其是传统武术，现逐渐地走向没落。调查发现，当地的习武风气已大不如前。如今村民中仍保持着练武习惯的多为50岁以上的老年人。年轻人已很少习武，即便是习武，练的也不再是当地的传统武术，而是散打、跆拳道之类的武术。传统武术的传承出现了断痕，传承问题严峻。

人们的习武目的也已发生了改变。从前由于社会背景和历史原因，村民习武主要是为了防身健体，他们学习武术的初衷就是防身。因所处的社会较动荡，为了保全家人和自身，他们才习武，有备无患。现在由于时代发展，当地人民习武的目的也已潜移默化，表演性质的武术成了潮流，人们只追求动作优美，而遗忘了武术的内在含义。那些以进击性为核心的传统武术似乎逐渐沉默了。

在枫林古镇，还蕴藏着许多武术传奇和史事，它们代表着"武术之乡"的武术之脉，源远流长。在这样一个与武术有着深久渊源的古镇里，武术魅力到底在哪？武术的发展现况又究竟如何呢？

　　武术是我国优秀传统文化中的一块瑰宝，其传承和发展有着重要的意义。而枫林武术又是中国武术文化中不可或缺的一部分，特别是被评为"浙江省非物质文化遗产"的南拳对于当地的文化建设有着特殊的意义。保护传统文化，是我们每一个人的义务，发现传统文化中存在的问题，提出合理的保护建议更是我们每个人的责任。

　　枫林镇政府对武术发展也十分关注，由于枫林是楠溪历史上的经济、政治、教育文化中心，素有"楠溪第一村"和"小温州"之称，且枫林风景优美，古迹众多，文化底蕴深厚，是旅游度假的好去处。随着楠溪江旅游业的发展，有将楠溪江的旅游与当地的武术文化有机结合的可能，通过这一手段，不但能推动当地经济建设，也能使枫林武术文化得到更好的推广，当枫林武术文化的牌子打响后，随着对枫林传统武术感兴趣的人的增多，便能够带动当地习武风气的重新兴盛，这对枫林传统武术的传承与发展有着重要意义。

　　武术是中华民族五千年文化中不可或缺的一部分，发扬和传承武术，不让武术文化流逝，是中华儿女的责任和义务，即便是时代变迁，也不可将本源忘记，也不能将文化精华弃之脑后，所以枫林武术乃至中国传统武术，我们都应尽心力来维护，让武术之风驻足中华大地。

（文：永嘉农办/图：曾艺超）

手技手艺

一　制作类

杭州萧山大汤坞村

大汤坞村印纹陶

　　大汤坞村坐落于杭州市萧山区南部生态镇——进化镇，四面环山，地理位置优越。其中，国家级文物保护单位茅湾里印纹陶窑址就在大汤坞村里。

　　浙江省有两个最大的古窑址群，分别是新江岭窑址群和茅湾里窑址群。而关于这两个窑址群的由来，还有一个漫长而古老的传说。

　　相传大汤坞村曾经是一片汪洋。后因瘟疫传播，人们为寻找治疗瘟疫的药草而得仙人指点，从水泊中发现一座青化山。瘟疫治愈，仙人在驾鹤离去之时，见青化山一带的人们虽已治愈了瘟疫，但因为粮食缺乏，总是吃一些鱼虾荤腥，难免再度传染，故而特意留下一个白面馒头。后来，那个馒头变成了现在新江岭一带的馒头山，四周还出现了一些高高低低的山丘和平地。馒头山上出产一种白泥，质地细腻柔软。有人家造新房，就会用这种白泥粉刷墙壁，房子显得亮堂簇新；有人家垒灶，就用白泥砌架敷面，灶面变得整洁清爽。白泥在村民的生活中应用得越来越多。

一次偶然的机会，孙家的小媳妇生火做饭时，不小心把灶膛里的白泥戳下一块。小媳妇生怕被家人责骂，悄悄将白泥块藏在灰堆里。等家人出门以后，她想把白泥糊上，可是左糊右糊就是糊不牢。本来新鲜的白泥又黏又软，可在灶膛里被火烧过后，却硬得像石头。小媳妇计上心来，干脆用白泥做了一个小盆，烧火做饭的时候放在灶膛，竟烧成了一件质地坚硬的器具。小媳妇喜出望外，便告诉了丈夫。丈夫是个脑筋活络的木匠师傅，听媳妇说后，觉得白泥可能会大有用途，不禁开始琢磨如何用白泥制作器皿。

各种准备就绪，夫妻俩请人在馒头山脚下搭建了一个窑。窑炉沿山坡而建，远望去，细细长长，俨然一条巨龙，故称为"龙窑"。夫妻两个日夜赶制了一批最简单的白泥器皿，诸如锅碗瓢盆之类，用以烧制。烧制出来后，件件器皿颜色洁白细腻，质地坚硬，不仅美观而且好用。这就是白陶。

为了把这些器皿做得更精致，品种更丰富，聪明的丈夫在模具里雕刻上花纹，心灵手巧的小媳妇在器皿内外涂上各种颜色，甚至还绘上花草鱼虫等图案，做出来的器皿颜色艳丽，纹路多样，精巧美观。

随着生产的扩大，夫妻俩招收了很多徒弟和帮工，把白泥陶的技术毫无保留地传授给大家：

第一，备土。常选用可塑性和操作性较好的黏土或以黏土、长石、石英等为主的混合物等，经过淘洗和沉滤后成为较纯较细的原料。

第二，制坯。制陶坯的方法，有捏塑法、贴敷法、泥条盘筑法、陶轮法。小型器皿是直接捏塑而成的；较大的陶器，其体部坯子一般采用陶轮法，然后用木槌槌打完成，如水缸的制作就是通过这两步制成。

第三，施釉。釉以石英、长石、硼砂、黏土等为原料，磨成粉末，加水调制而成。将陶坯晾干后放入调好的釉缸中，让它披上一层均匀的釉。

第四，也是最后一步，烧窑。陶窑主要有竖穴窑、横穴窑和龙窑。这一带主要是龙窑。

烧窑时又分几步：

首先，把陶坯装在窑炕上，从炕面一直撂到窑顶。其次，把干松枝放进窑炕里，点完火之后马上封紧窑门。再添火时，就打开窑门上的小门往里边扔木材。

烧窑时，人们站在窑外就能看得出坯烧得怎么样。一开始，烟囱冒的是黑烟。再后来，火大时，烟囱里就往外蹿红火。等到变成了酒火，即像酒点着时那种绿莹莹的小火苗，窑就烧好了。

这些徒弟和帮工学到技术后，也纷纷在四周选择合适的位置，自起炉灶。没过几年，这里就成了烟囱林立的窑群了。时间长了，大汤坞一带的陶器名气越来越大。

但是，用于作原料的白泥越来越少，而用其他品种的泥，在烧制工艺上又有很大差别。这样一来可难坏了当时的窑主们。

夫妻俩一个徒弟姓汤，很有先见之明，平时就有意尝试用黑胶泥和黄胶泥做泥胚。虽然最初的样品难看，但经历不断地尝试后，他终于找到了新的方法。

学满出师，汤姓青年就回到自己村——大汤坞村。他在村对面一个叫茅湾里的山坳里筑造了窑址，在师父的技艺上潜心研究。历经千辛万苦，他终于研制出了新品种。

因为用的是黑胶泥和黄胶泥，不能做成白胶泥那样的薄胎，他便索性做成厚胎，陶器反而更加坚固耐用；不能像白胶泥那样天然素净，他索性调制深浓的釉色，胎色呈赭褐色、深黄色、深灰色，陶器反而显得更加古朴粗犷。

　　这个新品种就是印纹陶。历史上记载，陶器发展的兴盛时期是西周。古诗有云，周朝天子八百年，座座山头冒青烟。这说的就是印纹陶。青烟是当时烧陶的标志，而这句话形象生动地描述了在远古时期就繁荣的制陶业，以及广泛生产的印纹陶。

　　印纹陶的质地坚硬，叩之作金石之声，其音铿锵有力，且有的印纹陶的表面还附着透明的釉状体。由于制作印纹陶所用的原料中含有三氧化二铁，其含铁量较高，因此陶器的胎色深暗，呈现出多种色彩，主要有紫褐色、红褐色、黄褐色和灰褐色。

　　印纹陶的另一特征是纹饰花样繁多，主要有米字纹、网格纹、方格纹、云雷纹、曲折纹、菱形纹、波浪纹、夔纹和回纹等。纹饰系手工拍印而成，先用泥条盘筑或是捏塑敷贴，然后将其拍捏成形并用陶车慢轮修整，待到陶土半干再陶拍按印，这样陶器上就有了各种的纹饰。

印纹陶

　　印纹陶的器具更是各种各样，主要有罐、壜、鼎、釜、碗、盘、杯、盅、鼎、盉等，绝大多数是贮盛器，用来贮存各式各样的物品。其中的鼎的口微敛，卷沿、浅腹、略鼓、圜底，并且是三锥状足的。釜则多分为两种，一是敛口、深腹、圆鼓、平底的釜；一是直口、卷沿、浅腹、圜底的釜。陶鼎和陶釜这两种器具极具地方特色。这些器具之中，食器主要有碗、盘和杯。其中的盘又分两种，分别是大口、折沿的平底盘和大口、圜底的加圈足盘。盛储器主要有瓮、盆、罐等。瓮为小口、卷沿、短颈、深腹、圆鼓、平底的。盆为侈口、卷沿、圆腹的或者折腹、平底的。而罐则为小口、卷沿、短颈、扁圆腹、小平底的，其中部分的肩部还带有双鼻，且另有大口器和带着握手器的盖。

白陶的烧成温度为 1000 摄氏度，印纹陶的烧成温度在 1100—1200 摄氏度，技术要求高了许多。有的印纹陶甚至已经烧结，其胎质原料根据现在的化学组成来分析的话，和原始青瓷的化学组成基本接近，故印纹硬陶是陶与瓷的连接点，或者说是印纹硬陶的产生和兴盛孕育了之后的中国瓷器。故后世便把茅湾里窑址称为浙江印纹硬陶的发源地。

印纹陶虽然历史悠久，但并没有从现在的生活中消失，一些传统家庭器具仍然保持着印纹陶的制作方式，如水缸、瓮之类的盛储器，不仅留存着印纹陶工艺的痕迹，有一些纹饰甚至还依稀可见拍印而成的传统印记。这些都显示印纹陶技艺在千百年之中，不断吸收新的元素，成为浙江陶艺世界的一朵奇葩。

（文/图：杭州萧山农办）

龙泉大窑村

龙泉青瓷名四海

距离龙泉县城南边六十多里处，有一座美丽的山峰叫琉华山，山下有一沿溪而建的村落，叫大窑村。那里群山环抱，流水潺潺，层峦叠翠，风光秀丽。琉华山上，出产一种细腻纯净、洁白如雪的陶土，相传是上古时代女娲补天时所遗落。村人多以制瓷为业，南宋时期大宗一带便有瓷窑48座，其中最著名的是哥窑和弟窑。

相传北宋庆历年间，大窑村出了一位著名的瓷器匠，名叫章有福。有福为人忠厚老实，生活克勤克俭，祖宗三代都靠烧制瓷器为生。他有两个儿子：长子叫生一，次子叫生二。兄弟俩从小就跟父亲捏泥弄土，学得一手制瓷好技艺。

生二聪明伶俐，但嫌脏怕累、讲究吃喝。生一性格沉默寡言，但手巧心灵，勤劳肯干。平日他一见到父亲制坯做碗，捏龙塑虎，就学着做。制作陶瓷是一项做工复杂且又精细的技艺。从拉坯开始，就要把坯泥置于木制的轱辘之上，脚踩手动，借旋转之力，用双手按住坯泥然后拉成所需之形，或瓶或盘或杯或碗，直至成形为止。然后修坯利坯，在拉成形的器形上，用蔑修整，使器型光洁，坯体均匀。第三道工序就是浸釉、喷釉，这是非常复杂的手工技术。浸釉时手力不能太重，也不能太轻，全凭经验掌控，才能使施釉得当均匀。如果轻重偏力，会使器物烧好后变形、裂釉或者跳釉，成为次品。其他还有补釉、素烧等工序。最后就是烧窑，这也是烧制青瓷的关键技术。如果窑温过高，又会出现流釉跳釉现象，次品多，成功率低。窑温要掌控好，烧制时间也要把握住。龙泉青瓷由于釉厚如玉，把握其还原气氛的最佳时机尤为关键。过早了，窑温不够，釉没烧透，会凹凸不平或者外表无光泽，影响外表美观。

另外，如何选瓷、如何配釉都是技术性很强的工序，没有恒心和耐心无法学到真正的烧瓷技术。章有福把这些烧制技艺传给两个儿子。

章有福 83 岁那一年，突然病倒了。他知道大限将至，便把儿子叫到床前嘱托："儿呀，看来我的病是好不了啦！树大分杈，儿大分家。我死后，你们就各自分居，设窑开业，以免妯娌之间猜忌争吵。古话讲'家和万事兴'，只有和气才能生财啊！"说完就去世了。

兄弟俩料理好父亲后事，就分居设窑，各自为生。生一在大窑本村设窑，生二在离大窑村二里外处设窑。没几年，他俩烧制的瓷器已闻名于浙南和闽北一带。

开始时，兄弟俩都是按照父亲传授的方法烧制瓷器。后来，哥哥逐渐觉得这瓷器不够精美，大动脑筋改进操作方法，尝试在瓷器上雕刻花鸟之类的图案花纹。哥哥心灵手巧，雕得龙凤花卉形态逼真、布局典雅，深得顾客们的喜爱。他还在釉色上下功夫。经过日日夜夜、月月年年的细心琢磨，他竟然做出了草绿色的釉彩。

可弟弟仍旧照父亲那套老办法制作瓷器。这样一来，两人的瓷器一同在市上出售时，哥哥的总是先卖完，弟弟的没人要。日子一久，弟弟竟然产生了嫉妒心，千方百计想破坏哥哥瓷器的声誉。

一天黄昏，哥哥烧完了最后一捆老柴火，闭上窑，回家吃晚饭了。夜色迷蒙，弟弟见四周无人，偷偷走到哥哥窑上，用通节的毛竹将水引进炭火熊熊的窑里去。回家的路上，弟弟幸灾乐祸地轻声说道："哼，这窑十之八九要裂纹满身了，看你还销得出去！"

过了几天，哥哥打开窑门，忽见每件瓷器表面布满龟背似的裂纹，顿时惊慌失色。他想："这究竟是怎么一回事？我烧窑多年，从来没发生过这样的事情呀！是窑漏气吗？"可一看，窑的四周封得严严实实。

哥哥惴惴不安地看着窑中瓷器，突然发现最上一层的碗里有水。

他心头的一团疑云消散了，"同行三分妒"，他料定是弟弟干的坏事。眼看上手的瓷器落了空，心疼死了！哥哥肚里像喝了盐卤一样难过。他压着火气，出完了这一窑瓷器，随手捡了一只大口杯，悻悻而归。

回到家，他没告诉妻子，只是凝神地望着满是裂纹的杯子沉思：补吧，没法！丢掉吧，太可惜！几个月的心血白花了。忽见桌上放着记账用的一砚台墨水。他灵机一动，计上心来，舀了些釉水和墨水放在一起调匀，然后用毛笔蘸着混合的釉墨水，一笔一画嵌进大口杯的裂缝里。下午，他把所有的龟裂瓷器都涂上釉墨水，然后搬入窑中复烧。他生怕又出意外，便在窑边盖了一个茅棚，日夜守着，寸步不离。

出窑的时候，章生一双眼紧紧地盯住窑门，双手不住地颤抖，生怕试验不成。窑门一开，只见复烧过的瓷器胎薄釉厚，面上黑褐色的条纹或如蛛网，或像八卦，远看如片片鱼鳞，近看似翠玉层迭，比没有裂纹的瓷器更加光彩夺目。生一脸上的愁云即刻消散。他把全部瓷器搬出窑外，运到市场上去卖。街上客商见了这窑瓷器，花样翻新，别具一格，又是蜂拥而上，争相购买。一窑瓷器，很快就售完了，生一赚了很大一笔钱。

那天，章生二知道那窑瓷器上市，就装着上街买东西，想去看哥哥笑话。竟出乎他意料，这批瓷器很快被抢购一空。他听到有人说："这杯子上的纹路多么好看！"生二，皱眉一想：这纹路不是我放水造成的吗？这有什么了不起！于是，他飞也似的跑到自己窑上，急忙将水灌到刚封闭的窑里去。然后，他喜滋滋地回家等着赚大钱。

等开窑时，他的瓷器也满是裂纹。生二乐得两眼眯成一条缝，嘴巴笑得合不拢。瓷器出窑后，他立即挑到街上去卖。人们看了他那满是裂纹的蹩脚货，摇摇头走开了，谁也没有买。章生二无法，只得忍痛削价，可是人们还是看一看就走开了。

　　章生二无可奈何，只好把瓷器挑回家。他妻子看到瓷器一件也没有卖出去，非但不安慰他，还埋怨起他来。生二闷闷不乐，茶不饮，饭不吃，当天就病倒了。

龙泉青瓷

　　忠厚的大哥听说弟弟病倒了，连忙带了鸡蛋、猪肉上门去看望。他跨进生二家门口，只听弟弟在床上呻吟，便走到床前，握住弟弟的手，亲热地问这问那。人非草木，孰能无情。弟弟见哥哥非但没有怪罪他，还这么热情地前来探望，一时感动得落下泪来，呜呜咽咽地说："哥哥，我……我错了，做了对不起你的事。"哥哥忙安慰他说："别这么说了，保重身体要紧。兄弟本是亲手足，千朵桃花一树开。我们俩该携手同心，把青瓷烧得更好！"从此以后，哥哥毫不吝啬地将自己的手艺全盘教给弟弟。弟弟学会了哥哥的技艺，决心在釉色上下功夫。不久，生二烧出了一窑青翠悦目、图纹清晰的好瓷器，同样很受人们欢迎。

后来，哥窑和弟窑的瓷器各有不同的特色：哥窑的瓷器胎薄坚实，釉色显现裂纹，以青色为主，浓淡不一，有天青、浅青、粉青诸色，以粉青最为珍贵，哥窑为我国五大名窑之一；弟窑瓷器胎骨厚实，釉色葱翠，釉色无裂纹，光泽如玉，弟窑即是龙泉窑。

现在龙泉青瓷传统烧制技艺已被列为世界非物质文化遗产，成为陶瓷界的唯一殊荣，而哥弟窑的故事至今还被龙泉瓷界口耳相传。

（文：吴炜/图：龙泉农办）

杭州萧山南坞村

南坞村里产土纸

许贤手工土纸制造历史久远，明万历二十八年（1600）前后，许贤南坞的土纸生产已相当繁荣，是山民们的主要经济来源。据民国《萧山县志稿》记载："明末，南坞村人邵勤春、邵之镡所制黄元书纸最为细洁，驰骋遐尔。"南、北坞是许贤土纸的主要产地。

许贤生产的土纸有两种，一种是白料制成的元书纸，以其色白名叫白纸，是当时墨笔书写用纸；另一种是以糙料制成的黄色土纸，名为黄纸，用作冥纸冥钱和引火烧饭、点灯的煤头纸。许贤土纸，历史上曾销往浙江各地以及江苏、上海等地。1952年，北坞村的土纸还曾远销内蒙古。

许贤土纸以当年生仔竹为原料，通过削竹、办料、制纸三个复杂的手工工艺制作而成。

第一道工序：削竹

在农历小满时节，当年生新毛竹（被称为青竹）放丫梢时，即可上山砍竹。上好的嫩竹是土纸的原料。先是选料，俗称"斩白料"，把竹皮作为草料，可做黄纸；竹肉作为白料，可做白纸。然后是落段，在选择嫩竹后锯成段，然后缚成捆，放在水里浸上几天，选好后进行煮竹。砍2.5万斤青竹，可做一锅料，一般要用8天时间把这些青竹削好，每段30公分左右，削好青竹后，把青竹放在料潭里浸上一个星期。在这一过程中，需要用石灰"呛"青竹，在一个约2米长、1米宽、1.5米深的料潭里，把石灰放在料潭里，让青竹在潭里"呛"，并用铁钯翻掘青竹，让其全部浸上石灰水。然后打好料包，再放上15天。一般来说，用石灰呛过的青竹可直接做纸，这叫生碱料，纸做成后不易存放，容易蛀掉。而经石灰呛过，再进行烧煮的竹做的纸，可藏百余年。削竹阶段，一般要持续一个月。农历芒种后，青竹渐老，削竹便告停止。

沤竹池

第二道程序：办料

土纸的生产制作过程很复杂。办料一般要经过浸料、浆料、煮料、跌料、淘尿等过程。把用石灰呛过的竹打成件，放到一个宽2.5米、高3米，用砖头砌成的纸竹锅里煮竹。先在纸竹锅上面放一只用杉木做的大木桶。然后在锅里垒叠放上七层白料，放一层，要用人力踩一层，一定要踩结实，叠放好竹后，上面放上草和泥，并且糊好，开始煮竹，要烧三天四夜，这个烧的过程不能间断，要轮流看着，烧好后，闷上三天，方可出锅，再放入另外一个清水料潭。这个料潭里主要是漂洗石灰水。要天天翻清白料，一边加水一边跌清，直到把石灰水全部漂洗干净。

煮竹过程中，有一道不可少的程序"淘尿"。跌清后的白料要拿到人尿中浸一浸，称为"淘尿"。这个程序要用1000多斤人尿，淘过尿的白料堆成蓬进行发酵，叫"蒸尿蓬"。七天后白料成了可造纸的熟料。跌清的糙料要重新放回洗干净的煮竹镬中，整齐排成一圈后泼上人尿，如此几层直到镬满，注上水第二次煮烧三天，焖七天，就成了可造纸的熟料。这些糙、白熟料分别堆在料垞中，上清水后备用。办料煮料阶段即告结束。

第三道工序：制纸

制纸是土纸生产的最后阶段，此阶段包括春料、抄纸、晒纸、包装四道工序。

"春料"是劳动强度最大的工作。料垞一般高3米，宽2.5米，把白料放在料垞注里，春料工从料垞中挖起造纸的熟料，挑进纸坊后，将熟料榨去水分掰碎放入石臼中，春料工一脚踩碓，一手持棒拨料，手脚并用，碓石将熟料粉碎，谓之"脚碓"，为减轻春料工的劳动强度，可在春工身后再加上一个与春料工同步踩碓的辅助工，称为"点料"。溪水流量大而急的地区可用水做动力，谓之"水碓"，在此基础上，要用一个叫"大榨"（类似于千金顶）的工具压水，把白料中的水分全部挤压出。许贤山区有如此水资源地方不多，水碓甚少。20世纪70年代后期，春料采用"电碓"，笨重的"脚碓"得以解放。

"抄纸"，把春碎的白料放入长方体的水槽之中，槽户用竹筒引溪水入槽，这个水最好是用头槽水，溪水的第一道水，最为干净，适合做纸。同时，要使白纸质量好，最好掺一些石竹料，这样做出来的纸纸质十分细腻光洁。春料师傅用竹竿在水槽中不停地搅拌，使料和水融为一体，拌成了纸浆水，然后抄纸师傅把竹帘（竹帘有直隔，生产原书纸用二格，生产黄土纸用三格）插入纸浆水中，然后摇头提起竹帘，竹帘上就结上了一层薄薄的纸浆，然后把纸浆帘提起来反按在身边板上，后用手摸遍竹帘背面，使纸浆脱落在板上，如此往复，纸堆渐高，到中午或傍晚和春料者合作用纸榨榨去纸堆中的水分，使纸堆中间开裂成了二个或三个纸筒。抄纸是制纸过程中技术含量最高的活，抄纸工凭感觉从浆水中捞纸，直接关系到纸的厚薄和均匀度。

"晒纸"是一项技术要求高的工种，一般的晒纸工要从小开始学起，手感要好，有软工，要用嘴吹纸，主要是凭感觉做活。晒纸是在低矮的平房里称为"别弄"的地方进行，平房中间有一道夹墙弄，两边用砖头打起一道墙，中间空的要烧火，一般能晒 14 面纸，长度在 6 米左右，俗称为"别弄"，每天早晨先由晒纸师傅把榨干的纸贴在别弄墙上，用涮帚涮平上面的纸，然后进行烧烘，烧烘者不停往夹墙中叉进点燃的茅柴，让别弄两边的墙热起来，后晒纸师傅便把纸筒上的纸以三张为一帖，掀下来用晒帚帖在热墙上，片刻纸干后，小学徒便把干纸从墙上扯下来，再撕成单张，以每百张为一刀叠起 20 刀后便成一件送出"别弄"。

纸晒好后基本上是成品了，就要进行包装，主要是请磨纸师傅用专业的磨纸刀进行磨纸，达到光洁的程度，然后分成一刀刀纸，打成包装件。再敲上槽户老板的印章。每个槽户老板都有自己的印章，和现在的商标一样。在南坞村，那时最有名的有宽槽户、沈勤槽户、才祥槽户、望云槽户，他们的白纸在四邻三方很有名气。

南坞村 80 多岁的邵兴桥，是一位有着 60 年经验的制纸工，他从 11 岁开始学习制纸，主要从事削竹、煮料、抄纸、晒纸等工作。他说，南坞土纸最有名的是有宽槽户，对制纸的要求十分严格，首先是在用水上选用头槽水，即在溪水的最上端接上水，引入纸槽，这样以确保用水质量；其次是在做纸过程中，加入石竹料，所以做出来的纸特别光洁。同时，由于做纸的专业性很强，如在做纸中出现破纸，如何区分是抄纸工的责任还是晒纸工的责任？他们主要是看这纸破的地方，如果那张纸破的地方是团头的，说明是抄纸工弄破的，如果纸边是类头的，说明是晒纸工弄破的。所以最后的判定，大家都心服口服。

（文/图：杭州萧山农办）

奉化棠岙村

棠岙造纸声名场

棠岙村位于萧王庙街道西部山区，村沿棠溪而建，呈狭长型，四面环山，是萧王庙街道第一大村，由许家山、东江、西江、溪下四个自然村合并组成，具有悠久历史和丰富的文化底蕴。

奉化多竹，竹纸生产源远流长。《宁波市志》记载："至 1931 年，槽户 182 户，纸槽 269 只，资本 23727 元，从业人员 1418 人。产鹿鸣、溪屏纸、爱国皮纸……产值 17.38 万元。"而据 1994 年版《奉化市志》记载，1418 名造纸业者中，有 1046 名是奉化人。且《宁波市志》也说："（宁波纸品）十之八九产于奉化"，足见奉化造纸业的兴旺发达。

奉化造纸作坊大多集中在山区，如大堰、董李、岩头、棠岙等。其中棠岙造纸业最为著名，已入选奉化市非物质文化遗产名录。一方水土养一方人。棠岙四周山岚环围，翠竹满坡，溪谷狭长，清溪长流。绵绵不尽的竹山和流经村庄的溪水，为造纸业提供了取之不尽、用之不竭的原料。勤劳而富有智慧的棠岙村民很早就靠山吃山，利用竹箬、嫩竹等生产纸张。据明嘉靖《奉化县图志·土产》记载，棠岙在明正德九年（1514），有人从江西引进竹纸生产技术，开始生产竹纸。五百年之前，造纸业就成了棠岙人维系种族延续、村民生计的一项主业。《棠溪江氏宗谱》卷十一收录有"出品"（即特产）类目，首项记载的就是"纸"，宗谱里说："（纸）种目甚多，大半取材于竹，亦有用箬用桑皮者。西江惟黄纸；东江出则俱白纸，品类较多。"下文列出徐青纸、大盖纸、盘纸、心纸、马青纸（又有次青）、亭下纸、百料纸、唐川纸、重参纸、鹿鸣纸（一名镴箔纸）、纯一小桑皮纸（一名毛边纸）等纸品。后文还附有一首小诗，由清末时一个名叫江观澜的县学生所作：

劳逸原来异此身，
区区席上枉怀珍。
早知儒业终难就，
悔不当年师蔡伦。

棠岙村民造纸

诗的大意是读书难有成就，不如早早学做造纸养家糊口。

民国时期的棠岙文人江廷灿在《造纸忙行》诗序里也有类似说法："自春徂夏至秋冬，四时皆有纸，盖以棠之地多山而少田也。习其劳以代耕耨，享其利以免饥寒，虽不为农，而终岁之勤劳实倍于农。此所以自养而以养君子也。予悯其忙而幸其利，因赋。"意思是说棠岙人因山多田少，祖辈以造纸代替农耕，虽然不比农作清闲，但手艺获利也能养家糊口。而其所赋诗中更是详细描述了棠岙人造纸的情形：

春晚采茶方逐逐，采茶之后笋穿屋。

笋长茅檐绿箨抛，邻人劝我收箸速。

我说收箸尚未完，儿童告我收新竹。

箸兮竹兮皆纸料，收之不足空碌碌。

收来箸竹入方塘，洗练工夫异样忙。

才拌石灰次第煨，又烹活火煮以汤。

出水淘来粗细判，细者洁白粗者黄。

粗细捣烂借碓力，捣烂造出纸千张。

君不见，造纸之人要株守，暂歇手时便无救。

不以身软少偷闲，不以久立少行走。

时估水花恐厚浇，时补帘痕恐镂漏。

旦复旦兮昏又昏，夜归灯下功加凑。

一手造时一手分，晒干始有好价售。

若得好价便当行，胜耕南亩禾麦秀。

造纸之祖是蔡侯，封侯之家世华胄。

我劝纸家无汔休，即不封侯亦殷富。

由诗中可见，棠岙竹纸以嫩竹为主料，选料讲究，做工精细，需经过腌料、清洗、烧煮、捣料、打浆、抄纸、晒纸等十多道工序精制而成。

在500年的漫长岁月里，棠岙村民祖祖辈辈就这样周而复始地从事着手工造纸。清朝末年民国初期是棠岙造纸最鼎盛的时期，从业人员有近千人，光抄纸槽就有300多个，几乎家家户户门前屋后都有纸槽。每天清晨，"噼噼啪啪"的捣浆声此起彼伏，回荡在宁静的山谷上空，成为村里独有的一道风景。

这里有一则棠岙人江涌青在《纸笋木柴水果蚶子等免捐始末记》里叙述的故事，更能说明棠岙造纸的兴旺，以及村民对造纸业的呵护。故事发生在民国时期，当时，奉化县财政局发出布告，要求"凡经过外濠河之纸与柴、笋、水果、蚶子等物，向未抽捐者，自一月一日起，一律报捐"。这项规定，对棠岙造纸业冲击极大。竹纸不同于笋、水果、蚶子等物，不可食用，又不会自己消费，必须得外售。因而，每逢市日，宁绍一带商人常会来进纸。棠岙纸品大多由埠头通过泉口市、大桥市等沿水路运到宁波、绍兴、上海等地出售。县财政局的规定那是要了棠岙人的命。

于是，棠岙村民奔走相告，聚众合计，上访请愿，直至抗议示威，最后迫使县政府专门颁布免税令，取消征税。江涌青在《免捐始末记》记载了谋事、起事的经过："盖吾乡大半以纸营生者也。是不可不谋抵制之策，于是再三熟商，公举族叔祖江、家燕为乡民领袖，江尚洲君司财政，江君敏卿与袁君民捷总其事。余往来拆冲于樽俎之间，而担任文墨事务。并令每堡各举二十人暨汪家村、箭岭下共约二百人有奇。择阴历二月初八日赴宁，议先吁禀会稽道尹转电省长收回成命，不获，则焚毁统捐局，以实行反抗计……"

棠岙造纸业直到新中国成立初期仍十分兴旺，村民在政府领导下，曾组织建有造纸社，为《浙江日报》、《宁波大众》等新闻单位提供大量新闻纸。1958 年，造纸社改为奉化造纸厂。之后的三四十年里，棠岙竹纸业时兴时衰，总体趋于式微。如今，只有村民袁恒通还坚守这份传统产业。

袁恒通生于 1936 年 10 月。1951 年，15 岁的袁恒通拜棠岙东江村人江五根为师，学习造纸技艺。1961 年开始置办造纸作坊，从事个体造纸。之后，随着儿女长大成人，袁恒通把造纸技艺传授给了儿子袁建岳、袁建方、袁建增，女儿袁建兰、袁建恩以及女婿江仁尧。如今，袁恒通从事造纸业已有 60 多个年头。这些年，他一直默默传承着这份传统手艺。据袁恒通老伴介绍，她刚嫁到这里时，村里几乎家家户户都有造纸作坊。到 20 世纪 80 年代，她家的作坊还有十几个小伙子在帮工，生产的纸品均由省土产公司统一收购。到 20 世纪 80 年代末 90 年代初，随着机制纸业的加速兴起，手工竹纸市场受到挤压,经营难以为继,村民纷纷歇业。

如果不是因为一个机遇,袁恒通也许会像许多村民一样早已搁置手艺。1997年,当时的宁波天一阁图书馆为修补破损的古籍藏书,需要一批与明代古籍纸质地相同的竹纸。该图书馆管理员遍访全国各地求纸不得,后听说棠岙人精通造纸,便来到棠岙找到袁恒通,请他试制古籍用纸。袁恒通一口答应,然后全身心投入到古籍用纸的制作。他改良和创新传统工艺,尝试配制新用料,所用配料中,除有上好的苦竹、桑树皮、棉麻等传统原料外,还采用野生猕猴桃藤、冷饭包藤、豆腐渣树叶等辅料。经上百次试验,终于试制出第一批样纸。送南京博物馆测试后,证明这种竹纸是代替古籍纸最理想的纸张。

袁恒通研制的这种纸品细腻柔韧,厚薄均匀,味道苦涩,久存不蛀,非常适宜用来修复古籍和书画。南京博物院副院长、全国纸质类文物保护专家奚三彩以及南京图书馆副馆长宫爱东、美国普利斯顿大学东亚图书馆馆刊主编罗南熙等专家学者,对袁恒通生产的竹纸都给予充分肯定和高度评价,并给袁恒通造的纸一个专属称谓——"棠岙纸"。"棠岙纸"被国家图书馆、北京大学图书馆、江苏省图书馆、南京大学图书馆、上海图书馆、浙江省图书馆、武汉大学图书馆、宁波天一阁等单位定为古籍修补的专用纸。《宁波日报》、《浙江日报》、中国新闻网、凤凰网、天津电视台等媒体先后对袁恒通及其棠岙纸的历史渊源、相关工艺、独特用处以及传承状况做过详细宣传报道。

近年来,随着棠岙竹纸再度声名鹊起,棠岙竹纸制作技艺受到地方政府的重视和文化部门的关注。2005年,在"全球生态五百佳"之一的滕头村设立"棠岙纸制作技艺"展示馆,由造纸传人袁国安向游客讲解、展示古老的造纸艺术;2007年,"棠岙纸制作技艺"入选奉化市首批非物质文化遗产名录。棠岙造纸在新时期焕发出新的生机和活力。

(文/图:陈黎明)

温州瓯海黄坑村

泽雅手工造纸术

造纸术是我国古代四大发明之一，至今已经有 2000 多年的历史，可谓源远流长。如今，传统造纸技艺在多地已失传，而在温州瓯海区的泽雅镇山区，仍有十几个村落沿用古法造纸技术生产手工竹纸，且工艺考究、技法精湛，号称"中国造纸术活化石"，是中国目前保留最原始、最完整的古法造纸术之一。据明洪武右春坊大学士黄淮撰文的泽雅南山《林处士墓志铭》记载，泽雅先民明初即开始从事屏纸生产。又据水碓坑村《潘氏族谱》所载，元末兵燹连绵，为避战乱，泽雅先民从福建南屏一带的漳州、泉州举族搬迁而来，聚居于此，带来了传统的生活习俗，同时也带来了祖传的造纸术。南屏人发现泽雅一带多水多竹，气候宜人，是造纸的好地方，于是重操旧业，从事造纸生意，由此南屏造纸技术在泽雅落地生根。而这也是泽雅以"南屏纸"名闻遐迩的由来了。

泽雅现在仍然沿用古法造纸工艺进行屏纸生产的村落有 17 处之多，较具代表性的有位于泽雅西岸一带的水碓坑村、黄坑村、唐宅村，这几个村落均地处温州雁荡山的支脉崎云山、凌云山之间，竹林葳蕤，流水潺潺。竹子为上好的造纸原料，充沛的溪水驱动水碓，如此日夜兼作，不断将原料捣成纸浆。走入崎云山、凌云山，远远地便可听到水碓捣竹的啪嗒声，低沉而极富节奏感，如梦似幻，恍若隔世。那是一种生活的节奏，也是一种文化的节奏，穿透茫茫岁月之河，不绝如缕。

作为泽雅造纸的主要村落之一，拥有七百余年历史的黄坑村于 2006 年 6 月被浙江省人民政府公布为省级历史文化村落。村民组成主要为黄姓和吴姓两大家族，吴姓家族为宋礼部尚书吴湛然后裔。

泽雅手工造纸

今天的黄坑山共有 15 个村民小组，计 344 户，1174 人，其中常住人口约 100 余人，多为留守的老人。随着现代纸业对传统造纸技术的冲击，以前黄坑家家户户以纸为业，如今仅剩两户老人在农闲时节造纸，造纸作坊也大多废弃，但保留下的水碓、纸槽、淹塘等造纸流程中的设施还能够展现往日造纸工艺的辉煌。在造纸的这些基础设施中，最有特色的要数水碓了。水碓从制作到安装、运行乃至日常护理，颇费人工，其造价相对昂贵，致使唐宅一座水碓所在的墙壁上有绝无仅有的石碑式股份合作约定。文曰：

> 子玉、子任、茂九、子光、子金、茂金、茂同众造水碓一所，坐落本处土名曹路下驮潭。廷附税完，当为兴造之日，共承七脚断过，永远不许转脚。不乱随人捣刷，不乱粗细，谷至拨启先捣米，不许之争，争者罚一千串吃用。各心允服。乾隆五十五年二月 X 日潘家立。

　　该石碑乃民间所立，碑文中有些字是当地方言的语音，因此颇多误读。比如将"不乱"解为"不论"，"随人"解为"谁人"等，准确的释义应该是"不能胡乱随便任人捣刷"，原料要按照粗细分开处理。大意是7人合资造了这一座水碓，股份永远归这几家，不得转让；约好各自使用时间，有要舂米需求时，得优先，不许争抢，违者罚款。这块石碑落款是乾隆五十五年（1790），有研究者认为其体现了中国最早的"股份合作制"。唐宅的这块传奇石碑契约，让泽雅手工造纸文化越发显得真实而厚重。

　　每年冬春农闲季节，便是纸农造纸时。据整理，整套手工造纸流程共分17道工序、109步流程，其中一些流程甚至比《天工开物》所记载的更原始，以下便是主要的工序步骤：

　　斫竹。俗称砍竹，选取生长期在两年以上、四年内的水竹，剔除枝叶，打捆运回。

　　做料。把竹子用柴刀截成一米左右的竹段，用锤子捶裂，晒干，然后捆料，堆放等待腌制。

　　腌刷。也称杀青，把成捆的竹料移入石砌的四方腌塘中码好，用石头压住，加满水，在上面铺上矾灰。十天后扳塘，把池中竹料上下翻动，让竹料腌制均匀，以后间隔二十天左右翻一次，总共翻三次。腌制七个至十二个月后，方可取出进入洗刷工序。

　　煮料。也称燺刷，燺读音同"凹"字，意为用灰火煨熟。为了缩短淹刷过程，将沤熟的"刷"加猛火煮制，主要的步骤包括取刷、运刷、集刷、加水、密封、烧火、出桶、晒干。现在黄坑村还保留煮料所需的纸烘、烟囱。

　　洗刷。把刷腌好后的竹料先经过暴晒，然后搬到溪流中浸洗，把石灰残渣冲刷干净。

　　捣刷。以水的冲力带动水碓转动，一起一落舂之，把"刷"捣碎成竹末，称纸绒。

踏刷。把"刷"绒放入纸槽泡上水，然后纸农用脚把"刷"绒踩拌成纸绒浆。

淋刷。把纸槽中加满水，双手用工具"烹槽棒儿"将刷绒搅拌均匀，然后把槽塞挪开一点点，慢慢把水排干以提纯纸浆。

烹槽。把刷绒放入纸槽，用竹竿搅打，让那些絮状物均匀地漂浮在水中，然后就可以撩纸了。

撩纸。把分散悬浮在纸槽水中的纸浆用"纸帘"捞上来，一张张还带有水分的纸叠加起来，就形成一个纸岸了，然后把纸岸压干水分。

分纸、叠纸、捆纸。将纸岸中的纸按一蒲五张到七张分好，待到天气晴好晒干以备叠纸、捆纸之需。

印记。最后一个步骤是用颜料打上纸印，纸印一般为长方形，打下印记的纸捆就可以挑出去卖了。

这百余道工艺，不仅仅是造纸技术的流程，围绕"造纸工艺"还形成了当地农民独特的生产生活方式，由此也形成了与造纸有关的诸多生活习俗。

竹刷末——孩童上课迟到的充足理由。"刷"，泽雅人特有的专业名词。所谓刷，就是被捣得粉碎的水竹竿，类似于肉松的黄色粉末，这是纸浆的前身，加上水搅拌均匀后，就可以捞纸了。把一条条竹竿捣成"刷"，需要在水碓里通宵达旦劳作。每每轮到捣刷，那就是家里的天大事情，小孩上学迟到，无须追究纪律问题，也不必批评教育，老师只要看到孩子头发里的黄粉末，就知道他昨夜通宵劳动，就可放行进教室。

捣刷日——皇帝也恩准的请假条。某家在轮到捣刷的一两天内，全家会忙得不可开交。家庭成员都要围绕"中心任务"而劳碌，男女老少齐上阵，什么事儿都得为之让路。轮到捣刷，学生上课、干部开会，都可以请假缺席，人们笑称遇到捣刷日，皇帝老子也不得不恩准。

抢纸胚——"闻风而动"的自觉行为。纸样捞出槽后,一张张地叠起来,方方正正、整整齐齐,压干水分,就可以分出来半干半湿的"纸胚"。等到天气晴好,纸农们就把纸胚晒到山坡上、溪水旁或路边的空阔处。这时候最怕的是老天变脸,如果大风突如其来,前面的辛劳就将功亏一篑。所以,一有风吹草动,人们会立即全员投入抢纸胚的行列,老幼妇孺、主人邻里迅速出动,真是名副其实的"闻风而动"。抢纸胚的场面热烈而无序,漫山遍野的人们大呼小叫、跌跌撞撞、慌慌张张。飞快地连连弯腰"落地捡",或者频频起跳"半空抓"。纸农们抢回纸胚是抢回劳动成果,也是抢回养家糊口的保障。

泽雅的纸,一般用作卫生纸和祭祀宗教用纸。瞿溪是销售集散中心市场,由此销往温州东门、瑞安、青田、福建乃至全国其他地域。有旧时民谣为证:"纸行好,一头白鲞一头米;纸行疲,一头姆儿一头被。"意思是纸的行情好,能换得"一头白鲞一头米",就是说有吃的了;如果纸的销路不好,就只能挑起"一头姆儿一头被"去讨饭了。

"风流总被风吹雨打去",以往泽雅古法造纸术手把手代代相传,有市场的需求而生产有规模,销售亦有效益,后来受到现代工业文明的冲击从而逐渐式微。令人欣慰的是,2010年,国家重点项目"指南针计划"专项——中国传统造纸技术传承与发展示范基地落户泽雅唐宅,还有一些非遗保护与规划措施正在实施,古老的手工工艺正在焕发新的生机。

(文:温州瓯海农办 谢永林)

遂昌东源村

遂昌东源造纸忙

应村乡东源村位于遂昌县城北 40 公里，黄家源自然村以溪流黄家源而名。黄家源发源于香炉山，自西向东汇入东源，至新村注入桃溪。村落位于黄家源的中部，主要有吴、邱、李三姓。据村中宗谱记载，清康熙年间，三姓先祖先后从福建迁居黄家源，以加工革纸为业，其中李姓以纸业发家。迄今村中有纸槽遗址。

当地的造纸作坊俗称"纸槽"，劳动者称"槽工"，多为本地人，也有江山、玉山、安徽等远地人。工种分为：做纸工、焙纸工、打料工（兼烧饭和打槽）、挑料工（兼磨纸和捆扎成品纸）、剥料工、砍柴工（兼烧焙笼）等。一片槽每个工种人数不同，最少一人，多的五六人。产品紧俏、生产忙时还要雇临时工加班。槽工的工资实行按件计酬，事先由槽老板与槽工双方议定，每件纸工价最低时 1.5 斤大米，最高时 6 斤大米。

纸槽的"槽老板"，多数只拥有一片槽，有的拥有两片以上。槽老板都精通纸槽管理，业务经营良好，资产积累较丰厚。纸槽主要准备以下设施：槽屋、槽桶、纸浆桶、焙笼、榨、料碓、工人宿舍、仓库、贮柴房等。

土纸历来都是手工操作生产，俗名叫"草纸"，正名叫"南屏纸"，开张为 1.2 尺 × 1.2 尺，即 40 厘米 × 40 厘米，后来改装为"四六屏"，开张为 4 寸 × 6 寸，即 13.3 厘米 × 20 厘米。改革开放后，引进外地技术，逐步改为机器生产，产量质量均大有提高。

造纸过程如下：

1. 筑湖塘。选一开阔地挖一个约 2 米深、6 米长、5 米宽的大塘，四周用石块砌好，塘壁底部选排水方便处做一个直径约 20 厘米的排水洞，再用石灰拌黄泥夯实四壁和底部，使不漏水，用作腌料，也叫料塘。

2. 砍竹丝。造土纸的原料是嫩竹，砍伐嫩竹腌料叫砍竹丝。农历四月间新竹刚开始出叶时，从小满这天开始砍伐，称"开山"，一直延续到芒种前后新竹叶快出齐止。

3. 剖竹丝。把嫩竹剖成3—5厘米阔的竹片，集中搬放到平地上，裁成约150厘米长为一段，缚成捆，运到湖塘旁边。

4. 腌竹丝。湖塘底先垫上石块和木头架子，把成捆的竹丝平铺到木架上，铺一层竹丝，撒一层石灰，再铺一层竹丝，又撒上石灰……直到竹丝铺满腌塘，倒上石灰封面，这最后一道石灰叫"封面灰"。最后用段木和大石头把塘里竹丝压实，并灌满水。整个过程叫"腌竹丝"或"腌料"，也叫"落塘"。用料如下：每100斤竹丝约需15斤石灰。每百斤竹丝可生产一件成品纸。一次腌不完的竹丝，可晒干存放，以后再腌。晒干的竹丝叫竹丝干。每百斤竹丝干需用石灰24斤，可生产两件成品纸。

5. 松塘。竹丝腌了两个月左右，要把压在上面的大石头和木头搬开，用撬棍从四边戳到塘底，把竹丝撬松。过十几天再撬一两次，叫"松塘"。

6. 洗竹丝。经过两三次松塘，再过半个月左右就要洗竹丝。把腌过的竹丝一捆捆捞起，用清石灰水洗去粘积在竹丝上的石灰浆，堆放在塘沿一圈。全塘竹丝洗完后，将湖塘里的石灰水放干，然后又将洗过的竹丝一捆捆重新放回湖塘，铺好后在上面盖一层稻草，压上竹条，竹条上再用木头、石块压牢。"洗竹丝"这道工序很辛苦，工人要在齐腰深的石灰水中浸泡大半天，有些人全身都要脱层皮，有的还会溃烂。

7. 沤料。把洗好的竹丝灌水泡一两天，再放干，再灌水，反复两三次，以排掉污水，然后让其浸泡腐烂，两三月便可用来造纸。时间沤长一点也没关系，不过沤的时间太长了纸的颜色就没那么白净。

腌竹丝

8. 剥料。待湖塘的料已下陷，说明料烂熟可以用了。先把湖塘的水放干，扒去压在上面的稻草，取出竹丝，将熟料的料皮（竹青）与料肉（竹篾）剥离，分开堆放。

9. 担料。剥好料皮可摊开晾晒，料肉可用料榨榨干水分。晾晒后的料搬到槽碓里，料皮、料肉分开存放。

10. 碓料，也叫"打料"。先把料皮、料肉分别倒进石臼（也有木制料碓头）碓细成料末，取出分别堆放。待每次料肉碓细后，再冲一部分捣成料浆，倒进槽桶，供做纸。

11. 打槽。把料皮末和料肉末按比例放入槽桶内，两个槽工相向站在槽桶两边，各人手握一根1米多长的小竹竿在槽桶中用力划，将料浆划散，均匀地悬浮在水中，使捞起的纸张厚薄均匀。

12. 捞纸。按照纸的开张需要，用大小不同的纸簾。一般长约80厘米、宽约40厘米。捞纸时把簾置放在活动的簾床上，工人双手托着簾床放入槽桶把纸浆捞起，沥去水分，提起纸簾，翻转覆在垫板上，提起纸簾，湿纸就粘贴在垫板上。连续重复一张一张捞浆，覆纸，待垫板上湿纸叠到一定高度时，用纸榨将水榨干。然后在湿纸底部中间横垫一木块，双手在湿纸两端用力一按，湿纸即依簾的粗线条位置折为两块。榨好的成块的湿纸叫纸坨。捞纸有单手和联手之分，即同一个槽桶一个人操作，还是两个人轮流操作，相当于单班制和双班制。做第一班的叫上手，做第二班的叫下手。一般两个槽桶4个人操作，三个槽桶5个人操作。1个人1天可生产成品纸1.5—2件。

13. 焙纸。焙纸又叫"晒纸"，将纸坨放在操作台上，将右上角一张一张分开，五张至六张一起扒下，用纸刷把湿纸贴在焙笼壁上烘焙。焙笼是用耐火砖砌成拱型的窑，长约10米，高约2.5米，顶窄底宽成梯形，中空，进柴一头口大，出火一头口小。焙笼两个斜面外壁用石灰粉刷光滑，供贴纸用。每天烧2—3次焙笼，一次需柴300多斤。柴快烧完时，把焙笼两头封闭，使热气跑不出来。焙纸工也有单手和联手之分，单手即一人管两个焙笼面，联手只管一个焙笼面。晒纸的方法叫"软焙"，即不用焙笼单靠日头晒，好处是节省砍柴工，缺点是遇到长时间阴雨，纸不易干燥，影响出产品进度。

14. 扒纸。纸焙干了，把它一张一张扒开，每90张叠在一起称为"一刀"。40刀为一件，用两块预制木板夹紧，先用纸锉，将整件纸的四面锉平，再用砖磨光，放在纸榨上榨实，用纸篾扎好，就可以出售了。一件南屏纸40多斤重。

以前交通不便，人工肩挑到纸行出售。绝大多数要挑到40里外的龙游溪口纸行，抗战时则挑到遂昌渡船头纸行。一天一趟，力大者一担能挑5件，一般挑3件，年老体弱的只能背1件。新中国成立前夕，每件发脚（工资）1.5—2斤大米。

（文/图：邱耕荣）

二　工艺类

实用美观导岭伞

伞是中华民族最了不起的发明之一，至今已有四千多年的历史。传说最早的伞是由春秋鲁班和他的妻子云氏共同创造。不过，有字可考的是西汉时期的《史记·五帝纪》，其中有过关于伞的记载。汉代之前的伞大都以羽毛、丝绸等原料制作而成，成本高，价格贵，非达官显贵、帝王将相者用不起，也不能用。汉代时期，因造纸工艺成熟，纸不仅成为书写载体，也为制伞业开拓了新天地——纸伞应运而生。

从此，伞也普及为平民百姓常用之物。

江南地区，雨水充沛，可以说一年中有一半的时间是在雨帘中穿梭度过。杭州作为江南最具代表的城市之一，自然也是如此。杭州市富阳区大规模的纸伞制作开始于清末民初，距今已有一百多年历史，分布于新登、新义、赤松等地。新中国成立前，是当地的主要手工产业，畅销于富春大地。随着社会发展，20世纪60年代末期，油布钢质伞出现，其成本低廉，价格更加便宜，导致富阳纸伞的生产量逐年减少。似乎富阳纸伞即将功成身退，消失在历史的长河里。

庆幸的是，这蕴含着千百年民间智慧与文化的结晶——纸伞，

导岭纸伞

终归让人恋恋不舍，许多民间艺匠仍然传承着纸伞的传统制作工艺。20 世纪 80 年代，扎根在富阳偏远地域的导岭自然村部分村民恢复了传统纸伞的生产。截至目前，整个富阳地区，唯有导岭自然村的部分村民精通纸伞全套制作技艺，并于 2012 年入选第四批省级"非遗"名录。富阳区滕欣工艺伞厂厂长于 20 世纪 90 年代初，借参加杭州·日本友好城市代表团的机会，结识了日本纸伞传统手艺继承人，与其交流制作工艺。其实，若追溯到唐朝，日本的纸伞手艺便是源于中国。此次交流后，导岭的纸伞制作过程中添加了一道源自中日文化融合后的产物——"夹片工艺"。

导岭自然村坐落在临安、余杭、富阳的交界处，隶属于银湖街道金竺村。金竺村依山傍水，植被覆盖率高达 90%，盛产竹木，为纸伞制作提供了大量的原料资源。导岭一年四季，不分严寒与酷暑，均能制作纸伞。据整理，整套手工纸伞制作流程需经过 70 多道工序。现就对其中最主要的 16 道工序描述如下：

1. 选料。即选竹和选纸。竹取生长期在七八年内的毛竹，这个年龄的毛竹更易制作出优质的伞架——伞的骨架。纸是从手工造纸企业定制的，主要以桃花纸和皮纸为主。

2. 锯竹。伞的规格不同，所需的伞骨长度不等，但一把伞的所有伞骨均是出自同一段竹子，增一分、减一分都是不可的。因此，锯者得按照一定的尺寸，将其锯成多段。

3. 刨皮。把每段竹子的青色竹皮刨掉，使其露出里面的颜色。

4. 晒竹。刨皮之后，需要在阳光下暴晒，去水分，防止成品伞架霉变、腐烂。在梅雨季节，连日降雨，寒冬季节，整日低温，这些天气都会影响伞的制作速度。

5. 劈骨。把暴晒过的竹子劈成伞骨。一段竹子只够做一把大伞（直径 70—80 厘米），却能做 2—3 把小伞（直径 15 厘米）。

6. 钻骨。一把伞的伞骨有两种类别，称为上盘和下盘。上盘是伞面骨架，下盘是支撑上盘的伞下骨架。显然，上盘要比下盘长出许多。因此，上盘穿 3 个洞，下盘按穿线的复杂程度穿 5—7 个洞不等。洞越多，下盘穿线越复杂，纸伞越精致和牢固。

7. 钻斗。一把伞两个斗，分为上伞斗和下伞斗。上伞斗置于伞顶，下伞斗置于伞跳上方。伞斗选取和木，也需经历刨皮、锯木、日晒，才至钻斗。伞斗的作用是固定伞架。

8. 拗骨。由于伞骨并不是天生平整均匀，不利于伞架的制作，因此需要后续运用技术使其平整可用。将染色或者不需染色的伞骨高温加热，然后用拗骨工具（两根方形木棍）上下夹住伞骨趁热加工。操作手法，有点类似古时妇人织布的动作，都是使其平整有序。高温工具从原先的煤饼炉变为现在的电烤炉，简化了操作步骤，提高了操作效率。

9. 装柄。手柄由竹或者木制作。安装时，将它穿过下伞斗止于上伞斗。导岭伞的手柄不是整一段修饰好的竹或木，在其下方三分之一处有旋转接口，方便拆解，便于携带。手柄上扎有一段 10 厘米的白藤，既实用又美观。

10. 夹片。此为金竺纸伞制作所特有，中日文化交流之结晶，导岭创新之处，正在于此。伞骨的开槽便是采用"夹片工艺"，即在伞骨的竹节部位用刀刻出鼻子型，在上部再开长1.5—2.5厘米的两片夹片。夹片极大地提升了伞架的稳固性，增加了伞骨的使用数量。

11. 穿线。线主要是棉纺线，颜色繁多。线主要起稳固作用，同时也起到增加美观的作用。钻骨留下的可爱骨洞，就是为穿线做准备的。下盘骨洞越多，穿的线越多，看上去越发复杂。若选用不同颜色的线，那便会是色彩纷呈的。

12. 裱面。使用自制的黏性相当不错的木薯淀粉胶水，将其均匀涂抹在摆放好的纸或者丝绸上。走了裱面的工序万不可再走映花了，这两样是为制作不同性质的伞面而分别存在的。经过裱面的纸或是丝绸，接下来直接走糊面工序便可。各种单色大绸伞，便是如此得来的。

13. 映花。也称印刷，主要指导岭丝网印刷，此法需先在纸上铺丝网，然后再进行人工印制。印制效果较为不错，色彩鲜明，图案清晰。丝网印刷只限于纸伞制作。如果伞面是丝绸的，不能使用这个方法的话，那么用什么呢？可以采用手绘。用导岭湖笔或将美人，或将物什，或将飞禽走兽，或将自然美景，抑或将新颖别致的现代风物勾勒于纸面上，便可留下不一样的艺术传奇。

14. 糊面。不管伞面走的是映花还是裱面工序，最后都得走糊面过程。糊面便是将准备好的纸或者丝绸贴在伞架上，也就是上盘。糊面也非常讲究技巧，糊面的效果直接影响第一观感。

15. 桐油。若要雨天悠闲出行，给伞上桐油是非有不可的。导岭自制桐油不仅能使纸伞达到防水作用，而且会散发出自然的芳香味，虽不同于墨香，但亦会勾起人们对烟雨江南、古典美人、白墙黑瓦的历史记忆。

16. 检验。这是纸伞制作的最后一步，需眼观伞炳油漆是否均匀，伞骨是否出现断裂，伞面图案是否清晰，伞骨间距误差必须控制在2—3毫米内，可用手轻轻触摸伞面，其手感应当是光滑圆润的。

导岭纸伞品种繁多，主要包括油纸伞、丝绸伞、舞蹈纸伞、圣诞伞、野立伞等。油纸伞主要作为日常雨具使用。丝绸伞、舞蹈纸伞因其具有高观赏性常用于艺术创作辅助和舞蹈配饰。圣诞伞则极具圣诞气氛，故可作为圣诞礼物佳品。

导岭的纸伞，其伞面图案可印刷也可手绘，花样繁多，美丽雅致，从古典到个性，应有尽有，其制作可谓技术含量很高，也因此得以走出国门，迈向世界。纸伞的制作工序里有10道，均需练两年以上方可掌握。可见纸伞的制作技术繁复难度较大，经济效益见效缓慢，难以吸引年轻人踏足这个行业。不过，令人欣慰的是纸伞技艺已被列入省级非遗名录。各种纸伞原材，包括淡竹、宣纸、木斗、涂料等，以及工艺伞、沙滩伞、玩具伞、跳舞伞等各种规格的纸伞成品，在金竺村文化陈列室内展示。金竺纸伞似乎在向人们细细地诉说着它曾经的辉煌历史，默默地召唤着人们一定要把导岭这独一无二的一整套纸伞制作工艺永远地传承下去。

（文：杭州富阳农办/图：曾令兵）

永康芝英三村

铜艺之乡领风骚

永康在浙中、浙东乃至整个浙江省，向来以五金制造业能工巧匠多、工艺精湛、制作精良而闻名远近。改革开放以来，随着五金制造产业的迅速崛起，产品的种类、质量和科技水平快速提升，随着一年一度的五金博览会的规模和影响日益扩大，永康"五金名城"、"百工之乡"的美誉鹊起，越来越引人注目。而屹立于永康城东入口处的那座有如展翅雄飞的火凤凰的《百工》城雕，也成了连年来中央电视台广告出镜率最高的城市艺术雕塑之一。

永康深厚的五金文化扎根在芝英，永康众多的五金能工巧匠云集在芝英。

五金指的是金、银、铜、铁、锡，常用为金属或铜铁等制品的总称。五金"铜"为首，铜在古代也称"金"，而专门用于铸造钟鼎彝器的青铜则叫"吉金"。"百工"则是古代各种手工匠人的总称。《论语·子张》有"百工居肆，以成其事"之说。

芝英在清朝末年民国初年是游仙乡的首镇。它的所在地游仙乡的铜山，自古以来盛产铜矿。相传黄帝南征蚩尤时，曾驻军永康石城，取铜山之铜、湖西之泥，炼铜制作青铜兵器。战胜蚩尤后，铸鼎纪功。后来这位人文始祖在缙云仙都鼎湖乘龙飞升。留下数百工匠，就成了永康五金之源，百工之祖。传说神话，未必当真，但铜山产铜，在《永康县志》《浙江通志》中却有明确记载："宋元佑中（1086—1093）重置铜山钱王、窠心两坑，课铜十二零八万斤。"而到了宣和年间（1119—1125）课铜增至 16 万 5 千余斤，可见铜山矿坑之年代久远，规模不小。

永康地处浙中丘陵地带，人多田少，生计艰难。民众历来就有半工半农、亦工亦农，外出靠手工艺谋生的传统，而百工中以"打

铜艺之乡

铜修锁补铜壶"的铜匠为最多,几乎成为永康各色工匠的代表。据
1991 年《永康县志》记载,新中国成立初,永康有铜匠 2647 人,
铜制品多达百余种,主要有铜壶、铜罐、铜火锅、铜火熜、铜盆、
铜秤纽、烟铜头、帐铜、铜饭勺、铜锁匙、小铜锅、铜文具、铜烟
具等。20 世纪 50—70 年代,每年农闲季节都有成千上万名铜匠,
挑起铜炉担出门闯荡,上山下乡,走村串巷,足迹遍及本省各市县
和近邻的福建、江西、江苏、安徽等省,而芝英一乡,便占了永康
铜匠的半数以上。

芝英铜艺之所以能在永康独领风骚,得力于天时地利人和:有
铜山产铜之便而风生水起;传承了黄帝部族与铜兵器冶铸的根源;
更因了芝英人的聪明才智和深厚文化积淀而能在工艺科技上大展身

手。芝贡铜匠汉造弩机铜箭镞,唐铸铜镜钟鼎,明代生产铜釜铜洗铜香炉。历史以来,芝英铜匠就在铜艺制作上表现出不同凡响的天赋。到了清末民国时期,芝英的铜器生产已执永康牛耳,光是铜壶一项,年产量就达 1440 把。

芝英铜艺制作的传统工艺流程是:一、熔铜。材料一般为废旧的铜器(熟铜),也有从含铜量高的精矿中提炼的生铜。生铜直接用于铣铸铜饭铲、铜勺等器皿;熟铜则须先熔成铜条、铜板,再进行精打加工。二、锻打。纯凭手工技艺,一锤一锤地精工细作,打制出精致绝伦、巧夺天工的铜制品来。三是剪裁。有些铜器需要拼接,这就要求能工巧匠们在制作时胸有成竹,独出机杼,在剪裁上有真功夫。四是焊接。将零部件通过手工铜焊、电焊、气焊等多种形式,粘连成器。最后才是修饰,俗称"抛光"。经过打磨鎏镀的铜火锅、铜壶、铜盆、铜器精光锃亮,可照见人影,燦灿夺目,富丽堂皇。有的高手还能在器表上精工雕刻或镶嵌人物花鸟、奇珍瑞兽。芝英铜器备受青睐,加工精美是一个重要原因,而质量讲究,坚实耐用,又便于修补,是更为被用户看重的因素。一把芝英铜匠打制的铜壶、铜罐,底部加厚,一般可用两代,经过修补,甚至可用超过百年。

在永康科技五金城展馆和民营的神雕铜文化博物馆内可以观赏到那些大都出于芝英铜匠之手的明清、近代乃至现代铜工艺精品,这些造型精美、做工精致、技艺精良、美观大方、琳琅满目的铜艺制品,竟然是铜匠们仅凭肩挑背负、时刻不离的那副"铜炉担"制作出来的。一副担子看来并不起眼,其中却藏了所有打铜工具:小风箱、红炉坩埚、圆炉、喜鹊炉、铁槽、铁板、铁钳、各种锤子、锉刀、铁龙、弓步(圆规)、剪刀铜尺等。芝英能工巧匠们就是通过它们,发挥出自己的全部智慧与技能、想象与联想,把日常生活中不可或缺的铜器,打造成广受民众欢迎的工艺精品的。

以芝英铜艺为代表的永康铜艺的重要价值,体现在实用、文化、工艺三个方面。由于铜器抗腐蚀性强，不易生锈，光洁细腻，便于保存和修补，因而深受民众的喜爱。在日常生活中它应用非常广泛，铜匠上门加工既打制又修补，为民众生活提供了切身方便。芝英铜匠传承了祖祖辈辈较为原始的手工技艺，打制的铜器很多还保留着古代原生态要素，体现了芝英古镇农耕社会的风俗习惯，具有较高的历史文化内涵。它为江浙山村农耕社会的民俗学和传统手工技艺的研究提供了第一手的翔实宝贵资料。从工艺角度来看，芝英历代铜匠群中涌现出大批各具才华、各显个性、各有专长的杰出人才。他们聪明勤奋、刻苦钻研、创新开拓、技艺高超，因打制出具有较高工艺价值的铜工艺品而闻名远近，乃至蜚声中外，享誉八方。

蒋跃祖是芝英仙陵人，今为浙江省级传统技艺"非遗"项目永康铜艺的代表性传承人。祖父辈均为铜艺工匠。10 岁时他随父打铜，行走于东阳、磐安、义乌、仙居、缙云等地，以做工精致、设计精巧、工艺精美闻名。1972 年美国总统尼克松访华，蒋跃祖和几个同村铜匠一起为浙江杭州大饭店赶制 50 套大型炭火铜鸳鸯火锅，显示出他的高超技艺。2009 年他为杭州河坊街大茶楼精心打制的一把大型双龙铜壶，工艺精美绝伦，造型匠心独具，广受中外茶客的欣赏赞叹。

应业德是芝英三村人，芝英一带出名的铜壶匠。他 9 岁丧父，母亲含辛茹苦抚养成人，把他送他入读培英小学。15 岁他小学毕业，以第一名考取芝英中学，因家贫无力入学，只得投师出门学打铜手艺。19 岁的他三年满师，就带徒弟挑行担，到皖南泾县、旌德、绩溪一带，专业打铜壶，在当地出了名。他打的铜壶造型美观，经久耐用，工艺精到，顾客视为至宝，精心保护，有经历三代，依然光洁如新的。而他的拿手绝活则是荸荠铜壶，这是一种永康罕见的徽派铜壶，流行于皖南芜湖、黄山一带。当地人流行喝茶，农家用黄泥、乌泥壶，条件稍好的则必备铜壶。业德师傅在皖南打铜二十多年，除打制永康芝英的传统铜器外，还努力研究当地十分流行的徽派铜器，美观实用、赏心悦目的荸荠铜壶，就是他推陈出新的杰作。

荸荠铜壶顾名思义，是因它形似江南特产荸荠而得名。它选用上等紫铜、黄铜或白铜精心锻打而成，光洁平滑，线条流畅，绝无接缝；彩虹提梁，三弯壶嘴（俗称鹬鸪嘴），铜花柔和，装饰华丽，造型优美，极具观赏价值。笔者在他的铜艺工作室，陈列着他打制的迄今最大的一把荸荠铜壶，壶体高 22 厘米，通长 40 厘米，底径 21 厘米，口径 11 厘米，大肚径 31 厘米，一次可装 18 斤水，而且雕镂生动，形象清丽，不仅是件茶馆必需的茶具，更是一件文化艺术珍品，一见之下，令人爱不忍释，注目难移。

慢工出细活，每把荸荠铜壶，都是业德师傅心血与汗水的结晶，打制这把大号荸荠壶，就花了他半年多时间。打一把铜荸荠大致要经过三道工序。首先是选材锻打。选用 0.8 毫米的精质铜板，用铜锤反复精心锻打。每打一次就得退火一次，接着再打，一共要打十多次。达到一定厚度后，再用旋锤旋出壶肚，形状酷似荸荠，谓之"成型"。其次是接壶嘴。精致漂亮的鹬鸪嘴打好后，要用传统工艺铜焊把它与壶身做无缝连接。这是件高难度的技术细活，只有老师傅才敢动手。业德师傅用的是内焊法，焊缝平整，从外表看去毫无痕印，可谓天衣无缝。最后才是打花装饰。铜壶用平锤打平后，还要用铜锤一锤一锤地锤出许多自然的花纹，形似铜钱，称为"打花"。钉上花钱箍后，业德师傅还会信手在壶身上浅雕些花鸟、人物、瑞兽，并打上自己的小篆印章，一件优美的手工珍品就形成了。

业德师傅从 2012 年开始研发无缝锻打荸荠壶，创造了锻铜工艺上的一个崭新品种，不仅赢得行家里手的同声赞誉，而且先后荣获"浙江省优秀民间文艺人才"、"永康市十佳百工名匠"、"第四批省'非遗'永康铜艺传承人"等光荣称号，并先后获 2012 年中国非遗博览会优秀演示奖、义乌市文博会优秀演示奖等荣誉。为了便于铜艺爱好者和民间工艺收藏者收藏，业德师傅最近又研制出一种以紫铜、黄铜、白铜为材料的无缝锻打的袖珍型小铜壶，通高 9.2 厘米，肚径仅 6.2 厘米；小铜罐肚径 5.5 厘米，高 5.1 厘米，小巧玲珑，精美可爱，见者争购，而今一器难求。

以芝英铜匠为代表的永康铜艺能工巧匠，肩挑铜炉担，满怀豪情地高唱："府府县县不离（永）康，离康勿是好地方！"走南闯北，串街走巷，历尽艰辛，服务乡民。艰苦的环境、奋斗的精神锤炼出永康人吃苦耐劳、勇于拼搏、开拓创新、锐意进取的可贵品质，造就了一大批五金制造业的优秀企业，这为永康的经济发展，科技五金崛起猛进做出了巨大贡献，而铜炉担正是永康五金制造业的摇篮，"铜炉担"精神是永康精神的重要组成部分，是永康经济社会文化发展的无形动力和精神财富。

（文：永康农办/图：曾令兵）

永康塌塘村

衡器之乡育工匠

塌塘村，隶属于永康，地处浙中金衢盆地的东南边缘，为钱塘江和瓯江两水系的分水岭，人多田少，工地贫瘠，生计困难。民众历来有外出从事手工技艺谋生的传统。"塞翁失马，焉知非福"，由此而造就了永康"五金之都""百工之乡"的美名，不仅五金制造发达，而且民间各种门类的能工巧匠门类齐全，从业者多，技艺精湛，远近闻名。这"钉秤"便是百工手艺之一，指的就是永康民间工匠用手工制作木杆秤的专门技艺。

塌塘衡器

永康钉秤，年代久远，历史深长，数百年传承，长盛不衰。据有关资料记载，它始于宋代，兴盛于明清两朝及民国时期。其初兴于翁山（俗称公婆岩）脚下，壁塘、上新塘边上的壁塘和两头门村，当地人俗称"扯衡"，钉秤工匠众多，他们世代相传，以此为业，技艺精湛，各有专长。新中国成立后，百废俱兴，工商繁荣，木杆秤销路日广，生意日见兴隆，从业者不断增多。20世纪80年代，永康木杆秤的主要产地集中在胡库、芝英、方岩三镇，而以壁塘、金刚龙村为集散中心和主要生产基地，核心就是金江龙、壁塘、两头门三个村。1987年永康全县有钉秤从业人员2万余人，产品畅销全国各地。永康因此而获得"衡器之乡"的称号，而壁塘则是永康衡器生产、装配、销售、贩运和高新产品开发科研的中心，也是永康钉秤能工巧匠、名师高手云集之地。特别是"两头门"制作的木杆秤工艺精细，实用美观，计量精准，品种繁多，应用广泛，因而深得民众喜爱，具有很高的工艺水平和文化价值。

"芝英三宝"闻名遐迩，就是打铜、打镴（锡）和钉秤。其中，永康锡艺被列入第二批国家级非物质文化遗产（非遗）项目，它的代表性传承人是芝英三村的应业根师傅；永康铜艺和木杆秤制作技艺则是浙江省级非遗项目。铜艺的代表性传承人分别是芝英仙陵村的蒋绍祖和芝英后城大街的应业德；而木杆秤技艺的传承人则是79岁的老钉秤高手应广火老师傅。

广火师傅出身打秤世家，从小聪颖异常，悟性极高。他16岁跟随娘舅学艺，仅用了两个月就掌握了全部钉秤手艺，但他与娘舅有过约定，必须跟足两年才可出师。两年后广火肩挑钉秤行担，奔走于缙云、桐庐、江西等地。60多年来广火师傅当过学徒，也因钉秤技术高超，为人诚信正直，又肯动脑筋钻研技术，被聘为计量所职工。后来叶落归根，他还是坚守自己的钉秤老行当。岁月的流逝，改变了他的容颜，但始终改变不了他对钉秤技艺不断求索、不断开拓、不断创新的那份坚定和执着。广火师傅常说，钉秤是一门精细手艺，稍有偏差便会缺斤少两。用行话说，钉秤是良心活，讲究的是一丝不苟，公平无私。做一杆秤要经过选材、打磨、安定盘星、定刻度、钉秤花、安秤钮、上光、校正……每道工序都容不得半点马虎。他常说："小小一杆秤，关系着千依百客、千家百户的铜钱归出。钉秤侬心要正，秤出的钉才会直！"

随着时代飞速进步，科技日新月异，各种机械秤、电子秤、数码秤层出不穷。作为最古老、最传统的衡器木杆秤逐渐退出了历史舞台。很多钉秤师傅改行做磅秤，去"弹磅"（修理磅秤），但广火师傅还是守着这一方他付出过自己的青春、理想、爱好和心血的神圣阵地不离不弃，而且精益求精，特别在秤杆秤花上动了大心思。广火师傅钉的秤不但休型庞大，秤花讲究，图案精美，而且技法精湛，巧夺天工。他的秤花图案既有"十二生肖"，也有"四大金刚""十八罗汉"，更有《三国》《水浒》《八仙过海》，甚至把永康三位伟人胡公、陈状元、程榜眼都刻上了秤杆。这些精美的图案都是广火师傅用金丝银线一点一点镶嵌上去的。试想一下，要在坚硬如铁、光滑如镜的圆弧红木秤杆上完成如此细致精美的人物造型，没有炉火纯青、出神入化的手法技艺，又怎能做得到？

有位墁塘专门经营衡器的老板，仰慕广火师傅大名，一口气就向他定制了五根重量级的"大令"——称重百斤以上的大木杆秤，并将它们作为吉祥珍宝收藏。第一根秤的秤花刻的是"八仙过海"，称重 200 斤；第二根刻的"四大金刚"，称重 300 斤；第三根刻了"十八罗汉"，称重 500 斤；第四根是"永康三杰"，称重 800 斤；最后一根称重 1000 斤，刻的是《水浒》中的宋江、李逵、林冲、花和尚、鲁智深等英雄好汉。老板准备将这根木杆巨秤摆放到他设在永康五金城总部中心的办公室里，让更多外地客户了解永康悠久丰富的五金文化。

在广火师傅家，能看到那杆被收入世界吉尼斯纪录的"木杆秤王"，只见它身材匀称高挑，长达 2.88 米，铜纽铜钩铜秤锤，金光闪烁。秤杆用的是高级红木小叶紫檀，纯银丝秤花，刻的是《三国演义》中最脍炙人口的十位名人：曹操、刘备、孙权、诸葛亮、周瑜，还有关羽、张飞、赵云、马超、黄忠五虎上将，形象生动鲜明，栩栩如生。这杆秤的自重就已近75斤，称重1600斤，"秤王"之名，当之无愧。

墁塘、两头门乃至永康城乡有一种奇特风俗，凡是大厦落成"归新屋"或儿女嫁娶，条件较好的家庭都喜欢定制一杆有收藏价值的"铜大令"，用于镇邪去灾，招财纳福，供奉于轩间厅堂正中，可保婚姻美满、儿孙健旺、四季平安；木杆秤还暗寓称心如意、公平交易、童叟无欺、日日生财、光明正大等深刻的文化含义。"大令"一身金鳞，形似神龙，所以又叫"青龙"，遇到狂风突起，暴雨倾盆时，将它架在大梁栋柱上，风雨见青龙在此，自然退避三舍，消弭无形。为图吉利，有位老板嫁女儿，永康话叫"嫁千金"，竟不惜巨资，向广火师傅定制一杆千斤"大令"……

"中华民族是个历史悠久的伟大民族。中华文明传承不息，数千年来从未间断，绝不能在我们这代人手上断绝。我们一定要百倍努力，千倍用心，将祖宗这些绝艺，千秋万代、生生不息地传承下去，弘扬光大，重放异彩，这是我的最大的梦想。"年近耄耋的广火师傅这段话玉掷金声，让人肃然起敬！

墁塘地属芝英，当地人最大的优点，便是既善于传承，又勇于创新、敢于开拓。改革开放后，墁塘、两头门一带的大批钉秤世家能人，在老一代木杆秤艺人创造的荣光上，与时俱进，大展宏图，投身衡器制造，挑起了永康"衡器之乡"的大梁。而其中的佼佼者便是执永康、浙江乃至全国衡器生产牛耳的浙江霸王衡器有限公司。1984年应天通夫妇创办永康市台秤制造厂时，便挂牌上海衡器制造厂三分厂，引进当时较先进的上海衡器制作技术。1994年改为今名。如今它是中国衡器协会副理事长单位，浙江省衡器协会会长单位，国家高新技术企业，浙江省著名商标、名牌产品企业，省"三A级守合同重信用"单位，是一家拥有强大的产品开发与设计技术能力、先进工艺制造技术和丰富营销经验的大型衡器企业。2010—2015 年连续多次被评为"中国衡器行业前十强企业"。

霸王公司位于永康芝英二期工业区内，占地 7.7 万平方米，建筑面积十万余平方米，拥有员工 365 人，其中有大专以上学历的专业技术人员 116 人，高级专业技术人员 25 人。主要生产类衡器和配件，主打电子衡器和机械衡器。产品主要用于矿山、企业、化工、食品、医药、建筑、高速路口计量、农贸、海产品等领域，部分出口欧美及中东、东南亚地区。多年来，"霸王"在浙江省同行业中生产、销售量，上缴国家税收及各项经济指标一直名列榜首，引领永康衡器产业向高新科技和开发高端产品前进，引领各类电子衡器向数字化、智能化发展，先后获得 50 多项专利和省专利示范企业荣誉。电子台案秤被认定为"国家免检产品"，电子条码秤和动态轴重秤被省科技厅评为"浙江省高新技术产品"。

（文：项瑞英/图：曾令兵）

余姚建民村

余姚土布鉴历史

　　一盏明灯，一位老人，灯梭子在经好的棉线里来回穿梭，引入纬线，机杼上下翻腾，伴随着织机"唧唧"的响声，布帛像流水一般，从织机上涌流而出。这条布帛就是余姚土布，这位老人就是余姚土布的传承人王桂凤老人。

余姚土布传承人王桂凤

　　余姚市北部乡镇历来都是浙江的棉花主产区，余姚土布制作曾是当地传统的家庭手工技艺，家庭作坊遍布余姚的各个乡镇、街道，其中尤以姚北片的小曹娥、泗门、临山、黄家埠四镇和低塘、朗霞两街道以及原属余姚的慈北一带最盛。在当地的产棉区，60岁以上的妇女基本上都从事过土布制作，如今仍在从事该行业的人已经少之又少，以小曹娥镇的王桂凤家庭作坊为代表。王桂凤是余姚市小曹娥镇建民村人。15 岁时她跟着自己的母亲学织布，37 岁开始，她逐渐把织布技术传授给自己的大女儿周梅芳。2007 年，小曹娥镇举办当地非物质文化遗产成果展时，王桂凤老人上报了自己亲自制作的土布作为参选作品，获得参赛最佳作品奖。在当地政府和市文化主管部门的重视下，王桂凤母女三代重新建立了自己的土布作坊，王桂凤老人成为余姚市唯一能够现场制作余姚土布的传承人。

2008 年 9 月，王桂凤母女三代接受中央电视台《乡土》栏目组的采访拍摄，节目《从棉花到衣服》在央视 7 套播出。2008 年 11 月，以王桂凤艺人为专题的《余姚土布》被余姚推荐为长三角地区新闻交流节目。2009 年，王桂凤被列为余姚市第二批非物质文化遗产项目土布制作的代表性传承人。

王桂凤老人的独门绝技——余姚土布，究竟有何魅力呢？追根溯源，余姚地处浙东沿海，濒临杭州湾，过去一直是全国重要产棉基地，明徐光启《农政全书》中称"浙花出余姚"；20 世纪 30 年代，余姚棉花种植面积占了浙江省的 40% 强，当时在商业界称浙江出产的棉花为"姚花"，可见余姚产棉的地位。以此为原料的余姚土布也以历史悠久、工艺细致、花色美观、实用牢固而闻名，民国以来一直为外销之大宗。

余姚旧属绍兴越地，所以余姚土布又称"越布"，历史上还被称为"细布""小江布""余姚老布"。《后汉书》描述："闳美姿，着越布单衣，光武见而好之，自是敕会稽献越布。"意为东汉光武帝喜欢越布，并将它列为贡品，越布一时名贵。宋绍兴十六年（1146）余姚年产土布 7.7 万多匹。元朝时余姚产"小江布"风行全国。明清和民国时期，姚北乡村呈现"家家纺纱织布，村村机杼相闻"的景象。

余姚土布制作工艺极为复杂，分皮棉加工、棉絮加工、拖花锭、纺纱、调纱、染色、浆纱、调纱蔀、经布、清洗等几大环节，上百道工序，需要用 20 多种织布工具。其主要步骤有：

1. 皮棉加工。当地棉花采摘一般在 9 月。采摘的棉花含有籽，又称为籽棉，因为比较潮湿，所以需要将籽棉晒干。籽棉不能直接加工成棉絮，需要先脱籽。

2. 棉絮加工。当地叫作弹棉花。一般把皮棉拿到当地的弹棉花作坊加工。弹絮棉是一项技术活，先把皮棉摊在竹箪上，然后用人字形的竹棒用力抽打皮棉，使皮棉蓬松。然后用弹花榔头有节奏地敲打一根大的木弓的弦，利用弓弦在皮棉里的振动使皮棉变得蓬松。通过弹棉花的工序，皮棉成为棉絮，体积明显变大，一般需要敲打 1—2 个小时。

3. 拖花锭。搭块门板，把絮棉分成一条条一尺左右的条子平摊在木板上，分别用细长的竹棒压住，用拖花板拖花子推动竹棒旋转几周，拖成手指大小的花锭（一两需要 20 条左右）。然后把竹棒抽出，絮棉就拖成了花锭，一个花锭一般为手指粗细。为了便于携带，一般把 10—20 根花锭绞成一把，俗称"花绞头"。

4. 纺纱。纺纱需要用到纺纱车。纺纱车又叫小摇车，有大有小，小摇车直径半米左右，大摇车大车直径 1 米左右。纺纱车用木条制成，下面是固定支架，支架上竖起两根方木长条，长条顶端分别凿一孔和凹槽，中间插入转轴，转轴外末端置一可摇动的手柄，转轴内侧上一般各凿 6 个孔，分别插入 12 根竹竿，相对两根竹竿的两头之间用绳子连接，形成不规则状的轮子状。然后再用棉丝搓成的引线，将纺纱车的绳轮与车头的鱼甲头（大小与萝卜差不多，两头小中间大，过大调起纱来要出乱纱）连接。纺纱前，鱼甲头上裹上一个箸壳，目的是便于把纺好的纱取下来。准备工作做好后，纺纱开始，纺纱的人坐在摇车前，一手摇动绳轮，一手捏着花锭。当绳轮转动时，鱼甲头在引线的牵引下一起转动，通过鱼甲头的转动把纱从花锭中纺出来，绕在鱼甲头的箸壳上，一个鱼甲头一般可绕一两左右的纱。

5. 调纱。把制作好的鱼甲头的纱用调头进行收集，调头的形状和摇车有点相同，有个木制的转轴，直径50—60厘米。首先把鱼甲头插在调头前端的铁钉上，纱头连在转轴上，当摇把带动转轴转动时，纱就一圈圈绕在转轴上了。当转轴上的纱绕到一定的数量时，就把它取下来，像麻花状地绞几下，纱就调好了。

6. 染色浆纱。染色就是把调好的一束束纱用染色粉染成各种颜色，然后在竹竿上晾晒。现在染色有化学染料，过去一般采用植物染料。浆纱是一道必需的环节。把纱放在锅里，和上稀薄米粥，加压并调和，使米浆渗透棉纱浆，然后在竹竿上晒干。

7. 调纱蔀。用调纱架把纱调到竹制的纱蔀里，纱蔀套在三脚竹竿里，用一只筷调，纱蔀的大小根据做布的长度来掌握，纱蔀调得过大不行，经起来要出乱纱，所有各种颜色的纱都调到纱蔀里，准备经布。

8. 经布。经布前要准备好各种用具，最主要的是一台木制布机，布机的配件要齐全，包括：纱搁箝、窗、小梁架、轴竿、耳朵、踏脚板、小布机、布机板、绞紧棍等；经布要用的东西包括：经头凳、经头杖、经桩、经条、穿筘针、筘、梭、纵线、大小各种杖、布白、幅撑、起机布、运布铣帚、鱼管、油搭等。

土布在一些当地民俗活动运用得非常广泛，据《姚江风情·异彩纷呈旧服饰》（中华书局2001年版）中介绍：

1. 儿童"和尚衣"用余姚老布做成，在胸前做成和尚的交叉领。

2. 姚北海头有"余姚土布"制成的颜色鲜艳的棉纱袜。

3. 寿衣中，上衣选用色浅而软的士林布、余姚白色老布缝制，做成大襟短袄。

4. 目莲戏中的无常，上身穿余姚白土布制成的宽袖长袍。

5. 当地请"布神"时用到的布龙采用土布制作。

过去，余姚农家姑娘一般十六七岁就要学习纺纱织布，纺纱织布技艺的高低是评价一个姑娘是否心灵手巧的重要标准。余姚当地土布式样品种繁多，有紫花布、净白布、青花布、条子布等数十类，上百种花色，新颖美观，畅销省内外。余姚土布制作技艺是余姚市传统纺织文化活着的历史见证，对研究江南一带的民俗文化、农耕文化和传统商业文化具有十分重要的价值。

（文/图：苗嘉明）

苍南富源村

畲族刺绣凤凰装

富源村隶属苍南县岭畲族乡，位于乡政府西北侧，与福建省福鼎市佳阳畲族乡毗邻，地处山地区域。畲族凤凰装（上衣大襟绣花衣）是畲族妇女最主要的装束。传说帝喾时代（公元前2450年），畲族始祖忠勇王龙麒出世，蕃兵犯境。皇帝出榜征将，"谁能平得番邦，愿将三公主嫁给他"。龙麒揭榜征番，斩断蕃王头，归朝奉献，功劳极大，招为驸马。皇帝为了不失言就将三公主许配于他，成婚时皇后和侍女给公主戴上凤凰冠，穿上镶着珠宝的凤衣，祝福她像凤凰幸福吉祥。婚后三公主生了三男一女，把女儿打扮得像凤凰一样，当女儿婚嫁时有凤凰从广东凤凰山衔来凤凰装给她做嫁衣，从此以后畲族妇女以凤凰装为主要装束。

凤凰装历史悠久，可谓源远流长。传统的凤凰装分为上衣、下装和头饰（银饰）。上衣俗称大襟绣花衣又称钉花衫，制作刺绣手工技艺十分精湛。古时畲族大襟绣花衣的刺绣广泛流传于畲乡各个村落。苍南县是温州地区中畲族迁入最早、人口最多的县，在明弘治十三年（1499），祖先从福建连江迁入，大部分畲民住在山区，辛勤劳作，除了生产粮食以外还种苎和棉花，养蚕。勤劳的畲族妇女利用雨天和晚间及农闲时间来捻、土纺、土织、颜色自染的土布，有的苎布过"踏石"后再请裁缝师傅制作服装。古人雷德生是本族制作"钉花衫"的刺绣能手，善于带徒传艺。后来有的徒弟成了畲族刺绣之家，世代相传。到了清朝光绪年间龙凤村（今并入富源村）仍有雷朝奂、雷招锵、兰景山三人精通凤凰装上衣刺绣手工艺，后续传雷子位、兰成山、雷朝篇等人。

传统大襟绣花衣的刺绣手工艺在多地已经失传，现今浙闽两省仅剩一二：福鼎有一位裁缝师雷朝浩年轻时会刺绣，现已70多岁无法再做刺绣这样的细活；富源村蓝瑞桃女士是浙江省非物质文化"畲族刺绣"代表性传承人。她从小跟太祖父雷子位裁缝师傅学习刺绣，手工刺绣技法精湛且工艺考究。现今带了几位青年女徒弟，传授刺绣手艺。近年来，相继有浙江大学、温州电视台等几十家民俗文化研究团体和新闻媒体单位对她进行了采访和报道。

凤凰装的刺绣工艺独特，刺绣分为"插花"和"挑花"两种。"插花"是在描好图案的衬底布上用绣花针穿引彩色线，穿插出半凸的各种实体形象。"挑花"是根据图案的颜色，用彩色线编织成彩色图案，这些图案具有构图严密、配色协调等特点。畲族的传统服饰色彩斑斓、绚丽，衣料以自织的苎、棉、蚕丝土布为主。畲族男女除了喜庆节日穿着民族独特的服饰外，平常的生活、劳动与汉族服饰无异。闽东、浙南的部分畲族妇女服饰具有鲜明的民族风格。卷镶在凤凰装领口、襟边的布料颜色要根据服装的布料来调配，如蓝配黑或红，看起来特别美丽鲜艳。两袖口上用与上衣布料不同的五种花边或用彩色线直接刺绣五环，以五环代表畲族五个姓氏（盘、蓝、雷、钟、李）。每一环的宽度1—3厘米，环数能多不可少。

环肩上的五行跟两袖口上的五环也表示相同的寓意。最精致的还是在右胸口上一块梯形似的画面，上下底和高分别为4市寸、5市寸和8市寸，边沿有直、斜、弯形围绕的栏杆，有"米芽儿"等三种刺绣装饰。刺绣题材有传说人物图像，如八仙、金童玉女、七仙女、老寿星等；有动物、鸟类图像，梅花鹿、凤凰、鸳鸯等；有植物图像，牡丹、梅花、菊花、荷花等。还有云朵、小桥流水等吉祥物。配上一条绣有精美图案的飘带挂在右边襟，其长度须与衣同长。各种图案都用彩色线插针刺绣，十分鲜艳，精彩夺目。一人刺绣一件完整的凤凰装上衣大约需要一个月的时间，完成一整套凤凰装大约需要两个多月，其余的一件普通上衣也要二十来天。

谁家女儿出嫁前几个月，都会请几位裁缝师傅到自家制作新娘

畲族刺绣凤凰装

的凤凰装和几套陪嫁的服装。新娘出嫁的那天要选择最有特色的凤凰装上衣，通常会选择绣有八仙或者七仙女图案的上衣。仙女图案表示逍遥、快乐、幸福；凤凰表示如意、吉祥；牡丹表示年轻、美丽。

畲族文化形式丰富多样，其中山歌是畲族文化的主要组成部分。畲族男女用歌唱的形式表达自己内心的情意，畲歌被国务院确认为国家级非物质文化遗产。畲乡各村落每逢欢度喜庆佳节，畲族青年妇女歌手就要穿上凤凰装上衣和戴上比较有特色的头饰登台演唱，表演形式有小组唱、对唱和独唱等。不是歌手的人们也要穿上凤凰装上衣，戴上头饰打扮得漂漂亮亮去捧场。

浙南闽东的畲族青年女子在出嫁时除了着凤凰装外还要围一件祖传下装——八幅罗裙。裙长2.2尺加上包腰头横布0.35尺总长

2.55 尺，横布颜色与裙面颜色有所不同，腰头长 3.5 尺，上沿缝着一条长 6 尺多的丝花彩带，用于缠腰固定。裙面分 4 幅围布，每幅围布宽 1.15 尺，每幅腰头对中折 0.25 尺缝成两层，再把每两幅缝连在一起两边对称，围布边沿用几种不同的花纹花边或者用彩色线刺绣。

最引人注目的是加缝在当中的那幅宽 0.8 尺，长 2.55 尺的牌面，它用花边或刺绣隔分为 5 格大小不同的正、长方形。每个方形内用彩色线刺绣着不同的图案，如双喜、牡丹、凤凰等吉祥物，而且各吉祥物呈对称布局，表示五个姓氏的善良、勤劳、聪慧的畲族兄弟姐妹心连心共同创造美好的家园。牌面两边还配上刺绣着各种花鸟图案的飘带。

畲族妇女出嫁时脚穿绣花鞋，是各地畲族共同的风俗。绣花鞋的样式不尽相同，村子里的女性以前穿方头、单鼻两种绣花鞋，畲民俗称"四角花鞋"和"龙船花鞋"，彩色鲜艳，工艺精美。鞋底白棉布是用土制苎麻线纳成的"千层底"，下面数层是用白布包边，上面五层是用红布包边。鞋头正中缝绣一条中脊，鞋口镶有红色包边。鞋面刺绣花、草、鸟类等对称图案，后踵部位则绣云彩纹饰。

出嫁时穿凤凰装，头上除了凤冠等银饰以外还有一项不可缺少的"红头盖"，其大小与现今所用无异，刺绣的图案略有差别。但是畲族的新娘并不盖在头上，为什么呢？因为头上已经有凤冠等装饰，就不再用"红盖头"了，新娘就把它对折再对折，双手用拇指、食指和中指捏住两个角，平举在与自己眉毛差不多高的地方来遮脸。

（文：雷开勇）

湖州南浔辑里村

辑里湖丝甲天下

1851 年，在英国伦敦举办的首届世界博览会上，由上海商人徐荣村寄去的 12 包产自南浔辑里的"荣记湖丝"，获得了由英国维多利亚女王亲自颁发的金银大奖。"荣记湖丝"，也叫"辑里湖丝"，由此成为我国第一个获得国际大奖的民族工业品牌。

"上善若水"，水乡南浔给人的印象，总是离不开水的身影。辑里古村就是这水乡中的一朵季节花，不经意中悄然绽放着。穿村而过的分龙漾，仿佛就是一棵参天大树，岸边的房屋，就是生长在这一棵大树上的树叶和果实了。分龙漾连接着村东的雪荡河和村西的西塘河，雪荡河在这里转了一个弯，这个弯叫穿珠湾。就是这一方清澈明亮的水土孕育出一缕缕洁白细韧的蚕丝，把这个水灵灵的江南古村编织得绮丽秀美，光泽四射。

老南浔人说，南浔人靠的就是水，水能缫丝，丝能生钱……辑里村，河流纵横，苕雪两溪之水流经漾、荡、河、港，水清如镜，土质黏韧，构成了育桑、养蚕和缫丝的良好自然条件。

南宋端平元年（1234）李心传在《南林报国寺》中说"南林一聚落耳，而耕桑之富，甲于浙右"（南林即南浔古称）。可见，南浔的"耕桑之富"早在浙江首屈一指了。南浔辑里丝一称，起于明朝洪武年间。武宗以后，湖丝不仅广销国内各地，而且在国也有广阔的市场，所以，当时即有"湖丝遍天下"的赞语了。

南浔辑里丝之名即以村名命名。辑里，亦名七里。据周庆云《南浔志》载："辑里村居民数百家，市廛栉比，农人栽桑育蚕，产丝最著，名甲天下，海禁既开，逐行销欧美各国，曰辑里湖丝。"浔溪世家明相国朱国桢（明朝户部尚书兼建极殿大学士）在他的《涌幢小品》中写道："湖丝唯七里尤佳，较常价每两必多一分。苏人入手即识，用织缎，紫光可鉴。其地去余镇（南浔）仅七里故以名。"据史载，南浔辑里丝生产系农家手工操作，是由千百户小农户生产出来的，具有"细、圆、匀、坚"和"白、净、柔、韧"的特点。南浔辑里丝之质量，能明显优越于他地，与当地自然条件之优良，农人缫丝技术之高超，培育蚕种之精心，选择制丝用水之讲究诸因素密切相关。

《南浔志》载："辑里（七里）村位于南浔西南七里……湖桑腴美，……穿珠湾，水澄清，取以缫丝，光泽可爱。"这正是对辑里农人恰当利用优越自然条件的历史记载。辑里蚕农选用穿珠湾、西塘桥河水缫丝，据该村年过八旬的老农回忆，早有"水重丝韧"之传说，其水较他地每十斤必重二两，所缫之丝亦可多挂两枚铜钿而不断。可见，辑里丝具有强韧的拉力，也为农人研究制丝工艺之独创。

《南浔志》载："缫丝莫精于南浔人，盖由来永矣，每当新丝告成，商贾辐辏，而苏杭两织造，皆至此收焉，按旧以辑里丝为最佳，今则处处皆佳。"在黄省曾的《蚕经》里也有"看缫丝之人，南浔为善"的记载。对于南浔人缫丝技术的赞赏和辑里丝的独特优点的称誉，前人的记载不胜枚举。南浔辑里湖丝因独具质量特色而美名始扬，明朝前期即远销京广，转运国外，时至清代遂名震中外。据传，明朝时南浔朱国祯、温体仁两位相国都将自己家乡的七里丝推荐给当朝皇上。清王朝内府规定，凡皇帝和后妃所穿的龙袍凤衣，必须用辑里湖丝作为织造原料，故成贡品。清代康熙时织造的九件皇袍，就是指名选用辑里湖丝作经线织成的。

道光二十四年（1844），辑里丝从上海出口海外。据《徐愚斋日记》中说：英国女皇维多利亚过生日，有人把辑里丝为礼品献上而获得奖励。清代末年至民国初期，辑里湖丝在国内、国际多次获奖，取得殊荣。宣统二年（1910），辑里湖丝有 13 个金牌，在南洋劝业会评比中分别获得头等、二等商勋和超等、优等奖。宣统三年

（1911），辑里丝梅恒裕丝经行所制各种牌号丝经，在意大利展览会上获一等奖。民国 4 年（1915），南浔丝业代表张鹤卿等随中国赴美考察团，参加在纽约举行的第一次万国丝绸博览会，参展湖丝获美商好评。民国 19 年（1930），辑里湖丝的两个品牌在第一次西湖国际博览会上获特等奖。

这种用木制丝车缫制的土丝为何如此质优呢？原来它有三个秘诀：

一是蚕品种优良。在明万历年间，该村村民培育了一种优良蚕种——"莲心种"，该蚕种因其所产蚕茧小如莲实而得名。使用这种蚕种，特别适于缫制优质的桑蚕丝。

二是自然条件优越。七里村村东流淌着一条清澈透明的雪荡河。缫丝过程中强调"用清水、勤换水"，所以对水质特别讲究。而这条雪荡河在穿珠湾附近分流到七里村的淤溪时，河水几经曲折澄清，水清如镜，透明度几乎达到了 100%。清道光二十年（1840）编印的《南浔镇志》中记载道："雪荡、穿珠湾，俱在镇南近辑里村，水甚清，取以缫丝，光泽可爱。"

三是缫丝技术高超。七里村人在缫丝工艺上注重"细"和"匀"，缫丝工具应用当时最先进的三绪脚踏丝车，因而所缫的丝"富于拉力、丝身柔润、色泽洁白"，比一般土丝多挂两枚铜钿而不断。

此后，七里村人独特的缫丝工艺，被逐渐推广到了杭嘉湖苏各地，经由这些地区的吸收改进，土丝的质量也越来越好，形成了"细、圆、匀、坚、白、净、柔、韧"八大特点。这时各地所产的丝，也统统被称为七里丝了。从此，七里丝成为品质优良的著名土丝，尤其以南浔七里而著称，后来则泛称江南一带的上等土丝，再以后甚至连广东的上等土丝也冠以七里丝之名。

七里丝的名称直到清康熙乙丑年（1685）前后仍保持着原名。直至雍正初年（1723），古书上才有了"辑里湖丝，擅名江浙也"

辑里村景

的记载。雍正后，"七里丝"雅称为"辑里湖丝"，不仅名扬江浙，蜚声京师，而且衣被天下，行销海外。

"绿榆低映水边门，菱叶莲花数涨痕，苕霅风光夸四月，缫车声递一村村，做丝花落做丝忙，尽日南风麦弄黄，村里剪刀声乍断，又看二叶绿墙桑。"读此诗句，一片蚕乡兴旺景象尽收眼底。近年来，久负盛名的辑里湖丝产地面貌焕然一新，辑里湖丝就此进入了一个新的发展时期。现在的辑里湖丝，无论数量和质量都是往昔所无可比拟的，成为全国桑蚕丝生产的一个重要基地。辑里湖丝地南浔正秉承"湖茧、湖丝双甲天下"之盛名，与时俱进，开拓创新，实现新的跨越。

在辑里村，我们看到的依旧是"无不桑之地，无不蚕之家"的原生态。正逢春蚕吐丝做茧时，只见家家户户腾出整个前屋客堂来饲养"上山"的"蚕宝宝"，侧耳聆听，就会有春蚕食桑时窸窸窣窣的声音，一如细雨抚叶而落。在过去，农户一般家里在养蚕的时候是拒绝来客的，一来是为了给桑蚕安静的空间以免打扰；二来是为了控制整个室内的温度使其不受影响；三来是一些民俗上的禁忌。

随着养蚕技术的不断提高，科学文明的进步，这些条条框框的限制也就不复存在了。现在来到辑里村，你可以轻扣任意一户农家，蚕农们都会热情地欢迎你来观赏"蚕宝宝上山"的壮观场面，当笔者问户主："这蚕室里共养了多少蚕？"户主的脸上露出喜悦之色，她风趣地答道："一颗茧子好比一只'元宝'（银子），数也数不清啊。"当人们再亲眼看到村办丝厂缫丝车间里从蚕茧里抽出的蚕丝，丝丝如雪，不禁赞叹大自然万物之玄妙。

（文：山贤）

奉化条宅村

条宅布龙舞千年

条宅村，位于奉化江上游，村南苕溪，村北公路，原村名为苕雪，以溪得名。约950年前，陈氏祖先从奉化三石村迁移至此，落脚发展，相传至今已繁衍十六代。宋朝时祖先官至兵部侍郎，民国时，陈宗熙、陈宗列曾至民国高官。

条宅龙舞是奉化布龙的代表作，龙舞是由敬神、娱神而逐步发展形成的一种独特的民间舞蹈，史料《奉化志》记载，早在800多年的南宋时期条宅村已有龙舞，俗称滚龙灯、盘龙灯。初为谷龙、稻草龙，后在草龙上盖上青色或黄色的龙衣布，逐渐演变成竹篾扎龙头、龙节、龙尾，裹以色布的布龙。龙舞活动通常从农历十二月二十日始至正月元宵节结束。每当亢旱，田地龟裂，禾苗枯萎之时，农民们随着龙舞队，敲锣打鼓，成群结队去龙潭祈祷，向龙王求雨，将潭中的蛇、鳗、蛙等水生动物视为龙的化身，尊称为龙王，请而归之，如神供奉，待到旱情解除，再把它送回原潭。送回时要举行"送龙行会"，期间有龙舞表演，久而久之就形成了龙舞这个民间习俗。

条宅村自古就有舞龙的传统，据专家推测，已有800多年甚至更长时间的历史。条宅龙舞，以九节龙为固有程式，由男子群舞，人数一般与龙的节数相当，有时配龙头手两个，以备中途替换。舞龙队员各个技艺娴熟，动作干净利落、灵活敏捷。舞起来只见一条活生生的神龙在飞腾，龙身迎风，呼呼有声，煞似蛟龙出海，令人屏气凝神，目不暇接，有一种翻江倒海的磅礴气势。条宅龙舞的舞姿变化多端，原有50多个不同的动作套路，表演时一气呵成，使人眼花缭乱。整个舞蹈动作有盘、滚、游、翻、跳、戏等套路和小游龙、大游龙、龙钻尾三个过渡动作。

　　具体舞蹈动作有盘龙、龙抓身、挨背龙、龙搁脚、左右跳、套头龙、龙脱壳、龙翻身、双节龙、背摇船、圆跳龙、满天龙、游龙跳、靠足快龙、弓背龙、龙戏尾、龙出首、快游龙、直伸龙、快跳龙、滚沙龙、大游龙、小游龙和龙钻尾等24个套路的障碍舞龙与竞速舞龙。其中许多不同的跳跃动作和躺在地上滚舞的技巧，都是民间艺人通过丰富的想象力创造出来并在实践中不断充实、提高和完善。条宅龙舞的舞蹈动作都在龙的游动中进行，舞动时做到"人紧龙也圆，龙飞人亦舞"，"形变龙不停，龙走套路生"，舞得"狂"，舞得"活"，龙身"圆"，形态"神"。动作间的衔接和递进十分紧凑。

条宅布龙

　　布龙，是我国民间舞蹈的一颗璀璨明珠，渊源深厚，为广大群众所喜闻乐见。1946年元宵节，为庆祝抗日战争胜利，奉化举办了全县龙舞大赛，参加的舞龙队有108个之多，争奇斗艳，一比高低。以陈世雄为龙头手的条宅布龙技压群雄，夺得了标有"活龙活现"四字的锦旗一面。

1955 年 2 月，条宅龙舞参加浙江省第一届民间音乐舞蹈会演，首次在杭州登台献艺就一鸣惊人，轰动省城。同年 3 月，作为省民间舞蹈的杰出代表赴京出席全国会演，一龙倾倒京城，获优秀演出奖，接着到中南海为中央首长和国外著名人士表演，得到刘少奇、周恩来、朱德等老一辈领导人和国际友人的赞许。周总理还高兴地说："这条龙可以出国。"我国著名京剧表演艺术家盖叫天观后赞叹不绝："我看了你们这条龙，真是大吃一惊，使我大开眼界，练就你们现在的功夫非 30 年工夫不可。"随后由中国青年艺术团带此节目参加了第五届世界青年联欢节，获铜奖。

在条宅村，有一位知名度极高的舞龙高手叫陈行国，是奉化布龙的第五代传人。他舞龙、制龙已有整整 35 个年头。陈行国 1961 年 4 月出生于舞龙世家从小耳濡目染，受到父辈们的艺术熏陶和言传身教。1977 年，16 岁的他投师舞龙大师陈世雄门下，执掌村少年舞龙队的龙头。条宅布龙向来以"游、盘、滚、翻、跳"为舞蹈主线，张弛有序，节奏明快。实践中，陈行国年少无畏，在保持快船龙、摇船龙、操身龙、左右跳等优秀舞姿的基础上，创新推出半起伏、蝴蝶式、水落花、高塔盘等 20 余个新颖的造型动作，以静衬动，更具魅力。

1976 年 6 月，以陈行国为龙头的条宅布龙队，首次赴杭参加全省龙舞大赛，一举夺魁。此后陈行国率队五赴北京，六赴省外参加全国级龙舞大赛和全国第一届至第五届农运会，多次喜捧奖杯而归。2008 年他荣获奉化首位国家级"非遗"布龙传人。在舞龙的同时，陈行国还在家里开设神龙制作坊。20 余年来，他亲手在省内外制作了 1200 多条高质量的各种布龙，2008 年制作了一条长 100 多米的 24 节巨龙，2000 年精制一条白龙，并首次出国比利时。陈行国还身兼省内外 30 多支舞龙队的教练，热心传授舞龙技艺，让条宅布龙发扬光大。

自古奉化产生过多少布龙，没人能说清楚。有多少人承担起传承的职责，也没人统计过。但可以肯定的是：古代奉化龙文化比今天发达，喜欢的人比今天多。陈行国只是其中一个代表，条宅舞龙需要传承，传承还需要更多双手。

（文：郑丽敏／图：陈晶晶）

磐安佳村

舞龙发源地佳村

佳村位于磐安县东北玉山台地，唐宋时为"婺州望族"临泽的街口，宗谱上记载佳村原名便为"街口"。解放初期由乡绅孙苫香改名为佳村。佳村与"龙"文化有着不解之缘。

1999年5月，《中国民俗节日故事》第一册《龙灯》中，开篇写了一个关于舞龙传统由来的故事：浙江省金华县有一条大溪，名为"灵溪"，溪水从北边的奇灵山上发源。一次金华县太爷动了恻隐之心，买了一条大蛇拿回家中饲养。一年夏天，灵溪干涸，县太爷梦到土地公告诉他只要将大蛇放入灵溪，便会降雨，后来果然灵验，解百姓干旱之苦，人们为了感谢大蛇，除了烧香祭祀，每年都往灵溪丢大包大包的米，希望来年能丰收。原来大蛇是奇灵山的巨龙，也是掌管雨水的天神，他找到县太爷，告诉他大家将粮食丢入溪中祭拜，糟蹋粮食，玉帝大怒，以后祭祀用清水便可，但是县里还是有人用鸡、鸭、鱼等荤食祭祀，玉帝看到金华百姓还是在浪费粮食，震怒，下令斩了巨龙，金华天天下红雨，被分隔的巨龙身体，从天山落下，分散在灵溪两岸。

人们知道后十分后悔，每逢正月十五便舞龙，用一条板凳一样的龙灯把巨龙接起来，希望巨龙的身躯能够合起来，这个习俗一直流传至今。

今天，在磐安县玉山镇的佳村，我们仍能找到与这个故事相关的蛛丝马迹。故事中的灵溪穿村而过，灵溪上有一座两孔石拱桥——灵溪桥。从佳村往北走5分钟，就到了奇灵山，佳村附近一带都是丘陵，只有这奇灵山是岩石，岩石上的水波纹路酷似鳞片，犹如人工雕刻。村中央有个建于20世纪60年代的村大队室。紧挨着大队室是几户木结构的老宅，住着三户姓胡的人家。空房已被拆了，一处宛若龙头的岩石终于现形，龙额头则一直延伸到了三户人家中，龙头则在村中央，龙身和龙尾则散落村子周围。距离佳村分别有一公里的灵溪之畔，也是由巨大的连绵的岩石山体构成。在佳村不远处，还有一块蛰伏的大岩石名叫"化龙岩"，传说是巨龙被分割后的龙身；村后的来龙岗，地势形似龙脖子。

奇怪的是此处 2 亩山地与附近的山土颜色截然不同，上面一层是金黄色，下面是红土，而四周都是黑色的土壤山；除此之外，村里还有十余处含"龙"字的地名，化龙坞、金钗龙、龙头丘、西塘龙、黄龙、青龙、长龙等。

竹木是磐安佳村龙灯的主要用材，就地取材，经济实惠，结实耐用。舞龙灯是一种大型的集娱乐、惊险、激烈于一体的群体性活动。整条龙灯需要牢固结实的凳板做基底，龙身凳板一般，以松木做成，两头凿有圆形小孔，供两灯之间连接，连接棍为半米左右的圆形硬木，一块凳板为"一骑灯"，灯与灯之间相连接，骑骑相接。

一、龙灯的制作

磐安佳村的龙灯由龙头、龙身、龙尾三部分组成。龙的数量视参加舞灯人的多少而定，节节相连，可以无限延伸。龙头呈 S 形。龙身由凳板组成，节节相连，每块长 2 米，一条龙灯中每块凳板的长度需要一致。凳板上扎制内呈半圆形，外呈三角形框架，糊上皮纸，再绘上山水、花卉或人物图形，题写各种吉祥的诗句。龙尾也一样，不同之处是尾部扎成鱼尾状，并凿一个孔用于拴绳。

整条龙灯集扎、剪、画、贴等工艺为一体，以竹木为主要材料。扎制龙头前，首先需要备好凳板。灯头板应选择新松木，无节疤，板长 3 米，宽 20 厘米，厚约 5 厘米，按龙头结构需要凿洞钻孔。其次，备一根 2 米长、手指般粗的钢筋，打好 S 形，一头开两花叉，打尖头，钉于灯头板前方；另一头开三花叉，打尖头，钉于脑珠板上。以灯头顶部、鼻尖、下巴为序，在其空位穴安置八支蜡烛（现改为电瓶灯）。最后，劈好 1 厘米宽的竹篾数条，长短均可。

佳村舞龙

再备笔、墨、皮纸、明矾等。颜料以大红为主，另有绿、黄、红、蓝等。缚灯头用细铁丝、苎麻绳、塑料绳等。

灯头制作流程如下：

先在灯头板上凿 2 个圆洞、2 个方洞，孔径约 4 厘米。两圆洞一个是前面的背柱洞，一个是后面的灯柱洞；两方洞一个用来装龙额下的主柱杆（柱长 1.5 米），一个用来装龙身中柱杆（柱长 2 米）。板后部钻 11 个洞，其中 1 个安置蜡烛灯，中柱杆两边各有 4 个插葭用的洞，还有 2 个，一个用于扣风门，另一个用于缚龙身做转弯用。

灯头的头额需用直径 1 米的胚壳，脑珠由大、中、小 20 个圈圈成，直径 30 厘米 6 个，直径 20 厘米 8 个，直径 10 厘米 6 个。脑珠下尚有珠垫 1 个，由 6 个荷花瓣组成，以直径 24 厘米和 12 厘米的 2 个圈固定荷花瓣。

龙身可从灯头板的尾部先缚，依龙身的形制转弯和收放。扎好龙的鼻嘴、头额、龙身后，再在头与身的交接处缚好鼻前小尖角，后缚龙角、龙眼、龙耳、龙爪及飞云4块、飞带2条、龙珠和珠垫各1套。钉上蜡烛钉。基本扎好后，前前后后、上上下下、里里外外仔细检查，看是否牢固，有无缺漏之处，最后扎上脊梁上的背筋。

龙的尾巴板与龙身凳板长度一样，灯面大小与子灯一样，稍做雕刻呈鱼尾状。

龙头由虎额、狮鼻、鲇巴嘴、鹿角、牛耳、蛇身、鹰爪、金鱼眼等组成，是多种动物的组合，体现了佳村人民的智慧。

灯头制作完成以后，还要认真进行装扮。灯头头额要书写"风调雨顺"、"国泰民安"等吉祥语，龙身则需绘画、题诗，应景应时，充满诗情画意。

二、舞龙程序

1. 整场龙灯队伍一分为四，由灯会指挥人员主持，到四处龙迹圣地就位。

（1）龙灯的龙头部分，附龙珠、牌灯、鼓乐、司仪，在佳村中龙眼、龙鼻即龙头圣地施行祭礼；

（2）龙脖子（1—6节），到龙头龙脖子尽头的古松下等候龙头前来迎接；

（3）龙身（7—40节），在三脚蹬步化龙岩圣地前恭候龙头；

（4）龙尾（41—100节），经过前山和龙潭，在下觉庵等待龙头前来迎接。

2. 龙灯的龙头受祭以后，带香灯、鼓乐、牌灯按照设定的顺序到另三处圣地将龙脖子、龙身、龙尾几部分，领到奇灵山前灵溪边的龙头丘待命。

3. 接龙：龙头、龙脖子、龙身、龙尾四部分听全程指挥连接成一体。

4. 舞龙线路：龙头圣地—来龙岗—大塘岭头—化龙岩—放生

潭—下觉庵—灵溪大桥—和福桥—灵溪古桥—龙头丘。

在龙头丘将龙头、龙脖子、龙身、龙尾交接成一体，由司仪（领香灯人）主持朝拜过奇灵山龙王庙后，舞龙灯进入高潮。后邀游灵溪，即从龙头丘出发，沿着灵溪两岸的三州古道，按设定线路在村中各个院落舞完后返回龙头圣地，绕龙头龙眼一圈并朝拜龙头，至此，舞龙灯整个程序结束。

龙是中华民族的图腾与象征，舞龙习俗在我国流传广泛，每逢盛大节日和重大赛事，便有舞龙活动表示吉祥和喜庆，而像磐安佳村这样系统而又独特的龙灯文化并不多见。传承历史，发展文化，佳村村民齐心协力，致力于当地龙灯文化、习俗的挖掘和保护，以及龙灯制作、表演技艺的传承。佳村"中国舞龙发源地"已成为磐安县的一张新名片。

（文：磐安农办/图：曾令兵）

安吉上舍村

上舍别样化龙灯

梅溪镇上舍村位于安吉境内东枝末梢，东临吴兴，南毗德清，是西苕溪支流昆溪水的发源地，村域面积4.64平方公里，人口1320人，人均收入20053元，是一个有着悠久历史文化的"世外小村"。上舍村境内山峦重叠，古树参天，修竹翠绿，气候凉爽，风景宜人，环境优美，生态环境优越，天赐上舍"灵""秀""奇"。

"灵"在"聚天地之灵气，显龙舞之精魄"。群山环抱的村庄，属藏风聚气宝地，常住延年益寿。溪流蜿蜒穿越而过，鸟瞰如有龙盘之状。古人在建村之始，开辟九条九曲道路连接全村，隐含九龙之意，现今仍能分辨每条道路的龙首、龙身和龙尾。

"秀"在"绿荫如盖，繁花似锦"。上舍村地处北回归线以南，受海洋气候调节，阳光充足，雨量充沛，四季分明；优越的自然条件，使植物终年生长繁茂，树常绿、花常开、果常熟、充满世外桃源景致。

"奇"在独特的乡土文化。传承千年的朱氏家谱，记录着朱氏家族的繁衍生息；千年历史的古村落遗址，向人们诉说着山区农耕文化的源远流长；百年古树述说上舍的历史沧桑，灿烂文化。上舍"化龙灯"和"竹叶龙"分别列入"国家非遗"和"省非遗"的名录。

上舍村"化龙灯"的来由妇孺皆知，且30%以上的人会舞龙。据说化龙灯的起源跟村中朱、杨两大家族有关。上舍村有史以来以朱、章、杨三大家族为主。朱、杨两大家族在春节期间都有扎灯、舞龙的习俗。但初期的扎灯、舞龙都是家族式的，不允许旁姓加入。每到春节朱、杨两大家族的灯舞、龙舞争奇斗艳，互比风采。至清代光绪年间，杨氏家族以杨九林为首，在扎花灯时突发奇想，并召集族中其他成员，研究实验将花灯与龙灯结合，分离为单节的花灯，各节连接在一起舞动起来如游龙般非常绚丽动人，加上龙舞套路的腾、挪、跳、跃更是美不胜收，一出场就赢得众人喝彩。后经过多次实践改进就形成了灯舞、龙舞相结合的民间舞蹈，从此上舍的灯舞与化龙舞有机结合起来，有了民间舞蹈"化龙灯"。过年舞龙是我国古有的习俗，龙自古就是中国人的图腾，是权势、高贵、尊荣的象征，同时又是幸运和成功的标志。自此杨家族人每年春节前就凑份子钱（或出灯笼）扎制形式不一的灯笼，春节灯笼舞里有了舞化龙灯舞的习俗（其实扎制灯笼的过程就是民间艺人斗才艺的过程）。由花灯变龙舞的民俗文化由此慢慢形成并传承下来，且有了它特定的寓意。

"化龙灯"的扎制分为三个组合：头牌灯、花灯（龙身灯）、花瓶灯。龙身由12只花灯连接而成，全长19.2米。在扎制上，头牌灯两盏，内骨由竹篾扎成，外胶糊白色透明布料，前面布料折皱、绘画，内装灯照明，不同侧面可以看到不同的画面，一般显示三种画面。头牌灯高70厘米，宽50厘米，厚18厘米。花灯共12盏即龙身（龙身灯），龙骨由竹丝扎成，外胶糊布，涂玫瑰红颜色。每盏灯共有9节10套，每节扎12个直径为32厘米的圆窟，以荷花花心为模式做灯芯；每个窟上缝上荷花8片做龙鳞，每节灯全长约1.71米。龙尾为一条鲤鱼。龙珠为蚌壳灯，珠为红色，蚌壳为褐色，珠可伸可缩。龙头主要由三个直径为32厘米的圆窟构成主体框架。然后从上往下依次来做龙角（做成莲藕状）、龙额、上颚下颚、胡须。之后便是缝布、画龙面像，用竹球来画龙点睛。龙舌用竹篾做好框架，外面包上红色绸布。4只大龙牙和2只小龙牙均用小竹片制成。花瓶灯也为12盏，高50厘米，瓶肚直径为25—30厘米，每盏花瓶灯里插入12时节花卉，每盏灯合二为一，组成一只立体花瓶。上舍村还在传统"化龙灯"的基础上，将荷花灯扎成竹叶灯，创新扎制成了闻名国内外的"竹叶龙"。龙身（龙身灯）先做龙骨，将传统的荷花灯转换为竹笋灯，绘竹笋布做灯芯，用毛竹枝叶做花瓣。基本不用头牌灯，换为龙头、龙身、龙尾（竹笋灯）共12盏，连接后龙身全长19.2米。化龙灯、竹叶龙的扎制主材料为毛竹，选择上舍村优质天然自生的毛竹，并且要有3度（6年）以上竹龄的竹子。"化龙灯"的扎制集竹编造型艺术、民间剪纸、民间绘画于一体，而每个灯的制作都有着不同的含义，"灯、龙"有着丰富的民间故事内涵。

制作化龙灯

新年舞龙是族人祈求来年风调雨顺、事事顺心的美好愿望，又是族人团聚愉悦的活动，更是民间扎制艺人斗才艺的赛场。因此，灯笼越扎越有内涵，越扎越有彩头，化龙灯（灯龙舞）舞蹈也随着灯笼花样的变化也越来越有寓意。

首先在龙头上，早期化龙灯的龙灯部分，龙头像花篮，龙角为莲藕，龙鼻即为篮的环柄；龙尾是鹬形，龙珠是蚌珠，取"鹬蚌相争"之意。后来因鹬的制作较难，又将龙尾改为鲤鱼，取"鲤鱼跳龙门"之意。再后来从寓意上又有"四变"：聚宝盆变为龙头，寿桃灯变为龙珠，蝙蝠灯变为龙尾，九盏花灯变为龙身，象征"福禄和合，益寿延年"之意。正月闹灯拜门时，家家户户要放爆竹迎接，并设香案供香火、糖果、烟酒等。化龙灯入户拜门，花灯先在正堂"走阵"，龙身是在"退堂"中衔接好后再到正堂舞动着退出门。化龙灯表演由 26 人为最基本人数，牌灯 2 人，花瓶 12 人，龙 12 人（含鹬或鲤鱼 1 人，蚌珠 1 人，另用锣鼓伴奏）。领路"牌灯"，正面用纸糊成栅格状，在栅格的两侧分别绘上不同花草，让观众在不同角度观看出不同的画面，构思非常巧妙。12 花瓶各插不同花朵，分别为：正月梅花，二月杏花，三月桃花，四月蔷薇，五月石榴，六月荷花，七月鸡冠，八月桂花，九月菊花，十月芙蓉，十一月水仙，十二月腊梅。每只花瓶可纵向"剖开"，正面为瓶，反持则为云朵。

花瓶反面画云朵，是为了场地表演时接龙作为屏障，不让观众看到接龙的过程。接龙时女子手持云朵围成半圆做云朵飘移，寓意龙在九天。灯接成龙，龙头从云中突然抬头舞动，持花女子分两边舞动退到两旁，九天龙腾出并舞动起来。化龙灯在拜门子表演时，不同家境的东家对化龙灯的"进门"、"出门"有不同要求。遇富贵人家，花灯进门须排成双排，以示"双喜临门"并送元宝灯，寓意财源滚滚；遇有"读书郎倌"人家，进门要"跨砚"、"敬笔"，祝福"读书郎倌"前程似锦。遇新婚人家赠婴儿鞋，寓意"龙王送子，早生贵子"。

中国传统建房为穿架房，厅堂有厅柱，花灯利用厅堂上的四柱走出各种阵势。传统阵势繁多，有"四方阵"、"剪刀阵"、"元宝阵"、"绞丝阵"等，各阵之间穿插风趣的鱼蚌调弄。另有"仙人领路"、"鲤鱼出洞"、"童子拜佛"、"鲤鱼跳龙门"等造型或动作。视各家厅堂大小，走阵可多可少，灵活多变。走阵结束后，荷花衔接化龙，鲤鱼（后为蝙蝠灯，寓意福到了）接在龙尾，蚌珠戏耍龙头，龙舞造型对东家香案三点头，东家敬上烟、糖、红包，即由牌头灯领路，换一家"拜门"闹灯。因此化龙灯就有了"进门是花灯，出门是龙灯"之说。

"化龙灯"造型独特，因其"进门花灯、厅堂走阵、出门龙灯"的表演形式古朴而特色鲜明，深受当地老百姓的喜爱，常受邀参加当地的庙会、开业庆典和其他重大活动。每年3月参加晓墅白云庙的庙会；9月参加太平观的重阳庙会等；上舍化龙灯应邀参加过浙江省第二届民间音乐舞蹈观摩大会，庆祝香港回归等大型活动，并多次参加湖州市丝绸文化节、多次受本县及安徽省广德等地邀请参加活动、演出。

化龙灯艳丽多姿及其美好寓意为亲朋好友所青睐。据说，上舍村与长兴县天平村是数代的"老亲"。民国年间应"老亲"要求，杨九林的两位伯父杨柳春、杨秀春在他的指导下制作了化龙灯二套相送，从此化龙灯传到了长兴。后在长兴县、浙江省有关部门重视下，打造为举世闻名的"百叶龙"，上舍"化龙灯"对长兴"百叶龙"的形成有着不可替代的地位。据村书记回忆，有"小梅兰芳"美誉的池文海老师在挖掘、恢复排练长兴百叶龙时曾多次来上舍走访。

化龙灯不仅影响了长兴百叶龙的形成，更是安吉竹叶龙的原型。上舍四周是山，满山翠竹是山里人的财富，山里人靠山吃山，竹林承载着山里人的希望。清朝光绪年间，杨家族人在化龙灯的基础上，将荷花灯做成竹笋灯，将舞花灯变成了舞竹笋等，竹笋成竹相连成龙，直接将求财求富融进了龙舞之中。竹叶龙舞蹈成为民间祈求来年风调雨顺、五谷丰登必演的民间仪式舞。竹叶龙化龙前的演出以摆阵势为主，有翠竹交映、山姑献笋、笋灯绕竹、竹海成龙、竹龙戏珠、龙拜四方六个阵势；化龙后的演出以舞龙为主。此时的表演阵势以及舞龙形式极为丰富。时而竹龙翻滚，时而竹海腾龙，期间贯穿着几个高难度的舞龙形态。竹叶龙因其有着安吉上舍鲜明的地方特色，受到了各级政府的高度重视，得到了很好的传承和发展。2008年竹叶龙以其优美的造型、精湛的舞艺代表浙江省参加了"2008北京"奥运文化广场活动。2009年竹叶龙又承载着中国人民的深厚友谊，应邀飞赴法国西海岸，参加了法国第37届和平艺术节，向世界展示了上舍村龙舞艺术的魅力；2014年由安吉县残联传承的竹叶龙又一次远赴法国，参加第42届和平艺术节巡演，23场演出场场爆满，11次艺术踩街，次次掌声如潮……为法国人民所追捧，称为"高超的魔术"。

这种家族式的世代相传，直至第三代才打破"不传外姓人"的规矩，胡启华、朱承高便是师承杨榴芳。上舍龙舞艺术的传承保护也得到了浙江省文化厅、安吉县政府和各级文化部门的高度重视，2010年，"浙江省龙舞文化博物馆"在上舍村隆重开馆，更加彰显了上舍化龙灯在浙江龙舞文化中的重要地位。

如今"化龙灯"、"竹叶龙"龙舞艺术成为安吉县梅溪镇上舍村对外宣传的文化名片。龙舞文化的演绎、展示也是上舍村开发旅游业的一张文化名片。上舍村"以龙会友、以龙会客"，通过龙舞文化的交流，大大地增强了上舍村对外影响力。

（文/图：尚亿琴）

三 加工类

平阳大屯村

大屯毛竹可编墙

大屯村隶属平阳县山门镇，位于山门镇北侧半山腰，群山环抱，翠竹掩映，具有浓郁的浙南山村风光。在这里家家户户几乎都有人从事一门古老的职业——篾匠。通常，篾匠将一根完整的竹子做成筲箕、筛子、晒席、蒸笼、背篓、箩筐等各种各样、轻巧耐用的篾制品，这里的篾匠却把竹用于房屋建设，制作成竹编墙，堪称"建筑一绝"，这不仅可以就地取材，而且能绿色环保。至今，许多老房修缮或仿古木屋新建，还专门聘请这里的篾匠去建竹编墙。

据《郑氏宗谱》记载，清康熙年间，始祖郑士椿从福建安溪经凤卧迁居于此，带来了传统的生活习俗，同时，也带来了祖传的竹编墙手艺。经过300多年历史沉淀，结合瓯南地区一带多水多竹、气候宜人的特点，大屯人到了农闲之季，充分利用祖辈相传的手艺走乡入户给新建房屋制作竹编墙，"一传十，十传百"，竹编墙成了大屯名闻遐迩的金字招牌，鼎盛时期，100多位村民长年累月在外制作"竹编墙"。

现代化建筑业的发展对传统篾匠行业带来了巨大冲击，往日家家户户以竹编墙为业，长年忙碌奔波在外的情景逐渐消失，但这里的篾匠们依然沿用祖传的竹编墙手艺，修缮老屋及新建木屋。在大屯口耳相传这样的故事：清康熙年间，郑士椿和齐静王家小女相恋。郑士椿家庭贫寒，王家父母为了彻底打消小女与之成婚的念头，便提出郑士椿三年之内拥有一堂四屋的房子便同意女儿下嫁士椿。为此，士椿勤于农耕，同时，积极营建房屋。转眼间三年之约要到了，房子只建了骨架，无钱购买更多的木材，正在手足无措时，他想到了山上众多的毛竹，便利用毛竹代替木材制作成"墙"，终于在规定限期内修建成了一堂四屋的房子，王家也便同意女儿下嫁士椿。穿越岁月长河，这不仅给竹编墙手艺增添了无穷浪漫色彩，也为后人留下了"竹编墙是大屯小伙子的脸"的说法。

山道蜿蜒上行，青山环抱之中，开竹劈竹的声响由远而近，一名老人依然亲自动手做竹编墙活。老人叫郑经坤，近七旬了，正在庭院里娴熟地开竹劈竹。毛竹摆弄在老人的手中，显得异常"听话"，姿势如舞蹈般优美，看得人眼花缭乱。郑经坤老人说，竹编墙活已经和他融为一体了，只要拿起竹片编成竹编墙，就好像拥有了无限的活力。老人两手厚厚老茧见证了长年累月的劳作，虽然已经头发灰白，但在开竹劈竹时候，仍显得神采奕奕。老人说："我从小就跟着父亲身边学习篾编手艺，并一直以此为生，与竹编墙打交道已有50多年。虽然现在做竹编墙的房子越来越少，但还是很喜欢这个工作。只要还有老房修缮要做竹编墙，我就有活干！"竹编墙是一项很仔细很辛苦的活，不是人人能做的，也绝不是一朝一夕就能学成的。要想"势如破竹"，就要人、刀、竹合一，需要岁月的积累。

据了解，大屯竹编墙流程共分选竹、劈篾、立柱、编篾、粉刷五道工序，其中劈篾是篾匠最重要的基本功，把一根完整的竹子劈成竹编墙所需的各种各样的篾条。以下便是主要的工序步骤：

1. 选竹。一般选用三四年生长的毛竹，剔除枝叶抬回，避免拖行而破坏毛竹的皮表。毛竹要专挑生长在高山向阳、远离民居的地方。据了解，选用这样的毛竹，容易剖片，不易生蛀虫，能长期使用，并保持原有的韧性。大屯村篾匠老师傅拥有独特的"法眼"，通过观察毛竹纹理及颜色就能辨别毛竹优劣，一般选用纹理清晰、颜色翠绿的毛竹用于竹编墙。为了更好地保持竹编墙的质量，山高路远，大屯篾匠们仍坚持挑着竹料到户主家，他们常常说："挑竹虽然辛苦，但是知根知底的竹料做竹编墙用着放心。"

2. 劈篾。首先根据墙面大小的需要锯断毛竹，再用背厚刃薄而利的竹刀把毛竹劈开两半，并根据毛竹大小劈成约 5 厘米宽的竹条，接着选择质地更光滑细腻坚韧的竹条，用右手稳竹刀，左手的拇指和食指按住竹条，再用手腕之力对剖再对剖……或剖成六七片篾条，有些手艺高超的篾匠师傅甚至可以剖成八片篾条。剖蔑是个细致活，技术要求很高，没有数年的道行是剖不来，蔑条往往不是中途断了，便是厚薄不匀，故一般由师傅亲自操作。

3. 立柱。首先选择质地坚韧的竹条，切成立柱，接着根据两根支撑木的宽度，把立柱切成适合的高度，再把立柱两端切成 180 度左右的弧形切口。然后，把立柱弯曲，利用立柱弹性，把立柱安装在两根支撑木之间。安装立柱还特别有讲究，一般立柱只能安装为单数。

4. 编篾。编篾是竹编墙最重要的环节，将一根根约 4 厘米宽、薄薄的蔑条从左到右上下穿过一个个立柱，然后，仔细检查，哪里做得不好，哪里围得松了点，都要用手使劲挤按，调整打压，使篾条之间紧密贴近。如此反复地编织竹编墙。有些工程小的，只需数天即可完成；有些为了美观，根据不同的墙面而制作不同的图案，那就得花数月时间，真可谓慢工出细活。

5. 粉刷。用泥土、谷壳、稻草等原料浇灌成泥浆进行粉刷，最后用白石灰粉盖面，使竹编墙更加牢固和白洁。这样既就地取材，节约建筑成本，而且能防风保暖、防震，防腐、防蛀。竹编墙往往可以保存百年不变。粉刷完毕后，户主即可入住，没有异味，绿色环保。

编篾

　　岁月悠悠，世代传承，勤劳智慧的大屯人用"靠山吃山，靠竹吃竹"的独特生产生活方式，创造出独具特色的竹编墙。在我们的现代生活中，竹编墙或已被人造隔板所取代，或已被现代建筑业所抛弃……老一辈们薪火相传的手艺正在逐渐失传，最后成为一种遥远的记忆。竹编墙这门手工艺迟早会消亡，但是大屯人身上辛勤劳作的精神却将恒久地存在。

（文/图：董文堵）

湖州吴兴泉益村

东林柳编游欧美

在很多东林人的记忆中有着这样一幅画面：父母亲将田野中采来的柳条经过晾晒、浸泡等工序后，在一个相对密闭的房间里，大家一起边聊天边编织。看似普通的小柳条像是注入了生命一样，灵活地穿梭于父母亲的手中。不一会儿，原本没有形状的柳条就"华丽转身""逆袭"成为各式花篮、笆斗等器皿，被用来盛放稻米等谷物，成为家中不可或缺的一部分。这项名叫"柳编"的手工活动是东林的传统工艺，据说已经有300多年的历史了。现主要分布在湖州市吴兴区东林镇与德清县钟管镇交界处以钱家潭为中心的泉益村、泉庆村、泉心村及曲溪村一带。

凭借水网密布、丰富的柳条资源以及村民们的勤劳智慧，泉益柳器闻名遐迩，《嘉庆·德清县志》记载："钱家潭出杨条，均挺柔韧，制笆斗销于远处。"笆斗、簸箕、篓筐等器具一度为农民们重要的经济收入来源。其中，柳编笆斗的历史尤为悠久，早在唐朝就曾出现，当时称为"栲栳"，诗人卢延让在描写富家子弟挥金如土时，曾有"五陵年少粗于事，栲栳量金买断春"的诗句。

笆斗，根据容量和用途分别称"栲栳、笆斗、拎笆、四升斗、鞋扁"等，是江南水乡农村广泛使用的农用盛器。《同治·湖州府志卷三十三物产》也载："栲栳……编柳条为之，缘以竹片。小者曰笆斗，亦曰三笆，又有四升斗，搌箕蒲篓。"根据大小不同又有"七斗笆""五斗笆""三斗笆"之分。七斗笆也叫栲栳，用来挑运稻谷、盛放大米；五斗笆较多用来盛放米粉；三斗笆也叫"园斗"，是一种计量用具。另外，还有用于播种谷子、麦子和大豆的"拎巴"，用来盛放女红针指的"鞋扁"等。笆斗与农家日常生活息息相关，也是女儿出嫁时必不可少的嫁妆，深受人们的喜爱。

柳编笆斗制作技艺称谓有"前道"和"后道"之分。这里的农村基本上以家庭为单位制作柳编笆斗。约有80%的家庭制作"前道"（半成品），20%的家庭制作"后道"（成品）。

前道制作，主要是对柳条原料进行加工，工序有：

1. 夹白。用特制的工具（竹夹和铁夹）将柳条上的外皮去除，称为夹白。同时将大小不同的柳条进行分选。竹夹是用两块约长25公分、宽2公分的竹片做成，底部用铁丝将两块竹片穿眼固定。夹白时，艺人坐于矮凳，左手捏柳条置膝，右手持竹夹似握剪刀，夹住柳条，双手用力配合，将柳条的外皮夹刮去除。竹夹用于对较细的柳条处理。较粗的柳条使用铁夹夹白。铁夹由两根长约50公分、直径1.5公分的铁管制成，底部穿眼固定。将铁夹的底端放在身前地上，双脚抵住；柳条夹在两根铁管之间，右手捏住两根铁管顶端用力推刮，去除柳条的外皮。

2. 晒干。夹白后的柳条按粗细分选成捆后晒干。晒干后的柳条可以堆放较长的时间。

3. 浸泡。编织笆斗的柳条要求有一定韧度，而晒干的柳条较硬不易编织。所以开始编织笆斗之前，要将晒干的柳条放到水中浸泡。浸泡时间不宜过长，否则柳条变脆则容易断裂。

4. 编织。笆斗半成品的编织加工，大多由妇女担任，因此有"传媳不传女"的说法。经夹板放在地上，纵向套苎麻或尼龙线，逐步穿上柳条，编好"斗底"。将斗底放上"宽底"（也就是模型）用柳条和尼龙线交替编织，逐渐编成底为半球形笆斗。斗口用柳带刀修去毛边。一个半成品的笆斗（前道）就完成了。

"后道"制作，则是将半成品装上"斗圈"（筐口）和"斗底"，成为结实耐用的笆斗成品。工序有：

1. 劈竹。圈与底，都是用毛竹制成。将毛竹按需要劈成宽一寸左右、长短不一的篾条。

2. 烘烤。遇有篾条变型弯曲，可用火将其烘直。将篾条的弯曲

泉益柳编

处置于火上烘烤，加热可将变形处掰直，冷却后即可固定成笔直的形状。

3. 砍豁。斗圈在安装前，要用篾刀砍出豁口，便于捆扎。青篾与黄篾分别放置备用。

4. 撑圈。将青篾包在外口，扎紧；黄篾撑在里口。撑黄篾时，要注意利用竹片的弹性将笆斗的里口尽量撑紧，撑时先将弯成圆弧状的篾条放入里口，圆弧的接头处篾条撑接，用脚踩住，再用木槌将其敲平。每个笆斗的里口要撑三根黄篾，外口三根青篾。撑好后，用柳带刀削去多余的柳条。

5. 安底。即在笆斗的底部装上青篾，使笆斗与地面不直接接触，从而达到坚固耐用的目的。安底用青篾。将完成撑圈的笆斗斗口朝下倒扣于地，将用于斗底青篾的一端插入斗圈，青篾沿半球形斗底环绕后，插入斗口圆弧对称的另一侧的斗圈。斗底青篾的长度是根据笆斗的大小而定的。斗底的青篾，根据需求可成"二"字形、"卅"字形、"十"字形和"井"字形。安装好斗底后，一个结实耐用、外形美观的柳编笆斗成品就制成了。

柳编与人们的日常生活关系紧密，有很高的实用价值。精制的柳编工艺品，具有民间实用价值和观赏价值。作为我国的一项传统手工工艺，已普遍受到欧美地区的欢迎。柳编制品走出国门，不仅给农民带来收入，也扩大了中华文化的影响，是非物质文化遗产中的一颗璀璨明珠。

细长柔软的柳条不仅凝结了前人智慧的结晶，更编织着东林人的家乡梦。希望这项代表着民族传统文化的手艺，在大家的共同努力下，能够以更好的姿态出现在世人面前，散发出更耀眼的光芒。

（文/图：湖州吴兴农办）

绍兴上虞梁宅村

上虞草鞋昔日宝

　　绍兴市上虞区岭南乡梁宅村，梁氏世代居住于此，故而得名。该村位于上虞区东南 50 余千米，坐落在七姐妹山上，其在覆卮山海拔 500 余米处，地域面积 0.91 平方千米，与东澄村毗邻。

　　据《梁氏族谱》记述，梁氏在梁宅定居已有 700 多年的历史，在这悠久的历史中，梁宅人有一件珍贵的宝贝——草鞋传世。

上虞梁宅村村景

　　草鞋，从原始社会到现在一直有人穿着。草鞋的编织材料各种各样，有糯稻草、毛竹壳、络麻、破布条；鞋有系绳鞋，也有拖鞋。草鞋是中国山区居民的传统劳动用鞋，穿着普遍，相沿成习。无论男女老幼，凡下地农耕、上山砍柴、伐木、采药、狩猎等，不分晴雨都穿草鞋。草鞋既轻便柔软，又透气防滑，其是有按摩保健作用，而且价格十分低廉。特别是夏天走长路，穿上草鞋清爽凉快，软硬适中，步履敏捷，两脚生风，令人十分惬意；雨天穿着它，既透水，又防滑；冬雪天内穿一双棕袜子，外套"满耳子"草鞋，便可保暖，如遇冰溜子上路，再套上铁制的脚码子，就可确保无事。草鞋最早的名字叫"扉"，相传为黄帝的臣子不则所创造。据史料记载，贵为天子的汉文帝刘恒也曾"履不借以视朝"。古代文人、隐士似乎以穿草鞋为时髦："竹杖芒鞋轻胜马，一蓑烟雨任平生。"电视剧中的大侠也大多为此装束，的确显得十分飘逸洒脱。《三国演义》中刘皇叔就是编草鞋出身的，说明草鞋在古代平民百姓中是十分普遍的穿用之物。

梁宅编草鞋的工艺非常巧妙，材料备足后，就可以开始打草鞋了。取络麻搓草鞋省（绳）二条，长度一"人"长（自己两手摊开放直的长度）。将一条草鞋省对折变成两条草鞋省（经），在对折中央做一个圈儿，即草鞋鼻头。用一条绳穿过草鞋鼻头圈内，系在自己腰上。取"草鞋爬"勾在四尺木板凳一头，人坐在凳的另一头，人坐的凳头要顶板壁上，以防打草鞋向后拉紧时木凳向后滑。开始打草鞋鼻头，用络麻在两条鞋经内一上一下穿编，编到三手指长时，将两条草鞋经挂在"草鞋爬"的左右的第一个与第三个木齿上，将另一个草鞋经的另两端绳头拉回来，把绳头插入草鞋一头内固定住，这样两条草鞋经就变成四条草鞋经了。

最关键的环节是：草鞋的长短，取决于从草鞋鼻头到草鞋爬齿的四条草鞋省的长度，以自己的前手臂的长度为标准，就能适合鞋的长度了。接下来取喷过水的半湿稻草来在四条鞋经一上一下穿制纬，每穿一次稻草时都要把稻草向自己方向索紧，穿过两边经时要索紧，穿过中间两条鞋省时稻草要放松。这样编制起的草鞋，穿起来又牢又软又舒服，前头由小变大。鞋的宽度和形状就由草鞋经在"草鞋爬"六个齿上收放来确定，草鞋省放到最外边齿上，鞋的宽度放大，草鞋前头长度编制到一手撑的横宽，在左右两边的草鞋省上做草鞋扣儿。用络麻系在草鞋经上，搓绳做两个长短不一的扣儿，做好前鞋扣，接下继续用稻草编制，每次插入稻草的接头都放在鞋下面，上面保持美观、平整，适应脚穿，不损脚。

鞋身编制五指宽的长度，在左右两边鞋经用络麻各做两个长短的草鞋扣儿（后鞋扣）。再编制后鞋根长度，达到四手指横宽，将鞋经从"草鞋爬"的外齿上收放在内二齿上。由四草鞋经变为二草鞋经进行编制，编到 2 寸长的后根，将剩下的二条草鞋打结。

然后用鞋捶敲打草鞋，使其变软，修饰鞋型，直至满意。把后跟两条草鞋经反扣在后草鞋扣儿上。再取两条麻绳，穿过草鞋鼻头，以备穿鞋时系带，就成了一双完整的草鞋了。村里也有用旧布条和稻草混合编草鞋，这种草鞋穿起来更柔软舒适，而且比糯稻草所编更耐穿。

目前村内 70 岁以上的村民基本人人都会编织草鞋。随着社会的发展，年轻一辈的人已经不再穿草鞋了，尽管还有一部分人在村内务农，但是现代化穿戴已经代替了原来的草帽、蓑衣和草鞋。村里能够完整熟练操作这门手艺的梁柏云也年近八十，据老人说，现在也不怎么编了，一来是平时用到的机会越来越少了，二来也是年纪大了，没有以前那么手巧，打草找材料也没以前来得容易。

令人欣慰的是，相关部门对传统技艺十分重视，依托里四堡的节会活动，请老人现场表演编织草鞋的技艺，使这门传承百年的手艺，能够在游客的照片、视频中保存下去，以现代化的手段来保护、推广，让有意向的青年能够有更加便捷的途径获知和学到这门手艺。都说这个时代是属于匠人的，将来梁宅的草鞋经过某位匠人的手，出现在各大商场的专柜也说不定呢！

（文/图：绍兴上虞农办）

宁波鄞州咸六村

鄞州灰雕有传人

宁波市鄞州区东南、象山港北岸，原先只是一片海涂，一个盐场，明代成陆。嘉庆年间，盐场之名雅化为"咸祥"，民国时建镇。咸六村位于咸祥镇政府东南 1 公里处，曾名咸七村。千百年来，勤劳的咸祥人以惊人的毅力捕鱼种棉、艰苦创业，在生劳动中创作了民间百作手艺，其中一项是灰雕工艺。

宁波灰雕工艺的历史十分悠久，东钱湖南宋石牌坊，即采用了灰泥做填料来装饰，其历经 800 年风雨仍坚固黏结。作为民间手工艺，灰雕是与祠堂、庙宇、寺观、官宅、园林、楼阁等砖瓦建筑相结合的装饰形式。其主要装饰在古建筑的山墙、墙头、屋脊、檐角、照壁、门楼、门窗上，既可增强墙体的牢固，又有观赏价值，更有通风、采光、防盗的作用。灰雕采用蛎灰，按比例配上骨膏、明矾等原料调成黏性大、干后会硬结的灰泥，然后木头框架上，雕塑人像，龙、凤等飞禽走兽，花草树木及山水。2008 年，灰雕工艺被鄞州区、宁波市列为非物质文化遗产保护项目；2009 年 7 月，灰雕技艺经过省级专家论证，又被列入了浙江省保护名录。

朱英度，1946 年出生于一个书香门第家庭，祖上是贡生，祖父是咸祥有名的学者，与书法泰斗沙孟海既是亲戚又是同学，既行医又教书。幼年时朱英度就喜欢画画，曾接受著名画师朱良骥、画家周忠指点，稍长又到杭州的中国美院附中进修一年。1967 年遇"文革"回家，因家庭成分不好，在农村里什么活都干过，什么苦都吃过，后来师从漆匠师傅，漆画床边、衣柜、大橱等家具上的装饰图案。1978 年，朱英度去天童寺油漆绘画，遇到了宁波工艺美术界掌门人曹厚德先生，曹先生见他图画功底不错，就教他泥塑、绘画。不久他又结识了从杭州市政园林公司的灰雕师傅朱贵发，贵发师傅也是咸祥人，与英度既是同乡，又是同族，见朱英度聪明好学，就收他为徒，从此朱英度走上了灰雕艺术之路。1981 年，在曹厚德先生扶持下，朱英度开办了鄞州第一家雕刻佛像的工艺厂，因为是乡镇企业，又没有自主经营权，一年后就关闭了。朱英度就专门单干，承接一些寺庙、旅游景点等古建筑的灰雕业务，由于灰雕艺人极少，无人竞争，一直以来生意不错。

鄞州灰雕传人

40 余年来，朱英度奔波于全国各地，去过广东、湖南、内蒙古等省、直辖市、自治区，宁波市属各区、县的仿古建筑都留下了他的身影。天童禅寺、阿育王寺、普陀山普济寺等宗教场所都有他辛勤的汗水；梁祝公园观音殿的圆窗、镇海文化广场上的"八仙过海"、镇海九龙湖旅游度假区"九龙壁"等，都是朱英度的杰作。

2013 年 1 月，宁波北仑区新碶街道要依照著名画家贺友直先生《我从民间来》的连环壁画制作成雕塑，壁画墙总长度 98 米、宽 1.5 米。新碶街道领导聘请了英度师傅制作。这种照样贺友直先生的原作依样画葫芦进行灰雕的做法对朱英度来说还是第一次。贺友直先生也不甚放心，雕塑期间，曾命家人前来观看，得到家人的赞赏和肯定。3月25日下午，贺友直先生偕同夫人来到朱英度灰雕现场，仔细观看了英度师傅雕塑的"新碶街景"等连环壁画，非常高兴，表示十分的满意，同时鼓励朱师傅多多培养传人，把灰雕工艺传承下去。

说起传承，英度师傅一言难尽，他招过不少学徒，但都成了过客。有的愿意学，但是没有绘画基础，怎么学也学不会；大多数因无法忍受爬墙吸壁、风吹日晒的艰辛劳作而不能坚持，截至目前，真正学到英度师傅灰雕技艺的还没有一个。

2010年，朱英度被宁波市人民政府命名为市级非物质文化遗产传承人。2013年，朱英度被浙江省人民政府命名为省级非物质文化遗产传承人。

近年来，尽管朱英度生意很忙，但是他从不放弃每星期三到灰雕教学传承基地——鄞州石碶街道的冯家小学上课，那里有30几个学生等着他，无论多忙他都安排时间去指导。2013年年底宁波职业技术学院老师也找上他，聘请他去带灰雕社团的学生，他也欣然接受。2015年，朱英度成立一个灰雕工艺研究会，他说：我都66岁了，真的很想有个传人能接我的班，让灰雕工艺一代一代传承下去；有个学会研究、记录灰雕各种工艺，也算我报答政府命名我为传承人的知遇之恩。

（文/图：宁波鄞州农办）

仙居增仁村

仙居石雕经风雨

增仁村隶属仙居县官路镇，是官路镇第三大村，村现有528户，人口1820人。据了解，新中国成立之初，该村以金、陈两姓为主，故原名金陈村。后嫌太俗，因其谐音"增仁"，有多讲仁义之意，遂改名为增仁村，延续至今。

增仁村离永安溪绿道不足1公里，西南有万明山寺（原名大仙殿），北面有后岭堂，还有能灌溉全村888亩田地的朱沙堰。村内最值得一提的是石文化建筑，其历史悠久，石雕工艺精美，墙面石窗图案不一，文化内涵丰富，整体遗存较完整，整个古村落堪称石文化博物馆具有较高的历史研究价值。

增仁村的石文化是仙居石雕文化的缩影。仙居民间石雕制作历史悠久，可追溯到距今9千多年的新石器时期的下汤遗址。

到了元明时期，由于各地沿海倭寇骚乱，沿海地区原先的土墙改建为石墙，需要大量的石材。用于城楼建设与碑记；于是要求石材或粗长、高大不易风化；或软硬适中，便于雕琢。仙居县船山石仓洞和增仁下王石仓洞达到以上要求，从此大量石材和石雕成品远销省内外各地城市，如临海、宁海、宁波、杭州、温州等地区，甚至周边邻国。

据《光绪仙居县志》记载：明嘉靖三十五年（1556），因倭寇扰仙，知县姚本崇弃城而遁，全城被烧，倭寇屯兵四十余日，经太守谭纶卒兵平定。此后姚申请兴筑石城，经台郡审批，准予修筑扩建，之后几经重修。明嘉靖进士林应麒《避寇山中》诗曰："旧说仙居僻，山深好避兵。那知横海寇，翻傍乱峰行。鸟路通夷岛，人家杂虏营。自怜衰劣甚，无计托余生。"随着仙居县城墙的改建，大量的石材从船山石仓洞和增仁下王石仓洞开采。一时能工巧匠云集，再加上其他地方的需求，石匠人数达到几千人以上，开展规模宏大的石材开采加工。一般开采加工石柱、石板、块石（条石）、石碑等石材；石柱达到 8 米长，石板有 4 米长，经过精雕细琢，打磨成品远销省内外。因此，祖辈为我们留下大量文物古迹，最具典型的是明嘉靖断桥牌坊石雕、迎晖门石雕、省级文物保护单位明崇祯李氏合葬墓、明代碑记和古祠堂等艺术精品。

清末民初，各地石材的需求量增大，大量的石材远销外地，普通石材被周边乡村采购，增仁下王石仓大量的废石堆积如山，严重影响采石进度。周边村庄历代就地取材，变废为宝，利用自己的手艺，用大量石块、石板片打地基或砌高墙，门楼和石窗部位使用好石材，其他都是利用废石材建筑。在能工巧匠的雕琢之下，增仁古村内石墙＋石窗形成了独特的墙面，具有结构牢固、防洪防潮、防火防盗等功能特点，成为独领风骚的石文化古村落之一。

增仁古村落内石雕艺术非常丰富，雕工生动活泼，有深雕、浅雕、浅浮雕、高浮雕、透雕；图案多为民间喜闻乐见的民间故事、历史故事、花草鱼虫、动物等。

1. 门楼文化。四合院门口有各式各样的门楼，代表主人的文化素养及显赫地位。最有特色的石门楼匾为"薰风南来"，内有双龙戏珠、双凤朝阳、平平安安、福在眼前等吉祥图案。

2. 石窗文化。石窗又名石头窗、石花窗、岩头窗；石窗的作用是透风、透光、防盗，具有实用与审美的功能。该村内石窗一般尺寸为：65 厘米×65 厘米、71 厘米×71 厘米、78 厘米×79 厘米、67 厘米×70 厘米等，高度一般离地面 165—170 厘米，少数二楼也有石窗。石窗种类繁多，内容丰富，其主要题材有人物类、花草类、吉祥类、福寿类、动物类、几何形类等。其分布在村落建筑群之中，是展现在我们面前的历史长廊，如同一个巨型的乡村民俗博览园，其雕工精美、样式独特、令人玩味。

增仁古村落民风淳朴，自然风光优美，历史面貌完整，村落文

仙居石雕经风雨

物古迹众多，儒道文化浓厚，非物质文化丰富，有2014年6月被列入市级非遗名录的增仁板龙，2007年仙居民间石窗被列入省级非遗名录，该村可以作为石窗记忆遗址博物馆和非遗创作基地建设。

（文：仙居农办/图：沈正法）

瑞安东源村

东源活字印刷术

清末以来，泥活字印刷已经失传。近代，木活字印刷也已不见踪迹。在瑞安市的东源村，由于印刷宗谱的需要，王超辉、林初寅等谱师通过家族口传心授，木活字印刷手工技艺传承至今。

东源村位于浙南著名道教圣地圣井山山脚，隶属瑞安市高楼镇。据考证，1991年在宁夏贺兰山一座古代佛塔遗址中出土的经书《吉祥遍至口和本续》，是迄今为止发现的最早古代木活字印刷品。瑞安木活字印刷技术与其如出一辙。可以说，瑞安市东源村是目前国内唯一仍在传承使用古老的木活字印刷术印制宗谱书籍的集中地。也形象地证明了中国是活字印刷术的发源地，它的发明对推动世界文明的进程产生了重大的影响。2001年中央电视台的《见证——发现之旅》到东源村拍摄了专题片后，迅速传遍海内外，使东源村成为浙江知名的文化村。

活字印刷术由北宋布衣毕昇发明。这在同时代沈括的《梦溪笔谈》中就有详细的记载。毕昇用胶泥做成一个个规格一致的毛坯，在一面刻上反体单字，字画突起的高度像铜钱边缘的厚度一样，用火烧硬，成为单个的胶泥活字，以便挑选排字，比雕版印刷术省工省力，大大降低了成本。而东源村的活字印刷，则是采用木头制作字模。东源木活字印刷术的流传，维系于中国民间修编家谱族谱的传统。据《周礼》记载，4000多年前的周朝，就有了掌"奠系世，辨昭穆"，即家族谱系的史官。汉代以后，修谱之风遍及华夏。特别是温州地区，寻根续谱的宗族观念相当强，一般每隔20年左右，每个宗族都要续修族谱一次。翻开温州城乡各地的族谱，都会发现扉页几乎都有"平阳坑镇东源（东岙）村×××梓辑"字样。"梓辑"是东源谱师们对运用木活字印刷术编印族谱全部程序的概括性总称，包含了"编撰"的程序。

东源活字印刷术

东源村制作的印刷品有两大特点：一是刻、印用的是老宋体，字形古拙。自明朝以来，老宋体曾长时期作为官方字体，出现在严肃庄重的文字场合。二是用上好的宣纸印刷，装订全用线装，做工考究。用这样原汁原味、复古风格制作出来的谱牒，古朴典雅，充满了木活字印刷术和中国传统的民族文化的精髓。其关键的功夫在于：刻字有刀法，检字有口诀，排版有格式。

描字和刻字是木活字印刷工艺的真功夫。刻写老宋体字，必须用又韧又硬、上好的棠梨木，不能马虎。其要点是：反手，先横、次直、后撇。先将要刻的字，用毛笔仔细地反写在平整光滑的字模上。老宋体字的特点是横细竖粗，笔画对比很大，字形方方正正，根基扎实，因此，书写时必须静心运气，功到字成。然后用刻刀逐步把所有的横笔画刻好，然后刻直笔画，接着刻撇笔画，最后用刻刀将空白的边角全都挖去，一个反写的字就凸显在木模上了。

检字口诀是东源木活字印刷老祖宗的创意，代代相传，也是新徒入行的基础课。师徒行过见面礼，师傅口授入行三心——留心、小心、坚心，然后教授检字秘诀：君王立殿堂，朝辅尽纯良。庶民如律礼，平大净封弥。折梅逢驿使，寄与陇头人。江南无所有，聊赠数支春。疾风知劲草，世乱识忠臣。士穷节见义，国破列坚贞。台史登金阙，将帅拜单墀。日光先户牖，月色响屏巾。山叠猿声啸，云飞鸟影斜。林丛威虎豹，旗炽走龙鱼。卷食虽多厚，翼韵韬略精。井尔甸周豫，特事参军兵。饮酌罗暨畅，瓦缺及丰承。玄黄赤白目，毛齿骨革角。发老身手足，叔孙孝父母。这 150 字的口诀，囊括绝大部分汉字的部首，用方言诵读，有平有仄，极为入韵，便于记忆和应用。

字模按照检字顺序排列在一屉方形的字盒中，接下去就是排版。东源村主要做谱牒，谱牒排版要掌握两种格式：一是序、跋、志等通用文体，按普通古籍的版式排版。二是正页，分为单开的 3 裁和 4 开两种版式，竖排，5 大格，每格 3 裁 6 字，4 开 5 字，每格为一代，意为五世同堂。正页有固定的版式，边检字边排版，排好一版，仔细校对一遍，勘误补漏，然后用一柄约 1 厘米的薄钢片，古时称"鬯"（chàng）插进去，一行行挤紧，就可以开始手工印刷了。几十上百页的纸印好后，谱师们就去打圈、划支、打洞孔、下纸捻、裁边、上封面、订外线，于是一册古色古香的木活字印刷品就完成了。

概括起来，它的工序是这样的：采用棠梨木刻制单字，按照文本的要求，经过开工（采访）—誊清（理稿）—检字—排版—校对—刷印—打圈—划支—填字—分谱—草订—切谱—装线—封面—装订等十几道工序，最后印刷成品。1298 年，元代学者王桢在安徽旌德就任县尹时，曾刻制木活字，主持印制了 600 部《旌德县志》，这是历史上最早应用木活字印刷术的历史记载。他在一本叫《农书》的书中详细记载了这一技艺，东源村的木活字印刷工序与之相吻合。

据《太原郡王氏宗谱》记载，王氏先祖原居于河南。五代末，王潮、王审知兄弟迁居福建。明正德年间（1506—1521），王思勋五兄弟从福建安溪迁徙到浙江平阳翔源。清乾隆元年（1736），王思勋第四代孙王应忠率子孙由平阳翔源迁入瑞安东源，并把木活字印刷术带入东源村，由此在东源村落地生根，并历代相承。据考证，木活字印刷术在该村已传承十四代。瑞安木活字印刷术完整地再现了中国古代活字印刷的传统工艺，原汁原味，具有极高的历史人文价值。

东源村的"中国木活字印刷文化村展示馆"是一座有数百年历史的老宅院子，一跨进大门，就会在湿润的空气中闻到一股墨汁特有的芳香。在大门的右边，专门有一间木活字印刷制作室。制作室的中央有一张长方形的大木桌，上面摆放着水盂、墨汁、刷子、木尺等工具。引人注目的是排版用的字盘，上面密密麻麻地排列着一个个棠梨木字模。这些字模经过墨的长久浸润，如炭一般熠熠发光。这里可以亲眼目睹国家级非遗传承人王超辉的现场操作：只见他把排好的印版先用清水刷洗一次，稍晾一会儿，就用一把粗棕刷轻轻地蘸上墨汁，在印板上反复刷涂，让印版吃墨均匀，然后用手指捏住宣纸两角，对准印版慢慢平放，接着用一把干净的棕刷由下而上刷，直至版框内正文凸起的字体吃均墨水，随后慢慢揭起宣纸，一张清秀的木活字印刷成品就展现在人们面前了。

这样的现场展示是东源村展示馆的一项重要内容。如果运气特别好，还会碰到国家级非遗传承人王超辉老人亲自演示。这个展示馆，每天有专人指导游客进行木活字印刷，有兴趣的游客都可以亲自动手制作一张。这个项目，显然受到了小朋友的欢迎。在游玩中，我们深刻感受到中华文化的精深与古代劳动人民的智慧。

东源村木活字印刷完全继承了中国古代的传统工艺，完整地再现了古代四大发明之一——活字印刷的作业场景，是活字印刷源于我国的最好实物证明，2008 年 6 月 14 日被国务院确定为国家级非物质文化遗产，2010 年 11 月 15 日被联合国教科文组织列入"急需保护的非物质文化遗产名录"。

（文/图：瑞安农办）

文成朱川村

朱川手艺待传承

朱川，因村里大多数人都是朱姓，再加上村内有两条溪流交汇于村口故在朱后加一个川字而得村名，珊溪人又叫朱川为朱坑头。朱川村位于珊溪镇西南侧7公里处，文泰公路贯穿全村，交通便利。村内林木茂密，植被丰富，有着良好的森林生态景观。明嘉靖年间朱氏先祖由黄坦稽垟村迁此建村居住，至今已有500年历史。朱川村内手艺人特别多，一个村300多户人家，有200多户都是以手艺为生，只不过受到现代替代品的冲击，很多手艺已经濒临失传。

旋抛梁馒头

住在水口的朱隆月老人说，村里旋抛梁馒头这个手艺在清朝就有了，当时很多人都会做，现在会这个手艺的村里只剩下4个人，最大的已经83岁，最小的50岁，小的那个手艺人就是朱隆月老人的儿子朱大年。

朱隆月老人会这门手艺也是受他父亲的影响，小时候看父亲旋，自己也搓一团在旁边揉，不知不觉中也就学会了。村里要是有什么上梁的喜事都会来找他旋抛梁馒头，现在老人只把这个手艺当作一个爱好，因为都是熟人，自己不好收钱，所以大部分都是免费替别人做的，一次上梁他就要做个五六十个。

旋抛梁馒头可是一个细活。先是从米店里买来5斤以上的"晚米"，"晚米"是一种生长期较长的稻谷，它的品质特征相对于早米好很多，同时买好需要的颜料粉，颜料粉中用得最多的颜色是红、黄、绿、青、白。接下来就得去店里将"晚米"磨成粉，材料准备就绪后，就可以提回家做了。回家后将磨好的晚米倒在盆内，再用瓜瓢舀水，一只手搅拌，另一只手按照米粉的分量加水，水也要刚刚好才行，太多太少，抛梁馒头都会做不好。然后弄成宽面样子的

"滑熘",扔进沸腾的水里,煮熟后,用笊篱捞起,放在长2米宽七八十厘米的年糕板上,待热气散了,就可以开始揉了。揉这个功夫也很大,使出来的力要到位,做出的抛梁馒头吃起来才有劲道。把揉好的年糕捏成一团一团地摆在年糕板上,并将所需要的颜料粉和年糕团掺合起来捏,类似于我们捏橡皮泥一样,一个团子一个颜色。

接下来将揉成的一个个圆圆的团饼作为旋抛梁馒头的基础部分,将有颜料的团饼根据需要做的东西摘取一部分搓成一根根筷子粗细的长条立于圆圆的年糕团饼上,整个形状好像是一块白色的土地上长了一片有色彩的竹林。可就是这么一根根的小东西,在旋抛梁馒头的人手里经过推推揉揉就变成了山,变成了鸟,变成了小人,真是奇妙!而且做成的凤凰,凤尾散开,栩栩如生,最后就用毛笔蘸上蜂蜡在抛梁馒头外皮涂抹一圈,这样做,抛梁馒头就不容易开裂,而且抛梁馒头看上去会显得更加美观——好似带着光泽般"皮肤"。

抛梁馒头最多是在上梁的时候,就是新房子落成的时候,在农村有"上梁"的习俗,所谓的"梁",是设在房子正中央的正栋柱顶方的梁,整座房屋只有一条,这条梁要在房子最后落成的时候才让师傅们抬上去。好点的人家就会让朱隆月这类师傅去旋抛梁馒头,做出来的抛梁馒头好看又精致,只不过现在的农村人为了省功夫,只在抛梁馒头顶部点一点红,漂亮的鱼、鸟、花、草就省去了。这也是为什么旋抛梁馒头这个手艺渐渐失传的原因之一,还有一个就是年轻人大部分都买套房了,上梁的习俗也就没有了。抛梁馒头还可用于还愿,或者是某户人家有人"老"了,请旋抛梁馒头的师傅做一些八仙过海之类的小人用于祭祀。

做篾

朱川村做篾的人很多,基本村里的老人都做篾,听附近的老人说,做篾手艺最好的是一个名叫朱其旺的老人,只可惜老人已经离世了，这门手艺就没有被继承下来。

村民做篾

朱其旺老人可以把人想得到的所有东西用竹篾编织起来，村民们见过的就有用竹篾编成的自行车、雨伞、酒壶、酒杯等，在老人的手上，竹篾就是一支笔，想画什么样就是什么样。当地的村民还特意从自己家中拿出朱其旺老人做的一个六盂盖子，盖子中间有一个黑色梅花鹿的图案，整个盖都是用竹篾编织的，图案看上去像是绣出来一样。村民们说中间图案永久都不会褪色，因为图案颜色是天然的。整个过程就是将削好的竹篾用蜡子树的叶子煮过，再放到稻田里，埋上土，浸泡三天时间，挖出来后，竹篾自然就形成了黑色，也就是梅花鹿的图案颜色。六盂是以前的人结婚时的喜具，是男方用来给女方家盛礼品用的。一个六盂由三个格子组成，就类似于我们今天看到蒸笼，一格一格的，只不过多了一个手柄。做六盂是细活，竹篾需要削成比头发丝稍微粗一点的细条，做六盂这类的绝活如今在村里已经失传了。

做篾是很累的活，长时间地弯腰低头，做篾人的脖子就会形成一个"驼子"，看一个人是不是做篾的，只要看他的背就行了。常年做篾，手伤也不少，常常是一个不小心就会被篾条滑到手，所以做篾的人，手也特别粗糙。

做篾工序也不少，先是到竹林里砍竹，3—5年生的竹子是最好的，不老也不嫩，而竹料又是下半年的最好，因为上半年雨水多，水里面含有甜分，特别容易被虫蛀。砍好竹子后，用锯子根据需要锯成段，比如做的是箩筐，那就要锯成两段，做篾席的话就不用，只要用劈篾刀将竹黄和竹青劈开就好，做篾用的是竹青，所以竹黄之类都拿来烧火用。一根竹片可以撕成好几层篾，撕好竹篾后，接着再用一种叫"尖门"的工具，这个工具是由两片铁片组成，用时将两片铁片八字形地插立在凳角头，铁片的内侧十分锋利，但铁片的间距可以根据所需竹篾的细粗进行调节。经过"尖门"锋刃的切削后，每一条竹篾才会粗细一致。其次将竹篾放在大锅里煮上4个小时，然后放在镐刀上磨，镐刀是一种刀锋朝上的工具，也是被固定在凳子上，使用的时候需要用厚皮带之类的物件压在竹篾上方，竹篾的下方就贴着镐刀锋利的刀口，经过前后拉动，削出来的竹篾就会变得比原先更加光滑。最后就可以进行编织了，根据物件的形状进行有规律的编织，先将一条条篾片交叉摆开，一头用脚踩着起固定作用，然后手口并用，起落穿插，有+1的，有+2，有+3的，也就是按条数打格子，有的一条打一个格子，有的2条打一个格子，有的3条打一个格子，类似于我们打辫子一样，打好之后，裁去周围多余的竹篾，再用竹鞭子或者铁箍子锁口，一个物件也就完成了。

在朱川村，农户家用到的篾席、畚箕、高脚箩、畚斗、菜篮、杨梅篮、饭篮、米筛、糠筛、蒸笼、笊篱、竹床等，反正日常生活里用到的，这里的人家都是自己做的，可想而知朱川人的手有多巧。可惜这些手艺都停留在了老一辈人身上，年轻人都不愿意学，觉得靠这个营生挣不来钱，就像村民们说，现在大家都习惯用塑料品了，哪里还会用竹篾制品，所以村里的老人也渐渐改行了，种起了杨梅和蜜柚，只有空闲的时候才用竹篾打打物件，古老的手艺正面临着失传的危险。

（文/图：包芳芳）

兰溪姚村

姚村技艺代代传

兰江街道姚村距市区仅5公里，村东山峰群叠，村西丘陵起伏，漾漾穿村而过，村内地势平坦，村庄古色古香。全村人口406户共1406人。姚村人勤劳勇敢，艰苦创业，至今有各种各样的手艺人活跃在姚村周边地区。

木雕技艺

据《姚村村志》（1997）载：清光绪年间（1898）始有木雕工艺，剞劂艺术日益精进，水、花鸟、飞禽、走兽、人物等工艺品载誉县内外。《兰溪市志》（1988）、《兰溪市文化志》（2002）载："木雕以殿山乡姚村姚金聚、水亭乡陆锡福最著名。"

木雕工艺一直在兰江姚村传承。从姚金聚始，代代相传，至今还有15人在从事木雕手艺。

姚金聚，又名树炎，乳名成家仇，生于清光绪十一年（1885），13岁师从东阳木雕名师，他聪慧苦学，艺成且精，待人诚恳，民国16年（1927）被选为兰溪县木雕园业公会兰西分会会长。他一生作品甚多，有供桌、龙头、系列人物群像数千件。

姚焕强，1954年6月生，自幼耳濡目染，领悟雕花要领，14岁随父学艺，至今从艺近40年，从雕糕饼印开始，被评为糕点印模特级大师。改革开放后，参加古建筑修复、旅游景点木雕装饰的工作，雕刻龙亭、香亭十余座。姚村木雕品种多、题材广、品位高、具有浓郁的民族民艺特色。黄大仙宫元宝供桌木雕图案反映黄大仙成仙经历；天一堂六角亭"百鸟朝鸣"图，不同形态的百鸟工艺精细；黄大仙宫（微雕）被兰溪市政府作为珍品赠送给香港黄大仙啬色园；《叱石成羊》被香港最后一任总督彭定康收藏；释迦牟尼佛和观音菩萨雕像参加法国、日本展览。

姚村技艺

从事木雕工艺，要把握好以下几个环节。

1. 构思设计：根据客户需求设计图纸。

2. 选木材：巧借材料的天然形貌因势设计雕刻形象。

3. 打木坯：人物造型以头为尺，站七坐五蹲三半，顺着木纹雕刻。

4. 细雕：锉好、刮好，用砂纸打磨（砂纸有粗、中、细），顺着木纹的纹路擦才能擦得光滑。

木雕的主要材料与工具如下：

材料：普遍的是香樟木，人称吉祥树、长青树、多子树。另外还可用酸枝木、红木、桦里木、东京木、柚木、楠木、橡木、白果木、石榴木、黄杨木、荔枝木、乌柏木。

木料要求：不裂，不变形，未被虫蛀过，最好是年久的陈木料。

工具：锯、尺、三角尺，用圆雕和拼圆的丝杠夹、木锤、油筒、木雕刀、弯刀、三角刀、刮刀、斜刀、平刀、圆刀、马牙锉和圆锉、型号不同的磨刀石。

姚村木雕经过几代人的不懈传承，艺术不断提高，木雕艺术品逐步走向世界。

姚家红曲酒

据《龙山姚氏宗谱》记载：兰溪市兰江街道姚村，始迁祖姚烈，万六公，南宋景炎年间（1127—1130）由绍兴迁徙至兰溪瀫西姚村定居。为龙山姚氏。

兰溪市兰江街道姚村姚亚文制作的红曲酒，采用的是祖宗从绍兴一带流传下来的工艺，用"原生态法"制作红曲，不采用"催化剂"催。并且与兰溪的"缸米黄"制作方法相配合，所以酿的红曲质地好。

酿造技艺的特点主要是：控制环境温度、水质、空气质量，以及红曲、米与水之间的配比。

一是控制环境温度，日晚温差不能太大。控制落缸温度，主要是红曲与米的落缸温度。开瓣时间凭经验来感觉温度。

二是控制水质，最好是流动的水，如山泉水、地下水。

三是空气质量：空气不能太密封，要求空气流通，进行有氧发酵。

四是用的糯米是当年的本地糯米。

配比为：糯米：红曲 = 10：1，水：米 = 1：1（注：水不能超过 1.5）。

刚"榨"出来的红曲酒，酒香比较淡，颜色比较浓艳混浊，入口也会略带有一些刺激性。但若是装在坛子里存上一两年，再打开时，酒香就会扑鼻而来，颜色变得透明单纯，入口丝滑。

制作"红曲酒"工具有：大号容器一只、陶制大口缸一只、带孔沥干淘米篮一只、木制饭蒸、炊蒸灶具大竹扁一个。

材料包括：精选上等糯米、红曲、水。

产品有龙山状元红、龙山红红曲酒。

兰溪市龙山姚家酒厂是一家集生产加工、经销批发的私营独资企业，龙山状元红、龙山红红曲酒是其主营产品。该厂为了保护这一传统的非物质文化遗产，成功注册了"龙山姚氏"商标，制作红曲糯米酒。采用有机糯米、泉水，纯手工古法酿制。产品销往广州、深圳，深受消费者喜爱。

（文：刘鑫/图：曾令兵）

龙泉蛟垟村

蛟垟种菇砍花法

龙南乡位于龙泉的东南部高山上，东邻云和，西接景宁、庆元，蛟垟村是乡政府所在地。走进蛟垟村，迎面就能看到一座六檐之亭阁，亭阁正上方写着"蛟源胜迹"四个大字，门框两边，一副"龙泉东乡好蛟垟，欧江源头第一村"对联格外醒目，这是清道光五年（1825）建造的进村亭，古朴而庄严。

蛟垟村东为岩岘，南临天马山，西傍范护尖，北有白山岭，村落地处四面环山的谷底。地势北高南低，蛟垟源由北向南把村落分为东西两面，并流入景宁境内。这里属亚热带湿润季风气候，由于地处海拔山区，村庄山高水冷，日照不足，无霜期短，历年来村民都以外出做菇为业。从宋代开始，这里就有山民外出做菇，明清时期，外出菇民一代接一代，层出不穷，因此，这里就成了龙庆景菇民的中心区域。

蛟垟有多种姓氏：吴、胡、周、郑、金、余、陈、毛、季、诸葛、叶等，其中叶姓居多。《叶氏宗谱》记载：叶氏出自姬姓，周文王子武王同母弟聃季。武王时，聃食采于沈，后代以沈为氏。春秋时，沈诸梁任楚国令尹兼司马，因功受封于叶地，后代便以叶为姓。叶地属南阳，因以南阳为郡望。晋代时，叶俭任括苍太守，其子孙便定居括苍处州，奉俭公为始祖。俭十七世孙叶法善定居松阳县旌义乡应里（今古市镇卯山后村）。叶法善职受先锋，提兵守隘至龙泉的小梅、瑞竹垟、栗垟、蛟垟。各姓氏的先辈对蛟垟村的发展和建设做出过巨大贡献。他们教导子孙后代勤劳团结、崇德尚贤，由此可见，在唐朝时，这里就有叶氏居民。

清康熙十九年（1681）胡茂芝从龙泉东隅迁此。自胡氏一族建村伊始已有三百多年历史，而叶氏村民早于胡氏定居蛟垟。

蛟垟有几幢古民居建筑，其中叶太隆公古民居是众多古民居的代表之一。它建于咸丰初年（1851），设计巧究，风格典雅大方，花巨资建成。叶太隆公古民居名为"声振堂"大宅，历时一百六十余年，代代相继。

太隆公引导启蒙子孙要以人为本，习武、勤文、做菇为业，远赴江西、安徽、福建、四川等省万水千山、艰苦做香菇，留下不少泪洒大江南北的做菇创业史迹。

人类从发现香菇到栽培香菇，经历了一个漫长的时期，而香菇栽培转为龙庆景人的专利又有一个有趣的故事：当我们涉足往返于菇乡的大小神庙时，总能看到这样一副对联："朱皇亲封龙庆景，国师计来种香菇。"《菇民研究》一文中曾对此作了阐述："据传明太祖登基金陵之初，因祈雨食素……刘基进献处属土产香菇。帝食之甚悦，刘氏告以做菇方法，帝尤奇之，传旨提倡各地做菇，每岁置备若干。刘基为处州属人，顾念处属龙、庆、景三县，山多田少，民甚贫瘠，惟长于做菇一道，乃乘间奏请种菇为龙、庆、景三县人民专利，他县人不得经营此业。故龙、庆、景菇民得赖菇之谋生，迄今六百余年历史。刘氏历来为菇民所称颂，获世世祀奉为菇神之一。"

由此可见，皇封专利是明朝国师刘基进言的结果，它为菇民谋生找了一条出路，难怪菇乡大小庙宇都有此对联。

蛟垟为菇民密集区之中心，所谓"种菇顶闹蛟垟源，常年出门有几千"，这是民国12年（1923）的记载。村民世世代代以种香菇谋生。千百年来，每当秋天"枫树落叶，夫妻分别"，男人们不分老少，凡能出门的都上菇山了。他们的菇场远在福建、江西、安徽乃至四川、云南、广西，旧时交通不便，上路要走半月一月，上山后搭一简易菇寮，便开始砍树种菇，直到第二年清明前，气温升高，种菇季节过去，此时已是"枫树抽芽，丈夫回家"。菇民返乡后，担回一些大米，合家团聚。然后翻耕有限的粮田。世代如此，他们所擅长的就是以香菇孢子自然繁殖的砍花法栽培。

砍花有三项作业，一为砍花，二为溜花，三为开水口，这三个内容技术性较强，只有少数经验丰富的菇民能把握。多数菇民砍树不砍花；砍花师傅则砍花不砍树，砍花师傅在菇民中只占15%。

1. 砍花。砍入木质部的称为砍花，多数树种采用此法。

原始砍花

2. 溜花。斧口砍入树皮或树皮的1/2、1/3处，或深入于树皮与形成层之间。形成层即菇民所称那一层白膜。未破，或有所破坏，或有所破及，均称"溜花"。

任何树种都须选用砍花或"溜花"中之一种，槠栲类常两种兼用。深浅则有细微差别；湿度高偏深，湿度低偏浅；向阳山偏深，向阴山偏浅。

"砍花法"技术含量很高，无法仿照，只凭实践经验。当空气中的"孢子"落入被砍的树种上，成长菌丝，历尽三年后才能长出香菇来，这样，才能有收获。如果遇到天气干旱、涝灾，或者虫鼠侵害，产量会大受影响，菇民的收成降低，生活自然会窘迫。

蛟垟村，香菇文化的发源地之一，一个值得回味的历史村庄。

（文：江圣明/图：张路明）

四 创意类

新昌梅渚村

剪纸艺术传千古

梅渚村位于新昌县城西南十公里处，始建于宋代，西邻澄潭江，新镜线从村前通过，是梅渚镇第一大村。旧村原貌未变，文化底蕴深厚。村内保留了宅前塘、更楼、庵堂、祠庙、民居、店铺等大量明、清、民国时期有价值的古建筑，其梁架用材硕大，楼阁轩敞，飞檐雕梁，窗格花纹，雕饰华丽，独具风格，堪称是一座民间建筑雕刻艺术博物馆。

除古建筑外，梅渚还有一样古老的技艺——传统的剪纸艺术如幽兰一样，在这个古村中散发着独特的清香。

剪纸又叫"刻纸"，是一种以纸为加工对象、以剪刀（或刻刀）为工具进行创作的艺术。它以讲究的刀法、玲珑剔透的纸感语言和强调影廓的造型，成为一种独特的艺术形式。

剪纸，首先要选对纸张。

根据用途不同，最早选用的是最廉价的油光纸。用这种纸剪出来的花样相对比较简单，那些熟练的剪纸能手基本不用样稿，随手剪出图形，多粘贴于祭奠先人时用来放冥币的纸袋上和丧葬礼上的招魂幡上（新昌有风俗，在清明扫墓或长辈的祭日时，要烧纸钱。这时大家会把纸钱放在一种同样是用油光纸折成的纸袋里，然后在

剪纸艺术传千古

纸袋上粘贴各色剪纸图样，让袋子看上去漂亮一点）。

我们通常看见或接触最多的剪纸，应该算是窗花了。特别是新昌一带结婚，肯定要在门上或窗户上贴上喜字。这时通常会选择大红的薄膜纸，一般用折叠纸的方式完成，剪后展开，就是连体的两个喜字，寓意"双喜临门"。因为是薄膜纸，不怕日晒雨淋，虽然会褪色，但耐久，也应了长长久久之吉利。

一般为过年或节日准备的剪纸通常会选用宣纸，其纸质柔软，是最适合一般剪纸的纸类。价位又不高，适用于一般家庭。

随着大家对剪纸艺术的兴趣越来越浓厚，现在梅渚的剪纸艺人开始用高档的绝绒纸。绝绒纸多是用来剪比较复杂的有很高收藏价值的剪纸艺术品，装裱之后，成了馈赠、珍藏、欣赏的精品。

剪纸的工具主要就是剪刀和刻刀。

1. 剪刀。剪纸一般用普通的剪刀就可完成。但是在选择时尽量用刀头细长、刀口交合整齐、刀头尖利的。最好备用大小剪刀各一把，以便剪大幅图案和精细部位时分别使用。下面说到的折叠剪纸，是剪刀剪纸常用的方式之一。

剪刀剪纸的优点是：剪迹干净、线条流畅、棱角锋利适合，可进行随心所欲的大写意样式的制作。

缺点是：不便于镂刻和提高效率，每次仅剪两三张。

2. 刻刀。目前没有为剪纸而专门制作的刻刀，都是根据自己的需要制作。最好制作斜口刀、圆口刀、正尖形刀各一把。斜口刀用于刻直线和大的曲线；圆口刀用于刻圆形和小的弧线；正尖刀用于刻小圆形和小三角形。

刻刀剪纸的特点是：因刻刀尖细、锋利，一次可刻数十张或几十张，线条有顿挫感和切割感，是一种类似工笔的制作方式。

根据图案和使用工具的不同，剪纸类型可分如下几种：

1. 折叠剪纸。折叠剪纸是最常见的剪纸类型，它具有弥合和对称的特点。主要用来制作两个或多个方位上对称且样式相同的图案。最简单的是对折一层，多者可以对折五层、六层甚至更多层，不过一般以对折四层为最佳。制作时，可以根据需要把纸折叠成不同形状，可以画稿或不画稿，但是最要紧的是要充分考虑到展开后的整体效果和每个单元纹样的连接效果。

2. 平铺刻纸。如果选用绝绒纸，基本用平铺的方式，用刻刀操作。通常把已打样的纸放在多张绝绒纸上，然后用订书针在四边密密订好，防止多层纸张滑动，给工作带来不便。订好后，平铺在桌子上，就可以开始工作了。

3. 剪贴剪纸。剪贴剪纸就是找一张自己需要的底色纸张，然后根据图样需要在不同颜色不同纸质的纸上剪下需要的图案，然后粘贴在底色上。这样的剪纸成品颜色丰富，颜色比较贴近事物本身。

剪纸过程如下：

1. 选纸：根据用途和题材，首先确定选用哪种纸张。

2. 打样：选定纸后，一些高难的剪纸图案，就要打样。大众型的图案，可以复印，一些文具店里也有买。如果要让自己的作品独树一帜，那就得找能人手绘。这种作品的图案基本就是独一无二的了。

3. 选纸刀具：根据剪纸图案需要，选用合适刀具。

4. 固定：如用刀刻，需要用订书针或针线将样纸和一沓选用的纸四周订一圈，初学者可以由少到多，等技巧熟练掌握后增加张数，纸层过厚，容易出现剪不动刻不透，断线条与走样的现象。再用重物压 24 个小时，便于刻制。

5. 操作：如果用刻刀操作，艺人们右手拿刀，左手拿一根扁头的小木棒，像一般铅笔那样大写，把头削扁，在右手雕刻时用来压在雕刻部分的旁边，起辅助作用，压实了，容易刻透。剪刻时一般是从细小的难以剪刻的地方入手，基本也就和写字一样，从上到下、从左到右、从内到外、从细到粗。

6. 揭离：剪刻完毕后需要把剪纸一张纸揭离，油光纸、绒面纸，因表面光滑，比较容易揭离，单宣纸和粉连纸，因纸质轻薄，如果又遇天气潮湿，容易互相粘连，较难揭离。所以必须先将刻好的纸板轻轻揉动，使纸张互相脱离，然后一边揭一边用嘴吹。

7. 装裱：作品完成后，装裱是最后一步了。因为县城有很多家装裱店，物廉价美，所以梅渚艺人们的作品基本都拿到县城一些店里进行装裱。

8. 保存：一些精致的创作耗时久的大作品，通过装裱，就悬挂或放置在干燥的地方，最怕的就是受潮，如遇到梅雨季节，一旦发霉，最好的作品也毁了。一些小作品的保存，就相对简单，夹在书中就可。

我国剪纸艺术发展到今天，在改革开放的新形势下，机遇与危机同时并存。由于人们的审美情趣随着社会的进步从根本上发生了变化，剪纸的民俗应用范围也逐渐狭窄，艺术队伍也相应减少。剪纸之所以有强大的生命力，就是因为它利用了极其廉价的纸张和剪刻工具，以及因纸和剪刻镂空所形成的艺术魅力。

梅渚村为了让这项古老的文化得到更好的传承和发扬，在村礼堂上挂满了村民剪纸能人的作品，让更多的人有机会接触、欣赏美丽剪纸艺术。

同时，剪纸这一古老的传统艺术，在村干部们的重视和关注下，走进了学校。梅渚小学和梅渚中学，都把剪纸搬进了课堂，它已成为劳技课上一门必不可少的内容。前人说"少年强则强，少年弱则弱"，未来肯定是在孩子们的手上，梅渚剪纸能够从孩子开始培养，着眼于未来，在繁荣中华民族的剪纸艺术中，必定会起到极大的作用，从而使这一文化走得更远更稳更实。

（文/图：陈亚红）

五 制造类

舟山定海马岙村

马岙海盐衣食源

马岙村是具有 5000 多年历史的古村落，林姓为目前该村第一大姓，素有"林半岙"之称。据定海县志记载，南宋宝庆年间（1225—1227）林氏由福建迁入马岙定居，至今已传 38 代。从林氏家族定居马岙算起，村落也有 790 余年历史。千百年来马岙人民留下了许多优美动人的传说。其中村民们悠久的制盐历史，以及马岙自古至今的盐业生产技艺，直到当代仍然与当地农民的生产息息相关。

马岙村因为临近大海，村民很早就有制盐的习惯，几千年来制盐的工艺也不断在改进。老书记林国平为我们讲述了马岙村民制盐的历史故事。最早，村里家家户户都会用陶罐、陶缸等粗糙瓷器灌上海水来晒盐，但是用缸晒盐往往一大缸海水晒干以后只能得到一点点的盐，虽然滨海，但是能吃到上好的盐对村民来说还是一件很艰难的事情。渐渐地，村民们开始用海泥晒盐。传说从前有一个村民，看见两只美丽的凤凰落在一片沙滩上，就认为这片沙滩上一定有什么宝贝，于是他每天都会到这片沙滩上来寻宝，但是寻来寻去，根本没什么宝贝，就看见雪白的一片混杂在沙泥里，他想这是凤凰待过的地方，这些沙泥一定是宝贝了，于是他装了一袋白色的沙泥，回去放了一点儿在菜里，感觉味道很好。这一袋沙泥，真的是宝贝。后来人们才晓得这宝贝是海里的海水漫上，积在海泥里，太阳日日晒，日日晒，结成的晶体，就给起一个名称：海盐。

大约从唐朝起，舟山就成为全国九个海盐产区之一，盐民编称"亭户"，免劳役，专司制盐，其制盐法初行煎煮，但是煎煮的过程非常辛苦。北宋宝元二年（1039 年）著名词人柳永任浙江定海晓峰盐监期间，曾作《煮海歌》，对盐工的艰苦劳作予以深刻的描述。柳永为政有声，是定海人民心中的父母官，被称为"名宦"。

> 煮海之民何所营，妇无蚕织夫无耕。
> 衣食之源太寥落，牢盆煮就汝输征。
> 年年春夏潮盈浦，潮退刮泥成岛屿；
> 风干日暴盐味聚，始灌潮波溜成卤。
> 卤浓咸淡未得闲，采樵深入无穷山；
> 豹踪虎迹不敢避，朝阳出去夕阳还。
> 船载肩擎未遑歇，投入巨灶炎炎热；
> 晨烧暮烁堆积高，方得波涛变成雪。

柳永诗句中开门见山指出盐民无田地可耕，无蚕桑可织，衣食的来源和赋税的缴纳都要靠制盐来负担。春夏潮退后，盐民将经过海水浸渍的泥土铲刮起来，如同岛屿，经过风干日暴，使泥土中的盐味增加；引海水浇灌咸土使盐分溶于水中分馏成卤。再将盐卤"投入巨灶"、"晨烧暮烁"，最后制成盐。盐民们在制盐的过程中，不仅要经受"刮泥"、"灌潮波"、"采樵"和煮盐的辛劳，而且还要冒着生命危险。这些高高堆积着的雪白的盐，乃是盐民们以劳动与生命去换得的成果。柳永的这首《煮海歌》用朴素平实的语言，完整叙述了当时海盐生产的过程，对我们了解北宋时期马岙盐民的制盐技术有着极大的帮助；同时生动地叙述了马岙盐民制盐的辛苦与生活的极端贫苦。

海盐制作技术在清朝道光年间有了进步，开始推行板晒，晒板杉木制，晒板似门板，板面平滑，周围木框，用壳灰涂塞缝隙，板底用 4 根横档加固，两头有柄，便于提杠。板晒操作主要分为制卤和结晶两个步骤。制卤过程一般需要用刮泥淋卤法。过程是：开浦引潮、刮泥晒泥、做溜淋卤、试卤储卤。地势较高的盐田，先要开浦引潮，将潮水引入浸湿盐田。第二步是刮泥晒泥，每年夏季涨潮后，遇晴天，刮取咸泥，风吹日晒，以增加咸度，称刮泥。板晒时建墩头，伏天涨潮淹没泥场，在潮退后抢刮咸泥，挑至墩头，堆咸泥蓬，用稻草盖着，防雨水淋淡，晴天晒，泥增咸度，一般一天可晒干，其他天气需 2—4 天。第三步是做溜淋卤。将咸泥装入溜中，下垫稻草，溜高 1—2 米，深 0.6 米，圆形中空，似碗状，用脚踏实均匀，以防"洪溜"，溜底中心略低，埋一竹管连接外面盛卤井（缸），然后灌海水融化盐分，从溜底渗出流入卤井（缸），即成卤可晒盐。最后一步是验卤储卤，初用石莲，浮莲多盐度高，后改用黄腊裹锡代石莲，或用鸡蛋，新中国成立后推广波美表试卤，一般头缸卤为 22—23 波美度，二缸为 18 波美度左右，储存起来晒盐，而 7 波美度以下谓淡卤，改作拗卤水。以上步骤完成后开始结晶这个步骤即拗卤晒盐，卤制成后，溜入盐板晒盐叫拗卤水，一般头缸卤每百斤可制盐 20 斤。板晒较煎煮法有进步，但是劳动强度仍然很大，"刮泥淋卤苦连天，百担烂泥换担盐"。盐民一般都有肩、背、腰、眼、膀、腿、脚"七痛"之苦，马岙民间有"十个盐民 9 个驼"之谚。

新中国成立以后，开始推行滩晒制盐，滩晒是用海水流水作业法将制卤和结晶同步进行，这是一整套符合马岙短晴多雨的气候特点的海盐滩晒新工艺。能减轻劳动强度，提高海盐产量和质量。滩晒制盐的过程分为 12 步，第 1—9 步为蒸发区，步格落差 4—6 厘米，第 10—12 步为结晶区。面积约占全滩 8%，其中第 10 步为调

马岙海盐

节区。具体步骤为：第一步灌入海水蒸发，1 天以后进入第二步，第二步骤的第一步是再灌水。以次序流，每天一步，水卤盐度逐步提高，经过前面 9 步的蒸发。卤达到 18 波美度左右的时候，才开始进入调节区，使卤蒸发达到 24.5 波美度的时候，即可进入结晶区制盐。马岙盐场 1976 年开始建场，总面积 1260 亩。开始时滩面以盐砖和沥青铺设，后因材料不够又用当地的二五对开代替，共 12 单元，由每格 66—100 亩的晒盐滩和每格 600 平方米的结晶滩组成，每一单元为一流程。据当年参与建场的老村长回忆，建场的过程是相当不容易的，需要集全乡之力参加建设工作，马岙村当年的所有青壮劳动力几乎都参与过建场。老村长回忆起当年的场景之时，至今感慨良多。1982—2000 年马岙盐场连续 19 年被评为省级先进单位。2002 年全场盐田面积 1000 亩，职工 140 人，年产量 6500 吨。但很遗憾的是，后来由于效益问题，马岙盐场最终于 2003 年停办。老村长说马岙盐场停办的时候，村里的很多老人都觉得非常可惜，因为他们当年都曾亲自参与马岙盐场的建设，亲自见证了马岙盐场的辉煌，以及它给当地村民带来的巨大福利。

历史选择了马岙，先人钟情于马岙。马岙这块海边沃土哺育了数千年的灿烂文明。马岙村制盐工艺的历史变迁，同样见证着勤劳的马岙人民在追求美好生活的过程中所付出的艰辛，以及他们乐观向上、积极进取的生活态度。

（文：朱强/图：舟山定海农办）

特产特品

一 茶叶类

杭州西湖梅家坞村

老妇施茶换龙井

梅家坞村，地处浙江省杭州市西湖风景名胜区西部腹地，梅灵隧道以南，沿梅灵路两侧纵深长达十余里，有"十里梅坞"之称。梅家坞茶文化村共有茶园2300亩，正在以"十里梅坞"自然山水环境为依托，以茶文化为底蕴，成为杭州的一块"金字招牌"。穿过梅灵隧道，便见田里处处是茶，路边茶社连着茶社，漂亮的房子在青山的衬托下，美得像一幅画。

梅家坞四周青山环绕，茶山叠嶂，有山有貌，有坞有水，有茶有文，是西湖龙井茶一级保护区和主产地之一，也是杭州城郊最富茶乡特色的农家自然村落和茶文化休闲观光旅游区。梅家坞是一个有着600多年历史的古村，现有农居500余户，常住农业人口1262人，居民502人，梅家坞村一带土地肥沃，周围山峦重叠，林木葱郁，地势北高南低，既能阻挡北方寒流，又能截住南方暖流，在茶

梅家坞茶园

区上空常年凝聚成一片云雾。良好的地理环境，优质的水源，为茶叶生产提供了得天独厚的自然条件。

西湖龙井为我国十大名茶之一，具有 1200 多年历史，最早可追溯到唐代，当时著名的茶圣陆羽，在所撰写的世界上第一部茶叶专著《茶经》中，就有杭州天竺、灵隐二寺产茶的记载。龙井茶之名始于宋，闻于元，扬于明，盛于清。元代，龙井附近所产之茶开始受世人关注，有爱茶人虞伯生始作《游龙井》饮茶诗，诗中曰："徘徊龙井上，云气起晴画。澄公爱客至，取水挹幽窦。坐我檐莆中，余香不闻嗅。但见飘中清，翠影落碧岫。烹煮黄金芽，不取谷雨后，同来二三子，三咽不忍漱。"到了明代，龙井茶开始崭露头角，名声逐渐远播，并走出寺院，为平常百姓所饮用。明嘉靖年间的《浙江匾志》记载："杭郡诸茶，总不及龙井之产，而雨前细芽，取其一旗一枪，尤为珍品，所产不多，宜其矜贵也。"万历年《钱塘县志》又记载："茶出龙井者，作豆花香，色清味甘，与他山异。"此时的龙井茶已被列为中国之名茶。明代黄一正收录的名茶录及江南才子徐文长辑录的全国名茶中，都有龙井茶。如果说在明代龙井茶还不过是诸名茶中的普通一员，到了清代，龙井茶则立于众名茶的前茅了。清代学者郝壹恣行考"茶之名者，有浙之龙井，江南之芥片，闽之武夷云"。乾隆皇帝六次下江南，四次来到龙井茶区观看茶叶采制，品茶赋诗。在这一千多年的历史演变过程中，龙井茶从无名到有名，从老百姓饭后的家常饮品成为帝王将相的贡品。

"梅坞龙井"产于云栖、梅家坞一带，外形挺秀、扁平光滑、色泽翠绿，是龙茶中的名品。该茶冲泡后，香气清高持久，香馥若兰；汤色杏绿，清澈明亮；叶底嫩绿，匀齐成朵，芽芽直立。故而"梅坞龙井"有"色绿、香郁、味甘、形美"四绝的特点。

龙井茶产期不同，品质亦有别。在清明前采制的叫"明前茶"，谷雨前采制的叫"雨前茶"。向有"雨前是上品，明前是珍品"的说法。先时此茶按产期先后及芽叶嫩老，分为八级，即"莲心、雀舌、极品、明前、雨前、头春、二春、长大"。今分为十一级，即特级与一级至十级。一斤特级龙井，约有茶芽三万六千个之多。该茶采摘有严格要求，有只采一个嫩芽的，有采一芽一叶或一芽二叶初展的。其制工亦极为讲究，在炒制工艺中有抖、带、挤、挺、扣、抓、压、磨等十大手法，操作时变化多端，令人叫绝。

龙井绿茶含叶绿素、氨基酸、儿茶素、维生素 C 等成分均比其他茶叶多，可谓营养丰富。此外，该茶还具有抗氧化、抗突然异变、抗肿瘤、降低血液中胆固醇及低密度脂蛋白含量、抑制血压上升、抑制血小板凝集、抗菌、抗过敏等功效。龙井茶对水质有一定要求，以优质水冲泡，方可尽显龙井之清香，龙井茶对器具的要求不是很严格，只要用玻璃杯就可以了。高级龙井茶宜用85摄氏度左右的开水进行冲泡，冲泡后芽叶一旗一枪，簇立杯中交错相映，芽叶直立，上下沉浮，栩栩如生。

　　在杭州梅家坞村至今还流传着一个关于龙井茶来历的有趣传说。据传，古时梅家坞住着一位老妇人，老妇人屋舍周围种着十几棵野山茶树。她家门口的路是南山农民去西湖的必经之路，行人走到这里总想稍作休息。于是老太太就在门口放一张桌子，几条板凳，同时用野山茶叶沏上一壶茶，让行人歇脚。日子一久，老妇人家的野山茶就远近闻名了。有一年冬天，快过年时分，雪下得很大，老妇人家的茶树面临被冻死的危险。采办年货的行人依旧在老太太家门口歇脚。其中有一长者见老太愁容不展，就问："老太太年货采办了没有？"老太太长吁短叹地说："别说年货无钱采办，就是这些茶树也快冻死了，明年春天施茶也就不成了。"长者指着边上一个破石臼说："宝贝就在这里，有何为难，不如将此石臼卖于我好么？"老太太说："破臼本不值钱，你要只管取去。"长者掏出 10 两银子将石臼搬去。老太太本不肯收钱，无奈长者转身已不知去向，老太太只得将钱收下。过了年，第二年春天，原来的茶树嫩芽新发，长得比往年更好，老太太又欢天喜地地施起茶来。这就是西湖龙井茶的来历。

　　请走进"梅坞"，亲近自然，尽情享受茶文化休闲、观光、旅游的无穷乐趣。

（文：余晓琳　曾方/图：曾立本）

安吉大溪村

神奇的安吉白茶

浙江省安吉县天荒坪镇大溪村地处天目山北麓。这里群山起伏，树竹交荫，云雾缭绕，土壤肥沃；全年雨量充沛，气候温和湿润，无霜期短，空气相对湿度81%，直射的紫光较少；土壤中富含钾、镁等微量元素。这些特定的自然条件，为安吉白茶生长提供了良好的生态环境，有利于安吉白茶中氨基酸等氮化合物及营养物质的形成和积累，为安吉白茶高氨低酚、味鲜香郁的品质奠定了基础。

安吉白茶

在大溪村的横坑坞山上，生长着一株千年白茶王，其树冠直径可达2—3米，每年母树可采鲜叶3公斤左右。安吉白茶是一种珍罕的变异茶种，属于"低温敏感型"茶叶，其阈值在23摄氏度左右。

茶树产"白茶"时间很短，通常仅一个月时间。早春萌发的嫩芽因叶绿素缺失为玉白色，经脉翠绿，谷雨后随温度升高逐渐转为白绿相间的花叶，至夏叶恢复为全绿。正因为神奇的安吉白茶是在特定的白化期间采摘和加工制作的，所以安吉白茶经冲泡后，其汤色清澈明亮，滋味鲜爽，叶底玉白显翠脉，可谓风格独特。

北宋皇帝赵佶曾在《大观茶论》中说道："白茶自为一种，与常茶不同，其条敷阐，其叶莹薄。崖林之间，偶然生出，虽非人力所可致。有者不过四五家，生者不过一二株，所造止于二三胯而已。芽英不多，尤难蒸培，汤火一失，则已变而为常品。须制造精微，运度得宜，则表里昭彻，如玉之在璞，它无与伦比；浅焙亦有之，但品不及。"

据传，徽州有一曹姓望族，家中老爷也在朝廷之中谋有重要官职，后因奸人陷害惹怒了当朝皇帝。皇帝一气之下将曹家满门抄斩，但有一人因在外做客而幸免于难。闻讯后，他匆忙遁走他乡。在前往皖浙交界的途中，遭遇官差盘问，其人不敢实言。他无意中望见远处有颗桂树，正散发出阵阵浓郁的甜香，遂灵机一动，答曰姓桂，这才侥幸逃过一劫。

从那以后，他流落至安吉大溪地界，为避免不测，藏身隐匿于横坑坞深山。这个地方属于巍峨天目山的支脉，山峦叠嶂，人烟稀少。在接近山梁的深坞上，有一处地势较为平坦的山坡，前面有清澈的山溪顺流而下，背面则是连绵群峰。于是，他便在这里开垦山地，清茅筑庐，扎下根来。

有一天夜里，他忽得一梦：一位须发皆白的清癯仙翁将其领至西面山坡，随手一指，山地上破土而出一双奇葩。须臾，长成两株白色的仙树，正诧异间，仙翁已悄然隐去。

翌日清晨，在屋后的山坡上，他发现有不少野茶树，而且均长出了新芽。但和其徽州老家茶树不同的是，其中有两株茶树的芽叶竟然是玉白色的。远远望去，这两丛茶树宛如锦团簇拥，灿若太白金星。他觉得好奇，便精心呵护起来。

后来，他又将这些茶叶采摘下来进行炒制，取来山前的泉水烧开一泡，汤色嫩黄带绿，馥郁幽芳，冉冉飘逸，口感相当清爽，滋味竟是清甘无比。

更为奇妙的是，这些芽叶在碗中展开后，叶片越发显得玉白，仿佛璞中美玉，宛如晶莹春雪。从此，这一大一小仿佛情侣般的茶树就成了桂姓者的至爱。

春去秋来，这位异乡人与附近的山民成了家，并生儿育女，过着平淡如茶的山里生活。斗转星移，桂家与这株"白茶王"结下了不解之缘，春来勤施肥，冬来细剪枝，细心养护，桂家也繁衍生息，至今已有十三代。这个地方，后来就叫"桂家场"，而那两株奇异的茶树就叫"大溪白茶"。

桂家以茶为主要营生，自祖辈开始，就立下了"分家不分茶"的规矩。因为这两丛白茶产量很有限，桂家每年将采制的白茶视为珍品，仅用来招待贵客。后来，因家境不好桂家夫人就把茶叶拿到市场上，换取一些银两。随着时间的推移，夫人卖出去的茶叶得到了更多人的认可，不少北边的商人们得知这里有白茶，纷纷不惜翻越30多里的山路来这里抢买，从此桂家的后人们就更加重视对这对白茶树的保护。他们也曾尝试过茶树繁育，可奇怪的是，白茶开花但很少结籽，即便结籽，播种长大后，叶子却是绿色的，失去了白化性状。久而久之，白茶树又多了个别名"石女茶"，意思是无法传宗接代的茶。

说起石女茶，其实在明代就有人提及了。那时，一位曹洞宗的元来大师（即博山无异，安徽舒城人）就有"懒烹石女茶"语，而安吉灵峰寺的蕅益大师还与元来颇有法缘。

到了近代，又有好事者将其中一株小的白茶移植出谷，可惜不久就夭折了。从此，大溪桂家场只剩一株白茶树，孤寂地藏身于深邃的山坞。一株千年茶祖就这样幽栖于大溪山中，成为"白茶之乡"神圣之物。

20 世纪 80 年代初,安吉县林科所的林技员剪取了该茶树上的枝条,在县林科所进行无性繁殖(扦插)培育,获得成功。经 30 多年的发展推广,目前全县安吉白茶种植面积已达 17 万亩,产值超 22 亿元,"安吉白茶"品牌价值 29.1 亿元,已成为安吉县的一大支柱产业。

2008 年 4 月 19 日,由安吉县人民政府主办的"安吉白茶茶王茶拍卖会"在上海举行。50 克茶王茶以 5 万元高价拍出。此前在"2008 杭州龙坞西湖龙井开茶节"上,500 克西湖龙井成交价为 25 万元,每克也只不过 500 元,而安吉白茶王以每克 1000 元的高价,再次刷新了珍品茶叶市场的拍卖纪录。随着安吉白茶产业的发展,安吉人已不满足于安吉白茶的单一产品制作和销售,都是向多茶类、深加工等方向发展,研制开发了安吉白茶饮料、安吉白茶含片、安吉白茶酒、安吉白茶花精油等产品,形成了独特的安吉白茶文化。

(文/图:安吉农办)

淳安常青村

鸠坑毛峰款路人

鸠坑乡常青村地处浙西山区淳安西北部，距县城 50 公里，东北临千岛湖，南与梓桐镇接壤，西与安徽歙县隔山而处。因两山夹一水，源深峡窄又称细坑源。该村从源头到源尾由石山、鸠岭山、避暑坞、荆树坞、潘店、施家门前、方店 7 个自然村组成，有 259 户，748 人。该村依山脉走势和溪道流向靠山临水而建，呈"S"形曲线条块状散列分布。几十株参天古树点缀其中，清末民初的古民居、石拱桥、凉亭和 20 世纪 50—80 年代的黄泥土楼房，风貌依存，约占全村建筑比例的 85% 以上。避暑亭对联"钱塘璀璨家声远，吴越峥嵘世泽长"和村堂联"宗山拱秀隆基业，显斗长明映画堂"，体现了古人崇尚耕读传家的美德，劝诫后人要勤耕好读，代代相传。

常青村源头有两座山峰，东边叫石山，西边称鸠岭山，两座山脉逶迤起伏，由南往北连绵数十里至村口交会。常青村祖祖辈辈以茶为业，以茶为生。村落前后的低丘缓坡有千亩茶园，崇山峻岭为万亩山海，百株百年古茶树群分布鸠岭、石山自然村。在鸠坑乡常青村后山顶（土名"宋家塘"）聚集着一批"资深"老茶树，这些老茶树有着非同一般的乔木型身段，显得特别高大，树高达到 3—4 米。茶树从基部分枝，无明显主干。据村里人测量，以每棵老茶树最粗分枝的枝围计算，达到 20 公分的有 18 棵、25 公分以上的有 8 棵，最粗的一棵达到 32 公分、直径足有 10 公分。老茶树集中分布的"宋家塘"海拔约 450 米，是茶叶最佳生长海拔带。这里四季分明，温和湿润，雨量充沛，光照充足，加上水库小气候影响，气候条件比同温度茶区更加优越。尤其是春季，气温由低逐渐升高，降雨多，时晴时雨，空气湿度大，土壤含水量高，茶树生长旺盛，咖

淳安毛峰老茶树

啡碱和氮芳香物质多，所以春茶品质比夏季好，大多名茶也在春季采制。

　　该村主要制作鸠坑毛峰茶和鸠坑毛尖茶。鸠坑毛峰属条形烘青绿茶类，古称"雨前"鸠坑茶。该茶外形肥壮成条，色泽绿翠显毫，滋味醇厚鲜爽耐泡。鸠坑毛峰在4月上旬开采，采摘标准为一芽二叶初展。采下的茶经适度摊放后即可炒制，分杀青、揉捻、烘焙三道工序，烘至手捏可成粉末状下笼凉摊，分筛去末后即可包装。与鸠坑毛峰不同的是，鸠坑毛尖鲜叶采摘标准为一芽一叶初展，形似笔尖，每500克毛尖约4000—5000个芽叶。一般要求清明前开园，采摘要求芽长叶短，长短大小一致。鸠坑毛尖的制作工艺比鸠坑毛峰制作更加严格，要经过杀青、揉捻、烘二青、整形、烘干等程序。

据史料记载，鸠坑的茶叶始于汉，名盛于唐。唐时列为贡茶，称"睦州贡鸠坑茶"，已有 1800 多年历史。中国茶圣——唐代陆羽的世界第一部茶叶专著《茶经》（撰于 758 年左右）中，有关名茶产地和名种都提到"睦州鸠坑"；唐朝李肇《唐国史补》（825 年前后）载："茶之名品……，睦州有鸠坑。"唐朝杨华《膳夫经手录》（撰于 856 年前后）载："睦州鸠坑茶，味薄，研膏绝胜霍者。"元代《韩墨金书》载："鸠坑，在黄光潭对涧，二坑分绕，鸠坑岭产茶，以其水蒸之，色香味俱臻妙境。"明朝李时珍《本草纲目》"集解"中，有"睦州之鸠坑"列为"吴越茶"名茶的记载等。

《中国名茶传说》记载，常青村鸠岭山自然村后山顶（土名"宋家塘"）是"鸠坑毛峰茶"传说诞生之地。相传，很久很久以前，在鸠坑小源常青村的鸠岭山上，住着一对年轻夫妻，男的取名金龙，女的取名毛凤。金龙开山种玉米，毛凤挖地种茶，生活虽然过得十分清贫，但是夫妻两个日出而作日落而息，勤勤恳恳打理农作物，小日子虽然不富裕但也算过得去。鸠坑源是睦州到徽州的要道，是两地居民往来的必经之地。来往客商和脚夫到鸠岭山，都要在此地小憩。日子久了，来往行人与金龙、毛凤也渐渐熟悉，待人热忱的夫妻俩总是泡上茶水给客人喝。白天夫妻俩外出务农，家门也是虚掩，客人可以自己进屋取茶水，有些人甚至还在他们家过上一夜再赶路。作为答谢，有的客人付给铜钱，有的送给头巾、针线，但是他俩一概不收。

一传十，十传百，夫妻俩好客的消息不胫而走，途径鸠岭山讨茶水喝的人也越来越多。屋后岗上种的那点茶叶原本除了待客后还有结余，尚可出售部分添补家用，现在所有的茶叶都只能招待客人了。夫妻俩寻思着，就算自己少吃少穿，也不能让客人渴着。于是，金龙又到老山崖开垦了一块茶园。

有一年，春季雨水过多，夏季又特别干旱，茶叶的收成非常不好，夫妻俩甚是发愁。这年冬天，来了一位过路客人，只见他鹤发童颜，身穿道袍，手拄拐杖，貌似仙人。金龙、毛凤热情地冲茶待他。一边喝茶，夫妻俩一边陪着老人拉家常。言语间，老人得知夫妻俩有难处，就问："二位主人为何事发愁？"金龙、毛凤连忙含笑答道："老伯，凡是路过我们家讨茶喝的，都是看得起我们。只是今年收成不好，过往客人又多，我们种的茶叶不够吃，正为这事发愁。"老人听了哈哈大笑，拍拍金龙、毛凤的肩膀说："我老汉也懂点种茶手艺，带我到你们家茶园看看，或许我能帮你解决问题。"二人陪伴老人到屋后老山崖茶园，只见老人在茶园里一边走一边抚摸着茶树，口中念念有词："好茶好茶，凤蕊龙团，舍茶待客，名垂金榜。"说也奇怪，自从这老人走后，鸠岭山一连半个月打雷、刮风、下雨，夫妻俩也一连半个月没法出门干农活。天放晴了，心急如焚的金龙、毛凤跑去茶园一看，那些茶树非但没有死掉，反而更加碧绿粗壮，连地上的"黄皮塌"也变成松软肥沃的"香灰土"了。偶遇此事，夫妻俩虽说是疑虑重重，但心中却是十分高兴，心想一定与那位老人有关，莫非真是遇到仙人了。从此，他们夫妻俩对待来客比往常更加热情。

第二年春季，采下来的茶叶碧绿青翠，清香扑鼻，炒制出的茶叶足足有好几百斤。过往客人喝了，都赞口不绝："好茶、好茶！"金龙、毛凤将多余的茶叶挑到市场上去卖。买主一看，真如雀舌云片，凤蕊龙团，忙问："这是什么茶？为何清香扑鼻？"金龙一下想起老人的话，随手指着老山崖采来的茶说："这是金龙茶。"又指着屋后岗上采来的茶说："那是毛凤茶。"买主连连点头称赞，茶叶卖出了比往年高许多倍的价钱。凭着这茶叶，金龙、毛凤家的生活也一年比一年好。

山农茶待客，客气富茶农。金龙、毛凤种茶待客变富的事，很快被大家知道了，整个鸠坑源的人都学他俩，种茶待客，不几年，家家都富起来了。后来，鸠坑的金龙、毛凤茶被皇帝选为贡茶，在京城里很有名气，可谓是"名垂金榜"了。不过，鸠坑茶成为贡品后，皇帝忌其名，于是降旨改名为"鸠坑毛峰"茶。如今，鸠坑茶已经成为鸠坑百姓最主要的经济来源。不仅如此，鸠坑单株茶籽还于 2003 年乘坐"神舟五号"载人飞船进行了航天育种。关于鸠坑茶的故事远不止于此，你若想知道更多鸠坑茶的故事，请到鸠坑常青来。

（文/图：淳安农办）

杭州富阳安顶村

香浮安顶一壶茶

在富阳市里山镇最南端，海拔最高处有个山村，叫安顶村，最高处车正山顶海拔 790 米。整个村地势呈马蹄形，南北走向，北邻富春江，东南分别与渔山、礼源、灵桥接壤。现在村民收入 75% 来自茶叶收入。

安顶云雾茶

泉涌灵峰千滴水，香浮安顶一壶茶。

安顶云雾茶，其外形扁平光滑，色泽绿润，清香扑鼻，滋味鲜爽，汤色绿明，乃是享誉千年的茶之绝品。三国时东吴帝孙皓每逢举办皇宴，安顶茶是必备的宫廷饮品。在明朝正德年间（1505—

1521）每岁贡茶二十斛，一直延至清代。清《杭州府志》有"杭州之特产，良者富阳茶"之说。据1926年《浙江之特产》记载，"明时茶为进贡之品，声誉最隆……今富阳茶色、香、味不亚于龙井茶"。《富阳县志》记载，"岩顶茗毫、史称富阳岩顶茶、安顶云雾茶，为浙江五大名茶之一。"

云雾茶，外形紧细，卷曲秀丽，开水冲后以色绿、香浓、味醇、形秀著称。"安顶茶一粒茶七粒米"，这是在当地百姓中广为流传的一句古话。安顶云雾茶为什么如此金贵？有诗云："野泉烟火白云间，坐饮香茶爱此山。"因为安顶山位于仙霞岭余脉的富阳里山境内，平均海拔650米，最高峰为790米，四季雨量充沛，常年云雾缭绕，昼夜温差15摄氏度以上。山中地形奇特，略呈马蹄形，土壤疏松肥沃，有机含量丰富，pH值5.5左右。这样的地理位置和气候环境最适宜茶树生长，也是盛产名茶的好地方。它的金贵还源于其拥有独特的炒制工艺。历史上的安顶云雾茶均为手工炒青茶，其采用的"高温少量敏捷抛炒法"与泰顺的"扬料杀青"、嵊县泉岗的"闷杀青"被齐称为浙江绿茶杀青三大手法。2009年，安顶云雾茶炒制技艺被列入杭州市级"非遗"名录。

安顶云雾茶不仅金贵，而且非常神秘。至今在当地民间还流传着一则关于明朝开国皇帝朱元璋与安顶云雾茶的美丽传说。

相传，那是在元朝末年，朱元璋起兵造反，进攻杭州失败，遭元兵追杀，一时慌不择路，只身逃至安顶山大西庵。这时，大西庵内三名道士正围坐在一起品茶论经。三名道士眼见庵门突然"嘭"的一声被撞开，摔进了一个浑身血污的人来，急忙立身戒备。朱元璋忙起身见过三位道士，喘着粗气把元兵追杀的事说了一遍，央求三位道士能够救他一命。三名道友见朱元璋面貌奇伟，体形彪悍，又怜他是个落难之人，恻隐之心油然而生。三名道士听到紧追而来的元兵的脚步声、呐喊声越来越近，情况万分危急，于是当机立断，打开后门，叫朱元璋立即藏身到庵后的十八丛茶蓬中去。朱元璋刚在茶篷中躲好后，三位道士就马上一起披发仗剑，口中念念有词，随剑一指，大声喝道"疾！"立见东南方腾起一片巨大乌云，滚滚而来。不一会儿，茶丛就被浓浓云雾笼罩了起来。

却说元兵追上安顶山，忽然不见了朱元璋的影子，就在山顶上到处搜查。当他们搜到庵内茶地时，只见白茫茫的一片着地云雾，一进入茶地，犹如坠入夜幕之中，连人站在对面也看不清楚，东南西北也分辨不出来，更不用说寻找朱元璋的踪迹了。元兵们一个个无奈地退出了茶地，又到庵内的旮旮旯旯搜查了一遍，仍然一无所得，只得灰溜溜地退下山去。

元兵退后，朱元璋从茶地来到庵内，向三位道士谢过救命之恩。道士见他惊魂稍定，就给他沏了一杯茶说："庵内别无他物，喝杯茶压压惊吧。"朱元璋连日跋山涉水，再加上与元兵的一场恶战，正感到头昏眼花，口渴舌燥，精疲力竭。他顾不上道谢，接过茶来就迫不及待地猛喝了一口。谁知这茶刚一入口，一股醇香就沁入心脾。他顿时感到心旷神怡，精神大振，连日来的疲乏一扫而光。他凝神一看茶杯，只见杯内茶烟凝聚，久久不散，清香四溢。他连忙问道："这是何茶，竟有如此奇效？"其中一位道士一甩云帚，慢慢说道："施主有所不知，这茶乃本山杨树岗所产，就是你刚才藏身的那十八蓬茶树，每枚茶叶有筋络十八条，与山上的十八蓬茶树相互呼应。每年谷雨过后，待新茶长到二至三叶时，我等就采摘下来，烘干炒燥，存于庵内，供香客饮用。"朱元璋听后，半信半疑，悄悄用手指夹起几片茶叶，摊在桌上仔细一数，不多不少，每片茶叶上筋络都是十八条。他一仰脖子，把杯中之茶一饮而尽，而后抹一抹嘴巴，望一望那笼罩在云雾中的十八丛茶树，深有感触地说："好个安顶云雾茶呀！"

18年后，朱元璋称帝南京，做起皇帝来了。当皇帝了，自然是今非昔比，起居饮食真有天壤之别。他天天吃的是山珍海味，喝的是琼浆玉液，喝久了，渐渐就觉得乏味。一天，他忽然心血来潮，回想起自己在富阳安顶山落难时道士请他喝的那杯安顶云雾茶的美妙滋味，也思念起救他于危难的三位道士，遂派钦差前往富春江畔安顶山大西庵寻取安顶云雾茶，并邀三位道友进京封官行赏。万万没有想到，远在安顶山上的三位道士，一听说有钦差大臣正在上山寻访三名道士，顿时惊慌失措，坐立不安。原来三名道士乃是前朝通缉的要犯，犯事后逃往安顶山并决心远离尘世定居在山中的。他们不明缘由，心想这下完了，朝廷怎么会打听到此，肯定凶多吉少了。于是三人一合计，决定以命来抵消罪过，竟然选了个黄道吉日一起来到云雾缭绕的杨树岗上，自缢于三棵杨树之下。待到钦差赶至山上，只见空空的庙堂和三位道士遗留的安顶云雾茶，只好带着茶叶回去复命。朱元璋闻此噩耗，深感悲痛，为报答三位道士的救命之恩，挥泪写下"三仙明王"金匾，赐予三位恩人，并将四字镌刻在石碑上，立在三道士合葬墓前。朱元璋随后又命钦差到安顶山大西庵传旨，将该茶列为每年进献朝廷的贡品，岁岁进贡。

从此以后，朱元璋每逢批阅奏章或与大臣议事感到疲倦时，总要泡一杯安顶云雾茶来提提神。而正由于安顶云雾茶的年年进贡，"三仙明王"的炒茶技术也得以传承了下来。直至今天，安顶村村民个个都会种茶、炒茶、卖茶和品茶。尤其是近年来，富阳通过采取商标品牌战略、茶叶包装改进提升、推进茶叶 QS 认证等一系列保护和提升措施，已经使得"安顶云雾茶"广为人知，品牌价值一路攀升，茶叶产业已成为当地农民增收的支柱产业。寻觅深山清茗香，醉在千年茶韵里。朱元璋和三仙明王的故事，随着安顶云雾茶的名声远播逐渐被沉淀了下来，成为人们在品茗之时的必谈佳话。

（文：徐蝶）

二 水果类

慈溪大山村

仙子入尘化杨梅

在浙江省慈溪市最南部，群山逶迤，连绵起伏，犹如一道翠绿的屏障，守护在城之南。在这片深山幽壑中，有个美丽的村落，那就是横河镇大山村。横河镇大山村位于慈溪市最南端，平均海拔160米，是慈溪市第二高山村，现有农户348户，人口1089人。山林面积5423亩，耕地面积399亩。该村古有种植杨梅的传统，大肚山、斧头石岗、狮子山等地随处可见郁郁葱葱的杨梅树。

说起杨梅，它有着悠久的历史。据河姆渡遗址考古发现，早在7000多年前，这一带已有杨梅植株。到了宋代，杨梅种植开始盛行，成为名果珍品，大诗人苏东坡云："闽广荔枝，西凉葡萄，未若吴越杨梅。"可见，当时浙江杨梅已闻名遐迩，而浙江杨梅主要产地在今慈溪。直至今天，杨梅虽在长江流域广为栽培，但慈溪杨梅却一枝独秀，呈现"慈溪杨梅甲天下，横河杨梅冠慈溪"之势。这里所说的横河杨梅，指的就是大山村及附近村落的杨梅，而横河镇也因之成为远近闻名的"中国杨梅之乡"。

杨梅是四季常绿乔木，树冠高大，翠叶如碧。喜清凉湿润的环境，微酸性土壤，耐寒性强，适宜面北的山坡，栽培五六年后结果。大山村处群山环绕之中，草木葱茏，溪流水库众多，气候宜

慈溪杨梅

人，雨水充沛，村里种植的 3600 亩杨梅，很多树龄已有七八十年。有的杨梅树，树干粗壮，枝叶披离交错，据说已有一百多年的寿命，足见这里的自然环境非常适宜杨梅生长。

每年春风吹拂，杨梅开出黄褐的花，但花期短暂。到四五月间，杨梅已结出青绿色果子。六月，梅雨淅沥，杨梅逐渐由青变红，继而转黑，就到了杨梅成熟的季节。村里的男女老少都知道这样一句农谚："端午杨梅挂篮头，夏至杨梅满山红。"此时，若去大山村，蜿蜒的盘山公路上，挤满了来自四面八方的车辆。置身林间，满山遍野，绿荫翳翳，果实累累，溪涧淙淙，人影憧憧，这是大山村每年最欢腾繁忙的季节。

成熟的杨梅紫黑圆润，如珠似玑，甜中略带酸味，古也有"骊珠""金丹"之称。杨梅品种很多，而大山村的"荸荠种"杨梅更是杨梅之上品，它因果实呈黑紫色，形如荸荠而得名。"荸荠种"杨梅果粒中等偏大，核小，味甘甜清香，汁水多。在一代又一代大山人的辛勤培育下，一株"荸荠种"杨梅可有70多公斤的产量，生命力旺盛的树则达300多公斤，村里三千多亩杨梅林一年可有820吨左右的产量，村民大部分经济收入来源于此。站在浓密的树荫下，你只要随手摘一颗送进嘴里，唇齿间立即染满红色的汁水，酸酸甜甜的滋味和淡淡的清香顿时溢满心扉。

大山人每天天微亮就要上山采摘杨梅。他们腰间挂个竹篓，手里提个长钩，灵活地爬上树。近的，伸手可摘；远的杨梅，用钩子轻轻一勾，片刻就摘得满满一篓。饿了，往嘴里送几颗乌黑的杨梅；累了，坐在树上歇息片刻，任山风徐徐吹干汗水湿透的衣背。梅雨季节，霪雨霏霏，常常打湿大山人的衣衫。这汗水混着雨水，饥饿带着疲惫，于常人看来是十分辛苦，但大山人却从不会因此感冒得病。他们爽朗地笑着，说全是因为吃了杨梅的缘故。

确实，杨梅有着非常奇特的功效。杨梅果子酸甜清香，吃了消暑去痧。《本草纲目》记载："杨梅可止渴，和五脏，能涤肠、胃，除烦愦恶气。"世上再难寻得一种果子能与它一样，哪怕吃再多也绝不伤脾胃。唯有杨梅！大山人还喜欢把杨梅浸于上好的烧酒之中，三伏天，吃上四五颗烧酒杨梅，便可以防暑理气。是什么让杨梅有如此奇特的功效？究其原因，大山人说，因为杨梅是仙果，它有段非同寻常的动人故事。

很久以前，天上有位美丽的仙子，掌管百果，叫百果仙子。有一年春来，掌管百花的百花仙子云袖一挥，吹开了凡间所有的鲜花。这繁花似锦、姹紫嫣红的美景吸引了百果仙子，于是，百果仙子决定离开云烟缥缈的天庭，来凡间巡游一番。当她云游到浙东之地时，看见句章之南（就是现在大山村一带）层峦叠翠，云雾缭绕，鸟鸣啾啾，溪流欢唱。仙子看惯了仙境的清雅芬芳，没想到这山村野林的景色竟如此秀丽！就在百果仙子恍惚沉吟时，一阵砍柴的声音从林间传来，砍柴的是个少年。他叫石郎，以砍柴打猎为生。他有英俊的脸庞，强壮的体魄，此时，光着的胳膊正汗涔涔地在阳光下挥动。世间竟有这么俊朗的少年！那瑶池虽好，总是过于清静，哪有凡间这番景象生动？百果仙子思忖着，不觉动了凡心，于是化身为山野少女和少年结为夫妻。仙子也给自己取了个很好听的名字，叫梅珠。因为这大山之中随处可见一潭潭碧波清泉，晶莹透亮，宛若颗颗明珠。

石郎和梅珠十分恩爱，平时石郎砍柴狩猎，梅珠就教乡邻们种植，也常常采药给乡邻治病。山里人很喜欢她。然而山中有个恶魔，垂涎梅珠已久。有一年春天，石郎出门打猎，恶魔趁机劫持了梅珠，梅珠与恶魔激战，最终因怀有石郎骨肉，仙力不支，坠下了山崖。石郎和乡亲们在涧底找到了梅珠，含泪把她埋在了山坡间。做完这一切，石郎默默地走向山林深处，谁也不知道他去了哪里。从那天起，山里下起了雨。雨淅淅沥沥足足下了两个月。直到夏天来临。

乡亲们发现，在埋葬梅珠的地方不知什么时候已长出了一棵树，叶子碧绿如同杨树叶，树上结满了紫红色的果子。有位老人向果树施了一礼，然后轻轻摘下果子尝了尝，果子甘甜清口，甜中又略带着酸味，还未吞咽已觉神清气爽。乡亲们含着热泪说，这树一定是梅珠姑娘所化！梅珠姑娘生前那么善良，常常行医济世，帮扶乡邻，她是想把这份甜蜜继续留给乡亲们啊！而甜中透着的那微微的酸意，就是她与亲人石郎分离的心酸吧。

就在乡亲们纷纷落泪时，消失两个多月的石郎回来了。望着眼前这满树殷红，石郎明白，这哪里是果子？分明是爱妻梅珠的一颦一笑！原来最心爱的梅珠并未离去！她一直在……想到这里，石郎感觉浑身充满了力量，他知道，苦练体力几个月，今天该是找恶魔报仇的时候了。石郎向这树深深拜别，临行，他请求乡亲们，死后请把他埋在这棵树下。石郎与恶魔大战了三天三夜，最终与恶魔同归于尽。乡亲们按照石郎的遗愿，把他埋在了这棵树下。

过了几天，树下长出了一片草，人们说这草应该是石郎所化。于是，人们按着他们的名字，把果子叫作杨梅，把草叫作狼莨，用来纪念梅珠和石郎。

流光日复日，相思年复年。君为狼莨草，我为杨梅仙。

日子一天天过去，杨梅开始被山里人广为种植。奇怪的是，但凡种杨梅的地方，就会长狼莨草。人们总要在装满杨梅的竹筐里铺一层狼莨草，据说这样做杨梅更易保鲜。而杨梅的故事也世世代代流传下来，人们为了纪念这位造福百姓的姑娘，奉她为"杨梅仙子"。慈溪市政府还塑了"杨梅仙子"雕像，仙子广袖飞舞，仪容端庄，高高屹立在城南杨梅大道。

年年六月纷飞雨，年年杨梅满山红。它们一篮篮，一筐筐从大山深处运往各地。聪明奋进的大山人，还把它们酿成杨梅酒，制成杨梅饮，带着大山人的怀想，带着大山人的梦想，也带着淡淡的相思和乡思，起飞……

（文：骆央浓）

桐乡桃园村

天下奇果桐乡李

桐乡槜（zuì）李的原产地在梧桐街道桃园村，清明时节，花开如雪，小暑前后，果香如酒。桃园村位于桐乡市东南部，南邻长山河，东邻多福桥港，西邻康烃塘港，水陆交通方便，区位优势明显。桃园村槜李系浙江名果，闻名中外，古为贡品。桃园村共有耕地 3230 亩，标准农田 1094.4 亩。现有 18 个村民小组，612 户人家，总人口 2459 人。

槜李是古今稀有的珍果，也是桐乡的传统名果，盛名传于天下，身价百倍。原因是槜李果大色艳，核小肉厚，浆液甘美，风味独特，营养丰富，品质极佳，为群李之冠。桐乡槜李的栽培历史十分悠久，已有 2500 余年。它是极其珍稀的传统名果，被誉为"果中珍品"，在古代是进贡帝王的贡品。其实，并不是所有的帝王都能品尝到槜李的醇香甘美，近代桐乡名士朱梦仙在《槜李谱》中说："品质极其名贵，而栽培又极不易，迁地既不能良，历时又不能久。故自贡献吴宫以后，汉不闻偕樱桃并贡，唐不闻与荔枝同献也。"槜李的种植区域仅限于桃园村，《槜李谱》说："里中所产之李，甘美绝伦，世罕其匹，即名槜李，为他处所无，外间绝无其种。"

与所有的名物特产一样，桐乡槜李也有着一个美丽的故事。传说春秋时期，吴越两国争战不止，越王勾践战败，在会稽山卧薪尝胆，图谋再起。大夫范蠡献上美人计一策，于是广选民女，百里挑一，在苎萝山觅得美人西施，急急送往吴国都城姑苏，用来迷惑吴王夫差。

途中经过一处叫槜李墟（即今桃园村一带）的地方，西施因思念故土亲人，又兼连日车马劳顿，暑热蒸腾，忽然旧病复发，犯起心痛病来，茶饭不思，满脸憔悴，顿失平常的沉鱼落雁之貌。范蠡

桐乡檇李

看在眼里，急在心里，万一西施有什么三长两短，那可是两边都得罪不起的，是要掉脑袋的。

一天傍晚，范蠡安排好西施早早休息，一个人出来散心。他看这里河道纵横，圩田开阔，树木荫翳，满目苍翠，比起越国的山山水水，更觉多了几分妩媚与可亲。突然，一阵果香从树林中飘来，有桃杏的芬芳，又似有几分酒的醇香，他从未闻到过。他循着果香走进林子，看见一个老汉正在树下采摘。果树不高也不低，人手正够得着；树叶不稀也不密，夕阳的斜晖能透射到地上；果子不多也不少，每个枝条上两三颗。果形圆润，果色紫红，上面似有一层白粉。

范蠡从未看过这种果子，便询问老人，老人回答道："这是檇李，只有我们檇李墟才有，产地不出方圆五里。五里之外，形色不同，味更大变。"说完，拣了一颗又红又大、熟透圆润的檇李递给范蠡吃。范蠡轻轻剥去果皮，紫红的果汁随即流出，他迫不及待送入口中，一种清凉的感觉沁入喉间，一股醉人的芳香弥漫颊边，味道又鲜又甜，似酒非酒，食后感觉暑热顿消，精神百倍。范蠡不禁诗兴大发："吴根越角檇李乡，甘美绝伦似酒香。此果只应瑶池有，凡人哪得几回尝？"他想起卧病在床的美人西施，何不也让她尝一尝？便丢下几文刀币，买了一篮。

西施正辗转病榻，难以入寐。范蠡将檇李献上，并将檇李的美味说了一遍，西施听得口齿生涎，禁不住伸出纤纤玉手，拿起一颗来，掐破果皮，顿时满屋生香。西施从来没有尝到过檇李的甘美芳香，一连吃了好几颗，醉意上来，浑身酥软，便渐入梦乡。

次日醒来，西施一改多日来的病容，神清气爽，眉目生光，又恢复了沉鱼落雁的姿色。她想起昨晚吃的檇李，便要范蠡带她去檇李园走走看看。

村上的人得知美人西施来到园子，争先恐后赶来一睹芳容。在一棵老李树下，西施摘下一颗最红最大的檇李来，掐了一下，留下一弯眉毛似的手指痕，递给园主人，也就是昨天范蠡遇见的那个老农，说道："我乃贫贱越女，自小浣纱溪头，素不喜荣华富贵，更不闻王事兴衰，只因天生几分姿色，竟将充入吴宫。途中染恙，不胜疲乏，却喜昨日偶食檇李，得以康复，因此结下一缘。他年若得脱离是非，还我自由之身，我愿再续前缘，终老此檇李之乡。"老农得宠若惊，捧着这颗檇李回家，后来将它埋在老树旁边——西施当时站立的地方。

第二年，种子发芽。第三年，檇李树长成。第四年，这棵檇李树也开花结果了。奇怪的是结出的果子上都有一弯眉毛似的手指痕，传说是西施当年一掐的缘故。

五年后，吴越两国再次交战，吴国灭亡。西施与范蠡在回到越国的途中，又经过檇李墟，想起当年的往事，萌生流连之心，便双双隐居于此，过起了远离是非、逍遥自由的生活。他俩隐居的地方，后来被叫作范蠡湖。

而檇李也因传说西施留下了指痕而名扬四海，物以人奇，愈传愈珍，愈传愈真。檇李与西施，名果配美人，给人们留下了许多美丽的遐思，更引得后世的许多文人词客赋诗吟咏，最脍炙人口也是传诵得最广的当数清初诗人朱彝尊在《鸳鸯湖棹歌》中写的那句：

闻说西施曾一掐，至今颗颗爪痕添。

其余的有：

兴亡常事何须问？且向西施觅爪痕。
吴宫花草久荒凉，犹剩西施爪痕香。
记得爪痕曾把玩，频劳纤手摘高枝。
吴宫变沼西施去，只有爪痕尚留香。
纤痕留得夷光掐，更使千秋享盛名。
爪掐纤痕留颗颗，琼浆吸尽润诗喉。
美人纤爪空留掐，一捻还堪比牡丹。
山翁日日醉如泥，一掐爪痕思檇李。
共传仙果美，爪掐尚留痕。
爪痕依然在，遥遥千百年。

其实檇李上的所谓西施爪痕，并非颗颗都有。对于这个"西施爪痕"的形成原因，《檇李谱》作者朱梦仙经数年潜心观察研究得出了檇李花蕊圈黏附于果皮的结论，他说："蕊圈黏附日久，印成瘢于果上，前后左右，均无定所，其纹或如环，或如爪，或如蚓，各不相同，本无足奇。而文人多事，指为西施一掐所留，历来讹传，竟成不稽之说。"不过，美人名果为文人雅客提供了绝妙的诗材，故讹传为人乐道也在情理之中了。

（文：颜剑明）

衢州衢江宝山村

宝山枇杷一树金

衢江区杜泽镇宝山村，位于杜泽镇西北角，距集镇 3 公里，因村中有一座山叫"宝贝山"而得名。宝山村地势较高，风景宜人，群山环绕。西南面与周家乡后堆村相连，村庄被杜板公路分为"上祝"和"下祝"，东西地域沿杜板公路约 2 公里。全村共有 6 个自然村，辖 11 个村民小组，共 458 户 1504 人，山地 3500 多亩，园地 330 亩，其中"祝"为村中主要姓氏。

宝山村是远近闻名的"枇杷村"。种植枇杷为当地农民的重要收入之一，种植面积达 3000 多亩，且呈递增之势。该村是全区枇杷种植面积最多，产量最高的村。"宝山枇杷"历史悠久，远近闻名。这里的土质很适合种枇杷，果子特别甜，分黄、白两种，为衢江区名产。徐霞客游记中就有相关文字记载。新中国成立前，"宝山枇杷"在上海、杭州一带就享有盛名。

宝山村的枇杷种植可以追溯到 1000 多年以前。据记载，1275 年初夏，意大利著名旅行家马可·波罗来到衢州，品尝到宝山枇杷后赞不绝口，就把这种神奇的果子称为"中国的金丸"。宝山枇杷林围绕灶头山而长，据说，古时此山曾挖空烧过炭，后废弃，留下一种特别适宜枇杷生长的矿物质，因此，就有人在山上渐渐种起了枇杷，这一种就种了上千年的历史。

自古至今，宝山村村民的生活都与枇杷息息相关，有俗语佐证："小小枇杷一树金，以前养命，如今致富。"这里的枇杷肉柔汁多，甜酸适度，它可是村里的品牌树，农民的发财树。枇杷被称为"果之冠"，不仅味道甘美，形如黄杏，肉质细腻，而且还富含人体所需的各种营养元素，是营养丰富的保健水果。它可用于治疗肺热咳嗽、久咳不愈、咽干口渴及胃气不足等病症。枇杷还富含纤维素、

宝山枇杷

果胶、胡萝卜素、苹果酸、柠檬酸、钾、磷、铁、钙及维生素 A、B、C。丰富的维生素 B、胡萝卜素，具有保护视力、保持皮肤健康润泽、促进儿童身体发育的功用。果中所含的维生素 B_{17}，还是防癌的营养素。它可促进食欲、帮助消化，也可预防癌症、延缓衰老。

枇杷的观赏价值也相当高，树形优美，冬花春实。花期长达三个月，花香浓郁；叶片四时不凋，婆娑可爱；果色金黄，点缀于万绿丛中，被赞为"树繁碧玉叶，柯叠黄金丸"，深受大家的喜爱。

围绕着枇杷，宝山村有很多的故事和传说。其中"十八金罗汉"的故事流传甚广。据说，本村后面有一座山叫紫金山，又叫金销山，现在叫独头山。很久以前，有一村民在山脚下种了一棵枇杷树，枝叶茂盛，但不结果。转眼到了春天，村民只在树上发现了一个枇杷，色泽金黄，足有拳头大小。瓜农十分好奇，于是摘下这个枇杷放在家中，多月之后，仍然保存完好，没有腐烂。有一天，一个高僧途经宝山村，来到村民家中，看到了这个枇杷，告诉村民一个秘密，原来这个枇杷是紫金山山门的钥匙。村民拿着枇杷来到紫金山，果然山门打开了，村民跑进去一看，大吃一惊，山洞里坐着十八尊金罗汉。其中有一尊面容丑陋，而其余十七尊面容姣好，金光闪闪。村民抱起一尊面容姣好的往外跑，放到外面就抱起第二个，等他抱起第二个的时候，没想到第一个又回到了原先的位置，如此来回所有金罗汉又回到了山洞，这时山神说山门马上就要关闭了，村民只好两手空空地走出了山洞，一个金罗汉都没有得到。原来那尊面容丑陋的就是其余十七尊金罗汉的母亲，如果村民将那尊丑陋的抱出来，其余的十七尊自然就会跟着出来，村民后悔莫及。因山中藏有宝贝，该山被称为"宝贝山"，山下的村庄就叫宝山村。这个代代相传的故事在诉说着一种孝道，同时也暗示后人们，枇杷是开启宝藏大门，通向致富之路的"金钥匙"。

这漫山的枇杷树正是大自然赐予宝山村的"宝贝"。村民们渐渐不满足于自己品尝，开始在自家的山地里嫁接、栽培枇杷树。到了 20 世纪 80 年代，几乎每家每户都种起了枇杷，从那时起，枇杷树就成了村民们的"摇钱树"。村里的老人回忆，在那个物资匮乏的年代，枇杷就能卖到 2 元多一斤，再加上村里土地适宜种植，不需要多施额外的肥料，只需低成本就能种出个大、味甜的宝山枇杷。村民们翻山越岭，挑着一担担枇杷走出了大山，换回了金钱。宝山枇杷由此名扬海内外，并成为杜泽枇杷的黄金名片。目前，全镇种植枇杷 3000 多亩，平均亩产 500 公斤，总产量 3000 多吨，村里 400 多户农家 90% 以上种植枇杷。

如今，勤劳智慧的宝山村村民又进一步改良了枇杷的品质。与 10 年前相比，枇杷不仅产量骤增，品质和价格也有了较大提高。村民潘土金是首届宝山枇杷文化周大红袍枇杷的金奖获得者。他 50 年前嫁接的 18 棵枇杷树就像他的名字一样，土里藏金，树干直径达 30 多厘米。他种的大红袍枇杷果形大、色泽亮、糖度高、皮薄鲜嫩，一棵就产果两三百公斤。他精心挑选的 2.5 公斤最满意的枇杷送到镇里参赛，一举夺魁。

而枇杷的品牌效应更为当地农民带来了经济效益。村妇女主任陈美莲，操起计算机算了一笔账：全村年产枇杷 120 万公斤，按每公斤均价 8 元计算，总收入可达 960 万元，平均每户 2.7 万元，产量、均价都比过去翻了一番。

（文/图：杨丹萍）

绍兴上虞东澄村

喜鹊衔来东澄樱

岭南乡东澄村位于上虞最高峰覆卮山之巅，东靠覆卮山龙须岩，与梁宅毗邻，地形如荷叶，不易积水，人们希望能"水澄如镜，冬夏不涸"，故名东澄。东澄村上有世纪冰川，下有千年梯田，左有小嘴樱桃，右有万方水库，地理位置得天独厚，自然环境优美，旅游资源极为丰富。就地取材而又有特色的千年古村建筑，使人向往。全村地域面积7000平方米，有常住户数73户，常住人口215人，山林面积1885亩，耕地面积308亩，农作物面积150亩。东澄村位于上虞区东南50余千米，平均海拔450米，地域面积2.5平方千米。当你站在东澄村的广场上，放眼望去，那成千上万块梯田盘曲而上，排列有序，每当春暖花开的季节，金黄的一片油菜花，使人心旷神怡；房前屋后的樱桃花竞相开放，繁花似锦、香气扑鼻，使人陶醉。

说起东澄的樱桃，那是相当有名！这不仅是因为高山樱桃的品质和口感广受好评，更与其栽培樱桃的悠久历史和因此发展起来的樱桃文化是密不可分的。

东澄樱桃有据可考的栽培历史要从明朝初年说起。话说当时村里有个青年人名叫王明德，人品好，敦实淳朴，心地善良，只因家境贫困，直到二十七八岁才娶了老婆。他妻子也生得聪明伶俐，一双巧手像仙女，织布手艺最好。夫妻俩男耕女织、恩恩爱爱过着清淡的日子，让方圆数十里的人们都非常羡慕。

一晃二三年过去了，王明德妻子的肚皮还是老样子。因当时有着"不孝有三，无后最大"的社会压力，王明德夫妻心里甚为焦急，四处求神拜佛，看病吃药，但总不见效果。村中一些长舌妇在背地里指指点点，说什么"前世作孽，讨来老婆不下蛋""看看蛮

东澄樱桃

老实，或许做过亏心事呢"等。有一天，长舌妇在溪边洗东西时又在聊天闲谈王明德夫妻不育之事，恰巧被王明德的妻子听到，心中感到十分苦恼。然而，夫妻俩不管人家怎么说，都当作没听见，还是客客气气地待人，实实在在地做人。

观音大士听到人间说王明德夫妻俩为人后有点半信半疑，就化作一个衣衫褴褛、双脚生疮、红肿流脓、蓬头垢面的乞丐卧在龙潭旁。路过的人远远见到他，无不掩鼻避之远去。

凑巧，王明德砍柴刚要过此地，只见老乞丐侧卧在路旁，呻吟不绝，急忙放下柴担上前去问个究竟。老乞丐说："我行动不便，能否把我背过石浪去？"王明德马上应允，忍着刺鼻的臭味，俯身背起老乞丐过了崎岖石浪。老乞丐脚上的脓水沾污了他的衣裤，但他毫无怨言。当王明德欲走的时候，老乞丐又叫住他说："年轻人，我刚才把打狗棒忘记在龙潭边了，没有拐杖我可不会走路，请你再帮我去拿一下。"王明德二话没说，急忙去取回拐杖。此时天色已暗下来了，王明德想起家中妻子要着急的，刚想走，老乞丐又喊住他，说："现在天已黑了，我行走不便，此地前不靠村后不着店，再请麻烦一下，把我背到前面的龙王庙里过夜。"王明德心想："是啊，天色已晚，让他独自在野外怎么办？"于是他再次把老人背到龙王庙。观音大士望着王明德远去的背影，连声赞道："好人啊，好人！好人该有好报。"

不久后的一天，王明德正在地里劈柴，忽听天空中传来叽叽喳喳的鸟叫声。他抬头一望，只见上百只喜鹊向他家飞来。当飞过他的头顶时，其中一只喜鹊衔在嘴里的杂物掉了下来，正巧落在王明德跟前。他拿起来一看，原来是一段像手指那么粗的树枝。王明德感到好奇，无心地将树枝插到地里。可当第二年春天，这树枝竟然发芽长叶了，王明德喜出望外，精心呵护它，渐渐地，枝繁叶茂，绿荫婆娑。到第三年春，此树绽放出淡红或淡白之花，含苞欲放，不多久结出了十几串果实，圆果晶莹剔透，鲜艳红亮如宝石，芳香四溢。王明德夫妻喜悦万分，摘下来便尝，发现果肉饱汁味美、酸中带甜，口舌顿如生津，精神倍增。

当天晚上，王明德的妻子梦见了观音菩萨，只听菩萨淡淡地说了几句"你吃了圆果，有了"。她突然惊醒，才知是梦。可是肚皮真的大起来了，竟然怀孕了，乡亲们奔走相告。

十月怀胎，一朝分娩，一个白白胖胖的男孩降生了。王明德视圆果为仙果，给他带来了婴儿，故给果树取名为"樱桃"。从此，东澄一带就有樱桃了。人们为了纪念这位樱桃先辈，建造了一座大王庙。

后来，临近的梁宅村、平山村、丁山村等也慢慢开始加入到栽培樱桃的队伍当中。随着时间的推移，樱桃栽培逐渐被推广到了附近的乡镇。高山樱桃生长在海拔500米以上的高山上，与生长在平原丘陵上的果实不大一样。高山樱桃颗粒大、果肉饱满、晶莹剔透、鲜艳红亮、酸中带甜，令人回味无穷。如今每年"五一"劳动节后一周，东澄村都会组织热闹非凡的樱桃节，迎接各地游客来采摘购买高山樱桃，享受高山古村这特殊自然环境的馈赠。

（文/图：绍兴上虞农办）

三 林木产品

诸暨榧王村

西施故里话香榧

在浙江省会稽山深处诸暨、嵊州、绍兴三县交界的高寒山区，坐落着一个叫"榧王村"的山村。在该村的两个自然村——西坑、钟家岭之间的马观音畚箕湾处，有一株树龄高达1300余年仍枝叶茂的古香榧树，村高18米，胸围9.26米，树冠直径26米，覆盖面积1.2亩，年产鲜果800公斤，被誉为"千年香榧王"。2006年西坑、钟家岭合并为一个行政村，因此将村名定为"榧王村"。榧王村村域面积6.017平方公里，平均海拔500米以上，共有616户，2086人，以蔡姓和骆姓居民为主。

根据"千年香榧王"的树龄推测，榧王村的香榧人工栽培至少已有1300多年的历史。从唐宋时期大量歌咏香榧的诗词可以看出，当时枫桥一带香榧已经作为商品流通，享有盛誉。至清代，枫桥香榧加工形成了"双炒双熄"工艺，产品远销杭沪苏甬。

据考证，以榧王村为中心的诸暨香榧原产地，现存百年以上香榧古树4.2万余株，其中五百年以上古树2.7万余株，千年以上古树2700余株，且大部分在榧王村。目前，榧王村拥有香榧林面积6000余亩，其中位于钟家岭仙坪山的古香榧林，被认为是世界上规模最大的香榧古树群，数百年甚至上千年的珍稀古榧树连绵成林，

古香榧林

历经沧桑风雨，姿态奇异，气势壮观。雄榧树雄伟挺拔，雌榧树婀娜多姿，形成千姿百态之奇观。据考证，榧王村是目前世界上香榧面积最多、产量最高、质量最佳的香榧专业村。

香榧树对生长环境要求严格，适宜生长于温暖湿润、四季分明、水热同步、雨量充沛、森林植被覆盖率高、水源涵养条件好、朝夕云雾弥漫、夏季昼热夜凉的亚热带山区小气候区域，适宜土壤为山地红壤、黄红壤，一般适宜种植于海拔500—1000米的亚热带山区坡地。香榧别名"玉榧""玉山果"，因一代果实从花芽原基形成到果实成熟，需经三年，所以又俗称"三代果"。每年5—8月，在榧树上能同时见到一大一小的两代果交叉生长。据称，香榧的产量和品质与香榧树的树龄密切相关，树龄越长产量越高、品质越好。因香榧树的生长期可达千年以上，故当地有"千年树，三代果，八辈香""一年种榧收千年，一代种榧百代享"的农谚。

枫桥香榧全身是宝。香榧是一种最具悠久历史的名贵果品，最早在古籍《神农本草》中就有关于香榧的记载。它壳薄、仁厚、香、酥、脆、清口，食后令人回味无穷。早在宋代，枫桥香榧就被列为朝廷贡品。香榧还具有重要的医用和药用价值。古代，枫桥香榧以药用为主，在本草、医典、药书中都有记载。此外，香榧的树皮可提制工业用的栲胶；香榧木又是建筑、车船、枕木、家具及工艺雕刻的优等材料；香榧的果仁外壳经过提炼，还是制造香精的原料。产自榧王村的香榧，因其大面积的古香榧树使其品质更胜一筹。

至今，榧王村村民中有两个流传甚广的故事传说。其中一个说的是香榧王的由来。唐高宗李治做了唐朝的皇帝时，西边的一个小小附属国送来的贺礼是三株小树苗。李治有些不屑，使者说用一斗珍珠玛瑙，也买不来这一枝一叶，这树的枝叶像一个个"非"字，开始人们叫它为"非树"，后来觉得不太好，就改名为"榧树"。这榧树，是第一年开花，第二年结果，第三年收获，祖孙见面三代同树。李治问询谁可种此神树，一个老家在会稽山脉处叫骆庄的大臣获准带着榧树苗回到了现在的榧王村，将三株小榧树，分别种在村后的山脚、山腰、山冈上。不料三年后的夏秋之交，山洪冲毁了山脚和山冈上的两株，只剩下山腰的那株香榧树。1300多年过去了，当年的小榧树，已长成如今"香榧王"。

另一个说的是钟家岭数百棵古榧树的由来。据传，赵家钟姓的太公当年隐居到钟家岭时，先到的黄姓太公已种了上万株棕榈，并扬言：我有万棕榈，子孙不受穷。稍后的李姓太公也种了一千株桐树，并说：我有千株桐，能抵万株桐。这时的钟家岭只剩下一块狭窄的地方，且山陡岩险，钟太公犯愁了。一天夜里，钟太公梦到了一个白胡子异人，在梦中把香榧的栽培采制技艺传给了钟太公。醒来后，钟太公就到山里种起了香榧，整整十年没有出山。十年后的秋天，山里生长的"奇树"香榧熟了，他自豪地宣告：千株桐，万株桐，哪及我百株香榧不受穷！

　　对于"双炒双熄"技艺的由来，则另有一个传说。以前，钟家岭住着一位钟八斤，他有两个儿子，大的叫钟长福，小的叫钟长寿。这一年，村子里来了一个收香榧的客商。钟八斤把两个儿子叫到前面说：你们两个各拿五十斤香榧，谁做的好吃，卖出好价钱，谁就当家。小儿子很高兴，他连忙挑了五十斤好的香榧，剩下不好的就留给了忠厚老实的哥哥。钟长福开始发愁，情急之下居然忘了炒前要用盐水泡一炷香的时间，炒到一半，钟长寿故意大声说，刚刚你忘记泡盐水了。钟长福大吃一惊，只好把炒了一半的香榧再拿出来用盐水浸泡，再炒。谁知道这么一来，香榧的香气更好了！长寿一看不对，连忙说："哥哥我来帮你！"说着，他一铲子砸下去，把锅也弄坏了。长福这下子傻眼了，坏掉的锅炒出来的香榧一股焦味！这时他看到家里放着烘茶叶的熄头，就生起了青炭，马上开始在熄头上做香榧，但他又一次忘掉了烘前放在盐水里泡一泡，只好像炒的时候那样拿出来泡一泡再烘，谁知道这么一来，香榧居然比炒的还要好吃。从此以后，长福无意中发明的双炒双熄的加工方法就这么传下来了。

　　时间过去了千年，榧王村已经形成独具特色的香榧文化，如香榧节、婚典时的香榧礼俗、香榧神祭祀等。而在民间还有许多与香榧有关的文化传说，如七夕榧树挂红灯、拜香榧亲娘等。受篇幅所限，笔者在此不一一列举。

（文：车裕斌　关湖齐/图：诸暨农办）

临安岛石村

天目珍品山核桃

沿着浙江省西北部 18 省道精品线，进入 40 余公里的浙西大峡谷，只见崇山峻岭、两岸青山、谷底一湖（华光潭水库），一路奇峰秀石，一片大好风光。在浙西大峡谷上游坐落着一个秀丽的村庄——岛石村。该村是由岛石村、下塔、丰裕、龙川、塘家、舒家六个自然村合并而成的集政治、经济、文化于一体的集镇村。岛石村总人口 2148 人，共 832 户，全村拥有耕地面积 987.8 亩，山林面积 8419 亩。

据《昌化县志》载该村原名岛石坞，别名岛石湖。仁里溪、黄川溪在此汇合，三面临水，一石隆起，形似半岛，且四周崇山，中为盆地，故名岛石坞。又因山区缺水，常有呼陆为水者，山坑称川，山坞称湖，亦称岛石湖。岛石村历来是昌北山区（俗称十二都）的政治、经济、文化中心。当地有首民谣："一金州，二岛石，三赵岭，四葛藤。"唱的是昌北山区自然环境、经济条件、人文景观最好的四个自然村，岛石村被摆在了第二位，这是当地老百姓贴近实际的一种赞美。

岛石村青山环绕，拥有 315 亩山核桃林。很多读过《桃花源记》的客人，都会赞美岛石村是名副其实的"世外桃源"。这个"桃"指的就是山核桃。岛石村平均海拔 500 多米，山多树多，资源丰富，年降水量 1590 毫米，无霜期 206 天，雨量充沛，昼夜温差大，四季分明，非常适宜山核桃树的生长。

自古至今，岛石村农民都非常重视发展山核桃产业。村民称山核桃树为"摇钱树"，称山核桃树林为"绿色银行"。正如村里流行的俗语所描述：家有山核树，不愁吃穿住。在山核桃市场上，岛石山核桃久负盛名。这有两方面原因，一方面是村民重视质量，讲诚

山核桃

信；另一方面是岛石村的自然条件得天独厚，所以山核桃籽粒饱满、含油率高。长期以来，山核桃是岛石村农民的油料作物。据悉，岛石村的山核桃出油率能达到25%。而其他地区的山核桃，因为饱满程度差，出油率只有20%左右。所以很多外地消费者，都指定要买"岛石山核桃"。由此可见，岛石村是名副其实的山核桃之村。

山核桃是一种具有极高的营养价值和独特口感的高档坚果。山核桃核仁松脆味甘，香气逼人，可榨油、炒食，也可作为制糖果及糕点的佐料。核桃果仁含有较多的蛋白质及人体营养必需的不饱和脂肪酸，这些成分皆为大脑组织细胞代谢的重要物质，能滋养脑细胞，增强脑功能。还含有22种人体所需的微量元素，其中钙、镁、磷、锌、铁含量十分丰富。据中医记载，核仁还具有润肺补气、养血平喘、润燥化痰、祛虚寒等医疗功效。除了种仁，山核桃的外果皮和根皮果可供药用。鲜根皮煎汤浸洗治脚痔（脚趾缝湿痒），鲜外果皮捣取汁擦治皮肤癣症。

岛石村农民都称山核桃为"山核"。这里流传着一个有趣的故事。据传，当年胡氏家族刚从安徽黄墩迁来岛石村时，这里山上的杂木林中，有很多野山核桃树。那时候山核桃树还没有名称，人们也还不知道山核桃肉可以吃。有一年的秋末，胡家的爸爸带着儿子上山劳动。儿子小胡在一块空地上看到很多"山蟹"，吓得惊叫："爸爸，蟹、蟹，好多山蟹！"老胡跑过来仔细一看，哈哈大笑："这哪里是山蟹，是树上的野果子，日头晒久了，外面的果皮都裂开了，形状的确像山蟹。"小胡听爸爸这么一说，胆子大了，抓了几个用石块砸开。原来硬壳里面还有肉，好奇的小胡抓起肉就往嘴里塞，一吃发现味道美极了。原来那些已经被太阳久晒过的野山核桃，不苦、不涩，还有回味。父子俩高兴极了，当时就捡了很多带回家。消息很快传开，小胡成了第一个敢吃"山蟹"的人。这种野山果子便被叫作"山蟹"。而在当地土语中"蟹"与"核"同音，所以"山蟹"后来便演变为"山核"。因为是小胡发现了山核桃可以吃，所以山核桃又叫"小胡桃"。

龙岛（龙岗至岛石）公路没有开通之前，岛石村的山核桃都是农民挑运到余杭等外地去销售的。当地至今还流行着这样两首民谣："不慌不忙，三天到余杭。""百丈岭高高，纤岭迢迢，不带冷饭，性命难保。"这两首民谣真实记录了当年农民肩挑重担，艰难翻越柳岭、纤岭、百丈岭的那段辛勤劳动的历史。

岛石村山上的山核桃树林，是似诗如画般的美丽风景，更是夏天纳凉的好去处。特别是在村里，你可以感受到颇具影响力的山核桃文化。村庄里创建了山核桃文化展览馆，陈列了大量古农用具、古老生活用品。这些古老的实物真实地记录了山核桃种植、生产、加工过程的历史变迁。而"志祥封号油坊"则展示了昔日土法榨取山核桃油的全过程，让你体验到非物质文化遗产手工技艺的精彩。除此以外，岛石村还有山核桃炒货厂、山核桃合作社、山核桃销售网店……在岛石村处处都能闻到山核桃的芳香、听到山核桃的故事、感受到特色的山核桃文化、体验到这个"世外桃源"的和谐。

（文：帅军武/图：临安农办）

松阳沿坑岭头村

松阳柿枣味香甜

　　鲜柿干制而成的，一般唤作"柿饼"。那有用柿子加工成的枣，称"柿枣儿"的吗？有！不但有，而且还是柿中奇品。在浙西南松阳枫坪大山沟里，有一种用金枣柿鲜果干制出来的干果，当地人称"柿枣儿"。这种干果不但个头儿、形状极像枣，而且完全有别于普通的柿或柿饼，就连入口也是枣味，还有蜜枣蜜饯之类的感觉，甘甜透心，回味无穷。

松阳柿枣儿

　　沿坑岭头村是浙江省丽水市松阳县枫坪乡的一个地理位置偏远的行政村。从松阳县城出发，驱车一个半小时，方才能抵达沿炕岭头村。村庄气候温暖湿润，全年平均气温16—17摄氏度，降水量

1500—1700 毫米，全年无霜期 236 天，四季分明，垂直气候差异大。沿炕岭村坐落在未经破坏的山林之中，保留着最原始乡村的面目，村内有大量清末和民国时期泥墙黑瓦的原生态建筑。

沿坑岭头村四周被一棵棵百年老柿树和其他古树包围着。老柿树长得又高又大，伸出的枝条像一双双大手臂，撑起偌大树冠如同伞盖，护着村庄民房。每棵柿树占地都在半亩以上。柿树虽高大，结出的果子——金枣柿却很小，其个头在柿家族中恐怕是最小的了。可能是浓缩了的缘故吧，这种金枣柿被地方志记载为柿中"奇品、珍果"。沿坑岭头人将其加工成品后，名唤"柿枣儿"。柿枣儿虽然个头小，名气却很大。

据《浙江通志》载："处州松阳柿尤为奇品。"又有《乡土史料》述："品重者为柿枣，松阳枫坪独产之。"枫坪以沿坑岭头为最，182 株这样的老柿树，树龄都 200 年以上，最老的已有 300 年了。据浙江亚林所的专家考证，沿坑岭头村村的金枣柿树是目前国内最大的一片金枣柿树群。

沿坑岭头人能一眼看出金枣柿是老柿树还是新柿树上下来的。一般老柿树也比新柿树的柿香甜，沿坑岭头人就挑这甜的金枣柿做柿枣儿，其历史也有 300 来年了。

相传，清康熙年间，叶姓始迁祖芝六公，从本县古市迁来，同时带了一株野生柿栽下，经过精心培育而成这种无核小柿枣。因其无核不能自然繁殖，他又想出枝条嫁接法解决了柿苗问题，结果这金枣柿种满了整个沿坑岭头。经过几代人的努力，沿坑岭头还总结出一条经验：柿树要种就种在拌桶寮（厕所）附近，柿树要闻到拌桶气才肯长大，果子才结得好。今天的人们，一提到沿坑岭头，就想到了柿枣儿；一说到柿枣儿，就知道沿坑岭头。

倘若秋高气爽，你登高来到这海拔 700 多米的高山岭头，展现在眼前的一定是一片火红火红的金枣柿。这里到处都是柿，路边、山冈、房顶、屋内都是柿的世界，柿的海洋。因此沿坑岭头被封为柿村可谓名副其实。秋天的柿村，一颗颗火红的柿子，飘出一阵阵柿香，成了一大景致。倘若这时你再环顾四周，群山连绵，满目青翠，红与绿搭配，你会油然产生一种异样的火辣辣感觉，感叹大自然是多么的和谐统一。难怪许多画家及院校学生纷纷到这里写生，把这里的美景收入画中。

沿坑岭头制作柿枣儿的技术已非常纯熟。采摘下来的新鲜金柿枣，手工去皮，由于鲜柿个头小，刨柿者一手捏柿子，一手捏小刀片，双手灵巧配合，变戏法似的眨眼工夫一枚柿枣已去了皮，有的还给人表演双手放背后去皮特技。熟能生巧，一般熟练者刨柿皮是不看的，可以一边刨皮一边看电视，带小孩或同人聊天。

柿子去皮后经暴晒、回潮、烘干几道工序，干而不硬，软面不烂。成品的柿枣儿形同黑枣，形状椭圆，无核无渣，香甜可口，风味别致。而且它富含维生素 C，糖分也高，因此有较高的营养价值，尤其受少儿的喜爱。同时，柿枣儿有助消化、滋补、清热解毒、化痰清肺等功用。当地人常以此招待客人，馈赠亲友。

相传，在清乾隆年间，乾隆帝微服游历江南，来到松阳万寿山。山上有个圆觉和尚，原来出生枫坪，后出家在万寿山做和尚。他用家乡的柿枣儿招待客人，乾隆帝见黑不溜秋的以为是黑枣，心想枣儿有什么了不起，朕宫中有的是。但他碍于情面，又不便暴露身份，随手拣了枚放入口中，不料入口即酥，甜润肺腑，连声说："好枣！好枣！哪来的？"圆觉和尚回道："客官，这是柿做的柿枣儿！本地就有。"乾隆感叹："天下奇之，宜常食。"圆觉后来得知这客人就是当朝皇上，遂将皇帝的金口玉言传遍枫坪一带，从此柿枣儿声名远播。

除此传说外，在枫坪这片热土上，还有无数革命先烈血凝山川，革命故事代代相传，革命遗址遍布全乡。仅沿坑岭头，就有 7 位革命烈士。青山埋骨，热土丰碑，绿谷氤氲，气象万千。目前，枫坪乡推出以生态保护为主旨的红色经典和绿色景观旅游结合的产业发展措施，正在稳步实施。近两年来，沿坑岭头以旅游开发为契机，以传统风味特产金柿枣招徕众多旅游观光者，人们一边欣赏美景，一边品尝美食，为一大乐事也。

（文/图：刘关州）

海盐吴家埭村

吴家埭村山毛笋

在悠长的长山河畔，有一片常年青翠葱郁的竹海。竹海中坐落着一个名叫吴家埭的自然村落。吴家埭自然村由吴姓、鲁姓、张姓组成，以吴姓为主。据说吴氏一族是"大船吴"的后裔——吴和的子孙。在宋朝末年，吴家人分乘三艘海船从杭州出发，沿着钱塘江东来，其中一艘船在澉浦海面侧翻，船上人只得就近上岸在山边住下，其余两艘驶向了绍兴。吴家在澉浦的这支就在这里买地置业定居。元代吴家一度出海经商成为巨富，人口众多，形成了吴家埭。

吴家埭的闻名不仅仅因其历史悠久、环境优美，更是因为这块风水宝地上出产的山毛笋而名传杭嘉湖，每年三四月前来订购挖掘的人络绎不绝。吴家埭山毛笋具有粗壮肥大，甜脆而不耗喉咙的特点。吴家埭现有竹林面积500多亩，年产优质山毛笋约25万吨，年销售额约100万元。每年随着春风回暖，山毛笋从竹鞭处长出来，在泥土中吸收营养成长。吴家埭这片竹鞭入土比较深，因此只有很大个的山毛笋才会探出头来。大多数的山毛笋都躲藏在厚厚的竹叶下，有经验的农户会根据土的松实度、丰富的挖掘经验精准地找到被黄土以及竹叶覆盖住的美味。当地人喜欢将这鲜嫩可口的笋与咸肉、咸菜搭配在一起，他们觉得这是人间美味，百吃不厌。山毛笋下市后，深埋地下的竹鞭还在孕育鞭笋。鞭笋过多会影响来年山毛笋的质量与产量，所以当地人会适当挖掘一些鞭笋，在端午时节配上时令黄鳝，一个鲜字已经不足以用来形容它带给人的味觉享受。吴家埭的竹林是个宝藏，除了三四月的春笋与之后的鞭笋外还有冬笋，一年四季大概只有18天看不到笋的影子。

每当三四月间，吴家埭的农户就会带着挖笋工具，弯着腰在厚厚的竹叶下这边拨拨叶子，那边看看土壤。锁定目标后，农户会先

山毛笋

把目标周围的土小心翼翼地一点点拨开，等露出笋尖后农户顺着笋把周围的泥土一点点挖掉。这个时候如果你没有经验，挖到一半一不留神就会把半截笋遗留在土中。但是有经验的农户会将山毛笋周围挖一个大坑，直至露出它粗壮的根部才会动手挖出山毛笋。山毛笋最可口的其实是它的根部，也即营养汇集之地。每上一次山，农户都是挎着大篮子，开着三轮车满载而归。回到家挑出品相好的山毛笋去集市零售或者大批量贩卖，余下一两只留着家人品尝。根据个人口味，农户会选择不同的烹调方式。喜欢清淡的农户喜欢把笋去壳洗净后切成宽条，在土灶上烧饭时把笋条随饭蒸煮，饭熟笋熟，然后依着个人口味蘸上点酱油或者其他酱汁，十分下饭。即使没有任何调料的陪衬，白白净净的清蒸山毛笋咬上一口也清脆可口，在味蕾上留下一抹甘甜。喜欢浓油赤酱的农户则更喜欢把山毛笋切块，与红烧肉结合，大火慢炖，直至给山毛笋披上一层酱红的外衣，让味道深入笋的每一丝纤维，笋带走了肉的油腻感，肉带给了笋香味，两者合二为一，完美结合。由于山毛笋的季节性特点，大片的竹林一下子孕育的山毛笋让农户一下子销售不了，怎么办呢？聪明的人们把山毛笋去壳切片或成条处理后拿盐腌渍，选个好天气把腌渍好的山毛笋放在阳光下暴晒，直至变成笋干。笋干更容易存放。没有笋的那几天，如果你想念笋的味道，可以将笋干浸泡后放入汤中调味，绝对地开胃下饭。

关于吴家垛笋为什么会甜脆不耗，还有一个传说。相传，朱元璋少年时期跟着母亲在溆浦贩卖私盐，经常出入吴家垛。春季的一天早上，朱元璋在溆浦挑了私盐到外地去，在路上遇到盐衙门的巡捕，朱元璋只得扔掉盐担自顾自逃命。不曾想盐衙门的人到中午还在到处转悠，朱元璋回不了溆浦。傍晚的时候，朱元璋才偷偷回到吴家垛这个地方。饥肠辘辘的朱元璋看到眼前有一大片毛竹林顿时眼前一亮。春天是竹笋生长的时节，朱元璋在做叫花子的时候就养成了吃生笋的习惯，看到地上有几只笋立在那里，一脚踢去，一只笋断了。朱元璋捡起笋发现，这只笋的壳是黑色的。他剥掉壳，咬了几下，感觉嘴巴里都是苦涩的味道，连忙"呸呸"吐出，扔了手里的半截笋，愤愤地说："这样不好吃的笋以后不许长。再碰到，把你们全毁掉。"可是肚子不管他的感受，还是咕咕叫。朱元璋只得又去踢了一段笋。这段笋，壳是淡棕色的。他剥了壳后只见笋的肉特别白，试着咬了一口，嘿！这笋没有耗味，还有点甜，味道还真好。三下两下全吃下去了，说："以后这里全长这种笋。"朱元璋虽然只是随口说说，可是竹子听到了，心里就发急：朱元璋将来可是要做皇帝的，是真龙天子啊！他的话可不是儿戏，不能不听。可是要全长出朱元璋刚才吃的笋可并不容易，竹鞭必须再钻下1尺深的土。可是这一尺深的地方全是石头，石头变不了土，竹鞭便也无法钻下去。竹子犯愁啦。竹子思来想去还是去找土地公公商量商量。土地公公一听竹子说要把往下一尺的石头变成土，怎么办？土地心里也发急，皱起了眉头。突然土地公公想到了穿山甲，于是就把这一带的穿山甲全招来，把竹子遇到的事情给他们说了一遍，又说："这是皇命，无法违抗。要把这往下一尺深的石头变成土，只有靠你们穿山甲一族啦。你们有本领在山中穿洞，也一定能把石头钻碎。"穿山甲们听后面面相觑。穿山甲王说："要钻洞是行的，要钻成土，可没有先例。"土地公公说："没有办法啦，长不出好笋，皇帝要毁掉竹园，那时候你们也没有地方住啦。"穿山甲王听后无可奈何，只得同意去钻石头。穿山甲们在石头里拼命钻，把这往下一尺深的石头钻得千疮百孔，又在这千疮百孔的石头上钻小孔，渐渐这一层的石头变成细丝网状，最后细丝断裂。三个月以后这一尺深的石层变成了粉末和一些小石块。因为穿山甲钻出的新土是石头变成的，所以比别的地方的土颜色要黄得多。而穿山甲一族也因为劳累过度，全部死亡，从此吴家埭这一片就再也没有穿山甲了。这年的秋天，竹鞭往土里钻深一尺。第二年的春天，吴家埭的竹笋全部从深土里长出来，再加上穿山甲死后的肥效，竹笋长得特别粗壮肥大，又甜又脆，再也不耗喉咙。从此以后，这里的笋年年这样长，成了闻名遐迩的"吴家埭笋"。

（文/图：海盐农办）

新昌严丹赤村

新昌板栗品质优

严丹赤村地处浙江省丽水市新昌县城东 25 公里处，群山拥抱、清溪依流、空气清新，由严家山、丹坑、赤岩三个行政村撤并建立，取各村名首字而得名。赤岩村口有一岩山耸立，悬岩如壁，夕阳西照，通体赤红，赤岩由此得名，山下之溪，曾名担溪，自然名谓丹溪，后演变成丹坑，村由溪得。严丹赤村全村 448 户，共有 1158 人，拥有山林 9170 亩。

中国是板栗的故乡，栽培板栗历史悠久，最早可追溯到西周时期。板栗与桃、杏、李、枣并称"五果"。中国第一部诗歌总集《诗经》有云："栗在东门之外，不在园圃之间，则行道树也"；《左传》也有"行栗，表道树也"的记载。

板栗，又名栗、栗子、风腊，是壳斗科栗属的植物，原产于中国，分布于越南、中国台湾以及中国大陆地区，生长于海拔 370—2800 米的区域，多见于山地，已由人工广泛栽培。栗子营养丰富，维生素 C 含量比西红柿还要高，更是苹果的十几倍。栗子中的矿物质也很全面，有钾、锌、铁等，虽然含量没有榛子高，但仍比苹果等普通水果高得多，尤其是含钾量比苹果高出 3 倍。

板栗适宜的年平均气温为 10.5—21.7 摄氏度，如果温度过高，就会导致生长发育不良，气温过低则易使板栗遭受冻害。板栗既喜欢墒情潮湿的土壤，但又怕雨涝的影响，如果雨量过多，土壤长期积水，极易影响根系尤其是菌根的生长。因此，在低洼易涝地区不宜发展栗园。板栗对土壤酸碱度较为敏感，适宜在 pH 值 5—6 的微酸性土壤上生长，这是因为栗树是高锰植物，在酸性条件下，可以活化锰、钙等营养元素，有利于营养元素的吸收和利用。

严丹赤村最大的资源是山林，全村拥有 8810 亩山林，人均山林

面积达 7.8 亩之多。该村出产板栗的历史可追溯到宋代。相传最早
居住该村的是宋朝时期卢氏，卢氏在山前山后种植了大量板栗树。
而该村大规模种植板栗是在 20 世纪 90 年代。经过多年的发展，严
丹赤村的板栗种植面积达到上千亩，成了远近闻名的板栗专业村。
每到金秋有机板栗大量上市，国内客商纷纷慕名何来收购。

　　严丹赤村出产的有机板栗如此畅销得益于其优良的品质。由于
严丹赤村独特的自然环境加之种植有方，该村有机板栗以颗粒大、
色泽鲜艳、甜糯香脆而闻名，并含有淀粉、脂肪、蛋白质及多种维
生素和无机盐类等营养物质。

新昌板栗

　　板栗的吃法多种多样，既可做糖炒栗子，又可以鲜食、煮食、菜
用，还可加工成各种食品。以板栗做菜，可与肉炖食，为宴席佳肴。
板栗乌骨鸡、板栗红焖羊肉、栗子炒鸡块、栗子炖猪蹄等均为家喻户
晓的菜肴。

板栗因营养丰富，系有"干果之王"的美称。历代诗人对此多有赞赏。"梦中何许得嘉宾，对影胡床岸幅巾。石鼎烹茶火煨栗，主人坦率客情真。"南宋文豪陆游在《昼寝梦一客相过若有旧者夷粹可爱既觉作绝句记之》中如是写道。陆游对板栗可谓钟爱，其诗作中多次出现有关板栗的诗句。如"豆枯狐兔肥，霜早柿栗熟"（《怀旧用昔人蜀道诗韵》）、"蝟刺坼蓬新栗熟，鹅雏弄色冻醅浓"（《初冬》）、"丰岁鸡豚贱，霜天柿栗稠"（《随意》）、"开皱紫栗如拳大，带叶黄柑染袖香"（《病中遣怀》）等。

此外，板栗还有很高的药用价值，在古药籍《崐名医别录》中板栗被列为上品，有"益气"、"补肾气"、"治腰、脚不遂"以及疗"筋骨断碎"、"肿痛瘀血"等效用。

相传宋代散文家苏辙晚年得了腰腿痛的毛病，一直治不好。后来，他接受一位老者的建议，每天早晨用鲜栗十颗捣碎煎汤饮，连服半月后见效。于是，他高兴地赋诗道："老去自添腰脚病，与翁服栗旧传方。来客为说晨兴晚，三咽徐收白玉浆。"陆游晚年齿根浮动，常食用板栗治疗："齿根浮动欲我衰，山栗炮燔疗食肌。唤起少年京辇梦，和宁门外早朝时。"陆游一生坎坷，但却享寿85岁高龄，这与他一生注重饮食养生有很大关系，其中板栗自是功不可没。

板栗可以单食，糖炒栗子亦是美食。清朝乾隆皇帝喜食糖炒栗子，为此曾写下《食栗》诗："小熟大者生，大熟小者焦。大小得均熟，所待火候调。惟盘陈立几，献岁同春椒。何须学高士，围炉芋魁烧。"除此之外，板栗还可和米一起煮粥，熬成的栗子粥有养胃健脾、补肾强筋的功效。明代诗人吴宽在《煮栗粥》诗中写道："腰痛人言食栗强，齿牙谁信栗尤妙。慢熬细切和新米，即是前人栗粥方。"除了栗子粥，鲜栗炖鸭也是一道既解馋又补益身体的滋补佳品。

（文/图：新昌农办）

四　种养产品

天台紫云山村

紫云山中出香米

紫云山，原名梓树山，山上多为梓树。相传，明代永乐皇帝带着大臣路过黄泥山岗，眼见南面的山上紫云堆集，觉得奇异，便停了下来，问当地官吏，那是什么山？官吏答，是梓树山。永乐帝一听，说："梓树山？那里紫云汇集，就叫紫云山。"

紫云山村，地处浙江省台州市天台县泳溪乡东部的紫云山上。紫云山村由紫云山、周家山两个自然村组成，村民大都姓"王"。明永乐年间，王氏祖先从宁海上叶迁此。村中原有一座"王氏宗祠"，民国时，祠堂里办起了小学校。村中有几幢民国时期的老建筑，独具特色。祠堂的东边有一座三层四合院，名为"下庄"，主人王式中，是村里的地主；村东有一座二层四合院，名为"塘岸"，主人名为王式蓬；还有一座二层四合院，称之"前屋道地"，原主人名为王式清。东边岭口有两株古枫树、一株古樟，古樟下有一座小庙"前椿岭庙"，供奉当境大帝、苏老爷。村中有一"镇福堂"，供奉白鹤大帝。村的西南有一座乌坑底水库，建于20世纪60年代，库域面积约10亩。

"香米"是人们对山上产出的稻米的一种尊称。紫云山上产出"香米"颗粒饱满，色泽匀称，煮出的米饭晶莹剔透，糯黏柔软，人们称为"香米"。

紫云山"香米"

为何紫云山能出"香米"？首先是因为紫云山村的地理环境。村居海拔 405 米的山上，昼夜温差大，病虫害少，光照时间长。该村历代以种植水稻为主，现有耕地 500 亩，大都是种植水稻的水田。在村外山坡上，石头垒砌的梯田，层层叠叠，与弯弯曲曲的田埂，组成了一幅十分动人的画面，颇为壮观。村里最大一块田，面积只有一亩，名为"樟树下"。

其次是山上的气候条件，孕育了"香米"的品质。紫云山的"香米"种植的季节长，生长周期一般是 180 天，即 6 个月，比平原地区的水稻要多 20 多天。种时比平原地区早，收割却更晚。一年只种一季。再就是稻田用天然山泉灌溉。山上的水质好，如今村里从"麻公仙"引下的饮用水，拿到省相关部门检验，为一类水质。清澈的水质也保证水稻的健康生长。

再次是传统方式耕种。紫云山村的稻田，采用"双犁双耙"耕种的方法，以保证田泥细腻。再就是田埂比较高，都达30公分以上，丰盈的田水保证水稻的生长。山上的稻田均呈梯状，弯弯扭扭，宽窄不一，犁田耙田均依靠耕牛，因此村里的每家每户都养牛，少则一头，多则四五头。

每年谷雨，紫云山村村民开始"做秧田"。秧田要做得平整，田泥要细腻，而且要便于放水。立夏，就开始在秧田播撒谷种。夏至时，秧苗苗壮，开始拔秧、插秧。秧插在田里要管理，主要是"望田水"，防止秧田水渗漏，还要适时"摸草"，用手在稻株四周拨去杂草，保证稻苗的营养吸收。再就是施肥，一般用草木灰、柴灰、牛栏肥。

紫云山虽然山高天凉，病虫害相对较少，但水稻在生长过程中也会遭受虫害。山区对杀虫也有一套独特的方法。农民将芯油洒进稻田里，田水中就会泛起点点油光。人从稻田的稻棵中趟过，稻叶上虱虫就会跌落进田水中，虱虫在芯油点点的田水中，挣扎不得。另一种方法就是晚上，在稻田边，农民用松明支起火堆，稻田的虱虫就会成群地飞过来，熏死或烤死。

紫云山村的稻田，除一部分是冷水田，即从山体中自然渗出的水灌溉，大都是"天田"，即靠天落雨来滋养稻秧。

靠天灌溉的村民，对龙王格外地尊重。如遇天旱，特别是稻子灌浆时，大旱来临，稻叶枯黄，村里人只得请"龙王行雨"。紫云山村是当地六保之中的"西保"，其他五保的村落均属宁海县。当地"六保"求水的水潭有两处，均在宁海县境内。一是岔路镇的羊岩头，二是桑州镇的紫街山。村里还保留着清道光二十四年缝制的蜈蚣旗，民国3年缝制的清道旗。旗用各种颜色的布头缝制而成。如今旗子已经破烂，颜色也已褪去，但上面的字迹依然清晰。"求水"前必须准备好祭品。一般有猪肉、鱼鲞、麻滋、豆腐等，还要有"五子"，即花生、圆眼、饼干、糖、红枣，"五果"，即苹果、葡萄、梨子、桃子、李子。

1983年夏，村里人还举行过一次大规模的"取水"活动。如今村里的40岁以上的人，都曾亲身经历过这场"取水"。早饭后，紫云山村聚集了上百人，浩浩荡荡奔赴木坑头村。十多位后生轮流端着12米高的大旗竹，后面跟着三角蜈蚣旗、清道旗。往东边走3公里路，来到木坑头村附近的龙王庙，将"龙王"请出，然后又走上2公里，来到岔路镇的羊岩头（水潭），将龙王放在太阳下暴晒。请道士念咒"作水斋"，不一会儿，从水潭中冒出一条"龙"（水蛇、泥鳅、小鱼，或是当地称作"水和尚"的鱼），赶忙捉住放进盛水的玻璃瓶中，将"龙"请回村，供奉在祠堂里。三天内，大雨倾盆而下，村民就将"龙"送回水潭。如果三天仍不下雨，他们就继续请道士"做水斋"，直至天降大雨，给村里人带来丰收的希望。

村里人对稻米的敬重，也体现在民俗之中。打下的稻谷，碾成白米，家家户户都要煮"上参米饭"，即用新米在锅中煮好一锅米饭。盛第一碗，供在灶司菩萨前。由灶司菩萨"上参"天地。禀告：今年有收成了！每年的大年三十早晨，村里每家都有"谢年"习俗。人们摆上供品，点香燃蜡，感谢天地神灵一年来对这一方百姓的庇护。

每年都有人上紫云山收购"香米"。看来因为产量不高，所以供不应求。"香米"不仅是紫云山村的品牌，也是整个泳溪乡的品牌。它是当地千百年耕种传承而形成的一个标志。紫云山人对自然山水的敬畏和尊重，古老的耕种方式，习俗的传承等，都凝聚在一粒粒白白的"香米"之中。

（文/图：天台农办）

金华金东仙桥村

婺州孝子寻佛手

赤松镇位于金华市金东区西北部，是金东区的重要组成部分，西靠婺城区，东临曹宅镇，北与兰溪市马涧镇毗邻，南接东孝街道，属于典型的城郊型乡镇。镇驻地为仙桥，距离城区中心仅6公里，全镇总面积56.98平方公里，共有12039户，人口28970人，下辖40个行政村，90个自然村。

仙桥最出名的就是佛手。据说在很久以前，在金华北山脚下，有一户人家，住着母子二人。母亲年老体弱，加上日常的操劳，得了胸腹胀痛的毛病，终日双手抱着胸口，眉头紧锁，唉声叹气。儿子为了给母亲治病，四处求医问药，然均未见效。一天夜里，孝子梦见一位美丽的仙女，飘然来到他家，给了母亲一只玉手般的果子。母亲只闻了一下，胸腹胀痛的毛病便好了。孝子不由地笑出了声，睁眼一看，母亲躺在床上，病情依旧，才发觉竟是南柯一梦。翌日醒来，孝子决心上金华山为母亲寻找梦中所见的仙果。他带上干粮，打点行装，道别母亲，便出发上山了。经过七七四十九天的不懈寻找，终于在一天午夜，孝子爬上金华山顶，只见鲜花遍地，金果满枝，迎风摇曳，千姿百态。这些花有的像少女的巧手，有的像娃娃的拳头，有的像梨园弟子的"兰花指"；有的像道士用的小拂尘，皮黄如金，幽香阵阵，沁人心脾。返回家后，孝子将仙果给母亲服用。母亲胸腹胀痛的毛病很快就好了。求来的树苗，孝子每天用泉水浇灌，悉心栽培。仙果树苗开枝、散叶、结果，帮助了更多的百姓祛除病痛。老百姓感念佛恩，便称这仙果为佛手。

佛手又称佛手柑、五指橘等，它的果实在成熟时各心皮分离，形成细长弯曲的果瓣，状如手指，故名佛手。佛手花在春分至清明第一次开花，常多雄花，结的果较小，另一次在立夏前后，9—10

月成熟，果大供药用，皮鲜黄色，皱而有光泽，顶端分开，常张开如手指状，故名佛手，肉白，无种子。佛手通常用作中药，或因其果形奇特，而作为观赏植物。

佛手

佛手的香气比香橼浓，久置更香。佛手为热带、亚热带植物，喜温暖湿润、阳光充足的环境，不耐严寒，怕冰霜及干旱、耐阴、耐瘠、耐涝，因而适合在雨量充足，冬季无冰冻的地区栽培。最适生长温度为 22—24 摄氏度，越冬温度为 5 摄氏度以上，年降水量以 1000—1200 毫米最适宜，年日照时数 1200—1800 小时为宜。适合在土层深厚、疏松肥沃、富含腐殖质、排水良好的酸性壤土、沙壤土或黏壤土中生长。

佛手具有以下三种价值：观赏价值、药用价值以及食用价值。金佛手为盆栽或地栽，它的观赏价值最佳，枝叶四季常青，果形如观音手指，或握或伸，千奇百态；成熟后，色泽金黄，令人爱不释手；其香气馥郁，沁人心肺，使人神清气爽，可谓形、色、香俱佳。在古代，佛手是达官贵人家的珍品。文学世著《红楼梦》描写探春房中摆设，将佛手与颜鲁公墨迹同列。相传北宋大文学家苏东坡在杭州做官时，慕名前来金华玩赏佛手，欣然挥笔写了两副对联，其中一副为：沁入诗脾清流环抱，香分佛果曲径通幽。古代乡土诗人雪樵也这样写道："苍烟罥丘壑，绿橘种千百；黄柑尤佳丽，伸指或握拳；清香扑我鼻，直欲吐龙涎。"该诗对金佛手的色、香、形做了生动的描绘和高度的评价。1960 年 11 月，朱德委员长在金华视察工作时，专门了解了佛手的生产情况，并作了重要指示："佛手，国家很需要，你们要好好养。"同年毛泽东主席在收到金华人民捎给他的佛手后，特回信花果队，勉励他们种好佛手。1984 年，金华佛手被作为"中日青年 21 世纪友好使者"，赠予日本青年。现佛手鲜果和佛手盆景进入宾馆、家庭并销往国外，为人际交往的典雅礼品。台胞来金探亲捧回金佛手时说："两岸皆兄弟，此物最相思"。

另外金佛手全身都是宝。其根、茎、叶、花、果均可入药，辛、苦、甘、温、无毒，入肝、脾、胃三经，有理气化痰、止咳消胀、舒肝健脾和胃等多种药用功能。据史料记载，佛手的根可治男人下消、四肢酸软；花、果可泡茶，有消气作用；果可治胃病、呕吐、噎嗝、高血压、气管炎、哮喘等病症。据《归经》等载，佛手具治鼓胀发肿病、妇女白带病的功效并有醒酒作用，是配制佛手中成药的主要原料。佛手深加工产品包括保健食品类（如果脯、蜜饯），消暑饮料类（如佛手酒、佛手茶、佛手蜜），中成药类（如佛手咳喘灵、止痛汤），化工用品类（如佛手香精等），效益可成倍或成十倍的增长。

几十年过去了，仙桥村的佛手文化已经深入到了各家各户的生活中，他们种佛手、赏佛手、吃佛手、靠佛手为生。佛手已经成为他们生活中不可缺少的一部分。

（文：张飒　陈扬帆/图：金华金东农办）

嵊泗青沙村

嵊泗三矾海蜇皮

青沙村位于浙江省嵊泗县菜园镇。青沙村原本是一个乡，由青沙、黄沙、石子岙、北鼎星四个自然村组成，其中青沙村是个集镇。新中国成立后，青沙村曾分为一村至四村，一度成为嵊泗县政治、经济、文化中心，后于1999年由原青沙一村、二村、三村、四村和金沙岙村、石子岙村6村合并而成。青沙村是一个靠海的纯渔业村，耕地稀少，村民经济收入单一，仅能依靠渔业。民国时期青沙曾是嵊泗列岛中部最富裕的地区。这里拥有多家鱼行，商贾云集，商贸兴旺，至今还保留着舟山最大的鱼货加工用落地桶，是嵊泗地区主要的鱼货商贸集散地。

青沙长期的鱼货商贸地位造就它有多种鱼货特产，其中三矾海蜇皮（俗称三矾皮子）就是青沙最具影响力的特产。

海蜇是水母的一种，为海生的腔肠动物，通体呈伞盖状，半透明、白色、青色或微黄色，一般海蜇伞径可超过50厘米，最大可达1米之巨。海蜇的营养极为丰富，据测定：每百克海蜇含蛋白质12.3克、碳水化合物4克、钙182毫克、碘132微克以及多种维生素。海蜇还是一味治病良药，中医认为，海蜇具有清热解毒、化痰软坚、降压消肿之功。古医籍《归砚录》中称海蜇："妙药也。宣气化痰、消炎行食而不伤正气。故哮喘、胸痛、胀满、便秘、带下和小儿疳积等症，皆可食用。"海蜇伞部被称为海蜇皮；腕部被称为海蜇头，论商品价值海蜇头贵于海蜇皮。涨海蜇（俗称撩海蜇）是旧时青沙、金平地区渔民养家糊口的一种传统产业。一到汛期，青沙渔民就会积极投入海蜇生产、加工的劳作之中。青沙渔民长期的海蜇生产加工实践，练就了他们独特的海蜇加工工艺，使加工的三矾海蜇皮清脆爽口，脆而不糊，营养丰富，可长期保存。

三矾海蜇皮

由于海蜇头子、皮子的厚度、硬度不同，渔民把涨来的新鲜海蜇头子、皮子分别加工，加工三矾海蜇皮用的是海蜇皮子。第一道工序：按每百斤新鲜的海蜇皮，用明矾半斤（碾成粉末状）的比例，手抓明矾粉均匀地揉在海蜇皮上，且要注意厚的地方略微多些，把揉上明矾粉的海蜇皮正面朝上平摊在缸或木桶内，注意矾海蜇的容器绝对不能漏水。过12个小时后，把海蜇皮一张张拿出来翻转，放入亮眼箩内沥干。然后开始第二道工序：用食盐20斤，明矾半斤碾粉，把食盐和明矾粉均匀地拌和在一起，然后像第一道工序那样把盐加矾揉在海蜇皮上，装入缸或木制的容器内（注意事项同上）。第二道工序三天后，海蜇皮也可正常食用（俗称二矾海蜇）。现在，无论市场上还是饭店的餐桌上都属这一种。为了使海蜇皮的质量更上一层楼且能长期保存，第二道工序后三天到四天，再把海蜇皮一张张捞出来，用翻面的手法，把海蜇皮一张张放进亮眼箬，把撩出的二矾海蜇皮从流水沥干到滴水，过24小时左右，开始第三道工序。这道工序是把二矾皮子规整，把附在皮面上的一层红色薄膜（海蜇衣）小心剥去，用刀把厚的和凹凸的部位割薄切圆，使得整块海蜇皮厚薄基本均匀整体圆润，然后单用食盐按照海蜇与食盐1∶1.5比例进行腌制并放入缸或木桶内。这样，名副其实的三矾海蜇皮就制作完成了，三矾海蜇皮不腐烂、不变质，没有任何异味，还能长时期贮藏，加工好的几十年都不变质。

三矾海蜇皮在加工过程中绝对不能滴入一滴淡水，也不能有香烟灰、泥土等杂物混入，如若不然，不但影响口感质量，也易变质不能长期保存。三矾海蜇皮是嵊泗海特产之一，还是旧时富裕人家宴请客人、自食的美味佳肴。其与三暴鳓鱼、呛蟹、黄螺酱成为历来嵊泗四大腌制海鲜品，名声远扬，并远销海外。

关于三矾海蜇皮，在青沙流传着两个小故事。一个是在民国时期，国民政府因长期战事加重税负。青沙乡长徐孝品因体恤民情，拒不执行区政府的税负通告，被抓捕至崇明监狱。其家人和乡民积极联合营救，多次赴崇明送钱送物。当时正逢国民党崇明县党部书记长的父亲患高血压，吃了徐孝品家人送来的三矾海蜇皮后，高血压竟然得到了缓解。之后，其父在吃了一段时间的青沙三矾海蜇皮高血压症状就消失了。于是青沙村村民逐渐与书记长家人有了较好关系。后来书记长在其父亲的劝说下为徐孝品脱罪，再加之后来国民政府在大陆风雨飘摇，就放了徐孝品。

第二个故事是发生在"文化大革命"时期，红卫兵在青沙抄家，在一户新中国成立前开鱼行的柴姓人家家中，抄出一坛珍藏了30多年的三矾海蜇皮，年轻无知的红卫兵硬说这户被定性为渔业资本家黑五类的家庭是在怀念梦想中失去的天堂，妄想变天。柴姓主人解释说那是做药用的，后来这一说法得到了青沙老年渔民的证实，年长的老渔民告诉红卫兵，三矾海蜇皮确实有治疗高血压等多种疾病的功效，最后这件事才不了了之。

（文/图：杨宽宏）

台州椒江胜利村

大陈黄鱼鱼中王

据民国《浙江水陆道里记》及《浙江沿海图说》记载，大陈山亦名"琅玑山"，唯下大陈市肆颇盛，曰"凤尾汛"。胜利村是因发展海洋捕养殖捞业的需要于 2004 年由浪通门、大小浦和南田 3 个自然村合并而成。该村现有渔民 96 户，在册人口 481 人，常住人口 187 人，渔民居住较为分散，村辖面积约占到下大陈岛的 2/3 岛域，是大陈镇辖地面积最大的一个村，也是台州列岛上的人口和经济大村。

大陈村景

大陈岛素有"东海明珠"美称，岛上海礁景观奇绝。仅胜利村范围内就有以自然旅游资源为主的"东海第一大盆景"甲午岩、"世界巨浪之最"浪通门以及被列入"中国传统村落名录"的大小浦渔村等，还有回归亭、垦荒纪念碑、胡耀邦广场、军事记忆体验区、大陈度假村别墅群等人文旅游资源，以及盛产深海网养大黄鱼、鲈鱼、真鲷等和野生石斑鱼、黑鲷、梭子蟹、七星鳗、虎头鱼等海珍品，使胜利村的自然资源和文化内涵显得特别优越与丰厚。胜利村作为大陈岛国家一级渔港、省级森林公园、全国海钓基地核心区域的所在地，自然也是岛上大黄鱼养殖最具代表性的一个村落。目前大陈岛上最大的几个深海黄鱼人工养殖区域也大多都在胜利村或靠近该村的海域。"大陈黄鱼"已成为一个响亮的影响全国的海产品品牌。

明代弘治年间，有一位曾考得解元的、从临海来椒江做军事教官的诗人，名叫秦文。他曾写有咏《海门八景》组诗。其中的《海口渔帆》诗曰："讲武归来白昼闲，片帆高挂海涛间。黄鱼入网金堆积，一棹遥依小屿还。"到了清朝，又有台州诗人朱士夔和卢锦篇分别写下了两首咏黄鱼的诗作："海门四面网悬渔，天际清和把钓余。一夜扁舟才到货，满街齐唱卖黄鱼"（《海门竹枝词》之一）和"海门赶到一潮鲜，江下争着石首船。贺得顺风多获利，渔棚庙内赛花钿。"（《咏海门冰鲜船》）

大陈镇的胜利村，现今已是大陈岛深海网箱养殖大黄鱼的主要产区之一了。胜利村大陈岛流传着上古时代的"东海大黄鱼"的传说。东海历来盛产大黄鱼，因其受东海特殊地理位置和气候以及长江口漂流生物富有营养等诸多特殊因素的影响，远比渤海、黄海产黄鱼细嫩鲜美，且又比南海黄鱼更结实"有劲"，因而历代以来就是我国的一大名贵海产品。

据《中国民间文学集成椒江市卷》记载，关于东海上大黄鱼，有一个美丽而有趣的传说。据传，上古时大黄鱼因为自己是海洋水族大家族中一个数量最庞大的、社会地位最高贵的家族，加之它通体金黄，金光闪闪，好一副皇家气派，因而也就自视甚高，把自己看成是海族中无与伦比的"金冠皇族"。大黄鱼也因此就目空一切，谁都不放在眼里了，动不动地就要与别人比游泳、秀猫步、赛歌喉什么的。

　　一天，大黄鱼碰到了孔武有力的鲈鱼，看着大鲈鱼那挺鳍扬尾、张嘴瞪眼的样子，大黄鱼很不客气地要求与鲈鱼进行一场游泳比赛。鲈鱼心里对大黄鱼的自傲很是不舒服，但还是装作不以为然地答应了大黄鱼。大黄鱼听了，就更加趾高气扬了："我那么远都能游，你还真的敢跟我比个高低呀？你和我比谁游得快，我闭着眼睛就能超过你！"大黄鱼原本就只善于长途群游迁徙，短途冲刺并不占优势的。它闭了眼睛，一抹黑地猛冲乱撞，不想一头撞在一块白珊瑚的礁石上了，脑壳上磕开了一个洞洞，里面掉进了两颗白珊瑚碎石。所以，后来渔民们捕到的大黄鱼，脑壳里都有两颗白碎石。科学家们称这种鱼类为"石首鱼类"，大黄鱼、小黄鱼都是石首鱼类。大黄鱼负了伤，还输了游泳比赛，一直闭着嘴巴不说话。而鲈鱼早就游到了终点，得了冠军，再看着黄鱼那个熊包样，就一直哈哈大笑不止，结果笑脱落了自己的下巴。因此，人们捕到的大黄鱼都是闭着嘴的，而鲈鱼都是张着嘴的。

　　大黄鱼海洋底层结群性洄游习性，以及它脑壳里的碎石（石首），几乎要了它们种族的命——就在20世纪下半叶，人们利用大黄鱼的这些特性，不顾一切地进行毁灭性捕捞（后来被人们称作"断子绝孙"的"敲梆捕捞"）。这种捕捞很快就使所有的大大小小的石首鱼类接近灭绝，以致一直形成不了渔汛。至今还有一些老人记得，那时候的"敲梆黄鱼"极其高产，一网下去，入网的鱼太多，怕网受不了会破，便赶紧割个缺口，放回海里一些才能收网上船。因此，敲梆黄鱼的价格也特别便宜，只要几分钱一斤。在几近灭绝的困境中，人们想起了禁渔休渔，想起了人工养殖，想起了投放人工岛礁……进入21世纪后，大陈岛开始了深海人工黄鱼网箱养殖的大规模试验，并取得了极大的成功。这使得大陈岛的海洋捕捞与人工养殖均已步入良性循环的轨道，形成了捕捞、暂养和规模化养殖、胎生环境修复多能共举的海洋产业新格局。

关于现今的"大陈黄鱼"也流传着一个美丽的小故事。传说明代抗倭名将戚继光率戚家军在台州抗倭，他精通兵法，部队纪律严明，对百姓秋毫无犯，对士兵体恤爱护备至，他转战各地，九战九捷，倭寇闻风丧胆，沿海人民对他爱戴有加，甚至视若神明。就在戚家军就要离开台州开赴闽粤桂抗倭前线的前夕，台州当地的官民们为他们摆开了"平倭庆功宴"。台州沿海，特别是大陈洋海域，从来都是盛产鱼虾海鲜的地方。这庆功宴自然是"台州海鲜大全宴"！而其中最重要的一道菜肴便是"一支独秀"的大黄鱼特产特色菜了。这道菜以大陈黄鱼为主料，以干香菇、鲜金针菇、生姜、大葱、黄酒、猪油等为辅配佐料，以家乡传统老妇烧法烹调而成，象征着戚家军抗倭的"一枝独秀"，无往而不胜。不想，这颇具"王者风范"的"一枝独秀"的黄鱼菜，与庆功宴中的另一道当地特产名菜、以大陈海鲜鸡为主料的"金鸡报捷"一起，成了远近闻名的"台州名菜佳肴"。

（文：陈楚）

五　乡村美食

常山球川村

银丝贡面馈亲友

常山球川村位于球川老集镇中心区，交通便利，因四面青山环抱似球，中间绿水长流而得名。该村先后被评为首批县级文明示范点、推广"枫桥经验"示范村。建于清同治九年（1870）的"三十六天井"位于该村，建筑独特、雕刻精细、结构完美而堪称江南古建筑之一绝。球川建筑有一绝，其面更是一绝。

常山贡面又称银丝贡面、丝面、索面，是一种以面粉掺山茶油，配加盐水调和，经上十道工序纯手工拉制晾干而成的面条。在常山，贡面尤其以球川贡面最为有名，它以其独特的色、香、味深受广大消费者喜爱，是常山人民招待客人的佳点和逢年过节、寿辰婚嫁馈赠亲友的礼品。

据史料记载，常山索面早在唐朝咸亨年间就已开始生产，北宋时期大大小小的索面作坊已经遍及城乡。因其形似未经染色的白丝线，又似当地纳鞋底用的苎麻细索，故民间习惯上通称"索面"。

常山索面何以称为"贡面"？民间有多个传说。

相传宋朝时，常山球川商人徐大有带着家乡的索面，上京城找做御医的徐姓本家，请他为家乡的索面做宣传，以便打开销路。一日，太祖皇帝赵匡胤受了风寒，徐御医叫御膳房给皇帝煮了一碗生

球川贡面

姜葱头索面，让皇帝趁热吃下后回寝宫盖上棉被睡觉。皇帝在被窝中闷出了一身汗，随即感冒症状完全消失。他发现这洁白如银、细如丝线的索面不仅美味，还能治病，十分好奇，便问其由来。徐御医趁机向皇上推荐了家乡的索面，皇帝十分青睐，于是派官员到球川订购。一时间，常山索面成了朝廷官府用膳和招待客人的一种上等食品，于是索面就成了贡品，被称为"贡面"。

但是，常山民间流传最广的贡面传说，却是与明朝宰相严嵩有关。

相传明朝嘉靖年间，太师严嵩一干人马行经常山道，至农家避雨。主人以索面待客，严嵩吃后赞不绝口，遂带索面进贡皇帝，受到皇上的赞赏。以后每年都有数百担索面送入京都，由此得名"贡面"。

又有传说称，严嵩发迹前上京赶考途经常山，因饥寒交迫，感染风寒，受困于县城文峰塔下，幸得詹家太公太婆救助，喂之以索面，赠之以银两，严嵩遂拜詹家太公太婆为干爹干妈。后来严嵩高中皇榜，位居高官，每次回江西分宜老家或去京城路过常山，都要到詹家停留。一次，严嵩一干人马从江西老家回京，刚踏进常山，突然下起雨来，赶到詹家时早已被淋得如同落汤鸡。詹家太婆遂以生姜、辣椒、香葱等为佐料，精心烧煮了一锅索面。严嵩等人食后感到浑身舒畅，疲乏顿消，便带上一些索面回京。一日，嘉靖皇帝突然亲临相府，严嵩因事先毫无准备，便急中生智，以常山带来的索面招待皇上。皇帝品尝后赞不绝口，当即下旨列为贡品，赐名"银丝贡面"。以后常山每年都要进贡索面数百担，外包装盒上都盖有专门制作的"银丝贡面"印章。从此，"银丝贡面"名声大噪，美名远扬。

常山索面在明朝被列为"贡品"，《常山县志》对此有明确记载：明嘉靖年间，索面取名"银丝贡面"进贡朝廷，每年达数百担之多。民间也有物据可查，2005年在广州发现标有"银丝贡面"字样的明代嘉靖年间木刻印章，就是一个有力的佐证。这枚珍贵的木刻印章，外表呈古铜色，长20.3厘米，宽8.8厘米，厚2.8厘米，正面刻有"银丝贡面"繁体楷书，四周刻有形似太阳光芒的网状纹饰图案，整个印章制作十分精细。据收藏该木印的颜先生介绍，这枚木印正是明朝浙江常山地方官进贡索面时，在包装盒上所盖的印章。

贡面制作全凭手工操作，用料讲究，主要原料为上等面粉。制作时，一般以25公斤左右的面粉为一作，配以一定比例的水、盐，高档的礼品还需加适量的蛋清。常山地处钱塘江上游的半山区，水源清洁甘洌，农村盛产山地小麦、番薯和山茶油，这都为贡面制作提供了最佳原料。为了确保贡面细白柔韧、营养丰富，作坊一般都用上等山地麦子磨成的上好面粉作为主原料，同时糅合常山特产山茶油，用番薯粉或野葛粉做粉扑，这样做出来的贡面具有清爽香醇、久煮不烂的特点。

贡面制作环节烦琐，技术严谨，共有和面、饧面、压片、切条、打条、上筷、上架、拉面、晒面、盘面等十多道工序。每道工序必须一丝不苟，精工细作，方能做出洁白似银、细匀如丝的上等贡面。制作贡面是一项劳心费力的手工艺，全过程需要十八九个小时。贡面匠人的工作时间被称为"两头黑"，意指起早贪黑。"辛苦不过贡面匠，半夜起来把天望"，是制面工人生活的真实写照，道尽贡面制作的艰辛。起早摸黑是家常事，半夜观察云头风向、预测天气，更是一门必修课。阴雨天制作贡面容易受潮，风力过大贡面容易折断，太阳过烈贡面容易干裂，天气突变则经常让面完全报废。

贡面制作的第一道工序是和面。首先取一定量的优质面粉放入面缸，逐步倒入预先配好的盐水，手工搅拌糅合一小时左右，形成吸水均匀的面团，面粉、水、食盐比例一般为 25：15：2 左右，具体比例随气温及空气湿度高低而适当变化。面团揉好后，静置于案板，加盖干净湿润的纱布进行饧面，时间 20—30 分钟，促使面团发酵成熟，更具韧性和弹性。压片和开条即把面团压制成厚度约 2 厘米的面片，并涂抹适量山茶油，然后将面片切成宽约 3 厘米的长条，进行第二次静置饧面。打条是指以番薯粉或野葛粉做粉扑，将熟化的长条打细打匀，连接制成一条直径约 6 毫米的细长面条。这是一个至关重要的环节，既要保证细面条均匀如一，又要保证细面条不黏、不断，技术功底高低由此可见一斑。细面条打好后，进行第三次静置饧面。上筷时，把细面条一圈一圈地卷到两根筷子上，一般每筷 32—40 卷，然后放入饧面箱，进行第四次静置饧面，时间 3 小时左右。接下来是上架、拉面，将一根筷子插入晒架上孔中，拉面时4筷一拉，分2—5次把面条拉细拉长，并将另一根筷子插入晒架下孔。如何做到细而不断，关键看手的劲道把握。晒面时，面工们便扛出插满面筷子的面条架放置阳光下，晒到一定时间，面工又依次用手指钩住面筷用暗劲拉扯，数百双面筷子上手指般粗的面条顷刻形成精细均匀的丝面。近2米长的"万千银丝"迎微风飘拂而不断，丝丝缕缕、晶莹剔透的贡面犹如一幅幅精致的艺术画卷。晒至八九分干，就可进行盘面。晾干后的面条，从拉面架上取下，捋去筷子上的面头，每两竿为一束（约0.25公斤），用红纸头包扎成束，挽捆成"8"字形叠放在一起，含有发财兴旺的美好祈愿。扎好的贡面存放入木桶或箩筐中，就可享用和待售了。

从饮食营养角度看，贡面以上等面粉为主料，以山茶油、姜末、葱花等为佐料，属于绿色健康食品。其烹调方法也大有讲究，可以因人而异，烧煮成各种各样的口味。比如，用水汆鸡蛋铺底，俗称"子鳖面"，是待客的佳点；以菠菜煮面，称"菠菜面"，吃起来鲜嫩清口、滑而不腻，是老年人的最爱；用肉丝、笋丝（或韭菜）、豆干丝做浇头，称为"三丝贡面"，面鲜味浓，最适合年轻人的口味；还有一种"表伤风"面，即偶患风寒，煮面时多加生姜、葱头、干辣椒末，然后连汤带面趁热吃下，盖上棉被蒙头睡下，待闷出汗来即神清气爽，感冒全消。民间还有产妇吃贡面催乳、橘皮面开胃等烹调方法和习俗。

2008年，常山贡面制作技艺被列入衢州市非物质文化遗产保护名录。

（文/图：常山农办）

义乌上杨村

义乌红糖结情缘

上杨村位于义乌市城西街道,村西与上溪镇接壤。前半村多为高楼大厦,后半村多为古民居。古民居中,以民国时期建筑为主,各具特色。五间头多为小三合院,正房三间,左右厢房各一间,天井狭长,有院墙围绕,适合小家小户居住;而九间头多为前后两座三合式庭院,设有马头墙、石库门,用材考究,雕刻精美。村东有三棵800年以上树龄的大樟树,成为"留得住乡愁"的重要标志。上杨村是个有着2000多人口的大村庄,现有家庭1137户,人口2583人,系东汉太尉杨震后裔的主要聚居地之一。

在上杨村,有这样一句俗话,"上半年串串棕棚种种田,下半年弹弹木棉过过年"。那时,由于农村生活相对贫穷,又缺乏其他谋生的门路,不少农民就学会了串棕、弹棉等求生手艺。所谓串棕,就是编织蓑衣与棕棚;所谓弹棉,就是弹棉被。一旦农作物收割完毕后,有串棕、弹棉等手艺的人就得四处闯荡,终日奔波。

据村民介绍,上杨村的土质松软适合种糖梗,而且水质清洌,产出的红糖别有风味。在20世纪五六十年代前,村周围有成片成片的糖梗林,家家户户都种植甘蔗。那时糖厂在村后一公里左右,加工出来的红砂糖一般只有三毛到五毛一斤,可村民的热情依旧,他们对红砂糖有着深厚的感情,不畏辛劳纷纷一筐筐挑到萧山、临平、汤溪等地叫卖,换回一家的日常开销,这就是当时上杨村村民的重要经济来源。如今,一切悄然改变,上杨村村民的生活发生了翻天覆地的变化。谁也没有想到,若干年后的今天,上杨村会成为远近闻名的红糖专业村。"砂糖水洒地,混到这个田(甜)地",说的就是上杨村。

关于义乌红糖,流传着一些传说。在很久很久以前,离义乌城

义乌红糖

西十里许，住着一个单身汉，不知名，不知姓，因身材高大，大家都唤他为大个头。他帮人家做长工，出门鸡啼，回家星齐。

一日，他上山砍柴，没料霎时天昏地暗、飞沙走石、风啸雨倾，他被淋得像落汤鸡一样。大个头虽身强力壮，但因凉风打、冷雨浇，两眼发黑，晕倒在山脚下。正在此时，恰巧被一个年轻女帮工碰见了。女帮工见此情形，蓦地想起名医朱丹溪说过红糖是治疗多种疾病的一味良药。于是，便赶忙泡了碗浓浓的红糖姜汤，马上给大个头灌了下去。没多久，大个头发紫的嘴唇又开始红润了，眼睛也微微睁开了。女帮工又赶忙泡了一碗，大个头喝了第二碗红糖姜汤后，顿时神志清醒了，精神一振，浑身一阵畅快，从柴堆上翻身而起，望着眼前的女帮工，激动得热泪滚滚而下。

鱼儿得水喜相逢。从此后，大个头对女帮工产生了感情，他常常来帮她做零活。日子一长，两人越来越亲，于是他们就请苍松做媒，青山作证，欢天喜地地成了亲，结为夫妻，一切如意。

寒来暑往，女帮工有喜了，人们都说："喜事临门，高高兴兴。"不久，在一个月白风清的夜里，女帮工生了一个白胖胖的儿子，大个头喜出望外。

产后的女帮工因失血而元气大损，体质虚弱，茶不饮，饭不吃，一天比一天消瘦，急得大个头整日不安。大个头想起当初自己生病就是喝红糖茶好的，因此，他决定让女帮工试试喝红糖茶。果然，食后功效很好，女帮工渐渐地筋舒了，血活了，面色红润起来了，走路也有劲头，奶水也富足了，宝贝儿子也被养得白白胖胖。从此，红糖药用的名气大振。

不知过了多少年，一次，河南遭特大水患，洪水冲开河堤，围困了开封城。宗泽率领将士日夜疏通河道，筑固河堤。当时将士因终日辛劳，受冷闹肚子的很多，宗泽心里着实不安，便用乡亲送来的土产红糖，泡成热茶，慰劳将士们。谁知大家一饮，暖了身子，出了一身汗，腹泻肚疼也好了，抗洪劲头更足了。宗泽知道红糖是极好的食品，于是将红糖分给抗洪黎民百姓饮服。从此，黎民百姓都知道了红糖确实是一味良药。从那以后，人们凡是被雨淋、受风着凉时，便喝一杯红糖姜汤，以祛除风寒、清湿补热；女人生小孩后元气大损，也喝一杯红糖姜汤，因为红糖性温，具有益气养血、健脾暖胃、驱散风寒、活血化瘀的功效。用红糖伴煮红枣、花生、核桃、鸡蛋等具有益母草的功效，能促进子宫早日收复。因此，红糖养生祛病的疗效越来越受到肯定，数百年来，在民间用红糖治风寒感冒、补血健身的方法沿袭至今。

每年农历十一月和十二月绞糖熬糖，是上杨村里的一件大事情。虽然绞糖工具从古老的水车、牛力变成了现代化的榨糖机，但是熬糖全凭手工操作和经验判断。糖厂内有九口铁锅，由大到小"一"字形排开，糖浆从一口锅逐步转移到另一口锅，师傅按照糖浆的老嫩掌握灶下的温度，最后一口锅里的糖浆舀进糖槽，敲压成粉状后就可装筐了。每年村里这个时候都是热热闹闹的，有很多村民以及亲戚朋友来糖厂，最有意思的是拿段糖梗打个糖勾，或者买几斤麻花滚麻花糖，吃起来美滋滋的。

如今，作为上杨村特产的义乌红糖依然是村民心中的最爱。

（文/图：王锦豪）

象山溪东村

倾城之色米馒头

茅洋乡溪东村坐落在小、大雷山脚下，依山傍水、风景秀丽、历史悠久，紧靠溪口水库东侧，依山而建。溪东村建村1000余年，原名东岙村。1981年10月，由东岙村改名为溪东村。现有278户，840人，耕地824亩，山林4309亩。

象山海鲜名闻天下。四海之内，各种打着象山海鲜的饭店生意总是好得出奇。其实象山的点心同样可圈可点，品种繁多，味道独特。后宫佳丽三千只取其一的话，点心中的倾城之色便是米馒头了。

象山米馒头

象山米馒头的发源地就在茅洋溪东村。村里的老人说起此事，稍微有些小得意，老人们说只知道自己小时候就是吃着米馒头长大的，但不记得米馒头是从什么时候开始有的，应该是有村庄就有了米馒头，而他们村庄是从明朝便开始有了。

村里有个古老神圣的青龙庙，坐落在村口，百年古树掩映红色庙宇更显清幽宁静。相传青龙庙非常灵验，进出保平安，务农保丰收，经商保发财，读书保高中。每年农历正月十八村里的青龙庙会，每家都会做些点心，并且拿出最好的供到青龙庙关老爷神案上，以求全家平安，其中必不可少的点心便是米馒头。

青龙庙会，是溪东村最隆重的庆典活动。庙会这几天，各家各户像过年一样，由村里出面请来戏班，在石氏宗祠古戏台上连演五日五夜，最长时演过七日七夜。三乡四邻都赶来看戏，家家户户都有客人来走亲。那几天也是最能展示一户家庭女主人持家能力的时候。因为每一个打理得井井有条的家都是女主人持家有方的反映，所以每一户的女主人在那几天就更加快乐地忙碌着：打扫屋子，清理庭院，当然还要做许多的美食，其中重头戏便是做米馒头。

做米馒头的食材是白砂糖和新鲜大米。别看一只小小的米馒头，做好一只米馒头最起码有 7 个步骤。（1）选做馒头的大米。做馒头的大米要求很高，选用好的米很关键，如果是陈米做出来的馒头就会有酸味，不好吃。（2）将粳米和糯米按一定的配比，用水洗三遍后再在水中浸泡 12 个小时。米一定要洗三次，不洗做出来的米馒头颜色不好看，洗的次数太多了也不好，把营养都洗没了。洗过后的大米做出来的馒头白白嫩嫩的，仿佛初生婴儿的皮肤，吹弹可破。（3）泡了一个晚上的米，用清水再洗一下，用机器磨成浆，加白糖让米浆自然发酵（24 个小时），还要适当加点昨天发酵过的米浆，一般加总量的 1% 就可以了，用以增加米浆的发酵速度。夏天的时候自然发酵很简单，放在房间里就行了。冬天气温低，为了自然发酵，还得用被子把装米浆的盆子包起来，有时为了达到自然发酵的温度还必须在房间里生个煤球炉。（4）手工搓成一个个圆圆的米馒头。发酵过后再加白糖催酵后开始做，先做出一个圆圆的小馒头放在蒸笼里，再把蒸笼放在水温较低的锅上催酵。催酵的程度很重要，时间太长了不好，做出来的馒头不像馒头，像大饼，水温也不能太高，水开了做出来的馒头就会生硬。（5）把蒸笼放在蒸汽锅上蒸7—9分钟。（6）蒸好后米馒头就可以新鲜出笼了，咬上一口，软软的，加上有一股经自然发酵过的淡淡的酒香，特别香甜可口。（7）在馒头上点缀红色，红白相间，色、香、味三要素就一应俱全了。

米馒头因为经过自然发酵，吃了能养胃，所以是一种健康食品。溪东村的村妇们每个人都会做米馒头。20世纪70年代，有好多人家以此为主业，把米馒头卖到周边村庄，甚至挑到邻县去卖，销路一直不错，足以养家糊口。如今有客人来，溪东人便会做米馒头招待，以示隆重，到外面去走亲访友，伴手礼还是米馒头。

一年一度的茅洋同乡会，餐桌上最受欢迎的依然是米馒头。参加同乡会的绝大多数人都出门在异乡创业，这些游子常年在外打拼，平时很少回家乡，一个米馒头就让他们找回了家乡的味道。在米馒头里，他们看见了小时候母亲围着灶台转悠的身影；在米馒头里，他们看见了父亲在田头汗滴洒下土的背影；在米馒头里，他们更闻到了纯洁和宁静的村庄的气息。

（文/图：应红鹃）

龙游马戍口村

龙游发糕岁岁高

马戍口村位于龙游县南部的深山处、沐尘水库尾部，是衢州市南大门，距县城约 40 公里，区域面积 13.8 平方公里，下辖竹马坑、坑口、狮子山、门祥、潘滨等 11 个自然村，共 640 户，1700余人。这里曾是衢州、处州两府之交通关隘，官道商道并驾齐驱。传说 600 多年前，因明太祖朱元璋曾在此驻兵而得名。

乡关马戍口，青山绿水，三分薄田。青山孕育翠竹，绿水流淌甘甜，薄田飘浮稻香。母亲河灵山江的江界就在这里，支流桃源溪水质纯净，还有一口老井叫"不老泉"，上百年来，是整个村里人的饮用水。夏天，水清花花的透亮，直接饮用，带有丝丝的甜味，透心彻肺地凉，特别解乏解渴；寒冬，它便成了温泉，水面冒腾着丝丝缕缕的热气，流出来的水白白亮亮的，像一串温润的玉链，滑滑的、温温的，看着都是一种享受。

用马戍口的稻米粉，和进马戍口甘甜的清泉，揉进爱意和温情，盛在翠竹编制的炊笼里，发酵，蒸腾，香飘千里，成为"乡关"和"老家"的象征和媒介，成就了龙游的经典美食——龙游发糕。

龙游发糕是中国地理标志产品，是春节期间的特殊糕点食品。龙游发糕花色品种多样，按口味分，有白糕、丝糕、青糕、桂花糕、核桃糕、红枣糕、大栗糕等；按主要原料分，可分为纯糯米糕和混合米糕。龙游发糕制作工艺独特，配料考究，成品色泽洁白如玉、孔细似针，闻之鲜香扑鼻，食之甜而不腻、糯而不黏。其最大的特色是在制作过程中加入适量糯米酒发酵而成，故而营养丰富且易于消化，尤其适合老年人、儿童食用。

在马戍口，每个节日的传统风俗，都有一个趣味十足的故事。打年糕是纪念伍子胥的忧国忧民；做清明粿是纪念介子推的气节；

龙游发糕

吃锅巴又和"长毛"扯上了关系。至于龙游发糕，说的是一位农家小媳妇在拌粉蒸糕时，不小心碰翻了搁在灶头上的一碗酒糟，看着酒糟流进米粉，小媳妇急得直想哭，可是她不敢声张，怕遭到公婆的责打，只得把沾了酒糟的米粉依旧拌好放炊笼里蒸。谁知道由于酒糟的发酵作用，这一笼糕特别松软可口，还有一股淡淡的酒香。从此以后，龙游人在蒸糕时就有意识地拌进酿酒时积在酒缸底的沉淀物，蒸出来的糕因发酵作用而膨胀松软，人们就称为"龙游发糕"，图的是又"发"又"高"，"年年发，岁岁高"的大吉大利。

传说归传说，龙游发糕确实是佳品。龙游发糕有近千年的历史，因其风味独特，制作精美，又是"福高"的谐音，象征吉利，因而成为节日礼品。

炊发糕的程序很是烦琐。从原料到成品需经水浸、淋洗、拉浆、磨粉、脱水、混合搅拌、灌笼、发酵、汽蒸和修剪箬叶等十余道工序。腊月上旬，马戍口人便将粳米和糯米按 7∶3 或 3∶1（视粳米的糯性而定）的比例浸在水中，半个月后捞出，用水淋清后磨粉。离家几步之遥的水碓，便整天"吱吱呀呀"个不停，招呼左邻右舍春米粉。后来改用机器，"拖浆磨"（即用机器水磨）的米粉使炊成的发糕味道更佳。劈好的"过年柴"，也被大人早早地码在屋檐下。腊月二十四过小年，家乡的炊烟便袅袅地在老屋的黑瓦顶上荡漾，过年的味道也就这么氤氲着飘散开来。

大人们先在木盆中洗刷盛夏时从山中采来的箬叶（有的地方没有箬叶，便用荷叶替代），洗刷干净后，掐头去尾，垫在炊笼里，无论箬叶还是荷叶，都有一种淡淡的清香萦绕鼻尖。炊笼里的箬叶要一张张相互叠压，不能留有空隙，否则发糕坯料会流出来。每垫好一个笼，便用一只大碗反扣在炊笼中间，用来固定和压平片片箬叶。开始拌粉之前，先仔细地用小竹畚斗秤白糖、米粉。那种不大不小的"4斤笼"，每笼4斤粉、2斤半白糖、2两猪油。大人的这份虔诚和庄重，不亚于一场宗教仪式。开始拌粉的时候，先把米粉倒入木桶，晶莹的白糖、剁碎了的板油也拌入其中，然后慢慢地注入酒醉。渐渐地，米粉和成了一堆白色的混合体。再双手捧起米糊，如果米糊缓缓地顺着指缝滴下，便用厚重而坚定的声音宣告："好了，上笼！"小孩子便也欢快着忙碌起来，能在这样的场合给父母打下手，可是他们的荣光。大人则不断地叮嘱："炊笼可不能端歪了，要不然炊起的发糕也歪腻腻的。""笼不能装得太满，发糕发起来可要漫出笼沿呢！""灶火不能烧太旺，笼上的发糕要放在大锅里拖醉呢！"

"拖醉"的意思是上笼的发糕怕冷，所以要先给它们一点温度，热热身，然后才能发起来。要是温度太高，把酒醉烧死，就不能发酵了。大人会轻轻地掀开笼盖，在腾腾热气中仔细审视发糕，然后把叠在大锅上的蒸笼上下不断地调换着顺序，撤下的蒸笼立马端到太阳底下晒着加温。拖醉往往要三四个钟头，这是个技术活，也最考验人们的耐心。待糕坯发至满笼，就把削成的小竹节均匀地插在每一个蒸笼的内壁，每笼四根，供炊笼中的热气上升，不然，发糕就不能熟。

如果炊笼四周开始热气旺冒，就叫作发糕"上气"了；如果热气像豆大汗珠似的分布在炊笼外圈，发糕还是半生半熟；如果炊笼外圈的"汗珠"消失，蒸气笔直地从笼盖上冒出来，说明发糕已熟。这时，就可以掀开炊笼盖，用筷子戳戳看，如果筷子头上没有发糕黏着，那就表示发糕熟了。火候未足的发糕吃在嘴里会黏牙；熟透的发糕不及时出笼，又会被闷黄，没有"卖相"。

当一笼笼热腾腾的发糕摆在四方桌上时，人们会齐声大叫："发了发了，高了高了！"同时用手在晶莹如玉的发糕上使劲儿按着。奇怪的是，按下去的凹陷之处，不一会儿就恢复了平整。大人们一看不是"实瘟糕"，高兴得合不拢嘴，拿起菜刀切下发糕的一角让大家品尝。手捧一块块孔细如针的乳白色"海绵"，小孩在手中把玩着，揉捏着，舌头舔着糕的表面和周边的细孔，既想囫囵吞进嘴里，又如手捧珍宝般不舍。许多农家会用六角茴香，或是雕着花纹的白萝卜，喜滋滋地蘸上调好的"洋红洋绿"，在热腾腾的发糕上敲着印花，那一个个鲜红的印章，增加了喜庆气氛。最后，会在糕面上涂一丁点茶油。

年年发糕年年福，笼笼发糕岁岁高。随着生活条件的改善，发糕的花式品种也月益繁多了。婆媳相传，父子相授，继承与创新并举，传统的年味也在与时俱进。桂花、橘丝红枣成了糕面的点缀；在糕中夹一层红豆沙、芝麻便成了"夹心糕"；清明时节采摘的艾青成了清香四溢的青糕配料。虽然这些发糕花色诱人，口味独特，但是人们最爱的还是老屋里袅袅炊烟下大蒸笼里的原汁原味的发糕。发糕带给我们不仅是节日的快乐，更是一种家庭的温情、幸福。

要过年了，扑进老家的怀抱，远远望见老屋的上方，炊烟袅袅，如母亲手中温柔召唤的白手绢；又如细线，拾串起那些飘落在记忆深处的珍珠。面对满桌子的美食，游子总爱最先品尝发糕。也许留恋的是这份年俗带给我们的温暖与亲情，更是借着发糕宣泄蓄积已久的乡情吧。

手捧发糕，在"年"的情感酒杯中，虔诚地分享这份浓浓的情愫，让它发酵，升腾，醉卧在我们魂牵梦绕的山乡田野。

（文：田志宏/图：龙游农办）

嵊州崇仁七八村

陈氏江南第一鸭

崇仁七八村位于嵊州西面 11 公里的崇仁古镇北部。民国时期，崇仁古镇被划分成 10 个村庄，新中国成立后七村、八村合并成一个村，故名崇仁七八村。七八村内明清古建筑林立，古井、古街井然有致；传统美食亦颇负盛名。其中最出名的是被誉为"江南第一鸭"的陈氏炖鸭。

沿着窄窄的石子路，我们寻访崇仁陈氏的踪迹，穿过爬满青苔的陈家墙，便来到陈家台门。这是一座清代的两层建筑，外观朴素典雅，青砖白瓦。从建筑风格和木窗上的雕花来看，建成时间最多不超过 200 年。走进小院，见有几个老人坐在一棵玉兰树下捆柴。最早的"陈氏炖鸭"就是用这白柴烧的，后来到了陈启根这一代，才改用蒸汽烧。看来，陈家老人还是不忘本家的做法。

说到陈氏，不得不说一个人，他就是玉山公。玉山公，字佩锡，号玉山，敕赠儒林郎。据《裘氏宗谱》记载："玉山公置田千顷，却勤俭治家，体恤民情，年逾八十好学不倦，拄杖论诗。"玉山公是个有良心又有爱心的儒商，也是崇仁裘氏家族中一棵最壮美的大树。

清朝乾隆年间，陈家太公因家境贫困，离开五百岗深山小村岭头山村，来到玉山公家做年（打长工）。老东家玉山公对饮食非常讲究，花重金从苏州请了一位厨师专门给家里人烧菜，又给他配了两位下手。一位是老妈子，帮着洗菜、烧锅；另一位便是陈家太公，做挑水劈柴等杂差。一年秋后，苏州厨师收到家中来信，说母亲病危，想见儿子最后一面。他是个孝子，连忙收拾行李，请求回家。玉山公是个读书人，通情达理，就吩咐家人给了苏州厨头不少银两，叫他回家安顿好事务后再回来。

过了一个月，还不见厨师回来，眼看再过三天便是中秋节了，年年中秋节玉山公都要宴请宾客，这下玉山公犯难了。"老爷，让我来试试吧！"平时一声不响的陈家太公，突然开口了。玉山公惊奇地打量着这个瘦小的长工，虽是个下人，却也干干净净。"你……行吗？"玉山公将信将疑，就叫陈家太公烧几个菜试试。过了半天，扣肉、炖蹄、鲞扣鸡等凑成了满满一桌丰盛的菜肴。玉山公尝了以后，发现这口味居然跟苏州师傅所烧的相差无几。

原来，陈家太公是个有心人，给厨师做下手时，暗暗记住了选料、配菜和火候，一有疑问就黏着苏州师傅问这问那。师傅见他如此好学，就告诉他一些菜的配方，忙不过来时，也让他帮着烧。玉山公大喜，就让他暂时接替苏州厨师的位子给家里人烧菜。陈家太公洗菜干净，烧的菜也特别清口。

也许是天意，那个苏州师傅一去不复返了，玉山公从此就请陈家太公掌勺。陈家太公在不断的学习和改进中，烧的菜渐渐形成了自己的特色。他所烧的炖鸭、扣肉、炖蹄、鲞扣鸡等菜和合酥、纱帽、湖洋尾巴等苏州点心都让食客赞不绝口。陈师傅聪明勤快，为人正直善良，在裘家有一定的威信。渐渐地，裘家人就把他当自己的家人一样对待。

道光二十八年（1848），裘家来了一位贵客，他是道光皇帝的贴心大臣。为了招待好这位客人，陈师傅下了很多功夫。一只盛在瓦罐里的炖鸭一上桌，立刻引起了那位大臣的注意。这哪是一道菜，简直就是色香味形俱全的精美工艺品！这鸭子不仅通体红润光亮，而且体形丰润完美，一看就令人垂涎欲滴。他举起筷子轻轻一划，肉与骨自然分离，放进嘴里慢慢咀嚼，肉质绵糯香酥又不失天然的鸭香。吃惯了宫廷山珍海味的大臣，却从没尝过如此美味。他不禁高声夸赞："陈家炖鸭，色香味俱全，乃江南第一鸭也！""一把菜刀"的陈家厨师顿时成了香饽饽，很多达官贵人、富豪巨商都以请到陈家厨师为荣。

旧时的嵊州本有吃老鸭进补身子的习惯。据《本草纲目》记载："鸭肉有滋阴补虚、健脾之功效。"嵊州民间至今还流传着"老鸭炖四爪，胖子红烧烧……"的歌谣。不少人赶来品尝陈家炖鸭，并想烧出如此美味，但当时"陈家炖鸭"的配方只传儿子不传女儿，因此掌握其烹制方法的人屈指可数。

陈家厨师在崇仁裘氏家族中的地位越来越不可替代。到了陈家第三代，玉山公的怡字辈孙女嫁给了陈家厨师。自此，岭头山的陈氏一脉就在这千年古镇落地生根，开枝散叶。

1982 年，崇仁镇服务公司开业，陈氏第五代传人陈启根被聘为经理，他摒弃旧俗，把"陈家炖鸭"的秘方无私传授给徒弟。而后"陈家炖鸭"无论在烹制方法上还是口感上都日趋完善。服务公司生意火爆，凡是县里来了重要的客人，主人一定会安排其到崇仁吃启根厨头烧的菜。有不少厨头见炖鸭生意好，也开了炖鸭店，一家一家的炖鸭店在崇仁镇开了花。"陈家炖鸭"成了"崇仁炖鸭"，它不仅是古镇一块响当当的牌子，也成了嵊州的一个特色特产标记。

陈家炖鸭没有放任何香料和添加剂，甚至连常用的八角、桂皮、生姜都没有放，炖出的鸭子却散发出独特的香味，连汤汁也变得浓稠无比、鲜香美味。陈家炖鸭到底有何秘方？陈家后人说，鸭子要炖得好，选好鸭子是关键，一般都用绍兴麻鸭。绍兴麻鸭肉质紧密、脂肪含量比较低，生长期都在一年以上，特别是刚生过鸭蛋的鸭子最好，大约三斤重。制作时非常讲究流程，先开膛，膛不能开得过大，刀口通常在胸骨以下，肚里塞进 25 克板油，将鸭头从右翅下弯到鸭肚上，用细麻绳扎紧，炖时外加 100 克肉皮，放入铁锅中。过三四个小时，要放入适量的母子酱油，50 克的黄酒。上盘前再放入少许白糖调味，出锅后，解开系在鸭上的细麻线，将鸭胸朝上轻轻安放，一盘美味炖鸭就新鲜出炉了。据国家烹饪专家介绍，"陈氏炖鸭"炖出来的汤里面，含氮浸出物要比普通鸭子多，所以味道就特别好。普通鸭子炖 2 个小时腿就脱骨，绍兴麻鸭炖 5 个小时不仅保持着完美的体形，而且肉质香软绵糯，嚼劲更足，汤汁浓稠醇口。

　　"煮熟的鸭子，飞了"这句话在嵊州诠释的却是另外一种含义。"陈家炖鸭"，这只在古镇炖了 160 多年的鸭子，如今已经飞进了千家万户的餐桌上。

（文：王鑫鸳）

杭州余杭葛巷村

乾隆御封掏羊锅

夕阳红渡水迢迢，西望余杭路尚遥。

借问前途向何处，隔溪人指女儿桥。

——清·完颜守典《余杭道中》

　　葛巷村位于余杭区仓前街道南部，东与五常街道永福村相接，西为朱庙村；南与宋家山、闲林街道何母桥村相邻，北至余杭塘河。该村地理位置优越，村口直通文一西路，交通极为便利。全村1028户，4586人，村域面积5.4平方公里，2013年村农民人均收入24808元。

　　每到冬季，西北风一起，葛巷村全村飘散着一股香气，正是那扑鼻而来的香气，吸引着各地食客闻香而来。散发出此香气的正是一种名叫"掏羊锅"的美食，因此，葛巷村也就成了远近闻名的"羊锅村"。而"羊锅村"这个名字甚至超越了"葛巷村"，不少人只知道"羊锅村"，而不知道"葛巷村"。

　　"掏羊锅"是一道由来已久的美食。它是由烧羊肉的老汤，羊肝、羊肚、羊肺、羊肠、羊脑等人们俗称的羊肉中的"下脚料"还有新煮成的羊肉组成。出锅后的羊皮色泽金黄，似是流油；吃到口中，只感酥脆香美，羊肉柔软鲜嫩，毫无腥膻之气，其汤鲜得令人称赞，凡尝过的这道美食的人都会做回头客，都会称赞"美味难忘"。

　　仓前一带，每到冬季历来有吃羊肉之俗，人们认为冬季吃羊肉大补。这里的人吃羊肉与余杭东部的人吃法不一样。在余杭东部如临平、塘栖也吃羊肉，但吃得是湖羊肉，其做法是红粗线条。而在仓前一带，吃的是山羊肉，其做法是白粗线条，做成"冷板羊肉"，

仓前"掏羊锅"

又称"白切羊肉"。这"冷板羊肉"是将优质山羊斩杀后加以各种天然调料煮熟后去骨，然后在一块木板上铺上一块白布，将已经去骨的羊肉放在白布上包好，再在羊肉上面放重物进行压实，要吃时掀开白布斩下一块肉来切成小片而成。仓前的"冷板羊肉"尤以葛巷村最为出名，这里的村民每到冬季就有煮"冷板羊肉"的传统，所做的产品不仅卖到仓前街上，而且还卖到了老余杭等地。"冷板羊肉"以柔软鲜嫩，毫无腥膻为特色，受到一代代食客的欢迎，几百年来一直流传了下来。

仓前"掏羊锅"，就是在"冷板羊肉"的基础上发展起来的。据说，它的产生还与乾隆皇帝有关系。

相传清朝的乾隆皇帝喜欢下江南，他一生曾七次来到江南。那一次，也说不清是他第几次下江南了，当他游览完江南古刹灵隐寺时突然听见旁边有人说仓前的龙泉寺也十分了得，不比灵隐寺差多少。他不由来了兴趣，这灵隐寺已经使他惊叹不已了，还有寺庙能与它媲美，而且寺名居然带有"龙"字。他不由得喜出望外，当即打听了地址，准备前去一游。

由于是微服察访，乾隆也不便多带人员，只带了一个心腹，装成主仆模样，来到了仓前。两人到了仓前已近午时，肚子也饿了。但乾隆很性急，要先去一睹龙泉寺的风采。两人向路人打听，找到了龙泉寺。这一天恰逢月半，前来龙泉寺烧香拜佛的人特别多，乾隆一看，这龙泉寺果然气派，而且善男信女这么多，不由龙颜大悦，里里外外逛了个遍，这才发现肚子饿得受不了了。他连忙带着侍从从寺院的后门走出，打算去仓前街上寻一家小酒店吃中饭。

两人走出寺院，见路边有一菜地，上面长着一大片小白蚕豆，那豆荚碧绿，十分饱满，分明是可以吃了，这一见不由肚子更饿了。乾隆一时兴起，心想不如摘几颗来吃吃，一则尝尝鲜，吃吃这生豆是什么滋味，二来也许还可以充饥。当乾隆刚剥开豆荚时，迎面走来一个人，这人是镇上卖羊肉的羊老三。羊老三刚刚卖完了羊肉，想到寺院里烧香，见两个书生模样的人饿得竟在摘生蚕豆吃，不由当即上前问道："两位客官，看来还未曾吃中饭吧？"

乾隆这才发现有人来，不好意思地丢下豆荚，拍拍肚子说："是也，游玩忘了时间，这里饿了。"

羊老三一听当即说道："巧了，我也还未曾吃饭，这样吧，到我家吃点便饭吧。我家就在河南面的葛巷村，离此不远。"乾隆一听这乡人如此热情，心想正好，一来可看看乡间的景色，二来还可以了解乡民的生活情况，当即就说："既然如此，我们就不客气了。"说完，就向随从使了个眼色，两人一起跟着羊老三，经过圣堂弄，过了圣堂桥，一路前行到了葛巷。

还未进羊老三家门，就闻得一股香味扑鼻而来，乾隆本来肚皮已十分饥饿，闻到这股扑鼻的羊肉香，更是食欲倍增。他忙问羊老三，是什么东西这么香？羊老三告诉乾隆，他是个卖羊肉的，每天烧一锅羊肉，如今羊肉卖掉了，那锅羊汤还在飘香呢。说着，羊老三不由大笑起来。

三人一进屋门，羊老三冲着里屋大叫："贵客来啦，吃饭吃饭。"羊老三大呼小叫地叫他老婆快准备中饭。却不料他老婆这几天忙于杀羊卖羊肉，没有准备菜肴，也未料想今天突然来客。一看凉橱里空空荡荡，羊老三老婆十分着急，忙悄悄问羊老三怎么办。羊老三哈哈大笑，说："烧羊肉的还怕没有菜？来来来，客人请坐，今天我们正好掏羊锅，何愁没有沾酒菜。"说着，他一边招呼二位客人上座，一边叫老婆拿出自己酿制的糯米白酒。

乾隆一坐下就好奇地问羊老三："何谓掏羊锅？"羊老三笑笑说："我们杀好羊后，将整只羊放在锅里，加上老姜、茴香、精盐等调料后，烧上半个时辰，然后退火、取肉，即可上桌。这锅羊肉的老汤是不起底的，第二天、第三天，继续用这锅老汤来烧羊肉，所以锅子中总会有些羊杂碎没捞光遗落在锅里。你看，今天正好派上用场了，我们来掏羊锅咯。"说着，羊老三举起汤勺，来到锅边动手掏起了羊锅，第一勺就捞起了一块羊肚。跟在旁边的乾隆不由兴趣大增，当即拦住了羊老三，向他要汤勺："来来来，让我也来掏掏试试。"说着便卷起袖子，手拿汤勺在羊锅里掏了起来……

锅中果然好货不少，不一会儿，桌上就放了好几盘羊脚梗、羊杂碎等。这时羊老三老婆也在门前拔了几株青菜，很快地炒了两盘端到桌上，四人相对而坐吃得津津有味。实在也是因为乾隆已是饿透了，吃惯了宫中的山珍海味、美酒佳肴，只感觉今天掏羊锅的羊杂碎要比宫中美味佳肴更胜十分，不觉对掏羊锅有了兴趣，便说道："我回京定叫各位大臣也来尝尝掏羊锅的滋味。"羊老三正听得云里雾里，乾隆自知说漏了嘴忙道："如我等考中京官，定奏明圣上，对仓前的'掏羊锅'之事封赠一番，好叫天下人都知道仓前的'掏羊锅'，尝尝仓前'掏羊锅'的美味。"

次日，乾隆回到杭州，即刻传杭州知府，说起仓前掏羊锅之事，乾隆亲笔御书"羊老三羊锅"牌匾，封三百两白银，派钦差专程降旨羊老三家。

再说羊老三这天正好在杀羊，一听圣旨到，大惊失色。听到圣旨是表彰他接待有功并赐予封赠，他才知道前几天接待的竟然是乾隆皇帝，心中十分庆幸。

消息传开后，方圆百里的乡亲们听说乾隆皇帝到过羊老三家掏过羊锅，都想来尝尝他家"掏羊锅"的味道。一时间，羊老三的羊锅出名了，他也就干脆做起了掏羊锅生意。

就这样，歪打正着，这掏羊锅竟比"冷板羊肉"还出名了。百余年来，这掏羊锅之俗一直在葛巷村流传。近年来掏羊锅越做越大，还成了杭州市非物质文化遗产。葛巷村，也成了名副其实的"羊锅村"。

（文：丰国需　徐仲年／图：陈扬帆）

六　历史名品

临安国石村

国宝昌化鸡血石

　　昌化鸡血石是我国特有的珍贵宝石，具有鸡血般的鲜红色彩和美玉般的晶莹质地，历来与珠宝翡翠同样受人珍视，以"国宝"之誉驰名中外。它产于浙江省临安市昌化西北"浙西大峡谷"源头的玉岩山。其中以"国石村"最盛。

国宝昌化鸡血石

　　国石村位于临安市龙岗镇"浙西大峡谷"上游，区域面积5.98

平方公里，2007年由原中梅村和平溪村撤并重组而成，村委会驻地设在原平溪村。国石村是鸡血石原产地。2011年4月，国石村被列为重点培育建设的29个杭州市级中心村之一，村两委紧紧围绕"打造以鸡血石加工、销售为主导，以高山种植产业为辅，兼顾旅游业的产业带动型中心村"为行动目标，高标准、严要求开展中心村培育建设。

关于鸡血石是如何产生的，自古至今有很多的传说。有一个便是凤凰灭蝗，栖居玉岩山，后与鸟狮搏斗，"血"洒此地，经菩萨点化成宝造福人间的故事。另一个版本是相传古代有一种鸟叫"鸟狮"，生性好斗。一天觅食飞过玉岩山，见一凰正在孵蛋，顿生恶念，向其发起攻击，毫无准备的凰被咬断了腿。凤闻讯赶到，与凰同仇敌忾，战胜了"鸟狮"。凤凰虽然胜利了，但凰鲜血直流，染红了整个玉岩山，遂成了光泽莹透如美玉的鸡血石。

据考证，鸡血石的开发使用始于元代末期，盛于清代，至今已有600多年历史。其石质细腻、晶莹温润，红斑聚散不一，千姿百态，深受文人雅士以及皇室的青睐。清代的康熙、雍正、乾隆、嘉庆、咸丰、同治、宣统等历代皇帝都选昌化鸡血石作为玉玺。毛泽东主席曾使用并珍藏两方大号昌化鸡血石印章。众多文化名流包括郭沫若、吴昌硕、齐白石、徐悲鸿、潘天寿、钱君匋、叶浅予等人与昌化鸡血石均结下了不解之缘。20世纪70年代初，日本首相田中角荣、外相大平正芳来中国访问，周恩来总理将昌化鸡血石对章作为国礼馈赠两位贵宾，操刀奏石者是集云阁篆刻家沈受觉、刘友石先生。于是，鸡血石在日本国名声大噪，在那里掀起了一股收藏鸡血石热潮，大批日本客人来华游访时必将鸡血石作为首选礼品带回国内。由此鸡血石文化逐渐扩散至五大洲，尤其在日本、韩国和新加坡等东南亚国家享有盛誉。在国内，人们对鸡血石的投资和收藏热情逐年上升，一个集采集、收藏、研究、展销为一体的昌化鸡血石热正风靡华夏大地。在历次中国国石评选中，昌化鸡血石均被选为候选国石之一。

20世纪80年代之前，国石村作为杭州地区最偏远的一个乡村，是当时该地区最贫困的地方。等到80年代末，外地人开始涌入这个名不见经传的小村庄，以高价购买鸡血石。这个消息立即激起贫困懵懂的村民们上山开矿的热情。正是这些石头彻底改变了当地村民的生活。有村民说是鸡血石赋予了他第二次生命，因为这个石头，让他从一个两手空空、前途渺茫、生活困顿的人成为拥有近千万资产的玩石、藏石行家。也有村民说房子、车子、别墅都是从石头中玩出来的。看似普通的石头，为何会给村民带来如此暴利？据查证，在全世界范围内，只有中国浙江的玉岩山才出产鸡血石，因而异常珍贵。截至目前，国石村有80%的人都在从事鸡血石行业，村民们离开了世代耕种的土地，靠经营鸡血石过上了非常富足的日子。

鸡血石不断带来财富的同时，开采的人数也在不断增加。然而鸡血石作为一种不可再生资源，不会因为人的增加而增加。昌化鸡血石已被开采了500多年，现在昌化玉岩山基本已被掏空，很多矿洞几年挖不到一块鸡血石。国石村为保护鸡血石资源，留一些财富给后代，已有三年没有开采了。为了保证开采安全，临安市政府包括相关职能部门，就开采事宜不断地做协调工作。

若有一天鸡血石资源枯竭，当地居民又该怎样维持生计呢？关于鸡血石的可持续发展这个问题，国石村有关负责人提出了以下几点建议：山上鸡血石虽枯竭，但放在村民家里的石头还是有一些的，可将这些原石深加工，一块好的石料要请技艺高超的技师来雕出好的作品，它的附加值才会增加；国石村也可以以鸡血石的文化来带动旅游产业，游客们可以深山探宝、观石、赏石，同时也可以体验当地的好山、好水、好空气，以"宝石"来带动旅游，推动当地经济发展，提高当地村民的生活水平。

（文：汪婷）

龙泉南秦村

欧冶铸就龙泉剑

南秦村，位于龙泉市区南部、龙泉溪南岸，东与水南村毗邻，南与兰巨乡接壤，西、北分别与西街、龙渊街道隔溪相望。丽龙高速公路和53省道、54省道穿境而过。该村交通便捷，区位优势明显，是市区重点项目建设的主战场，其中宝剑制造业更是影响广泛。龙泉人自豪地把龙泉宝剑当作自己的特产名品进行宣传和展示。

龙泉七星宝剑

龙泉宝剑以"坚韧锋利、刚柔并寓、寒光逼人、纹饰巧致"之特色而誉驰中外。龙泉盛产铜、铁，以制剑名师欧冶子为师祖的龙泉宝剑乃铁剑之魁。北宋咸平初年，翰林学士兼史馆修撰杨亿在其《金沙塔院记》中称："缙云西鄙之邑曰龙泉，实欧冶铸剑之地。"明万历《括苍汇纪·地理》记龙泉县"山南为秦溪，剑池湖在其阴，周围数十亩。湖水清冽，时有瑞莲挺出。旁有七星井，为欧冶子铸剑之所，今为官田，井尚在，夏日饮其水，寒侵齿骨"。此县志提到的城南剑池湖，系欧冶子铸剑遗址，现尚有一井（古名"七星井"）和欧冶子将军庙，被列为龙泉市重点文物保护单位，称为剑池湖遗址。

传说春秋战国时期，越王勾践卧薪尝胆，奋发图强，决意复国。浙闽边境的打铁老司接受铸剑救国之任务，于是夫妻俩搭起寮棚，筑起炉灶铸剑。谁知造出来的剑不是太软卷刃，就是太脆缺口，不能作实战之用。欧冶子很是苦恼，一日睡梦中得仙人指点，遂翻过九九八十一座山，渡过八八六十四条溪，走了七七四十九天，终于找到秦溪山。在两棵千年松下面，有七井，如北极星形分布，井水甘冽，能增强刚度且不易生锈。铸剑先师欧冶子于是在此汲水淬剑。当第一对雌雄剑制成时，忽然化为一道金光射向天空，倾刻又变为一龙一凤遨游云际。

欧冶子等铸了大批宝剑之后，又造了秦阿、工布两剑，连同龙渊剑由越王献给楚王，楚王大喜。由于欧冶子铸出精良的兵器，勾践也终于凭借这些在龙泉铸造的兵器，一举打败了吴国，得胜班师回国，论功行赏。欧冶子因制造兵器有功，被封为"湛王"和"大将军"等。但欧冶子不愿为官，只求回归秦溪山重操旧业。后人为了不忘欧冶子铸剑的功绩，在所产之剑上均刻上七星和龙凤图案，还建了"欧冶子将军庙"，以纪念这位天下第一剑——龙泉剑的创造者。

如今"七星井"尚存一口，井上古松已不复见。井南原有一亭，称"剑池阁"，飞檐挑角，雕梁画栋，与剑池湖、七星井、欧冶子将军庙构成龙泉宝剑文化的重要遗产标志。"文化大革命"初期被毁,1989 年修复,现为龙泉县级文物保护单位。

沿着剑池亭边的木质台阶拾级而下,就是剑史广场。广场正中,竖立着欧冶子雕像,雕像由铜铸造而成,高约 3.4 米,重 1.8 吨左右。欧冶子高举宝剑,眼睛注视着将军庙,似乎想告诉每一位路过此处的游人他的铸剑技艺。游客静静地瞻仰着欧冶子的雄姿,怀揣敬畏之心观赏宝剑,仿佛看到了那缕延续了 2000 多年的凛凛剑气。

广场对面就是将军庙。庙内常年香烟缭绕,供品满桌。每年春节、端午节及将军生辰,庙里都要举行隆重的祭祀和宝剑开光仪式,铸剑师们都要前来祭拜,表达人们对欧冶子将军的尊敬。每年农历五月初五端午节的时候更是隆重。龙泉铸剑师们供三牲、茶酒祭祀,挖秦溪山泥补炉,取剑池水淬剑,据说这样可以得到祖师爷神助。2006 年,龙泉宝剑锻制技艺已被国务院认定为首批国家级非物质文化遗产代表作。2014 年,龙泉宝剑锻制技艺开始申报人类非物质文化遗产代表作。

南秦上游的龙泉青瓷宝剑苑,始建于 2000 年,占地 200 多亩,距离将军庙宇 1000 米左右,是集中展示龙泉青瓷文化、龙泉宝剑文化的旅游景区。景区共分三大区块,即龙泉宝剑遗址区块,龙泉青瓷、龙泉宝剑文化展示体验区块,龙泉青瓷、龙泉宝剑精品一条街购物区块,是一个集文化、观光、体验、商贸为一体的旅游景区。因此,南秦村也就成了生产、销售龙泉宝剑的中心区域。

宝剑这一特产特品的蓬勃发展,拓宽了当地农民的就业渠道。南秦犹如一颗璀璨无比的明珠屹立于瓯江之畔,其优越的地理条件,得天独厚的特色产业,必将给南秦村插上经济腾飞的翅膀。随着龙泉经济和旅游业的发展,南秦的明天会更加美好!

(文:周小娟)

七　特色旅游

遂昌箍桶丘村

箍桶丘农家美食

　　高坪乡箍桶丘村位于遂场县城北 60 公里，地处石姆岩景区东麓，村庄平均海拔 850 米，两的高山合成高低落差的山谷，梯田和民居错落其间。村前一块最大的水田当中高起一个圆形的土墩，像箍着一个圆形的木桶，故村得名"箍桶丘"。村周峰峦层叠，林木苍翠，山谷溪流跌宕，清泉潺潺，村中泥墙青瓦，浑然天成。村边山麓有水帘洞、狮子岩、石门、人岩、胶岩、三层岩等景观。这些岩石奇观，卧立有致，形态各异。昂首望月的犀牛岩、直插云天的石姆岩，稳如磐石的金钟岩，喜眉癸眼的寿星岩，坐在农家屋里可一览全景。

　　相传天上有石母和石公两位仙人，他俩感情很好，就私逃下凡间，结成夫妻。玉帝十分恼怒，派了天兵天将带上金钟，赶到人间捉拿。石母和石公逃呀逃，眼看就要被天将赶上了，石母就叫石公快逃，自己故意落在后面，在遂昌地面一座山上停下来，化成了一块大石岩，这就是石姆岩。天兵看见石母变成了石岩，怕它再变化逃走，就把金钟放在石母身旁压住。不久金钟也化成一座金钟岩。石公看到石母变成了石岩，也在江山江郎山上变成了石岩，人们称为石公岩。石公石母两两相望。寿星老儿的心肠好，赶下凡间想保护石公和石母，待他赶上石母时，石母已变成了石岩，于是也在石母边上化成一座石岩，人们称为寿星岩。石母非常想念在江山的石公，所以，常常流泪。在石母岩顶下有一股清泉流下来，尝过的人都说那水是咸的，原来就是石母想念石公时流下的眼泪。

村落景色秀丽，民风淳朴。近年来，村里办起了农家乐，此举吸引了大批上海、杭州的客人来这里休闲避暑。游客在这里住农家屋，吃农家饭，呼吸着清新的空气，有的一住就是好几十天。村里的农家让游客们亲身体验参与制作传统美食，这成为农家招待游客的一项热门活动。

箍桶丘农家美食

参与制作的美食之一就是打麻糍。麻糍是一种用糯米做成的果团，表面粘上芝麻糖末，香糯可口，是当地民间的传统美食。农村里逢年过节大小喜事，都会做麻糍招待亲友。遂昌方言"麻糍"和

"无事"谐音，所以麻糍又意寓平安。农村里新建房上梁时都要做麻糍，祈望平安。做麻糍又俗称"舂麻糍"，现今宣传都写成"打麻糍"。麻糍俗称"炊糯饭"，选用优质糯米，用水浸泡一天后，洗净沥干，装入饭甑里蒸熟。将炊熟的糯饭放入大石臼里，一个人弓步站在石臼边，双手握住大木杵，一下一下地朝石臼里打，一个人蹲在石臼边，用一手蘸着开水，不断地添支糯饭，直到把糯饭打细成团。打麻糍可是一项技术活，有三个关键点要注意。一是打的人打法要准、要稳；二是打的人要有力气，否则木杵打下去会粘在糯团上拉不起来；三是添糯团的人动作要快，要和打的人配合默契。

粘麻糍的芝麻，应选用新鲜的芝麻，洗净沥干后入锅炒香，研成细末，拌入红糖或白糖备用。

麻糍糯团打好后取出，放在一个大盆里，芝麻糖末摊在另一个大盘里。将米团摘成一个个小团，丢到芝麻盘里滚一下，粘上芝麻糖末，即可食用。有的取出糯团后用一片大箬衣（竹制）盛放，芝麻糖末摊在箬衣里，再把糯团放到糖末上，扒拉开来成一个大圆片，再从圆片中心扒开和边沿卷成一个大圆圈。整个圆圈都粘上芝麻糖末，然后摘成一个个麻糍。还有的人在拉开的大圆片中撒上一圈红糖，这样卷的时候红糖就包在圆圈内，摘下来时红糖就在麻糍里了。民间有句俗话叫"一行服一行，糯米服砂糖"，说的就是做麻糍用红糖，吃的时候不腻人。

做饭果也是游客们可以参与制作的传统美食。饭果是把米饭像打麻糍一样打成饭团，捏成一个个小果，用米汤加调料做成的一种美食，有滋补作用。农村人家空闲时都会做饭果吃，一则饭果制作方便，二则饭果味道好，吃了还健补。做饭果时，把米洗净放入锅中煮沸，即将米捞起，放入大石臼中打，方法和打麻糍相同。待到米饭打细结成米团，将米团捏成一个个红枣般大小饭团，盛在盆中。

把猪肉、香菇、墨鱼、笋皮等佐料切成丝，入锅炒香，加入捞米饭的汤水煮沸，加入预先捏好的小饭团，煮透即可食用。饭果味道鲜美，香糯可口，滋补脾胃。

另外游客们还可以参与制作黄米果。黄米果是遂昌民间的特色美食。过年时，农村里家家户户都做的黄米果，是招待宾客的必备点心。做好的黄米果用灰汁浸泡存放在大缸里，能保存好几个月。所谓"灰讨"是用高山上常绿灌木烧成灰，用开水冲泡，沥出灰汁。选优质粳米用灰汁浸泡一天，米呈橙黄色。把浸好的粳米盛在饭甑里蒸熟，蒸的时候要淋两次灰汁，使米色更加黄亮。米蒸透后，放入石臼里捣细成团，然后摘成约碗一般大的果团，在作板上搓挪成扁长形，这就是黄米果了，摊凉硬实后即可收藏贮存。最有趣的是捣黄米果，蒸透的黄米放入石臼里，每人手握一根木棍，大家在石臼边围成一圈，用木棍在石臼中撮，多根木棍交互撮夹，把黄米饭撮细成团。撮好后，热腾腾的黄米果摘下一块就可以吃，有的人在米团内包上红糖，有的用农家腌豆腐霉的汤蘸着吃，有的蘸着酱油吃，各取所爱。

参与制作的传统美食还有包粽子。粽子是中国传统节日端午节时家家户户必做的美食，传说是为纪念战国时期伟大诗人屈原而发明的，是中国历史上文化积淀最深厚的传统食品。高坪农家们包粽子最特别的是用箬叶来包，粽叶是从山上新采来的箬叶，用新鲜箬叶包的粽子特别清香。遂昌民间做粽子精选优质的糯米，馅料是糖肉或咸肉、豆沙、蚕豆等，用箬叶包成长条形或棱角形，长条形的叫"长粽"，棱形的叫"犬头粽"。遂昌民间还有不用馅料包成的细细的或小小的粽子，叫"蚊虫粽"，挂在房间里的床头，据说是给蚊子吃的，传说吃了蚊虫粽的蚊子就不会叮人。

高坪乡还有外婆给外孙送长粽的习俗，粽子近两米长。据说，在外孙周岁时，外婆要包长粽送给外孙，外婆送的粽子越长，象征外孙的寿命越长。长粽子的外面用一道道龙丝扎得很结实，意寓小孩的身体长得结实。包这种长粽子，外婆可真要有好手艺。

　　如今，在高坪乡农家乐美食节上，人们还能看到高坪外婆包长粽，煮长粽的表演。高坪农家乐还有许多参与性的农家美食制作活动，游客到高坪农家，都可以亲身体验一番。

（文/图：遂昌农办）

嘉善北鹤村

嘉善 "浙北桃花岛"

　　北鹤村隶属嘉善县姚庄镇，地处江、浙、沪两省一市交会处，地理位置得天独厚，由北姚浜、南姚浜和白毛河三个自然村落组成。北鹤村前有白毛河（又名白鹤河），后有北姚浜，由其各取一字而得名"北鹤"村。红旗塘与和尚塘横贯全村。该村西与西塘镇东汇、地甸两村相邻，北与丁栅俞汇接壤，东临横港村，南接武长村。村里有条河叫白毛河，早年此河常有白鹤登栖，河形又像白鹤，故名白鹤河，之后因当地方言"鹤""毛"字音演变为白毛河。清光绪《嘉善县志》里就有载白毛河。全村区域面积3.25平方公里，耕地面积3026亩，河网密布，水陆交通发达，属于典型的江南水乡，自然环境独特，东边两泓湖泊紧相依偎，四面环水，把千亩良田环绕成一座精致的"岛屿"。历代以来北鹤就是一个风光秀丽、土地肥沃、民风淳朴的村庄。

北鹤村景

　　20世纪90年代末至今，北鹤村人在精耕细作传统农业基础之上，放手发展黄桃种植等主导产业，潜心致力于农业生态旅游开发。全村95%的农户种植黄桃，面积达2000余亩，年产黄桃2400吨，全村农民每年直接收益超500万元。北鹤村四面环河，宛若小岛，每年桃花盛开之时，岛上万紫千红，灿若云锦，游人如织，故有"浙北桃花岛"的美誉。

传说八仙欲渡海东去，便沿海选择渡海地点。这日来到海曲县（日照），八仙立于云头向下俯瞰。只见此处：山绿水秀，金沙滩松松软软，蓝海洋千丈见底。再看周围天空，更是一目千里，蔚蓝洁净。八仙不禁被这秀丽的景色迷住，乃商定，在此盘桓玩耍几天，以饱览此处风景。何仙姑年轻爱美，在游览泰山时，采摘了泰山碧霞元君一枝鲜红的桃花，插在了头上。这桃花红艳艳，越发衬托得何仙姑美丽非凡。

铁拐李爱开玩笑，见何仙姑虽已成仙，仍似人间村姑般地爱美，便想和她开个玩笑。遂将何仙姑从头到脚仔仔细细地端详了半天，打趣道："仙姑，我看你下凡吧。到了人间，准能被选为娘娘。那时，人间的荣华富贵，任你享用，多好！"何仙姑嗔怒道："你这铁拐，坏得很！下了凡也是个瘸子。不信，你先投胎下凡！"铁拐李佯装怒道："别看你是人间的娘娘，看我照样用拐杖打你！"说着，举起铁拐杖就打。谁知铁拐李这一铁拐，却是带着狂风，又兼何仙姑那么猛地一闪，就将头上的桃花闪落了一朵。这朵桃花，在空中飘飘浮浮，被东风一吹，慢慢地落到了东海之中。

神仙身上的东西，皆为宝物。这桃花一着海面，"腾"地冒出一股淡淡的红烟，随即膨胀放大，化作一座小海岛。这海岛，随着潮起潮落，时隐时现，时大时小。但最高处却是任凭再大海潮也巍然屹立在那里——这就是今天的桃花岛。

说起"浙北桃花岛"，江南小镇的居民就会想到姚庄黄桃，岛上盛产的黄桃，皮与果均显金黄色，甜多酸少、口感松脆、味道甜美，每天吃两个可以起到通便、降血糖、血脂，抗自由基，祛除黑斑、延缓衰老、提高免疫功能等作用，也能促进食欲，堪称保健水果、养生之桃，在当地和周边有着良好的口碑。而一提到姚庄黄桃，话题里就少不了"桃花节"和"黄桃节"。民间传说三月初三是王母娘娘的生日，这天开蟠桃会。为了防止蟠桃会从人间招童男，因此要吃桃，谐音"逃"，逃过此劫。每年4月，"桃花岛"上桃花朵朵；盛夏8月，桃树枝头硕果累累。桃花盛开时，桃花节开幕，桃花灿烂，游人络绎；桃子成熟时，黄桃节开启，丰收时节，顾客盈门。在北鹤人眼里，一年一度的"桃花节"和"黄桃节"已经成了他们改善生活的会客节和增收节。

至今，姚庄镇已经连续举办了9届桃花节、14届黄桃节，姚庄黄桃出名了。2005年，北鹤村携手清凉、展丰等兄弟村，将当地盛产的姚庄"锦雪"黄桃摆上了北京钓鱼台国宾馆的宴席，成为继西湖龙井茶之后的第二个进入国宾馆的浙江农产品。2006年，"锦雪"牌锦绣黄桃首次打入香港市场，深受香港市民喜爱，从那以后每年姚庄黄桃空运香港，销量逐年增加。2012年姚庄黄桃又顺利登陆杭州各大超市，为黄桃销售开拓了更大的市场。近年来，随着电子商务的兴起，姚庄黄桃在电视购物、网络销售等领域也占得了一席之地。如今，姚庄的黄桃产业稳步前行，全镇黄桃果树种植面积超过了一万亩，是全国鲜食黄桃生产基地之一。

正如陶渊明所写的"忽逢桃花林，夹岸数百步，中无杂树，芳草鲜美，落英缤纷"那样，北鹤村遍布桃园，恍如世外桃源。于是，该村便以黄桃果园为依托，开辟桃花游览观赏区，吸引游客踏青赏花。近年来，北鹤村以黄桃果园为依托，以项目带动为契机，挖掘自然、人文和产业资源，先后投资建成"农家乐"休闲区、水韵风情区、垂钓乐园、桃韵广场、采摘桃林、商贸中心、婚育新风园、观光台等景区；对村中心河进行改造，建成水上游览赏花旅游线路；举办"桃花节"、"黄桃节"等旅游促进活动，推出"农风体验"、"农俗游赏"、"农耕文化展示"、"文化遗址游览"等旅游新产品，全面提升旅游产业；鼓励多种经济成分参与农业生态旅游业的开发经营，提升完善老景点，开发建设新景点，不断完善观光、娱乐、休闲等功能。

"一棵桃树两个节、一片桃园两个产业"，在这样一个面积不大、人口不多的小乡村，北鹤人用双手培植了黄桃产业，凭智慧打响了"锦绣"品牌，借发展繁荣了三产旅游。勤劳朴实的北鹤人让越来越多的人尝到了姚庄黄桃，也让越来越多的人认识了"浙北桃花岛"。

（文：万建/图：郁彩明）

衢州衢江东坪村

千年古道入东坪

　　东坪村位于衢州市衢江区峡川镇东部，素以"古道、古树、古民居、红枫、红柿、红辣椒"而闻名，是衢北大山里一个神奇的古村落。该村与龙游县交接，海拔518米，属千里岗山脉，有山崖巨石、千年古树群、唐朝古道，茂林修竹，清山秀水。2010年5月，原东坪村、杨源山村、下坑头村合并成新的"东坪村"。全村310户1007人，耕地面积410亩，土地总面积6.9平方公里。近年来，经过上级领导以及镇政府的开发建设，东坪村先后荣获省级旅游特色村、省级农家乐精品村、浙江省林业观光园区、模范乡村旅游示范点、十大魅力农家乐等多项荣誉。

东坪千年古道

　　千年古道美在神秘性。千年古道的历史众说纷纭、莫衷一是，传说东坪千年古道修建之初是在春秋战国时期，周分天下为万国，但通过连年的征战，小国纷纷被灭，北方小国姑蔑为避被灭命运，举国南迁至春秋时属蛮荒之地的浙江，举国之民大多安居在衢州至龙游这片广袤的地区，后重新建国，名为姑蔑国。而东坪地区则是姑蔑的经济中心和交通要道。武则天在位时期，大量迫害李姓后裔。当时唐高宗七子李烨，为防武后残害，自愿从皇族之中除名，随同一批宗室外迁，为李家在外保存一丝血脉，而七子之位则由弟弟李显继承。李烨随后从长安迁至福建古田长河麻团岭，远避朝堂。705年武则天病重时，李显发动政变，逼武则天退位。中宗李显重祚，唐朝复辟，李显特意命人招大哥李烨回京，但是李烨已经过惯了世外隐居的生活，不愿再入朝堂从政，于是拒绝了回京的邀请。为免去弟弟的疑心，便带领族人从麻团岭转迁往更加南边的衢州地区，在路过峡川东坪时，被东坪仿佛世外桃源般的美景所吸引，流连忘返，加之东坪地势高耸，易守难攻，为了安全考虑，便举族定居于此。唐中宗李显得知后，也知是哥哥好意，便不再强求，但自觉哥哥居住偏僻，出资助其修建了便于出山的东坪岭，即"东坪古道"。而李烨则带领着族人，在此繁衍生息。由此看来"东坪古道"至少有1300年的历史。东坪古道成了连接中原与江南的交通要道。特别是南宋定都余杭以后，以衢州和龙游人为主体的龙游商帮崛起，至明朝中后期，就有"遍地龙游"之称。这一现象形成很大的原因便是这条贯通浙江与安徽的交通要道，商业的发展也很大地带动了衢州地区的经济发展。

千年古道优在传承性。一入东坪，便可见诗情画意的景致，而古树正是这诗画中的浓重一抹。沿着古道拾级而上，古道两旁树木参天，阴翳蔽日，有香樟、红枫、银杏、红豆杉、檀树、黄杨木等古树，树龄均在800年以上，其中千年以上的香樟、红枫就有50多棵。春夏之季，树木丛生，百草丰茂，一片春色；秋时，古枫树深红出浅黄，行于其间，如游画中；冬寒，薄雾轻舞，银装素裹，亦梦亦幻亦空蒙。古道两旁栽古树，前人栽树后人享福。古树生长近千年来之不易，后人更需珍惜古树、保护古树。古树保护事迹中，最出名的就是黄宗如护树。黄宗如（1912—1976），东坪村人，自1956 年开始至 1976 年历任东坪村农会主任、支部书记、李泽管理区干部。1958 年大炼钢铁，全国上下到处伐木炼钢，东坪村的千年古树群成了很多人的目标。为了保护这些名贵古树，黄宗如顶着各方压力，千方百计以种种理由为借口，拖延伐树进程，从而换得了今天的树木郁郁葱葱。这种"护树精神"深深感动并影响着东坪一代代的村民。即使在旅游资源充分开发的当下，东坪也仍然尽可能地保持原有的古道、古树、古民居以及原有的风土人情。

千年古道玄于故事性。衢北山岭深处筑有一条蜿蜒盘曲直上东坪山顶的古道，有 1118 个台阶，象征着唐皇后裔顶天立地。古道以青石板铺就，宽有 2 米。随着岁月的流逝，古道因山民的脚步磨去了石块的棱角而变得光滑。而有关于修建这条古道的历史，就连东坪村里发黄的宗谱上也找不到记载。行至半山腰，山道两旁山崖巨石狭窄的山涧小弄内，三层瀑布相叠，在两岸蘸水竹的掩映下，瀑声訇然，犹如龙吟。相传，南宋末年的一天，东坪仙岩寺内有个老和尚，掐指一算，得知近期东坪山要出"龙"。传说哪个地方出"龙"，就是意味着山洪暴发，村民就要遭殃。村民们一时惊慌失措，忙问老和尚有何破解之法。老和尚说："龙刚从山洞里出来时，只是一条小泥鳅，要到河沟里经过雷电闪烁才会变成大龙。"于是族长马上叫大家上山砍毛竹，把毛竹对半剖开，去掉骨节，接成水笕接到山洞里，由村民一根一根把每节水笕接到山脚。谁知刚到半山腰时，有个村民很累了，认为接到这里应该差不多了，于是坐下来休息。恰恰这时，"龙"像一根泥鳅粗细慢慢地沿水管游出来，刚到水管中断处，"噔"的一声掉到山沟里。"龙"被吓了一跳，立马变成大龙游出去，这地方至今留有一大坑，当地人称"龙坑"。

东坪千年古道处处可见历史的遗迹，每棵树、每块砖都可能有一段故事。徜徉其中，人们婉若穿梭于一段段逝去的历史……

（文/图：周辉）

桐乡桂花村

桂花村里桂花香

桂花村，原名姚家埭，隶属于桐乡市石门镇，位于京杭大运河之畔，是个典型的聚族而居的古村落，目前尚保留清末民初建筑数十幢。

桂花村不太大，三面环水，唯村南是一片开阔的水田，地势北高南低，颇有点苏东坡写的"茅檐低小，绿水人家绕"的意境。村东有一个石埠头，两棵繁茂的古树下系着数条农船，石埠头是由整整齐齐的条石叠成的，浅滩上全是一些残砖碎瓦。在公路不通的从前，这里是桂花村通往外部世界的唯一出口，货物的进出全靠这个河埠头，现在已渐成古迹。

桂花村里最多的自然景观是桂树，家家户户的庭前、屋后、院中都栽着桂树，全村大大小小有一千多棵，所以整个村子全被笼罩在桂林之中。据说桂花村植桂已有上百多年历史，现存的树龄大都在四五十年，最老的一棵种于清代同治年间，有150多年，树干需三人合抱，高十余米，虬枝盘曲，向四周伸展，树荫有一亩来地。桂树中数金桂最多，银桂次之，丹桂再次之。每年农历八月底，桂花开放，整个小村被浓郁的桂香所弥漫，"叶密千层秀，花开万点金。"美丽的风景吸引了远近的游人前来赏桂。赏桂之余，可以帮农家采桂花。使劲儿摇桂树，即刻会纷纷扬扬下起一阵花雨来。

桂花香气馥郁，历来是制作糕点、糖果的天然香料，如桂花糕、桂花糖，也可以作为菜肴的佐料，如桂花肉、桂花鱼，还可以泡茶浸酒。但桂花特娇嫩，不耐贮藏，采下时间稍长，便变色变味，直至变质，白居易说荔枝是"四五日外，色香味尽去矣"，桂花则更短。刚从树上摘下来的桂花，色如金，香扑鼻，放于房间里，浓香盈屋，令人不忍离开，但二三日后若不加工腌制，便形同废物。所

桂树

以，桂花采下后倘不及时卖掉，就得马上加工腌制。腌桂花，不是像腌肉、腌鱼那样的用盐，而是用一种名为香橼的果子汁来浸泡。这香橼是一种比柚子略小、比橘子略大的柑橘，皮很厚，有些糙，味道的特点是香得发野，酸得出奇，闻到它的香，没有一个不想尝尝的，但一尝味道，没有一个人不眼泪汪汪大皱眉头。但就是这香橼汁，却是用来腌制桂花的最佳材料。如果没有香橼，可用橘子代替，不过取量要多一些。腌桂花的方法极简单，将鲜桂花倒入一只敞口的瓮缸内，取来十来只香橼，将汁榨出，撒在桂花上，搅拌均匀，用广口瓶，最好是糖水罐头瓶分装，约莫一斤一瓶，拧紧瓶盖，可保持桂花数年不变色变味变质；考究一点儿的话，再用蜡浇灌盖缝，使其密封，那保质期更长。要用时，打开瓶盖来，顿时桂香盈室，驱之不去。细看桂花，依旧色泽金黄，像刚从树上采摘下来的。

　　桂花村里有一种传统食品，颇具农家特色，已有数百年历史，就是桂花年糕。在桂花村，年糕不唯过年时才有，而是一年四季都有。年糕以糯米为原料，在蒸笼里蒸熟，再在石臼里反复锤打，桂花是自家庭院里树上长的，自己腌制的，都是道地的原材料，道地的传统制法，不加任何添加剂。桂花炒年糕装在白瓷大盘里的，热气蒸腾，尝一尝，味道是又香又甜，口感是又糯又软，真是色香味俱全。倘若冬天去桂花村，还有杜搭酒，即家酿米酒，"桂花年糕杜搭酒，强盗来了勿松手"。这两件东西，最能体现桂花村的农家风味。

　　关于这桂花树和桂花年糕，还有一个故事。清代顺治年间，桂花村有一个读书人，名叫钟朗，字玉行。他非常用功，寒窗苦读十年，还只是个白衣秀才。妻子贤惠，通晓事理，并无怨言。有一年八月间，正是桂花吐香之时，钟朗在书房做文章，推开窗子，便见桂枝摇曳，微风送着桂香扑面而来，沁人心脾，顿感神清气爽，文思泉涌。到了晚上，他又踏着月色，在桂树下闲步吟诵。桂花如雨，纷纭而下，他灵感勃发，默念道："桂者，贵也，我日日与书为伴，与桂为友，为何独独今日见桂而文思大开？莫非今秋正是我蟾宫折桂之时了，如若遂愿，我将永远不忘这棵桂树。"果然，这年秋闱，钟朗高中举人，捷报飞至桂花村时，欢声雷动。三年后，钟朗上京赴考，又高中进士，官放陕西提学道。为官期间，勤政爱民，深受敬重。宦海颠簸，岁月匆匆，不觉十年过去了，钟朗心想自己为官多年，颇负时誉，不觉有些飘飘然起来，何不趁现在权柄在手，按官场套路，"三年清知府，十万雪花银"，来个名利双收，将来告老还乡，安度晚年。正在这时，他收到家书一封，妻子在信中只画了老家院子中的那棵老桂树，旁边有一首打油诗："千里做官闻个名，要想发财做商人。你在大堂扬威风，我是一夜忧到明。"还有一句话："家中桂花已开，桂花年糕真香。"钟朗看完信，面孔通红，羞愧难当，说道："我堂堂丈夫，三品朝官，见识却不如在乡下老家的夫人。"当即在信上补写一首："桂树萧疏夕照边，暮鸦几点带寒烟。披图触我归心切，回首家山已十年。"第二天便两袖清风，一帆高挂，直奔江南。

随着岁月的流逝，这个古老的传说被流传了下来，告诉着村里的自己家乡的美好。

（文/图：颜剑明）

后 记

　　"《千村故事》'五个一'行动计划"（以下简称"千村故事"），自 2015 年 4 月启动，至 2016 年 4 月 8 日湖州荻港村统稿会议召开，在整整一年的时间中，一套丛书课题组与浙江全省、市、县（区）农办系统合作寻访传统故事，走遍了《浙江省历史文化村落保有数量和名单库》（简称"库内村"）的 1237 个村落，完成了《千村概览卷》（上、下册）以及《千村故事》之《礼仪道德卷》、《生态人居卷》、《劝学劝农卷》、《名人名流卷》（上、下册）、《民风民俗卷》、《手技手艺卷》、《特产特品卷》等 9 卷 11 册，收入 1237 个历史文化村落历史变迁和当今经济社会基本情况，并按照"一村一故事"的原则编纂了近千个故事，共 300 多万字。为了"千村故事、万村传承"，同时，满足省内外乃至国内外的文化交流需要，课题组按照"表述精准，符合史实性、知识性和教育性结合的要求，反映浙江区域特色"的原则，遴选出 260 个故事，汇编成《〈千村故事〉精选》（全三卷），按照精装本要求编辑出版。

　　"千村故事"是浙江省"政、学、研、民"合作、大规模调研、大团队协同攻关的有益尝试。"千村故事"由浙江省农办组织协调，省财政厅保障相关经费，浙江农林大学联合"中国名村变迁与农民发展协同创新中心"的力量具体组织实施。毫无疑问，这套丛书是名副其实的集体创作成果。浙江省农办系统以及各设区的市及其所属县（市、区）文化局（文化馆）、方志办、档案馆。乡（镇、街办）等单位抽调专业人员和文化学者等，数百人参与了"千村故事"基础材料的收集、摄像、整理、撰写、审读、修改和报送等工作。

为了使《千村故事精选》的出版发行赶上中国杭州 G20 峰会，各个方面的同志协同合作、加班加点的工作。衢州连环画专家曾令兵先生及其团队，在一个月内完成近百幅连环画插图的创作；浙江农林大学外国语学院的龙明慧老师及其团队完成了万余字的英文翻译。"千村故事"工作室的吴一鸣、李琳琳、朱强、尧甜、沈凌峰、王敬培做了大量的联系作者、汇总整理、排查故事分布、补拍故事插图、凝练故事标题、修改文字等各项工作。中国社会科学出版社的领导和编辑们，呕心沥血的审读、编辑和修改。在此，"千村故事"工作室的全体同仁感谢浙江省委、省政府领导们的关怀、支持和具体指导，感谢农办系统参与此项工作的所有领导和干部，感谢浙江农林大学校领导及各学院，部门的全力支持与参与，感谢为"千村故事"一套丛书提供素材、撰写初稿、审读修改、摄影绘图、翻译校对的所有参与人员，感谢中国社会科学出版社，感谢所有为"千村故事"贡献过智慧和能量的人们。

尽管我们严格执行了"千村故事"一套丛书的编纂各项要求，但由于历史文化村落的故事流传久远，加之资料有限、时间仓促，有些故事的表达还存在这样或那样的缺陷，本作品有一部分图来自网络，无法一一与版权人取得联系，如果需要，请与"千村故事"工作室联系，特此感谢。另外，因为《〈千村故事〉精选》容量和遴选原则等方面的制约，入选故事在代表浙江历史文化村落的区域分布、地域文化特色及反映浙江历史文化村落重点建设村的成就等方面，都不尽理想，恳望读者批评指正。

"千村故事"工作室

2016 年 6 月